AF617495

RESPUESTAS MEMENTO
FRANCIS LEFEBVRE

1.000 Preguntas sobre IVA

3ª Edición

Fecha de edición: 23 de octubre de 2024

Esta obra ha sido realizada
por iniciativa de
Ediciones Francis Lefebvre
sobre la base de un estudio
cedido a la Editorial por su Autor

FRANCISCO JAVIER SÁNCHEZ GALLARDO
Economista, Doctor en Derecho e Inspector de Hacienda del Estado

Nota.- Esta obra ha sido elaborada a partir de la normativa vigente que se cita y de las sentencias y contestaciones a consultas que se refieren. Los comentarios que en ella se contienen en ningún caso constituyen la doctrina de la Administración Tributaria ni la jurisprudencia existente sobre la materia. Por tanto, ni Ediciones Francis Lefebvre ni el autor aceptarán ninguna responsabilidad por las consecuencias ocasionadas a las personas o entidades que actúen o dejen de actuar como consecuencia de las opiniones, interpretaciones o informaciones que se contienen en esta obra.

Lefebvre-El Derecho, S. A.
Monasterios de Suso y Yuso, 34. 28049 Madrid. Teléfono: (91) 210 80 00
clientes@lefebvre.es
www.efl.es
Precio: 70,72 € (IVA incluido)

ISBN: 978-84-10128-79-8
Depósito legal: M-24444-2024

Impreso en España
por Printing'94
Paseo de la Castellana, 93, 2º – 28046 Madrid

Plan general

nº marginal

CAPÍTULO 1
Naturaleza. Normativa. Territorio de aplicación

CAPÍTULO 2
Hecho imponible

CAPÍTULO 3
Lugar de realización del hecho imponible

CAPÍTULO 4
Exenciones interiores

nº marginal

CAPÍTULO 5
El devengo

CAPÍTULO 6
Base imponible

CAPÍTULO 7
El sujeto pasivo y los responsables en las operaciones interiores

nº marginal

CAPÍTULO 8
La repercusión

CAPÍTULO 9
El tipo impositivo

CAPÍTULO 10
Deducciones y devoluciones

CAPÍTULO 11
Comercio intracomunitario

CAPÍTULO 12
Comercio exterior

CAPÍTULO 13
Comercio electrónico

nº marginal

CAPÍTULO 14
Regímenes especiales

CAPÍTULO 15
Obligaciones formales

CAPÍTULO 16
La gestión del impuesto

Página

Abreviaturas

AEAT	Agencia Estatal de Administración Tributaria
AIB	Adquisición intracomunitaria de bienes
BOE	Boletín Oficial del Estado
CAU	Código Aduanero de la Unión (Rgto UE/952/2013)
CC	Código Civil (RD 24-7-1889)
CE	Comunidad Europea
CNAE	Clasificación Nacional de Actividades Económicas
CV	Consulta vinculante
DGT	Dirección General de Tributos
Dir	Directiva
EIB	Entrega intracomunitaria de bienes
L	Ley
LEC	Ley de Enjuiciamiento Civil (L 1/2000)
LGT	Ley General Tributaria (L 58/2003)
LIRNR	Ley del Impuesto sobre la Renta de no Residentes (RDLeg 5/2004)
LIRPF	Ley del Impuesto sobre la Renta de las Personas Físicas (L 35/2006)
LIS	Ley del Impuesto sobre Sociedades (L 27/2014)
LIS/04	Ley del Impuesto sobre Sociedades (RDLeg 4/2004)
LITP	Ley del Impuesto sobre Transmisiones Patrimoniales y Actos Jurídicos Documentados (RDLeg 1/1993)
LIVA	Ley del Impuesto sobre el Valor Añadido (L 37/1992)
LMV	Ley de los Mercados de Valores y de los Servicios de Inversión (L 6/2023)
LMV/88	Ley del Mercado de Valores (L 24/1988)
NIF	Número de identificación fiscal
OM	Orden Ministerial
PGC	Plan General de Contabilidad (RD 1514/2007)
RD	Real Decreto
RDL	Real Decreto Ley
RDLeg	Real Decreto Legislativo
REAGP	Régimen especial de la agricultura, ganadería y pesca
Resol	Resolución
RGGI	Reglamento General de Gestión e Inspección (RD 1065/2007)
Rgto	Reglamento
Rgto Fac	Reglamento por el que se regulan las obligaciones de facturación (RD 1619/2012)
RIVA	Reglamento del Impuesto sobre el Valor Añadido (RD 1624/1992)
ROI	Registro de operadores intracomunitarios
TEAC	Tribunal Económico Administrativo Central
TIVA	Territorio de aplicación del IVA
TJUE	Tribunal de Justicia de la Unión Europea
TS	Tribunal Supremo
TSJ	Tribunal Superior de Justicia
UE	Unión Europea

CAPÍTULO 1

Naturaleza. Normativa. Territorio de aplicación

SECCIÓN 1

Naturaleza del tributo

(LIVA art.1)

Pregunta 15
¿Cuál es la naturaleza del IVA?

El IVA es un impuesto indirecto y ello por dos razones:
a) Porque el **sujeto pasivo** es el empresario o profesional que realiza las operaciones, pero el gravamen se acaba repercutiendo a los adquirentes de los bienes y servicios que se comercializan, quienes soportan la carga del tributo de manera indirecta. Esto es así en las operaciones interiores, pero no en las internacionales, importaciones y AIB, en las que es directamente el adquirente quien paga el impuesto.
b) Alternativamente, porque la **capacidad contributiva** que se somete a gravamen es la que se pone de manifiesto cuando se realizan adquisiciones de bienes o servicios, esto es, cuando se efectúan gastos. Esta manifestación de capacidad contributiva es indirecta, de ahí la naturaleza del impuesto.

Pregunta 20
¿El IVA es un impuesto jurídico o económico?

Esta pregunta carece de sentido. Desde el momento en que el IVA, como su propio nombre indica, es un impuesto, se trata de un fenómeno jurídico que obedece al **principio de reserva de Ley**, sometido, en cuanto a su interpretación, a los elementos que establece el CC art.3.1, conforme al cual, las normas deben interpretarse según el sentido propio de sus palabras, en relación con el contexto, los antecedentes históricos y legislativos, y la realidad del tiempo en que han de ser aplicadas, atendiendo fundamentalmente al espíritu y finalidad de aquellas. No hay, a estos efectos, elementos de juicio que permitan particularizar el IVA respecto a otros tributos.
De hecho, en cualquier operación que se pueda considerar sujeta al IVA, lo determinante de su tratamiento a los efectos del tributo es la caracterización jurídica de la misma, atendiendo a los derechos y obligaciones recíprocas de las partes.
Una cuestión distinta es la incidencia o efecto que pueda tener el hecho de que el IVA es un impuesto armonizado en la UE (ver pregunta nº 55), lo cual, sin embargo, no resta sustantividad a lo anterior, sino que supone un elemento jurídico adicional que hay que tener en cuenta.

25

Pregunta
¿Cuál es la materia sobre la que recae el IVA?

Este impuesto recae sobre los **actos de consumo**, por lo que, a falta de consumo, no puede haber gravamen.
Este consumo puede realizarse por el adquirente de bienes y servicios, en cuyo caso el consumo se grava a través de la liquidación del impuesto y su repercusión. En otros supuestos, el consumo se grava a través de mecanismos distintos, como pueden ser:
a) La imposibilidad de deducir el IVA soportado en la adquisición de ciertos bienes y servicios, como ocurre con los de uso mixto, empresarial o privado (ver preguntas nº 10275 s.), o los que, en atención a su naturaleza, están fundamentalmente destinados a su consumo final (entradas a espectáculos, por ejemplo, ver pregunta nº 10445).
b) El gravamen del consumo colectivo a través de la repercusión del IVA a las Administraciones Públicas y su no deducción por parte de estas.
En ausencia de actos de consumo, no se puede producir el hecho imponible. Así se ha determinado por la DGT, por ejemplo, en relación con la percepción de determinadas indemnizaciones, que han de considerarse no sujetas al tributo en la medida en que no sean contraprestación de entregas de bienes o prestaciones de servicios (ver pregunta nº 6500).

30

Pregunta
¿Cuáles son las operaciones sujetas al IVA?

El IVA grava tres **tipos de operaciones** (LIVA art.1):
a) Entregas de bienes y prestaciones de servicios, a condición de que se realicen por empresarios o profesionales, en los términos de la LIVA art.4 y concordantes.
b) AIB, conforme a la LIVA art.13 y concordantes.
c) Importaciones, en los términos de la LIVA art.17 y concordantes.

SECCIÓN 2

Normativa

(LIVA art.2)

50

Pregunta
¿Cuál es la normativa básica de regulación del IVA?

De acuerdo con la LIVA art.2, la normativa reguladora del IVA es la propia LIVA (L 37/1992, de 28 de diciembre) y las normas reguladoras de los regímenes de Concierto y Convenio en vigor con el País Vasco y Navarra. Estas normas son, respectivamente, la L 28/1990, de 26 de diciembre, reguladora del Convenio con Navarra, y la L 12/2002, de 23 de mayo, reguladora del Concierto con el País Vasco.
Además, hay que tener en cuenta los Tratados y Convenios internacionales válidamente suscritos por España, y las normas comunitarias y su incidencia (ver pregunta siguiente).
Hay que citar igualmente las normas jurídicas de rango inferior, como son el RIVA, aprobado por el RD 1624/1992, de 29 de diciembre, y otras normas reglamentarias, que son las siguientes (se citan únicamente las más relevantes):
- RD 3485/2000, sobre exenciones en régimen diplomático y consular;
- Reglamento sobre facturación, aprobado por RD 1619/2012, completado por el RD 1007/2023, sobre sistemas electrónicos de facturación;
- Reglamento de aplicación de los tributos, aprobado por RD 1065/2007.

Finalmente, hay que tener en cuenta la existencia de Órdenes Ministeriales por las que se regulan diversos aspectos gestores del tributo, fundamentalmente los modelos de autoliquidación.

Pregunta 55
¿El IVA es un impuesto armonizado en la UE?

Efectivamente, el IVA es un impuesto armonizado en la UE, en relación con el cual hay normas reguladoras de un alto nivel de detalle. Las **normas comunitarias** relativas a este tributo son las siguientes:
a) Dir 2006/112/CE, de 28 de noviembre, de refundición de la Sexta Directiva sobre IVA. Esta es la principal norma de armonización en este ámbito.
b) Dir 86/560/CEE, de 17 de noviembre (Decimotercera Directiva), en materia de armonización de las legislaciones de los Estados miembros relativas a los impuestos sobre el volumen de negocios-modalidades de devolución del IVA a los sujetos pasivos no establecidos en el territorio de la Comunidad.
c) Dir 2008/9/CE, de 12 de febrero, sobre devoluciones a empresarios o profesionales establecidos en otros Estados de la UE.
d) Dir 2006/79/CE, de 5 de octubre, relativa a las franquicias aplicables a la importación de mercancías objeto de pequeños envíos sin carácter comercial provenientes de países terceros.
e) Dir 2007/74/CE, de 20 de diciembre, relativa a la franquicia del IVA y de los impuestos especiales de las mercancías importadas por viajeros procedentes de terceros países.
f) Dir 2009/132/CE, de 19 de octubre, de determinación del ámbito de aplicación de las letras b) y c) del artículo 143 de la Directiva 2006/112/CE en relación con la exención del IVA de ciertas importaciones definitivas de bienes.
Las Directivas que se han referido se completan con diversas Decisiones adoptadas por el Consejo de Ministros de la UE. En el ámbito del IVA se suele tratar de Decisiones por las que se autoriza a determinados Estados miembros la introducción de excepciones a la Dir 2006/112/CE, aunque no siempre ha sido así.
Adicionalmente, hay que tener en cuenta los **Reglamentos comunitarios** que se refieren a este tributo, que son los siguientes:
a) Rgto UE/904/2010, de 7 de octubre, sobre cooperación administrativa y lucha contra el fraude en el ámbito del IVA.
b) Rgto UE/282/2011, de 15 de marzo, por el que se establecen disposiciones de aplicación de la Dir 2006/112/CE.
c) Rgto CE/1186/2009, de 16 de noviembre, relativo al establecimiento de un régimen comunitario de franquicias aduaneras.

Pregunta 60
¿Qué consecuencias tiene el hecho de que el IVA sea un impuesto armonizado en la UE?

Según reiterada jurisprudencia comunitaria, las normas de Derecho comunitario prevalecen sobre las normas nacionales de los Estados comunitarios (TJUE 5-2-63, asunto Van Gend & Loos C-26/62, y muchas posteriores), por lo que, en situaciones de conflicto entre ambos cuerpos jurídicos, ha de prevalecer la norma comunitaria.
Esta **primacía del derecho comunitario**, sin embargo, no es absoluta, ya que cuando lo que ocurre es que la norma nacional que infringe la comunitaria es más favorable para el contribuyente que la comunitaria, entonces no se produce esta primacía y prevalece la norma nacional (TJUE 26-2-86, asunto Marshall C-152/84).
La preferencia del Derecho comunitario vincula tanto a los órganos jurisdiccionales como a los órganos administrativos que han de gestionar o llevar a efecto el ordenamiento jurídico (TJUE 28-6-01, asunto Gervais Larsy vs. Inasti C-118/00).
Las anteriores consideraciones se refieren a supuestos en los que hay contradicciones entre las normas nacionales y las comunitarias. Cuando no es así, lo que proce-

de es interpretar las normas nacionales a la luz de las comunitarias (TJUE 13-11-90, asunto Marleasing C-106/89, entre otras). En tal caso, decae la imposibilidad de dar efecto al Derecho comunitario en contra de los particulares que hemos citado por referencia a la sentencia Marshall.

SECCIÓN 3

Territorio de aplicación del impuesto (TIVA)

(LIVA art.3)

80

Pregunta
¿Cuál es el TIVA?

El TIVA está compuesto por el territorio español, incluyendo en él las islas adyacentes, el mar territorial hasta el límite de doce millas náuticas, definido en la L 10/1977 art.3, y el espacio aéreo correspondiente a dicho ámbito.
No obstante, hay que **excluir** los siguientes territorios:
a) Canarias, donde se aplica el Impuesto General Indirecto Canario (IGIC).
b) Ceuta y Melilla, donde se aplica el Impuesto sobre la Producción, los Servicios y la Importación (IPSI).
Ceuta y Melilla están excluidas de la Unión Aduanera, pero no Canarias. La exclusión de ambos territorios del TIVA tiene incidencia en la exacción del IVA, ya que las operaciones que se hacen entre el TIVA y estos territorios son, respectivamente, importaciones (cuando las mercancías llegan al TIVA procedentes de los mismos) o exportaciones (cuando las mercancías salen desde el TIVA con destino a estos territorios).

85

Pregunta
¿Qué relevancia práctica tiene la delimitación del TIVA?

En cuanto a **entregas de bienes y prestaciones de servicios**, el efecto práctico que tiene el TIVA se concreta en que sólo las operaciones que se entiendan realizadas en él se encontrarán sujetas al IVA (LIVA art.4.Uno). La determinación de cuándo una operación ha de entenderse realizada en el TIVA se realiza conforme a las reglas de lugar de realización, que se estudian en su capítulo respectivo (ver preguntas nº 1800 s.).
Cuando se trata de **operaciones de comercio exterior**, el TIVA también tiene incidencia:
a) En cuanto a las AIB, porque se definen como la obtención del poder de disposición sobre bienes muebles corporales expedidos o transportados al TIVA, con destino al adquirente, desde otro Estado miembro, por el transmitente, el propio adquirente o un tercero en nombre y por cuenta de cualquiera de los anteriores. En principio, únicamente por los bienes que llegan al TIVA puede producirse el hecho imponible AIB. Únicamente dejaría de ser así en caso de que sea aplicable la regla antifraude que se contiene en la LIVA art.71.Dos (ver pregunta nº 13090).
b) Respecto a las importaciones, porque la definición que se da en la LIVA art.18 igualmente requiere que exista una entrada de mercancías en el TIVA, produciéndose el hecho imponible cuando dichas mercancías no son comunitarias ni están «comunitarizadas».

90

Pregunta
¿Puede haber operaciones que se sitúen dentro del TIVA sólo parcialmente?

Sí. Las reglas de localización existentes y la delimitación del TIVA que se ha hecho pueden dar lugar a que haya operaciones que se deban entender realizadas en el TIVA sólo en parte. Este es, por ejemplo, el caso de los transportes con origen o destino en Baleares, sujetos y no exentos de IVA exclusivamente en la parte proporcional que transcurre por tierra firme y por las 12 millas náuticas que se incluyen en el territorio de aplicación, pero no en la parte en que transcurren por aguas internacionales. La determinación de estos extremos se ha realizado por la Resol DGT 3/2004.

Pregunta 95

¿Hay algún otro concepto territorial relevante?

Sí. En la aplicación del IVA es importante, para ciertas operaciones, la delimitación de lo que ha de entenderse como **Comunidad**. Por «Comunidad» o «territorio de la Comunidad» hay que tomar el conjunto de los territorios de los Estados miembros, definidos como los ámbitos de aplicación del Tratado constitutivo de la Comunidad Europea, de conformidad con su art.299. No obstante, hay ciertas exclusiones, que son las siguientes:

a) En la República Federal de Alemania, la Isla de Helgoland y el territorio de Büsingen; en España, Ceuta y Melilla; y en la República Italiana, Livigno, en cuanto territorios no comprendidos en la Unión Aduanera.

b) En España, Canarias; en la República Francesa, los territorios franceses a que se refiere el TFUE art.349 y 355 (1) (Departamentos de Ultramar); en la República Helénica, Monte Athos; en el Reino Unido, las Islas del Canal; en la República Italiana, Campione d'Italia y las aguas nacionales del lago de Lugano, y en la República de Finlandia, las islas Aland, en cuanto territorios excluidos de la armonización de los impuestos sobre el volumen de negocios.

Hay que tener en cuenta que, a efectos del IVA, las operaciones efectuadas con el Principado de **Mónaco** y con la Isla de **Man** y con las zonas de soberanía del Reino Unido en Akrotiri y Dhekelia tendrán la misma consideración que las efectuadas, respectivamente, con Francia, el Reino Unido y Chipre.

Estas asimilaciones, que establece la LIVA art.3, se completan por la Dir 2006/112/CE art.7.2, que añade que las operaciones realizadas con las zonas de soberanía del Reino Unido en Akrotiri y Dhekelia tienen la misma consideración que las realizadas con Chipre. Todos los territorios citados en este párrafo están excluidos de la consideración de países terceros. Por tanto, «territorio tercero» y «país tercero» son cualquier territorio distinto de los anteriores.

Hay que añadir que, de acuerdo con su Acta de Adhesión, está excluido del Reino Unido a estos efectos y, por tanto, también de la Comunidad, el territorio de **Gibraltar**, exclusión carente de consecuencias una vez consumado el BREXIT. Por el contrario, se consideran operaciones realizadas dentro de la Comunidad los intercambios de bienes efectuados con Irlanda del Norte.

CAPÍTULO 2

Hecho imponible

SECCIÓN 1

Entregas de bienes y prestaciones de servicios sujetas al impuesto

(LIVA art.4)

Pregunta 155
¿Cuáles son los requisitos que tienen que cumplirse para que las entregas de bienes y las prestaciones de servicios estén sujetas al IVA?

Los requisitos que tienen que concurrir para que una entrega de bienes o prestación de servicios esté sujeta al IVA son los siguientes (LIVA art.4.uno):

a) Ha de tratarse efectivamente de **entregas de bienes o prestaciones de servicios**. Estos conceptos se definen, respectivamente, en la LIVA art.8 y 11, que se estudian en las preguntas nº 530 s. –entregas de bienes–, y nº 720 s. –prestaciones de servicios–.

b) Deben realizarse en el **territorio de aplicación del impuesto** (TIVA). Dicho territorio se define por la LIVA art.3 (ver pregunta nº 80), estando integrado por la Península y Baleares, sin que formen parte del mismo ni las Islas Canarias ni Ceuta o Melilla. La determinación, para cualquier operación, de si ha de considerarse realizada en el citado TIVA o no es así debe realizarse aplicando las reglas de lugar de realización, que se estudian en las preguntasnº 1800 s.

c) Han de efectuarse por **empresarios o profesionales**, por lo que las entregas de bienes o prestaciones de servicios realizadas por particulares o consumidores finales no están sujetas a IVA. Se trata del elemento subjetivo del hecho imponible. El concepto de empresario o profesional se define a los efectos del IVA por la LIVA art.5 (ver preguntas nº 190 s.).

d) Las operaciones deben efectuarse a **título oneroso**. Este requisito, que se establece expresamente por la LIVA, es un tanto engañoso, ya que la LIVA art.9 y 12 asimila las operaciones realizadas a título gratuito con las que se llevan a cabo a título oneroso, disponiendo de este modo su gravamen.

e) Puede tratarse de operaciones **habituales u ocasionales**. En consecuencia, están sujetas al IVA tanto las operaciones típicas o habituales, propias del objeto de las empresas que las realizan, como otras operaciones atípicas u ocasionales, siempre que se cumplan los demás requisitos de sujeción.

Finalmente, la norma aclara que la sujeción al IVA alcanza a las operaciones que se realizan con los socios, asociados, miembros o partícipes de las entidades que las realicen.

160

Pregunta
Además de entregas de bienes y prestaciones de servicios, ¿hay otras operaciones sujetas al IVA?

Sí. Junto con las entregas de bienes y prestaciones de servicios realizadas por empresarios o profesionales, están sujetas al IVA las AIB (ver preguntanº 13040) y las importaciones (ver preguntanº 13523).

165

Pregunta
¿Tiene alguna incidencia en la sujeción al IVA el hecho de que las operaciones o las actividades se hagan con ánimo de lucro?

No. Tal y como señala expresamente la LIVA art.4.tres, la sujeción al IVA se produce con **independencia de los fines o resultados** perseguidos en la actividad empresarial o profesional o en cada operación en particular.
En consecuencia, actividades u operaciones en las que no exista ánimo de lucro o margen comercial están sujetas al IVA exactamente en los mismos términos que otras operaciones en las que sí que exista dicho ánimo de lucro o beneficio. Esto es independiente de que el IVA grave, como su propio nombre indica, el valor añadido en cada fase de la cadena de producción o distribución de bienes y servicios.
Lo anterior ha de entenderse sin perjuicio de que las entidades sin ánimo de lucro se puedan considerar como entidades privadas de carácter social y de que algunas de las operaciones efectuadas por ellas se califiquen como exentas (ver preguntanº 4250 s.).

170

Pregunta
¿Cómo se concreta la coordinación entre el IVA y la modalidad de Transmisiones Patrimoniales Onerosas del ITP y AJD?

En los términos que dispone la LIVA art.4.cuatro, conforme al cual las operaciones sujetas a IVA no están sujetas al citado concepto Transmisiones Patrimoniales Onerosas del ITP y AJD. La misma norma declara como **excepción** a lo anterior, sujetas, por tanto, a tributación por la citada modalidad de Transmisiones Patrimoniales Onerosas, las **entregas y arrendamientos de bienes inmuebles**, así como la constitución o transmisión de derechos reales de goce o disfrute que recaigan sobre los mismos, cuando estén exentos en IVA, salvo que el sujeto pasivo renuncie a la exención en las circunstancias y con las condiciones recogidas en la LIVA art.20.dos.
Adicionalmente, hay que tener en cuenta la sujeción a Transmisiones Patrimoniales Onerosas de los **inmuebles** que estén incluidos en patrimonios empresariales transmitidos en bloque como unidades económicas autónomas, dispuesta por la LITP art.7.5 (ver pregunta nº 800).
Hasta el 30-10-2012 también se excluían de la sujeción al IVA las **transmisiones de valores** a las que se refiere la Ley del mercado de valores (LMV/15 art.108), las cuales quedaban sujetas en todo caso a la modalidad de Transmisiones Patrimoniales Onerosas del ITP y AJD; sin embargo, desde esta fecha ya no opera esta exclusión, ya que las citadas transmisiones de valores pueden quedar sujetas a IVA o a la modalidad de Transmisiones Patrimoniales Onerosas del ITP y AJD (ver pregunta nº 4662). En la actualidad, esta tributación se contempla en la LMV art.338.

SECCIÓN 2

Condición de empresario o profesional

(LIVA art.5)

190

200

Pregunta
¿El concepto de empresario o profesional está definido a los efectos del IVA?

Sí. La LIVA art.5.Uno define este concepto e incluye lo que podríamos definir como **dos acepciones** distintas:

a) Un concepto **general** de empresario o profesional que es bastante coincidente con el existente a los efectos de otros tributos (ver preguntas nº 205 y nº 240).

b) Unos conceptos **especiales** que son propios del IVA y que no tienen paralelo en otras figuras tributarias (ver preguntas nº 290 s.).

205

Pregunta
¿El concepto de empresario o profesional a los efectos del IVA es coincidente con el existente en otros tributos?

Depende del concepto que se adopte.

El que se ha denominado como **concepto general**, que se define por la LIVA art.5.Uno.a), de manera conjunta con el apartado dos de este mismo precepto, sí que se puede considerar coincidente con el existente en otros ámbitos de nuestro Derecho tributario, básicamente, con el establecido en la LIRPF art.27.1 cuando define las actividades económicas.

Por el contrario, si se atiende a los **conceptos especiales** de empresario o profesional que se establecen en la LIVA art.5.Uno letras b) a e), hay que entender que se trata de supuestos específicos propios del IVA en los que quien se califica conforme a los mismos como empresario o profesional no necesariamente ha de tener esta condición a otros efectos tributarios. Un ejemplo claro de lo anterior es el de los **arrendadores de inmuebles**, calificados como empresarios o profesionales a los efectos del IVA y cuyos rendimientos, en general, se califican como del capital inmobiliario a los efectos del IRPF, admitiendo su calificación como de la actividad económica exclusivamente cuando se cumplen unos requisitos establecidos al efecto en su normativa específica (LIRPF art.27.2).

210

Pregunta
¿Qué relevancia tiene, en el ámbito del IVA, el concepto de empresario o profesional?

Se trata de un concepto que incide en varias cuestiones.

La más relevante, sin duda, es la de determinar la **sujeción** al impuesto de las entregas de bienes y prestaciones de servicios, que sólo están sujetas al IVA cuando se realizan por empresarios o profesionales en el desarrollo de su actividad como tales, no en otro caso. Lo mismo cabe decir de las AIB, aunque estas también se sujetan a imposición cuando se efectúan por entidades jurídicas que no actúan como empresarios o profesionales, si bien se trata de casos excepcionales (ver pregunta nº 13342).

Como es sabido, la realización de operaciones sujetas a IVA no sólo determina la obligación de tributar por este impuesto, sino que también supone la necesidad de cumplir ciertas **obligaciones formales**. Por tanto, la condición de empresario o profesional también implica el cumplimiento de dichas obligaciones de carácter formal. Finalmente, la propia mecánica de liquidación del IVA también se puede ver incidida por el hecho de que el destinatario de una operación sea empresario o profesional actuando en el desarrollo de su actividad. Como elementos en los que puede incidir esta circunstancia, podríamos mencionar los siguientes:

a) La posibilidad de **renunciar a la exención** en las operaciones inmobiliarias, que se subordina a la condición de empresario o profesional con derecho a la deducción del adquirente de los inmuebles (LIVA art.20.Dos). Lo mismo se establece en relación con el REAV (LIVA art.147).

b) La aplicación del mecanismo de **inversión del sujeto pasivo** cuando las operaciones se realizan por no establecidos en el TIVA y sus destinatarios son empresarios o profesionales que sí están establecidos en el mismo, así como en relación con determinadas ejecuciones de obra (LIVA art.84.Uno.2º).

c) La posibilidad de **rectificar la repercusión** del tributo cuando esta no se ha determinado correctamente, la cual, además de otros requisitos, se condiciona a que el destinatario de la operación sea empresario o profesional, al excluirse, con excepciones muy contadas, cuando se trata de cuotas repercutidas a consumidores finales (LIVA art.89.Tres).

d) Probablemente el más importante de todos, el requisito subjetivo del **derecho a la deducción**, del que sólo disponen los empresarios o profesionales (LIVA art.93).

215

Pregunta
¿Son coincidentes los conceptos «empresario o profesional» y «sujeto pasivo»?

No. **Empresario o profesional** es quien cumple los requisitos o se encuentra en alguna de las situaciones que establece la LIVA art.5, lo cual implica, como consecuencia fundamental, el cumplimiento del elemento subjetivo del hecho imponible y la sujeción de las operaciones al IVA, supuesto que se cumplan los demás requisitos o condiciones establecidas al efecto.

Por el contrario, **sujeto pasivo** del impuesto es quien resulta obligado a su ingreso a la Hacienda pública por venir así establecido en la LIVA art.84 a 86, ello en función de las características de la operación de que se trate. Son conceptos distintos.

En muchas ocasiones, son conceptos coincidentes, ya que el empresario o profesional que realiza una operación es quien tiene la condición de sujeto pasivo del IVA que la grava. De hecho, así es en la mayoría de los casos. No obstante, no siempre es así. El ejemplo más claro se produce en los supuestos en que se aplica la **inversión del sujeto pasivo**, en los que el empresario o profesional que realiza la transacción sujeta al impuesto es el vendedor y sin embargo es el cliente o destinatario de la operación quien ha de ingresar a la Hacienda pública el tributo correspondiente a dicha operación.

Es importante señalar que la **terminología** que utiliza la LIVA no es coincidente con la que usa la normativa comunitaria (Dir 2006/112/CE), ya que esta califica como sujeto pasivo a quien desarrolla actividades económicas, esto es, a quien la LIVA denomina empresario o profesional. A su vez, el obligado al pago del IVA es calificado por la Directiva como deudor del impuesto, esto es a quien la LIVA configura como sujeto pasivo del tributo. La diferencia, en cualquier caso, es meramente terminológica.

I. Concepto general de empresario o profesional

240

Pregunta
¿Cuál es el concepto general de empresario o profesional?

El que define la LIVA art.5.Uno.a), conforme al cual es empresario o profesional quien desarrolla actividades empresariales o profesionales.

Por su parte, la LIVA art.5.Dos califica como **actividades empresariales o profesionales** las que implican la ordenación por cuenta propia de factores de producción materiales y humanos o de uno de ellos, con la finalidad de intervenir en la producción o distribución de bienes o servicios. La misma norma señala que, en particular, tienen esta consideración las actividades extractivas, de fabricación, comercio y prestación de servicios, incluidas las de artesanía, agrícolas, forestales, ganaderas, pesqueras, de construcción, mineras y el ejercicio de profesiones liberales y artísticas.

A partir de la definición que ofrece la norma, los **requisitos** que se pueden exigir para calificar una actividad como empresarial o profesional son los siguientes:

a) La **ordenación de medios de producción materiales o humanos**, esto es, la adopción de decisiones en el ámbito mercantil o profesional. Es importante señalar que no hay un **umbral mínimo** en cuanto a las actividades empresariales, por lo que se puede tener la condición de empresario o profesional aunque los medios ordenados o administrados no sean especialmente relevantes (ver pregunta nº 255).

b) La **actuación por cuenta propia**, esto es, la asunción del riesgo y ventura de las operaciones, de forma que el resultado, positivo o negativo, de las actividades desarrolladas, corresponda a quien las lleva adelante, que es quien tiene la condición de empresario o profesional. Es importante no confundir este requisito con la actuación con ánimo de lucro, que carece de consecuencias a estos efectos (ver pregunta nº 260).

c) La **intervención en el mercado**, ya que las actividades implican la intervención en la producción o distribución de bienes o servicios.

Cumplidos todos y cada uno de estos requisitos, quienes desarrollen las actividades respectivas han de ser considerados como empresarios o profesionales a los efectos del IVA.

245

Pregunta
¿Es empresario o profesional quien realiza exclusivamente operaciones a título gratuito?

No, tal y como dispone la LIVA art.5.Uno.a) segundo párrafo. Por tanto, aunque se desarrolle una actividad que cumpla todos los requisitos para ser considerada como empresarial o profesional, si quien la desarrolla realiza únicamente operaciones a título gratuito, este queda excluido de la condición de empresario o profesional.

Esta norma especial excluye a las **entidades mercantiles**, las cuales, no obstante, ya no tienen la condición de empresario o profesional en todo caso, existiendo una presunción conforme a la cual se las considera empresarias o profesionales salvo prueba en contrario (ver pregunta nº 310 s.).

Debe señalarse que muchas de las entidades que funcionan a título gratuito, esto es, que no perciben precios por las operaciones que realicen, tampoco cumplen los **requisitos** para ser consideradas como empresarias o profesionales conforme a la delimitación general de este concepto, por lo que para ellas la norma es aclarativa. En otros casos, no es así.

También hay que precisar que, en muchos casos, lo que ocurre es simplemente que hay entidades que no realizan operaciones que se puedan considerar entregas de bienes o prestaciones de servicios, por lo que ni siquiera tiene sentido el análisis de su calificación como empresarios o profesionales.

247 Ejemplo La fundación Z se dedica a propiciar la mejor integración de los discapacitados físicos en la sociedad, para lo cual concede becas de estudio. Esta entidad se nutre de aportaciones de origen diverso en forma de donativos y subvenciones.
La actividad que desarrolla esta fundación no se puede considerar como empresarial o profesional, dada la naturaleza de sus actividades.
Con el tiempo, esta fundación incrementa sus fondos y decide construir una residencia en Madrid para estudiantes que cursan sus estudios en la capital. Todos los estudiantes están becados, por lo que la estancia en la residencia es gratuita.
Los servicios prestados en la residencia se podrían considerar empresariales o profesionales; no obstante, el hecho de que se trate de operaciones que se realizan en todo caso a título gratuito excluye a la entidad de la condición de empresario o profesional, por lo que dichas operaciones se sitúan fuera del ámbito de aplicación del impuesto.

250 **Pregunta**
Este concepto general de empresario o profesional a los efectos del IVA, ¿coincide con el de quien obtiene rendimientos de la actividad económica en el ámbito del IRPF?

Tal y como se definen estos conceptos en ambas leyes, puede concluirse que sí. Conviene recordar que la **jurisprudencia** ha ido huyendo del principio de estanqueidad tributaria, de forma que, existiendo definiciones muy coincidentes en las leyes de regulación de ambos tributos, se puede considerar que se trata de conceptos coincidentes. La defensa de que en determinados casos existen actividades que han de recibir calificaciones en uno y otro tributo, más allá de supuestos en los que la normativa vigente así lo establezca –como ocurre con las actividades de arrendamiento inmobiliario–, no parece tarea fácil.

255 **Pregunta**
¿Existe algún tipo de umbral mínimo por debajo del cual se considere que no se puede tener la condición de empresario o profesional?

No. Esta es una posibilidad u opción legislativa que contempla la **normativa comunitaria**, pero de la que no se ha hecho uso en España, a diferencia de lo que ocurre en otros Estados comunitarios, en los que a las personas o entidades que no superan un cierto volumen de operaciones los excluyen de la condición de empresario o profesional, por lo cual ni repercuten IVA ni tienen derecho a la deducción del IVA que soportan por sus aprovisionamientos (Dir 2006/112/CE art.282 s.).
En España, para las **pequeñas empresas** hay varios regímenes especiales –simplificado, de recargo de equivalencia, de agricultura, ganadería y pesca o del criterio de caja–, pero que en ningún caso excluye a quienes los aplican de la condición de empresario o profesional.
Esta inexistencia de un umbral mínimo de sujeción ha dado lugar a que la DGT declare sujetas a IVA operaciones o actividades desarrolladas por quienes cabe suponer que habrían de tener un volumen de operaciones muy reducido, como pueden ser encuestadores ocasionales o recolectores de frutos silvestres.

260 **Pregunta**
¿La condición de empresario o profesional está subordinada a que se actúe con ánimo de lucro?

No. La LIVA art.4.Tres es contundente en este sentido. La sujeción al IVA es independiente de la **intención o finalidad** con la que se realizan las operaciones o actividades. Por tanto, las entidades que desarrollan actividades u operaciones respecto de las cuales actúan sin ánimo de lucro tienen la condición de empresario o profesional y sus actividades están sujetas al IVA exactamente en los mismos términos que otras personas o entidades que actúen para la obtención de una rentabilidad.

No debe confundirse lo anterior con la posibilidad de que estas entidades realicen **exclusivamente operaciones a título gratuito**, en cuyo caso quedarían excluidas de la condición de empresario o profesional por mandato de la LIVA art.5.Uno.a) segundo párrafo (ver pregunta nº 245).
Tampoco hay que confundir esta circunstancia con el hecho de que ciertas **exenciones** en el IVA estén reservadas a entidades públicas o privadas de carácter social, las cuales, entre otros requisitos, se definen por la ausencia de lucro (ver pregunta nº 4250 s.). De hecho, la exención de las actividades u operaciones parte de su sujeción, por lo que difícilmente se podría hablar de operaciones exentas de no ser porque se trata de operaciones que están sujetas a imposición.

Pregunta 265
¿Qué obligaciones tienen los empresarios o profesionales a los efectos del IVA?

Las que define la normativa, que son las siguientes (LIVA art.164.Uno):
a) Presentar **declaraciones** relativas al comienzo, modificación y cese de las actividades que determinen su sujeción al impuesto.
b) Solicitar de la Administración el **NIF**, comunicarlo y acreditarlo en los supuestos que se establezcan.
c) Expedir y entregar **factura** de todas sus operaciones, ajustada a lo que se determine reglamentariamente.
d) Llevar la **contabilidad** y los registros que se establezcan, sin perjuicio de lo dispuesto en el Código de Comercio y demás normas contables.
e) Presentar periódicamente o a requerimiento de la Administración, información relativa a sus **operaciones económicas con terceras personas**.
f) Presentar las **autoliquidaciones** correspondientes e ingresar el importe del impuesto resultante. Además, deben presentar una declaración-resumen anual.
g) Nombrar un **representante** a efectos del cumplimiento de las obligaciones impuestas en la LIVA cuando se trate de sujetos pasivos no establecidos en la Comunidad, salvo que se encuentren establecidos en Canarias, Ceuta o Melilla, o en un Estado con el que existan instrumentos de asistencia mutua análogos a los instituidos en la Comunidad.
Estas obligaciones se desarrollan por normas reglamentarias, que se analizan en los epígrafes correspondientes.
Hay que señalar que la norma establece estas obligaciones para los sujetos pasivos del impuesto; no obstante, se extienden estas obligaciones a quienes, sin ser sujetos pasivos del tributo, tengan la condición de empresario o profesional (LIVA art.164.Tres).

Pregunta 270
¿Cuándo se adquiere la condición de empresario o profesional?

Tal y como señala la LIVA art.5.Dos tercer párrafo, desde el momento en que se inicie la adquisición de bienes o servicios con la intención, confirmada por elementos objetivos, de destinarlos al desarrollo de las actividades empresariales o profesionales.
Esta **antelación** en el inicio de las actividades empresariales o profesionales con respecto a lo que sería el comienzo de las operaciones activas, las entregas de bienes o prestaciones de servicios, tiene como efecto fundamental la posibilidad que se reconoce, a quienes se han convertido así en empresarios o profesionales, de deducir las cuotas que soportan por estos primeros aprovisionamientos de la actividad. No existiendo cuotas devengadas y repercutidas, es de suponer que estas deducciones iniciales dan lugar en muchas ocasiones a devoluciones por IVA (ver preguntas nº 11560 s. y nº 11750 s.).

II. Conceptos especiales de empresario o profesional

290

295

Pregunta
¿Existen conceptos especiales de empresario o profesional?

No se trata de un concepto acuñado como tal en la LIVA; sin embargo, junto con el concepto que delimita la LIVA art.5.Uno.a) en relación con el art.5.dos, que es coincidente con el existente en otros ámbitos de nuestro sistema fiscal (ver pregunta nº 240), hay otros supuestos en los que la LIVA determina el estatuto de empresario o profesional de determinadas personas o entidades a los que, por razón de su **especificidad**, podemos calificar como conceptos especiales de empresario o profesional exclusivamente a los efectos del IVA.
En consecuencia, y a pesar de no tratarse de un concepto definido como tal por la norma, se puede considerar que sí que existen unos conceptos especiales de empresario o profesional propios del IVA.

300

Pregunta
¿Tiene alguna relevancia el concepto o modalidad por la que una persona o entidad alcanza la condición de empresario o profesional?

No. El precepto específico en cuya aplicación una persona o entidad haya de ser calificada como empresario o profesional es irrelevante. Una vez se tiene esta condición, la mecánica de funcionamiento del IVA opera en los mismos términos para cualquiera de los empresarios que establece la LIVA art.5 (sin perjuicio de las especificidades que pudieran ser aplicables en cada caso por otras razones).
Únicamente deja de ser así en relación con los empresarios o profesionales que se califican así por realizar **entregas intracomunitarias de medios de transporte nuevo** (LIVA art.5.Uno.e), en los que esta condición alcanza únicamente a las citadas transmisiones y a las cuotas soportadas en la adquisición de los referidos medios de transporte, todo ello por mandato expreso de la norma (ver pregunta nº 13390).

A. Sociedades mercantiles

310

Pregunta
¿Las sociedades mercantiles son empresarios o profesionales en todo caso?

No. A consecuencia del cambio operado en la LIVA por la L 4/2008, ya no se reputa a las sociedades mercantiles como empresarios o profesionales en todo caso (LIVA art.5.Uno.b). En lugar de esta dicción, la norma establece la **presunción** de la condición de empresario o profesional de estas entidades, que opera salvo prueba en contrario.
En línea con lo anterior, la redacción de la LIVA art.4.Dos.a) ya no establece la **sujeción** incondicionada de las entregas de bienes y prestaciones de servicios realizadas por las entidades mercantiles, sino que la limita a los supuestos en que estas tengan la condición de empresarios o profesionales, referencia que debería completarse indicando que, además de tener esta condición, actúen como tales.

Pregunta
¿En qué términos se presumen empresarios o profesionales las sociedades mercantiles? 315

En los mismos que cualquier otra persona o entidad, esto es, en atención a la naturaleza o características de las **operaciones o actividades** que realicen. En consecuencia, en la medida en que realicen operaciones o actividades que, de acuerdo con la definición que establece la LIVA art.5.Dos, hayan de considerarse como empresariales o profesionales (ver pregunta nº 240), estas entidades deben ser consideradas como empresarios o profesionales. En otro caso, su actuación habrá de considerarse efectuada como consumidores finales.
Es de ver que en la mayor parte de las ocasiones las operaciones y actividades que se desarrollan por estas entidades son empresariales o profesionales por su propia naturaleza, por lo que no se suscitan dudas en este particular. No obstante, hay otros casos en que determinadas entidades presentan características que impiden que se las califique como empresarios o profesionales. Estas situaciones han dado lugar a una **jurisprudencia comunitaria** relativamente copiosa en la que a entidades que se limitaban a ostentar la propiedad en el capital de otras se les denegaba la condición de sujeto pasivo de IVA (TJUE 20-6-91, asunto Polysar C-60/90) salvo que dicha participación fuera acompañada de una intervención en las actividades de la entidad participada (TJUE 14-11-00, asunto Floridienne y Berginvest C-142/99; 27-9-01, asunto Cibo C-16/00).
La modificación de la LIVA efectuada por la L 4/2008 pretende adaptarla a esta jurisprudencia. Es importante señalar que esta jurisprudencia ya había tenido eco en la **doctrina española**. Así, la DGT, en diversas contestaciones a consultas había considerado fuera del ámbito de aplicación del impuesto ciertas operaciones realizadas por entidades mercantiles, en el entendido de que las mismas carecían de la condición de empresario o profesional (DGT 25-9-03; CV 5-7-07, entre otras). De igual modo se ha pronunciado el TEAC, al denegar el derecho a la deducción a una entidad mercantil que había adquirido unos terrenos y no había acreditado su destino a una actividad empresarial (TEAC 11-7-07, 19-2-14, o 25-6-19).

Pregunta
¿Qué naturaleza tiene la presunción de empresario o profesional que se establece para las entidades mercantiles? 320

Se trata de una presunción que admite **contraprueba**, esto es, de una presunción iuris tantum, tal y como señala expresamente la norma.
En consecuencia, se presume el estatuto de empresario o profesional para cualquier entidad mercantil, pero se admite que se acredite lo contrario, esto es, que la entidad de que se trate en cada caso carece de dicha condición.

Pregunta
¿A quién incumbe la prueba de que una entidad mercantil es empresario o profesional o no lo es? 325

A quien convenga. En caso de que sea el contribuyente, la LGT art.105 es contundente cuando señala que, en los procedimientos de aplicación de los tributos, quien haga valer su derecho debe probar los hechos constitutivos del mismo. En consecuencia, si en un determinado procedimiento un **contribuyente** considera que le resulta conveniente alegar que, a pesar de tener la condición de entidad mercantil, no es empresario o profesional, es dicho contribuyente quien debe demostrar que la naturaleza de sus operaciones o actividades no permiten que se le atribuya este calificativo.
Cuando es la **Administración Tributaria** la que pretende una determinada conclusión, hay que tener en cuenta dos circunstancias importantes:

a) En primer lugar, que conforme a las **funciones y facultades** que corresponden a la Inspección de los tributos, esta ha de investigar y comprobar el total de los hechos y valoraciones que sean relevantes para la determinación de la deuda tributaria de un contribuyente, y no sólo las que le conduzcan a la práctica de una liquidación tributaria (LGT art.141).
b) En segundo lugar, que en función de las **circunstancias** de cada caso y de la Administración actuante, puede ocurrir que la liquidación tributaria sea procedente o no en función de que la entidad controvertida tenga o no la condición de empresario o profesional:

327 Ejemplo Una entidad promotora ha comprado unos terrenos a otra entidad mercantil, que repercutió IVA en la venta, que se realizó por 2.000.000 €.
Si la Inspección de los tributos llega a la conclusión de que la vendedora no debía repercutir el tributo, debe regularizar esta cuota tributaria, que no se habrá repercutido con arreglo a derecho. En este caso, si el interés de la Administración es practicar una liquidación tributaria, debe denegar la condición de empresaria o profesional de la vendedora. Lo anterior ha de entenderse sin perjuicio de la regularización íntegra de la situación del contribuyente.

330 **Pregunta**
¿Cuándo cabe considerar que una entidad mercantil carece de la condición de empresario o profesional?

Cuando desarrolle actividades que no se puedan considerar como empresariales o profesionales de acuerdo con la definición que ofrece la LIVA art.5.Dos. Un ejemplo típico de lo anterior es el caso de las sociedades que son meros **vehículos de inversión**, esto es, que no realizan actividades diferentes a la mera adquisición y posterior transmisión de activos.

335 **Pregunta**
¿Puede ocurrir que una entidad mercantil sea empresario o profesional únicamente en relación con una parte de sus actividades?

Sí, del mismo modo que para cualquier otra entidad que sea empresario o profesional.
Así lo ha reconocido el TJUE 29-4-04, asunto EDM C-77/01, o TJUE 16-7-15, asunto Larentia + Minerva C108/14 y C109/14, entre otras, en la que se admite que una entidad mercantil tenga a la vez la condición de empresario o profesional y de consumidor final.
En el **ámbito interno** también se ha llegado a esta conclusión en situaciones como las de las sociedades públicas que actúan a la vez para el ente público propietario del 100% de su capital y para terceros, a las cuales la DGT les reconoce la condición de empresarios o profesionales exclusivamente respecto a la segunda de sus facetas de actividad. A la misma conclusión se ha llegado en relación con entidades holding que, en relación con algunas de sus filiales se limitan a participar en su capital y recibir dividendos, prestando servicios a las demás, supuesto en el cual las citadas entidades holding se consideran sujetos pasivos mixtos.
Esta **dualidad** en la condición de estas entidades plantea fundamentalmente el problema de la determinación del IVA deducible cuando utilizan bienes y derechos de manera simultánea en ámbitos de su actividad respecto de las cuales se las puede considerar como empresarios o profesionales, y en otros respecto a los cuales carecen de esta condición (ver pregunta nº 10290), en los cuales habrá que admitir una deducción parcial del IVA soportado.

B. Explotación de un bien para obtener ingresos continuados

350

Pregunta
¿Son empresarios o profesionales en todo caso quienes obtienen ingresos continuados en el tiempo?

No. De acuerdo con la LIVA art.5.Uno.c), los **requisitos** que han de concurrir para que se produzca la sujeción al tributo por este concepto son los siguientes:

a) Debe haber una **entrega de bienes o prestación de servicios** que genere los citados ingresos continuados en el tiempo. Los conceptos entrega de bienes y prestación de servicios son, respectivamente, los que define la LIVA art.8 y 11. A falta de dicha entrega de bienes o prestación de servicios no opera la norma de sujeción.

b) La citada entrega de bienes o prestación de servicios ha de generar **ingresos** sobre una base temporal continuada.

En consecuencia, la **continuidad** en los ingresos no atribuye por sí misma la condición de empresario o profesional. Esta obtención de ingresos continuados ha de producirse como consecuencia de la realización de una entrega de bienes o prestación de servicios. Así, cuando los ingresos derivan de la mera propiedad de un título financiero, sin que se pueda considerar que se está procediendo a su explotación, no cabe atribuir a quien los obtuvo la consideración de empresario o profesional (TJUE 20-6-91, asunto Polysar C-60/90).

La obtención de ingresos por **arrendamientos inmobiliarios** no se puede equiparar a la obtención de la rentabilidad que corresponde a un título financiero, por lo que dichos arrendamientos van a atribuir la condición de empresario o profesional a su titular en todo caso. La misma sentencia Polysar que se ha citado se pronuncia en este sentido, contraponiendo su contenido al de la sentencia TJUE 4-12-90, asunto Van Tiem C-186/89.

355

Pregunta
La continuidad que puede atribuir la condición de empresario o profesional, ¿se refiere a los ingresos o a las prestaciones?

En buena lógica, esta continuidad habría de apreciarse por referencia a la prestación, no a la forma en que se perciba el precio o contraprestación, aunque se trata de una **cuestión dudosa**.

A estos efectos, hay que citar la sentencia del TJUE 4-12-90, asunto Van Tiem, C-186/89, a partir de la cual cabe inferir que el Tribunal aboga igualmente por el criterio de continuidad en la prestación, como parece que se deduce del principio de neutralidad del tributo.

En este sentido se ha pronunciado la DGT al señalar que el requisito de continuidad ha de referirse a la prestación en sí misma considerada y no a los ingresos que se obtengan por ella (DGT 14-4-03).

C. Urbanizadores, promotores, constructores y rehabilitadores

360

1. Urbanizadores ocasionales

370

Pregunta
¿Con qué requisitos se atribuye la condición de empresario o profesional a los urbanizadores de terrenos?

De acuerdo con la LIVA art.5.Uno.d), a condición de que se urbanicen terrenos con la intención de proceder a su venta, adjudicación o cesión por cualquier título.
Por tanto, los **requisitos** que han de concurrir para calificar como empresario o profesional a los efectos del IVA al urbanizador ocasional son los siguientes:
a) Que se realice una labor de urbanización de terrenos.
b) Que dicha urbanización se lleve a cabo con la intención de proceder a la venta, adjudicación o cesión de los terrenos por cualquier título.

375

Pregunta
¿Qué consecuencias tiene el hecho de que se considere empresario o profesional a los efectos del IVA a un urbanizador ocasional?

La aplicación del IVA en sus condiciones habituales, esto es, el **derecho a la deducción** de las cuotas soportadas por los bienes y servicios adquiridos en relación con la actividad y la sujeción de las operaciones que se realicen en desarrollo de esta.
Las cuotas que razonablemente pueden deducir los urbanizadores ocasionales que sean calificados como empresarios o profesionales son las que soporten con ocasión del desarrollo del proceso urbanístico.
Es importante no confundir lo anterior con la especificación de los servicios que atribuyen a quien los soporta la condición de empresario o profesional, que serán únicamente las correspondientes a los servicios de urbanización en sí mismos, no los correspondientes a fases previas (ello para quienes se conviertan en empresarios o profesionales por razón de la urbanización de terrenos y no la tuvieran previamente, sea por la adquisición de los terrenos con dicha intención, sea por otras actividades).
Desde el 31-10-2012, a las ejecuciones de obra que se efectúen para urbanizadores que tengan la condición de empresarios o profesionales se les aplica la inversión del sujeto pasivo, por lo que ya no se produce la repercusión del tributo, sino que es el destinatario quien procede a la autoliquidación del impuesto.
En cuanto a **operaciones activas** que pueden realizar, se trata fundamentalmente de la venta de los terrenos una vez finalice el proceso (o antes, aunque en este caso a reserva de que efectivamente se haya adquirido la condición de empresario o profesional).
Es importante señalar que estos empresarios o profesionales lo van a ser exclusivamente en relación con la actividad urbanística que estén desarrollando o de la que sean parte, pero no respecto del resto de sus actividades u operaciones.

380

Pregunta
¿Las condiciones en las que se atribuye el estatuto de empresario o profesional en el IVA a un urbanizador ocasional son trasladables a otros tributos?

No. La LIVA art.5.Uno.d), que es la que determina la adquisición de la condición de empresario o profesional para los urbanizadores ocasionales, carece de trasunto en otras disposiciones tributarias, por lo que no cabe la traslación de los requisitos que hay en la norma (ver pregunta nº 370), la jurisprudencia o la doctrina administrativa a otros ámbitos que no sean el propio IVA.

Pregunta 385
¿Cómo se puede acreditar que la intención con la que se urbaniza un terreno es proceder a su venta, cesión o adjudicación por cualquier título?

A través de cualquier medio de prueba admitido en Derecho, como cualquier otra circunstancia con relevancia tributaria. En el supuesto de que sea el contribuyente quien pretenda apelar a su condición de empresario o profesional, previsiblemente, para deducir el IVA soportado, será este quien deba aportar los **elementos de prueba** correspondientes.

Este requisito se puede replantear, señalando que la urbanización de los terrenos determinará la adquisición de la condición de empresario o profesional exclusivamente cuando se realice con intención de su puesta en el mercado. De este modo, la urbanización de terrenos para **consumo propio** no atribuiría la condición de empresario o profesional; cualquier otro tipo de actividad urbanizadora, dirigida al mercado, sí que produciría este efecto.

La **determinación de la intención** con la que se acomete una actividad puede resultar una labor de gran complejidad con carácter general; no obstante, en el ámbito de los procesos urbanísticos hay un elemento que puede ser de gran ayuda, que es la naturaleza de los terrenos. De este modo, si los terrenos edificables que van a resultar, sea por su uso (no residencial), sea por su extensión, no admiten otra utilización que la empresarial, de forma que es inviable un consumo privado de los mismos, habría que admitir la referida intención de puesta en el mercado, constituyendo en empresario o profesional a quien los haya urbanizado.

El RIVA art.27 apoya este argumento cuando hace referencia a la **naturaleza de los bienes y servicios** adquiridos como uno de los elementos que permite determinar si la intención con la que se adquirieron es la de utilizarlos en una actividad empresarial, admitiendo de este modo la deducción del IVA soportado aunque la citada actividad todavía no se haya iniciado.

Ocurre en ocasiones que se adquieren **terrenos rústicos** con vistas a su ulterior urbanización de manera más o menos mediata. Esta situación o uso de los terrenos puede hacer dudar de su destino último, agrario o constructivo. En estas situaciones, un elemento adicional al que se puede prestar atención es el del precio pagado por estos terrenos, el cual, en muchas ocasiones es completamente incompatible, desde un punto de vista empresarial, con su uso en actividades agrarias.

Pregunta 390
¿Qué se puede considerar como urbanización de terrenos?

A estos efectos, se trata de un **concepto físico o material** y no jurídico o de otra índole. Así lo ha interpretado la DGT, que ha partido de la noción de urbanizar como actividad consistente en dotar a un terreno de las infraestructuras necesarias para que se convierta en terreno urbano, de forma que, una vez que se cumplan las especificaciones que determine el instrumento de planeamiento que corresponda, pueda ser calificado como solar (DGT 29-4-98; 31-10-01, entre otras). A partir de esta definición física, este mismo Centro Directivo ha señalado que por **terreno en curso de urbanización** ha de entenderse aquel en el que se han iniciado de forma efectiva las obras de urbanización, sin que se haya admitido que tenga esta calificación el terreno que sólo ha sido recalificado ni el terreno que ha sido incluido en una unidad de ejecución o polígono de actuación, ya que en ninguna de estas fases se ha iniciado la realización de las obras.

Este criterio resultó controvertido, aunque hoy día ya no es así, ya que la controversia ha sido resuelta por el TS, que ha fijado su **jurisprudencia** dando por bueno el criterio administrativo (TS 11-10-04, EDJ 15819; 8-11-04, EDJ 192490 entre otras).

Esta condición está estrechamente vinculada con la **norma de exención** que se contiene en la LIVA art.20.Uno.20º (ver pregunta nº 4730), en el que se establece la exención de las entregas de terrenos rústicos y la no exención de las entregas de terrenos edificables y de terrenos en curso de urbanización, a condición, en este segundo caso, de que dichas entregas se hayan realizado por los promotores de su urbanización.

La DGT ha reinterpretado los criterios del TS considerando que a lo que hay que atender es a la **asunción de las cargas urbanísticas** propias del proceso urbanístico, de forma que, una vez atendidas dichas cargas, total o parcialmente, en dinero o en especie, es cuando ha de considerarse al propietario de los terrenos como empresario o profesional en tanto que propietario de terrenos, cuanto menos, en curso de urbanización (DGT CV 17-6-05; CV 27-6-16; CV 6-3-18), criterio igualmente aceptado por el TS (TS 28-10-15, EDJ 192679).

El **propietario** de suelo que lo urbaniza y, finalizado el proceso, procede a su venta, se ha convertido en empresario o profesional. Es el supuesto sencillo en la aplicación de la LIVA art.5.Uno.d) a los urbanizadores ocasionales.

Las dudas se suscitan con el propietario de suelo que, iniciado un proceso urbanístico, en un momento dado decide salir de él mediante la venta de sus derechos. Si se puede llegar a la conclusión de que efectivamente se ha iniciado la urbanización de estos terrenos, en los términos que hemos descrito, se producen dos **efectos** importantes:

a) Dicho propietario se habrá convertido en empresario o profesional respecto a dichos terrenos, por lo que su venta está **sujeta** a IVA.

b) La entrega de los terrenos, en cuanto tiene por objeto terrenos en curso de urbanización y se realiza por el promotor de dicha urbanización, queda excluida de la **exención**.

Este inicio de la urbanización, como se ha dicho, se considera efectuado cuando se comienza a asumir, en tiempo y forma, la carga urbanística que corresponda a cada propietario.

395

Pregunta

¿Cómo tributa la urbanización de terrenos que se paga en especie?

En principio, en las mismas condiciones que la urbanización de terrenos cuando se pagan las derramas de urbanización en efectivo. No obstante, hay dos **diferencias** que se deben tener en cuenta:

a) En primer lugar, la determinación de cuándo se hace el pago en especie, sobre todo cuando este se realiza con el propio proyecto de reparcelación o de compensación.

b) A continuación, la concreción de si los terrenos que se entregan como pago de los servicios de urbanización se han de considerar sujetos a IVA en su entrega.

La primera de estas cuestiones, esto es, la concreción o determinación del **momento** en el que han de considerarse entregados los terrenos cuando la urbanización se paga en especie, ha sido resuelta por la DGT por referencia al momento en que surte efecto el proyecto de compensación o de reparcelación, siempre que se trate de un momento que sea común al conjunto de los propietarios incluidos en la unidad de ejecución o ámbito geográfico de actuación. Considerando que esta cuestión se establece por las normas autonómicas que regulan la ejecución del planeamiento, la DGT no ha hecho un pronunciamiento preciso, sino que se ha limitado a establecer que, de las fechas que pudieran ser relevantes a este respecto (anuncio en boletines oficiales, inserción de anuncios en tablones municipales o presentación a inscripción en el Registro de la propiedad), hay que tomar la primera en la que el proyecto sea conocido, o susceptible de ser conocido, por el conjunto de los propietarios afectados (DGT CV 17-6-05; CV 15-10-09; CV 13-10-17).

Lo señalado en el párrafo anterior es relevante, obviamente, para los supuestos en que el pago en especie trae causa del proyecto de compensación, no así en otro

caso. Para **otro tipo de contratos**, habría que estudiar sus características para determinar la fecha en que ha de dárseles efecto.
En cuanto a la **sujeción** a IVA de los terrenos que se entregan a cambio de los servicios de urbanización, hay dos cuestiones, a su vez, que concretar:
a) En primer lugar, si los **propietarios particulares**, consumidores finales, que entregan dichos terrenos a cambio de la urbanización del resto se pueden considerar como empresarios o profesionales en relación con ellos. Esta cuestión se ha contestado afirmativamente por la DGT, en el entendido de que el proceso urbanístico afecta al total de los terrenos que cada propietario tiene en la unidad de actuación de que se trate, incluyendo, por tanto, a los terrenos que se destinan al pago en especie de las obras de urbanización (DGT CV 17-6-05).
b) Seguidamente, si los citados terrenos se han de considerar **exentos** o no en su entrega. Para contestar a esta cuestión hay que estar a lo que disponga la normativa urbanística y la forma en que se concrete el proyecto de compensación o de reparcelación. Caso de resultar exentos, cabría la renuncia a la exención.

Pregunta 400
¿Cómo se aplica el IVA en la urbanización de terrenos a través del sistema de expropiación?

Con una relativa sencillez, ya que en este sistema el **ayuntamiento** actuante se convierte en propietario de los terrenos incluidos en el polígono o unidad de ejecución, los urbaniza y procede a su venta.
La expropiación de los terrenos está no sujeta en el caso de los propietarios que no tengan la condición de empresarios o profesionales en relación con los terrenos afectados; o sujeta pero exenta en el supuesto de que se trate de empresarios o profesionales a los que se expropian sus terrenos, ya que normalmente tienen la condición de rurales.
Normalmente, las **obras de urbanización** se contratan por el ayuntamiento con una empresa constructora, la cual prestará sus servicios al ayuntamiento en condiciones normales de contratación administrativa. En caso de que las operaciones sean ejecuciones de obra de urbanización de terrenos, como es de esperar, será aplicable la inversión del sujeto pasivo en cuanto se trate de operaciones cuyo devengo se produzca a partir del 31-10-2012 (ver pregunta nº 7050 s.), por lo que será el ayuntamiento el que habrá de autoliquidar el impuesto. En otro caso, se aplicaría la repercusión del tributo en los mismos términos que en cualquier otra operación.
Finalmente, el ayuntamiento, que se ha convertido en empresario o profesional en tanto que ha urbanizado terrenos para su venta, tiene derecho a la **deducción** de las citadas cuotas, tanto las autoliquidadas como las soportadas por repercusión directa, y debe repercutir IVA cuando proceda a la venta de las parcelas así urbanizadas.
La posterior venta de los terrenos así urbanizados por el ayuntamiento estará sujeta y no exenta.

Pregunta 405
¿Cómo se aplica el IVA en la urbanización de terrenos a través del sistema de cooperación?

Separando la situación tributaria de los propietarios y del ayuntamiento actuante.
Recordemos que en este **sistema de ejecución** del planeamiento lo que ocurre es que el ayuntamiento contrata los servicios de urbanización y reparte su importe entre los propietarios de los terrenos afectados por la actuación urbanística.
La actuación del **ayuntamiento** se ha considerado como empresarial o profesional por la DGT de manera reiterada, que ha entendido que a estos efectos hay que entender la actuación del ayuntamiento como la de un mediador en nombre propio en la prestación de los servicios de urbanización.
Las **consecuencias** de lo anterior son, en cierto modo, previsibles:

a) El ayuntamiento puede efectuar la **deducción** del IVA soportado por los servicios relacionados con el desarrollo del proceso urbanístico.
b) Esta **repercusión de costes** a los propietarios ha de considerarse como una prestación de servicios de urbanización, a consecuencia de lo dispuesto por la LIVA art.11.Dos.15º, conforme al cual cuando se media en nombre propio en una prestación de servicios, ha de considerarse que el mediador ha recibido y prestado el mismo servicio, en este caso, la ejecución de obra de urbanización de los terrenos. En la hipótesis de que las operaciones consistan en ejecuciones de obra para la urbanización de terrenos, será aplicable la inversión del sujeto pasivo (ver pregunta nº 7050 s.), por lo que serán los propietarios de los terrenos, empresarios o profesionales, quienes deberán autoliquidar el impuesto. En otro caso, habrá que repercutir el impuesto en condiciones de normalidad.
En cuanto a los **propietarios**, estos han de considerarse empresarios o profesionales exactamente en los mismos términos y con idénticas premisas a las correspondientes al propietario que urbaniza terrenos al margen de una actuación sistemática, esto es, de manera aislada (ver preguntas nº 370 s.). En consecuencia, y supuesto que se urbanizan los terrenos con la intención de proceder a su venta, adjudicación o cesión por cualquier título y que se han asumido el total o al menos una parte de las derramas por gastos de urbanización (en este caso, las giradas por el ayuntamiento) dichos propietarios se convierten en empresarios o profesionales.
Como **consecuencia** de lo anterior:
a) Dichos propietarios pueden efectuar la deducción del IVA que les repercuta el ayuntamiento o que autoliquiden ellos mismos si se aplica la inversión del sujeto pasivo. Es importante, para poder ejercitar este derecho sin problemas, que dichos propietarios dispongan de un documento que cumpla los requisitos que establece el Reglamento sobre obligaciones de facturación para ser considerado como una factura a estos efectos (Rgto Fac art.6).
b) La **venta de los terrenos** por dichos propietarios está sujeta a IVA, en tanto que venta de terrenos edificables o de terrenos en curso de urbanización que se transmiten por los promotores de la urbanización que son, a estos efectos, sus propietarios.

410

Pregunta
¿Cómo se aplica el IVA en la urbanización de terrenos a través del sistema de compensación cuando se actúa a través de juntas de compensación fiduciarias?

La ejecución del planeamiento urbanístico a través de juntas de compensación fiduciarias supone la creación de unas entidades, las juntas de compensación, que, **sin recibir la propiedad** de los terrenos afectados por el proceso de transformación urbanística, se encargan de la contratación centralizada de los servicios necesarios para la urbanización, incluyendo la urbanización misma, repartiendo los gastos correspondientes en sus miembros o componentes. En el análisis de la aplicación del IVA a este sistema hay que distinguir la situación de la junta de compensación y la de los juntacompensantes, componentes de la junta.
En cuanto a la **junta de compensación**, la DGT ha señalado de forma reiterada su carácter de empresario o profesional, en el entendido de que la mediación en nombre propio para los diferentes servicios entre los proveedores de dichos servicios y los juntacompensantes determina el desarrollo, para la junta, de una actividad que ha de calificarse como empresarial (DGT CV 6-11-07; CV 5-11-14, entre otras).
En consecuencia con lo anterior:
a) La junta de compensación puede efectuar la **deducción** de las cuotas de IVA que soporte por los bienes y servicios adquiridos para el desarrollo de su actividad, como cualquier otro empresario o profesional, según se aplique o no la inversión del sujeto pasivo.
b) La junta debe repercutir IVA a los juntacompensantes cuando les exija las **derramas** necesarias para la financiación de sus gastos. La DGT ha admitido que no sea así cuando las citadas cantidades puedan ser calificadas como suplidos, siempre que se cumplan los requisitos para ello (ver pregunta nº 6525). Hay que tener en

cuenta, no obstante, que en las ejecuciones de obra que consistan en la urbanización de terrenos, desde el 31-10-2012 se aplica la inversión del sujeto pasivo (ver nº 7050 s.), por lo que son los propietarios, empresarios o profesionales como se explica a continuación, quienes han de proceder a la autoliquidación del impuesto (DGT CV 21-3-13; CV 2-12-15, entre otras).

Respecto a los **miembros de la junta** de compensación o juntacompensantes, estos se convierten en empresarios o profesionales en los mismos términos que se analizaron respecto a los propietarios que, individualmente, acometen un proceso de transformación urbanística (ver preguntanº 370 s.). La única diferencia o matiz se encuentra en que en este caso los juntacompensantes no pagan los gastos de urbanización a la empresa que realiza las obras de urbanización, sino a la junta de compensación; no obstante, la mediación por parte de este en nombre propio hace que, desde el punto de vista del IVA, deba entenderse que la junta recibe y presta servicios de la misma naturaleza, en este caso, servicios de urbanización de terrenos.

La situación tributaria de los juntacompensantes puede esquematizarse como sigue:

a) Pueden efectuar la **deducción de las cuotas** de IVA que les repercuta la junta de compensación o que autoliquiden ellos, supuesto que cumplan los requisitos generales establecidos al efecto y, entre ellos, la disposición de una factura.

b) La **venta** de los terrenos o derechos de aprovechamiento urbanístico está sujeta al IVA, en tanto que operación realizada por un empresario o profesional, y no exenta al tener por objeto suelo edificable o en curso de urbanización pero, entregado por el promotor de su urbanización.

Estas dos circunstancias se producen a condición de que los propietarios hayan asumido total o parcialmente las derramas por gastos de urbanización, en este caso, exigidas por la junta de compensación.

Adicionalmente, habría que tener en cuenta otras cuestiones, como son las indemnizaciones a propietarios, los proindivisos de resultado o las cesiones obligatorias a ayuntamientos, que se tratan en las preguntas siguientes.

Pregunta 415

¿Cómo se aplica el IVA en la urbanización de terrenos a través del sistema de compensación cuando se actúa a través de juntas de compensación no fiduciarias?

En este caso, la doctrina administrativa entiende que, con ocasión de la integración en la junta de compensación, se produce una entrega de los terrenos afectados por el proceso de transformación urbanística, lo cual hace que la aplicación del IVA sea completamente distinta a la propia de las juntas de compensación fiduciarias. Adicionalmente, hay que tener en cuenta la existencia, hasta el 31-12-2014, de un supuesto específico de **exención** para estas aportaciones y para las devoluciones de los terrenos una vez urbanizados, que se contemplaba en la LIVA art.20.Uno.21º, derogado por la L 28/2014. Suprimida la exención, la aplicación del IVA a juntas de compensación y juntacompensantes cuando aquellas no son fiduciarias sería la que se expone a continuación.

La **junta de compensación** recibe los terrenos normalmente exentos de IVA como terrenos de uso rústico (LIVA art.20.Uno.20º) o no sujetos. No ocurre lo mismo con las **ejecuciones de obra** de urbanización, por las que sí que habrá de soportar el impuesto o autoliquidarlo, según corresponda, como por cualquier otro aprovisionamiento de bienes y servicios.

La **adjudicación de los terrenos** por la junta a los juntacompensantes, una vez acabado el proceso de transformación urbanística, está sujeta y no exenta, por cuanto la exención prevista ad hoc ya no es aplicable y se trata de terrenos urbanizados. Las cantidades dinerarias entregadas por estos mientras dura el proceso urbanístico se consideran a cuenta de esta posterior adjudicación, por lo que resultan igualmente sujetas y no exentas.

Consecuencia de lo anterior, la junta de compensación no fiduciaria puede deducir el IVA que soporta o autoliquida, ya que las operaciones que realiza, o la mayor parte de ellas, están sujetas y no exentas de IVA.
En cuanto a los **juntacompensantes**, la aportación inicial de los terrenos está no sujeta –si se trata de particulares– o sujeta pero exenta porque se trata de terrenos rústicos.
Las **cantidades dinerarias** que aportan mientras dura el proceso urbanístico están sujetas y no exentas, como se ha dicho anteriormente, ya que se caracterizan como pagos a cuenta de la posterior adjudicación de terrenos que hará la junta, que está igualmente sujeta y no exenta.
Finalmente, y como consecuencia de las características del proceso urbanístico, que hacen que estos propietarios hayan dejado de serlo durante el tiempo en que los terrenos se urbanizaban, no se puede considerar que dichos propietarios se hayan convertido en **empresarios o profesionales** en concepto de urbanizadores ocasionales, de forma que los que no tuvieran esta condición siguen sin tenerla y la venta de sus terrenos la harán como particulares, esto es, al margen de la sujeción al IVA. Únicamente tienen el estatuto de empresarios o profesionales aquellos que dispusieran del mismo con carácter previo al desarrollo del proceso urbanístico y se pudiera considerar que tenían los terrenos que se aportaron a la junta de compensación afectos a su actividad empresarial o profesional.

420

Pregunta
¿Están sujetas a IVA las indemnizaciones que se pagan en el desarrollo de los procesos de transformación urbanística?

No. Existe doctrina reiterada de la DGT en la que se ha denegado esta sujeción, en el entendido de que estas indemnizaciones no son contraprestación de ninguna entrega de bienes o prestación de servicios sujeta al IVA.
Así, la DGT 8-2-01, en un caso en el que en los terrenos de uno de los miembros de la junta había una **construcción a demoler** como consecuencia de cuya demolición se atribuye al juntacompensante una cantidad dineraria, señala que hay que tener en cuenta que dicha cantidad se asigna como indemnización por dicha demolición, por lo que su percepción no puede configurarse como contraprestación de una operación sujeta al IVA.
En esta misma contestación, la DGT hace referencia a su **doctrina previa** sobre la cuestión, conforme a la cual, las indemnizaciones por la pérdida de bienes o derechos derivados de la demolición de edificaciones o el arranque de plantaciones, constituían la contraprestación de operaciones sujetas y no exentas del IVA cuando el indemnizado tenía la condición de empresario o profesional actuando en su condición de tal. La DGT señala expresamente que este criterio debe ser modificado, en el entendido de que estas indemnizaciones no son contraprestación de ninguna operación sujeta al impuesto.
Considerando que dichas cantidades se configuran como una indemnización por la demolición de las edificaciones o plantaciones existentes en algunos de los terrenos afectados por el proceso urbanístico, la DGT deduce que las mismas no deben tratarse como contraprestación de operación alguna, habida cuenta de su naturaleza indemnizatoria, no debiendo el **juntacompensante** propietario de los terrenos en los que se encuentren efectuar la repercusión del impuesto en ningún caso.
En una contestación posterior, la misma DGT ha extendido esta configuración de la indemnización a la que recibe un **arrendatario** que era desalojado del edificio que ocupaba, ya que este iba a ser demolido por ser incompatible con la urbanización (DGT 1-4-03) En idéntico sentido se han pronunciado las contestaciones de la DGT CV 26-12-12 o CV 2-12-15.
Es dudoso si la cantidad que, como consecuencia del pago de estas indemnizaciones impute la junta de compensación al resto de los propietarios de terrenos adjudicatarios de las parcelas es mayor base imponible de los servicios prestados o no es así. En principio, la consideración de estas cantidades como **gastos de urbanización**

habría de conducir a la sujeción a IVA; únicamente en el caso de que las mismas se puedan considerar como suplidos, lo que implica el cumplimiento de los requisitos previstos en la LIVA art.78.Tres.3º (ver pregunta nº 6525), dichas cantidades podrían quedar al margen de la tributación.

Pregunta 425

¿Son sujetos pasivos de IVA los proindivisos de resultado que se generan en los procesos urbanísticos?

Por lo general, no, tal y como tiene señalado la DGT. Sobre esta cuestión, la DGT CV 17-6-05 (cuyos criterios se reiteran en DGT CV 2-8-13) analiza las diferentes situaciones que se pueden plantear en cuanto a las situaciones de indivisión como resultado de los procesos urbanísticos.

El punto de partida, recordemos, es la atribución de la **condición de sujeto pasivo** de IVA a comunidades de bienes, herencias yacentes y demás entidades de naturaleza similar que hace la LIVA art.84.Tres, lo cual, aplicado en este contexto, podría conducir a calificar como sujeto pasivo del IVA a la comunidad de bienes que se constituye cuando se atribuye una parcela indivisa a varios propietarios cuyos derechos de aprovechamiento urbanístico se acumulan para dicha adjudicación.

Sin embargo, entiende la DGT que la mera situación de **copropiedad** no implica por sí misma la existencia de una entidad a la que haya de atribuir la condición de empresario o profesional. Únicamente cuando dicha entidad realiza actividades empresariales, sea con carácter previo al proceso urbanístico, sea con posterioridad al mismo, es cuando adquiere dicha condición.

En consecuencia, los supuestos más habituales, en los cuales la copropiedad no es más que el resultado de la **insuficiencia de aprovechamiento** de cada uno de los copropietarios, quedan al margen de la consideración como empresario o profesional por sí mismos. De esta forma se facilita la aplicación del IVA a la posterior transmisión de estas partes indivisas por estos propietarios, que no tienen por qué contar con el resto de los componentes del proindiviso en cuanto al cumplimiento de sus obligaciones tributarias, que, por tanto, pueden cumplir por sí mismos.

Pregunta 430

¿Qué tributación tienen en el IVA las cesiones obligatorias de terrenos a los ayuntamientos?

De acuerdo con la DGT Resol 2/2000, estas cesiones obligatorias no constituyen entregas de bienes ni prestaciones de servicios sujetas a IVA, por lo que no se produce ningún hecho imponible por su realización. Los **propietarios** que efectúen estas cesiones tienen, no obstante, derecho a deducir por completo el IVA que soporten con ocasión del desarrollo del proceso urbanístico. Dicho con otras palabras, estas cesiones obligatorias, a las que la DGT ha restado cualquier tipo de sustantividad a los efectos del IVA, no suponen tampoco ninguna limitación en el derecho a la deducción de los propietarios que las efectúan.

Si los propietarios vinieran obligados por la norma a asumir las cargas de la urbanización de los terrenos en los que se concreten dichas cesiones obligatorias, esta prestación de servicios gratuita que cabe considerar que se realiza con ocasión de dicha urbanización tampoco está sujeta a imposición, lo cual se puede deducir de la LIVA art.7.10º, que establece la no sujeción de las prestaciones de servicios que se realicen a título gratuito y que sean obligatorias para quien las realiza en virtud de normas jurídicas o de convenios colectivos.

En ocasiones, la cesión obligatoria se sustituye por una **compensación en metálico** al ayuntamiento. Esta compensación dineraria ha sido considerada por la DGT extramuros del impuesto, por lo que tampoco se produce ningún hecho imponible de IVA por su realización (DGT CV 5-11-04; CV 7-7-16, entre otras).

Finalmente, ocurre también a veces que el ayuntamiento sustituye la cesión obligatoria por la **construcción**, a costa de los propietarios a los que afecta la cesión obligatoria, de un edificio que luego se entrega al citado ayuntamiento. En estos casos, la DGT (CV 5-7-06; CV 5-5-08), ha entendido que sí se produce una operación sujeta a IVA, al tratarse de la entrega de un edificio por parte de sus promotores al ayuntamiento.

2. Promotores, constructores y rehabilitadores de edificaciones

450

Pregunta
¿Con qué requisitos se atribuye la condición de empresario o profesional a los promotores de la construcción o rehabilitación de edificaciones?

De acuerdo con la LIVA art.5.Uno.d), a condición de que se promueva la construcción o rehabilitación de edificaciones con la **intención** de proceder a su venta, adjudicación o cesión por cualquier título.
Los requisitos que han de concurrir para calificar como empresario o profesional a los efectos del IVA a estos promotores de la construcción o rehabilitación de edificaciones son los siguientes:
a) Que puedan ser considerados como promotores.
b) Que se realice una labor de construcción o rehabilitación de edificaciones.
c) Que dicha construcción o rehabilitación se lleve a cabo con la intención de proceder a la venta, adjudicación o cesión por cualquier título de las edificaciones.

455

Pregunta
¿Qué consecuencias tiene el hecho de que se considere empresario o profesional a los efectos del IVA a un constructor o rehabilitador ocasional?

La aplicación del IVA en sus condiciones habituales, esto es, el derecho a la **deducción** de las cuotas correspondientes a los bienes y servicios adquiridos en relación con la actividad y la sujeción de las operaciones que se realicen en desarrollo de esta.
Es importante señalar que estos empresarios o profesionales lo van a ser **exclusivamente** en relación con la actividad de promoción, construcción o rehabilitación que estén desarrollando o de la que sean parte, pero no respecto del resto de sus actividades u operaciones.

460

Pregunta
¿Quién se puede considerar como promotor a los efectos del IVA?

No hay una definición en la LIVA de lo que cabe considerar como promotor, por lo que, en principio, se podría utilizar el concepto general existente en el Derecho común, fundamentalmente, el definido en la L 38/1999, de Ordenación de la Edificación.
La DGT ha acometido esta cuestión estableciendo que lo relevante para la adquisición de la condición de promotor de una edificación es tener la **condición de propietario** de la obra, tanto si dicha propiedad se acompaña de la propiedad del solar sobre el que se ha construido como si no es así (DGT CV 2-12-08). Cumplidas las especificaciones que establece la normativa sustantiva que señala la DGT, básicamente, la L 38/1999, y supuesto igualmente que se disponga del título que confiera a quien promueva la condición de propietario de lo construido o rehabilitado, hemos de considerar que nos encontramos ante un promotor de edificaciones.
Este promotor, en la medida en que construya o rehabilite para la venta, adjudicación o cesión por cualquier título, es quien se convierte en empresario o profesional, aunque acometa estas actividades de modo ocasional.
El estatuto de promotor también es relevante para la aplicación de la inversión del sujeto pasivo a las ejecuciones de obra para la construcción o rehabilitación de edifi-

caciones, que opera desde el 31-10-2012 (ver pregunta nº 7050 s.). A estos efectos, la aproximación de la DGT ha sido la misma que se había establecido anteriormente, considerando como promotor al dueño de lo construido (DGT CV 27-12-12).

Pregunta 465
¿Qué cabe considerar como construcción de edificaciones a los efectos del IVA?

Este concepto tampoco se define por la LIVA aunque cabe considerar que la construcción de edificaciones es la que ha de conducir, razonablemente, al otorgamiento de escrituras de obra nueva y a la correspondiente inscripción registral, por lo que, salvo en supuestos específicos, no debería tratarse de una cuestión polémica.

Pregunta 470
¿Qué cabe considerar como rehabilitación de edificaciones a los efectos del IVA?

Este concepto se define a los efectos de la LIVA art.20.Uno.22º como aquella obra que tiene por **objeto principal** la reconstrucción de edificaciones mediante la consolidación y el tratamiento de las estructuras, fachadas o cubiertas y otras análogas o conexas, siempre que el coste global de las operaciones de rehabilitación exceda del 25% del precio de adquisición de las mismas si se hubiese efectuado esta durante los dos años inmediatamente anteriores al inicio de las obras de rehabilitación o, en otro caso, del valor de mercado que tuviera la edificación o parte de la misma en el momento de dicho inicio. La misma norma señala expresamente que del precio de adquisición o del valor de mercado de la edificación se descuenta la parte proporcional correspondiente al suelo.
Las obras de rehabilitación se consideran de tal **relevancia** a los efectos del IVA que se asimilan a las de construcción de nueva planta en cuanto a su tratamiento. El desarrollo de este concepto, sin embargo, lo realiza la LIVA art.20.Uno.22º, relativo a la exención de las segundas y ulteriores entregas de edificaciones (ver pregunta nº 4925).

Pregunta 475
¿Qué cabe considerar como edificaciones a los efectos del IVA?

Las definidas como tales en la LIVA art.6, que califica como tales las **construcciones** unidas permanentemente al suelo o a otros inmuebles, efectuadas tanto sobre la superficie como en el subsuelo, que sean susceptibles de utilización autónoma e independiente.
La misma norma señala que, **en particular**, tienen la consideración de edificaciones las construcciones que a continuación se relacionan, siempre que estén unidas a un inmueble de una manera fija, de suerte que no puedan separarse de él sin quebranto de la materia ni deterioro del objeto:
a) Los edificios, considerándose como tales toda construcción permanente, separada e independiente, concebida para ser utilizada como vivienda o para servir al desarrollo de una actividad económica.
b) Las instalaciones industriales no habitables, tales como diques, tanques o cargaderos.
c) Las plataformas para exploración y explotación de hidrocarburos.
d) Los puertos, aeropuertos y mercados.
e) Las instalaciones de recreo y deportivas que no sean accesorias de otras edificaciones.
f) Los caminos, canales de navegación, líneas de ferrocarril, carreteras, autopistas y demás vías de comunicación terrestres o fluviales, así como los puentes o viaductos y túneles relativos a las mismas.
g) Las instalaciones fijas de transporte por cable.

Finalmente, la citada LIVA art.6 efectúa la **exclusión** de la consideración de edificaciones a las siguientes:

a) Las obras de urbanización de terrenos y en particular las de abastecimiento y evacuación de aguas, suministro de energía eléctrica, redes de distribución de gas, instalaciones telefónicas, accesos, calles y aceras.

b) Las construcciones accesorias de explotaciones agrícolas que guarden relación con la naturaleza y destino de la finca aunque el titular de la explotación, sus familiares o las personas que con él trabajen tengan en ellas su vivienda.

c) Los objetos de uso y ornamentación, tales como máquinas, instrumentos y utensilios y demás inmuebles por destino a que se refiere el CC art.334.4º y 5º.

d) Las minas, canteras o escoriales, pozos de petróleo o de gas u otros lugares de extracción de productos naturales.

480 **Pregunta**

¿Cómo se puede acreditar la intención con la que se está promoviendo la construcción o rehabilitación de una edificación?

A través de cualquier medio de prueba admitido en Derecho, como cualquier otra circunstancia con relevancia tributaria. Si es el contribuyente quien pretende apelar a su condición de empresario o profesional, previsiblemente, para deducir el IVA soportado, será este quien deba aportar los elementos de prueba correspondientes.

Este requisito se puede replantear, señalando que la construcción o rehabilitación de edificaciones determinará la adquisición de la condición de empresario o profesional exclusivamente cuando se realice con intención de su puesta en el mercado. De este modo, las citadas labores de construcción o rehabilitación para **consumo propio** no atribuirían la condición de empresario o profesional; cualquier otro tipo de actividad de construcción o rehabilitación, dirigida al mercado, sí que produciría este efecto.

En muchas ocasiones, la **naturaleza** de lo construido o rehabilitado ya puede permitir la apreciación de lo anterior con claridad, sea por sus condiciones de uso, sea por su cantidad o volumen. Así, en caso de que se estén construyendo edificaciones de uso no residencial, es obvio que no cabe otro uso que el de la puesta en el mercado, con independencia del título a través del cual se lleve a cabo esta explotación empresarial. Incluso en el supuesto de que se estén construyendo edificaciones de uso residencial, puede también ocurrir que la cantidad de lo construido sea tal que permita afirmar sin especiales dudas que su destino es empresarial, al menos en su mayor parte, por lo que no debería haber mayores dudas en cuanto a la atribución de la condición de empresario o profesional para quien realiza esta actividad.

El RIVA art.27 apoya este argumento cuando hace referencia a la naturaleza de los bienes y servicios adquiridos como uno de los elementos que permite determinar si la intención con la que se adquirieron es la de utilizarlos en una actividad empresarial, admitiendo, de este modo, la deducción del IVA soportado aunque la citada actividad todavía no se haya iniciado.

La aplicación de este requisito volitivo, relativo a la voluntad con la que se realizan las operaciones, ha conducido a la DGT a excluir de la consideración como operación sujeta la típica **autopromoción de viviendas**, en la cual una persona física adquiere los terrenos y contrata la construcción de la vivienda que posteriormente utiliza como vivienda propia (DGT CV 19-6-86, reiterada en contestaciones a consultas posteriores, como las CV 5-11-08; CV 8-6-16; CV 27-12-22).

Este criterio supone una cierta **discriminación** respecto a otras formas de aprovisionamiento de vivienda aproximadamente equivalentes y a las que se da un tratamiento distinto. Así, en la promoción de viviendas a través de comunidades de bienes o de cooperativas de viviendas –fórmulas en las que tampoco hay margen comercial o beneficio, sino asunción de costes– el tipo impositivo que efectivamente soporta el consumidor final es el 10%, ya que se deduce el total de IVA correspondiente a los aprovisionamientos, a la vez que se grava a este tipo la entrega o adjudicación de las viviendas. Por el contrario, en los supuestos de autopromoción, las cuotas de IVA que se soportan en los bienes y servicios que se adquieren para su utilización en la actividad no son deducibles, al denegar al autopromotor la condición de empresario o profesional. Partidas tales como el terreno, los materiales o el proyecto de construcción, a las que se aplica el tipo general del 21%, sufren un sobrecoste que puede resultar de un importe considerable.

D. Entregas ocasionales de medios de transporte

Pregunta 500

¿Cuándo y en qué términos tienen la condición de empresarios o profesionales quienes realizan entregas ocasionales de medios de transporte?

De acuerdo con la LIVA art.5.Uno.e), cuando se trate de entregas de medios de transporte que sean **nuevos** y que se transporten a otros Estados comunitarios. Esta sujeción es parte de las medidas a través de las cuales se asegura la tributación en destino, en todo caso, para los intercambios intracomunitarios de medios de transporte nuevos (ver preguntas nº 13380 s. en relación con el régimen especial de los intercambios de medios de transporte nuevos).

E. Empresarios o profesionales a efectos de la localización de los servicios

Pregunta 505

¿Existe algún supuesto en que se atribuya la condición de empresario o profesional exclusivamente para la localización de las prestaciones de servicios?

Sí. Se trata de la LIVA art.5.Cuatro, que considera como empresarios profesionales a los sujetos pasivos mixtos y a las personas jurídicas que cuentan con un NIF-IVA, aunque no desarrollen actividades empresariales o profesionales (ver pregunta nº 1963).

III. Inicio de las actividades empresariales o profesionales

Pregunta 515

¿Cuándo adquieren la condición de empresarios o profesionales los que lo son conforme a los conceptos especiales que se contemplan en la LIVA art.5.Uno.b), c) y d)?

Cuando comience la **adquisición** de bienes y servicios con la intención, confirmada por elementos objetivos, de utilizarlos en la realización de actividades que se deban considerar como empresariales o profesionales. Se trata de la misma aproximación que existe para los empresarios o profesionales que lo son por el concepto general que define conjuntamente la LIVA art.5.Uno.a) y 5.Dos, que resulta trasladable, mutatis mutandis, a estos empresarios o profesionales especiales, porque así lo dispone expresamente la LIVA art.5.Dos tercer párrafo.

Las consideraciones que hace el RIVA art.27 en cuanto a **libertad de prueba**, relación específica de pruebas que se pueden tener en cuenta a estos efectos y momento al que se ha de referir la prueba, son aplicables en este contexto en los mismos términos que respecto a los empresarios o profesionales de carácter general (ver pregunta nº 270).

SECCIÓN 3

Entregas de bienes

(LIVA art.8)

530

I. Concepto

535

Pregunta
¿Qué es una entrega de bienes a los efectos del IVA?

De acuerdo con la LIVA art.8.Uno, se considera como entrega de bienes la transmisión del poder de disposición sobre bienes corporales, incluso si se efectúa mediante cesión de títulos representativos de dichos bienes.
Para que exista entrega de bienes han de cumplirse dos **requisitos**:
a) Ha de transmitirse el poder de disposición sobre los bienes de que se trate, por lo que el destinatario de la operación debe estar en condiciones de disponer de los bienes que le hayan sido transmitidos.
b) Los citados bienes han de ser bienes **corporales**, lo que excluye del ámbito de las entregas de bienes operaciones que tengan un objeto distinto, como pueden ser las operaciones sobre bienes intangibles o derechos.
Existe entrega de bienes aunque la transmisión se realice mediante la entrega de los **títulos representativos de los mismos**. Se trata más bien de una aclaración, ya que desde el punto de vista del Derecho común, no parece controvertido que esta operación supone la transmisión de los bienes en cuestión.

540

Pregunta
La existencia de entregas de bienes, ¿está limitada a los supuestos en que hay transmisión de la propiedad desde el punto de vista del Derecho civil?

No. El concepto entrega de bienes es uno de los conceptos básicos de la normativa comunitaria (Dir 2006/112/CE art.14.1), lo cual ha conducido al TJUE a señalar que este concepto no puede depender del Derecho civil de los Estados comunitarios, el cual, como es lógico, presenta diferencias de unos a otros.
Por esta razón, este concepto ha de ser un **concepto común** para dichos Estados y ser objeto de interpretación uniforme, indicando que cualquier operación que confiera u otorgue a su destinatario facultades equivalentes a las del propietario de una mercancía ha de ser considerada como entrega de bienes, aunque no se haya producido la transmisión jurídica de dicho bien (TJUE 8-2-90, asunto Safe C-320/88). En cualquier **contrato complejo** cuya calificación resulte discutible hay que analizar sus características y determinar si los derechos que atribuye son equivalentes a los correspondientes al propietario de una mercancía.
Esta delimitación ha sido utilizada por la DGT en supuestos en los que se suscitaban dudas interpretativas, tales como:
a) La determinación del **devengo** en las certificaciones de obra privada que se realizan al margen de la obra pública, para la cual hay una regla específica. En el entendido de que el promotor que contrató la construcción no recibe, por el mero hecho de la certificación, facultades equiparables a las del propietario de pleno derecho de una edificación, la DGT ha entendido que la citada certificación no supone devengo del tributo. Dicho devengo se produce al cobro de las certificaciones o a la recepción de lo construido, finalizadas las obras (DGT CV 30-6-05 ; CV 17-6-10 ; CV 11-9-14 , entre otras).

b) La **calificación** como prestación de servicios de determinados contratos, como son los de concesión de obra pública, definidos por la Ley de Contratos del Sector Público, en los que el contratista construye y explota la obra durante un determinado número de años, transcurridos los cuales la entrega a la Administración concedente. Constante el contrato de concesión, se ha entendido que a efectos del IVA hay una prestación de servicios, permaneciendo la obra construida en posesión del contratista, que es quien la mantiene y explota (DGT CV 1-12-08, CV 22-4-10; CV 20-3-13; CV 8-11-21, entre otras).

Pregunta 545
¿Existe alguna asimilación o consideración especial para las entregas de gas, calor, frío, energía eléctrica y demás modalidades de energía?

Sí. La LIVA art.8.Uno segundo párrafo dispone que, a estos efectos, tienen la condición de bienes corporales el gas, el calor, el frío, la energía eléctrica y demás modalidades de energía. En consecuencia, las operaciones realizadas con dichos bienes habrán de ser consideradas como entregas de bienes.

II. Casos especiales

560

Pregunta 565
¿Hay supuestos especiales de entregas de bienes a los efectos del IVA?

Sí, los regulados en la LIVA art.8.Dos. Este precepto señala una serie de casos en los que, además de los contemplados con carácter general en la LIVA art.8.Uno, se producen entregas de bienes.

Pregunta 570
¿Qué relación hay entre los supuestos especiales de entregas de bienes a los efectos del IVA y el concepto general?

Depende del supuesto.
Así, hay casos en los que la LIVA art.8.Dos califica como entregas de bienes operaciones que no lo son en aplicación del concepto general que se contiene en la LIVA art.8.Uno, ya que no existe una transmisión del poder de disposición sobre bienes corporales. Tal es el caso de las aportaciones a comunidades de bienes y entidades similares o de las adjudicaciones realizadas por estas, operaciones en las cuales, desde un punto de vista estrictamente jurídico, no hay transmisión de los citados bienes (ver pregunta nº 610). Si no fuera por la existencia de la LIVA art.8.Dos.2º, estas operaciones no podrían ser calificadas como entregas de bienes. En este caso, la relación entre el concepto general y el especial es de clara **complementariedad**.
En otros supuestos, la LIVA art.8.Dos se limita a aclarar lo que resultaría por aplicación del concepto general de entrega de bienes (LIVA art.8.Uno). Este es el caso, por ejemplo, de las expropiaciones, que se califican como entregas de bienes (LIVA

art.8.Dos.3º), siendo pacífico que en las mismas hay una transmisión del poder de disposición sobre los bienes expropiados, por lo que conforme a la LIVA art.8.Uno deberían ser calificadas igualmente como entregas de bienes. En este supuesto, la norma especial es más una norma de **aclaración** que otra cosa.

575 **Pregunta**

¿Hay otras entregas de bienes distintas a las que se contemplan en la LIVA art.8, concepto general y supuestos especiales?

No. Los supuestos en que cabe considerar la existencia de entregas de bienes son exclusivamente los que señala la LIVA art.8, el cual, por tanto, se configura como un **numerus clausus**. En consecuencia, únicamente cabe apreciar la existencia de entregas de bienes cuando así resulte de la aplicación del concepto general (LIVA art.8.Uno) o de los conceptos especiales (LIVA art.8.Dos).

A. Ejecuciones de obra

(LIVA art.8.Dos.1º)

585 **Pregunta**

¿En qué condiciones son entregas de bienes las ejecuciones de obra inmobiliarias?

En los términos que señala la LIVA art.8.Dos.1º, esto es, cuando se trate de ejecuciones de obra que tengan por **objeto** la construcción o rehabilitación de una edificación (LIVA art.6, ver pregunta nº 475), cuando el empresario que ejecute la obra aporte una parte de los materiales utilizados, siempre que el coste de los mismos exceda del 40% de la base imponible.

En consecuencia, los **requisitos** que ha de cumplir una ejecución de obra para ser considerada como entrega de bienes son los siguientes:

a) Debe tener por objeto la **construcción o rehabilitación** de edificaciones. La construcción de edificaciones se puede caracterizar como la creación de edificaciones ex novo. En cuanto a lo que se pueda considerar como rehabilitación, hay que estar a la definición que se establece en la LIVA art.20.Uno.22º (ver pregunta nº 4925).

b) Quien realice la operación ha de aportar **materiales** por un valor superior al 40% de la total contraprestación correspondiente a la operación. Por materiales aportados hay que considerar los que se incorporan definitivamente a la obra.

c) La operación debe referirse a **edificaciones**, quedando excluidas de este supuesto las ejecuciones de obra mobiliarias, se que se tratan en la siguiente pregunta.

En cualquier caso, interesa señalar que el hecho de que una ejecución de obra inmobiliaria tenga la condición de entrega de bienes o prestación de servicios carece por completo de **consecuencias prácticas**. Lugar de realización, inversión del sujeto pasivo o tipo impositivo reducido, en su caso, se aplican con independencia de la calificación de las operaciones.

Adicionalmente, es importante tener en cuenta que desde el 31-10-2012 a las ejecuciones de obra para la urbanización de terrenos, la construcción o rehabilitación de edificaciones se les aplica la **inversión del sujeto pasivo** (ver preguntas nº 7050 s.), por lo que es el empresario o profesional destinatario de las mismas quien ha de autoliquidar el tributo.

590

Pregunta
¿Qué tratamiento tienen las ejecuciones de obra mobiliarias?

Depende de la importancia relativa de los **materiales** que aporte el empresario o profesional que las realice.
En caso de que los materiales aportados por quien realice la ejecución de obra supongan una **parte principal** en el conjunto de la operación, estas operaciones deberán calificarse como entregas de bienes.
Si, por el contrario, el empresario o profesional que realiza la operación no aporta materiales o los materiales que aporta tienen una **importancia residual o accesoria** respecto al conjunto de la operación, esta deberá ser calificada como prestación de servicios.
Hay que tener en cuenta que para estas operaciones no hay ninguna regla especial, en términos de Derecho positivo, que establezca cuál ha de ser su calificación. En ausencia de dicha norma, lo que procede es aplicar las categorías generales que establece la LIVA. Lo que no sería correcto es razonar, a sensu contrario de lo dispuesto por la LIVA art.8.Dos.1º, que las ejecuciones de obra mobiliarias, en la medida en que no hay norma que las califique como entregas de bienes en ningún caso, han de ser calificadas siempre como prestaciones de servicios. La calificación de estas operaciones ha de atender a sus elementos característicos, tal y como se ha explicado anteriormente.

B. Aportaciones y adjudicaciones no dinerarias

(LIVA art.8.Dos.2º)

610

Pregunta
¿En qué condiciones son entregas de bienes las aportaciones a comunidades de bienes y entidades similares?

La LIVA art.8.Dos.2º califica como entregas de bienes las aportaciones a estas entidades realizadas por sujetos pasivos de IVA siempre que tengan por objeto bienes integrantes de su patrimonio empresarial o profesional.
Esta **afectación a la actividad** empresarial de la entidad se puede considerar tal en la medida en que los frutos o resultados que se obtengan de la utilización del bien se atribuyan a la citada entidad y, a través de ella, se asuman de manera conjunta por el conjunto de los miembros o partícipes de la entidad. La citada afectación puede venir acompañada de la constitución de una situación de copropiedad sobre los bienes a los que se refiera o no, lo relevante es la afectación a la actividad empresarial de la entidad a la que se aportan.
También, y por mandato expreso de la norma, se considerará entrega de bienes la **adjudicación de terrenos o edificaciones** promovidos por una comunidad de bienes realizada en favor de los comuneros, en proporción a su cuota de participación (ver pregunta nº 625).

615

Pregunta
¿Las aportaciones de bienes a comunidades de bienes y entidades similares están sujetas al IVA en todo caso?

No. Al igual que cualquier otra entrega de bienes, estas operaciones están sujetas al IVA a condición de que se realicen por **empresarios o profesionales** actuando como tales, es decir, supuesto que los bienes afectados formaran parte de su patrimonio empresarial o profesional.
En caso de que los bienes aportados a la entidad fueran propiedad de **particulares**, no se produciría la sujeción de la aportación. Lo mismo cabe decir en caso de que la aportación se realizase por alguien que tuviera la condición de empresario o profe-

sional, pero la realizase con bienes que no forman parte de su patrimonio empresarial.
De hecho, la propia definición que hace la LIVA art.8.Dos.2º incluye estos elementos, ya que condiciona la existencia misma de estas entregas de bienes a que las mismas se realicen por sujetos pasivos del IVA con cargo a su patrimonio empresarial o profesional.

620

Pregunta
¿Por qué razón se consideran como entregas de bienes estas operaciones?

Porque las comunidades de bienes, herencias yacentes y demás entidades a las que se refiere la LGT art.35.4 son consideradas como **sujetos pasivos** del IVA cuando realizan actividades empresariales o profesionales, tal y como dispone la LIVA art.84.Tres. Esta consideración de las citadas entidades como sujetos pasivos del IVA supone una especie de atribución de la capacidad de obrar en lo que se refiere a este tributo, por lo que, sin conferirles personalidad jurídica, en cierto modo estas entidades se personalizan.
Considerando que las **transmisiones de bienes** que se realizan entre diferentes entidades jurídicas están sujetas a IVA, ya que suponen transmisiones del poder de disposición sobre dichos bienes, se comprende que las aportaciones que se hacen a entidades que están asimiladas a las entidades con personalidad jurídica se sujeten igualmente al tributo. Con esta consideración, lo que se hace es situar a estas entidades en pie de igualdad, en lo que al IVA se refiere, con el resto de entidades que son sujetos pasivos de IVA.

625

Pregunta
¿Qué tratamiento tienen, en particular, las comunidades de propietarios para la promoción de viviendas?

El mismo que las entidades que, con personalidad jurídica propia y diferenciada de la de sus socios o componentes, promueven viviendas y luego se las entregan. En consecuencia:
a) Las entregas que realizan a su **disolución**, total o parcial, son entregas de bienes a las que, tratándose de viviendas, se les aplica el 10% en términos equivalentes a los de cualquier otra entrega de viviendas (salvo que concurrieran los requisitos para que tributen al 4%, ver pregunta nº 9770). Esto es así aunque la citada entrega no suponga una transmisión de las viviendas, sino una mera especificación de la cuota ideal indivisa que los partícipes de la entidad tuvieran en esta, especificación que, desde el punto de vista civil, no supone una transmisión de la propiedad sobre dichas viviendas.
Las **cantidades dinerarias** que se aportan por los comuneros, supuesto que lo sean en previsión de la adjudicación de una vivienda en específico, han de considerarse como pagos a cuenta de las entregas futuras de las viviendas, por lo que han de dar lugar al devengo del IVA al 10%, supuesto que este sea el tipo impositivo aplicable.
b) El **IVA soportado** por el total de los aprovisionamientos que hayan realizado para la promoción de las viviendas es deducible. Esto incluye tanto las cuotas soportadas al tipo reducido del 10% como las soportadas al tipo general del 21%, como, por ejemplo, las correspondientes a solares o materiales.
Interesa destacar que el **TS** no compartía esta interpretación y consideraba que la sujeción de las operaciones realizadas por estas entidades sólo alcanza a las realizadas con terceros, pero no a las que se efectúan a favor de los propios asociados o partícipes de las entidades en cuestión (TS 23-5-98; 23-10-09). Precisamente por esta razón, y con vigencia desde el 28-12-2012, se añadió un párrafo adicional a la LIVA art.8.Dos.2º, conforme al cual, en particular, y por mandato expreso de la norma, se considerará entrega de bienes la adjudicación de terrenos o edificaciones promovidos por una comunidad de bienes realizada en favor de los comuneros, en proporción a su cuota de participación.

Curiosamente, a esta misma conclusión ha llegado finalmente el Alto Tribunal en sentencia TS 7-3-18, EDJ 19319, en la que ha venido a señalar la existencia de una entrega de bienes a estos efectos, poniendo fin a la controversia que se había suscitado con los dos pronunciamientos anteriores.

C. Transmisiones en virtud de norma o resolución

(LIVA art.8.Dos.3º)

Pregunta 640

¿Qué régimen de tributación en el IVA tienen las adjudicaciones de bienes en virtud de resoluciones jurisdiccionales o administrativas?

El de cualesquiera otras entregas de bienes, esto es, están sujetas a IVA siempre que se cumplan los requisitos que establece la LIVA art.4.Uno (ver pregunta nº 155).
En ocasiones, en estas operaciones el empresario o profesional cuyo patrimonio empresarial o profesional es objeto de ejecución judicial o administrativa se resiste al cumplimiento de sus **obligaciones tributarias**, lo cual puede poner en serias dificultades al adquirente de los bienes de que se trate. Para intentar solventar esta cuestión, la LIVA disp.adic.6ª y el RIVA disp.adic.5ª regulan un supuesto especial de representación legal que se aplica a estas operaciones.
La norma legal habilita a los **adjudicatarios** que tengan la condición de empresarios o profesionales para que, en nombre y por cuenta del sujeto pasivo, y con respecto a las entregas de bienes y prestaciones de servicios que se produzcan en el desarrollo de dichos procedimientos, puedan (LIVA disp.adic.6ª):
a) Expedir la factura en la que se documente la operación y se repercuta el IVA.
b) Efectuar, en su caso, la renuncia a la exención prevista en la LIVA art.20.Dos (ver pregunta nº 5020 s.).
c) Repercutir la cuota del impuesto en la factura que se expida, presentar la autoliquidación correspondiente e ingresar el tributo a la Hacienda Pública, salvo en los supuestos en que el sujeto pasivo sea el destinatario de las entregas de bienes o prestaciones de servicios.

Por su parte, la norma reglamentaria establece las siguientes **pautas** para el ejercicio de esta facultad (RIVA disp.adic.5ª): 642
a) Su **ejercicio** por parte del adjudicatario debe ser manifestado ante el órgano judicial o administrativo que esté desarrollando el procedimiento respectivo. Esta manifestación ha de efectuarse por escrito y de forma previa o simultánea al pago del importe de la adjudicación.
La **comunicación** debe contener, en su caso, la constancia de que el adjudicatario cumple los requisitos que se establecen para la renuncia a la exención de las operaciones inmobiliarias y el ejercicio de la misma.
b) El adjudicatario ha de remitir una **copia de la comunicación** al sujeto pasivo de la operación (el empresario o profesional propietario de los bienes o derechos objeto de la adjudicación), o a sus representantes, dentro del plazo de los siete días siguientes a su presentación ante el órgano judicial o administrativo.
No será obligatoria dicha remisión cuando se trate de entregas de bienes y prestaciones de servicios en las que se aplique la **inversión del sujeto pasivo**.
c) El ejercicio de esta facultad implica la **imposibilidad** por parte del sujeto pasivo de la operación, o por sus representantes, de proceder a la **renuncia a la exención** de ciertas operaciones inmobiliarias, emitir la factura correspondiente a la operación, incluir la operación en sus autoliquidaciones o ingresar el IVA devengado por la misma.
d) El plazo para la **expedición de la factura** en la que se documente la operación es de treinta días a partir del momento de la adjudicación. La citada factura ha de ser expedida por el adjudicatario y en ella ha de constar como expedidor de la misma el sujeto pasivo titular de los bienes o derechos objeto de adjudicación y como destinatario de la operación el empresario o profesional adjudicatario de la operación. Estas

facturas han de incluirse en una **serie especial** de facturas, circunstancia lógica si tenemos en cuenta que quien la emite no puede conocer la numeración correlativa que le correspondería a la misma dentro de la numeración correlativa en la facturación normal del empresario o profesional cuyo patrimonio se ejecuta.

El **original de esta factura** queda en poder del empresario o profesional que la emitió, al objeto de que disponga del justificante oportuno para el ejercicio del derecho a la deducción. Se debe remitir una **copia** de la factura al sujeto pasivo del impuesto o a sus representantes en el plazo de los siete días siguientes a su expedición.

e) El adjudicatario de la operación ha de efectuar la **declaración e ingreso** de la cuota correspondiente a la operación a través de la presentación de una declaración-liquidación especial de carácter no periódico de las que se regulan en el RIVA art.71.7 (modelo 309).

El adjudicatario se ha de quedar con el original de esta autoliquidación y ha de remitir una copia de la misma, en la que conste la validación del ingreso efectuado, al sujeto pasivo o a sus representantes, ello en un plazo de siete días a contar desde la realización del ingreso.

No se aplicará lo anterior cuando se trate de entregas de bienes y prestaciones de servicios en las que se aplique la **inversión del sujeto pasivo**.

f) Cuando sea **imposible la remisión** al sujeto pasivo de la operación de la comunicación del ejercicio de todas estas facultades, de la copia de la factura o de la autoliquidación en los términos que se han señalado por causa no imputable al adjudicatario, entonces todos esos documentos deben ser remitidos a la AEAT en el plazo de siete días a partir del momento en el que exista constancia de esa imposibilidad, haciendo indicación de dicha circunstancia.

650

Pregunta

¿Qué régimen de tributación en IVA tienen las expropiaciones?

El mismo que cualesquiera otras entregas de bienes, es decir, su sujeción al IVA si se cumplen los requisitos que establece la LIVA art.4.Uno (ver pregunta nº 155), con aplicación, igualmente, de las disposiciones reguladoras de exenciones o tipos reducidos.

Una cuestión que podría resultar controvertida, en relación con estas operaciones, es la posible aplicación de la LIVA art.88.Uno segundo párrafo, conforme al cual en las entregas de bienes y prestaciones de servicios sujetas y no exentas de IVA que tengan por **destinatarios a entes públicos**, los empresarios o profesionales que realicen sus ofertas deben considerar incluida la cuota de IVA que corresponda, la cual, no obstante, debe repercutirse por separado. Esta disposición ha suscitado la duda, en cuanto a su posible aplicación a las expropiaciones sujetas y no exentas de IVA, de si en el justiprecio ha de considerarse incluido el IVA o no.

Esta duda ha sido resuelta negativamente por la DGT con el argumento de que si el **justiprecio** se supone que ha de equivaler al valor de lo expropiado, no tiene sentido que de esta cantidad se detraiga la parte que pudiera corresponder a la cuota de IVA que grave la operación (DGT 6-11-98; CV 21-9-09, entre otras).

En consecuencia, cuando una expropiación esté sujeta y no exenta, el importe del justiprecio, que es la contraprestación de la operación, ha de incrementarse en la cuota de IVA que corresponda.

D. Venta con pacto de reserva de dominio, condición suspensiva o arrendamiento-venta

(LIVA art.8.Dos.4º y 5º)

Pregunta 665
¿Cómo se califican las ventas con pacto de reserva de dominio, ventas sujetas a condición suspensiva o las operaciones de arrendamiento-venta?

Como entregas de bienes, tal y como señala la LIVA art.8.Dos.4º y 5º.
Interesa destacar que en todas estas operaciones el **devengo** del IVA se produce cuando los bienes se ponen en posesión del destinatario de la operación, aunque la transmisión de la propiedad se demore en el tiempo (LIVA art.75.Uno.1º segundo párrafo, ver pregunta nº 6065).

Pregunta 670
¿Cómo se califican las operaciones de arrendamiento con opción de compra?

Depende del carácter que tenga la opción de compra.
En caso de que la opción de compra sea **vinculante**, estas operaciones se califican como entregas de bienes y se asimilan a las de arrendamiento-venta y similares (LIVA art.75.Uno.1º segundo párrafo).
Por el contrario, cuando la opción de compra **no es obligatoria** para el arrendatario, las citadas operaciones se califican como prestaciones de servicios, en cuyo caso el IVA se devenga a medida que las cuotas arrendaticias se hacen exigibles, ya que se trata de operaciones de tracto sucesivo y se aplica la regla que establece para estas operaciones la LIVA art.75.Uno.7º.
Esta diferencia en el devengo incide también en la consideración de los **intereses por aplazamiento**, que tienen el siguiente tratamiento:
a) Cuando la opción de compra es **vinculante**, el total de los intereses corresponden a períodos de tiempo posteriores al devengo del tributo, por lo que se excluyen de la base imponible del tributo, ya que, en este caso, el total del IVA se devenga cuando el bien arrendado se pone en posesión del arrendatario (LIVA art.78.Dos.1º).
b) Si la opción de compra **no es vinculante**, no se puede considerar que los intereses correspondan a períodos de tiempo posteriores al devengo, por lo que no es factible su exclusión de la base imponible. De ser así, la base imponible de cada una de las cuotas arrendaticias debe incluir tanto la parte correspondiente a la recuperación del coste del bien como la parte correspondiente a los intereses. En esta hipótesis, se incrementa la base imponible respecto a la anterior, pero se aplaza el devengo del impuesto.
En relación con estas operaciones, hay que tener en cuenta igualmente la no aplicación de la **exención** propia de las segundas y ulteriores entregas de edificaciones (ver pregunta nº 4940).

E. Contratos de comisión en nombre propio

(LIVA art.8.Dos.6º)

Pregunta 685
¿Qué tratamiento tienen las operaciones de mediación en compraventas de bienes?

Depende del carácter de la mediación.
Si la mediación se produce en nombre propio, entonces hay **dos operaciones** que se han de calificar como entregas de bienes las dos. Esto es así tanto si se trata de comisiones de compra como si son comisiones de venta (LIVA art.8.Dos.6º).

De este modo, y si se trata de una **comisión de compra**, hay que entender que existe una entrega de bienes del proveedor al comisionista y otra entre el comisionista y su comitente. Por el contrario, cuando estamos ante una **comisión de venta**, debe entenderse que existe una entrega de bienes del comitente al comisionista y otra de este al cliente final. Obviamente, todas estas operaciones van acompañadas de su correspondiente factura, operando los mecanismos de repercusión y deducción que hacen que el impuesto vaya acompañando las operaciones hasta llegar al consumidor final. La LIVA art.79.Seis y Siete establece reglas específicas para la determinación de la base imponible en estas operaciones (ver pregunta nº 6625 s.).
En caso de que la comisión se produzca en **nombre ajeno**, lo que hay que entender es que, con ocasión de la actuación del comisionista, se lleva a cabo una prestación de servicios de la que es destinatario el comprador o vendedor de la compraventa de bienes en la que se media, según sea una comisión de compra o de venta. Además de esta prestación de servicios, se produce una entrega de bienes en relación con la cual opera la mediación.

F. Suministro de productos informáticos

(LIVA art.8.Dos.7º)

700 **Pregunta**
¿Cuándo son entregas de bienes las operaciones de suministro de productos informáticos?

En los términos que señala la LIVA art.8.Dos.7º, cuando se trate de productos informáticos **normalizados** y se efectúen en cualquier soporte material.
La misma norma dispone que, a estos efectos, se consideran como productos informáticos normalizados aquellos que no precisen de modificación sustancial alguna para ser utilizados por cualquier usuario. Interesa señalar que este criterio coincide con el señalado por el TJUE 27-10-05, asunto Levob C-41/04.

G. Venta de bienes a distancia

(LIVA art.8.Tres)

702 **Pregunta**
¿Cuáles son los nuevos conceptos de ventas a distancia vigentes desde el 1-7-2021?

Se trata de las «**ventas a distancia intracomunitarias de bienes**» y de las «**ventas a distancia de bienes importados de países o territorios terceros**», analizadas, respectivamente, en las preguntas nº 706 y nº 708.

704 **Pregunta**
¿Cuál es la razón para la introducción de estos nuevos conceptos?

La introducción de estos conceptos a la LIVA pretende propiciar que la inmensa mayoría de las ventas a distancia que se hacen a consumidores finales tributen en los **países de destino** de los bienes, para lo cual se definen estos conceptos, se establecen las reglas sobre lugar de realización aplicables (ver pregunta nº 2255) y se diseñan los correspondientes regímenes de ventanilla única aplicables (ver pregunta nº 14725 s.).

706

Pregunta
¿Qué son las ventas a distancia intracomunitarias de bienes?

Las que cumplan los siguientes requisitos:
a) Los **adquirentes** de los bienes han de ser:
1. Personas cuyas adquisiciones intracomunitarias de bienes no estén sujetas en virtud de lo dispuesto en la LIVA art.14, o en el equivalente aplicable en el Estado de llegada de la expedición o el transporte. Se trata del régimen especial previsto para determinados sujetos pasivos sin derecho a la deducción o entidades, que pueden realizar AIB tributando, no obstante, en el país de origen de los bienes (ver pregunta nº 13340 s.).
2. Cualquier otra persona que no tenga la condición de **empresario o profesional** actuando como tal, las más importantes cuantitativamente.
b) Debe producirse un **transporte** de los bienes entre dos **estados distintos de la UE** con ocasión de la venta:
1. El transporte se tiene que realizar entre diferentes Estados de la UE. En caso de que el transporte tenga origen fuera de la UE, lo que habrá será una venta a distancia de bienes importados, pero no una operación intracomunitaria. A la vez, si el transporte se produce dentro del TIVA, la operación será interna, no intracomunitaria.
2. El transporte tiene que estar relacionado con la entrega. En consecuencia, si los bienes entregados ya se encontrasen en el TIVA con carácter previo a la entrega, no cabrá la aplicación del régimen especial, sino que se tratará de entregas «interiores», sujetas ordinariamente al tributo.
Lo relevante a estos efectos es el lugar de origen de los bienes. Carecen por completo de importancia otros elementos, como pueden ser el Estado de establecimiento del vendedor o su nacionalidad.
c) Los bienes han de ser expedidos o **transportados por el vendedor, directa o indirectamente**, o **por su cuenta,** con destino al cliente.
El Rgto UE/282/2011 art.5 bis aplicable a partir del 1-7-2021, dispone que, a estos efectos, se considerará que los bienes han sido **expedidos o transportados** por el proveedor o por su cuenta, también cuando el proveedor haya intervenido de manera indirecta en la expedición o transporte de los bienes, en particular, en los siguientes casos:
1. Cuando el proveedor subcontrate la expedición o el transporte de los bienes a un tercero que los entregará físicamente al cliente.
2. Cuando un tercero se encargue de la expedición o el transporte de los bienes, pero el proveedor asuma toda o parte de la responsabilidad por la entrega física de los bienes al cliente.
3. Cuando el proveedor facture y cobre el precio del transporte al cliente y remita ulteriormente el importe a un tercero que se encargará de organizar la expedición o el transporte de los bienes.
4. Cuando el proveedor contribuya por cualquier medio a los servicios de entrega de un tercero al cliente, ponga en contacto al cliente y a un tercero o facilite de cualquier otra forma a un tercero la información necesaria para la entrega de los bienes al consumidor.
Se completa lo anterior especificando que no se considerará que los bienes han sido expedidos o transportados por el proveedor o por su cuenta cuando el cliente transporte él mismo los bienes o cuando el cliente organice la entrega de los bienes con un tercero y el proveedor no intervenga de manera directa o indirecta para organizar o contribuir a organizar la expedición o el transporte de dichos bienes.

Ejemplos **1)** Una persona física que reside en Sevilla adquiere ropa a un proveedor italiano, que la envía desde Italia. En el precio de los bienes se incluye el de su transporte, que se asume por el proveedor. La operación descrita cumple todos los requisitos para ser una venta a distancia intracomunitaria de bienes, considerando, en particular, que la contratación y coste del transporte se asume por el vendedor.

2) La misma persona del ejemplo anterior compra ropa, en este caso, a un proveedor alemán, que no asume el coste de los bienes. En la misma página web del vendedor existe un link que conduce a la página web de un transportista, en la que se puede encargar el transporte desde las instalaciones del vendedor hasta el domicilio del cliente. Al acceder a esta última, los datos de lugar de origen y valor de los bienes ya están pre-registrados, siendo necesario únicamente inscribir dirección e identificación del comprador.
Como en el caso anterior, habría que considerar esta venta igualmente como intracomunitaria, ello a pesar de que el transporte se contrate con una empresa distinta y se pague a esta su importe.

706.1 **d)** Existen ciertas **exclusiones**, que son las siguientes:
1. Medios de transporte nuevos, definidos en la LIVA art.13.2º (ver pregunta nº 13383).
2. Bienes objeto de instalación o montaje a que se refiere la LIVA art.68.Dos.2º (ver pregunta nº 1900). Adicionalmente, cuando se definen las reglas de lugar de realización aplicables a estas operaciones (ver pregunta nº 1900), se excluyen de ellas las entregas de bienes que hayan tributado conforme al régimen especial de bienes usados, objetos de arte, antigüedades y objetos de colección en el Estado de inicio del transporte. No se trata tanto de una exclusión del concepto de venta a distancia intracomunitaria de bienes, si bien la consecuencia práctica es la misma, por cuanto estas operaciones van a resultar sujetas a tributación en el país de origen cuando se aplica el citado régimen especial, se supere o no el umbral establecido al efecto.

708

Pregunta
¿Qué son las ventas a distancia de bienes importados?

Las que cumplan los siguientes **requisitos** (similares a los que se explican en la pregunta anterior para las ventas a distancia intracomunitarias de bienes):
a) Los adquirentes deben ser consumidores finales, así como personas o entidades dentro del ámbito de aplicación de la LIVA art.14. Los comentarios son comunes a los que se han hecho para las ventas a distancia intracomunitarias, por lo que nos remitimos a su contenido.
b) Los bienes han de ser transportados desde un país o territorio tercero. Este origen, extracomunitario en lo que al IVA se refiere, es el que distingue a estas operaciones de las intracomunitarias o de las ventas domésticas.
c) Los bienes han de ser expedidos o transportados por el vendedor, directa o indirectamente, o por su cuenta. De nuevo, los comentarios son comunes a los que se efectúan en la pregunta nº 706 con respecto a las operaciones intracomunitarias.
d) Hay **excepciones**, que en este caso son:
- entregas de medios de transporte nuevos;
- entregas de bienes objeto de instalación o montaje.

Es importante igualmente destacar que el umbral mínimo para la tributación en destino que se establece en la LIVA art.68.Tres y 73 para las ventas a distancia intracomunitarias (ver pregunta nº 14610) no es aplicable a las ventas a distancia de bienes importados. Tal y como se analiza en el epígrafe nº 14645, estas operaciones tributan en el Estado de destino de los bienes desde el primer momento, sin umbral mínimo, lo que tiene sentido si consideramos que en este caso no estamos ante una situación de tributación en origen o en destino, por cuanto desde los territorios de origen los bienes habrán salido de su país de origen, presumiblemente, sin carga tributaria incorporada alguna, ya que se tratará de exportaciones.

H. Venta a través de plataformas

(LIVA art.8.Uno y 8 bis)

710

Pregunta
¿Cómo se determinan las entregas de bienes existentes cuando las ventas se realizan a través de plataformas o interfaces digitales?

Como en cualquier otro caso en que interviene un tercero: lo primero que hay que hacer es determinar si la plataforma actúa en nombre propio o en nombre ajeno.
1º. En caso de que actúe **en nombre propio**, la empresa que vende los bienes los entregará a la plataforma, la cual, por su parte, los entregará a terceros. En cada una de estas operaciones habrá que aplicar las reglas de lugar de realización, exención, base imponible y tipo impositivo correspondiente.
2º. Si la plataforma actúa **en nombre ajeno**, los bienes serán vendidos directamente por la empresa, no por la plataforma. Esta se limitará a recibir los honorarios que corresponda por su mediación, que serán contraprestación de prestaciones de servicios.
En la entrega de bienes se aplicarán las reglas sobre lugar de realización, exención y tipo impositivo que corresponda. Esta operación se realizará entre la empresa vendedora y el cliente o adquirente de los bienes. Lo mismo cabe decir respecto al servicio de mediación, en este caso, prestado por la plataforma a la empresa comercializadora de los bienes.

711

Pregunta
¿Existe algún supuesto de entregas de bienes en que se presuma que la plataforma actúa en nombre propio?

Sí. Hay dos situaciones en las que se presume que las plataformas o interfaces digitales actúan en nombre propio.
El primero de ellos se regula por la LIVA art.8 bis, en el que se establece esta presunción cuando un empresario o profesional, utilizando una interfaz digital como un mercado en línea, una plataforma, un portal u otros medios similares, facilite:
a) La **venta a distancia de bienes importados** de países o territorios terceros en envíos cuyo valor intrínseco no exceda de 150 euros (determinado conforme a la legislación aduanera),
b) La **entrega de bienes en el interior** de la Comunidad por parte de un empresario o profesional no establecido en la Comunidad a una persona que no tenga la condición de empresario o profesional. Interesa destacar que en este segundo caso, no opera el límite de valor intrínseco que se aplica en el anterior.
Esta presunción de mediación en nombre propio implica, como el propio precepto aclara, que se entenderá que el empresario o profesional titular de la interfaz digital ha **recibido y entregado** por sí mismo los correspondientes bienes.
Adicionalmente, se dispone que la expedición o el transporte de los bienes se encuentra vinculado a la entrega realizada por la plataforma, lo cual es tanto como atribuirle, en su caso, la venta a distancia intracomunitaria. Interesa destacar que la presunción es una presunción iuris et de iure, tal y como se regula por la norma, sin que admita contraprueba o discusión.

712

Pregunta
¿Cuándo se puede considerar que un empresario o profesional está facilitando ventas a través de su plataforma o interfaz digital?

Lo regula el Rgto 282/11/UE art.5 ter, conforme al cual se entenderá por «facilitar» la utilización de una interfaz electrónica a fin de que un cliente y un proveedor que ponga bienes a la venta a través de la interfaz, puedan entablar un contacto que dé lugar a una entrega a través de esa interfaz electrónica.

No ocurrirá así, si se cumplen todas las condiciones siguientes:
- cuando el sujeto pasivo no establezca los términos y condiciones en que se efectúa la entrega;
- cuando el sujeto pasivo no intervenga en la autorización del cobro al cliente de los pagos efectuados;
- cuando el sujeto pasivo no intervenga en el pedido o la entrega.

La misma norma establece que esta ficción no se aplicará a quienes únicamente se encarguen de:
- el tratamiento de los pagos en relación con la entrega de bienes;
- el listado o la publicidad de bienes;
- la reorientación o la transferencia de clientes a otras interfaces electrónicas en las que los bienes se ofrezcan a la venta, sin ninguna otra intervención en la entrega.

SECCIÓN 4

Prestación de servicios

(LIVA art.11)

715

I. Concepto

(LIVA art.11.Uno)

720

Pregunta
¿Cómo se definen las prestaciones de servicios a los efectos del IVA?

Conforme a la LIVA art.11.Uno, como toda operación sujeta al IVA que, de acuerdo con la propia LIVA, no tenga la consideración de entrega, AIB o importación de bienes.

Se trata claramente de un concepto **complementario o residual**, ya que se define en términos negativos, al configurarse como cualquier operación sujeta al IVA que no admita su encaje en ninguna de las demás categorías de hechos imponibles.

Esta definición del hecho imponible es un tanto peculiar, ya que, de hecho, no existe una definición como tal, sino que cualquier operación sujeta al IVA que no se pueda ubicar en ninguna de las demás manifestaciones del hecho imponible, se califica como prestación de servicios. La adecuada delimitación de este concepto ha de pasar por otros elementos que se han ido configurando por la jurisprudencia y la doctrina (ver pregunta nº 725).

725

Pregunta
¿Se puede considerar que todo ingreso obtenido por un empresario o profesional y que no sea contraprestación de una entrega de bienes, lo es de una prestación de servicios?

No. La jurisprudencia comunitaria y, con ella, la jurisprudencia y doctrina nacionales, han ido delimitando los **criterios** o requisitos que han de concurrir para considerar que, con ocasión de la percepción de ingresos por parte de los empresarios o profesionales, se está obteniendo la contraprestación de prestaciones de servicios sujetas a IVA. Son los siguientes:

a) Debe existir un **operador económico**, empresario o profesional, que efectúe la prestación, siendo una cuestión no controvertida que ha de tratarse de un sujeto individualizado. Hay que tener en cuenta que a los efectos del IVA los distintos entes sin personalidad a los que se refiere la LGT art.35.4 se consideran como sujetos

pasivos por sí mismos, no aplicándose el mecanismo de atribución de rentas que existe en la imposición directa (LIVA art.84.Tres).
b) Debe haber una operación que suponga un **input empresarial** o bien un **acto de consumo** si el destinatario es un particular, ya que el IVA es un impuesto sobre el consumo, de forma que si no hay consumo no hay IVA.
c) El **destinatario** de la operación ha de estar identificado o, cuando menos, ser identificable. Si una determinada prestación beneficia directamente a la colectividad o tiene a esta por destinataria, entonces no cabe apreciar la sujeción. No debe confundirse esta situación con aquella en la que una Administración Pública, actuando en el ejercicio de sus funciones públicas, adquiere bienes o servicios para su consumo, ya que en tal caso sí que hay un consumidor determinado que es la citada Administración Pública. Evidentemente, la distinción entre una y otra categoría de operaciones no es fácil.
d) La operación ha de tener una **base contractual**, de forma que prestación y contraprestación estén vinculadas en términos tales que la falta de una implique también la falta de la otra. En este sentido, el TJUE 23-11-88, asunto Naturally Yours Cosmetics 230/87, es concluyente. A esta misma intelección responde el contenido de la sentencia TJUE 8-3-88, asunto Apple and Pear 102/86, en la que no se aprecia esta base contractual para las operaciones en cuanto las funciones que se desarrollan por el Council se siguen desarrollando aunque alguno de los productores de manzanas y peras deje de pagar las cantidades que está obligado a satisfacer.
La **relación directa** entre prestación y contraprestación implica que ha de existir algún tipo de relación o proporción matemática entre prestación y contraprestación, de manera que una mayor prestación sólo se haga efectiva si se obtiene a cambio una mayor contraprestación. Esta es la denominada doctrina del vínculo directo, de la cual la expresión más clara es la sentencia TJUE 3-3-94, asunto Tolsma C-16/93.

e) Debe existir una **contraprestación** para dicha operación. A este respecto, se debe **727**
señalar que existe contraprestación en aquellos casos en los que la operación es susceptible de medida y, en función de esta, se cuantifica igualmente la contraprestación; sin embargo, ello no permite excluir que exista contraprestación en otros casos, como puede ser el caso de contraprestaciones que únicamente permiten el acceso al servicio de una forma indeterminada o genérica (TJUE, 21-3-02, asunto Kennemer Golf & Country Club C-174/00; 3-9-15, asunto Asparuhovo Lake Investment Company C-463/14).
La evaluación de la contraprestación ha de realizarse sobre una **base subjetiva**, no siendo factible la utilización de métodos objetivos más que cuando así esté específicamente previsto. Ello, no obstante, no impide el uso de dichos métodos como fórmula indirecta de determinación cuando esta sea la única forma de estimar la valoración que las partes han dado a la misma.
La contraprestación ha de evaluarse en **dinero** o ser susceptible de evaluación monetaria, circunstancia lógica si tenemos en cuenta que el IVA correspondiente a la operación viene dado de la multiplicación del tipo impositivo aplicable a la misma por el importe de la base imponible que resulte, que es precisamente coincidente con la contraprestación de las operaciones, previos los ajustes oportunos.

II. Prestaciones de servicios en particular

(LIVA art.11.Dos)

740

Pregunta
¿La relación de prestaciones de servicios que se contiene en la LIVA art.11.Dos tiene carácter exhaustivo?

No. A diferencia de lo que ocurre con las entregas de bienes, que sólo son tales en los términos específicamente previstos por la LIVA art.8, la definición que se hace de las prestaciones de servicios en la LIVA art.11 es una **definición abierta**. Esto es así

tanto en lo que se refiere al concepto general (LIVA art.11.Uno) como en cuanto a la relación de prestaciones de servicios en particular (LIVA art.11.Dos). De hecho, este último así lo señala de manera expresa.
En consecuencia, son prestaciones de servicios las operaciones que se señalan en la LIVA art.11.Dos (ver pregunta nº 745) y también cualesquiera otras que se puedan calificar como tales.

745

Pregunta
¿Qué operaciones tienen, en particular, la condición de prestaciones de servicios?

Las siguientes (LIVA art.11.Dos):
a) El ejercicio independiente de una **profesión**, arte u oficio.
b) Los **arrendamientos de bienes**, industria o negocio, empresas o establecimientos mercantiles, con o sin opción de compra. Recordemos que cuando incorporan una opción de compra vinculante, pasan a configurarse como entregas de bienes.
c) Las **cesiones del uso** o disfrute de bienes.
d) Las cesiones y concesiones de **derechos de autor**, licencias, patentes, marcas de fábrica y comerciales y demás derechos de propiedad intelectual e industrial.
e) Las **obligaciones de hacer y no hacer** y las abstenciones estipuladas en contratos de agencia o venta en exclusiva o derivadas de convenios de distribución de bienes en áreas territoriales delimitadas.
f) Las **ejecuciones de obra** que no tengan la consideración de entregas de bienes con arreglo a lo dispuesto en la LIVA art.8 (ver pregunta nº 585).
g) Los **traspasos de locales** de negocio, cabe considerar que tanto en lo que se refiere al propietario del local como en cuanto al arrendatario inicial del local.
h) Los **transportes**.
i) Los servicios de **hostelería, restaurante o acampamento** y las ventas de bebidas o alimentos para su consumo inmediato en el mismo lugar.
j) Las operaciones de **seguro**, reaseguro y capitalización, sin perjuicio de su exención (ver pregunta nº 4540).
k) Las prestaciones de **hospitalización**.
l) Los **préstamos** y créditos en dinero.
m) El derecho a utilizar **instalaciones deportivas** o recreativas.
n) La explotación de **ferias y exposiciones**.
ñ) Las operaciones de **mediación y** las de **agencia o comisión** cuando el agente o comisionista actúe en nombre ajeno.
Cuando se actúe en nombre propio y medie en una prestación de servicios, la norma establece que se entiende que ha recibido y prestado por sí mismo los correspondientes servicios.
o) El suministro de **productos informáticos** cuando no tenga la condición de entrega de bienes, considerándose accesoria a la prestación de servicios la entrega del correspondiente soporte.
En particular, se considera prestación de servicios el suministro de productos informáticos que hayan sido confeccionados previo encargo de su destinatario conforme a las especificaciones de este, así como aquellos otros que sean objeto de adaptaciones sustanciales necesarias para el uso por su destinatario.

750

Pregunta
¿Qué tratamiento se da en el IVA a la mediación en las prestaciones de servicios?

Depende del carácter de la mediación.
Si esta se produce en **nombre ajeno**, el régimen tributario es equivalente al establecido para las entregas de bienes, de forma que el comisionista presta un servicio de mediación que es adicional a la operación principal, al margen de que esta igualmente se configure como prestación de servicios.

Cuando la mediación es en **nombre propio**, se establece una ficción conforme a la cual se entiende que el mediador ha **recibido y prestado** el servicio respecto al cual se produce la mediación (LIVA art.11.Dos.15º). Esto es así con independencia de que el referido mediador disponga de los medios necesarios para realizar o prestar el servicio en relación con el cual media. Lo que se pretende con esta ficción es hacer posible que los mecanismos de deducción y repercusión hagan que el IVA llegue hasta el consumidor final.

Un buen ejemplo de lo anterior sería la urbanización de terrenos a través de los sistemas de cooperación (ver pregunta nº 405) o de compensación a través de juntas de compensación fiduciarias (ver pregunta nº 410), en los cuales se ha entendido que los mediadores en nombre propio que actúan en dichos sistemas reciben y prestan en nombre propio los servicios de urbanización respectivos. En consecuencia, dichos mediadores deducen el IVA que les repercuten sus proveedores y, a su vez, repercuten IVA a los propietarios de los terrenos.

Pregunta 755

¿Cuándo son prestaciones de servicios los suministros informáticos?

Cuando no son entregas de bienes. Por tanto, cuando estos suministros no se hacen en soporte material (por ejemplo, descargas a través de Internet) o no tienen por objeto productos normalizados, han de considerarse como prestaciones de servicios.

Este último supuesto, el de los **productos no normalizados**, se trata de manera específica por la LIVA art.8.Dos.7º, que califica como prestaciones de servicios el suministro de productos informáticos que hayan sido confeccionados previo encargo de su destinatario conforme a las especificaciones de este, así como aquellos otros que sean objeto de adaptaciones sustanciales necesarias para el uso por su destinatario.

SECCIÓN 5

Operaciones no sujetas

(LIVA art.7)

770

I. Transmisión de negocios en marcha

(LIVA art.7.1º)

775 **Pregunta**
¿Cuáles son los patrimonios empresariales o profesionales no sujetos en su transmisión por considerarse negocios en marcha?

Aquellos que tengan por objeto un conjunto de elementos corporales y, en su caso, incorporales que, formando parte del patrimonio empresarial o profesional del sujeto pasivo, constituyan o sean susceptibles de constituir una **unidad económica autónoma** capaz de desarrollar una actividad empresarial o profesional por sus propios medios.

Desde un punto de vista objetivo, lo relevante es que el conjunto patrimonial transmitido incluya bienes y derechos que tengan esta **aptitud de funcionamiento autónomo** que predica la norma. En la medida en que así sea, y supuesto que el adquirente destine dichos bienes y derechos al desarrollo de actividades empresariales o profesionales (ver pregunta nº 240), la citada transmisión está no sujeta al IVA.

780 **Pregunta**
La no sujeción de la venta de patrimonios empresariales en marcha, ¿está condicionada a que se trate de la totalidad del patrimonio empresarial del transmitente?

No. Las únicas circunstancias relevantes de cara a la no sujeción al IVA de estas transmisiones patrimoniales son que las mismas tengan por objeto unidades económicas autónomas y que el adquirente del patrimonio transmitido destine los elementos adquiridos al desarrollo de actividades empresariales o profesionales.

En consecuencia con lo anterior:

a) Es posible que un empresario o profesional transmita una **parte de su patrimonio** empresarial que no constituya el total del mismo y, sin embargo, se aplique la norma de no sujeción que establece la LIVA art.7.1º.

b) Cabe igualmente la posibilidad de que la venta de la **totalidad de un patrimonio** empresarial quede excluida de la norma de no sujeción porque no constituya una unidad económica autónoma.

782 Ejemplos **1)** Un ingeniero industrial que trabaja por cuenta propia, además de desarrollar su actividad profesional, es titular de una finca en Andalucía en la que se dedica a la pro-

ducción de aceite. Esta finca, que cuenta con 400 hectáreas de olivos, almazara propia y en la que trabajan 14 personas a tiempo completo, es transmitida, junto con los medios materiales y humanos adscritos a su explotación, a un importante grupo olivarero que la integra en su actividad. El transmitente continúa con su actividad como profesional.
Esta operación se debe considerar no sujeta a IVA, aunque el transmitente no esté transmitiendo el total de su patrimonio empresarial, ya que conserva los elementos afectos a su actividad profesional.
2) Un promotor inmobiliario que desarrollaba su actividad como persona física se va a jubilar y está liquidando su patrimonio empresarial. Los últimos elementos que le quedan son dos chalets adosados que transmite a un promotor conocido, que procura posteriormente su venta.
Aunque la venta que se ha descrito constituya el total del patrimonio que le queda a este empresario o profesional, no se puede considerar incluida en el ámbito de aplicación de la norma de no sujeción que establece la LIVA art.7.1º, ya que no se pueden caracterizar estos dos chalets como una unidad económica autónoma o conjunto de elementos capaces de funcionar de manera autónoma.

Pregunta 785
La no sujeción de la venta de patrimonios empresariales en marcha, ¿está condicionada a que exista un único adquirente?

Depende de las circunstancias del caso. Lo relevante para que se aplique la norma de no sujeción es que el conjunto de **elementos patrimoniales transmitidos** a cada adquirente constituya una unidad económica autónoma. En caso de que a partir de un único patrimonio empresarial se pudieran desgajar o separar varios patrimonios, no habría problema para aplicar la norma de no sujeción a la transmisión de cada uno de estos patrimonios. Lo que no cabría es que una única unidad económica autónoma se pretenda separar en varias porciones sin la capacidad de funcionamiento que venimos señalando y a cada una de ellas se le pretenda aplicar la norma de no sujeción, ya que, en tal caso, el objeto de la operación no sería una unidad económica autónoma.

Ejemplo Una empresa que se dedica a la promoción inmobiliaria decide liquidar su patrimonio, para lo cual forma varios lotes: 787
a) Un primer lote integrado por los inmuebles residenciales construidos y pendientes de comercializar.
b) El segundo lote formado por locales y oficinas igualmente en expectativa de venta.
c) Un tercer lote en el que integra varios terrenos por promover, con y sin licencia de obra, respectivamente.
d) El último lote en el que se integra la sede social y todo su equipamiento.
Cada uno de estos lotes se coloca a un adquirente distinto.
Aunque el conjunto empresarial transmitido pudiera ser constitutivo, en su día, de una unidad económica autónoma, los elementos que se transmiten a cada uno de los adquirentes no admiten esta configuración, por lo que no es aplicable la norma de no sujeción. Lo que habrá que discutir, operación a operación, es si se puede considerar exenta o no.

Pregunta 790
¿Los conceptos unidad económica autónoma y rama de actividad son coincidentes?

No está claro. El concepto «**unidad económica autónoma**» es el que define la LIVA art.7.1º como conjunto de bienes corporales y, en su caso, incorporales, que son susceptibles de funcionamiento autónomo.
Por su parte, el concepto «**rama de actividad**» se define en la LIS art.83.Cuatro como el conjunto de elementos patrimoniales que son susceptibles de constituir una unidad económica autónoma determinante de una explotación económica, es decir, un conjunto capaz de funcionar por sus propios medios.

Ciertamente, se trata de definiciones con una gran similitud, pero en la medida en que existen dos normas distintas que definen ambos conceptos, conviene ser prudente a la hora de hacer una interpretación conjunta de los mismos.

795

Pregunta
¿El adquirente de un patrimonio empresarial en marcha ha de continuar en la misma actividad que el transmitente?

No. La no sujeción de la transmisión de patrimonios empresariales en marcha está **condicionada** a que el adquirente continúe en la realización de actividades que hayan de considerarse como empresariales o profesionales, pero no es necesario que se trate de las mismas actividades que venía realizando el transmitente de dicho patrimonio.
Así se establece expresamente en la LIVA art.7.1º tercer párrafo, al indicar que, a estos efectos, resulta **irrelevante** que el adquirente desarrolle la misma actividad a la que estaban afectos los elementos adquiridos u otra diferente, siempre que se acredite por el adquirente la intención de mantener dicha afectación al desarrollo de una actividad empresarial o profesional.
Interesa destacar que esta es una de las cuestiones que señala expresamente la sentencia del TJUE 27-11-03, asunto Zita Modes C-497/01.

800

Pregunta
La no sujeción en IVA de la venta de patrimonios en marcha, ¿está condicionada al tratamiento de las operaciones en otros impuestos?

No. Por tanto, es posible que se produzca la no sujeción a IVA de la transmisión de un patrimonio empresarial y que, sin embargo, dicha operación dé lugar a una **renta** que tribute en el IS o que los inmuebles incluidos en este patrimonio estén sujetos a la modalidad de Transmisiones Patrimoniales Onerosas del ITP y AJD.
Así lo establece la LIVA art.7.1º inciso final del primer párrafo, que declara expresamente la **independencia** entre el régimen aplicable a una transmisión patrimonial en el IVA y el que resulte aplicable en otros tributos. Este inciso no hace referencia expresa al IS, pero resulta evidente, en la medida en que muchas de las operaciones a las que puede resultar de aplicación la norma de no sujeción de la LIVA son de las denominadas de reestructuración empresarial, que la voluntad del legislador con este inciso es desvincular la no sujeción en el IVA del régimen de tributación que pudiera resultar para la operación de que se trate a los efectos de la imposición directa (sea el IS, sea el IRPF).
Lo mismo cabe decir en cuanto a la modalidad de Transmisiones Patrimoniales Onerosas del ITP y AJD, aunque en este caso la LIVA art.7.1º, hace una referencia directa a la LIVA art.4.Cuatro, para dejar a salvo su aplicación.

805

Pregunta
¿Puede ocurrir que una operación excluida del régimen especial establecido en el IS para las operaciones de reestructuración empresarial no esté sujeta a IVA?

Sí. La **independencia** entre las reglas o condiciones de no sujeción existentes en el IVA y en la LIS art.83 s. conduce a esta conclusión. Hay que añadir que esta independencia se asegura por la propia LIVA, que establece expresamente que la no sujeción al IVA de estas operaciones es independiente del régimen de tributación que resulte a los efectos de otros tributos.

Pregunta
¿Hay alguna especialidad en la venta de patrimonios empresariales en marcha cuando se trata de operaciones societarias? 810

No. Los elementos relevantes de cara a la no sujeción a IVA son los que se han analizado en las preguntas anteriores, es decir, que el patrimonio transmitido constituya o sea susceptible de constituir una unidad económica autónoma y que el adquirente de dicho patrimonio lo dedique al desarrollo de actividades empresariales o profesionales, sean las que venía realizando el transmitente u otras distintas. En cuanto a la no sujeción a IVA, el **título** en virtud del cual se realice la transmisión es irrelevante, sin perjuicio de la trascendencia que esta cuestión pueda tener en cuanto a la tributación que corresponda en las diferentes modalidades del ITP y AJD y del IS.

Pregunta
¿Hay alguna especialidad en la venta de patrimonios empresariales en marcha cuando se trata de transmisiones mortis causa? 815

No. Por tanto, estas transmisiones, supuesto que el **causante** fuera empresario o profesional, están no sujetas al IVA en los mismos términos que cualesquiera otras transmisiones, esto es, a condición de que el patrimonio empresarial transmitido constituya una unidad económica autónoma y que los causahabientes continúen en el desarrollo de actividades empresariales o profesionales en las que utilicen dicho patrimonio.
En caso de que alguno o algunos de dichos **causahabientes** no destinaran los elementos recibidos al desarrollo de actividades empresariales o profesionales, entonces las transmisiones realizadas en su favor no se podrían acoger a la no sujeción a IVA, quedando sujetas al tributo.

Pregunta
¿Se puede aplicar la no sujeción de la venta de patrimonios empresariales en marcha a operaciones de venta de negocios en las que el transmitente se reserva la propiedad del local en el que se desarrolla la actividad, procediendo a su arrendamiento al adquirente del negocio en marcha? 817

Sí. De este modo se ha pronunciado el TJUE 10-11-11, asunto Schriever C-444/10, en la que se admite expresamente esta posibilidad. En buena lógica, la DGT ha acogido este criterio en reiteradas contestaciones a consultas vinculantes.

Ejemplo El propietario de un restaurante lo traspasa, incluyéndose en el traspaso el total de los elementos de la actividad, incluido el personal, pero no el local, que pasa a ceder- 818
se al adquirente del negocio en marcha en virtud un contrato de arrendamiento para el que se pacta una renta mensual de 6.800 euros.
La operación que se ha descrito es una operación no sujeta, ya que tiene por objeto una unidad económica autónoma. No es impedimento para lo anterior el hecho de que el propietario del restaurante se reserve la propiedad del local.

Pregunta
¿La venta de inmuebles arrendados se puede considerar no sujeta a IVA en concepto de unidad económica autónoma? 820

En principio, no. Así se establece por la LIVA art.7.1° segundo párrafo letra b), que determina la **exclusión** de la norma de no sujeción de las transmisiones realizadas por quienes tengan la condición de empresario o profesional exclusivamente por realizar una o varias entregas de bienes o prestaciones de servicios que supongan la explotación de un bien corporal o incorporal con el fin de obtener ingresos continua-

dos en el tiempo (LIVA art.5.Uno.c), cuando dichas transmisiones tengan por objeto la mera cesión de bienes.
La misma norma aclara que, a estos efectos, se considera como **mera cesión** de bienes la transmisión de bienes arrendados cuando no se acompañe de una estructura organizativa de factores de producción materiales y humanos, o de uno de ellos, que permita considerar a la misma constitutiva de una unidad económica autónoma.
En consecuencia, el **régimen general** que se establece para la transmisión de inmuebles arrendados es el de su sujeción a IVA (recordemos que los arrendadores se consideran empresarios o profesionales en todo caso, por lo que el elemento subjetivo del hecho imponible ha de considerarse cumplido), sin perjuicio de su exención si se cumplen los requisitos establecidos en la LIVA art.20.Uno.22º (ver pregunta nº 4900 s.) En este sentido se han pronunciado la DGT(DGT CV 26-10-22), o el TEAC (TEAC 22-1-15; 21-10-20).
Excepcionalmente, si los inmuebles transmitidos se acompañan de un conjunto de medios materiales y humanos, una estructura organizativa adecuada tal que permita configurar el patrimonio transmitido como una unidad económica autónoma, entonces hay que considerar esta operación no sujeta al IVA.

825

Pregunta
¿Se puede aplicar la no sujeción de la venta de patrimonios empresariales en marcha a los urbanizadores o promotores inmobiliarios ocasionales?

No. La LIVA art.7.1º segundo párrafo, letra c), establece que la norma de no sujeción no es aplicable a las transmisiones efectuadas por quienes tengan la condición de empresario o profesional exclusivamente por la realización ocasional de las operaciones de **urbanización** de terrenos o la promoción, construcción o rehabilitación de edificaciones destinadas, en todos los casos, a su venta, adjudicación o cesión por cualquier título, aunque sea ocasionalmente (LIVA art.5.Uno.d).
Es difícil que los bienes y derechos transmitidos por estos empresarios o profesionales ocasionales pudieran llegar a constituir un patrimonio empresarial en marcha, por lo que probablemente la aplicación del criterio general ya por sí mismo debería conducir a esta conclusión. No obstante, y probablemente con una intención aclaratoria, la norma establece de forma expresa que las transmisiones realizadas por empresarios o profesionales ocasionales están excluidas de la norma de no sujeción.

830

Pregunta
¿El adquirente de un patrimonio empresarial en marcha tiene algún derecho en cuanto a las cuotas o créditos de IVA correspondientes al transmitente?

Sí. De acuerdo con la propia LIVA, el adquirente de un patrimonio no sujeto conforme a la LIVA art.7.1º se subroga en la posición del adquirente a los efectos previstos en la LIVA art.92 a 114. Esta **subrogación** se extiende, fundamentalmente, a los siguientes aspectos:
a) El **IVA soportado** por el transmitente es deducible por el adquirente del citado patrimonio como si se tratara del referido transmitente, supuesto, claro está, que se cumplan los demás requisitos establecidos para ello (LIVA art.92 a 100).
b) Los **créditos pendientes de compensación** se pueden hacer efectivos igualmente por el adquirente, siempre que no hayan transcurrido los plazos establecidos al efecto. Del mismo modo, dicho adquirente puede solicitar la devolución de dichos importes en las mismas condiciones que le hubieran correspondido al transmitente.
c) Las **regularizaciones** de las cuotas soportadas por bienes de inversión se tienen que continuar realizando por el adquirente hasta la finalización de los plazos establecidos por la LIVA art.107 (ver pregunta nº 11400 s.).

Pregunta 835
¿Una transmisión no sujeta por venir referida a un patrimonio empresarial en marcha obliga a realizar la regularización por transmisiones de bienes de inversión durante el período de regularización?

No. Así lo establece expresamente la LIVA art.110.Cuatro y se justifica igualmente por la **subrogación** que dispone la LIVA art.7.1º en cuanto a las regularizaciones que ha de continuar realizando el adquirente del patrimonio empresarial en marcha hasta finalizar los plazos que establece la LIVA art.107. Esta subrogación resulta de la referencia que hay en la LIVA art.7.1º a los artículos 92 a 114, incluyendo, por consiguiente, el citado artículo 110, que es el que regula esta cuestión.

Pregunta 840
¿Una transmisión no sujeta por venir referida a un patrimonio empresarial en marcha incide en la exención de las segundas o ulteriores entregas de edificaciones?

No. Así lo establece expresamente la norma, por lo que si en el patrimonio empresarial en marcha que se transmite se incluyen **edificaciones** construidas o rehabilitadas por el transmitente, la entrega que se realiza cuando se transmite el conjunto patrimonial de que se trate no se computa a estos efectos. Será la posterior entrega que se haga de los citados elementos la que agote o consuma la primera entrega, pero no la que se acoge a la no sujeción que establece la LIVA art.7.1º.

Pregunta 845
¿Qué ocurre si después de adquirido un patrimonio empresarial en marcha hay una parte de los elementos adquiridos que se desafecta de dicho patrimonio?

Que dicha **desafectación** tributa en función de sus características, tal y como establece la propia LIVA art.7.1º. Esto tiene dos **consecuencias** importantes:

a) En primer lugar, que la **no sujeción** que se hubiera aplicado previamente a la transmisión de este patrimonio empresarial en marcha no se ve comprometida por la posterior desafectación (únicamente podría dejar de ser así si se caracterizase la operación como fraudulenta y se acudiera a las figuras antiabuso que contempla la LGT, pero no en otro caso).

b) En segundo lugar, que la referida desafectación **tributa** según corresponda conforme a la propia LIVA.

Ejemplo Una empresa dedicada a la promoción inmobiliaria vende su rama residencial a otra empresa que continúa con la actividad. Esta operación cumple los requisitos para la aplicación de la norma de no sujeción que establece la LIVA art.7.1º. 847

Tres meses después de la venta, uno de los socios de la empresa adquirente se queda con uno de los apartamentos de nueva construcción que existía en el conjunto patrimonial adquirido. Esta operación se hace sin contraprestación, aunque el valor de mercado del apartamento a la fecha en que se realiza la operación asciende a 600.000 €.

Esta desafectación del apartamento debería tributar en concepto de autoconsumo, resultando en una operación sujeta y no exenta con una cuota tributaria del 10% de 600.000 €, esto es, de 60.000 €.

La tributación de esta desafectación no ha de incidir en la no sujeción que se aplicó a la venta del negocio en marcha cuando se compró el negocio en su conjunto.

850

Pregunta
¿Se puede renunciar a la no sujeción de la venta de patrimonios empresariales en marcha?

No. Las únicas operaciones para las que la no tributación que se les confiere es renunciable son las **exentas** por aplicación de la LIVA art.20.Uno.20º y 22º, pero no las operaciones no sujetas en aplicación de la norma que instituye la LIVA art.7.1º.

II. Entregas gratuitas de muestras

(LIVA art.7.2º)

870

Pregunta
¿Las entregas gratuitas de muestras constituyen entregas de bienes sujetas al IVA?

No. De acuerdo con la LIVA art.7.2º, no están sujetas al impuesto las entregas gratuitas de muestras de mercancías sin valor comercial estimable, realizadas con **fines** de promoción de las actividades empresariales o profesionales.
El mismo precepto señala que, a los efectos de la LIVA, se entiende por muestras de mercancías los artículos representativos de una categoría de las mismas que, por su modo de presentación o cantidad, sólo pueden utilizarse en fines promocionales.
En consecuencia, cuando una empresa entrega gratuitamente bienes propios de su actividad empresarial, si dicha entrega gratuita carece de **valor comercial** estimable y se realiza con una finalidad promocional, la citada entrega no está sujeta al impuesto. Interesa destacar que estas operaciones constituyen **entregas de bienes** a los efectos del IVA, ya que cumplen los requisitos establecidos al efecto por la LIVA art.8.Uno, con independencia de que se contabilicen como gastos promocionales. Precisamente es su carácter promocional lo que hace que la norma establezca su no sujeción, aunque con una disposición ad hoc.

875

Pregunta
¿Cuándo se puede considerar que las muestras que se entregan gratuitamente carecen de valor comercial estimable?

Cuando los bienes entregados a un determinado destinatario no tienen más interés para dicho destinatario que el de comprobar las **características** del bien que se pretende promocionar. A estos efectos, es irrelevante que el total de los bienes entregados a diferentes destinatarios, considerado conjuntamente, sí que pueda llegar a tener dicho valor comercial estimable.
A esta cuestión se refiere la sentencia del TJUE 30-10-10, asunto EMI C-581/08, señalando que como muestras de un producto hay que considerar al ejemplar de un producto destinado a promover sus ventas y que permite valorar sus características y cualidades sin dar lugar a un consumo final distinto del correspondiente a las labores de promoción.

880

Pregunta
La no sujeción de las entregas de muestras comerciales, ¿permite alguna distinción según se trate de entregas realizadas a consumidores finales o de muestras que se entregan a otros empresarios o profesionales?

No. Así lo ha señalado la DGT admitiendo la aplicación de la norma de no sujeción en la entrega de unas muestras de papel con las que el destinatario de la operación había de realizar unas **pruebas** para comprobar su calidad (DGT 1-10-03).

Pregunta 885
¿Las operaciones previas o preparatorias para la realización de entregas gratuitas están ordinariamente sujetas a IVA?

Sí, a condición de que se cumplan los requisitos que establece para ello la LIVA art.4.Uno. La norma de no sujeción alcanza **exclusivamente** a la entrega gratuita de muestras comerciales, pero no a las operaciones preparatorias o previas a la realización de dichas entregas gratuitas.

Ejemplo Un secadero de jamones desea entregar unas muestras para la captación de clientes. A tal efecto, contrata una empresa que se encarga de cortar y empaquetar en envases de 25 gramos un total de 50 piezas. Esta empresa cobra por sus servicios 1.500 €. 887
Los servicios prestados por esta empresa son distintos a las entregas gratuitas que se harán con las muestras comerciales que se han preparado. En consecuencia, dichos servicios están sujetos y no exentos de IVA.

Pregunta 890
¿Es deducible el IVA soportado en relación con las entregas gratuitas de muestras comerciales no sujetas?

Sí. Aunque las citadas entregas no estén sujetas a IVA y, por tanto, se pudiera considerar que las cuotas soportadas en relación con estas operaciones no se han soportado por la adquisición de bienes y servicios utilizados en la **realización de operaciones generadoras del derecho** a la deducción, hay que tener en cuenta que la LIVA art.96.Uno.5º, cuando establece la no deducibilidad de las cuotas soportadas por bienes y servicios adquiridos para ser entregados en concepto de atenciones a clientes, asalariados y terceras personas, excluye de su ámbito de aplicación las cuotas relacionadas con estas operaciones no sujetas. Si la voluntad del legislador consistiera en que estas cuotas no resultaran deducibles, carecería de sentido la no aplicación de la restricción en el derecho a la deducción.
Interesa destacar que la contestación de la DGT 1-10-03, se pronuncia en este sentido.
Se puede concluir, por tanto, que son deducibles las **cuotas soportadas** por bienes y servicios que se adquieren para ser utilizados en la realización de entregas de muestras comerciales no sujetas en virtud de la LIVA art.7.2º.

III. Servicios gratuitos de demostración

(LIVA art.7.3º)

Pregunta 910
¿En qué términos están no sujetos a IVA los servicios prestados a título de demostración?

En términos muy similares a los establecidos en la LIVA art.7.2º para las entregas de muestras comerciales.
Así, se dispone la no sujeción al IVA de las prestaciones de servicios de demostración a título gratuito efectuadas para la **promoción de las actividades** empresariales o profesionales (LIVA art.7.3º).
Hay dos **diferencias**, sin embargo, entre la norma que determina la no sujeción de las entregas gratuitas de muestras sin valor comercial y la correspondiente a las prestaciones de servicios de demostración a título gratuito:
a) Respecto a las entregas de muestras gratuitas, la norma requiere que se trate de bienes que no tengan un **valor comercial estimable**, requisito que no se establece para los servicios que se prestan a título de demostración. Posiblemente, entiende el

legislador que no es una restricción necesaria; no obstante, es una diferencia que llama la atención.

b) La **no** aplicación de la **exclusión del derecho a la deducción** que se establece en la LIVA art.96.Uno.5º respecto a las operaciones no sujetas por prestación de servicios gratuitos de demostración. Ante la falta de esta referencia cruzada, se podría interpretar que el IVA relativo a estas prestaciones de servicios no es deducible o, alternativamente, que el legislador no ha considerado que fuera necesaria ninguna aclaración, por entender que los servicios gratuitos de demostración se prestan con los medios ordinarios de la empresa, cuyo IVA soportado, de suyo, ya es deducible. Nos decantamos por esta segunda interpretación.

IV. Impresos y objetos publicitarios

(LIVA art.7.4º)

930

Pregunta

¿Existe algún supuesto de no sujeción para las entregas de impresos y objetos publicitarios?

Sí. La LIVA art.7.4º establece la no sujeción de las **entregas sin contraprestación** de impresos y objetos de carácter publicitario.

935

Pregunta

¿Qué se entiende por objetos e impresos publicitarios?

Los que considera como tales la propia LIVA art.7.4º, que contiene los siguientes **requisitos** o condiciones:

a) En cuanto a los **impresos publicitarios**, deben llevar de forma visible el nombre del empresario o profesional que produzca o comercialice bienes o que ofrezca determinadas prestaciones de servicios.

Si bien no es lo que señala la norma de forma expresa, cabría considerar igualmente como impresos publicitarios aquellos en los que se consigna la **marca** de los bienes o servicios que se comercializan por el empresario de que se trate en cada caso u otras menciones similares, aunque dichas indicaciones no coincidan con el nombre de dicho empresario.

b) Respecto a los **objetos de carácter publicitario**, se consideran como tales, a los efectos de la LIVA, los que carezcan de valor comercial intrínseco, siempre que en ellos se consigne de forma indeleble la mención publicitaria.

El requisito de que se trate de bienes sin **valor comercial intrínseco** puede resultar polémico, ya que muchos de los objetos publicitarios que se entregan gratuitamente sí que tienen dicho valor, lo que suscita la duda de hasta dónde se ha de llegar en la aplicación de este requisito. No parece fácil ofrecer un criterio general sobre este particular, sin embargo, ha de evitarse que una interpretación literal de la norma conduzca a su vaciamiento de contenido mediante el razonamiento de que cualquier objeto tiene un cierto valor comercial intrínseco (ver pregunta siguiente en cuanto a la existencia de un límite cuantitativo).

940

Pregunta

¿Hay alguna restricción por razón de su valor en cuanto a las entregas de objetos publicitarios?

Sí. La misma LIVA art.7.4º excluye de su ámbito de aplicación, por lo que ha de entenderse que se trata de operaciones sujetas a IVA, a las entregas de objetos publicitarios cuando el **coste total de los suministros** a un mismo destinatario durante el año natural exceda de 200 €, a menos que se entreguen a otros sujetos pasivos para su redistribución gratuita.

En consecuencia, si los objetos publicitarios se entregan a un **único destinatario**, y tienen para quien realiza la entrega un coste superior a 200 €, la citada entrega está sujeta a IVA. Excepcionalmente, si esta entrega de cierto valor se realiza para que su destinatario proceda al posterior reparto de los bienes, no opera este límite.

Ejemplo Un productor de vino regala unos decantadores en los que consigna su nombre de manera indeleble. A un importante cliente le ha entregado una partida de 100 decantadores de coste unitario igual a 8 € para que este proceda a su posterior reparto a sus clientes. 942

Aunque el coste total de los decantadores que se entregan a este cliente ascienda a 800 €, no operaría el límite de los 200 €, ya que se trata de objetos publicitarios que se entregan para su posterior reparto.

Este mismo productor de vino ha preparado unas mantas de viaje para sus clientes más selectos. En las mantas se consigna igualmente su anagrama. El coste de cada una de las mantas es de 500 €.

Evidentemente, el regalo de estas mantas no se puede acoger a la norma de no sujeción que establece la LIVA art.7.4°, ya que excede del límite establecido al efecto, por lo que su entrega deberá considerarse sujeta al IVA en concepto de autoconsumo de bienes.

Pregunta 945

¿Es deducible el IVA soportado por bienes y servicios utilizados en la realización de entregas gratuitas de objetos e impresos publicitarios?

Sí, con argumentos análogos a los que se exponen en la pregunta n° 890 en cuanto al IVA soportado por bienes y servicios adquiridos para ser utilizados en la entrega gratuita de muestras comerciales.

Pregunta 950

¿Qué ocurre cuando los objetos publicitarios no se entregan, sino que se ceden en uso?

Que la operación deja de ser una entrega de bienes para transformarse en **prestación de servicios**, lo cual, en caso de que se realice a título gratuito, reconduce su análisis al ámbito de los autoconsumos de servicios (ver pregunta n° 1420).

V. Servicios prestados en régimen de dependencia administrativa o laboral

(LIVA art.7.5°)

Pregunta 970

¿Qué régimen de tributación tienen en el IVA los servicios prestados en régimen de dependencia laboral o administrativa?

Se trata de servicios no sujetos a imposición, ya que así lo establece la LIVA art.7.5°. Interesa señalar que este precepto constituye más bien una **aclaración**, ya que, en aplicación de la definición general que se establece en la LIVA art.5.Dos para las actividades empresariales o profesionales, habría que considerar que quien presta sus servicios en régimen de dependencia laboral o administrativa carece de la condición de empresario o profesional, por lo que sus servicios no están sujetos al impuesto. Así es porque el personal dependiente no trabaja por cuenta propia, sino que lo hace **por cuenta ajena**, por lo que no se le puede considerar empresario o profesional ni cabe configurar sus servicios como sujetos a IVA. No obstante, cabría la duda por aplicación de la LIVA art.5.Uno.c), que atribuye el estatuto de empresario o profesional a quienes realizan entregas de bienes o prestaciones de servicios a cambio de las cuales obtienen ingresos continuados en el tiempo.

De cualquier modo, la LIVA art.7.5º es contundente, por lo que cualquier prestación que se desarrolle en régimen de dependencia laboral o administrativa se sitúa fuera del ámbito de aplicación del IVA.

VI. Servicios prestados a cooperativas

(LIVA art.7.6º)

990 **Pregunta**
¿Qué régimen se aplica en el IVA a los servicios prestados a las cooperativas por sus socios de trabajo?

El de no sujeción. Así se establece en la LIVA art.7.6º, que dispone la no sujeción de los servicios prestados a las cooperativas de trabajo asociado por los socios de las mismas y los prestados a las demás cooperativas por sus socios de trabajo.

VII. Autoconsumo de bienes o servicios cuyo IVA soportado no fue deducible

(LIVA art.7.7º)

1010 **Pregunta**
¿Está sujeta la entrega gratuita de un bien por un empresario o profesional cuando se soportó IVA en su adquisición y este no fue deducible?

No. La LIVA art.7.7º establece la no sujeción de los autoconsumos de bienes cuando estos tengan por **objeto** bienes tales que cuando se adquirieron el IVA soportado no fue deducible.
Un ejemplo típico de lo anterior es el de las entregas gratuitas de bienes a clientes, asalariados o terceras personas, para las cuales la LIVA art.96.Uno.5º impide el derecho a la deducción, a resultas de lo cual cuando dichos bienes se entregan a título gratuito, las citadas entregas no están sujetas.
La no sujeción está condicionada a que concurran los siguientes **requisitos** (LIVA art.7.7º):
a) Que se trate de **entregas gratuitas**, esto es, sin contraprestación, realizadas por empresarios o profesionales con cargo a su patrimonio empresarial o profesional. Esta gratuidad, por ejemplo, no existe en las entregas en especie que se hace a los impositores de las entidades financieras, a los que realmente se está retribuyendo sus depósitos de este modo. Por esta razón, no se puede aplicar la norma de no sujeción en este caso.
b) Que por los bienes entregados, o por sus componentes, se hubiera **soportado** efectivamente IVA en su adquisición.
c) Que dicho IVA no haya sido objeto de **deducción** ni total ni parcialmente. Una deducción parcial del tributo impediría la aplicación de esta norma de no sujeción.

1012 Ejemplo Una empresa adquiere unas cajas de vino con las que obsequiar a sus clientes más relevantes en Navidad. El precio de cada una de las cajas es de 1.200 euros y no se consigna en ellas ningún tipo de anagrama ni referencia al nombre de la empresa.
El IVA soportado por la adquisición de las cajas de vino no es deducible, ya que se trata de bienes que han sido adquiridos para ser entregados en concepto de atenciones a clientes. La posterior entrega gratuita de las cajas no resultará sujeta al impuesto, ya que tiene por objeto bienes cuyo IVA soportado no fue deducible.

Pregunta
¿Está sujeta a IVA una prestación gratuita de servicios que se efectúa por un empresario o profesional que no pudo deducir el IVA que soportó en relación con la misma? 1015

En principio, no, con los mismos **requisitos** y en los mismos términos que se han señalado en la pregunta anterior en relación con las entregas de bienes (ver pregunta nº 1010).
Existe, no obstante, una diferencia, ya que para las prestaciones de servicios la norma subordina la no sujeción a que el empresario o profesional que realiza la operación se limite a recibir y prestar el mismo servicio, esto es, sin transformarlo.

VIII. Administraciones Públicas

(LIVA art.7.8º)

Pregunta
¿Están sujetas al IVA las operaciones realizadas por las Administraciones Públicas sin contraprestación? 1035

No. Así lo establece la LIVA art.7.8º, conforme al cual no están sujetas al IVA las operaciones realizadas por los entes públicos sin contraprestación. Ver pregunta nº 1225 en cuanto a los criterios para determinar cuándo hay **contraprestación** para una operación y cuándo no es así.
Este mismo criterio es aplicable también a las operaciones realizadas por entidades en las cuales las Administraciones Públicas tengan su titularidad íntegra.

Pregunta
¿Están sujetas al IVA las operaciones realizadas por las Administraciones Públicas a cambio de contraprestaciones de naturaleza tributaria? 1040

No. Así lo establece la LIVA art.7.8º, conforme al cual cuando en una operación la contraprestación que se obtiene por el ente público tiene naturaleza tributaria, dicha operación no está sujeta al IVA. Este mismo criterio es aplicable también a las operaciones realizadas por entidades en las cuales las Administraciones Públicas tengan su titularidad íntegra.
Hay que señalar que de acuerdo con la LGT art.2.2, la **clasificación de los tributos** se realiza en tasas, contribuciones especiales e impuestos, siendo las primeras, habida cuenta de su naturaleza, las que más fácilmente pueden tener cabida en este supuesto.

Pregunta
¿Están sujetas al IVA todas las operaciones realizadas por las Administraciones Públicas a cambio de contraprestaciones de naturaleza no tributaria? 1045

No, la sujeción depende de la condición con la que actúen dichos entes cuando realizan dichas operaciones.
De este modo, cuando un ente público realiza una operación en la que se ha de considerar que **no** actúa como **empresario o profesional**, la citada operación no está sujeta al IVA, aunque a cambio de dicha operación el citado ente público obtenga una contraprestación que tenga naturaleza no tributaria.
Por el contrario, si la operación de que se trate se realiza por el ente público en el desarrollo de una **actividad** que ha de considerarse como **empresarial o profesional**, la citada operación, si tiene una contraprestación de naturaleza no tributaria, ha de considerarse sujeta a imposición.

1047 Ejemplo Un pequeño ayuntamiento realiza las siguientes operaciones:
a) Vende el inmueble en el que guardaba sus automóviles la policía municipal, que pasa a utilizar otro inmueble a las afueras de la ciudad. Por esta operación, que se realiza en pública subasta, se perciben 1.450.000 €.
b) Promueve un edificio de viviendas y locales que alquila a ciudadanos. Los precios respectivos son 600 € por vivienda y 1.000 € por local comercial.
Aunque se debe considerar que las operaciones que se han descrito tienen todas ellas contraprestación de naturaleza no tributaria, no por ello ha de concluirse que están en todo caso sujetas al IVA. Así, la tributación en el IVA que corresponde a estas operaciones es la siguiente:
a) La venta del edificio en el que se guardaban los automóviles de la policía municipal no está sujeta, ya que se trata de un inmueble que no se puede considerar afecto a una actividad empresarial o profesional del ayuntamiento ni parece que pueda concluirse que por la realización de esta operación se está adquiriendo la condición de empresario o profesional respecto a la misma.
b) Los arrendamientos de locales comerciales y viviendas sí que resultan sujetos a imposición, por cuanto las actividades de arrendamiento están sujetas al IVA en todo caso, al caracterizarse a los arrendadores como empresarios o profesionales a los efectos del IVA sin excepción.
Esta conclusión ha de señalarse sin perjuicio de la exención de los arrendamientos de viviendas, no así los de locales comerciales. En consecuencia, por estos últimos el ayuntamiento debe repercutir 210 € mensuales (el 21% de la renta pactada).

1050 **Pregunta**

¿En qué términos se puede considerar a las Administraciones Públicas como empresarios o profesionales?

En los mismos que a cualquier otra persona o entidad, esto es, en la medida en que desarrollen **actividades** que se deban considerar como **empresariales o profesionales** (ver pregunta nº 240).
Recordemos que los **requisitos** que se pueden señalar para calificar una actividad como empresarial o profesional son los siguientes (LIVA art.5.Dos):
a) La **ordenación de medios de producción** materiales o humanos, esto es, la adopción de decisiones en el ámbito mercantil o profesional. Es importante señalar que no hay un umbral mínimo en cuanto a las actividades empresariales, por lo que se puede tener la condición de empresario o profesional aunque los medios ordenados o administrados no sean especialmente relevantes.
b) La **actuación por cuenta propia**, esto es, la asunción del riesgo y ventura de las operaciones, de forma que el resultado, positivo o negativo, de las actividades desarrolladas, corresponda a quien las lleva adelante, que es quien tiene la condición de empresario o profesional.
c) La **actuación en el mercado**, ya que las actividades implican la intervención en la producción o distribución de bienes o servicios.
Estos requisitos son predicables y exigibles a las actividades realizadas por Administraciones Públicas en los mismos términos que a las actividades realizadas por cualquier otra persona o entidad.
Es importante recordar igualmente que el **ánimo de lucro** o su ausencia son elementos irrelevantes en cuanto a la sujeción a IVA de las actividades u operaciones, por lo que los entes públicos, de los que cabe suponer que actúan al servicio de los intereses generales sin ánimo de lucro, pueden realizar operaciones sujetas al IVA en idénticas condiciones a las de cualquier otro operador.
Finalmente, hay que señalar la existencia de diversos supuestos de **exención** que, junto con la no sujeción de las operaciones efectuadas sin contraprestación o mediante contraprestación de naturaleza tributaria, vienen a limitar muy considerablemente los supuestos en los que las Administraciones Públicas están obligadas a la repercusión del IVA.

Pregunta 1055
De manera esquemática, ¿cómo pueden delimitarse los supuestos en los que las Administraciones Públicas han de repercutir IVA por sus operaciones?

Para determinar la sujeción a IVA de las operaciones realizadas por las Administraciones Públicas, han de seguirse los siguientes **pasos**:

a) En primer lugar, ha de señalarse si su **actuación** se puede caracterizar como **empresarial** o no. En caso de que haya que concluir que la operación u operaciones que se estén analizando se está realizando por el ente público en el desarrollo de una actividad que no se puede considerar como empresarial o profesional, hay que concluir que dicha operación no está sujeta al IVA.

b) Supuesto que nos encontramos ante operaciones que se deben considerar realizadas como empresarios o profesionales, el segundo elemento que ha de verificarse es si hay **contraprestación** o no para la operación. Si se trata de una operación realizada sin contraprestación, debe concluirse que la citada operación no está sujeta al IVA.

c) Siendo una operación en la que el ente público actúa como empresario o profesional y para la cual existe una contraprestación, el tercer elemento que hay que verificar es si la naturaleza de dicha **contraprestación** es **tributaria** o no lo es. Para el caso de que la citada contraprestación fuera tributaria, la operación tampoco está sujeta al IVA.

Adicionalmente, hay que tener en cuenta los siguientes **aspectos**:

1. Las operaciones realizadas en el **desarrollo de determinadas actividades** están sujetas al IVA en todo caso porque así lo establece la norma. Se trata de las actividades que señala la LIVA art.7.8º tercer párrafo (ver pregunta nº 1065).

2. Existe un tratamiento especial para las operaciones realizadas por las entidades integradas dentro de lo que se conoce como **Administración instrumental** (ver pregunta nº 1075).

3. Hay varios supuestos de **exención** que se aplican a determinados servicios preferentes a condición de que estos se presten por entidades de derecho público o por entidades privadas de carácter social. Estos supuestos de exención se refieren a los servicios de asistencia social (ver pregunta nº 4080), deportivos (ver pregunta nº 4160) y culturales (ver pregunta nº 4185).

Pregunta 1060
En particular, ¿cuáles son los supuestos en que están sujetas al IVA las operaciones inmobiliarias realizadas por las Administraciones Públicas?

La doctrina de la DGT sobre la sujeción a IVA de la **venta de terrenos por ayuntamientos**, expresada en diversas contestaciones, ha consistido en señalar la sujeción al IVA en los tres **supuestos** siguientes (DGT 2-6-04; CV 19-6-08; CV 13-3-14; CV 4-7-18; CV 6-8-21, entre otras):

a) Parcelas cuya **urbanización** se había promovido por el propio ayuntamiento, lo cual acontece sólo excepcionalmente (tal es el caso de la urbanización de terrenos a través del sistema de expropiación).

b) Parcelas cuya **transmisión** implicaba por sí misma el ejercicio de una actividad empresarial por parte del ayuntamiento.

c) Parcelas **afectas** a un patrimonio empresarial propiedad del ayuntamiento. Tanto para este caso como para el anterior se consideraba que existía esta actividad empresarial o profesional cuando se efectuaba la ordenación de medios personales y materiales con independencia y bajo la responsabilidad del ayuntamiento para desarrollar actividades comerciales mediante la realización continuada de operaciones, asumiendo el riesgo y ventura que se pudiese producir en el desarrollo de la actividad.

Las **entregas de suelo** que se produjeran en cualquiera de las anteriores circunstancias estarían sujetas a IVA. En la hipótesis de que se tratara de suelo edificable,

excluido de la exención, el ayuntamiento que realizase la entrega habría de repercutir IVA, en idénticas condiciones a cualquier otro empresario o profesional.
La DGT matizó su doctrina en la Resol DGT 2/2000, en la que se caracterizó el **patrimonio municipal del suelo** como un patrimonio separado del resto del patrimonio municipal y que, por razón de las finalidades a las que han de dedicarse los fondos obtenidos procedentes del mismo, se puede considerar destinado por ley a incorporarse al circuito empresarial o profesional.
Para **otro tipo de inmuebles** son aplicables estos mismos criterios, aunque habría que tener en cuenta si se trata de inmuebles que se hubieran promovido por el ente público o que estuvieran afectos a una actividad empresarial del ente público, como es, entre otras, la de arrendamiento. En cualquiera de estos casos, la operación estaría sujeta a IVA.
Para cualquiera de los anteriores supuestos, apreciada la sujeción, hay que determinar igualmente si la operación de que se trate puede tener cabida en alguna de las normas de **exención** que se establecen por la LIVA para las entregas de terrenos o de edificaciones.

1065

Pregunta
¿Hay operaciones o actividades de las Administraciones Públicas que estén sujetas al IVA en todo caso?

Sí. Se trata de las operaciones que se realizan en desarrollo de las actividades que relaciona la LIVA art.7.8º tercer párrafo, conforme al cual, en todo caso, están sujetas al IVA las entregas de bienes y prestaciones de servicios que los entes públicos realicen en el ejercicio de las **siguientes** actividades:
a) Telecomunicaciones.
b) Distribución de agua, gas, calor, frío, energía eléctrica y demás modalidades de energía.
c) Transportes de personas y bienes.
d) Servicios portuarios y aeroportuarios y servicios de administración de infraestructuras ferroviarias incluyendo, a estos efectos, las concesiones y autorizaciones exceptuadas de la no sujeción por la LIVA art.7.9º (ver pregunta nº 1110).
e) Obtención, fabricación o transformación de productos para su transmisión posterior.
f) Intervención sobre productos agropecuarios dirigida a la regulación del mercado de estos productos.
g) Explotación de ferias y de exposiciones de carácter comercial.
h) Almacenaje y depósito.
i) Las de oficinas comerciales de publicidad.
j) Explotación de cantinas y comedores de empresas, economatos, cooperativas y establecimientos similares.
k) Las de agencias de viajes.
l) Las comerciales o mercantiles de los entes públicos de radio y televisión, incluidas las relativas a la cesión del uso de sus instalaciones.
m) Las de matadero.
La sujeción de las operaciones que se efectúen en el desarrollo de estas actividades es independiente de que exista contraprestación por ellas o no y de que esta pueda tener naturaleza tributaria.
En relación con estas actividades, las Administraciones Públicas son considerados como cualesquiera otros **empresarios o profesionales**, lo que determina tanto el derecho a la deducción del IVA soportado por los bienes y servicios que se afectan a las mismas, como la obligatoriedad de repercutir IVA por las entregas de bienes y prestaciones de servicios que se lleven a cabo en su desarrollo.

Pregunta
¿Existe algún beneficio fiscal previsto específicamente para las entregas de bienes y prestaciones de servicios realizadas para las Administraciones Públicas? 1070

No. Las entregas de bienes y prestaciones de servicios realizadas para los entes públicos resultan sujetas a IVA exactamente en los mismos términos que las realizadas para cualesquiera otros empresarios o profesionales. Siendo que la mayor parte de las actividades de estos entes no están sujetas a IVA, el **impuesto soportado** por dichos entes no es deducible, por lo que se transforma en una mayor partida de coste. En cierto modo, de esta forma se grava el **consumo colectivo** que se lleva a cabo cuando estos entes adquieren bienes y servicios.
Para intentar mitigar o prevenir este efecto, la LIVA art.88.Uno segundo párrafo dispone que las **ofertas económicas** de entregas de bienes y prestaciones de servicios sujetas a IVA que hagan los empresarios o profesionales a los entes públicos, deben incluir IVA, de manera que el coste total que haya de sufragar el ente público no se vea incrementado en la cuota de IVA correspondiente (ver pregunta nº 7430).
Las **importaciones** realizadas por las Administraciones Públicas están sujetas a IVA en idénticas condiciones a las realizadas por cualquier otra persona o entidad.
Finalmente, en cuanto a las **AIB** realizadas por las Administraciones Públicas, hay que tener en cuenta la posibilidad de que estas operaciones puedan resultar no sujetas como tales por aplicación de la LIVA art.14, aunque en tal caso lo que ocurrirá es que la operación incorpora la tributación del Estado de origen de las mercancías (ver preguntas nº 13342 s.).
Lo anterior ha de entenderse sin perjuicio de ciertos **beneficios** establecidos en relación con los buques de guerra (ver pregunta nº 14250) y con aeronaves utilizadas por entidades públicas (ver pregunta nº 14285).

Pregunta
¿Qué ocurre cuando las Administraciones Públicas actúan a través de entidades mercantiles? 1075

En tales casos hay que distinguir las operaciones realizadas por la entidad mercantil con terceros de las operaciones que la entidad mercantil pueda realizar con el ente público que la constituyó.
En las operaciones realizadas por entes públicos **con terceros** a través de entidades mercantiles comparten el mismo tratamiento que se establece para las efectuadas directamente por las Administraciones Públicas de las que dependen, resultando no sujetas al IVA cuando carecen de contraprestación o, si la tienen, esta es de naturaleza tributaria. En otro caso, las operaciones están sujetas al impuesto en los mismos términos que las efectuadas por cualquier otro empresario o profesional.
Adicionalmente, cuando la entidad mercantil actúa **para el ente público** que participa en su capital al 100% (es un caso habitual en el ámbito de la Administración local, previsto en su normativa sustantiva), sus operaciones no están sujetas al impuesto, como así resulta de lo dispuesto por la LIVA art.7.8º.C) y D).
Finalmente, si lo que ocurre es que la entidad mercantil no ha sido constituida por un único ente público, sino que hay **otros accionistas** en su capital, el tratamiento que se ha señalado en el párrafo anterior no opera y las operaciones que realice están sujetas a imposición, tanto las efectuadas con terceros como las que tengan por destinatarios a los accionistas de la entidad.

Ejemplo Una sociedad de capital 100% municipal realiza las siguientes operaciones: 1082
a) Presta servicios de recogida de basuras para el ayuntamiento que posee el 100% de su capital. Por estos servicios la sociedad recibe una subvención nominativa de 2.400.000 € anuales en pagos de 200.000 € mensuales.
b) Presta servicios a terceros tales como limpieza de fosas sépticas o limpieza y desinfección de colegios, oficinas, etc. Por todos estos servicios ha cobrado un total de

600.000 €. Se conoce que existen otras entidades privadas que prestan el mismo servicio en el municipio.
El total de las cuotas soportadas por esta entidad asciende a 50.000 €.
Por los servicios que se señalan en la letra a), siguiendo la doctrina administrativa, la entidad no tiene que repercutir IVA, ya que estos servicios se asimilan a operaciones internas del propio ayuntamiento y resultan, en tanto que tales, no sujetas a IVA.
Los demás servicios prestados por la sociedad, relacionados en la letra b), sí que resultan sujetos a imposición, debiendo repercutirse IVA a sus destinatarios al tipo que corresponda en función de la naturaleza de los servicios prestados.
En cuanto al régimen de deducciones, esta entidad debe determinar la afectación de los bienes y servicios adquiridos a las actividades sujetas y no sujetas que desempeña. Esta determinación se puede realizar con arreglo a cualquier elemento objetivo (ver pregunta nº 10275 s.), por lo que vamos a utilizar la cifra relativa de negocios correspondiente a unas y a otras. Con este criterio, el porcentaje propio de las actividades sujetas a IVA viene dado por la siguiente relación:
P = 600.000/(600.000 + 2.400.000) = 0,20 = 20%
La aplicación de este porcentaje a los 50.000 € soportados por esta entidad conduce a una deducción de IVA de 10.000 €.

1085

Pregunta
¿Qué régimen de deducciones tienen las Administraciones Públicas en el IVA?

El de cualquier otra persona o entidad que tiene, a la vez, la condición de empresario o profesional y la de consumidor final. Por tanto, han de determinar la **afectación** de los bienes y servicios adquiridos y, en función de ello, practicar la deducción del IVA soportado (LIVA art.93.Cinco).
Para ello, habrán de aplicar un criterio razonable y homogéneo de imputación de las cuotas correspondientes a los bienes y servicios utilizados para el desarrollo de las operaciones sujetas al Impuesto. Este criterio deberá ser mantenido en el tiempo salvo que por causas razonables haya de procederse a su modificación.
A estos efectos, podrá atenderse a la proporción que represente el importe total de las entregas de bienes y prestaciones de servicios de las operaciones sujetas respecto del total de ingresos obtenidos por el conjunto de su actividad.
El cálculo resultante de la aplicación de dicho criterio se podrá determinar provisionalmente atendiendo a los datos del año natural precedente, sin perjuicio de la regularización que proceda a final de cada año.
Adicionalmente, se aclara que no serán deducibles en proporción alguna las cuotas soportadas o satisfechas por las adquisiciones o importaciones de bienes o servicios destinados, exclusivamente, a la realización de las operaciones no sujetas a que se refiere la LIVA art.7.8º. Lo anterior no será de aplicación a las actividades de gestión de servicios públicos subvencionadas en las condiciones señaladas en la LIVA art.78.Dos.3.ºa.
Hay que tener en cuenta que dentro de las actividades empresariales o profesionales realizadas por los entes públicos, existe una parte, en ocasiones de importe nada despreciable, de actividades que están **exentas** y que no generan el derecho a la deducción. En consecuencia, una vez señalada la parte de los bienes y servicios que corresponde a las actividades empresariales o profesionales, hay que aplicar la regla de prorrata para determinar definitivamente el importe del IVA deducible para estos entes.

1087 Ejemplo Un ayuntamiento desarrolla las siguientes **actividades**:
a) Recogida de basuras, por la que cobra una tasa a sus ciudadanos cuyo importe total asciende a 1.000.000 €.
b) Mercadillo semanal, por el que cobra igualmente una tasa a los vendedores de recaudación anual igual a 500.000 €.
c) Regulación del tráfico y del orden público, cuyo presupuesto anual asciende a 800.000 €.
d) Alumbrado público y alcantarillado, cuyo coste anual asciende a 1.200.000 €.
e) Casa de la cultura, en la que se realizan actividades varias, todas ellas gratuitas, con un coste anual de 250.000 €.

f) Patronato de casas municipales, con casas y locales alquilados, por los que percibe, respectivamente 400.000 y 200.000 € anuales.
g) Distribución de agua, con unos ingresos de 750.000 €.
h) Otras actividades, sin contraprestación específica, cuyos presupuestos de gastos ascienden a 750.000 €.
Las **cuotas soportadas** por el ayuntamiento se distribuyen del siguiente modo:
a) Por la actividad de recogida de basuras, 90.000 €, que es el 10% de 900.000 €, que es la contraprestación pactada con la empresa privada que presta realmente el servicio.
b) Por el funcionamiento del patronato de casas municipales, 6.000 €, que corresponden a gastos de mantenimiento de los inmuebles alquilados.
c) Por la distribución de aguas, 2.000 €.
d) Por los gastos generales del ayuntamiento, 5.000 €.

De las actividades descritas, únicamente están **sujetas** a IVA las que se reseñan en las letras f) y g), no así el resto, ya sea porque se trata de actividades realizadas sin contraprestación, letras c), d) e) y h), ya sea porque se trata de actividades en las que se cobra una tasa, letras a) y b). 1088
Del análisis de la utilización de los bienes y servicios por los que se soporta IVA, resulta lo siguiente:
a) Las cuotas correspondientes a los servicios de recogida de basuras no son deducibles, ya que esta es una actividad no sujeta.
b) Los gastos correspondientes al patronato de casas municipales son deducibles en función de la prorrata de esta actividad, que es el 0,333 ≈ 34% [200.000/(200.000 + 400.000)], lo que determina un importe de IVA deducible de 2.040 €.
c) Las actividades de recogida de aguas están sujetas en todo caso, por lo que el total de IVA soportado en relación con las mismas es deducible, 2.000 €.
d) Finalmente, en cuanto al IVA correspondiente a las actividades generales del ayuntamiento, para la determinación del importe deducible correspondiente a estas cuotas, utilizaremos los datos totales de ingresos, considerando operaciones generadoras del derecho a la deducción y no generadoras, con lo que tendremos lo siguiente:
P = (200.000 + 750.000)/(1.000.000 + 500.000 + 800.000 + 1.200.000 + 250.000 + 400.000 + 200.000 + 750.000 + 750.000) = 950.000 / 5.850.000 = 0,1624 ≈ 17%.
Del IVA correspondiente a los gastos generales, el IVA deducible asciende a 850 €, que es el 17% de 5.000 €.

IX. Concesiones y autorizaciones administrativas

(LIVA art.7.9º)

Pregunta 1110
¿Están sujetas a IVA las concesiones y autorizaciones administrativas?

No. La LIVA art.7.9º así lo establece de modo expreso.
Hay que señalar que incluso en el supuesto de que no existiera este inciso, la no sujeción de los actos concesionales o de autorización administrativa resultaría, en la mayor parte de los casos, de la aplicación de los criterios de sujeción establecidos para las **Administraciones Públicas**, que en estos supuestos es habitual que no actúen como empresarios o profesionales, lo que les sitúa extramuros del impuesto.
No obstante, sea para aclarar las dudas que se pudieran presentar, sea para ampliar la no sujeción a otros supuestos, se establece la no sujeción de concesiones y autorizaciones administrativas.
Interesa destacar, en lo que se refiere a las concesiones administrativas y actos similares, su sujeción a la modalidad de **Transmisiones Patrimoniales Onerosas** del ITP y AJD, a resultas de la cual en muchos casos la no sujeción a IVA, más que un beneficio fiscal, se transforma en un incremento de su coste, al liquidarse aquel tributo.

1115 **Pregunta**
¿Qué tratamiento tienen en IVA los servicios por empresarios o profesionales que actúan a partir de una concesión administrativa?

El mismo que los servicios prestados por cualquier otro empresario o profesional. La no sujeción que establece la LIVA art.7.9º se limita al **acto** por el cual el ente público autoriza o concede al empresario o profesional de que se trate la posibilidad de prestar los servicios correspondientes. Una vez otorgada la concesión o autorización, los servicios respectivos están sujetos a imposición en los mismos términos que los servicios u operaciones realizadas por otros empresarios o profesionales.
Es habitual, en estos casos, que el concesionario no sólo no haya de pagar ninguna cantidad por la concesión o autorización, sino que, además, reciba algún tipo de **ayuda o subvención**, especialmente cuando se han de realizar inversiones para la prestación del servicio. Esto obliga a analizar su posible inclusión en la base imponible de los servicios prestados (ver pregunta nº 6445).

1117 Ejemplo Una empresa concurre al servicio de transporte público que se va a prestar en un determinado término municipal. Esta empresa, que resulta adjudicataria del servicio, paga por la concesión 150.000 € en su momento inicial y 50.000 € anuales durante el tiempo de su duración. Los servicios de transporte se prestan a los ciudadanos con un importe por billete de 40 céntimos de euro.
La no sujeción que dispone la LIVA art.7.9º se extiende a los 150.000 € que se hacen efectivos cuando se otorga la concesión y a los 50.000 € adicionales que se pagan al año. Los servicios de transporte que presta la empresa concesionaria una vez comienza a prestar el servicio están sujetos con normalidad (aunque se aplica el 10% en tanto que servicios de transporte de pasajeros).

1120 **Pregunta**
¿Qué ocurre cuando el empresario o profesional titular de una concesión administrativa transmite los derechos de que es titular a otro empresario o profesional?

Que se trata de una **operación sujeta** exactamente en las mismas condiciones que cualquier otra operación realizada por un empresario o profesional, por lo que se aplican las mismas condiciones de tributación que al resto de operaciones realizadas por empresarios o profesionales. La única salvedad que cabría oponer, en su caso, sería la posibilidad de que la operación resulte no sujeta al impuesto en tanto que transmisión de una unidad económica autónoma (ver pregunta nº 775 s.).

1125 **Pregunta**
¿Existen concesiones administrativas que tengan un tratamiento especial a los efectos del IVA?

Sí. Por mandato expreso de la norma, están **excluidas de la no sujeción**, por lo que resultan sujetas a IVA, las siguientes concesiones o autorizaciones administrativas (LIVA art.7º.9):
a) Las que tengan por objeto la cesión del derecho a utilizar el dominio público portuario.
b) Las que tengan por objeto la cesión de los inmuebles e instalaciones en aeropuertos.
c) Las que tengan por objeto la cesión del derecho a utilizar infraestructuras ferroviarias.
d) Las autorizaciones para la prestación de servicios al público y para el desarrollo de actividades comerciales o industriales en el ámbito portuario.
Las Administraciones Públicas que realicen estas operaciones deben aplicarles el IVA con normalidad, esto es, en las mismas condiciones que se hace tributar cual-

quier otra operación sujeta a IVA. Esto implica que por dichas operaciones se debe repercutir el impuesto y, a la vez, el IVA soportado en relación con ellas es deducible.

Pregunta 1130

¿Qué tratamiento tienen en el IVA las concesiones de obra pública?

Las concesiones de obra pública han sido caracterizadas por la DGT como operaciones únicas con la naturaleza de **prestaciones de servicios** (DGT CV 5-11-07 ; CV 22-4-10; CV 20-3-13; CV 8-11-21, entre otras). Adicionalmente, se ha señalado que se trata de servicios de tracto sucesivo para los cuales el IVA se devenga a medida que las contraprestaciones correspondientes se van haciendo efectivas.

Es importante tener en cuenta que estos contratos admiten múltiples posibilidades en cuanto al **pago de la contraprestación** por los servicios prestados y, con ello, la concreción de los destinatarios de dichos servicios. Así, caben las siguientes opciones:

a) **Peaje en la sombra**, en el que el ente público concedente va haciendo efectivas las contraprestaciones a medida que los ciudadanos usan la infraestructura construida.

b) **Pago por disponibilidad**, en el que el ente público paga por la puesta de la infraestructura a su disposición, sin que se mida o tenga en cuenta el uso efectivo que se hace de ella.

c) **Peaje blando**, en el que hay un copago por parte de los ciudadanos y del ente público, el cual, de alguna manera, subvenciona o cofinancia la infraestructura.

Las opciones que se han descrito en las letras a) y b) se acomodan a este esquema. La descrita en la letra c) suele dar lugar al pago de la contraprestación cuando se usa la infraestructura construida, no en otro momento.

Los **activos construidos** se consideran parte del activo, bienes de inversión, para el concesionario, el cual deduce las cuotas soportadas en la construcción.

Finalmente, cuando se produce la **reversión programada** de lo construido, se entiende que no hay ninguna operación relevante a los efectos del IVA, ya que se trata del corolario o punto final de una operación cuyo coste ya se recuperó durante el tiempo que duró la concesión. En caso de que la reversión fuera anticipada, se tratará de una operación ordinariamente sujeta al impuesto, cuya tributación habrá que determinar conforme a sus características.

X. Prestación de servicios gratuitos y obligatorios

(LIVA art.7.10º)

Pregunta 1150

¿Existe algún régimen específico para los servicios gratuitos que se prestan obligatoriamente?

Sí. De acuerdo con la LIVA art.7.10º, no están sujetas al impuesto las prestaciones de servicios a título gratuito que sean obligatorias para el sujeto pasivo en virtud de **normas jurídicas o convenios colectivos**, incluso los servicios telegráficos y telefónicos prestados en régimen de franquicia.

Los **requisitos** que han de concurrir para la aplicación de esta norma son los siguientes:

a) En primer lugar, las operaciones han de ser **prestaciones de servicios**. En consecuencia, es un supuesto de no sujeción que no resulta aplicable a operaciones que hayan de ser configuradas como entregas de bienes.

b) Dichas prestaciones de servicios han de realizarse a **título gratuito**, esto es, sin contraprestación (ver pregunta nº 1225).

c) Finalmente, debe tratarse de **servicios prestados obligatoriamente** en virtud de normas jurídicas o de convenios colectivos. Existe, en consecuencia, una nota de obligatoriedad que trasciende de la voluntad de las partes, al venir impuesta por una

norma jurídica o por un convenio que, en tanto que colectivo, parece que ha de implicar a más personas o entidades que aquellas a las que se refiera específicamente la operación.
Un ejemplo de la aplicación de esta disposición puede venir dado por la urbanización obligatoria de los terrenos en los que se concretan los aprovechamientos que corresponden a los ayuntamientos en virtud de la obligación de cesión obligatoria que establece la Ley del Suelo, considerando que esta misma Ley es la que obliga a los propietarios a asumir los gastos de la citada urbanización.

XI. Comunidad de regantes

(LIVA art.7.11º)

1170

Pregunta
¿Qué régimen de tributación tienen las comunidades de regantes?

El mismo que los consumidores finales, siempre que se trate de las operaciones que realicen para el **aprovechamiento de las aguas**.
Así se establece por la LIVA art.7.11º, conforme al cual no están sujetas al IVA las operaciones realizadas por las comunidades de regantes para la ordenación y aprovechamiento de las aguas.
A consecuencia de lo anterior:
a) Estas entidades no deben efectuar la **repercusión de IVA** por las operaciones que realicen en cuanto a la ordenación y aprovechamiento de las aguas.
b) El **IVA soportado** por los bienes y servicios que adquieran para ser utilizados en las citadas actividades no es deducible.
Interesa destacar que este régimen específico no es trasladable, sin más, a otros supuestos distintos a las comunidades de regantes, que hay que analizar caso por caso, ni tampoco a las operaciones realizadas por estas entidades que pudieran ser ajenas a las realizadas para el aprovechamiento de las aguas.

XII. Entregas de dinero a título de contraprestación

(LIVA art.7.12º)

1190

Pregunta
¿La entrega de una cantidad dineraria en concepto de precio o contraprestación está sujeta a IVA?

No. Así lo dispone la LIVA art.7.12º, conforme al cual no están sujetas al IVA las entregas de dinero a título de contraprestación o pago. Con ello, en las operaciones con contraprestación dineraria se determina la existencia de una **única operación**, que viene dada por los bienes o servicios entregados, sin que se sujete a imposición el pago del precio.
No debe confundirse lo anterior con aquellos otros supuestos en los que lo que ocurre es que hay una **contraprestación no dineraria**, ya se trate de contratos de permuta, ya sean otros contratos. En estos casos, hay que analizar cada una de las operaciones existentes, prestación y contraprestación, para determinar su régimen de tributación. Hay que tener en cuenta que para estos casos existe una regla especial de base imponible que se contiene en la LIVA art.79.Uno (ver pregunta nº 6545).

SECCIÓN 6

Autoconsumo de bienes

(LIVA art.9.1º)

Pregunta 1220
¿Están sujetas a IVA exclusivamente las operaciones que se realizan a título oneroso?

No. En principio, del análisis de la LIVA art.4.Uno se podría extraer la conclusión de que únicamente las operaciones realizadas a título oneroso son las que resultan sujetas a este impuesto, ya que así lo establece este precepto.
Ocurre, sin embargo, que la LIVA art.9 y 12 asimilan las operaciones realizadas a título gratuito a las efectuadas a título oneroso. Por la vía de esta **asimilación**, lo que hacen estos preceptos es determinar la sujeción a IVA también de las entregas de bienes y prestaciones de servicios que se efectúan a título gratuito.
Es importante tener en cuenta que esta asimilación no es incondicionada, por lo que hay que considerar los términos en los que se sustancia y a los que se sujeta (ver preguntas siguientes).
Del mismo modo, hay que tener en cuenta los supuestos de **no tributación** de los autoconsumos que se establecen en la LIVA art.7.7º y 10º (ver preguntas nº 1010 s. y nº 1150).

Pregunta 1225
¿Cuándo ha de considerarse que una operación se ha realizado a título gratuito?

Cuando para dicha operación no se ha previsto una **contraprestación** específica. En la medida en que exista una entrega de bienes o prestación de servicios que no derive de una relación sinalagmática en el marco de la cual se intercambian prestación y contraprestación, ha de concluirse que dicha entrega de bienes o prestación de servicios se ha realizado a título gratuito.
La pregunta nº 725 señala los **requisitos** que han de concurrir para poder determinar la existencia de una prestación de servicios realizada a título oneroso. Supuesto que concurran todos estos requisitos, excepto el de la existencia de la contraprestación, cabría afirmar que nos encontramos ante una operación que se realiza a título gratuito. Aun así, la apreciación práctica de cuándo esto es así no es una cuestión fácil, especialmente en las prestaciones de servicios u operaciones con intangibles.
Como **ejemplos** de operaciones realizadas a título gratuito podríamos mencionar los siguientes:
a) La urbanización de los terrenos en los que se concreta el aprovechamiento urbanístico que corresponde a los ayuntamientos por cumplimiento de la obligación de cesión que regula la Ley del Suelo.
b) Los regalos que se ofrecen a clientes sin vinculación alguna al resto de operaciones que se puedan realizar con ellos (cestas de Navidad y equivalentes).
c) Los **regalos** que se ofrecen a clientes a cambio de la compra de otros productos para los cuales se exige un precio en condiciones normales.
d) El transporte de trabajadores a sus lugares de trabajo por parte de empresas que no tienen un centro fijo y que pagan a sus empleados el mismo salario con independencia de que se produzca este transporte o no.
e) El empresario persona física que obsequia con uno de los bienes de su empresa a uno de sus hijos con motivo de su matrimonio.

Para cualquiera de estos supuestos, hay que entender que se trata de operaciones que se realizan sin contraprestación; no obstante, su **régimen de tributación** a los efectos del IVA es distinto según sea el caso:
1. Los servicios citados en la letra a) se han considerado por la DGT no sujetos a IVA conforme a la LIVA art.7.10º (ver pregunta nº 1150).
2. Las entregas de regalos a las que se refiere la letra b) se han considerado no sujetas ya que, al no resultar deducible el IVA soportado a la compra de dichos regalos, estos no están sujetos en virtud de la LIVA art.7.7º (ver pregunta nº 1010).
3. La prestación, igualmente gratuita, señalada en la letra c) se ha considerado no sujeta también por aplicación de la norma de no sujeción que establece la LIVA art.7.10º.
4. El último supuesto sería un caso típico de sujeción al impuesto, que obligaría al ingreso del tributo (LIVA art.9.1º.b).

I. Autoconsumo externo de bienes

(LIVA art.9.1º)

1245 **Pregunta**
¿En qué términos están sujetas a IVA las entregas de bienes realizadas sin contraprestación?

En los señalados por la LIVA, que dispone que, a los efectos del IVA, se consideran autoconsumos de bienes las siguientes operaciones realizadas sin contraprestación (LIVA art.9.1º):
a) La **transferencia**, efectuada por el sujeto pasivo, **de bienes corporales** de su patrimonio empresarial o profesional a su patrimonio personal o al consumo particular de dicho sujeto pasivo.
b) La **transmisión del poder de disposición** sobre bienes corporales que integren el patrimonio empresarial o profesional del sujeto pasivo.
La misma norma asimila estas operaciones con las entregas de bienes realizadas a título oneroso, disponiendo de este modo su gravamen.
Para que se produzca el **hecho imponible**, han de concurrir varios requisitos, que son los siguientes:
a) Los bienes a los que se refiera la operación han de formar parte del **patrimonio empresarial o profesional** de quien la realice. En caso de que un empresario o profesional realizase una operación a título gratuito con cargo a bienes que formen parte de su patrimonio particular, al margen del afecto a la actividad empresarial o profesional, dicho autoconsumo no está sujeto a IVA.
b) La operación ha de realizarse **sin contraprestación**, nota común a todas las operaciones que se califican como autoconsumo (ver pregunta nº 1225).
c) En caso de que por la adquisición de los bienes, o de sus componentes, se hubiera **soportado IVA** y no hubiera sido deducible, el autoconsumo no tributaría, ello por mandato de la LIVA art.7.7º (ver pregunta nº 1010).
La norma trata **dos situaciones** diferentes, relativas, respectivamente, a bienes que se destinan al uso o consumo privado de su propietario y a bienes que se transfieren a terceros. Estas dos posibilidades tienen algunas diferencias entre ellas, por lo que conviene analizarlas por separado (ver preguntas nº 1265 y nº 1270).

1250 **Pregunta**
Una operación que tiene una contraprestación anormalmente reducida, ¿se puede considerar autoconsumo?

Es una cuestión discutible.
En primer lugar, hay que tener en cuenta que para las operaciones entre **personas o entidades vinculadas** en las que la existencia de una contraprestación reducida pue-

de suponer alguna ventaja fiscal, la LIVA art.79.Cinco permite corregir dicha contraprestación para valorar estas operaciones por su valor normal de mercado (ver pregunta nº 6585).
Fuera de estos supuestos, la única alternativa que se podría barajar es que ante una base imponible simbólica o muy reducida, prácticamente inexistente, se llegara a la conclusión de que existe una **simulación** de contraprestación cuando lo que realmente hay es una operación realizada a título gratuito. Esto reconduciría la operación al ámbito de la LGT art.13 s. Lo que no tiene soporte en la LIVA es corregir una base imponible que se pueda considerar anormalmente reducida, pero que sea real, al margen de los supuestos que establece para las operaciones entre partes o entidades vinculadas.

Pregunta **1255**
¿En qué consisten los autoconsumos externos de bienes?

Con esta denominación se conocen las operaciones en las que bienes que forman parte del patrimonio empresarial de un sujeto pasivo dejan el mismo, sea porque se transfieren **a terceros**, sea porque se destinan al **consumo privado** de dicho empresario o profesional. En cualquier caso, se trata de operaciones en las que los bienes en cuestión dejan de considerarse afectos al patrimonio empresarial, razón por la cual se denominan autoconsumos externos de bienes.

Pregunta **1260**
¿Qué razón de ser tienen los autoconsumos externos de bienes?

Someter a gravamen los actos de consumo que se producen y que, en caso de que no se gravasen de este modo, quedarían libres de imposición.

Ejemplo Un ingeniero que trabaja por cuenta propia adquiere un ordenador portátil para el desarrollo de su actividad. A los tres meses, adquiere otro ordenador y el anterior lo transfiere al uso privado propio y de su familia. El precio del ordenador había sido de 2.000 € más 420 € de IVA (se soportó IVA al 21%). **1262**
Si esta transferencia al consumo privado no se gravase, lo que ocurriría es que el consumo privado que se hace de este ordenador quedaría libre de imposición. Dicho con otras palabras, este ingeniero tendría un tratamiento mejor que el correspondiente a un particular que directamente, y sin pasar por la actividad empresarial, adquiere un ordenador por 2.000 € y soporta el IVA, sin poder deducirlo.

Pregunta **1265**
¿Cuándo se debe concluir que el traspaso de bienes del patrimonio empresarial al consumo o uso privado está sujeto a IVA?

En primer lugar, han de concurrir los **requisitos** que se han señalado en la pregunta nº 1245 y que son generales para los supuestos de autoconsumo externo, esto es, ha de tratarse de bienes que formaban parte del patrimonio empresarial, que se transfieren sin contraprestación (siendo el destinatario de la operación, parece lo lógico que así sea) y que son tales que el IVA soportado por su adquisición, o las de sus componentes, fue deducible.
El **traspaso** que ha de dar lugar al gravamen de la operación en concepto de autoconsumo, en buena lógica, ha de ser aquel que determina el cese en la utilización de dicho bien en la actividad empresarial o profesional y su destino definitivo al consumo privado o uso particular del empresario o profesional propietario del bien.
Hay que tener en cuenta que la **sujeción** al IVA del autoconsumo va a determinar el gravamen del total de su valor, razón por la cual dicho gravamen ha de producirse exclusivamente en los casos en que cesa o desaparece el uso empresarial del bien. De no ser así, por la vía del gravamen del autoconsumo se estarían gravando bienes

de uso empresarial o profesional, lo cual es contrario al funcionamiento del tributo (ver pregunta nº 6563 en cuanto a la base imponible de estas operaciones).
En principio, cualquier operación sujeta a IVA determina la obligación de ingresar el tributo a la Administración Tributaria y proceder a su repercusión al destinatario. En este caso, sin embargo, la obligación de **repercusión** se puede matizar, ya que se trata de una especie de autorrepercusión de un IVA que no es deducible, ya que el empresario o profesional se lo autorrepercute a sí mismo en concepto de particular o consumidor final, lo cual es un tanto peculiar. De cualquier modo, lo que no se puede obviar es la obligación de ingreso del impuesto.

1267 Ejemplos **1)** Un empresario dedicado a prestar servicios de transporte tiene un hijo que después de 18 años de noviazgo, ha decidido casarse. La boda se celebra en las instalaciones en las que guardan los camiones (que en el día de la boda se trasladan a otro lugar). Al día siguiente del evento, se continúa en dichas instalaciones con el funcionamiento normal de la actividad.
El uso privado de estas instalaciones por uno o varios días no debe determinar el gravamen de la operación en concepto de autoconsumo de bienes, ya que el cese en la utilización empresarial de las mismas es temporal.
En consecuencia, esta operación debería tributar en concepto de autoconsumo de servicios en términos equivalentes a como hubiera tributado en caso de arrendar la nave a un tercero para que celebrase su enlace.
2) Un promotor inmobiliario ha construido unos apartamentos en la playa y, recién terminados, decide quedarse con uno de ellos para su uso particular. El valor del apartamento es de 800.000 €.
En este caso, sí que cabe considerar que se ha producido un autoconsumo definitivo del apartamento, ya que este ha quedado excluido del patrimonio empresarial o profesional para integrarse en el patrimonio privado de este promotor inmobiliario. Por esta operación, el citado promotor debe ingresar a la AEAT el 10% de 800.000 €.

1270

Pregunta
¿En qué condiciones está sujeta a IVA en concepto de autoconsumo la entrega de bienes a terceros sin contraprestación?

Exactamente en los mismos que se han señalado en la pregunta anterior para las operaciones en las que el destinatario es el mismo empresario o profesional (ver pregunta nº 1265), aunque con dos **matices** importantes:
a) Los supuestos de transferencias a terceros suponen una **transmisión de la propiedad** de los bienes a los que se refiera la operación. Tanto desde el punto de vista jurídico, como desde el punto de vista de su control por la Administración Tributaria, se trata de operaciones que tienen una «visibilidad» mucho mayor que las apropiaciones para uso o consumo propios.
b) El hecho de que exista un tercero como destinatario de la operación hace que la obligación de **repercusión** en este caso deba cumplirse en condiciones de normalidad, sin mayores reservas. Lo anterior ha de entenderse sin perjuicio de la aplicación de la regla especial de base imponible prevista cuando el destinatario de la operación es una entidad incluida dentro del ámbito de aplicación de la L 49/2002 (ver pregunta nº 6574).

1272 Ejemplo El titular de un concesionario de coches regala uno de los vehículos del concesionario, un vehículo mixto, a una sociedad del mismo grupo que gestiona un restaurante. El valor de vehículo regalado es de 40.000 €.
La operación descrita es un autoconsumo de bienes sujeto a imposición, por lo que este empresario debe ingresar a la AEAT los 8.400 € correspondientes a la operación y, teóricamente, repercutírselos a la entidad que recibe el vehículo.

Pregunta 1275
¿Es obligatorio repercutir IVA en los autoconsumos externos de bienes?

En principio, sí. La regulación de la repercusión no contiene ninguna indicación a este efecto, por lo que en estas operaciones la obligación de repercusión del tributo nace exactamente en los mismos términos que en cualesquiera otras.
No obstante, hay que tener en cuenta que la no repercusión del tributo no se tipifica como **infracción tributaria** por la LGT, por lo que, siempre suponiendo que el tributo se ingresó, si no se produce su repercusión al destinatario de la operación, no parece que deban esperarse consecuencias graves por parte del empresario o profesional afectado.

Pregunta 1280
¿Hay que expedir factura por los autoconsumos externos de bienes?

Sí, como por cualquier otra operación sujeta al IVA.

II. Autoconsumo interno de bienes

(LIVA art.9.1º)

Pregunta 1305
¿En qué consisten los autoconsumos internos de bienes?

En operaciones que determinan **cambios en las condiciones de utilización** de los bienes que integran el patrimonio empresarial o profesional que tienen tal trascendencia que se sujetan a imposición. Estas operaciones se califican como internas porque en ellas los bienes nunca abandonan el patrimonio empresarial, sino que modifican sus condiciones de uso.
Con este calificativo se hace referencia a dos **clases** de operaciones distintas:
a) Aquellas en las que hay bienes que cambian de un sector diferenciado a otro.
b) Las que suponen que bienes que forman parte del circulante de la empresa pasen a ser utilizados como bienes de inversión.
Se trata de supuestos distintos, por lo que, aunque tengan elementos comunes, se regulan por separado y han de ser estudiados igualmente por separado.

Pregunta 1310
¿Qué razón de ser tienen los autoconsumos internos de bienes?

El ajuste de las deducciones de cada empresario o profesional a las características de las operaciones que realiza de la mejor manera posible.
Hay que partir de que la **deducción** del IVA soportado se realiza en función del destino previsible de los bienes y servicios adquiridos. Cuando lo que ocurre es que dicho destino se altera o modifica antes de que los bienes se utilicen efectivamente en los fines que se habían previsto, lo que procede es la rectificación de unas deducciones que se practicaron en función de un destino previsible que definitivamente no se ha cumplido.
Si, por el contrario, los bienes han llegado a ser utilizados en un determinado fin o destino pero, posteriormente, cambian sus condiciones de utilización, lo que procede es el gravamen de dicho **cambio en las condiciones de utilización**, de forma que

se garantice la mejor adecuación posible entre deducción del IVA soportado y utilización de los bienes y servicios adquiridos.

1315 **Pregunta**
¿Qué ocurre si los bienes que se gravan a través de un supuesto de autoconsumo interno de bienes ya habían soportado alguna limitación en su derecho a la deducción?

En estos casos, la LIVA art.102.Dos permite **completar la deducción** del IVA soportado en las adquisiciones o importaciones de bienes o en las prestaciones de servicios en la medida en que se destinen a la realización de los autoconsumos gravados por el cambio de afectación de bienes corporales de un sector a otro diferenciado de su actividad empresarial o profesional (LIVA art.9.1º.c), siempre que tengan por objeto bienes constitutivos de existencias; y de los autoconsumos producidos por la afectación o el cambio de afectación de bienes producidos, construidos, extraídos, transformados, adquiridos o importados en el ejercicio de la actividad empresarial o profesional del sujeto pasivo para su utilización como bienes de inversión (LIVA art.9.1º.d).

1317 Ejemplo Una empresa se dedica a la realización de operaciones de compraventa y promoción de viviendas y de arrendamiento. Esta empresa tiene dos sectores diferenciados en su actividad, el de promoción y compraventa, con una prorrata del 80%, y el de arrendamiento, con una prorrata del 10%.
Uno de los inmuebles promovido por la empresa, que había costado 300.000 € y por el que se habían soportado 40.000 € de IVA (una parte de los costes había pagado IVA al 21% y la otra parte al 10%), se traspasa al sector de arrendamiento. En el momento del cambio de afectación, el valor del inmueble se calcula en 275.000 €.
El cambio en las condiciones de uso del inmueble determina la existencia de un autoconsumo sujeto y no exento por el cual esta empresa debe ingresar el 10% de su importe, esto es, 27.500 €.
De los 40.000 € de IVA que esta empresa soportó por la promoción de este inmueble, habrá deducido el 80%, esto es, 32.000 €. Lo que permite la LIVA art.102.Dos es completar estos 32.000 € hasta llegar a los 40.000 €, esto es, completar la deducción de los 8.000 € que no se pudieron deducir cuando se promovió la construcción del inmueble.

A. Cambios de afectación de bienes entre sectores diferenciados de la actividad

(LIVA art.9.1º.c)

1335 **Pregunta**
¿En qué consisten y cuándo hay sectores diferenciados de la actividad?

Los sectores diferenciados consisten en actividades que se realizan dentro de la actividad empresarial o profesional desarrollada por un **mismo sujeto pasivo** que son tan distintas entre sí, tanto por su naturaleza como por su régimen de deducciones, que obligan a la separación del régimen de deducciones aplicable a unas y a otras, tal y como establece la LIVA art.101.Uno.
Las **condiciones y requisitos** que han de cumplirse para que existan sectores diferenciados de la actividad se señalan en la LIVA art.9.1º.c), regulador igualmente de los autoconsumos que se producen cuando se traspasan bienes de un sector diferenciado a otro. No obstante, dada la relevancia que esta cuestión tiene a efectos de deducciones, su estudio se realiza en las preguntas nº 11125 s.

Pregunta 1340
¿En qué condiciones tributan los autoconsumos de bienes por traspasos entre sectores diferenciados?

Desde el punto de vista de su definición normativa, con una gran sencillez, ya que la LIVA art.9.1º.c) señala la **sujeción**, en concepto de autoconsumo, del cambio de afectación de bienes corporales de un sector a otro diferenciado de su actividad empresarial o profesional.

La sujeción requiere, por tanto, la concurrencia de dos **requisitos**:

a) La existencia de sectores diferenciados en el desarrollo de la actividad empresarial o profesional.

b) Que haya bienes que pasan de estar afectos en uno de dichos sectores al otro.

Este segundo requisito es el que puede resultar un tanto más complejo en su apreciación, ya que, en última instancia, lo que se trata de determinar es el **uso** de los bienes que forman parte del patrimonio empresarial. En la medida en que exista un bien que se deba considerar afecto a uno de los sectores diferenciados de la actividad y que pasa a ser utilizado en otro, hay que considerar que se ha producido este hecho imponible.

Ejemplo Un abogado que trabaja por cuenta propia y dispone además de varias viviendas en alquiler, cambia de despacho para trasladarse a uno mayor y decide alquilar el piso en el que desarrollaba su actividad de abogacía. Este piso se había comprado nuevo hace cuatro años y se habían pagado por él 1.000.000 €. En el momento del cambio en las condiciones de uso el piso tiene un valor de 1.250.000 €. 1342

Este profesional tiene dos sectores diferenciados en el desarrollo de la actividad, el integrado por el ejercicio de la abogacía por cuenta propia, con una prorrata del 100%, y el de arrendamiento de viviendas, en el que la prorrata es el 0%.

El traspaso del piso en el que ejercía la abogacía a la actividad de arrendamiento, en la que dicho piso se alquilará como vivienda, determina la existencia de un hecho imponible sujeto a IVA por autoconsumo. Hay que señalar que este autoconsumo estará exento por asimilación a las segundas o ulteriores entregas de edificaciones, aunque ello obligará a este empresario o profesional a regularizar el 60% del IVA soportado cuando se compró el piso y se dedujo el IVA soportado (LIVA art.110, ver pregunta nº 11520).

Pregunta 1345
¿Existe alguna excepción a la sujeción de los autoconsumos de bienes por traspasos entre sectores diferenciados de la actividad?

Sí. La misma LIVA art.9.1º.c) establece la no sujeción de los cambios de afectación en los siguientes **casos**:

a) Cuando, por una **modificación en la normativa** vigente, una determinada actividad económica pase obligatoriamente a formar parte de un sector diferenciado distinto de aquel en el que venía estando integrada con anterioridad.

b) Cuando el régimen de tributación aplicable a una determinada actividad económica cambie **del régimen general al régimen especial** simplificado, al de la agricultura, ganadería y pesca, al del recargo de equivalencia o al de las operaciones con oro de inversión, o viceversa, incluso por el ejercicio de un derecho de opción.

La misma norma dispone que esta no sujeción debe entenderse, en su caso, sin perjuicio de lo siguiente:

a) De las **regularizaciones** de deducciones (LIVA art.101, 105, 106, 107, 109, 110, 112 y 113, ver preguntas respectivas nº 11335 s.).

b) De la aplicación de lo previsto en la LIVA art.99.Dos en relación con la **rectificación** de deducciones practicadas inicialmente según el destino previsible de los bienes y servicios adquiridos.

c) De lo previsto en relación con los supuestos de **comienzo o cese** en la aplicación de los regímenes especiales de la agricultura, ganadería y pesca o del recargo de equivalencia (LIVA art.134 bis y 155, ver preguntas nº 15218 y nº 15397).

B. Afectación de bienes del circulante como bienes de inversión

(LIVA art.9.1º.d)

1370

Pregunta

¿En qué condiciones tributan los autoconsumos por traspasos de bienes del circulante al inmovilizado?

En las establecidas por la LIVA art.9.1º.d), conforme al cual constituye un supuesto de autoconsumo la **afectación** o, en su caso, el cambio de afectación de bienes producidos, construidos, extraídos, transformados, adquiridos o importados en el ejercicio de la actividad empresarial o profesional del sujeto pasivo para su utilización como bienes de inversión.

Los elementos o **requisitos** que han de concurrir para que se produzca esta tributación pueden esquematizarse como sigue:

a) Debe partirse de la existencia de bienes producidos, construidos, extraídos, transformados, adquiridos o importados en el ejercicio de la **actividad empresarial o profesional** del sujeto pasivo en tanto que existencias o bienes de circulante.

b) Los citados bienes han de pasar a ser utilizados como **bienes de inversión**. Lo que ha de considerarse como bien de inversión a los efectos del IVA se regula por la LIVA art.108 (ver pregunta nº 11410 s.).

La **inmovilización** de los citados bienes se hace tributar en concepto de autoconsumo para individualizar el bien en cuestión y, a continuación, practicar las regularizaciones que procedan en tanto que bien de inversión.

1375

Pregunta

¿Existe alguna excepción a la sujeción de los autoconsumos por traspaso del circulante al inmovilizado?

Sí. La LIVA art.9.1º.d) segundo párrafo excluye de gravamen los supuestos en que al sujeto pasivo se le hubiera atribuido el **derecho a deducir íntegramente** las cuotas de IVA que hubiese soportado en caso de adquirir a terceros bienes de idéntica naturaleza.

Con esta norma, se pretende evitar el gravamen de autoconsumos internos de bienes cuando, de haberse **adquirido** los bienes objeto de la operación **a terceros**, hubiese habido derecho a la deducción plena de las cuotas soportadas. En esta última hipótesis, las cuotas a ingresar con ocasión del autoconsumo son plenamente deducibles, y no produciéndose ninguna circunstancia durante el período de regularización de los bienes en cuestión que afecte a dicha deducibilidad, entiende el legislador que se puede excepcionar esta figura en aras de la simplificación. A modo de ejemplo, una empresa dedicada exclusivamente a la promoción de obra nueva que afectase uno de los inmuebles promovidos por ella para su utilización como sede social, no efectuaría un autoconsumo interno de bienes por dicha afectación, ya que, en caso de adquirir dicho inmueble a terceros, hubiera podido deducir íntegramente las cuotas soportadas en dicha adquisición.

Por tanto, el requisito necesario para la existencia de un autoconsumo con ocasión de la afectación de bienes a que se refiere este precepto es que la adquisición de los mismos bienes a terceros hubiese dado lugar a unas cuotas que no fueran íntegramente deducibles, como sería el caso de la empresa que se ha citado en el párrafo anterior si, además de la promoción de obra nueva, se dedicase también a la compraventa de edificaciones promovidas por terceros, supuesto que en tal caso la realización de operaciones exentas le llevaría a aplicar la regla de prorrata para el cálculo de sus deducciones.

Pregunta 1380
¿En qué consisten los denominados autoconsumos retroactivos?

Cuando se producen **limitaciones sobrevenidas** en el derecho a la deducción de las cuotas eventualmente satisfechas por el autoconsumo. Así ocurre, por mandato expreso de la norma, cuando los bienes afectados se destinen, durante el período de regularización, a alguna de las siguientes **finalidades**:
a) Las que limiten o excluyan el derecho a deducir (LIVA art.95 y 96).
b) La utilización en operaciones que no originen el derecho a la deducción.
c) La utilización exclusiva en operaciones que originen el derecho a la deducción, siendo aplicable la regla de prorrata general.
d) La realización de una entrega exenta del impuesto que no origine el derecho a deducir.
El primero de los casos está constituido por el destino de los bienes a alguna de las finalidades que provocan la **limitación o exclusión del derecho a la deducción**. La interpretación de este caso concreto ha de hacerse conjuntamente con lo dispuesto por la LIVA art.110.Uno, que obliga a efectuar la regularización prevista para los casos en que los bienes de inversión se destinan a alguna de estas mismas finalidades. Por tanto, si el bien que se destina a una de dichas finalidades es un bien que forma parte del circulante, este destino del mismo daría lugar al correspondiente autoconsumo y, en principio, a la regularización (LIVA art.9.1º.d.a' y 110).

La interpretación de los dos supuestos siguientes es conveniente hacerla de forma 1382
conjunta, considerando que se trata de regular en ellos cualquier posibilidad de limitación en el derecho a la deducción como consecuencia de la **aplicación sobrevenida de la prorrata** en cualquiera de sus dos modalidades, general y especial.
El caso más fácil es aquel en que, con posterioridad a la afectación del bien, el empresario o profesional ha de aplicar la regla de **prorrata general**. En este caso, puede ocurrir que dicho bien se utilice exclusivamente en operaciones que originan el derecho a la deducción (LIVA art.9.1º.d.c'), o que por el contrario el bien en cuestión se utilice simultáneamente en operaciones que generan el derecho a la deducción y en otras que no lo generan, así como de forma exclusiva en operaciones que no habilitan la deducción (LIVA art.9.1º.d.b').
Si en la aplicación sobrevenida de la regla de prorrata el sujeto pasivo aplica la regla de **prorrata especial**, la utilización del bien exclusivamente en operaciones que generan el derecho a la deducción permitiría, caso de haber adquirido un bien de idéntica naturaleza a terceros, deducir íntegramente las cuotas soportadas en su adquisición. Por esta razón, este caso no tiene encaje en ninguna de las dos letras que estamos analizando, ya que no existe autoconsumo sujeto en esta hipótesis. Por el contrario, si el bien se utiliza exclusivamente en operaciones que no generan el derecho a la deducción, al igual que si el bien se utiliza de forma simultánea en dichas operaciones y en otras que generan este derecho, la LIVA señala la existencia de esta modalidad de autoconsumo (LIVA art.9.1º.d.b'), de consecuencias análogas, una vez se ha producido, al comentado en el caso anterior.
El último supuesto señala la existencia de un autoconsumo interno de bienes cuando los bienes inicialmente afectados como bienes de inversión y respecto de los cuales, por haber derecho a la plena deducción de las cuotas eventualmente satisfechas, no hubo autoconsumo, se destinen durante el período de regularización a la realización de una **entrega exenta** del impuesto que no origine el derecho a deducir. La interpretación de este último caso ha de hacerse al igual que la del previsto en la LIVA art.9.1º.d.a' (ver pregunta nº 1380), es decir, conjuntamente con la regularización que ha de hacerse en estos casos de acuerdo con lo dispuesto por la LIVA art.110.Uno.

Ejemplos **1)** Una empresa dedicada a la promoción de edificaciones decide afectar una de 1385
sus edificaciones para su utilización como oficinas. El coste de construcción es de 150.000 €, aunque su valor cuando se afecta para su uso como oficinas es de 200.000 €.

En el año en que se produce la afectación, la prorrata de esta empresa es del 100%. Al año siguiente, esta misma empresa empieza a realizar también transmisiones de edificaciones adquiridas a otros promotores, reduciéndose su prorrata hasta el 85%.
En el momento de la afectación no hay autoconsumo, ya que, de haber adquirido el inmueble a terceros la empresa hubiera podido deducir plenamente las cuotas soportadas. Sin embargo, la reducción de su porcentaje de prorrata general al 85% hace que se produzca un supuesto de «autoconsumo retroactivo» (LIVA art.9.1º.d.b').
Este autoconsumo se devenga, conforme a la LIVA art.75.Uno.5º, el último día del año en se produce la limitación del derecho a la deducción por aplicación de una prorrata general inferior al 100%, suscitándose la duda del momento al que hay que referir la valoración de la operación, que se puede entender que es cuando se produce el hecho imponible, en este caso la afectación del bien, aunque el devengo y consiguiente nacimiento de la deuda tributaria ocurran en un momento posterior.
La cuota por esta operación es de 20.000 € (el 10% de 200.000 €), suponiendo que se trata de una edificación susceptible de ser utilizada como vivienda. Esta cuota es asimismo deducible, ya que se trata de una cuota devengada y soportada correspondiente a un ejercicio en el que el derecho a la deducción era pleno. Lo que sí que hay que hacer es regularizar esta deducción conforme a lo dispuesto por la LIVA art.107, con el siguiente cálculo:
Regularización = [20.000 – 17.000 (85% de 20.000)]/10 = 300 €, a ingresar.
Evidentemente, en años sucesivos habrá de practicarse esta regularización al igual que la correspondiente a cualquier otro bien de inversión.

1387 2) Una empresa dedicada en exclusiva a la promoción y construcción de edificaciones afecta una de las edificaciones construida por ella para su utilización como sede social. El año en que se produce esta afectación la empresa realiza exclusivamente operaciones que le generan el derecho a la deducción, aplicando un porcentaje de prorrata del 100%, al igual que en los años sucesivos. A los 2 años de su afectación, el inmueble en cuestión se transmite por 200.000 € a un particular que lo va a utilizar como vivienda particular.
En el momento de la afectación no hay autoconsumo, ya que, en caso de haber adquirido este bien a terceros, las cuotas soportadas hubieran sido plenamente deducibles, sin que se haya producido con posterioridad ninguna limitación sobrevenida en el derecho a la deducción. Sin embargo, la transmisión del inmueble exenta de IVA da lugar a la existencia de un autoconsumo interno de bienes en virtud de lo dispuesto por la LIVA art.9.1º.d.d'.
El devengo de este autoconsumo se produce cuando se produzca la entrega exenta (LIVA art.75.Uno.5º.d), lo cual no plantea especiales dudas. Por el contrario, la cuantificación de la base imponible, en lo que concierne el momento del tiempo al que ha de referirse, es una cuestión discutible. Aparentemente, es el momento del devengo de la cuota tributaria al que hay que referir la valoración del hecho imponible, sin embargo, hay que tener en cuenta cuál es la razón de la existencia de este supuesto de autoconsumo, que como ya hemos visto, lo que busca es poder efectuar la regularización a que se refiere la LIVA art.110. Por tanto, se puede defender que es al momento en que se produjo la afectación como bien de inversión al que ha de referirse la valoración de este bien, con independencia del valor de la entrega exenta. Nótese que retrotraer la valoración de un bien, especialmente en mercados tan dinámicos como el inmobiliario, varios años en el tiempo, puede hacer que dicha valoración se modifique de forma notoria. En este caso, supondremos que el valor de mercado de este inmueble cuando se produjo la afectación era 150.000 €, lo cual da lugar a una cuota a autorrepercutir de 15.000 € (calculada al 10%), cuota plenamente deducible por cuanto la prorrata de aplicación es del 100%. La regularización a practicar por este bien es la siguiente:
Regularización = [(15.000 – 0) × 8]/10 = 12.000 €, a ingresar.

SECCIÓN 7

Autoconsumo de servicios

(LIVA art.12)

Pregunta 1420

¿En qué condiciones tributan los autoconsumos de servicios?

En las establecidas en la LIVA art.12, conforme al cual se consideran operaciones asimiladas a las prestaciones de servicios a título oneroso los autoconsumos de servicios. Este mismo precepto señala que, a estos efectos, son autoconsumos de servicios las siguientes operaciones realizadas **sin contraprestación**:

a) Las transferencias de bienes y derechos, no comprendidas como autoconsumo de bienes del patrimonio empresarial o profesional al patrimonio personal del sujeto pasivo.

b) La aplicación total o parcial al **uso particular** del sujeto pasivo o, en general, a fines ajenos a su actividad empresarial o profesional de los bienes integrantes de su patrimonio empresarial o profesional.

c) Las demás prestaciones de servicios efectuadas a título gratuito por el sujeto pasivo no mencionadas en las letras anteriores, siempre que se realicen para **fines ajenos** a los de la actividad empresarial o profesional.

De los tres supuestos que se han señalado, el de mayor relevancia es el último, que es el que realmente establece el gravamen de los autoconsumos de servicios, aunque sujeto a una condición importante, que dichos autoconsumos se realicen para fines ajenos a los propios de la actividad empresarial o profesional.

Con esta condición lo que se pretende es dejar fuera del gravamen operaciones tales como las que se señalan en la Resol DGT 5/2004, relativa a supuestos como la cesión gratuita de grifos para tirar cañas a los compradores de cerveza en barril o de arcones frigoríficos a los compradores de helados o de refrescos. Cabe que estas operaciones se realicen para conseguir un **mayor volumen de ventas**, circunstancia que justifica que se excluyan de la sujeción al IVA, ya que es el citado volumen de ventas el que, en tanto que tal, tribute.

Pregunta 1425

¿Están sujetos a IVA los autoconsumos internos de servicios?

No. Del análisis de la LIVA art.12 y del resto de su articulado resulta con claridad. Además, así lo ha señalado la DGT en contestación relativa a un perito industrial que diseña los planos del inmueble que va a ocupar y al que la DGT le contesta que este diseño no está sujeto a IVA en concepto de autoconsumo interno de servicios ya que estas operaciones no están sujetas a IVA en España (DGT 4-7-96).

CAPÍTULO 3

Lugar de realización del hecho imponible

SECCIÓN 1

Cuestiones Generales

Pregunta 1805
¿Qué relevancia tienen las reglas sobre el lugar de realización en el IVA?

Las reglas sobre el lugar de realización en el IVA son el elemento que determina operación a operación, si las entregas de bienes y prestaciones de servicios que cumplen los demás requisitos para estar sujetas al IVA, se encuentran gravadas o no, en función del territorio en el que se entiendan realizadas.

Estas **operaciones resultan sujetas** al IVA cuando se consideran **realizadas** en el territorio de aplicación del impuesto (**TIVA**). En caso de que la contestación a esta pregunta sea afirmativa, la operación está sujeta al IVA, al considerarse realizada en en el TIVA, no así en otro caso. Desde este punto de vista, se puede afirmar que las reglas de lugar de realización determinan cuándo las entregas de bienes y prestaciones resultan, desde el punto de vista territorial, sujetas al tributo.

Un punto de vista alternativo para esta cuestión es el **presupuestario**, desde el que se puede señalar que las reglas de localización **reparten entre** las diferentes **jurisdicciones fiscales** la tributación sobre el consumo. Considerando que esta imposición sobre el consumo se concreta en la tributación de las entregas de bienes y prestaciones de servicios realizadas por los empresarios o profesionales, se entiende que sea mediante el establecimiento de unas reglas de imputación o atribución territorial como se lleve a cabo el citado reparto.

Siguiendo en esta lógica, las reglas de localización vigentes establecen los criterios con los que resolver los conflictos que se pueden plantear entre las diferentes jurisdicciones fiscales que pretende someter a tributación entregas de bienes o prestaciones de servicios.

1810

Pregunta
¿Son equivalentes los conceptos lugar de realización en el IVA y residencia en los impuestos directos?

Desde el punto de vista de la función que desempeñan, en cuanto a la atribución de rendimientos tributarios, se puede decir que sí.
En el IVA, lo que se somete a tributación son las entregas de bienes y prestaciones de servicios. Parece lógico, pues, que sean esas entregas de bienes y prestaciones de servicios el elemento que se utiliza para señalar la citada **atribución de rendimientos** o potestades tributarias, ello mediante las reglas del lugar de realización vigentes.
Los impuestos directos recaen sobre la renta o el patrimonio. Siendo así, parece coherente que, en muchos casos, sea la residencia del titular de esa renta o patrimonio lo que determine la jurisdicción a la que se reconoce la potestad de recaudar los impuestos que considere oportunos, especialmente cuando el criterio de acumulación es el personal, sin perjuicio del uso de criterios alternativos en determinadas circunstancias.
Es importante que la relativa asimilación, desde el punto de vista hacendístico que se acaba de señalar, no conduzca a la introducción del criterio de residencia en el IVA, ya que en el ámbito de este tributo se utilizan reglas relativas al establecimiento de los operadores, no siempre por referencia a quien entrega bienes o servicios, pero tienen entrada igualmente otros criterios, que se van a analizar en su momento.

1815

Pregunta
¿Existe alguna relación entre las reglas del lugar de realización en el IVA y la aplicación de la inversión del sujeto pasivo?

No, el lugar de realización del hecho imponible y aplicación de la inversión del sujeto pasivo son cuestiones distintas que es necesario no confundir.
La **localización** de las entregas de bienes y prestaciones de servicios a lo que conduce es a señalar cuándo las citadas operaciones están sujetas al IVA, conforme al lugar en el que se entiendan realizadas.
Por su parte, la **regla de inversión del sujeto pasivo** parte de un previo, la existencia de una operación que está sujeta al tributo, para determinar cuál de las partes intervinientes es la que tiene la obligación de ingresarlo y repercutirlo. En buena lógica, si conforme a la regla de lugar de realización que resulte aplicable, ocurre que la operación controvertida no ha de considerarse realizada en el TIVA, entonces no hay cuota tributaria que ingresar y repercutir, por lo que la discusión acerca de la posible aplicación de la inversión del sujeto pasivo carece de sentido. Cuando la operación ha de considerarse efectuada en el TIVA es cuando esta está sujeta a imposición y se abre la discusión para determinar quién ha de ingresar el IVA a la Hacienda pública.
No debe confundirse lo anterior con el hecho de que, ante una determinada operación, la aplicación analógica de la regla de localización que corresponda permite afirmar la **jurisdicción fiscal** en la que la operación debe entenderse efectuada y, otra vez por analogía, si le es aplicable la regla de inversión del sujeto pasivo. En esta aplicación analógica de la norma hay que obrar con extraordinaria prudencia, ya que las normas de armonización existentes en relación con la inversión del sujeto pasivo no son completas, es decir, dejan cierto margen de actuación a los Estados miembros, por lo que existen divergencias entre ellos.
Lo anterior ha de entenderse con independencia de los supuestos de inversión del sujeto pasivo que se establecen como **medidas antifraude**, al margen por completo de la realización de operaciones en las que alguno de los intervinientes, o los dos, haya de considerarse como no establecido en el TIVA.

Ejemplo Un consultor en estrategia empresarial que tiene sus oficinas en Santander presta un servicio a un cliente empresario o profesional que desarrolla sus actividades exclusivamente en Francia. **1816**

Este servicio no está sujeto al IVA español, pudiendo afirmarse, por aplicación analógica de las reglas vigentes en nuestro país (transposición de la Dir 2006/112/CE), que el servicio se considera localizado en Francia.

Del mismo modo, se puede afirmar que el sujeto pasivo del IVA que debe ingresar en Francia es el empresario o profesional destinatario de la prestación al aplicarse la inversión del sujeto pasivo, en estos casos, de manera armonizada en toda la UE.

1820

Pregunta

¿Se ha producido en fecha reciente algún cambio en cuanto a las reglas del lugar de realización en el IVA?

Sí. Son aplicables en toda la UE las nuevas reglas correspondientes a las **ventas a distancia**, que se analizan en el capítulo 13 (ver pregunta nº 14580 s.). Estas reglas incluyen, entre otras cuestiones, reglas específicas de localización de las operaciones, que se analizan en la pregunta nº 13425. Adicionalmente, hay que tener en cuenta la extensión de estas consideraciones, en términos muy similares, a los servicios prestados por vía electrónica, telecomunicaciones y servicios de radiodifusión (ver pregunta nº 2255). Con más lejanía en el tiempo, habría que hacer referencia, igualmente, a la entrada en vigor del denominado «**Paquete IVA**», que supuso una importante simplificación en cuanto a la localización de las **prestaciones de servicios**, generalizando la tributación en destino de las prestaciones de servicios entre empresarios o profesionales y reduciendo muy significativamente las reglas especiales aplicables.

En lo que se refiere a la localización de las prestaciones de servicios, la entrada en vigor del paquete IVA supuso una simplificación muy importante, especialmente en cuanto a servicios prestados entre empresarios o profesionales, que concentran el principal de las operaciones internacionales.

1825

Pregunta

¿Son trasladables las reglas del lugar de realización al ámbito interno y, en particular, a la financiación de las CCAA?

No. Las reglas del lugar de realización que se establecen en la LIVA lo que determinan son las entregas de bienes y prestaciones de servicios que han de considerarse realizadas en el TIVA. En el Derecho comunitario, las reglas del lugar de realización lo que hacen es repartir la imposición por IVA de las diferentes operaciones entre los distintos **Estados miembros**.

Una vez una operación se considera localizada dentro de un determinado Estado, es este el que determina la atribución del ingreso tributario que resulta de la misma, sea a los presupuestos generales del Estado, sea a niveles inferiores del poder público.

Sentado lo anterior, y por lo que se refiere a las CCAA existentes en España, hay que distinguir según se trate de CCAA de régimen común o de régimen foral.

Para las **CCAA de régimen común**, los sistemas de financiación que se han establecido sucesivamente han ido modulando tanto el porcentaje de la recaudación por IVA que les correspondía como la forma o variables, en atención a las que se repartía el importe resultante. En ningún caso se ha dado entrada a criterios de atribución de operaciones equivalentes a las reglas de localización existentes para las operaciones entre diferentes Estados. Por el contrario, lo que se ha hecho es determinar un importe global a repartir entre las CCAA, procediendo después a su reparto en función de criterios estadísticos, pero sin individualizar operaciones.

En el caso de las **Comunidades de régimen foral**, País Vasco y Navarra, el régimen de financiación que les corresponde es el que viene determinado, respectivamente, por el Concierto y el Convenio en vigor. Las normas reguladoras de los regímenes

financieros sí que necesitan de la localización de las operaciones, denominados **puntos de conexión**, puesto que son las respectivas Diputaciones forales o la Administración del Estado quienes proceden a la recaudación del IVA correspondiente a las operaciones, ya se trate de contribuyentes que tributan en función de su domicilio, ya sean contribuyentes que tributan en función de la cifra relativa de negocio. Las reglas conforme a las que se efectúa este reparto son similares a las que se abordan en este capítulo, pero no equivalentes.
Finalmente, habría que recordar la existencia de territorios en los que, formando parte de España, no se recauda el IVA, como son las **Islas Canarias, Ceuta y Melilla**.

1830 **Pregunta**
¿Existen reglas del lugar de realización para las AIB?

Sí. Son las que se establecen en la LIVA art.71, que atiende como regla principal al **lugar de llegada** de la expedición o transporte de los bienes que son objeto de la transacción y, subsidiariamente, al Estado cuya Administración Tributaria haya otorgado el NIF-IVA con el que se realiza la operación (ver pregunta nº 13085 s.).

1835 **Pregunta**
¿Existen reglas del lugar de realización para las importaciones?

No como tales en la LIVA, ya que la propia forma en la que se define el hecho imponible en la LIVA art.18, que, en todo caso, vincula la sujeción de estas operaciones a que se produzca la **entrada de las mercancías** en el interior del país, lleva implícita su localización.
La Dir 2006/112/CE no sigue la misma técnica normativa, lo que se debe a la forma en que se define este hecho imponible en la norma comunitaria, que lo refiere a la entrada de mercancías de origen no comunitario en el territorio de la Comunidad (Dir 2006/112/CE art.30). Definido de este modo el hecho imponible, se procede a continuación a su localización (Dir 2006/112/CE art.60 y 61) en unos términos cuyo resultado es equivalente al que alcanza la LIVA cuando define el hecho imponible importación directamente por referencia a la entrada en el TIVA.

1840 **Pregunta**
¿En la localización de las operaciones tiene alguna relevancia el lugar en el que estas se realicen efectivamente?

Depende del tipo de operación de que se trate.
Hay reglas de localización que atienden al lugar de **prestación efectiva**, como ocurre con la que se aplica a las manifestaciones culturales, recreativas o equivalentes, así como cuyos destinatarios son particulares a los servicios de restauración o catering.
En otros casos, sin embargo, la localización de las operaciones se aleja por completo del lugar en el que estas se puedan estar ejecutando realmente, tomando en cuenta **otras consideraciones**, que son las que se incluyen en las reglas establecidas al efecto.
Es importante, por tanto, en la determinación del lugar de realización de una operación, huir de consideraciones generales tales como la que se expone en el enunciado de la pregunta, ya que, si no se hace así, se pueden cometer errores importantes.

1841 Ejemplo Un consultor en estrategia empresarial elabora un informe para la reestructuración de las actividades de uno de sus clientes. Este consultor tiene su sede de actividad en Barcelona. El informe es materialmente elaborado durante las vacaciones que el consultor está pasando en las Bahamas. El cliente desarrolla sus actividades en Lisboa.
La localización de la prestación de servicios que se ha expuesto conduce a su tributación en Portugal, ya que la regla de lugar de realización aplicable es la de la sede del destinatario. Es irrelevante el lugar en el que se encuentre la sede de actividad del prestador del servicio, en este caso, el consultor, del mismo modo que carece de efecto práctico el

hecho de que la elaboración de las recomendaciones que ha de hacer este consultor se lleve a cabo materialmente en Bahamas.

SECCIÓN 2

Reglas del lugar de realización de las entregas de bienes

(LIVA art.68)

1860

I. Lugar de realización de las entregas de bienes que no son objeto de expedición o transporte

(LIVA art.68.Uno)

1865

Pregunta
¿Dónde se entienden realizadas las entregas de bienes en las que no hay expedición o transporte de los mismos?

De acuerdo con la LIVA art.68.Uno, las entregas de bienes que no sean objeto de expedición o transporte se entienden realizadas en el TIVA cuando los bienes se pongan a disposición del adquirente en ese territorio.
En consecuencia, es el lugar en el que se produce la **puesta a disposición** del adquirente el punto de conexión que determina dónde se han de considerar realizadas estas operaciones.
Es importante desvincular la sujeción que establece este precepto de la posibilidad de que estas operaciones puedan estar exentas en tanto que exportaciones (LIVA art.21, ver pregunta nº 14135 s.) o entregas intracomunitarias (LIVA art.25, ver pregunta nº 13210 s.). Lo que determina la LIVA art.68.Uno es la regla de localización por la que se determinan las entregas de bienes que se deben considerar realizadas en el TIVA y las que no.

1870

Pregunta
¿Cuándo ha de considerarse que una entrega de bienes se produce sin expedición o transporte?

Cuando **no hay** ningún tipo de **transporte vinculado** a esa entrega, ni con carácter previo a la puesta de los bienes a disposición del adquirente ni en ninguna otra circunstancia, de forma tal que el transmitente no tiene conocimiento de que el adquirente vaya a transportar los bienes fuera del TIVA.
En caso de que, por el contrario, el sujeto pasivo que realiza una entrega de bienes tenga conocimiento de que se va a proceder a su transporte, entonces hay que considerar que la entrega de bienes es una entrega a la que se vincula una expedición o transporte, ello a los efectos que procedan (fundamentalmente, su exención en tanto que exportación o EIB).

1875 **Pregunta**
¿Dónde se entienden realizadas las entregas de inmuebles?

Donde radiquen los inmuebles transmitidos, tal y como establece la LIVA art.68.Dos.3º. La aplicación de esta regla del lugar de realización resulta de una extraordinaria sencillez, ya que, para entregas de inmuebles, se prescinde por completo de consideraciones ajenas a la localización del inmueble transmitido, de forma que es el lugar en el que este se ubique el que determina el lugar de realización de la operación.
En caso de que el inmueble transmitido se localice en el TIVA, su entrega se debe considerar sujeta al IVA, no así en otro caso.

1876 Ejemplo Una empresa que tiene su sede en Madrid vende a otra empresa, también madrileña, unos terrenos que había adquirido en Marruecos para promover la construcción de un edificio de apartamentos.
Esta operación no está sujeta al IVA español, sin perjuicio de la tributación que le corresponda en Marruecos y con independencia de que las empresas intervinientes en la operación sean las dos españolas.

II. Lugar de realización de las entregas de bienes que son objeto de expedición o transporte

(LIVA art.68.Dos)

1880 **Pregunta**
¿Dónde se entienden realizadas las entregas de bienes a las que hay vinculada una expedición o transporte?

De acuerdo con la LIVA art.68.Dos.1º, en el **territorio en el que se inicie la expedición** o transporte. Así, el citado precepto establece que se consideran realizadas en el TIVA las entregas de bienes muebles corporales que deban ser objeto de expedición o transporte distintas de las señaladas en la LIVA art.68.Tres y Cuatro, cuando la expedición o transporte se inicien en el referido territorio (la citada LIVA art.68.Tres y Cuatro se refiere a las ventas a distancia, tal y como se analiza en las preguntas nº 13410 s.).
Es importante desvincular la aplicación de esta regla sobre lugar de realización de la puesta a disposición de los bienes. Lo importante, para su aplicación, es que la entrega de que se trate sea una entrega de bienes para la que se prevea su transporte o expedición fuera del TIVA y que no se sean operaciones a las que se deban aplicar las reglas especiales previstas para las ventas a distancia.

1885 **Pregunta**
¿Cuándo ha de considerarse que una entrega de bienes se produce con expedición o transporte?

Cuando al transmitente le consta, de cualquier modo, el transporte de los bienes fuera del TIVA. La forma en la que se tenga constancia de este transporte depende del destino de los bienes. Así, si se trata de una **exportación**, la documentación aduanera debe dar cuenta de la salida de los bienes fuera del territorio comunitario. En caso de que la entrega tenga por destino **otro Estado miembro**, entonces no hay una intervención administrativa, por lo que debe acudirse a cualquier elemento de prueba admitido en derecho, como ha señalado de manera reiterada la DGT en relación con las entregas intracomunitarias exentas, en virtud de la LIVA art.25 (ver pregunta nº 13212). Lo anterior ha de entenderse sin perjuicio de la aplicación de la presunción que se contiene en el Rgto UE/282/2011 art.45 bis, al que expresamente se refiere el RIVA art.13.2.

1887

Pregunta
¿Cómo se determina el lugar de realización de las operaciones en cadena, esto es, en las que existen varias transmisiones y un único transporte?

Conforme a lo dispuesto por la LIVA art.68.Dos.1º.B, que establece que, tratándose de bienes objeto de entregas sucesivas, enviados o transportados con destino a otro Estado miembro directamente desde el primer proveedor al adquirente final de la cadena, la expedición o transporte se entiende vinculada únicamente a la entrega de bienes efectuada a favor del intermediario.
No obstante, la expedición o el transporte se entiende vinculada únicamente a la entrega efectuada por el **intermediario** cuando hubiera comunicado a su proveedor un NIF-IVA suministrado por la AEAT.
A estos efectos, se entiende por intermediario un empresario o profesional distinto del primer proveedor, que expida o transporte los bienes directamente, o por un tercero en su nombre y por su cuenta.
Se añade a lo anterior que esta **regla no es aplicable** a los supuestos previstos en la LIVA art.8 bis (relativo a las ventas a través de plataformas o interfaces digitales, ver pregunta nº 710).

Ejemplo Una empresa que forma parte de un grupo multinacional tiene el siguiente sistema de ventas para el resto de Europa:
a) Los bienes se fabrican por encargo del cliente.
b) Finalizada la producción, los bienes son objeto de dos ventas sucesivas: el fabricante español los transmite al distribuidor, que es otra sociedad del grupo localizada en Irlanda, que es quien hace la venta siguiente al cliente final.
c) La facturación sigue este mismo esquema, de forma que la primera venta se factura de España a Irlanda y la siguiente de Irlanda a cliente final.
d) Los bienes se envían directamente al cliente final, normalmente sujetos pasivos situados fuera de Irlanda.
e) La distribuidora del grupo, que es la empresa irlandesa, no tiene NIF-IVA en España.
Con los datos disponibles, las ventas que se realizan desde España han de considerarse ventas con transporte, localizadas en el TIVA y exentas si se cumplen los requisitos de la LIVA art.25 (ver pregunta nº 13210). Las ulteriores ventas se consideran ventas internas localizadas en el territorio del Estado de destino de los bienes.

1890

Pregunta
¿Existe alguna regla especial sobre el lugar de realización para las denominadas importaciones sucesivas?

Sí. Se trata de la LIVA art.68.Dos.1º.A párrafo 2º, por la que cuando el lugar de **inicio** de la expedición o del transporte de los bienes que hayan de ser objeto de importación esté situado en un país tercero, las entregas de los mismos efectuadas por el importador y, en su caso, por sucesivos adquirentes se entienden realizadas en el TIVA.
Las operaciones a las que se refiere este precepto son operaciones de comercio internacional en las que ocurre que se producen **compraventas de los bienes antes** de que se produzca la **llegada** de las mercancías **al TIVA**. Estas compraventas son las que la norma considera sujetas al IVA.
En la aplicación de esta norma es fundamental tener en cuenta que las entregas a las que se refiere son las realizadas por el importador y por los adquirentes sucesivos. Por tanto, si las entregas en cadena que se pudieran realizar se efectúan por empresarios o profesionales que se sitúan en fases previas de la cadena, la regla que se comenta no es aplicable.

1891 Ejemplo Una partida de maderas nobles sale desde Brasil con destino a España. El expedidor es un empresario brasileño que ha vendido la madera a un empresario portugués. El empresario portugués vende la madera a una empresa valenciana, que es quien la despacha de importación; no obstante, antes de que se produzca la llegada del barco en el que viaja la madera a Valencia, esta empresa vende la madera a otra empresa de Bilbao.

La entrega a la que se ha de aplicar esta regla es la que se produce entre las dos empresas españolas, la de Valencia y la de Bilbao. Así es porque es la empresa de Valencia la que comparece ante la Aduana del puerto de Valencia como importadora, por lo que es la entrega que realiza esta la efectuada por el importador de la mercancía. Lo mismo habría que hacer en caso de que la empresa bilbaína entregase a su vez la madera a un tercero.

No es aplicable la regla que se contiene en la LIVA art.68.Dos.1º.A párrafo 2º, segundo párrafo, a la entrega realizada entre el empresario brasileño y el portugués, ya que ninguno de ellos tiene la consideración de importador de la mercancía ni la operación es siguiente a la entrega que efectuó el importador.

1900

Pregunta

¿Dónde se entienden realizadas las entregas de bienes a las que se vincula una instalación o montaje?

De acuerdo con la LIVA art.68.Dos.2º, en el **lugar** en el que se lleven a cabo las labores **de instalación o montaje**.

Esta norma establece la sujeción al IVA, por considerarse realizadas en el TIVA, de las entregas de bienes que hayan de ser objeto de instalación o montaje antes de su puesta a disposición, cuando la instalación se ultime en el referido territorio. Esta regla solo se debe aplicar cuando la instalación o montaje implique la **inmovilización** de los bienes entregados.

No debe confundirse la sujeción de estas operaciones con el hecho de que los empresarios o profesionales que las realicen se deban considerar como establecidos en el TIVA o no. El establecimiento en el TIVA se alcanza por la disposición en el mismo de un establecimiento permanente, lo que, para el caso de las obras de construcción, instalación o montaje, solo ocurre si las obras duran más de 12 meses. Por tanto, puede ocurrir que una entrega de bienes que se localiza en el TIVA sea efectuada por un empresario o profesional no establecido en él. De ser este el caso, lo que procede es la aplicación de la **inversión del sujeto pasivo**, por lo que es el adquirente, suponiendo que tenga la condición de empresario o profesional, quien debe autorrepercutirse el impuesto correspondiente a la operación.

1905

Pregunta

¿Qué ocurre cuando llegan al TIVA los bienes en cuya entrega se va a aplicar la regla sobre el lugar de realización de las entregas de bienes con instalación o montaje?

Depende del origen de estos bienes:

a) Si se trata de bienes de **origen comunitario** (otros Estados miembros), la AIB que se produce con la llegada de los bienes **no** está **sujeta** a imposición, tal y como establece la LIVA art.13.1º.c. La no sujeción de la AIB pretende evitar el doble gravamen que se produciría en caso de que la operación resultara gravada en tanto que entrega con instalación o montaje y, a la vez, como AIB.

b) En caso de que se trate de mercancías de **origen extracomunitario**, la importación está **exenta**, tal y como establece la LIVA art.66.1º. La lógica de esta exención es la misma que la que se ha señalado en la letra a) anterior para el caso de las AIB.

El resultado de las dos normas enunciadas en el párrafo anterior es que la entrada en el TIVA de bienes cuya entrega se va a localizar en el citado TIVA por aplicación de la regla especial de localización que se contiene en la LIVA art.68.Dos.2º no está gravada. En su lugar, lo que hace la norma para estas operaciones es determinar su sujeción a través de la definición de una regla de localización específica. Esta dife-

rente técnica legislativa se debe a que estas operaciones suelen tener por objeto instalación de gran tamaño, fáciles de controlar, en las que no parece factible la sustracción al control tributario que, en contextos distintos, se puede producir a la vez que se sujetan a gravamen tanto si su destinatario es empresario o profesional como si no es este el caso.
Hay que añadir que las entregas interiores que se realicen para un empresario que, a su vez, va a efectuar una entrega de bienes que se localiza conforme a la regla que se establece en la LIVA art.68.Dos.1º son operaciones ordinarias en las que opera la sujeción, por lo que se debe repercutir el tributo en condiciones de normalidad.

Ejemplo Una empresa que tiene sus instalaciones en el norte de España adquiere una instalación compleja a un fabricante norteamericano. Este fabricante tiene una filial en Alemania, donde produce una parte de los componentes que instala. El presupuesto de la instalación es el siguiente: 1906
a) Bienes procedentes de Estados Unidos: 300.000 €.
b) Bienes procedentes de Alemania: 150.000 €.
c) Bienes adquiridos en el TIVA para la instalación: 10.000 €.
d) Precio total de la operación: 500.000 €.
La operación que se ha descrito es una entrega de bienes a la que resulta aplicable la regla de localización que se establece en la LIVA art.68.Dos.2º. Esta aplicación tiene las siguientes consecuencias:
a) La importación de los bienes procedentes de Estados Unidos está exenta en virtud de la LIVA art.66.1º.
b) La llegada de los bienes procedentes de Alemania no tributa en tanto que AIB, ello conforme a la LIVA art.13.1º.c.
c) Las entregas de bienes a las que se refiere la anterior letra c) son operaciones interiores ordinarias por las que procederá la repercusión del IVA.
d) Suponiendo que la empresa americana no tiene ningún establecimiento permanente en el TIVA, el adquirente de los bienes debe autorrepercutirse el IVA correspondiente a la operación, que asciende a 105.000 €. No estando establecido el vendedor y siendo de nacionalidad estadounidense, el IVA pagado por las adquisiciones interiores no es deducible, ya que la LIVA art.119 bis admite estas devoluciones a condición de reciprocidad y no existe con Estados Unidos.

Pregunta 1910

¿Qué ocurre cuando salen del TIVA bienes a cuya entrega se va a aplicar, en el lugar de destino, la regla de sobre el lugar de realización de las entregas con instalación o montaje?

Depende del destino de los bienes:
a) En caso de que se trate de un **destino no comunitario**, la salida de esos bienes determina la existencia de una exportación, que cabe considerar exenta conforme a la LIVA art.21.1º, suponiendo que sea el empresario que realiza la entrega quien despacha las mercancías para su exportación. En la jurisdicción de destino puede ocurrir que apliquen reglas equivalentes a las europeas, en cuyo caso, no gravan la importación, por la vía de su exención, sino la entrega interior, o no, hipótesis en la que el gravamen se produce a la entrada de las mercancías. En otro caso, la importación estaría ordinariamente sujeta y no exenta de IVA.
b) Si los bienes tienen por **destino otro Estado miembro**, la aplicación analógica de la regla que se establece en la LIVA art.68.Dos.2º debería determinar la sujeción en destino, en concepto de entrega interior.
En cualquier caso, es conveniente consultar el régimen tributario aplicable en el Estado de destino de los bienes.

1915 **Pregunta**
¿Dónde se entienden realizadas las entregas de bienes que se realizan a bordo de buques, aviones o trenes que realicen trayectos intracomunitarios?

En el lugar de **inicio del trayecto**. Así se establece en la LIVA art.68.Dos.4º, por el que se entienden realizadas en el TIVA las entregas de bienes a los pasajeros que se efectúen a bordo de un buque, de un avión o de un tren, en el curso de la parte de un transporte realizada en el interior de la Comunidad, cuyo lugar de inicio se encuentre en el TIVA y el lugar de llegada en otro punto de la Comunidad.
La misma norma establece que cuando se trate de un **transporte de ida y vuelta**, el trayecto de vuelta se considera como un transporte distinto.
A estos efectos, se considera como:
a) La parte de un **transporte** realizada en el **interior de la Comunidad**, la parte de un transporte que, sin escalas en territorios terceros, discurra entre los lugares de inicio y de llegada situados en la Comunidad.
b) Lugar de inicio, el primer lugar previsto para el embarque de pasajeros en el interior de la Comunidad, incluso después de la última escala fuera de la Comunidad.
c) Lugar de llegada, el último lugar previsto para el desembarque en la Comunidad de pasajeros embarcados también en ella, incluso antes de otra escala en territorios terceros.
Hay que añadir, en relación con esta regla de localización, que la LIVA art.9.3º.b excepciona de la sujeción de las transferencia de bienes las operaciones respectivas, por lo que cuando los medios de transporte correspondientes llegan a sus destinos, por los bienes que se encuentren a bordo en este momento no se tiene que declarar la correspondiente transferencia. Esto ha de entenderse sin perjuicio del control que las compañías que explotan los citados medios de transporte han de llevar para asegurarse de que la tributación de estas entregas se realiza como es debido, esto es, en los lugares de inicio de los trayectos correspondientes.

1920 **Pregunta**
¿Existe alguna regla especial sobre el lugar de realización para las entregas realizadas a particulares dentro de la UE?

Sí. Se trata del denominado régimen especial de las **ventas a distancia**, que se establece en la LIVA art.68.Tres a Seis.
El criterio que se establece en este precepto es el de la tributación en destino de las citadas ventas, con varios matices que es importante considerar:
a) Como **ventas a distancia intracomunitarias de bienes** hay que considerar las previstas como tales en la LIVA art.8.Tres.a (ver pregunta nº 706).
b) Por **destino** hay que entender, en este caso, el país de llegada de la expedición o transporte de los bienes.
c) La tributación en destino no es aplicable a los empresarios o profesionales establecidos en un único Estado de la UE cuyas ventas a clientes de otros Estados de la UE **no superen el umbral** de 10.000 euros en el año natural anterior o en el año en curso (LIVA art.73). Interesa destacar que este umbral se aplica conjuntamente a los servicios prestados por vía electrónica, de telecomunicaciones o de radiodifusión.
d) En todo caso tributan en destino las entregas de **bienes sujetos a impuestos** especiales. Por el contrario, tributan siempre en el Estado de origen los bienes a los que se aplique el régimen especial de **bienes usados, objetos de arte, antigüedades y objetos de colección**.

Pregunta 1922
¿Existe alguna regla especial sobre el lugar de realización especial para las ventas a distancia de bienes importados?

Sí. El lugar de realización de las ventas a distancia de bienes importados se regula, desde el 1-7-2021, por la LIVA art.68.tres.c y d. Los **supuestos** que se contemplan en ellos son los siguientes:
a) Ventas a distancia de bienes importados en un Estado miembro distinto del de llegada de la expedición o del transporte con destino al cliente, cuando el TIVA sea el lugar de llegada de esa expedición o transporte.
b) Ventas a distancia de bienes importados en el Estado miembro de llegada de la expedición o del transporte con destino al cliente cuando el TIVA sea el lugar de llegada de esa expedición o transporte y el IVA correspondiente a las citadas operaciones se declare a través del régimen de importación de la ventanilla única.
c) De una primera lectura de los dos supuestos que se contemplan en la norma, podría deducirse que falta un caso, quizá el más simple, que es el de los bienes importados en el TIVA y con destino al mismo, pero sin que el IVA correspondiente a las ventas se declare a través del régimen de ventanilla única. Esta omisión, sin embargo, se puede considerar cubierta por la LIVA art.68.dos.1ºA) párrafo 2º, por la que, cuando el lugar de iniciación de la expedición o del transporte de los bienes que hayan de ser objeto de importación esté situado en un país tercero, las entregas de los mismos efectuadas por el importador y, en su caso, por sucesivos adquirentes se entenderán realizadas en el TIVA.
Interesa destacar que estas reglas no tienen un mínimo, a diferencia de lo que ocurre con las ventas a distancia intracomunitarias de bienes, aplicables únicamente a partir de un **umbral de ventas** de 10.000 euros en Estados distintos al del vendedor (ver pregunta nº 1920).

Pregunta 1925
¿Existe alguna regla especial sobre el lugar de realización para las entregas de gas a través de una red de gas natural situada en el territorio de la Comunidad o de cualquier red conectada a esa red, las entregas de electricidad o las entregas de calor o de frío a través de las redes de calefacción o de refrigeración?

Sí, la que se contiene en la LIVA art.68.Seis, que distingue según se trate de entregas realizadas a empresarios o profesionales revendedores o a consumidores finales de electricidad.
Es importante señalar que el tratamiento que se establece para los consumidores de electricidad es aplicable tanto cuando los usuarios de la electricidad o gas son consumidores finales y cuando se trata de empresarios o profesionales que utilizan la electricidad en su actividad. Dicho con otras palabras, la distinción relevante, a estos efectos, es la que se establece entre empresarios o profesionales que adquieren la electricidad para su reventa y el resto.
Las entregas de gas y electricidad a través de redes de distribución tienen la **consideración de realizadas en el TIVA** en los siguientes supuestos:
a) Cuando tengan por **destinatario** a un **empresario** o profesional **revendedor**, si este tiene la sede de su actividad económica o posee un establecimiento permanente o, en su defecto, su domicilio en el citado territorio, siempre que estas entregas tengan por destinatarios a la citada sede, establecimiento permanente o domicilio.
A estos efectos, la misma LIVA art.68.Seis establece que se entiende por empresario o profesional revendedor aquel cuya actividad principal respecto a las compras de los citados gas o electricidad consista en la reventa de estos productos, siempre que el consumo propio de tales bienes sea insignificante.
b) Cualesquiera otras, cuando el **adquirente** efectúe el **uso o consumo efectivo** de esos bienes en el TIVA. A estos efectos, se considera que tal uso o consumo se pro-

duce en el citado territorio cuando en él se encuentre el contador en el que se efectúe la medición.
La propia norma cierra la aplicación de esta regla disponiendo que cuando el **adquirente no consuma** efectivamente **el total** o parte de esos bienes, los no consumidos se consideran usados o consumidos en el TIVA cuando el adquirente tenga en ese territorio la sede de su actividad económica o posea un establecimiento permanente o, en su defecto, su domicilio, siempre que las entregas hubieran tenido por destinatarios a dicha sede, establecimiento permanente o domicilio.
Interesa destacar que la entrada en el TIVA del gas o electricidad cuyas entregas se van a localizar conforme a las reglas que se acaban de exponer no está gravada. En caso de que la entrada tenga origen extracomunitario, la excepción al gravamen se establece en la LIVA art.66.3º. Cuando la electricidad procede del territorio de otros Estados miembros, entonces el no gravamen se dispone por la LIVA art.13.1º.g.
La técnica legislativa que se sigue, en este caso, para la determinación de los supuestos en que las entregas de gas y electricidad han de estar sujetas a tributación se justifica, en este caso, por la particularidad del transporte de los bienes, que se realiza a través de **redes de distribución** que dificultan, cuando no hacen imposible, un control o seguimiento del tenor del que se realiza con otros bienes. Por esta razón es por lo que, en lugar de aplicar las reglas habituales en los intercambios internacionales de bienes, en las que la prueba o acreditación del transporte es «conditio sine qua non», se ha optado por la definición de unas reglas de localización cuya aplicación se supone que ha de conducir a gravar el gas o electricidad que efectivamente se consume en el TIVA.

SECCIÓN 3

Reglas generales del lugar de realización de las prestaciones de servicios

(LIVA art.69)

1950

I. Reglas de sobre el lugar de realización

(LIVA art.69.Uno)

1961

Pregunta
¿Cuál es la regla general para la localización de las prestaciones de servicios?

De acuerdo con la redacción de la LIVA art.69.Uno (dada por la L 2/2010) la **regla general** sobre el lugar de realización de las prestaciones de servicios distingue en función de la condición del destinatario. La regla general es:
a) Servicios **prestados entre empresarios** o profesionales, que se localizan allí donde radique la sede de actividad o establecimiento permanente del cliente o destinatario de la operación.
Más precisamente, lo que hace la LIVA es señalar que los servicios prestados a empresarios o profesionales se entienden realizados en el TIVA cuando la sede de actividad o establecimiento permanente que deban considerarse como destinatarios de la prestación se ubiquen en el citado territorio. Esta técnica legislativa pretende evitar una extraterritorialidad en la norma, aunque responde al mismo principio que se ha señalado en el párrafo anterior.
b) Servicios **prestados a particulares**, que se localizan en sede del prestador, esto es, donde se ubique la sede de actividad o establecimiento desde el que se presten.

Estando la citada sede de actividad o establecimiento permanente ubicados en el TIVA, la consecuencia es que esos servicios se consideren prestados en el citado territorio.

Pregunta 1961.1
¿Cómo se localizan los servicios prestados entre empresas?

En función del lugar en el que se ubiquen la **sede de actividad o establecimiento permanente** que los hubiera contratado (ver pregunta nº 2022).
En consecuencia, los servicios prestados a empresarios o profesionales que tengan la sede de su actividad o establecimiento permanente que hubiera contratado la prestación en el TIVA, deben considerarse efectuados en el citado territorio, quedando sujetos al IVA.
La aplicación de esta regla de tributación exige la concurrencia de dos elementos o **requisitos**, que son los siguientes:
a) En primer lugar, que se sitúen en el TIVA los referidos sede de actividad o establecimiento permanente (ver preguntas nº 1981 y nº 1985).
b) En segundo lugar, que los citados sede de actividad o establecimiento permanente sean los destinatarios de la prestación (ver pregunta nº 2022).
Tratándose de prestaciones de servicios entre empresas, y no siendo aplicable ninguna de las reglas especiales que se analizan en las preguntas nº 2200 s., la que se acaba de exponer es la regla de localización aplicable.
En el ámbito de los servicios prestados entre empresarios o profesionales, interesa destacar que las **únicas reglas especiales** del lugar de realización que van a ser aplicables son las siguientes (ver preguntas nº 2205 s.):
a) Servicios relacionados con inmuebles.
b) Servicios de transporte de pasajeros.
c) Servicios de acceso a manifestaciones culturales, artísticas, deportivas, educativas, recreativas y similares.
d) Servicios de catering y restauración.
e) Servicios de arrendamiento a corto plazo de medios de transporte.
Estas prestaciones, para las que hay reglas especiales sobre el lugar de realización, se delimitan, por lo general, de manera sencilla, lo que confirma la importante simplificación que se ha llevado a cabo en este ámbito.

Pregunta 1962
¿A los efectos de la localización de las prestaciones de servicios, cuándo se ha de considerar que el destinatario de un servicio es empresario o profesional?

Una prestación de servicios ha de considerarse efectuada para un empresario o profesional, en primer lugar, cuando, conforme a la delimitación general que se hace de este concepto en la LIVA art.5, ocurra que el **destinatario** de la prestación sea **empresario o profesional y actúe como tal**.
En casos no controvertidos en los que las prestaciones se contratan por empresas que desarrollan una actividad típicamente empresarial cuya naturaleza no se discute, la aplicación de este criterio no debería resultar especialmente dificultosa.
En la concreción de lo anterior en **supuestos dudosos**, y por lo que respecta a las empresas establecidas fuera del TIVA, habría que distinguir entre empresas establecidas en la UE y empresas establecidas fuera de la UE:
a) Para las **empresas establecidas en la UE**, parece que el elemento que habría de resultar de la mayor utilidad para contrastar si el cliente o destinatario de una prestación tiene la condición de empresario o profesional o no es el hecho de que se disponga de un NIF-IVA para realizar operaciones intracomunitarias. En el supuesto de que el destinatario de una prestación disponga de la citada identificación, se podría confiar en que, efectivamente, es empresario o profesional, por lo que es de aplicación la regla de tributación en destino.

En este sentido, interesa señalar que las prestaciones de servicios también se incluyen en la declaración recapitulativa de operaciones intracomunitarias, en la que el NIF-IVA es determinante para que la información llegue al Estado del prestatario (ver pregunta nº 19160) y es condición necesaria para la correcta declaración.

b) En cuanto a las **empresas extracomunitarias**, la determinación de este extremo se puede complicar, ya que no hay un sistema de identificación comparable al que existe en la UE con el NIF-IVA. Por tanto, habría que acudir a otros elementos, tales como certificados de desarrollo de actividades económicas y residencia o similares.

Además de las anteriores consideraciones, hay otro elemento que puede ayudar a calificar una operación como servicio prestado entre empresas, por lo que cabría aplicar la regla de tributación en destino; se trata de la **naturaleza de la prestación**, que es tal que muchas veces no tiene sentido si no es entre empresas (a título de ejemplo, una licencia de copia y distribución de software).

Todas estas cuestiones se tratan en el Rgto UE/282/2011 art.18.

1963

Pregunta

¿Hay algún supuesto en que deba considerarse empresario o profesional a quien desarrolla actividades que no son empresariales o profesionales?

Sí. Junto con los supuestos que se han expuesto en la pregunta nº 1962, hay dos más que, de manera específica, las operaciones así realizadas pasan a incluirse en la regla de localización de las prestaciones entre empresas por dicción expresa de la LIVA art.5.Cuatro.

a) Así, la norma establece que se reputan empresarios o profesionales, en primer lugar, quienes realicen **actividades empresariales** o profesionales simultáneamente con **otras** que **no** estén **sujetas** al impuesto.

Cabe suponer que, con esta dicción, lo que se pretende es dar el trato de empresario o profesional a quienes tienen esta condición y, a la vez, pueden actuar como consumidores finales, al margen del impuesto. El alcance específico de esta disposición puede ser muy amplio, pudiendo citarse los siguientes supuestos:

1. Entes públicos que simultanean su condición de empresario o profesional con de consumidores finales.

2. Otras entidades que pueden tener igualmente esta condición dual cuando desarrollen actividades empresariales junto con otras que no lo son. Tal sería el caso, por ejemplo, de una fundación que dispone de una serie de inmuebles que arrienda para obtener los fondos con los que financia sus actividades no lucrativas.

3. Incluso entidades mercantiles, para las que la condición de empresario o profesional ya no es su régimen incondicional.

En todos estos casos, y en cualesquiera otros en los que pudiera concurrir esta condición dual de la que se hablaba, habría que dar a las operaciones el tratamiento de operaciones realizadas entre empresas, aunque la parte contratante o destinatario de la operación no esté actuando, en relación con la operación de que se trate, como empresario o profesional.

b) La misma LIVA art.5.Cuatro incluye otro supuesto, que es el de las **personas jurídicas que no actúen como empresarios** o profesionales, a condición de que **dispongan de un NIF-IVA**. En caso de que ese NIF-IVA sea español, los servicios que se contraten por estas entidades están sujetos al IVA español. Es importante tener en cuenta que esta regla específica solo es aplicable a entidades jurídicas, en ningún caso a personas físicas, tal y como se infiere de la literalidad de la norma, ni a otras entidades sin personalidad jurídica.

1964 Ejemplos **1)** Un ayuntamiento andaluz contrata con una empresa de traductores la traducción de las letras de diversas coplas al francés. La empresa que realiza el encargo cobra por sus servicios 5.000 €. El ayuntamiento desarrolla tanto actividades empresariales o profesionales como otras que no lo son.

Pese al carácter dual del ayuntamiento, a estos efectos se le ha de considerar como empresario profesional, por lo que se trata la operación como si fuera una prestación de servicios entre empresarios o profesionales, ello con independencia del uso que este ayuntamiento haga de la traducción.

2) Una Fundación ubicada en A Coruña, se dedica a fomentar la inserción de jóvenes titulados en la empresa privada. Esta Fundación se financia exclusivamente con subvenciones y donativos, por lo que no se la considera empresario o profesional. A pesar de lo anterior, la Fundación dispone de un NIF-IVA. Esta Fundación contrata con una empresa británica el alojamiento y mantenimiento de su sitio web en inglés. Por este servicio se paga una cuota fija mensual de 2.500 €. **1965**

Aunque la Fundación no sea empresario o profesional, se la debe considerar como tal a estos efectos, ya que se trata de una entidad jurídica con NIF-IVA. Por tanto, la prestación descrita, como operación entre empresas, debe tributar en destino, esto es, en el TIVA.

Pregunta **1966**

¿Cómo se localizan los servicios prestados a consumidores finales?

Conforme al criterio de la **sede del prestador**, es decir, en función de dónde se encuentre la sede de actividad o establecimiento permanente desde el que se presten. Cuando la citada sede de actividad o establecimiento permanente desde los que se lleva a cabo la prestación de que se trate en cada caso se ubiquen en el TIVA, la citada prestación debe considerarse sujeta al IVA, en tanto que realizada en el citado territorio.

Es importante delimitar adecuadamente el ámbito de aplicación de esta regla, ya que los supuestos en los que se aplica la regla de localización de las prestaciones de servicios a empresarios o profesionales se ven ampliados como consecuencia de la introducción en la LIVA de los **supuestos especiales** que se incluyen en la LIVA art.5.Cuatro y que se analizan en la pregunta nº 1963.

Pregunta **1967**

¿Existe algún límite a la anterior regla sobre el lugar de realización?

Sí, el contenido en la LIVA art.69.Dos, que pretende **evitar la extraterritorialidad** del impuesto.

Conforme al mismo, no se entienden realizados en el TIVA los servicios que se enumeran a continuación, cuando el destinatario de los mismos no sea un empresario o profesional actuando como tal y esté establecido o tenga su domicilio o residencia habitual fuera de la Comunidad, salvo en el caso de que ese destinatario esté establecido o tenga su domicilio o residencia habitual en Canarias, Ceuta o Melilla:

a) Las cesiones y concesiones de derechos de autor, patentes, licencias, marcas de fábrica o comerciales y los demás derechos de propiedad intelectual o industrial, así como cualesquiera otros derechos similares.

b) La cesión o concesión de fondos de comercio, de exclusivas de compra o venta o del derecho a ejercer una actividad profesional.

c) Los de publicidad.

d) Los de asesoramiento, auditoría, ingeniería, gabinete de estudios, abogacía, consultores, expertos contables o fiscales y otros similares, con excepción de los comprendidos en la LIVA art.70.Uno.1º.

e) Los de tratamiento de datos y el suministro de informaciones, incluidos los procedimientos y experiencias de carácter comercial.

f) Los de traducción, corrección o composición de textos, así como los prestados por intérpretes.

g) Los de seguro, reaseguro y capitalización, así como los servicios financieros, citados respectivamente por la LIVA art.20.Uno.16º y 18º, incluidos los que no estén exentos, con excepción del alquiler de cajas de seguridad.

h) Los de cesión de personal.

i) El doblaje de películas.

j) Los arrendamientos de bienes muebles corporales, con excepción de los que tengan por objeto cualquier medio de transporte y los contenedores.
k) La provisión de acceso a las redes de gas natural situadas en el territorio de la Comunidad o a cualquier red conectada a esas redes, a la red de electricidad, de calefacción o de refrigeración, y el transporte o distribución a través de las citadas redes, así como la prestación de otros servicios directamente relacionados con cualesquiera de los servicios comprendidos en esta letra.
l) Las obligaciones de no prestar, total o parcialmente, cualquiera de los servicios enunciados.

1968

Pregunta
¿Existe alguna relación de preferencia entre la regla general y las reglas especiales para la localización de las prestaciones de servicios?

No. Así lo ha establecido la jurisprudencia comunitaria de manera reiterada (TJUE 26-9-96, asunto Dudda C-327/94; 6-12-07, asunto Comisión contra Alemania C-401/06, entre otras). El TJUE entiende que el objetivo de las reglas de localización es el establecimiento de criterios para la evitación y, en su caso, resolución de los conflictos que se puedan plantear entre diferentes Estados que pretendan gravar prestaciones de servicios en las que, de alguna manera, estén involucrados. Sentado lo anterior, no hay preferencia entre la denominada regla general de localización de las prestaciones de servicios y las especiales, por lo que, ante cualquier operación que pudiera resultar controvertida, hay que determinar cuál es la regla de territorialidad aplicable y el resultado al que conduce, sin considerar que la regla general prevalece sobre las especiales.

1969

Pregunta
¿Se aplican supletoriamente las reglas generales de las prestaciones de servicios?

No. En la localización de cualquier prestación de servicios hay que establecer cuál es la regla de localización aplicable y el resultado al que conduce su aplicación. En caso de que el resultado que se obtiene de la aplicación de la regla de localización sea la no sujeción de la operación, no es procedente acudir subsidiariamente a la aplicación de las reglas generales de localización para determinar su tributación. Si de las reglas especiales se obtiene que el servicio en cuestión no está sujeto al IVA, este es su régimen de tributación.
No ha de confundirse lo anterior con la aplicación supletoria de las **reglas generales** de localización de las prestaciones de servicios cuando lo que ocurre es que **no hay regla especial** que resulte de aplicación. En tal caso, esto es, si respecto a una determinada prestación de servicios no se encuentra ninguna regla de localización que determine su régimen de tributación, entonces procede acudir a las reglas contenida en la LIVA art.69.

1970 Ejemplo Un arquitecto que tiene su sede de actividad en Barcelona diseña para otra empresa española los planos para la construcción de un edificio de oficinas en Bogotá. La regla de localización aplicable es la correspondiente a los servicios relacionados con inmuebles (LIVA art.70.Uno.1º), por la que este servicio no ha de entenderse localizado en el TIVA, ya que el inmueble al que se refiere no se ubica en este territorio. No sería procedente aplicar supletoriamente la regla general de localización de las prestaciones de servicios de la sede del prestatario para determinar la sujeción al IVA español de este servicio.

II. Los conceptos de sede de actividad y establecimiento permanente

(LIVA art.69.Tres)

1981

Pregunta
¿Qué se considera como sede de actividad de un empresario o profesional?

La sede de actividad de un empresario o profesional es el lugar en el que esté centralizada la gestión y el ejercicio de su actividad. Así se desprende de lo dispuesto por la LIVA art.69.Tres.1º, que señala que, a los efectos del IVA, se entiende situada la sede de la actividad económica en el territorio donde el interesado centralice la gestión y el ejercicio habitual de su actividad empresarial o profesional.
El Rgto UE/282/2011 desarrolla igualmente este concepto, definiéndolo como el lugar en el que se ejercen las **funciones de administración central** de la empresa. La misma norma dispone que, a estos efectos, se han de tener en cuenta el lugar en el que se tomen las decisiones fundamentales relacionadas con la gestión general de la empresa, el domicilio social y el lugar en el que se reúna la dirección, añadiendo que, cuando estos criterios no permitan determinar con certeza el lugar en el que radica la sede de la actividad económica, el criterio que prevalece es el lugar en el que se tomen las decisiones fundamentales relacionadas con la gestión general de la empresa.
Asimismo, se añade una disposición de cautela, por la que una simple **dirección postal** no puede considerarse sede de la actividad económica de un sujeto pasivo.
La **definición** que se ha señalado es coincidente con la recogida en la sentencia del TJUE 28-6-07, asunto Planzer Luxembourg C-73/06, que califica como tal el lugar en el que se toman las decisiones esenciales de la empresa y se desarrolla su administración central.
De alguna manera, la sede de la actividad es el lugar desde el que se dirige el negocio o actividad que desarrolle cada empresario o profesional. Para los empresarios que no disponen más que de un lugar desde el que desarrollan sus actividades, no parece que la determinación de la ubicación de la sede de actividad haya de resultar especialmente controvertida. Por el contrario, para empresarios o profesionales que desarrollen sus actividades en varios lugares, la sede de la actividad es el lugar desde el que se dirija o se adopten sus decisiones principales.

1985

Pregunta
¿Qué se puede considerar como establecimiento permanente a los efectos del IVA?

De acuerdo con la LIVA art.69.Tres.2º, a los efectos de este tributo, se considera establecimiento permanente cualquier **lugar fijo de negocios** donde los empresarios o profesionales realicen actividades económicas.
El Rgto UE/282/2011 art.11 define este concepto, disponiendo que, a los efectos de la localización de las prestaciones de servicios, se entiende por «establecimiento permanente» cualquier establecimiento, **distinto de la sede de la actividad económica**, que se caracterice por un grado suficiente de permanencia y una estructura adecuada en términos de medios humanos y técnicos que le permitan recibir y utilizar los servicios que se presten para las necesidades propias del citado establecimiento. En el caso de las operaciones activas, la norma comunitaria se refiere a los medios humanos y técnicos que le permitan prestar los servicios de que se trate.
Esta definición es aproximadamente coincidente con la ofrecida por el TJUE en las sentencias que se ha analizado esta cuestión (TJUE 4-7-85, asunto Berkholz 168/85; 17-7-97, asunto ARO Lease BV C-190/95; 17-12-15, asunto WebMindLicenses C-419/14; 7-5-20, asunto Dong Yang Electronics C-547/18; 7-4-22, asunto Berlin Chemie A. Menarini C-333/20; 29-6-23, asunto Cabot Plastics Belgium C-232/22).

Junto con el **concepto general** de establecimiento permanente que se ha expuesto, o como concreción de él, hay otros supuestos que determina la propia norma. Así, tienen en particular esta consideración, los siguientes:

a) La sede de dirección, sucursales, oficinas, fábricas, talleres, instalaciones, tiendas y, en general, las agencias o representaciones autorizadas para contratar en nombre y por cuenta del sujeto pasivo. Siguiendo los criterios establecidos por la sentencia del TJUE 20-2-97, asunto DFDS D/A C-260/95, hay que considerar que este último supuesto se refiere a casos en los que, quien tiene la citada capacidad de contratación, se encuentra estrechamente vinculado con la entidad a la que representa, con una relación que va más allá de lo que sería un mero contrato de agencia.

b) Las minas, canteras o escoriales, pozos de petróleo o de gas u otros lugares de extracción de productos naturales.

c) Las obras de construcción, instalación o montaje cuya duración exceda de 12 meses.

d) Las explotaciones agrarias, forestales o pecuarias.

e) Las instalaciones explotadas con carácter de permanencia por un empresario o profesional para el almacenamiento y posterior entrega de sus mercancías. La doctrina tradicional de la DGT sobre este particular refiere esta modalidad de establecimiento a supuestos en los que se dispone de una instalación para el almacenamiento y reparto en concepto de propietario, arrendatario o titular de derechos de uso o disfrute sobre la misma (entre otras, consultas DGT 13-1-98; 21-6-07).

f) Los centros de compras de bienes o de adquisición de servicios.

g) Los bienes inmuebles explotados en arrendamiento o por cualquier título. Interesa destacar que lo que atribuye la condición de establecido es la explotación de un inmueble mediante su arrendamiento o por cualquier otro título, no su mera propiedad. Adicionalmente, ha de disponerse de los recursos humanos necesarios para la actividad, por lo que, en su ausencia, no se puede entender que exista establecimiento permanente (TJUE 3-6-21, asunto Titanium C-931/19).

1990

Pregunta
¿Son coincidentes los conceptos de establecimiento permanente en el IVA y en la imposición directa?

No. Se trata de **conceptos autónomos**, sin que exista una normativa común a partir de la que se pueda determinar cuándo un empresario o profesional tiene un establecimiento permanente a todos los efectos en una jurisdicción diferente a la suya de origen.

A pesar de lo anterior, en los supuestos más habituales los empresarios o profesionales que establecen algún tipo de **presencia empresarial** en una jurisdicción fiscal que no es la suya propia de origen, lo hacen a través de estructuras que, en caso de considerarse como establecimientos permanentes, lo son a todos los efectos, esto es, tanto en lo que se refiere al IVA como en lo tocante a la imposición directa. Sin embargo, conviene ser cuidadoso, ya que se puede dar el caso de que un empresario o profesional se deba considerar establecido a los efectos del IVA y no a los efectos de los impuestos directos.

1995

Pregunta
¿Existe alguna relación de preferencia entre la sede de la actividad y los establecimientos permanentes para la localización de las prestaciones de servicios?

De acuerdo con la LIVA, no. Conforme a lo dispuesto por esta norma, si el sujeto pasivo desarrolla su actividad simultáneamente en el TIVA y en otros territorios, los servicios se entienden realizados en el citado TIVA cuando radique en él el establecimiento permanente desde el que se realice la prestación de los mismos o a la que se refiera la misma. La LIVA sitúa en pie de igualdad los establecimientos permanentes y la sede de actividad de cualquier empresario o profesional.

Esta **equiparación** no es compartida por el **TJUE**, que ha señalado con claridad la preferencia de la sede de actividad sobre los establecimientos permanentes de cualquier empresario o profesional (TJUE 4-7-85, asunto Berkholz 168/85; 17-7-97, asunto ARO Lease BV C-190/95; 28-6-07, asunto Planzer Luxembourg C-73/06). En su jurisprudencia, el TJUE dispone que la vinculación de las prestaciones de servicios a establecimientos distintos a la sede de actividad de un empresario o profesional solo ha de realizarse cuando la vinculación a la referida sede de actividad conduzca a resultados que no sean racionales. En el mismo sentido, aunque por referencia exclusivamente a los servicios recibidos por empresarios o profesionales, el Rgto UE/282/2011 art.21 da preferencia a la sede de actividad sobre los establecimientos permanentes.
Existe, por tanto, una **diferencia** entre la regla de prelación que se contiene en la LIVA y el Derecho comunitario que, para casos concretos, podría conducir a resultados contradictorios. La inaplicación de la regla que establece la LIVA, sin embargo, exigiría la demostración de que el resultado al que conduce esta regla es menos racional que la vinculación de los servicios a la sede de la actividad, esto para el caso de que así se pretendiese.

2000

Pregunta
¿Qué relevancia tiene el que se considere que un empresario o profesional tiene un establecimiento permanente en el TIVA?

Se trata de una cuestión que afecta a varios elementos o aspectos del IVA. El primero de ellos es, evidentemente, la localización de las prestaciones de servicios, ello en función de las reglas sobre lugar de realización que resulten aplicables y del resultado al que conduzcan.
En segundo lugar, hay que señalar que el empresario o profesional que dispone un establecimiento permanente en el TIVA ha de considerarse establecido en él, tal y como dispone la LIVA art.84.Dos, siempre que el citado establecimiento permanente intervenga de manera sustancial en las operaciones de que se trate. Esta consideración incide en la determinación del sujeto pasivo de cualquier operación que resulte sujeta al IVA, ya que, en principio, la regla de inversión del sujeto pasivo no se aplica cuando el empresario o profesional que realiza las operaciones se encuentra establecido en el TIVA (ver pregunta nº 6950 s.).
Finalmente, hay que señalar que en caso de que un empresario o profesional extranjero (así como de Canarias, Ceuta o Melilla), disponga de un establecimiento permanente en el TIVA, el procedimiento al que debe acudir para la recuperación de las cuotas que soporte en ese territorio ya no es el previsto para los empresarios o profesionales no establecidos (ver pregunta nº 11950 s.), sino los previstos con carácter general en la LIVA art.115 y 116.

III. La vinculación de las prestaciones de servicios a la sede de actividad o establecimiento permanente

2020

Pregunta
¿Cuándo se puede considerar que un servicio se ha prestado desde una determinada sede de actividad o establecimiento permanente?

Cuando en la sede de actividad o establecimiento permanente se disponga de los medios materiales y humanos necesarios y suficientes para la prestación de que se trate y, efectivamente, esos medios materiales y humanos intervengan en su realización. Así se desprende de lo dispuesto por el Rgto UE/282/2011 art.11.

Ejemplo Una empresa que presta servicios de telecomunicaciones a particulares decide realizar las prestaciones desde su sucursal en Luxemburgo. El importe de sus prestaciones asciende a 50.000.000 €. Tras una actuación de investigación, la Inspección de los **2021** tributos descubre que las instalaciones de las que dispone esta empresa en Luxemburgo comprenden únicamente una dirección postal de un despacho de abogados, que es donde la empresa dice haber establecido su actividad. Es evidente que el establecimiento permanente desde el que esta empresa dice prestar sus servicios no es el prestador real de los servicios de telecomunicaciones. Estos servicios, por tanto, deben hacerse tributar en el lugar desde el que efectivamente se estén prestando.

2022 **Pregunta**

¿Cuándo se puede considerar que la sede de actividad o un establecimiento permanente son destinatarios de una prestación?

Hay que seguir las siguientes pautas, conforme a lo dispuesto por el Rgto UE/282/2011 art.22:

a) En primer lugar, la referencia a la naturaleza y utilización del servicio.

b) En defecto del anterior, la referencia a otros elementos, como son el contrato o el NIF-IVA del cliente.

c) Como regla residual, la vinculación a la sede de la actividad.

El **criterio principal** que establece para la localización es el de la **naturaleza y utilización del servicio recibido**, de forma que, si estos elementos permiten vincular el citado servicio a un establecimiento permanente distinto a la sede de actividad del cliente, es ese establecimiento permanente el que se ha de considerar como destinatario de la operación, localizándose la misma donde se encuentre ubicado el citado establecimiento. Este criterio es coherente con el que señala el Rgto UE/282/2011 art.21, para vincular prestaciones de servicios a lugares distintos de la sede de actividad del cliente, que atiende igualmente a la utilización de la prestación. En este sentido, vinculando prestaciones de servicios específicas con los establecimientos permanentes que las consumen, en atención a su naturaleza y utilización, se encuentran las siguientes consultas DGT 7-11-11; 7-11-11 y 22-2-12. En la **primera** de las contestaciones que se ha citado se sigue insistiendo en la configuración del destinatario de cualquier prestación como la persona o entidad frente a la que el empresario o profesional que realiza la operación se obliga a la realización, tras lo que se pasa a efectuar el análisis de la localización de la prestación en atención a los criterios de naturaleza y utilización que se viene comentando.

La concreción de la utilización efectiva de una prestación de servicios es una labor compleja, ya que hay supuestos en los que esa vinculación es más clara, pero existen otros en los que resulta más discutible.

En caso de que su naturaleza y utilización no permitan identificar el establecimiento permanente al que se presta el servicio, entra en juego el **criterio secundario**, Rgto UE/282/2011 art.22.1. En este **criterio secundario** se atiende al contrato, la hoja de pedido y el NIF-IVA atribuido por el Estado miembro del cliente para determinar si esos elementos identifican al establecimiento permanente como cliente del servicio, constatando, igualmente, si el establecimiento permanente es la entidad que abona el servicio. En relación con este criterio secundario, hay que destacar que únicamente cabe su aplicación en caso de que la naturaleza y utilización del servicio no permitan la delimitación de la localización de la prestación. Se trata, como se decía, de un criterio secundario, al que solo cabe acudir cuando el criterio primario, que localiza las prestaciones de servicios en función de su naturaleza y utilización, no permita llegar a una conclusión satisfactoria.

Finalmente, y como **regla residual**, aplicable cuando no se pueda determinar el establecimiento permanente del cliente al que se presta el servicio, conforme a los dos criterios anteriores, así como cuando los servicios se presten a un sujeto pasivo en virtud de un contrato que cubra uno o más servicios utilizados de forma no identificable o cuantificable, el prestador puede considerar válidamente que los servicios se prestaron en el lugar en el que el cliente estableció la sede de su actividad económica.

Se añade que, por expresa dicción de la norma, cuando se carece de sede de actividad y de establecimientos permanentes, las prestaciones de servicios entre empresarios se entienden localizadas en el TIVA cuando radique en el TIVA el domicilio o residencia habitual del empresario o profesional contratante, suponiendo que se contraten desde ese domicilio o residencia habitual.

Ejemplos 1) La sucursal española de una firma de consultoría con sede en Frankfurt contrata una base de datos sobre cotizaciones bursátiles. Por ella se paga una cantidad anual de 1.800 €. Aunque la empresa que ha contratado la prestación tenga su sede en Alemania, el servicio se recibe y utiliza por la sucursal española, por lo que habría de considerarse localizado en el TIVA. **2023**

2) Una empresa italiana tiene instalaciones en España y en Portugal, en las que se dedica a la obtención de pigmentos para la producción de pinturas. Ésta empresa contrata con otra el transporte de los suministros que se utilizan en la actividad, que, a su vez, se adquieren a otros empresarios o profesionales. Los transportes se realizan en España y Portugal, pero se contratan en su totalidad desde la sucursal española, a la que se facturan y que es la que paga su importe. El servicio descrito sirve a las necesidades de la sucursal española y a las de la portuguesa, por lo que el criterio principal de localización no conduce a ninguna conclusión clara. En consecuencia, se debe acudir al criterio secundario para su localización. Conforme a este criterio secundario, considerando que el servicio se ha contratado desde la sucursal que se ubica en el TIVA, con su NIF-IVA y que se ha pagado desde el mismo, hay que concluir que el servicio está localizado en el TIVA.

SECCIÓN 4

Reglas especiales del lugar de realización de las prestaciones de servicios

(LIVA art.70)

Pregunta **2100**
¿Qué relación existe entre las reglas especiales de localización de las prestaciones de servicios y la regla general?

Una relación de **igualdad**, de forma que no cabe suponer o presumir ninguna preferencia entre la regla general y las especiales.

2200

I. Reglas especiales aplicables a las prestaciones de servicios con independencia de la condición del destinatario

(LIVA art.70)

Pregunta **2205**
¿Dónde se localizan los servicios relacionados con inmuebles?

Donde se ubiquen los inmuebles a los que se refieran estos servicios, tal y como establece la LIVA art.70.Uno.1º.
Esta regla de localización se aplica con independencia de la condición del destinatario de la prestación, es decir, tanto si el destinatario es empresario o profesional como si se trata de un consumidor final.

2210 **Pregunta**

¿Dónde se localizan los servicios de transporte de pasajeros?

Donde transcurran efectivamente, de forma que se entienden realizados en el TIVA y, en consecuencia, están sujetos al IVA, en la medida en que se realicen en el citado territorio.

Esta regla es aplicable con independencia de la condición del destinatario, esto es, tanto si los servicios se prestan a particulares como si se trata de operaciones entre empresarios o profesionales.

La aplicación de esta regla de tributación da como resultado, a título de ejemplo, que un transporte de pasajeros en tren desde Madrid a París haya de tributar en proporción a las distancias recorridas, quedando sujeto en parte al IVA español y en parte al IVA francés.

Es importante recordar que si el transporte de pasajeros tiene origen o destino fuera del TIVA y se desarrolla por **vía marítima o aérea**, está exento, tal y como dispone la LIVA art.22.Trece (ver pregunta nº 14355).

2215 **Pregunta**

¿Dónde se localizan los servicios de acceso a manifestaciones culturales, artísticas, deportivas, científicas, educativas, recreativas o similares?

Donde se presten materialmente, conforme a lo establecido en la LIVA art.70.Uno.3º.

La norma se refiere a los servicios relacionados con manifestaciones culturales, artísticas, deportivas, científicas, educativas, recreativas, juegos de azar o similares, como las ferias o exposiciones.

Es importante matizar que por acceso a este tipo de eventos se ha interpretado la entrada a los mismos, no el servicio prestado a los expositores, para el que la doctrina ha señalado la aplicación de la regla general de localización en sede del cliente (entre otras, DGT 12-7-10; 16-12-10). Otro tanto cabe decir en cuanto a los servicios de **montaje de stands**, aunque en este caso es la jurisprudencia la que se ha pronunciado en este sentido (TJUE 27-10-11, asunto Inter-Mark Group C530/09, relativa a la localización de los servicios de arrendamiento y montaje de puestos o stands para la participación en ferias o exposiciones).

De forma más específica, a la aplicación de esta regla se refiere la sentencia TJUE 13-3-19, asunto Srf konsulterna C-647/17, en la que se concluye que los términos «servicios de acceso a manifestaciones» incluyen un servicio que consiste en una formación en contabilidad y gestión, de una duración de 5 días, impartida únicamente a personas que son sujetos pasivos y que exige una inscripción y un pago previos.

2220 **Pregunta**

¿Dónde se localizan los servicios de restauración y catering prestados a bordo de buques, aviones o trenes que realicen transportes intracomunitarios?

En el **lugar de inicio de los transportes** en el transcurso de los que se presten LIVA art.70.Uno.5º). Esta regla se aplica con independencia de la condición del destinatario, esto es, tanto si los servicios se prestan a particulares como si se prestan a consumidores finales.

Es importante distinguir estos servicios de los de transporte considerados en sí mismos, que tiene su propia regla de tributación, que se expone en la pregunta nº 2210.

A la vez, si a bordo se prestan otros servicios distintos a los de restauración o catering, se han de aplicar las reglas generales de tributación que se recogen en la LIVA art.69.

La misma LIVA define lo que ha de considerarse como transporte intracomunitario o parte de un transporte de pasajeros realizado en la Comunidad, que es, de manera

más específica, el concepto que se utiliza, lugar de inicio y de llegada, estableciendo las siguientes **definiciones**:
a) **Parte de un transporte** de pasajeros **realizado en la Comunidad**; la parte de un transporte de pasajeros que, sin hacer escala en un país o territorio tercero, discurra entre los lugares de inicio y de llegada situados en la Comunidad.
b) **Lugar de inicio**; el primer lugar previsto para el embarque de pasajeros en la Comunidad, incluso después de la última escala fuera de la Comunidad.
c) **Lugar de llegada**; el último lugar previsto para el desembarque en la Comunidad de pasajeros embarcados también en ella, incluso antes de otra escala hecha en un país o territorio tercero.
La misma norma establece que, cuando se trate de transportes de ida y vuelta, el trayecto de vuelta se considera como un transporte distinto.

Pregunta **2225**
¿Dónde se localizan los servicios de restaurantes y catering no incluidos en la pregunta anterior?

Donde se realicen materialmente, tal y como establece la LIVA art.70.Uno.5º.A. Esta regla se aplica con independencia de la condición del destinatario de la prestación.

Pregunta **2230**
¿Dónde se localizan los servicios de arrendamiento a corto plazo de medios de transporte?

En el lugar en el que los citados medios de transporte se pongan **en posesión de su arrendatario**, conforme a lo dispuesto por la LIVA art.70.Uno.9º.
A estos efectos, hay que distinguir:
a) Arrendamientos de medios de transporte **a corto plazo**, que tributan en el lugar en el que los citados medios se pongan a disposición del arrendatario.
A estos efectos, se entiende por corto plazo la tenencia o el uso continuado de los medios de transporte durante un periodo ininterrumpido no superior a 30 días y, en el caso de los buques, no superior a 90 días.
b) Arrendamientos **a largo plazo** de medios de transporte, respecto a los que hay que hacer una distinción adicional:
1. Los que tengan por clientes a empresarios o profesionales tributan conforme a la regla general, esto es, en sede del destinatario.
2. Los que tengan por clientes a particulares tributan igualmente donde el citado cliente o destinatario tenga su residencia o domicilio; no obstante, si se trata de embarcaciones de recreo, existe una excepción, por la que los servicios se localizan en el lugar en el que las citadas embarcaciones se ponen en posesión del destinatario, siempre que el arrendador tenga la sede de actividad o establecimiento permanente situado en ese lugar.

II. Reglas especiales aplicables exclusivamente a los servicios prestados a consumidores finales

(LIVA art.69, 70 y 72)

Pregunta **2250**
¿Dónde se localizan los servicios de transporte de bienes prestados a particulares?

Hay que distinguir según se trate de transportes de bienes intracomunitarios o de otros transportes.

Para los **transportes intracomunitarios**, la regla de localización se establece en la LIVA art.72. El criterio que recoge este precepto es el de la localización en el **Estado de inicio** del transporte. Cuando el inicio se encuentre en el TIVA, entonces los referidos servicios están sujetos al IVA. Interesa destacar que esta regla no tiene excepción en función del uso del NIF-IVA, circunstancia lógica si se tiene en cuenta que se trata de una regla que solo resulta aplicable a servicios prestados a particulares.
La misma LIVA ofrece los siguientes conceptos:
a) Transporte intracomunitario de bienes: transporte de bienes cuyos lugares de inicio y de llegada están situados en los territorios de dos Estados miembros diferentes.
b) Lugar de inicio: el lugar en el que comience efectivamente el transporte de los bienes, sin tener en cuenta los trayectos efectuados para llegar al lugar en que se encuentren los bienes.
c) Lugar de llegada: el lugar donde termine efectivamente el transporte de los bienes.
En cuanto al resto de transportes, los **no intracomunitarios**, la regla de tributación se establece en la LIVA art.70.Uno.2º.b, por el que los referidos servicios están sujetos a IVA en la medida en que transcurran por el TIVA. Se establece, al igual que para los transportes de pasajeros, una regla de tributación que atiende al lugar de desarrollo del transporte.
Interesa recordar los **supuestos de exención** existentes a estos efectos, que son:
- los transportes directamente relacionados con exportaciones de bienes (LIVA art.21.5º, ver pregunta nº 14210); y
- los transportes vinculados a importaciones (LIVA art.64), en cuanto su importe forme parte de su base imponible conforme a la regla prevista en la LIVA art.83 (ver pregunta nº 14020).

2252

Pregunta
¿Cuáles son los servicios que se han de considerar prestados por vía electrónica?

Los que define como tales la LIVA art.69.Tres.4º, que califica de este modo los servicios que consistan en la transmisión enviada inicialmente y recibida en destino por medio de equipos de procesamiento, incluida la compresión numérica y el almacenamiento de datos, y enteramente transmitida, transportada y recibida por cable, radio, sistema óptico u otros medios electrónicos y, entre otros, los siguientes:
a) El suministro y alojamiento de sitios informáticos.
b) El mantenimiento a distancia de programas y de equipos.
c) El suministro de programas y su actualización.
d) El suministro de imágenes, texto, información y la puesta a disposición de bases de datos.
e) El suministro de música, películas, juegos, incluidos los de azar o de dinero, y de emisiones y manifestaciones políticas, culturales, artísticas, deportivas, científicas o de ocio.
f) El suministro de enseñanza a distancia.
La misma norma especifica que, a estos efectos, el hecho de que el prestador de un servicio y su destinatario se comuniquen por correo electrónico no implica, por sí mismo, que el servicio prestado tenga la consideración de servicio prestado por vía electrónica.
En la delimitación de este concepto hay que tener en cuenta, igualmente, el Rgto UE/282/2011 art.7, que detalla la definición y concreta los servicios incluidos y excluidos. Asimismo, en el citado Reglamento se especifica que los servicios que han de considerarse prestados por vía electrónica son aquellos que, además de hacerse llegar a su destinatario a través de Internet, se basan en elementos tecnológicos, con una intervención humana escasa o insignificante.

Ejemplos 1) Un abogado prepara un dictamen para un cliente. Este dictamen se hace llegar al cliente como anexo a un correo electrónico. La prestación descrita no se puede considerar efectuada por vía electrónica, aunque se remita al cliente a través del correo electrónico, ya que el servicio por sí mismo no se basa en la tecnología, sino en la aportación original y propia del abogado. 2253

2) Una empresa que se dedica a la enseñanza de idiomas diseña un software que instala en su página web y que permite a sus clientes seguir cursos de idiomas en línea. La aplicación incluye grabaciones, material diverso, ejercicios de autocomprobación e incluso la posibilidad de que el alumno se grabe para a sí mismo.
Esta prestación sí que se puede considerar efectuada por vía electrónica.

Pregunta 2254

¿Qué se ha de considerar como servicio de telecomunicaciones?

De acuerdo con la LIVA art.69.Tres.3º, se califican como servicios de telecomunicaciones los que tengan por objeto la transmisión, emisión y recepción de señales, textos, imágenes y sonidos o información de cualquier naturaleza, por hilo, radio, medios ópticos u otros medios electromagnéticos, incluyendo la cesión o concesión de un derecho al uso de medios para tal transmisión, emisión o recepción e, igualmente, la provisión de acceso a redes informáticas. Es conveniente matizar que el servicio de telecomunicaciones no es el contenido de la comunicación, que tiene la calificación que proceda, sino el servicio que permite que la citada comunicación llegue a su destinatario.

Pregunta 2255

¿Dónde se localizan los servicios prestados por vía electrónica de telecomunicaciones o radiodifusión a consumidores finales?

Depende del lugar de establecimiento del prestador de los servicios. A estos efectos, hay que distinguir los siguientes supuestos:

a) Servicios prestados por **empresarios o profesionales establecidos únicamente** en un **Estado de la UE**, que tributan en el Estado de destino (residencia de sus clientes) cuando las operaciones que deban considerarse realizadas en el resto de los Estados de la UE superen el umbral de 10.000 euros u opten por ello. En otro caso, si los servicios prestados fuera de su país de establecimiento no superan el umbral que se ha señalado y no se opta por la tributación en destino, los servicios han de considerarse localizados en el Estado del prestador.

b) Servicios prestados por **empresarios establecidos en varios Estados de la UE** o por **empresarios extracomunitarios**, que siempre se entienden prestados en el Estado de residencia del cliente.

Para el caso de que, por estos servicios, haya que ingresar el IVA correspondiente en otros Estados de la UE, se puede aplicar el régimen de la Unión de la ventanilla única, como se explica en la pregunta nº 14860 s.

Hay que añadir que cuando estos servicios se prestan a empresarios o profesionales, la **regla general** de tributación en destino es la que se aplica, como, por otra parte ya se venía haciendo en relación con estas prestaciones.

Pregunta 2260

¿Dónde se localizan los servicios de mediación prestados a consumidores finales?

Donde se localice la **prestación principal** o respecto de la que se produzca la mediación. Así se establece en la LIVA art.70.Uno.6º.

Esta regla de localización no se deja de aplicar por el hecho de que el destinatario de la prestación disponga de un NIF-IVA con el que se realice la operación, circunstancia lógica si se tiene en cuenta que se trata de servicios prestados a particulares o consumidores finales, los que carecen de NIF-IVA.

En la aplicación de esta regla, el primer paso que se ha de dar es localizar la prestación principal o subyacente, localización que ha de realizarse conforme a la regla que le corresponda en función de su naturaleza. Localizada la prestación principal, el servicio de mediación debe seguir el mismo criterio de tributación.

2265 **Pregunta**
¿Dónde se localizan los servicios accesorios a transportes prestados a consumidores finales?

Según dispone la LIVA art.70.Uno.7º, **donde se presten materialmente**. Cuando el lugar de prestación material sea el TIVA, los citados servicios están sujetos a IVA. Tratándose de servicios prestados a consumidores finales, carece de sentido plantearse la deslocalización del servicio mediante el uso de un NIF-IVA intracomunitario.
Los servicios a los que es aplicable esta regla de localización son, por dicción expresa de la LIVA, los de carga, descarga, transbordo, manipulación y similares. Se trata de una relación abierta.

2270 **Pregunta**
¿Dónde se localizan los servicios relativos a bienes muebles corporales prestados a consumidores finales?

En los mismos términos que los servicios accesorios a transportes que se han comentado en la pregunta nº 2265, esto es, donde se realicen materialmente.
Conforme a la LIVA art.70.Uno.7º.b, los trabajos y ejecuciones de obra realizados sobre bienes muebles corporales, así como los informes periciales, valoraciones y dictámenes relativos a esos bienes se entienden realizados en el TIVA cuando se presten materialmente en el territorio señalado.

III. Otras cuestiones

2280 **Pregunta**
¿Qué ocurre cuando la regla de localización aplicable a una prestación de servicios conduce a su no sujeción, pero el servicio se utiliza o explota efectivamente en el TIVA?

En tales casos, existe una **cláusula de cierre** que se contiene en la LIVA art.70.Dos y cuyos **requisitos** de aplicación son los siguientes:
a) Los servicios para los que es factible la aplicación han de ser considerados, desde un punto de vista objetivo, servicios incluidos en la LIVA art.69.Dos, **prestados a particulares**, así como los de arrendamiento de medios de transporte con independencia de la condición de su destinatario.
b) La localización de la prestación de servicios concernida ha de conducir a considerarla efectuada **fuera de la Comunidad, Canarias, Ceuta o Melilla**. Esta cuestión se debe abordar mediante la aplicación analógica de las reglas que, conforme a los referidos preceptos de la LIVA, determinan los casos en los que los servicios en cuestión han de entenderse prestados en el TIVA. Así, si la aplicación analógica de estas reglas conduce a considerar los servicios concernidos fuera de esos territorios, procede la aplicación de la norma.
c) Finalmente, se requiere que el servicio respectivo sea **utilizado o explotado efectivamente en el TIVA**, cuestión que se debe determinar caso a caso, en función de las características del servicio.

CAPÍTULO 4

Exenciones interiores

(LIVA art.20 y 20 bis)

Pregunta 4005
¿Qué tipos de exenciones hay en el IVA?

En la normativa del IVA se pueden distinguir dos grupos genéricos de exenciones:
a) Exenciones aplicables a operaciones que **no** están relacionadas con el **comercio internacional** de bienes y servicios. Estas exenciones se establecen en la LIVA art.20 y, precisamente por su desvinculación del comercio internacional de bienes y servicios, suelen calificarse como exenciones relativas a las operaciones interiores.
b) Exenciones relacionadas con el **comercio internacional** de bienes y servicios, ya se trate de comercio intracomunitario o extracomunitario. Estas exenciones apare-

cen reguladas en diversos preceptos de la LIVA y se analizan, respectivamente, en los capítulos relativos a comercio intracomunitario, extracomunitario y electrónico.
La diferencia fundamental entre ambos tipos de exenciones es que las primeras no permiten la deducción del IVA soportado por los bienes y servicios que se adquieren para su realización, deducción que sí que permiten las exenciones que se citan en la letra b) anterior. Esta es la razón por la que, a las primeras, se las denomina en ocasiones exenciones limitadas, mientras que, a las segundas, se las califica como exenciones plenas.

4010

Pregunta
¿Se puede deducir el IVA soportado por los bienes y servicios que se utilizan en la realización de operaciones exentas?

Depende del tipo de exención que se aplique.
Si se trata de operaciones relacionadas con el **comercio exterior**, cabe la deducción. Por el contrario, cuando la operación exenta lo está por aplicación de las normas de exención que se contienen en la LIVA art.20, no cabe la deducción del impuesto soportado por los bienes y servicios que se utilizan en su realización.
Es importante señalar que este ajuste se realiza mediante la **regla de prorrata**. Cuando se aplica la prorrata general, no se hace un seguimiento específico del uso de los bienes y servicios adquiridos para determinar, en función de su utilización, si el IVA soportado es deducible o no lo es. Por el contrario, lo que se hace es calcular un porcentaje en función de que las entregas de bienes o prestaciones de servicios que realiza el empresario o profesional generen o no el derecho a la deducción y, a continuación, se aplica ese porcentaje al total del IVA soportado, sin hacer distinciones. Para el cálculo de este porcentaje, las operaciones exentas, en virtud de la LIVA art.20, no generan el derecho a la deducción (ver preguntas nº 11240 s.). En este caso, no se puede decir que el IVA soportado por los bienes y servicios utilizados en la realización de operaciones exentas sea no deducible. Antes bien, lo que hay que concluir es que ese IVA soportado, al igual que el resto de las cuotas soportadas por el empresario o profesional que efectúe estas operaciones, va a ver limitado su derecho a la deducción como consecuencia de la realización de aquellas.
Únicamente cuando se aplica la regla de prorrata especial se hace un seguimiento específico del **uso efectivo** de los bienes y servicios adquiridos, determinando, en función de ese uso efectivo, si el IVA soportado en su adquisición es deducible o no lo es. En esta hipótesis, sí que se puede afirmar que el IVA soportado en la adquisición de bienes o servicios que se utilizan en la realización de operaciones exentas no es deducible.

4015

Pregunta
¿Cómo se cuantifica el efecto en deducciones que tiene la realización de operaciones con exención limitada?

A través del mecanismo de la **prorrata**.
El procedimiento que establece la LIVA consiste, en primer lugar, en la determinación, operación a operación, de si esta genera o no el derecho a la deducción. Esta determinación se realiza por la LIVA art.94 (ver preguntas nº 10190 s.).
Señaladas las operaciones que generan o no el derecho a la deducción, es a través de su inclusión en los términos de la prorrata de deducción como se concreta definitivamente su efecto en deducciones (ver preguntas nº 11240 s.), ya que es mediante la aplicación de este **porcentaje** al total del IVA soportado como se concreta el efecto en deducciones de la realización de operaciones exentas.
Dicho con otras palabras, la LIVA no establece un procedimiento de seguimiento específico del uso o destino de los bienes y servicios adquiridos para denegar el derecho a la deducción de los que se usan en la realización de operaciones exentas. Lo que hace es calcular un porcentaje global que se aplica al conjunto del IVA sopor-

tado, cuantificando de forma global el efecto en deducciones de la realización de operaciones exentas.

Únicamente cuando se aplican mecanismos como los de los sectores diferenciados de la actividad o la prorrata especial se efectúa un **seguimiento** más **específico** del uso de los bienes y servicios adquiridos.

4020

Pregunta
¿Las exenciones aplicables en el IVA constituyen siempre un beneficio fiscal?

Depende del **importe** de las **cuotas** soportadas que no se pueden deducir como consecuencia, precisamente, de la aplicación de la norma de exención.

En **términos generales**, la existencia de una exención, que hace que no se repercuta IVA en precios y, a cambio, restringe el derecho a la deducción del IVA soportado, es beneficiosa para el empresario o profesional que ha de aplicarla.

Sin embargo, puede haber casos en los que el IVA soportado no deducible sea de tal importe que la cuota que no se puede deducir compense el IVA que se deja de repercutir, situación en la que la exención deja de ser un beneficio para transformarse en un inconveniente. Tal puede ser el supuesto de la existencia de adquisiciones de **bienes de inversión**, cuantiosas por lo general. También puede ocurrir de este modo si los destinatarios de las operaciones exentas son, a su vez, empresarios o profesionales con derecho a la deducción. En este supuesto, la no exención de las operaciones daría lugar a la **repercusión** de un IVA que sería deducible para sus destinatarios, ya que, como empresarios o profesionales el IVA que soportan es deducible. Si lo que se aplica es una exención que interrumpe el mecanismo o procedimiento de deducción y repercusión, se genera un **sobrecoste** que indudablemente ha de presionar los precios al alza, con su consiguiente elevación. La exención, con estas premisas, deja de ser un beneficio fiscal.

La posibilidad de renunciar a algunas de las exenciones que establece la LIVA art.20.Uno se analiza en la pregunta nº 4025.

Ejemplos **1)** Una residencia de ancianos que se gestiona por un ayuntamiento aplica la exención que establece la LIVA art.20.Uno.8º. La residencia se financia con una parte de las pensiones de los ancianos y con ayudas públicas y privadas. **4021**

El ayuntamiento ha construido una nueva residencia por la que ha pagado 5.000.000 € más 100.000 € de IVA (LIVA art.91.Uno.3.1º).

La aplicación de la exención impide la deducción de los 100.000 € de IVA soportados por las obras de construcción de la residencia. Si fuera posible, resultaría preferible para este ayuntamiento no aplicar la exención, repercutir IVA al 10% (ello conforme al art.91.uno.2.7º LIVA –ver pregunta nº 9480–) o al 4% (en este caso, conforme a la LIVA art.91.Dos.2.3º –ver pregunta nº 9480) por los servicios prestados, a medida que se presten, y deducir los 100.000 € de IVA correspondientes a las obras.

2) Un Colegio de Abogados soporta unas cuotas anuales por IVA de 120.000 €. El importe total de los recibos por cuotas periódicas que el colegio pasa a sus colegiados asciende a 6.600.000 €.

Los 120.000 € de IVA que soporta el colegio no se pueden deducir, ya que los servicios que este presta a sus colegiados están exentos conforme a la LIVA art.20.Uno.12º (ver pregunta nº 4125).

Siendo los destinatarios de estas operaciones principalmente empresarios o profesionales con derecho a la deducción, es evidente que a este Colegio de Abogados le resultaría ventajosa la no aplicación de la exención, repercutiendo IVA a sus colegiados, que en la mayor parte de los casos lo podrían deducir, y deduciendo el IVA correspondiente a los bienes y servicios adquiridos. Esta opción, sin embargo, no es factible.

4025

Pregunta
¿Se puede renunciar a las exenciones que establece la LIVA art.20?

Depende del tipo de exención de que se trate. A estos efectos, se deben distinguir tres **supuestos** distintos:
a) **Operaciones inmobiliarias** para las que se prevé expresamente esta posibilidad. Son las exenciones reguladas en la LIVA art.20.Uno.20 y 22, respecto a las que la LIVA art.20.Dos admite la renuncia, sujeta a los términos y requisitos que establece este precepto y que desarrolla el RIVA art.8 (ver preguntas nº 5020 s.).
b) Supuestos de exención en los que **no** hay previsión de **renuncia** establecida en la norma ni requisitos de aplicación que, por la vía de su incumplimiento o la renuncia a su cumplimiento, habiliten el cese en la aplicación de la exención. Se trataría del resto de exenciones que establece la LIVA art.20.Uno, con excepción de las señaladas en la letra siguiente. En estos casos, se puede decir que no cabe la renuncia.
c) Exenciones que se acompañaban de **requisitos formales de procedimiento** tales que, al menos aparentemente, si no se cumplían o se dejaban de cumplir, se podía considerar que conducían a la inaplicación de la exención. Tal era el caso de las exenciones que se regulan en la LIVA art.20.Uno.6º y 12º (ver preguntas nº 5115 y nº 4125, respectivamente) y de las que se aplican a condición de que los servicios se presten por entidades privadas de carácter social (ver pregunta nº 4250 s.).

4030

Pregunta
¿Qué pauta de interpretación ha de seguirse al analizar los supuestos de exención en el IVA?

Su **carácter estricto**, ya que no cabe la extensión de la exención más allá de los términos en los que la configura la LIVA.
Así se deduce, en primer lugar, de la LGT art.14, que excluye la aplicación de la analogía para extender, más allá de sus términos estrictos, el ámbito de las exenciones. Igualmente, se ha señalado de este modo por el TJUE, que en diversas de sus sentencias se ha pronunciado reiteradamente así, entre las que se pueden citar las siguientes:
a) La sentencia TJUE 7-9-99, asunto Gregg C-216/97, sobre la aplicación de la exención de los servicios de asistencia social cuando estos son prestados por personas físicas.
b) La sentencia TJUE 14-9-00, asunto D. contra W C-384/98, relativa a la exención de los servicios de reconocimiento genético prestados por un perito designado judicialmente para determinar la paternidad de una persona.
c) La sentencia TJUE 20-11-03, asunto Taksatorringen C-8/01, sobre la posible exención de los servicios, consistentes en la tasación de daños sobre vehículos, prestados por una agrupación de entidades aseguradoras a sus miembros.
d) La sentencia TJUE 13-3-14, asunto Klinikum Dortmund C-366/12, relativa a tratamientos oncológicos ambulatorios.
e) La sentencia TJUE 7-4-22, asunto I GmbH C228/20, relativa a la posibilidad de establecer restricciones a la exención de la sanidad privada.

4035

Pregunta
¿Las exenciones en IVA se justifican siempre por la existencia de razones de interés general?

No siempre. **Depende del tipo** de exención aplicada. Existen supuestos de exención que se justifican por esta razón, como pueden ser los relativos a la sanidad o la educación; pero también hay otros en los que la justificación de la exención es otra, como puede ser el caso de las operaciones financieras, que se debe más bien a las dificultades de determinación de la base imponible en esas operaciones.

SECCIÓN 1

Exenciones para actividades de interés general

4050

I. Servicios postales

(LIVA art.20.Uno.1º y 17º)

4055

Pregunta
¿Cuáles son los servicios postales exentos?

De acuerdo con la LIVA art.20.Uno.1º, están exentas las prestaciones de servicios y las entregas de bienes accesorias a las mismas que constituyan el **servicio postal universal**, siempre que sean realizadas por el operador u operadores que se comprometen a prestar todo o parte del mismo. Esta exención **no se aplica** a los servicios cuyas condiciones de prestación se negocien individualmente (criterio que trae causa de lo declarado expresamente por el TJUE 23-4-09, asunto TNT Post C-357/07).
Adicionalmente, hay que señalar que la exención no se va a extender a los servicios que constituyen inputs de los servicios postales, como así lo ha señalado la sentencia del TJUE 11-7-85, asunto Comisión contra Alemania 607/84.

4060

Pregunta
¿Cuáles son los servicios que constituyen el servicio postal universal?

De entrada, es importante señalar que la exención se aplica exclusivamente a las prestaciones de servicios y entregas de bienes accesorias que constituyan el servicio postal universal, en los términos establecidos en la L 43/2010, del servicio postal universal, de los derechos de los usuarios y del mercado postal.
La L 43/2010 art.20 **define** como **servicio postal universal** el conjunto de servicios postales de calidad determinada en la propia Ley y sus reglamentos de desarrollo, prestados en régimen ordinario y permanente en todo el territorio nacional y a precio asequible para todos los usuarios.
La L 43/2010 art.21 indica que se incluyen en el **ámbito del servicio postal universal** las actividades de recogida, admisión, clasificación, transporte, distribución y entrega de envíos postales nacionales y transfronterizos en régimen ordinario de:
a) Cartas y tarjetas postales que contengan comunicaciones escritas en cualquier tipo de soporte de hasta dos kilogramos de peso.
b) Paquetes postales, con o sin valor comercial, de hasta veinte kilogramos de peso.
El servicio postal universal incluye, igualmente, la prestación de los servicios de certificado y valor declarado, accesorios de los envíos contemplados en este apartado.
Asimismo, se establece que los envíos nacionales y transfronterizos de publicidad directa, libros, catálogos, publicaciones periódicas y los restantes cuya circulación no esté prohibida, se admiten para su remisión en régimen de servicio postal universal, siempre que este se lleve a cabo con arreglo a alguna de las modalidades previstas anteriormente.

4065

Pregunta
¿Se puede extender la exención a los servicios prestados por otras empresas?

Esta cuestión se ha planteado en relación con los servicios prestados por las **empresas de publicidad directa**, respecto a los servicios consistentes en la remisión de cartas a clientes seleccionados en función de criterios diversos por parte de empresarios o profesionales que quieren publicitar sus productos. En estos casos, el importe que ha de pagar quien contrata la campaña de publicidad incluye el valor de los servicios prestados por la empresa de publicidad directa y el del franqueo de las cartas que se remiten. En relación con esta parte del precio, se ha suscitado la duda de su inclusión como mayor valor de los citados servicios o bien de su consideración como suplido, esto es, como cantidad pagada en nombre y por cuenta del cliente.
En caso de que los servicios efectuados por **entidades privadas** se presten actuando en nombre y por cuenta del operador que presta el servicio postal universal, la DGT 16-9-02 ha admitido la consideración de que es este último el que presta el servicio, quedando el mismo exento del IVA en la medida que cumpla los requisitos de la LIVA art.20.Uno.1º.
Lo anterior ha de entenderse sin perjuicio de que, si una empresa privada presta el servicio postal universal, se aplique la exención como tal (DGT CV 8-4-10; CV 8-9-11. En sentido similar se expresa el TS 14-6-18, EDJ 513430).

4070

Pregunta
¿Existe algún supuesto de exención para la venta de sellos?

Sí. La LIVA art.20.Uno.17º establece la exención para la entrega de sellos de correos y efectos timbrados de curso legal, siempre que no se efectúen por un importe superior a su valor facial, no así en otro caso.
La exención **no se aplica** a las operaciones de confección material de sellos y demás efectos timbrados llevadas a cabo por la Fábrica Nacional de Moneda y Timbre, ya que estos no adquieren la naturaleza de efectos públicos hasta el momento de su expedición por la Entidad Pública destinataria de los mismos.
Es importante matizar que las entregas efectuadas por Correos de sellos y efectos timbrados están exentas siempre que se realicen por un importe no superior a su valor facial, no así en otro caso.

II. Asistencia social

(LIVA art.20.Uno.8º)

4080

Pregunta
¿Hay algún supuesto de exención para los servicios de asistencia social?

Sí. Lo establece la LIVA art.20.Uno.8º, por la que están exentos los servicios de asistencia social que se indican a continuación prestados por **entidades de Derecho público** o entidades o establecimientos **privados de carácter social**:
a) Protección de la infancia y de la juventud. La misma norma señala que se consideran actividades de protección de la infancia y de la juventud las de rehabilitación y formación de niños y jóvenes, la de asistencia a lactantes, la custodia y atención a niños, la realización de cursos, excursiones, campamentos o viajes infantiles y juveniles y otras análogas prestadas en favor de personas menores de 25 años de edad.
b) Asistencia a la tercera edad.
c) Educación especial y asistencia a personas con discapacidad.
d) Asistencia a minorías étnicas.
e) Asistencia a refugiados y asilados.
f) Asistencia a transeúntes.

g) Asistencia a personas con cargas familiares no compartidas.
h) Acción social comunitaria y familiar.
i) Asistencia a ex-reclusos.
j) Reinserción social y prevención de la delincuencia.
k) Asistencia a alcohólicos y toxicómanos.
l) Cooperación para el desarrollo.

La exención comprende la prestación de los **servicios** de alimentación, alojamiento o transporte **accesorios** de los anteriores prestados por los citados establecimientos o entidades, con medios propios o ajenos.

Pregunta 4085
¿Qué tipo de requisitos han de concurrir para la aplicación de la exención de los servicios de asistencia social?

La aplicación de esta exención está condicionada al cumplimiento de dos tipos de requisitos: **objetivos**, que se determinan por referencia a la naturaleza de los servicios prestados, y **subjetivos**, relativos a las personas o entidades que pueden prestar los servicios exentos. En la medida que concurran ambos requisitos, le resulta aplicable la exención. Si falla cualquiera de ellos, se excluye la aplicación de este beneficio fiscal.

Pregunta 4090
¿Cuáles son los servicios a los que se puede aplicar la exención de los servicios de asistencia social?

La exención alcanza a las prestaciones de servicios que puedan entenderse incluidas en cualquiera de las letras señaladas en la LIVA art.20.Uno.8º, con inclusión de los servicios de alimentación, alojamiento y transporte accesorios de los anteriores.
A estos efectos, la DGT ha venido siguiendo el Informe de la Secretaría General Técnica del Ministerio de Asuntos Sociales de 23-6-95, que entiende por asistencia social el conjunto de acciones y actividades desarrolladas por el Sector Público o por Entidades o personas privadas fuera del marco de la Seguridad Social, destinando medios económicos, personales u organizativos a atender, fundamentalmente, estados de necesidad y otras carencias de determinados colectivos (ancianos, menores y jóvenes, minorías étnicas, drogadictos, refugiados y asilados, etc.) u otras personas en estado de **necesidad**, **marginación** o **riesgo social**.
Cualesquiera otros servicios que no sean los que señala el precepto están sujetos y no exentos (en el entendido, claro está, de que concurran los requisitos para la sujeción y que no haya ninguna otra norma de exención que sea aplicable).

Pregunta 4095
¿Quién puede prestar los servicios de asistencia social exentos de IVA?

La aplicación de la exención de la LIVA art.20.Uno.8º está condicionada a que los servicios sean prestados bien por un **Ente público**, bien por una entidad o establecimiento **privado**, supuesto que tenga carácter social.
El carácter social de una entidad o establecimiento se define por la LIVA art.20.Tres.
Este concepto de entidad o establecimiento de carácter social se utiliza, además de para determinar la aplicación de esta exención, para delimitar, desde un punto de vista subjetivo, las exenciones relativas a la prestación de servicios deportivos y servicios culturales regulados, respectivamente, en la LIVA art.20.Uno.13º y 14º, por lo que se expone al final de las exenciones para actividades de interés general (ver pregunta nº 4250).

4100

Pregunta
¿Qué ocurre cuando los servicios de asistencia social no son prestados por Entes públicos o por establecimientos privados de carácter social?

Cumpliéndose el requisito objetivo, esto es, cuando los servicios prestados son de asistencia social, si el que falla es el elemento subjetivo, los servicios están sujetos y no exentos, pero tributan al **tipo reducido** –10%– (ver pregunta nº 9480). Asimismo, hay que tener en cuenta la aplicación del **tipo superreducido** (4%) a los servicios de teleasistencia, ayuda a domicilio, centro de día y de noche y atención residencial, a que se refiere la L 39/2006 art.15.1.b, c, d y e, de promoción de la autonomía personal y atención a las personas en situación de dependencia, siempre que se presten en plazas concertadas en centros o residencias o mediante precios derivados de un concurso administrativo adjudicado a las empresas prestadoras, o como consecuencia de una prestación económica vinculada a tales servicios que cubra más del 75% de su precio, en aplicación, en ambos casos, de lo dispuesto en la citada Ley (ver pregunta nº 9797).
Esta tributación reducida, que permite la deducción del IVA soportado, resulta en ocasiones más beneficiosa que la exención, ya que permite la deducción. En casos en que hay una cantidad importante por este concepto, como puede ocurrir si se subcontrata una parte de las prestaciones o, especialmente, si se han hecho inversiones, la tributación al tipo reducido es preferible a la aplicación de la exención.
Esta cuestión hace pensar si se puede renunciar a la exención que se establece en la LIVA art.20.Uno.8º, lo que solo sería factible si cupiera la renuncia a la condición de entidad privada de carácter social. Esta duda se analiza en la pregunta nº 4270.

4105

Pregunta
¿Qué régimen de tributación tienen las residencias de la tercera edad?

Con carácter previo, es necesario verificar si los servicios son prestados por una **entidad** de derecho público o una entidad o establecimiento privado de **carácter social**. En tal caso, están exentos del impuesto los servicios de asistencia social prestados a la tercera edad. La exención también se aplica a los servicios de alimentación, alojamiento o transporte accesorios a los citados servicios de asistencia social.
La DGT entiende que el resto de los servicios, distintos de los de alojamiento, alimentación o transporte, no pueden entenderse como complementarios de los servicios de asistencia social, siguiendo cada uno su propio régimen de tributación de exención o no.
En particular, los **servicios sanitarios** prestados por la entidad a la tercera edad pueden resultar exentos si se cumplen los requisitos exigidos para aplicar las exenciones de los servicios médicos y sanitarios (ver pregunta nº 4300 s.). Es importante señalar que la exención de los servicios sanitarios no está condicionada a que estos servicios se presten por entidades o establecimientos privados de carácter social, por lo que es aplicable a entidades que actúan con ánimo de lucro (ver pregunta nº 4315), a condición de que efectivamente se trate de servicios sanitarios y se presten por personal que tenga la cualificación adecuada para ello.
Si la residencia es explotada por una **entidad privada** que actúa con **ánimo de lucro**, entonces los servicios sanitarios continúan estando exentos en los mismos términos, pero ya no lo están el resto de los servicios prestados en ella, a los que se aplica el 10%, conforme a la LIVA art.91.Uno.2.7º (ver pregunta nº 9480) o el del 4% (ver pregunta nº 9797).

III. Cesiones de Personal

(LIVA art.20.Uno.11º)

Pregunta 4115
¿En qué términos están exentos los servicios de cesión de personal?

La LIVA art.20.Uno.11º establece la exención a las cesiones de personal efectuadas por **entidades religiosas** inscritas en el Registro correspondiente del Ministerio de la Presidencia, Justicia y Relaciones con las Cortes. La aplicación de esta exención requiere que se cumpla un requisito subjetivo, que las cesiones de personal se realicen por entidades religiosas debidamente inscritas en su correspondiente registro, y otro objetivo, que se realicen para el desarrollo de las **actividades** concretas que se citan a continuación y en el cumplimiento de sus fines. Las referidas actividades son las siguientes:

a) Hospitalización, asistencia sanitaria y demás directamente relacionadas con las mismas.

b) Asistencia social en los términos de la LIVA art.20.Uno.8º (ver pregunta nº 4080).

c) Educación, enseñanza, formación y reciclaje profesional.

De esta forma, no están exentas las cesiones de personal para el desarrollo de estas actividades cuando sean realizadas por entidades que no cuenten con la inscripción en el correspondiente **Registro de entidades religiosas**. Tampoco están exentas las que se realicen por entidades debidamente inscritas, pero tengan un objeto distinto a los mencionados legalmente como, por ejemplo, la entrega de alimentos.

Interesa destacar que la exención se aplica, igualmente, aunque las cesiones de personal se hagan a título oneroso, es decir, a cambio de un precio.

IV. Colegios profesionales y entidades similares

(LIVA art.20.Uno.12º)

Pregunta 4125
¿Existe algún supuesto de exención aplicable a los servicios prestados por los colegios profesionales y demás entidades de naturaleza similar?

Sí. De acuerdo con la LIVA art.20.Uno.12º, están exentas las prestaciones de servicios y las entregas de bienes accesorias a las mismas, efectuadas directamente a sus miembros por organismos o entidades legalmente reconocidos que **no** tengan **finalidad lucrativa**, cuyos objetivos sean exclusivamente de naturaleza política, sindical, religiosa, patriótica, filantrópica o cívica, realizadas para la consecución de sus finalidades específicas, siempre que no perciban de los beneficiarios de tales operaciones ninguna contraprestación distinta de las cotizaciones fijadas en sus estatutos.

Es **condición necesaria**, para la aplicación de la exención, que las entidades que presten los servicios exentos sean entidades que carezcan de finalidad lucrativa y que, adicionalmente, tengan como objetivos exclusivos los que señala la propia norma y que ya se han referido en el párrafo anterior. Asimismo, se requiere que la exención no genere distorsiones de la competencia.

Por dicción expresa de la norma, se entienden incluidos en el párrafo anterior los Colegios profesionales, las Cámaras Oficiales, las Organizaciones patronales y las Federaciones que agrupen a los organismos o entidades a que se refiere este número.

4130

Pregunta
¿La exención de los servicios prestados por los colegios profesionales y entidades similares está condicionada a su reconocimiento previo?

No. La L 17/2012, de Presupuestos Generales del Estado para el año 2013, modificó la LIVA art.20.Uno.12, de manera que desapareció el requisito del **reconocimiento previo**, por lo que cabe entender que la exención se aplica con independencia de que se obtenga o no el citado reconocimiento.

4135

Pregunta
¿Se puede dejar de aplicar la exención no solicitando su reconocimiento o, una vez obtenido, renunciando al mismo?

Con la redacción de la LIVA 20.Uno.12º vigente **hasta el 31-12-2012** y el RIVA art.5 (vigente hasta el 26-10-2013), se podía concluir que para el disfrute de la exención resultaba necesario una solicitud previa, configurándose la exención como una exención rogada. No obstante, se trata de una cuestión discutible, al menos, tal y como la había interpretado la DGT que, partiendo de la jurisprudencia comunitaria sobre la materia, había concluido lo siguiente:
a) Aunque, a priori, pudiera parecer necesario el reconocimiento previo de las entidades que han de prestar los servicios exentos, la aplicación de la exención de la LIVA art.20.Uno.12º **no** resulta **condicionada** al citado **reconocimiento** previo.
La exención es el tratamiento que corresponde a las operaciones que cumplan los requisitos objetivos y subjetivos establecidos en la normativa, requisitos cuya concurrencia ha de apreciarse por el órgano administrativo o judicial que corresponda, sin que se puedan condicionar a la obtención de una autorización previa.
b) No existe posibilidad de **renuncia a la exención**. Siendo la exención el tratamiento correspondiente a las operaciones que cumplan los requisitos objetivos y subjetivos establecidos en la normativa, ese tratamiento no puede quedar condicionado a la conducta del contribuyente, de forma que cese en su aplicación como consecuencia de la renuncia por parte de este si no se ha producido ningún cambio en su situación.
Hay que insistir en que estas disquisiciones han perdido su vigencia **desde el 1-1-2013** (fecha de entrada en vigor de la L 17/2012, que modifica la LIVA art.20.Uno.12º), al haber eliminado el requisito del reconocimiento previo para la aplicación de la exención. En el mismo sentido debe entenderse la derogación del RIVA art.5 por el RD 828/2013.

4140

Pregunta
De los servicios prestados por los colegios profesionales y entidades similares, ¿cuáles están exentos?

La exención se extiende únicamente a las prestaciones de servicios efectuadas **directamente a sus miembros** por la asociación o entidad de que se trate, siempre que no perciba de los beneficiarios de esas operaciones ninguna contraprestación distinta de las cotizaciones fijadas en sus estatutos y sus objetivos sean exclusivamente de naturaleza política, sindical, religiosa, patriótica, filantrópica o cívica.
Se incluyen en la exención las entregas de revistas, impresos, calendarios laborales y libros a los colegiados, con carácter accesorio a las prestaciones de servicios específicos del Colegio profesional, no efectuadas mediante contraprestación distinta de las cotizaciones fijadas en sus Estatutos (Resol DGT 31-3-86, BOE 16-4-86).
Por el contrario, **no están exentos** los servicios de visado obligatorio de los trabajos, documentos y honorarios de los colegiados, ni otros servicios que sean objeto de contraprestación específica, al ser esta última de naturaleza distinta a las cotizaciones que efectúan los miembros del Colegio (DGT 6-6-02).
En un **sentido equivalente** se expresa la TS 27-6-24, EDJ 607350, excluyendo de la exención los servicios de facturación prestados por un colegio de farmacéuticos a

determinados colegiados obligados al pago de una cuota variable por estos servicios, al entender que estas prestaciones no se dirigen a la satisfacción del interés general que se pretenden con el establecimiento de la exención, sino que tienen como finalidad especifica satisfacer intereses particulares de los colegiados que pagan por ellas un determinado importe (el 3% de su facturación).
En ningún caso la citada exención se extiende a las entregas de bienes y prestaciones de servicios de las que la entidad en cuestión sea destinataria (Resol DGT 7-10-86, BOE 20-10-86).
Tampoco estarían exentos los servicios **prestados a terceros** ni las entregas de bienes distintas de las accesorias a los servicios exentos antes citados.

Pregunta 4145
¿Todos los servicios prestados por entidades similares a colegios profesionales están sujetos a IVA?

No. Así lo ha establecido la DGT para las Cámaras de Comercio y el Consejo superior de las mismas, para los que se ha establecido, con carácter general, que su actuación no es empresarial, si bien en determinados casos llevan a cabo **operaciones de naturaleza empresarial** sujetas al impuesto, sin perjuicio de las exenciones que puedan resultarles aplicables si cumplen los requisitos expuestos (Resol DGT 20-3-86, BOE 2-4-86).
Por tanto, en el caso de las **Cámaras de Comercio**, al igual que respecto al Consejo superior de Cámaras, hay que distinguir, dentro de su actividad, la que se puede considerar como empresarial o profesional y la que no. Dentro de lo que es la actividad empresarial o profesional es donde tiene cabida la apreciación de la existencia de operaciones exentas.

V. Servicios deportivos

(LIVA art.20.Uno.13º)

Pregunta 4160
¿Existe alguna exención aplicable a los servicios deportivos?

Sí. Se regula por la LIVA art.20.Uno.13º, por la que están exentos los servicios **prestados a personas físicas** que practiquen el deporte o la educación física, cualquiera que sea la persona o entidad a cuyo cargo se realice la prestación, siempre que tales servicios estén **directamente relacionados** con esas prácticas y sean **prestados** por las siguientes personas o entidades:
a) Entidades de derecho público.
b) Federaciones deportivas.
c) Comité Olímpico Español.
d) Comité Paralímpico Español.
e) Entidades o establecimientos deportivos privados de carácter social.
El mismo precepto establece que la exención no se extiende a los espectáculos deportivos.

Pregunta 4165
¿Qué operaciones tienen cabida dentro de la exención de los servicios deportivos?

Las operaciones que pueden considerarse incluidas dentro de esta norma de exención han de cumplir los siguientes **requisitos**:
a) Ha de tratarse de prestaciones de servicios conforme a la normativa del impuesto (LIVA art.11). Quedan excluidas de la exención, por tanto, las operaciones que hayan de ser calificadas como entregas de bienes conforme a la LIVA art.8.

b) Estos servicios han de estar directamente relacionados con la práctica del deporte o la educación física de las personas físicas.
Se consideran actividades deportivas, entre otras:
- el alquiler de taquillas o de pelotas de golf (DGT 5-4-00);
- la escalada y el descenso de barrancos (DGT 23-4-99);
- el descenso de cañones, el rafting y el senderismo (DGT 18-5-00);
- el trecking y el montañismo (DGT 30-03-04);
- la cesión o arrendamiento de instalaciones deportivas con el fin de que estas sean usadas por personas físicas en la práctica del deporte, tanto si el servicio se presta directamente a esas personas físicas como si se presta a través de un tercero –club, equipo, etc.– (DGT 9-5-95);
- el yoga (DGT CV 14-1-14);
- tiro con arco (DGT CV 15-1-20).

Por el contrario, la cesión de instalaciones deportivas a organizadores de conciertos musicales, reuniones de empresas o de otro tipo de eventos que no tengan carácter deportivo, no está exenta.

4170

Pregunta
¿Qué ocurre cuando el precio de los servicios deportivos se paga por personas o entidades distintas a las personas físicas que practican el deporte?

Los servicios exentos conforme a la LIVA art.20.Uno.13º han de prestarse materialmente a personas físicas que practiquen el deporte o la educación física y con ocasión de la práctica de estas actividades. Lo relevante es que los servicios se presten a personas físicas y que estén relacionados con la práctica del deporte o de la educación física.
Por el contrario, es **irrelevante** que el destinatario de los mismos sea o no socio de la entidad que los presta, así como que sea la persona o entidad que paga el precio de los servicios o la naturaleza de esta última.
Por lo tanto, carece de importancia que la persona o entidad a cargo de la que se prestan los servicios sea la misma persona que practica el deporte o la educación física o un tercero. Así se desprende del precepto y lo ha indicado expresamente la DGT (DGT CV 14-1-14) y el TJUE (TJUE 16-10-08, asunto Canterbury Hockey Club y Canterbury Ladies Hockey Club C-253/07).

4171 Ejemplo Una importante multinacional paga la cuota del club de golf en el que practican este deporte sus directivos. La cuota asciende a 240 € mensuales.
El hecho de que la suscripción al club de golf se pague por la empresa para la que trabajan las personas que practican este deporte es irrelevante en cuanto a la exención. En consecuencia, si se cumplen los demás requisitos establecidos al efecto, los citados servicios están exentos de IVA.

4175

Pregunta
¿Cuáles son las entidades que pueden prestar servicios deportivos exentos?

Las entidades cuyos servicios deportivos están exentos son las siguientes:
a) Entidades de derecho público.
b) Federaciones deportivas.
c) Comité Olímpico Español.
d) Comité Paralímpico Español.
e) Entidades o establecimientos deportivos privados de carácter social. Este concepto se regula por la LIVA art.20.Tres (ver pregunta nº 4250).
Interesa destacar que, cuando los servicios relacionados con la práctica del deporte se prestan por entidades distintas de las mencionadas y que no pueden ser consideradas como entidades privadas de carácter social, estos servicios están sujetos y no exentos. El **tipo** de IVA aplicable a esos servicios, cuando resultan excluidos de la exención, es el **general** del 21%. Lo anterior ha de entenderse sin perjuicio de la apli-

cación del tipo reducido a los espectáculos deportivos de carácter aficionado (ver pregunta nº 9530).

Pregunta 4180
¿Qué régimen de tributación tienen los espectáculos deportivos?

Están sujetos y no exentos de IVA en todo caso. Si se trata de espectáculos deportivos aficionados, tributan al tipo reducido (ver pregunta nº 9530 s.). Si no es así, se aplica el tipo general.

VI. Servicios culturales

(LIVA art.20.Uno.14º)

Pregunta 4185
¿Existe alguna exención aplicable a los servicios culturales?

Sí. Se regula por la LIVA art.20.Uno.14º, por el que están exentas las prestaciones de servicios que a continuación se relacionan, efectuadas por entidades de Derecho Público o por entidades o establecimientos culturales privados de carácter social:
a) Las propias de **bibliotecas**, archivos y centros de documentación.
b) Las visitas a **museos**, galerías de arte, pinacotecas, monumentos, lugares históricos, jardines botánicos, parques zoológicos y parques naturales y otros espacios naturales protegidos de características similares.
c) Las **representaciones teatrales**, musicales, coreográficas, audiovisuales y cinematográficas.
d) La organización de **exposiciones** y manifestaciones similares.

Pregunta 4190
¿Qué operaciones tienen cabida dentro de la exención de los servicios culturales?

Las operaciones que se han de entender incluidas en el supuesto de exención que regula la LIVA art.20.Uno.14º, consideradas objetivamente, han de cumplir los siguientes **requisitos**:
a) Debe tratarse de prestaciones de servicios conforme a la LIVA art.11. En consecuencia, no es aplicable la exención a operaciones que deban calificarse como entregas de bienes conforme a lo establecido en la LIVA art.8, como pudieran ser entregas de libros o de recuerdos en las tiendas de museos y lugares similares.
b) Estos servicios han de ser de los enumerados en el precepto citado. Así, a título de ejemplo, la exención no se va a extender a las operaciones por las que las bibliotecas suministren mediante contraprestación a sus usuarios fotocopias, diapositivas, transparencias, microfichas o microfilmes de sus fondos bibliográficos, ni tampoco a los suministros de soportes informáticos que contienen registros bibliográficos de los fondos (DGT 27-4-94). Obviamente, tampoco estarían exentas las ventas de otros objetos que habitualmente se comercializan en este tipo de establecimientos (libros, tarjetas postales, pósteres, etc.).

Pregunta 4195
¿Cuáles son las entidades que pueden prestar servicios culturales exentos?

Las entidades cuyos servicios culturales están exentos, siempre que se cumplan los demás requisitos establecidos al efecto, son las siguientes:
a) Entidades de **Derecho Público**.

b) Entidades o establecimientos deportivos **privados de carácter social**. Este concepto se regula por la LIVA art.20.Tres (ver pregunta nº 4250).
Interesa destacar que cuando los servicios culturales se prestan por entidades que no pueden ser consideradas como entidades privadas de carácter social, los servicios están sujetos y no exentos.
En la actualidad, se aplica el 10% a la entrada a bibliotecas, archivos y centros de documentación, museos, galerías de arte, pinacotecas, salas cinematográficas, teatros, circos, festejos taurinos, conciertos, y a los demás espectáculos culturales en vivo (ver pregunta nº 9440).

VII. Artistas, escritores y otros

(LIVA art.20.Uno.26º)

4205

Pregunta
¿Existe algún supuesto de exención para los servicios prestados por artistas?

Sí. Se trata de la exención que establece la LIVA art.20.Uno.26º, que se aplica a los **servicios profesionales**, incluidos aquellos cuya contraprestación consista en derechos de autor, prestados por artistas plásticos, escritores, colaboradores literarios, gráficos y fotográficos de periódicos y revistas, compositores musicales, autores de obras teatrales y de argumento, adaptación, guion y diálogos de las obras audiovisuales, traductores y adaptadores.
La exención que se establece en el precepto citado se refiere a varios colectivos de artistas o creadores, razón por la que es conveniente su análisis por separado, lo que se hace a continuación.

4210

Pregunta
¿En qué términos están exentas las operaciones realizadas por los artistas plásticos?

En la aplicación de la exención que establece la LIVA art.20.Uno.26º, hay que descartar, en primer lugar, las operaciones que deban configurarse como entregas de bienes tales como entregas de cuadros o de libros.
Hay que recordar que las entregas de obras de arte han sido consideradas por la DGT como entregas de bienes, incluso si se realizan por encargo (por ejemplo, retratos; DGT 24-2-04), entendiéndose aplicable el tipo reducido a estas operaciones (ver pregunta nº 9660).
En cuanto a los servicios prestados por artistas plásticos, la DGT 23-3-93, entre otras, ha señalado que están exentos los **servicios profesionales** que, teniendo por objeto sus creaciones artísticas originales, presten a terceros las personas físicas que sean autores de esculturas, pinturas, dibujos, grabados, litografías, historietas gráficas, tebeos o cómics, así como sus ensayos y bocetos y las demás obras plásticas originales, sean o no aplicadas.
La exención **no comprende** los derechos relativos a las obras fotográficas ni a las expresadas por procedimientos análogos a la fotografía, excepto las prestadas a periódicos y revistas.
Tampoco se incluyen en la referida exención los servicios prestados por decoradores, diseñadores de interior, restauradores de obras de arte, diseñadores de moda, modistos, etc.

4215

Pregunta
¿En qué términos están exentas las operaciones realizadas por escritores?

En la aproximación a este concepto, la DGT 8-4-88 se ha referido al Diccionario de la Real Academia Española de la Lengua, que **define al escritor** como **autor** de obras

escritas o impresas. Por su parte, el Texto Refundido de la Ley de Propiedad Intelectual (RDLeg 1/1996 art.5) señala que «se considera autor a la persona natural que crea una obra literaria, artística o científica».
A partir de ambas aproximaciones, la DGT ha llegado a la conclusión de que son escritores las personas naturales que crean obras literarias, artísticas o científicas, escritas o impresas.
Del mismo modo, ha concluido que tienen la consideración de autores no solamente los creadores de obras originales, sino también quienes realizan obras derivadas o compuestas a partir de otras preexistentes, tales como las traducciones, adaptaciones, revisiones, actualizaciones, anotaciones, compendios, resúmenes, extractos, arreglos musicales y cualesquiera otras **transformaciones de obras** científicas, literarias o artísticas en lo que supone su aportación personal y original distinta de la obra preexistente.
Las operaciones citadas en los párrafos anteriores están exentas del impuesto, incluidas aquellas cuya contraprestación consista en **derechos de autor**, siempre que se realicen por los autores de obras científicas, literarias o artísticas originales o por traductores, adaptadores, revisores, actualizadores, anotadores, autores de compendios, resúmenes o extractos, autores de arreglos musicales y cualesquiera otras transformaciones de estas obras por la prestación de los servicios que constituyan su aportación personal u original distinta de una obra preexistente.
Por el contrario, **no** se consideran **exentos** los servicios prestados por correctores de estilo u originales, grabadores o mecanógrafos de textos, correctores tipográficos, montadores originales, maquetistas o similares.

Pregunta **4220**
¿En qué términos están exentas las operaciones realizadas por colaboradores literarios, gráficos o fotográficos de periódicos y revistas?

Según la DGT 8-4-88, la exención de los servicios prestados por los colaboradores literarios, gráficos o fotográficos se limita a los prestados a **editores de periódicos y revistas**, sin que se extienda a los prestados a editores de libros, a las agencias de prensa, a emisoras de radio o televisión ni, en general, a cualesquiera otras personas o entidades distintas de los editores de periódicos o revistas.

Pregunta **4225**
¿En qué términos están exentas las operaciones realizadas por compositores musicales o autores de obras teatrales o de otras obras audiovisuales?

La DGT 8-4-88, ha admitido la exención de los servicios prestados por los **compositores musicales**, cualquiera que sea la persona o entidad destinataria de los mismos.
En cuanto a los **autores de obras teatrales**, también se aplica la exención a la cesión de los derechos de explotación de obras teatrales efectuada por sus autores.
Finalmente, en cuanto a los autores del argumento, adaptación, guion o diálogos de obras audiovisuales, la DGT ha señalado la **no exención** de los servicios prestados por **colaboradores de radio y televisión**, al no resultar procedente utilizar la analogía para extender más allá de sus términos estrictos el ámbito de las exenciones tributarias.
Quedan igualmente excluidos de la exención los servicios prestados por los **herederos** de los autores y por las personas jurídicas titulares de tales servicios o que actúen por cuenta o en representación de los titulares, al no tener, ninguno de ellos, la condición de creador o autor de las obras que habilitan la exención.

4230

Pregunta
¿En qué términos están exentas las operaciones realizadas por traductores?

La DGT 8-4-88 ha señalado la exención de los servicios prestados por los traductores, incluidos aquellos cuya contraprestación consista en derechos de autor, siempre que exista una **aportación** personal y original del traductor a la obra preexistente, como ocurre en las traducciones de revistas y de libros, guiones de películas o videojuegos. El resto de traducciones en las que no concurran estos requisitos están no exentas del impuesto (DGT 18-7-03), como sería el caso, a título de ejemplo, de contratos o textos legales.

4235

Pregunta
¿Están exentas las prestaciones de servicios que se retribuyen mediante derechos de autor cuando quienes los cobran son entidades mercantiles o los herederos de los autores?

No. Así lo ha señalado la doctrina administrativa (DGT CV 8-4-08 ; 1-12-08), en el entendido de que el Derecho comunitario únicamente permite considerar exentas las operaciones que lo estaban a la fecha de la integración de España en la UE (1-1-1986), fecha en la que la doctrina administrativa no admitía esta exención.
De igual modo, se han excluido de la exención los servicios prestados por entidades de gestión de derechos de la propiedad intelectual (DGT CV 1-6-10), comunidades de bienes (DGT CV 19-11-08) o herederos que no eran los autores de las obras que generaban los derechos de autor (DGT CV 8-4-08 o CV 29-5-13).

VIII. Partidos políticos

(LIVA art.20.Uno.28º)

4240

Pregunta
¿Existe algún supuesto de exención específica para los partidos políticos?

Sí, el que establece la LIVA art.20.Uno.28º, por la que están exentas las prestaciones de servicios y las entregas de bienes realizadas por los partidos políticos con motivo de manifestaciones destinadas a reportarles un apoyo financiero para el cumplimiento de su finalidad específica y organizadas en su exclusivo beneficio.

IX. Entidades de carácter social

(LIVA art.20.Tres)

4250

Pregunta
¿Qué cabe entender como entidad privada de carácter social?

La que cumpla los requisitos establecidos en la LIVA art.20.Tres, que señala que, a estos efectos, se consideran entidades o establecimientos de carácter social aquellos en los que concurran los siguientes **requisitos**:
a) Carecer de finalidad lucrativa y dedicar, en su caso, los beneficios eventualmente obtenidos al desarrollo de actividades exentas de idéntica naturaleza.
b) Los **cargos de presidente**, patrono o representante legal deben ser gratuitos y carecer de interés en los resultados económicos de la explotación por sí mismos o a través de persona interpuesta.
c) Los **socios, comuneros o partícipes** de las entidades o establecimientos y sus cónyuges o parientes consanguíneos, hasta el segundo grado inclusive, no pueden

ser destinatarios principales de las operaciones exentas ni gozar de condiciones especiales en la prestación de los servicios. Este requisito no se aplica cuando se trate servicios culturales (ver pregunta nº 4185) o deportivos (ver pregunta nº 4160).
La LIVA art.20.Tres señala que las entidades que cumplan los requisitos anteriores pueden **solicitar** de la Administración Tributaria **su calificación** como entidades o establecimientos privados de carácter social en las condiciones, términos y requisitos que se determinen reglamentariamente. La **eficacia de la calificación**, que es vinculante para la Administración, queda subordinada, en todo caso, a la subsistencia de las condiciones y requisitos que, según lo dispuesto en esta Ley, fundamentan la exención.
La misma norma establece que las exenciones correspondientes a los servicios prestados por entidades o establecimientos de carácter social que reúnan los requisitos anteriores se aplican con independencia de la obtención de la calificación, siempre que se cumplan las condiciones que resulten aplicables en cada caso. Queda claro, pues, que la calificación a la que se hace referencia en el párrafo anterior es un **requisito declarativo**, no constitutivo, de la condición de entidad privada de carácter social, por lo que, aún a falta del mismo, si se cumplen los requisitos sustantivos antes expuestos, procede admitir esa condición y, con ella, la exención de los servicios correspondientes.
El RIVA art.6 confirma esta intelección, al indicar que la calificación como entidad privada de carácter social se puede solicitar a la Delegación o Administración de la AEAT que corresponda, según el domicilio fiscal del solicitante, a la vez que se insiste en que la exención se aplica con independencia del momento en que se obtenga esa calificación. A la misma conclusión se puede llegar para el caso de que no se disponga de la citada calificación, tal y como señala la propia ley del impuesto.

4255

Pregunta
¿Cuáles son las exenciones que se aplican a los servicios prestados por entidades privadas de carácter social?

Los servicios que, prestados por una entidad privada de carácter social, están exentos de IVA, son los servicios de **asistencia social** (LIVA art.20.Uno.8º, ver pregunta nº 4080), los **culturales** (ver pregunta nº 4185) y los relacionados con la práctica del deporte y la **educación física** (ver pregunta nº 4160 s.).

4260

Pregunta
¿Cuándo cabe considerar que una entidad carece de ánimo de lucro?

Tal y como señala la norma, la ausencia de ánimo de lucro se entiende, a estos efectos, en el sentido de que los beneficios que se puedan obtener del desarrollo de una actividad se destinen a esta. Cabe entender que lo relevante, a estos efectos, no es tanto la obtención de beneficios como que no exista una intención de reparto de los mismos en forma de dividendo o similar.
La sentencia del TJUE 21-3-02, asunto Zoological Society of London C-174/00, ha analizado este concepto, apuntando que para determinar si un organismo actúa sin fin lucrativo debe tenerse en cuenta la totalidad de sus actividades y, lo que es más importante, que la apreciación de si un organismo actúa sin fin lucrativo, a estos efectos, ha de efectuarse en función del **objetivo perseguido** por este, de forma que, así es si el citado organismo no aspira a obtener beneficios para sus socios, en contra de la finalidad de cualquier empresa mercantil.
En particular, se suscitaba la cuestión de si el carácter no lucrativo se podía mantener aun cuando el organismo en cuestión intentase obtener beneficios sistemáticamente. El TJUE señala que no son los beneficios en el sentido del superávit que se obtiene al final de un ejercicio, sino los beneficios en el sentido de ventajas pecuniarias en favor de los socios de un organismo, los que impiden que se considere que este actúa «sin fin lucrativo».

En consecuencia, hay que concluir que el hecho de la **obtención de beneficios** por una entidad no es obstáculo para que se considere que actúa sin ánimo de lucro, siempre que los beneficios obtenidos, en su caso, reciban el destino que se ha citado.

En consecuencia, el que una entidad tenga un fin lucrativo formal, por revestir la forma de **sociedad anónima**, carece de relevancia a estos efectos.

En el orden interno, se puede citar la sentencia del TS 31-1-02, EDJ 1982, relativa a cajas de ahorro, en la que se establece que la realización de actividades propias de las entidades de crédito no presupone obligatoriamente que persigan ánimo de lucro. Igualmente, dispone que el hecho de que los consejeros perciban dietas de asistencia no elimina el carácter gratuito del cargo según las normas impartidas por el Banco de España.

4265

Pregunta
¿La condición de entidad o establecimiento privado de carácter social está sujeta a reconocimiento previo?

La **jurisprudencia comunitaria** se ha pronunciado en relación con los organismos de carácter social en sentencias TJUE 10-9-02, asunto Kügler C-141/00, y TJUE 26-5-05, asunto Kingcrest C-498/03, estableciendo que no se pueden condicionar estas exenciones a su reconocimiento previo. La exención es el tratamiento que corresponde a las operaciones que cumplan los requisitos objetivos y subjetivos establecidos en la normativa citada, requisitos cuya concurrencia ha de apreciarse por el órgano administrativo o judicial que corresponda, sin que se puedan condicionar a la obtención de una autorización previa.

La **legislación nacional** establece que las entidades privadas de carácter social pueden solicitar su calificación como tales ante la Administración Tributaria, pero en ningún caso la calificación altera su condición, de forma que la misma opera en función del cumplimiento de los requisitos materiales para ello, con independencia de que se obtenga la citada calificación o no.

4270

Pregunta
¿Se puede renunciar a la condición de entidad o establecimiento privado de carácter social?

En la actual configuración de la norma, parece claro que no, puesto que la citada condición opera en función de los **requisitos materiales** que informan el concepto.

En la redacción de la norma vigente hasta el 31-12-2012, se podía concluir que la exención no podía quedar condicionada a la voluntad del contribuyente, de forma que cesaba en su aplicación como consecuencia de la renuncia por parte de este si no se ha producido ningún cambio en su situación.

En la **actualidad**, hay que concluir que **no cabe la renuncia** a la exención en ninguna de las **hipótesis siguientes**:

a) Contribuyente que solicita la renuncia a la exención habiéndose obtenido previamente el reconocimiento de la condición de entidad privada de carácter social.

b) Contribuyente que directamente se abstiene de solicitar el reconocimiento y, entendiendo incumplido el requisito formal a cuyo incumplimiento parece condicionarse la exención, pretende su inaplicación.

La **doctrina administrativa** había establecido la imposibilidad de renunciar a la exención, aludiendo a la jurisprudencia comunitaria. Hay que señalar, sin embargo, que el TEAC 20-9-12 había admitido la posibilidad de renuncia.

Hay que insistir en que la regulación de esta materia resultante de la L 17/2012, de Presupuestos Generales del Estado para 2013, y del RD 828/2013 eliminan cualquier duda sobre el particular, al especificar que la exención es aplicable en función de las características materiales de la actividad y del sujeto que la desarrolla y que lo único que es dado a estos sujetos es solicitar la calificación como entidades privadas de carácter social, calificación que, en ningún caso, afecta a su régimen de exención.

Pregunta 4275

¿Se puede considerar a una persona física como entidad o establecimiento privado de carácter social?

Esta cuestión ha sido analizada por la sentencia del TJUE 7-9-99, asunto Gregg C-216/97, en la que este argumenta que los términos «establecimiento» y «organismo» son, en principio, suficientemente amplios para incluir también a las personas físicas.

El TJUE añade que estos conceptos sugieren la existencia de una **entidad individualizada** que desempeña una función particular, circunstancia que no solo concurre en las personas jurídicas, sino también en las personas físicas que explotan una empresa.

Asimismo, el TJUE apela al principio de **neutralidad**, que se opone a que operadores económicos que efectúan operaciones equivalentes sean tratados de forma distinta en cuanto al IVA. Se incumpliría el mencionado principio si la calificación de entidad o establecimiento privado de carácter social dependiera de la forma jurídica por medio de la que el sujeto pasivo ejerce su actividad.

En consecuencia, debe **admitirse** la posibilidad de que una persona física tenga la condición de entidad privada de carácter social, siempre que se cumplan los requisitos establecidos al efecto y, en particular, siempre que los beneficios o rentabilidad obtenidos en el desarrollo de la actividad se destinen a la misma.

En otro caso, esto es, en el supuesto de que la persona física de que se trate actúe por cuenta propia y haga de la actividad en cuestión su medio ordinario de vida, principal o no, las operaciones en cuestión deben considerarse sujetas y no exentas, al no poder considerarse que actúa sin ánimo de lucro.

SECCIÓN 2

Exenciones en operaciones médicas y sanitarias

(LIVA art.20.Uno.2º a 5º, 7º y 15º)

4300

Pregunta 4305

¿Qué operaciones relacionadas con el ámbito de la sanidad están exentas?

Las entregas de bienes y prestaciones de servicios para las que la LIVA establece exenciones, en tanto que operaciones relacionadas con el ámbito sanitario, son las siguientes:

a) Servicios de hospitalización y asistencia sanitaria.
b) Servicios de profesionales médicos o sanitarios.
c) Entregas de sangre y demás tejidos o elementos del cuerpo humano.
d) Operaciones relacionadas con la sanidad dental.
e) Entregas de bienes y prestaciones de servicios por la Seguridad Social.
f) Transporte de heridos o enfermos en ambulancia o en vehículos especialmente adaptados para ello.

Estas exenciones se desarrollan a continuación.

I. Hospitalización y asistencia sanitaria

(LIVA art.20.Uno.2º)

4310

Pregunta
¿En qué condiciones están exentos los servicios de hospitalización o asistencia sanitaria?

De acuerdo con la LIVA, están exentos los servicios de hospitalización o asistencia sanitaria y los demás relacionados directamente con ellos realizados por Entidades de Derecho público o por Entidades o establecimientos privados en régimen de precios autorizados o comunicados.
La misma norma establece que se consideran directamente relacionados con los de hospitalización y asistencia sanitaria las prestaciones de servicios de alimentación, alojamiento, quirófano, suministro de medicamentos y material sanitario y otros análogos prestados por clínicas, laboratorios, sanatorios y demás establecimientos de hospitalización y asistencia sanitaria.
Asimismo, se dispone la **no exención de ciertas prestaciones**, que se señalan en la pregunta nº 4325.
El RIVA art.4 desarrolla lo que cabe entender por precios autorizados, disponiendo que, a los efectos del impuesto, se entiende por **precios autorizados o comunicados** aquellos cuya modificación esté sujeta al trámite previo de autorización o comunicación a algún Órgano administrativo.
Cabe entender que la determinación de si una clínica, sanatorio u hospital ha cumplido los trámites necesarios para considerar que actúa en régimen de precios comunicados corresponde al órgano de la comunidad autónoma ante el que deban realizarse las actuaciones de comunicación de precios (DGT 15-3-94; 1-12-03, entre otras). Cumplido este requisito, los servicios prestados por el centro hospitalario de que se trate están exentos.

4315

Pregunta
¿Están exentos los servicios de hospitalización y asistencia sanitaria prestados por entidades que actúen con ánimo de lucro?

Sí. Suponiendo que esas entidades cumplen con el requisito de la comunicación de precios que se analiza en la pregunta nº 4310, los citados servicios pueden estar exentos de IVA.
En otras palabras, la exención de los servicios sanitarios no está condicionada a que las operaciones se efectúen por entidades o establecimientos privados de carácter social, a diferencia de lo que ocurre con otras exenciones, como son las propias de los servicios de asistencia social.

4320

Pregunta
Admitida la exención, ¿cuáles son las operaciones a las que se puede extender este beneficio fiscal?

Los servicios exentos conforme a la LIVA art.20.Uno.2º, suponiendo que se presten por Entes públicos o por entidades privadas que actúen en **régimen de precios comunicados**, son los servicios de **hospitalización y asistencia sanitaria**. La exención incluye la asistencia sanitaria externa o ambulatoria, así como las entregas de bienes y prestaciones de servicios directamente relacionados con ellas.
Del mismo modo, están exentos los servicios de alimentación y alojamiento de los pacientes, así como el suministro de medicamentos y material sanitario a los mismos para ser consumidos dentro del propio establecimiento.
Igualmente, y según doctrina de la DGT, se encuentran comprendidos en la exención los servicios de aseo e higiene del enfermo (incluidos los servicios de peluquería y

manicura) y la puesta a disposición del paciente de los quirófanos de la clínica u hospital (DGT 23-9-99).

Pregunta 4325

¿Hay prestaciones expresamente excluidas de la exención?

Sí. La misma LIVA art.20.Uno.2º dispone la **no exención** de las operaciones siguientes:

a) La entrega de **medicamentos** para ser consumidos fuera de los establecimientos sanitarios. Con ello se pretende evitar que los centros hospitalarios hagan competencia desleal a las farmacias, cuyas entregas de medicamentos están sujetas y no exentas.

b) Los servicios de **alimentación y alojamiento** prestados a personas distintas de los destinatarios de los servicios de hospitalización y asistencia sanitaria y de sus acompañantes. Los referidos servicios de alimentación y alojamiento, cuando se prestan a los parientes o a sus acompañantes, resultan exentos.

Hay que tener en cuenta que, en muchas ocasiones, las cafeterías o restaurantes que existen en los hospitales no son **explotados** por el mismo hospital, sino **por un tercero**, que paga una cantidad al hospital en concepto de canon o arrendamiento y, a continuación, presta sus servicios a terceros. Siendo así, las operaciones que efectúa ese tercero, distinto al centro hospitalario, están claramente sujetas y no exentas, al igual que la cesión o arrendamiento que hace el hospital de la cafetería o restaurante o del local para su instalación.

c) Los **servicios veterinarios**.

d) Los **arrendamientos** de bienes efectuados por los establecimientos hospitalarios.

Pregunta 4330

¿Existen otras operaciones sujetas y no exentas realizadas por los centros hospitalarios?

Sí. Cualquier otra operación realizada por un hospital que no consista en la prestación de servicios de hospitalización o de asistencia sanitaria está sujeta y no exenta.

A título de ejemplo, y sin pretender ser exhaustivos, se pueden mencionar las siguientes:

a) Cesión o arrendamiento de espacios para el desarrollo de otras actividades, tales como cafeterías, floristerías o similares.

b) Servicios de aparcamiento a visitantes.

c) Explotación de televisores, sea directamente por el hospital o mediante su autorización a un tercero. En este caso, estarían sujetas y no exentas tanto la cesión al tercero como la explotación, por parte del tercero, de los receptores de televisión.

d) Servicios funerarios.

Lo anterior ha de entenderse sin perjuicio de la no exención de las operaciones para las que así lo establece expresamente la LIVA art.20.Uno.2º (pregunta nº 4325).

Pregunta 4335

¿Todo servicio de hospitalización está exento, con independencia de la razón por la que se produzca la hospitalización?

La interpretación literal de la LIVA art.20.Uno.2º podría conducir a la conclusión de que la exención se ha de aplicar a cualquier prestación de asistencia hospitalaria, con independencia de la razón por la que se produzca la hospitalización.

No obstante, si se realiza una interpretación de esta exención conjuntamente con la que dispone la LIVA art.20.Uno.3º para los servicios prestados por los profesionales sanitarios, se podría concluir que los servicios de hospitalización prestados al margen o con independencia de servicios sanitarios que tengan por objeto la prevención, diagnóstico o tratamiento de enfermedades están excluidos de la exención. En estos términos, estarían sujetos y no exentos tanto los servicios prestados por los profesionales sanitarios que proporcionan estos **servicios carentes de finalidad terapéutica** como los servicios de hospitalización relacionados con ellos.

4336 Ejemplos **1)** Un joven tiene unas orejas demasiado prominentes para su gusto. Para solucionar su problema, se dirige a un prestigioso cirujano plástico, que le ofrece solucionar su problema por 4.200 €. La operación aconseja pasar las primeras 12 horas en un hospital, por lo que le cobran 300 € adicionales.
Los servicios de cirugía plástica contratados están sujetos y no exentos, ya que carecen de finalidad terapéutica (ver pregunta nº 4380). No parece lógico que los servicios de hospitalización que se prestan, en relación con los anteriores, estén exentos. En consecuencia, las dos prestaciones que recibe el paciente han de considerarse sujetas y no exentas.
2) El joven se casó hace un par de años y su mujer se dispone a dar a luz, para lo que se dirige a un centro privado de maternidad. El obstetra que la asiste cobra por sus servicios 3.500 €. Los servicios de hospitalización y asistencia relativos al parto tienen un precio de 3.000 € adicionales.
En este caso, parece lógico que las dos prestaciones descritas estén exentas de IVA.

4340 **Pregunta**
¿Qué tratamiento tienen las operaciones sujetas y no exentas que se realizan por los establecimientos hospitalarios?

De acuerdo con la LIVA art.91.Uno.2.11º, los servicios sanitarios no exentos por carecer de finalidad terapéutica tributan al tipo general del impuesto al 21%.

4345 **Pregunta**
¿Existe algún beneficio fiscal para los bienes y servicios adquiridos por los centros hospitalarios?

Sí. Se trata de la aplicación del **tipo reducido** del 10% a las entregas, importaciones y adquisiciones intracomunitarias de los equipos médicos, aparatos y demás instrumental, relacionados en la LIVA anexo.octavo, que por sus características objetivas, estén diseñados para aliviar o tratar deficiencias, para uso personal y exclusivo de personas que tengan deficiencias físicas, mentales, intelectuales o sensoriales. No se incluyen aquí otros accesorios, recambios y piezas de repuesto de los bienes (ver pregunta nº 9210 s.).

4350 **Pregunta**
¿En qué términos se pueden considerar las residencias geriátricas como centros hospitalarios?

La DGT ha admitido la exención, en tanto que servicios de hospitalización o asistencia sanitaria, de los servicios atención de enfermos con el mal de **Alzheimer**, así como la atención geriátrica a enfermos con procesos degenerativos crónicos.
Suponiendo que se someta la actividad al régimen de precios comunicados, los referidos servicios de hospitalización y asistencia sanitaria están exentos, exención que también es aplicable a las entregas de bienes y prestaciones de servicios directamente relacionados con los citados servicios, como por ejemplo el suministro de pañales para adultos con problemas de incontinencia o los servicios de aseo e higiene del enfermo.
Es importante **distinguir** esta exención de la que se aplica a los servicios de **asistencia social**, ya que esta, conforme a lo dispuesto por la LIVA art.20.Uno.8º, está reservada a los servicios prestados por entes públicos o establecimientos privados de carácter social (ver pregunta nº 4250), limitación que no se aplica a los servicios sanitarios.
El TEAC ha señalado que las prestaciones sanitarias realizadas en la residencia geriátrica estarán exentas, de acuerdo con la LIVA art.20.Uno.3º, en la medida en

que sean efectuadas por **personal sanitario**, dentro del que se encuentran los auxiliares sanitarios, si bien en el caso concreto no se había acreditado por la entidad en cuestión las funciones realizadas por el citado personal (TEAC 16-4-08).

II. Servicios de profesionales médicos o sanitarios

(LIVA art.20.Uno.3º)

4365

Pregunta
¿En qué términos están exentos los servicios prestados por los profesionales sanitarios?

En los dispuestos por la LIVA art.20.Uno.3º, que señala la exención de la **asistencia a personas físicas** por profesionales médicos o sanitarios, cualquiera que sea la persona destinataria de estos servicios.
A estos efectos, la norma señala que tienen la condición de profesionales médicos o sanitarios los considerados como tales en el ordenamiento jurídico y los psicólogos, logopedas y ópticos, diplomados en Centros oficiales o reconocidos por la Administración.
La exención comprende las prestaciones de asistencia médica, quirúrgica y sanitaria, relativas al diagnóstico, prevención y tratamiento de enfermedades, incluso las de análisis clínicos y exploraciones radiológicas.

4370

Pregunta
¿Qué requisitos han de cumplirse para la aplicación de la exención de los servicios prestados por profesionales sanitarios?

La LIVA art.20.Uno.3º condiciona la aplicación de la exención a la concurrencia de los dos siguientes requisitos:
a) Uno de carácter **objetivo**; los servicios prestados han de tener por objeto el diagnóstico, tratamiento o prevención de enfermedades. Aunque se trate de servicios prestados por profesionales, si los mismos carecen de la finalidad terapéutica común a estas actividades, no procede la aplicación de la exención.
b) Los profesionales que pueden prestar los referidos servicios exentos han de ser profesionales sanitarios. Se trata de un requisito **subjetivo** que, para el caso de que deje de concurrir, impide la aplicación de la exención.

4375

Pregunta
¿Cuáles son los servicios que, objetivamente considerados, están exentos como servicios sanitarios?

Los servicios acreedores del beneficio de la exención son los servicios referidos a personas físicas que consistan en prestaciones de asistencia médica, quirúrgica o sanitaria relativas al diagnóstico, prevención o tratamiento de enfermedades en los términos indicados.
Esta aproximación a la exención es compatible con la realizada por la jurisprudencia comunitaria, que ha insistido en la finalidad terapéutica de las prestaciones (TJUE 20-11-03, asunto Unterpertinger C-212/01; 20-11-03, asunto d'Ambrumenil C-307/01).
A estos efectos, la doctrina administrativa ha establecido las siguientes **definiciones** (DGT 7-9-87; 12-11-02, entre otras):
a) Diagnóstico: los prestados con el fin de determinar la calificación o el carácter peculiar de una enfermedad o, en su caso, la ausencia de la misma.
b) Prevención: los prestados anticipadamente para evitar enfermedades o el riesgo de las mismas.
c) Tratamiento: servicios prestados para curar enfermedades.

A partir de esta aproximación, la DGT ha señalado la exención de las siguientes **operaciones**:

a) Los servicios prestados por podólogos, relativos a la exploración del pie, quiropedia y cirugía de la uña y verrugas (Resol DGT 13-2-86, BOE 22-2-86).

b) Los servicios de rehabilitación prestados por fisioterapeutas (Resol DGT 29-4-86, BOE 8-5-86).

c) Los servicios de cirugía estética realizados por un médico que tengan por objeto el diagnóstico, prevención o tratamiento de enfermedades. Por el contrario, los servicios de cirugía estética prestados al margen o con independencia de una actuación médica del diagnóstico, prevención o tratamiento de enfermedades no están exentos del impuesto (DGT 12-3-98).

d) Los servicios relativos al tratamiento para la «deshabitualización» del tabaco, pruebas de esterilidad, inseminación y fertilización in vitro (DGT 18-5-99) o las actividades de preparación al parto (DGT 12-3-04).

La exención no se extiende a las entregas de bienes relacionadas con las prestaciones de asistencia sanitaria, como pueden ser entregas de medicamentos o material sanitario, ya que el precepto abarca operaciones que sean **prestaciones de servicios**. No obstante, en algunos casos la DGT ha considerado la entrega de un bien como parte integrante del servicio en sí mismo, como ocurre en la prestación de servicios sanitarios consistentes en la implantación de una prótesis ocular hecha a medida, en cuyo caso se considera que la prestación incluye tanto la provisión de prótesis implantada como el servicio sanitario prestado (DGT 7-3-03).

4380

Pregunta

¿Qué servicios se han de considerar, como tales, excluidos de la exención de los servicios sanitarios?

Aquellos que carezcan de **finalidad terapéutica**, es decir, los servicios que no tengan como objetivo el diagnóstico, tratamiento o prevención de enfermedades.

Como ejemplos de servicios en los que la DGT ha descartado esta finalidad terapéutica y, por tanto, ha considerado sujetos y no exentos, se pueden citar los siguientes:

a) Los de cirugía estética prestados sin finalidad terapéutica (DGT 12-3-98).

b) Análisis para la determinación del parentesco de personas físicas (DGT 3-3-03).

c) Evaluación de daños corporales en caso de reclamaciones judiciales o patrimoniales (DGT 27-2-06).

d) Realización de ensayos clínicos dirigidos a evaluar la eficacia de determinados medicamentos (DGT 3-7-07, entre otras).

4385

Pregunta

¿Cuáles son los profesionales sanitarios cuyos servicios pueden estar exentos?

La exención de los servicios sanitarios que establece la LIVA art.20.Uno.3º se condiciona a que los servicios se presten por un **profesional médico o sanitario**. A tales efectos, la norma se refiere a los considerados como tales en el ordenamiento jurídico y a psicólogos, logopedas y ópticos, diplomados en Centros oficiales o reconocidos por la Administración.

De acuerdo con la DGT, no cumplen este requisito subjetivo y, por tanto, no están exentas del impuesto:

a) Las prestaciones de servicios efectuadas por un masajista deportivo con titulación expedida por la Federación de judo y deportes asociados (DGT 21-7-94).

b) Los servicios prestados por un quiropráctico (DGT 28-5-03).

c) Las operaciones realizadas por los ortopédicos (Resol DGT 30-1-86, BOE 11-2-86).

d) Los servicios prestados por naturópatas, acupuntores y quiromasajistas que no posean una titulación sanitaria, en el ejercicio de estas actividades parasanitarias (DGT 11-9-89).

Hay que señalar que la asistencia ha de prestarse a personas físicas, por lo que quedan **excluidos** los **servicios veterinarios**, que tributan al tipo general.

Pregunta 4390
¿Están exentos los servicios sanitarios cuando se pagan por personas distintas de las destinatarias del propio servicio?

Sí. La DGT 10-7-02, entre otras, ha señalado que, a los efectos de la exención, es **indiferente** quién sea el **pagador o cobrador** del servicio. Por lo tanto, están exentos los servicios prestados directamente a personas físicas por un profesional médico o sanitario, cuando estos le sean abonados por el paciente, por una sociedad médica o por el hospital titular de la actividad sanitaria. Lo mismo cabe señalar cuando los servicios son facturados a una compañía de seguros sanitarios.
Por su parte, los profesionales pueden prestar los servicios directamente o por medio de una entidad que, a su vez, sea la que facture a los destinatarios de los servicios. Así lo ha admitido la Administración en contestaciones como las DGT 19-4-99 y 30-7-07 y lo ha señalado igualmente la sentencia del TJUE 10-9-02, asunto C-141/00.

Pregunta 4395
¿Están exentos los ensayos médicos?

No. La doctrina de la DGT ha considerado que se trata de servicios no exentos, al carecer de la finalidad terapéutica que ha de concurrir para la aplicación de la exención (DGT 3-7-07, entre otras). Si bien, es cierto que el ensayo clínico da lugar a que algunas de las personas a las que se trata mejoren de sus enfermedades o patologías, la DGT señala que el objeto de la prestación, y el auténtico interés para el laboratorio que quiere comprobar la **eficacia de un medicamento**, no es tanto la curación o mejora de un paciente determinado, sino la citada comprobación de la eficacia del medicamento. Por esta razón, la DGT ha entendido que se trataba de servicios no exentos.

Pregunta 4400
¿Están exentos los dictámenes o certificados médicos?

Depende de la **finalidad** para la que se soliciten los certificados. En caso de que la misma no sea terapéutica, la DGT, basándose en la jurisprudencia comunitaria, ha excluido la aplicación de la exención.
De esta jurisprudencia, probablemente la sentencia más contundente es la del TJUE 20-11-03, asunto Unterpertinger C-212/01, que excluye de la exención la expedición de un certificado para la obtención de una pensión de invalidez.
Así, se ha señalado la sujeción y no exención de los servicios consistentes en la valoración del daño corporal para compañías de seguros, consistentes en emitir un dictamen sobre la evolución de las lesiones y secuelas corporales padecidas por personas físicas como consecuencia de accidentes de tráfico para entablar acciones judiciales, aunque se ha admitido que tributen al tipo impositivo reducido – los servicios sanitarios no exentos tributan al tipo general– (DGT 12-3-04; 30-12-08).
Por el contrario, **se ha admitido la exención** de la expedición de los siguientes certificados médicos:
a) De defunción (DGT 23-3-04).
b) De aptitud física para determinadas actividades de riesgo, como ciertos deportes, o que exigen que se efectúen en condiciones especiales, así como respecto a determinadas actividades profesionales o la obtención del permiso de conducir o de armas (DGT 8-3-06; 10-5-06).
c) De control de bajas por enfermedad para mutualidades sanitarias (DGT 30-12-08).

III. Entregas de sangre

(LIVA art.20.Uno.4º)

4420

Pregunta

¿En qué términos están exentas las entregas de sangre y demás elementos o tejidos del cuerpo humano?

En los previstos por la LIVA art.20.Uno.4º, que establece la exención de las entregas de sangre, plasma sanguíneo y demás fluidos, tejidos y otros elementos del cuerpo humano, siempre que se efectúen para **fines médicos o de investigación** o para su procesamiento con idénticos fines.

Interesa destacar que el destino (médico o investigación) es fundamental para aplicar la exención. En la hipótesis de que las entregas se realizaran con otra finalidad, resultarían excluidas de la exención. Así ha sido indicado igualmente por la sentencia TJUE 5-10-16, asunto TMD C-412/15, en la que se concluye que los Estados miembros no están obligados a eximir las entregas de plasma obtenido a partir de sangre humana, cuando ese plasma no esté destinado directamente a fines terapéuticos, sino exclusivamente a la fabricación de medicamentos.

Tampoco se aplica la exención a las entregas de productos hemoderivados (DGT 16-5-97).

IV. Servicios dentales

(LIVA art.20.Uno.5º)

4430

Pregunta

¿Qué operaciones relacionadas con la sanidad dental están exentas?

Las previstas por la LIVA art.20.Uno.5º, que establece la exención de las prestaciones de servicios realizadas en el ámbito de sus respectivas profesiones por estomatólogos, odontólogos, mecánicos dentistas y protésicos dentales, así como la entrega, reparación y colocación de prótesis dentales y ortopedias maxilares realizadas por los mismos, cualquiera que sea la persona a cuyo cargo se realicen estas operaciones.

A diferencia de lo que ocurre con los demás profesionales médicos y sanitarios, en este caso, se incluyen en el ámbito de la exención tanto **prestaciones de servicios** como ciertas **entregas de bienes**, las prótesis dentales y ortopedias maxilares, siempre que sean realizadas por los profesionales a que hace referencia la LIVA art.20.Uno.5º en el ámbito de su profesión.

Del mismo modo, están exentas las prestaciones de servicios realizadas por higienistas dentales que estén facultados para realizar las operaciones propias del desarrollo de su profesión.

Por último, hay que señalar que esta exención **se aplica** tanto si los profesionales lo hacen directamente como si actúan por medio de una sociedad o entidad y esta, a su vez, factura los servicios al destinatario de los mismos (DGT 29-5-95). Asimismo, hay que señalar que la exención se aplica con independencia de la condición de la persona o entidad que pague la contraprestación de las operaciones.

V. Entregas de bienes y prestaciones de servicios por la Seguridad Social

(LIVA art.20.Uno.7º)

Pregunta 4440

¿Qué operaciones realizadas por la Seguridad Social están exentas?

Las que establece la LIVA art.20.Uno.7º, que se refiere a entregas de bienes y prestaciones de servicios que, para el cumplimiento de sus **fines específicos**, realice la Seguridad Social, directamente o a través de sus Entidades gestoras o colaboradoras.

La misma norma señala que solo es aplicable esta exención en los casos en que quienes realicen tales operaciones no perciban contraprestación alguna de los adquirentes de los bienes o de los destinatarios de los servicios, distinta de las cotizaciones efectuadas a la Seguridad Social. Asimismo, aclara que la exención **no** se extiende a las entregas de **medicamentos** o de material sanitario realizadas por cuenta de la Seguridad Social.

Tal y como se desprende del precepto, la exención comprende las prestaciones cuya financiación se realiza en exclusiva con las cotizaciones a la Seguridad Social, sean realizadas por esta o por sus Entidades Colaboradoras.

VI. Transporte de heridos o enfermos

(LIVA art.20.Uno.15º)

Pregunta 4450

¿En qué condiciones se aplica la exención del transporte de heridos y enfermos?

En las previstas en la LIVA art.20.Uno.15º, por el que está exento el transporte de enfermos o heridos en ambulancias o vehículos especialmente adaptados para ello.

La aplicación de la exención se condiciona a la concurrencia de dos **requisitos**:

- que las personas transportadas sean personas heridas o enfermas;
- que el vehículo con el que se realiza el transporte esté especialmente adaptado para esta actividad. Según la DGT, se entiende que un vehículo está adaptado para el transporte de personas heridas o enfermas cuando su configuración original, en relación con otros vehículos de la misma marca y características, haya sido objeto de modificaciones estructurales, técnicas o mecánicas de carácter permanente por las que resulte adaptado especialmente para el transporte de estas personas (DGT 6-6-03).

Los servicios de **transporte de los pacientes** desde su domicilio al centro en que reciben asistencia sanitaria, y viceversa, son considerados como una prestación accesoria de la principal. Así por ejemplo, el servicio de transporte de pacientes desde su domicilio al centro donde le prestan el servicio de hemodiálisis, debe considerase como una prestación accesoria de la principal (hemodiálisis), siempre que se presten de forma conjunta, dado que constituye un medio de disfrutar en las mejores condiciones el servicio principal citado, siguiendo, por tanto, el régimen de tributación correspondiente a la asistencia sanitaria (DGT 1-12-03).

En caso de que los servicios se prestaran de forma independiente, por empresarios distintos a los que presten la asistencia hospitalaria, el transporte del enfermo desde su domicilio al centro de asistencia sanitaria, y viceversa, seguiría su propio régimen de tributación, siéndole de aplicación, en su caso, lo dispuesto en la LIVA art.20.Uno.15º.

SECCIÓN 3

Exenciones para actividades de enseñanza

(LIVA art.20.Uno.9º y 10ª)

4460

4465

Pregunta
¿Qué tipos de exenciones existen en la LIVA para los servicios educativos?

Dos, que son, respectivamente, las siguientes:
a) La correspondiente a los centros educativos, regulada en la LIVA art.20.Uno.9º, que se analiza en las preguntas nº 4470 s.
b) La propia de las clases impartidas a título particular, contemplada en la LIVA art.20.Uno.10º, que se explica en las preguntas nº 4525 s.

I. Centros educativos

(LIVA art.20.Uno.9º)

4470

Pregunta
¿En qué términos están exentas las actividades desarrolladas en centros educativos?

En los establecidos por la LIVA art.20.Uno.9º, por el que se encuentran exentas del IVA la educación de la infancia y de la juventud, la guarda y custodia de niños, la enseñanza escolar, universitaria y de postgraduados, la enseñanza de idiomas y la formación y reciclaje profesional, realizadas por Entidades de derecho público o entidades privadas autorizadas para el ejercicio de estas actividades.
La misma norma señala que la exención se **extiende** a las prestaciones de servicios y entregas de bienes directamente relacionadas con los servicios antes citados, efectuadas, con medios propios o ajenos, por las mismas empresas docentes o educativas que presten los mencionados servicios.
En la actualidad, la DGT condiciona la exención al cumplimiento de los dos **requisitos** siguientes (DGT 17-1-12; DGT 12-4-12; DGT 5-3-13):
a) Uno de carácter **subjetivo**, interpretado a la luz de la jurisprudencia comunitaria, en atención a la clase o naturaleza de las actividades desarrolladas por la entidad privada autorizada o centro de enseñanza en cuestión, de manera que este centro se considera autorizado o reconocido, a efectos del IVA, cuando sus actividades sean única o principalmente enseñanzas incluidas en algún plan de estudio oficial.
b) Un requisito **objetivo**. Como ha señalado el TJUE, la enseñanza es aquella actividad que supone la transmisión de conocimientos y de competencias entre un profesor y los estudiantes, acompañada, además, de un conjunto de otros elementos que incluyen los correspondientes a las relaciones que se establecen entre profesores y estudiantes y los que componen el marco organizativo del centro en el que se imparte la formación, siempre que estas actividades no revistan un carácter meramente recreativo. La **exención no se aplica** a los servicios de enseñanza que versen sobre materias no incluidas en alguno de los planes de estudios de cualquiera de los niveles o grados del sistema educativo español.

Pregunta 4475

¿Hay prestaciones excluidas de la exención correspondiente a los centros educativos?

Sí. La LIVA art.20.Uno.9º establece que la **exención no comprende** las siguientes operaciones:

a) Los servicios relativos a la práctica del **deporte**, prestados por empresas distintas de los centros docentes. El mismo precepto señala que, en ningún caso, se entienden comprendidos en esta letra los servicios prestados por las Asociaciones de Padres de Alumnos vinculadas a los centros docentes, servicios que, por tanto, habría que considerar como exentos.

b) Las de **alojamiento y alimentación** prestadas por Colegios Mayores o Menores y residencias de estudiantes.

c) Las efectuadas por escuelas de **conductores** de vehículos relativas a los permisos de conducción de vehículos terrestres de las clases A y B y a los títulos, licencias o permisos necesarios para la conducción de buques o aeronaves deportivos o de recreo (en relación con los permisos de conducir, ver pregunta nº 4505).

d) Las **entregas** de bienes efectuadas **a título oneroso**, ni siquiera en el caso de que tales entregas estén directamente relacionadas con servicios de enseñanza a los que sí resulte aplicable la referida exención (DGT 3-5-99).

Es importante tener en cuenta que, además de estos supuestos de exclusión, existen otras operaciones que, aunque realizadas por centros educativos, están excluidas de la exención; se trata de cualesquiera operaciones que no constituyan servicios educativos, que, en tanto que al margen de la norma de exención, están sujetas y no exentas. A título de ejemplo, se puede citar el arrendamiento de instalaciones deportivas utilizadas en eventos no deportivos o los servicios de estacionamiento, sujetos y no exentos.

Pregunta 4480

¿Cuáles son las entidades que pueden prestar servicios educativos exentos?

De acuerdo con la LIVA art.20.Uno.9º, la exención **se aplica** a condición de que los servicios educativos o docentes se presten por entidades de derecho público o entidades privadas autorizadas para el ejercicio de estas actividades.

El RIVA art.7 establece, a los efectos de la exención, que por entidades privadas autorizadas hay que considerar aquellos centros educativos cuya actividad esté reconocida o autorizada por el Estado, las CCAA u otros Entes públicos con competencia genérica en materia educativa o, en su caso, con competencia específica respecto de las enseñanzas impartidas por el centro educativo de que se trate.

La doctrina administrativa había venido haciendo referencia, para concretar este criterio, a la normativa de la comunidad autónoma en la que radicase el centro educativo que prestaba los servicios, sin embargo, este criterio ha sido revisado por la DGT siguiendo la jurisprudencia del TJUE (DGT CV 16-2-06; CV 23-2-06).

En la actualidad, y conforme a la **sentencia** TJUE 17-2-05, asuntos Linneweber y Akritidis C-453/02 y C-462/02, entiende la **DGT** que, existiendo identidad en las prestaciones de servicios realizadas por varios operadores, no se puede condicionar la exención de los servicios educativos a que se presten por entidades o centros autorizados por el órgano competente, dado que no se respetaría el **principio de neutralidad fiscal**.

A partir de este razonamiento, la DGT refiere la exención, desde el punto de vista subjetivo, a que la entidad que presta los servicios sea una entidad cuya **actividad única o principal** sea la impartición de materias incluidas en los planes de estudios de cualquiera de los niveles y grados del sistema educativo español.

Desde el punto de vista objetivo, la DGT refiere la exención a que las enseñanzas impartidas versen única o principalmente sobre **materias** incluidas en alguno de los planes de estudios de cualquiera de los niveles y grados del **sistema educativo** español, con independencia de que la entidad tenga o no reconocida la **autorización** por los órganos competentes de la comunidad autónoma donde se encuentre establecida. La exención **no es aplicable** en el caso de que los servicios de enseñanza versen sobre materias no incluidas en los referidos planes de estudios. Es importante matizar que la enseñanza de estas mismas materias, en caso de que no fuera impartida por establecimientos que se puedan considerar como centros educativos, quedaría fuera del ámbito de cobertura de la exención.

4485

Pregunta
¿Qué se ha de considerar, a estos efectos, como centro educativo?

A estos efectos, y según la doctrina administrativa, tienen la consideración de centros educativos aquellas unidades económicas integradas por un conjunto de medios materiales y humanos ordenados con carácter de permanencia con la finalidad de prestar de manera continuada servicios de enseñanza.
No es preciso que el centro educativo disponga de un local determinado en el que se realice materialmente la actividad de enseñanza, siendo suficiente con que cuente con un conjunto ordenado de **medios materiales y humanos** destinados a la prestación del servicio de enseñanza.
En caso de que la entidad en cuestión no fuera titular de un centro calificado de educativo, a efectos del impuesto, no sería aplicable la exención, sin perjuicio de la posibilidad de aplicar la exención correspondiente a las clases impartidas a título particular (ver pregunta nº 4525).

4490

Pregunta
¿Cuáles son los servicios educativos acreedores al beneficio fiscal de la exención?

Aquellos que se refieran a materias incluidas en algún **plan de estudios** del sistema educativo, teniendo en cuenta, a tal fin, que la competencia para su determinación corresponde al Ministerio de Educación, Formación Profesional y Deporte o a los órganos de las CCAA que pudieran tener competencias sobre el particular.
Algunas materias sobre las que se ha señalado que están incluidas, son las siguientes:
a) Contabilidad general, contabilidad analítica, estadística, cálculo mercantil, banca, secretariado, idiomas, informática y estenotipia (Resol DGT 21-2-86, BOE de 27-2-86).
b) Música, incluso en conservatorios privados (Resol DGT 14-3-86, BOE 25-3-83).
c) Corte y confección, bordado, peluquería y estética (Resol DGT 18-3-86, BOE 2-4-86).
d) Técnicas de relaciones públicas (Resol DGT 21-4-86, BOE 7-5-86).

4495

Pregunta
¿La exención de los servicios educativos está condicionada a que conduzca a la obtención de un título oficial?

No. La forma en la que se configura la exención hace que la misma comprenda tanto la educación reglada, dirigida a la obtención de títulos oficiales, como la educación no reglada, en la que, sin perjuicio de que se certifique que se han cursado los estudios correspondientes, no se obtiene un título con reconocimiento oficial.

4500

Pregunta
¿En qué términos está exento el reciclaje profesional?

En los mismos que cualesquiera otras actividades o servicios educativos, de forma tal que si la entidad que proporciona estos servicios de reciclaje profesional se puede calificar de centro educativo y los servicios prestados se pueden considerar incluidos en cualquier plan de estudios, las operaciones deben considerarse exentas.

4505

Pregunta
¿Cuáles son los permisos de conducir cuya obtención está exenta de IVA?

En los permisos de conducción de vehículos terrestres el criterio seguido por la Administración es el siguiente (entre otras, DGT 16-12-03):

a) Están **exentos** del impuesto los servicios de enseñanza impartidos por Escuelas de Conductores (autoescuelas), autorizadas por el Ministerio del Interior, para la obtención de los permisos, licencias y certificados que se indican a continuación, dado que, en todos estos casos, la enseñanza puede calificarse como **formación profesional** al estar destinada a ser utilizada para el ejercicio de determinadas actividades profesionales:

1. Permisos de conducción de las clases C1, C1+E, C, C+E, D1, D1+E, D, D+E (a que se refiere el RD 772/1997 art.5, Reglamento General de Conductores, actualmente el RD 818/2009 art.4).

2. Certificado acreditativo de haber completado una formación específica para conducir vehículos que realicen transporte escolar, turismos destinados al transporte público de viajeros y vehículos prioritarios que utilicen aparatos emisores de luces o señales acústicas especiales (a que se refiere el RD 772/1997 art.7.3, actualmente el RD 818/2009 art.4).

3. Licencia para conducir vehículos especiales agrícolas autopropulsados y conjuntos de los mismos (a que se refiere el RD 772/1997 art.11.1.c, actualmente el RD 818/2009 art.6.1.b).

b) Por el contrario, **no están exentos** del IVA los servicios de enseñanza de los conocimientos y técnicas de conducción impartidos por autoescuelas autorizadas para la obtención de los permisos y licencias que se indican a continuación:

1. Los permisos de conducción de las clases A y B, a que se refiere el RD 772/1997 art.5 (actualmente el RD 818/2009 art.4), expresamente excluidos por la LIVA art.20.Uno.9º.

2. Los permisos de conducción de las clases A1 y B+E, a que se refiere asimismo el RD 772/1997 art.5, actualmente RD 818/2009 art.4, y las licencias para conducir ciclomotores o vehículos para personas con movilidad reducida (coches de personas con discapacidad), por tratarse de servicios de enseñanza que **no** pueden ser calificados de **formación profesional** a tales efectos.

4510

Pregunta
¿Qué tipos de licencias de vuelo están exentas en cuanto a su obtención?

Respecto a los cursos de formación y de reciclaje profesional para tripulantes de vuelo, pilotos y auxiliares de líneas aéreas, la DGT ha considerado que van a estar exentos siempre que se trate de enseñanza dirigida a la realización de una actividad profesional por el destinatario de la misma (DGT 22-4-05). En consecuencia, hay que distinguir:

a) Se admite la **exención** de los servicios de enseñanza impartidos por Escuelas de formación aeronáutica, autorizadas por la Dirección General de Aviación Civil, para la obtención de los títulos aeronáuticos civiles de piloto comercial (avión), piloto de transporte de línea aérea (avión), piloto comercial (helicóptero), piloto de transporte de línea aérea (helicóptero y mecánico de a bordo), dado que, en todos estos casos, las referidas enseñanzas deben calificarse a tales efectos de **formación profesional** por tener como finalidad la obtención por el alumno de un título que, objetivamente considerado y con carácter general, está destinado a ser utilizado para el ejercicio de determinadas actividades profesionales.

b) Por el contrario, **no están exentos** del impuesto los servicios de enseñanza impartidos por Escuelas de formación aeronáutica autorizadas por la Dirección General de

Aviación Civil, para la obtención de los títulos aeronáuticos civiles de piloto privado (avión), piloto privado (helicóptero), piloto de planeador y piloto de globo libre, además de por establecerlo así expresamente la LIVA art.20.Uno.9º c, tercer párrafo, por tratarse de servicios de enseñanza que no pueden ser calificados de formación profesional a tales efectos, dado que tienen como finalidad la obtención por los alumnos de un título que, objetivamente considerado y con carácter general, está destinado a satisfacer **necesidades personales** de quienes lo obtienen.

II. Clases particulares

(LIVA art.20.Uno.10º)

4525 **Pregunta**
¿Cuáles son las clases particulares exentas del impuesto?

Las clases a título particular prestadas por personas físicas sobre materias incluidas en los **planes de estudios** de cualquiera de los niveles y grados del sistema educativo.
La norma señala que no tienen la consideración de clases prestadas a título particular, aquellas para cuya realización sea necesario darse de alta en las tarifas de actividades empresariales o artísticas del IAE.
Según criterio administrativo, la aplicación de la exención prevista en este precepto está condicionada a la concurrencia de los siguientes **requisitos** (DGT 27-8-99):
a) Que las clases sean prestadas por personas físicas. No es necesario, a estos efectos, disponer de ningún tipo de titulación específica.
b) Que las materias sobre las que versen las clases estén comprendidas en alguno de los planes de estudios de cualquiera de los niveles y grados del sistema educativo español. La determinación de las materias que están incluidas en los referidos planes de estudio es competencia del Ministerio de Educación, Formación Profesional y Deportes.
c) Que no sea necesario darse de alta en la Tarifa de Actividades Empresariales del IAE para prestar las referidas clases. En particular, cumple este requisito quien deba, para ejercer la actividad, matricularse y tributar por la Agrupación 82 (Profesionales de la enseñanza) de la Sección Segunda (Actividades Profesionales) de las Tarifas de impuesto sobre Actividades Económicas.
La Dirección General de Coordinación con las Haciendas Territoriales ha manifestado, mediante Resol 16-2-93, que se considera **profesional de la enseñanza** a quien, actuando por cuenta propia, desarrolle personalmente la actividad de que se trate; sin embargo, se está ante un **empresario** cuando la actividad de enseñanza se ejerza no como una manifestación de la capacidad personal, sino como consecuencia de la puesta al servicio de la actividad de una organización empresarial, desvinculada formalmente de la personalidad profesional intrínseca del profesor o enseñante.

SECCIÓN 4

Exenciones de seguros y financieras

(LIVA art.20.Uno.16º y 18º)

 4535

I. Exenciones de seguros

(LIVA art.20.Uno.16º)

Pregunta 4540
¿Cuáles son las operaciones de seguros que están exentas?

De acuerdo con la LIVA art.20.Uno.16º, la exención se aplica a las operaciones de **seguro, reaseguro y capitalización**.
Asimismo, están exentos los servicios de **mediación**, incluyendo la captación de clientes, para la celebración del contrato entre las partes intervinientes en la realización de las anteriores operaciones, con independencia de la condición del empresario o profesional que los preste.
Finalmente, la exención se extiende a las modalidades de previsión.

Pregunta 4545
¿La exención de las operaciones de seguro está condicionada a que los servicios respectivos se presten por entidades aseguradoras?

No. A estos efectos, es fundamental la sentencia del TJUE 25-02-99, asunto Card Protection Plan C-349/96, que determina que la exención de las operaciones de seguro no está subordinada al hecho de que la entidad que presta el servicio sea una entidad aseguradora. Apelando al **principio de neutralidad** del impuesto, la exención es igualmente aplicable a servicios de seguros prestados por otros empresarios o profesionales.
A partir de lo anterior, hay que concluir que lo fundamental para la aplicación de la exención es determinar lo que es un **contrato de seguro**, ya que la delimitación objetiva de la exención es el criterio determinante. En este sentido, conviene recordar la **definición** que recoge la L 50/1980 art.1 de **contrato de seguro**: «es aquel por el que el asegurador se obliga mediante el cobro de una prima y para el caso de que se produzca el evento cuyo riesgo es objeto de cobertura, a indemnizar dentro de los límites pactados, el daño producido al asegurado o a satisfacer un capital, una renta u otras prestaciones convenidas».
Criterios similares se han establecido por el Tribunal europeo en TJUE 8-3-01, asunto Skandia C-240/99 y en TJUE 17-1-13, asunto BGZ Leasing C-224/11.

Pregunta 4550
¿En qué términos están exentas las operaciones de mediación en la colocación de seguros privados?

En los que establece la LIVA art.20.Uno.16º, que desvincula la exención de la condición del empresario o profesional que presta los servicios de mediación.
La DGT CV 27-7-06 analiza el alcance de la exención a las diferentes modalidades de mediación que se contemplan en la normativa sustantiva sobre esta materia, que es la L 26/2006, de Mediación de Seguros y Reaseguros Privados.
La DGT indica que, en la medida que los servicios descritos contribuyan a la aproximación del asegurador y el asegurado o vayan dirigidos a la búsqueda de clientes

para ponerlos en relación con el asegurador, se deben calificar esos servicios como de mediación en operaciones de seguros, reaseguros y capitalización, quedando, en consecuencia, exentos del IVA.

En particular, están **exentos** de tributación los siguientes servicios:

- los consistentes en la presentación, propuesta o realización de trabajos previos a la celebración del contrato de seguro o de reaseguro, y ello aunque el contrato de seguro presentado, analizado o propuesto no llegase finalmente a celebrarse. En particular, la captación de clientes está incluida entre estos servicios previos a la celebración del contrato;
- los consistentes en la celebración del citado contrato de seguro o de reaseguro;
- los consistentes en asistir a la entidad aseguradora en la ejecución o gestión del contrato de seguro o de reaseguro o en atender, asesorar o asistir al tomador, asegurado o beneficiario, en particular en caso de siniestro.

En cuanto a los **operadores de banca-seguros**, la DGT les reconoce la consideración de agentes de seguros a todos los efectos (L 26/2006 art.25.1 último párrafo), y en atención a la configuración de las operaciones que realizan, la exención se aplica a todos los servicios de mediación que, en los términos antes señalados, sean prestados por los citados operadores de banca-seguros a las entidades aseguradoras por cuya cuenta actúen.

Igualmente, los servicios prestados por las **entidades de crédito** a los operadores de banca-seguros, consistentes en la cesión por las primeras a los segundos de su red de distribución para la mediación en la comercialización de los productos de seguro, están exentos en la medida en que vayan dirigidos a la búsqueda de clientes o contribuyan a aproximar al asegurador y al asegurado, siempre que los contratos en cuya virtud se articule la correspondiente cesión puedan ser considerados igualmente como contratos de mediación para la suscripción de contratos de seguro.

Por el contrario, no puede calificarse como servicios de mediación el puro y simple «**back office**», es decir, la prestación de servicios consistente en la mera cesión de recursos humanos o la realización de labores administrativas auxiliares a la mediación en la comercialización de seguros. Estas operaciones de «back office» son operaciones sujetas y no exentas.

4551 Respecto a los **auxiliares externos**, que es otra de las figuras que se contempla en la L 26/2006, la DGT considera que los servicios de captación de clientes de seguros, en la medida que implican una actividad de búsqueda de clientes para ponerlos en contacto con el asegurador, prestados por los auxiliares externos de los mediadores de seguros, están exentos.

Adicionalmente, se califican como exentos los servicios de **tramitación administrativa** que presten los auxiliares externos de los mediadores de seguros, en tanto en cuanto los mismos son intrínsecamente auxiliares como señala la propia Ley y, por ende, accesorios a los de captación de clientes, obviamente, cuando ambos tipos de servicios sean prestados por el mismo auxiliar.

Por el contrario, cuando los servicios prestados por los citados auxiliares externos no se puedan considerar accesorios a los servicios de captación de clientes, estos servicios quedan fuera del ámbito de la exención.

Respecto a las **agencias de suscripción**, la DGT entiende que si su función se refiere a la captación de clientes, sus servicios deben considerarse exentos de tributación por el IVA.

Por último, la DGT analiza los llamados «**acuerdos de distribución** entre entidades aseguradoras», por la que las entidades aseguradoras pueden celebrar contratos consistentes en la prestación de servicios para la distribución de sus pólizas de seguros por medio de las redes de distribución de otras entidades aseguradoras, bajo su responsabilidad civil y administrativa.

De entrada, la DGT considera que los citados acuerdos no están amparados por la exención; no obstante, cuando los acuerdos de distribución entre entidades aseguradoras no supongan una pura cesión de recursos materiales o humanos, sino que exista una verdadera labor de mediación en la celebración de contratos de seguros

por contribuir a la búsqueda de clientes o a la aproximación de asegurador y asegurado, los citados acuerdos han de calificarse como operaciones exentas.
La DGT añade, para concluir, la admisibilidad de la exención con **independencia del estatuto** o condición que tenga el empresario o profesional que realice las operaciones.

Pregunta 4555
¿Qué operaciones realizadas por entidades aseguradoras se deben excluir de la exención?

Cualesquiera que **no** tengan por objeto la **cobertura de riesgos** que es inherente al contrato de seguro. A título de ejemplo, se pueden mencionar las siguientes (DGT 14-04-04):
a) Los servicios de asesoramiento en temas de previsión social y seguros de vida prestados por quienes no tengan la condición de agentes o corredores de seguros o reaseguros.
b) Los servicios de gestión de cobro de las primas de riesgo extraordinario prestados por las entidades aseguradoras al Consorcio de Compensación de Seguros y la gestión de siniestros a favor de entidades aseguradoras.
c) Los servicios de gestión de cobro de recibos.
Interesa destacar que cualquier otra operación realizada por una entidad aseguradora y que no tenga por objeto la cobertura de un riesgo ha de considerarse al margen de la exención.

Pregunta 4560
¿Qué tratamiento corresponde a las operaciones de reparación de bienes cubiertos por seguros sobre las cosas?

El mismo que a cualquier otra operación de reparación de bienes, generalmente, su sujeción y no exención. La exención incluye las prestaciones del asegurador al asegurado, pero no las entregas de bienes o prestaciones de servicios realizados por terceras personas.
Así, los servicios de reparación de **vehículos** asegurados están sujetos y no exentos, siendo el sujeto pasivo de la referida operación el empresario o profesional que la realiza, que debe liquidar y repercutir el impuesto al destinatario de la misma. El destinatario de la reparación es la persona que así resulte de los pactos entre las partes.
Si, de acuerdo con tales pactos el destinatario de la reparación fuese la entidad aseguradora, el empresario que efectúa la reparación está obligado a repercutir el impuesto a la citada entidad.
Si por el contrario, la entidad aseguradora no resulta destinataria de los servicios de reparación, sino que se limita a hacer efectivo el importe de la indemnización por siniestros, la repercusión se debe hacer al asegurado o persona que resulte destinataria real de la reparación.
Lo mismo cabe decir en cuanto a las **ejecuciones de obra de renovación o reparación** realizadas sobre viviendas particulares, con el matiz en este caso de que si las citadas operaciones tienen como destinatarios a los particulares que ocupan las citadas viviendas, entonces cabe la aplicación del tipo reducido, ello conforme a lo dispuesto por la LIVA art.91.Uno.2.10º (ver pregunta nº 9560 s.), pero no si los servicios se prestan a entidades aseguradoras (ver pregunta nº 4560).

4565

Pregunta
¿Qué tratamiento corresponde a las indemnizaciones que se pagan a los asegurados cubiertos por pólizas de seguro?

El de la **no sujeción**. Así resulta de la LIVA art.78.Tres.1º (ver pregunta nº 6500). En consecuencia, el cobro de estas cantidades no determina la realización de ninguna operación sujeta al impuesto, aunque se perciban por empresarios o profesionales en el desarrollo de su actividad, ni ha de ser documentado en factura, sin perjuicio de su documentación de cualquier otro modo.

II. Exenciones financieras

(LIVA art.20.Uno.18º)

4575

4580

Pregunta
¿Cuáles son las operaciones financieras exentas de IVA?

Exclusivamente las que señala la LIVA art.20.Uno.18º.
Es importante tener en cuenta que la LIVA no establece una exención genérica aplicable al total de las operaciones financieras, por lo que únicamente están exentas del impuesto las operaciones para las que así se establece por la LIVA art.20.Uno.18º (ver preguntas nº 4595 s.).
Del mismo modo, hay que señalar que, en tanto que supuestos de exención, las normas por las que se establecen exenciones para determinadas operaciones financieras han de ser objeto de interpretación estricta, como cualesquiera otras normas que disponen supuestos de exención (ver pregunta nº 4030). En consecuencia, **no cabe la extrapolación** de su contenido para su aplicación a supuestos distintos de los expresamente previstos por la LIVA.
En la interpretación de los supuestos de exención de las operaciones financieras, son fundamentales las Resoluciones de la DGT 24-7-87 y DGT 31-7-87, evacuadas a partir de las consultas planteadas por la Asociación Española de Banca y la Confederación Española de Cajas de Ahorros, respectivamente, en las que se analizan el alcance de los distintos supuestos de exención.

4585

Pregunta
¿La exención de las operaciones financieras está condicionada a que las operaciones de que se trate se efectúen por entidades financieras?

No. Tal y como ha señalado el TJUE, excepto en los supuestos en los que venga así establecido por la normativa aplicable, la exención de determinadas operaciones ha de aplicarse tanto cuando estas operaciones son realizadas por **entidades financieras** como cuando se efectúan por **otros empresarios** o profesionales. No hace falta señalar que el principio de neutralidad o de igualdad de trato es el que conduce al

TJUE a esta conclusión (TJUE 27-10-93, asunto Muys'en De Winter's Bouw-en Aannemingsbebdrijf C-281/91; 5-6-97, asunto SDC C-288/94).
El mismo TJUE ha apuntado a la **naturaleza objetiva** de las operaciones de transferencia y pago para aplicar o no la exención. Esta jurisprudencia comunitaria ha sido recogida reiteradamente por la doctrina de la DGT (entre otras, DGT 17-7-04).

A. Depósitos

(LIVA art.20.Uno.18º.a y b)

Pregunta 4595
¿En qué términos están exentos los depósitos?

De acuerdo con la LIVA art.20.Uno.18º.a, están exentos los depósitos **en efectivo** en sus diversas formas, incluidos los depósitos en cuenta corriente y cuentas de ahorro, y las demás operaciones relacionadas con ellos, incluidos los servicios de cobro o pago, prestados por el depositario a favor del depositante. A estos efectos, se consideran depósitos en efectivo los que tengan por objeto tanto **moneda nacional** como **extranjera**.
La DGT, en las resoluciones citadas en la pregunta nº 4580, señala que la **exención afecta** a los servicios prestados por el depositario actuando en el ejercicio de su actividad empresarial o profesional a favor del depositante, cualquiera que sea la condición de este, con ocasión del depósito en efectivo y, en particular, los siguientes:
a) Remisión de estados contables.
b) Anotación en cuenta.
c) Movimiento de cuentas.
d) Pago de talones emitidos por el titular.
e) Emisión de cheques garantizados.
f) Aviso de vencimiento de efectos.
g) Pago de recibos (a cargo del titular de la cuenta).
h) Pago de efectos de comercio y otros documentos (a cargo del titular de la cuenta).
i) Transferencias.
j) Administración y mantenimiento de cuentas.
k) Transmisión de las cantidades objeto de depósitos en efectivo, incluso mediante la transmisión de certificados de depósito o títulos que cumplan análoga función.
Asimismo, esta exención es de aplicación en relación con los servicios prestados por depositarios, empresarios o profesionales, efectuados en el ejercicio de su actividad empresarial o profesional, derivados de las siguientes **modalidades de depósito en efectivo**:
- cuentas mutuas, de tesorería y especiales en efectivo;
- cuentas con otras entidades (sociedades mediadoras en el mercado de dinero, juntas sindicales de las bolsas de comercio y corresponsales nacionales no banqueros).

Por el contrario, **no están exentas**, entre otras, las siguientes operaciones:
a) Los servicios de gestión de cobro de créditos, letras de cambio, recibos y otros documentos. No se consideran de gestión de cobro las operaciones relativas a tarjetas de pago o crédito ni las de abono en cuenta de cheques o talones.
b) Los servicios prestados por los depositarios a terceras personas, distintas del depositante.
c) El alquiler de cajas de seguridad.
d) Los depósitos de billetes de lotería.
e) Los depósitos de efectos comerciales.

4600

Pregunta
¿Qué tratamiento corresponde a las operaciones de factoring?

La LIVA art.20.Uno.18º.a excluye de la exención de las operaciones financieras los servicios de gestión de cobro de créditos, letras de cambio, recibos y otros documentos. Tampoco se extiende la exención a los servicios prestados al cedente en el marco de los contratos de «factoring», con excepción de los de anticipo de fondos que, en su caso, se puedan prestar en estos contratos. No se consideran de gestión de cobro las operaciones de abono en cuenta de cheques o talones.

Se puede señalar, por tanto, que en estas operaciones, únicamente, los servicios de anticipo de fondos están exentos, quedando los demás sujetos y no exentos.

La Resol DGT 1/2004, estableció los criterios de aplicación de la exención a la luz de la sentencia del TJUE 26-6-03, asunto MKG C-305/01.

Sin embargo, la misma DGT revisó su criterio, prescribiendo el siguiente **tratamiento** (DGT CV 4-4-09 y DGT CV 7-4-09):

a) La cesión de derechos de crédito efectuada en el marco de un contrato de factoring, con o sin recurso, determina que la entidad de factoring presta al tenedor de los derechos de crédito una **pluralidad de servicios** de los que, solamente, el **anticipo de fondos** debe encontrarse exento. El elemento distintivo de este tipo de cesiones se centra en que estas son meramente instrumentales, es decir, no suponen ninguna operación sujeta al impuesto. Quien realiza operaciones sujetas al impuesto es la entidad de factoring a favor del cedente, dentro de las que, como se ha indicado, la correspondiente al anticipo se encuentra exenta, mientras que las de garantía y de gestión de cobro no lo están.

b) En la cesión de derechos de crédito que se corresponde con su venta definitiva, pura y simple, en la que el **adquirente** asume plenamente el **riesgo de impago** de los destinatarios, todo ello al margen de un contrato de factoring, la operación controvertida es la cesión en sí misma, que constituye una prestación de servicios sujeta pero exenta del impuesto por mandato legal expreso. Esta situación supone que el adquirente del derecho de crédito no presta ningún servicio al transmitente del derecho. Antes, al contrario, es su titular quien lo hace a favor del adquirente, en la medida en que le vende definitivamente su derecho.

c) La operación consistente en la cesión de créditos o de cualquier otro derecho incorporado a un título que se presenta a una entidad financiera, para que esta proceda a su descuento, **anticipando fondos** al cliente minorados en el resultado de aplicar un tipo de descuento determinado, y proceda a gestionar su cobro llegado el vencimiento del derecho cobrando, por ello, una tasa anual equivalente formada por la adición al **tipo de descuento** de determinadas comisiones resultantes de la contabilidad analítica llevada por la caja de ahorros, se encuentra sujeta pero exenta del IVA. En particular, el desglose que eventualmente realice la entidad financiera de la contraprestación total cargada a su cliente no puede desvirtuar el referido tratamiento como operación exenta.

d) Concluida la exención del servicio de descuento en todos sus componentes, el **cobro final** de los **efectos descontados** llegado su vencimiento no puede considerarse una operación sujeta al impuesto, en la medida en que no constituye más que la concreción de la operación de descuento inicial cuyo tratamiento es el ya indicado.

e) La cesión de efectos para su **gestión de cobro** cuando no se acompañe del anticipo de fondos a que se refiere, se encuentra sujeta y no exenta del impuesto.

Asimismo, hay que tener en cuenta que el TS ha establecido la no exención de las denominadas **aplicaciones de efectos**, esto es, de las **comisiones** que las entidades financieras se giran entre ellas por la gestión de cobro de efectos descontados (entre otras, TS 28-2-12, EDJ 36285; TS 3-5-12, EDJ 93576). Esta afirmación puede poner en cuestión la tercera de las conclusiones antes expuestas.

B. Préstamos

(LIVA art.20.Uno.18º.c a f)

Pregunta
¿En qué términos están exentos los préstamos? 4610

La LIVA art.20.Uno.18º.c) establece la exención de la concesión de créditos y préstamos **en dinero**, cualquiera que sea la forma en que se instrumente, incluso mediante efectos financieros o títulos de otra naturaleza.
La LIVA art.20.Uno.18º.d) aplica la exención a las **demás operaciones**, incluida la gestión, relativas a préstamos o créditos efectuadas por quienes los concedieron en todo o en parte, con excepción de los servicios prestados a los demás prestamistas en los préstamos sindicados, que no están exentos. En todo caso, se consideran exentas las operaciones de permuta financiera.
Adicionalmente, la LIVA art.20.Uno.18º.e) señala la exención para la **transmisión** de préstamos o créditos.
Interesa destacar que la exención se aplica cualquiera que sea la **condición del prestatario** y la **forma** en que se instrumente, incluso mediante efectos financieros y títulos de igual naturaleza. Del mismo modo, las operaciones de préstamo están exentas con independencia de si la retribución de estos servicios consiste únicamente en intereses o intereses más comisiones.

En relación con las **operaciones** y los servicios relacionados con los préstamos y créditos, la DGT ha considerado que están exentas las operaciones de concesión de créditos realizadas de las siguientes maneras: 4611
a) La concesión de préstamos y créditos.
b) La apertura de préstamos, cuentas de créditos, anticipos sobre efectos y descubiertos en cuenta corriente.
c) Los efectos de comercio.
d) Los títulos de otra naturaleza.
e) Los depósitos en efectivo mediante cuentas mutuas, de tesorería y especiales.
f) Los depósitos en efectivo mediante cuentas en otras entidades.
La exención **se extiende** a **todos los servicios**, incluidos los de gestión, relativos a los préstamos o créditos efectuados por quienes los concedieron en todo o en parte, siempre que el destinatario de los servicios sea el prestatario. Cuando concurran las citadas circunstancias están exentos, entre otros, los siguientes servicios:
a) La valoración de fincas en préstamos hipotecarios.
b) La elaboración de estudios previos sobre la situación económica del solicitante de un préstamo o crédito.
c) Los estudios previos de solvencia.
d) Los informes comerciales.
e) La remisión de estados contables.
f) La anotación en cuenta.
g) El movimiento en cuenta.
La DGT también ha admitido la exención de la **permuta financiera** y de las transmisiones de préstamos o créditos, cualquiera que sea la forma en que se instrumenten y los sujetos a quienes se efectúen y, todo ello, con independencia de cuál sea la modalidad de contraprestación de las citadas operaciones (en relación con los contratos de factoring, ver pregunta nº 4600).

C. Garantías

(LIVA art.20.Uno.18º.g)

4620 **Pregunta**
¿En qué términos están exentas las operaciones relativas a garantías?

En los que señala la LIVA art.20.Uno.18º.f), conforme a la que está exenta la prestación de **fianzas, avales, cauciones y demás garantías** reales o personales, así como la emisión, aviso, confirmación y demás operaciones relativas a los créditos documentarios.
La exención se extiende, por mandato expreso de la norma, a la gestión de garantías de préstamos o créditos efectuadas por quienes concedieron los préstamos o créditos garantizados o las propias garantías, pero no a la realizada por terceros.
Por su parte, la LIVA art.20.Uno.18º.g) establece la exención de la **transmisión** de garantías.
Todas estas exenciones se aplican con independencia de la condición del destinatario de la operación.
Debe tenerse en cuenta que no van a estar sujetas al impuesto las fianzas o garantías que se prestan por quienes no tienen la condición de sujeto pasivo, como puede ser el caso de los particulares que prestan las fianzas en contratos de préstamo o de arrendamiento.

D. Transferencias y órdenes de pago

(LIVA art.20.Uno.18º.h y i)

4630 **Pregunta**
¿En qué términos están exentas las operaciones relativas a transferencias y órdenes de pago?

En los que establece la LIVA art.20.Uno.18º.h, que extiende la exención a las operaciones relativas a transferencias, giros, cheques, libranzas, pagarés, letras de cambio, tarjetas de pago o de crédito y otras órdenes de pago. La misma norma **extiende la exención a** las operaciones siguientes:
a) La compensación interbancaria de cheques y talones.
b) La aceptación y la gestión de la aceptación.
c) El protesto o declaración sustitutiva y la gestión del protesto.
No se incluye en la exención el servicio de cobro de letras de cambio o demás documentos que se hayan recibido en gestión de cobro.
Adicionalmente, la LIVA art.20.Uno.18º.i) dispone la exención de la **transmisión** de los efectos y órdenes de pago, incluso la transmisión de efectos descontados. No se incluye en la exención la cesión de efectos en comisión de cobranza.

4631 La DGT ha admitido la **exención** de las siguientes operaciones:
a) Las **transferencias**, tanto sobre la propia plaza como sobre otras plazas, incluidos los traspasos entre cuentas del propio ordenante en la misma entidad.
b) Los **giros** y otras órdenes de pago, sobre la propia plaza o sobre plaza distinta, incluidas las letras de cambio, libranzas y los pagarés.
c) Las órdenes de pago de **nóminas** mediante **abono** en cuenta, incluso la expedición de aviso de abono en cuenta y la confección de cheques-nómina.
d) Los servicios de pago de **nóminas en efectivo**, tanto en la ventanilla de la propia entidad, como en los locales de la empresa por cuya cuenta se actúe.
e) Los servicios de pago de obligaciones inherentes a la **emisión de títulos** valores, incluidos los de cheques y cupones.
f) Las operaciones relativas a **cheques** y otros documentos de pago tanto girados sobre la propia plaza como sobre plaza distinta, incluidas las que a continuación se relacionan:

1. El abono en cuenta del depositante.
2. La compensación interbancaria de los citados efectos.
3. La conformidad a los cheques tanto por escrito como telefónicamente.
4. El protesto o declaración sustitutiva.
5. Las devoluciones de estos documentos cuando no se hubiesen recibido en gestión de cobro.
g) Los servicios relativos a **tarjetas de crédito**, débito y uso múltiple, tanto los servicios prestados a los titulares, cuya contraprestación es la comisión percibida de los mismos por la emisión o renovación de las tarjetas, por la disposición en ventanillas, en cajeros automáticos o en oficinas de otras entidades nacionales o extranjeras, como los servicios prestados a los establecimientos donde se utilicen las tarjetas, retribuidos mediante las comisiones percibidas de los establecimientos señalados. Están igualmente exentas las comisiones percibidas de la entidad emisora cuando el titular de la tarjeta hace uso de ella en oficinas de otras entidades.
h) Las **tarjetas** que garantizan **cheques**.
i) Los **cheques** y otros documentos de pago **garantizados**:
1. Cheques de las tarjetas de crédito: están exentos los servicios prestados a los titulares de la tarjeta de crédito y a los establecimientos comerciales.
2. Cheques para carburantes: están exentos los servicios prestados a los titulares de los cheques y a las estaciones de servicio o expendedores del carburante.
3. Otros cheques garantizados (cheques de viajeros). Están exentos los servicios prestados a terceros en la emisión y compraventa de cheques de viajeros.
j) Asimismo, están exentos del impuesto, tanto si se refieren a efectos descontados como a los recibidos en gestión de cobro, los siguientes **servicios relativos** a los **documentos** citados anteriormente:
1. Gestión de la aceptación.
2. Gestión del protesto o declaración sustitutiva.

4635

Pregunta
¿Está exenta la gestión de cobro de títulos financieros?

No. La DGT ha señalado que las exenciones financieras no se extienden a los **servicios de cobro** de los documentos recibidos en gestión de cobro, ni a la cesión de efectos en comisión de cobranza, ni, consiguientemente, a los servicios accesorios a ellos. En consecuencia, **no están exentos** del impuesto los siguientes servicios relativos a efectos y otros documentos recibidos en gestión de cobro:
a) Notificaciones y requerimientos a los obligados al pago.
b) Cobro de efectos recibidos en gestión de cobro.
c) Aplicaciones de estos efectos realizadas entre entidades financieras.
d) Devoluciones procedentes de aplicaciones de estos efectos realizadas entre entidades financieras.
e) Devoluciones de los referidos efectos.
f) Cobro de recibos recibidos en gestión de cobro.
g) Aplicaciones de los recibos.
h) Devoluciones de los mencionados recibos.
i) Cobro de certificaciones por ejecuciones de obras, suministros o servicios cuyo importe no se haya adelantado por la entidad financiera.
j) Cobro de lotería premiada.
k) Cobro de quinielas.
En relación con lo anterior, el TEAC 8-5-02 ha señalado que la gestión de cobro de efectos que se realiza por una entidad financiera por encargo de otra, titular por endoso de los expresados efectos, es una operación sujeta al impuesto y no exenta. En términos similares se expresa el TS 28-2-12, EDJ 36285 y el TS 3-5-12, EDJ 93576, al establecer la no exención de las denominadas aplicaciones de efectos, esto es, de las comisiones que las entidades financieras se giran entre ellas por la gestión de cobro de efectos descontados.

4640 **Pregunta**
¿Qué servicios relativos a tarjetas de crédito están exentos?

La DGT 10-1-86 ha señalado que se consideran exentos del impuesto los siguientes servicios prestados por las empresas emisoras y gestoras de las tarjetas de crédito:
a) Los servicios de admisión de un **nuevo socio** titular de una tarjeta que se retribuyan mediante una cuota de adhesión a cargo del titular.
b) Los servicios de **renovación** periódica de la tarjeta de crédito, cuya contraprestación consiste ordinariamente en cuotas adicionales.
c) Los servicios prestados a los establecimientos adheridos al sistema de la tarjeta de crédito, mediante el pago de **comisiones** a percibir de los establecimientos, cualquiera que sea la forma (descuentos u otra análoga), en que se instrumente el pago de las comisiones.
Asimismo, están exentos del impuesto los servicios, complementarios de los anteriores, de remisión al titular de la tarjeta de crédito del importe nominal de las diversas notas de cargo como consecuencia de las facturas o recibos emitidos por los establecimientos mercantiles adheridos.
En el supuesto de que el titular de la tarjeta optase por la modalidad de **pago diferido** de ciertas operaciones realizadas por medio de la tarjeta, la exención se extendería al servicio complementario de crédito cuya contraprestación consiste en el pago de los correspondientes intereses.

E. Divisas, billetes y monedas

(LIVA art.20.Uno.18º.j)

4650 **Pregunta**
¿En qué términos están exentas las operaciones relativas a divisas, billetes y monedas?

En los que establece la LIVA art.20.Uno.18º.j), que prescribe la exención para las operaciones de compra, venta o cambio y servicios análogos que tengan por objeto divisas, billetes de banco y monedas que sean medios legales de pago, a excepción de las monedas y billetes de colección y de las piezas de oro, plata y platino.
La misma norma señala que, a estos efectos, se consideran **de colección** las monedas y los billetes que no sean normalmente utilizados para su función de medio legal de pago o tengan un interés numismático.
Del mismo modo, señala que no se aplica esta exención a las **monedas de oro** que tengan la consideración de oro de inversión de acuerdo con lo establecido en la LIVA art.140.2º, lo que ha de entenderse sin perjuicio de que se aplique la exención propia de las operaciones con oro de inversión.
La DGT ha precisado que la **exención** se aplica a las siguientes operaciones:
a) Los servicios de compra o venta de monedas, billetes o divisas, así como los de compensación por convenios internacionales de pago cuya contraprestación se instrumente mediante las correspondientes comisiones.
b) Las operaciones de compra y venta de las referidas monedas y billetes.
c) Pago en efectivo por caja de eurocheques, en moneda extranjera o en euros.
d) Compraventa de cheques de viajeros.
Por su parte, **no** van estar **exentos** del impuesto:
a) Los servicios relativos a domiciliaciones varias por licencias de importación y exportación, operaciones triangulares e inversiones, sin perjuicio de los beneficios fiscales que, en su caso, pudieran resultar aplicables en virtud de lo dispuesto en otros preceptos.
b) Las operaciones sobre monedas o billetes de colección, considerando como tales los que no sean normalmente utilizados para su función de medio legal de pago o tengan un interés numismático y las piezas de oro, plata u otro metal.

F. Acciones, participaciones, obligaciones y demás valores

(LIVA art.20.Uno.18º.k y l)

Pregunta 4660

¿En qué términos están exentas las operaciones relativas a acciones, participaciones, obligaciones y demás valores?

Tal y como señala la LIVA art.20.uno.18º.k), están exentos los servicios y operaciones, exceptuados el depósito y la gestión, relativos a acciones, participaciones en sociedades, obligaciones y demás valores no mencionados en las letras anteriores de este número, con **excepción** de los siguientes:

a) Los representativos de mercaderías.

b) Aquellos cuya posesión asegure de hecho o de derecho la propiedad, el uso o el disfrute exclusivo de la totalidad o parte de un bien inmueble. A estos efectos, no tienen esta naturaleza, por expresa dicción de la norma, las acciones o las participaciones en sociedades.

c) Aquellos valores no admitidos a negociación en un mercado secundario oficial, realizados en el mercado secundario, mediante cuya transmisión se hubiera pretendido eludir el pago del impuesto correspondiente a la transmisión de los inmuebles propiedad de las entidades a las que representen esos valores, en los términos a que se refiere la LMV/88 art.108 (actualmente, LMV art.338).

La LIVA art.20.uno.18º.l), establece la exención de la **transmisión** de los citados valores y de los servicios relacionados con ella, incluso por causa de su emisión o amortización, con las mismas excepciones.

Como **servicios exentos** al amparo de las disposiciones citadas, se pueden citar los siguientes:

a) Los relativos a la emisión de títulos valores.

b) Los referentes a la amortización.

c) Los relacionados con las operaciones de canje o conversión de los referidos título valores.

d) La transmisión de títulos valores y de los derechos sobre ellos.

Es importante tener presentes **las excepciones** que establece la norma para la exención:

a) Operaciones sobre «**warrants**» o resguardos de almacenes generales de depósito y demás títulos representativos de mercancías, sin perjuicio de las exenciones reconocidas en relación con los créditos documentarios.

b) Operaciones sobre **títulos distintos de las acciones o participaciones en sociedades**, cuya posesión asegure de hecho o de derecho la propiedad, el uso o el disfrute exclusivo de un bien inmueble. La finalidad de esta exclusión es evitar un trato desigual entre la transmisión directa de inmuebles y la transmisión de participaciones que aseguren su propiedad, por lo que debe matizarse con las exenciones aplicables a **operaciones inmobiliarias**. Interesa destacar la excepción que se hace, respecto de la no exención, para las acciones o participaciones en sociedades, excepción que se relaciona con el régimen de tributación a transmisiones patrimoniales onerosas que se instituye en la LMV art.338, que somete a tributación por este impuesto operaciones realizadas con acciones que realmente son operaciones inmobiliarias. A la misma finalidad responde la última excepción, relativa a las transmisiones de títulos que pueden quedar gravadas por aplicación del referido artículo.

4662

Pregunta
¿Qué transmisiones de acciones pueden quedar sujetas y no exentas de IVA por ser consideradas como transmisiones de inmuebles, conforme a lo dispuesto por la LMV art.338?

De entrada, la LMV art.338 establece la exención de las transmisiones de valores, admitidos o no a negociación en mercados secundarios oficiales, tanto en el IVA como en el ITP y AJD.

No es aplicable la exención a las transmisiones de **valores no admitidos a negociación** en un mercado secundario oficial realizadas en el mercado secundario, que tributan en el impuesto al que estén sujetas como transmisiones onerosas de bienes inmuebles, cuando mediante tales transmisiones de valores se hubiera pretendido eludir el pago de los tributos que habrían gravado la transmisión de los inmuebles propiedad de las entidades a las que representen los valores.

En la **configuración actual** de la norma, los **requisitos** que se deducen de la misma para la **sujeción** a IVA de las operaciones son los siguientes:

a) Ha de tratarse de transmisiones efectuadas en **mercados secundarios**, sin que en ningún caso la norma resulte aplicable a operaciones realizadas en el mercado primario (emisión de acciones).

b) Las operaciones deben haberse efectuado con la **intención de eludir** el tributo que correspondiera aplicar; cabe entender que a la transmisión de los inmuebles que conformen el activo de las entidades cuyo capital representen los títulos transmitidos.

La misma norma expone tres supuestos en los que se puede concluir que **existe** esta **pretensión elusoria**. Son los siguientes:

a) Cuando mediante la transmisión se obtenga el control de una entidad cuyo activo esté formado en, al menos, el 50% por inmuebles radicados en España que no estén afectos a actividades empresariales o profesionales, o cuando, una vez obtenido ese control, aumente la cuota de participación en ella.

b) Cuando se obtenga el control de una entidad en cuyo activo se incluyan valores que le permitan ejercer el control en otra entidad, cuyo activo esté integrado, al menos, en un 50% por inmuebles radicados en España que no estén afectos a actividades empresariales o profesionales, o cuando, una vez obtenido ese control, aumente la cuota de participación en ella.

c) Cuando los valores transmitidos hayan sido recibidos por las aportaciones de bienes inmuebles realizadas con ocasión de la constitución de sociedades o de la ampliación de su capital social, siempre que tales bienes no se afecten a actividades empresariales o profesionales y que, entre la fecha de aportación y la de transmisión, no hubiera transcurrido un plazo de 3 años.

Los supuestos que se han señalado lo son a título enunciativo, por lo que, en cualquier otro caso en el que se pueda apreciar que existe esta pretensión de elusión del tributo, se debe aplicar esta norma.

4665

Pregunta
¿Qué servicios de gestión de cartera están exentos?

La DGT 20-9-04 , entre otras, se había pronunciado sobre este particular, distinguiendo entre «gestión discrecional» y «gestión asesorada» de carteras de valores.

La DGT dispuso que los servicios de **gestión discrecional** de valores estaban **exentos**, en la medida en que suponían la realización de operaciones relativas a títulos valores en la que se puede crear, modificar o extinguir los derechos y obligaciones de las partes sobre títulos valores.

Por su parte, los servicios de **gestión asesorada** de cartera de valores se consideraban **no exentos**, en la medida en que suponen la realización de servicios de difusión de información sobre valores emitidos o comercializados por una entidad, servicios de asesoramiento a esa entidad en prácticas comerciales y análisis de mercado de

potenciales suscriptores o adquirentes de los referidos valores. Igual ocurre con los servicios de administración y gestión de la cartera de valores y asesoramiento y planificación financiera en ampliaciones de capital, emisiones y amortizaciones.
Estos **criterios** se han visto **modificados** como consecuencia de la sentencia del TJUE de 19-7-12, asunto Deutsche Bank C-44/11, a partir de la que la DGT ha emitido las consultas DGT CV 2-1-13 y DGT CV 2-1-13, en las que pasa a considerar los servicios de gestión discrecional como sujetos y no exentos. La DGT señala en sus contestaciones que el **nuevo criterio** es aplicable exclusivamente a las operaciones realizadas a partir de la fecha de las mismas, pero no a las efectuadas con anterioridad.

G. Mediación en operaciones financieras

(LIVA art.20.Uno.18º.m)

Pregunta 4675
¿En qué términos están exentos los servicios de mediación en relación con las operaciones financieras?

En los términos en los que establece la LIVA art.20.Uno.18º.m, por la que está exenta la mediación en las operaciones financieras por aplicación del resto de letras de la citada LIVA art.20.Uno.18º, y en las operaciones de igual naturaleza no realizadas en el ejercicio de actividades empresariales o profesionales.
La misma norma señala que la exención se extiende a los servicios de mediación en la transmisión, o en la colocación en el mercado, de **depósitos, de préstamos en efectivo o de valores**, realizados por cuenta de sus entidades emisoras, de los titulares de los mismos o de otros intermediarios, incluidos los casos en que medie el aseguramiento de esas operaciones.
La **jurisprudencia comunitaria** se ha pronunciado sobre la cuestión mediante sentencia en la que considera necesaria, para la aplicación de la exención, la concurrencia de dos **requisitos** (TJUE 13-12-01, asunto CSC C-235/00):
a) Que el prestador del servicio de negociación o, en este caso, de intermediación sea un tercero distinto del comprador y del vendedor en la operación principal.
b) Que las funciones que realiza vayan más allá del suministro de información y la recepción de solicitudes, y que se plasmen en la indicación de las ocasiones en las que se pueden realizar la operación y, una vez existen esas ocasiones, haciendo lo necesario para que esta se efectúe.
En consecuencia, el mediador ha de ser un tercero, distinto de las partes, que aproxime y que actúe de modo independiente. El mediador no puede hallarse ligado o depender de ninguna de las partes, pues el servicio que presta es el de acercamiento de las partes, indicando ocasiones para la celebración del contrato y haciendo lo posible para que este se concluya.
Esta labor de mediación ha de diferenciarse de la mera **subcontratación** de los servicios del supuesto mediador por una de las partes. Así, si una de las partes solicita de un tercero la realización de un segmento de las actividades que la parte realiza en lo que respecta a la colocación de sus productos financieros, no existe tal mediación, pues ese tercero debe estar ocupando el mismo lugar que el vendedor del producto financiero y, por consiguiente, no es una persona intermediaria entre las partes para la celebración del contrato.
La DGT ha acogido estos criterios y, haciendo referencia igualmente a la sentencia del TS 10-11-04, ha considerado que los conceptos de «**negociación**», en el Derecho comunitario, y «**mediación**», en el Derecho español, tienen como característica fundamental la existencia de un tercero, el denominado mediador, cuya función principal es la de aproximar a las partes para la celebración de un contrato posterior.
En consecuencia, el término «mediación», en este contexto, implica la **existencia de un tercero** que tiene por función **aproximar a las partes** para la futura celebración de un contrato. Las partes deben conocer la existencia del mediador, así como la

misión que tiene encomendada. El mero suministro de información y la simple recepción de solicitudes no suponen, por sí mismos, la realización de un servicio de mediación exento.
El hecho de que, tras la prestación del servicio de mediación en estos términos, las partes, finalmente, no lleguen a la conclusión del contrato, no obsta para que el servicio de mediación se tenga por realizado.
Este criterio, en relación con la intermediación en operaciones financieras, ha sido recogido por la doctrina de la DGT (entre otras, DGT CV 26-9-05 ; CV 6-5-10 ; CV 19-12-13), como también por el TEAC 17-9-20 (que reitera criterio de TEAC 25-9-18).

H. Gestión y depósito de IIC, fondos de pensiones y otros

(LIVA art.20.Uno.18º.n)

4685

Pregunta
¿En qué términos están exentas las operaciones relativas a Instituciones de Inversión Colectiva (IIC)?

De acuerdo con la LIVA art.20.Uno.18º.n, está exenta la **gestión y depósito** de las **IIC**, de las entidades de **capital-riesgo** gestionadas por sociedades gestoras autorizadas y registradas en los Registros especiales administrativos, de los **fondos** de pensiones, de regulación del mercado hipotecario, de titulización de activos y colectivos de jubilación, constituidos de acuerdo con su legislación específica.
A este respecto, y con base en la doctrina más reciente de la DGT (CV 25-3-22) y la jurisprudencia comunitaria (TJUE 4-5-06, asunto Abbey National C-169/04; 7-3-13, asunto GfBk C-275/11; 2-7-20, asunto Blackrock C-231/19; 17-6-21, asuntos acumulados K y DBKAG C-58/20 y C-59/20), cabe considerar que, para estar exentos, los servicios recibidos por los fondos de inversión han de constituir un conjunto diferenciado, considerado globalmente, que cumplan los requisitos generales de la externalización, es decir, ser específicos y esenciales para la gestión del fondo de inversión, de forma que:
- tengan una vinculación intrínseca con la gestión de fondos comunes de inversión;
- se presten exclusivamente para la gestión de tales fondos.

I. Intervención de fedatarios públicos

(LIVA art.20.Uno.18º.ñ)

4695

Pregunta
¿Está exenta la intervención de fedatarios públicos en la realización de operaciones exentas?

Estos servicios citados en la pregunta están sujetos y no exentos.

SECCIÓN 5

Exenciones aplicables a las operaciones inmobiliarias

(LIVA art.20.Uno.20º a 23º)

4710

4715

Pregunta
¿Qué operaciones inmobiliarias están exentas de IVA?

Las operaciones inmobiliarias para las que se prevén exenciones son las siguientes:
a) Ciertas entregas de terrenos.
b) Ciertas entregas de edificaciones.
c) Ciertos arrendamientos y derechos reales sobre terrenos y edificaciones.
Estas exenciones, como cualesquiera otras, se aplican cuando las operaciones están sujetas a IVA, lo que, en el ámbito de las operaciones inmobiliarias, puede suscitar dudas por el cumplimiento, o no, del requisito subjetivo del hecho imponible, esto es, por el hecho de que quien realice las operaciones sea **empresario o profesional** o no. Esta cuestión se analiza en nº 190 s. Operaciones inmobiliarias efectuadas por quienes no tienen la condición de empresarios o profesionales actuando en el desarrollo de su actividad no están sujetas al impuesto, por lo que no cabe hablar de su exención.
Respecto a las entregas de **edificaciones y de arrendamientos** o constitución de derechos reales sobre terrenos o viviendas, la separación entre el análisis de la sujeción y de la exención no resulta especialmente problemática. Así es como consecuencia de la atribución de la condición de empresario o profesional a los efectos del IVA a cualquiera que realice operaciones que le supongan la obtención de ingresos de manera continuada en el tiempo (LIVA art.5.Uno.c, ver pregunta nº 350) o a quienes promueven la construcción o rehabilitación de edificaciones para su venta (ver pregunta nº 450).
Por el contrario, en el caso de las entregas de **terrenos**, esta separación resulta más difícil de mantener, ya que en muchos casos la adquisición de la condición de empresario o profesional por parte de su propietario y la exclusión de la exención para los terrenos afectados son circunstancias coincidentes en cuanto a su origen y fecha de concurrencia (ver pregunta nº 370 s. respecto a los urbanizadores ocasionales).

4720

Pregunta
¿Cómo opera la coordinación entre IVA e ITP y AJD cuando se trata de operaciones inmobiliarias sujetas a IVA, pero exentas?

En general, las operaciones sujetas a IVA no están sujetas a la modalidad de Transmisiones Patrimoniales Onerosas (TPO) del ITP y AJD (LIVA art.4.Cuatro). **Por excepción**, las operaciones inmobiliarias sujetas a IVA, pero exentas están sujetas a TPO. En consecuencia, cuando una operación inmobiliaria no resulta gravada por IVA, sea como consecuencia de su no sujeción, sea como consecuencia de su exención, la misma queda sujeta a la citada modalidad de TPO del ITP y AJD, sin perjuicio de la incidencia de la modalidad de OS, en su caso.

I. Entregas de terrenos

(LIVA art.20.Uno.20º)

4730

Pregunta
¿Cuáles son las entregas de terrenos que están exentas de IVA?

De acuerdo con la LIVA art.20.Uno.20º, están exentas las entregas de terrenos **rústicos** y demás que **no** tengan la condición de **edificables**, incluidas las construcciones de cualquier naturaleza en ellos enclavadas que sean indispensables para el desarrollo de una explotación agraria y los destinados exclusivamente a parques y jardines públicos o a superficies viales de uso público.
El mismo precepto señala que, a estos efectos, se consideran **edificables** los terrenos calificados como solares por la Ley sobre el Régimen del Suelo y Ordenación Urbana y demás normas urbanísticas, así como los demás terrenos aptos para la edificación por haber sido esta autorizada por la correspondiente licencia urbanística.
A partir de la redacción del precepto, parece que ha de estarse a la **calificación de un terreno** para determinar si este se encuentra dentro del ámbito de la exención o no es así. El terreno calificado como solar es el que se encuentra excluido de la exención. En principio, el resto de los terrenos, en caso de estar sujetos, están exentos (ver pregunta nº 4765 respecto a los terrenos urbanizados o en curso de urbanización).

4735

Pregunta
¿Cómo se puede aplicar la exención de las entregas de suelo a las categorías que establece la vigente Ley del suelo?

Para determinar el tratamiento en el IVA de las operaciones relativas al suelo hay que hacer referencia a la legislación urbanística. Para ello, se debe tomar como referencia la vigente Ley del Suelo y Rehabilitación Urbana (LS/15).
Es importante señalar que la propia LS/15 prescinde de clasificar el suelo, cuestión que entiende corresponde a la legislación autonómica, por lo que se limita a distinguir las dos situaciones en las que todo suelo puede encontrarse, según haya sido transformado o no, situación de **suelo de uso rural** y situación de **suelo urbanizado**.
De acuerdo con la LS/15 art.21.3, está en situación de **suelo urbanizado** el suelo que, estando legalmente integrado en una malla urbana conformada por una red de viales, dotaciones y parcelas propia del núcleo o asentamiento de población del que forme parte, cumpla alguna de las siguientes **condiciones**:
a) Haber sido urbanizado en ejecución del correspondiente instrumento de ordenación.
b) Tener instaladas y operativas, conforme a lo establecido en la legislación urbanística aplicable, las infraestructuras y los servicios necesarios, mediante su conexión en red, para satisfacer la demanda de los usos y edificaciones existentes o previstos por la ordenación urbanística o poder llegar a contar con ellos sin otras obras que las de conexión con las instalaciones preexistentes. El hecho de que el suelo sea colindante con carreteras de circunvalación o con vías de comunicación interurbanas no comporta, por sí mismo, su consideración como suelo urbanizado.
c) Estar ocupado por la edificación, en el porcentaje de los espacios aptos para ella que determine la legislación de ordenación territorial o urbanística, según la ordenación propuesta por el instrumento de planificación correspondiente.

Interesa destacar que el suelo que está exceptuado de la exención, con independencia de la condición de su transmitente, es aquel que tiene la condición de solar, y no el que únicamente se puede considerar como suelo urbano.
Por su parte, se puede definir como **suelo no urbanizable** el suelo sometido a algún régimen especial de protección por sus valores de diversa condición, por las necesidades de protección del dominio público o el así calificado por el planeamiento.
La LS/15 no define este concepto, lo que define es el **suelo en situación de suelo rural**, que es el suelo preservado por la ordenación territorial y urbanística de su transformación mediante la urbanización, que debe incluir, como mínimo, los terrenos excluidos de la transformación por la legislación de protección o policía del dominio público, de la naturaleza o del patrimonio cultural, los que deban quedar sujetos a tal protección conforme a la ordenación territorial y urbanística por los valores en ellos concurrentes, incluso los ecológicos, agrícolas, ganaderos, forestales y paisajísticos, así como aquellos con riesgos naturales o tecnológicos, incluidos los de inundación o de otros accidentes graves, y cuantos otros prevea la legislación de ordenación territorial o urbanística.
La misma norma, la LS/15, califica como **suelo en situación de uso rural** el suelo para el que los instrumentos de ordenación territorial y urbanística prevean o permitan su paso a la situación de suelo urbanizado, hasta que termine la correspondiente actuación de urbanización, así como cualquier otro que no reúna los requisitos que caracterizan el suelo como de uso urbanizado.
El suelo calificado como **no urbanizable** no puede alcanzar la condición de solar, en los términos en que este concepto ha sido definido con anterioridad, por lo que las entregas de suelo que sea no urbanizable no van a estar nunca dentro del supuesto de exención. Este puede ser el caso de entregas de terrenos por parte de un ayuntamiento que los había recibido en virtud del deber de cesión obligatoria y que se transmiten como terrenos no edificables (DGT 28-6-02).

Pregunta 4740
¿Son equivalentes los conceptos suelo urbano y solar?

No. Es importante no confundir el suelo urbano con el suelo que tiene la condición de solar, que es el que se excluye de la exención. La condición de solar se adquiere por la **aprobación definitiva** del instrumento de **planeamiento** específico, una vez ese suelo esté urbanizado conforme a las especificaciones de ese instrumento definitivo de planeamiento.
Como solar ha de considerarse la finca urbana en la que se ha completado la urbanización y, por consiguiente, está en condiciones de servir de soporte para la edificación. Se trata, pues, de un concepto **más restringido** que el genérico de **suelo urbano**, ya que todo solar tiene la condición de suelo urbano, pero no todo suelo urbano tiene la condición de solar.
El **concepto de solar**, en tanto que, relacionado con la gestión urbanística, está regulado por las leyes de las CCAA que contemplan esta materia. Evidentemente, existen diferencias entre estas regulaciones. El concepto que se ha expuesto es el más habitual y se puede considerar como común a la regulación existente en todas ellas.
Es importante no confundir lo anterior con la sujeción al impuesto, ya que esta implica que quien realice la operación de que se trate tenga la condición de empresario o profesional y actúe como tal (ver pregunta nº 190 s.). Una vez se esté ante una operación sujeta al IVA por ser realizada por un empresario o profesional que actúa como tal, es cuando se puede plantear si es aplicable la exención correspondiente a la venta de terrenos o no es así. Por sí misma, la venta de terrenos no atribuye la condición de empresario o profesional a quien la realiza.

4745

Pregunta
¿Qué tratamiento tendrían las entregas de suelo que, sin tener la condición de solar, sea tal que en él se ha autorizado la edificación?

Cualquier entrega de suelo que se encuentre en esta situación es una entrega, en caso de estar sujeta al IVA, **no exenta**. Esta posibilidad se produce, fundamentalmente, en **dos casos**:

a) Supuestos en los que se autoriza de forma simultánea la urbanización y la edificación, autorización simultánea que está sujeta a ciertas condiciones.

b) Edificaciones en suelo no urbanizable que se autorizan por causas de interés social o de utilidad pública.

4750

Pregunta
¿Están exentas las entregas de suelo urbano?

Tal y como se analiza en la pregunta nº 4740, el concepto de solar y suelo urbano no son equivalentes; sin embargo, hay que tener en cuenta que en la redacción de la LIVA, se excluyen de la exención tanto los solares como los terrenos urbanos o en curso de urbanización. En consecuencia, las entregas de suelo urbano, caso de estar sujetas al IVA, se sitúan **fuera de la exención** en los mismos términos que las entregas de solares.

Es importante recordar que la exención o no de las operaciones parte de una constatación previa: quien está transmitiendo el suelo es un empresario o profesional que, como tal, realiza la transmisión. En caso de que el suelo transmitido perteneciera a alguien que carece de esta condición, o que actúa al margen de ella, la operación habría de considerarse no sujeta.

La condición de empresario o profesional se analiza en la pregunta nº 190 s.

4755

Pregunta
¿Están exentas las entregas de suelo urbanizable?

Las entregas de suelo calificado como urbanizable, en caso de estar sujetas al IVA por ser realizadas por quien tenga la condición de empresario o profesional, están, en principio, exentas del IVA, salvo que se trate de suelo en curso de urbanización, y en las condiciones que se analizan en la pregunta nº 4765. La **recalificación del suelo** no afecta a la exención de su entrega. Así se ha señalado por la DGT 12-1-89.

En el mismo sentido se ha pronunciado el TEAC (7-3-96 y 9-7-97, relativas ambas a entregas de terrenos calificados como urbanizables programados), señalando que en el **momento de la entrega** no eran aptos para la edificación y, por tanto, para iniciar el proceso de producción de inmuebles que es el que la LIVA quiere sujetar al IVA en sus diferentes fases.

4760

Pregunta
¿Están exentas las entregas de suelo no urbanizable?

Sí, ya que, por su propia definición, es un suelo que no va a poder servir de soporte para la edificación. Obviamente, lo anterior ha de entenderse sin perjuicio de que este suelo esté no sujeto por ser vendido por quien carece de la condición de empresario o profesional o actúa al margen de ella.

Pregunta 4765
¿Qué tratamiento corresponde a las entregas de terrenos en curso de urbanización?

La LIVA art.20.Uno.20º párrafo 3º excluye de la exención las entregas de terrenos urbanizados o en curso de urbanización, aunque todavía no tengan la condición de edificables. Quedan dentro de la exención las entregas de terrenos destinados exclusivamente a **parques y jardines** públicos o a superficies **viales** de uso público.

En la **actualidad**, la aplicación de la norma de no exención requiere únicamente el cumplimiento de un **requisito** consistente en que, desde un punto de vista objetivo, los terrenos a los que se refiere la venta sean terrenos que, sin haber alcanzado la condición de solares, estén en curso de urbanización.

Respecto a lo que ha de considerarse como terrenos en curso de urbanización, la Administración Tributaria (DGT 29-4-98; 30-10-01) había partido de la noción de **urbanizar**, entendida como aquella actividad que consiste en dotar a un terreno de las infraestructuras necesarias para que se convierta en terreno urbano, de forma que, una vez que se cumplan las especificaciones que determine el instrumento de planeamiento que corresponda, pueda ser calificado como solar. A partir de esta definición física de urbanizar, la DGT señaló que por terreno en curso de urbanización había de entenderse aquel terreno en el que se hubieran **iniciado** de forma efectiva las **obras de urbanización**, sin que se admitiera esta calificación para el terreno que solo había sido recalificado, permitiendo con ello el inicio de un proceso urbanístico, ni el terreno que había sido incluido en una unidad de ejecución o polígono de actuación, supuesto que en ninguna de estas fases se había iniciado la realización de las obras.

Esta cuestión resultó controvertida, alcanzando el conflicto al Tribunal Supremo, que lo resolvió en sentencias TS 11-10-04 y TS 8-11-04, entre otras, dando por buenas las consideraciones efectuadas por la DGT.

La **DGT** ha concretado los criterios evacuados por la jurisprudencia en la asunción de cargas urbanísticas, lo que supone la adquisición de la condición de empresario o profesional y la transformación del suelo en suelo en curso de urbanización, circunstancia que determina igualmente la inaplicación de la exención, en la medida en que los terrenos que se puedan estar transmitiendo a continuación son terrenos en curso de urbanización o ya urbanizados (DGT CV 27-6-16 ; CV 6-3-18 ; CV 21-8-17), criterio igualmente aceptado por el TS (TS 28-10-15, EDJ 192679).

Pregunta 4770
¿En qué términos están exentas las entregas conjuntas de suelo con edificaciones?

Para determinar el tratamiento correspondiente a la entrega conjunta de terrenos y edificaciones hay que tener en cuenta la LIVA art.20.Uno.20º y 22º, donde se debe distinguir si el objeto principal de la operación es el **terreno** o la **edificación**. A partir de estos preceptos, hay dos **posibilidades**:

a) La edificación es el **objeto principal de la operación**. Si el objeto principal de la operación es una edificación, entonces el terreno sobre el que esta se asiente sigue el régimen de exención o no que le corresponda a la edificación, por lo que, si se trata de la primera entrega de la edificación con posterioridad a la finalización de su construcción o rehabilitación, la entrega es una operación sujeta y no exenta, en otro caso, la operación está exenta, alcanzando la exención a la entrega de los terrenos que se produce con la edificación.

b) Cuando, por el contrario, se entienda que la edificación se transmite como algo **accesorio del terreno** sobre el que se asienta, siendo este el objeto principal de la operación, hay que estar a la naturaleza del terreno transmitido para determinar su exención o no.

Como **ejemplos** de lo anterior, se pueden citar los siguientes:

a) Viviendas unifamiliares, excluidas del tratamiento conjunto para las entregas de edificaciones por la LIVA art.20.Uno.22º, si los terrenos en que se asientan superan los 5.000 m^2. Para estos casos, pese a que se aparente la entrega de una vivienda unifamiliar con terrenos accesorios, se entiende que la cantidad de terreno supera lo que se puede considerar como accesorio, por lo que el tratamiento correspondiente a la edificación se extiende a los terrenos únicamente hasta alcanzar la superficie. El exceso queda sujeto y no exento, en su caso, en concepto de solar.

b) Edificaciones que van a ser objeto de **demolición** con carácter previo a una nueva promoción urbanística, excluidas igualmente de la exención para las segundas y ulteriores entregas de edificaciones ya que, en la medida en que la edificación va a ser demolida para una nueva promoción urbanística, se entiende que el auténtico objeto de interés económico es el suelo sobre el que se levanta la edificación.

c) Entregas de **edificaciones** que van a ser **rehabilitadas** por su adquirente. Considerando que la rehabilitación de edificaciones se asimila a su construcción, se comprende que este caso es en cierto modo similar al anterior. Aunque el objeto de la operación no se pueda decir en este caso que sea el suelo sobre el que se levanta la edificación, se trata de una operación muy similar.

d) Entregas de terrenos no edificables en los que existan **construcciones paralizadas, ruinosas o derruidas**. En estos casos se atiende a la naturaleza del terreno, de forma que si se trata de terrenos no edificables entonces la operación está exenta; por el contrario, si se trata de terrenos edificables, no debería aplicarse la exención.

e) Entregas de **terrenos no edificables** en los que existan **construcciones** de **carácter agrario** que sean indispensables para su explotación, en consonancia con el hecho de que las construcciones ni tan siquiera tienen la condición de edificaciones a los efectos del IVA, según señala la LIVA art.6.Tres.b.

II. La ejecución del planeamiento

4790

Pregunta
¿Cómo se regulan y qué función tiene los sistemas de ejecución del planeamiento?

Los **procesos urbanísticos** suelen desarrollarse a través de sistemas de ejecución. Estos sistemas sirven al reparto equitativo de las cargas derivadas del proceso y al ordenamiento urbano.

Los referidos sistemas son objeto de regulación por las CCAA, por lo que puede haber diferencias notables entre ellos; no obstante, hay unas pautas comunes a todos ellos que permiten su reconducción a los sistemas tradicionales, lo que facilita su estudio. En ese estudio se analizan los sistemas de **expropiación, cooperación y compensación**.

Hay que insistir en que la regulación sustantiva del proceso urbanístico, ya que, aunque menores, puede haber diferencias entre CCAA. Esta vinculación entre la exacción del IVA y la regulación autonómica, con la consiguiente existencia de diferencias en las condiciones de tributación de unas a otras, es chocante en un tributo que se supone armonizado para el conjunto de la UE, pero es lo que resulta del modo en que la fiscalidad indirecta de las operaciones urbanísticas se ha diseñado en España y de la atribución al poder autonómico de la facultad de regular la gestión urbanística.

4795

Pregunta
¿Cómo funciona el sistema de expropiación?

El funcionamiento del sistema de expropiación, en cuanto a la determinación de su tributación indirecta, es relativamente sencillo y se puede fundamentar en las siguientes bases:

a) El **Ente público** que decide la urbanización de una determinada zona geográfica expropia los terrenos que la integran.
b) A continuación procede a su **urbanización**, normalmente contratando los servicios de urbanización con una empresa constructora.
c) Finalmente, se ponen en el mercado las **parcelas edificables** que resultan del proceso.
Una especialidad de este sistema es la denominada **concesión expropiatoria**, en la que el Ente público titular de la potestad expropiatoria designa a una entidad privada como beneficiaria de las expropiaciones. Esta entidad es la que ha de pagar los justiprecios y sufragar los gastos de la urbanización, procediendo finalmente a vender las parcelas edificables que resultan del proceso urbanístico. Obviamente, la entidad que lo desarrolla ha de pagar la cantidad que se establezca al efecto por el Ente público actuante y cumplir las demás especificaciones dispuestas al respecto.

Pregunta 4800
¿Cómo se aplica el IVA a la urbanización de terrenos cuando esta se realiza a través del sistema de expropiación?

En este sistema, el primer aspecto que hay que estudiar es el tratamiento de la expropiación por sí misma. La sujeción de las expropiaciones al IVA se produce en los mismos términos que cualquier otra entrega de bienes, esto es, cuando los bienes expropiados forman parte de un **patrimonio empresarial o profesional**. En numerosas ocasiones, los terrenos que se expropian no están afectos a ninguna actividad empresarial o profesional, por lo que lo que las expropiaciones no están sujetas al IVA. Cuando los terrenos forman parte de un patrimonio empresarial, lo normal es que el objeto de la expropiación esté constituido por terrenos rústicos, por lo que la expropiación está exenta.
Una vez el Ente público se ha convertido en propietario del total de los terrenos, procede normalmente a la contratación de las obras con una empresa constructora, cuyos servicios de urbanización están sujetos al tipo general del impuesto. Tratándose de **obras de urbanización** y siendo considerado el destinatario de aquellas como empresario o profesional, aquellas les es aplicable la inversión del sujeto pasivo.
Como urbanizador de los terrenos en cuestión, el **Ente público** se convertiría, a estos efectos, en **empresario o profesional**, de acuerdo con la LIVA art.5.Uno.d, como cualquier otro urbanizador de terrenos para la venta, lo que da como resultado que:
- la entrega de los terrenos resultantes está sujeta al IVA, al efectuarse por quien es empresario o profesional actuando en el desarrollo de su actividad;
- las cuotas que autoliquide el Ente público en la urbanización deberían ser deducibles en las mismas condiciones que un urbanizador privado.

El **pago del justiprecio** en **dinero** no da lugar a ninguna operación sujeta a imposición; por el contrario, el pago del justiprecio en **especie** sí que puede tener consecuencias tributarias. Téngase en cuenta que las parcelas que resultan del proceso de urbanización se consideran afectas a una actividad empresarial desarrollada por el Ente público, la urbanización de estos terrenos, por lo que su entrega está sujeta a IVA.
El **propietario expropiado**, en la medida en que se le privó de la propiedad de los terrenos que después se han urbanizado, no puede ser considerado como empresario o profesional por razón de la urbanización de estos terrenos. En caso de que el pago del justiprecio se haga en **dinero**, no parece que esta haya de ser una cuestión problemática; sin embargo, en la hipótesis de que ese pago se haga **en especie**, la consecuencia de lo anterior es que la entrega que haga de estos terrenos se puede considerar que la está haciendo como particular, en cuyo caso el IVA que le haya repercutido el ayuntamiento por el pago del justiprecio en especie no es deducible. Únicamente en caso de que el citado propietario tuviera previamente la condición de empresario en relación con esos terrenos cabría discutir lo anterior.

4805 **Pregunta**
¿Cómo funciona el sistema de cooperación?

En el sistema de cooperación el ayuntamiento organiza los medios necesarios para la urbanización de los terrenos a los que se refiera la actuación urbanística. Para ello, adquiere bienes y servicios a terceros y reparte entre los propietarios el importe de sus costes, actuando en nombre propio frente a estos.
Al contrario de lo que ocurre en el sistema de expropiación, en el de cooperación el ayuntamiento, en ningún caso, se hace propietario de los terrenos que se están urbanizando, que en todo momento siguen perteneciendo a sus originales propietarios. La función del ayuntamiento se limita a **contratar los servicios de urbanización y repartir los gastos** correspondientes entre los propietarios.

4810 **Pregunta**
¿Cómo se aplica el IVA a la urbanización de terrenos cuando esta se realiza a través del sistema de cooperación?

Como se ha señalado en la pregunta nº 4805, en el sistema de cooperación el ayuntamiento media en nombre propio entre las empresas que realizan materialmente las obras de urbanización y los propietarios de los terrenos que se urbanizan a través de este sistema.
Hay que recordar que quien media en nombre en una prestación de servicios, a los efectos del IVA, se entiende que ha recibido y prestado el mismo servicio, según señala la LIVA art.11.Dos.15º (ver pregunta nº 750).
Este **reparto de gastos** de urbanización supone una organización de medios que se ha considerado de carácter empresarial, a los efectos del IVA, por la DGT. Esto hace que, en relación con esta actividad, el **ayuntamiento** se convierta en **empresario o profesional**, debiendo cumplir las obligaciones generales inherentes al IVA. En consecuencia, el ayuntamiento debe proceder a la emisión de facturas, que han de ser entregadas a los destinatarios de las operaciones, para los que constituyen el documento justificativo del derecho a la deducción. Del mismo modo, tratándose de una actividad empresarial, el ayuntamiento puede deducir las cuotas del IVA que soporte en relación con la urbanización, a las que procede aplicar el procedimiento de inversión del sujeto pasivo, ya que se cumplen todos los requisitos para ello (ver pregunta nº 7049 s.).
En cuanto a los **propietarios**, estos deben considerarse **urbanizadores** a los efectos del IVA, de lo que se deriva que la ulterior venta que realicen de los terrenos así urbanizados queda sujeta al impuesto. Igualmente, los propietarios pueden deducir el impuesto soportado por los costes de urbanización, cumplidos los requisitos generales para el nacimiento y ejercicio de este derecho. También en esta fase debe operar la inversión del sujeto pasivo, al igual que en la anterior.
Un problema que se plantea en ocasiones cuando se aplica este sistema es que el ayuntamiento documenta el cobro de las derramas a través de **documentos administrativos** que no cumplen los requisitos del Rgto Fac art.6, para ser considerados como facturas. En tal caso, los propietarios no pueden ejercer el derecho a la deducción mientras no dispongan de un documento que contenga la información necesaria para ser admitido como factura.
Hay otros **elementos** propios de este sistema de ejecución del planeamiento que son **comunes con el de compensación**, por lo que hay que remitirse a lo que se exponga en relación con este. Estos elementos comunes son los siguientes:
a) Propietarios excluidos del proceso (ver pregunta nº 4830).
b) Indemnizaciones (ver pregunta nº 4835).
c) Cesiones obligatorias a ayuntamientos (ver pregunta nº 4855).
d) Indivisos de resultado (ver pregunta nº 4865).

Pregunta
¿Cómo funciona el sistema de compensación? 4815

Para estudiar la urbanización de terrenos a través del sistema de compensación es fundamental distinguir según se trate de **Juntas de compensación fiduciarias o no fiduciarias**. Se comienza el análisis por las juntas de compensación fiduciarias, ya que se trata del supuesto más habitual de funcionamiento.

Pregunta
¿Cómo se puede caracterizar la urbanización de terrenos a través de Juntas de compensación fiduciarias? 4820

La ejecución del planeamiento a través de Juntas de compensación fiduciarias supone la creación de unas entidades, las Juntas de compensación, que son las que se encargan del desarrollo de todo el proceso urbanístico. A estas entidades se les reconoce un **poder de disposición fiduciario** sobre los terrenos incluidos en la unidad de ejecución correspondiente, de suerte que, con excepción de los terrenos para los que así se establezca, **no pueden disponer de los terrenos** afectados, que siguen perteneciendo a sus propietarios.
A la Junta de compensación la DGT le ha reconocido la condición de **empresario** o profesional. En consecuencia, está obligada a repercutir IVA a sus miembros o componentes por los servicios de urbanización que les está prestando. A la vez, tiene derecho a la deducción de las cuotas soportadas por los bienes y servicios adquiridos para el desarrollo de su actividad.
En cuanto a los **propietarios**, la primera cuestión que hay que resolver es si se produce una entrega de terrenos a la Junta, con ocasión de la integración en ella de los propietarios de aquellos. La respuesta a este interrogante admite, en principio, tanto una respuesta negativa como positiva; no obstante, la DGT ha venido entendiendo de forma reiterada que no cabe entender que se produzca esa entrega.
Admitido que no existe entrega de los terrenos a la Junta de compensación, se concluye que son los propietarios de los terrenos los que tienen la condición de **urbanizadores**, por lo que se convierten en empresarios o profesionales a los efectos del IVA en cuanto cumplan los requisitos que establece la LIVA art.5.Uno.d (ver pregunta nº 370 s.).

Pregunta
¿Qué circunstancias relevantes se producen, a los efectos del IVA, a la delimitación de la unidad o polígono de actuación cuando existe una Junta de compensación fiduciaria? 4825

Las circunstancias que se pueden dar en esta fase son las siguientes:
a) Indemnización a los propietarios que decidan no integrarse en la Junta, que se suele denominar salida a metálico, y se da en los siguientes casos:
1. Propietarios que **no** alcanzan el **mínimo** necesario **por parcela edificable**, siendo sustituida su adjudicación teórica por la indemnización en metálico. Si el sujeto que renuncia a sus derechos fuera un particular, la operación no se encontraría sujeta al impuesto (DGT 29-4-98). Por el contrario, si quien realiza esta operación es empresario o profesional, la transmisión está sujeta al IVA, pero exenta, ya que se está entregando el equivalente a un terreno no edificable (DGT 8-8-97).
2. Propietarios que, pese a superar la extensión mínima, **deciden sustituir** su adjudicación **por** una **compensación en metálico**. En tal caso, la conclusión debe ser la misma, siempre que el propietario del terreno no hubiera asumido los costes de urbanización de lo transmitido (DGT 29-4-98).
b) Expropiación de terrenos a propietarios que **no** formen parte de la **Junta**, lo que ocurre cuando existen propietarios que no quieren participar en el proceso urbanístico. En tal caso, se expropian los terrenos correspondientes a esos propietarios. El

tratamiento de la expropiación es el mismo que se ha señalado en el caso anterior, ya que su objeto es el mismo (DGT 24-2-99).

4830

Pregunta
¿Qué ocurre con los propietarios que, antes de que se inicie el proceso de urbanización cuando existe una Junta de compensación fiduciaria, quedan excluidos del mismo?

Hay que señalar, con carácter previo, que cuando se habla de inicio del proceso de urbanización se debe entender que se está haciendo referencia al inicio del **reparto de las cargas** por urbanización, lo que puede preceder en el tiempo al inicio de la ejecución física de las obras (lo normal es que así sea).
Las vicisitudes posibles, una vez iniciado este proceso, se pueden resumir como sigue:
a) Titulares de derechos de aprovechamiento urbanístico que **solicitan no participar** en el procedimiento: en cuanto la transmisión del terreno se realice sin incorporar costes de urbanización, no cabe considerar que el transmitente lo haya urbanizado, por lo que tal transmisión no está sujeta al IVA si el transmitente fuera un particular, ni cabe considerarle urbanizador del terreno a efectos de la exención prevista en la LIVA art.20.Uno.20º (DGT 29-4-98).
b) Propietarios que **no pagan la primera cuota** de urbanización y deciden **renunciar** a su participación en el proceso: la conclusión sería la misma que se ha señalado en el caso anterior.
En cuanto a los propietarios que desatienden todas las cuotas y renuncian a participar en el proceso urbanístico, transmitiendo los terrenos implicados, cabe concluir que venden un terreno sin urbanizar porque, aunque la urbanización física del mismo se encuentre ya realizada, el objeto del contrato es el terreno sin la urbanización, cuyo coste asume el adquirente. La transmisión, si se trata de un particular, no está sujeta al impuesto o, en otro caso, resulta exenta del mismo.
c) Propietarios que **renuncian** al **proceso reparcelatorio una vez** este se ha **iniciado**: la calificación como urbanizador de los terrenos de su propietario es una consecuencia del propio proceso, aunque la participación en el mismo sea obligatoria. La satisfacción por el propietario de los costes de la urbanización le convierte en urbanizador del mismo, por tanto, si los ha satisfecho, en todo o en parte, la transmisión (voluntaria o forzosa) del terreno tiene por objeto un terreno, al menos, en curso de urbanización. En consecuencia, aunque no pague el resto de las cuotas, la citada transmisión está sujeta y no exenta del impuesto.
Lo mismo se puede decir de los propietarios de terrenos que **ceden una parte** de los mismos a cambio de una parte inferior de adjudicación, pero libre de costes de urbanización: se ha de considerar que tal urbanización la ha costeado con parte de su propiedad. La transmisión de lo adjudicado está sujeta y no exenta del impuesto.

4835

Pregunta
¿Qué tratamiento tienen las indemnizaciones a los titulares de bienes o derechos incompatibles con el proceso urbanístico?

En tanto que indemnizaciones que no son contraprestación de entregas de bienes o prestaciones de servicios sujetas al IVA, estas indemnizaciones **carecen de consecuencias** a los efectos de este tributo.
La consulta DGT 8-2-01 ha señalado, en un caso en el que en los terrenos de uno de los miembros de la Junta había una construcción que se iba a demoler, por lo que se atribuía al juntacompensante una cantidad dineraria, que habría que tener en cuenta que esa cantidad se asigna como indemnización por la **demolición**, por lo que la percepción de la indemnización no podía configurarse como contraprestación de una operación sujeta al IVA.
También puede darse el caso de que haya **arrendatarios** de edificaciones que resulten **desalojados** de las ellas, como consecuencia de su demolición y sean indemni-

zados. La conclusión, aun considerando que se tratase de arrendamientos no exentos de tributación, habría de ser la misma, ya que en este caso no se está restituyendo anticipadamente la posesión del inmueble a su propietario a cambio de una compensación económica, porque el inmueble se va a demoler, por lo que se está obteniendo una indemnización por los daños y perjuicios que el desalojo supone (DGT 1-4-03).
No siendo contraprestación de operaciones sujetas a IVA, es importante que, al formar la cuenta de liquidación de cada propietario, el importe de las indemnizaciones que le pudieran corresponder no se detraiga del precio de los servicios prestados al propietario, aplicando el IVA a continuación. Antes bien, lo que procede es determinar el IVA correspondiente a esos servicios, tomando como base imponible el importe de su contraprestación y, a continuación, restar el importe de la indemnización. Lo mismo cabría decir para otras cantidades que se entreguen o exijan a los propietarios y que no estén incluidas en la base imponible de los servicios de urbanización prestados por la Junta de compensación.

Pregunta **4840**
¿Puede ocurrir que una Junta de compensación fiduciaria cobre suplidos que, como tales, no hayan de incluirse en la base imponible de sus servicios?

La posibilidad de que algunas de las cantidades que se cobran por las Juntas de compensación se califiquen como suplidos se ha admitido por la DGT 17-12-04, en la que se señalan los **requisitos** que han de cumplirse para la consideración de una determinada cantidad como suplido excluido de la base imponible del tributo. Son los siguientes:
a) Deben tratarse de sumas **pagadas en nombre y por cuenta del cliente**, que se debe acreditar ordinariamente mediante la correspondiente factura o documento que proceda expedido a cargo del citado cliente y no del intermediario agente, consignatario o comisionista que le está «supliendo».
b) El pago de las referidas sumas debe efectuarse en virtud de **mandato expreso**, verbal o escrito, del propio cliente por cuya cuenta se actúa.
c) Ha de **justificarse la cuantía** efectiva de tales gastos por los medios de prueba admisibles en derecho. La cantidad percibida por mediador debe coincidir exactamente con el importe del gasto en que ha incurrido su cliente, por lo que cualquier diferencia debería ser interpretada en el sentido de que no se trata de un auténtico «suplido».
d) Por último, y como consecuencia de lo anterior, el **sujeto pasivo**, o **mediador no** puede proceder a la **deducción** del impuesto que eventualmente hubiera gravado gastos pagados en nombre y por cuenta del cliente.
En los casos valorados por la DGT, relativos a las cantidades satisfechas para el pago de la compensación a metálico al ayuntamiento o por constituir el coste de indemnizaciones a otros propietarios, si se cumplieran todos y cada uno de los anteriores requisitos, se podrían considerar como suplidos y no incluirse en la base imponible del IVA correspondiente a las derramas que se cobran a los juntacompensantes (DGT 4-3-04; CV 17-6-05).

Pregunta **4845**
¿Qué tratamiento tiene la urbanización de terrenos por parte de Juntas de compensación fiduciarias en lo que se refiere a la aplicación del IVA a las Juntas?

La intervención de la Junta fiduciaria en la urbanización de terrenos ha sido calificada, reiteradamente, como **empresarial** (DGT 15-9-99, entre otras), ya que su actuación supone la realización de las obras de urbanización en nombre propio, pero por cuenta de sus miembros. Por tanto, debe proceder al cumplimiento de las mismas obligaciones que cualquier otro empresario o profesional y, en particular, a la emisión de la correspondiente factura, así como a la deducción de las cuotas soportadas en todo el proceso.

Una cuestión dudosa en este contexto es la **naturaleza de los gastos generales** que la Junta de compensación reparte entre sus miembros, lo que también ha sido resuelto por la DGT, que señala que las cantidades que la Junta de compensación consultante percibe de sus miembros en concepto de los «gastos generales» forman parte, a efectos del IVA, de la contraprestación de las ejecuciones de obra y, por tanto, de la base imponible del IVA correspondiente a tales operaciones (DGT 11-11-99).

Es importante recordar que, únicamente, cuando se inicia el reparto de los gastos de urbanización en sentido estricto es cuando los juntacompensantes se convierten en empresarios o profesionales y los terrenos pasan a ser considerados como terrenos urbanizados o en curso de urbanización.

Tanto por el reparto de los gastos de urbanización entre los juntacompensantes como por la parte correspondiente al reparto de gastos generales de la Junta mediante las derramas que corresponda, hay que entender que lo que ocurre, a los efectos del IVA, es que un empresario o profesional, la Junta de compensación, está prestando servicios en el desarrollo de su actividad empresarial o profesional, por lo que debe cumplir las mismas obligaciones que cualquier otro empresario o profesional y, en particular, la de emitir la correspondiente factura. Este último requisito es fundamental, ya que solo mediante la factura los propietarios de los terrenos pueden deducir las cuotas que soporten por la urbanización de los terrenos.

Hay que tener en cuenta que, a las operaciones realizadas por las Juntas de compensación, en estos casos les es aplicable el procedimiento de **inversión del sujeto pasivo**, supuesto que intervengan en la realización de ejecuciones de obra que consistan en la urbanización de terrenos (ver pregunta nº 7049 s.). De ser este el caso, por los servicios recibidos de constructores, la Junta de compensación debería autoliquidar el tributo. Otro tanto cabría decir por las derramas que la Junta exija a los juntacompensantes. Consecuencia de todo lo anterior, en las facturas que se expidan por estos conceptos no procede repercusión alguna por IVA.

4850

Pregunta
¿Qué tratamiento tiene el pago en especie de los servicios de urbanización?

Sobre esta posibilidad se ha pronunciado la DGT, señalando que, en tal, caso hay **dos operaciones** sujetas al impuesto, la prestación de un **servicio de urbanización**, y la **entrega** de unos **bienes**, terrenos, contraprestación del anterior (entre otras, DGT 15-7-99). De estas dos operaciones, la que se considere producida antes en el tiempo es la que supone el devengo del impuesto para ambas, por aplicación de la regla de devengo en caso de pago anticipado que contiene la LIVA art.75.Dos, aunque en este caso no se trate de un pago en dinero sino de contraprestaciones no dinerarias.

Sobre esta misma cuestión, se puede citar la DGT CV 17-6-05, reiterada con posterioridad (entre otras, DGT CV 15-10-09 o CV 13-10-17) en las que se señala que, cuando el pago de las cargas de urbanización se realiza en especie, mediante entrega de terreno al agente urbanizador, se está ante un caso de **devengo anticipado**, ya que este terreno constituye la contraprestación por los servicios de urbanización.

En cuanto a la determinación del **momento** en el que se produce la entrega, se señala que el momento en que se entiende realizado el hecho imponible «entrega de bienes» consistente en la entrega de derechos de aprovechamiento urbanístico como pago en especie a cambio de la prestación de servicios de urbanización es el momento en que se produce su anuncio público, determinado conforme a la legislación que resulte aplicable. Es este momento el que determine igualmente el devengo del IVA correspondiente a los servicios de urbanización, en concepto de pago anticipado de los mismos y en aplicación de la LIVA art.75.Dos.

Resultando las dos operaciones que se han señalado, las entregas de terrenos en pago de los servicios de urbanización y los servicios de urbanización en sí mismos, sujetas al IVA, y determinado el devengo de las mismas, faltaría por añadir que, en tanto que operaciones con contraprestación no dineraria, habría que acudir a la regla que establece la LIVA art.79.Uno para la determinación de su base imponible (ver pregunta nº 6545). Hay que recordar que esta regla determina la valoración de las operaciones en las que la contraprestación es **no dineraria** en el coste de reposición de los bienes entregados o servicios prestados.

Pregunta 4855

¿Qué consecuencias tributarias tienen las cesiones obligatorias a los ayuntamientos que se realizan en los procesos urbanísticos?

La Resol DGT 2/2000 considera que **no existe entrega** de terrenos a los ayuntamientos como consecuencia del cumplimiento de la obligación de cesión de aprovechamientos urbanísticos. Esta conclusión de la DGT debe entenderse limitada a los aprovechamientos que resultan de una unidad de ejecución una vez se delimitan los terrenos que van a quedar afectos a sistemas generales y locales. Estos terrenos, de los que se han excluido los anteriores, son los que dan lugar a los aprovechamientos que se reparten entre los propietarios y el ayuntamiento, siendo aplicable, en tal caso, la doctrina que se ha señalado en cuanto a la inexistencia de entregas de bienes ni de prestaciones de servicios por el cumplimiento de esta obligación.
Respecto a los **terrenos** destinados a **sistemas generales y locales**, sí que cabe entender que hay una entrega de los mismos que tiene por destinatario al ayuntamiento, ya que sobre los mismos no cabe aprovechamiento alguno. Se podría discutir quién hace entrega de los terrenos, pero se trata de una cuestión intrascendente, ya que se trata de una operación exenta y sin incidencia en el derecho a la deducción de quien la efectúa, ya que su inclusión en el porcentaje de prorrata se hace por un valor cero (así se ha señalado por la DGT 7-10-98).
En caso de que la cesión obligatoria se sustituya por una **compensación en metálico**, lo que es una posibilidad que establece la legislación urbanística, la DGT ha señalado de forma reiterada que no hay ninguna operación sujeta a IVA, por lo que no procede su repercusión.
Finalmente, si lo que ocurre es que en cumplimiento de la obligación de cesión se entregan **edificaciones al ayuntamiento**, la DGT ha determinado que sí que existe una operación sujeta al IVA en tanto que entrega de bienes.

Pregunta 4860

¿Qué ocurre a la finalización de la urbanización de los terrenos?

A la finalización del proceso urbanístico, hay que distinguir dos aspectos distintos:
a) En cuanto a la **adjudicación de terrenos** a los juntacompensantes, si se asume que no existe entrega en la integración de los juntacompensantes en la Junta, parece lógico entender que tampoco se produce entrega cuando los terrenos son posteriormente adjudicados a los juntacompensantes, concluida su urbanización.
b) Respecto a la **transmisión de terrenos** por los juntacompensantes, partiendo de que se han convertido en empresarios o profesionales, si no lo eran previamente, hay que concluir que la transmisión está sujeta al IVA, al realizarse por quien tiene la condición de empresario o profesional en el ejercicio de su actividad y tener por objeto elementos integrantes de su patrimonio empresarial (DGT 14-12-01, entre otras).

Pregunta 4865

¿Qué incidencia tiene el hecho de que se produzcan adjudicaciones en situaciones de indivisión a la finalización de los procesos urbanísticos?

En este caso, la duda es la de la atribución a estas **situaciones de copropiedad** de la condición de empresario o profesional por sí mismas, es decir, con independencia de sus miembros o componentes. Sobre esta cuestión hay varias contestaciones de la DGT, pero por todas ellas se toma la DGT CV 17-6-05 (cuyos criterios se reiteran en DGT CV 2-8-13), en la que se dispone al respecto que no siempre una comunidad de bienes es sujeto pasivo del IVA. Para que lo sea, es necesario que la comunidad tenga la condición de empresario o profesional y actúe en el desarrollo de una actividad empresarial o profesional a efectos del impuesto.

La DGT distingue diversos **casos de indivisión** en la propiedad de terrenos que forman parte de un proyecto de ejecución urbanística:

a) Cuando existe una **copropiedad inicial** de los terrenos incluidos en la unidad de ejecución urbanística y, a través de la reparcelación, se adjudica a cada uno de los copropietarios una o varias parcelas, deshaciendo la indivisión primaria, la DGT presume que la comunidad de bienes existente en un principio no tiene la condición de sujeto pasivo, sino que esta condición la ostentarían, en su caso, los copropietarios por separado. Esto es así cuando la comunidad de bienes, como tal comunidad, no haya realizado ninguna actividad empresarial o profesional, ordenando por cuenta propia factores de producción con la finalidad de intervenir en el mercado.

b) El segundo tipo de proindiviso es el denominado **proindiviso de resultado**. En este caso, se parte de una situación en la que cada propietario es titular de sus correspondientes terrenos sin que exista indivisión en la propiedad. Sin embargo, como consecuencia de la reparcelación, es necesario agrupar a varios propietarios adjudicándoles una parcela en proindiviso. Se trata, normalmente, de pequeños propietarios que carecen del suficiente terreno inicial para poder acceder individualmente a la adjudicación de alguna parcela resultante de la reparcelación.

En el caso del pro indiviso de resultado, se considera que la comunidad de bienes que se forma como consecuencia de la reparcelación no es sujeto pasivo del IVA cuando la comunidad de bienes no haya realizado actividad alguna por la que quepa atribuírsele la condición de empresario o profesional, sino que la comunidad únicamente existe como resultado de la reparcelación.

c) Por último, se plantea el caso de **indivisión inicial** en la propiedad **que se mantiene** con posterioridad a la reparcelación. En este supuesto existe una comunidad de bienes inicial que podría tener la consideración de empresario o profesional a efectos del impuesto o no, según que realizase o no actividades empresariales o profesionales. Si la indivisión se va a mantener una vez realizada la reparcelación, hay que concluir que la comunidad de bienes resultante tiene la condición de empresario o profesional cuando el destino de las parcelas adjudicadas pro indiviso sea la venta, cesión o adjudicación por cualquier título. Evidentemente, lo que se produce es una ordenación de medios por parte de la comunidad para intervenir en el mercado, y todo ello por el previo acuerdo de los comuneros. El sujeto pasivo es la comunidad, que es quien ostenta la condición de empresario o profesional, y no los comuneros por separado.

Se pueden resumir estas consideraciones señalando que la mera situación de copropiedad no implica «per se» la existencia de una entidad a la que haya de atribuir la condición de empresario o profesional; solo cuando la entidad realiza **actividades empresariales** es cuando adquiere esa condición. En consecuencia, los supuestos más habituales, en los que la copropiedad no es más que el resultado de la insuficiencia de aprovechamiento de cada uno de los copropietarios, quedan al margen de la consideración como empresario o profesional por sí mismos. De esta forma se facilita la aplicación del IVA a la posterior transmisión de estas partes indivisas por estos propietarios, que no tienen por qué contar con el resto de los componentes del proindiviso en cuanto al cumplimiento de sus obligaciones tributarias, que, por tanto, pueden cumplir por sí mismos.

4870

Pregunta
¿Cuál es el planteamiento general, a los efectos del IVA, para las Juntas de compensación no fiduciarias?

Cuando en los estatutos de la Junta se establece que esta no actúa como fiduciaria de sus miembros, ha de entenderse que los **propietarios** de los terrenos incluidos en la unidad de ejecución correspondiente **transmiten** los **terrenos a la Junta**, que procede a su urbanización y a la devolución de los terrenos urbanizados a sus propietarios originarios (previa detracción, lógicamente, de los que se destinen a las cesiones obligatorias al ayuntamiento, a sistemas generales y locales, a su venta para el pago de los costes de urbanización, en caso de que así se haya previsto, etc.). Esta entrega de los terrenos hace que no se pueda considerar a los propietarios iniciales de los mismos como urbanizadores de los citados terrenos, condición que debe recaer en la Junta de compensación. Como consecuencia de lo anterior, quienes urbanizan terrenos a través de este sistema y no son empresarios o profesionales en relación con los terrenos, tampoco llegan a serlo por su participación en el proceso, a diferencia de lo que ocurre con los particulares que participan en procesos urbanísticos que se desarrollan mediante Juntas de compensación fiduciarias.

Pregunta 4875

¿Cuál es el tratamiento, a los efectos del IVA, de las Juntas de compensación no fiduciarias?

En aplicación del IVA a las Juntas de compensación no fiduciarias, hay que tener en cuenta la supresión de la exención específicamente aplicable a las mismas, que se **suprimió** con ocasión de la entrada en vigor de la L 28/2014, el 1-1-2015. Las características que se pueden señalar en cuanto a la aplicación del IVA a las Juntas de compensación no fiduciarias, son las siguientes:

a) La **entrega de los terrenos a la Junta** de compensación cuando los juntacompensantes se integran en ella es una operación que puede estar sujeta al IVA o no, en función de si los juntacompensantes tienen la condición de empresarios o profesionales o no. Si no son empresarios o profesionales, la entrega no está sujeta. En caso contrario la citada entrega está sujeta, pero exenta (LIVA art.20.uno.20º).

b) La posterior **entrega de los terrenos** por parte de la Junta **a sus miembros** quedaría sujeta al IVA, ya que esta tendría la condición de empresario o profesional y no exenta, por cuanto tiene por objeto terrenos urbanizados.

c) En cuanto a los **pagos efectuados** por los juntacompensantes **a la Junta**, la DGT CV 18-4-05 ha señalado su consideración de pagos a cuenta de la futura entrega de los terrenos ya urbanizados. Considerando la entrega sujeta y no exenta, los pagos a cuenta de esta no suponen el devengo anticipado del impuesto.

d) La **Junta recibiría** los distintos **servicios** necesarios para el desarrollo del proceso urbanizador por los que soportaría la correspondiente cuota del IVA, aplicándose la inversión del sujeto pasivo. Considerando que la posterior entrega de los terrenos, una vez urbanizados, está sujeta y no exenta, el IVA así satisfecho es ordinariamente deducible.

e) Las **cesiones** obligatorias a los **ayuntamientos**, así como las que se efectúen para sufragar los gastos de urbanización, se realizarían por parte de la Junta de compensación, siendo ella la obligada a la repercusión del IVA, en su caso.

Pregunta 4880

¿Cuál es el tratamiento, a los efectos del IVA, de los propietarios integrados en Juntas de compensación no fiduciarias?

La aplicación del IVA a los propietarios integrados en Juntas de compensación no fiduciarias puede caracterizarse como sigue:

a) La **aportación inicial** de los terrenos está no sujeta, caso de que se trate de propietarios que no sean empresarios o profesionales, o sujeta pero exenta, caso de que sí tengan esta condición, ya que se trata, normalmente, de terrenos rústicos (LIVA art.20.Uno.20º).

b) Las **cantidades** que se entreguen **a la Junta** de compensación durante todo el tiempo que duren las obras de urbanización y, más en general, el proceso urbanístico, han de considerarse pagos a cuenta de la posterior entrega de terrenos sujeta y no exenta.

c) La posterior **venta de los terrenos** depende en su tratamiento de la condición que tuvieran los propietarios antes de su integración en la Junta de compensación:

1. Si estos propietarios no tienen el estatuto de empresario o profesional, la citada venta no está sujeta al IVA, ya que, con ocasión del desarrollo del proceso urbanístico de este modo, no se han convertido en empresarios o profesionales, puesto que no cabe considerarlos como urbanizadores de los terrenos. Nótese que, en tal caso, el IVA correspondiente a la entrega por parte de la Junta no fiduciaria sería no deducible.
2. Si tienen la condición de empresarios o profesionales antes del inicio del proceso urbanístico y los terrenos incluidos en el proceso se pudieran considerar afectos al patrimonio empresarial, entonces sí habría que considerar la venta de los terrenos sujeta al IVA. Supuesto que se trate de terrenos edificables, esta venta estaría sujeta y no exenta.

4885

Pregunta
¿Cómo se aplica el IVA a la urbanización de terrenos a través de agentes urbanizadores?

Cuando se aplica el sistema del agente urbanizador, lo que ocurre es que el suelo precisa de un **programa** cuyo promotor asume la condición de agente urbanizador, que puede ser tanto la Administración como un sujeto privado, aunque esta segunda posibilidad es la más habitual.
El **pago de la urbanización** por los propietarios se puede hacer en metálico o en especie, mediante la entrega de parcelas, según el programa, aunque lo más habitual es que se retribuya en especie.
El **impago de las cuotas** da lugar a la expropiación de las fincas. La misma potestad se ejercita con los propietarios que así lo soliciten y no deseen cooperar en la urbanización. En estos casos, el urbanizador es beneficiario de la urbanización.
El funcionamiento de este sistema es análogo al de compensación, pero en el caso en el que la empresa urbanizadora se integraba como miembro de la Junta de Compensación.

III. Segundas y ulteriores entregas de edificaciones

(LIVA art.20.Uno.22º)

4900

Pregunta
¿Cuáles son las entregas de edificaciones que están sujetas al IVA?

La sujeción a IVA de las entregas de edificaciones pasa, en primer lugar, por el requisito de que estas se realicen por quienes tengan la **condición de empresarios o profesionales**. Esta condición se puede alcanzar por la realización de actividades empresariales o profesionales (LIVA art.5.Dos, ver pregunta nº 240) o por la promoción de la construcción o rehabilitación de edificaciones para su venta, adjudicación o cesión por cualquier título, ello en los términos de la LIVA art.5.Uno.d (ver pregunta nº 450 s.).
En segundo lugar, la sujeción requiere que las edificaciones transmitidas estén **ubicadas** en el **territorio de aplicación** del impuesto (TIVA), ya que la regla de localización aplicable a estas operaciones toma como punto de conexión la ubicación de los inmuebles transmitidos (LIVA art.68.Dos.3º, ver pregunta nº 1875).
Supuesto que se cumplen los requisitos señalados en los párrafos anteriores, las entregas de edificaciones están sujetas al impuesto, abriéndose la posibilidad de que estén exentas o no.
La exención aplicable a estas operaciones se regula en la LIVA art.20.Uno.22º, por la que están exentas de IVA las segundas y ulteriores entregas de edificaciones cuando tengan lugar después de **terminada su construcción o rehabilitación**. Resultando estas operaciones exentas, las primeras entregas son las que se encuentran sujetas y no exentas, por lo que conviene comenzar por delimitar las que se han de conside-

rar, a estos efectos, como primeras entregas de edificaciones (ver pregunta nº 4910).
Finalmente, hay que citar la posibilidad de que segundas o ulteriores entregas de edificaciones exentas de IVA resulten definitivamente sujetas y no exentas a través del instituto de la **renuncia** a la exención. Este aspecto se analiza en las preguntas nº 5020 s.

Pregunta **4905**
¿La exención de las segundas o ulteriores entregas de edificaciones está limitada a las transmisiones de viviendas?

No. La LIVA art.20.Uno.22º establece un régimen de exención que es aplicable a las entregas de **cualesquiera edificaciones**, tanto si se trata de edificios con uso residencial como si no es así. En consecuencia, la exención, o la no exención, es aplicable con independencia de las condiciones de uso del edificio. El concepto de edificación se define en la LIVA art.6 (ver pregunta nº 475).
La relevancia que puede tener el hecho de que un edificio, o parte de él, resulte apto para ser utilizado como vivienda se refiere a otros aspectos de su tributación, como puede ser el **tipo impositivo** aplicable, la **exención** o no de su arrendamiento (que requiere su uso efectivo como vivienda), la posibilidad de renunciar a la exención o su incidencia en el derecho a la deducción de quien lo esté entregando o explotando.

Pregunta **4910**
¿Cuál es la primera entrega de edificaciones que resulta sujeta y no exenta de IVA?

Considerando que la LIVA art.20.Uno.22º establece la exención de las segundas y ulteriores entregas de edificaciones, para la definición de este concepto es necesario definir uno previo, la primera entrega de edificaciones construidas o rehabilitadas.
Primera entrega de edificaciones es la que reúna simultáneamente las siguientes **características**:
a) Ha de ser realizada por el **promotor** de la edificación. El concepto de promotor se definió en la resolución vinculante DGT 4-11-86 como el propietario de inmuebles que construyó (promotor-constructor) o contrató su construcción (promotor) para destinarlos a la venta, el alquiler o el uso propio.
Con posterioridad, la DGT CV 2-12-08 ha aclarado que lo relevante para tener la condición de promotor, a los efectos del IVA, es disponer de la propiedad de lo construido, tanto si este título se extiende también al suelo sobre el que se encuentra la edificación como si no es así. En el mismo sentido se han pronunciado las contestaciones relativas a ciertas ejecuciones de obra de urbanización, construcción o rehabilitación de edificaciones (ver pregunta nº 7049).
b) La entrega debe tener por objeto una **edificación** cuya construcción o rehabilitación esté **terminada** (ver preguntas nº 4920 s.). La acreditación de que la construcción o rehabilitación de la edificación están terminadas se debe producir, normalmente, con el certificado de fin de obra.
A estos efectos, es muy importante no confundir el objeto de una entrega con el momento en el que se efectúa la misma.
Lo que determina las condiciones de tributación es el objeto de la transacción de que se trate en cada caso. Por tanto, la **entrega** de una **edificación en curso** no se considera como primera entrega de edificaciones y, en consecuencia, no consume la primera entrega. Esta primera entrega es la que tenga lugar una vez finalizada la construcción (o rehabilitación, en su caso). Este caso no es equivalente a la típica entrega sobre plano, en la que el objeto de la operación no es la entrega de un edificio en construcción, sino la entrega de un edificio terminado, aunque el perfeccionamiento del contrato se demore en el tiempo.

4911 Ejemplos 1) Un particular adquiere un piso sobre plano. El precio del piso es de 600.000 €. El contrato se firma el 10-4-N, entregándose en este momento 140.000 € a cuenta de la futura entrega. El 10-10-N se han finalizado las obras y se le entregan las llaves del piso. Aunque en el momento de la firma del contrato el piso está por terminar, no se puede concluir, por ello, que el objeto de la operación sea una edificación en curso, ya que lo que se compromete a entregar el promotor es un edificio, o parte de él, terminado. En consecuencia, la operación descrita es la primera entrega de esta edificación, resultando sujeta y no exenta de IVA, con aplicación del tipo reducido.

2) Un promotor inmobiliario pacta con la entidad financiera que le había financiado una dación en pago que tiene por objeto un edificio de apartamentos a medio construir en el centro de una importante ciudad. La entidad financiera es la que se encargue de la finalización o de la transmisión a un tercero para que finalice la obra.

La entrega realizada por el promotor a la entidad financiera puede ser la primera transmisión que se hace de esta edificación desde un punto de vista jurídico, pero no tiene la consideración de primera entrega a estos efectos. La entrega que agota las que están sujetas y no exentas del IVA es la que tenga por objeto el edificio, o partes del mismo, una vez terminado.

La venta por parte del promotor resulta ser una operación sujeta y no exenta, tributando al tipo impositivo general, ya que no se trata de una edificación apta para ser utilizada como vivienda en las condiciones en que se transmite (hay que terminar las obras).

4915

Pregunta

¿Tiene algún efecto en la exención el hecho de que la edificación se haya utilizado antes de su transmisión?

La sujeción y no exención de la entrega de una edificación requiere que esta no haya sido **utilizada ininterrumpidamente** durante un **plazo** de tiempo superior a 2 años por su propietario, por titulares de derechos reales de uso o disfrute o por arrendatarios sin opción de compra.

En consecuencia, cuando se produce este uso ininterrumpido de una edificación por más de 2 años, la posterior entrega que se haga de la misma, aunque desde un punto de vista estrictamente jurídico sea la primera que se efectúa, ya que es la primera vez que se transmite, se considera a los efectos del IVA que es una segunda entrega, resultando exenta de IVA.

En relación con este requisito, el TEAC 17-12-92 ha señalado que la **utilización** ha de entenderse no como mera permanencia del bien en el patrimonio del promotor, sino como un verdadero uso o empleo.

Por excepción, si la entrega se realiza a quien ha venido utilizando la edificación, hay que considerar que se produce una primera entrega, aunque se haya producido esta utilización por más de 2 años. En consecuencia, si la entrega se realiza a quien ha venido ocupando la edificación desde que acabó su construcción o rehabilitación, la entrega se considera, en todo caso, como primera entrega, sujeta y no exenta. En caso de que la entrega se realice a una tercera persona, entonces es cuando hay que tener en cuenta su tiempo de utilización.

Lo anterior ha de entenderse sin perjuicio del tratamiento específico que hay para las operaciones de arrendamiento con opción de compra. Esta cuestión se analiza en la pregunta nº 4990.

Adicionalmente, hay que tener en cuenta que si la utilización se efectúa por el **promotor** en su condición de particular (supóngase que es una persona física), entonces la entrega siguiente que se efectúe de la edificación no está sujeta al impuesto, ya que respecto a la misma el promotor está actuando al margen de su actividad empresarial o profesional. El destino de la edificación al uso particular ha supuesto una operación de autoconsumo, sujeta al impuesto.

Asimismo, hay que señalar que se entiende que no ha habido primera entrega de edificaciones en las transmisiones de unidades económicas autónomas, no sujetas a las que se refiere la LIVA art.7.1º (ver preguntas nº 775 s.), siempre que, claro está, se produzca su no sujeción. En consecuencia, si se produce la venta de un conjunto de elementos patrimoniales que se han de considerar como una **unidad económica**

autónoma y en los elementos patrimoniales hay edificaciones promovidas por el transmitente, la citada transmisión no se computa a estos efectos, por lo que es la posterior entrega la que recibe la consideración de primera entrega de edificaciones sujeta y no exenta.

Se puede **resumir** lo anterior en el siguiente esquema: 4916

<table>
<tr><th colspan="5">ENTREGA DE EDIFICACIONES PREVIA UTILIZACIÓN</th></tr>
<tr><th>Edificación</th><th colspan="3">Plazo transcurrido desde la finalización de la construcción o rehabilitación</th><th>Tributación</th></tr>
<tr><td rowspan="2">Edificación no utilizada</td><td colspan="3">Plazo inferior a 2 años desde su finalización</td><td>No exenta</td></tr>
<tr><td colspan="3">Plazo igual o superior a 2 años desde su finalización</td><td>No exenta</td></tr>
<tr><td rowspan="5">Edificación utilizada</td><td rowspan="2">Edificación utilizada por el promotor</td><td colspan="2">Plazo inferior a 2 años</td><td>No exenta</td></tr>
<tr><td colspan="2">Plazo igual o superior a 2 años</td><td>Exenta</td></tr>
<tr><td rowspan="3">Arrendamiento sin opción de compra o derecho real de uso o disfrute</td><td colspan="2">Al arrendatario o titular del derecho de uso o disfrute</td><td>No exenta</td></tr>
<tr><td rowspan="2">A un tercero</td><td>Plazo inferior a 2 años</td><td>No exenta</td></tr>
<tr><td>Plazo igual o superior a 2 años</td><td>Exenta</td></tr>
</table>

Es importante apuntar que, en cualquiera de estos casos, es necesario que la utilización de la edificación se efectúe de forma **ininterrumpida**, por lo que, si hay un uso intermitente de esta, entonces no cabe entender que se haya consumido la primera entrega de la edificación, aunque el total de tiempo acumulado en el que la edificación ha sido utilizada supere los 2 años. 4917

Asimismo, hay que tener en cuenta que no se tienen en cuenta los periodos de utilización cuando se ha producido la entrega, pero las operaciones respectivas han quedado resueltas. Esta previsión solo es aplicable a los supuestos de entrega, pero no a los casos en que las edificaciones han sido utilizadas en virtud de otros títulos, como son los contratos de arrendamiento sin opción de compra o de constitución de derechos reales de uso o disfrute.

4920

Pregunta
¿Qué se ha de considerar como construcción o rehabilitación de edificaciones?

La primera entrega de edificaciones es la que tiene por objeto una edificación cuya construcción o rehabilitación esté finalizada. Las segundas o ulteriores son las que resultan exentas. Es fundamental, para la adecuada delimitación de la exención, que se definan los conceptos edificación, construcción y rehabilitación de edificaciones.

El **concepto edificación** se delimita en la pregunta nº 475.

El **concepto construcción** de edificaciones no está definido a los efectos del IVA, por lo que resulta aplicable el concepto general de este término, que, normalmente, conduce a la elevación de una **escritura pública** de **obra nueva**. Es importante señalar que el hecho de que se produzca una nueva división horizontal del inmueble es irrelevante a estos efectos (AN 28-5-96), de lo que se trata es de que se hayan construido edificaciones de nueva planta o se hayan rehabilitado otras ya existentes.

El concepto de **rehabilitación** de edificaciones sí está definido a los efectos del IVA. Así, la LIVA art.20.Uno.22º.B considera obras de rehabilitación las que reúnan los siguientes **requisitos**:

a) Su objeto principal debe ser la **reconstrucción** de la edificación, entendiéndose cumplido este requisito cuando más del 50% del coste total del proyecto de rehabilitación se corresponda con obras de consolidación o tratamiento de elementos estructurales, fachadas o cubiertas o con obras análogas o conexas a las de rehabilitación.

b) El **coste total** de las obras a que se refiera el proyecto debe exceder del 25% del precio de adquisición de la edificación si se hubiese efectuado aquella durante los 2 años inmediatamente anteriores al inicio de las obras de rehabilitación o, en otro caso, del valor de mercado que tuviera la edificación o parte de la misma en el momento del inicio. A estos efectos, se descuenta del precio de adquisición o del valor de mercado de la edificación la parte proporcional correspondiente al suelo.

4925 **Pregunta**
¿Qué se ha de considerar como rehabilitación de edificaciones a los efectos del IVA?

De acuerdo con la LIVA art.20.Uno.22º.B, se consideran obras de rehabilitación de edificaciones las que reúnan los siguientes **requisitos**:

a) Que su **objeto principal** sea la reconstrucción de las mismas, entendiéndose cumplido este requisito cuando más del 50% del coste total del proyecto de rehabilitación se corresponda con obras de consolidación o tratamiento de elementos estructurales, fachadas o cubiertas o con obras análogas o conexas a las de rehabilitación.

Se consideran **obras análogas a las de rehabilitación** las siguientes:

1. Las de adecuación estructural que proporcionen a la edificación condiciones de seguridad constructiva, de forma que quede garantizada su estabilidad y resistencia mecánica.

2. Las de refuerzo o adecuación de la cimentación, así como las que afecten o consistan en el tratamiento de pilares o forjados.

3. Las de ampliación de la superficie construida, sobre y bajo rasante.

4. Las de reconstrucción de fachadas y patios interiores.

5. Las de instalación de elementos elevadores, incluidos los destinados a salvar barreras arquitectónicas para su uso por discapacitados.

Se consideran **obras conexas a las de rehabilitación** las que se citan a continuación cuando su coste total sea inferior al derivado de las obras de consolidación o tratamiento de elementos estructurales, fachadas o cubiertas y, en su caso, de las obras análogas a estas, siempre que estén vinculadas a ellas de forma indisociable y no consistan en el mero acabado u ornato de la edificación ni en el simple mantenimiento o pintura de la fachada:

1. Las obras de albañilería, fontanería y carpintería.

2. Las destinadas a la mejora y adecuación de cerramientos, instalaciones eléctricas, agua y climatización y protección contra incendios.

3. Las obras de rehabilitación energética. La norma califica como tales las destinadas a la mejora del comportamiento energético de las edificaciones reduciendo su demanda energética, al aumento del rendimiento de los sistemas e instalaciones térmicas o a la incorporación de equipos que utilicen fuentes de energía renovables.

b) Que el **coste total** de las obras a que se refiera el proyecto exceda del 25% del precio de adquisición de la edificación si se hubiese efectuado aquella durante los 2 años inmediatamente anteriores al inicio de las obras de rehabilitación o, en otro caso, del valor de mercado que tuviera la edificación o parte de la misma en el momento del inicio. A estos efectos, señala la norma, se descuenta del precio de adquisición o del valor de mercado de la edificación la parte proporcional correspondiente al suelo.

Se puede decir que, para que una obra sea de rehabilitación, se debe cumplir un **doble requisito**:

a) Cuantitativo: el **importe de las obras** debe exceder del 25% del precio de adquisición o del valor previo de la edificación antes de su rehabilitación, valor del suelo no incluido.

b) Cualitativo: las **obras deben consistir** principalmente en la consolidación o tratamiento de elementos estructurales de la edificación (estructuras, fachadas, cubiertas, o elementos análogos), considerándose igualmente como tales las obras análogas o conexas.

En la interpretación normativa es conveniente tener en cuenta la doctrina de la DGT. Así, la DGT CV 9-10-86 y la DGT CV 4-11-86 definen los siguientes **conceptos**: **4926**
a) Obras de **reconstrucción** de edificaciones: son las realizadas para dotar a las mismas de las condiciones necesarias para posibilitar el destino principal de su utilización como tal, siempre que el coste total de las obras exceda del 25% de las magnitudes citadas en el precepto.
b) Coste global de las operaciones de rehabilitación: es el coste, IVA no incluido, de los bienes y servicios utilizados por el empresario o profesional que ejecute las obras para llevar a cabo las operaciones materiales en que consista la reconstrucción de las mismas, incluyendo los servicios prestados por el personal técnico que dirija las obras.
c) Precio de adquisición de las edificaciones: es el realmente concertado en las operaciones por las que se haya efectuado la referida adquisición. La prueba del precio puede efectuarse por cualquiera de los medios admisibles en derecho. Para el caso de que la adquisición de la edificación se hubiese efectuado a título gratuito, señala la DGT que es de aplicación el criterio que se señala a continuación.
d) Verdadero valor de una edificación o parte de la misma: es el precio que se hubiese acordado para su transmisión onerosa en condiciones normales de mercado entre partes que fuesen independientes. Tal y como señala expresamente el precepto, la valoración se efectúa por referencia a la edificación antes de la rehabilitación. El verdadero valor de una edificación es una cuestión de hecho que, si bien puede ser acreditada mediante valoración pericial, debe ser en cualquier caso confirmada por la Administración Tributaria mediante la actuación de un **perito** de la Administración con la capacitación suficiente para efectuarla. Este peritaje debe efectuarse asimismo en el caso de que la entidad solicitante no aporte valoración alguna junto con su solicitud. Estos criterios han de adecuarse a la nueva dicción del precepto, en la que se atiende al valor de mercado de las edificaciones para estos casos y no ya al verdadero valor de la edificación, aunque la referencia a la actuación de peritos ha de admitirse como igualmente procedente a estos efectos.

4930

Pregunta
¿En qué términos se puede considerar que una obra compleja es una obra de rehabilitación?

Por **obras complejas** se entienden aquellas que incluyen tanto prestaciones con el carácter estructural o análogo como otras prestaciones relativas al acabado de las obras. Para determinar si una obra puede tener la condición de rehabilitación establecida por la Ley, la DGT ha aclarado que las obras complejas deben tener por objeto «principalmente» la reconstrucción de la edificación mediante la consolidación y el tratamiento de las estructuras, fachadas o cubiertas y otras análogas. En este sentido se expresa la Resol DGT 5-3-97, relativa a la aplicación del tipo reducido en el IVA a las ejecuciones de obra para la rehabilitación de edificaciones destinadas a viviendas.
La misma doctrina administrativa señala que para que se consideren de rehabilitación, el **importe de las obras** correspondientes a tratamiento y consolidación de **elementos estructurales** del edificio debe constituir la parte más importante del importe total de la obra. En la concreción de este extremo, un límite del 50% puede resultar razonable (así lo entiende la DGT), de forma que si la parte que corresponde a actuaciones estructurales supera este porcentaje, se podría considerar cumplido este primer requisito. Así lo ha dispuesto la DGT CV 19-12-08 ; CV 30-3-09 , entre otras.
Hay que tener en cuenta que, este elemento cualitativo del concepto de rehabilitación de edificaciones se incorpora ya en términos positivos a la norma, ya que se hace referencia al mismo en la LIVA art.20.Uno.22º.B.

En la **actualidad**, para la delimitación de si una obra es de rehabilitación o no, el elemento cualitativo conduciría a determinar si los elementos de reconstrucción de la **4931** edificación, más las obras análogas o conexas a ellos, en los términos antes referidos, superan o no el 50% del presupuesto total de obra. En caso de que la contestación sea positiva, lo que procedería es determinar si el citado presupuesto total excede del 25% del valor del inmueble. Si la contestación a esta segunda pregunta es igualmente positiva, la obra podría ser considerada como rehabilitación de edificaciones, no así en otro caso.

4932 Ejemplo Un arquitecto se dedica a la adquisición de edificios para su rehabilitación y venta. Este profesional adquiere por 100.000 € una casa antigua en un municipio a las afueras de una gran ciudad. Este profesional elabora un proyecto de reforma de esta edificación que contrata para su construcción con una empresa que se dedica a realizar este tipo de trabajos. El presupuesto que se presenta por parte de esta empresa es el siguiente:

Concepto	Importe
Reforzamiento de los cimientos y estructura del edificio	45.000
Sustitución total de la cubierta	30.000
Obras de albañilería para redistribuir el espacio interior	12.000
Aislamiento térmico del edificio	13.000
Trabajos de pintura, fontanería, electricidad y carpintería	25.000
TOTAL	125.000

En este caso sí cabe entender que el objeto principal de las obras sea la realización de la actuación estructural que se exige para considerar que nos encontramos ante una obra de rehabilitación.
En este caso se cumplen todos los requisitos para la aplicación del tipo reducido, ya que:
a) La parte de obra que se puede calificar como estructural supera el 50% del proyecto. Efectivamente, 45.000 + 30.000 = 75.000 > 62.500 = 50% de 125.000.
b) El precio del proyecto supera el 25% del valor de adquisición de la vivienda, ya que 125.000 > 25.000 = 25% de 100.000.
La posterior entrega de este edificio rehabilitado es una primera entrega de edificaciones, sujeta y no exenta de IVA.

4935

Pregunta
¿Qué efecto o consecuencias se derivan del hecho de que una obra se califique como de rehabilitación a los efectos del IVA?

Cuando una **obra** sobre un edificio se considera como **rehabilitación**, las consecuencias fiscales de esta consideración son las siguientes:
a) La **adquisición** de la edificación para su rehabilitación está sujeta y no exenta de IVA, ya que la exención propia de las segundas y ulteriores entregas de edificaciones no se aplica en este caso, ello por expresa dicción de la LIVA (supuesto que el edificio se entrega por un empresario o profesional).
b) La **ejecución de obra**, en caso de que el edificio esté destinado en más de un 50% a ser utilizado como vivienda, tributa al tipo reducido. En otro caso, la tributación se produce al tipo general. No hace falta decir que esta fase está sujeta a IVA en todo caso, ya que se realiza siempre por empresarios o profesionales.
c) La **entrega del edificio rehabilitado**, o de partes del mismo, se asimila a la entrega de un edificio de nueva construcción, operación sujeta y no exenta. En caso de que se trate de vivienda, esta entrega puede tributar al tipo reducido del 10% (al tipo superreducido del 4% en la hipótesis de que se trate de viviendas calificadas administrativamente como VPO de protección especial o de promoción pública o entregadas a entidades arrendadoras que aplican su régimen especial en el IS).
d) El **IVA soportado** en la adquisición y rehabilitación del edificio, así como cualesquiera otras cuotas soportadas en relación con la operación, es deducible, ya que la entrega del mismo ha estado sujeta y no exenta, ello supuesto que la rehabilitación

se ha realizado por un empresario o profesional o que la obra misma, efectuada con intención de venta, ha convertido en empresario o profesional a quien la efectuó.
e) Adicionalmente, a las ejecuciones de obra que se produzcan con ocasión de la rehabilitación de edificaciones, supuesto que sean encargadas por empresarios o profesionales, les es aplicable la **inversión del sujeto pasivo**, por lo que son sus destinatarios quienes deban autoliquidar el impuesto. Tratándose de cuotas deducibles, lo anterior implica la desaparición, de facto, de la obligación de hacer un desembolso en concepto de IVA por las citadas ejecuciones de obra.
Por el contrario, cuando una **obra** queda **al margen** de su consideración como de **rehabilitación**, las consecuencias que se producen son las siguientes:
a) Si trata de una edificación residencial, la **adquisición** de la edificación para su rehabilitación está sujeta a TPO. Se trata de una segunda o ulterior entrega de edificaciones, exenta como tal, y respecto a ella no cabe la renuncia, dadas las condiciones de su posterior entrega (se realiza a particulares).
b) La **ejecución de obra**, con independencia del destino que se dé al edificio rehabilitado, tributa al tipo general, ya que no consiste en la construcción o rehabilitación de edificaciones. A la ejecución de obra ya no le resultaría aplicable la inversión del sujeto pasivo, ya que no tiene por objeto la rehabilitación de edificaciones.
c) La posterior **entrega del edificio** o partes del mismo, en tanto que segunda o ulterior entrega de edificaciones, está sujeta, pero exenta del IVA. Suponiendo que los adquirentes son particulares, no cabe renuncia. Esta exención da lugar, a su vez, a las siguientes **consecuencias**:
- la entrega queda sujeta a la modalidad de TPO del ITP y AJD;
- las cuotas de IVA soportadas en relación con los citados edificios no resultan deducibles, ya que su entrega está exenta de IVA.

No hay que insistir en la diferencia de trato existente entre estas operaciones.
En caso de que la edificación que se ha de reformar sea no residencial, la posterior venta del edificio reformado podría escapar de la exención por la vía de la renuncia. De ser así, el IVA de la obra sería deducible, como también el de la compra si en ella también se renuncia a la exención, atemperando considerablemente en esta hipótesis el impacto antes descrito.

Pregunta 4940
¿Hay supuestos específicos excluidos de la exención de las segundas o ulteriores entregas de edificaciones?

Sí. La LIVA art.20.Uno.22º excluye de la exención las siguientes operaciones:
a) Las entregas de edificaciones efectuadas en el **ejercicio de la opción de compra** inherente a un **contrato de arrendamiento**, por empresas dedicadas habitualmente a realizar operaciones de arrendamiento financiero. A estos efectos, el compromiso de ejercitar la opción de compra frente al arrendador se asimila al ejercicio de la opción de compra. Esta excepción solo es aplicable a contratos con una duración no inferior a 10 años.
b) Las entregas de edificaciones para su **rehabilitación** por el adquirente.
c) Las entregas de edificaciones que sean objeto de **demolición** con carácter previo a una nueva promoción urbanística.
En cuanto a las entregas de edificaciones efectuadas en el **ejercicio de la opción de compra** en contratos de arrendamiento por empresas dedicadas a realizar operaciones de arrendamiento financiero, la lógica de la norma es relativamente clara: el ejercicio de la opción de compra en estos casos necesariamente implica una segunda o ulterior entrega de edificaciones, ya que la primera es la que se produjo cuando la edificación se entregó a la entidad financiera que la cede en la citada operación de arrendamiento financiero. Para evitar que la entrega, por exenta, tenga un tratamiento menos favorable que el correspondiente a la **adquisición directa** por el **arrendatario** convenientemente financiada, se establece la excepción a la exención en estos casos.

El precepto no distingue, por lo que cabe considerar que se encuentran sujetas y no exentas las entregas que se producen en este tipo de operaciones, con independencia de si la entrega que se produjo del inmueble a la **entidad arrendadora** estuvo sujeta o no y con independencia de si fue primera entrega o no. Así lo ha indicado la jurisprudencia (TS 14-7-10, EDJ 153084; TS 4-6-12, EDJ 110276; TS 14-12-12, EDJ 294529).

Hay que insistir en que la excepción que se comenta, únicamente, es aplicable cuando la **duración** del contrato de arrendamiento financiero es igual o superior a 10 años. En otro caso, la entrega que se produce al ejercitarse la opción de compra es una segunda entrega de edificaciones, cuya no exención únicamente puede alcanzarse por la vía de la renuncia a la misma.

4941 Respecto a las **entregas de edificaciones para su rehabilitación**, la norma hace una remisión reglamentaria al concepto de rehabilitación; sin embargo, el RIVA completa este concepto por referencia a la propia LIVA, por lo que en cuanto a este concepto es plenamente válida la delimitación de este concepto que se hace en la pregunta nº 4925.

Es importante señalar que hasta la entrada en vigor del RDL 2/2008, se exigía que la **rehabilitación fuera inmediata**, requisito que ahora ya no se necesita.

Esta excepción a la exención presenta otro problema, que es la **acreditación del destino** de la edificación, aspecto que ha sido tratado por la resolución vinculante DGT 3-11-86, que señaló que el destino de las edificaciones se puede determinar para el transmitente, además de por cualquier medio de prueba admitido en derecho, «mediante una comunicación fehaciente del adquirente al transmitente en la que se indique la circunstancia, sin perjuicio de las responsabilidades en la que puedan incurrir los adquirentes en los supuestos de inexactitud de las mencionadas declaraciones».

Finalmente, en cuanto a las entregas de edificaciones que van a ser objeto de **demolición** con carácter previo a una **nueva promoción inmobiliaria**, cabe considerar que el auténtico objeto de transmisión es el terreno. Esta circunstancia, por asimilación del terreno con cualquier otro edificable, justifica la no exención.

IV. Arrendamientos y constitución de derechos reales de aprovechamiento y disfrute

(LIVA art.20.Uno.23º)

4950

Pregunta

¿En qué condiciones están exentos los arrendamientos y derechos reales sobre inmuebles?

De acuerdo con la LIVA art.20.Uno.23º, están exentas ciertas operaciones que cumplan determinados requisitos relativos tanto a sus características contractuales como al objeto sobre el que estas recaigan.

Así, los **contratos** a los que es aplicable la exención son los siguientes:

a) Arrendamientos que tengan la consideración de **prestaciones de servicios** con arreglo a lo dispuesto en la LIVA art.11. Hay que recordar que los arrendamientos tienen la condición de entregas de bienes si existe opción de compra que sea vinculante para ambas partes. En otro caso, constituyen prestaciones de servicios (ver pregunta nº 670).

b) Constitución y transmisión de **derechos reales de goce o disfrute**, y cabe entender que también la ampliación de su contenido.

Las anteriores operaciones están exentas cuando recaigan sobre cualquiera de los **bienes** siguientes:

a) Terrenos, incluidas las construcciones inmobiliarias de carácter agrario utilizadas para la explotación de una finca rústica, con la excepción de las construcciones

inmobiliarias dedicadas a la realización de actividades de ganadería independiente de la explotación del suelo.
Es importante señalar que, a diferencia de lo que ocurre con las entregas, en cuanto a la exención de su arrendamiento, la calificación de los terrenos es irrelevante, por lo que está exenta la operación tanto si se trata de terrenos rústicos como si se trata de terrenos que tengan otra calificación.
b) Edificios o partes de los mismos destinados exclusivamente a viviendas, incluidos los garajes y anexos accesorios a estas últimas y los muebles, todos estos arrendados conjuntamente con esos edificios. También está exento el arrendamiento a entidades que van a ceder las viviendas en posteriores operaciones de arrendamiento, cuando se trate de entidades gestoras de **programas públicos de apoyo** a la vivienda o sociedades acogidas al **régimen especial de las entidades arrendadoras de viviendas** del IS (actualmente regulado por la LIS art.48 y 49).

Pregunta 4955
¿En qué términos están exentos los arrendamientos de viviendas?

En los términos que señala la LIVA art.20.Uno.23º, esto es, a condición de que se trate de operaciones de arrendamiento o de constitución o ampliación de derechos reales de uso o disfrute de edificaciones que sea **exclusivamente utilizadas como vivienda**.
En una interpretación literal de la norma, se podría señalar que se trata de un supuesto de **exención finalista**, es decir, que se aplica en función del destino que se dé a la edificación arrendada. En esta inteligencia, la aplicación de la exención requiere que sea el mismo arrendatario el que utilice el edificio como vivienda, por lo que no está exento el arrendamiento cuando el arrendatario no va a utilizar la vivienda él mismo, sino que la va a ceder a un tercero, tanto si la cesión se realiza en virtud de una operación de subarrendamiento como si se trata de otro tipo de cesión.
Este es el **criterio** que se mantuvo por la DGT durante años. El TEAC, sin embargo, lo **modificó** en dos resoluciones, en el TEAC 15-12-16 y en 15-12-16 , siguiendo el criterio establecido por los TSJ y admitiendo la exención en arrendamientos a entidades mercantiles, a condición de que, en el contrato de arrendamiento, se especifique el **nombre** de la **persona** que va a **ocupar** el **inmueble**. El mismo criterio se ha aplicado por la DGT (DGT CV 11-7-23, entre otras).
La resolución vinculante DGT CV 11-2-86 entiende por vivienda el «edificio o parte del mismo destinado a habitación o morada de una persona física o de una familia, constituyendo su hogar o sede de su vida doméstica». En el mismo sentido, la sentencia TS 5-6-92, EDJ 5860 ha considerado como tal «aquel espacio físico donde el ser humano puede, permanentemente, desarrollar sus actividades vitales al resguardo de agentes externos».
La exención alcanza a los elementos accesorios, incluyendo **garajes y muebles**.

Pregunta 4960
¿Qué tratamiento tienen los arrendamientos de viviendas que son objeto de posteriores cesiones de uso por parte de sus arrendatarios iniciales?

De entrada, la DGT había denegado la exención del arrendamiento cuando el arrendatario no va a utilizar la vivienda él mismo, sino que la va a ceder a un tercero, tanto si la cesión se realiza en virtud de una operación de **subarrendamiento** como si se trata de otro tipo de cesión (DGT 6-7-91; CV 25-3-09, entre otras, relativas a arrendamientos de viviendas a empresas que los iban a ceder a sus empleados).
El **TEAC modificó** este **criterio** en dos resoluciones, en el TEAC 15-12-16 y en 15-12-16 , siguiendo el establecido por los TSJ y admitiendo la exención en arrendamientos a entidades mercantiles, a condición de que, en el contrato de arrendamiento, se especifique el nombre de la persona que ocupa el inmueble. El mismo criterio se ha aplicado por la DGT (DGT CV 11-7-23, entre otras).

Debe señalarse que la anterior **interpretación** ha sido **matizada** por la **DGT** (DGT CV 21-6-05 CV 31-5-10 ; CV 19-2-18 , entre otras). La DGT admite la aplicación de la exención en el caso de viviendas arrendadas a entidades que las utilizaban en actividades que no podían ser consideradas como empresariales. La DGT entiende que el uso efectivo del edificio o parte del mismo como vivienda, aun siendo requisito necesario para la aplicación del supuesto de exención, no es, sin embargo, requisito suficiente, ya que, de acuerdo con la redacción del precepto, ha de entenderse que el uso como vivienda de la edificación ha de realizarse necesaria y directamente por el arrendatario, consumidor final a estos efectos, y no por terceras personas. A partir de esta consideración, entiende que los arrendamientos de edificaciones que, a su vez, son objeto de una cesión posterior por parte de su arrendatario, en el ejercicio de una **actividad empresarial**, dejan de estar exentos en el IVA para pasar a estar sujetos y no exentos, y ello con independencia de que su ulterior cesión se realice en virtud de un nuevo contrato de arrendamiento o en virtud de otro título.

Sentado lo anterior, señala que **existe cesión posterior** por el arrendatario en el ejercicio de una actividad empresarial y profesional, de forma que el arrendamiento resulta sujeto y no exento, entre otros, en los siguientes **supuestos**:

a) Cesión de la edificación destinada a vivienda por un empleador a favor de sus empleados o los familiares de estos.

b) Cesión de la edificación destinada a vivienda para el ejercicio de una actividad empresarial o profesional.

c) Cesión de la edificación destinada a vivienda por cualquier otro título oneroso.

El **cambio de criterio de la DGT** se refiere a los supuestos en que el arrendatario de la vivienda no tiene la condición de empresario o profesional, pues realiza exclusivamente entregas de bienes o prestaciones de servicios a título gratuito, como señala la LIVA art.5.Uno.a párrafo 2º, o actúa, por cualquier otra razón, como consumidor final, ya sea persona física, ya sea una persona jurídica. En tal caso, admite que el arrendamiento de la vivienda esté exento, sin perjuicio de que este consumidor final permita el **uso** de la vivienda a **otras personas**.

4965

Pregunta
¿Cabe la posibilidad de que estén exentos arrendamientos de inmuebles de uso no residencial?

No. En este sentido, se puede citar la jurisprudencia relativa a los arrendamientos que tienen por destinatarios a Entes públicos (sentencias TS 26-11-90; 28-11-90; 29-11-90 y 30-11-90). En el mismo sentido, la DGT ha **excluido de la exención** las siguientes operaciones:

a) Edificios arrendados a partidos políticos (DGT 15-9-86).

b) Edificios destinados a organizaciones patronales (DGT 26-2-86).

c) Edificios ocupados por el Estado o por Administraciones Autonómicas, Corporaciones Locales o Entidades Gestoras de la Seguridad Social (DGT 24-2-86 y 13-3-86).

Conviene no confundir estos casos con los que se señalaron anteriormente, ya que en estos no hay un uso residencial o como vivienda de las edificaciones arrendadas ni por parte de sus arrendatarios ni por parte de terceras personas.

Tampoco está exento el arrendamiento de **fachadas** para **uso publicitario** (DGT 15-9-86; CV 30-9-04), que parten de esta constatación para analizar el derecho a la deducción del IVA soportado por la comunidad de propietarios que realiza el arrendamiento.

4970

Pregunta
¿Está exento el arrendamiento de viviendas que son objeto de uso mixto, residencial y no residencial?

No. De acuerdo con la LIVA art.20.Uno.23º, la procedencia de la exención está igualmente condicionada a que la edificación tenga como **destino exclusivo** su uso como vivienda.

En consecuencia, el arrendamiento de un inmueble que se va a utilizar simultáneamente como vivienda y para otros fines quedaría sujeto y no exento. Así se desprende del precepto y ha sido señalado por la DGT 4-12-95, relativa al arrendamiento de un piso destinado a ser utilizado simultáneamente como vivienda por su arrendatario y como consulta médica. A la misma conclusión se había llegado en las resoluciones vinculantes DGT 12-3-86 y 16-12-86y se ha reiterado después en DGT CV 7-4-11 y CV 13-1-14.

Pregunta **4975**
¿Existen supuestos específicamente excluidos de la exención de los arrendamientos y constitución de derechos reales de uso y disfrute de inmuebles?

Sí. La misma LIVA art.20.Uno.23º prevé la no exención de las siguientes operaciones:
a) Los arrendamientos de terrenos para el **estacionamiento de vehículos**.
b) Los arrendamientos de terrenos para **depósito o almacenaje de bienes**, mercancías o productos, o para instalar en ellos elementos de una actividad empresarial.
c) Los arrendamientos de **terrenos para exposiciones** o para publicidad.
d) Los arrendamientos **con opción de compra** de terrenos o viviendas cuya entrega estuviese sujeta y no exenta (ver pregunta nº 4990).
e) Los arrendamientos de apartamentos o viviendas amueblados cuando el arrendador se obligue a la prestación de alguno de los servicios complementarios propios de la **industria hotelera** (ver pregunta nº 4980).
f) Los arrendamientos de edificios o parte de los mismos para ser **subarrendados**.
g) Los arrendamientos de edificios o parte de los mismos asimilados a viviendas de acuerdo con lo dispuesto en la **Ley de Arrendamientos Urbanos.**
h) La constitución o transmisión de **derechos reales de goce o disfrute** sobre los bienes a los que se refieren las letras a, b, c, y e anteriores.
i) La constitución o transmisión de **derechos reales de superficie** (ver pregunta nº 5005).
Otros supuestos sobre los que se ha pronunciado la DGT excluyendo la exención, son los siguientes:
a) Cesión de la explotación de **canteras**, graveras o del derecho a la extracción de áridos o tierras, a los que no les es de aplicación la exención (DGT 30-6-86; 25-1-88; 24-10-96).
b) Arrendamiento de **cotos de caza**, igualmente excluidos de la exención (DGT 22-7-86; 8-4-96). No obstante, hay que señalar que las sentencias del TSJ Castilla y León 17-11-00 y 12-1-01 han considerado estas operaciones como exentas.
c) Arrendamiento de **fincas rústicas**, que sí se han considerado dentro de este supuesto de exención (DGT 17-2-87; 12-12-95), al igual que el arrendamiento de pastos o el alquiler de tierras para la siembra de cereales (DGT 30-6-86).
d) Arrendamientos de edificios para **explotaciones ganaderas** de **cría de conejos**, en tanto que ganadería independiente del terreno, entendiendo en tales casos la DGT que el objeto del contrato en estos casos no es tanto el terreno como el edificio en el que se va a desarrollar la actividad, además de estar excluidos expresamente por el mismo precepto (DGT 17-2-87; 21-9-88).

Pregunta **4980**
¿En qué condiciones están sujetos y no exentos los arrendamientos de apartamentos en los que el arrendador se compromete a prestar servicios análogos a los de la industria hotelera?

En la medida en que se asuma, por el arrendador, el compromiso de prestar servicios tales como los de **restaurante, limpieza, lavado de ropa** u otros análogos. Basta con que se preste o comprometa la prestación de alguno de estos servicios para que el arrendamiento de que se trate esté fuera de la exención, como se desprende del mismo precepto. En tal caso, el tipo impositivo aplicable a estas operaciones es el reducido, de acuerdo con la LIVA art.91.Uno.2.2º (ver pregunta nº 9350 s.).

La DGT CV 31-3-05 o la DGT CV 21-9-23 , entre otras muchas, aclara lo que debe considerarse como «**servicios complementarios propios de la industria hotelera**». A tal efecto, se declara que se trata de servicios que constituyen un complemento normal del servicio de hospedaje prestado a los clientes, por lo que no pierden su carácter de servicio de hostelería. Así pues, **se califican como servicios complementarios** propios de la industria hotelera los siguientes:
a) Limpieza del interior del apartamento prestado con periodicidad semanal.
b) Cambio de ropa en el apartamento prestado con periodicidad semanal.
Por el contrario, **no se consideran servicios complementarios** propios de la industria hotelera, los siguientes:
a) La limpieza del apartamento prestado a la entrada y a la salida del periodo contratado por cada arrendatario.
b) El cambio de ropa en el apartamento prestado a la entrada y a la salida del periodo contratado por cada arrendatario.
c) La limpieza de las zonas comunes del edificio (portal, escaleras y ascensores), así como de la urbanización en que está situado (zonas verdes, puertas de acceso, aceras y calles).
d) La asistencia técnica y mantenimiento para eventuales reparaciones de fontanería, electricidad, cristalería, persianas, cerrajería y electrodomésticos.

4985 **Pregunta**
¿En qué condiciones se excluyen de la exención los arrendamientos de viviendas para ser subarrendadas?

En cualquier supuesto en el que arrendatario propone el subarriendo de la vivienda que arrendó.
Hay que recordar que el arrendamiento constituye en **empresario** o profesional a quien lo realiza en todo caso (LIVA art.5.Uno.c), por lo que quien arrienda para subarrendar adquiere esta condición. Las operaciones de subarriendo, en caso de que tengan por objeto edificaciones o partes de las mismas que se utilizan exclusivamente como viviendas, están exentas como tales, pero no las de arrendamiento previo, que, por razón del subarriendo, quedan excluidas de la exención.
Esta exclusión se aplica a un supuesto cada vez más habitual como es el de los propietarios de **apartamentos** que los utilizan uno o 2 meses al año y el resto del tiempo los arriendan a otras entidades que, a su vez, proceden a arrendarlos a terceros. En tal caso, el arrendamiento a la persona o entidad que va a proceder al subarrendamiento está sujeto y no exento (hay recordar que los arrendadores se convierten en empresario o profesionales en todo caso), aunque no el posterior arrendamiento que esta hace al turista que va a ocupar el apartamento. Así lo ha señalado la DGT CV 18-2-05.
No debe confundirse la anterior situación con la que se produciría en caso de que fuera el propietario del apartamento el que lo arrendase directamente a turistas con el concurso de una agencia que recibiera una comisión por sus servicios, ya que, en tal caso, el arrendamiento estaría exento, no así los servicios prestados por la agencia. Esta diferencia de tratamiento ha sido puesta de manifiesto por la DGT 22-2-05, en la que se señala lo siguiente:
a) Están **sujetos, pero exentos**:
1. Los arrendamientos de apartamentos destinados exclusivamente a viviendas realizados directamente por su propietario o persona que actúe en su nombre y por su cuenta.
2. Los arrendamientos de apartamentos destinados exclusivamente a viviendas efectuados en nombre propio por la entidad consultante.
b) Están **sujetos y no exentos**, tributando al tipo general, las siguientes operaciones:
1. Los arrendamientos de apartamentos o la cesión de su explotación a la entidad consultante para que esta, a su vez, los arriende a terceros en nombre propio, cualquiera que sea la forma en que se determine la contraprestación de las operaciones.

2. Los servicios prestados al arrendador por la entidad consultante comisionista que arriende apartamentos en nombre y por cuenta de aquel.

Pregunta 4990
¿Qué tratamiento corresponde a los arrendamientos con opción de compra?

La tributación de estas operaciones es distinta en función del **carácter de la opción de compra**. En función de esta circunstancia, se tiene lo siguiente:
a) Arrendamientos con opción de compra **vinculante** (esto es, en los que realmente la transmisión de la propiedad está comprometida desde el principio). La DGT CV 3-7-07 ha entendido que la operación es una entrega de bienes desde el primer momento, conforme a la LIVA art.8.Dos.5º (ver pregunta nº 670), sujeta al tipo reducido y no exenta, en tanto que entrega de viviendas. El devengo del IVA se produciría en el momento en que la vivienda se pone en posesión de su arrendatario, conforme a lo dispuesto por la LIVA art.75.Uno.1º.
b) Cuando la opción de compra **no es vinculante**, la operación pasa a caracterizarse como prestación de servicios. La DGT CV 30-7-07 trata de la tributación del contrato de arrendamiento antes de la entrega de la vivienda, para la que determina lo siguiente:
1. La operación está sujeta y no exenta.
2. Las cantidades pagadas como arrendamiento son contraprestación de prestaciones de servicios sujetas y no exentas, quedando gravadas al tipo general. El tipo que se aplica a estas operaciones es el reducido (ver pregunta nº 9274).
3. Las cantidades pagadas a cuenta de la futura entrega de la vivienda se califican como pagos anticipados por la misma y tributan al tipo reducido.
En cuanto a la **entrega de la vivienda**, se tiene lo siguiente:
a) Si se realiza **a quien la ha venido ocupando** desde que finalizó su construcción y la entrega la realizase el promotor, sería una primera entrega, sujeta y no exenta, que tributaría al tipo reducido. Las cantidades que ya tributaron a ese tipo reducido consolidaban su tributación reducida. Lo mismo cabía decir respecto a las que se hicieran efectivas a la entrega. Adicionalmente, los importes que se gravaron al tipo general durante la vigencia del arrendamiento pasaban a tributar al tipo reducido, admitiéndose su rectificación.
b) Si se hiciera **a un tercero**, se trataría igualmente de una operación no exenta.
En este sentido se ha pronunciado la DGT CV 28-10-08, entre otras, considerando que la utilización de la vivienda en virtud de contratos de arrendamiento con opción de compra no agota la primera entrega, por lo que su posterior transmisión está sujeta y no exenta, tanto si la entrega se realiza a quien la ha venido ocupando desde que finalizó su construcción o rehabilitación como si tiene por destinatario a un tercero.
De este modo, una transmisión que ha ido precedida de un arrendamiento con opción de compra se considera, no obstante, como primera entrega del inmueble, sujeta y no exenta. La DGT, en aplicación del inciso «sin opción de compra» de la LIVA art.20.Uno.22º señala que cuando el arrendamiento incorpora la opción de compra, el agotamiento de la primera entrega, por el hecho de que se produzca el uso del inmueble por más de 2 años, no se produce.
Siguiendo el razonamiento de la DGT, la suscripción de contratos de **arrendamiento de edificaciones «nuevas»** con opción de compra nunca va a consumir o agotar esta primera entrega de edificaciones:
a) En caso de que se **ejerza** la **opción por el arrendatario inicial**, porque la entrega que se realiza es la primera. No ha habido en este caso más usuario de la edificación que el arrendatario que finalmente se queda con ella.
b) En caso de que **no se ejerza la opción** y la edificación sea objeto de una ulterior transmisión, porque el uso que se realizó de la vivienda, en virtud del precitado contrato de arrendamiento con opción de compra, no agota la primera entrega. Este es, precisamente, el caso que valora la DGT 28-10-08 y otras de fecha posterior, como la DGT CV 5-3-10 o la DGT CV 18-9-18 o la DGT CV 8-9-23.

4995

Pregunta
¿Qué ocurre cuando las viviendas que se explotan en virtud de contratos de arrendamiento con opción de compra se han adquirido a terceros, esto es, no se han promovido por quien las está arrendando?

Cuando las viviendas que se explotan de este modo no sean de nueva construcción, sino que se hayan adquirido a un tercero, quien las promovió, así como en los supuestos en que las viviendas no incorporan opción de compra, su arrendamiento es, en todo caso, una **operación sujeta pero exenta**, conforme a la LIVA art.20.Uno.23º.

5000

Pregunta
¿Qué ocurre cuando las viviendas que se destinan al arrendamiento con opción de compra no se habían promovido con la intención de explotarlas de este modo?

Si las viviendas se habían promovido para la venta y se produce un **cambio de destino**, es posible que se produzca un autoconsumo como consecuencia del citado cambio en sus condiciones de explotación.
En principio, se podría pensar que hay un cambio en las condiciones de utilización de las viviendas; no obstante, contestaciones de la DGT (DGT CV 22-1-09; CV 18-6-10 ; CV 28-12-17 ; CV 18-9-18 entre otras) niegan esta posibilidad, señalando que, en la medida en que la intención última del promotor de las viviendas sea proceder a su transmisión, no cabe considerar la existencia de un autoconsumo sujeto al impuesto. En consecuencia, el arrendamiento está sujeto y no exento, así como la transmisión de las viviendas, cuando esta se efectúe.

5005

Pregunta
¿Qué régimen de tributación le corresponde a la constitución de derechos de superficie?

Según la LIVA art.20.Uno.23º, la constitución de derechos de superficie está **excluida de la exención** relativa a la constitución o transmisión de derechos reales de goce o disfrute sobre terrenos. La problemática que se plantea en relación con estas operaciones, que va más allá de su no exención, ya que afecta a otros elementos del tributo, ha sido objeto de análisis por la DGT en diversas contestaciones (DGT CV 1-3-06; CV 26-9-07; CV 19-3-14).
En la medida en que la constitución, transmisión o modificación de derechos reales de uso o disfrute de inmuebles se asimila por la propia LIVA a las operaciones de arrendamiento, las que, a su vez, son operaciones de tracto sucesivo por antonomasia, la DGT deduce que el **tratamiento** como **operación de tracto sucesivo** es el procedente para los derechos de superficie, devengándose el citado tributo a medida que se hacen exigibles los cánones periódicos que, junto con la reversión de las instalaciones, constituyen la contraprestación de la operación, así como en el momento en que, de acuerdo con los términos contractuales, sea exigible la reversión.
En cuanto al **devengo** de la operación correspondiente a la **reversión**, considerando que se trata de una entrega de bienes, este se produce cuando tenga lugar la puesta a disposición del adquirente. No obstante, en tanto que los pagos anticipados suponen el devengo en el momento del cobro y por los importes efectivamente percibidos, la DGT entiende que, a medida que se preste el servicio que implica la constitución del derecho de superficie, conforme a las reglas de devengo que se han señalado con anterioridad, debe considerarse, asimismo, que se devenga el impuesto correspondiente, en su caso, a la reversión de las instalaciones.
Para la **base imponible** correspondiente a la cesión del derecho de superficie, hay que tener presente que la contraprestación de la cesión está constituida por el canon (contraprestación dineraria) y por la edificación que pasa a ser propiedad del titular dominical del terreno al final de la operación (contraprestación en especie),

por lo que resulta de aplicación la regla de determinación de la base imponible contenida en la LIVA art.79.Uno (ver pregunta nº 6545).

La DGT cita la LIVA art.80.Seis, por la que si el **importe de la contraprestación** de una operación resultara **desconocido** en el momento del devengo del impuesto, este debe fijarse provisionalmente aplicando criterios fundados, sin perjuicio de su rectificación. De ello se deduce que, como **valor de mercado** de las instalaciones objeto de reversión puede tomarse, a estos efectos, su valor neto contable, calculado conforme a lo dispuesto por las normas propias del IS, esto es, el coste de adquisición minorado en el importe de las amortizaciones computadas admisibles como gasto deducible, aunque sin añadir el importe del fondo de reversión. **5006**

A continuación, se efectúa la **comparación** de **dos magnitudes**, el valor de mercado del derecho de superficie que se constituye y la suma de los cánones y el valor de mercado de las instalaciones que han de revertir, calculado este último conforme a lo señalado anteriormente. Tanto los cánones como los citados valores netos contables a los que se ha hecho referencia deben actualizarse, conforme a criterios financieros, para su comparación en términos de homogeneidad con el valor de mercado del derecho de superficie, tomando posteriormente la mayor de ambas magnitudes.

De la anterior comparación puede resultar lo siguiente:

a) El **valor de mercado** del derecho de superficie es el que ha de tomarse como base imponible de su constitución. En tal caso, ese importe, que ha de imputarse periódicamente a lo largo de la duración del contrato, en proporción al valor, actualizado conforme a criterios financieros, de los cánones y activos reversibles y su exigibilidad.

b) La **base imponible** de esta operación viene dada por la suma de los cánones más el valor de mercado de las instalaciones a revertir. En este caso, el impuesto que se devenga con ocasión de la exigibilidad de cada una de estas partidas debe tomar como base, de un lado, el importe respectivo de cada canon y, de otro, el valor de mercado de las instalaciones a revertir.

La DGT señala que el superficiario, como dueño de lo construido, es el promotor de las edificaciones construidas. Por tanto, en el caso de que los bienes que revierten sean exclusivamente las instalaciones que se ha construido por el titular del derecho de superficie, la citada reversión es una segunda transmisión de edificaciones, sujeta al IVA, pero exenta del mismo, salvo renuncia a la exención.

V. La renuncia a la exención de las operaciones inmobiliarias

(LIVA art.20.Dos)

5020

A. Requisitos sustantivos de la renuncia a la exención de las operaciones inmobiliarias

(LIVA art.20.Dos)

5025

Pregunta

¿Se puede renunciar a las exenciones de las operaciones inmobiliarias?

Sí. Así está previsto en la LIVA art.20.Dos, que habilita la citada renuncia para evitar los problemas que se suscitan como consecuencia de la aplicación de los supuestos de exención correspondientes a las operaciones inmobiliarias. Estos **problemas** se pueden manifestar de **dos maneras**:

a) Supuesto que los inmuebles que se transmiten sean **circulante o existencias** para la entidad transmitente, a través de su inclusión en el denominador de la **prorrata** de

la entidad (en la hipótesis de que se trate de operaciones habituales, ya que si se trata de operaciones no habituales, o accesorias, entonces no procede la inclusión, según dispone la LIVA art.104.Tres.4º, ver pregunta nº 11260).
b) En caso de que los inmuebles hayan de considerarse como **bienes de inversión** a los efectos del IVA (en el sentido que establece la LIVA art.108), la limitación se produciría por la vía de la **regularización** de cuotas correspondientes a bienes de inversión que establece la LIVA art.110. Esto implica la devolución de la parte proporcional correspondiente a los años que falten hasta completar los 10 a que se remite este precepto.
Para permitir que el mecanismo de repercusión, o autoliquidación y deducción siguiera funcionando sin interrupciones, cuando es empresario o profesional con derecho a la deducción, el destinatario de una de las operaciones que, en principio, habría de quedar exenta, es por lo que se estableció por la actual Ley del IVA la posibilidad de renunciar a ciertas exenciones, ello en los términos y con las condiciones que se van a estudiar a continuación.
Conviene recordar que las operaciones inmobiliarias exentas de IVA están sujetas al **ITP y AJD** en su modalidad TPO, por lo que, además de permitir o propiciar la deducción del IVA soportado, en su caso, la renuncia a la exención evita el pago de este segundo tributo, que, como no deducible, se incorpora al coste de los inmuebles adquiridos, provocando su encarecimiento. Motivado por lo anterior, muchas CCAA han dispuesto la aplicación de tipos incrementados en la cuota gradual de AJD (hay que recordar que es compatible con el IVA) para compensar el efecto que esta no liquidación de TPO les produce.
En las operaciones inmobiliarias en las que se opte por la renuncia a la exención, se aplica la **inversión del sujeto pasivo** (ver pregunta nº 7047).

5030

Pregunta
¿Para qué operaciones cabe la renuncia?

Tal y como dispone expresamente la LIVA art.20.Dos, las operaciones respecto de las que cabe la renuncia son las **operaciones exentas** en virtud de las exenciones que se regulan en la LIVA art.20.Uno.20º y 22º (ver pregunta nº 4710 s.).
En consecuencia, no cabe la renuncia para las operaciones que no están sujetas al mismo, como son las que se realizan por quienes no tienen la condición de empresarios o profesionales. Tampoco es renunciable la no sujeción que se establece en la LIVA art.7.1º para transmisiones de unidades económicas autónomas.
También hay que señalar que la renuncia a la exención no cabe respecto al total de las operaciones inmobiliarias que están exentas, ya que **no es factible en las prestaciones de servicios** a los que se aplica la exención que regula la LIVA art.20.Uno.23º (ver pregunta nº 4950 s.).
Una cuestión interesante es la que se plantea cuando existe **concurrencia de dos supuestos distintos de exención**, circunstancia que se va a dar básicamente en relación con la exención técnica que regula la LIVA art.20.Uno.24º (ver pregunta nº 5090 s.), que no admite renuncia. Esta exención no es aplicable cuando resulten procedentes las exenciones establecidas en la LIVA art.20.Uno. 20º y 22º, y ello por dicción expresa de la Ley. En consecuencia, suponiendo que concurran los dos supuestos de exención, **prevalece** el específicamente previsto para las operaciones inmobiliarias, respecto del que sí que cabe la renuncia.

5035

Pregunta
¿Quién es el que renuncia a la exención?

A las operaciones inmobiliarias en las que se renuncie a la exención se les aplica la **inversión del sujeto pasivo**, por lo que el obligado a la autoliquidación del impuesto y a su ingreso es el adquirente del inmueble de que se trate. A pesar de lo anterior, el RIVA art.24 quater.1 establece que es el transmitente quien renuncia a la exención, comunicándolo expresa y fehacientemente al adquirente del inmueble.

El único procedimiento aplicable a las entregas de inmuebles en las que se renuncia a la exención es la inversión del sujeto pasivo, en los términos anteriormente analizados.
Hay que tener en cuenta que en estos casos, es el adquirente del inmueble el que renuncia a la exención, tal y como establece la LIVA disp.adic.6ª en la redacción dada por la L 22/2013.

Pregunta 5040
¿Existe algún requisito en cuanto al destinatario de la operación para que se pueda realizar la renuncia a la exención?

El destinatario de la operación en la que se pretende la renuncia ha de ser un **empresario o profesional** con derecho a la deducción total o parcial del impuesto soportado en la citada operación.
Así ocurre cuando al adquirente se le atribuye el derecho a efectuar la deducción total o parcial del impuesto soportado al realizar la adquisición o, cuando no cumpliéndose lo anterior, en función de su destino previsible, los bienes adquiridos van a ser utilizados, total o parcialmente, en la realización de operaciones, que originen el derecho a la deducción.

Pregunta 5045
¿Qué ocurre si la renuncia a la exención de las operaciones inmobiliarias se ha realizado incorrectamente?

Las consecuencias de que la operación se encuentre exenta o no inciden tanto en el comprador como en el vendedor. De este modo, cuando se han apreciado erróneamente estos elementos, puede resultar lo siguiente:
a) El **comprador que ha soportado y deducido el IVA**, si este no se devengó con arreglo a derecho porque la renuncia a la exención no fue válidamente efectuada, se encuentra con unas cuotas que no son deducibles (LIVA art.94.Tres), por lo que debe rectificar esta deducción (LIVA art.114.Uno). En la hipótesis de que la renuncia a la exención improcedente se haya realizado con aplicación del procedimiento de inversión del sujeto pasivo, la regularización debería comprender tanto las cuotas indebidamente ingresadas como la deducción practicada de manera igualmente improcedente.
b) El **empresario o profesional que realizó la entrega** puede tener importantes consecuencias en sus deducciones, tanto por la incidencia de la operación en su prorrata como por la posible regularización de deducciones que puede verse obligado a realizar a la entrega en caso de que esta resulte exenta.

B. Requisitos formales de la renuncia a la exención de las operaciones inmobiliarias

(RIVA art.8.1)

Pregunta 5060
¿Cuáles son los requisitos formales de la renuncia a la exención?

Los requisitos formales para la renuncia se establecen en el RIVA art.8.1 a partir de la habilitación legal que establece la LIVA art.20.Dos párrafo 1º. A estos efectos, el TEAC ha señalado que, en cuanto tratamos de la renuncia de un derecho pero que es beneficiosa para el contribuyente, la misma está condicionada al cumplimiento de unos requisitos formales que condicionan su validez (TEAC 7-11-96). En el mismo sentido se ha pronunciado la sentencia TS 24-1-07, EDJ 8565.
a) La renuncia ha de efectuarse **con carácter previo o simultáneo a la entrega** de los inmuebles. Por tanto, no es válida la renuncia que se insta o efectúa de forma sobre-

venida, ya que, además de adolecer de uno de los requisitos que se exigen para su validez, plantea el problema de la incidencia que la misma puede tener en las deducciones del empresario o profesional que la efectúa y en la tributación por TPO del adquirente. A esta misma conclusión ha llegado el TEAC 22-6-95, valorando un caso en el que se pretendía subsanar el defecto formal a través de una escritura de subsanación, que, según el Tribunal, no puede rectificar errores de hecho, por lo que no es válida para alterar la inicial declaración tributaria que se hubiere efectuado.
b) El **adquirente** ha de dirigir al transmitente una **declaración** suscrita por él mismo en la que haga constar su condición de **sujeto pasivo con derecho a la deducción total o parcial** del impuesto soportado por la operación. Este requisito es, en cierto modo, la vía para la correcta validación de una de las condiciones de fondo a las que antes se hizo referencia, la condición de empresario o profesional con pleno derecho a la deducción por parte del adquirente de los inmuebles. No es necesario que esta declaración se comunique a la Administración Tributaria (sin perjuicio de su aportación, si así se requiere) ni su protocolización ante Notario.

5061 **c)** La renuncia ha de **comunicarse fehacientemente al adquirente** de forma previa o simultánea a la entrega del inmueble. Este requisito plantea problemas de aplicación práctica, ya que el mismo requiere que la comunicación se haga de forma que haga fe frente a terceros.
Con anterioridad a la aplicación de la inversión del sujeto pasivo en estas operaciones, este requisito se cumplía a través de la escritura a otorgar por la operación, en la que era suficiente con señalar que la operación se encontraba sujeta y no exenta al IVA o consignar la cantidad que, en concepto de IVA, se repercute al adquirente. En este sentido se pronunció tanto la doctrina como la jurisprudencia.
En caso de que la operación constate en un **documento privado**, la valoración de esta circunstancia podía ser más problemática, por lo que habría que estar a los elementos de prueba que permitan acreditar la fehaciencia de la renuncia.
Tanto este requisito como el anterior deben matizarse a la luz de la aplicación del procedimiento de **inversión del sujeto pasivo**. A este respecto, el RIVA art.24 quater.1 establece lo siguiente:
1. La renuncia la realiza el **transmitente** del inmueble, circunstancia que debe comunicar expresa y fehacientemente al adquirente del mismo. En buena lógica, esta comunicación ha de constar en la documentación de la operación, escritura, factura o contrato privado, de forma que haga prueba frente a terceros de la voluntad del transmitente de sujetar la operación al impuesto.
No cabiendo la repercusión del impuesto en estas operaciones, al aplicarse la inversión del sujeto pasivo, como se ha dicho, no se puede equiparar la renuncia a la repercusión del tributo.
2. Por su parte, el **adquirente** debe comunicar al transmitente su condición de sujeto pasivo con derecho a la deducción del IVA soportado en la adquisición.
d) La renuncia se debe efectuar **por cada operación** que realice el empresario o profesional transmitente. No cabe, por tanto, una renuncia genérica para el total de las operaciones realizadas. Tampoco es necesario el cumplimiento de ningún trámite ante la Administración Tributaria.

SECCIÓN 6

Exenciones técnicas

(LIVA art.20.Uno.24º y 25º)

5085

Pregunta
¿Cuál es la razón que justifica la existencia de las denominadas exenciones técnicas?

La existencia de estas exenciones técnicas se justifica en la voluntad de **evitar** los supuestos de **sobreimposición** que se produciría si se gravan aquellas entregas de bienes en cuya adquisición no fue deducible el IVA soportado por el sujeto pasivo y que, por tanto, fue incorporado al coste. Estas exenciones se establecen en la LIVA art.20.Uno.24º y 25º.

I. Entrega de bienes utilizados en operaciones exentas

(LIVA art.20.Uno.24º)

5090

Pregunta
¿En qué condiciones están exentas las entregas de bienes usados en la realización de operaciones no generadoras del derecho a la deducción?

En las establecidas por la LIVA art.20.Uno.24º, que dispone la exención de las entregas de bienes que hayan sido utilizados por el transmitente en la realización de operaciones exentas por aplicación de la misma LIVA art.20.Uno, siempre que al sujeto pasivo no se le haya atribuido el derecho a efectuar la deducción total o parcial del impuesto soportado al realizar la adquisición, afectación o importación de los citados bienes o de sus elementos componentes.
A estos efectos, la norma dispone que se considera que al sujeto pasivo no se le ha atribuido el derecho a la deducción parcial de las cuotas soportadas cuando haya utilizado los bienes o servicios adquiridos exclusivamente en la realización de operaciones exentas que no originen el derecho a la deducción, aunque hubiese sido de aplicación la regla de prorrata.
La misma LIVA art.20.Uno.24º señala que **esta exención no se aplica**:
a) A las **entregas de bienes de inversión** que se realicen durante su **período de regularización**. Para ellas el ajuste se realiza a través del procedimiento que regula la LIVA art.110 (ver pregunta nº 11520).
b) Cuando resulten procedentes las **exenciones** establecidas en la LIVA art.20.Uno.20º y 22º (pregunta nº 4710 s.), que **admiten renuncia** (ver preguntas nº 5030 s.), de ahí que se establezca su prevalencia sobre la exención técnica, que no admite esta posibilidad.

Ejemplo Un dentista que ejerce como profesional por cuenta propia decide renovar parte de su equipo y vende el sillón que utilizaba en su clínica. Este sillón se vende por 4.000 €. El sillón se compró 8 años atrás por 50.000 €, soportando IVA al tipo del 10%, por importe de 5.000 €. 5091
Cabe suponer que, cuando este profesional compró el sillón que ahora se propone vender, soportó IVA por 5.000 €, y no lo pudo deducir, ya que las operaciones que realiza son operaciones exentas, no generadoras del derecho a la deducción. Para evitar la doble

imposición que se produciría si la Hacienda Pública volviera a cobrar IVA sobre este sillón, se establece la aplicación de la exención técnica, por la que la venta del sillón está exenta.

II. Entrega de bienes cuya adquisición hubiera determinado la exclusión total al derecho a deducir

(LIVA art.20.Uno.25º)

5100

Pregunta

¿En qué términos están exentas las entregas de bienes para los que el IVA soportado en su adquisición hubiera estado excluido de la deducción?

En los establecidos por la LIVA art.20.Uno.25º, por la que están exentas las entregas de bienes cuya adquisición, afectación o importación o la de sus elementos componentes hubiera determinado la exclusión total del derecho a deducir, en favor del transmitente, en virtud de lo dispuesto en la LIVA art.95 y 96.

Las entregas de bienes que, en su momento, no originaron el derecho a deducir las cuotas soportadas en su adquisición (afectación o importación en su caso) están exentas. La exclusión del derecho a deducir las cuotas soportadas en su adquisición ha de ser total, por lo que en caso de que se hubiera permitido deducir parcialmente el IVA soportado, no sería aplicable la exención.

III. Entrega de bienes interiores realizadas a plataformas por no establecidos

5110

Pregunta

¿En qué términos están exentas las entregas que se efectúan por empresarios o profesionales no establecidos en plataformas o interfaces digitales?

La explicación se encuentra en la ficción que se contiene en la LIVA art.8 bis, por la que, cuando un empresario o profesional, utilizando una interfaz digital como un mercado en línea, una plataforma, un portal u otros medios similares, facilite la entrega de bienes en el interior de la Comunidad, por parte de un empresario o profesional no establecido en la Comunidad, a una persona que no tenga la condición de empresario o profesional actuando como tal, se considera en ambos supuestos que el empresario o profesional **titular** de la **interfaz digital** ha recibido y entregado por sí mismo los correspondientes bienes y que la expedición o el transporte de los bienes se encuentra vinculado a la entrega por él realizada.

Considerando que es la plataforma, por tanto, quien es **sujeto pasivo** por la operación, lo que se establece es una exención para la operación previa, esto es, para la operación que se realiza entre el empresario o profesional no establecido y la plataforma (LIVA art.20 bis). Hay dos elementos adicionales a tener en cuenta y que son importantes:

a) Esta exención no limita el derecho a la deducción, esto es, no obliga a aplicar la regla de prorrata a los empresarios que la apliquen.

b) La exención únicamente es aplicable a las ventas realizadas por no establecidos, no a las ventas a distancia de bienes importados, para la que se establece otro supuesto similar, pero no equivalente, en la LIVA art.66.4º.

SECCIÓN 7

Otras exenciones interiores

(LIVA art.20.Uno.6º y 19º)

I. Servicios prestados por uniones, agrupaciones o entidades autónomas

(LIVA art.20.Uno.6º)

Pregunta 5115

¿Qué servicios prestados por agrupaciones de sujetos pasivos están exentos de IVA?

Aquellos para los que así lo dispone la LIVA art.20.Uno.6º, por la que están exentos los servicios prestados directamente a sus miembros por **uniones, agrupaciones o entidades autónomas**, incluidas las Agrupaciones de Interés Económico, constituidas exclusivamente por personas que ejerzan una actividad exenta o no sujeta al impuesto que no origine el derecho a la deducción, cuando concurran las siguientes **condiciones**:

a) Que tales servicios se utilicen directa y exclusivamente en esa actividad y sean necesarios para su ejercicio.

b) Que los miembros se limiten a reembolsar la parte que les corresponda en los gastos hechos en común.

c) Que la actividad exenta ejercida sea distinta de las señaladas en la LIVA art.20.Uno.16º, 17º, 18º, 19º, 20º, 22º, 23º, 26º y 28º. Este último requisito limita muy considerablemente la exención, ya que excluye de su ámbito de aplicación sectores tan importantes como el financiero o el asegurador.

Por mandato expreso de la norma, la exención también se aplica cuando, cumplido el requisito previsto en la letra b) anterior, la prorrata de deducción no exceda del 10% y el servicio no se utilice directa y exclusivamente en las operaciones que originen el derecho a la deducción.

La exención **no alcanza** a los servicios prestados por sociedades mercantiles.

Las entidades acreedoras a este beneficio fiscal han de ser **entidades carentes de ánimo de lucro**, sin que puedan tener beneficios para sí mismas ni para distribuir entre sus socios. Estas entidades solo pueden exigir a sus socios el reembolso de los gastos hechos en común, en la forma prevista en sus estatutos.

En cuanto a los **servicios prestados**, estos han de constituir una **actividad auxiliar** de la desarrollada por sus socios, sin que pueda sustituir a estos en el desarrollo de su actividad principal. Estos servicios deben ser necesarios para el desarrollo de las actividades empresariales de los socios y utilizarse directa y exclusivamente en las actividades de los socios que fundamentan la exención.

Asimismo, es importante señalar que la agrupación solo puede prestar servicios a sus **socios**, quedando excluidas del beneficio aquellas agrupaciones que presten asimismo servicios a **terceros**.

II. Loterías y juegos de azar

(LIVA art.20.Uno.19º)

5120

Pregunta
¿En qué condiciones están exentas las loterías y juegos de azar?

En los previstos por la LIVA art.20.Uno.19º, por la que se aplica la exención a las loterías, apuestas y juegos organizados por el **Organismo Nacional de Loterías y Apuestas del Estado, la Organización Nacional de Ciegos** y por los Organismos correspondientes de las CCAA, así como las actividades que constituyan los hechos imponibles de la tasa sobre rifas, tómbolas, apuestas y combinaciones aleatorias o de la tasa que grava los juegos de suerte, envite o azar.
La misma norma dispone que la exención **no se extiende** a los servicios de gestión y demás operaciones de carácter accesorio o complementario de las incluidas en el párrafo anterior que no constituyan el hecho imponible de las referidas tasas, con excepción de los servicios de gestión del bingo.

5125

Pregunta
¿En qué condiciones están exentos los servicios prestados a través de máquinas recreativas?

La doctrina administrativa sobre el particular distingue **dos tipos de operaciones** (DGT 4-9-96):
a) La actividad realizada por la **empresa operadora** que realiza la explotación de máquinas recreativas mediante su instalación en bares, cafeterías y otros locales abiertos al público cuya titularidad corresponde a otras personas. En relación con esta actividad, hay que distinguir según el **tipo de máquinas**:
1. Los servicios prestados a través de máquinas recreativas tipo B o de azar, están exentos, puesto que tal actividad constituye hecho imponible de la tasa que grava los juegos de suerte, envite o azar.
2. Los servicios consistentes en la cesión del derecho a la utilización de las máquinas tipo A están sujetos y no exentos, al no quedar sujetos a la referida tasa.
b) La actividad realizada por el **titular del establecimiento de hostelería** donde se instalan las máquinas propiedad de la empresa operadora, consistente en obligarse a colocar la máquina en su establecimiento en lugar visible, y entre otras condiciones, velar por la correcta utilización de la máquina por los usuarios de la misma (jugadores), a cambio, generalmente, de un porcentaje de la recaudación obtenida. Estos servicios **no** están **exentos** del impuesto.

5130

Pregunta
¿Cómo se aplica la exención de las actividades de juego al bingo?

Para este caso, la misma LIVA especifica que la exención **se extiende** tanto a la propia **actividad de juego** como a los **servicios de gestión**. Así, para el caso de que el titular de una autorización para la explotación de una sala de bingo contratara la llevanza de la gestión de esa sala con una empresa de servicios, existirían dos prestaciones de servicios igualmente exentas:
a) Por un lado, la prestación de servicios propia de la **actividad de explotación del juego del bingo**, que se considera realizada por la entidad autorizada administrativamente a tal fin, con independencia del hecho de que haya contratado la llevanza de la gestión del juego con una empresa de servicios, que estaría exenta por constituir un hecho imponible gravado con la tasa sobre juegos de suerte, envite o azar.
b) Por otro, el servicio de **gestión de la sala de bingo** que la empresa de servicios presta a la empresa autorizada para la organización del juego, que también resultaría exento por expresa prescripción de la LIVA art.20.Uno.19º, que lo incluye expresamente.

CAPÍTULO 5

El devengo

(LIVA art.75)

 6000

6005

Pregunta
¿Cómo se define el devengo en el IVA?

Del mismo modo que el resto de los elementos relativos al tributo, es decir, operación por operación. En consecuencia, para cualquier entrega de bienes o prestación de servicios hay que analizar la regla de devengo aplicable y el resultado al que conduce la aplicación de esa regla.

Desde este punto de vista, se puede decir que el IVA es un impuesto de **devengo instantáneo**, en el que no hay un período impositivo cuyas rentas, ganancias u operaciones se acumulen, sino que, por el contrario, es operación a operación como se determina el momento en el que ha de entenderse devengado el tributo.

No debe confundirse lo anterior con el hecho de que exista un **período de liquidación**, mensual o trimestral, que determina las operaciones cuyo impuesto ha de declararse e ingresarse a la Administración Tributaria. El período de liquidación, que **no período impositivo**, es el lapso de tiempo que se toma como referencia para concretar las operaciones que han de declararse o cuyo tributo ha de ingresarse a la AEAT. Lo anterior es independiente de que el devengo del tributo se produzca operación a operación. Lo que ocurre es que, señalado un determinado período de liquidación, las operaciones cuyo devengo se produzca dentro del mismo deben consignarse en la siguiente autoliquidación de IVA, procediendo al ingreso de su importe. Por esta razón, a este período se le denomina de liquidación y no período impositivo, como ocurre en otros tributos, en los que sí que se produce esta acumulación de rentas o de rendimientos (IRPF o IS).

6010

Pregunta
¿Qué trascendencia tiene el devengo en el IVA?

La trascendencia que tiene el devengo en el IVA es **doble**:

a) Señala las operaciones cuyo tributo ha de ingresarse en la autoliquidación correspondiente al **período de liquidación** que abarque (ver pregunta nº 6005).

b) Determina el nacimiento del derecho a la **deducción**, tal y como establece la LIVA art.98 (ver preguntas nº 10750 s.). Conviene destacar que el derecho a la deducción que no se haya ejercitado dentro del **plazo** de 4 años establecido al efecto por la LIVA art.99, ha de considerarse caducado (LIVA art.100). En la determinación de esta caducidad, es muy importante especificar el nacimiento de este derecho con la mayor exactitud posible.

Adicionalmente a los dos elementos anteriores, que son los más importantes, hay que tener en cuenta que las reglas de devengo son las que se utilizan para determinar la imputación temporal de las operaciones en cuanto al cálculo de la **prorrata**, de forma que es conforme a esas reglas como se señalan las operaciones que han de computarse para la prorrata de cada año (LIVA art.104.Seis). Igualmente, el devengo del impuesto es el elemento que determina el **tipo impositivo** aplicable a las operaciones, tal y como establece la LIVA art.90.Dos, así como el plazo disponible para la **emisión de factura**.

6015

Pregunta
¿La expedición de la factura tiene alguna incidencia en el devengo del IVA?

Con carácter general, no. La **normativa comunitaria** permite a los Estados miembros la vinculación de devengo y expedición de factura (Dir 2006/112/CE art.66). Sin embargo, **España** no ha hecho uso de esta facultad, por lo que en nuestro país las únicas circunstancias que determinan el devengo del IVA en entregas de bienes y prestaciones de servicios son las que se señalan en la LIVA art.75, que, con carácter general, no hace referencia a la expedición de facturas, ello sin perjuicio de las reglas correspondientes al **régimen especial del criterio de caja**.
No ha de confundirse lo anterior con el hecho de que factura y el devengo coincidan en el tiempo en muchas ocasiones o que la expedición de la factura deba realizarse dentro de unos determinados plazos que están vinculados al devengo del IVA que grava las operaciones, ya que una cosa es la determinación de cuándo ha de **expedirse factura** con ocasión de la realización de una operación y el devengo del tributo que la grave, y otra bien distinta es que la mera expedición de la factura haya de considerarse como indicativa de la realización de un devengo. Tampoco debe confundirse con el hecho de que la percepción de **cobros anticipados** suponga el devengo del IVA en proporción a su importe y que el cobro se vincule a la expedición de la factura correspondiente. Lo que determina el devengo del tributo es el cobro anticipado y no la expedición de la factura que lo documenta. Esto es así tanto en cuanto al ingreso del tributo, como en cuanto al nacimiento del derecho a la deducción.
La única **excepción** a lo anterior se encuentra en las entregas intracomunitarias de bienes, cuyo devengo se produce el 15 del mes siguiente al del inicio del transporte, salvo que la factura correspondiente se emita con anterioridad (ver pregunta nº 13145).

6020 Ejemplo Una empresa se dedica a la venta de madera. Uno de sus clientes le pide a final de año que le remita una factura por 100.000 € a cuenta de las entregas del año siguiente, ya que si no es así, el IVA le sale a ingresar y no le viene nada bien. La empresa accede a esta petición y le manda a su cliente una factura por suministros futuros por importe de 100.000 € más 21.000 € de IVA. Esta factura no se ha pagado todavía.
El IVA que se ha consignado en esta factura no se ha devengado, lo que implica que:
- la empresa que ha expedido la factura no está obligada a su ingreso a la Administración Tributaria;
- el cliente que recibe esta factura no puede deducir el IVA que se ha incluido en ella.

6025

Pregunta
¿El hecho de que se aplace el pago del precio de una operación incide en el devengo del IVA?

No. Las reglas de devengo del impuesto (LIVA art.75) atienden al pago del precio exclusivamente cuando se trata de precios que se pagan por anticipado, pero no en otro caso. Por tanto, en la hipótesis de que se aplace el pago del precio o contraprestación de una entrega de bienes o prestación de servicios, no por ello el empresario o profesional que la haya realizado puede aplazar el ingreso del IVA a la AEAT.
Interesa destacar que, el citado aplazamiento en el pago del precio, tampoco incide en el **derecho a la deducción**, de forma que, si se ha realizado una operación y se ha devengado el IVA con arreglo a derecho, este IVA es deducible, supuesto que se cumplan los demás requisitos establecidos para ello, aunque no se haya pagado el precio de esta operación.

Lo anterior ha de entenderse sin perjuicio del régimen especial del **criterio de caja**, en el que se atiende a los flujos monetarios de cobros y pagos para concretar el devengo del impuesto tanto en lo que se refiere a cuotas soportadas como en cuanto a cuotas repercutidas a ingresar a la Administración Tributaria.

SECCIÓN 1

Reglas generales

(LIVA art.75.Uno)

I. El devengo en las entregas de bienes

(LIVA art.75.Uno.1º)

Pregunta 6040
¿Cuándo se devenga el IVA con carácter general en las entregas de bienes?

En las entregas de bienes, el IVA se devenga cuando tenga lugar su puesta a disposición del adquirente o, en su caso, cuando se efectúen conforme a la legislación que les sea aplicable (LIVA art.75.Uno.1º).
Para cualquier operación que haya de ser caracterizada como entrega de bienes, hay que determinar cuándo se produce la puesta de los bienes a disposición del adquirente. En este momento, es cuando se produzca el devengo del tributo.
En este análisis de la **puesta a disposición del adquirente**, hay que determinar, conforme a las normas que resulten aplicables, el momento en que el destinatario recibe las facultades de usar y disponer del bien de que se trate, produciéndose en este momento el devengo del IVA correspondiente a la operación.

Pregunta 6045
¿Cuándo se devenga el IVA en las transmisiones de inmuebles que se documentan en escritura pública?

En tal caso, hay que analizar si el otorgamiento de la escritura determina la **transmisión de la propiedad** de los bienes en cuestión. Con carácter general, el CC art.1462 así lo establece, de forma que el citado otorgamiento de escritura pública supone la transmisión de la propiedad de los bienes, que con el otorgamiento ya se ponen en posesión del adquirente.
Únicamente cuando de la escritura se desprenda claramente lo contrario, esto es, una puesta en posesión posterior en el tiempo, cabría el retraso en el devengo del tributo, que ocurriría cuando se produzca la puesta en posesión del adquirente (DGT 21-12-90). Lo mismo habría que señalar si la puesta en posesión del adquirente es previa a la fecha de otorgamiento de la escritura. Hay que recordar que, esta es la circunstancia que, supuesta la existencia de un título suficiente, determina la transmisión de la propiedad del bien (CC art.609).

Ejemplo El propietario de una nave industrial dedicada a la fabricación de carpintería de aluminio decide transmitirla. En la escritura de venta, que se firma el 15-4-N, se establece que el transmitente dispone de 3 meses para su desalojo, tras lo que debe entregar las llaves al adquirente, a más tardar, el 20-7-N. 6050
Con estos términos contractuales, hay que entender que la puesta en posesión del adquirente de esta nave industrial se produce el 20-7-N, cuando, una vez desalojada la nave industrial, esta se ponga en posesión de su adquirente.

6055

Pregunta
¿Cómo se concreta el devengo del IVA en las transmisiones de inmuebles que se formalizan en documentos privados?

Aplicando la regla general que establece la LIVA art.75.Uno.1º y determinando, en consecuencia, cuándo se produce la puesta de los bienes a disposición del adquirente (DGT CV 23-11-18; CV 17-9-19, entre otras).
Hay que tener en cuenta, a estos efectos, dos cuestiones importantes:
a) La **tradición documental**, que establece el CC art.1462 para las transmisiones de inmuebles que se realizan en escritura pública no se puede trasladar en los mismos términos a los documentos privados.
b) La **acreditación de la fecha**, del documento privado que puede resultar controvertida en ocasiones (ha de acudirse a los elementos que señala el CC art.1227 o a cualesquiera otros que puedan acreditar esa fecha).
A partir de estos elementos, de lo que se trata, en última instancia, es de determinar cuándo, habiendo título y modo, se transmite la propiedad del inmueble objeto de la operación y situar en esta fecha el devengo del IVA correspondiente a la misma.

6060

Pregunta
¿Cuándo se devenga el IVA en las expropiaciones?

La DGT ha venido señalando desde 1986 que el devengo se produce en el momento de la **ocupación de la finca** de que se trate, por vía administrativa, con independencia de otras circunstancias o hitos del procedimiento de expropiación (DGT 13-3-86; CV 27-2-07). Esta ocupación de la finca ha de constar en la correspondiente **acta de ocupación**, por lo que cabe suponer que la determinación de esta fecha no debería ser una cuestión difícil.
Conviene recordar la consideración de las expropiaciones como entregas de bienes (LIVA art.8.Dos.3º), a la vez que su sujeción al IVA, únicamente, procede cuando el expropiado es empresario o profesional y los bienes que se le expropian forman parte de su patrimonio empresarial o profesional, pero no en otro caso. Hay que añadir que, supuesto que por beneficiario de la expropiación aparezca un Ente público, tampoco se debe liquidar TPO por efecto de la exención de que gozan estos entes (LITP art.45.1.A).

6065

Pregunta
¿Cuándo se devenga el IVA en los contratos de venta con pacto de reserva de dominio, con condición suspensiva o de arrendamiento financiero con opción de compra vinculante?

En el momento en el que los bienes en cuestión se ponen en posesión del adquirente. En consecuencia, el devengo del IVA se adelanta respecto del momento en el que efectivamente los bienes se ponen a disposición del adquirente, esto es, respecto a la transmisión de la propiedad.
Conviene recordar que, a los efectos del IVA, los arrendamientos con opción de compra son **entregas de bienes** cuando la opción de compra es vinculante para el arrendatario. A estos efectos, caben **dos posibilidades**:
a) Desde el principio de la operación existe esta cláusula de transferencia de la propiedad; en tal caso, el IVA correspondiente a la operación se devenga a la puesta del inmueble en posesión del adquirente.
b) La cláusula de transferencia de la propiedad se hace vinculante para el arrendatario una vez haya transcurrido un tiempo desde que el inmueble se puso en posesión del adquirente; en tal caso, el devengo del IVA se produce a la fecha en la que la opción de compra se hace vinculante para las partes y en relación con la parte de contrato pendiente a esa fecha (DGT CV 23-12-86).

Cuando la opción de compra es de ejercicio voluntario, las operaciones tienen la consideración de **prestaciones de servicios**, en cuyo caso el devengo, en tanto que operaciones de tracto sucesivo, se produce a medida que se lleve a cabo la exigibilidad de las contraprestaciones pactadas.

Pregunta 6070
¿Existe alguna regla especial de devengo para las ventas realizadas a través de plataformas en las que la LIVA presume una doble venta y atribuye la entrega a la plataforma?

Sí, la regla prevista en la LIVA art.75.Tres, por la que en las entregas de bienes realizadas en los términos previstos en la LIVA art.8 bis (**ventas a distancia** de bienes importados de valor intrínseco inferior a 150 euros o **ventas interiores** realizadas a consumidores finales por empresarios o profesionales no establecidos, ver pregunta nº 711), el devengo del impuesto de la entrega efectuada a favor del empresario o profesional que facilite la venta o la entrega, así como la efectuada por el mismo, se produce con la aceptación del pago del cliente.

II. El devengo en las prestaciones de servicios

(LIVA art.75.Uno.2º)

Pregunta 6080
¿Cuándo se devenga el IVA en las prestaciones de servicios?

El IVA se devenga cuando estas operaciones se **presten, ejecuten o efectúen** (LIVA art.75.Uno.2º).
Evidentemente, esta regla resulta en un **concepto jurídico indeterminado** que hay que concretar caso a caso para señalar la conclusión a la que conduce, ello en función de la naturaleza de los servicios prestados.
En muchas ocasiones, tampoco puede determinarse una fecha específica a la que se deba referir la prestación del servicio, sino más bien un día en el que haya de admitirse que la prestación del servicio ha concluido, por lo que no cabe demora en el devengo del IVA.

Ejemplos **1)** Un abogado asume el 15-6-N la defensa de un cliente en una demanda civil. El escrito de demanda se interpone el 10-7-N. El proceso sigue su curso y el 10-4-(N+1) recae la sentencia, que se decide no recurrir. 6085
Es discutible cuándo se ha prestado realmente este servicio, ya que puede ocurrir que se hayan seguido piezas separadas dentro del proceso, se hayan aportado pruebas, haya habido comparecencias, etc. En cualquier caso, lo que resulta pacífico, una vez decidido que no se recurre la sentencia, es que los servicios de este letrado han finalizado el 10-4-(N+1), fecha a la que, como muy tarde, hay que remitir el devengo del IVA.
2) Una empresa de seguridad es contratada para prestar sus servicios durante un concierto que se va a celebrar en Barcelona el día 25-11-N. Los servicios de esta empresa han de prestarse desde el día 20, en el que comienza la instalación del escenario, hasta el día 27, fecha en la que los promotores han de restituir la posesión del inmueble a su propietario.
En este caso, la determinación de la fecha de prestación efectiva de los servicios resulta sencilla, ya que se trata de servicios de vigilancia prestados de los días 20 a 27 de noviembre del año N. La factura por estos servicios debe describir esta circunstancia y puede referirse a esta última fecha.

III. El devengo en las ejecuciones de obra

(LIVA art.75.Uno.2º y 2º bis)

6100

Pregunta
¿Cuándo se devenga el IVA de las ejecuciones de obra?

En estas operaciones, la determinación del devengo del IVA tiene reglas comunes a entregas de bienes y prestaciones de servicios, siempre que exista **aportación de materiales** por parte de quien las ejecuta:

a) Cuando la ejecución de obra tiene la condición de **entrega de bienes**, la regla de devengo es la general para las entregas de bienes: cuando los bienes se pongan a disposición del adquirente (ver pregunta nº 6040), en este caso, el destinatario de aquella ejecución de obra.

b) Si se trata de una ejecución de obra que tiene la condición de **prestación de servicios**, siempre que en esta haya aportación de materiales por parte del empresario o profesional que la ejecuta, el devengo del IVA se produce cuando los bienes a que se refiera la ejecución se pongan a disposición del destinatario de aquella (LIVA art.75.Uno.2º).

Por tanto, en cualquiera de los supuestos, el devengo del IVA se produce a la fecha de entrega de la obra.

Cuando **no hay aportación de materiales** por parte del empresario o profesional que realiza la ejecución de obra, se trata de una prestación de servicios a la que se aplica la regla general de devengo para las prestaciones de servicios, que es la que sitúa el devengo en el momento en el que los servicios sean prestados o efectuados (ver pregunta nº 6080).

Las anteriores consideraciones son independientes de que a las operaciones respectivas les sea de aplicación la **inversión del sujeto pasivo**.

6105

Pregunta
¿Cuándo se devenga el IVA en los contratos de obra pública?

Cuando se trate de ejecuciones, **con o sin aportación de materiales**, cuyas destinatarias sean las Administraciones Públicas, el devengo para estas operaciones se produce en el momento de su recepción formal –en los términos que contempla la L 9/2017, de Contratos del Sector Público, aunque la LIVA se sigue refiriendo al RDLeg 3/2011– (LIVA art.75.Uno.2º bis).

Esta **regla** es **aplicable** tanto cuando la ejecución de obra de la que se trate tiene la condición de entrega de bienes como cuando su calificación sea la de prestación de servicios. Hay que tener en cuenta **dos precisiones** importantes:

a) La ejecución de obra de que se trate ha de constituir un **contrato de obra pública** de los regulados como tales. En cualquier otro tipo de contrato se aplican las reglas sobre devengo de la LIVA art.75.

b) Esta regla de devengo solo es aplicable cuando el **destinatario** de la operación es una Administración Pública.

Hay que tener en cuenta que los **pagos anticipados** al devengo del IVA determinan por sí mismos el devengo del tributo en proporción a los importes efectivamente percibidos. No se consideran efectivamente cobradas las cantidades retenidas como garantía de la correcta ejecución de los trabajos hasta que su importe no se haga efectivo al empresario. Adicionalmente, el mero endoso, descuento o pignoración de la **certificación de obra** no puede considerarse como pago anticipado de la obra a realizar y no determina, por tanto, el devengo correspondiente a esa obra (DGT CV 30-6-05, entre otras).

Un **aspecto problemático** en estos contratos es la expedición de **certificaciones de obra**, en relación con las que los Tribunales han evacuado pronunciamientos diversos, existiendo tanto supuestos en los que se ha señalado que su expedición implicaba el devengo del impuesto como otros en los que se coincidía en el criterio con la

DGT, negando esta conclusión. A estos efectos, es fundamental la sentencia del Tribunal Supremo, en la que se señala que el devengo del impuesto se produce en el momento de expedición de la certificación de obra y no en el momento del pago o de la recepción de las obras (TS 5-3-01, EDJ 3957; 27-1-03, EDJ 2195). La primera de las sentencias citadas provocó el cambio de la LIVA, que ahora recoge una regla de devengo específica para la obra pública, antes señalada.

Pregunta 6110

¿Cuándo se devenga el IVA en los contratos de obra a los que no es aplicable la L 9/2017, de Contratos del Sector Público?

Cuando el destinatario de una ejecución de obra no es una Administración Pública, las reglas para la determinación del devengo del impuesto son las que habían conducido a la DGT, para la contratación administrativa, a señalar este devengo en el momento de la puesta de las obras a disposición del adquirente.
Esta aplicación de los criterios generales de las ejecuciones de obra puede resultar procedente incluso para un contratista que trabaja para una Administración Pública y que ha **subcontratado** una parte de la obra.
En consecuencia, en la obra privada, que se sitúa al margen de la Ley de Contratos del Sector Público, es la suscripción del **acta de recepción de obra** (L 38/1999 art.6) la que supone el devengo del IVA, ya que determina la entrega a su destinatario. Lo mismo cabe decir de los supuestos en los que se produzca la **recepción tácita** de la obra.
Las mismas consideraciones que se han hecho en cuanto a los pagos anticipados en la obra pública son trasladables a la obra privada (ver pregunta nº 6105).

IV. El devengo en operaciones de comisión

(LIVA art.75.Uno.3º y 4º)

Pregunta 6125

¿Cuándo se devenga el IVA en los contratos de comisión?

Hay que distinguir en función de la naturaleza de la actuación del comisionista:
a) Cuando el comisionista actúa **en nombre ajeno**, la operación que realiza es una prestación de servicios a la que le es de aplicación la regla de devengo de las prestaciones de servicios, esto es, el devengo cuando la prestación se realice efectivamente.
b) Cuando el comisionista actúa **en nombre propio**, hay que distinguir, a su vez, según se trate de operaciones relativas a bienes (ver pregunta nº 6130) o servicios (ver pregunta nº 6150).

Pregunta 6130

¿Cuándo se devenga el IVA en los contratos de comisión en nombre propio relativos a compraventa de bienes?

Debe diferenciarse según se trate de un contrato de:
a) Comisión de venta: en las transmisiones de bienes entre el comitente y comisionista efectuadas en virtud de este tipo de contratos, el devengo se produce en el momento en que el comisionista efectúe la entrega de los respectivos bienes (LIVA art.75.Uno.3º).
b) Comisión de compra: en las transmisiones de bienes entre comisionista y comitente efectuadas en virtud de este tipo de contratos, el devengo se produce en el momento en que al comisionista le sean entregados los bienes a que se refieran (LIVA art.75.Uno.4º).

En ambas reglas se viene a establecer lo mismo, que es la referencia del devengo de la entrega de bienes que se produce entre comitente y comisionista a la fecha en que se produce la entrega entre el comisionista y el tercero, sea este el comprador o vendedor de la mercancía.

6135 Ejemplo Un secadero de jamones suscribe un contrato de comisión de venta con un mayorista que actúa en nombre propio frente a los clientes últimos. A lo largo del mes de enero del año N, este mayorista ha entregado jamones a clientes por valor de 200.000 €. El importe de su comisión es el 10% del precio de venta a clientes.
El devengo del IVA correspondiente a las entregas realizadas por el comisionista ha de referirse al mes de enero en todo caso, ya que es cuando los jamones se han puesto a disposición de los citados clientes. Conforme a la regla que establece la LIVA art.75.Uno.3º, a este mismo mes de enero habría que referir el devengo de las entregas realizadas por el fabricante al mayorista que intermedió en nombre propio en los suministros.
Se puede añadir que la base imponible de los suministros realizados por el comisionista asciende a 200.000 €, mientras que la de las entregas que le realiza el fabricante tiene un importe de 180.000 € (200.000 € menos el importe de la comisión, que es el 10%). Las cuotas respectivas ascienden a 20.000 € para las ventas realizadas por el comisionista y 18.200 € para las efectuadas por el fabricante (se ha aplicado el 10% en virtud de la LIVA art.91.Uno.1.1º).

6140

Pregunta
¿Cuándo se devenga el IVA en los contratos estimatorios?

Por **contratos estimatorios** se entiende aquellos en los que una de las partes entrega a la otra, bienes muebles, cuyo valor se estima en una cantidad cierta, obligándose quien los recibe a procurar su venta dentro de un plazo y a devolver el valor estimado de los bienes vendidos y el resto de los no vendidos.
Para estos contratos, el devengo de las entregas relativas a los bienes vendidos se produce cuando, quien los recibe, los ponga a disposición del adquirente (LIVA art.5.Uno.3º párrafo 2º).
Esta regla es equivalente a la que se ha señalado en la pregunta nº 6130 para los contratos de comisión de venta en los que el comisionista actúa en nombre propio y supone, de igual modo, hacer coincidir el devengo de las dos entregas en cadena que se producen en estos contratos.

6145 Ejemplo Un fabricante de quesos suscribe con un cliente un contrato por el que el primero deja al segundo una determinada cantidad de producto con periodicidad semanal, el segundo procura la venta de los que pueda y restituye a su proveedor el producto no vendido, en su caso. En el mes de mayo del año N el producto vendido a clientes finales tiene un valor de 1.400 €, devolviéndose material por valor de otros 600 €.
El devengo del IVA correspondiente a los 1.400 € de género realmente vendido a clientes se ha de referir al mes de mayo del año N, ya que es cuando se ha puesto a disposición de estos.
El devengo del IVA correspondiente a las entregas realizadas por el fabricante de quesos coincide igualmente con este período.
Por los 600 € de queso que se devuelven al fabricante no cabe entender que haya habido una doble venta, sino un depósito en expectativa de venta, por lo que no hay ningún hecho imponible a los efectos del IVA.

6150

Pregunta
¿Cuándo se devenga el IVA en los contratos de comisión en nombre propio relativos a prestaciones de servicios?

Conforme a lo que determine la aplicación de la regla general que establece la LIVA art.75.Uno.2º, es decir, según se vayan prestando efectivamente los servicios respectivos. A diferencia de lo que ocurre en las entregas de bienes, en los supuestos en los que se media **en nombre propio** en la prestación de servicios no hay ninguna regla especial del devengo.

Hay que recordar que la mediación en nombre propio respecto a las prestaciones de servicios hace que, a los efectos del IVA, se entienda que el mediador ha recibido y prestado el servicio respectivo (LIVA art.11.Dos.15º, ver pregunta nº 750).
Esto hace que en la **prestación de servicios en cadena** que se considera existente a los efectos del IVA se haya de determinar cuándo se presta cada uno de los servicios para concretar el devengo del IVA correspondiente.

V. El devengo en los autoconsumos

(LIVA art.75.Uno.5º)

Pregunta 6165
¿Cuándo se devenga el IVA de los autoconsumos?

El devengo, en los supuestos de autoconsumo, se produce cuando se efectúen las operaciones gravadas (LIVA art.75.Uno.5º).
La norma no distingue, por lo que ha de aplicarse a cualquier **tipo de autoconsumo**, tanto de servicios como de bienes y, dentro de estos últimos, tanto para los autoconsumos externos como para los internos (en este último caso, sin perjuicio de lo previsto de forma específica para los «autoconsumos retroactivos», que se analizan en la pregunta nº 6175).
Dada la variedad de situaciones que se pueden presentar, hay que estar a las características de cada caso para determinar cuándo ha de entenderse realiza la operación de que se trate.

Ejemplos **1)** Un fabricante de muebles tiene un hijo que se propone casarse. Sus padres le regalan los muebles para el domicilio conyugal. La fecha de baja en almacén de los muebles es el 20-9-N, que es cuando se entregan al hijo. 6170
Esta operación, que constituye un autoconsumo de bienes (LIVA art.9.1º.b), ha de considerarse realizada el 20-9-N. A esta fecha hay que referir el devengo del IVA de la operación.
2) Un arquitecto que trabaja por cuenta propia elabora gratuitamente los planos para la construcción del chalet de un buen amigo suyo. Estos planos, son entregados al amigo el 10-3-N para que pida la licencia de obra y ponga en marcha la ejecución del proyecto. Esta operación, que constituye un autoconsumo de servicios (LIVA art.12.3º), ha de entenderse realizada cuando se entregan los planos al amigo, esto es, el 10-3-N.

Pregunta 6175
¿En particular, para los autoconsumos retroactivos, cuándo se devenga el IVA?

Estas operaciones, reguladas en la LIVA art.9.1º.d párrafo 3º, tienen reglas específicas de devengo que se establecen en la LIVA art.75.Uno.5º párrafo 2º, que, caso a caso, va señalando las siguientes fechas relevantes en cuanto a devengo:
a) Cuando se produzcan las circunstancias que determinan la limitación o exclusión del derecho a la deducción.
b) El último día del año en que los bienes que constituyan su objeto se destinen a operaciones que no originen el derecho a la deducción.
c) El último día del año en que sea de aplicación la regla de prorrata general.
d) Cuando se produzca el devengo de la entrega exenta.
Estas fechas están estrechamente relacionadas con las circunstancias que, conforme a la LIVA art.9.1º.d párrafo 3º, determinan los respectivos gravámenes, por lo que es imprescindible tomar en consideración estas circunstancias (ver pregunta nº 1380).

VI. El devengo en las operaciones de tracto sucesivo

(LIVA art.75.Uno.7º)

6205

Pregunta
¿Cuándo se devenga el IVA en operaciones de tracto sucesivo?

En el momento en que resulte exigible la parte del precio que comprenda cada percepción (LIVA art.75.Uno.7º).
Respecto a esta regla de devengo, es importante tener en cuenta que la circunstancia que determina el devengo del IVA es la **exigibilidad del precio o contraprestación**, con independencia de que se cobre realmente o no y con independencia de cuándo se cobre.
En caso de que una determinada contraprestación resulte exigible y el destinatario no haya satisfecho el precio, tiene que ingresarse su importe a la AEAT, sin perjuicio de que posteriormente se proceda a su recuperación, siguiendo para ello, el procedimiento para la recuperación del **IVA de los impagados** –LIVA art.80.Cuatro; RIVA art.24 – (ver pregunta nº 6750).

6210

Pregunta
¿Qué es una operación de tracto sucesivo?

Por operación de tracto sucesivo hay que tomar aquella operación en la que la **prestación** por sí misma es **continuada en el tiempo**, de forma que es, en relación con esta dimensión, la temporal, como la prestación cobra sentido. En este sentido se ha pronunciado la DGT (DGT CV 4-3-15 ; CV 21-3-16 ; CV 18-9-19 , entre otras, criterio coincidente con el TEAC 7-3-21), señalando que para considerar una operación como de tracto sucesivo deben cumplirse los siguientes **requisitos**. Así, los actos de ejecución reiterada:
- son iguales e idénticos entre sí, lo que los distingue de otras operaciones de naturaleza similar, pero no equivalente;
- se repiten en el tiempo a lo largo de la duración del contrato.

No debe confundirse lo anterior con el hecho de que el **pago del precio** de una operación se demore en el tiempo, ya que lo que caracteriza a una operación como de tracto sucesivo es su naturaleza, no la forma en la que se paga su precio. Tampoco debe confundirse este concepto con el de operaciones cuyos efectos se pueden extender en el tiempo, pero que no dan lugar a la reiteración o prestación continuada que se ha mencionado.
Las operaciones de tracto sucesivo pueden consistir en entregas de bienes o prestaciones de servicios, aunque lo más habitual es que se trate de prestaciones de servicios.
Como ejemplos de operaciones de tracto continuado, se podría mencionar los **arrendamientos** o determinados **suministros**, como son los de electricidad, que cobran sentido cuando se refieren a un período de tiempo determinado.

6215

Pregunta
¿Qué ocurre si en una operación de tracto sucesivo no hay exigibilidad de precio o, habiéndola, tiene una periodicidad superior al año?

Que el devengo del IVA **se produce** a 31 de diciembre de cada año por la parte proporcional correspondiente al período transcurrido desde el inicio de la operación, o desde el anterior devengo, hasta la citada fecha (LIVA art.75.Uno.7º párrafo 2º).
Esta regla es aplicable a las **operaciones** en las que:
- no se ha establecido precio;
- se ha establecido precio, pero no se ha determinado su exigibilidad;
- hay precio y exigibilidad, pero esta tiene una periodicidad superior al año, esto es, el tiempo transcurrido entre vencimientos es superior a los 12 meses.

La referencia a 31 de diciembre de la parte proporcional correspondiente de alguna forma introduce un sistema de cálculo lineal de la **base imponible** correspondiente a estas operaciones.
Están **excluidas** de las reglas previstas para las operaciones de tracto sucesivo, por expreso mandato de la norma, las operaciones a las que se refiere la LIVA art.75.Uno.1º párrafo 2º, relativas a los contratos de arrendamiento-venta, arrendamiento financiero con opción de compra vinculante y otros de naturaleza similar (LIVA art.75.Uno.7º inciso final).

Ejemplo El propietario de una nave industrial suscribe un contrato de arrendamiento a 3 años por 600.000 €. El pago del total del precio se demora hasta la finalización del contrato. Este se suscribe el 1-7-N. 6220
A 31-12-N, se devenga el IVA correspondiente a la parte de tiempo transcurrido desde el inicio de la prestación. La parte de base imponible que procede gravar en esta fecha es de 100.000 €.
A 31-12-(N+1) y 31-12-(N+2) se devenga el IVA correspondiente a cada uno de estos años en la parte proporcional de 200.000 € cada uno de ellos.
Finalmente, a 30-6-(N+3) se devenga el IVA por la parte restante, esto es, por 100.000 €.

6225

Pregunta
¿Hay alguna regla adicional de devengo para las operaciones con tracto sucesivo?

Sí. En las prestaciones de servicios en las que se aplique la **inversión del sujeto pasivo** y que se lleven a cabo de forma continuada en el tiempo durante un **plazo** superior a un año, supuesto que no haya pagos anticipados durante ese período, el devengo se produce a 31 de diciembre por la parte proporcional correspondiente desde el inicio de la prestación o desde el anterior devengo (LIVA art.75.Uno.2º). Se trata de una regla adicional a la que se contiene en la LIVA art.75.Uno.7º, antes comentada.

VII. El devengo de las entregas intracomunitarias

(LIVA art.75.Uno.8º)

6228

Pregunta
¿Hay alguna regla especial de devengo para las entregas intracomunitarias?

Sí. Las EIB a las que no resulte aplicable la regla especial de las operaciones intracomunitarias de tracto sucesivo de la pregunta nº 6230 se **entienden realizadas**, en lo que al IVA se refiere, el día 15 del mes siguiente a aquel en el que se inicie la expedición o el transporte de los bienes con destino al adquirente. No obstante, si con anterioridad a la citada fecha se hubiera expedido **factura** por esas operaciones, el devengo tiene lugar en la fecha de su expedición.
Hay que tener en cuenta que las citadas operaciones son operaciones exentas, por lo que el devengo es relevante exclusivamente en cuanto al cumplimiento de **obligaciones formales** (facturación y consignación de las operaciones en las correspondientes declaraciones periódicas y de operaciones intracomunitarias), pero no en cuanto al nacimiento de obligación alguna de ingreso.
Igualmente, hay que tener en cuenta que el devengo de las AIB, que, en este caso, sí que da lugar a una obligación de ingreso (sin perjuicio de que lo así ingresado sea deducible), se remite por la LIVA art.76 a lo dispuesto por la LIVA art.75 (ver pregunta nº 13145), por lo que debe entenderse producido, igualmente, el día 15 del mes siguiente al inicio de la expedición o transporte de los bienes, salvo que la factura correspondiente se emita con anterioridad.

6230 **Pregunta**
¿Hay alguna regla especial de devengo para las entregas intracomunitarias de tracto sucesivo?

Sí. Cuando las operaciones de tracto sucesivo constituyan entregas intracomunitarias de bienes **exentas**, conforme a la LIVA art.25.Uno y Tres, y no se haya pactado precio o cuando, habiéndose pactado, no se haya determinado el momento de su exigibilidad, o la misma se haya establecido con una periodicidad superior al mes natural, el devengo del impuesto se produce el último día de cada mes por la parte proporcional correspondiente al período transcurrido desde el inicio de la operación, o desde el anterior devengo, hasta la citada fecha. Cabe entender que, habiéndose pactado precio y exigibilidad con una periodicidad no superior al mes natural, se está a la citada exigibilidad para determinar el devengo.
Igualmente, hay que tener en cuenta que las citadas operaciones son operaciones exentas, por lo que el devengo es relevante, exclusivamente, en cuanto al cumplimiento de **obligaciones formales** (facturación y consignación de las operaciones en las correspondientes declaraciones periódicas y de operaciones intracomunitarias), pero no en cuanto al nacimiento de obligación alguna de ingreso.

6232 **Pregunta**
¿Cuándo se devenga el IVA en las entregas intracomunitarias que se producen en las estructuras de depósito en consigna?

Conforme establece la LIVA art.75.Uno.8º.b, el devengo en estas operaciones se produce en la fecha en que los bienes se pongan a disposición del adquirente.
Hay que recordar que en este tipo de operaciones existe un **envío inicial** de los bienes a otro Estado, donde quedan en depósito en las instalaciones del cliente para que se produzca la transmisión efectiva con posterioridad (ver pregunta nº 13320 s.). Es cuando se produce la transmisión o puesta a disposición cuando efectivamente se efectúa el devengo del impuesto.
Adicionalmente, la misma LIVA art.75.Uno.8º añade **dos previsiones** conforme a las que el devengo se produce:
- en el momento en que se produzca el incumplimiento de las condiciones a que se refiere la LIVA art.9 bis.Tres;
- al día siguiente de la expiración del plazo de 12 meses a que se refiere la LIVA art.9 bis.Cuatro.

SECCIÓN 2

Cobros anticipados

(LIVA art.75.Dos)

6235 **Pregunta**
¿Existe alguna regla de devengo anticipado cuando se reciben pagos a cuenta del precio de las operaciones?

Sí. En las operaciones sujetas a gravamen que originen pagos anticipados anteriores a la realización del hecho imponible, el IVA se devenga en el momento del **cobro total o parcial** del precio y por los importes efectivamente percibidos (LIVA art.75.Dos).
En consecuencia, para cualquiera de las operaciones cuyo devengo se determina por las reglas contenidas en la LIVA art.75.Uno, si hay un cobro anticipado, es ese cobro el que determina el devengo del IVA. Este devengo se produce en la proporción en la que se haya realizado este devengo anticipado.

Ejemplo Una empresa que se dedica a fabricación de conservantes alimentarios recibe un encargo de un cliente para el suministro de conservantes por un valor de 150.000 €. A la fecha de firma del contrato se pagan 50.000 €, otros 50.000 a la entrega del producto y 50.000 más a 90 días. 6240
El pago anticipado de los 50.000, que se entregan a la fecha en que se firma el contrato, determina el devengo del tributo en la parte proporcional correspondiente, con una cuota tributaria de 5.000 € (10% conforme a la LIVA art.91.Uno.1.1º).
A la entrega del producto se devenga el IVA correspondiente al resto del precio, siendo irrelevante, a estos efectos, el hecho de que una parte del precio, los últimos 50.000 €, se aplace.

Pregunta 6245
¿Qué ocurre cuando hay pagos anticipados a cuenta de entregas intracomunitarias de bienes?

Que no hay **devengo anticipado** (LIVA art.75.Dos párrafo 2º).

CAPÍTULO 6

Base imponible

6400

SECCIÓN 1

Reglas generales

(LIVA art.78.Uno)

6405

Pregunta
¿Cuál es la base imponible del IVA?

El importe **total de la contraprestación** de las operaciones sujetas al mismo, procedente del destinatario o de terceras personas (LIVA art.78.Uno). Interesa destacar que, aunque lo que se somete a tributación por el IVA en cada fase de la cadena de producción o distribución de bienes o servicios es el **valor añadido o margen comercial** correspondiente, la mecánica de funcionamiento del tributo se basa en la repercusión de este sobre el precio de las operaciones, a la vez que se habilita para los

empresarios o profesionales el derecho a la deducción del IVA soportado en sus aprovisionamientos.
Recordemos que al margen de las importaciones y de las AIB, las operaciones sujetas al impuesto son las entregas de bienes y prestaciones de servicios realizadas por los empresarios o profesionales, que son las manifestaciones del hecho imponible. Esas **operaciones** se gravan en tanto que tales y sobre la base de su contraprestación, no por referencia al margen comercial o beneficio obtenido en su realización. El gravamen de ese margen o beneficio resulta de la diferencia entre el IVA repercutido en las ventas y la deducción del IVA soportado por los bienes y servicios que se utilizan en la actividad.
Todo esto es lo que justifica que la base imponible del tributo venga dada por la contraprestación correspondiente a las entregas de bienes y prestaciones de servicios.

6407

Pregunta
¿Existe algún supuesto en que la base imponible del IVA venga dada por el margen comercial obtenido en las operaciones?

Únicamente en determinados regímenes especiales, como ocurre en el de los **bienes usados**, objetos de arte, antigüedades y objetos de colección (ver pregunta nº 15273) y en el de las **agencias de viajes** (ver pregunta nº 15327).
Fuera de estos supuestos específicos, no existe ningún caso en el que la base imponible del IVA se determine en atención al margen comercial o beneficio obtenido en las operaciones.
No debe confundirse lo anterior con el hecho de que en cada fase de la cadena de producción o distribución lo que pretende gravar el IVA es, como su propio nombre indica, el valor añadido. Lo que ocurre es que ese gravamen se produce mediante la aplicación de un **tipo proporcional** al precio de venta de los bienes y servicios y la **deducción** de las cuotas soportadas por los aprovisionamientos que se realizan para el desarrollo de las actividades.

6409

Pregunta
¿Hay algún caso en el que la base imponible del IVA se determine por el valor de mercado de los bienes o servicios comercializados?

Existen varias **reglas especiales** que atienden a este valor o a valores aproximados:
a) La correspondiente a las operaciones cuya contraprestación es **no dineraria** (ver pregunta nº 6545).
b) La correspondiente a determinados supuestos de **autoconsumo**: en el caso de los autoconsumos de bienes, a su coste de reposición de los bienes (ver pregunta nº 6563) y en los de servicios (ver pregunta nº 6580) o de bienes en los que no haya habido alteración en el precio (ver pregunta nº 6563), al coste de las operaciones.
c) La correspondiente a determinadas operaciones entre **entidades vinculadas** (ver pregunta nº 6585).
d) La correspondiente a determinadas operaciones realizadas con **oro de inversión** (ver pregunta nº 6642).

6410

Pregunta
¿Hay algún caso en el que la base imponible del IVA se determine por el coste de las operaciones?

Existen dos **supuestos** en los que así se procede:
a) La regla de base imponible correspondiente a determinados supuestos de **autoconsumo**: en el caso de los autoconsumos de bienes, a su coste de reposición de los bienes (ver pregunta nº 6563) y en los autoconsumos de servicios (ver pregunta nº 6580) o de bienes en los que no haya habido alteración en el precio (ver pregunta nº 6563), al coste de las operaciones.

b) La regla especial aplicable a las **operaciones intragrupo** cuando se opta por el nivel avanzado, en la que se atiende al coste de los bienes y servicios por los que se haya soportado el IVA y que se utilicen en la operación (ver pregunta nº 15540).

Pregunta 6411
¿Existe alguna particularidad en cuanto a base imponible en los regímenes especiales del IVA?

En algún caso. Los supuestos en que existen reglas especiales de determinación de la base imponible en los regímenes especiales son los siguientes:
a) El régimen especial de los **bienes usados**, **objetos de arte**, antigüedades y objetos de colección (ver pregunta nº 15273), que atiende al margen comercial en las operaciones.
b) El régimen especial de las **agencias de viajes** (ver pregunta nº 15327), que igualmente atiende al margen comercial en las operaciones.
c) El régimen especial de los **grupos de entidades** cuando se opta por la aplicación de su nivel avanzado (ver pregunta nº 15540).
El resto de los regímenes especiales no contienen indicaciones especiales en cuanto a la base imponible que difieran de lo establecido con carácter general. No obstante, hay que tener en cuenta las disposiciones específicas establecidas en el **REAGP** en cuanto a la base de cálculo de la compensación agraria (ver pregunta nº 15190).

Pregunta 6413
¿Es relevante, para la determinación de la base imponible, la identificación de quién realiza el pago de la contraprestación?

No. Así lo establece expresamente la LIVA art.78.Uno, cuando señala que la base imponible del tributo es el importe de la contraprestación de las operaciones sujetas al mismo procedente del destinatario o de terceras personas. En consecuencia, la determinación de la persona o entidad que realiza el pago de la contraprestación de una determinada operación sujeta al impuesto es irrelevante desde el punto de vista de la cuantificación de su base imponible.
No debe confundirse lo anterior con el hecho de que determinados aspectos fiscales de ciertas operaciones, como pueden ser **tipos** impositivos o **exenciones**, se puedan ver influidos por la condición de su destinatario.

Ejemplo Pedrito Mate Maduro, quien ha acabado recientemente la carrera de Derecho tras 12 años de duro esfuerzo, se va a comprar un coche nuevo. En los 12 años de carrera ha conseguido ahorrar 1.400 €, por lo que sus padres le ayudan para el pago del coche, completando los 168.600 € que faltan para alcanzar los 170.000 € que cuesta el coche que ha elegido. 6415
La base imponible de la compra del coche del Sr. Mate asciende a 170.000 €, resultando irrelevante que una parte del precio se haga efectiva por sus padres.

Pregunta 6417
¿Para la cuantificación de la base imponible del IVA, tiene alguna relevancia el tipo de contrato en virtud del cual se realice la entrega de bienes o prestación de servicios?

No. La única circunstancia relevante a estos efectos es que existan entregas de bienes o prestaciones de servicios que se intercambien en el marco de **relaciones contractuales** o sinalagmáticas en las que exista **prestación y contraprestación**, siendo esta última la base imponible del tributo. Poco importa que los contratos respectivos sean los tradicionales de compraventa de bienes o de arrendamiento de servicios o cualesquiera otros.

6419

Pregunta
¿Cabe hablar de base imponible en las operaciones exentas o no sujetas?

En términos literales, no, ya que se trata de operaciones para las cuales no hay imposición. No obstante, si tenemos en cuenta que estas operaciones pueden incidir en el **derecho a la deducción** de quien las realiza, así como la obligación de consignarlas en las correspondientes facturas, hay que convenir que se trata de operaciones que incorporan una magnitud, a la cual, probablemente por razones de simplificación, se la denomina base imponible.

SECCIÓN 2

Conceptos incluidos en la base imponible

(LIVA art.78.Dos)

I. Gastos generales

(LIVA art.78.Dos.1º)

6425

Pregunta
¿Forman parte de la base imponible del IVA las cantidades cargadas por conceptos tales como portes, transportes o seguros?

Sí. Así lo establece de modo expreso la LIVA art.78.Dos.1º, conforme al cual se incluyen en la base imponible los gastos de comisiones, portes y transporte, seguros, primas por prestaciones anticipadas y cualquier otro crédito efectivo a favor de quien realice la entrega o preste el servicio, derivado de la prestación principal o de las accesorias a la misma.
Este precepto se puede considerar, a estos efectos, más aclaratorio que otra cosa, habida cuenta de la generalidad con la que se expresa la LIVA art.78.Uno cuando define la base imponible del IVA como la contraprestación correspondiente a las operaciones sujetas al impuesto. En cualquier caso, y para disipar cualquier duda que se pudiera presentar sobre el particular, la norma establece la inclusión en la base imponible de cualquier **crédito** que quien realiza una operación tenga como consecuencia de esa realización, ya corresponda a la prestación principal, ya a las accesorias. En esta inteligencia, es evidente que las referencias que se hacen a comisiones, portes, transportes, seguros o primas por prestaciones anticipadas son redundantes.

6427 Ejemplo Un particular compra un vehículo en un concesionario. El precio que paga por él asciende a 40.000 €, a los que hay que incrementar 200 € por transporte y 100 € por el seguro del transporte.
La base imponible del IVA correspondiente a esta operación asciende a 40.300 €. Sobre esta magnitud debe aplicar el 21% para obtener la cuota tributaria resultante, que asciende a 8.463 €.

6428

Pregunta
¿Se incluyen en la base imponible del IVA las cantidades correspondientes a las prestaciones accesorias a la principal?

Sí. Tal y como dispone la LIVA art.78.Dos.1º, la base imponible del tributo viene dada tanto por la contraprestación correspondiente a la prestación principal como por la correspondiente a las accesorias. Esta inclusión es coherente con la vocación de generalidad del tributo.

Ejemplo Una empresa que tiene su sede en Madrid cuenta con unas instalaciones en Alicante. Los auditores externos de esta empresa se desplazan hasta Alicante para hacer una serie de verificaciones con vistas a la elaboración del informe de auditoría de la firma. La factura final de la auditoría tiene el siguiente detalle: 6430

- Por servicios prestados: 15.000 €.
- Gastos de alojamiento y restauración: 2.500 €.
- Total a pagar: 17.500 €.

La base imponible de la auditoría realizada a esta firma ascendería a 17.500 €, computando tanto el principal de los servicios prestados como los gastos que se han efectuado por los auditores por cuenta del cliente (no en su nombre, cabe suponer).

6432

Pregunta
¿Qué ocurre cuando contra un precio único se efectúan varias prestaciones que no se pueden considerar accesorias entre sí?

El citado precio único se debe repartir entre las diferentes prestaciones en proporción al **valor de mercado** de las mismas, de conformidad con lo que se establece en la LIVA art.79.Dos (ver pregunta nº 6558).
Para determinar si nos encontramos ante este supuesto hay que tener en cuenta si las distintas prestaciones que se incluyen en una operación compleja son **accesorias** todas ellas de otra que pueda ser considerada como principal o si, por el contrario, lo que ocurre es que se realizan diferentes operaciones sustantivas por sí mismas. Con carácter general, se entiende que una prestación es accesoria de otra cuando no constituye un fin en sí misma, sino una manera de disfrutar en mejores condiciones de la prestación principal y así sea percibido por el cliente o destinatario de esta.

II. Intereses por aplazamiento

6435

Pregunta
¿Cuándo se excluyen de la base imponible del IVA los intereses por aplazamiento?

Tal y como dispone la LIVA art.78.Dos.1º, cuando cumplan los siguientes **requisitos**:
a) Que ese aplazamiento corresponda a un **período posterior** a la entrega de los bienes o la prestación de los servicios.
b) Que se trate de retribuciones de las operaciones financieras de aplazamiento o demora en el pago del precio, **exentas** del impuesto en virtud de lo dispuesto en la LIVA art.20.Uno.18º.
c) Se hagan **constar separadamente** en la factura emitida por el sujeto pasivo.
d) No excedan del **tipo de interés usualmente aplicado** en el mercado para similares operaciones.
Hay que señalar que es muy habitual que la financiación de las operaciones con pago aplazado se conceda por entidades distintas a las que comercializan los bienes o servicios cuyo precio se aplaza, aunque estén vinculadas a estas. En tal caso, lo que ocurre es que hay dos **operaciones**: la principal, entrega de bienes (es lo normal) o prestación de servicios, y el servicio de financiación, exento de IVA en tanto que operación de concesión de un crédito.
La LIVA art.78.Dos.1º se refiere al supuesto en que es el mismo empresario o profesional que realiza la operación principal quien concede financiación para esta, en cuyo caso lo que dispone la norma es la extensión del mismo régimen tributario, la exención, a esa financiación.
Hay que advertir de que la concesión de esa financiación puede limitar el derecho a la deducción del empresario que la conceda por la vía de la inclusión de los importes respectivos en el denominador de su prorrata (ver preguntas nº 11200 s.).

6437 Ejemplos 1) Un secadero de jamones permite a sus clientes el pago del precio al contado o en letras de hasta 180 días. El aplazamiento a más de 60 días da lugar a la aplicación de un recargo del 0,5% mensual.
Uno de los clientes ha comprado mercancía por importe de 50.000 € y la paga a 180 días, por lo que el recargo que finalmente se aplica es el 3%. La cantidad total satisfecha es de 51.500 €.
En la medida en que se cumplan los requisitos antes señalados, los 1.500 € de intereses que se cobran por este empresario no se han de incluir en la base imponible del tributo, que sólo se gira por los 50.000 € que corresponden al precio del jamón. La cuota de IVA resultante asciende a 5.000 € (10% aplicado conforme a la LIVA art.91.Uno.1.1º).

6438 2) Un concesionario de vehículos ofrece la posibilidad de financiar los coches que vende hasta en 60 meses. La financiación la concede a una entidad vinculada a la marca cuyos coches se comercializan.
El 10-4-N vende un vehículo en 40.000 € que se pagan a razón de 15.000 € al contado y el resto mediante financiación a 36 meses. El tipo de interés que se aplica es el 7,5%.
La base imponible de la venta del coche es de 40.000 €. No cabe la discusión en cuanto a la inclusión de los intereses en la base imponible de la entrega del vehículo, ya que se trata de financiación concedida por un tercero.

III. Subvenciones que forman parte de la base imponible

(LIVA art.78.Dos.3º)

6445

Pregunta
¿En qué términos están incluidas en la base imponible del IVA las subvenciones?

Tal y como señala la LIVA art.78.Dos.3º, en la medida en que se trate de subvenciones vinculadas directamente al precio de las operaciones sujetas al IVA. Esta misma norma establece que se consideran **vinculadas directamente al precio** de las operaciones las subvenciones establecidas en función del número de unidades entregadas o del volumen de los servicios prestados cuando se determinen con anterioridad a la realización de la operación.
Sobre la interpretación de este precepto se ha pronunciado la **DGT** en varias contestaciones a consultas (entre otras, DGT CV 14-7-08 ; CV 21-5-12 ; CV 4-7-18 ; CV 10-12-19 ; ó CV 9-3-21 , entre otras muchas). Esas contestaciones se basan en la jurisprudencia comunitaria, concretamente, en el TJUE 22-11-01, asunto ASBL Office des produits wallons C-184/00; 15-7-04, asuntos Comisión contra Alemania C-144/02, comisión contra Italia C-381/01, Comisión contra Suecia C-463/02 y Comisión contra Finlandia C-495/01.
Resumiendo las consideraciones de la DGT en cuanto a la inclusión de las subvenciones en la base imponible de las operaciones, se puede señalar lo siguiente:
a) La inclusión de subvenciones en la base imponible del IVA sólo procede cuando hay **tres sujetos** que intervienen en la operación, que son el empresario o profesional que la realiza, el Ente público que paga la subvención y los usuarios finales de esta.
b) El pago de la subvención ha de tener efecto en el **precio** que los usuarios pagan por el acceso a los servicios públicos de que se trate en cada caso.
c) El importe de la subvención que se va a percibir ha de ser **previsible** para el empresario o profesional que la va a cobrar.
d) Ha de existir una cierta **proporcionalidad** entre el importe de la subvención y la cantidad de bienes o servicios a cuya provisión se condiciona la concesión de la subvención. Según la fórmula de cálculo de la subvención la aleja del volumen de servicios prestados, se hace más difícil sustentar esta afirmación.
e) Este tratamiento es independiente de que las cantidades que se hacen llegar al empresario se califiquen expresamente como subvenciones o reciban cualquier otra **calificación**.

Hay que añadir que las subvenciones no vinculadas al precio de las operaciones ya no se incluyen en los términos de la **prorrata de deducción**, consecuencia de la adaptación de la LIVA a la sentencia del TJUE 6-10-05, asunto Comisión contra España C-204/03.

Pregunta 6450
¿Hay excepciones para la inclusión de las subvenciones en la base imponible del IVA?

Sí, existen dos **tipos** de excepciones:
a) Las así previstas en la LIVA art.78.Dos.3º, conforme al cual no se consideran **subvenciones vinculadas al precio** ni integran en ningún caso la base imponible del IVA, las aportaciones dinerarias, sea cual sea su denominación, que las Administraciones Públicas realicen para financiar:
1. La gestión de **servicios públicos o** de **fomento de la cultura** en los que no exista una distorsión significativa de la competencia, sea cual sea su forma de gestión. Como ejemplo de estas, podríamos mencionar las subvenciones al transporte público (DGT CV 12-4-23 ; CV 26-7-23).
2. Actividades de **interés general** cuando sus destinatarios no sean identificables y no satisfagan contraprestación alguna.
b) Adicionalmente, las que no se ajusten a los **criterios** antes señalados para la inclusión.

IV. Tributos que forman parte de la base imponible

(LIVA art.78.Dos.4.º)

Pregunta 6460
¿Forman parte de la base imponible del IVA los Impuestos Especiales?

Sí, tal y como establece expresamente la LIVA art.78.Dos.4º, que dispone, como categoría especial dentro de los tributos y gravámenes que han de incluirse en la base imponible del IVA, el cómputo de los Impuestos Especiales.
Es fundamental señalar que no se incluye el **Impuesto Especial sobre Determinados Medios de Transporte**. La razón de esta no inclusión es que se trata de un tributo que se implantó con ocasión de la supresión del tipo incrementado en el IVA que gravaba las entregas de automóviles. Siendo un impuesto cuyo origen se encuentra en una reducción de tipos impositivos en el IVA, se comprende que no se aplique el IVA sobre su importe.

Ejemplos **1)** Una persona física adquiere un vehículo por el que paga 50.000 €. El Impuesto Especial sobre Determinados Medios de Transporte correspondiente a este vehículo es el 12%, lo que determina una cuota tributaria por este concepto de 6.000 €. 6462
La base imponible del IVA correspondiente a esta operación es de 50.000 €, sin incluir los 6.000 € que han de pagarse por el referido Impuesto Especial.

2) La misma persona del ejemplo anterior (nº 6462) llena el depósito de combustible en una estación de servicio cercana. Por cada litro de combustible paga 1,21 €. 6463
El desglose de este importe sería (en términos aproximados en lo que al Impuesto Especial sobre Hidrocarburos se refiere), el siguiente:
- Precio: 50 céntimos.
- Impuesto Especial: 50 céntimos.
- Base imponible de IVA: 1 €.
- Cuota de IVA: 21 céntimos.
- Cantidad total a pagar: 1,21 €.

6465 **Pregunta**

¿Cuándo se incluyen en la base imponible del IVA otros impuestos distintos a los Especiales?

A condición de que recaigan sobre las mismas **operaciones gravadas** por el IVA. En este sentido, es fundamental concretar con precisión el hecho imponible de cada tributo para determinar si este recae sobre operaciones a las que pueda ser aplicable igualmente el IVA o si, por el contrario, se trata de un tributo que tiene un hecho imponible distinto.

Un ejemplo de tributo que recae sobre operaciones a las que es igualmente aplicable el IVA es el Impuesto sobre el Incremento de Valor de los Terrenos de Naturaleza Urbana, para el cual se ha señalado que forma parte de la base imponible de las operaciones por las que se devenga el IVA (TEAC 21-10-98).

En el mismo sentido, podríamos hacer referencia a la inclusión en la base imponible de los servicios de **depósito de residuos** del Impuesto sobre el depósito de residuos en vertederos, la incineración y la coincineración de residuos (DGT CV 24-1-17 ; CV 8-11-23).

V. Percepciones retenidas con arreglo a derecho

(LIVA art.78.Dos.5º)

6475 **Pregunta**

Cuando una operación se resuelve, ¿las cantidades retenidas con arreglo a derecho están incluidas en la base imponible del IVA?

En principio, sí. De este modo se expresa la LIVA art.78.Dos.5º, conforme al cual forman parte de la base imponible las percepciones retenidas con arreglo a derecho por el obligado a efectuar la prestación en los casos de resolución de las operaciones sujetas al impuesto.

La cuestión, sin embargo, es algo más compleja, ya que hay que determinar el título en virtud del cual ese obligado a realizar la prestación tenía la cantidad respectiva en su poder para señalar cuál es su régimen de tributación a estos efectos.

Así, es habitual la controversia, en los **contratos inmobiliarios**, del tratamiento de las **arras** y su posible consideración como contraprestación de las operaciones respectivas. La doctrina reiterada de la DGT señala que forman parte de la base imponible de una entrega de viviendas los importes que, en concepto de arras o señal, entrega la parte compradora con ocasión de la firma del contrato de compraventa, cuando esos importes están destinados a constituir parte del precio de la entrega futura del inmueble.

Conviene matizar que, según la jurisprudencia del TS, para que se aprecie el carácter de arras **penitenciales** debe convenirse claramente en el contrato la **posibilidad de arrepentimiento** del acuerdo de compraventa. En caso de que así sea, y las correspondientes arras tengan la condición de penitenciales, no cabe apreciar la existencia de un devengo en concepto de pago anticipado cuando estas se otorgan, como ha señalado la DGT 9-9-02.

Para estos supuestos, en caso de desistimiento de la operación, la DGT (DGT CV 15-9-08 ; CV 22-4-10 ; o CV 6-5-10) entiende que no hay ninguna operación sujeta a gravamen (DGT CV 15-9-08, que sigue el criterio del TJUE 18-7-07, asunto Société thermale d'Eugenie-les-Bains C-277/05).

VI. Envases y embalajes

(LIVA art.78.Dos.6º)

6480

Pregunta
¿Los envases y embalajes están incluidos en la base imponible del IVA?

Sí. De acuerdo con la LIVA art.78.Dos.6º, forma parte de la base imponible del impuesto el importe de los envases y embalajes, incluso los susceptibles de devolución, cargado a los destinatarios de la operación, cualquiera que sea el concepto por el que ese importe se perciba.
Hay que tener en cuenta que cuando se produce la citada **devolución**, si es este el caso, el importe correspondiente a los envases o embalajes devueltos minora la base imponible, tal y como establece la LIVA art.80.Uno.1º, de forma que se procede a la recuperación del impuesto correspondiente a esos envases o embalajes (ver pregunta nº 6660). Esta devolución ha de documentarse mediante la expedición de **facturas rectificativas**, aunque existe alguna medida de simplificación, que se explica en la pregunta nº 17768.

VII. Asunción de deudas por el destinatario

(LIVA art.78.Dos.7º)

6490

Pregunta
Cuando en una operación se transfieren deudas al destinatario de esta, ¿esas deudas forman parte de la base imponible de esa operación?

Sí. Conforme a la LIVA art.78.Dos.7º, están incluidas en la base imponible del IVA las deudas asumidas por el destinatario de las operaciones sujetas como su contraprestación total o parcial.
Es muy importante no confundir la asunción de deudas con la asunción de obligaciones por parte de los destinatarios de las operaciones. Así, las magnitudes que hay que incluir o añadir a la base imponible de las operaciones son los importes de las **deudas u obligaciones de pago** de una cantidad dineraria que se transfieran o traspasen a los destinatarios de las operaciones, pero no otras magnitudes.

Ejemplos **1)** Un particular compra un piso de nueva construcción cuyo precio es de 800.000 €. El pago de este precio se realiza entregando 200.000 € al contado y mediante la subrogación en el crédito promotor que había suscrito el citado promotor en la parte proporcional correspondiente al piso, que se cuantifica en 600.000 €. A partir del momento de la subrogación, quien se hace cargo del pago de las mensualidades correspondientes es, en buena lógica, el adquirente del piso, nuevo deudor hipotecario por subrogación. 6491
En este caso, la base imponible del piso asciende a 800.000 €, que es la suma de la cantidad que su adquirente le paga al promotor más el importe de la subrogación hipotecaria asumida. La cuota de IVA correspondiente al piso asciende a 80.000 €, que es el 10% (LIVA art.91.Uno.1.7º).

2) Un inversor adquiere una fábrica de conservas, asumiendo con el transmitente la obligación de mantener la plantilla durante 5 años. La masa salarial de la citada plantilla asciende a 5.000.000 € anuales. 6492
Lo que ha asumido el adquirente de la fábrica no es una deuda, sino una obligación, en cumplimiento de la cual va a atender el sueldo de los empleados de la fábrica. Por tanto, no cabe la inclusión de los 25.000.000 € que, previsiblemente, le va a suponer a este adquirente el atendimiento a las obligaciones de pago que van surgiendo según se vayan devengando las nóminas.

3) Un promotor inmobiliario ha adquirido por 3.000.000 € unas parcelas para las cuales su propietario había satisfecho el 40% de sus gastos de urbanización. Este propietario, al subrogarse en la posición del transmitente frente a la junta de compensación que está 6494

desarrollando el proceso urbanístico, se compromete a atender el 60% de la carga urbanística pendiente. A la fecha en que se produce la transmisión, el citado 60% todavía no se ha exigido a los propietarios de los terrenos. Este 60% se cuantifica en 600.000 €.
Estos 600.000 € no se deben incluir en la base imponible de la venta de los terrenos, ya que no se trata, en sentido estricto, de una deuda, sino de una obligación que va a dar lugar a las correspondientes deudas a medida que las cantidades respectivas se vayan haciendo exigibles.
Es importante tener en cuenta que, cuando la junta de compensación avance y finalice las obras de urbanización de los terrenos ha de exigir las correspondientes derramas, a las que se añade el IVA. En caso de que sobre ese importe se hubiera soportado IVA igualmente como consecuencia de la inclusión de su importe en la base imponible de la venta de los terrenos, se produciría un supuesto de doble imposición que no tiene sentido.
No debe confundirse esta situación con la que se daría en caso de que el propietario inicial de los terrenos tuviera pendiente de pago el importe de alguna de las derramas por gastos de urbanización y al precio de la venta de los terrenos se le añadiese el importe de esta deuda. En tal caso, sí que procedería su cómputo para la determinación de la base imponible de esta operación.

SECCIÓN 3

Conceptos excluidos de la base imponible

(LIVA art.78.Tres)

I. Indemnizaciones no sujetas

(LIVA art.78.Tres.1º)

6500

Pregunta
¿Están incluidas en la base imponible del IVA las indemnizaciones?

No. De acuerdo con la LIVA art.78.Tres.1º, no forman parte de la base imponible del IVA las cantidades percibidas por razón de indemnizaciones que, por su naturaleza y función, no constituyan **contraprestación o compensación** de las entregas de bienes o prestaciones de servicios sujetas al impuesto.
Es posible que esta exclusión resultara más procedente en un precepto de delimitación negativa del hecho imponible, como es la LIVA art.7, ya que, en última instancia, lo que en él se dispone es que las indemnizaciones que no son contraprestación de entregas de bienes o prestaciones de servicios sujetas al IVA no han de considerarse base imponible de ninguna operación.
Evidentemente, el aspecto fundamental en la aplicación de esta norma es la determinación de si una indemnización se puede considerar como contraprestación de una entrega de bienes o prestación de servicios, en cuyo caso es base imponible de esta, o no es así.
Como supuestos en los que se ha entendido que las indemnizaciones recibidas no estaban sujetas al IVA, podríamos mencionar las cantidades exigidas a entidades aseguradoras por daños en vehículos (DGT CV 26-11-07), las indemnizaciones por daños en bienes transportados (DGT CV 28-2-18) o las satisfechas para compensar los daños causados en el vallado de una finca arrendada para el desarrollo en ella de una explotación fotovoltaica (DGT CV 23-10-19).
Un buen ejemplo es el caso de las indemnizaciones por **rescisión de contratos de arrendamiento**.
En caso de que el **arrendatario** indemnice al arrendador, la doctrina administrativa entiende que nos encontramos ante una indemnización que no es contraprestación de ninguna operación sujeta al IVA, por lo que no procede la repercusión de ese tributo (DGT 6-9-02).

Cuando, por el contrario, la indemnización la paga el **arrendador**, el cual, de este modo, recupera la posesión del inmueble arrendado, la DGT considera que nos encontramos ante una prestación de servicios, la que realiza el arrendatario a favor del arrendador al devolverle la posesión del inmueble, de la cual la citada indemnización es contraprestación. En consecuencia, procede la repercusión del tributo (DGT 24-7-98; TJUE 15-12-93, asunto Lubbock Fine C-63/92).
Otros supuestos en los que se ha entendido que las indemnizaciones recibidas eran contraprestación de operaciones sujetas al impuesto, podríamos mencionar las **penalizaciones** por retraso en la prestación del servicio telefónico (DGT CV 24-9-09) o en la entrega de una obra (DGT CV 4-5-20 ; o CV 13-3-23) o la indemnización **por clientela** en los supuestos de resolución de contratos de agencia (DGT CV 13-10-17).

II. Descuentos y bonificaciones previos o simultáneos a la operación

(LIVA art.78.Tres.2º)

Pregunta 6505
¿Qué tratamiento tienen los descuentos a los efectos de la base imponible del IVA?

Minoran su importe. Así se establece en la LIVA art.78.Tres.2º, conforme al cual están excluidos de la base imponible del IVA los descuentos y bonificaciones que se justifiquen por cualquier medio de prueba admitido en derecho y que se concedan **previa o simultáneamente** al momento en que la operación se realice y en función de ella.
En cierto modo, esta disposición es de carácter aclaratorio, ya que un descuento o bonificación realmente es una **menor contraprestación** por la operación gravada, por lo que, en aplicación del concepto general de base imponible que regula la LIVA art.78.Uno, ya debería quedar excluido, o no incluido, en la base de imposición.
Hay que tener en cuenta que cuando los descuentos se conceden con **posterioridad** a la realización de las operaciones, lo que ocurre es que se minora o reduce igualmente la base imponible, pero por la vía de su **modificación**. Esta cuestión se trata en la pregunta nº 6663.
La misma LIVA art.78.Tres.2º dispone que esta minoración no es aplicable cuando las minoraciones de precio constituyan **remuneraciones** de otras operaciones. Con esta previsión, lo que proscribe la norma es el neteo o facturación por el neto, por lo que, aunque existan operaciones cruzadas entre dos empresarios o profesionales, cada uno de ellos debe facturarle al otro la cantidad que corresponda sobre la base imponible de sus operaciones.

Ejemplos **1)** Una empresa que explota un prestigioso gimnasio ofrece un descuento del 25% en el precio de la matrícula y en las mensualidades a los nuevos socios que se incorporen a la vuelta del verano. De resultas de ello, la matrícula se queda en 300 € y la mensualidad en 90 €. 6507
La base imponible de los servicios que presta la empresa se debe cuantificar en los importes efectivamente cobrados, esto es, 300 € por el alta y 90 € de mensualidad, a los que se debe añadir el IVA que proceda.

2) Un empresario que se dedica a la carpintería metálica realiza un encargo para una empresa promotora. El importe del encargo es de 500.000 €. La empresa promotora le vende una nave industrial a este empresario con un valor de 300.000 €. 6509
Lo que impide la norma es que se reduzca la base imponible de las operaciones realizadas por el empresario dedicado a la carpintería metálica en el importe de la nave industrial que recibe como parte del precio. Lo que procedería en este caso es que cada uno de los empresarios repercuta y facture IVA sobre la base imponible de su operación (ver pregunta nº 6545 en cuanto a la base imponible de las operaciones cuya contraprestación es no dineraria).

6512

Pregunta
¿Qué incidencia tienen en el IVA los descuentos por pronto pago?

El mismo que cualesquiera otros descuentos, esto es, **minoran la base imponible** de las operaciones respecto a las cuales se concedan. Lo anterior es así con independencia del tratamiento contable que puedan recibir esos descuentos.

6514

Pregunta
¿Qué ocurre cuando se concede una opción de compra y, supuesto su ejercicio, el importe que se pagó por ella se descuenta del precio de la operación principal?

La concesión de opciones de compra supone la realización de **prestaciones de servicios** sujetas a IVA y, en general, no exentas. El único supuesto en el cabe entender que se trata de operaciones exentas es el de las opciones relativas a acciones o títulos financieros equivalentes (ver pregunta nº 4660).
En consecuencia, el otorgamiento, por parte de un empresario o profesional, de una opción de compra contra el pago de una cantidad da lugar a la **repercusión** del IVA sobre la base de la contraprestación exigida por la misma.
Es habitual que el importe pagado por la opción de compra se descuente del precio de la operación principal en caso de que esta se lleve a efecto. En esta hipótesis, la doctrina de la DGT señala que la base imponible de esta operación principal viene dada por el importe que efectivamente se cobre por ella, con independencia de cómo se haya llegado a su cuantificación. En consecuencia, se admite que la cantidad pagada por la opción de compra minore la base imponible de la citada operación principal (DGT CV 10-4-07; CV 22-4-08).

6516 Ejemplo Una entidad mercantil que se dedica a la promoción de suelo industrial concede una opción de compra a otra empresa para la compraventa de un solar. La opción de compra se valora en 100.000 €. Dentro del plazo establecido al efecto, la titular de la opción la ejercita y adquiere el solar en firme. El precio que se había previsto para este asciende a 2.000.000 €, de los que se descuenta el importe satisfecho por la opción, por lo que se acaban pagando definitivamente 1.900.000 €.
El otorgamiento de la opción de compra es una operación sujeta y no exenta, por lo que se tiene que repercutir IVA sobre la base de su precio, esto es, sobre los 100.000 € que se cobran por ella.
En cuanto a la venta del solar, se trata igualmente de una operación sujeta y no exenta. La base imponible de esta operación asciende a 1.900.000 €, que es el importe que realmente se paga por él.
Nótese que al final se ha repercutido IVA sobre el total de la cantidad pagada por el comprador del solar, una parte en concepto de opción de compra y otra en concepto de precio o contraprestación del solar. A la par, se ha evitado la doble imposición que se podría haber producido en caso de no admitir que el importe de la opción de compra se detrajese del precio pagado por el solar.

6518

Pregunta
En los contratos de arrendamiento con opción de compra suele ocurrir que una parte de la renta pagada se descuenta del precio cuando se ejercita la opción de compra. ¿Cuál es la base imponible de la compra en estos casos?

En estos supuestos, la base imponible de la entrega de la vivienda (estos contratos se suscriben mayoritariamente sobre viviendas) está constituida por el **importe realmente satisfecho** por esta. Lo mismo cabe decir si se trata de otras edificaciones.
Así lo ha admitido la DGT, al considerar que, a estos efectos, es irrelevante el modo o fórmula a través de los cuales se llegue a la determinación de esta cantidad, sea mediante la fijación de un precio, sin mayor complicación, sea descontando del precio previamente establecido una parte de las rentas que se han pagado durante el

tiempo en que la vivienda ha estado arrendada. La DGT establece con claridad que el importe sobre el que ha de procederse a la repercusión del impuesto es el que efectivamente se perciba del adquirente, descontando, por tanto, las cantidades que, por referencia a las rentas satisfechas, se detraigan del precio (DGT CV 25-9-07, entre otras).

Ejemplo Una empresa que se dedica a realizar contratos de arrendamiento con opción de compra sobre viviendas suscribe un contrato con un cliente al que le cobra 2.000 € mensuales de renta. En caso de que la opción de compra se ejerza dentro de los 5 años siguientes al inicio de la vigencia del contrato, el 50% de las cantidades satisfechas en concepto de renta se deben descontar del precio de la vivienda, que se establece de antemano en 600.000 €. A los 2 años y medio del inicio del contrato, el arrendatario decide quedarse con la vivienda en los términos que estableció el contrato, por lo que el precio que se paga asciende a [600.000 – (30 × 100)] = 570.000 €. **6520**
La base imponible de la operación asciende a 570.000 €, que es el importe que realmente se ha pagado por la casa. La cuota de IVA es de 57.000 € (el 10% de 570.000 €). En relación con la tributación de los arrendamientos con opción de compra, ver pregunta nº 4990.

III. Los suplidos

(LIVA art.78.Tres.3º)

6525

Pregunta
¿Forman parte de la base imponible del IVA los suplidos?

No. Así lo establece la LIVA art.78.Tres.3º, conforme al cual no se incluyen en la base imponible del IVA las sumas pagadas en nombre y por cuenta del cliente, en virtud de mandato expreso del mismo.
La misma norma establece que el sujeto pasivo tiene la obligación de justificar la cuantía efectiva de tales gastos y no puede proceder a la deducción del IVA que eventualmente los hubiera gravado.
La DGT ha señalado los **requisitos** que han de cumplirse para la consideración de una determinada cantidad como suplido excluido de la base imponible del tributo. Son los siguientes (DGT 17-12-04; CV 17-6-05, entre otras):
a) Debe tratarse de sumas pagadas **en nombre y por cuenta del cliente**, lo cual se acredita ordinariamente mediante la correspondiente factura, o documento que proceda, expedido a cargo del citado cliente y no del intermediario agente, consignatario o comisionista que le está «supliendo».
b) El pago de las referidas sumas debe efectuarse en virtud de **mandato expreso**, verbal o escrito, del propio cliente por cuya cuenta se actúa.
c) Ha de **justificarse la cuantía** efectiva de tales gastos por los medios de prueba admisibles en derecho. La cantidad percibida por mediador debe coincidir exactamente con el importe del gasto en que ha incurrido su cliente, por lo que cualquier diferencia debería ser interpretada en el sentido de que no se trata de un auténtico «suplido».
d) Por último, el sujeto pasivo, o mediador no puede proceder a la **deducción** del Impuesto que eventualmente hubiera gravado gastos pagados en nombre y por cuenta del cliente.
Cumplidos estos requisitos, las cantidades pagadas en nombre y por cuenta del cliente quedan excluidas de la base imponible de las operaciones.

Ejemplo Un particular sufre un accidente de tráfico de resultas del cual tiene daños físicos por los que decide interponer una demanda. Para ello, contrata un abogado, que le acaba cobrando 12.000 € por sus servicios. Adicionalmente, ha sido necesaria la contratación de un médico forense que ha cobrado por su dictamen un total de 3.000 €. Esta cantidad cumple con todos los requisitos establecidos para ser considerada como un suplido. **6527**
En la operativa que se ha descrito hay dos operaciones distintas:

a) Los servicios de asesoramiento jurídico que presta el abogado, sujetos y no exentos, cuya base imponible son los 12.000 € que se cobran por estos. No están incluidos en la base imponible de esos servicios la cantidad que retribuya los servicios prestados por el médico forense.
b) Los referidos servicios prestados por el médico forense, excluidos de la base imponible de la asistencia jurídica descrita en la letra anterior y que se facturan por el profesional que los presta. Estos servicios están igualmente sujetos y no exentos (ver pregunta nº 4380), tributando al 21%, lo que determina una cuota tributaria de 630 €.

SECCIÓN 4

Presunción de que no ha habido repercusión

(LIVA art.78.Cuatro)

6535 **Pregunta**
Cuando no se ha repercutido el IVA expresamente en factura, ¿hay que presumir que está incluido en la cantidad cobrada al cliente?

No. Así lo establece la LIVA art.78.Cuatro, que dispone que cuando las cuotas de IVA que graven las operaciones sujetas a ese tributo no se hubiesen repercutido expresamente en factura, se entiende que la contraprestación no incluyó esas cuotas. Se trata de una presunción iuris tantum, como cualquier otra para la cual no se diga lo contrario, por lo que admite prueba en contrario.
La misma norma **exceptúa** de esta presunción los siguientes supuestos:
- los casos en que la repercusión expresa del Impuesto no fuese obligatoria;
- los supuestos de resolución de las operaciones y de retención de cantidades con arreglo a derecho (ver pregunta nº 6475).

Relacionada con la cuestión, hay que citar la inclusión del IVA en los ingresos regularizados en los casos de ventas no declaradas descubiertas por la Administración, que el TJUE ha considerado procedente (TJUE 1-7-21, asunto CB C-521/19), en los mismos términos que también ha señalado el TS.

SECCIÓN 5

Reglas especiales de fijación de la base imponible

(LIVA art.79)

I. Contraprestación no dineraria

(LIVA art.79.Uno)

6545 **Pregunta**
¿Cómo se determina el IVA en las operaciones cuya contraprestación es no dineraria?

Para estos casos, la LIVA art.79.Uno establece dos **reglas** cuya aplicación depende de que la contraprestación sea total o parcialmente no dineraria:
a) Cuando la contraprestación es **completamente no dineraria**, la norma señala que se ha de tomar como base imponible el importe, expresado en dinero, que se hubiera acordado entre las partes. Salvo que se acredite lo contrario, esa base imponible ha de coincidir con los importes que resulten de aplicar las reglas previstas para los

autoconsumos y transferencias de bienes (ver preguntas nº 6563 s.) y para los autoconsumos de servicios (ver pregunta nº 6580).
b) Si la contraprestación es solo **parcialmente no dineraria**, se considera base imponible el resultado de añadir al importe, expresado en dinero, acordado entre las partes, por la parte no dineraria de la contraprestación, el importe de la parte dineraria de esta, siempre que ese resultado fuera superior al determinado por la aplicación de lo dispuesto en la anterior letra a).

Ejemplo Una empresa que se dedica a la compraventa de vehículos industriales de segunda mano realiza las dos operaciones siguientes: **6548**
a) Entrega una excavadora a cambio de un camión. El valor de mercado de la excavadora es de 50.000 € y el del camión que recibe a cambio de 60.000 €.
b) Entrega un camión, que tiene un valor de mercado de 30.000 €, a cambio de un volquete cuyo valor de mercado es de 25.000 € más 7.500 € en efectivo.
En ninguna de las operaciones se ha establecido por contrato un valor o importe distinto de los señalados.
La primera operación que se ha descrito es una operación cuya contraprestación es completamente no dineraria. Esto implica que su base imponible viene dada por el valor que tendría la operación si fuera gratuita, supuesto en el cual habría que acudir al coste de reposición del bien, que en este caso equipararemos al valor de mercado. En consecuencia, la base imponible de la entrega de la excavadora es de 50.000 € y el IVA que se debe repercutir de 10.500 €. Nótese que este importe no coincide con la valoración del elemento que se recibe a cambio, que es el camión; no obstante, la LIVA remite la cuantificación de la base imponible al valor del bien o servicio entregado.
En cuanto a la segunda operación que se ha descrito, para la cuantificación de su base imponible habría que comparar dos magnitudes:
- por una parte, el valor del bien entregado, en este caso, el camión, que se valora en 30.000 €, ello por un razonamiento equivalente al señalado para la primera operación;
- por otra parte, la suma del valor del volquete más el efectivo que se recibe como parte del precio. La suma de estas cantidades asciende a 32.500 €.
De las citadas magnitudes, hay que tomar la mayor, en este caso, los 32.500 €. En consecuencia, esta es la base imponible, por lo que el IVA de la entrega del camión que se señala en la letra b) asciende a 32.500 € y el IVA que se debe repercutir es de 6.825 €.

Pregunta **6552**
¿Cómo se determina la base imponible en las permutas inmobiliarias?

En estas operaciones una de las partes aporta un solar y la otra se compromete a la entrega de una o varias edificaciones de las que se van a construir sobre ese solar, aunque esta entrega de edificaciones se demora, como es lógico, hasta la finalización de la construcción.
En estas operaciones, el devengo del IVA correspondiente a la **entrega del solar** (para el caso de que la entrega del mismo esté sujeta al impuesto) se produce conforme a las reglas generales, es decir, cuando el solar se ponga a disposición del adquirente. Por su parte, el devengo del IVA correspondiente a la **entrega de las edificaciones** que el propietario del solar va a recibir a cambio se produce a la misma fecha de la entrega del solar, ya que esta supone el pago anticipado, total o parcial, de la entrega de las edificaciones, y ello en proporción a su importe.
La DGT había señalado que el **valor de mercado** de las operaciones había de calcularse de forma definitiva por referencia al momento de la entrega de bienes o prestación de servicios de que se trate, hechos que son los que suponen el devengo del Impuesto y dan lugar a su exigibilidad. Continuaba afirmando la DGT que la percepción de un cobro anticipado únicamente suponía una exigibilidad provisional del tributo a cuenta del que definitivamente resultase cuando se efectúe el hecho imponible, que implica el devengo del impuesto y la exigibilidad definitiva del mismo (DGT CV 26-10-05, entre otras).
Esta **revisión de valores** fue discutida por la Comisión Europea, que entendía que, determinado el valor a la fecha de exigibilidad, no procede su revisión.

Igualmente, discrepó de esta interpretación el TS, que señaló que el valor fijado en el momento del devengo del tributo no ha de revisarse con posterioridad (TS 18-3-09, EDJ 42597, entre otras).
La DGT (CV 16-9-09 o CV 22-5-2023, entre otras) se ha alineado con las tesis del TS y ha señalado que, una vez cuantificada la base imponible de la entrega de la edificación a la fecha en que se recibe el terreno que ha de constituir su contraprestación, esa base imponible, la de la entrega de la edificación, no ha de revisarse.

II. Operaciones diversas y contraprestación global

(LIVA art.79.Dos)

6558 **Pregunta**
¿Cómo se determina la base imponible en operaciones complejas, que comprenden varias prestaciones sujetas a tipos distintos?

La LIVA art.79.Dos trata esta situación, señalando que cuando en una misma operación y por precio único se entreguen bienes o se presten servicios de diversa naturaleza, incluso en los supuestos de transmisión de la totalidad o parte de un patrimonio empresarial, la base imponible correspondiente a cada uno de ellos se determina **en proporción al valor de mercado** de los bienes entregados o de los servicios prestados.
La misma norma establece que lo anterior no se aplica cuando esos bienes o servicios constituyan el objeto de **prestaciones accesorias** de otra principal sujeta al impuesto.

6559 Ejemplos **1)** Una empresa promotora compra un lote de inmuebles a otra que se encuentra en dificultades. El lote incluye los siguientes inmuebles:
a) Dos locales comerciales cuyo valor de mercado individual asciende a 600.000 €.
b) Cuatro viviendas cuyo valor de mercado individual es de 200.000 €.
c) Un solar edificable con un valor de mercado de 1.500.000 €.
El precio total que se paga por el lote de inmuebles es de 2.500.000 €.
El reparto de esta cantidad entre los distintos inmuebles incluidos en el lote conduciría a lo siguiente:
- valor de mercado del conjunto del lote: 3.500.000 €;
- imputación proporcional correspondiente a los locales comerciales: 2.500.000 × 1.200.000 / 3.500.000 = 857.142,86 €;
- imputación proporcional correspondiente a las viviendas: 2.500.000 × 800.000 / 3.500.000 = 571.428,57 €;
- imputación proporcional correspondiente a los solares: 2.500.000 × 1.500.000 / 3.500.000 = 1.071.428,57 €.

En consecuencia, la base sobre la que habría que repercutir IVA al tipo reducido sería la correspondiente a las viviendas, esto es, 571.428,57 €, aplicándose el tipo general al resto, solares y locales comerciales.

6560 **2)** Una floristería confecciona un ramo de flores por encargo para su envio a domicilio. El importe de las flores es de 60 €. El celofán y el lazo tienen un coste de 40 céntimos.
En este caso, parece claro que el celofán y el lazo constituyen prestaciones accesorias respecto a la principal, la entrega de las flores. En consecuencia, el total del IVA que debe repercutirse es el 10% sobre el precio del ramo de flores.

6562 **Pregunta**
¿La imputación proporcional al precio en las operaciones complejas es trasladable a otros supuestos distintos de los de la aplicación de diferentes tipos impositivos?

Sí. En cualquier supuesto en el que contra una contraprestación única se incluyan varias prestaciones, el tratamiento correspondiente a estas últimas, cuando no sea posible apreciar accesoriedad, lleva a imputar la contraprestación **proporcional-**

mente al valor de mercado de cada una de ellas. Así podría ocurrir, por ejemplo, si en la transmisión de un conjunto de inmuebles se incluyesen tanto edificaciones cuya transmisión estuviese exenta como otros inmuebles sujetos y no exentos en su venta.

III. Autoconsumos y transferencias de bienes

(LIVA art.79.Tres)

6563

Pregunta
¿Cómo se determina la base imponible de los autoconsumos de bienes o de las transferencias?

De acuerdo con la LIVA art.79.Tres, para la determinación de la base imponible de estas operaciones se aplican las siguientes **reglas**:

a) Si los bienes fuesen entregados en el **mismo estado** en que fueron adquiridos sin haber sido sometidos a proceso alguno de fabricación, elaboración o transformación por el propio sujeto pasivo, o por su cuenta, la base imponible es la que se hubiese fijado en la operación por la que se adquirieron esos bienes.

La misma norma matiza que, tratándose de bienes importados, la base imponible es la que hubiera prevalecido para la liquidación del impuesto a la importación de estos.

b) Si los bienes entregados se hubiesen sometido a **procesos de elaboración o transformación** por el transmitente o por su cuenta, la base imponible es el coste de los bienes o servicios utilizados por el sujeto pasivo para la obtención de dichos bienes, incluidos los gastos de personal efectuados con la misma finalidad.

c) Para cualquiera de los casos anteriores, si el **valor** de los bienes entregados hubiese experimentado **alteraciones** como consecuencia de su utilización, deterioro, obsolescencia, envilecimiento, revalorización o cualquier otra causa, se ha de considerar como base imponible el valor de los bienes en el momento en que se efectúe la entrega.

Es importante recordar que en estas operaciones **no existe contraprestación**, por lo que no cabe referir la base imponible a la misma.

Ejemplos **1)** Un empresario que se dedica a fabricar muebles con maderas nobles tiene un amigo que se va a casar, al que le regala, con ocasión de su enlace, los muebles de su casa. El coste por el que esos muebles constan en inventario asciende a 80.000 €. Los muebles que se entregan de este modo son muebles producidos en todo caso en los últimos 3 meses. 6565

La operación que se ha descrito es la operación típica que ha de revisarse para su valoración por el coste, esto es, para la repercusión del IVA sobre la base de los 80.000 € por los que estos muebles constan en el inventario de la empresa.

Habida cuenta de su antigüedad, no procede actualizar este valor.

2) Un empresario dedicado a la importación de alfombras desde Oriente regala una de ellas a un amigo suyo con ocasión de su boda. El valor por el que liquidó el IVA a la importación de la alfombra, que se produjo 8 días atrás, es de 1.200 €. 6567

Esta operación, que constituye un autoconsumo conforme a lo dispuesto por la LIVA art.9.1º.b), debe valorarse por el mismo importe que sirvió de base para la liquidación del IVA a la importación, por lo que la base imponible del autoconsumo asciende a 1.200 € y el IVA que este empresario debe ingresar a la AEAT por su realización es 252 €.

Nótese que la aplicación de esta regla de cuantificación de la base imponible conduce a que el destinatario de la operación, en este caso, el amigo del importador de alfombras, se beneficie de su adquisición sin soportar IVA respecto al valor que pudiera añadir el citado importador. No obstante, la regla de determinación de la base imponible es clara en cuanto a su contenido para estas operaciones.

6570 **Pregunta**
¿Qué ocurre cuando el autoconsumo o la transferencia se refieren a bienes cuyo valor se ha alterado respecto al que se tomó como coste?

Los criterios de formación de la base imponible que establece la LIVA art.79.Tres se refieren al coste de los bienes, sea de adquisición, sea de producción (reglas 1ª y 2ª), o a su valor en el momento en que se realiza la operación sujeta –regla 3ª– (ver pregunta nº 6563). Cuando se atiende a este valor actualizado, es importante tener en cuenta que la norma no se refiere al valor de mercado de los bienes, sino a su valor, sin referirlo al mercado. Interpretando este precepto a la luz de lo dispuesto por la Dir 2006/112/CE art.74 y 76, hay que concluir que lo que procede es cuantificar la base imponible en el coste de los bienes referido al momento en que se produce la operación, esto es, determinar la base imponible en el **coste de reposición** de los citados bienes, sin incluir, por tanto, el margen comercial que procedería a añadir el empresario o profesional que realiza la operación.

6572 **Pregunta**
¿Qué ocurre cuando el autoconsumo tiene como destinataria a una entidad incluida en el ámbito de aplicación de la L 49/2002, del Mecenazgo?

En tal caso, se aplica lo dispuesto por la LIVA art.79.Cinco.3ª párrafo segundo, conforme al cual, a estos efectos, **se presume** que ha tenido lugar un deterioro total cuando las operaciones tengan por objeto bienes adquiridos por entidades sin fines lucrativos (L 49/2002 art.2), siempre que se destinen a los fines de interés general que desarrollen (L 49/2002 art.3.1º).
En la hipótesis de que se enerve la presunción, sería aplicable el tipo cero que establece, para este mismo tipo de operaciones, la LIVA art.91.Cuatro.

6574 Ejemplo Un fabricante de productos alimenticios decide hacer una donación a una ONG que asiste a ancianos son recursos. El valor en balance de los bienes donados asciende a 30.000 €.
La presunción de deterioro completo que establece la LIVA art.79.Cinco.3ª párrafo segundo conduce a que la base imponible de los bienes donados sea 0. Para el caso de que se enervase la presunción, tampoco habría cuota devengada, ya que sería aplicable el tipo cero que establece, a estos efectos, la LIVA art.91.Cuatro.

6575 **Pregunta**
¿Cómo se determina la base imponible para los autoconsumos retroactivos?

Se trata de una cuestión dudosa.
Recordemos que en estas operaciones ocurre que el **hecho imponible**, definido como la afectación en concepto de inmovilizado de bienes que formaban parte del circulante de la empresa (ver pregunta nº 1380), se produce en el momento de la citada afectación o cambio en las condiciones de uso. Sin embargo, la regla de **devengo** aplicable a estas operaciones, que es la que se contiene en la LIVA art.75.Uno.5º, atiende a las circunstancias limitadoras del derecho a la deducción que hacen que se liquide una cuota tributaria que en su momento dejó de liquidarse (ver pregunta nº 6175). Esto hace que la determinación del momento al que ha de referirse la **base imponible** sea discutible, ya que se puede considerar que esa base se ha de cuantificar por referencia al momento en que se produjo la afectación o por referencia al momento en que se devengó el tributo.
Considerando que las magnitudes relevantes para la determinación de la base imponible habrían de referirse al día en que se producen los hechos que están sujetos, cabría concluir que es al momento en que los bienes de circulante pasan a ser utilizados como **bienes de inversión** al que ha de referirse la base imponible de

estas operaciones, con independencia de que su devengo y la liquidación del impuesto se pueda producir un cierto tiempo después.

Ejemplo Una promotora inmobiliaria que realiza exclusivamente promoción de obra nueva afecta uno de los locales promovidos para su uso como sede de la actividad. El valor del local cuando se produce la afectación es de 500.000 €. 6577

2 años después de la afectación, esta empresa empieza a arrendar una parte de las viviendas que había promovido, ante la imposibilidad de venderlas. Se trata en todo caso de arrendamientos sin opción de compra. A la fecha en que se inicia la realización de operaciones no generadoras del derecho a la deducción, el local se ha depreciado hasta los 400.000 €.

A pesar de que el devengo del tributo se produzca con ocasión del inicio en la realización de operaciones limitadoras del derecho a la deducción, el hecho imponible, afectación como bien de inversión de un bien que formaba parte del circulante de la empresa, se ha producido 2 años antes. En consecuencia, la valoración del bien al que se refiere la operación debería referirse al momento en que se produjo la afectación, por lo que la base imponible del tributo debe cuantificarse en 500.000 € y el IVA en 105.000 €. La regularización de las cuotas soportadas por bienes de inversión debe referirse, en buena lógica, a esta cifra.

IV. Autoconsumos de servicios

(LIVA art.79.Cuatro)

Pregunta 6580

¿Cómo se determina la base imponible de los autoconsumos de servicios?

Según señala la LIVA art.79.Cuatro, en estos casos se considera como base imponible el **coste de prestación de los servicios** incluida, en su caso, la amortización de los bienes cedidos.

A diferencia de lo que ocurre con los autoconsumos de bienes, cuando se trata de servicios la norma establece un claro principio de coste histórico, haciendo referencia incluso a la **amortización de los bienes cedidos** para la realización de las operaciones. No cabe, por tanto, ninguna actualización o puesta al día en la valoración de estas operaciones y menos aún una referencia a su valor de mercado en el momento en que se efectúan.

Esta diferencia con respecto a los autoconsumos de bienes es llamativa, pero se puede justificar en el hecho de que las mercancías admiten un almacenamiento o demora entre el momento en que se adquieren y el momento en que se entregan a título gratuito, desfase temporal que no es tan fácil que ocurra en las prestaciones de servicios. En cualquier caso, y dada la diversidad de prestaciones de servicios sujetas al IVA, se trata de un argumento que perfectamente se puede contrarrestar o enervar para casos específicos.

Por otra parte, es discutible si el concepto de coste que hay que contemplar a estos efectos es un concepto de **coste estricto**, comprensivo exclusivamente del valor de los bienes y servicios que se utilizan directamente en la realización de las operaciones gravadas, o por el contrario ha de utilizarse un concepto de coste más amplio, que incluya cualesquiera bienes y servicios usados directa o indirectamente, total o parcialmente, en la realización de estas operaciones.

Finalmente, y en cuanto a las **amortizaciones**, es dudoso el criterio con el que han de cuantificarse. En principio, se podría considerar que la amortización válida a efectos del IS debería ser también válida en cuanto al IVA; sin embargo, el TJUE ha señalado que en este contexto se puede obligar a utilizar un criterio distinto, tal que el total del coste del bien se haya imputado en el período de regularización de cuotas soportadas por bienes de inversión, de 5 o 10 años –TJUE 14-9-06, asunto Jörg y Wollny C-72/05– (ver pregunta nº 11480 s.).

V. Operaciones entre partes vinculadas

(LIVA art.79.Cinco)

6585

Pregunta
¿Existe alguna regla especial de valoración en el IVA para las operaciones entre entidades vinculadas?

Sí, se trata de la norma de valoración que se establece en la LIVA art.79.Cinco, conforme a la cual la base imponible de determinadas operaciones realizadas entre entidades vinculadas se determina por su **valor normal de mercado**.
Es importante señalar que no todas las operaciones realizadas entre estas entidades se valoran de este modo, sino únicamente aquellas para las cuales así lo establece la norma. No se reproduce, en este punto, el automatismo que existe a los efectos de la imposición directa.

6590

Pregunta
¿La regla de valoración para las operaciones entre entidades vinculadas que establece la LIVA art.79.Cinco ha de aplicarla el contribuyente o sólo la Administración?

Se trata de una regla taxativa cuya aplicación no se limita a los supuestos en que sea la Administración Tributaria la que realice el ajuste pertinente. En consecuencia, esta regla de valoración es de **aplicación obligatoria para los contribuyentes** que se encuentren en los supuestos que señala la norma.

6600

Pregunta
¿Cuáles son los supuestos en los que se considera que existe vinculación entre las partes a los efectos del IVA?

Los supuestos en que cabe considerar la existencia de **vinculación entre las partes** son los siguientes:
a) En el caso de que una de las partes intervinientes sea un sujeto pasivo del **IS** o un contribuyente del **IRPF** o del **IRNR**, cuando así se deduzca de las normas reguladoras de esos impuestos que sean de aplicación.
b) En las operaciones realizadas entre los sujetos pasivos y las personas ligadas a ellos por relaciones de carácter **laboral o administrativo**.
c) En las operaciones realizadas entre el sujeto pasivo y su **cónyuge** o sus **parientes** consanguíneos hasta el tercer grado inclusive.
d) En las operaciones realizadas entre una entidad sin fines lucrativos a las que se refiere la L 49/2002 art.2 y sus **fundadores**, asociados, patronos, representantes estatutarios, miembros de los órganos de gobierno, los cónyuges o parientes hasta el tercer grado inclusive de cualquiera de ellos.
e) En las operaciones realizadas entre una entidad que sea empresario o profesional y cualquiera de sus **socios**, asociados, miembros o partícipes.
Con ser una relación bastante amplia, la que se acaba de reproducir es una **relación cerrada**, por lo que no cabe aplicar la regla de valoración que establece la LIVA art.79.Cinco fuera de los supuestos que se han señalado.
No ha de confundirse lo anterior con el hecho de que la vinculación pueda probarse por cualquiera de los medios admitidos en derecho. Lo que se trata es de acreditar la concurrencia de los supuestos que señala la norma.

6603

Pregunta
¿Qué operaciones han de cuantificarse por referencia a su valor normal de mercado a los efectos del IVA?

Esta regla de valoración únicamente es aplicable en las siguientes **situaciones**:
a) Cuando el destinatario de la operación **no** tenga **derecho a deducir totalmente** el impuesto correspondiente a esta y la contraprestación pactada sea inferior a la que correspondería en condiciones de libre competencia.
b) Cuando el empresario o profesional que realice la entrega de bienes o prestación de servicios determine sus deducciones aplicando la **regla de prorrata** y, tratándose de una operación que no genere el derecho a la deducción, la contraprestación pactada sea inferior al valor normal de mercado.
c) Cuando el empresario o profesional que realice la entrega de bienes o prestación de servicios determine sus deducciones aplicando la regla de prorrata y, tratándose de una operación que genere el **derecho a la deducción**, la contraprestación pactada sea superior al valor normal de mercado.
Todos estos supuestos tienen como denominador común el hecho de que la **contraprestación pactada** por las partes supone alguna ventaja respecto a la que resultaría de aplicarse el valor normal de mercado a las operaciones:
- en el primer caso, porque el destinatario que no tiene derecho a la deducción se beneficia de una repercusión del tributo inferior a la que debería soportar si el tipo impositivo se aplicara a un valor equivalente al normal de mercado para la operación de que se trate;
- en los dos siguientes, porque la diferencia en la valoración de las operaciones supone, o puede suponer, una alteración en la prorrata del empresario o profesional que realiza las operaciones.

Ejemplos **1)** Un empresario que explota un concesionario de automóviles vende uno de los coches a un hijo suyo, funcionario de profesión. El valor normal de mercado del vehículo es de 40.000 €, pero la venta se cierra en 15.000 €, sobre los que se repercute IVA. 6605
Es evidente que la infravaloración del vehículo beneficia al hijo, que en lugar de soportar los 8.400 € que corresponderían de aplicarse el 21% sobre el valor normal de mercado de un vehículo de las características del adquirido, lo que ocurre es que sólo soporta 3.150 €, que es el 21% de 15.000 €.
La corrección que establece la LIVA art.79.Cinco obligaría a valorar esta operación en 40.000 € e ingresar a la Hacienda Pública la diferencia de 5.250 € (8.400 € – 3.150 €).

2) Una entidad financiera ha realizado, entre otras, las siguientes operaciones: 6607
a) Ha prestado dinero a una filial suya ubicada en EEUU por importe de 50.000.000 €, aplicando un tipo de interés del 8%. El tipo normal para estas operaciones es el 5%.
b) Ha prestado dinero a una filial española suya por valor de 40.000.000 € con un tipo del 2%, cuando el tipo normal de una operación de estas características sería el 4%.
Ambas operaciones han de ser corregidas conforme a la LIVA 79.Cinco. Los sentidos e importes de las correcciones son los siguientes:
1. En cuanto a la primera operación, los intereses anuales cobrados ascienden a 4.000.000 € (el 8% de 50.000.000 €); sin embargo, el importe que habría que computar a efectos de deducciones ascendería a 2.500.000 €, resultado de aplicar el tipo normal de mercado al importe del préstamo. Recordemos que las operaciones financieras realizadas para destinatarios no comunitarios generan derecho a la deducción, razón por la cual la operación que se comenta se computaría en numerador y denominador de la prorrata de la entidad. Esta es la razón por la cual la sobrevaloración que se ha realizado debe corregirse.
2. La segunda operación ha de rectificarse igualmente, pero en sentido inverso. Los intereses que han establecido las partes ascienden a 800.000 € (el 2% de 40.000.000 €); sin embargo, el interés normal para esta operación sería de 1.600.000 €. En consecuencia, es esta segunda magnitud la que procedería computar a estos efectos.
Nótese que ninguna de las correcciones valorativas que se comentan daría lugar a que se repercuta el tributo, ya que la primera operación señalada está no sujeta y la segunda está sujeta, pero exenta. El efecto de las citadas correcciones se produciría exclusivamente en cuanto a la determinación del régimen de deducciones de la entidad.

6610 **Pregunta**
Una operación que se realiza sin contraprestación entre entidades vinculadas, ¿ha de valorarse conforme a la norma propia de los autoconsumos o de acuerdo con la correspondiente a esas operaciones?

Cuando coinciden las normas de valoración de las operaciones entre entidades vinculadas y de los autoconsumos, parece lo más conforme con el espíritu de la norma que sean las primeras las que prevalezcan, de forma tal que la base imponible de las citadas operaciones se cuantifique por su **valor normal de mercado**.

6611 Ejemplo Un modisto que se dedica al diseño y confección de trajes de fallera le regala uno a un hijo suyo, que gusta de vestirse con trajes regionales. El coste del traje es de 1.800 € y su valor normal de mercado 2.400 €.
La base imponible de esta operación debería cuantificarse en 2.400 €. De no ser así, se estaría dando un mejor tratamiento a las operaciones sin contraprestación que a las que se realizan con una contraprestación anómala. Considerando que la coincidencia de ambas normas parte de una constatación previa, se trata de operaciones entre entidades vinculadas en las que el destinatario no tiene derecho a la deducción del IVA soportado, esta diferencia de trato carecería de sentido.

6615 **Pregunta**
¿Cómo se define el valor normal de mercado en el ámbito del IVA?

Según señala la propia LIVA, a estos efectos, se entiende por valor normal de mercado aquél que, para adquirir los bienes o servicios en cuestión en ese mismo momento, un destinatario, en la misma fase de comercialización en la que se efectúe la entrega de bienes o prestación de servicios, debería pagar en el TIVA en **condiciones de libre competencia** a un proveedor independiente.
La misma norma establece que cuando no exista entrega de bienes o prestación de servicios comparable, se entiende por **valor de mercado**:
a) Con respecto a las **entregas de bienes**, un importe igual o superior al precio de adquisición de esos bienes o bienes similares o, a falta de precio de compra, a su precio de coste, determinado en el momento de su entrega.
b) Con respecto a las **prestaciones de servicios**, la totalidad de los costes que su prestación le suponga al empresario o profesional.

6618 **Pregunta**
¿Son aplicables, a los efectos del IVA, las disposiciones incluidas en la normativa del IS respecto a las operaciones entre entidades vinculadas?

Sí. De hecho, la LIVA art.79.Cinco último párrafo así lo establece, cuando dispone que a sus efectos, se ha de aplicar, en cuanto proceda, lo dispuesto en la LIS art.18.
Esta remisión en bloque puede suscitar algunas dudas en cuanto a su alcance; no obstante, si tenemos en cuenta la distinta naturaleza de uno y otro tributo, parece lo más prudente convenir en que la referencia se produce en cuanto a los **métodos** conforme a los cuales se puede cuantificar el valor normal de mercado de una operación y respecto al **procedimiento de cuantificación**.
Conviene recordar que los supuestos de vinculación en el ámbito del IS son unos de los que dan lugar igualmente a la aplicación, en su caso, de la norma especial de valoración que existe en el ámbito del IVA, pero no los únicos.
Igualmente, es importante recordar que el automatismo que establece la LIS art.18 en cuanto a la **corrección de la valoración** dada por las partes a las operaciones en el ámbito de la imposición directa no es trasladable al IVA, ámbito en el cual la citada corrección sólo es procedente en los casos que se señalan en las preguntas nº 6600 y nº 6603.

VI. Operaciones de comisión de venta

(LIVA art.79.Seis)

Pregunta 6625

¿Cómo se determina la base imponible en los contratos de comisión de venta de bienes cuando el comisionista actúa en nombre propio?

De acuerdo con la LIVA art.79.Seis, en las transmisiones de bienes del comitente al comisionista en virtud de contratos de comisión de venta en los que el comisionista actúe en nombre propio, la base imponible está constituida por la contraprestación convenida por el comisionista menos el importe de la comisión.
Recordemos que en estas operaciones, la LIVA art.8.Dos.6º señala la existencia de una **doble venta**, por una parte, entre el comitente y el comisionista y, por otra, entre el comisionista y el cliente final (ver pregunta nº 685). La base imponible de esta segunda operación no plantea más problemas en cuanto a su determinación. La de la primera es la que se regula por la LIVA art.79.Seis, que parte de la base imponible de la operación realizada con el tercero y, a partir de ella, restando la comisión, cuantifica la base imponible de la compraventa que se realiza entre comitente y comisionista.

Ejemplo Una empresa que se dedica a la comercialización de maquinaria agrícola contrata un comisionista que medie en nombre propio en las operaciones y al que paga un 10% de comisión. El 15-4-N ese comisionista cierra una operación de venta de un tractor que se vende por 180.000 €. La comisión por esta operación asciende a 18.000 €. 6626
Las bases imponibles de las operaciones respectivas son las siguientes:
a) Venta por parte de la empresa al comisionista: 180.000 – 18.000 = 162.000 €.
b) Venta por parte del comisionista al cliente final: 180.000 €.

VII. Operaciones de comisión de compra

(LIVA art.79.Siete)

Pregunta 6629

¿Cómo se determina la base imponible en los contratos de comisión de compra de bienes cuando el comisionista actúa en nombre propio?

De acuerdo con la LIVA art.79.Siete, en las transmisiones de bienes del comisionista al comitente, en virtud de contratos de comisión de compra en los que el comisionista haya actuado en nombre propio, la base imponible está constituida por la **contraprestación convenida** por el comisionista **más** el importe de la **comisión**.
Al igual que se señala en la pregunta nº 6625, en estas operaciones se produce una **doble venta** entre vendedor y comisionista, en primer lugar, y entre comisionista y comitente, a continuación (LIVA art.8.Dos.6º, ver pregunta nº 685).

Ejemplo Una empresa dedicada a la fabricación de mermeladas cuenta con un agente de compras que, en nombre propio, adquiere cosechas de frutas para la empresa. La comisión que se paga a este agente es el 7,5%. El 7-6-N ese agente ha adquirido una partida de albaricoques por un valor de 400.000 €. 6630
Las bases imponibles de las operaciones respectivas son las siguientes:
a) Compra de los albaricoques por el comisionista: 400.000 €.
b) Venta por parte del comisionista al comitente: 400.000 + 0,075 × 400.000 = 430.000 €.

VIII. Operaciones de mediación en nombre propio en prestaciones de servicios

(LIVA art.79.Ocho y Nueve)

6635

Pregunta

¿Cómo se determina la base imponible en los supuestos de mediación en nombre propio en la prestación de servicios?

Conforme a la LIVA art.79.Ocho, en las prestaciones de servicios realizadas por cuenta de tercero, cuando quien presta los servicios actúe en nombre propio, la base imponible de la operación realizada entre el comitente y el comisionista está constituida por la **contraprestación del servicio** concertada por el comisionista **menos** el importe de la **comisión**.

Recordemos que en los supuestos de mediación en nombre propio en las prestaciones de servicios, a los efectos del IVA se entiende que se han recibido y prestados los servicios respectivos por el mediador (LIVA art.11.Dos.15, ver pregunta nº 750).

6637 Ejemplo Una empresa que se dedica al diseño gráfico cuenta con un comisionista que se dedica a la venta de sus productos. Este comisionista actúa en nombre propio y se lleva una comisión del 10% en sus operaciones. Uno de los diseños de la compañía se vende por 15.000 €.

Las bases imponibles de las operaciones respectivas son las siguientes:

a) Venta por parte de la empresa al comisionista: 15.000 – 1.500 = 13.500 €.

b) Venta por parte del comisionista al cliente final: 15.000 €.

6639

Pregunta

¿Cómo se determina la base imponible en los supuestos de mediación en nombre propio en la adquisición de servicios?

De acuerdo con la LIVA art.79.Nueve, en las adquisiciones de servicios realizadas por cuenta de terceros, cuando quien adquiera los servicios actúe en nombre propio, la base imponible de la operación realizada entre el comisionista y el comitente está constituida por la **contraprestación del servicio convenida** por el comisionista **más** el importe de la **comisión**.

Recordemos que en los supuestos de mediación en nombre propio en las prestaciones de servicios, a los efectos del IVA se entiende que se han recibido y prestados los servicios respectivos por el mediador (LIVA art.11.Dos.15, ver pregunta nº 750).

IX. La base imponible cuando el destinatario aporta oro de inversión

(LIVA art.79.Diez)

6642

Pregunta

¿Existe alguna regla especial de base imponible que esté relacionada con la realización de operaciones con oro?

Sí. Se trata de la regla que establece la LIVA art.79.Diez, conforme a la cual, en las entregas de bienes o prestaciones de servicios que no tengan por objeto o resultado oro de inversión y en las que se emplee oro aportado por el destinatario de la operación cuya adquisición o importación hubiese estado exenta por aplicación de la exención prevista en la LIVA art.140 bis.Uno.1º, o de su equivalente en la legislación de cualquier otro Estado comunitario, la base imponible resulta de añadir al importe total de la **contraprestación**, el **valor de mercado** de ese oro, determinado en la fecha de devengo del impuesto.

Con esta norma lo que se pretende es evitar que la exención de las operaciones con oro de inversión, que se justifica por la utilización de este como inversión financiera, se utilice para la realización de otro tipo de operaciones. Esa utilización se produciría si el citado oro se emplease en la confección de productos que hacen que pierda su condición de tal.

Ejemplo Un particular se propone la adquisición de un collar para regalárselo a su pareja con motivo de sus 25 años de unión. Para ello, se dirige a una joyería, que le ofrece la venta de un lingote de oro de 100 gramos, que es el peso aproximado del collar, exento de IVA, junto con la confección del collar, por la que se repercute IVA. Por el lingote se cobran 3.000 € y por la elaboración del collar otros 2.000 €. **6644**
La regla de base imponible que establece la LIVA art.79.Diez obliga a sumar el valor del oro al de los servicios de confección del collar, por lo que el IVA que el joyero tiene que repercutir por esos servicios asciende a 1.050 € (el 21% de 5.000 €).

X. Contraprestación denominada en moneda extranjera

(LIVA art.79.Once)

6650

Pregunta
¿Cómo se determina la base imponible de las operaciones cuya contraprestación se fija en moneda extranjera?

De acuerdo con la LIVA art.79.Once, en estos casos se aplica el **tipo de cambio vendedor**, fijado por el Banco de España, que esté vigente en el momento del devengo. Tiene la consideración de cambio oficial de la moneda nacional frente a otras divisas el que publique para el euro el Banco Central Europeo, por sí o a través del Banco de España (L 46/1998 art.36). La L 46/1998 ha supuesto la modificación tácita de la LIVA art.79.Once y, por tanto, los tipos de cambio son los fijados por el **Banco Central Europeo** a estos efectos. El Banco de España realiza la publicación diaria, mediante resolución, de los cambios del euro respeto de una lista de monedas, los cuales tienen la consideración de cambios oficiales de acuerdo con lo establecido en la L 46/1998 art.36.

SECCIÓN 6

Modificación de la base imponible

I. Devolución de envases y embalajes

(LIVA art.80.Uno.1º)

6660

Pregunta
¿Se puede corregir la base imponible cuando se devuelven envases o embalajes?

Sí. El tratamiento que establece la LIVA en relación con los envases o embalajes consiste en su **inclusión en la base imponible** de las operaciones cuando estas se realizan (LIVA art.78.Dos.6º) y la **corrección a la baja** de esta cuando se produce su devolución (LIVA art.80.Uno.1º).
Esta corrección se puede realizar mediante la expedición de una **factura** rectificativa o mediante el cómputo de su importe en una ulterior factura expedida a nombre del empresario o profesional a quien se hizo el suministro en el cual se incluyeron los citados envases o embalajes –Rgto Fac art.15– (ver pregunta nº 17768).

En cuanto a la **rectificación de la repercusión**, hay que estar a lo dispuesto con carácter general por la LIVA art.89.Cinco (ver pregunta nº 7520).

II. Descuentos y bonificaciones posteriores a la operación

(LIVA art.80.Uno.2º)

6663

Pregunta
¿Se puede corregir la base imponible cuando se conceden descuentos o bonificaciones con posterioridad a la realización de las operaciones?

Sí. Así lo establece la LIVA art.80.Uno.2º, conforme al cual la base imponible se reduce en el importe de los descuentos y bonificaciones otorgados con **posterioridad** al momento en que la operación se haya realizado, siempre que esos descuentos o bonificaciones sean debidamente **justificados**.
La documentación de esta minoración de la base imponible se tiene que realizar, en principio, mediante la expedición de **facturas rectificativas**, en los términos que establece el Rgto Fac art.15. No obstante, existe la especialidad de que cuando el descuento se concede como consecuencia del volumen de operaciones, no es necesaria la identificación de las facturas a las que se refiere la rectificación, siendo suficiente con que se identifique el período al que se refiere el descuento (ver pregunta nº 17800).
En cuanto a la **rectificación de la repercusión**, hay que estar a lo dispuesto, con carácter general, por la LIVA art.89.Cinco (ver pregunta nº 7520).

III. Resolución de operaciones y modificación del precio

(LIVA art.80.Dos)

6665

Pregunta
¿Qué ocurre, en cuanto a la repercusión del IVA, cuando las operaciones quedan sin efecto?

La LIVA art.80.Dos señala que cuando por **resolución firme**, judicial o administrativa o con arreglo a derecho o a los usos de comercio queden sin efecto total o parcialmente las operaciones gravadas o se altere el precio después del momento en que la operación se haya efectuado, la base imponible se ha de modificar en la cuantía correspondiente.
Siendo la repercusión del IVA una consecuencia de la realización de las operaciones sujetas al impuesto, parece lógico que si estas cesan en sus efectos, cese igualmente la citada repercusión.
El aspecto más problemático en relación con estas operaciones es su diferenciación respecto a aquellas que **mantienen su vigencia**, pero no se produce el pago por parte del deudor, ya que para estas últimas la modificación de la base imponible está sujeta a unos requisitos de forma y de fondo que son muy exigentes (ver preguntas nº 6680 s.). El supuesto que contempla la LIVA art.80.Dos es el de las **operaciones** que cesan por completo en sus efectos, al quedar **resueltas**.
En este sentido, la DGT, en relación a una prestación de servicios en la que el destinatario no hace efectiva la contraprestación y se rescinde el contrato conforme al CC art.1124, señala que la falta de pago, a título de contraprestación, de la operación gravada no puede entenderse que deja sin efecto esa operación, por cuanto ello no significa que deje de consumirse el bien o servicio recibido (DGT 30-4-99 EDD 1999/82016); tampoco supone la falta de pago una alteración del precio pactado, por

cuanto que el crédito a favor de quien realiza la operación permanece inalterable y es reclamable íntegramente en vía judicial.
El criterio para determinar si una operación cesa en sus efectos es la desaparición del derecho de crédito frente al destinatario (TJUE 12-10-17, asunto Lombard C-404/16; 3-7-19, asunto Unicredit Leasing C-242/18).
En cualquiera de los supuestos en que se pretenda la recuperación del IVA correspondiente a una operación que ha quedado sin efecto, hay que expedir una **factura rectificativa** en los términos del Rgto Fac art.15 (ver pregunta nº 17760).
En cuanto a la **rectificación de la repercusión**, hay que estar a lo dispuesto con carácter general por la LIVA art.89.Cinco (ver pregunta nº 7520).

Ejemplos **1)** Un fabricante de papel sirve una partida de mercancía a uno de sus clientes. 6668
Entregado el material y pagados los 50.000 € más IVA correspondientes, el cliente detecta que el papel no cumple con las especificaciones técnicas que se habían pactado, por lo que, de mutuo acuerdo con el proveedor, se decide su devolución y la resolución de la operación.
Este es un supuesto claro de aplicación de lo dispuesto en la LIVA art.80.Dos, el cual, para que el proveedor recupere el IVA que ingresó a la Hacienda Pública, supuesto que la resolución de la operación se produjo después de ese ingreso, únicamente obliga a la expedición de una factura rectificativa ajustada a derecho (esta obligación deriva del Rgto Fac art.15 conjuntamente con la LIVA art.80.Siete).

2) Un particular es propietario de un local comercial en el que se instaló hace años una 6670
inmobiliaria. Esta última, que atraviesa por importantes dificultades, ha dejado de pagar la renta en abril del año N (el último mes que pagó es marzo) y acaba desalojando el local en el mes de septiembre.
Durante los meses de abril a septiembre no se puede entender que el servicio haya dejado de prestarse, por lo que se debe ingresar el IVA correspondiente al arrendamiento, aunque no se haya cobrado del arrendatario.
La recuperación de estas cantidades debe realizarse conforme a lo dispuesto por la LIVA art.80.Cuatro, lo cual, entre otros requisitos, obliga a esperar un año o 6 meses desde el devengo de las cuotas que se pretende recuperar (ver preguntas nº 6750 s.).

6673

Pregunta
En los casos de resolución de las operaciones, ¿qué ocurre con las cantidades que, con arreglo a derecho, retiene el sujeto pasivo que las había de realizar?

En los términos de la LIVA art.78.Dos.5º (ver pregunta nº 6475), estas cantidades retenidas con arreglo a derecho son base imponible, debiendo considerarse igualmente que en las citadas cantidades debe entenderse incluido el IVA correspondiente a estas (ver pregunta nº 6535).
A estos efectos, hay que distinguir el **título** en virtud del cual se habían recibido esas cantidades, ya que, si se trata de unas arras penitenciales, no procede esa tributación, tal y como se explica en la pregunta nº 6475.

IV. Impago de la contraprestación

(LIVA art.80.Tres y Cuatro)

A. Procesos concursales

(LIVA art.80.Tres)

6680

Pregunta
¿Se puede recuperar el IVA de las operaciones en las cuales el destinatario no ha pagado su deuda y resulta declarado en concurso de acreedores?

Sí. Así lo prevé la LIVA art.80.Tres, conforme al cual la base imponible puede reducirse cuando el destinatario de las operaciones sujetas al impuesto no haya hecho

efectivo el pago de las cuotas repercutidas siempre que, con posterioridad al devengo de la operación, se dicte auto de declaración de concurso.
Los **requisitos** que establece, de entrada, la norma, son dos:
a) Que el destinatario de la operación **no haya hecho efectivo el pago** de su deuda.
b) Que, con posterioridad al devengo del IVA correspondiente a la operación, se haya dictado un **auto de declaración de concurso** de acreedores.

6682 Ejemplo Un empresario que tiene un concesionario de vehículos vende uno de sus vehículos a otro empresario que es propietario de un taller de carpintería metálica. El coche se entrega el 15-6-N y tiene un precio de 30.000 €, con un IVA repercutido de 6.300 €.
5 meses después de la entrega del vehículo, el adquirente es declarado en situación de concurso de acreedores mediante auto judicial de esa fecha, esto es, de 15-11-N.
El supuesto descrito se ajusta a la previsión que se contiene en la LIVA art.80.Tres, por lo que el dueño del concesionario de coches, que debe ingresar a la AEAT los 6.300 € correspondientes a la operación, puede recuperarlos si cumple los requisitos formales establecidos al efecto (ver pregunta nº 6705).

6685

Pregunta
¿La modificación de la base imponible en los supuestos de impago por parte del destinatario está condicionada a que este no haya pagado el importe de su deuda?

Sí. Así lo establece la LIVA art.80.Tres, que exige, como **requisito** para la modificación de la base imponible por impago y concurso del cliente, que este no haya atendido su débito.
Considerando que la citada modificación ha de ir paralela al procedimiento concursal, no parece viable que se inste esa modificación si no se dispone de los **medios de prueba** acreditativos de la existencia de la operación y de que efectivamente el cliente o destinatario no ha hecho efectivo el importe de su débito. No está de más señalar que, con carácter general, en el ámbito tributario, cualquiera que pretenda hacer valer un derecho tiene que probar los hechos normalmente constitutivos del mismo (LGT art.105.1).
La existencia de la operación, en la medida en que partimos de una entrega de bienes o prestación de servicios que en su día se consignó en una autoliquidación de IVA, no debe ser una cuestión polémica.
En cuanto al **impago**, se trata más bien de la acreditación de un elemento negativo; no obstante, cabe suponer que en el proceso concursal se debería dilucidar cualquier controversia que hubiera sobre la cuestión, si se produjera.
Interesa destacar que en los supuestos en que, con anterioridad a la declaración de concurso, el destinatario de las operaciones hubiera hecho efectivo **pagado parcialmente**, el precio o contraprestación de estas, se considera que ese pago incluye la cuota de IVA en la misma proporción que la parte de contraprestación satisfecha (ver pregunta nº 6693).

6688

Pregunta
¿Existe alguna restricción respecto al devengo de las operaciones y la fecha en que se declare el concurso de acreedores?

Sí. La modificación de la base imponible que regula la LIVA art.80.Tres se refiere exclusivamente a operaciones cuyo IVA se haya devengado **antes de que se dicte el auto** judicial de declaración del concurso de acreedores. Por consiguiente, cuotas devengadas con posterioridad a la fecha en que se dicte auto judicial de declaración de concurso del deudor quedan excluidas de la posibilidad de modificar la base imponible por la vía de este precepto, sin perjuicio de su recuperación a través del procedimiento general establecido para créditos incobrables.
En la determinación de cuándo han de considerarse devengadas las cuotas hay que estar a las reglas que se contienen la LIVA art.75 (ver preguntas nº 6040 s.).

No debe confundirse lo anterior con el hecho de que la modificación de la base imponible únicamente pueda hacerse efectiva durante los 3 meses siguientes a la publicación en el BOE del auto de declaración del concurso (ver pregunta nº 6698).

Ejemplo Una empresa dedicada a la venta de mobiliario de oficina ha suministrado varios bienes por valor de 18.000 € más 3.780 € de IVA a uno de sus clientes. La operación se ha realizado el 25-4-N. Este cliente, que no ha pagado el precio, presenta concurso de acreedores, que se declara mediante auto judicial de 27-7-N. **6690**
Esta operación se puede acoger a la modificación de la base imponible por impago, ya que la fecha del auto es posterior al devengo del IVA correspondiente a la entrega de los bienes. Este devengo ha de referirse a la fecha en que los bienes se han puesto a disposición del cliente (LIVA art.75.Uno.1º, en este caso, 25-4-N), fecha que es claramente anterior a la declaración del concurso, de 27-7-N.

6693

Pregunta
¿Qué ocurre si el destinatario ha pagado una parte de su deuda?

En tal caso, la LIVA art.80.Cinco.4ª dispone que en la cantidad cobrada se entiende incluida la parte de IVA proporcionalmente correspondiente. La modificación de la base imponible por impago se refiere en su caso, al resto de la contraprestación.

Ejemplo Un proveedor de ferretería industrial suministra a uno de sus clientes material por importe de 40.000 € más IVA por 8.400 €. El cliente pagó 15.000 € cuando realizó el pedido y no paga ninguna cantidad adicional. 4 meses después de realizada la operación, ese cliente es declarado en concurso de acreedores. **6695**
De acuerdo con la LIVA art.80.Cinco.4ª, en los 15.000 € que pagó el cliente debe entenderse incluida la parte de IVA correspondiente. Esta cantidad asciende a 2.603,31 € (15.000 / 1,21 = 12.396,69 €; 12.396,69 × 0,21 = 2.603,31 €).
En consecuencia, la modificación de la base imponible que puede realizar el proveedor de ferretería industrial asciende a 27.603,31 € (40.000 – 12.396,69 = 27.603,31) y el IVA que puede recuperar de la Hacienda Pública es el 21% de esta cantidad, esto es, 5.796,70 €.

6698

Pregunta
¿Existe algún plazo máximo, transcurrido el cual ya no es posible la modificación de la base imponible por impago y concurso del destinatario?

Sí. La LIVA art.80.Tres dispone que la modificación, en su caso, no puede efectuarse después de transcurrido el plazo de 2 meses contados a partir del fin del plazo máximo fijado en la LCon art.28.1.4º.
Por su parte, la normativa concursal establece, dentro de los pronunciamientos que han de contenerse en el auto de declaración de concurso, el llamamiento a los acreedores para que pongan en conocimiento de la administración concursal la existencia de sus créditos, en el plazo de un mes a contar desde la publicación del auto.
Cabe concluir, pues, que el **plazo máximo** para poder modificar la base imponible del IVA por parte del acreedor del concursado es de 3 meses contado desde el último de los anuncios que obligatoriamente deben efectuarse del auto de declaración de concurso.
No debe confundirse lo anterior con el hecho de que las operaciones cuyo IVA se puede recuperar de este modo son exclusivamente aquellas cuyo devengo se haya producido antes de la fecha en que se declare el concurso (ver pregunta nº 6688).

6700 **Pregunta**
¿Existe alguna restricción adicional en cuanto a las operaciones cuyo IVA se puede recuperar en caso de que se declare el concurso del cliente?

Sí. Al menos la doctrina administrativa ha considerado que cuando las operaciones declaradas no sean las realmente efectuadas, sino una mera estimación objetiva de estas, como sucede en los supuestos de tributación por el **régimen simplificado** del IVA, no se puede proceder a la modificación de la base imponible correspondiente a las mismas cuando resulten impagadas por encontrarse el deudor inmerso en un procedimiento concursal (DGT CV 5-11-04).

6702 Ejemplo Un transportista que tributa en el régimen simplificado de IVA tiene un cliente que presenta concurso de acreedores en el mes de marzo del año N. Las cantidades facturadas a este cliente y que este deja pendientes ascienden a 60.000 € más 12.600 € de IVA.
En este caso, y según el criterio de la DGT, el transportista que tributa en régimen simplificado no puede recuperar los 12.600 € que va a dejar de cobrarle a su cliente por la vía de la modificación de la base imponible del IVA. De resultas de lo anterior, el crédito que tiene que presentar para su reconocimiento y cobro a través del procedimiento concursal serían los 72.600 €.

6705 **Pregunta**
¿Qué requisitos formales hay que seguir para recuperar el IVA de los clientes declarados en concurso?

El empresario o profesional que pretenda modificar la base imponible y recuperar el IVA correspondiente por encontrarse su deudor inmerso en un procedimiento concursal debe cumplir los **requisitos formales** recogidos en el RIVA art.24 redacc RD 1171/2023, que son los siguientes:
- haber expedido factura por la operación y haberla anotado en el libro-registro de facturas expedidas;
- expedir factura rectificativa, que es la factura en la que se concreta la rectificación;
- remitir esta factura al destinatario de la operación, así como, a la administración concursal;
- comunicar la rectificación a la AEAT, acompañándola de una serie de documentos.

La modificación de la base imponible por concurso del destinatario está condicionada a que se haya expedido y anotado en el correspondiente **libro registro** de IVA, en tiempo y forma, las facturas en las que se documentan las operaciones que originan la modificación de la base imponible.
La **expedición de factura rectificativa**, más que un requisito, se configura como el modo a través del cual se lleva a cabo la rectificación. Esta expedición ha de realizarse en la forma prevista en el Rgto Fac art.15 (ver pregunta nº 17818).
La factura rectificativa ha de **remitirse al destinatario** de las operaciones, como cualquier otra factura. En este contexto, el cumplimiento de esta obligación es especialmente relevante, además de venir impuesto por la norma tributaria, por el adecuado desarrollo del procedimiento concursal, para el cual es necesario que la administración concursal tenga un conocimiento preciso de los créditos a los que debe hacer frente. En el mismo sentido ha de entenderse en relación con la obligación de remitir la copia de la factura a la administración concursal.
En la medida en que la rectificación de la repercusión a que da lugar la modificación de la base imponible implica una minoración del crédito que el deudor va a exigir, se entiende la relevancia que tiene en este contexto la remisión de la factura rectificativa al deudor. Así lo establece la RIVA art.24 redacc RD 1171/2023, que admite la utilización de cualquier medio de prueba admitido en derecho a estos efectos.

El acreedor que pretenda la modificación de la base imponible de sus operaciones ha de comunicar por vía electrónica, a través del formulario disponible en la sede electrónica de la AEAT que está modificando la base imponible, la siguiente **información**:

a) La propia modificación de la base imponible.

b) La constancia de que esa modificación se refiere a créditos distintos de los enumerados en la LIVA art.80.Cinco (ver pregunta nº 6735), salvo que se trate de destinatarios no establecidos en el TIVA, pero incursos en procedimientos de insolvencia al que resulte aplicable el Rgto (UE) 2015/848.

c) Copia de las facturas rectificativas, en las que se consignen las fechas de las facturas rectificadas.

Todos estos documentos se han de aportar a través de la **sede electrónica de la AEAT**, habiéndose informatizado por completo el procedimiento, como también ocurre con la propia comunicación de la modificación de la base imponible.

Pregunta **6710**

¿Cómo se expide la factura rectificativa en los supuestos de concurso del destinatario?

De acuerdo con el Rgto Fac art.15, la factura rectificativa debe contener los **datos** enumerados en el Rgto Fac art.6 (ver pregunta nº 17818).

Adicionalmente, la factura rectificativa tiene las siguientes **especialidades**:

a) Tiene un número de serie especial.

b) Contener los datos identificativos de la factura rectificada, así como la rectificación efectuada. Es posible la rectificación, en una sola factura, de varias facturas.

c) De conformidad con lo previsto en la RIVA art.24 redacc RD 1171/2023, es necesario que en las facturas rectificativas se hagan constar las fechas de las facturas a las que se refiere la rectificación.

Cuando las facturas rectificativas se expiden en relación con operaciones en las que el **cliente no ha hecho efectiva su deuda**, hay que tener en cuenta dos particularidades añadidas:

1. En primer lugar, que el importe principal del crédito no se ve alterado como consecuencia del **impago**. La incidencia del ese impago se produce en cuanto al IVA, pero no en cuanto al precio de la operación.

Así, si por un suministro se han facturado 5.000 euros más 1.050 euros de IVA y se acude a la modificación de la base imponible a causa del impago por parte del destinatario, lo que cabe rectificar es la repercusión del IVA, pero no el importe de la deuda principal, que sigue siendo 5.000 euros.

2. El **ingreso** que en su día se efectuó del IVA correspondiente a la operación es un ingreso correcto, aunque posteriormente se acuda a la modificación de la base imponible y a la rectificación de la repercusión.

En consecuencia, no se puede acudir, respecto a estas cuotas, a la **devolución de ingresos indebidos** (DGT CV 29-6-06).

Pregunta **6715**

Después de expedida la factura rectificativa, ¿cómo se regularizan las situaciones tributarias de las partes?

Una vez rectificadas las cuotas repercutidas, el **empresario o profesional** que había repercutido el impuesto debe regularizar su situación tributaria (LIVA art.89.Cinco, ver pregunta nº 7520), haciendo efectiva la rectificación efectuada en la autoliquidación correspondiente al período en que se haya efectuado la rectificación o en las posteriores hasta el plazo de un año, a contar desde el momento en que se efectuó la referida rectificación, consignando esta cantidad en concepto de menor IVA devengado.

Por su parte, el **destinatario** de la operación debe proceder a la rectificación de las cuotas soportadas de la siguiente manera:

a) En relación con las **cuotas ya deducidas**, por referencia a las autoliquidaciones en las que se efectuaron las citadas deducciones. A estos efectos, se ha de suponer que la citada referencia se realiza mediante la presentación de autoliquidaciones complementarias extemporáneas, aunque por la presentación de estas no se giran intereses de demora ni recargos (de conformidad con lo previsto en la LIVA art.114.Dos.2º).
b) Por lo que se refiere a las **cuotas no deducibles**, así como respecto a las cuotas deducidas en ejercicios ya prescritos, el destinatario debe regularizar su situación tributaria, ingresando a la AEAT las cuotas que ahora se rectifican, a través de la autoliquidación que han de presentar los sujetos pasivos declarados en situación de concurso por los hechos imponibles anteriores a la declaración del concurso.
Todas estas autoliquidaciones han de presentarse en el mismo **plazo** que la autoliquidación correspondiente al período de liquidación en el curso del cual se hubieran recibido las facturas rectificativas. Cabe entender que en otro caso se deben girar los recargos e intereses que correspondan, aunque contados desde la finalización del plazo para la presentación de esa autoliquidación.
Todas estas obligaciones han de cumplirse por el **sujeto pasivo** declarado en situación de concurso o, por la administración concursal en defecto de aquel, así como si se produce una intervención de facultades o una suspensión de estas.
Hay que señalar que, una vez expedida la factura rectificativa, en el plazo de un mes contado desde la fecha de su expedición, se debe comunicar a su delegación o administración de la AEAT la modificación de la base imponible efectuada, acompañando la citada **comunicación** de una copia de la factura rectificativa, en la que ha de constar como un requisito específico de estas facturas la fecha de las facturas rectificadas.
Una vez expedida la factura rectificativa, para proceder a la disminución de la base imponible es necesario que esa factura se remita al destinatario de las operaciones, pudiendo acreditarse esta remisión por cualquier medio de prueba admitido en derecho.
El sujeto pasivo puede **minorar el importe** del IVA cuya repercusión ha rectificado en la autoliquidación del período de liquidación correspondiente al momento en que hubiera expedido esta factura rectificativa o en los posteriores hasta el plazo de un año a contar desde el momento en que debió efectuarse la mencionada rectificación, según lo dispuesto en la LIVA art.89.Cinco, tercer párrafo, letra b).
No procede efectuar la rectificación mediante la **devolución de ingresos indebidos**, ya que la cuota repercutida que ahora se rectifica en su día se devengó e ingresó conforme a derecho (DGT CV 29-6-06).

6720

Pregunta
¿Existe alguna obligación de procedimiento, además de la expedición de la factura rectificativa, para la modificación de la base imponible del IVA en los supuestos de concurso del destinatario?

Sí. El RIVA art.24 redacc RD 1171/2023 establece que el acreedor tiene que comunicar por vía electrónica, a través del formulario disponible en la sede electrónica de la AEAT, que está modificando la base imponible, proporcionando la siguiente información:
- la propia modificación de la base imponible;
- la constancia de que esa modificación se refiere a créditos distintos a los recogidos en la LIVA art.80.Cinco;
- copia de las facturas rectificativas, en las que se han de consignar las fechas de las facturas rectificadas.

Todos los documentos se han de aportar a través del **registro electrónico de la AEAT**, informatizándose por completo el procedimiento, al igual que la propia comunicación de la modificación de la base imponible.

6725

Pregunta
¿En los supuestos de modificación de la base imponible por concurso del destinatario de las operaciones, este tiene alguna obligación adicional?

Sí. De acuerdo con el RIVA art.24 redacc RD 1171/2023, adicionalmente a los establecidos respecto al acreedor, en los supuestos de modificación de la base imponible por concurso del destinatario, hay unos requisitos de cumplimiento obligatorio por parte de ese destinatario cuando este tenga la condición de empresario o profesional a los efectos del impuesto. Es importante destacar que el incumplimiento de estos requisitos por parte de este último no es impedimento alguno para proceder a la modificación por el acreedor, siempre que este se ajuste al procedimiento establecido al efecto.
Cuando el destinatario **no** tiene la condición de **empresario o profesional**, la Administración Tributaria únicamente puede requerirle la aportación de las facturas rectificativas que le envíe el acreedor.
Por el contrario, cuando el deudor es **empresario o profesional**, tiene las siguientes obligaciones:
a) Comunicar a la AEAT, a través del formulario disponible en su **sede electrónica**, la circunstancia de haber recibido las facturas rectificativas que le envíe su acreedor.
b) Proceder a la **rectificación** de sus deducciones, de la siguiente manera:
1. En lo que se refiere a **cuotas ya deducidas**, por referencia a las autoliquidaciones en las que se efectuaron las citadas deducciones. Es de suponer que esa referencia se debe realizar mediante la presentación de autoliquidaciones complementarias extemporáneas, aunque por su presentación no se giren intereses de demora ni recargos (de conformidad con lo previsto en la LIVA art.114.Dos.2º).
2. Por las **cuotas no deducibles**, así como respecto a las cuotas deducidas en ejercicios ya prescritos, el destinatario debe regularizar su situación tributaria, ingresando a la AEAT las cuotas que ahora se rectifican, a través de la autoliquidación que han de presentar los sujetos pasivos declarados en situación de concurso por los hechos imponibles anteriores a la declaración del concurso.
Todas estas autoliquidaciones han de presentarse en el mismo **plazo** que la autoliquidación correspondiente al período de liquidación en el curso del cual se hubieran recibido las facturas rectificativas. Cabe entender que en otro caso se deben girar los recargos e intereses que correspondan, aunque contados desde la finalización del plazo para la presentación de esa autoliquidación.
Estas obligaciones han de ser cumplidas por el **sujeto pasivo** declarado en situación de concurso, por la administración concursal en defecto de aquél, así como si se produce una intervención de facultades o su suspensión.

6730

Pregunta
Una vez modificada a la baja la base imponible de las operaciones por concurso del destinatario, ¿existe algún supuesto en el que haya de modificarse de nuevo al alza?

Sí. La LIVA art.80.Tres, tercer párrafo, regula esta cuestión, señalando una serie de **supuestos** en los que ha de procederse de este modo. Estos supuestos coinciden con las causas de conclusión del concurso reguladas en la LCon art.465.1º, 3º y 5º, que son las siguientes:
a) Cuando adquiera firmeza el **auto** de la Audiencia Provincial que, estimando la apelación, revoque el auto de declaración de concurso.
b) Cuando se compruebe el **pago o** la **consignación** de la totalidad de los créditos reconocidos o la íntegra satisfacción de los acreedores por cualquier otro medio, en cualquier estado del procedimiento.
c) Cuando, terminada la fase común del concurso, alcance firmeza la **resolución** que acepte el desistimiento o la renuncia de los acreedores reconocidos, a menos que tras el desistimiento o renuncia resulte la existencia de un único acreedor.

En cualquiera de estos supuestos, la modificación al alza de la base imponible se realiza expidiendo una **factura rectificativa,** que debe expedirse tan pronto como el acreedor del concursado tenga conocimiento de la concurrencia de las citadas causas de conclusión, siempre que no hubiesen transcurrido 4 años a partir del momento en que se produjeron las circunstancias previstas en la LIVA art.80.Tres que determinaron que, inicialmente, se redujera la base imponible del IVA como consecuencia, precisamente, de la existencia del concurso (Rgto Fac art.15).

Por otra parte, la factura en la que se rectifique nuevamente la cuota repercutida, esta vez al alza, debe **remitirse al destinatario** de las operaciones.

Cumplido lo anterior, el sujeto pasivo debe declarar el importe del IVA cuya repercusión ha rectificado al alza en la **autoliquidación** del período de liquidación correspondiente al momento en que hubiera expedido esta factura rectificativa.

Finalmente, hay que añadir que la aprobación del convenio de acreedores, en su caso, no afecta a la **modificación de la base imponible** que se hubiera efectuado previamente, por lo que, cualquiera que sea el contenido del convenio, no debe rectificarse al alza la base imponible del IVA por parte del acreedor (RIVA art.24.2.d).

6735 **Pregunta**

¿Hay supuestos excluidos de la modificación de la base imponible por concurso del destinatario?

Sí, los contemplados en la LIVA art.80.Cinco, que establece los siguientes **supuestos de exclusión**:

a) Créditos que disfruten de **garantía real, en la parte garantizada**. Esta limitación se justifica por la certeza que tiene el acreedor respecto al cobro de su crédito, incluyendo la cuota de IVA correspondiente. Conviene señalar que los créditos con garantía real se clasifican, a los efectos del concurso, como créditos privilegiados, gozando de un privilegio especial, por lo que su cobro se debe realizar con cargo al bien o derecho sobre el que recae la garantía con preferencia a cualquier otro crédito, incluidos los créditos contra la masa.

b) Créditos **afianzados por entidades de crédito o sociedades de garantía recíproca**, o bien cubiertos por un contrato de seguro de crédito o de caución, en la parte afianzada o asegurada. En este caso, el acreedor, ante el impago del deudor principal, puede acudir a un tercero, que cabe suponer solvente, para ejecutar la garantía prestada por este último, percibiendo así el importe de su crédito, IVA incluido, al margen del procedimiento concursal.

Debe señalarse que la DGT 19-4-99, precisó que, en aquellos supuestos en que el contrato de seguro de crédito excluya de modo expreso la cobertura del IVA, puede procederse a la total modificación de la base imponible. Por lo que se refiere a los demás casos en los que la cantidad asegurada no cubra el total del importe de la base imponible más la cuota del IVA, se entiende que la cantidad asegurada corresponde proporcionalmente en parte a la base imponible y en parte a la cuota del IVA correspondiente a la operación, de manera que sólo procede la modificación parcial de la base imponible por la parte no cubierta por el seguro.

c) Créditos entre **personas o entidades vinculadas**. En buena lógica, esta restricción lo que pretende es eliminar la posibilidad de que se realicen operaciones fraudulentas.

d) Créditos **adeudados o afianzados por Entes públicos**. Tratándose de entes públicos, la limitación viene dada por la presunción de que tales sujetos no van a desatender el pago del crédito, aunque se puedan retrasar un tiempo. Esta circunstancia es la que conduce a que el crédito no se considere incobrable a estos efectos.

e) Créditos en los que el **destinatario no** esté establecido en **territorio de aplicación del impuesto, ni en Canarias, Ceuta o Melilla**. La lógica de esta restricción se encuentra en las dificultades que tendría la AEAT para recuperar estas cuotas si tuviera que actuar frente a jurisdicciones extranjeras; no obstante, en la práctica, es poco habitual que empresas establecidas en el TIVA resulten deudoras por IVA en otros países, ya que tanto las reglas de localización como las de tributación del

comercio internacional, suelen conducir a que sea el destinatario de las operaciones el que resulte deudor del impuesto. En todo caso, no se puede excluir esta posibilidad, por lo que si el destinatario no hace efectiva su deuda, el acreedor se encuentra con la imposibilidad de recuperar el IVA, aunque pueda haberse iniciado un procedimiento equivalente al de concurso y se cumplan el resto de los requisitos establecidos al efecto.
Hay que tener en cuenta que, quedan excluidos de lo anterior los créditos incobrables como consecuencia de un proceso de insolvencia declarado por un **órgano jurisdiccional** de otro Estado miembro cuando se trate de procedimientos de insolvencia a los que resulte de aplicación el Rgto (UE) 2015/848, sobre procedimientos de insolvencia. Es de ver que esta excepción ya había sido aceptada anteriormente tanto por la DGT como por el TEAC.

Pregunta 6740
¿En los supuestos de concurso del destinatario de las operaciones, se puede acudir al procedimiento que establece la LIVA art.80.Cuatro para la modificación de la base imponible, prescindiendo del regulado en la LIVA art.80.Tres?

No. Se trata de **procedimientos incompatibles**. Interesa destacar que esta incompatibilidad se produce en relación con créditos por cuotas repercutidas y no pagadas cuyo devengo tenga lugar antes de que se haya dictado el auto de declaración de concurso y, respecto de estos, con posterioridad a la declaración concursal, se cumplan los requisitos establecidos en la LIVA art.80.Cuatro, tal y como se establece de manera expresa por la LIVA art.80.Cinco.3º. Del mismo modo, la RIVA art.24.2.a.2º redacc RD 1171/2023 establece que en el caso de créditos incobrables, el acreedor ha de indicar igualmente que el deudor no ha sido declarado en concurso o, en su caso, que la factura rectificativa expedida es anterior a la fecha del auto de declaración del concurso o, de la resolución de apertura del procedimiento de insolvencia al que resulte de aplicación el Rgto (UE) 2015/848.

Pregunta 6745
¿Qué incidencia tiene, en la posible modificación de la base imponible por impago del destinatario de las operaciones, que se cedan los créditos que derivan de las operaciones?

Según entiende la DGT, quien puede proceder a la modificación de la base imponible es, en todo caso, el sujeto pasivo del impuesto que efectuó su repercusión al destinatario de las operaciones, aun cuando aquel haya cedido a un tercero el correspondiente crédito.
La **subrogación en la posición del empresario** no modifica la situación del sujeto pasivo del IVA en relación con las operaciones sujetas cuyos créditos se transmiten, tal y como establece la LGT art.17.4 que dispone que los elementos de la obligación tributaria no pueden ser alterados por actos o convenios de los particulares, que no producen efectos ante la Administración, sin perjuicio de sus consecuencias jurídico-privadas.
En consecuencia la **transmisión** de los referidos créditos no puede modificar la relación jurídica tributaria de las operaciones sujetas al Impuesto ni, por tanto, la posición del sujeto pasivo en la referida relación tributaria.
La DGT añade que la modificación de la base imponible de los créditos trasmitidos puede ser realizada, única y exclusivamente, por el sujeto pasivo con cumplimiento de las condiciones señaladas en la LIVA art.80 (DGT CV 10-12-08).

6747

Pregunta
¿La declaración de concurso de un empresario o profesional tiene alguna otra consecuencia a los efectos del IVA?

Sí. La declaración de concurso de un empresario o profesional trae consigo las siguientes **consecuencias**:

a) En los supuestos en que haya **operaciones gravadas que quedan sin efecto** como consecuencia del ejercicio de una acción de reintegración concursal u otras de impugnación ejercitadas en el seno del concurso, los sujetos pasivos que las hubieran realizado deben proceder a la rectificación de las cuotas inicialmente repercutidas en la autoliquidación correspondiente al período en que fueron declaradas las cuotas devengadas correspondientes (LIVA art.89.Cinco). En este caso no se admite que la modificación sea realizada en la autoliquidación correspondiente al período de liquidación en el que la operación queda sin efecto.

b) En relación con el derecho a la deducción en sede del empresario o profesional declarado en situación de concurso de las **cuotas soportadas con anterioridad** a la citada declaración de concurso que estuvieran pendientes de deducir, de conformidad con lo previsto en la LIVA art.99.Tres, solo se permite que sea ejercitado en la autoliquidación correspondiente al período de liquidación en el que se hubieran soportado.

c) En la autoliquidación relativa a los **hechos imponibles anteriores** a la declaración de concurso se debe aplicar la totalidad de los saldos acumulados a compensar de períodos de liquidación anteriores a esa declaración (LIVA, art.99.Cinco). Esos saldos deben incluir las deducciones relativas a las cuotas soportadas con anterioridad a la declaración de concurso. Con esta autoliquidación, correspondiente a un período truncado, se pretende que el total de deducciones y compensaciones correspondientes a empresarios o profesionales declarados en situación de concurso se refieran a fechas anteriores al concurso, reflejando de este modo la realidad de las operaciones por referencia a la fecha en la que se constata esta circunstancia.

d) Con carácter general, en los supuestos de **modificación de la base imponible por impago** de un destinatario declarado en situación de concurso, la rectificación de las deducciones practicadas debe efectuarse en la declaración-liquidación correspondiente al período en que se ejerció el derecho a la deducción de las cuotas soportadas, sin que proceda la aplicación de recargos ni de intereses de demora.

Se **excepciona** la regulación general de la rectificación de deducciones en los supuestos de modificación de la base imponible, reconduciéndose, en este caso, a las autoliquidaciones en las que se practicaron las deducciones originales que ahora se rectifican, aunque se indica que su realización se debe efectuar sin recargos ni intereses de demora.

Asimismo, en los supuestos en que existan operaciones gravadas que queden sin efecto como consecuencia del ejercicio de una acción de reintegración concursal u otras de impugnación ejercitadas en el seno del concurso, si el **comprador o adquirente inicial** se encuentra también en situación de concurso, debe proceder a la rectificación de las cuotas inicialmente deducidas en la autoliquidación correspondiente al período en que se ejerció el derecho a la deducción de las cuotas soportadas, sin que proceda la aplicación de recargos ni de intereses de demora.

B. Créditos incobrables sin concurso del deudor

(LIVA art.80.Cuatro)

6750

Pregunta
¿Existe alguna posibilidad de recuperar el IVA de los impagados al margen de las situaciones de concurso del destinatario?

Sí. Se trata del supuesto que se contempla en la LIVA art.80.Cuatro, que admite la **modificación de la base imponible** al margen de los procesos concursales.

6753

Pregunta
¿Cuáles son los elementos o aspectos que tiene en común la modificación de la base imponible cuando hay concurso del destinatario y cuando no lo hay?

Los elementos comunes a la modificación de la base imponible en procesos concursales y al margen de estos son los siguientes:
- la incidencia de los cobros parciales previos a la modificación, que han de entenderse IVA incluido;
- la obligación de rectificación de deducciones en sede del destinatario, o la consideración de este como deudor del impuesto ante la Hacienda pública cuando no tiene derecho a la deducción del IVA soportado;
- los supuestos de exclusión;
- la obligación de expedir factura rectificativa para la documentación de la modificación;
- la obligación de comunicar la modificación a la AEAT, junto con la factura rectificativa.

6755

Pregunta
¿Cuáles son los requisitos que se tienen que cumplir para modificar la base imponible de las operaciones no habiendo concurso del destinatario?

Los requisitos que establece la LIVA art.80.Cuatro para estos supuestos son los siguientes:

a) Con carácter general, que haya transcurrido **un año desde el devengo** del Impuesto repercutido sin que se haya obtenido el cobro de todo o parte del crédito derivado del mismo. No obstante, cuando el titular del derecho de crédito cuya base imponible se pretende reducir sea un empresario o profesional cuyo volumen de operaciones no hubiese excedido durante el año natural inmediato anterior de 6.010.121,04 euros, el plazo puede ser de **6 meses o un año**. Para el cálculo del volumen de operaciones se está a lo dispuesto por la LIVA art.121 (ver pregunta nº 15015).

Este plazo se computa desde el devengo del tributo, sin que sean relevantes, a estos efectos, otros elementos, tales como la fecha de facturación o de declaración e ingreso del impuesto. La fecha que determina el inicio y terminación del plazo de un año que establece la LIVA es la fecha en que devengó el impuesto que gravó la operación y que el destinatario de esta no ha hecho efectivo. Este devengo, que tiene un precepto que lo regula, que es el art.75 LIVA, es el que hay que estar para determinar el momento a partir del cual se puede recuperar el IVA que hubo que ingresar a la Hacienda Pública.

Quizá convenga recordar en este punto que, con carácter general, la **falta de pago** del precio de una determinada operación por el cliente o destinatario de esta no releva al empresario o profesional que la realizó de la obligación de ingresar al tributo, aunque no haya conseguido repercutirlo al citado cliente. Precisamente porque no lo ha cobrado a su cliente es por lo que la LIVA art.80.Cuatro permite la **recuperación de esta cuota**, aunque cumplidos ciertos requisitos. Uno de estos requisitos es esperar a que pase un determinado plazo desde el devengo del tributo. Lo anterior ha de entenderse sin perjuicio de la aplicación del régimen general de caja.

Transcurridos los plazos establecidos al efecto, desde el devengo del impuesto, el **plazo** del que se dispone para la **modificación de la base imponible** depende de nuevo de la condición del acreedor:
- con carácter general, es de 6 meses;
- si el volumen de operaciones del acreedor no hubiese excedido durante el año natural inmediato anterior de 6.010.121,04 euros, el plazo es de12 meses.

Dentro de ese plazo ha de procederse a la expedición de la documentación de rectificación que proceda, normalmente una factura rectificativa, para la recuperación del tributo. Igualmente, en la autoliquidación de IVA correspondiente al período o períodos de liquidación comprendidos en este plazo hay que incluir las cantidades respectivas en concepto de minoración de bases imponibles.

b) Que esta circunstancia haya quedado reflejada en los **libros registros** exigidos para este Impuesto.

La circunstancia que ha de quedar reflejada en los libros registro es, en buena lógica, el impago por parte del destinatario. El libro registro en el que se ha de hacer esta constancia es el de **facturas expedidas**, que es el que plasma los documentos en los que se repercutió el IVA que ahora se pretende recuperar.

c) Que el destinatario de la operación actúe en la condición de **empresario o profesional**, o, en otro caso, que la **base imponible** de aquella, IVA excluido, sea superior a 50 €.

d) Que el sujeto pasivo haya **instado su cobro** al deudor. La LIVA admite expresamente, además de la reclamación judicial o requerimiento notarial, la utilización de cualquier otro medio de prueba que acredite fehacientemente la reclamación de cobro al deudor, flexibilizando así los requisitos establecidos al efecto.

La reclamación al deudor debería ser cualquier modalidad de comunicación que permita acreditar la remisión de su contenido, identidad del remitente y destinatario, así como el resultado y la fecha de su entrega, de forma que revista las mismas garantías que la reclamación judicial o el requerimiento notarial en cuanto a la posibilidad de conocimiento de la reclamación por el destinatario y la instancia para el cobro de la deuda, como puede ser, a título de ejemplo, de la reclamación por burofax (DGT CV 9-2-23).

Adicionalmente, se mantienen como opciones la reclamación judicial o el requerimiento notarial, que eran los medios que se admitían en exclusiva con anterioridad a esta fecha.

En el caso de créditos adeudados por **Entes públicos**, los medios pueden sustituirse por una certificación expedida por el órgano competente del Ente público deudor de acuerdo con el informe del Interventor o Tesorero de aquél en el que conste el reconocimiento de la obligación a cargo de este y su cuantía.

Interesa señalar que cuando el sujeto pasivo desista de la reclamación judicial al deudor, debe modificar nuevamente la base imponible al alza mediante la emisión, en el plazo de un mes a contar desde el desistimiento, de una factura rectificativa en la que se repercuta la cuota procedente.

6772

Pregunta

¿Cómo se computa el plazo de un año o de 6 meses en el caso de las operaciones con pago aplazado?

En estas operaciones el plazo de un año ha de computarse desde el vencimiento del plazo o **plazos impagados**. Como tales se consideran aquellas operaciones en las que entre el devengo del impuesto y el vencimiento del último plazo haya más de un año o 6 meses. Interesa destacar que en estos casos con una sola reclamación judicial es suficiente para recuperar el total del IVA pendiente de pago.

6775

Pregunta

¿Qué procedimiento hay que seguir para modificar la base imponible por impago en los supuestos en que no hay concurso del destinatario?

En cuanto al procedimiento que hay que seguir, deben destacarse los siguientes aspectos:

a) La **modificación** debe realizarse en el **plazo** de los 6 o 12 meses siguientes a la finalización del período de un año o de 6 meses desde el devengo del impuesto (ver pregunta nº 6755).

b) Las operaciones cuya base imponible se pretenda rectificar deben haber sido facturadas y anotadas en el **libro registro** de facturas expedidas por el acreedor en tiempo y forma.

c) El acreedor tiene que **comunicar** a la **AEAT** a través del formulario disponible en su sede electrónica, en el plazo de un mes contado desde la fecha de expedición de la factura rectificativa, la modificación de la base imponible practicada, y hacer constar que esa modificación no se refiere a créditos garantizados, afianzados o asegurados, a créditos entre personas o entidades vinculadas, a créditos adeudados o afianzados por entes públicos ni a operaciones cuyo destinatario no está establecido en el territorio de aplicación del impuesto ni en Canarias, Ceuta o Melilla, en los términos previstos en la LIVA art.80 (ver pregunta nº 6735).
A esta comunicación deben acompañarse los siguientes **documentos**:
- la copia de las facturas rectificativas, en las que se han de consignar las fechas de expedición de las correspondientes facturas rectificadas;
- en el supuesto de créditos incobrables, los documentos que acrediten que el acreedor ha instado el cobro del crédito al deudor a través de cualquiera de los procedimientos que admite la norma (ver pregunta nº 6755).

d) En caso de que el **destinatario** de las operaciones tenga la condición de **empresario o profesional**, este debe comunicar a la AEAT, mediante el formulario previsto al efecto en sede electrónica, la circunstancia de haber recibido las facturas rectificativas que le envíe el acreedor, así como consignar el importe total de las cuotas rectificadas y, en su caso, el de las no deducibles, en el mismo plazo previsto para la presentación de la autoliquidación a que se refiere el párrafo siguiente. El incumplimiento de esta obligación no impide la modificación de la base imponible por parte del acreedor, siempre que se cumplan los requisitos señalados anteriormente.
Además de la comunicación anterior, en la **autoliquidación** correspondiente al período en que se hayan recibido las facturas rectificativas de las operaciones el citado destinatario debe hacer constar el importe de las cuotas rectificadas como minoración de las cuotas deducidas.

e) Cuando el **destinatario no** tenga la condición de **empresario o profesional**, la Administración tributaria puede requerirle la aportación de las facturas rectificativas que le envíe el acreedor.
Como se puede observar, son requisitos muy similares a los establecidos para los supuestos de modificación de la base imponible por impago en los casos en que se produce un concurso de acreedores.
Una vez practicada la reducción de la base imponible, esta no se vuelve a modificar al alza, aunque el sujeto pasivo obtuviese el cobro total o parcial de la contraprestación, salvo cuando el destinatario **no** actúe en la condición de **empresario o profesional**. En este caso, se entiende que el IVA está incluido en las cantidades percibidas y en la misma proporción que la parte de contraprestación percibida.

Ejemplo Con fecha 25-7-N una empresa que se dedica a suministrar madera entrega a uno de sus clientes una partida de material por importe de 40.000 € más 8.400 € de IVA. Este cliente no le paga ni es declarado en concurso de acreedores. **6780**
Para la recuperación del IVA de esta operación, la empresa tiene que esperar al 25-7-(N+1), fecha a partir de la cual dispone de 6 meses para la expedición de la factura rectificativa. Esta, por tanto, debe expedirse entre el 25-7-(N+1) y el 25-1-(N+2) y se debe incluir en las autoliquidaciones que la empresa presente por los periodos de liquidación correspondientes.

6785

Pregunta
¿Qué ocurre si después de modificada la base imponible por impago del destinatario al margen de las situaciones de concurso se obtiene el pago por parte de este?

De acuerdo con la LIVA art.80.Cuatro.C), en situaciones de impago al margen de los procesos concursales, una vez practicada la reducción de la base imponible, esta no se vuelve a **modificar al alza** aunque el sujeto pasivo obtuviese el cobro total o parcial de la contraprestación, salvo cuando el destinatario no actúe en la condición de empresario o profesional. En este caso, se entiende que el IVA está incluido en las cantidades percibidas y en la misma proporción que la parte de contraprestación

percibida. Esta última previsión únicamente es aplicable en caso de que el destinatario sin derecho a la deducción plena del IVA soportado no haya ingresado el impuesto correspondiente a la operación (LIVA art.80.Cinco.5ª párrafo 2º) ya que, de otro modo, se produciría un supuesto de doble tributación.
No obstante, cuando el sujeto pasivo **desista** de la reclamación judicial al deudor o llegue a un acuerdo de cobro con este con posterioridad al requerimiento notarial efectuado, como consecuencia de este o por cualquier otra causa, debe modificar nuevamente la base imponible al alza mediante la expedición, en el plazo de un mes a contar desde el desistimiento o desde el acuerdo de cobro, respectivamente, de una factura rectificativa en la que se repercuta la cuota procedente.

6787 Ejemplo Una empresa dedicada a la fabricación e instalación de muebles de cocina ha realizado las dos operaciones siguientes:
a) Ha instalado los muebles en una promoción de unifamiliares que una pequeña promotora de su localidad ha construido. Esta empresa, que no está declarada en concurso de acreedores, ha desatendido las facturas que se le enviaron por el total de la operación, que ascendía a 300.000 € más 30.000 € de IVA.
b) Ha vendido los muebles de cocina a un particular que estaba arreglando su domicilio. El importe de esta operación era de 10.000 € más 2.100 € de IVA.
De las cantidades anteriores, la empresa consigue cobrar 40.000 € del primer cliente y 3.500 € del segundo, en ambos casos con posterioridad a la modificación de la base imponible por impago. La primera de las operaciones tenía por destinatario a un empresario o profesional. En consecuencia, el cobro de los 40.000 € no obliga a la rectificación al alza de la base imponible que previamente se había modificado.
La segunda operación se realizó con un particular, por lo que sí cabe esa rectificación al alza, cuyo importe es de 3.017,24 €, ingresándose el IVA correspondiente a esta, que asciende a 633,62 €.

SECCIÓN 7

Fijación provisional de la base imponible

(LIVA art.80.Seis)

6800

Pregunta
¿Qué ocurre cuando en el momento de realizarse una operación no se conoce el importe de su base imponible?

De acuerdo con la LIVA art.80.Seis, cuando el importe de la contraprestación, o el de cualquier otra magnitud relevante para el cálculo de la base imponible, cabe entender, no resultara conocido en el momento del devengo del impuesto, el sujeto pasivo debe **fijarlo provisionalmente** aplicando criterios fundados, sin perjuicio de su **rectificación** cuando ese importe fuera conocido.
El mandato que establece la norma es relativamente sencillo; si la base imponible no se puede determinar en el momento en que se devenga el IVA y nace la obligación de proceder a su repercusión, entonces se ha de proceder a una fijación provisional de la base de repercusión y a rectificarla, si es necesario, una vez se conozca cuál es su importe definitivo.

6802 Ejemplo Una productora cinematográfica transmite a una distribuidora los derechos sobre una película que acaba de producir. El importe de la cesión se fija en 500.000 € más el 25% de la recaudación en taquilla. Esta recaudación se ha previsto en 1.000.000 €. A los 12 meses de su estreno en cines, la recaudación exacta en taquilla ha ascendido a 1.150.000 €.
A la fecha de la venta de los derechos de reproducción de la película, la base imponible se tiene que fijar provisionalmente en 750.000 € (500.000 + 0,25 × 1.000.000 = 750.000 €). Un año después, conocido el importe definitivo de la recaudación en taquilla, la base imponible definitiva se fija en 787.500 € (500.000 + 0,25 × 1.150.000 = 787.500 €). En este

momento, procede la expedición de una factura rectificativa por la diferencia, esto es, por una base de 37.500 €, repercutiendo el exceso de IVA, que asciende a 7.875 €.

SECCIÓN 8

Métodos de determinación de la base imponible

(LIVA art.81)

Pregunta 6810

¿Cuáles son los regímenes de determinación de la base imponible en el IVA?

Con carácter general, la base imponible en el IVA se determina en régimen de **estimación directa**.
No obstante, cuando sea procedente conforme a lo dispuesto en la LGT, es aplicable el régimen de **estimación indirecta** (LIVA art.81.Uno). De ser este el caso, la estimación indirecta ha de comprender el importe de las adquisiciones de bienes y servicios efectuadas por el sujeto pasivo y el impuesto soportado correspondiente a las mismas.
Finalmente, hay que citar la aplicación del régimen de **estimación objetiva** para la determinación de la base imponible, que encuentra su reflejo en el régimen especial simplificado, regulado en la LIVA art.122 y 123 (ver preguntas nº 15020 s.). En ningún caso se aplica este régimen especial en las siguientes operaciones (LIVA art.81.Dos):
- entregas de bienes inmuebles;
- autoconsumos internos de bienes (LIVA art.9.1º.c y d), ver preguntas nº 1305 s.);
- adquisiciones intracomunitarias de bienes;
- importaciones;
- operaciones en las que se aplique la inversión del sujeto pasivo.

La LIVA art.123, cuando regula el régimen especial simplificado, es coherente con esta regulación y excluye estas operaciones de la mecánica de liquidación del régimen especial, disponiendo la exacción por separado del IVA correspondiente.

CAPÍTULO 7

El sujeto pasivo y los responsables en las operaciones interiores

6900

SECCIÓN 1

Cuestiones preliminares

6910

Pregunta
¿Qué relevancia tiene, en el IVA, la determinación del sujeto pasivo en una operación?

En primer lugar y al igual que en cualquier otro tributo, el hecho de que una persona o entidad tenga la condición de sujeto pasivo respecto de una operación determina para esta la obligación de proceder al **ingreso** del tributo a través de las oportunas autoliquidaciones tributarias. En este aspecto no existen diferencias respecto de la regulación o régimen aplicable en otros impuestos.
Sin embargo, en el IVA la mecánica de funcionamiento es distinta a la propia de otros tributos, ya que no sólo existe la obligación de ingreso, sino que también aparece la institución de la **repercusión**, a través de la cual se hace llegar la cuota tributaria al destinatario de la operación, garantizando que el impuesto acabe alcanzando al consumidor final (ver preguntas nº 7410 s.).
La existencia y relevancia de la repercusión hace que la segunda obligación que incumbe a quien tiene la condición de sujeto pasivo sea la de repercutir el impuesto a su destinatario. Esta obligación no sólo implica el ejercicio de una cierta función de agente de recaudación, sino que supone asimismo la obligación de expedir una **factura** ajustada a derecho y remitirla al destinatario de la operación. Resulta obvio que

esta obligación se encuentra estrechamente vinculada con la anterior, ya que la repercusión se formaliza en la expedición de la factura que corresponda.

Tanto la obligación de repercutir el tributo como la de expedir factura se particularizan cuando se trata de operaciones en las que opera la inversión del sujeto pasivo, tal y como se analiza en las preguntas nº 6950 s.

Adicionalmente, hay que citar las demás obligaciones formales inherentes al impuesto, como la llevanza de libros-registro y la cumplimentación de autoliquidaciones y declaraciones informativas. A los efectos de este impuesto, estas obligaciones tienen un peso o relevancia distinta a las propias de otros tributos, en los que las citadas obligaciones no se configuran del mismo modo, ya que el soporte documental del que se parte, en su caso, es la contabilidad de la empresa.

Por último, hay que hacer referencia a las particularidades existentes en relación con las **operaciones de comercio exterior**, tanto intracomunitario como con países no comunitarios, que se analizan en los epígrafes correspondientes (ver preguntas nº 13175 y nº 14110).

6917

Pregunta
¿Son equivalentes los conceptos empresario o profesional y sujeto pasivo?

No. Es empresario o profesional quien se encuentre en alguna de las situaciones que define la LIVA art.5 (ver preguntas nº 190 s.). Se trata de **supuestos** en los que existe una ordenación de medios para intervenir en el mercado o se incurre en algún supuesto específico para el cual la LIVA determina esta condición, como puede ser el caso de arrendadores o urbanizadores de terrenos y promotores inmobiliarios, entre otros.

El hecho de que alguien tenga la condición de empresario o profesional lo que determina es la **sujeción** de la entrega de bienes o prestación de servicios en cuestión, ya que estas operaciones sólo resultan sujetas a imposición cuando se da este requisito de naturaleza subjetiva (LIVA art.4.Uno).

Por su parte, es sujeto pasivo la persona o entidad obligada al ingreso y repercusión del tributo. Sujeto pasivo de IVA lo es quien se encuentra en las situaciones que se señalan en la LIVA art.84.

Lo habitual es que ambos conceptos concurran en quienes ponen bienes o servicios en el mercado, sin embargo, no siempre es así. De este modo, cuando se aplica la denominada **inversión del sujeto pasivo**, es el adquirente o destinatario de los bienes o servicios quien se encuentra obligado a la repercusión e ingreso del tributo, separándose en este caso las condiciones de empresario o profesional y de sujeto pasivo del tributo.

6920

Pregunta
La regulación que hace la LIVA de las figuras del sujeto pasivo y el empresario o profesional, ¿es equivalente a la que efectúa la normativa comunitaria en la Dir 2006/112/CE?

Conceptualmente sí, pero existen diferencias terminológicas considerables.

El fondo de la cuestión está regulado coherentemente, lo cual es lógico si tenemos en cuenta que se trata de uno de los elementos estructurales del impuesto, para el cual carecería de sentido que hubiera una regulación específica en la normativa comunitaria de armonización y que esa regulación no se respetase, al menos en sus elementos fundamentales, por la normativa española.

La **diferencia terminológica** antes anunciada se debe a que el empresario o profesional que define la LIVA art.5 se califica como sujeto pasivo por la Dir 2006/112/CE art.9 s. Por su parte, lo que la LIVA art.84 s. denomina y regula como sujeto pasivo, la Dir 2006/112/CE art.192 s. lo califica como deudor del impuesto.

Hay que insistir en que se trata de una diferencia meramente terminológica, ya que el fondo de los conceptos señalados es coincidente.

Por tanto, se puede decir que el sujeto pasivo de la Dir 2006/112/CE art.9 s. es el empresario o profesional definido por la LIVA art.5.
Igualmente, se puede afirmar que el deudor del impuesto que señala la Dir 2006/112/CE art.192 s. es el sujeto pasivo que define la LIVA art.84 s.

Pregunta 6922
¿Determina la LIVA quién tiene la condición de deudor del impuesto?

Directamente, no, ya que este concepto no se encuentra definido en la LIVA. Sin embargo, es muy importante señalar que lo que sí define la LIVA es el sujeto pasivo del impuesto, que es quien ha de considerarse como deudor del impuesto.
Recordemos que, como se ha expuesto en la pregunta anterior nº 6920, existe una **diferencia terminológica** entre la LIVA y la Dir 2006/112/CE, ya que esta última califica como deudor del IVA a la persona o entidad que está obligada a su ingreso, regulándose en la Dir 2006/112/CE art.192 bis s. Por su parte, la LIVA art.84 s. califica a ese obligado al ingreso del tributo como sujeto pasivo, si bien el fondo o contenido de ambos conceptos es coincidente.

Pregunta 6925
En el IVA ¿está vinculada la condición de sujeto pasivo a una determinada forma jurídica o al hecho de que se tenga personalidad jurídica?

No. Por razones de **neutralidad**, en el IVA puede tener la condición de empresario o profesional y, con ella, de sujeto pasivo, cualquier tipo de entidad que cumpla los requisitos establecidos al efecto.
Así se deduce de la regulación contenida específicamente en la LIVA art.84.Tres, que atribuye de manera expresa la condición de sujeto pasivo a las comunidades de bienes, herencias yacentes y demás patrimonios separados en la medida en que desarrollen actividades que se puedan calificar como empresariales o profesionales.
Hay que concluir, por tanto, que la condición de sujeto pasivo del IVA es independiente de que se tenga o no personalidad jurídica.

Pregunta 6927
¿Pueden ser los Entes Públicos sujetos pasivos del IVA?

Sí, del mismo modo que pueden ser empresarios o profesionales y efectuar operaciones sujetas al impuesto. En los casos en que así ocurra, están obligados a la **repercusión e ingreso** del tributo como cualquier otro empresario o profesional que realiza entregas de bienes o prestaciones de servicios sujetas al impuesto.

Pregunta 6930
¿Pueden ser las asociaciones, fundaciones y otras entidades sin ánimo de lucro sujetos pasivos del IVA?

Sí, ya que también pueden ser empresarios o profesionales.
De hecho, la LIVA art.4.Tres desvincula el ánimo de lucro en las operaciones o actividades de la sujeción al impuesto (ver pregunta nº 165). En estos términos, si las entidades citadas desarrollan actividades que hayan de calificarse como **empresariales o profesionales**, que estén sujetas y no exentas, deben repercutir e ingresar el IVA exactamente en los mismos términos y condiciones que cualquier otro empresario o profesional que actúe con ánimo de lucro.

6932

Pregunta
¿En qué momento se tiene la condición de sujeto pasivo del IVA?

Teniendo en cuenta que el IVA es un tributo de **devengo instantáneo**, la condición de sujeto pasivo, que determina la obligación de ingreso del impuesto a la Hacienda Pública, ha de concurrir cuando se entienda producido el citado devengo. Hay que estar a las reglas que establece la LIVA art.75 para la determinación de cuándo se ha producido esta circunstancia.

Lo anterior no debe confundirse con el hecho de que, por razones de operatividad, la **liquidación** del IVA sea mensual o trimestralmente. El IVA se devenga de manera instantánea, cuando se efectúan las operaciones sujetas a imposición.

Quien sea sujeto pasivo del tributo a la fecha del devengo es quien se encuentra obligado a su **ingreso**. Si el sujeto pasivo continúa en el desarrollo de actividades empresariales o profesionales a la fecha de finalización del mes o trimestre, no parece que deba haber especiales dudas en cuanto a la forma de ingresar el impuesto. Si, por el contrario, ese sujeto pasivo ha cesado en la realización de esas actividades, hay que estar a la causa del cese en la actividad y a circunstancias tales como si esa actividad se sigue realizando o no por otro sujeto.

6935

Pregunta
¿Tiene sentido hablar de sujeto pasivo en operaciones sujetas pero exentas, o no sujetas?

En cierto modo, sí. Aunque es cierto que en las operaciones no sujetas no hay cuota tributaria que ingresar, no es menos cierto que son operaciones de las que se pueden derivar **otras consecuencias**, como la de expedir factura o proceder a su registro. Por otra parte, hay que tener en cuenta el efecto que esas operaciones pueden tener en la prorrata de deducción del empresario o profesional, lo cual obliga a realizar un seguimiento específico de estas.

SECCIÓN 2

El sujeto pasivo en las entregas de bienes y en las prestaciones de servicios

(LIVA art.84.Uno.1º)

6940

Pregunta
¿Quién tiene la condición de sujeto pasivo, con carácter general, en las entregas de bienes y prestaciones de servicios?

Conforme a la LIVA art.84.Uno.1º, son sujetos pasivos las personas físicas o jurídicas que tengan la condición de empresarios o profesionales y realicen las entregas de bienes o presten los servicios sujetos al impuesto, salvo determinadas excepciones.

Los **requisitos** que han de concurrir para tener esta condición son, como se deduce de la norma, los siguientes:

a) Ostentar el estatuto de **empresario o profesional**. Este requisito ha de apreciarse por referencia a la LIVA art.5 (ver preguntas nº 190 s.).

b) Tener la condición de **persona física o jurídica**. Es importante señalar que este requisito es un tanto engañoso, ya que posteriormente la LIVA art.84.Tres extiende la condición de sujeto pasivo a las entidades que, sin personalidad jurídica, realizan actividades empresariales o profesionales.

c) Efectuar **entregas de bienes o prestaciones de servicios** sujetas al impuesto.

El sujeto pasivo debe cuantificar la cuota tributaria, aplicando el tipo que corresponda a su base imponible, y proceder a su **ingreso** a la Hacienda Pública. Este ingreso se realiza mediante la inclusión del importe de la operación, y de su cuota tributaria, en la siguiente autoliquidación que este presente.
Conviene insistir que la condición de sujeto pasivo en una operación no sólo atribuye a quien la ostenta la obligación de ingreso del impuesto, sino que también le obliga a su repercusión y al cumplimiento de las obligaciones formales correspondientes, como son la expedición de factura y su consignación en los libros-registro.
Es igualmente importante advertir que en ocasiones no es el vendedor de los bienes y servicios quien tiene la condición de sujeto pasivo del impuesto, recayendo esa condición en su adquirente o destinatario. Así ocurre cuando opera la inversión del sujeto pasivo.

SECCIÓN 3

La inversión del sujeto pasivo

(LIVA art.84.Uno.2º)

Pregunta
¿En qué consiste la inversión del sujeto pasivo? **6950**

La inversión del sujeto pasivo supone, como su propio nombre indica, invertir el orden lógico de funcionamiento del IVA, por lo que, cuando se aplica, en lugar de ser el empresario o profesional que realiza la entrega de bienes o prestación de servicios gravada quien repercute el tributo y lo ingresa a la Hacienda Pública, es el **adquirente** de los citados bienes o servicios quien procede al ingreso y, en cierto modo, efectúa una especie de autorrepercusión tributaria.
Es habitual igualmente que esta mecánica de funcionamiento del impuesto se conozca por su nombre en inglés, que es «reverse charge».

Pregunta
¿Qué lógica tiene la inversión del sujeto pasivo en transacciones internacionales? **6955**

Lo que se pretende con la inversión del sujeto pasivo en las transacciones internacionales es compaginar la imposición de ciertas operaciones en destino con el diseño de sistemas de gestión y aplicación del IVA que sean operativos y lo más fácil posible de aplicar y controlar.
La imposición en el lugar de consumo da lugar a la existencia de **reglas de localización** que se analizan en el capítulo 3 (nº 18000 s.). Estas reglas de localización no siempre utilizan como criterio el Estado de establecimiento del empresario o profesional que realiza las entregas de bienes o prestaciones de servicios, lo que da lugar a que en ocasiones existan operaciones que se han de entender realizadas en jurisdicciones distintas a la de establecimiento de ese empresario o profesional (tal sería el caso, por ejemplo, de los servicios que se localizan en sede del destinatario cuando este es empresario o profesional).
En estos casos, la determinación de quién ha de ingresar el tributo a la Hacienda Pública puede seguir la lógica tradicional, en la que es el empresario o profesional que realiza la entrega de bienes o prestación de servicios quien tiene esta obligación, o bien atribuir esta obligación al adquirente o destinatario de los bienes o servicios objeto de la operación. En caso de que ese adquirente o destinatario sea, a su vez, **empresario o profesional** y se encuentre establecido en el Estado en el que se localiza la operación, atribuirle la citada obligación de ingreso presenta **ventajas** importantes, que se pueden presentar como sigue:
a) De entre los dos empresarios o profesionales involucrados en la transacción, le resulta más fácil realizar el ingreso al **adquirente** de los bienes y servicios que a su

transmitente, ya que, en tanto que empresario o profesional establecido en el Estado que pretende someter la operación a tributación, cabe suponer que presenta autoliquidaciones periódicas de IVA, por lo que se encuentra ya habituado al cumplimiento de obligaciones tributarias por IVA con su Administración. La alternativa sería obligar al empresario o profesional no establecido a efectuar el ingreso del impuesto a una Administración Tributaria ante la que no presenta liquidaciones tributarias periódicas, con las consiguientes dificultades.

b) A la **Administración Tributaria** le resulta mucho más cómodo relacionarse con empresarios o profesionales establecidos en su jurisdicción que con otros empresarios o profesionales, y ello tanto en lo que se refiere a la presentación de autoliquidaciones periódicas como en cuanto a los procedimientos de control que, llegado el caso, proceda poner en marcha.

Estas son las razones por la que se ha ido generalizando, en operaciones relativas a intercambios internacionales de bienes y servicios en los que se siguen principios de tributación en destino, la atribución de las cargas tributarias correspondientes a los **adquirentes o destinatarios** de las mismas.

Es importante destacar que la inversión del sujeto pasivo tiene sentido cuando el adquirente o destinatario de las operaciones es un empresario o profesional, pero no cuando se trata de un particular, que no presenta liquidaciones periódicas de IVA y sobre el que la Administración Tributaria no suele tener la misma facilidad para el desarrollo de actuaciones de control. Precisamente, por esta razón se han desarrollado los sistemas de ventanilla única, que se analizan en las preguntas nº 14730 s.

No debe confundirse lo anterior con la utilización de la inversión del sujeto pasivo como medida antifraude, desvinculada de las operaciones de comercio exterior. Esta cuestión se analiza en la pregunta siguiente (nº 6957).

6957

Pregunta
¿Cuál es la lógica de la inversión del sujeto pasivo como medida antifraude?

La aplicación de la inversión del sujeto pasivo como medida antifraude tiene una lógica completamente distinta a la que corresponde a las operaciones de comercio internacional señaladas en la pregunta anterior (nº 6955).

Los **mecanismos defraudatorios** a los que se pretende hacer frente con esta medida son relativamente burdos en cuanto a su funcionamiento y consisten en la realización de operaciones en las que se repercute un tributo que el destinatario de estas, en tanto que empresario o profesional, deduce, sin que esta deducción venga acompañada del ingreso de la cuota tributaria por parte del empresario o profesional que entregó los bienes o prestó los servicios. Ese empresario o profesional desaparece antes de que se pueda realizar frente a él ningún tipo de actuación de control por parte de la Administración Tributaria.

Para hacer frente a estos esquemas de fraude se ha establecido en algunos países europeos, entre ellos España, la aplicación de la inversión del sujeto pasivo para determinadas operaciones interiores, totalmente distintas a las señaladas en la pregunta anterior (nº 6955), evitando, de este modo que, en relación con ellas opere el **mecanismo de la repercusión**, en el que se basa el fraude al que se ha hecho referencia en el párrafo anterior. En este caso, lo que se pretende es unificar repercusión, en este caso, autorrepercusión, y deducción, de forma que no sea factible que un empresario o profesional tenga derecho a deducir el IVA que le ha repercutido otro empresario o profesional con la premisa de que este último lo ingrese a la Hacienda Pública.

Esta filosofía es la que informa la aplicación de la inversión del sujeto pasivo a ciertas operaciones con oro (ver pregunta nº 7020), con materiales de recuperación (ver pregunta nº 7035), con derechos de emisión de CO_2 (ver pregunta nº 7040), con ciertas operaciones inmobiliarias (ver preguntas nº 7045 s.) y respecto a ciertas operaciones realizadas con determinados metales y equipamientos electrónicos (ver preguntas nº 7084.1 s.).

6960

Pregunta
Las operaciones a las que se aplica la inversión del sujeto pasivo ¿ven alterada su naturaleza a los efectos del IVA para el cálculo de la prorrata?

No. Estas operaciones siguen siendo entregas de bienes o prestaciones de servicios realizadas por los empresarios o profesionales que han vendido los bienes o servicios respectivos.
Esta consideración es muy importante en cuanto a la inclusión de estas operaciones en la **prorrata** de los empresarios o profesionales que las efectúan, ya que la citada inclusión se debe realizar por quien entregó los bienes o servicios de que se trate en cada caso. Esto es así aunque la aplicación del mecanismo de la inversión del sujeto pasivo dé lugar a que el IVA correspondiente a estas operaciones lo ingrese su destinatario.
Dicho con otras palabras, aunque estas operaciones den lugar a la existencia de un IVA devengado en el empresario o profesional adquirente de los bienes o servicios, este empresario o profesional no ha de computar las citadas operaciones en los términos de su prorrata. Las operaciones que hay que computar son las entregas de bienes y prestaciones de servicios que, en tanto que operaciones activas, realiza cualquier empresario o profesional, no otras.

6962

Pregunta
¿Qué particularidades tiene la inversión del sujeto pasivo frente al mecanismo normal de funcionamiento del IVA?

Las particularidades que presentan estas operaciones respecto a las operaciones en las que el IVA funciona de manera convencional son las siguientes:
a) En primer lugar, que el **ingreso del tributo** a la Administración Tributaria lo realiza el destinatario de la operación, a diferencia de lo que ocurre en los supuestos convencionales, en los que es el empresario o profesional que entrega los bienes o servicios quien cobra a su cliente tanto el precio como el IVA correspondiente.
b) Corolario de lo anterior, la **repercusión del tributo** se altera igualmente, transformándose en autorrepercusión. Esta construcción, la de la autorrepercusión, es un tanto peculiar, ya que es una especie de cobro a sí mismo que se supone que ha de realizar el empresario o profesional que aplica la inversión del sujeto pasivo. Obviamente, este cobro no existe, limitándose la incidencia de la figura de la inversión del sujeto pasivo a la ubicación de la obligación de ingreso del tributo en la persona o entidad del adquirente de los bienes o servicios.
En cuanto a la relación con la Administración Tributaria, lo anterior se refleja en la obligada consignación de las operaciones en tanto que determinantes de un IVA devengado, que hay que ingresar y, en el supuesto de que las características de la compra lo permitan, deducirlo, que es lo más habitual, aunque no siempre ocurre (sujetos pasivos en prorrata o cuotas no deducibles por otros motivos).

6965

Pregunta
El IVA que se ingresa en los supuestos de aplicación de la inversión del sujeto pasivo, ¿es deducible en la misma autoliquidación en la que se produce su ingreso?

Sí. Como consecuencia de ello, cuando el empresario o profesional tiene pleno derecho a la **deducción** de las cuotas correspondientes a estas operaciones, que es lo más habitual, el resultado en términos financieros de la realización de estas operaciones es neutro, ya que el importe de la cuota a ingresar es equivalente al de la cuota deducible y ambas circunstancias, el ingreso y la deducción, se hacen efectivas en la misma autoliquidación.
Esto hace que, como se decía, las operaciones en las que opera la regla de inversión del sujeto pasivo resulten, desde el punto de vista financiero, **neutrales** para el

empresario o profesional que las efectúa, ya que ni se ve obligado a adelantar el tributo a sus proveedores, recuperándolo de la AEAT con posterioridad, ni existe la posibilidad de, habiendo recibido la preceptiva factura, deducir una cuota que todavía no se ha pagado.
No debe confundirse lo anterior con la circunstancia de que la cuota que se liquida por inversión del sujeto pasivo pueda resultar, por razón de sus circunstancias, no deducible (sujetos pasivos en prorrata u otras), en cuyo caso el IVA así satisfecho no sería deducible en la autoliquidación en que se declara y liquida ni en ninguna otra.

6967

Pregunta
¿Se aplica la inversión del sujeto pasivo en las AIB?

Técnicamente, no. Lo que ocurre es que el sujeto pasivo de la cuota tributaria que corresponde a estas operaciones es quien las realiza (LIVA art.85; ver pregunta nº 13175), lo cual, en **términos prácticos**, supone que es el adquirente o destinatario de las transacciones respectivas quien ha de proceder a su ingreso, al igual que ocurre cuando opera la regla de inversión del sujeto pasivo.

6970

Pregunta
¿Se aplica la inversión del sujeto pasivo en las importaciones?

No, sin perjuicio de que en estas operaciones sea el importador quien resulte obligado al pago de la cuota de IVA que corresponda a estas operaciones.
La **mecánica de liquidación** entre unas y otras es completamente distinta, ya que en el caso de las importaciones es la AEAT quien liquida el IVA junto con los derechos de importación que correspondan a la operación, en su caso.
En el régimen general de liquidación del IVA a la importación, se trata de operaciones cuya liquidación se sustancia al margen de las autoliquidaciones que presentan los sujetos pasivos del IVA (sin perjuicio del derecho a la deducción), por lo que tienen una mecánica de funcionamiento completamente diferente.
Cuando se aplica el régimen de IVA diferido a la importación (ver pregunta nº 19437), es igualmente la AEAT quien liquida el IVA a la importación, sin perjuicio de que su ingreso efectivo se realice por el sujeto pasivo por medio de presentación de la autoliquidación correspondiente al periodo de liquidación en el que se haya efectuado la importación, ello con independencia de que este IVA resulte deducible o no.

6972

Pregunta
¿Existe alguna obligación formal específica en relación con las operaciones a las que se aplica la inversión del sujeto pasivo?

No. En estas operaciones el **justificante** del derecho a la deducción es, al igual que en el resto de las operaciones sujetas al impuesto, la factura expedida por el empresario o profesional que realizó la entrega de bienes o prestación de servicios de que se trate. El único matiz a estos efectos se encuentra en las operaciones efectuadas por empresarios o profesionales **no comunitarios**, para las cuales no se obliga a disponer de una factura como justificante del derecho a la deducción, admitiéndose como tal, en su lugar, el justificante contable de la operación. A la vez, se califica como tal a cualquier documento que ampare su anotación contable.

I. Operaciones realizadas por no establecidos

(LIVA art.84.Uno.2º.a)

6980

Pregunta
En términos generales, ¿cuándo se aplica la inversión del sujeto pasivo en operaciones efectuadas por empresarios o profesionales no establecidos?

Con carácter general, la inversión del sujeto pasivo se aplica cuando el empresario o profesional que realiza la entrega de bienes o prestación de servicios de que se trate no se encuentra establecido en el TIVA y ocurre que su **cliente** sí lo está y es empresario o profesional.

Así se desprende de lo dispuesto por la LIVA art.84.Uno.2º, conforme al cual son sujetos pasivos del impuesto los empresarios o profesionales para quienes se realicen las operaciones sujetas a gravamen cuando estas se efectúen por personas o entidades no establecidas en el TIVA.

Los **requisitos** que han de concurrir para que opere la inversión del sujeto pasivo son, por tanto, los siguientes:

a) La **entrega de bienes o prestación de servicios** que se esté analizando ha de estar sujeta al IVA. La determinación de esta circunstancia ha de realizarse conforme a la regla sobre lugar de realización del hecho imponible que proceda, tratándose de un aspecto distinto al de la determinación de quién tiene la condición de sujeto pasivo del IVA correspondiente a la operación.

b) El **empresario o profesional** que realiza la citada entrega de bienes o prestación de servicio debe ser un no establecido en el TIVA. La LIVA art.84.Dos señala que como establecidos en el TIVA hay que considerar a los empresarios o profesionales que tengan un establecimiento permanente en el mismo, a condición de que ese establecimiento permanente intervenga en la operación (ver pregunta nº 1985 s.).

c) El **adquirente o destinatario** de los bienes o servicios ha de ser, a su vez, empresario o profesional. No cabe, por tanto, la aplicación de la inversión del sujeto pasivo cuando las operaciones tienen a particulares como destinatarios.

Este es el esquema general de funcionamiento de la inversión del sujeto pasivo; no obstante, hay que tener en cuenta la existencia de excepciones y de supuestos específicos, por lo que es necesario analizar por separado la aplicación de este mecanismo en las entregas de bienes y prestaciones de servicios (ver preguntas nº 6990 y nº 7005).

6985

Pregunta
Cuando una empresa extranjera tiene un establecimiento permanente en el TIVA y esa empresa realiza una operación que se localiza en el citado TIVA sin intervención del establecimiento permanente, ¿se aplica la inversión del sujeto pasivo?

La redacción vigente de la LIVA art.84.Dos especifica que, en estos casos, si el establecimiento permanente no interviene en la operación, hay que actuar como si el citado establecimiento no existiera, por lo que, si se cumplen los demás requisitos existentes, analizados en la pregunta anterior (nº 6985), se aplicaría la inversión del sujeto pasivo. Hay que tener en cuenta que la misma norma señala que se entiende que ese establecimiento permanente interviene en la realización de entregas de bienes o prestaciones de servicios cuando ordene sus **factores de producción** materiales y humanos o uno de ellos con la finalidad de realizar cada una de ellas.

En un sentido equivalente, la **normativa comunitaria** (Rgto 282/2011/UE art.53) dispone que, a estos efectos, se entiende que un establecimiento permanente no interviene en la realización de una entrega de bienes o prestación de servicios a menos que el sujeto pasivo utilice los medios técnicos y humanos de ese establecimiento permanente para operaciones inherentes, ya sea antes o durante esa entrega o prestación. Esta misma norma añade que cuando los medios del establecimiento permanente se utilicen exclusivamente para llevar a cabo **tareas administrativas auxiliares**, tales como la contabilidad, la facturación y el cobro de créditos, no se considera que esos medios se hayan utilizado a los fines de una entrega de bienes o una prestación de servicios. Recordemos que este Reglamento es de aplicación directa en España.

A este requisito de la **intervención** en la realización de las operaciones se ha referido la DGT en diversas contestaciones a consulta (DGT CV 20-9-10 ; CV 3-11-10 ; CV 29-7-11 ; CV 3-8-11).

La norma comunitaria añade una **presunción** conforme a la cual, en caso de que se expida una factura con el NIF-IVA asignado por el Estado miembro del establecimiento permanente, se considera que este último ha intervenido en la entrega de bienes o la prestación de servicios efectuada en ese Estado miembro, salvo que existan pruebas que acrediten lo contrario. A esta presunción se ha referido la DGT, admitiendo la posibilidad de la contraprueba (DGT CV 7-11-11).

6987 Ejemplo Una empresa que se dedica a la venta de material sanitario tiene dos líneas de producto para sanidad humana y animal, respectivamente. La venta de equipos veterinarios o de sanidad animal se realiza directamente desde Alemania, que es donde se encuentra la sede de la empresa. La venta de equipos y material para la sanidad humana se efectúa desde Madrid, ciudad en la que esta empresa tiene una sucursal.

Una clínica veterinaria de Madrid adquiere el equipamiento necesario para la construcción de un quirófano en el que operar animales grandes. El equipo es enviado directamente desde Alemania, viajando igualmente desde allí los técnicos que proceden a su instalación y puesta a punto. El equipo cuesta 190.000 € y su instalación o montaje otros 40.000 €.

La operación que se ha descrito es una entrega de bienes de las que se localizan en el TIVA si la instalación o montaje se ultiman en ese territorio.

Supuesto que la sucursal que esta empresa tiene en el TIVA no interviene en la realización de esta operación, hay que concluir que el sujeto pasivo del IVA correspondiente es la clínica veterinaria adquirente de los equipos. Esa clínica es la que debe ingresar la cuota de IVA correspondiente y puede deducirla (los servicios veterinarios no están exentos).

6990

Pregunta
¿Cuándo se aplica la inversión del sujeto pasivo en las entregas de bienes?

A partir de lo dispuesto por la LIVA art.84.Uno.2º, el cuadro que nos permite la determinación de la condición de sujeto pasivo de la operación en lo relativo a entregas de bienes es el siguiente:

SUJETO PASIVO EN ENTREGAS DE BIENES		DESTINATARIO	
		Establecido	**No establecido**
Vendedor	Establecido	Vendedor	Vendedor
	No establecido	Comprador	Comprador

Este esquema general tiene dos **excepciones**, relativas a operaciones que, aunque realizadas entre no establecidos, son tales que la condición de sujeto pasivo se atribuye al vendedor. Las operaciones que tienen un tratamiento especial son las siguientes:

a) Operaciones **exentas** conforme a lo dispuesto en la LIVA art.20 bis, 21.1º, 2º y 7º, así como la LIVA art.25, incluyendo, en este último caso, operaciones excluidas de la exención, para las cuales cuando la operación se efectúa entre no establecidos, el que tiene la condición de sujeto pasivo de la operación es el vendedor y no el comprador. Esta atribución de la condición de sujeto pasivo de la operación, cuando estamos tratando de operaciones ordinariamente exentas, sólo tiene trascendencia en cuanto al cumplimiento de las obligaciones formales inherentes a la operación (facturación y declaraciones informativas), pero no para la repercusión del tributo.

b) Entregas de bienes realizadas en régimen de **ventas a distancia** que se citan en la LIVA art.68.Tres y Cinco. Esta excepción es de muy escasa aplicación práctica, ya que raramente entran en este régimen operaciones en las que el adquirente es empresario o profesional (ver pregunta nº 13410).

Ejemplos **1)** Un empresario alemán se dedica a la venta de maquinaria industrial y remite una partida de mercancía a un cliente establecido en Alicante. El importe del pedido asciende a 200.000 €. **6992**
Esta operación constituye una AIB de la que es sujeto pasivo quien la realiza, conforme a la LIVA art.86 (ver pregunta nº 13175).

2) El mismo empresario del ejemplo anterior (nº 6992) contrata con una empresa de servicios logísticos el almacenamiento y distribución de sus mercancías, que remite en grandes cantidades desde Alemania, procurando después su venta, garantizándose así unos mejores precios en el transporte y mayor rapidez de servicio. **6995**
A partir de las instalaciones de este proveedor de servicios logísticos, atiende un pedido de otro cliente, en este caso de un valor de 140.000 €.
La operación que se ha descrito no es una AIB, ya que no hay un transporte de las mercancías vinculado a esta. Este transporte ya se produjo cuando las mercancías se remitieron desde Alemania a las instalaciones de la empresa de servicios logísticos.
Considerando que la empresa alemana que recibe los servicios de logística no se puede calificar como establecida en el TIVA, la operación es una entrega de bienes realizada por un no establecido cuyo destinatario es un empresario o profesional establecido en el TIVA. Por consiguiente, es ese empresario o profesional, el adquirente, quien debe ingresar el tributo correspondiente a esta operación y deducirlo.

3) Seguimos con el mismo empresario del ejemplo del nº 6992, que ahora ha arrendado un almacén en Zaragoza y contratado personal para su gestión, desde el que sirve sus pedidos. Un cliente de Madrid le compra producto por valor de 40.000 €. **6997**
La gestión del almacén hace que este empresario pase a ser considerado como establecido (ver pregunta nº 1985). En consecuencia, los 8.400 € de IVA que corresponden a esta operación deben ser repercutidos por el empresario alemán, el cual, a estos efectos, pasa a recibir el mismo tratamiento que tendría si se tratara de un empresario español, sin que se aplique la regla de inversión del sujeto pasivo.

4) Un empresario portugués se dedica a importar maderas desde Brasil. Las maderas llegan a Madrid por avión y desde el mismo aeropuerto se distribuyen a los clientes de este empresario. El empresario portugués no se encuentra establecido en el TIVA. A uno de sus clientes le ha servido una partida de madera por valor de 40.000 €. **7000**
La venta de la madera es una operación realizada por un empresario o profesional no establecido de la que es sujeto pasivo el adquirente, empresario o profesional. La cuota correspondiente a esta operación, que asciende a 8.400 €, se debe ingresar a la AEAT por el adquirente de la madera, que puede deducirla en la misma autoliquidación en la que se efectúe el ingreso.

5) El mismo empresario portugués (nº 7000) importa, procedente de Brasil, una partida de madera a través del puerto de Valencia. Después de despachar a consumo la mercancía, se la vende a un cliente francés, al que se la remite desde las instalaciones de una empresa valenciana, en la que se encontraba depositada. **7002**
La venta que se realiza al cliente francés es una operación exenta en virtud de lo dispuesto por la LIVA art.25; no obstante, el sujeto pasivo de esta es el empresario portugués, que es quien tiene que documentarla en factura adecuadamente e incluirla en la declaración recapitulativa de operaciones intracomunitarias.

7005

Pregunta
¿Cuándo se aplica la inversión del sujeto pasivo en las prestaciones de servicios?

A partir de lo dispuesto en la LIVA art.84.Uno.2º, el cuadro que nos permite la determinación de la condición de sujeto pasivo de la operación en lo relativo a las prestaciones de servicios es el siguiente:

SUJETO PASIVO EN PRESTACIONES DE SERVICIOS		DESTINATARIO	
		Establecido	**No establecido**
Prestador	Establecido	Prestador	Prestador
	No establecido	Destinatario	Prestador

Hay que tener en cuenta que, por mandato expreso de la norma, en prestaciones de servicios en las que el **destinatario tampoco esté establecido** en el TIVA es sujeto pasivo el destinatario cuando se trate de prestaciones de servicios comprendidas en la LIVA art.69.Uno.1º, previsión de difícil, cuando no imposible, cumplimiento.
Adicionalmente, hay que tener en cuenta las **excepciones** añadidas, en relación con ciertas operaciones inmobiliarias, que se explican en la pregunta siguiente (ver pregunta nº 7010).

7007 Ejemplo Un empresario que se dedica a producir jamón ibérico pretende lanzar su producto en Japón, para lo cual contrata un estudio de mercado. La empresa local, sin ningún tipo de presencia en España, que elabora el estudio, cobra por este un total de 40.000 €.
La operación que se acaba de señalar, que ha de entenderse localizada en el TIVA, da lugar a la aplicación de la inversión del sujeto pasivo, ya que se cumplen todos los requisitos necesarios para ello. El empresario español que contrató el estudio de mercado se tiene que autorrepercutir los 8.400 € de IVA correspondientes a la operación, pudiendo deducirlos en la misma autoliquidación en la que los declare.

7010

Pregunta
¿Hay supuestos específicos de excepción a la inversión del sujeto pasivo relativos a operaciones inmobiliarias realizadas por no establecidos?

Sí. Hay dos **excepciones** a este respecto, que se aplican a las siguientes operaciones:
a) Arrendamientos de bienes inmuebles sujetos y no exentos, excepción relacionada con la doctrina y jurisprudencia relativa a la explotación de inmuebles, excluida de la consideración como establecimiento permanente (TJUE 3-6-21, asunto Titanium C-931/19). Al objeto de conservar la tradicional repercusión y deducción del IVA soportado, se excepcionó en este caso la aplicación de la inversión del sujeto pasivo.
b) Servicios de **intermediación** en el arrendamiento de bienes inmuebles, en este caso, con especial incidencia en los arrendamientos de inmuebles (apartamentos turísticos) a través de plataformas no establecidas en el TIVA.
Nótese que la posible exención de los arrendamientos, en ningún caso es extensible a la mediación en su contratación.

II. Determinadas entregas de oro

(LIVA art.84.Uno.2º.b)

7020

Pregunta
¿Cuáles son las operaciones con oro a las que se aplica la inversión del sujeto pasivo?

En relación a las operaciones realizadas con oro, hay que distinguir **dos supuestos** de inversión del sujeto pasivo:
a) En primer lugar, hay que citar la LIVA art.84.Uno.2º.b), conforme al cual son sujetos pasivos por inversión los empresarios o profesionales para quienes se realicen las operaciones sujetas a gravamen cuando se trate de entregas de **oro sin elaborar** o de productos semielaborados de oro, de ley igual o superior a 325 milésimas.

A estos efectos, el RIVA art.24 ter señala que se considera oro sin elaborar o producto semielaborado de oro el que se utilice normalmente como materia prima para elaborar productos terminados de oro, tales como lingotes, laminados, chapas, hojas, varillas, hilos, bandas, tubos, granallas, cadenas o cualquier otro que, por sus características objetivas, no esté normalmente destinado al consumo final.
b) En segundo lugar, hay que citar las operaciones que tienen por objeto **oro de inversión** para las que se renuncia a la exención, hipótesis en la cual es el adquirente del oro de inversión quien tiene la condición de sujeto pasivo del impuesto, siempre que sea empresario o profesional –la renuncia no tiene sentido en otro caso– (LIVA art.140 quinquies; ver pregunta nº 15473).
Interesa destacar que estos dos supuestos de inversión del sujeto pasivo se configuran como **medidas antifraude** que pretenden evitar que se repercuta IVA en unas operaciones que se han utilizado en ocasiones para instrumentar esquemas de fraude a la Hacienda Pública.

Ejemplo El propietario de un taller de joyería adquiere a un mayorista cadenas de oro a granel con diferentes grosores. Estas cadenas las utiliza en la confección de diferentes productos de su taller. El importe de la operación es de 100.000 €. 7025
En esta operación es obligatoria la inversión del sujeto pasivo. Esto significa que el propietario del taller:
a) No debe aceptar que le repercutan el IVA por la venta del oro.
b) Tiene que autorrepercutirse el IVA correspondiente a la operación, por importe de 21.000 €, e ingresarlo a la Hacienda Pública. Este IVA es deducible en la misma autoliquidación en la que se haya procedido a su ingreso.

III. Operaciones con materiales de recuperación y con derechos de emisión de CO_2

(LIVA art.84.Uno.2º.c y d)

7035

Pregunta
¿Cuáles son las operaciones con materiales de recuperación a las que se aplica la inversión del sujeto pasivo?

Las siguientes:
a) Entregas de desechos nuevos de la industria, desperdicios y desechos de fundición, residuos y demás **materiales de recuperación** constituidos por metales férricos y no férricos, sus aleaciones, escorias, cenizas y residuos de la industria que contengan metales o sus aleaciones.
b) Las operaciones de **selección, corte, fragmentación y prensado** que se efectúen sobre los productos citados en el guión anterior.
c) Entregas de **desperdicios o desechos** de papel, cartón o vidrio.
d) Entregas de **productos semi-elaborados** resultantes de la transformación, elaboración o fundición de los metales no férricos referidos en el primer guión, con excepción de los compuestos por níquel. En particular, se consideran productos semi-elaborados, los lingotes, bloques, placas, barras, grano, granalla y alambrón.
Adicionalmente, se han añadido las entregas de:
- desechos, desperdicios o recortes de plástico;
- desperdicios o artículos inservibles de trapos, cordeles, cuerdas o cordajes.
Al igual que en la pregunta anterior (nº 7020), esta es una medida antifraude que pretende evitar la repercusión del impuesto al adquirente, que tiene derecho a su deducción, sin que se produzca su ingreso por el transmitente. La autorrepercusión del tributo elimina de pleno esta posibilidad.

En todo caso, y por mandato expreso de la LIVA art.84.Uno.2º.c), se consideran comprendidas las entregas de los materiales definidos en la LIVA anexo.Sséptimo, que comprende los siguientes materiales: 7037

Cód. NCE	Designación de la mercancía
7402	Cobre sin refinar; ánodos de cobre para refinado.
7403	Cobre refinado en forma de cátodos y secciones de cátodo.
7404	Desperdicios y desechos de cobre.
7407	Barras y perfiles de cobre.
7408.11.00	Alambre de cobre refinado, en el que la mayor dimensión de la sección transversal sea > 6 mm.
7408.19.10	Alambre de cobre refinado, en el que la mayor dimensión de la sección transversal sea de > 0,5 mm. pero < = 6 mm.
7502	Níquel.
7503	Desperdicios y desechos de níquel.
7601	Aluminio en bruto.
7602	Desperdicios y desechos de aluminio.
7605.11	Alambre de aluminio sin alear.
7605.21	Alambre de aluminio aleado.
7801	Plomo.
7802	Desperdicios y desechos de plomo.
7901	Zinc.
7902	Desperdicios y desechos de zinc (calamina).
8001	Estaño.
8002	Desperdicios y desechos de estaño.
2618	Escorias granuladas (arena de escorias) de la siderurgia.
2619	Escorias (excepto granulados), batiduras y demás desperdicios de la siderurgia.
2620	Cenizas y residuos (excepto siderurgia) que contenga metal o compuestos de metal.
3915	Desechos, desperdicios y recortes, de plástico.
47.07	Desperdicios o desechos de papel o cartón. Los desperdicios de papel o cartón comprenden las raspaduras, recortes, hojas rotas, periódicos viejos y publicaciones, maculaturas y pruebas de imprenta y artículos similares. La definición comprende también las manufacturas viejas de papel o de cartón vendidas para su reciclaje.
6310	Trapos, cordeles, cuerdas y cordajes, de material textil, en desperdicios o en artículos inservibles.
70.01	Desperdicios o desechos de vidrio. Los desperdicios o desechos de vidrio comprenden los residuos de la fabricación de objetos de vidrio así como los producidos por su uso o consumo. Se caracterizan generalmente por sus aristas cortantes. Baterías de plomo recuperados.

7040

Pregunta

¿Hay algún supuesto de inversión del sujeto pasivo en relación con operaciones relativas a derechos de emisión de CO_2?

Sí. Las prestaciones de servicios que tengan por objeto derechos de emisión, reducciones certificadas de emisiones y unidades de reducción de emisiones de gases de efecto invernadero a que se refieren la L 1/2005 y el RD 1031/2007, son operaciones a las que se aplica la inversión del sujeto pasivo.

En consecuencia, no cabe la **repercusión** del IVA en relación con estas operaciones, siendo el adquirente quien ha de autorrepercutirse el tributo y, a continuación, deducirlo.

IV. Determinadas entregas de inmuebles

(LIVA art.84.Uno.2º.e y d)

Pregunta 7045

¿Hay algún supuesto de inversión del sujeto pasivo previsto de manera específica para las operaciones inmobiliarias?

Sí. En la actualidad se aplica la inversión del sujeto pasivo en las siguientes entregas de inmuebles:

a) Las efectuadas como consecuencia de un **proceso concursal**.

b) Las **exentas** a que se refieren la LIVA art.20.Uno.20º y 22º en las que se hubiera renunciado a la exención.

c) Las efectuadas en **ejecución de la garantía** constituida sobre los bienes inmuebles, entendiéndose, asimismo, que se ejecuta la garantía cuando se transmite el inmueble a cambio de la extinción total o parcial de la deuda garantizada o de la obligación de extinguir la referida deuda por el adquirente.

Pregunta 7047

¿Qué responsabilidades asumen los destinatarios de las operaciones inmobiliarias en las que existe inversión del sujeto pasivo que se beneficien de una incorrecta repercusión del impuesto?

Tal y como establece el RIVA art.24 quater.8, los citados destinatarios de las operaciones pueden asumir dos tipos de responsabilidades:

a) En caso de que por **acción u omisión dolosa o culposa** se beneficien de una incorrecta repercusión del impuesto, responden solidariamente de este (LIVA art.87.Uno).

b) Si no teniendo pleno derecho a la deducción del IVA soportado se benefician, mediante acción u omisión dolosa o culposa, de una **incorrecta repercusión**, puede ser aplicable la sanción que establece la LIVA art.171.Uno.2º.

Pregunta 7049

¿A qué entregas de inmuebles efectuadas por empresarios o profesionales declarados en situación de concurso se les aplica la inversión del sujeto pasivo?

A todas las efectuadas desde el 1-1-2012. En consecuencia, no procede hacer distinción entre las efectuadas en la fase de liquidación o las efectuadas en la fase previa. En cualquier entrega de inmuebles efectuada por un empresario o profesional declarado en situación de concurso es aplicable el procedimiento de inversión de sujeto pasivo. Esta aplicación relativamente amplia del precepto ha sido cuestionada ante el **TJUE**, el cual, sin embargo, la ha considerado compatible con lo dispuesto por la normativa comunitaria en la Dir 2006/112/UE (TJUE 13-6-13, asunto Promociones y Construcciones C-125/12).

Es importante precisar que la norma que establece la aplicación de la inversión del sujeto pasivo no altera el resto de las condiciones de tributación de estas operaciones. Por tanto, la citada inversión del sujeto pasivo únicamente es aplicable cuando las entregas de inmuebles a las que afecta sean operaciones sujetas y no exentas del impuesto. Asimismo, hay que tener en cuenta que la inversión del sujeto pasivo únicamente opera en caso de que el **adquirente** de los inmuebles sea empresario o profesional, no en otro caso.

7050

Pregunta
¿A qué entregas de inmuebles con renuncia a la exención se les aplica la inversión del sujeto pasivo?

En cualquier entrega de terrenos o de edificaciones exenta y en la que se renuncie a la exención es de aplicación la inversión del sujeto pasivo (ver preguntas nº 5020 s.). El RIVA art.24 quater.1 señala que el empresario o profesional que realice la entrega debe comunicar expresa y fehacientemente al adquirente la renuncia a la exención. Asimismo, recuerda que la renuncia sólo es factible en caso de que el **adquirente** sea empresario o profesional, en línea con lo que dispone la misma LIVA. El RIVA art.24 quater.7 señala que los adquirentes de estos inmuebles pueden acreditar, bajo su propia responsabilidad, y mediante una declaración escrita firmada por ellos y dirigida al transmitente, su condición de empresarios o profesionales con derecho a la deducción total o parcial del IVA soportado por estas adquisiciones.
Es importante recordar que la **renuncia a la exención** únicamente es factible cuando las operaciones están sujetas al tributo por cumplirse los requisitos establecidos para ello, en particular, el de realización de las operaciones por empresarios o profesionales en el desarrollo de la actividad. En otro caso, las entregas en cuestión no estarían sujetas al tributo, no cabiendo, en esta hipótesis, por tanto, la renuncia.

7052

Pregunta
¿A qué entregas de inmuebles vinculadas a la ejecución de garantías se les aplica la inversión del sujeto pasivo?

A cualesquiera efectuadas en ejecución de la garantía constituida sobre los bienes inmuebles, entendiéndose, asimismo, y por mandato de la norma, que se ejecuta la garantía cuando se transmite el inmueble a cambio de la **extinción** total o parcial de la deuda garantizada o de la obligación de extinguir la referida deuda por el adquirente. De nuevo, la inversión del sujeto pasivo se produce a condición de que las operaciones estén sujetas al impuesto, lo cual requiere que hayan de considerarse efectuadas por empresarios o profesionales. En otro caso, las entregas de inmuebles en cuestión no se encontrarían sujetas al impuesto.
Para que opere la inversión del sujeto pasivo es condición necesaria igualmente que el **adquirente** sea empresario o profesional y que actúe como tal, como se infiere del inciso inicial de la LIVA art.84.Uno.2º. En este sentido, el RIVA art.24 quater.2, establece la obligación de los adquirentes de comunicar esta circunstancia a quienes entreguen los inmuebles.
Por lo que se refiere a la **delimitación negativa**, no se incluyen en el ámbito objetivo de la LIVA art.84.Uno.2º.e) tercer guión, sin perjuicio de que sea de aplicación el mecanismo de inversión del sujeto pasivo en virtud de los guiones primero y segundo del referido precepto, las siguientes entregas:
a) Las entregas efectuadas como consecuencia de un proceso **concursal**.
b) Las entregas **exentas** a que se refiere la LIVA art.20.Uno.20º y 22º en las que el sujeto pasivo hubiera renunciado a la exención.

V. Ejecuciones de obra

(LIVA art.84.Uno.2º.f)

7055

Pregunta
¿A qué ejecuciones de obra les es aplicable la inversión del sujeto pasivo?

A las que cumplan los siguientes **requisitos**:
a) Que tengan por **destinatarios** a otros empresarios o profesionales que actúen como tales.

b) Que sean consecuencia de **contratos** formalizados directamente entre contratista y promotor, aunque también se aplica la inversión del sujeto pasivo a operaciones en cadena (ver pregunta nº 7073) y a las cesiones de personal que se efectúen para la realización de esas ejecuciones de obra.
c) Que, jurídicamente, hayan de ser consideradas como **ejecuciones de obra**, no siendo aplicable el procedimiento de autoliquidación a otras operaciones.
d) Que el **objeto** sea la urbanización de terrenos o la construcción o rehabilitación de edificaciones.

Pregunta 7057
¿A quién ha de considerarse como empresario o profesional para aplicar la inversión del sujeto pasivo en ejecuciones de obra?

Tal y como indica la DGT, a quienes desarrollen **actividades** que, conforme al concepto general que se establece en la LIVA, deban calificarse como empresariales o profesionales. En el caso de personas o entidades que pueden actuar a la vez como empresarios o profesionales y como consumidores finales, la inversión del sujeto pasivo sólo es aplicable en las ejecuciones de obra que contraten como empresarios o profesionales, no en otro caso.
A este respecto, la DGT ha indicado que por lo que respecta, en particular, a los **entes públicos**, las personas físicas, las asociaciones, las cooperativas y las demás entidades sin ánimo de lucro, es necesario que estos comuniquen expresa y fehacientemente al contratista principal que están adquiriendo el bien o servicio en su calidad de empresario o profesional. No es necesaria, sin embargo, esa comunicación en los supuestos en los que las citadas personas o entidades no actúen con la condición de empresario o profesional, en cuyo caso no opera el supuesto de inversión del sujeto pasivo.
El hecho de disponer del referido certificado se señala por la DGT como relevante a los efectos de la determinación del **régimen de responsabilidades** del contratista por la comisión de infracciones tributarias, aunque sin llegar a eximirle de estas.
Para los **contratos suscritos directamente entre los promotores de las obras y los contratistas**, el RIVA art.24 quater.3 establece que los citados promotores deben, en su caso, comunicar expresa y fehacientemente al contratista o contratistas principales con los que contraten, las siguientes circunstancias:
- que están actuando, con respecto a esas operaciones, en su condición de empresarios o profesionales;
- que tales operaciones se realizan en el marco de un proceso de urbanización de terrenos o de construcción o rehabilitación de edificaciones.

En cuanto a las **subcontrataciones**, el RIVA art.24 quater.4 dispone que los destinatarios de las operaciones deben, en su caso, comunicar expresa y fehacientemente a los subcontratistas con los que contraten, la circunstancia referida en el segundo guión anterior. En este caso, no es necesaria la certificación de la condición de empresario o profesional, que va de suyo por razón de la propia contratación.
Quien por **acción u omisión dolosa o culposa** se beneficie de una incorrecta repercusión del impuesto responde solidariamente de la deuda tributaria correspondiente, sin perjuicio de imposición de una sanción (RIVA art.24 quater.8). No se prevé, sin embargo, en la norma, el régimen de responsabilidades que corresponda a quien ejecuta la obra en caso de que haya sido inducido a error por su cliente.

Pregunta 7059
¿Quién ha de considerarse como promotor para aplicar la inversión del sujeto pasivo en ejecuciones de obra?

En sus contestaciones sobre la materia, la DGT considera como promotor a quien ostente un título de **propiedad** que se refiera a la obra concernida. De acuerdo con lo anterior, se incluyen, a modo de ejemplo, dentro del concepto de promotor los siguientes supuestos:

a) **Empresa** que encarga la construcción de su propia oficina o nave.
b) **Comunidad de propietarios** que encarga la construcción o rehabilitación de su edificio.
c) **Personas físicas y jurídicas** que participan como propietarios en una actuación urbanística pagando las correspondientes derramas de urbanización.
Lo anterior ha de entenderse sin perjuicio de que, por aplicación de la normativa sustantiva del sector, pueda haber **otros actores** que también tengan la condición de promotores inmobiliarios en función del título con el que actúen, como bien ilustra la DGT CV 6-2-24, en la que se acepta esta condición para un ayuntamiento que actúa como promotor (en este caso, a los efectos de la aplicación del tipo reducido en una ejecución de obra ex LIVA art.91.Uno.1.3º).

7061

Pregunta
¿Qué debe considerarse como urbanización de terrenos a efectos de aplicar la inversión del sujeto pasivo en ejecuciones de obra?

Debe considerarse como urbanización el **proceso** que comprende todas las actuaciones que se realizan para dotar a un terreno de los elementos necesarios para servir a la edificación que sobre ellos exista o vaya a existir.
Las dudas que se plantean en este ámbito se centran fundamentalmente en el **tratamiento** que deben recibir las ejecuciones de obras de urbanización, como las de abastecimiento, la evacuación de aguas, el suministro de energía eléctrica, las redes de distribución de gas, las instalaciones telefónicas, los accesos, las calles y las aceras, cuando puede que no se lleven a cabo en el marco de una urbanización de terrenos, construcción o rehabilitación de edificaciones.
Si las citadas operaciones se realizan en el seno de un **proceso de urbanización** de un terreno o de construcción o rehabilitación de una edificación, procede aplicar el mecanismo de inversión del sujeto pasivo, siempre y cuando se reúnan los demás requisitos previstos para ello.
La DGT indica que ha de considerarse proceso de urbanización de un terreno aquel que comprende todas las actuaciones que se realizan para dotar a ese terreno de los elementos previstos por la legislación urbanística, como acceso rodado, abastecimiento y evacuación de agua, suministro de energía eléctrica, etc., para servir a la **edificación** que sobre ellos exista o vaya a existir, ya sea para viviendas, otros locales o edificaciones de carácter industrial, etc.
Con esta premisa, se califican como ejecuciones de obra de urbanización de un terreno, a estos efectos, las actuaciones de **nueva urbanización**, las **actuaciones** de urbanización que tengan por objeto la reforma o renovación sustancial de suelo ya urbanizado, así como las actuaciones de dotación que incrementen las dotaciones públicas de un suelo urbanizado en los términos señalados, así como las actuaciones que supongan un incremento de las dotaciones públicas, de un suelo urbanizado en los términos señalados.
Por el contrario, si este tipo de operaciones se realiza **de forma aislada** a los procesos anteriormente señalados, no tiene que aplicarse el mecanismo de inversión del sujeto pasivo, con carácter general, salvo que esas ejecuciones, en sí mismas, constituyan un proceso de urbanización o de rehabilitación.
Con estas premisas, se ha admitido la aplicación de la inversión del sujeto pasivo en la ejecución de procesos urbanísticos a través del **sistema de compensación** (DGT CV 8-3-23, entre otras) y de **cooperación** (DGT CV 16-2-23; CV 9-8-23).
El RIVA art.24 quater.3, señala que quienes contraten estas obras, en el **certificado** que expidan a contratistas o subcontratistas para acreditar su condición de empresarios o profesionales, deben indicar igualmente que las obras se realizan en el marco de un proceso de urbanización de terrenos, en su caso.

Pregunta 7063
¿Qué debe considerarse como construcción o rehabilitación de edificaciones a efectos de aplicar la inversión del sujeto pasivo en ejecuciones de obra?

Por obras de **construcción**, la DGT considera que debe entenderse aquellas ejecuciones de obra que tienen por **objeto** la obtención de un resultado o de un bien nuevo y distinto a los bienes que se hayan utilizado para su realización. De esta forma, quedarían fuera de este concepto las operaciones de mantenimiento, reparación y conservación de una edificación. No obstante, quedarían incluidas las adiciones y mejoras que incrementen el valor de tales edificaciones, si este tipo de operaciones quedan englobadas dentro del concepto de rehabilitación.
El concepto de **rehabilitación** se define por la DGT por referencia a lo dispuesto en la LIVA art.20.Uno.22º.B (ver pregunta nº 4925).
Igualmente debe aclararse que también resulta aplicable la inversión del sujeto pasivo a las ejecuciones de obra tales como la reparación de humedades, alicatados y trabajos similares realizados tras la entrega de la obra final, pero en **periodo de garantía**, siempre que esos trabajos se deriven directamente del contrato principal de urbanización, construcción o rehabilitación.
El RIVA art.24 quater.3 señala que quienes contraten estas obras, en el certificado que expidan a contratistas o subcontratistas para acreditar su condición de empresarios o profesionales, deben indicar igualmente que las obras se realizan en el marco de un proceso de construcción o rehabilitación de edificaciones, en su caso.

Pregunta 7065
¿Qué debe considerarse como edificación a efectos de aplicar la inversión del sujeto pasivo en ejecuciones de obra?

Según la DGT, lo definido como tal en la LIVA art.6 (ver pregunta nº 475). A este respecto, la doctrina administrativa ha considerado como edificaciones las siguientes:
a) Los elementos que componen un **parque solar**, incluidas, entre otras, las instalaciones fotovoltaicas (placas solares), líneas de conexión o evacuación de la energía producida, centros de entrega y transformación de energía, y las líneas de conexión de generación (DGT CV 18-1-10).
b) Los **aerogeneradores**, que constituyen instalaciones especiales para la producción de electricidad y que se encuentran unidos al terreno donde se cimientan de forma fija (DGT CV 1-9-09).
c) Los **depósitos de agua** (DGT 13-5-02).
d) Instalaciones industriales, tales como las subestaciones y centros de transformación, cuando estén unidas permanentemente al suelo o a otros inmuebles y sean susceptibles de utilización autónoma e independiente.
e) Las **casas prefabricadas** y otras construcciones modulares que se unan permanentemente al suelo y que, objetiva y legalmente consideradas, sean susceptibles de ser utilizadas como vivienda (es indiferente a efectos del IVA el hecho de vender la casa prefabricada a un consumidor final o a un distribuidor que luego la revende). Lo mismo resultaría de aplicación a las construcciones modulares que, cumpliendo los requisitos citados, sirvan al desarrollo de una actividad económica, como puede ser el caso de aulas para colegios prefabricadas. No obstante lo anterior, en el supuesto de que la casa prefabricada pueda ser objeto de traslado a otro lugar, sin quebranto de la materia ni menoscabo del objeto, no se estaría ante una edificación (DGT 30-3-04).
Por el contrario, **no se consideran edificaciones**, entre otras, las siguientes:
1. Las obras de **urbanización de terrenos**, tales como abastecimiento y evacuación de aguas, suministro de energía eléctrica, redes de distribución de gas, instalaciones telefónicas, accesos, calles y aceras.
2. Las **acequias**, desagües y zonas de servidumbre.

3. Las **placas solares** que puedan ser desmontadas sin menoscabo o quebranto para su ubicación en un lugar diferente de su emplazamiento original (DGT CV 18-1-10; CV 26-2-18).
4. Los viveros flotantes (**bateas**) de cultivo de mejillón.

7067

Pregunta
¿Qué debe considerarse como ejecución de obra a efectos de aplicar la inversión del sujeto pasivo?

En su doctrina, la DGT distingue entre el arrendamiento de obra y el de servicios, caracterizándose el primero porque en este lo que prevalece es la **obtención de un resultado**, que es precisamente lo que se contrata. Con este antecedente, la DGT califica como ejecuciones de obra, entre otras, las siguientes **operaciones**:
a) Instalación de **fontanería, calefacción, electricidad** etc., así como la instalación de muebles de cocina y baño, incluidas las bancadas o encimeras de los mismos de cualquier material, y armarios empotrados.
b) Suministro de **bienes objeto de instalación y montaje**, tales como puertas, ventanas, ascensores, sanitarios, calefacción, aire acondicionado, equipos de seguridad, equipos de telecomunicaciones así como el vibrado y extendido de hormigón u otros materiales.
c) Construcción de **depuradoras, plantas potabilizadoras**, instalaciones solares fotovoltaicas, carreteras, ferrocarriles, ajardinamientos, etc.
d) **Movimiento de tierras** para la ejecución de cualquier tipo de obra de construcción de edificación o urbanización de terrenos.
e) La **demolición** de edificaciones.
f) La construcción de **carreteras y autopistas**, incluyéndose la señalización horizontal, y vertical, la instalación de vallado metálico y de biondas, etc.
Por el contrario, **no** ha considerado **ejecuciones de obra**, entre otras, las siguientes:
1. Arrendamiento de grúas y demás maquinaria pesada con operarios especializados así como el arrendamiento de medios de transporte con o sin conductor, salvo que de conformidad con los acuerdos contractuales el prestador del servicio se comprometa a ejecutar la totalidad o parte de una obra, responsabilizándose de su resultado.
2. Operaciones de **mantenimiento de instalaciones** en cualquiera de las modalidades contractuales bajo las que se realicen.
3. Operaciones de **mantenimiento periódico** de ascensores, cerrajería, calderas y sistemas de calefacción, limpieza, vídeo porteros, instalaciones de TV, bombas de grupos de presión de agua, placas solares, puertas de garaje, piscinas, jardines, grupos de incendios, extintores, tuberías de desagüe, desinfecciones, y de canales de tejados en edificio, aunque se produzca la sustitución o reparación de los materiales en mal estado o averiados.
4. Actividades de **viabilidad, mantenimiento y vigilancia** de vías públicas, realizadas en el marco de un contrato de conservación y mantenimiento, incluyendo la retirada de objetos de la calzada, la reparación de defectos en la calzada, la señalización de situaciones de peligro, la señalización y regulación del tráfico, la inspección de elementos de la carretera, los bacheos y regularizaciones de firmes, las pequeñas reparaciones de obras de fábrica, la limpieza de desagües, juntas, señales, etc.
5. Servicios de **seguridad y vigilancia de la obra**, dirección de obras, redacción de proyectos, servicios de arquitectos, ingenieros o asistencia técnica de seguridad en la obra.
6. Gestión de **residuos**.
7. Suministro e **instalación de equipos** que no forman parte de la propia obra ejecutada, tales como casetas de obra, elementos de protección o andamios.
8. Suministro de **materiales** que no sean objeto de instalación y montaje.

7069

Pregunta
¿En qué términos procede aplicar la inversión del sujeto pasivo a las operaciones complejas?

En el caso de operaciones complejas, esto es, de operaciones que incluyan **varias prestaciones diferenciadas**, la DGT hace referencia a la jurisprudencia comunitaria sobre la materia, indicando que en estos casos procede considerar que existe una **única prestación** en caso de que el resto sean accesorias de la principal, en el sentido de que no tengan más utilidad que permitir o propiciar que el cliente disfrute de la prestación principal en las mejores condiciones posibles. En otro caso, si lo que hay son varias prestaciones que se incluyen en una única transacción, lo que procede es darle a cada una de ellas el tratamiento que corresponda, incluso a los efectos de aplicar la inversión del sujeto pasivo exclusivamente a una parte de esta.
Con estos antecedentes, la DGT indica que se debe estar a los criterios anteriores para considerar en cada caso, si los **contratos «mixtos»** dan lugar a operaciones que están formadas por prestaciones diferentes e independiente a efectos del IVA, o bien, si tales prestaciones deben considerarse accesorias a una principal por no constituir un fin en sí mismas, sino contribuir a la mejor prestación de ese servicio principal.
La DGT indica igualmente que la regla de inversión del sujeto pasivo exige, en un primer estadio, que la obra en su conjunto haya sido **calificada** como de construcción o rehabilitación de edificaciones o como de urbanización de terrenos. En un segundo estadio, la inversión precisa que el **contrato o subcontrato**, total o parcial, que se deriva de la obra en su conjunto tenga la consideración de ejecución de obras.
En estas circunstancia, cuando el contrato o subcontrato particular en el que pueda fraccionarse la ejecución material de la construcción, rehabilitación o urbanización del terreno, incluya, por **precio único**, además de ejecuciones de obras, con o sin aportación de materiales, otras prestaciones de servicios o entregas de bienes, dentro de lo que puede calificarse un contrato mixto, parecería artificioso considerar que se tratan de operaciones independientes a efectos de la regla de inversión del sujeto pasivo. En efecto, la naturaleza del contrato o subcontrato mixto del que se derive que necesariamente deben realizarse ejecuciones de obra a favor del contratista o promotor y otras prestaciones de servicios o entregas de bienes, no desvirtúa su anclaje en la ejecución de obra inmobiliaria que supone la realización de un proceso de urbanización de terrenos o de construcción o rehabilitación de edificaciones y que da lugar a la aplicación de la regla de inversión del sujeto pasivo.
La DGT entiende aplicable este criterio con independencia de la **ponderación** en el contrato mixto de la parte correspondiente a la prestación de servicios y de la parte correspondiente a la ejecución de obra, con o sin aportación de materiales, salvo que esta última fuera notablemente irrelevante respecto de la primera.
A modo de **ejemplo**, en un contrato que tenga por objeto la construcción de una nave pero en el que se incluyan, por un mismo precio, otros servicios tales como la redacción del proyecto de obra, la supervisión de las obras de ejecución de obra inmobiliaria, puede considerarse, con carácter general, que los servicios de la redacción del proyecto de obra y de supervisión de la obra son accesorios a la ejecución inmobiliaria aplicándose, por tanto, la inversión del sujeto pasivo a la totalidad de la operación.
También es procedente la inversión del sujeto pasivo cuando de un único contrato derive la realización de una ejecución de obra inmobiliaria y, por un **mismo precio**, se contrate con el mismo contratista que preste otros servicios o entregue bienes, siempre que el contrato se realice en el marco de una urbanización de terrenos o la construcción o rehabilitación de edificaciones, salvo que como se ha señalado la parte correspondiente a la ejecución de obras fuera notablemente irrelevante.
Se concluye indicando que, en sentido inverso, debe evitarse el **desglose artificial** de operaciones que deben ser tratadas como una única operación, cuando todos los

elementos que integren la operación de que se trate resulten necesarios para llevarla a cabo y se encuentren estrechamente vinculados entre sí.

7071

Pregunta
¿En qué términos se aplica la inversión del sujeto pasivo en operaciones en las que intervienen varios contratistas?

A estos efectos, hay que distinguir según se trate de operaciones en las que hay varios contratistas que se relacionan con un único promotor o de operaciones en cadena.
Cuando se realizan ejecuciones de obra en las que **varios contratistas principales** formalizan sus contratos directamente con el promotor de las obras, lo relevante a estos efectos es que la ejecución de obra llevada a cabo en su conjunto por todos ellos tenga esta consideración, sin que haya que atender a que cada una de las ejecuciones de obra llevadas a cabo por cada uno de los contratistas sean aisladamente consideradas como de urbanización, construcción o rehabilitación.
Así por **ejemplo**, si un sujeto pasivo pretende rehabilitar un edificio para lo cual contrata individualmente con un encofrador, un ferrallista y una empresa que le realice el bombeo de hormigón, esa actuación debe calificarse como rehabilitación a efectos de la aplicación de la inversión del sujeto pasivo, sin perjuicio de que tales ejecuciones de obra, de forma aislada no reúnan los requisitos para calificarse como obras de rehabilitación.
Por el contrario, no resulta aplicable el mecanismo de inversión del sujeto pasivo, aun tratándose de ejecuciones de obra o cesiones de personal, cuando tales servicios se presten en el marco de un **contrato principal** que no tenga por objeto la urbanización de terrenos o la construcción o rehabilitación de edificaciones.

7073

Pregunta
¿En qué términos se aplica la inversión del sujeto pasivo en operaciones en las que intervienen subcontratistas?

Para el caso de la existencia de subcontratistas, la pauta que se establece es la misma, indicándose la procedencia de la aplicación de la inversión del sujeto pasivo exclusivamente cuando el **contrato principal** haya de calificarse como ejecución de obra de urbanización de terrenos o de construcción o rehabilitación de edificaciones.
A modo de **ejemplo**, un contrato principal que tenga por objeto la conservación y mantenimiento de carreteras, en cuya virtud se presten servicios tales como limpieza, recogida de materiales, viabilidad invernal, segado de cunetas, etc., no da lugar a la inversión del sujeto pasivo, en ninguna de las fases de la cadena, aunque en cumplimiento de ese contrato principal deban tener lugar determinadas ejecuciones de obra inmobiliaria, todo ello siempre y cuando ese contrato no pueda considerarse como de urbanización de terrenos o de construcción o rehabilitación de edificaciones.
Cabe aclarar igualmente que la inversión del sujeto pasivo es aplicable a las ejecuciones de obra y **cesiones de personal** efectuadas para el contratista principal u otros subcontratistas, cuando estas sean consecuencia o traigan causa de un contrato principal, que tenga por objeto la urbanización de terrenos o la construcción o rehabilitación de edificaciones. Lo anterior se produce con independencia de que el promotor actúe o no con la condición de empresario o profesional, es decir, sin que resulte relevante, a estos efectos, que se produzca o no la inversión del sujeto pasivo en las operaciones efectuadas entre el contratista principal y el promotor.
A estos efectos, la DGT indica que es necesario que el **contratista principal** y, en su caso, los sucesivos subcontratistas destinatarios de las operaciones de ejecución de obra o de cesión de personal, comuniquen expresa y fehacientemente al proveedor o prestador que estas se integran en el seno de un contrato principal, promotor-contratista, que tiene por objeto la urbanización de terrenos o la construcción o rehabilitación de edificaciones. Este **certificado**, cuya existencia no se prevé en la LIVA, se

dispone como obligatorio en las relaciones entre contratistas y subcontratistas así como en los casos de sujetos pasivos que aúnan la condición de empresarios o profesionales y de consumidores finales para indicar en condición de qué están actuando.

Pregunta 7075
¿Cuáles son los certificados que se pueden o deben expedir en relación con las ejecuciones de obra a las que se aplica la inversión del sujeto pasivo?

Los certificados que contempla el RIVA art.24 quater.3 y 4, son los siguientes:
a) Para el caso de las obras realizadas por **contratistas principales**, esto es, aquellos que contratan directamente con el dueño de las obras o promotor, el certificado en el que se indica que:
- los citados promotores de obra están actuando, respecto a estas, como empresarios o profesionales;
- las obras realizadas se efectúan en el marco de procesos de urbanización de terrenos o de la construcción o rehabilitación de edificaciones.

b) Para el caso de las obras realizadas por **subcontratistas**, esto es, por quienes no contratan directamente con el dueño de la obra, sino con el contratista o subcontratistas principales, únicamente la indicación de que la obra se realiza en el marco de una obra de urbanización de terrenos o de construcción o rehabilitación de edificaciones. A diferencia del anterior, en este certificado no es necesario indicar que se está actuando como empresario o profesional.

Estos certificados han de expedir por los **destinatarios** de las operaciones. Quienes realicen las correspondientes ejecuciones de obra han de abstenerse de repercutir el impuesto cuando dispongan de los respectivos certificados (ver pregunta nº 7079 en cuanto al régimen de responsabilidades).

No está prevista en la norma la expedición de **certificados negativos**, esto es, de certificados en los que se señala que se carece de la condición de empresario o profesional o de que no se está actuando como tal en relación con la obra que se ejecute o de que la obra realizada no se inscribe en el marco de una obra de urbanización de terrenos, construcción o rehabilitación de edificaciones.

Pregunta 7077
¿Cuándo han de expedirse los certificados?

Tal y como señala el RIVA art.24 quater.6, los certificados a que se refiere la pregunta anterior (nº 7075) han de expedirse con carácter **previo o simultáneo** a la realización de las entregas de bienes o prestaciones de servicios en que consisten las operaciones respectivas.

Parece de sentido común que, si quienes han de repercutir el impuesto dependen de la disposición del certificado, este se expida con carácter previo a la realización de las operaciones. No obstante, se suscita de nuevo la duda de las consecuencias tanto de la disposición del certificado como de su ausencia, cuestión que se analiza en la pregunta siguiente (nº 7079).

Pregunta 7079
¿Qué régimen de responsabilidades tienen los intervinientes en las ejecuciones de obra a las que se aplica la inversión del sujeto pasivo?

Depende de que se haya expedido o no el **certificado**:
a) Si se ha **expedido** el certificado, hay que distinguir a su vez entre la responsabilidad de quien realizó la ejecución de obra y la de su cliente:
1. En cuanto al **empresario o profesional** que realizó la ejecución de obra, en principio, bien podría pensarse que la disposición del certificado le exime de cualquier responsabilidad en caso de que la información que en él se contiene no responda a

la realidad. Sin embargo, hay que tener en cuenta que no hay ninguna referencia en la norma que permita llegar a esta conclusión de manera taxativa, como igualmente demuestran las contestaciones de la DGT sobre el particular, que se limitan a indicar que se tiene en cuenta, pero sin llegar a señalar ninguna exención de responsabilidad a estos efectos.

2. Respecto al **destinatario** de las operaciones que hubiera expedido el certificado, el RIVA art.24 quater.8 indica que si por acción u omisión dolosa o culposa se hubiera beneficiado de una incorrecta repercusión del impuesto, responde solidariamente de la deuda tributaria. Asimismo, cabe la posibilidad de que se aplique la sanción para los supuestos de obtención de una incorrecta repercusión del impuesto para quienes no tengan pleno derecho a su repercusión y por acción u omisión dolosa o culposa lleguen a este resultado (LIVA art.170.Dos.2º). En consecuencia, quien expida un certificado que no responda a la realidad y, con ello, evite la repercusión del impuesto por parte de quienes estuvieran realizando ejecuciones de obra para ellos, se pueden ver obligados al pago del tributo de cuya no repercusión se beneficiaron. Adicionalmente, podrían tener que hacer frente a la sanción del 50% que establece la normativa (LIVA art.171.Uno.2º), con posible reducción por conformidad (LGT art.188.3).

b) Si **no se ha expedido** el certificado, hay que distinguir igualmente las situaciones de quien realiza la operación y de su destinatario:

1. El **empresario o profesional** que efectúe la ejecución de obra se encuentra con que su cliente no ha expedido el certificado al que obliga el RIVA. En tal caso, bien podría concluirse, y la prudencia aconseja que así sea, que ha de procederse a la repercusión del impuesto, al no concurrir uno de los requisitos de obligado cumplimiento para la aplicación de la medida.

2. El **destinatario** de la operación, que es quien ha incumplido la obligación de expedición del certificado, es sujeto pasivo por inversión en una ejecución de obra a la que, en principio, le resulta aplicable el mecanismo de la autoliquidación. En consecuencia, debería autoliquidar e ingresar el tributo. Nótese que con ello se produce una **doble imposición** que carece por completo de sentido, pero que, en principio, es la que resulta de la interpretación literal de la norma.

7081

Pregunta
¿Además de los certificados, existe algún otro documento que se pueda expedir a estos efectos?

Sí. Además de los anteriores, el RIVA art.24 quater.7 dispone que los destinatarios de las operaciones a las que nos hemos referido pueden acreditar **bajo su responsabilidad**, mediante una **declaración** escrita firmada por estos dirigida al empresario o profesional que realice la entrega o preste el servicio, que concurren, en cada caso y según proceda, las siguientes circunstancias:

– que están actuando, con respecto a esas operaciones, en su condición de empresarios o profesionales;

– que las operaciones se realizan en el marco de un proceso de urbanización de terrenos o de construcción o rehabilitación de edificaciones.

7083

Pregunta
¿Cómo se documentan las ejecuciones de obra a las que resulta aplicable la inversión del sujeto pasivo?

Mediante la expedición de **facturas**, como cualesquiera otras operaciones. Hay que tener en cuenta, sin embargo, que en tanto que operaciones a las que resulta aplicable la inversión del sujeto pasivo, no procede la **repercusión** del impuesto en ellas, ya que son sus destinatarios quienes han de proceder a la autoliquidación del tributo.

Asimismo, hay que tener en cuenta que, siendo aplicable la inversión del sujeto pasivo en estas operaciones, hay que indicarlo así en las facturas que se expidan para su **documentación** (Rgto Fac art.6.1.m).

VI. Entregas de determinados metales y equipos electrónicos

(LIVA art.84.Uno.2º.g)

7084.1

Pregunta
¿Existen entregas de metales a las que se aplique la inversión del sujeto pasivo?

Sí. Conforme a la LIVA art.85.Uno.2º.g), se aplica la inversión del sujeto pasivo a las entregas de plata, platino y paladio, en bruto, en polvo o semilabrado, asimilándose a ellas las entregas que tengan por objeto esos metales resultantes de la realización de actividades de transformación por el empresario o profesional adquirente.
En todo caso, aclara la propia LIVA, ha de tratarse de **productos que no estén incluidos** en el ámbito de aplicación del régimen especial aplicable a los bienes usados, objetos de arte, antigüedades y objetos de colección.
La misma norma remite la delimitación del ámbito objetivo de la disposición a la LIVA anexo.Décimo, que hace referencia a los siguientes productos:

Cód. NCE	Designación de la mercancía
7106 10 00	Plata en polvo
7106 91 00	Plata en bruto
7106 92 00	Plata semilabrada
7110 11 00	Platino en bruto, o en polvo
7110 19	Platino. Los demás
7110 21 00	Paladio en bruto o en polvo
7110 29 00	Paladio. Los demás

7084.2

Pregunta
¿Existen entregas de equipos electrónicos a las que se aplique la inversión del sujeto pasivo?

Sí. Conforme a la LIVA art.85.Uno.2º.g), se aplica la inversión del sujeto pasivo a las entregas de:
- teléfonos móviles;
- consolas de videojuegos, ordenadores portátiles y tabletas digitales.

Lo anterior solo se aplica cuando el destinatario sea:
a) Un empresario o profesional **revendedor** de estos bienes, cualquiera que sea el importe de la entrega.
b) Un empresario o profesional distinto de los referidos en la letra anterior, cuando el **importe total** de las entregas de esos bienes efectuadas a este, documentadas en la misma factura, exceda de 10.000 euros, excluido el IVA.
A efectos del cálculo del límite mencionado, se atiende al importe total de las entregas realizadas cuando, documentadas en más de una factura, resulte acreditado que se trate de una única operación y que se ha producido el desglose artificial de la misma a los únicos efectos de evitar la aplicación de esta norma.

7084.3

Pregunta

¿Cómo debe acreditarse la condición de empresario o profesional en las anteriores operaciones?

Conforme a lo dispuesto por el RIVA art.24 quater.5, que dispone que los destinatarios de las operaciones citadas en la pregunta anterior deben, en su caso, comunicar expresa y fehacientemente al empresario o profesional que realice la entrega, que están actuando, con respecto a esas operaciones:

- en su condición de empresarios o profesionales;
- en su condición de revendedores, lo que deben acreditar mediante la aportación de un certificado específico emitido a estos efectos a través de la sede electrónica de la AEAT a que se refiere el RIVA art.24 quinquies.

El citado RIVA art.24 quinquies establece que, a estos efectos, se considera **revendedor** al empresario o profesional que se dedique con habitualidad a la reventa de los bienes adquiridos a que se refieren esas operaciones.

El empresario o profesional revendedor debe comunicar al órgano competente de la AEAT su condición de revendedor mediante la presentación de la correspondiente **declaración censal** al tiempo de comienzo de la actividad, o bien durante el mes de noviembre anterior al inicio del año natural en el que deba surtir efecto.

La comunicación se entiende prorrogada para los años siguientes en tanto no se produzca la pérdida de esa condición, que debe asimismo ser comunicada a la Administración Tributaria mediante la oportuna declaración censal de modificación.

El empresario o profesional revendedor puede obtener un certificado con el código seguro de verificación a través de la sede electrónica de la AEAT, que tiene validez durante el año natural correspondiente a la fecha de su expedición.

Adicionalmente, los citados destinatarios pueden acreditar bajo su responsabilidad, mediante una **declaración** escrita, por ellos firmada, dirigida al empresario o profesional que realice la entrega, que están actuando, con respecto a esas operaciones, en su condición de empresarios o profesionales (RIVA art.24 quater.7).

Como en el resto de supuesto de inversión del sujeto pasivo correspondientes a operaciones interiores, el RIVA art.24 quater.8 establece que, de mediar las circunstancias previstas en la LIVA art.87.Uno, los citados destinatarios deben responder solidariamente de la deuda tributaria correspondiente.

Asimismo, cabe la posibilidad de que se aplique la sanción para los supuestos de obtención de una incorrecta repercusión del impuesto para quienes no tengan pleno derecho a su repercusión y por acción u omisión dolosa o culposa lleguen a este resultado (LIVA art.170.Dos.2º). En consecuencia, quien expida un certificado que no responda a la realidad y, con ello, evite la repercusión del impuesto por parte de quienes estuvieran realizando ejecuciones de obra para ellos, se pueden ver obligados al pago del tributo de cuya no repercusión se beneficiaron. Adicionalmente, podrían tener que hacer frente a la sanción del 50% que establece la normativa (LIVA art.171.Uno.2º), con posible reducción por conformidad (LGT art.188.3).

VII. Documentación de las operaciones cuando se aplica la inversión del sujeto pasivo

(LIVA art.84.Uno.2º)

Pregunta 7084.4
¿Cómo se documentan las operaciones en las que se aplica la inversión del sujeto pasivo?

En factura completa, como cualesquiera otras. Hay que tener en cuenta, sin embargo, dos **especialidades**, que son las siguientes:
a) En las **facturas** que documenten las operaciones debe incluirse la mención «inversión del sujeto pasivo», conforme dispone el Rgto Fac art.6.1.m).
b) Las entregas de bienes a las que se aplique la inversión del sujeto pasivo conforme a lo establecido en la LIVA art.84.uno.2º deben documentarse en una factura mediante **serie especial**. Interesa destacar que, conforme a la dicción expresa de la LIVA, esta obligación no se extiende a las prestaciones de servicios incluidas en la citada LIVA art.84.uno.2º, lo que no deja de ser llamativo.

VIII. Personas jurídicas que no actúan como empresarios o profesionales

(LIVA art.84.Uno.3º)

Pregunta 7085
¿En qué condiciones tienen la consideración de sujeto pasivo de IVA por inversión las personas jurídicas que no actúan como empresarios o profesionales?

En los supuestos previstos en la LIVA art.84.Uno.3º, conforme al cual son sujetos pasivos del IVA las personas jurídicas que no actúen como empresarios o profesionales que sean **destinatarias de las operaciones** sujetas a gravamen que se indican a continuación, realizadas por empresarios o profesionales no establecidos en el TIVA, cuando hayan comunicado al empresario o profesional que las realiza el NIF-IVA que tengan atribuido por la Administración española:
a) Las **entregas subsiguientes** a las AIB exentas conforme a la LIVA art.26.Tres (las operaciones triangulares, ver pregunta nº 13120), cuando hayan suministrado un NIF-IVA atribuido por la Administración española.
b) Las **prestaciones de servicios** a que se refiere la LIVA art.69 y 70.
Se trata de supuestos específicos que se refieren a casos muy concretos, como ocurre con las entregas subsiguientes a las AIB exentas, o a las prestaciones de servicios de las que sean destinatarias estas entidades, que se deben considerar empresarios o profesionales a estos efectos (ver pregunta nº 505) y aplicar la inversión del sujeto pasivo para autoliquidar el tributo.

IX. Entregas de gas, electricidad, calor y frío

(LIVA art.84.Uno.4º)

Pregunta 7090
¿Existe algún supuesto específico de inversión del sujeto pasivo relativo a las entregas de gas, electricidad, calor y frío?

Sí. Se trata de la norma que se establece en la LIVA art.84.Uno.4º, conforme a la cual, sin perjuicio de la regulación general que existe en relación con la figura de la inversión del sujeto pasivo, son sujetos pasivos del IVA los empresarios o profesionales, así como las personas jurídicas que no actúen como empresarios o profesionales, que sean destinatarios de entregas de gas y electricidad o las entregas de calor o de frío a través de las **redes de calefacción o de refrigeración** que se entiendan realizadas en el TIVA conforme a lo dispuesto en la LIVA art.68.Siete, siempre que la entrega la efectúe un empresario o profesional no establecido en el citado territorio y le hayan comunicado el NIF-IVA que tengan atribuido por la Administración española.

SECCIÓN 4

La consideración de sujeto establecido

(LIVA art.84.Dos)

7095

Pregunta
¿Quién tiene la consideración de establecido a los efectos del IVA?

De acuerdo con la LIVA art.84.Dos, a los efectos de este impuesto se consideran establecidos en el TIVA los sujetos pasivos que tengan en el mismo la sede de su actividad económica, un establecimiento permanente o su domicilio fiscal, a condición de que cualquiera de estas localizaciones intervenga en la realización de las operaciones sujetas al impuesto.
Lo **relevante** para atribuir a un empresario o profesional la condición de establecido en el TIVA es que ese empresario o profesional tenga en ese territorio su sede de actividad o un establecimiento permanente (preguntas nº 1985 s.) o domicilio y de que cualquiera de las localizaciones mencionadas intervenga en la realización de las operaciones (ver pregunta nº 2020 s.).
La referencia al domicilio fiscal ha de entenderse realizada a empresarios o profesionales sin sede de actividad ni establecimientos permanentes.

7100

Pregunta
¿Existe el concepto de sujeto pasivo residente en el ámbito del IVA?

Con carácter general, no. El único supuesto en que se da entrada en la LIVA al concepto de **residencia** es el de los particulares, para los cuales en algún caso se hace mención a este concepto. En lo que se refiere a empresarios o profesionales, lo relevante a los efectos del IVA es que se les considere establecidos o no en el TIVA.

7102

Pregunta
Los conceptos establecido y registrado ¿son coincidentes?

No. Establecido lo es quien tiene en el **TIVA** su sede de actividad o un establecimiento permanente, no otra cosa.
Por su parte, registrado está quien se encuentra dado de **alta en el ROI** que se regula en el RGGI art.3.3 compuesto por los empresarios o profesionales que tienen un NIF-IVA.
En la mayor parte de los casos, los empresarios o profesionales establecidos se encuentran igualmente registrados, por lo que ambas circunstancias coinciden, pero no siempre es así.
La normativa comunitaria lo establece de manera expresa (Rgto UE/282/11 art.11.3).

7103 Ejemplo Un empresario francés se dedica a la importación de mercancías procedentes de Sudamérica. Las mercancías llegan al puerto de Bilbao, donde se despachan a consumo en espera de destino. Este empresario no tiene ningún establecimiento permanente en el TIVA, ya que las mercancías se depositan en las instalaciones de una empresa local. La mayor parte de la mercancía importada es posteriormente expedida a otros Estados comunitarios, aunque en ocasiones hay mercancías que se quedan en el TIVA.

Este empresario o profesional no se puede considerar establecido en el TIVA, ya que no dispone en él de ningún lugar fijo de negocios o establecimiento permanente.
Por el contrario, el empresario del ejemplo se tiene que dar de alta en el ROI, ya que las entregas de bienes que realiza con destino a otros Estados comunitarios se tienen que consignar en la declaración recapitulativa de operaciones intracomunitarias, lo que le obliga a obtener un NIF-IVA y a darse de alta en el citado ROI.

Pregunta 7105
¿Qué relevancia tiene, a efectos del IVA, el que a un empresario o profesional se le considere establecido?

La consideración de sujeto pasivo establecido puede afectar a varios elementos del tributo.
El más relevante de ellos es el relativo a la **localización** de ciertas operaciones, ya que las reglas de tributación de las prestaciones de servicios siguen en ocasiones como criterio el lugar de establecimiento del prestador o del destinatario, según corresponda (ver capítulo 3, nº 1800 s.).
Además de la anterior, hay que tener en cuenta que la consideración de un empresario o profesional como establecido en el TIVA enerva o impide la aplicación del mecanismo de **inversión del sujeto pasivo**, que únicamente opera cuando las entregas de bienes o prestaciones de servicios se efectúan por empresarios o profesionales no establecidos en el TIVA. Únicamente puede citarse como excepción el caso de establecimientos permanentes que no tengan intervención en operaciones que hayan de considerarse realizadas en el TIVA, supuesto en el cual se aplica el mecanismo de la inversión del sujeto pasivo (ver pregunta nº 6985).
Finalmente, hay que señalar que para los no establecidos existe un **procedimiento especial de devolución** de las cuotas soportadas distinto al previsto para los sujetos pasivos que cuentan con establecimientos permanentes en el TIVA (ver preguntas nº 11950 s.).

SECCIÓN 5

Comunidades de bienes y otras entidades de la LGT art.35.4

(LIVA art.84.Tres)

Pregunta 7110
¿Qué sentido tiene que las comunidades de bienes y entidades similares sean sujetos pasivos en el IVA?

Dar a las operaciones el mismo tratamiento con independencia de que el empresario o profesional que las realiza tenga o no **personalidad jurídica**. Lo que se pretende con la consideración de estas entidades u organizaciones como sujetos pasivos de IVA es que cualesquiera entregas de bienes o prestaciones de servicios que se realicen por una organización que haya de ser considerada como empresarial reciba un tratamiento equivalente, esto es, la sujeción al tributo.
Cuando la citada organización se personaliza a través de una entidad mercantil o similar, con personalidad jurídica propia y diferenciada a la de sus socios o componentes, entonces la consideración de esa entidad como sujeto pasivo de IVA no parece que suscite mayores problemas. Lo mismo cabe decir cuando la citada organización se lleva a cabo por una persona física.
Lo que pretende la LIVA art.84.Tres es que cuando la referida organización de medios de producción materiales y humanos que pone bienes o servicios en el mercado carece de personalidad jurídica, el funcionamiento del impuesto sea el mismo que cuando esa organización cuenta con este atributo, garantizando de este modo la

neutralidad del impuesto. Las entregas de bienes y prestaciones de servicios tienen el mismo tratamiento a los efectos del IVA cuando se realizan por entidades personalizadas o por otras entidades.
Desde un punto de vista estrictamente jurídico, las anteriores consideraciones, que pueden parecer coherentes desde la perspectiva de la neutralidad tributaria, generan numerosos problemas, ya que, en última instancia, supone atribuir capacidad de obrar a quien carece de ella a efectos civiles y mercantiles. Estos problemas se supone que encuentran solución en la propia LIVA. No obstante, hay que señalar que alcanzar la citada solución no es siempre sencillo.

7115 **Pregunta**
¿Todas las comunidades de bienes y entidades similares tienen la consideración de sujetos pasivos de IVA?

No. Si atendemos a lo dispuesto por la LIVA art.84.Tres, únicamente las entidades que realicen **operaciones sujetas** al impuesto son las que reciben la calificación de sujetos pasivos de IVA.
Recordemos que como tales operaciones sujetas hay que considerar a las entregas de bienes y prestaciones de servicios efectuadas por empresarios o profesionales. A su vez, las actividades empresariales o profesionales son las que implican una ordenación por cuenta propia de medios materiales y humanos con la finalidad de intervenir en la producción o distribución de bienes o servicios.
Al final, lo que se trata es de determinar cuándo las citadas entidades realizan actividades que deban calificarse como empresariales o profesionales. No siendo así, aunque exista una comunidad de bienes u organización similar no cabe apreciar la existencia de un sujeto pasivo que haya de ser considerado como tal.

7116 Ejemplo Dos altos ejecutivos de empresa tienen como afición disparar a los animales. Con una parte de los complementos por cumplimiento de objetivos que les han pagado sus empresas compran una finca en el sur de España a la que se desplazan los fines de semana para practicar su afición. El precio de la finca, de la que son propietarios por mitades, asciende a 8.400.000 €. A esta finca sólo entran a cazar sus propietarios.
La copropiedad de esta finca supone la existencia de una comunidad de bienes relativa a la propia finca. Sin embargo, no se puede considerar que esta sea objeto de ninguna explotación que haya de calificarse como empresarial o profesional. En consecuencia, la citada comunidad de bienes no se puede calificar como sujeto pasivo de IVA.

7118 **Pregunta**
¿Existe el régimen de atribución de rentas en el IVA?

No. Cuando una comunidad de bienes o entidad similar es considerada sujeto pasivo de IVA, es la citada entidad la que, como tal, ha de cumplir el total de las obligaciones que incumben a cualquier otro sujeto pasivo de IVA, sin que ninguna de estas obligaciones se traslade a los miembros o componentes de la comunidad o entidad equivalente. No cabe hablar, por tanto, de la existencia de nada parecido al régimen de atribución de rentas propio de la imposición directa.

7120 **Pregunta**
Cuando una comunidad de bienes desarrolla actividades empresariales, ¿es obligatoria su consideración como sujeto pasivo de IVA?

Sí. La LIVA art.84.Tres, que es la que determina la consideración como sujetos pasivos de las comunidades de bienes y entidades de naturaleza similar que realicen operaciones sujetas al IVA no es facultativo, sino **preceptivo**. En otras palabras, cuando existe una de estas entidades que realice operaciones que han de considerarse sujetas al IVA, entonces la citada entidad tiene la condición de sujeto pasivo,

sin que esto dependa de ninguna decisión por parte de los miembros o componentes de la entidad.
Lo anterior implica que las distintas obligaciones que incumben a los sujetos pasivos conforme a lo dispuesto por la LIVA art.164 redacc L 11/2023 han de ser cumplidas por la entidad de que se trate, tanto las de carácter formal como las de índole sustancial. Del mismo modo, el derecho a la deducción del IVA soportado ha de referirse a la citada entidad, sin que resulte admisible su ejercicio por los socios o componentes de la misma.

Ejemplo Dos abogados que ejercen por cuenta propia adquieren un local comercial para su arrendamiento. La propiedad del local les pertenece al 50%. El precio pagado por el local es de 10.000.000 € más 2.100.000 € pagados en concepto de IVA, ya que se trata de un local de nueva construcción. 7122
La copropiedad del local ha de considerarse constitutiva de un nuevo sujeto pasivo de IVA, ya que la actividad que se propone realizar, el arrendamiento, es una actividad empresarial a los efectos del IVA en todo caso (LIVA art.5.Uno.c; ver pregunta nº 350). En consecuencia, es esta entidad la que debe repercutir IVA a los arrendatarios del local y es ella misma la que puede deducir el IVA soportado. No resultaría ajustado a derecho el que estas cuotas de IVA se dedujeran separadamente por los profesionales que han adquirido el local.
Bien es cierto que en este caso es irrelevante que el derecho a la deducción se ejerza por unos u otros, pero se puede plantear el caso de que alguno de los propietarios del local sea un profesional con limitaciones en el derecho a la deducción, como podría ser el caso de un médico.

I. Condición de sujeto pasivo de las entidades de la LGT art.35.4

7130

Pregunta
¿Cuáles son las entidades a las que se refiere la LGT art.35.4?

Las entidades a las que se refiere la LGT art.35.4, a las que las leyes tributarias pueden atribuir la condición de sujetos pasivos, son las herencias yacentes, comunidades de bienes y demás entidades, siempre que así se señale expresamente en una **ley tributaria**, como hace la LIVA art.84.Tres. La atribución de esta condición, que ha de hacerse por Ley, está condicionada a la concurrencia de los siguientes **requisitos**:
- carecer de personalidad jurídica;
- ser susceptibles de imposición, es decir, realizar operaciones sujetas al IVA, que es como se define el hecho imponible en ese tributo;
- constituir un patrimonio separado o una unidad económica.

Analizada la cuestión desde el punto de vista del principio de neutralidad, lo que se pretende con la norma es dar a las operaciones un tratamiento equivalente, con independencia de la forma jurídica a través de la cual esas operaciones se realicen: persona física, persona jurídica o ente despersonalizado (ver pregunta nº 7110).

7135

Pregunta
En relación con estas entidades, ¿cuándo cabe considerar que existe una actividad empresarial a efectos del IVA?

La actividad que le va a atribuir a la entidad sin personalidad jurídica la condición de sujeto pasivo del IVA por las operaciones que realice ha de ser una actividad empresarial o profesional (ver pregunta nº 240).
Para que una actividad empresarial se pueda vincular a una determinada entidad, es necesario que sea esa entidad la que, **en nombre propio**, realice las actividades de que se trate en cada caso, apareciendo ante los clientes como tal. La apreciación de la existencia de este requisito no se puede realizar a partir de consideraciones de

Derecho común, ya que la entidad sin personalidad, precisamente por carecer de esta, no tiene capacidad para contratar. Por esta razón, es la apariencia bajo la cual se actúa o la forma en la que la entidad se manifiesta ante sus clientes la que determina la concurrencia o no de este requisito.

Una alternativa para la apreciación de este extremo es la actuación de manera independiente. Tratándose de entes sin personalidad jurídica propia, no se puede exigir una independencia patrimonial total y absoluta como la que presentan las entidades mercantiles, ya que ello podría conducir a dejar el supuesto vacío de contenido. Consiguientemente, debe bastar con que los resultados de la actividad se cuantifiquen por referencia a la entidad sin personalidad, sin perjuicio de que se proceda a su reparto o no.

De este modo, si la actividad que se desarrolla por la comunidad de bienes presenta esta caracterización, los rendimientos que un comunero pueda percibir por su trabajo en la comunidad de bienes no se integran en el IRPF como rendimientos del trabajo, sino que su integración se realiza por la vía del régimen de atribución de rentas, constituyendo para el comunero una parte de su rendimiento de la actividad económica, ya que se trata de una mayor participación de ese comunero en el rendimiento de la entidad. Evidentemente, sólo cabe esta configuración si existe una **determinación de rendimientos** por referencia a la entidad despersonalizada, ya que sólo de esta forma es posible la participación de todos los comuneros en el predicho resultado (DGT 1-7-97; 21-5-01).

7138

Pregunta

¿Qué consecuencias tiene para sus miembros o partícipes la consideración de una de estas entidades como sujetos pasivos?

En la medida en que las entidades de la LGT art.35.4 tienen la condición de sujetos pasivos, y respecto a la actividad llevada a cabo por estas, no la tienen sus miembros o partícipes. En consecuencia, si estos son **particulares**, el hecho de realizar una actividad empresarial o profesional mediante una de estas entidades no debe alterar su condición de particulares, siempre que la actividad sea la misma.

Interesa destacar que lo dicho únicamente es aplicable para una **única actividad**. Nada se opone a que si una persona física participa en una de estas entidades que por sí misma tiene la condición de empresario o profesional, a su vez esa persona realice otra actividad distinta que le atribuya la condición de empresario o profesional.

7140

Pregunta

¿Existe alguna operación sujeta al IVA con ocasión de la constitución de una de estas entidades?

En cuanto a la creación de estas entidades, la primera posibilidad que se plantea se refiere a las adquisiciones que se efectúan en régimen de **copropiedad**, en las que la constitución de la comunidad de bienes se produce en el mismo acto de adquisición.

Desde un punto de vista civil, hay comunidad de bienes desde el mismo momento en que la propiedad de una cosa o derecho pertenece en régimen de indivisión a varias personas, de forma que la comunidad se origina, como supuesto de cotitularidad, mediante la adquisición conjunta de un bien por varias personas.

Lo mismo ocurre cuando el titular único de un bien o derecho transmite a otra u otras personas participaciones indivisas en el mismo, reservándose la cuota correspondiente.

De acuerdo con la LIVA art.5.Dos, la actividad empresarial o profesional se entiende iniciada a partir del momento en que comienza la **adquisición de bienes y servicios** con la intención, confirmada por elementos objetivos, de destinarlos al desarrollo de una actividad empresarial o profesional. En consecuencia, es cuando se produce esa adquisición cuando ha de considerarse iniciada la referida actividad.

En las adquisiciones que se efectúan en el mismo acto de constitución de una de estas entidades, así como en otras que se produzcan hasta que la entidad empieza a realizar entregas de bienes y prestaciones de servicios, ocurre habitualmente que los justificantes documentales de la operación se expiden **a nombre de los miembros** de la entidad, lo cual plantea problemas cuando la entidad despersonalizada pretende la deducción de estas cuotas. Para estos casos, y en lo concerniente estrictamente a la facturación de las operaciones, lo más razonable parece la rectificación de la factura original mediante la emisión de una nueva factura en la que conste como destinataria la entidad sin personalidad que ha adquirido los bienes o servicios en cuestión.

Todo lo anterior ha de entenderse sin perjuicio del tratamiento correspondiente a las aportaciones realizadas a las entidades por sus miembros o partícipes.

7142

Pregunta
¿Qué tratamiento tiene, a los efectos del IVA, la transmisión de participaciones en las entidades de la LGT art.35.4?

Constituida la entidad, puede ocurrir que algunos de los miembros se incorporen a la entidad con posterioridad, adquiriendo la participación correspondiente. Desde un punto de vista estrictamente jurídico, carece de sentido hablar de la transmisión de la participación en una comunidad de bienes, una herencia yacente o entidad similar. Sin embargo, si partimos de la consideración de estas entidades como empresarios o profesionales a los efectos del IVA y, por consiguiente, de la asimilación que se hace de este tipo de entidades a las que tienen personalidad jurídica propia, ha de llegarse a la conclusión de que cuando se subroga un tercero en la condición de partícipe o miembro de una de estas entidades, esa **subrogación**, a los efectos del IVA, ha de ser considerada como la transmisión de una participación en una entidad que por sí misma tiene la condición de empresario o profesional, asimilando la operación a la transmisión de una participación en el capital de una entidad mercantil.

Como ya se dijo, la atribución de la condición de empresario o profesional a estas entidades implica la negación de tal condición a sus miembros, componentes o partícipes. En consecuencia, la referida venta de la participación ha de considerarse como una operación en la que falta el requisito subjetivo de la sujeción al IVA, ya que ha de considerarse una **operación realizada por un particular**, por lo que hay que convenir que se trata de operaciones no sujetas a IVA y ello con independencia de quién sea el comprador, que, por tanto, puede ser tanto la propia entidad (ha de entenderse, el resto de sus componentes), como uno de sus miembros o un tercero. La operación se efectúa por un particular y, como tal, queda fuera de la sujeción al IVA.

Lo que se transmite es, desde el punto de vista del IVA, una participación en una entidad que desarrolla actividades empresariales o profesionales, al margen de que desde el punto de vista del derecho general esa participación no tenga la naturaleza de tal. Si los bienes afectos a la actividad que desarrolla la entidad no se desafectan de la actividad empresarial o profesional desarrollada por la entidad, la transmisión por parte del comunero o miembro no debe considerarse como una operación sujeta al IVA.

A esta misma conclusión se llegó en la contestación de la DGT 16-9-87, relativa a la transmisión de la participación en una comunidad de propietarios constituida para la construcción de edificaciones, que se considera no sujeta al impuesto en términos análogos a lo comentado.

7145

Pregunta
¿Qué ocurre cuando la transmisión de la participación en una de estas entidades da lugar a que desaparezca la situación de copropiedad?

Este sería el caso de una comunidad en la que sólo hay dos comuneros, uno de los cuales transmite al otro sus derechos. En tal caso, habría que suponer que efectiva-

mente hay una **disolución de la entidad**, con adjudicación a los comuneros de los bienes que, hasta ese momento, formaban parte del patrimonio empresarial de la entidad.
La no sujeción de las operaciones que se han referido se produce igualmente si quien las realiza tiene por sí mismo la condición de empresario o profesional. El problema se plantea a la hora de determinar el alcance que la realización de esas operaciones no sujetas puede tener en cuanto al **derecho a la deducción** de las cuotas soportadas por el empresario o profesional que las realiza.
No obstante, y supuesto que la operación se encuentre sujeta al impuesto, se podría reconducir a la exención que regula la LIVA art.20.Uno.18º.k, por lo que esta quedaría exenta y, en cuanto cabe suponer que no se efectúe de forma habitual, tampoco debería incluirse en el denominador del porcentaje de prorrata. Debe recordarse que conforme a la LIVA art.104.Tres.4º, no se tiene en cuenta para el cálculo del porcentaje de prorrata el importe de las operaciones inmobiliarias o financieras que no constituyan actividad empresarial o profesional habitual del sujeto pasivo.

7147

Pregunta
¿Qué tratamiento tiene, a los efectos del IVA, la admisión de nuevos miembros o partícipes en estas entidades?

La última vía a través de la cual se puede adquirir la condición de miembro o partícipe en una de estas entidades es la **ampliación del «capital»** o equivalente de estas, adquiriendo el nuevo miembro o partícipe la participación correspondiente.
En congruencia con la que se ha venido señalando en las preguntas anteriores, habría que concluir que tampoco en este caso existe operación sujeta al IVA.

7150

Pregunta
¿Qué tratamiento tienen, a efectos del IVA, las operaciones realizadas por estas entidades con terceros?

Considerando que estas entidades tienen la condición de empresario o profesional y de sujeto pasivo del IVA, el tratamiento correspondiente a las distintas operaciones que realicen es el mismo que habría de darse a cualquier otro empresario o profesional a los efectos de este tributo. Por consiguiente, esas operaciones tienen una tributación equivalente a la que correspondería si se efectuaran por un empresario o profesional con personalidad jurídica propia diferente de la de sus miembros o partícipes.
Considerada la entidad de la LGT art.35.4 como empresario o profesional, es sujeto pasivo del tributo. Asimismo ha de repercutirlo sobre los destinatarios de las operaciones que realice.
Para la **deducción de las cuotas soportadas**, es fundamental la adecuada delimitación de entidades sin personalidad jurídica que desarrollan una actividad que ha de considerarse empresarial o profesional respecto de aquellas otras que no desarrollan esa actividad. Obviamente, sólo las primeras pueden deducir las cuotas que soportan, ya que sólo tienen derecho a la deducción de las cuotas de IVA soportadas quienes tienen la condición de empresario o profesional a los efectos de este tributo.
Uno de los aspectos fundamentales en el derecho a la deducción es el de los **requisitos formales** para el ejercicio de ese derecho.

7153 Una situación que se presenta en ocasiones en este tipo de entidades es la existencia de cuotas de IVA que se documentan en **facturas expedidas a nombre de los miembros** o partícipes de la entidad. En tal caso, en principio, las cuotas soportadas no serían deducibles, al estar documentadas en facturas que están expedidas a nombre de una persona distinta. No obstante, hay que tener en cuenta que en ocasiones es imposible obtener una factura a nombre de la entidad despersonalizada, ya que ciertas categorías de operaciones únicamente se pueden contratar por entes con personalidad jurídica (por ejemplo, ciertas categorías de suministros). En estos

casos, aunque la factura o facturas que documenten la operación estén expedidas a nombre de uno o varios de los comuneros, siempre que esté debidamente justificada la imposibilidad de obtener una factura a nombre de la comunidad, debería admitirse el derecho a la deducción de las cuotas soportadas, aunque siempre que se cumplan las cautelas necesarias de que no exista un consumo privado del bien o servicio de que se trate.
A lo anterior hay que añadir que en los últimos años la DGT, basándose en la jurisprudencia comunitaria, ha admitido la deducción del IVA facturado a nombre del comunero en situaciones en las que quedaba garantizado que no se producía ningún fraude o abuso (DGT CV 27-11-07; CV 30-12-08).

Pregunta **7155**
¿Se pueden considerar los bienes adquiridos por comunidades de bienes y entidades similares como bienes adquiridos en común por varios sujetos pasivos?

Una duda que se puede suscitar en relación con estas entidades es la aplicación de la LIVA art.97.Cuatro, conforme a la cual, tratándose de bienes o servicios adquiridos en común por varias personas, cada uno de los adquirentes puede efectuar la deducción, en su caso, de la parte proporcional correspondiente, siempre que en el original y en cada uno de los **ejemplares duplicados** de la factura se consigne, en forma distinta y separada, la porción de base imponible y cuota repercutida a cada uno de los destinatarios. El Rgto Fac art.14 trata los supuestos en los que en una misma operación concurran varios destinatarios entre aquéllos en los que se prevé la expedición de ejemplares duplicados para las facturas.
Interesa destacar que para la aplicación de estas previsiones han de ser **distintos sujetos pasivos** los que procedan a la adquisición en común de los bienes o servicios de que se trate, por lo que no sería aplicable a las entidades de las que estamos tratando, que hemos calificado ya repetidamente como sujetos pasivos con sustantividad propia, distinta a la de sus miembros. Es fundamental distinguir entre estas entidades y el supuesto de hecho al que se refiere este precepto, relativo a bienes o servicios adquiridos en común por varios sujetos pasivos distintos y que tienen esta condición por sí mismos.

Pregunta **7157**
¿Qué tratamiento tienen las aportaciones de bienes realizadas por sus miembros o componentes a estas entidades?

Las aportaciones de bienes que efectúan a estas entidades sus miembros o partícipes son **entregas de bienes**, sujetas al IVA en la medida en que esos comuneros o partícipes sean por sí mismos empresarios o profesionales y las aportaciones se efectúen con cargo a sus patrimonios empresariales o profesionales.
Si esas operaciones se efectúan por quienes tienen la condición de empresarios o profesionales a los efectos del IVA y se realizan con cargo a su patrimonio empresarial o profesional, están sujetas al impuesto, conforme a la LIVA art.8.Dos.2º (ver pregunta nº 610).
Este precepto establece igualmente la existencia de entregas de bienes en las adjudicaciones que se producen en la **liquidación o disolución total o parcial** de estas entidades, lo cual no debe conducir a interpretar que únicamente cuando se produce la liquidación o disolución de una de estas entidades existe una entrega de bienes. Interpretando el precepto conjuntamente con el concepto general de entrega de bienes que establece la LIVA art.8.Uno, cualquier operación que dé lugar a que el poder de disposición sobre bienes pase de una de estas entidades, o incluso de una situación de copropiedad, a corresponder a uno solo de sus miembros o partícipes, ha de ser considerada como entrega de bienes a los efectos del IVA, con independencia de su tratamiento desde el punto de vista más estrictamente civilista.
Es importante distinguir la existencia de operaciones sujetas entre la entidad y sus miembros o partícipes del tratamiento que corresponde a la adquisición o pérdida de

la condición de miembro o partícipe en una de estas entidades. Así, se ha señalado que esa **adquisición o pérdida de la condición de socio** de una de estas entidades no implica la existencia de operación alguna sujeta al IVA; en este punto estamos defendiendo aparentemente lo contrario. La diferencia se encuentra en que en este punto de lo que se trata es de la aportación que se efectúa a cambio de la cual se adquiere la referida condición de socio. Obviamente, en la medida en que esa aportación sea dineraria, no existe operación sujeta al tributo, ni por la aportación dineraria ni por la recepción a cambio de la participación correspondiente. Cuando, por el contrario, la adquisición de la condición de miembro o partícipe se produce a cambio de una **aportación no dineraria**, es cuando puede existir una operación sujeta al tributo.

7158 Ejemplo Dos personas físicas que no desarrollaban actividad empresarial o profesional alguna constituyen una comunidad de bienes para la promoción de un edificio de viviendas. Una de ellas aporta 500.000 €, la otra aporta un solar que había heredado y que ambas valoran en un importe equivalente a la aportación dineraria efectuada por la otra. Por la aportación efectuada por la primera de estas personas no hay operación sujeta al tributo. En cuanto a la aportación no dineraria efectuada por la segunda, se trata de una entrega de bienes a los efectos del IVA. No obstante, como se realiza por quien no tiene la condición de empresario o profesional, se trata de una operación no sujeta al tributo.

7160

Pregunta

¿Qué tratamiento tienen las prestaciones de servicios entre las entidades de la LGT art.35.4 y sus miembros o componentes?

Si tenemos en cuenta la doctrina existente a los efectos del **IRPF**, si la actividad se desarrolla por la comunidad de bienes, los rendimientos que un comunero pueda percibir por su trabajo en la comunidad de bienes no se integran en el IRPF como rendimientos del trabajo, sino que su integración se realiza por la vía del régimen de atribución de rentas, constituyendo para el comunero una parte de su rendimiento de la actividad económica, ya que se trata de una mayor participación de ese comunero en el rendimiento de la entidad (DGT 1-7-97 EDD 1997/59050 ; 21-5-01 EDD 2001/85078).

Tanto por congruencia con el tratamiento que hemos venido propugnando, como por analogía con la doctrina de la DGT en cuanto al IRPF, habría de entenderse que en la prestación de servicios a través de este tipo de entidades no existe una prestación de servicios sujeta al IVA entre el partícipe seguida de una posterior prestación de la entidad a terceros, sino que es **directamente la entidad** la que presta unos servicios que, de alguna forma, nacen en ella a los efectos del IVA, de manera tal que el miembro o partícipe, aunque no tenga ninguna relación de dependencia con esta, se puede considerar, a estos exclusivos efectos, como asimilado al empleado que presta sus servicios en virtud de una contrato laboral, servicios que, tanto en atención al concepto de empresario o profesional que establece la LIVA art.5 como por mandato expreso de la LIVA art.7.5, no se encuentran sujetos al impuesto.

7161 Esta conclusión se propone a los exclusivos efectos del tratamiento de estas entidades en el IVA, sin que con ello se pretenda cuestionar en modo alguno la naturaleza de rendimientos de las actividades económicas que normalmente presentan estos en el IRPF. Lo único que se propone es que, en la medida en que, como ya señalamos con anterioridad, el resultado de la actividad se determina por referencia a la entidad y es esta la que tiene la condición de empresario o profesional a los efectos del IVA, y no así sus miembros o partícipes, como también hemos afirmado, no debe considerarse que en el normal desarrollo de sus actividades por la misma existan prestaciones de servicios por parte de sus miembros o partícipes, que en este contexto actúan como **particulares**, asimilados por tanto a quienes actúan por cuenta ajena en virtud de una relación de dependencia laboral.

En buena lógica, la anterior afirmación no puede descartar que existan prestaciones de servicios sujetas al IVA en casos concretos, pero para ello sería preciso que el miembro o partícipe que la efectúa tuviese la condición de **empresario o profesional** con independencia o al margen de la entidad despersonalizada en la que participa, siendo factible que en esta hipótesis le prestase algún servicio, si bien este habría de prestarse al margen de lo que es su participación en la entidad y su normal funcionamiento.

Pregunta 7165
¿Qué incidencia tiene, a los efectos del IVA, la disolución de una de estas entidades?

La disolución de estas entidades ha de dar lugar, en principio, a la existencia de **entregas de bienes o prestaciones de servicios** sujetas al IVA por referencia tanto a los que tengan por destinatarios a los miembros de la entidad como a los que se destinen a terceros. Así se deduce de la LIVA art.4.Uno y Dos.b, cuando en el apartado uno se señala la sujeción incluso de las operaciones que se efectúan a favor de los miembros o partícipes de los empresarios o profesionales, mientras que en el apartado segundo se apunta que la sujeción de las operaciones abarca a las que se efectúan con ocasión del cese en el desarrollo de las actividades económicas que determinan la sujeción al impuesto, siempre, claro está, que se realicen con cargo al patrimonio empresarial o profesional. En el mismo sentido hay que citar la LIVA art.8.Dos.2º, conforme al cual hay entrega de bienes a la liquidación o disolución total o parcial de estas entidades. A este respecto hay que tener en cuenta que, en particular, constituye una entrega de bienes la adjudicación de terrenos o edificaciones promovidos por una comunidad de bienes realizada en favor de los comuneros, en proporción a su cuota de participación.
Lo anterior debe entenderse sin perjuicio de la aplicación de las **normas de no sujeción** (transmisión de unidades económicas autónomas, LIVA art.7.1º; ver preguntas nº 775 s.) **o de exención** (segundas o ulteriores entregas de edificaciones, LIVA art.20.Uno.22º; ver preguntas nº 4900 s.) que procedan.

II. Algunos supuestos específicos de tributación de las entidades de la LGT art.35.4

A. La promoción de edificaciones por comunidades de bienes

Pregunta 7175
¿Qué tratamiento tiene, a los efectos del IVA, la promoción de viviendas en régimen de copropiedad?

De acuerdo con la doctrina administrativa, la promoción de viviendas de este modo se considera una **actividad empresarial o profesional** y se le da un tratamiento equivalente al que correspondería a la promoción de viviendas a través de entidades con personalidad jurídica propia y diferenciada a la de sus miembros o componentes, como podría ser el caso de las cooperativas.
A este respecto constituye una entrega de bienes la adjudicación de terrenos o edificaciones promovidos por una comunidad de bienes realizada en favor de los comuneros, en proporción a su **cuota** de participación (LIVA art.8.Dos.2º).
A esta conclusión ha llegado finalmente el TS 7-3-18, EDJ 19319 que ha venido a señalar la existencia de una entrega de bienes a estos efectos, modificando el criterio que había mantenido hasta la fecha.

Ejemplo 8 personas se ponen de acuerdo para proceder a la promoción de unas viviendas para su uso propio. Para la construcción de estas viviendas realizan una aportación 7182

inicial cada uno de ellos de 60.000 €, con los que adquieren el solar a una sociedad mercantil y hacen el primer pago a los abogados que van a asesorarles en el cumplimiento de los diversos trámites que han de seguir para su construcción. El total de los costes que soportan en relación con la construcción de las viviendas son los siguientes:
- asistencia jurídica: 20.000 €; IVA: 4.200 €;
- solar para la construcción: 240.000 €; IVA: 50.400 €;
- proyecto de construcción: 85.000 €; IVA: 17.850 €;
- materiales de construcción: 320.000 €; IVA: 67.200 €;
- ejecución de las obras, que se contrata con una única empresa constructora: 270.000 €; IVA: 27.000 € (10% según la LIVA art.91.Uno.3.1º).

Cuando se produce la especificación del condominio, esto es, a la disolución de la situación de copropiedad, considerando que efectivamente sí que se produce esa entrega de bienes a la adjudicación de las viviendas a los comuneros, el tratamiento es el siguiente:
a. Coste total del proyecto, IVA no incluido: 935.000 €.
b. Coste total imputable a cada uno de los comuneros: 116.875 €.
c. Cuota a repercutir: 11.687,50 €, resultante de aplicar el 10% al precio efectivamente cobrado a los comuneros (LIVA art.91.Uno.1.7º).
d. Coste total de la vivienda para cada uno de los comuneros: 128.562,50 €.
e. Total de cuotas repercutidas por la comunidad: 93.500 (11.687,50 x 8).
f. Total de cuotas soportadas por la comunidad: 166.680 €.
g. Cantidad a devolver a la comunidad: 166.680 – 93.500 = 73.150 €.

B. Los regímenes económico-matrimoniales

7190

Pregunta
¿Qué tratamiento tienen las actividades empresariales o profesionales cuando se desarrollan por personas físicas casadas en régimen de gananciales?

En el régimen de sociedad de gananciales se hacen comunes las ganancias o beneficios obtenidos indistintamente por cualquiera de los cónyuges, que les son atribuidos por mitad al disolverse aquella. La configuración de este régimen económico conyugal parte de la idea básica de que las ganancias o rentabilidades que se obtienen constante el matrimonio son debidas a la colaboración recíproca entre los cónyuges. Únicamente se procede a su división entre aquellos por mitades en caso de que se produzca la disolución de la sociedad. Esta colaboración entre los cónyuges se basa en la formación de una **comunidad** que, aunque sin identificarse plenamente con las comunidades germánicas o de mano común, sí que guarda analogías con estas por su carácter y finalidad, diferenciándose por tanto de las comunidades de tipo romano o por cuotas partes.
Respecto a las actividades empresariales o profesionales, es relevante la configuración como gananciales de los bienes obtenidos por el trabajo o la industria de cualquiera de los cónyuges, los frutos, rentas o intereses del capital privativo o ganancial, los bienes adquiridos a título oneroso a costa del caudal común y, finalmente, las empresas y establecimientos fundados durante la vigencia de la sociedad por uno cualquiera de los cónyuges a expensas de los bienes comunes. Lo anterior es independiente de la titularidad de los bienes en cuestión, siendo de **titularidad ganancial**, aunque aparezcan en cualquier registro a nombre de uno solo de los cónyuges.
Esta configuración de la sociedad de gananciales se efectúa sin la constitución de un ente con personalidad jurídica diferenciada de la de los cónyuges, lo que obliga a la determinación de si ante una **actividad empresarial o profesional** desarrollada por una persona física casada en régimen de sociedad de gananciales, debe considerarse que hay una actividad que se desarrolla por una entidad que se pueda considerar como sujeto pasivo de IVA por sí misma o no es así.
En el ámbito del IRPF, las dudas que se suscitan han sido objeto de un tratamiento específico, que en la actualidad se recoge en la LIRPF art.30.2.2ª y 3ª, que establece las condiciones bajo las cuales el titular de una actividad económica puede deducir

las cantidades que satisfaga a su cónyuge como retribución de su trabajo o de la cesión de elementos que el titular de la actividad económica utilice en la misma.

Considerando que el total de los bienes y derechos de titularidad ganancial corresponden a los cónyuges por mitades, se podría llegar a la conclusión de que el total de las cuotas de IVA soportadas en las adquisiciones de bienes y servicios para su utilización en la actividad empresarial o profesional son en realidad soportadas por ambos cónyuges por mitades, con la consiguiente imposibilidad de deducir las cuotas correspondientes al cónyuge que no desarrolla actividad empresarial o profesional alguna. Esta interpretación no ha sido compartida por la DGT. Por tanto, ha de aplicarse en el ámbito del IVA la misma delimitación existente en el IRPF, aunque no exista en la LIVA previsión alguna sobre el particular. En este sentido, se señala que puede ser objeto de **deducción** la totalidad de la cuota del IVA soportada en la adquisición de un inmueble por un sujeto pasivo acogido al régimen especial simplificado, a que se refiere el escrito de consulta, con independencia de que su titularidad corresponda a la sociedad legal de gananciales formada por el consultante y su mujer (DGT 8-6-95). **7195**

En buena lógica, la situación sería distinta si los dos cónyuges participan **de forma conjunta** en el desarrollo de la actividad, supuesto en el cual se podría estar de forma efectiva ante una entidad que por sí misma tenga la condición de empresario o profesional.

7197

Pregunta

¿Qué tratamiento tienen las actividades empresariales o profesionales cuando se desarrollan por personas físicas casadas en régimen de separación de bienes?

En el régimen de separación de bienes cada uno de los cónyuges mantiene sus bienes y derechos en su patrimonio exclusivo, sin que se produzca ningún tipo de comunidad como consecuencia del matrimonio.

Considerando la naturaleza de este régimen económico-matrimonial, sus consecuencias tributarias a estos efectos son relativamente sencillas, ya que cualquier actividad que se pueda considerar empresarial o profesional a los efectos del IVA corresponde al cónyuge titular de la actividad. Por tanto, en caso de que una concreta actividad se desarrolle en **régimen de copropiedad**, entonces hay una comunidad equivalente a las que se analizan en las preguntas nº 7110 s., sin que fueran de aplicación los comentarios que se han hecho en la pregunta anterior (nº 7190) en cuanto a la sociedad de gananciales, ya que su configuración sería por completo diferente.

7200

Pregunta

¿Qué tratamiento tienen las actividades empresariales o profesionales cuando se desarrollan por personas físicas casadas en régimen de participación?

El régimen de participación es, en cierto modo, equivalente al de separación de bienes, al menos durante la vigencia del matrimonio, ya que se mantiene la **independencia entre los cónyuges**. Únicamente los bienes que adquieran conjuntamente les pertenecen en régimen de indivisión ordinaria. Por tanto, son válidos los comentarios que se han efectuado en relación con el régimen de separación de bienes (ver pregunta nº 7197).

C. Los proindiviso de resultado en los procesos urbanísticos

7210 **Pregunta**
¿Son sujetos pasivos del IVA los indivisos de resultado que en ocasiones se producen en los procesos urbanísticos?

No existe una contestación biunívoca a esta pregunta, ya que hay que distinguir. Así, la DGT CV 17-6-05 analiza la atribución de la condición de sujeto pasivo a estas situaciones de copropiedad. La DGT parte, como constatación previa, de que lo necesario para esa atribución es que la comunidad tenga la condición de empresario o profesional y actúe en el desarrollo de una actividad empresarial o profesional a efectos del impuesto. Con este punto de partida, se analizan diversos **casos de indivisión en la propiedad de terrenos** que forman parte de un proyecto de ejecución urbanística:

a) Existe una copropiedad inicial de los terrenos incluidos en la unidad de ejecución urbanística y a través de la **reparcelación** se adjudica a cada uno de los copropietarios una o varias parcelas, deshaciendo la indivisión primaria. En tal caso, se presume que la comunidad de bienes existente en un principio no tiene la condición de sujeto pasivo, sino que esta condición la ostentarían, en su caso, los copropietarios por separado. Esto es así cuando la comunidad de bienes, como tal comunidad, no haya realizado ninguna actividad empresarial o profesional, ordenando por cuenta propia factores de producción con la finalidad de intervenir en el mercado.

b) El segundo tipo de pro-indiviso es el denominado **pro-indiviso de resultado**. En este caso, se parte de una situación en la que cada propietario es titular de sus correspondientes terrenos sin que exista indivisión en la propiedad. Sin embargo, como consecuencia de la reparcelación, es necesario agrupar a varios propietarios adjudicándoles una parcela en pro-indiviso. Se trata, normalmente, de pequeños propietarios que carecen del suficiente terreno inicial para poder acceder individualmente a la adjudicación de alguna parcela resultante de la reparcelación.

En este caso, se considera que la comunidad de bienes que se forma como consecuencia de la reparcelación no es sujeto pasivo del IVA si no ha realizado actividad alguna por la que quepa atribuírsele la condición de empresario o profesional, sino que esa comunidad únicamente existe como resultado de la reparcelación. Por el contrario, si la comunidad realiza por sí misma alguna actividad empresarial o profesional, entonces es sujeto pasivo del mismo y debe atender sus obligaciones fiscales como tal.

c) Por último, se plantea el caso de **indivisión inicial** en la propiedad que se **mantiene** con posterioridad. En este caso existe una comunidad de bienes inicial que podría tener la consideración de empresario o profesional o no. Si la indivisión se va a mantener una vez realizada la reparcelación, hay que concluir que la comunidad de bienes resultante tiene la condición de empresario o profesional cuando el destino de las parcelas adjudicadas pro-indiviso sea la venta, cesión o adjudicación por cualquier título. En este caso, el sujeto pasivo es la comunidad, que es quien ostenta la condición de empresario o profesional, y no los comuneros por separado.

7215 Se puede concluir señalando que la **situación de copropiedad** no implica por sí misma la existencia de una entidad a la que haya de atribuirse la condición de empresario o profesional. Sólo cuando esa entidad realiza actividades empresariales por sí misma es cuando adquiere esa condición. En consecuencia, los supuestos más habituales, en los que la copropiedad no es más que el resultado de la insuficiencia de aprovechamiento de cada uno de los copropietarios, quedan al margen de la consideración como comunidad de bienes empresario o profesional por sí mismo.

Interesa destacar que de esta forma se facilita enormemente la posterior transmisión de su parte indivisa para estos propietarios, que no tienen por qué contar con el resto de los miembros del indiviso en cuanto al cumplimiento de sus obligaciones tributarias, que, por tanto, pueden cumplir por sí mismos.

D. Las comunidades de propietarios en régimen de propiedad horizontal

7225

Pregunta
¿Son sujetos pasivos del IVA las comunidades de propietarios en régimen de propiedad horizontal?

De entrada, hay que partir de que el desarrollo de su actividad no supone el desarrollo de ninguna **actividad empresarial o profesional** por estas comunidades, quedando equiparadas por tanto a consumidores finales. En consecuencia, no pueden proceder a la deducción de las cuotas que soporten ni tienen la obligación de repercutir el impuesto a sus componentes con ocasión de las cantidades que les cobren para subvenir a sus gastos (DGT 28-9-95, entre otras).

No se puede equiparar esta situación con la que se produce cuando la comunidad de propietarios recibe **ingresos**, por ejemplo, por la instalación de una antena de telefonía móvil o por el arrendamiento de espacios para publicidad, o cuando la misma comunidad presta otros servicios a sus miembros, como pueden ser servicios de promoción cultural o de publicidad, supuesto este último en el que esas comunidades han de ser consideradas como empresarios o profesionales a los efectos del IVA en la parte proporcional que corresponda (DGT 10-8-94; 3-4-95; CV 30-9-04). En estos casos se debe entender que la comunidad tiene la condición de empresario o profesional únicamente en cuanto a estas actividades (el arrendamiento de espacios o el reparto de ciertos gastos que superan lo que son los gastos derivados de la copropiedad), manteniendo su condición de particular a los efectos del IVA con respecto al resto de su actividad.

En el caso de las comunidades de bienes que son **empresarios o profesionales sólo en parte**, cabe la deducción de las cuotas soportadas por la adquisición de bienes de inversión que se utilizan parcialmente en el desarrollo de esas actividades (DGT CV 30-9-04).

En otras ocasiones, hay cuotas soportadas por comunidades de bienes que por sí mismas no tienen la condición de empresario o profesional, pero de las que forman parte **comuneros** que sí detentan esta condición (tal sería el caso de un abogado que desarrolla su actividad en un piso incluido en un edificio de viviendas). En tal caso, se plantea la deducibilidad de las cuotas que en última instancia soporta ese profesional, pero no por repercusión directa, ya que es la comunidad la destinataria de los bienes y servicios que adquiere, que además vienen documentados en facturas expedidas a su nombre. En este caso, la DGT, siguiendo la jurisprudencia comunitaria, ha admitido la deducción por los comuneros de las cuotas soportadas por la comunidad, siempre que se garantice que no se producen riesgos de abuso o fraude (DGT CV 28-05-07, entre otras).

E. Las comunidades de centros comerciales

7240

Pregunta
¿Son sujetos pasivos del IVA las comunidades de propietarios correspondientes a locales comerciales y similares?

A diferencia de lo que ocurre con las comunidades de propietarios en régimen de propiedad horizontal, en las comunidades de centros comerciales y similares, la DGT ha admitido su calificación como empresarios o profesionales, lo cual conduce al normal funcionamiento del tributo, esto es, su **repercusión** a los copropietarios y la **deducción** de las cuotas soportadas por la comunidad (DGT CV 21-9-05).

SECCIÓN 6

Responsables

(LIVA art.87)

7250

Pregunta
¿Incurre en algún tipo de responsabilidad quien se beneficia de una incorrecta repercusión del IVA?

Sí. De acuerdo con la LIVA art.87.Uno, son **responsables solidarios** de la deuda tributaria que corresponda satisfacer al sujeto pasivo los destinatarios de las operaciones que, mediante acción u omisión culposa o dolosa, eludan la correcta repercusión del impuesto. La misma norma señala que, a estos efectos, la responsabilidad alcanza a la sanción que pueda proceder.

Los **requisitos** que han de concurrir para que se pueda exigir esta responsabilidad son los siguientes:

a) Ha de existir una **acción u omisión culposa o dolosa** por parte del destinatario de la operación. No cabe, por tanto, la exigencia de esta responsabilidad si su actuación se reduce a una mera negligencia. En todo caso, es importante insistir en que la responsabilidad es exigible aunque la actuación del destinatario sea únicamente culposa, sin que haya existido dolo por su parte.

b) De resultas de esa actuación, ha de producirse una **incorrecta repercusión** del impuesto.

La responsabilidad que se comenta no alcanza a otras figuras tributarias ni a otros elementos, como pudiera ser el efecto en deducciones que la realización de una operación exenta puede tener.

Interesa destacar que hay numerosos supuestos en que la correcta determinación del régimen de tributación que corresponde a las operaciones depende de circunstancias que son propias de sus **destinatarios**, por lo que cabe suponer que sólo estos están en condiciones de determinarlas adecuadamente. No obstante, en caso de que el tributo no se cuantifique adecuadamente, el obligado a su ingreso es el sujeto pasivo que ha realizado la operación. Precisamente para responsabilizar al destinatario de la operación que ha inducido a error al sujeto pasivo que la realizó es para lo que se instituye este supuesto de responsabilidad.

En algunas ocasiones, la propia norma ya prevé que estas circunstancias se comuniquen al sujeto pasivo que realiza la operación (tal es el caso, entre otros, de la renuncia a la exención inmobiliaria o del cumplimiento de algunos de los requisitos que establece la LIVA art.91.Uno.2.10º para la aplicación del 10% a ciertas ejecuciones de obra; ver pregunta nº 9560 s.). En otros casos no es así. De cualquier manera, quien induzca a error en los términos señalados, es responsable solidario de la deuda que corresponda, incluyendo, en su caso, la sanción que resulte aplicable.

Cabe entender que, siendo una responsabilidad **solidaria**, el procedimiento y requisitos para su exigencia serían los que se establecen con carácter general en la LGT.

7255 Ejemplos **1)** Un arquitecto alquila un piso en el que se propone instalar su estudio profesional. En el contrato de arrendamiento se hace constar que el uso del inmueble es residencial, por lo que el propietario no repercute IVA sobre la renta mensual, que asciende a 2.500 €.

Con posterioridad, la AEAT regulariza la aplicación del tributo, entendiendo que este arrendamiento debía de estar sujeto y no exento. De los 525 € mensuales de IVA que correspondían a la operación es responsable el arquitecto que firmó el contrato de arrendamiento en el que ponía de manifiesto que el uso del inmueble había de ser como vivienda, no siendo cierto.

7257 **2)** En la venta de un edificio exenta por aplicación de la LIVA art.20.Uno.22º se renuncia a la exención. 2 años después, los servicios de inspección de la comunidad autónoma correspondiente constatan que no se cumplían los requisitos para la renuncia, por lo

que liquidan la modalidad de TPO al adquirente. El transmitente se ve obligado a practicar una regularización (LIVA art.110), que alcanza un importe de 600.000 €.
La forma en la que se configura la responsabilidad que establece la LIVA art.87.Uno hace imposible su aplicación en este contexto, por lo que no se podría exigir su importe al destinatario de la operación.

Pregunta 7260
¿Hay supuestos especiales de responsabilidad en las importaciones?

Sí. Se establecen en la LIVA art.87.Dos y Tres, conforme a los cuales en las importaciones de bienes, también son **responsables solidarios** del pago del impuesto:
- las asociaciones garantes en los casos determinados en los Convenios Internacionales;
- la RENFE, cuando actúe en nombre de terceros en virtud de Convenios Internacionales;
- las personas o entidades que actúen en nombre propio y por cuenta de los importadores.

Adicionalmente, son responsables **subsidiarios** del pago del impuesto las personas o entidades que actúen en nombre y por cuenta del importador.
La LIVA art.87.Cuatro dispone que estas responsabilidades no alcanzan a las deudas tributarias que se pongan de manifiesto como consecuencia de actuaciones practicadas fuera de los recintos aduaneros.

Pregunta 7263
¿Existe algún supuesto en que el destinatario de una operación se pueda ver obligado a ingresar el IVA que no ingresó el sujeto pasivo de esta?

Sí. Se trata de la norma que se contiene en la LIVA art.87.Cinco, que declara **responsables subsidiarios** de las cuotas tributarias correspondientes a las operaciones gravadas que hayan de satisfacer los sujetos pasivos a aquellos destinatarios de las mismas que sean empresarios o profesionales, que debieran razonablemente presumir que el impuesto repercutido o que hubiera debido repercutirse por el empresario o profesional que las realiza, o por cualquiera de los que hubieran efectuado la adquisición y entrega de los bienes de que se trate, no ha sido ni va a ser objeto de declaración e ingreso.
Interesa destacar que el precepto **limita la responsabilidad** a quienes tengan la condición de empresario o profesional, no resultando aplicable, por tanto, a particulares o consumidores finales.
Asimismo, es importante tener en cuenta que para que sea exigible esta responsabilidad debe ocurrir que el empresario o profesional adquirente estuviera en condiciones de presumir que quien le transmitió los bienes, o alguien situado en una fase anterior de la cadena de producción o distribución, no iba a ingresar el IVA. Esta **presunción**, sin duda, es el elemento más polémico del supuesto de responsabilidad que establece este precepto, ya que obliga a realizar una especie de labor policial por parte de los empresarios o profesionales que adquieren mercancías, especialmente si los proveedores a los que se proponen realizar esas adquisiciones son nuevos o desconocidos para ellos.
La misma norma señala que, a estos efectos, se considera que los destinatarios de las operaciones mencionadas en el número anterior deben razonablemente presumir que el impuesto repercutido o que hubiera debido repercutirse no ha sido ni es objeto de declaración e ingreso, cuando, como consecuencia de ello, hayan satisfecho por ellos un precio notoriamente anómalo. Se entiende por **precio notoriamente anómalo**:
- el que sea sensiblemente inferior al correspondiente a esos bienes en las condiciones en que se ha realizado la operación o al satisfecho en adquisiciones anteriores de bienes idénticos;

– el que sea sensiblemente inferior al precio de adquisición de esos bienes por parte de quien ha efectuado su entrega.

7265 Respecto a la actuación administrativa, la norma establece que para la **calificación** del precio de la operación como notoriamente anómalo la Administración Tributaria debe estudiar la documentación de que disponga, así como la aportada por los destinatarios, y valorar, cuando sea posible, otras operaciones realizadas en el mismo sector económico que guarden un alto grado de similitud con la analizada, con objeto de cuantificar el valor normal de mercado de los bienes existente en el momento de realización de la operación. No se considera como precio notoriamente anómalo aquel que se justifique por la existencia de factores económicos distintos a la aplicación del impuesto.

Asimismo, para la exigencia de esta responsabilidad la Administración Tributaria debe acreditar la existencia de un impuesto repercutido o que hubiera debido repercutirse que no ha sido objeto de declaración e ingreso.

En cuanto al **procedimiento** a seguir, la norma señala que una vez que la Administración Tributaria haya constatado la concurrencia de los requisitos que se han analizado, debe declarar la responsabilidad conforme a lo dispuesto en la LGT art.41.5.

Esta norma de responsabilidad, establecida fundamentalmente para dificultar la existencia de **tramas de fraude en IVA intracomunitario**, se ampara en la Dir 2006/112/CE art.205, respecto al cual se ha pronunciado en sentencia el TJUE 11-5-06, asunto Federation of Technological Industries C-384/04, admitiendo su aplicación, siempre que se respeten los principios de proporcionalidad, no adoptando medidas antifraude que vayan más allá de lo necesario, y de seguridad jurídica, garantizando su posición al operador que ha hecho todo lo que cabía exigir al operador que actúa de buena fe. Se trata, en cualquier caso, de una cuestión enormemente polémica.

CAPÍTULO 8

La repercusión

 7400

SECCIÓN 1

Cuestiones generales

(LIVA art.88)

7410

Pregunta
¿Qué función desempeña la repercusión del IVA en el funcionamiento del impuesto?

Su función es fundamental, ya que la repercusión es el instrumento que asegura que el IVA acaba llegando a los consumidores finales, que son quienes han de soportarlo, aunque la obligación de ingreso a la Hacienda Pública se asigne a los empresarios o profesionales que realizan las operaciones sujetas.

En la mecánica de funcionamiento del IVA el derecho a la deducción juega un papel de gran relevancia, ya que evita que el IVA soportado se convierta en una carga para los empresarios o profesionales que intervienen en la cadena de producción y distribución de bienes y servicios. No menos importante es, desde esta perspectiva, el instituto de la repercusión, dirigido a garantizar que el impuesto que empresarios o profesionales han de ingresar a la Hacienda Pública no se transforma en un coste para ellos.

Cuando los **destinatarios de las operaciones** son los consumidores finales, es evidente que lo señalado en los párrafos anteriores se compagina con la caracterización del IVA como un impuesto sobre el consumo, que acaba siendo pagado por los consumidores finales, a los que llega mediante la repercusión que realizan sobre los mismos los empresarios o profesionales que efectúan las entregas de bienes o prestaciones de servicios sujetas a imposición.

En las operaciones entre empresarios, la repercusión del IVA es garantía de que el tributo se va acumulando en las diferentes fases que integran la cadena de producción y distribución, configurándose como correlato o «prius» del derecho a la deducción, cuya relevancia ya se ha señalado. En otras palabras, la repercusión es la figura que justifica el derecho a la deducción, sirviendo tanto uno como otra al principio de neutralidad y a la configuración del IVA como un impuesto sobre el consumo.

7415

Pregunta
¿Es obligatorio repercutir IVA en las entregas de bienes y prestaciones de servicios sujetas y no exentas?

Sí. La normativa del impuesto caracteriza la repercusión a la vez como **derecho y obligación**, por lo que un empresario o profesional que realice una entrega de bienes o prestación de servicios sujeta y no exenta está obligado a la repercusión del impuesto (LIVA art.88.Uno).

Esta obligación de repercusión opera tanto cuando el destinatario de la operación o cliente es empresario o profesional como cuando se trata de un particular o consumidor final, tal y como se infiere de la normativa, que no hace distinciones a estos efectos, y manda igualmente el sentido común y la propia naturaleza de la figura de la repercusión.

7418 **Pregunta**
Previo acuerdo entre las partes, ¿se puede pactar para una entrega de bienes o prestación de servicios la no repercusión del IVA?

No. La LIVA art.88.Uno, tras configurar la repercusión como derecho y, a la vez, obligación de los sujetos pasivos, finaliza disponiendo que esta obligación ha de cumplirse cualesquiera que fueran las **estipulaciones** existentes entre las partes. En consecuencia, sería contraria a esta disposición la introducción de una cláusula en un contrato conforme a la cual se dispusiera la no repercusión del impuesto.
Esta disposición tiene un sentido similar al que establece la LGT art.17.5, si bien la LIVA es más contundente, como corresponde a una norma especial.

7425 **Pregunta**
¿Están obligados a soportar la repercusión del IVA los destinatarios de las entregas de bienes y prestaciones de servicios?

Sí. Así lo establece la LIVA art.88.Uno, que viene a caracterizar la repercusión como una **doble obligación**, ya que los sujetos pasivos del IVA están obligados a repercutirlo y los destinatarios de las entregas de bienes o prestaciones de servicios están igualmente sujetos a la obligación de soportarlo.
Hasta tal punto es así, que la LGT art.35.2.g incluye a los obligados a soportar la repercusión entre los **obligados tributarios**, haciéndoles, en cierto modo, partícipes, de esta peculiar obligación tributaria, peculiaridad que se debe a su sustanciación entre privados.
La misma LIVA añade que esta obligación de soportar la repercusión del IVA se produce en la medida en que la misma sea **ajustada a derecho**. No puede ser de otra forma. Una pretensión de repercusión de un tributo que excediera o no se ajustara a los términos que dispone la propia LIVA carecería del respaldo legal que se supone siempre tras el acto de repercusión, por lo que quedaría deslegitimada.
El IVA que repercute el sujeto pasivo es el que se supone que ha de ingresar a la Hacienda Pública. Desde esta perspectiva, si el IVA que se intenta repercutir no coincide con esta cuota tributaria que ha de ingresarse a la Hacienda Pública, la citada repercusión carece de fundamento.
A la vez, cualquier cuota de IVA que se soporte de forma indebida debe calificarse como **no deducible**, conforme dispone la LIVA art.94.Tres (ver pregunta nº 10965).
Desde un punto de vista temporal, el destinatario de la operación gravada no está obligado a soportar la repercusión del mismo con anterioridad al momento del devengo (LIVA art.88.Cinco). Se refuerza, por si cupiera alguna duda, que la repercusión del tributo ha de realizarse con arreglo a derecho, ello desde cualquier punto de vista relativo al funcionamiento del tributo.

7427 **Pregunta**
En sus ofertas de precios ¿los sujetos pasivos han de incluir el IVA que, en su caso, procede repercutir por los bienes y servicios a los que se refieren las mismas?

Esta es una cuestión que trasciende de la normativa de IVA, como de manera reiterada ha señalado la DGT, eludiendo pronunciarse sobre esta cuestión.
Es importante especificar que cuando dichas ofertas se realizan **a entes públicos**, la normativa del impuesto sí obliga a la inclusión de esta información, sin perjuicio de que el IVA se acabe repercutiendo por separado (LIVA art.88.Uno segundo párrafo; ver pregunta siguiente, nº 7430).
Hay que señalar, no obstante, respecto a las operaciones realizadas con **particulares**, que la normativa para la defensa de los consumidores y usuarios cita como información previa a todo contrato con particulares la necesidad de indicar el precio completo, incluidos los impuestos, que corresponda al citado contrato (RDLeg

1/2007 art.60.2.c). Por tanto, en las ofertas que se hagan a consumidores finales, el precio que se indique ha de incluir el IVA o, cuando menos, indicar su importe.

Pregunta 7430
¿Existe alguna particularidad en la repercusión del IVA a los entes públicos?

Sí. En las entregas de bienes y prestaciones de servicios sujetas y no exentas cuyos destinatarios sean entes públicos, se entiende siempre que los sujetos pasivos, al formular sus **propuestas económicas**, aunque sean verbales, han **incluido el IVA**, el cual, no obstante, debe ser repercutido como partida independiente, cuando así proceda, en los documentos que se presenten para el cobro, sin que el importe global contratado experimente incremento como consecuencia de la consignación del tributo repercutido (LIVA art.88.Uno segundo párrafo).

Pregunta 7433
¿Cómo se documenta la repercusión?

Mediante factura (LIVA art.88.Dos). La normativa remite la regulación de la expedición de estos documentos a las condiciones y con los requisitos que se determinen reglamentariamente. El desarrollo reglamentario se contiene en el RD 1619/2012 (Reglamento de facturación); ver pregunta nº 17505.
El hecho de que la repercusión del IVA se realice mediante factura es lo que, a la postre, justifica la relevancia que se da a la factura como justificante del derecho a la deducción (ver pregunta nº 10600). La **factura** es el documento en el que se repercute el IVA en las operaciones entre empresarios o profesionales. Siendo así, cuando un empresario o profesional pretende la deducción del IVA que le ha repercutido otro empresario o profesional, es comprensible que se exija de aquel la factura mediante la que se supone que este le repercutió el tributo. El documento que sustenta la repercusión es la factura, lo que explica que la relevancia que surte para uno de ellos, que es quien repercute el impuesto, se refleje en su cliente o destinatario, que es quien pretende su deducción.
A estos efectos, la cuota repercutida se debe consignar separadamente de la base imponible, incluso en el caso de precios fijados administrativamente, indicando el tipo impositivo aplicado (LIVA art.88.Dos).
Se exceptúan de lo dispuesto anteriormente las operaciones que se determinen reglamentariamente. Esta habilitación reglamentaria justifica la posibilidad de que en los supuestos en que las operaciones se documentan mediante **facturas simplificadas**, no se consigne el IVA por separado, admitiéndose la consignación de la expresión «IVA incluido».

Pregunta 7435
¿Cuándo ha de efectuarse la repercusión?

La repercusión del IVA debe efectuarse al tiempo de expedir y entregar la factura correspondiente (LIVA art.88.Tres).
La regulación del **momento** en que se debe expedir y entregar factura se lleva a cabo por el Reglamento de facturación (Rgto Fac).
En cuanto a la **expedición de factura**, esta debe efectuarse de manera inmediata a la realización de las operaciones cuando el destinatario es un particular. No obstante, cuando el destinatario de la operación sea un empresario o profesional que actúe como tal, las facturas deben expedirse antes del día 16 del mes siguiente a aquel en que se haya producido el devengo del impuesto correspondiente a la citada operación (Rgto Fac art.11.1).
Respecto a la **entrega o remisión de las facturas**, lo que regula el citado Rgto Fac es la remisión de dichos documentos, para los que dispone que la obligación de remisión de las facturas debe cumplirse en el mismo momento de su expedición o bien,

cuando el destinatario sea un empresario o profesional que actúe como tal, antes del día 16 del mes siguiente a aquel en que se haya producido el devengo del impuesto correspondiente a la citada operación o en el caso de las operaciones acogidas al régimen especial del criterio de caja o de facturas rectificativas antes del día 16 del mes siguiente a aquel en que se hubiera realizado la operación o se hubiera expedido la factura respectivamente (Rgto Fac art.18).

Conjugando ambos elementos, podemos concretar la **fecha de la repercusión** como sigue:

a) Operaciones realizadas para **particulares**: la repercusión del IVA debe realizarse de manera inmediata.

b) Operaciones realizadas para **empresarios o profesionales**: se dispone, desde la fecha de realización de las operaciones, de un plazo que finaliza el día 15 del mes siguiente al del devengo para expedir la factura y para remitirla al destinatario de la operación.

7437

Pregunta

¿Existe la posibilidad de que, por transcurso del tiempo, se pierda el derecho a la repercusión?

Sí. Se pierde el derecho a la repercusión cuando haya transcurrido un año desde la fecha del devengo de la operación de que se trate sin que esta se haya realizado (LIVA art.88.Cuatro).

El inicio del citado plazo se produce el día siguiente a la **fecha del devengo** de la operación y su finalización, como en cualquier otro plazo para el cual así se disponga, en la misma fecha del año siguiente.

En relación con este plazo, se deben señalar las siguientes **precisiones**:

a) No debe confundirse con el plazo establecido para los supuestos de **rectificación de la repercusión**, que es de 4 años. Hay que tener en cuenta que, como supuesto específico de rectificación de la repercusión, la LIVA art.89.Dos incluye el caso de una operación por la cual no se ha repercutido el IVA, pero se ha expedido factura, como puede ser el supuesto de operaciones que se consideran no sujetas, exentas o gravadas al 0% (ver pregunta nº 7480).

b) El plazo de un año que establece la LIVA art.88.Cuatro no está coordinado con el de prescripción que regula la LGT, por lo que es posible que después de que hubiera transcurrido dicho plazo de un año, se produzca una **actuación administrativa** que dé lugar a una liquidación por IVA tal que el impuesto que ha de ingresar el sujeto pasivo no se puede repercutir al destinatario o destinatarios de las operaciones por haberse agotado el plazo del año.

En el supuesto de que las actuaciones de investigación o comprobación se iniciaran antes de transcurrido el referido plazo, quizá se podría argüir su interrupción (no sin dificultades); sin embargo, si el inicio de las citadas actuaciones es posterior, no parece fácil la defensa de dicho argumento.

7440

Pregunta

¿Cómo se sustancian las controversias relativas a la repercusión?

Las controversias que puedan producirse con referencia a la repercusión del IVA, tanto respecto a la procedencia como a la cuantía de la misma, se consideran de naturaleza tributaria a efectos de las correspondientes reclamaciones en la vía económico-administrativa (LIVA art.88.Seis).

En consecuencia, cualquier disputa que se produzca entre las partes que tenga por origen o fundamento la repercusión del IVA se considera de **naturaleza tributaria**, de forma que la vía para su resolución es, en primera instancia, la económico-administrativa, contra la cual, en su caso, procederá el recurso a la vía contenciosa.

Lo amplio de la dicción del precepto abre esta vía a su utilización para la resolución de cualquier conflicto relativo a la repercusión del IVA, con independencia de la circunstancia que dé lugar a la discusión. En esta idea, la **vía económico-administrati-**

va se podría utilizar para discutir la procedencia o no de la repercusión (supuesto típico de controversia IVA –ITP y AJD) pero también para controversias relativas a la cuantía o al momento de su realización.
No debe confundirse lo anterior con otras disputas que, aunque comprensivas del IVA correspondiente a las operaciones, tengan un motivo distinto, como podrían ser cumplimientos de contratos, pagos, etc.
Esta misma vía (la económico-administrativa) es la procedente para sustanciar las discusiones relativas a los documentos con los que se realiza la repercusión, facturas, tal y como dispone el Rgto Fac art.24.

SECCIÓN 2

La rectificación de la repercusión

(LIVA art.89)

Pregunta 7450
¿En qué circunstancias hay que modificar la repercusión del IVA?

Siempre que se haya producido un error en la repercusión del IVA o que un IVA repercutido se transforme en improcedente.
El **error en la repercusión** del IVA puede venir dado por una **incorrecta cuantificación** de la repercusión del tributo a la fecha de realización de la operación. Tal sería el caso de una inadecuada cuantificación de la base imponible o de la aplicación de un tipo impositivo improcedente, entre otros.
También puede ocurrir que en su momento el IVA se hubiera calculado y repercutido adecuadamente, pero se produzcan circunstancias que, de manera sobrevenida, obligan a rectificar la repercusión efectuada. Este sería el caso de los supuestos en que se modifica la base imponible al amparo de la LIVA art.80 (ver preguntas nº 6660 s.) y hay que proceder a la correlativa rectificación del IVA repercutido.
Este segundo caso no implica que se produjera un error en la cuantificación de la repercusión cuando se realizó la operación, sino que, por **circunstancias sobrevenidas**, que afectan a la base imponible del IVA, deviene obligada una revisión de la repercusión del impuesto. De cualquier modo, la normativa agrupa ambos supuestos, tratándolos de manera conjunta.
Finalmente, la LIVA art.89.Dos asimila los supuestos en que se ha repercutido IVA pero este se ha calculado de manera errónea, o procede su rectificación por cualquier otra causa, con aquellos otros en los que **no se repercutió** IVA pero se expidió factura por la operación, casos en los que, no habiendo IVA repercutido, no cabría hablar, en sentido estricto, de una rectificación. La diferencia de plazos existente entre la LIVA art.88 y 89 justifica esta asimilación (ver preguntas nº 7437 y nº 7460), tendente a facilitar la repercusión del impuesto y procurar así su neutralidad.

Pregunta 7455
La rectificación de la repercusión ¿es un derecho o una obligación?

La rectificación de la repercusión es una **obligación**. Al menos, así se configura en la LIVA art.89.Uno, que establece, para los supuestos que la misma norma determina, que los sujetos pasivos deben proceder a la rectificación del tributo.
En línea con lo señalado en la pregunta anterior (ver pregunta nº 7450), los casos en que resulta preceptiva la citada rectificación son los supuestos en los que se cuantificó erróneamente la cuota tributaria repercutida y aquellos otros en los que el IVA se había calculado correctamente, pero concurre cualquiera de las circunstancias que, conforme dispone la LIVA art.80, habilitan la modificación de la base imponible.

Siendo la rectificación de la repercusión una obligación de los sujetos pasivos, resulta igualmente un **derecho** para ellos, siempre conforme a los términos establecidos por la LIVA art.89, regulador de esta institución.
La configuración de la rectificación de la repercusión como un derecho es el corolario de la obligación de soportar la repercusión del tributo en las operaciones sujetas y no exentas que establece la LIVA art.88.Uno. Considerando que la rectificación es complemento del instituto de la repercusión del IVA, parece lógico que la misma obligación que cubre la figura de la repercusión se haga extensiva a su rectificación.

7460

Pregunta
¿Cuál es el plazo para la rectificación de la repercusión?

El plazo es de 4 años, que se computan desde el devengo del IVA repercutido en los supuestos normales y desde que concurren las circunstancias que dan lugar a la modificación de la base imponible, cuando la rectificación se basa en la existencia de dicha modificación.
Es muy importante computar adecuadamente estos plazos, teniendo en cuenta tanto el momento en que se inician como el día de su finalización.
En cuanto al día de **inicio del cómputo**, hay que distinguir según concurran o no las causas de modificación de la base imponible:
a) Si **no existe modificación de la base imponible**, la norma remite a las reglas para la ocurrencia del devengo del IVA, por lo que habrá que estar a las fechas de realización de las operaciones (LIVA art.75.Uno; ver preguntas nº 6000 s.).
b) En los casos de **modificación** de la base imponible, la fecha de inicio es aquella en la que se produzcan las circunstancias que cita la LIVA art.80 para la modificación de dicha base imponible (ver pregunta nº 6660). Habida cuenta de la variedad de las referidas circunstancias, hay que estar al detalle de cada una de ellas para señalar el momento en que se inicia el citado plazo de 4 años. Asimismo, hay que tener en cuenta la existencia de plazos específicos cuando la modificación de la base imponible trae causa del impago por parte del cliente.
En cuanto a la **finalización** de los referidos plazos, si consideramos que la rectificación de la repercusión se lleva a efecto mediante la expedición de una **factura rectificativa**, hay que concluir que una rectificación se ha efectuado en plazo si la factura rectificativa que necesariamente la soporta se ha expedido dentro de los 4 años siguientes al día que, conforme a lo anteriormente señalado, haya determinado el inicio del cómputo de dicho plazo.
Finalmente, se debe destacar una cuestión de capital importancia. El plazo de 4 años (LIVA art.89.Uno) no es un plazo dentro del cual el sujeto pasivo pueda decidir libremente el momento en que procede a la rectificación de la repercusión. Por el contrario, la rectificación es **obligatoria** desde el momento en que se adviertan las circunstancias que la habilitan, sin que quepa demora a partir de dicho momento. Lo que ocurre es que en caso de que dicha advertencia se produzca después de transcurridos 4 años desde que se hubiese devengado el impuesto o desde la modificación de la base imponible, no hay lugar a la referida rectificación.
Dicho con otras palabras, si la cuota de IVA correspondiente a una operación se ha cuantificado erróneamente y, dentro del plazo de los 4 años que cita la norma, es la Administración Tributaria la que regulariza la situación del sujeto pasivo, entonces este no puede alegar que el plazo de 4 años para rectificar no ha transcurrido.
Debe quedar claro, por tanto, que el plazo señalado (LIVA art.89.Uno) es un plazo cuyo transcurso releva al sujeto pasivo de la obligación de rectificar la repercusión del IVA, pero no un plazo dentro del cual el sujeto pasivo decide el momento en el cual efectúa la referida rectificación.

Pregunta 7470

¿Es posible la interrupción del plazo para la rectificación de la repercusión cuando se inicia un procedimiento administrativo de comprobación o investigación tributaria?

En principio, y a partir de la interpretación literal de la normativa del impuesto, no cabría dicha interrupción, al menos si aplicamos a este instituto la **caducidad** que establece la LIVA art.100 para el derecho a la deducción, que es trasunto de la figura de la repercusión.

Sin embargo, tanto la doctrina (DGT CV 21-3-05 ; TEAC 25-1-11 y 18-7-13) como la jurisprudencia (TS 6-11-98, EDJ 30841) han señalado que el inicio de un procedimiento de comprobación o inspección interrumpe el cómputo del citado plazo, por lo que, a la finalización del citado procedimiento, si la Administración Tributaria constata la existencia de cuotas por repercutir e ingresar distintas de las efectivamente repercutidas e ingresadas, el sujeto pasivo puede rectificar su proceder, aunque en los términos que dispone la LIVA art.89.Tres.

Ejemplo Un empresario dedicado a la promoción de suelo urbano entrega unas parcelas el 10-4-N por 2.000.000 €. Esta operación se califica como exenta de IVA. 7475

El 20-2-(N+4) la Inspección de los tributos inicia inspección parcial de la entidad, concluyendo el procedimiento mediante liquidación que se practica el 20-7-(N+4), en la que se considera la operación sujeta y no exenta. La conducta del sujeto pasivo no se entiende constitutiva de una infracción tributaria.

Aunque la liquidación administrativa se haya practicado transcurridos más de 4 años desde la fecha de realización de la operación, ha de admitirse la rectificación de la repercusión, ya que el inicio de las actuaciones inspectoras determina la interrupción del plazo de 4 años para la rectificación.

Pregunta 7480

¿Qué ocurre cuando por una operación se ha expedido factura, no se ha repercutido IVA y se constata que la no repercusión es un error?

En este caso, la situación del sujeto pasivo se asimila a la de aquel que repercutió IVA, repercusión que ha de entenderse realizada mediante la expedición y entrega de la correspondiente factura (LIVA art.89.Dos).

La diferencia entre los supuestos de rectificación de la repercusión y repercusión es capital, ya que para aquellos la normativa aplicable es la LIVA art.89, que instituye un plazo para la rectificación de 4 años, mientras que para la repercusión, sin más, el plazo se regula por la LIVA art.88, que dispone al efecto un plazo de un año.

Probablemente en el intento de facilitar la aplicación del tributo a los sujetos pasivos, la LIVA equipara los supuestos en que ha habido repercusión, pero es procedente su rectificación, con aquellos otros en que, sin haberse repercutido el tributo, sin embargo, se ha expedido factura.

En consecuencia, lo que va a determinar si el plazo aplicable es el regulado por la LIVA art.88 (un año) o la LIVA art.89 (4 años), es el que se haya expedido **factura** por la operación.

En caso de que se haya realizado una entrega de bienes o prestación de servicios y no se haya expedido factura, entonces cualquier pretensión de repercusión a posteriori está limitada por el plazo de un año que dispone la LIVA art.88.

Por el contrario, si la realización de una entrega de bienes o prestación de servicios se documenta en la correspondiente factura, entonces, se haya repercutido o no en la operación realizada, cualquier actuación posterior sobre el impuesto se considera como rectificación de la repercusión. Para ello, el plazo disponible se amplía hasta los 4 años, en los términos que establece la LIVA art.89.Uno, con la posible interrupción que se explica en la pregunta nº 7470.

7486

Pregunta
¿Cómo se rectifican los supuestos de autorrepercusión errónea?

En principio, en los mismos términos que los casos en que la repercusión es a terceros.
La principal duda que se suscita a estos efectos es el cómputo de los **intereses de demora**, ya que en los casos de autorrepercusión el devengo mismo del tributo determina igualmente el nacimiento del derecho a la deducción. No obstante, no habiéndose practicado la citada autorrepercusión, difícilmente puede el sujeto pasivo deducir ninguna cuota.
En esta tesitura, el TS ha señalado la improcedencia de la aplicación de intereses de demora a las cuotas así liquidadas, en el entendido de que el derecho a la deducción hubiera conducido a la deducción inmediata de las referidas cuotas (TS 25-3-09, EDJ 63035, entre otras).
Este razonamiento se podría extender a cualquier supuesto en que es el sujeto pasivo quien autoliquida e ingresa el tributo, como pueden ser los casos de inversión del sujeto pasivo, AIB u operaciones asimiladas a la importación.

7490

Pregunta
¿Existen supuestos en que no es posible la rectificación, aun habiendo constatado que el IVA repercutido es erróneo?

Sí. No procede la rectificación de las cuotas impositivas repercutidas en los siguientes casos (LIVA art.89.Tres):
a) Cuando la rectificación no esté motivada por las causas previstas en la LIVA art.80, implique un aumento de las cuotas repercutidas y los **destinatarios** de las operaciones **no actúen como empresarios o profesionales**, salvo en supuestos de elevación legal de los tipos impositivos, en que la rectificación puede efectuarse en el mes en que tenga lugar la entrada en vigor de los nuevos tipos impositivos y en el siguiente.
b) Cuando sea la Administración Tributaria la que ponga de manifiesto, a través de las correspondientes liquidaciones, cuotas impositivas devengadas y no repercutidas mayores que las declaradas por el sujeto pasivo y resulte acreditado, mediante datos objetivos, que dicho sujeto pasivo participaba en un **fraude**, o que sabía o debía haber sabido, utilizando al efecto una diligencia razonable, que realizaba una operación que formaba parte de un fraude.

7495

Pregunta
¿Qué ocurre cuando se entregan bienes o servicios a particulares y, después de realizada la operación, se constata la existencia de un error en la repercusión del IVA?

En estos casos, y siguiendo lo establecido al efecto por la LIVA art.89.Tres, hay que comenzar por separar los supuestos en que la rectificación de la repercusión puede tener su origen en la **modificación de la base imponible**. Para estos casos, habría que admitir la rectificación con independencia de su signo, es decir, tanto si lo que ocurre es que se ha repercutido IVA en exceso como si no se repercutió el total de la cuota que procedía repercutir.
Cuando la rectificación **no** se debe a la **modificación** de la base imponible, entonces hay que distinguir a su vez según se trate de un defecto o un exceso de repercusión:
a) Si lo que ocurre es que no se ha repercutido suficiente IVA, es decir, que la cuota repercutida es **inferior** a la que procedía repercutir, entonces lo que procedería sería una rectificación al alza. Esta rectificación al alza es la que impide la LIVA art.89.Tres.1 de manera expresa, por lo que hay que descartarla (con la única excepción de los supuestos de subidas de tipos y durante el mes siguiente a la subida).
b) En caso de que el IVA repercutido sea **excesivo**, habría que rectificar a la baja. En este supuesto se puede presentar un problema importante si el empresario o profe-

sional que repercutió IVA en exceso no es capaz de identificar al particular al que repercutió más IVA del procedente, ya que, se acuda al procedimiento que se acuda para sustanciar la rectificación, es necesaria la identificación del destinatario de la repercusión (ver pregunta nº 7520). Si no se puede identificar al referido destinatario de la repercusión, no es factible la rectificación.

Pregunta **7500**
¿Qué ocurre cuando es la Administración Tributaria la que constata la existencia de un error en la repercusión del IVA?

En estos supuestos hay que tener en cuenta si la rectificación que procede realizar a partir de la actuación administrativa es al alza o a la baja.
Si la Administración Tributaria detecta un **exceso de repercusión**, el procedimiento para la rectificación es exactamente el mismo que cuando es el propio sujeto pasivo el que detecta el error, con la única diferencia de que es la propia liquidación administrativa la que sustancia la rectificación en lo que se refiere a la relación entre el sujeto pasivo y la Administración Tributaria, dando lugar a la correspondiente devolución, en su caso. La expedición de la factura rectificativa se debe producir en los términos que se exponen en la pregunta siguiente (nº 7503).
En caso de que la Administración Tributaria entienda que el sujeto pasivo no ha repercutido suficiente IVA, es decir, en caso de que la Administración Tributaria considere que hay un **defecto de repercusión** (incorrecta aplicación de supuestos de exención, tipos impositivos, cálculo de la base imponible, etc.), hay que distinguir a su vez en función de que resulte acreditado, mediante datos objetivos, que dicho sujeto pasivo participaba en un fraude, o que sabía o debía haber sabido, utilizando al efecto una diligencia razonable, que realizaba una operación que formaba parte de un fraude, o no es así.
Si la Administración Tributaria no acredita, mediante datos objetivos, que dicho sujeto pasivo participaba en un fraude, o que sabía o debía haber sabido, utilizando al efecto una diligencia razonable, que realizaba una operación que formaba parte de un fraude, la rectificación de la repercusión ha de realizarse en los mismos términos que si es el sujeto pasivo quien detecta que no se ha repercutido el tributo adecuadamente.
Por el contrario, si la Administración Tributaria acredita, mediante datos objetivos, que dicho sujeto pasivo participaba en un **fraude**, o que sabía o debía haber sabido, utilizando al efecto una diligencia razonable, que realizaba una operación que formaba parte de un fraude, entonces no cabe la rectificación (LIVA art.89.Tres.2º). En este caso, si el defecto de repercusión tiene su origen en la existencia de bases imponibles no declaradas, ha de considerarse el IVA incluido en los importes regularizados por la Administración (TJUE 1-7-21, asunto CB C-521/19).

Pregunta **7503**
¿Cómo se documenta la rectificación de las cuotas impositivas repercutidas?

Mediante la expedición de **facturas rectificativas**, en los términos que dispone el Rgto Fac art.15, en desarrollo de la habilitación que confiere la LIVA art.89.Cuatro (ver pregunta nº 17760).

Pregunta **7505**
¿Cómo se sustancia la rectificación de la repercusión ante la Administración Tributaria cuando se ha repercutido menos IVA del procedente?

En estos casos hay que distinguir en función de que la rectificación se deba a la modificación de la base imponible o venga motivada por otras causas.
Si la rectificación viene motivada por la **modificación de la base imponible**, el ingreso de la cuota se puede realizar a través de la autoliquidación correspondiente al

período en el que se realice la rectificación, es decir, del período en el que se expida la factura rectificativa, sin recargos ni intereses.

Ejemplo Una cooperativa de viviendas fija provisionalmente el precio de los pisos que ha de entregar a sus socios cooperativistas en 600.000 €, repercutiendo IVA en los cobros a cuenta que realiza y, en la parte restante, a la entrega de los pisos. Meses después de la entrega, se cuantifica definitivamente el coste de los pisos, que se fija en 605.000 €.
El ingreso de los 500 € (se ha aplicado el 10%) que corresponden a este ajuste en el precio se puede realizar a través de la siguiente autoliquidación que presente la cooperativa, sin que sea necesario presentar autoliquidación complementaria por este concepto.

7510 En otro caso, hay que diferenciar a su vez en función de que el defecto de repercusión se pueda considerar debido a un error fundado de derecho o no.
Si el hecho de no haber ingresado el IVA que correspondía se puede entender que se debe a un **error fundado de derecho**, el ingreso de la cuota correspondiente se puede realizar igualmente a través de la autoliquidación del período de liquidación en el que se expida la factura rectificativa, sin recargos ni intereses.
Por el contrario, si no cabe apelar al error fundado de derecho para la justificación del error, hay que sustanciar la rectificación ante la Administración Tributaria mediante la presentación de una autoliquidación complementaria, a la que se aplicarán los intereses y recargos que procedan, conforme a la LGT art.26 y 27.

Ejemplo Un productor de jamones entrega una partida de producto a un cliente que regenta una cadena de restaurantes. El precio de la operación es de 50.000 €. Dicho productor aplica a dicha operación el 4%.
6 meses después se da cuenta del error y procede a la expedición de una factura rectificativa en la que repercute la diferencia.
El ingreso a la Administración Tributaria de la diferencia hasta completar el tipo reducido y no el superreducido debe realizarse mediante la presentación de una autoliquidación complementaria, ya que no parece que la conducta del contribuyente pueda considerarse amparada en un error fundado de derecho.

7520

Pregunta
¿Cómo se sustancia la rectificación de la repercusión ante la Administración Tributaria cuando se ha repercutido más IVA del procedente?

En este caso, el sujeto pasivo puede optar por cualquiera de las **dos alternativas** siguientes (LIVA art.89.Cinco):
a) Iniciar ante la Administración Tributaria el procedimiento de **rectificación de autoliquidaciones** previsto en la LGT art.120.3.
b) Regularizar la situación tributaria en la autoliquidación correspondiente al período en que deba efectuarse la rectificación o en las posteriores hasta el plazo de un año a contar desde el momento en que debió efectuarse la mencionada rectificación. En este caso, el sujeto pasivo está obligado a reintegrar al destinatario de la operación el importe de las cuotas repercutidas en exceso.
Es importante, en este segundo supuesto, insistir en el **plazo de un año** de que se dispone a estos efectos, así como la **diferencia** que hay entre este plazo y el de 4 años que hay para la rectificación, esto es, para la emisión de la factura rectificativa. Expedida esta, para la que se dispone de 4 años, la sustanciación de sus efectos ante la Administración Tributaria debe realizarse dentro del año siguiente.
Si la operación gravada queda sin efecto como consecuencia del ejercicio de una acción de **reintegración concursal** u otras de impugnación ejercitadas en el seno del concurso, el sujeto pasivo debe proceder a la rectificación de las cuotas inicialmente repercutidas en la declaración-liquidación correspondiente al período en que fueron declaradas las cuotas devengadas.

CAPÍTULO 9

El tipo impositivo

Pregunta 9002
¿Qué clase de tipos impositivos se aplican en el IVA?

Tipos fijos, esto es, **porcentajes fijos** que, aplicados a la base imponible, determinan el importe de la cuota tributaria.
Hay que señalar, no obstante, que no hay un único tipo impositivo que se aplique al total de las operaciones sujetas a imposición. Antes bien, lo que hay es una **estructura de tipos** tal que, en función del bien o servicio de que se trate, se delimita el tipo impositivo aplicable. Esta variedad de tipos impositivos pretende introducir una cierta dosis de progresividad en el impuesto, ya que, por lo general, los tipos reducidos se suelen aplicar a bienes o servicios de consumo preferente o de primera necesidad, aunque no siempre es así.

Pregunta 9005
¿Los tipos reducidos se aplican igualmente a operaciones interiores, a importaciones y a AIB?

Sí. Así se desprende de los incisos iniciales de los preceptos que establecen supuestos de tributación reducida aplicables a bienes físicos, que se refieren a entregas, importaciones y AIB de determinadas mercancías.
El **principio de no discriminación** de trato para las operaciones de comercio exterior difícilmente se respetaría si a operaciones interiores y exteriores se les diera un tratamiento distinto. En particular, por lo que se refiere a la AIB, la normativa comunitaria impone la igualdad de tratamiento (Dir 2006/112/CE art.94.1), la cual, por otra parte, es consecuencia lógica del funcionamiento correcto del mercado interior.

Pregunta 9008
¿Los tipos reducidos se determinan en función de las características del producto o atienden a otras consideraciones, tales como la condición del adquirente?

Depende del caso. Hay supuestos en los que la tributación reducida se determina exclusivamente en función de las características del objeto de la transacción, como ocurre con las entregas de edificaciones aptas para ser utilizadas como viviendas (LIVA art.91.Uno.1.7º), pero en otros casos es el estatuto del adquirente o destinatario lo que determina, junto con las características objetivas de la operación, el tipo impositivo aplicable, como ocurre, por ejemplo, respecto a determinados servicios prestados a titulares de explotaciones agrarias (LIVA art.91.Uno.2.3º).

9010 **Pregunta**
¿Qué estructura de tipos impositivos se aplica en España?

Una estructura con tres tipos impositivos, que son los siguientes:
a) Un tipo **general** del 21%, que se aplica por defecto, esto es, que grava los bienes y servicios para los cuales no se ha dispuesto otra cosa.
b) Dos tipos adicionales: el **reducido**, del 10% y el **superreducido** del 4%, que se aplican exclusivamente a los bienes y servicios para los cuales así se dispone por la propia LIVA.
Adicionalmente, hay que tener en cuenta la adición de nuevos supuestos de tributación reducida a tipos distintos aplicables a supuestos diversos (ver preguntas nº 9800 s.).
Con carácter general, para determinar el momento de inicio de la aplicación de cualquier tipo, hay que estar al devengo del IVA correspondiente a las operaciones (ver pregunta nº 9055).

9013 **Pregunta**
¿Se puede hacer una extensión analógica de los supuestos de tributación reducida?

No. Así se establece al prohibirse la analogía para extender más allá de sus términos estrictos el ámbito del hecho imponible, de las exenciones y de los demás beneficios o incentivos fiscales (LGT art.14). Siendo pacífico que los supuestos de tributación reducida constituyen **beneficios fiscales**, hay que concluir que no cabe la aplicación, por analogía, de las normas que dispone la aplicación de alícuotas reducidas a supuestos que no sean los estrictamente previstos por ellas.
En el mismo sentido, se puede hacer referencia a la **jurisprudencia comunitaria**, la cual, ha señalado el carácter excepcional de los supuestos de tributación reducida con respecto al general y la procedencia de aplicar dichos supuestos de manera estricta (TJUE 18-1-01, asunto C-83/99; 8-5-03, asunto C-384/01, entre otras).
Con estas premisas, no es de extrañar que la doctrina administrativa haya hecho una interpretación estricta de esta cuestión y que existan numerosas contestaciones de la **DGT** en las que así se señala.

9023 **Pregunta**
¿Los tipos impositivos en el IVA están armonizados en la Comunidad?

Hay un cierto nivel de armonización, pero nada más. Lo que hace la norma comunitaria es señalar el catálogo dentro del cual han de elegir los Estados comunitarios, pero son estos los que han de tomar dos categorías de **decisiones**:
a) La **estructura de tipos** impositivos que desean establecer, esto es, las alícuotas con las que desean gravar los distintos bienes o servicios sujetos a imposición.
b) Los **bienes y servicios** a los que, en su caso, van a aplicar tipos reducidos.
Con este margen de maniobra, no es de extrañar que exista una gran variedad entre Estados miembros.
Es importante señalar que, en general, esta diversidad de situaciones no distorsiona el funcionamiento del mercado, ya que las técnicas de territorialidad aplicables, junto con el hecho de que los tipos reducidos se suelen aplicar a suministros locales, aseguran que las diferencias de tipos entre Estados **no** generan **distorsiones** de mercado. A pesar de lo anterior, sí que existen casos de extraterritorialidad en los tipos reducidos que suponen una distorsión en el correcto funcionamiento de los mercados.

Pregunta
¿Se puede decir que el IVA es un impuesto regresivo? 9025

No se puede decir que el IVA sea un **impuesto progresivo**, ya que no hay un incremento o variación de los tipos aplicables en función de los niveles de renta o riqueza de los sujetos pasivos.
A la vez, si tenemos en cuenta que cuando se reducen los niveles de renta y riqueza, la parte proporcional que se dedica a consumo crece, con lo que se incrementa igualmente el importe de IVA que se soporta por quien se encuentra en esta situación, se puede llegar a afirmar que el IVA es un impuesto con una cierta dosis de **regresividad**.
Un elemento que pretende atemperar este efecto es la existencia de tipos reducidos, los cuales, entre otras cosas, hacen que la carga tributaria que recae sobre los bienes y servicios de primera necesidad se reduzca.

SECCIÓN 1

El tipo general

(LIVA art.90)

I. Porcentaje

(LIVA art.90.Uno)

Pregunta
¿Cuál es el tipo general de IVA aplicable en España? 9045

El **21%**. Así se establece en la LIVA art.90.Uno, que dispone igualmente que dicho tipo impositivo se aplica a toda operación para la cual no se prevea otra cosa por la LIVA art.91, que es el que regula los supuestos de tributación reducida.
Lo anterior ha de entenderse sin perjuicio de que haya **otras disposiciones** en las que se prevea la aplicación de otros supuestos de tributación reducida.

II. Aplicación temporal

(LIVA art.90.Dos)

Pregunta
¿Qué tipo de gravamen se aplica cuando hay modificaciones legales que afectan al tipo impositivo? 9055

El vigente en el momento del **devengo** (LIVA art.90.Dos) (ver preguntas nº 6000 s. en relación con el devengo del impuesto).
Por tanto, cuando se producen modificaciones en los tipos aplicables, tanto en casos o supuestos concretos de tributación reducida, como en casos de alteraciones generales en los tipos de gravamen, lo que determina el gravamen resultante es el devengo del impuesto. En supuestos en que se han producido variaciones en los tipos impositivos, la DGT ha fijado los criterios con los que determinar los tipos aplicables a las operaciones, indicando, en determinados supuestos controvertidos, lo siguiente:

a) En las operaciones de **tracto sucesivo**, el tipo aplicable es aquel que esté vigente en el momento del devengo del impuesto, esto es, cuando resulte exigible la parte del precio que comprenda cada percepción (DGT CV 26-3-10).
b) En operaciones cuyas destinatarias sean las **Administraciones Públicas**, el tipo aplicable es el vigente en el momento del devengo, con independencia de la fecha en la que se hayan concertado las operaciones. Si el precio con el que se concertaron tomó en consideración un tipo distinto del vigente a la fecha del devengo, el IVA ha de calcularse sobre dicho precio (DGT CV 26-3-10, coincidente con la jurisprudencia, TS 2-3-98 y 28-7-97).
c) En caso de que se realicen **pagos anticipados** se anticipa igualmente el devengo del IVA, con la aplicación del tipo que corresponda a la fecha en que se realizó el pago.
Finalmente, hay que matizar que si se han efectuado operaciones en las que se ha repercutido un determinado tipo impositivo y posteriormente procede la **rectificación de la repercusión**, dicha rectificación ha de realizarse conforme a los tipos vigentes en las fechas en las que se realizaron las operaciones, esto es, cuando se repercutió el IVA, ello con independencia de que cuando se expide la factura rectificativa el tipo aplicable fuera ya el incrementado. La DGT CV 29-12-09 , así lo especifica.

III. Reimportaciones de bienes y operaciones asimiladas a importaciones

9060

Pregunta
¿Qué tipo impositivo se aplica en los supuestos de reimportación de mercancías que se han enviado fuera de la Comunidad para la realización de trabajos sobre ellas?

El correspondiente a los **trabajos realizados**. Así se establece en la normativa del impuesto, conforme a la cual, en las reimportaciones de bienes que hayan sido exportados temporalmente fuera de la Comunidad y que se reimporten después de haber sido objeto en un país tercero de trabajos de reparación, transformación, adaptación, ejecuciones de obra o incorporación de otros bienes, se aplica el tipo impositivo que hubiera correspondido a las operaciones indicadas si se hubiesen realizado en el territorio de aplicación del impuesto (LIVA art.90.Tres).

9062 Ejemplo Un equipo sanitario es enviado a Estados Unidos para su reparación. A los 3 meses de su exportación, el equipo es reimportado. El valor del equipo es de 8.000.000 € y el de la reparación de 40.000 €.
La base imponible de la reimportación viene dada por el valor de los trabajos realizados (LIVA art.83.Dos.1ª), 40.000 €, y el tipo impositivo aplicable el general del 21%.

9065

Pregunta
¿Existe alguna disposición equivalente para las importaciones asimiladas?

Sí. La ley del impuesto establece que en las operaciones asimiladas a las importaciones de bienes que hayan sido exclusivamente objeto de servicios exentos mientras han permanecido vinculados a los regímenes o situaciones a que se refiere la LIVA art.23 y 24, se aplica el tipo impositivo que hubiera correspondido a los citados **servicios** si no hubiesen estado exentos (LIVA art.90.Tres párrafo 2º).
En última instancia, la lógica que subyace a esta disposición es la misma que se ha ilustrado en la pregunta nº 9060, gravar las operaciones que se han efectuado y no otra cosa.

SECCIÓN 2

Operaciones al tipo reducido del 10%

(LIVA art.91.Uno)

Pregunta 9085
¿Cuál es el tipo reducido del IVA en España?

El **10%**. Este tipo reducido se aplica a las entregas, AIB e importaciones de los bienes y a las prestaciones de servicios que se señalan en la LIVA art.91.Uno. Este tipo impositivo reducido es aplicable desde el 1-9-2012, fecha de entrada en vigor, a estos efectos, del RDL 20/2012, que fue el que modificó la LIVA en este sentido.
Tal y como se señala en la pregunta nº 9013, la interpretación de los supuestos de tributación reducida ha de realizarse en términos estrictos, sin que sea admisible una extensión analógica de estos.

I. Entregas de bienes al tipo reducido

(LIVA art.91.Uno.1)

A. Productos destinados a la nutrición

(LIVA art.91.Uno.1.1º y 2º)

Pregunta 9095
¿Qué tipo impositivo se aplica a los productos alimenticios?

El reducido del 10%. Así lo dispone la LIVA, conforme a la cual tributan a dicho tipo las sustancias o productos, cualquiera que sea su origen que, por sus características, aplicaciones, componentes, preparación y estado de conservación, sean susceptibles de ser habitual e idóneamente utilizados para la **nutrición humana o animal**, de acuerdo con lo establecido en el Código Alimentario y las disposiciones dictadas para su desarrollo (LIVA art.91.Uno.1.1º).
Interesa destacar que se trata de un supuesto de tributación reducida de delimitación objetiva, de forma tal que la alícuota aplicable se determina en función de las características objetivas del producto comercializado y no de ninguna otra circunstancia. Elementos tales como la condición del adquirente o el uso efectivo de los bienes adquiridos son irrelevantes a estos efectos.
Por mandato expreso de la norma, se **excluyen** del tipo reducido los siguientes bienes:
a) Las bebidas alcohólicas, entendiéndose así todo líquido apto para el consumo humano por ingestión que contenga alcohol etílico.

b) Las bebidas refrescantes, zumos y gaseosas con azúcares o edulcorantes añadidos.
A estos efectos, tampoco tienen la consideración de alimento el tabaco ni las sustancias no aptas para el consumo humano o animal en el mismo estado en que fuesen objeto de entrega, AIB o importación.
Hay que tener en cuenta, asimismo, que ciertos productos alimenticios tributan a otros tipos reducidos inferiores, incluso al 0% (ver preguntas nº 9695 s. y nº 9801 s.).

9098 Ejemplos **1)** Galiardo, que es un pintor de gran prestigio, adquiere unas piezas de fruta cerca de su estudio. Con ellas se propone componer un bodegón, que será su próxima creación. Por estas piezas de fruta paga un total de 40 €.
Aunque el destino de estas frutas sea pasar a la posteridad, convenientemente inmortalizadas, se trata de bienes cuyo destino idóneo y habitual es la alimentación humana. En consecuencia, el tipo impositivo aplicable es el reducido.
2) Un ayuntamiento adquiere 7 toros a una prestigiosa ganadería. El destino de los toros es la celebración de la tradicional corrida en honor de la patrona del pueblo. Por los toros se pagan 50.000 €.
En este caso, y aunque los toros acabarán conveniente cocinados, su utilización idónea y la razón por la que se pagan los 50.000 € por ellos es su uso en el festejo taurino. En consecuencia, el tipo impositivo aplicable es el general (DGT 16-5-95).

9100

Pregunta
¿Qué se entiende por producto alimenticio?

El definido como tal en el **Código Alimentario** y las disposiciones dictadas para su desarrollo (LIVA art.91.Uno.1.1º).

9102

Pregunta
¿La aplicación del tipo reducido a los productos alimenticios depende de que efectivamente se destinen a un uso alimenticio?

No. Lo que determina el tipo aplicable es el **uso idóneo y habitual** de los productos transmitidos, atendiendo a sus características, aplicaciones, componentes, preparación y estado de conservación, que los hagan aptos para ser utilizados en la alimentación humana o animal.
Por esta misma razón, operaciones como las entregas de toros de lidia o de caballos de carreras se han excluido de este beneficio fiscal, ya que el uso idóneo y habitual de estos animales no es el alimenticio, sino otro distinto, ello al margen de que, en última instancia, acaben transformados en productos alimenticios (DGT Resol 3/1999).

9104

Pregunta
¿Qué tipo impositivo se aplica a los productos destinados a la alimentación animal?

El mismo que se aplica a los productos aptos para la alimentación humana, esto es, el tipo reducido del 10%.

9106

Pregunta
¿Qué tipo impositivo grava las bebidas refrescantes, zumos y gaseosas con azúcares o edulcorantes añadidos?

El **tipo general** del 21%, como consecuencia de la modificación introducida en la LIVA art.91.Uno.1.1º por la Ley de Presupuestos Generales del Estado para el año 2021 (L 11/2020). Se suprimió así la tributación al 10%, que venía siendo aplicable con anterioridad.

Pregunta
¿Qué tipo impositivo grava las bebidas alcohólicas? 9108

El **tipo general** del 21%, ya que la ley del impuesto excluye a las bebidas alcohólicas de la aplicación del tipo reducido (LIVA art.91.Uno.1.1º).

Pregunta
¿Qué se entiende por bebida alcohólica? 9110

Todo líquido apto para el consumo humano por ingestión que contenga alcohol etílico, con independencia de su **graduación** (LIVA art.91.Uno.1.1º).
Esta interpretación ha llevado a la DGT a señalar la aplicación del tipo general a productos tales como cervezas con un bajo nivel alcohólico (DGT 26-7-95 ; 18-3-03), vinos para guisar (DGT 15-6-98) o vino desalcoholizado, pero con un cierto porcentaje de alcohol (DGT CV 4-8-10).

Pregunta
¿Qué tipo impositivo se aplica al tabaco? 9112

El **tipo general**, ya que la ley del impuesto lo excluye expresamente de la aplicación del tipo reducido (LIVA art.91.Uno.1.1º). Este tipo general se sobrepone al impuesto especial que grava igualmente las labores del tabaco.

Pregunta
¿Hay algún supuesto de tributación reducida para los suministros a la industria alimenticia? 9114

Sí. La ley del impuesto extiende la aplicación del tipo reducido a las **entregas de animales, vegetales y demás productos** susceptibles de ser utilizados habitual e idóneamente para la obtención de los productos aptos para la alimentación humana o animal, directamente o mezclados con otros de origen distinto (LIVA art.91.Uno.1.2º).
Por tanto, los distintos componentes o suministros de la industria alimenticia, humana o animal, tributan al tipo reducido.
Interesa destacar que, al igual que ocurre con los productos de esta industria, la aplicación del tipo reducido se hace en función de las características objetivas de los productos comercializados, con independencia de su uso efectivo. No obstante, lo más normal es que estos productos se adquieran por las industrias productoras de alimentos. Siendo así, el IVA soportado es **deducible**, por lo que en este caso estamos más bien ante un beneficio financiero, ya que no incide en la fase final de puesta a consumo de los bienes y servicios.

Pregunta
¿Hay alguna distinción, en cuanto al tipo impositivo, en función de que los ingredientes o suministros de los productos alimenticios sean de origen natural o artificial? 9116

No. Así lo ha señalado la DGT 2-12-99, entre otras. El único requisito que ha de cumplirse para la aplicación del tipo reducido es la **aptitud de uso** en la producción de alimentos, señalada anteriormente. Por tanto, se gravan al tipo reducido los ingredientes de los productos alimenticios con independencia de que sean de origen natural o artificial.

9118

Pregunta
¿Qué gravamen se aplica a las entregas de animales destinados a la alimentación humana o animal?

El tipo reducido del 10%. Así lo dispone el último párrafo de la LIVA art.91.Uno.1.2º, que así lo establece en relación con los animales **destinados a su engorde** antes de ser utilizados en el consumo humano o animal y los animales **reproductores** de los mismos o de aquellos otros a que se refiere el párrafo anterior.
En consecuencia, se aplica este tipo a las entregas, AIB e importaciones de los siguientes animales:
a) Aquellos que, por su estado de desarrollo, ya se encuentran en condiciones de ser sacrificados para ser transformados en productos alimenticios.
b) Los que todavía no han alcanzado el citado estado de desarrollo, por lo que necesitan de una fase previa de crecimiento y engorde.
c) Los reproductores de los anteriores.
Estos criterios, ahora recogidos en la LIVA, dieron lugar en su día a una agria polémica que zanjó la DGT Resol 3/1999, cuyos criterios se incorporaron posteriormente a la propia LIVA.

9120

Pregunta
¿Se aplica el 10% a las entregas de ganado destinado a la producción lechera?

Sí. De este modo lo ha señalado la DGT en distintas contestaciones (DGT 29-7-99; 29-1-01).

B. Productos destinados a actividades agrícolas, forestales o ganaderas

(LIVA art.91.Uno.1.3º)

9130

Pregunta
¿Hay algún supuesto de tributación reducida para los suministros al sector agrario?

Sí. La normativa del impuesto establece la tributación al tipo reducido de determinados **bienes** que se utilizan en actividades agrícolas, ganaderas o forestales (LIVA art.91.Uno.1.3º). Este supuesto de tributación reducida se complementa con el que establece la misma LIVA para las prestaciones de **servicios** que tienen por destinatarios a los titulares de las respectivas explotaciones (LIVA art.91.Uno.2.3º, ver pregunta nº 9375). Con ambas medidas, se pretende aligerar la carga tributaria del sector agrario, para el cual hay que tener en cuenta que existe un régimen especial que, entre otras características, tiene la de que las cuotas de IVA soportado no son deducibles (ver pregunta nº 15175).

9132

Pregunta
¿Se aplica el tipo reducido a todos los bienes que se usan en actividades agrarias?

No. De acuerdo con la dicción de la propia LIVA, y la DGT se ha encargado de recalcarlo, solo tributan al tipo reducido las operaciones relativas a los productos que se señalan en la propia norma, esto es, de los bienes que se relacionan por la LIVA art.91.Uno.1.3º. Lo anterior no es sino la concreción en este caso del principio de interpretación estricta de los supuestos de tributación reducida.Lo anterior no es sino la concreción en este caso del principio de interpretación estricta de los supuestos de tributación reducida.

Pregunta
¿Cuáles son los productos principales para los que se ha admitido la aplicación del tipo reducido en tanto que suministros agrarios? 9135

Los productos a los que ha de aplicarse este tipo son los siguientes (LIVA art.91.Uno.1.3º):
a) **Semillas** y materiales de origen exclusivamente animal o vegetal susceptibles de originar la reproducción de animales o vegetales. La DGT ha excluido de esta consideración las entregas de productos auxiliares para la reproducción animal, pero que no la originaban por sí mismos (DGT 19-9-03), limitando el beneficio fiscal a los elementos que habían de generar la citada reproducción (plantones de vid, DGT 12-6-89).
b) **Fertilizantes** y residuos orgánicos. La DGT ha limitado la aplicación del tipo reducido a los productos que, como tales, se podían utilizar como fertilizantes, excluyendo de este beneficio fiscal a los que debían transformarse antes de utilizarse como tales (DGT 21-6-93; 6-2-96, que aclaran esta distinción). Esta misma consideración se puede extender a las dos categorías siguientes.
c) Correctores, enmiendas y **herbicidas**.
d) **Plaguicidas** de uso fitosanitario o ganadero.
e) **Plásticos para cultivos** en acolchado, en túnel o en invernadero. También en este caso hay contestaciones de la DGT relativamente restrictivas, como pueden ser las relativas a clips para sujetar matas de pimientos y tomates (DGT 27-12-96) o crotales para la identificación del ganado (DGT 1-3-00).
f) **Bolsas de papel** para la protección de las frutas antes de su recolección.

Pregunta
¿La aplicación del tipo reducido a los suministros del sector agrario depende de que el adquirente sea titular de una explotación agraria? 9138

No. Lo relevante para la determinación del tipo impositivo aplicable son las características objetivas de los productos entregados. En la medida en que sean susceptibles del uso que se ha señalado, están gravadas al tipo reducido.
Hay que matizar que, por **actividades agrarias**, en este contexto, la DGT ha considerado que había que entender exclusivamente las que se desarrollaban con finalidad empresarial, no aquellas otras tales como la jardinería a título particular (DGT 30-3-95), razón por la cual se ha determinado la aplicación del tipo general a las entregas de fertilizantes o productos similares en preparaciones que, por su envasado y presentación, no hacían estos productos aptos para su uso empresarial.

C. Agua

(LIVA art.91.Uno.1.4º)

Pregunta
¿Qué tipo impositivo se aplica a los suministros de agua? 9145

El 10% (LIVA art.91.Uno.1.4º). Curiosamente, la LIVA no considera a este producto como de **primera necesidad**, como pueden ser los alimentos a los que grava al 4%. Como quiera que sea, los suministros de agua tributan al tipo reducido.

9148

Pregunta

¿Se aplica el tipo reducido al total de la contraprestación que se pague por el agua, con independencia de cómo se cuantifique?

Sí. Así lo ha apreciado la DGT que establece la aplicación de este tipo tanto a la cantidad fija que se cobra en función de la **superficie de riego** de cada agricultor, como a las cantidades adicionales que se cobran en función del **consumo** (DGT 12-2-04).
Es importante no confundir lo anterior con la posibilidad de que, junto con el recibo del agua, se giren cantidades adicionales en concepto de **cánones** de saneamiento, **impuestos** ecológicos o similares, ya que esta es una cuestión que tiene que ver con la formación de la base imponible de la operación, cantidades que pueden quedar excluidas de la misma en tanto que suplidos (ver pregunta nº 6525).

9150

Pregunta

¿Está incluido dentro del tipo reducido el alquiler de contadores?

No está incluido, de acuerdo con el criterio de la **DGT** (DGT CV 6-3-86), por lo que deberían tributar al tipo general del 21%. Se trata, no obstante, de un criterio discutible, ya que se podría argüir que se trata de **operaciones accesorias** a la principal, que es la entrega de agua, a la que se aplica el 10%.

9152

Pregunta

¿Se incluyen en el tipo reducido otras operaciones, tales como mantenimiento de redes de suministro?

No. De este modo lo ha señalado la DGT al establecer que estas operaciones no constituyen entregas de agua como tales, sino **prestaciones de servicios**, para las cuales no hay ningún beneficio fiscal previsto (DGT 11-2-04). Por tanto, estas operaciones tributan al tipo general del 21%.

9155

Pregunta

¿Hay algún requisito adicional para la aplicación del tipo reducido a las entregas de agua?

Sí. El agua a la que se aplica este tipo es la que resulta apta para la **alimentación** humana o animal o para el **riego** (LIVA art.91.Uno.1.4º). Suministros de agua que no tuvieran esta aptitud objetiva que se acaba de señalar quedarían excluidos del beneficio fiscal.

9158

Pregunta

En la determinación del tipo impositivo aplicable a las entregas de agua, ¿tiene alguna relevancia la condición del adquirente o del transmitente?

No. La aplicación del tipo reducido a los suministros de agua depende exclusivamente de las características del agua entregada y no de la condición de quien la entrega ni de quien la recibe.

D. Medicamentos para uso animal

(LIVA art.91.Uno.1.5º)

Pregunta 9170

¿Qué tipo impositivo se aplica a las entregas de medicamentos para uso animal?

El 10% (LIVA art.91.Uno.1.5º). Interesa destacar que se trata de un supuesto de tributación reducida de configuración objetiva, esto es, que se aplica en función de las características de los productos entregados, prescindiendo de elementos tales como su uso efectivo o la condición de adquirente o transmitente.

Pregunta 9172

¿Se aplica el tipo reducido a las entregas de medicamentos de uso humano cuando son utilizados por animales?

No. Las entregas de medicamentos aptos para uso humano tributan al 4% cuando tengan esta condición (ver pregunta nº 9730), con independencia de que su **uso efectivo** se produzca en animales. Por tanto, las entregas de medicamentos de uso humano que se utilizan en la sanidad animal se gravan al 4%.

Pregunta 9175

¿Están gravados al tipo reducido toda clase de fitosanitarios?

No. Este tipo se aplica exclusivamente a las entregas de medicamentos para uso animal, no a otros productos que puedan tener la condición de fitosanitarios, ya que este es un concepto más amplio.

Pregunta 9178

¿Qué tipo impositivo se aplica a los productos que se usan en la fabricación de medicamentos de uso animal?

El mismo que las entregas de medicamentos de uso animal, esto es, el tipo reducido.

E. Aparatos destinados a suplir deficiencias físicas y determinados productos farmacéuticos

(LIVA art.91.Uno.1.6º)

1. Aparatos y complementos destinados a suplir deficiencias físicas humanas

(LIVA art.91.Uno.1.6º.c)

Pregunta 9195

¿Qué tipo impositivo se aplica a los aparatos que suplen las deficiencias humanas?

El tipo reducido. Así lo establece la ley del impuesto, que establece el gravamen al tipo reducido de las entregas, AIB e importaciones de los equipos médicos, aparatos y demás instrumental, relacionados en la LIVA anexo aptdo.8º, que por sus características objetivas, estén diseñados para **aliviar o tratar deficiencias**, para uso personal y exclusivo de personas que tengan deficiencias físicas, mentales, intelectuales o sensoriales (LIVA art.91.Uno.1.6º.c).

Lo anterior ha de entenderse sin perjuicio de la aplicación del 4% a las prótesis, órtesis e implantes internos para personas con discapacidad (ver pregunta nº 9760).
Los **productos** a los que se refiere la LIVA anexo aptdo.8º son los siguientes:
a) Las gafas, monturas para gafas graduadas, lentes de contacto graduadas y los productos necesarios para su uso, cuidado y mantenimiento.
b) Dispositivos de punción, dispositivos de lectura automática del nivel de glucosa, dispositivos de administración de insulina y demás aparatos para el autocontrol y tratamiento de la diabetes.
c) Dispositivos para el autocontrol de los cuerpos cetónicos y de la coagulación sanguínea y otros dispositivos de autocontrol y tratamiento de enfermedades discapacitantes como los sistemas de infusión de morfina y medicamentos oncológicos.
d) Bolsas de recogida de orina, absorbentes de incontinencia y otros sistemas para incontinencia urinaria y fecal, incluidos los sistemas de irrigación.
e) Prótesis, órtesis, ortoprótesis e implantes quirúrgicos, en particular los previstos en el RD 1030/2006, por el que se establece la cartera de servicios comunes del Sistema Nacional de Salud y el procedimiento para su actualización, incluyendo sus componentes y accesorios.
f) Las cánulas de traqueotomía y laringectomía.
g) Sillas terapéuticas y de ruedas, así como los cojines antiescaras y arneses para el uso de las mismas, muletas, andadores y grúas para movilizar personas con discapacidad.
h) Plataformas elevadoras, ascensores para sillas de ruedas, adaptadores de sillas en escaleras, rampas portátiles y barras autoportantes para incorporarse por sí mismo.
i) Aparatos y demás instrumental destinado a la reducción de lesiones o malformaciones internas, como suspensorios y prendas de compresión para varices.
j) Dispositivos de tratamiento de diálisis domiciliaria y tratamiento respiratorios.
k) Los equipos médicos, aparatos y demás instrumental, destinados a compensar un defecto o una incapacidad, que estén diseñados para uso personal y exclusivo de personas con deficiencia visual y auditiva.
l) Los siguientes productos de apoyo que estén diseñados para uso personal y exclusivo de personas con deficiencia física, mental, intelectual o sensorial:
- productos de apoyo para vestirse y desvestirse: calzadores y sacabotas con mangos especiales para poder llegar al suelo, perchas, ganchos y varillas para sujetar la ropa en una posición fija;
- productos de apoyo para funciones de aseo: alzas, reposabrazos y respaldos para el inodoro;
- productos de apoyo para lavarse, bañarse y ducharse: cepillos y esponjas con mangos especiales, sillas para baño o ducha, tablas de bañera, taburetes, productos de apoyo para reducir la longitud o profundidad de la bañera, barras y asideros de apoyo;
- productos de apoyo para posibilitar el uso de las nuevas tecnologías de la información y comunicación, como ratones por movimientos cefálicos u oculares, teclados de alto contraste, pulsadores de parpadeo, software para posibilitar la escritura y el manejo del dispositivo a personas con discapacidad motórica severa a través de la voz;
- productos de apoyo y dispositivos que posibilitan a personas con discapacidad motórica agarrar, accionar, alcanzar objetos: pinzas largas de agarre y adaptadores de agarre;
- estimuladores funcionales.

9198

Pregunta
¿Qué se considera deficiencia humana a los efectos de la aplicación del tipo reducido?

Aquellas que dificulten el normal desenvolvimiento de su **vida cotidiana**. Es importante señalar que hay otro supuesto de tributación superreducida que se aplica a las operaciones relativas a prótesis, órtesis e implantes internos para personas con **discapacidad** (ver pregunta nº 9760), por lo que el gravamen del 10% que establece la LIVA art.91.Uno.1.6º se refiere a otros elementos, que son los señalados en la pregunta nº 9195.

2. Productos farmacéuticos

(LIVA art.91.Uno.1.6º.a)

Pregunta 9210

¿Qué tipo impositivo se aplica a las entregas de productos farmacéuticos?

De acuerdo con la ley del impuesto, están gravados al 10% las entregas, AIB e importaciones de productos farmacéuticos comprendidos en el Capítulo 30 «Productos farmacéuticos» de la Nomenclatura Combinada, susceptibles de uso directo por el consumidor final, distintos de los incluidos en la LIVA art.91.Uno.1.5.º (medicamentos de uso veterinario, ver pregunta nº 9170 s.) y LIVA art.91.Dos.1.3º (medicamentos de uso humano, ver pregunta nº 9730 s.) (LIVA art.91.uno.1.6º).

Pregunta 9212

¿Ha habido algún cambio a este respecto en los últimos años?

Sí. Como consecuencia de la sentencia TJUE 17-1-13, asunto C-360/11, el 1-1-2015 se modificó este supuesto de tributación reducida, que con anterioridad se aplicaba al material sanitario. Desde el 1-1-2015, el tipo reducido se aplica a las entregas de equipos para suplir deficiencias humanas señalados en la pregunta nº 9195 y a las de productos farmacéuticos referidos en la pregunta nº 9210.

F. Viviendas

(LIVA art.91.Uno.1.7º)

Pregunta 9235

¿Qué tipo impositivo se aplica a las entregas de viviendas?

El tipo reducido del 10%. La ley del impuesto señala que las **entregas de edificios o de partes** de los mismos aptos para ser utilizados como viviendas están sujetas al tipo reducido (LIVA art.91.Uno.1.7º).
Es importante señalar que este supuesto de tributación reducida se determina en función de las características objetivas de las edificaciones transmitidas, las cuales, en la medida en que sean aptas para ser utilizadas como viviendas, tributan al tipo reducido. Elementos tales como el **precio, la superficie o el destino** efectivo de las viviendas son irrelevantes a estos efectos.
Conviene no confundir lo anterior con la delimitación que se hace de la **exención** de los arrendamientos de viviendas (LIVA art.20.Uno.23º), que condiciona la exención a que el arrendatario utilice la edificación arrendada como vivienda (ver pregunta nº 4955).
El tipo reducido se aplica en atención a las características objetivas del inmueble, con independencia de su uso. En la medida en que disponga de la aptitud de uso residencial a la que antes nos hemos referido, el tipo aplicable será el reducido, se use como vivienda por su propietario o no.

Pregunta 9238

¿Todas las viviendas tributan al tipo reducido?

No. Hay ciertas viviendas cuya entrega tributa al superreducido. Son las que señala la LIVA art.91.Dos.1.6º (ver preguntas nº 9770 s.).

9240

Pregunta
¿Se aplica el tipo reducido a la entrega de una vivienda que no se va a destinar a uso residencial?

Sí, ya que este supuesto de tributación reducida depende exclusivamente de las **características objetivas** de las edificaciones transmitidas, con independencia, por tanto, de su uso efectivo.

9242 Ejemplos **1)** Un ingeniero industrial adquiere un piso en el centro de Madrid por 1.500.000 €. En este piso se propone la instalación del estudio en el que pretende ejercer la actividad profesional por cuenta propia.
La entrega de este piso tributa al tipo reducido, ya que se trata de un inmueble que es susceptible de ser utilizado como vivienda. El hecho de que no se destine a dicho uso es irrelevante a estos efectos.
2) Un médico odontólogo adquiere un piso en el centro de Barcelona. El piso tiene 200 metros cuadrados, 80 de los cuales se destinarán a consulta y 120 más a vivienda particular.
Al igual que en el caso anterior, la entrega del piso está sujeta al tipo reducido por el total de su superficie, aunque haya una parte de ella que se destine a un uso no residencial.

9244

Pregunta
¿Se aplica el tipo reducido a las entregas de viviendas que se van a destinar al arrendamiento?

Sí, exactamente en los mismos términos que se gravan al tipo reducido cualesquiera otras viviendas. Como se ha señalado en las preguntas anteriores, la aplicación de este tipo a las entregas de edificaciones aptas para ser utilizadas como viviendas depende de sus **características objetivas** y no del uso efectivo que se dé a dichas edificaciones.
Hay que tener en cuenta, no obstante, la posibilidad de que a dichas entregas se les aplique el **tipo superreducido**, ello en los términos que señala la LIVA art.91.Dos.1.6º (ver pregunta nº 9770 s.) cuando la entidad adquirente tiene derecho a aplicar el régimen especial de las entidades arrendadoras que se establece en la LIS art.48 y 49.

9246

Pregunta
¿Qué tipo de documento acredita la aptitud de uso residencial de un inmueble?

Idóneamente, la **cédula de habitabilidad o licencia de ocupación**, en la cual, previa inspección de los técnicos municipales, se certifica la aptitud para el uso residencial de la edificación de que se trate. A falta de ella, el tipo aplicable es el general (DGT CV 27-2-18 ; CV 12-4-23).

9250

Pregunta
¿Qué tipo impositivo se aplica a las entregas de apartamentos turísticos?

Depende de sus condiciones de uso. Así:
a) Cuando dichos apartamentos son edificaciones aptas para ser utilizadas como **viviendas** desde cualquier punto de vista, esto es, sin ningún tipo de restricción, el tipo impositivo aplicable es el reducido (DGT 12-12-03 ; CV 18-7-06).
b) Cuando se trata de edificaciones que se asimilan a **instalaciones turísticas**, en el sentido de que existen restricciones, aunque sea de orden jurídico, a la utilización como vivienda, entonces el tipo de gravamen aplicable es el general (DGT 19-11-04; 29-6-06, entre otras).

Pregunta 9253
¿Se aplica el tipo reducido a las entregas de plazas de garaje?

Depende de las condiciones en que se entreguen. Las entregas de plazas de garaje tributan al tipo reducido cuando cumplan los siguientes **requisitos**:

a) Que se entreguen conjuntamente con viviendas. La **entrega conjunta** requiere que se produzca en el mismo acto, aunque se trate de operaciones que se documentan en escrituras distintas.

b) Que el **número** de plazas de garaje que se entrega junto con cada vivienda no exceda de dos. En caso de que se exceda este número, se aplicará el tipo reducido a las dos primeras y el general a las restantes.

c) Que las plazas de garaje se encuentren **ubicadas** en el mismo edificio que las viviendas a las que acompañan.

Pregunta 9255
¿Qué ocurre si las plazas de garaje no están en el mismo edificio que la vivienda transmitida?

En principio, si las plazas de garaje no están ubicadas en el mismo edificio que las viviendas con las que se transmiten conjuntamente, debería aplicarse el **tipo general**, ya que no se cumple uno de los requisitos para la aplicación del tipo reducido (ver pregunta nº 9253).

No obstante, la doctrina administrativa es algo más flexible. Así, cuando las plazas de garaje se ubican en la **misma parcela** en la que se encuentran las edificaciones con las que se transmiten, cabe la aplicación del tipo reducido. Este suele ser el caso de edificaciones que forman parte de urbanizaciones cerradas que comprenden un perímetro dentro del cual se encuentra el aparcamiento (DGT 4-9-02 entre otras o, a sensu contrario, DGT 15-10-07).

Por el contrario, cuando las plazas de garaje se encuentran en parcelas distintas a la que ocupa el edificio en el que se encuentra la vivienda transmitida, aunque se cumplan los demás requisitos establecidos al efecto, la entrega de dichas plazas de garaje tributa al tipo general.

Pregunta 9258
¿Qué tipo impositivo se aplica a otros anexos a viviendas, tales como instalaciones deportivas, piscinas, jardines, etc.?

El tipo reducido. A estos efectos, la única restricción la establece la LIVA en relación con las plazas de garaje, por lo que cualesquiera otros anexos habrían de tributar al tipo reducido, en los mismos términos que las viviendas.

En todo caso, ha de tratarse de anexos, de forma tal que si se pretendiera la aplicación del tipo reducido a elementos vinculados a la entrega de una vivienda pero de los cuales no cabe predicar esta condición, el tipo de gravamen aplicable sería el general. Tal sería el caso de **terrenos** que acompañen una vivienda unifamiliar y que superen los 5.000 metros cuadrados (en los términos que establece la LIVA art.20.Uno.22º) o de **locales comerciales** anexos a viviendas, para los cuales la exclusión se dispone de manera expresa por la LIVA art.91.Uno.1.7º.

Pregunta 9260
¿Qué ocurre si en una misma operación se entregan viviendas y otros inmuebles, como, por ejemplo, locales comerciales?

Que a cada tipo de inmueble ha de aplicársele el tipo impositivo que le corresponda. En caso de que en una misma operación y por el mismo precio se entregase un inmueble apto para ser utilizado como vivienda y otro que no tiene dicha aptitud, habría que **prorratear** el precio para determinar qué parte de él es imputable a cada uno de dichos inmuebles (LIVA art.79.Dos) (ver pregunta nº 6558).

9262 Ejemplo Una empresa promotora transmite a un cliente un local comercial de 150 metros cuadrados y el piso que se encuentra encima, que tiene 90 metros cuadrados. El cliente se propone instalar un negocio en el citado local comercial y vivir encima. El precio conjunto en el que se cierra la operación es de 1.000.000 €. El precio medio por metro cuadrado de local comercial equivalente es de 5.000 € y el de vivienda de 4.500 €.
El prorrateo que señala la LIVA art.79.Dos se realiza en este caso del siguiente modo:
a) Precio total de mercado de los dos inmuebles: (150 × 5.000) + (90 × 4.500) = 1.155.000 €.
b) Parte proporcional del precio correspondiente al local: 1.000.000 × (150 × 5.000) / 1.155.000 = 649.350,65 €.
c) Parte proporcional del precio correspondiente a la vivienda: 1.000.000 × (90 × 4.500) / 1.155.000 = 350.649,35 €.
d) Las cuotas de IVA correspondientes serían:
- por el local: 649.350,65 × 0,21 = 136.363,64 €;
- por la vivienda: 350.649,35 × 0,10 = 35.064,94 €.

9265 **Pregunta**
¿Cómo tributan las mejoras en inmuebles en construcción que se contratan antes de su entrega?

Depende de cómo se contraten:
a) Si se pactan con el **promotor**: cabe entender que son un mayor precio de la vivienda, en cuyo caso tributan al tipo reducido, al igual que el resto del precio que se paga por ella (DGT CV 26-7-23).
b) Si se pactan con alguno de los **contratistas**: no cabe, en principio, la aplicación de ningún supuesto de tributación reducida, por lo que quedan gravadas al tipo general. Hay que señalar que no se pueden aplicar a estas operaciones las normas de tributación reducida que se establecen en la LIVA art.91.Uno.3.1º y 2º (ver preguntas nº 9605 s. y nº 9640 s.), ya que se trata de supuestos únicamente aplicables a quienes tienen la condición de promotores, condición que no se puede defender en quien adquiere una vivienda de nueva construcción promovida por un tercero.

9267 Ejemplo Un particular adquiere un piso nuevo y pretende introducir ciertas mejoras respecto a la memoria de calidades. Una de ellas es la sustitución de los armarios de la cocina. La otra se refiere a la pintura de la vivienda. Puesto en contacto con la empresa promotora, esta le señala lo siguiente:
a) La mejora en los armarios de cocina ha de negociarla directamente con la empresa de carpintería que los instala. Los armarios que definitivamente se instalan tienen un precio de 20.000 €, que paga el adquirente de la vivienda.
b) La sustitución de la pintura se puede realizar por la promotora, que cobra un sobreprecio de 2.400 €.
La primera de las operaciones tributará al tipo general, ya que el adquirente de la vivienda no es promotor de ella, por lo que no cabe el gravamen al 10%.
La segunda mejora se puede considerar un sobreprecio de la vivienda, por lo que se ha de aplicar el mismo tipo impositivo que a la entrega de esta, es decir, el 10%.

9270 **Pregunta**
¿Se aplica el tipo reducido a la entrega de una edificación apta para ser utilizada como vivienda que está exenta, pero en la cual se ha renunciado a la exención?

Sí. La no exención da lugar a la aplicación, a la entrega de la edificación de que se trate, del régimen de tributación que le corresponda en función de sus características, en este caso el tipo reducido.

Pregunta 9272
¿Existe algún supuesto de tributación reducida para los arrendamientos de inmuebles?

En principio, no. Las cantidades que se hayan de considerar contraprestación de operaciones de arrendamiento de inmuebles quedan gravadas al **tipo general** (ver pregunta nº 9274 en cuanto a operaciones de arrendamiento con opción de compra).

Pregunta 9274
¿Qué tipo impositivo se aplica a los arrendamientos de viviendas con opción de compra?

A estas operaciones se les aplica el mismo tipo impositivo que a las **entregas de viviendas**. Por tanto, un arrendamiento de vivienda con opción de compra tributa al tipo reducido (ver pregunta nº 9585).

G. Flores y plantas ornamentales

(LIVA art.91.Uno.1.8º)

Pregunta 9280
¿Qué tipo impositivo se aplica a las entregas de flores y plantas vivas de carácter ornamental?

El tipo reducido del 10%.

Pregunta 9290
¿Existe algún supuesto de tributación reducida aplicable a la jardinería?

Sí, el relativo a las entregas, AIB e importaciones de **semillas, bulbos, esquejes y otros** productos de origen exclusivamente vegetal susceptibles de ser utilizados en su obtención.

Interesa destacar dos extremos importantes:

a) Se aplica el tipo reducido exclusivamente a los productos que se acaban de señalar, pero no a otros que se puedan utilizar en **jardinería «no empresarial».** Así, y por referencia a la LIVA art.91.Uno.1.3º (ver pregunta nº 9138), la DGT considera como actividades agrarias exclusivamente las que se desarrollan con finalidad empresarial, no aquellas otras tales como la jardinería a título particular (DGT 30-3-95).

b) Las prestaciones de **servicios de jardinería** no están incluidas en el supuesto de tributación reducida, por lo que dichos servicios tributan al tipo general (DGT 14-10-02).

Este supuesto de tributación reducida es el único que subsiste en el ámbito de la jardinería.

II. Prestaciones de servicios al tipo reducido

(LIVA art.91.Uno.2)

9315

A. Transporte de viajeros

(LIVA art.91.Uno.2.1º)

9320 **Pregunta**
¿Qué tipo impositivo se aplica al transporte de pasajeros?

Según la ley del IVA se gravan al tipo reducido los servicios de transporte de viajeros y sus **equipajes** (LIVA art.91.Uno.2.1º).
A estos efectos, es irrelevante que se trate de **líneas regulares o de servicios ad-hoc o discrecionales**, todos ellos, en la medida en que se trate de servicios de transporte de pasajeros y de sus equipajes, tributan a este tipo.

9322 **Pregunta**
¿La aplicación del tipo reducido a los servicios de transporte de pasajeros depende de la condición de quien los haya contratado?

No. Se trata de un supuesto de tributación reducida que se delimita por razón de servicio, de forma tal que la aplicación del tipo reducido no depende de quién haya contratado el servicio. En consecuencia, tributan al tipo reducido los servicios de transporte contratados directamente por los pasajeros o contratados por **agencias de viajes** u otros transportistas.

9325 **Pregunta**
¿Los transportes de pasajeros están sujetos al IVA en todo caso?

No. En relación con los servicios de transporte de viajeros hay que tener en cuenta dos circunstancias importantes:
a) En primer lugar, la **regla de localización** aplicable, conforme a la cual dichos servicios están sujetos a IVA únicamente cuando transcurran por el TIVA (LIVA art.70.Uno.2º). Los servicios de transporte de pasajeros que transcurran total o parcialmente fuera del TIVA no están sujetos a IVA. Tal es el caso, a título de ejemplo, de los servicios que se realizan entre la Península y **Baleares**, parte de los cuales tienen lugar sobre aguas internacionales. La parte del trayecto que transcurra por aguas internacionales no está sujeta a IVA. La DGT especifica las proporciones, en las sucesivas rutas existentes, con las que se puede determinar la parte de trayecto dentro y fuera del TIVA (DGT Resol 3/2004) (ver pregunta nº 90).
b) Adicionalmente, hay que tener en cuenta la **exención** que se establece para los transportes de pasajeros y de sus equipajes por vía marítima o aérea con origen o destino fuera del TIVA (LIVA art.22.Trece) (ver pregunta nº 14355).

Ejemplo Una persona que quiere conocer los archipiélagos españoles compra dos billetes de avión ida y vuelta, uno de ellos entre Madrid y Palma de Mallorca y el otro entre Madrid y Las Palmas de Gran Canaria. El primero cuesta 300 € y el segundo 450 €. 9327
Por el primero le tendrán que repercutir IVA sobre el 51,47% del precio, esto es, sobre 154,41 €, con una cuota resultante de 15,44 €.
El segundo billete está exento, ya que se trata de trayectos con origen o destino, respectivamente, fuera del TIVA (recordemos que las Islas Canarias están excluidas del TIVA).

Pregunta 9330
¿Se aplica el tipo reducido al transporte de equipajes?

Sí, aunque ha de tratarse efectivamente de equipaje de viajeros. Aunque la norma no señala lo que ha de entenderse por equipaje a este respecto, se puede considerar que es el equipaje acompañado el que efectivamente tiene derecho al beneficio de la tributación a este tipo.

Pregunta 9333
¿El transporte de animales se considera transporte de pasajeros?

No. Según tiene señalado la DGT, los servicios de transporte de animales están excluidos de la aplicación del tipo reducido (en relación con **ganado**, DGT 3-12-98; 6-10-00, respecto a **mascotas**), por lo que dichos servicios de transporte tributan al tipo general.
No se plantea en estas consultas la posibilidad de que se trate de **equipaje de pasajeros**, lo cual, para el caso de las mascotas, no es descartable. En esta hipótesis, se podría argumentar que se trata de equipaje (ver pregunta nº 9330) y defender la tributación el tipo reducido.

Pregunta 9335
¿Qué tipo impositivo se aplica a los servicios de alquiler de vehículos con conductor?

El tipo reducido, ya que tiene la consideración de **servicio de transporte**. Así lo ha señalado la DGT, entre otras, en la DGT 17-9-04.

Pregunta 9337
¿Se aplica el tipo reducido a los servicios de alquiler de medios de transporte sin conductor?

No. Los servicios de arrendamiento de medios de transporte sin conductor tributan al **tipo general**.

Pregunta 9340
¿Hay algún tipo reducido que se aplique a los peajes de autopista?

No. La tributación reducida para estos servicios se suprimió, después que España fuera condenada por el TJUE (sentencia condenatoria TJUE 18-1-01, asunto C-83/99).

B. Hostelería y restaurantes

(LIVA art.91.Uno.2.2º)

9350 **Pregunta**

¿Qué tipo impositivo se aplica al sector de la hostelería y la restauración?

El reducido. La ley del impuesto establece la tributación al tipo reducido de los servicios de hostelería, acampamento y balneario, los de restaurantes y, en general, el suministro de comidas y bebidas para consumir en el acto, incluso si se confeccionan previo encargo del destinatario (LIVA art.91.Uno.2.2º).

9352 **Pregunta**

¿Existe alguna discriminación, en cuanto a la aplicación del tipo reducido, en función de la categoría del hotel o restaurante de que se trate?

No. Hace años estaban excluidos de la aplicación del tipo reducido los hoteles y restaurantes de categorías superiores, pero en la actualidad no hay ninguna distinción, por lo que tributan al 10% hoteles y restaurantes con independencia de su categoría.

9355 **Pregunta**

¿Qué tipo se aplica a los servicios de alquiler de salones por hoteles?

En la medida en que se trate de **servicios no accesorios** a los servicios de alojamiento, estos servicios tributan al tipo general del impuesto. En la mayor parte de los supuestos, hay que considerar que es así, ya que se trata de servicios, los de alquiler de salones, que se perciben por sus destinatarios como servicios claramente diferenciados de los servicios de hostelería que, en su caso, pueda prestar el hotel.

9357 **Pregunta**

¿Qué tipo se aplica a los servicios de aparcamiento prestados por hoteles?

En la medida en que se trate de **servicios no accesorios** a los servicios de alojamiento, estos servicios tributan al tipo general del 21%. En este caso, es más discutible la aplicación práctica de este criterio, ya que en la mayor parte de las ocasiones los servicios de aparcamiento se prestan a los mismos clientes del hotel, que incluso llegan a recibir estos servicios sin pago de sobreprecio. En estas circunstancias, se podría discutir que se trata de servicios accesorios a los de alojamiento, tributando todos ellos al tipo reducido.

9360 **Pregunta**

¿Se aplica el tipo reducido a los apartamentos turísticos?

Sí. Los servicios de arrendamiento de inmuebles para ser utilizados como viviendas quedan excluidos de la exención cuando el arrendador se obliga a prestar **servicios** equivalentes a los propios de la **industria hostelera** (entre otras, DGT 19-10-95; CV 31-3-05 ; CV 19-1-10 ; CV 23-5-23).

9362 **Pregunta**

¿Se aplica el tipo reducido a las residencias de estudiantes, opositores y similares?

Sí, ya que se trata de servicios de alojamiento y manutención (DGT 8-6-95).

Pregunta 9365
¿Qué tipo impositivo se aplica a los servicios de multipropiedad?

El tipo reducido, tal y como establece la LIVA art.91.Uno.2.12º, a condición de que el inmueble tenga, al menos, diez alojamientos, de acuerdo con lo establecido en la normativa reguladora de estos servicios. Esta configuración del beneficio fiscal trae causa de la L 4/2012, que derogó la anterior normativa de regulación del sector y que llevó la regulación de la aplicación del tipo reducido a la propia LIVA.

Pregunta 9367
¿Qué tipo impositivo se aplica a los servicios de catering?

El 10%, siempre que se trate de servicios que consistan en el suministro a domicilio de alimentos preparados y de los útiles necesarios para su servicio (DGT 30-4-04).

C. Servicios agrícolas, forestales y ganaderos

(LIVA art.91.Uno.2.3º)

Pregunta 9375
¿Qué tipo impositivo se aplica a los servicios prestados a los titulares de explotaciones agrícolas, ganaderas o forestales?

El tipo reducido. Es importante señalar que la aplicación del tipo reducido está condicionada al cumplimiento de los siguientes **requisitos** (LIVA art.91.Uno.2.3º):
- ha de tratarse de servicios de los que se relacionan en el citado precepto y no otros;
- los servicios que se pretendan acoger a este beneficio fiscal han de ser prestados a titulares de explotaciones agrícolas, ganaderas y forestales;
- los servicios han de resultar necesarios para el desarrollo de las actividades respectivas.

Pregunta 9378
¿Se aplica el tipo reducido a todos los servicios prestados a los titulares de las explotaciones agrarias?

No. Únicamente se aplica el tipo reducido a los **servicios** que cita expresamente la LIVA art.91.Uno.2.3º, que son los siguientes:
- plantación, siembra, injertado, abonado, cultivo y recolección;
- embalaje y acondicionamiento de los productos, incluido su secado, limpieza, descascarado, troceado, ensilado, almacenamiento y desinfección de los productos;
- cría, guarda y engorde de animales;
- nivelación, explanación o abancalamiento de tierras de cultivo;
- asistencia técnica;
- eliminación de plantas y animales dañinos y la fumigación de plantaciones y terrenos;
- drenaje;
- tala, entresaca, astillado y descortezado de árboles y limpieza de bosques; y
- servicios veterinarios.

Como ejemplos de servicios a los que se ha denegado expresamente por la DGT la aplicación del tipo reducido al tratarse de **servicios no incluidos** en la anterior relación, se encuentran los servicios de transporte de ganado (DGT 3-12-98) o de limpieza y desinfección de naves destinadas a actividades ganaderas (DGT 28-10-03).

9380

Pregunta
¿Los servicios relativos a explotaciones agrarias tributan al tipo reducido cuando se prestan a personas o entidades distintas de los titulares de las explotaciones respectivas?

No. Este supuesto de tributación reducida es un supuesto de **configuración subjetiva**, por lo que se aplica únicamente cuando los destinatarios de las prestaciones son titulares de explotaciones agrícolas, ganaderas o forestales, pero no en otro caso. Por tanto, la misma prestación de servicios, si se realiza a favor de uno de estos titulares, tributa al tipo reducido, mientras que si se presta a un destinatario distinto, tributa al tipo general.
A título de ejemplo, se pueden citar los servicios de **fumigación aérea**, para los cuales la contestación de la DGT señala la tributación al tipo reducido cuando se prestan a titulares de explotaciones agrícolas, ganaderas o forestales y al tipo general cuando se prestan a destinatarios distintos, como pueden ser particulares o empresarios que no son titulares de las antedichas explotaciones (DGT 16-6-04).

9382

Pregunta
¿Hay alguna categoría de servicios agrarios expresamente excluidos de la aplicación del tipo reducido?

Sí. La ley del impuesto dispone la no aplicación del tipo reducido a las **cesiones de uso o disfrute o arrendamiento de bienes** (LIVA art.91.Uno.2.3º). Se trata de una disposición fundamentalmente aclaratoria, ya que estos servicios, en la medida en que no se encuentran incluidos en la relación que antes se ha señalado, ya quedarían excluidos del beneficio fiscal. No obstante, en aras de claridad se dispone la no aplicación del tipo reducido a estos servicios (sin perjuicio de la particularidad que se señala en la pregunta nº 9385).

9385

Pregunta
¿Existe alguna disposición específica en cuanto a tipo reducido para los servicios prestados por las cooperativas agrarias?

Sí. Se establece la aplicación del tipo reducido a las prestaciones de servicios realizadas por las cooperativas agrarias **a sus socios** como consecuencia de su actividad cooperativizada y en cumplimiento de su objeto social, incluida la utilización por los socios de la maquinaria en común (LIVA art.91.Uno.2.3º).
Este inciso final, que establece un tratamiento ad hoc para los servicios prestados por las cooperativas agrarias, es un tanto chocante si se compara con el régimen que se establece con carácter general para este tipo de servicios y, en lo que respecta a los servicios de **utilización de maquinaria en común**, resulta contrario al Derecho comunitario, ya que la Dir 2006/112/CE anexo III (categoría 11) excluye expresamente estos servicios de la posibilidad de aplicación de tipos reducidos. No obstante, como se trata de una medida favorable para los contribuyentes, no se les puede oponer esta infracción de la norma comunitaria.

D. Servicios prestados por artistas

(LIVA art.91.uno.2.13º)

9395

Pregunta
¿Hay algún supuesto de tributación reducida relativo a las producciones artísticas?

Sí. Se aplica el 10% a los servicios prestados por intérpretes, artistas, directores y técnicos, que sean **personas físicas**, a los productores de películas cinematográficas

susceptibles de ser exhibidas en salas de espectáculos y a los organizadores de obras teatrales y musicales.
Tributan al 10% los servicios prestados un **músico** persona física cuando los citados servicios se entiendan referidos a una obra teatral o musical y se presten al organizador de la misma. En otro caso, el tipo aplicable es el general del 21% (DGT CV 26-6-23).
Se aplica el 10% a los servicios prestados por un músico referidos a una obra teatral o musical y prestados a su organizador, incluidos los prestados al artista que asuma la organización de la obra y que no se limite a actuar como intermediario. En otro caso, se aplica el tipo general, en particular, a los servicios prestados a quien se limite a actuar como intermediario, sin asumir la gestión y organización de la actuación musical (DGT CV 26-6-23).

E. Limpieza de vías públicas, parques y jardines públicos

(LIVA art.91.Uno.2.4º)

Pregunta 9410
¿Hay algún supuesto de tributación reducida para la limpieza de vías públicas?

Sí. La ley del impuesto establece la aplicación del tipo reducido a los servicios de limpieza de vías públicas, parques y jardines públicos (LIVA art.91.Uno.2.4º).

Pregunta 9412
¿Se aplica el tipo reducido a los servicios relativos al mantenimiento y conservación de otros espacios públicos?

No. Tal es el caso de los servicios de limpieza de **hospitales** (DGT 13-9-93), de **colegios públicos** (DGT 29-9-97) o de prevención de incendios mediante limpieza del monte (DGT 13-12-00) para todos los cuales se ha dispuesto la aplicación del tipo impositivo general.

F. Recogida y tratamiento de residuos

(LIVA art.91.Uno.2.5º)

Pregunta 9420
¿Existe algún supuesto de tributación reducida para los servicios de recogida y tratamiento de residuos?

Sí. La ley del impuesto dispone la aplicación del tipo reducido a los servicios de recogida, almacenamiento, transporte, valorización o eliminación de residuos. Los servicios de limpieza de alcantarillados públicos y de desratización de los mismos disfrutan de este mismo beneficio fiscal (LIVA art.91.Uno.2.5º).
A los efectos de la aplicación de esta norma, la DGT se ha remitido a la definición de **residuo** que se hace en la normativa sobre residuos, que califica como tales los productos que se enuncian en la propia norma y de los que su poseedor deseche o pretenda desechar.
Los servicios que se han señalado anteriormente, en la medida en que se refieran a residuos, tributan al tipo reducido. Hay que destacar que la aplicación de este tipo es procedente tanto cuando se presta el conjunto de los servicios referidos como cuando se prestan los citados servicios de manera aislada, como ocurre, por ejemplo, con los servicios de transporte de residuos, para los cuales la DGT ha señalado de forma reiterada el gravamen al tipo reducido (respecto a restos cárnicos, DGT 22-9-00; 23-1-01, sobre transportes de chatarra) o los servicios de recogida (DGT CV 12-3-12 , sobre recogida de animales muertos en ganaderías, o DGT 14-6-04, relativa a recogida de lodos de fosas sépticas).

Es importante no confundir la tributación de los servicios que se han citado con la tributación que pudiera corresponder a la **entrega de los residuos** tal cual o después de ser valorizados, entrega para la cual, por sí misma, no hay ningún supuesto de tributación reducida que sea aplicable (por ejemplo, DGT 4-7-01 , sobre entregas de aceites minerales usados, para la que se establece la aplicación del tipo general). Tampoco se aplica el tipo reducido a las entregas de los bienes utilizados en la gestión de residuos, como pudieran ser las entregas de **contenedores** a un ayuntamiento que los va a utilizar en la recogida de basuras (DGT 27-2-01).

9424

Pregunta
¿A qué servicios relativos al tratamiento de residuos se aplica el tipo reducido?

Tal y como señala la propia norma, a los de recogida, almacenamiento, transporte, valorización o eliminación de residuos. Como se ha dicho en la pregunta anterior, estos servicios se pueden prestar de forma **conjunta o por separado**, pero en cualquiera de estos supuestos, es procedente la aplicación del tipo reducido.
Es igualmente aplicable el tipo reducido a los servicios de limpieza de alcantarillados públicos y de desratización de los mismos.

9427

Pregunta
¿Existe algún supuesto de tributación reducida para los servicios relativos a las aguas residuales?

Sí. La ley del impuesto dispone igualmente el gravamen al tipo reducido de los servicios de recogida o tratamiento de las aguas residuales (LIVA art.91.Uno.2.5º).
Se incluyen también en este supuesto de tributación reducida los servicios de recogida o tratamiento de **vertidos en aguas interiores o marítimas**.

9430

Pregunta
¿Hay algún supuesto de tributación reducida para los servicios relativos a recipientes normalizados utilizados en la recogida de residuos?

Sí. La ley del impuesto establece la inclusión en el supuesto de tributación reducida de los servicios de cesión, instalación y mantenimiento de recipientes normalizados utilizados en la recogida de residuos (LIVA art.91.Uno.2.5º).
Según tiene señalado la DGT, no existe una definición de lo que hay que considerar como **recipiente normalizado** que se utilice en la recogida de residuos, por lo que hay que estar a lo que dispongan las ordenanzas municipales respectivas, las cuales, en la medida en que acepten los recipientes de que se trate en cada caso, habilitan la aplicación del tipo reducido.
Hay que entender, si se trata de la recogida de otros residuos, que serían las características que procedan en cada caso respecto a los residuos recogidos las que determinarían la aplicación del tipo reducido.

9432

Pregunta
¿Todos los servicios relativos a la gestión de residuos tributan al tipo reducido?

No. Hay servicios que, al no estar incluidos en la relación de la LIVA art.91.Uno.2.5º, han sido considerados excluidos por la DGT de este beneficio fiscal. Este es el caso de servicios tales como los de desinfección de medios de transporte público (DGT CV 1-9-86), desinfección, desinsectación y desratización de dependencias privadas (DGT 29-9-86) o transporte de contenedores vacíos (DGT 15-9-00).

G. Entradas a espectáculos y otras manifestaciones culturales

(LIVA art.91.Uno.2.6º)

Pregunta 9440
¿Qué tratamiento corresponde a los espectáculos y demás manifestaciones culturales?

Depende de la condición del empresario o profesional que preste los servicios:
- si se trata de un **ente público o** de una **entidad privada de carácter social**, y en la medida en que se trate de las prestaciones que se refieren en la LIVA art.20.Uno.14º son operaciones exentas (LIVA art.20.Uno.14º; ver pregunta nº 4185);
- cuando dichos servicios son prestados por **otras entidades**, tributan al tipo reducido siempre que se trate de la entrada a bibliotecas, archivos y centros de documentación, museos, galerías de arte, pinacotecas, salas cinematográficas, teatros, circos, festejos taurinos, conciertos, y a los demás espectáculos culturales en vivo.

Pregunta 9447
¿Se aplica el tipo reducido a los servicios de organización de congresos y exposiciones de carácter comercial?

Sí, a condición de que los organizadores no sean entes públicos o entidades privadas de carácter social. Interesa destacar que se gravan al tipo reducido tanto los servicios prestados a los **expositores** como a los **asistentes** a los citados congresos o exposiciones (DGT 2-8-01; 24-6-02).

H. Asistencia social

(LIVA art.91.Uno.2.7º)

Pregunta 9480
¿Qué tratamiento tienen los servicios de asistencia social?

Depende de la condición del empresario o profesional que preste los servicios:
- si se trata de un **ente público o** de una **entidad privada de carácter social**, son operaciones exentas (ver pregunta nº 4080, LIVA art.20.uno.8º);
- cuando dichos servicios son prestados por **otras entidades**, entonces la tributación que corresponde es la aplicación del tipo reducido.

La norma de tributación reducida se configura como complemento de la norma de exención, de forma que los servicios excluidos de la exención por razón de la condición de su prestador tributan al tipo reducido.
Adicionalmente, hay que tener en cuenta la aplicación del 4% a los servicios de teleasistencia, ayuda a domicilio, centro de día y de noche y atención residencial que establece la LIVA art.91.Dos.2.3º (ver pregunta nº 9797).

Pregunta 9482
¿Cuándo se aplica el tipo reducido a los servicios relacionados con la asistencia social?

Cuando se trate de servicios relacionados con la asistencia a los **colectivos** que señala la LIVA art.20.Uno.8º (ver pregunta nº 9484) y no resulte aplicable a los mismos la **exención** a que se refiere dicho precepto.
Conviene recordar que la exención solo es procedente cuando los referidos servicios se prestan por entes públicos o por entidades privadas de carácter social, caracteri-

zados, entre otras cosas, por la ausencia del ánimo de lucro (ver pregunta nº 4250, LIVA art.20.Tres).
Igualmente, hay que matizar que la aplicación de este beneficio fiscal está reservada a operaciones que tengan la condición de **prestaciones de servicios**, por lo que no se aplica a otras operaciones que constituyan entregas de bienes.

9484

Pregunta
¿Cuáles son los colectivos a los que se prestan los servicios gravados al tipo reducido?

Los que señala la LIVA art.20.Uno.8º (ver pregunta nº 4080) que son los siguientes:
a) Protección de la infancia y de la juventud. La misma norma señala que se consideran actividades de protección de la infancia y de la juventud las de rehabilitación y formación de niños y jóvenes, la de asistencia a lactantes, la custodia y atención a niños, la realización de cursos, excursiones, campamentos o viajes infantiles y juveniles y otras análogas prestadas en favor de personas menores de 25 años de edad.
b) Asistencia a la tercera edad.
c) Educación especial y asistencia a personas con discapacidad.
d) Asistencia a minorías étnicas.
e) Asistencia a refugiados y asilados.
f) Asistencia a transeúntes.
g) Asistencia a personas con cargas familiares no compartidas.
h) Acción social comunitaria y familiar.
i) Asistencia a ex-reclusos.
j) Reinserción social y prevención de la delincuencia.
k) Asistencia a alcohólicos y toxicómanos.
l) Cooperación para el desarrollo.
La misma LIVA art.20.Uno.8º establece que la exención comprende la prestación de los servicios de alimentación, alojamiento o transporte accesorios de los anteriores prestados por dichos establecimientos o entidades, con medios propios o ajenos.
Cualesquiera de estos servicios, cuando queden excluidos de la exención por prestarse por **entidades con ánimo de lucro**, resultan gravados al tipo reducido del 10%.

9488

Pregunta
¿Qué tipo impositivo se aplica a los servicios de asistencia a la tercera edad?

En general, el tipo reducido. Este tipo impositivo se aplica tanto a los servicios prestados por **residencias geriátricas** como a los servicios de **asistencia domiciliaria** a personas mayores.
Hay que tener en cuenta, no obstante, que los citados servicios están **exentos** cuando concurre cualquiera de las siguientes circunstancias:
- son prestados por entes públicos o por entidades privadas de carácter social;
- cuando dichos servicios se pueden considerar servicios de asistencia sanitaria (p.e., de los servicios prestados a enfermos de Alzheimer), en cuyo caso están exentos como servicios sanitarios (ver preguntas nº 4310 s.). Interesa recordar que la exención de los servicios sanitarios no está condicionada a la ausencia del ánimo de lucro en sede del prestador.

Adicionalmente, hay que tener en cuenta la aplicación del 4% a los servicios de teleasistencia, ayuda a domicilio, centro de día y de noche y atención residencial que establece la LIVA art.91.Dos.2.3º (ver pregunta nº 9797).

Pregunta
¿Qué servicios se pueden considerar como de protección de la infancia y la juventud? 9490

Servicios tales como los de organización de excursiones o demás actividades extraescolares, gravados al 10% cuando se prestan por **entidades con ánimo de lucro** y exentos en otro caso.

I. Espectáculos deportivos

(LIVA art.91.Uno.2.8ª)

Pregunta
¿Qué espectáculos deportivos tributan al tipo reducido? 9530

Los de **carácter aficionado** (LIVA art.91.Uno.2.8º). La DGT tiene señalado que la aplicación de este gravamen reducido solo es procedente cuando el total de los deportistas que participen en el espectáculo de que se trate sean deportistas aficionados. En otro caso, el tipo impositivo aplicable es el general.
Conviene recordar que este supuesto de tributación reducida es distinto a la exención (ver pregunta nº 4160, LIVA art.20.Uno.13º).

J. Exposiciones y ferias comerciales

(LIVA art.91.Uno.2.9º)

Pregunta
¿En qué condiciones tributan al tipo reducido las exposiciones y ferias comerciales? 9540

Siempre que se trate de ferias o exposiciones que tengan como cometido la promoción de los bienes o servicios que comercializan los **participantes**. Siendo así, los servicios que van a tributar al tipo reducido incluyen prestaciones tales como la cesión del espacio necesario para cada participante, la cesión de mobiliario, electricidad, personal auxiliar, publicidad y demás servicios necesarios para que la feria o exposición se desarrolle adecuadamente. El tipo impositivo reducido se extiende igualmente a las cantidades que se cobren a los **asistentes** a los citados eventos (DGT 26-2-04).
Es importante no confundir estos servicios con los prestados a los **organizadores** de las ferias o exposiciones, los suministros de los citados organizadores, a los que se aplica el tipo general (DGT CV 4-12-02).
Del mismo modo, hay que distinguir estos eventos de los **servicios culturales exentos** (ver pregunta nº 4185, LIVA art.20.Uno.14º).

K. Reparación y renovación de viviendas particulares

(LIVA art.91.Uno.2.10º)

Pregunta
¿Qué tipo impositivo se aplica a las obras de reparación y renovación de viviendas particulares? 9560

El tipo reducido, tal y como dispone la LIVA art.91.Uno.2.10º.

9561 **Pregunta**

¿Desde cuándo es aplicable este supuesto de tributación reducida?

Desde el 14-4-2010, fecha de entrada en vigor del RDL 6/2010, que dio nueva redacción al precepto, ampliándolo respecto a lo que era su redacción anterior, que limitaba sus efectos a las ejecuciones de obra de albañilería. Inicialmente, la duración del beneficio fiscal estaba limitada, de forma que había de desaparecer a finales de 2012; sin embargo, con la entrada en vigor del RDL 20/2012, el 1-9-2012, este beneficio fiscal se ha transformado en indefinido.

9562 **Pregunta**

¿Cuáles son los requisitos que han de cumplirse para la aplicación del tipo reducido a las obras de reparación o renovación de viviendas particulares?

Los requisitos que han de cumplirse para la aplicación del tipo reducido a las obras de renovación o reparación de viviendas particulares son los siguientes:
a) Ha de tratarse de **ejecuciones de obra**.
b) Las obras han de ser de renovación o reparación de edificaciones.
c) Las obras han de ser realizadas en edificios o partes de los mismos **destinados a viviendas**. Cuando las obras se ejecutan sobre inmuebles específicos, la aplicación de este requisito, conjuntamente con el siguiente, resulta relativamente sencilla. Por el contrario, cuando se trata de ejecuciones de obra para comunidades de propietarios, en las que solo una parte del edificio tiene este uso, la apreciación de este requisito se puede complicar. En estos casos, la DGT ha señalado como criterio que al menos el 50% de la superficie del edificio tenga este uso.
d) Que el **destinatario** sea persona física, no actúe como empresario o profesional y utilice la vivienda a que se refieren las obras para su uso particular. No obstante, la misma LIVA señala que también se incluyen en este número las citadas ejecuciones de obra cuando su destinatario sea una comunidad de propietarios.
e) Que la **construcción o rehabilitación** de la vivienda a que se refieren las obras haya **concluido al menos 2 años antes** del inicio de estas últimas. Este extremo, que puede ser de difícil apreciación para el empresario que ejecuta la obra, puede acreditarse mediante una comunicación de quien la haya contratado en la que, bajo su responsabilidad, así se lo comunica (RIVA art.26). En el mismo certificado se ha de comunicar que no se actúa como empresario o profesional y que la vivienda se utiliza para uso particular.
f) Que la **persona que realice las obras** no aporte materiales para su ejecución o, en el caso de que los aporte, su coste no exceda del 40% de la base imponible de la operación. Por materiales aportados la DGT que son aquellos los que definitivamente se incorporan a la obra (DGT 27-4-04, entre otras).

9568 **Pregunta**

¿Qué ocurre cuando las obras se pagan por entidades aseguradoras?

Hay que determinar quién tiene la condición de **destinatario** de las obras:
a) Quien contrata las obras es una **persona física** que utiliza la edificación como vivienda: se aplica el tipo reducido, aunque obtenga el reembolso de los gastos en que haya incurrido por parte de una entidad aseguradora.
b) La **entidad aseguradora** es la destinataria de las obras y contraparte en los contratos respectivos de ejecución de obra: no es procedente la aplicación del tipo reducido, sino que hay que aplicar el tipo general del (DGT 12-5-00).

Pregunta 9570
¿Se aplica el tipo reducido a las obras que se realizan para comunidades de propietarios?

Sí, en los mismos términos que las obras realizadas para personas físicas y con los mismos requisitos.
Un problema práctico que se puede plantear en estos casos es el que se deriva de la posibilidad de que **una parte del edificio** en el que se van a realizar las obras **no esté destinado a uso residencial**, sino que reciba una utilización distinta. Ante esta posibilidad, la DGT ha admitido la aplicación del tipo reducido a condición de que al menos un 50% del edificio sea utilizado como residencia particular de personas físicas.

Pregunta 9572
¿La aplicación del tipo reducido a las obras de renovación y reparación de viviendas particulares está condicionada a que las obras se califiquen como rehabilitación de edificaciones?

No. El gravamen reducido de dichas obras que establece la LIVA art.91.Uno.2.10º no está condicionado al hecho de que las obras que se realicen se califiquen como de rehabilitación. No debe confundirse este supuesto de tributación reducida con el que establece la LIVA art.91.Uno.3.1º (ver pregunta nº 9605 s.), que sí se condiciona a que las obras consistan en la construcción o rehabilitación de edificaciones.

Pregunta 9575
¿Qué ocurre cuando las obras se realizan sobre viviendas arrendadas?

Depende de quién las contrate:
a) Las contrata el **arrendatario**: cabe la aplicación del tipo reducido del 10%, siempre que se cumplan los demás requisitos que establece la norma.
b) Las contrata el **arrendador**: deja de cumplirse el requisito de que el destinatario de las obras sea una persona física que utilice la vivienda como vivienda para uso particular, ya que se trata de una vivienda arrendada. De ser así, el tipo impositivo aplicable es el general del 21%.

Pregunta 9580
¿Es aplicable el tipo reducido a los contratos de mantenimiento de edificaciones o de partes de las mismas?

No. Según ha señalado la DGT de manera reiterada, el tipo reducido que establece la LIVA art.91.Uno.2.10º no es aplicable a contratos de mantenimiento como, por ejemplo, los de **ascensores**, criterio reiterado por la sentencia TJUE 5-3-22, asunto DSR – Montagem e Manutençao de Ascensores e Escadas Rolantes C-218/21.

L. Arrendamiento de viviendas con opción de compra

(LIVA art.91.Uno.2.11º)

Pregunta 9585
¿Existe algún supuesto de tributación reducida para los arrendamientos con opción de compra?

Sí. Conforme a la LIVA art.91.Uno.2.11º, se aplica el 10% a los arrendamientos con opción de compra de edificios o partes de los mismos destinados exclusivamente a viviendas, incluidas las plazas de garaje, con un máximo de dos unidades, y anexos en ellos situados que se arrienden conjuntamente. Con esta medida, se equipara el trato fiscal de estas operaciones con las compraventas de edificaciones aptas para el uso residencial (ver pregunta nº 9235 s.).

M. Aprovechamiento de inmuebles por turno

(LIVA art.91.Uno.2.12º)

9590

Pregunta
¿Existe algún supuesto de tributación reducida para los aprovechamientos de inmuebles por turno?

Sí. Conforme a la LIVA art.91.Uno.2.12º, se aplica el 10% a la cesión de los derechos de aprovechamiento por turno de edificios, conjuntos inmobiliarios o sectores de ellos arquitectónicamente diferenciados cuando el inmueble tenga, al menos, diez alojamientos, de acuerdo con lo establecido en la normativa reguladora de estos servicios.

III. Otras operaciones al tipo reducido

(LIVA art.91.Uno.3 a 5)

9600

A. Ejecuciones de obra para la construcción o rehabilitación de viviendas

(LIVA art.91.Uno.3.1º)

9605

Pregunta
¿Existe algún supuesto de tributación reducida para la construcción o rehabilitación de edificaciones de uso residencial?

Sí, el que establece la ley del impuesto para las ejecuciones de obras, con o sin aportación de materiales, consecuencia de contratos directamente formalizados entre el promotor y el contratista que tengan por objeto la **construcción o rehabilitación** de edificaciones o partes de las mismas destinadas principalmente a viviendas, incluidos los locales, anejos, garajes, instalaciones y servicios complementarios en ellos situados (LIVA art.91.Uno.3.1º).
La misma norma señala que se consideran **destinadas principalmente a viviendas**, las edificaciones en las que al menos el 50% de la superficie construida se destine a dicha utilización.

9607

Pregunta
¿Qué requisitos han de cumplirse para la aplicación del tipo reducido a la construcción o rehabilitación de edificaciones?

Los **requisitos** que han de cumplir las operaciones para la aplicación del tipo reducido son los siguientes (LIVA art.91.Uno.3.1º):
- han de tener la condición de ejecuciones de obra;
- debe tratarse de contratos suscritos directamente entre el promotor de las obras y su contratista o contratistas;

– las obras han de tener por objeto la construcción o rehabilitación de edificaciones destinadas a viviendas, incluyendo locales, anexos, instalaciones y servicios complementarios;
– las citadas obras han de consistir materialmente en la construcción o rehabilitación de las referidas edificaciones.

Pregunta 9610
¿En qué consiste una ejecución de obra a estos efectos?

El concepto de ejecución de obra es un concepto a mitad de camino entre el arrendamiento de servicios y la compraventa. Se define como aquel contrato por el cual uno de los contratantes se obliga frente al otro a ejecutar una obra por un precio cierto (CC art.1544).
Esta definición no aporta demasiada claridad en este contexto, si bien se puede destacar de ella que lo que prima es el **resultado del contrato**, que es precisamente el objeto del mismo, en el que lo que se compromete es precisamente ese resultado; sin embargo, es un concepto utilizado en el ámbito del IVA desde 1986. Así, diversas contestaciones y resoluciones delimitan negativamente el concepto, **excluyendo** ciertas operaciones, a las que se les aplicará el tipo general, tales como:
– prestaciones de servicios de los profesionales relacionados con la construcción, como son arquitectos y aparejadores (DGT 12-9-88);
– servicios de dirección de obra prestados por un arquitecto (TEAC 13-5-97);
– entregas de materiales (DGT 12-6-98);
– servicios de control de calidad (TEAC 29-5-97).
Interesa destacar que la aplicación del tipo reducido a las ejecuciones de obra a las que refiere la LIVA art.91.Uno.3.1º es independiente de que las mismas se califiquen como entregas de bienes o prestaciones de servicios.
Del mismo modo, es importante señalar que a la **entrega de las viviendas, los locales y las oficinas** le es de aplicación el tipo que proceda, con independencia del tipo que se haya aplicado en la fase de construcción. Por tanto, y en lo que se refiere a promotores que actúen como empresarios o profesionales, el único efecto que tiene la determinación del tipo impositivo aplicable en la fase de construcción es de carácter financiero.

Pregunta 9612
¿Qué edificios son los que tributan al tipo reducido en su construcción o rehabilitación?

Los **destinados principalmente a vivienda**. Para que una edificación se considere principalmente destinada a vivienda, al menos el 50% de su superficie construida ha de destinarse a dicha utilización, tal y como señala la propia LIVA. A tal efecto, debe determinarse el total de metros construidos destinados a viviendas y comparar este dato con el total de metros construidos, aplicando el tipo reducido únicamente si el resultado de este cociente es superior a 50 puntos porcentuales.
La interpretación en términos estrictos del precepto obligaría en la mayor parte de los casos a esperar a la transmisión del total de los inmuebles incluidos en un edificio para, en función del uso que los adquirentes den a dichos inmuebles, determinar si más del 50% del total de la superficie construida se destina a vivienda o no es así.
En orden a la operatividad del precepto, parece lo más adecuado intentar «objetivizarlo», de manera que sea en atención a las **características objetivas de las edificaciones** construidas o rehabilitadas como se determine el tipo impositivo aplicable a las ejecuciones de obra correspondientes.
En relación al tipo aplicable a la construcción de un **complejo de edificios de uso diverso,** la determinación del tipo impositivo aplicable debe hacerse edificio por edificio en atención a los metros destinados a vivienda y a otros usos del total de los metros construidos de dicho edificio. En cuanto al tipo aplicable a las obras de **urbanización** del total del complejo, el tipo aplicable se determina en función de la pro-

porción en la que se encuentre el total de metros construidos destinados a vivienda respecto al total de metros construidos en el complejo. Por tanto, se han de determinar las superficies destinadas exclusivamente a viviendas, así como los espacios comunes que sean de uso exclusivo para las viviendas, comparando esta superficie con el total de la construida (DGT 13-9-99).

9614

Pregunta
¿Es relevante para la aplicación del tipo reducido la forma en la que se han contratado las obras?

Sí. La aplicación del tipo reducido se condiciona a que los contratos se otorguen directamente entre el promotor de la obra y quien la ejecute.
A estos efectos, **promotor** es el propietario de inmuebles que construyó (promotor-constructor) o contrató la construcción (promotor) de los mismos para destinarlos a su venta, al alquiler o al uso propio (DGT CV 4-11-86). La misma definición cabe de los promotores de la rehabilitación de edificaciones.
Se considera promotor a quien promueve la construcción o rehabilitación de edificaciones para uso propio, lo cual conduce a que las ejecuciones de obra que contrate, cumplidos los demás requisitos que estamos analizando, estén sujetas al tipo reducido. No debe confundirse lo anterior con la adquisición de la condición de empresario o profesional por la promoción de la construcción o rehabilitación de edificaciones que establece la LIVA art.5.Uno.d) (ver pregunta nº 480), ya que para esta última se requiere que la promoción se efectúe con la intención de vender, adjudicar o ceder la edificación, circunstancia que no concurre en quien promueve para uso propio.
Para la aplicación del tipo reducido es irrelevante que la ejecución de obra se contrate con **uno o varios contratistas** (DGT CV 9-9-86 , entre otras). Así, el hecho de que las diversas partes de una construcción o rehabilitación se contraten con diversos empresarios (albañiles, fontaneros, electricistas, pintores, carpinteros, etc.) no incide en la aplicación del tipo impositivo reducido a todas ellas.
Por el contrario, otra práctica habitual, que es la **subcontratación** del total o parte de la obra con terceros, no puede acogerse a la tributación reducida, ya que en tal caso no se trata de contratos directamente formalizados entre el promotor y quien ejecuta la obra, sino entre este y uno o varios terceros. Por tanto, a estas operaciones se les aplica el tipo general. Nótese que, por el contrario, en las subcontratas se aplica la inversión del sujeto pasivo en los mismos términos que en el contrato suscrito entre contratista principal y promotor, lo que supone una diferencia significativa a estos efectos.

9618

Pregunta
¿En qué han de consistir las obras para que tributen al tipo reducido?

Las operaciones han de tener por objeto la construcción o rehabilitación de edificaciones principalmente **destinadas a viviendas**. A estos efectos, la DGT admite la condición de vivienda de los asilos, residencias, etc. tanto cuando las mismas se exploten en el desarrollo de una actividad empresarial, como cuando su utilización se efectúe al margen de una actividad empresarial (DGT CV 13-7-07).
En cuanto a la **construcción de edificaciones**, no parece que el concepto sea especialmente problemático, debiendo recordarse que se aplica el tipo reducido a las ejecuciones de obra que se efectúan para quienes promueven la construcción de viviendas para uso propio. Igualmente es aplicable el tipo reducido a la ampliación de una construcción ya existente, siempre que se cumplan los demás requisitos existentes al respecto (DGT 25-10-99, relativa a la construcción de una nueva planta sobre una vivienda que ya era propiedad del consultante).
Respecto a la **rehabilitación de viviendas**, es importante destacar que una obra que se efectúa sobre una edificación ya construida y que no implique una nueva construcción o ampliación de la ya existente, únicamente puede quedar gravada al tipo

reducido si la misma es calificada como de rehabilitación (ver pregunta nº 4925), sin perjuicio de que pueda quedar gravada a este tipo en caso de que pueda ser considerada como ejecución de obra de renovación o reparación de vivienda (ver pregunta nº 9560 s.).
No debe confundirse lo anterior con los supuestos en los que se produce una ampliación en la superficie útil de la vivienda, ya que en tales casos estamos ante la construcción de la misma, debiendo aplicarse el tipo reducido no en concepto de rehabilitación, sino de construcción de edificaciones destinadas a vivienda (DGT 13-11-00, entre otras).

Pregunta 9625
¿En qué consiste la construcción o rehabilitación de edificaciones que tributa al tipo reducido?

Las obras que pueden aplicar el tipo reducido son aquellas que consistan materialmente en la construcción o rehabilitación de las edificaciones. A este respecto el concepto de edificación es el que se proporciona al efecto en LIVA art.6 (ver preguntas nº 475 s.). A partir de esta consideración se permite la aplicación de este tipo a las ejecuciones de obra relativas a **edificaciones habituales** y a las ejecuciones de obra relativas a la construcción de **viviendas prefabricadas**, siempre que en este segundo caso se trate de construcciones destinadas a ser unidas al suelo permanentemente (DGT 27-4-90).
Las ejecuciones de obra que pueden quedar sujetas al tipo reducido son las que se desarrollan durante la fase de construcción o rehabilitación de la edificación, por lo que están sujetas al tipo general cualesquiera ejecuciones de obra que tengan lugar una vez haya concluido la construcción o rehabilitación de la edificación de que se trate (sin perjuicio, obviamente, de que se pueda aplicar el supuesto de tributación reducida de las ejecuciones de obra de renovación o reparación de viviendas).
La **DGT** ha considerado incluidas en el ámbito de aplicación de este beneficio fiscal **operaciones** como las siguientes:
- instalaciones eléctricas, de calefacción, aire acondicionado o de fontanería en viviendas en construcción;
- instalación de ascensores, de persianas y de antenas colectivas;
- operaciones de venta con instalación de premarcos, marcos, puertas, puertas blindadas, barandillas o ventanas.

Por el contrario, se han considerado **excluidos** de la aplicación de este tipo: 9628
a) Los servicios de **control de calidad** de la construcción o la ejecución del plan de seguridad, al considerarse que no se trata propiamente de ejecuciones de obra de construcción o rehabilitación de edificaciones.
b) Las ventas con instalación de muebles de cocina o de armarios empotrados, al considerar que, con independencia de que se tratase de ejecuciones de obra o no, cuestión discutible, el objeto de estas operaciones no era tanto la construcción o rehabilitación de edificaciones sino el **amueblamiento** de las mismas, equivalente a la fabricación de unas estanterías por encargo del cliente, que en ningún caso forman parte de la edificación. Hay que señalar que se aplica también el tipo reducido a las ventas con instalación de armarios de cocina, de baño y armarios empotrados (ver pregunta nº 9640).
c) Ejecuciones de acometida para el suministro de **agua y/o energía eléctrica** y para las **instalaciones telefónicas** de edificios destinados a viviendas.

Están igualmente **sujetas** al tipo reducido, las obras de **jardinería** o de construcción 9629
de los **elementos comunes**, así como las de urbanización, aunque hay que puntualizar lo siguiente:
a) Los elementos comunes a cuya construcción se le puede aplicar este tipo han de estar situados en la misma parcela en la que se encuentre la edificación de la que se consideran complementarios.

b) Las obras de urbanización a las que se puede aplicar el tipo reducido son únicamente las de acondicionamiento de los espacios cerrados que sean de uso exclusivo para los propietarios de las viviendas, pero no las que consistan en la urbanización de espacios comunes que estén abiertos al público, ya que estas no se consideran complementarias de las edificaciones (DGT 19-12-95, entre otras). En el mismo sentido, TEAC 17-1-01.

9630

Pregunta
¿Es aplicable el tipo reducido a ejecuciones de obra en las que opere la inversión del sujeto pasivo que establece la LIVA art.84.Uno.2º.f)?

Sí, siempre que se cumplan los requisitos establecidos para ello y que se analizan en la pregunta nº 9607.

9635

Pregunta
¿La aplicación del tipo reducido en obras de construcción o rehabilitación de edificaciones está condicionada a que el promotor que las contrate sea empresario o profesional?

No. En consecuencia, cabe también la aplicación del tipo reducido en los supuestos de **autopromoción**, esto es, en los casos de promoción de la construcción o rehabilitación de edificaciones residenciales para uso propio, en los que los denominados como «autopromotores» no actúan para la venta, adjudicación o cesión de lo construido y, por tanto, no adquieren la condición de empresario o profesional (ver pregunta nº 480).

B. Ventas con instalación de muebles de cocina, baño y armarios empotrados

(LIVA art.91.Uno.3.2º)

9640

Pregunta
¿Hay algún supuesto de tributación reducida para las operaciones de venta con instalación de muebles de cocina, baño y armarios empotrados?

Sí. Se aplica el tipo reducido a las citadas operaciones de venta con instalación de armarios de cocina, baño y armarios empotrados para las edificaciones a cuya construcción o rehabilitación se aplica igualmente el tipo reducido. Esta tributación al tipo reducido está sujeta al cumplimiento de una serie de **requisitos**:
a) Tratarse de **contratos directamente formalizados con el promotor** de la construcción o rehabilitación de las edificaciones sobre las que se instalen los armarios en cuestión.
b) El **destinatario** de la venta ha de ser el promotor de la construcción o rehabilitación de la edificación. Sobre los conceptos de construcción y rehabilitación de edificaciones son igualmente válidos los comentarios hechos anteriormente (ver pregunta nº 9614 s.). Si no se cumple este requisito, no es aplicable el tipo reducido, sino el general.

C. Construcción de garajes complementarios de viviendas

(LIVA art.91.Uno.3.3º)

Pregunta 9650

¿Existe algún supuesto de tributación reducida para la construcción de garajes comunitarios?

Sí. Se aplica el tipo reducido a las ejecuciones de obra, con o sin aportación de materiales, consecuencia de contratos directamente formalizados entre las comunidades de propietarios de las edificaciones o partes de las mismas y el contratista que tengan por objeto la construcción de garajes complementarios de dichas edificaciones, siempre que dichas ejecuciones de obra se realicen en terrenos o locales que sean elementos comunes de dichas comunidades y el número de plazas de garaje a adjudicar a cada uno de los propietarios no exceda de dos unidades (LIVA art.91.Uno.3.3º).

Para la aplicación de este supuesto de tributación reducida han de cumplirse los siguientes **requisitos**:

a) La operación de que se trate ha de tener la condición de **ejecución de obra**. La circunstancia de que se aporten materiales o no es irrelevante.

b) Esta operación debe haber sido **contratada** directamente entre una comunidad de propietarios de una edificación de las que se refieren en la LIVA art.91.Uno.3.1º (aquellas en las que más del 50% de la superficie construida es destinado a vivienda; ver nº 9605 s.) y el contratista.

No es obstáculo para la aplicación del tipo reducido que la contratación se haga con **varios contratistas** a los que se encarguen diversas partes o fases de la construcción, todas las cuales se podrían beneficiar de la medida. Lo que, por el contrario, no tendría cabida dentro de la misma es la también habitual **subcontratación**, mediante la cual quien contrató la construcción del garaje a su vez subcontrata la construcción o parte de ella.

c) El objeto del contrato ha de ser la construcción de **garajes complementarios** de 9652
las referidas edificaciones. De no ser por el inciso final de la norma, podrían surgir dudas sobre lo que ha de considerarse como complementario a estos efectos, pero la misma disposición se encarga de establecer requisitos de procedencia que matizan la cuestión. De otra parte, los conceptos tanto de construcción como de garajes no parece que planteen demasiadas dudas.

La DGT no había entendido aplicable el supuesto de tributación reducida que se contempla en LIVA art.91.Uno.3.1º a estas operaciones (DGT 21-6-02), al considerar que las mismas no consistían en la construcción de las viviendas a las que se refiere el precepto.

d) Las obras han de realizarse sobre **terrenos o locales** que sean elementos comunes de las citadas comunidades. En consecuencia, se descarta su aplicación a otras operaciones de alguna forma similares, como son los aparcamientos que se construyen por parte de los ayuntamientos de muchas localidades y que posteriormente son adjudicados a los vecinos en propiedad o mediante cesión de uso.

e) El **número de plazas** a adjudicar a cada uno de los propietarios (cabe entender que de las viviendas, es decir, que se trata de los miembros de la comunidad de propietarios que contrató la construcción del garaje) no puede exceder de dos unidades.

D. Objetos de arte, antigüedades y objetos de colección

(LIVA art.91.Uno.4 y 5)

9660

Pregunta
¿Existe algún tipo reducido relativo a las obras de arte, antigüedades y objetos de colección?

Tributan al tipo reducido las siguientes operaciones:
a) Las **importaciones** de objetos de arte, antigüedades y objetos de colección, cualquiera que sea el importador de los mismos.
b) Las **entregas** de objetos de arte, cuando se realicen por:
- sus autores o derechohabientes;
- por sujetos pasivos distintos de los revendedores comprendidos en la LIVA art.136, siempre que tengan derecho a deducir íntegramente el IVA soportado por repercusión directa o satisfecho en la adquisición intracomunitaria o importación del mismo bien.

c) Las **adquisiciones intracomunitarias** de obras de arte cuando el proveedor de los mismos sea cualquiera de las personas indicadas en el apartado anterior.

SECCIÓN 3

Operaciones al tipo superreducido del 4%

(LIVA art.91.Dos)

9685

I. Entregas de bienes al tipo superreducido

(LIVA art.91.Dos.1)

9690

A. Alimentos básicos

(LIVA art.91.Dos.1.1º)

9695

Pregunta
¿Qué alimentos tributan al tipo superreducido?

Los que establece LIVA art.91.Dos.1.1º. En la interpretación de este precepto, es fundamental la Resol DGT 2/1998, en la que se analiza el alcance de cada uno de los conceptos que señala la LIVA.
Así, tributan al tipo superreducido las entregas, importaciones y AIB de los siguientes productos:
a) El **pan común**, así como la masa de pan común congelada y el pan común congelado destinados exclusivamente a la elaboración del pan común.
Se considera pan común el pan bregado, de miga dura y el pan de flama o miga blanda. Las restantes variedades, comprendidas en la denominación de pan especial, tributan al tipo reducido.

b) Las **harinas panificables**. Se aplica el tipo superreducido a todas las especies de harinas que, objetivamente consideradas, puedan utilizarse en la elaboración de cualquier tipo de pan, con independencia del destino que les dé el adquirente.
c) Los siguientes tipos de **leche** producida por cualquier especie animal: natural, certificada, pasteurizada, concentrada, desnatada, esterilizada, UHT, evaporada y en polvo.
Se señala la tributación al tipo superreducido de las siguientes variedades de leche de cualquier especie animal: las leches naturales o crudas y las leches esterilizadas, pasterizadas, UHT, concentradas, evaporadas y en polvo, aunque hayan sufrido modificación en su composición (enteras, semidesnatadas, desnatadas y enriquecidas), siempre que dichas modificaciones se limiten a la adición y/o la sustracción de sus constituyentes naturales. Por el contrario, se establece la aplicación del tipo reducido a la leche condensada.
d) Los **quesos**. Se considera como tales los quesos frescos, madurados y fundidos, sin limitación alguna.
e) Los **huevos**. Se admite la tributación al tipo superreducido de los huevos de las aves de corral, excluidos los huevos rotos, incubados y cocidos. Por el contrario, tributan al tipo reducido los huevos cocidos y los ovoproductos (derivados del huevo).

f) Las frutas, verduras, hortalizas, legumbres, tubérculos y cereales, que tengan la condición de **productos naturales** de acuerdo con el Código Alimentario (D 2484/1967) y las disposiciones dictadas para su desarrollo: **9697**
1. Frutas: se establece la aplicación del tipo superreducido a las frutas carnosas, secas u oleaginosas (aceitunas, cacahuetes, pipas o semillas de girasol, etc.) que, de conformidad con el Código Alimentario, tienen la consideración de frutas naturales, con independencia del destino que les dé el adquirente, excluyéndose las frutas secas no comprendidas en este grupo, especialmente las sometidas a procesos de tostado o asado y complementarios, que tributan al tipo reducido.
Asimismo, se excluyen del 4% los productos definidos por el Código como derivados de las frutas, que son los zumos y néctares (zumos frescos, naturales, conservados, concentrados, azucarados, etc.), las cortezas, zumo de tomate, puré, pasta y concentrado de tomate, compotas, confituras, mermeladas, jaleas, pulpas, pectinas, fruta hilada, frutas en almíbar (macedonia), fruta confitada, fruta glaseada
2. Verduras y hortalizas: se aplica el tipo superreducido a los frutos, bulbos, coles, hojas y tallos tiernos, inflorescencia (alcachofas), legumbres verdes, pepónides, raíces, tallos jóvenes y setas, que pueden presentarse frescos, desecados, deshidratados y congelados, con independencia del destino que les dé el adquirente. Por el contrario, tributan al tipo reducido los derivados de los mismos que no tienen la condición de naturales, entre los que el Código Alimentario incluye los encurtidos, el chucrut y los extractos de verduras y hortalizas.
3. Legumbres: tributan al tipo superreducido las legumbres que tengan la condición de productos naturales (judías, lentejas, garbanzos, guisantes secos, habas secas, altramuces, soja, cacahuete, garrofas y algarrobas, incluidas las legumbres mondadas). Tributan al tipo reducido los purés de legumbres y las harinas de legumbres, con excepción de las harinas panificables que, en su caso, tributan al tipo superreducido.
Las legumbres verdes tributan según los criterios relativos a las hortalizas.
4. Tubérculos: tributan al tipo superreducido las patatas frescas, peladas, conservadas, deshidratadas y congeladas, los boniatos, la batata y las chufas, tal como se definen en el Código Alimentario, con independencia del destino que les dé el adquirente. El tipo reducido se aplica a los productos derivados de los mencionados tubérculos.
5. Cereales: se admite la tributación al tipo superreducido del alpiste, arroz, avena, cebada, centeno, maíz, mijo, panizo, panizo de daimiel, sorgo, trigo y alforfón o trigo sarraceno, con independencia del destino que les dé su adquirente. En particular, se incluyen también entre dichos productos naturales las siguientes variedades de arroz: arroz cáscara, arroz cargo (arroz descascarillado), arroz blanqueado (pulido o blanco), arroz partido (el Código los considera como defectuosos y los define como

medianos si los fragmentos son de tamaño inferior a las tres cuartas partes de un grano) y granos verdes (el Código los considera como defectuosos, incluyéndose en esta denominación aquéllos que, por no estar suficientemente maduros en el momento de la recolección, presentan superficie de color verdoso).
Por otro lado, los subproductos y productos derivados de los citados cereales, obtenidos a partir de procesos de elaboración de los mismos, no tienen la condición de productos naturales, tributando al tipo reducido (excepto las harinas panificables), cuando sean productos aptos para la nutrición humana o animal o se utilicen habitual e idóneamente en la obtención de productos alimenticios; en otro caso, los citados subproductos y productos derivados tributan al tipo general.
En particular, se consideran como productos derivados los siguientes: sémola de arroz, morret de arroz, salvado de arroz, cascarilla de arroz, cilindros de arroz o pellets de cascarilla, harina de arroz, gluten de maíz, germen de maíz, salvado de trigo, solubles de destilería, heces de cervecería, torta de germen de maíz, triguillo y grañones de maíz, que tributan al tipo reducido.
En relación con estos productos, hay que tener en cuenta las reducciones adicionales aplicables en 2023 y 2024 (ver preguntas nº 9801 s.).

B. Libros, periódicos y revistas

(LIVA art.91.Dos.1.2º)

9705

Pregunta
¿Existe algún supuesto de tributación reducida aplicable a libros, periódicos y revistas?

Sí, el previsto para las entregas, AIB e importaciones de libros, periódicos y revistas, incluso cuando tengan la consideración de servicios prestados por vía electrónica, que no contengan única o fundamentalmente publicidad y no consistan íntegra o predominantemente en contenidos de vídeo o música audible, así como los **elementos complementarios** que se entreguen conjuntamente con estos bienes mediante precio único (LIVA art.91.Dos.1.2º).

9708

Pregunta
¿Qué se puede entender por libro a estos efectos?

La DGT ha acudido a la definición que se ofrece en el Diccionario de la Real Academia Española, de la que se han tomado dos acepciones, conforme a las cuales libro es «la reunión de muchas hojas de papel, vitela, etc., ordinariamente impresas, que se han acogido o encuadernado juntas con cubierta de papel, cartón, pergamino u otra piel, etc., y que forman un volumen» o también «toda obra científica o literaria de bastante extensión para formar un volumen».
A partir de esta definición, y por entender que carecían de contenido científico o literario, la DGT ha excluido de la aplicación del tipo reducido operaciones como las relativas a **catálogos** (DGT 23-6-93), o **listados de empresas** (DGT 12-4-99), entre otras similares.

9710

Pregunta
¿Cuándo se entiende que un libro, periódico o revista contiene única o fundamentalmente publicidad?

Ha de entenderse cumplido este requisito cuando los **ingresos** publicitarios obtenidos sean iguales o superiores al **90%**.
Tratándose de publicaciones periódicas ya existentes, la determinación de si se supera o no este umbral puede hacerse a partir de los datos del año precedente. En el caso de las **nuevas publicaciones**, dicha determinación debe realizarse en atención a las previsiones de ingresos del editor.

En uno y otro caso, si el editor encarga ejecuciones de obra a terceros a las que aplicar el tipo superreducido, debe comunicarles, bajo su responsabilidad, el cumplimiento o no de estos requisitos.

Pregunta 9712
¿Se aplica el tipo superreducido a los «libros electrónicos«?

Durante años la DGT entendió que no (DGT 24-10-94 ; 31-3-04). La DGT modificó su criterio (DGT CV 4-12-09), admitiendo la aplicación del tipo superreducido con independencia del soporte en el que se entregue el libro, a condición de que sea un soporte material.
Actualmente se aplica el 4% a estos productos. No debe confundirse este supuesto de tributación reducida con la tributación de los equipos a través de los cuales se realiza la lectura de los libros electrónicos, ya que, por mandato expreso de la LIVA, a los equipos electrónicos no se les aplica el 4%.

Pregunta 9715
¿Qué tipo se aplica a las ejecuciones de obra y trabajos de artes gráficas previos a la edición de libros, periódicos y revistas?

El 4%. Así lo dispone expresamente la norma, que señala que tributa al 4% igualmente las ejecuciones de obra que tengan como resultado inmediato la obtención de un libro, periódico o revista en pliego o en continuo, de un fotolito de dichos bienes o que consistan en la encuadernación de los mismos (LIVA art.91.Dos.1.2º).
Es importante tener en cuenta que la aplicación del 4% se ha vinculado por la DGT a que a la **entrega del libro** resultante finalmente se le aplique igualmente el tipo superreducido. Por esta razón, p.e., las ejecuciones de obra previas a la edición de libros, periódicos y revistas gravadas al tipo general por tener un contenido fundamentalmente publicitario tributan igualmente al tipo general.
Del mismo modo, es importante destacar que las operaciones a las que se aplica el tipo superreducido son las que señala la norma, por lo que no se puede extender este beneficio fiscal a **otras operaciones**, tales como la maquetación o el escaneado de fotografías como fases previas a la edición, ya que no se trata de operaciones inmediatamente anteriores a la obtención del libro, periódico o revista (DGT 4-4-02).

Pregunta 9718
¿En qué términos tributan al tipo superreducido las entregas de elementos complementarios a libros, periódicos y revistas?

A condición de que se trate de cintas magnetofónicas, discos, videocasetes y otros soportes sonoros o videomagnéticos similares (no hace falta resaltar un cierto anacronismo en la LIVA) que constituyan una **unidad funcional** con el libro, periódico o revista, perfeccionando o completando su contenido y que se vendan con ellos, con las siguientes **excepciones**:

a) Discos y cintas magnetofónicas que contengan exclusivamente obras musicales y cuyo valor de mercado sea superior al del libro, periódico o revista con el que se entreguen conjuntamente.

b) Videocasetes y otros soportes sonoros o videomagnéticos similares que contengan películas cinematográficas, programas o series de televisión de ficción o musicales y cuyo valor de mercado sea superior al del libro, periódico o revista con el que se entreguen conjuntamente.

c) Productos informáticos grabados por cualquier medio en los soportes indicados en las letras anteriores, cuando contengan principalmente programas o aplicaciones que se comercialicen de forma independiente en el mercado.

9720

Pregunta
¿Qué tipo impositivo se aplica a las entregas de material escolar?

El general del 21%. Solo tributan al tipo superreducido las **partituras, mapas y los cuadernos de dibujo**, con excepción de los artículos y aparatos electrónicos. Los **libros escolares** también tributan al 4%; sin embargo, se excluyen de esta tributación los demás objetos que puedan considerarse como material escolar o de uso exclusivo como tal, aunque lleven impresa la leyenda «material escolar» o «uso escolar» (DGT CV 5-12-12).

C. Medicamentos para uso humano

(LIVA art.91.Dos.1.3º)

9730

Pregunta
¿Qué tipo impositivo se aplica a los medicamentos de uso humano?

El tipo superreducido, tal y como establece la ley del impuesto, que dispone el gravamen al 4% de las entregas, importaciones y AIB de medicamentos de uso humano, así como las formas galénicas, fórmulas magistrales y preparados oficinales (LIVA art.91.Dos.1.3º).

9733

Pregunta
¿Qué hay que entender por medicamento de uso humano?

La Ley de garantías y uso racional de los medicamentos y productos sanitarios (RDLeg 1/2015), es la norma básica para definir los referidos productos, así como las normas posteriores de desarrollo en la materia. En esta norma se definen los **medicamentos de uso humano** como toda sustancia o combinación de sustancias que se presente como poseedora de propiedades para el tratamiento o prevención de enfermedades en seres humanos o que pueda usarse en seres humanos o administrarse a seres humanos con el fin de restaurar, corregir o modificar las funciones fisiológicas ejerciendo una acción farmacológica, inmunológica o metabólica, o de establecer un diagnóstico médico.
Son **medicamentos legalmente reconocidos** los medicamentos de uso humano y veterinario elaborados industrialmente o en cuya fabricación intervenga un proceso industrial; las fórmulas magistrales; los preparados oficinales y los medicamentos especiales (RDLeg 1/2015 art.8.1).
Los cosméticos y las sustancias y productos de **uso meramente higiénico** tributan al tipo general, mientras que las especialidades farmacéuticas para **fines veterinarios** lo hacen al tipo reducido (ver pregunta nº 9170).

D. Vehículos para personas con discapacidad

(LIVA art.91.Dos.1.4º)

9740

Pregunta
¿En qué términos tributan al tipo superreducido las entregas de vehículos para personas con discapacidad?

Las entregas de vehículos para personas con discapacidad tributan a este tipo cuando se trate de los siguientes vehículos:
a) Vehículos para **personas con movilidad reducida** a que se refiere el RDLeg 6/2015 anexo I.11, por el que se aprueba la Ley sobre Tráfico, Circulación de Vehículos a Motor y Seguridad Vial.
b) Sillas de ruedas para uso exclusivo de personas con discapacidad.

c) Vehículos destinados a ser utilizados como **autotaxis o autoturismos especiales** para el transporte de personas con discapacidad en silla de ruedas, bien directamente o previa su adaptación.
d) Los vehículos a motor que, previa adaptación o no, deban transportar habitualmente a personas con discapacidad en silla de ruedas o con movilidad reducida, con **independencia** de quien sea el **conductor** de los mismos.

9743

Pregunta
¿Hay algún trámite administrativo al que esté condicionada la aplicación de este tipo reducido?

Sí. La ley del impuesto señala que la aplicación del tipo impositivo superreducido a los vehículos antes citados requiere el **previo reconocimiento** del derecho del adquirente, que debe justificar el destino del vehículo (LIVA art.91.Dos.1.4º).
El **inicio del procedimiento** para la obtención del citado reconocimiento se realiza mediante solicitud suscrita tanto por el adquirente como por la persona con discapacidad. Dicho reconocimiento surte efecto desde la fecha de su solicitud (RIVA art.26 bis.Dos.2).
En las **importaciones**, el reconocimiento del derecho corresponde a la Aduana por la que se efectúe la importación.
Los sujetos pasivos que realicen las entregas de los vehículos destinados al transporte habitual de personas con discapacidad en silla de ruedas o con movilidad reducida solo pueden aplicar el tipo impositivo reducido cuando el adquirente **acredite su derecho** mediante el documento en el que conste el pertinente acuerdo de la AEAT, el cual debe conservarse durante el plazo de prescripción (RIVA art.26 bis.Dos.4).

9745

Pregunta
¿Cuáles son las personas con discapacidad que habilitan la adquisición de vehículos con aplicación del tipo superreducido?

Aquellas con un grado de discapacidad igual o superior al **33%**. El grado de discapacidad debe acreditarse mediante certificación o resolución expedida por el Instituto de Mayores y Servicios Sociales (IMSERSO) o el órgano competente de la comunidad autónoma.

9748

Pregunta
¿Cómo se puede acreditar la discapacidad o la movilidad reducida?

Según señala el RIVA art.26 bis.Dos.2, la discapacidad o la movilidad reducida se deben acreditar mediante certificado o resolución expedida por el Instituto de Mayores y Servicios Sociales (IMSERSO) u órgano competente de la comunidad autónoma correspondiente. No obstante, se consideran afectados por una **discapacidad igual o superior al 33%**:
a) Los pensionistas de la Seguridad Social que tengan reconocida una pensión de incapacidad permanente total, absoluta o de gran invalidez.
b) Los pensionistas de clases pasivas que tengan reconocida una pensión de jubilación o retiro por incapacidad permanente para el servicio o inutilidad.
c) Las personas con discapacidad cuya incapacidad sea declarada judicialmente. En este caso, la discapacidad acreditada es del 65% aunque no alcance dicho grado.
Por su parte, se consideran **personas con movilidad reducida**:
a) Las personas ciegas o con deficiencia visual y, en todo caso, las afiliadas a la Organización Nacional de Ciegos Españoles (ONCE) que acrediten su pertenencia a la misma mediante el correspondiente certificado.
b) Los titulares de la tarjeta de estacionamiento para personas con discapacidad emitidas por las Corporaciones Locales o, en su caso, por las CCAA.

9750

Pregunta
¿Cómo se puede acreditar el transporte habitual de personas con discapacidad?

Entre otros, mediante los siguientes **medios de prueba** (RIVA art.26 bis.Dos.2):
- la titularidad del vehículo a nombre de la persona con discapacidad;
- que el adquirente sea cónyuge de la persona con discapacidad o tenga una relación de parentesco en línea directa o colateral hasta del tercer grado inclusive;
- que el adquirente esté inscrito como pareja de hecho de la persona con discapacidad en el Registro de parejas o uniones de hecho de la comunidad autónoma de residencia;
- que el adquirente tenga la condición de tutor, representante legal o guardador de hecho del persona con discapacidad;
- que el adquirente demuestre la convivencia con la persona con discapacidad mediante certificado de empadronamiento o por tener el domicilio fiscal en la misma vivienda;
- en el supuesto de que un vehículo adquirido por una persona jurídica, que la misma esté desarrollando actividades de asistencia a personas con discapacidad o, en su caso, que cuente dentro de su plantilla con trabajadores con discapacidad contratados que vayan a utilizar habitualmente el vehículo.

9753

Pregunta
¿Hay algún requisito adicional a la aplicación del tipo superreducido a los coches para personas con discapacidad?

Han de concurrir dos requisitos adicionales (RIVA art.26 bis.Dos.1):
a) Transcurso de al menos 4 años desde la **adquisición de otro vehículo** en análogas condiciones. Este requisito no se exige en el supuesto de siniestro total de los vehículos, certificado por la entidad aseguradora, o cuando se justifique la baja definitiva de los vehículos.
No se consideran adquiridos en análogas condiciones, los vehículos adquiridos para el transporte habitual de personas con discapacidad en silla de ruedas o con movilidad reducida, por personas jurídicas o entidades que presten servicios sociales de promoción de la autonomía personal y de atención a la dependencia a que se refiere la L 39/2006, de Promoción de la Autonomía Personal y Atención a las personas en situación de dependencia, así como servicios sociales a que se refiere el RDLeg 1/2013, por el que se aprueba la Ley General de derechos de las personas con discapacidad y de su inclusión social, siempre y cuando se destinen al transporte habitual de distintos grupos definidos de personas o a su utilización en distintos ámbitos territoriales o geográficos de aquéllos que dieron lugar a la adquisición o adquisiciones previas.
b) No **transmisión posterior** del vehículo por actos inter vivos durante el plazo de 4 años siguientes a su fecha de adquisición.

E. Prótesis, órtesis e implantes internos

(LIVA art.91.Dos.1.5º)

9760

Pregunta
¿Qué tipo impositivo se aplica a las entregas de prótesis, órtesis e implantes internos?

El tipo superreducido. Así se establece para las entregas de prótesis, órtesis e implantes internos para personas con discapacidad (LIVA art.91.Dos.1.5º).

Pregunta 9763
¿Es necesario que la entrega de estos bienes se haga directamente a las personas que los van a utilizar?

No. La DGT ha admitido la aplicación del tipo superreducido a las entregas efectuadas a **hospitales** a condición de que estos certifiquen que los destinatarios últimos van a ser personas con discapacidad (DGT 31-5-95).

F. Viviendas de protección oficial o transmitidas a entidades arrendadoras

(LIVA art.91.Dos.1.6º)

Pregunta 9770
¿Qué entregas de viviendas tributan al 4%?

Las de viviendas calificadas administrativamente como de protección oficial **de régimen especial o de promoción pública**, cuando las entregas se efectúen por sus promotores, incluidos los garajes y anexos situados en el mismo edificio que se transmitan conjuntamente. A estos efectos, el número de plazas de garaje no podrá exceder de dos unidades.
Es importante insistir en que no todas las **viviendas de protección oficial** se pueden acoger a este beneficio fiscal, sino únicamente aquellas que sean calificables como viviendas de protección oficial de régimen especial o de promoción pública. La asunción de competencias por parte de las CCAA sobre este particular hace que la apreciación resulte un tanto compleja en ocasiones, debiendo acudirse en los casos dudosos a los criterios señalados. El resto de las viviendas de protección oficial, o no, tributan al tipo reducido.
El régimen jurídico aplicable a cada promoción se consigna en las correspondientes **calificaciones provisional y definitiva** de las viviendas, por lo que la determinación del tipo de IVA debe tener en cuenta dichas calificaciones.
Es habitual que en las entregas de estas viviendas se reciban **pagos anticipados** a cuenta del precio de las mismas y que cuando se realizan estos pagos anticipados la calificación de las viviendas sea solo provisional. A este respecto, la DGT ha señalado que los pagos anticipados realizados durante la fase de construcción de las viviendas, mientras la calificación de estas tenga carácter provisional, devengan el 4% de IVA, sin perjuicio de poder rectificar dicho tipo en el momento de la entrega de la vivienda, si la calificación definitiva fuera distinta de la provisional (DGT 25-3-04).

Pregunta 9773
¿Cuáles son las viviendas de protección oficial de régimen especial?

De acuerdo con el **Plan estatal de vivienda y rehabilitación 2009-2012**, a los efectos establecidos en LIVA art.91.Dos.6º (o a los efectos del IGIC –en Canarias– o el IPSI –en Ceuta y Melilla–), bajo esta denominación se incluyen (RD 2066/2008 art.9 y disp.adic.7ª):
a) Las viviendas de nueva construcción o de rehabilitación así calificadas, y **destinadas exclusivamente a familias o personas** cuyos **ingresos familiares** no excedan de 2,5 veces el indicador público de renta de efectos múltiples (IPREM) siempre que su precio máximo de venta por metro cuadrado de superficie útil no exceda de 1,50 veces el módulo básico estatal (**MBE**). El MBE es la cuantía en euros por metro cuadrado de superficie útil, que sirve como referencia para la determinación de los precios máximos de venta, adjudicación y renta de las viviendas objeto de las ayudas previstas en el citado plan, así como de los presupuestos protegidos máximos de las actuaciones de rehabilitación de viviendas y edificios, y en áreas de rehabilitación integral y renovación urbana. Se establece por acuerdo del Consejo de Ministros, a

iniciativa del Ministerio de Vivienda y propuesta de la Comisión Delegada del Gobierno para Asuntos Económicos.
b) Las viviendas **protegidas para venta** de régimen especial, y las **protegidas para arrendamiento**, de régimen especial y general (RD 2066/2008 art.22 y 32).

9777 **Pregunta**
¿Qué se entiende por vivienda de protección oficial de promoción pública?

En la delimitación de este concepto, la DGT viene haciendo referencia a un Informe de la Secretaría General Técnica del Ministerio de Obras Públicas, Transportes y Medio Ambiente (MOPTMA), de 18-7-1994, en el que se establece lo siguiente (la Secretaría General Técnica del Ministerio de la Vivienda, con fecha 17-6-2005, ha señalado, a estos efectos, la vigencia del RD 3148/1978 , en el que se basan las siguientes consideraciones):
a) Concepto: la promoción pública de viviendas de protección oficial es la efectuada, sin ánimo de lucro, por el Estado, a través del Ministerio de Obras Públicas, Transportes y Medio Ambiente (MOPTMA, actualmente Ministerio de Vivienda y Agenda Urbana), y por aquellos entes públicos territoriales a quienes expresamente se atribuye esta competencia sobre sus respectivos ámbitos geográficos.
b) Competencia: además del Estado, a través del MOPTMA (actualmente Ministerio de Vivienda y Agenda Urbana), pueden llevar a cabo promociones públicas:
1. Las CCAA que, habiendo asumido estatutariamente la competencia exclusiva en materia de vivienda, decidan abordarlas, sea directamente o mediante sus organismos autónomos y otras entidades a las que atribuyan el ejercicio de dicha competencia.
2. Las corporaciones municipales, que también tienen conferida la competencia de promoción y gestión de viviendas, que pueden ejercer por sí mismas, o a través de los órganos correspondientes a las distintas formas de gestión directa.
c) Formas: la promoción pública puede llevarse a cabo bajo las siguientes formas:
- promoción directa;
- adquisición de viviendas;
- promoción mediante convenio.

d) Régimen legal: se regula en el RD 3148/1978 art.49 a 55, y determinadas normas complementarias y de desarrollo.
Teniendo en cuenta que los promotores públicos a que se ha hecho referencia pueden promover viviendas de protección oficial no solo en el citado régimen de promoción pública, sino también en los regímenes general o especial regulados, en cada uno de sus ámbitos de aplicación temporal, por el RD 1494/1987, RD 224/1989 y RD 1932/1991, la aplicación de los tipos de IVA que correspondan depende del régimen en cuyo marco se promovieron las viviendas en cuestión.

9780 **Pregunta**
¿En qué términos tributan al tipo superreducido las entregas de viviendas a entidades arrendadoras?

Han de tratarse de entidades dedicadas al arrendamiento que apliquen el **régimen especial** previsto en la LIS art.48 y 49, siempre que a las rentas derivadas de su posterior arrendamiento les sea aplicable la **bonificación** establecida en la LIS art.49.1.
Las circunstancias que dan lugar a la aplicación del tipo superreducido se pueden **acreditar** mediante una declaración escrita firmada por destinatario de las viviendas en la que, bajo su responsabilidad, se hace constar su cumplimiento. En caso de que esta comunicación sea inexacta, dicho destinatario responde solidariamente de la deuda tributaria que corresponda, sin perjuicio de la sanción que proceda conforme a la LIVA art.170.Dos.2º (RIVA art.26 bis.Uno).

G. Productos de higiene femenina y anticonceptivos

(LIVA art.91.Dos.1.7º)

Pregunta 9785
¿Qué tipo se aplica a los cosméticos y a los productos higiénicos?

El general, ya que para estos productos no hay supuesto alguno de tributación superreducida que resulte aplicable, salvo los productos de higiene femenina (ver pregunta nº 9790).

Pregunta 9790
¿Hay algún tipo superreducido para los productos de higiene femenina?

Sí. La ley del IVA establece la aplicación del tipo superreducido del 4% a las entregas, AIB e importaciones de **compresas, tampones y protegeslips**, así como de **preservativos** y otros **anticonceptivos** no medicinales (LIVA art.91.Dos.1.7º). Interesa destacar que cualquier otro producto higiénico o cosmético está excluido de la aplicación del tipo superreducido, por lo que tributa al tipo general.

II. Prestaciones de servicios al tipo superreducido

(LIVA art.91.Dos.2)

Pregunta 9795
¿Existe alguna prestación de servicios relacionada con vehículos para personas con discapacidad que tribute al tipo superreducido?

Sí. Se aplica este tipo a los servicios de **reparación** de los vehículos y de las sillas de ruedas comprendidos en la LIVA art.91.Dos.1.4º párrafo primero (ver pregunta nº 9740 s.) y los servicios de **adaptación** de los autotaxis y autoturismos para personas con discapacidad y de los vehículos a motor a los que se refiere el párrafo segundo del mismo precepto, independientemente de quien sea el conductor de los mismos (LIVA art.91.Dos.2.1º).

Pregunta 9796
¿Existe alguna prestación de servicios relacionada con los arrendamientos con opción de compra a la que sea aplicable el tipo superreducido?

Sí. Conforme a la LIVA art.91.Dos.2.2º, se aplica el 4% a los arrendamientos con opción de compra de edificios o partes de los mismos destinados exclusivamente a **viviendas** calificadas administrativamente como **de protección oficial de régimen especial o de promoción pública**, incluidas las plazas de garaje, con un máximo de dos unidades, y anexos en ellos situados que se arrienden conjuntamente.

Pregunta 9797
¿Existe alguna prestación de servicios relacionada con la asistencia social a la que sea aplicable el tipo superreducido?

Sí, la correspondiente a los servicios de **teleasistencia, ayuda a domicilio, centro de día y de noche y atención residencial**, a que se refiere la L 39/2006 art.15.1.b), c), d) y e), de Promoción de la Autonomía Personal y Atención a las personas en situación de dependencia, siempre que se presten en plazas concertadas en centros o residencias o mediante precios derivados de un concurso administrativo adjudicado a las empresas prestadoras, o como consecuencia de una prestación económica vincula-

da a tales servicios que cubra más del 10% de su precio, en aplicación, en ambos casos, de lo dispuesto en dicha ley (LIVA art.91.Dos.2.3º).
La misma norma señala que este beneficio fiscal no es aplicable a los servicios que resulten exentos por aplicación de la LIVA art.20.Uno.8º.

SECCIÓN 4

Otros supuestos de tributación reducida

9800

Pregunta
¿Existe algún tipo reducido aplicable a los suministros energéticos?

Los tipos impositivos aplicables son los siguientes:
a) Suministro de **gas natural, briquetas y pellets** procedentes de la biomasa y a la madera para leña:
– desde el 1-1-2023 hasta el 31-12-2023: 5% (recargo de equivalencia: 0,62%) (RDL 20/2022 art.1);
– desde el 1-1-2024 hasta el 31-3-2024: 10% al gas natural (RDL 8/2023 art.21.2);
– desde el 1-1-2024 hasta el 30-6-2024: 10% a las briquetas y «pellets» procedentes de la biomasa y a la madera para leña (RDL 8/2023 art.21.3).
b) Suministro **eléctrico**:
1. Desde el 1-7-2022 hasta el 31-12-2023: 5% a los suministros de energía eléctrica efectuados a favor de (RDL 11/2022 art.18):
– titulares de contratos de suministro de electricidad, cuya potencia contratada (término fijo de potencia) sea inferior o igual a 10 kW, con independencia del nivel de tensión del suministro y la modalidad de contratación, cuando el precio medio aritmético del mercado diario correspondiente al último mes natural anterior al del último día del periodo de facturación haya superado los 45 €/MWh;
– titulares de contratos de suministro de electricidad que sean perceptores del bono social de electricidad y tengan reconocida la condición de vulnerable severo o vulnerable severo en riesgo de exclusión social, de conformidad con lo establecido en el RD 897/2017.
2. Desde el 1-1-2024 hasta el 31-12-2024: 10% (RDL 8/2023 art.21.1).

9801

Pregunta
¿Cuál es el tipo impositivo aplicable a los productos de alimentación básica durante 2023 y 2024?

Los tipos impositivos aplicables son los siguientes:
a) Durante todo el año 2023 y **hasta el 30-9-2024**, a estos productos se les aplica el tipo del 0% (RDL 20/2022 art.72.2; RDL 4/2024 art.1.Uno.2). A este respecto, hay tres elementos adicionales que interesa destacar:
– la aplicación del tipo cero no supone ningún tipo de limitación en el derecho a la deducción ni aplicación de la regla de prorrata (DGT CV 1-2-23), no debiendo, por tanto, confundirse con la realización de operaciones exentas;
– esta reducción del IVA debería trasladarse completamente a los consumidores vía reducción de precio, como indica el propio RDL 20/2022;
– el recargo de equivalencia aplicable a estos productos es igualmente el 0%.
b) Desde el 1-10-2024 **hasta el 31-12-2024**, el tipo impositivo aplicable sube al 2% (recargo de equivalencia: 0,26%) (RDL 4/2024 art.1.Dos.2).
c) Previsiblemente, **a partir del 1-1-2025**, estos productos volverán a estar gravados al 4% (recargo de equivalencia: 0,5%).

Pregunta 9802
¿Cuáles son los productos que se pueden considerar como alimentación básica a estos efectos?

Los contemplados en la LIVA art.91.Dos.1.1º (ver pregunta nº 9695). A este respecto, la DGT ha señalado la procedencia de aplicar en su delimitación los criterios existentes en relación con la interpretación del citado artículo (DGT CV 1-2-23).

Pregunta 9803
¿Qué tipo impositivo se aplica a las entregas de aceite de oliva durante 2023 y 2024?

Los tipos impositivos aplicables son los siguientes:
- desde el 1-1-2023 hasta el 30-6-2024: 5% (recargo de equivalencia: 0,62%) (RDL 20/2022 art.72.1);
- entre el 1-7-2024 y el 30-9-2024: 0% (recargo de equivalencia: 0%)(RDL 4/2024 art.1.Uno.2.g);
- del 1-10-2024 al 31-12-2024: 2% (recargo de equivalencia: 0,26%) (RDL 4/2024 art.1.Dos.2.g);
- a partir del 1-1-2025: 4% (recargo de equivalencia: 0,5%) (LIVA art.91.Dos.1.1º.g redacc RDL 4/2024).

Pregunta 9804
¿Qué tipo impositivo se aplica a las entregas de aceites de semillas y pastas alimenticias durante 2023 y 2024?

Los tipos impositivos aplicables son los siguientes:
- desde el 1-1-2023 hasta el 30-9-2024: 5% (recargo de equivalencia: 0,62%) (RDL 20/2022 art.72.1 y RDL 4/2024 art.1.Uno.1);
- del 1-10-2024 al 31-12-2024: 7,5% (recargo de equivalencia: 1%) (RDL 4/2024 art.1.Dos.1);
- previsiblemente, a partir del 1-1-2025: 10% (recargo de equivalencia: 1,4%).

La delimitación objetiva de esta tributación reducida se ha remitido por la DGT a la normativa sustantiva del sector (DGT CV 1-2-23).

Pregunta 9805
¿Qué tipo impositivo se aplica a las entregas gratuitas de bienes a entidades incluidas en la L 49/2002 cuya base imponible no sea igual a cero?

El 0%, conforme establece la LIVA art.91.Cuatro, a condición de que se trate de entregas de bienes realizadas en concepto de **donativos** a las entidades sin fines lucrativos que se señalan en la L 49/2002 art.2, siempre que se destinen por las mismas a los fines de interés general que desarrollen.
Interesa destacar que este supuesto de tributación reducida es un complemento de la presunción de pérdida de valor total que establece la LIVA art.79.Tres.3ª segundo párrafo, para este mismo tipo de operaciones (ver pregunta nº 6570), aplicable cuando este deterioro completo se enerva de cualquier modo.
El efecto combinado de ambas medidas garantiza la no tributación por IVA de estas operaciones.
Interesa destacar que, a diferencia de las anteriores, este beneficio fiscal no es transitorio.

SECCIÓN 5

Ejecuciones de obra

(LIVA art.91.Tres)

9810 **Pregunta**
¿Qué tipo impositivo se aplica a las ejecuciones de obra?

El mismo que resulte aplicable a las **entregas de los productos resultantes**. Así la ley del impuesto señala que los supuestos de tributación reducida que se establecen en la LIVA art.91.Uno.1 y Dos.1 son igualmente aplicables a las ejecuciones de obra que sean prestaciones de servicios, de acuerdo con LIVA art.11 (ver pregunta nº 590) y tengan como resultado inmediato la obtención de alguno de los bienes a cuya entrega resulte aplicable uno de los tipos reducidos previstos en dichos apartados.
Por expresa dicción del precepto, lo anterior **no es de aplicación** a las ejecuciones de obra que tengan por objeto la construcción o rehabilitación de viviendas de protección oficial de régimen especial o de promoción pública que tributan al tipo reducido (ver preguntas nº 9605 s.).

9812 **Pregunta**
¿Qué ejecuciones de obra tributan a tipos reducidos?

Aquellas que conduzcan a la obtención de un producto distinto a los utilizados en su realización, tales que a las entregas de dichos productos les sean aplicables tipos reducidos.
Como supuestos en los que, ante **falta** de la citada **transformación**, la DGT ha considerado que no procedía la aplicación de tipos reducidos, podemos citar los de manipulado y envasado de frutas (DGT 9-4-96) o los de plastificado de tapas y cubiertas de libros (DGT 14-4-04).
Otras operaciones en las que la DGT sí que ha apreciado la **existencia** de esta **transformación**, admitiendo la aplicación del tipo reducido a los servicios en cuestión, son el curado de jamones (DGT 2-10-00) o el manipulado de sémolas para la obtención de pastas alimenticias (DGT 6-5-02).

CAPÍTULO 10

Deducciones y devoluciones

Pregunta 10005
¿Qué papel juega el derecho a la deducción en el funcionamiento del IVA?

Este derecho es una **pieza fundamental** en el funcionamiento del IVA. Así se ha establecido reiteradamente en la jurisprudencia comunitaria.
Como su propio nombre indica, el IVA grava el valor añadido por los empresarios o profesionales que intervienen en la producción o distribución de bienes y servicios. Sin embargo, el **gravamen** no se realiza mediante la cuantificación o determinación de esta magnitud, el valor añadido, para, a continuación, someterla a gravamen. Por el contrario, lo que se hace es aplicar un porcentaje o tipo impositivo al precio de los bienes o servicios que se venden por empresarios o profesionales y, a cambio, permitirles la deducción del IVA pagado en sus aprovisionamientos. De este modo el IVA va trasladándose a la fase siguiente hasta llegar a los **consumidores finales**, que son los titulares de la capacidad contributiva que se pretende someter a gravamen. Es el conocido como sistema de los pagos fraccionados, que así se establece por la normativa comunitaria (Dir 2006/112/CE art.1.2).
En esta construcción, el derecho a la deducción es elemento esencial, de una parte, porque garantiza que el gravamen tiene por objeto el valor añadido en cada fase de la cadena de producción o distribución, de otra, porque, junto con la repercusión, asegura que la carga del tributo acaba llegando a quien tiene que llegar, que es el consumidor final.

Pregunta 10010
¿Cuál es el régimen de deducción que se establece en el IVA comunitario?

El régimen de deducción que se establece en la UE, y con ella en España, es el conocido como **deducción financiera**. Se caracteriza porque no se hace un seguimiento específico de los bienes y servicios que se adquieren por empresarios o profesionales para permitirles la deducción del IVA soportado a partir del momento en que vendan los bienes o servicios en cuya producción o realización se hayan utilizado. Lo anterior ha de entenderse, en buena lógica, sin perjuicio del efecto que pueda tener la existencia de circunstancias que puedan limitar el derecho a la deducción.
El **IVA soportado** es deducible desde el mismo momento en que se soporta, aunque las entregas de bienes o prestaciones de servicios en las que se usen los bienes y servicios adquiridos se puedan demorar en el tiempo.
Se trata de un régimen de deducción distinto al de deducción física, en el que a la venta de cualquier bien o servicio se determina el IVA devengado y, de éste, se permite la deducción del soportado en los bienes y servicios utilizados en su producción.

Pregunta 10015
¿Hay alguna vinculación directa entre el IVA repercutido por las ventas y la posibilidad de deducir el IVA soportado en las compras?

En general, no. Por esta razón el IVA soportado es **inmediatamente deducible**, aunque la realización de las entregas de bienes o prestaciones de servicios por las que se repercuta IVA pueda demorarse en el tiempo. Hasta tal punto es así, que son

inmediatamente deducibles incluso las cuotas que se soportan antes del inicio de la actividad empresarial, entendida esta desde un punto de vista activo, de realización de entregas de bienes y prestaciones de servicios.
La **excepción** a lo anterior se encuentra en las cuotas soportadas por la adquisición de bienes y servicios que se destinan a la realización de operaciones que no generan el derecho a la deducción –las sujetas pero exentas (ver preguntas nº 10205 s.)–. Estas cuotas no son deducibles. Igualmente, cuando se soporta IVA por empresarios o profesionales que tributan en algunos **regímenes especiales**, hay que tener en cuenta las restricciones que hay en estos en relación con esta cuestión. Finalmente, hay que apuntar a la existencia de otras exclusiones del derecho a la deducción, sea por incumplimientos de los requisitos generales para el nacimiento y ejercicio del derecho a la deducción, sea por la existencia de exclusiones directas a estos efectos.

SECCIÓN 1

Deducciones. Reglas generales

(LIVA art.92 a 100)

10040

I. Cuotas deducibles

(LIVA art.92)

10050

Pregunta
¿Cuáles son las cuotas objetivamente deducibles?

Son deducibles las cuotas correspondientes a las siguientes operaciones (LIVA art.92):
a) Entregas de bienes y prestaciones de servicios efectuadas por otro sujeto pasivo del impuesto.
b) Importaciones de bienes.
c) Entregas de bienes y prestaciones de servicios en las que se produce la autorrepercusión del tributo, que son las siguientes:
– los autoconsumos internos (LIVA art.9.1º.c y d);
– las operaciones con inversión del sujeto pasivo (LIVA art.84.uno.2º y 4º);
– las entregas de oro de inversión en las que se renuncia a la exención (LIVA art.140 quinque).
d) Las AIB (LIVA art.13.1º y 16).

10055

Pregunta
¿Para deducir el IVA basta con tener una factura completa?

No. El derecho a la deducción nace y se puede ejercitar cuando realmente se han **adquirido bienes o servicios** y por dicha adquisición se ha soportado el IVA. Por esta razón, cuando la Inspección de los Tributos detecta, en un procedimiento de investigación o comprobación, la existencia de facturas falsas, regulariza las deducciones que se hubieran practicado, sin perjuicio de las sanciones que proceda imponer. Esto es independiente, como no podría ser de otro modo, del necesario cumplimiento de los requisitos formales por parte de dichas facturas.

Pregunta **10060**
¿Tiene alguna incidencia en el derecho a la deducción el hecho de que no se haya pagado al proveedor?

En principio, no. Por tanto, cuando se adquieren bienes o servicios el **IVA soportado** es deducible aunque el precio de dichos bienes y servicios y el IVA correspondiente no se hayan pagado al proveedor. Lo mismo ocurre con el devengo, que se produce aunque no se haya cobrado del cliente.
Lo anterior únicamente deja de ser así cuando el proveedor acude a la **modificación de la base imponible por impago**, aplicando los procedimientos establecidos al efecto (LIVA art.80.Tres -redacc L 7/2012- y 80.Cuatro -redacc L 16/2012-). En tal caso, la normativa del IVA obliga al destinatario a rectificar sus deducciones, lo cual determina el nacimiento del correspondiente crédito a favor de la Hacienda Pública (LIVA art.80.Cinco.4º redacc L 16/2012, ver preguntas nº 6725 y nº 6775).

Pregunta **10062**
¿Tiene alguna incidencia en el derecho a la deducción el hecho de que el proveedor no haya declarado y pagado a la Hacienda Pública el IVA correspondiente a la operación?

En principio, no. Por tanto, cuando se adquieren bienes o servicios, el **IVA soportado** es deducible aunque el proveedor no haya cumplido adecuadamente las obligaciones tributarias que derivan de la operación.
Por **excepción** a lo anterior, si el cliente empresario o profesional que pretende la deducción del impuesto sabía o podía saber que, con ella, estaba participando directa o indirectamente en la realización de un fraude fiscal y así se acredita por la Administración Tributaria con base en elementos objetivos, se puede denegar la deducción del IVA soportado (así lo ha señalado de forma reiterada la jurisprudencia comunitaria).

Pregunta **10065**
¿Un empresario o profesional puede deducir el IVA que haya soportado un tercero?

Si entendemos por IVA soportado por un tercero el IVA que ha sido repercutido en una factura hecha a nombre de un tercero, entonces la contestación ha de ser negativa. El IVA deducible es el IVA soportado por **repercusión directa**. Así lo dispone la LIVA art.92.Uno y se infiere del contenido de las facturas, tal y como se regula por el Reglamento de facturación, que obliga a consignar en factura los datos identificativos del adquirente o destinatario de la entrega de bienes o prestación de servicios que se documenta (Rgto Fac art.6).
Lo anterior, sin embargo, tiene ciertas **excepciones**, como son las siguientes:
a) Las **transmisiones de patrimonios empresariales** en marcha o de unidades económicas autónomas, no sujetas a IVA (LIVA art.7.1º L 4/2008). En estos casos, el adquirente se subroga en el lugar del transmitente a los efectos de las deducciones y devoluciones. Así, en una fusión por absorción, la entidad absorbente puede deducir todas las cuotas soportadas y no deducidas por la entidad absorbida.
b) Cuotas soportadas por **comunidades de bienes** que no tienen la condición de empresario o profesional, como ocurre con las de propietarios en régimen de propiedad horizontal, en las que se permite a los propietarios que sean empresarios o

profesionales la deducción de la parte de IVA que corresponda a su porcentaje de propiedad (ver pregunta nº 7150 s.).

10067

Pregunta
En particular ¿son deducibles las cuotas soportadas por los empleados de una empresa cuando compran bienes o servicios en nombre propio pero por cuenta de la empresa?

No. Para que las cuotas correspondientes a gastos realizados por los empleados de las compañías sean deducibles, es necesario que estos se hagan en nombre y por cuenta de la empresa, circunstancia que, ordinariamente, se acreditará mediante la expedición de la **factura a nombre de la empresa**.

10070

Pregunta
¿Se pueden deducir las cuotas de IVA soportadas en otros países?

No. Las únicas cuotas que pueden deducirse del IVA repercutido son las cuotas de IVA que se hayan soportado en el **TIVA**, esto es, las cuotas correspondientes a entregas de bienes y prestaciones de servicios que hayan de entenderse realizadas en dicho territorio.

10075

Pregunta
¿Cómo se pueden recuperar las cuotas de IVA que se han pagado en otros países?

A través de los procedimientos de **devolución** para empresarios o profesionales no establecidos que se regulen en dichos países.
Si se trata de **Estados comunitarios**, dichos procedimientos están regulados en la Dir 2008/9/CE, en vigor desde el 1-1-2010. En España, la norma que regula esta cuestión es la LIVA art.117 bis y 119 y sus preceptos reglamentarios de desarrollo (RIVA art.30 ter y 31). Cabe suponer que en otros Estados comunitarios las normas vigentes han de ser similares a estas. Interesa destacar que estas devoluciones se solicitan a través de la sede electrónica de la AEAT, que se encarga de remitir la solicitud al Estado en el que se hayan soportado las cuotas cuya devolución se está solicitando, que será quien proceda a la tramitación de la solicitud.
Fuera de la UE, no se puede establecer de forma general el régimen vigente sobre esta materia, ya que depende de cada Estado.

10077 Ejemplo Una empresa de transportes tiene cuotas soportadas por aprovisionamientos de combustible y por servicios de alojamiento. Estas cuotas se concentran en Alemania, Polonia, Rusia y Marruecos.
Las cuotas soportadas en Alemania y Polonia se pueden recuperar a través de los procedimientos de aplicación de las normas que se han citado.
En el caso de las cuotas soportadas en Marruecos y Rusia, hay que determinar si las cuotas soportadas en estos países por empresarios extranjeros son deducibles y, en tal caso, seguir los procedimientos establecidos al efecto.

10080

Pregunta
¿Se pueden deducir del IVA las cuotas pagadas por otros conceptos distintos al propio IVA?

No. El único concepto deducible en las autoliquidaciones de IVA es el propio IVA, soportado o satisfecho, por los bienes y servicios adquiridos para su utilización en la actividad empresarial o profesional. En consecuencia, **no son deducibles** otros conceptos, tales como:
a) Las cuotas del ITP y AJD en cualquiera de sus modalidades.

b) Las cuotas correspondientes a los Impuestos Especiales, ni siquiera el de matriculación (Impuesto Especial sobre Determinados Medios de Transporte).
c) Las cuotas por cualesquiera otros tributos, locales o estatales.
d) Las cuotas soportadas por el Impuesto General Indirecto Canario (IGIC) o el Impuesto sobre la Producción, los Servicios y la Importación en las Ciudades de Ceuta y Melilla (IPSI).

Pregunta 10085
¿Existe algún procedimiento especial para la recuperación del IGIC o del IPSI pagado en Canarias, Ceuta o Melilla?

No. Por tanto, los **empresarios peninsulares** que hayan soportado cuotas por estos tributos en Canarias (IGIC), Ceuta o Melilla (IPSI), tienen que acudir a las Administraciones Tributarias de estos territorios para recuperarlas.
Del mismo modo, los **empresarios de estos territorios** que hayan soportado cuotas de IVA en el TIVA y cumplan los requisitos establecidos al efecto, deben seguir el procedimiento que regula la normativa del IVA para obtener la devolución de estas cuotas (LIVA art.119).

Pregunta 10090
¿Las cuotas de IVA soportado son deducibles en todo caso?

No. Para determinar definitivamente si las cuotas soportadas son deducibles hay que tener en cuenta el resto de los **requisitos** establecidos en la normativa del IVA, por lo que hay que atender a elementos tales como (LIVA art.92 a 114):
a) La condición de empresario o profesional de quien pretenda el derecho a la deducción.
b) El destino de los bienes y servicios adquiridos y, en particular, si se utilizan en la realización de operaciones generadoras del derecho a la deducción.
c) La afectación a la actividad.
d) La posible aplicación de restricciones en el derecho a la deducción.
e) Los requisitos formales del derecho a la deducción.
f) El momento en que debe entenderse nacido el derecho a la deducción y la concreción de cuándo se han soportado las cuotas y cuándo se ejerce el derecho a la deducción.

II. Requisitos subjetivos del derecho a la deducción

(LIVA art.93)

10110

A. Consideraciones generales

Pregunta 10120
¿Quién tiene derecho a la deducción del IVA?

El derecho a la deducción del IVA soportado está reservado a **empresarios o profesionales**. No puede ser de otra forma, ya que el hecho de que los consumidores finales carezcan de este derecho es lo que genera la recaudación que produce este tributo.
En el caso de los empresarios o profesionales que no tienen otra condición, es decir, que únicamente actúan como empresarios o profesionales, la aplicación de este

requisito no suele plantear mayores problemas. Por el contrario, para los empresarios o profesionales que junto con esta condición tienen otra, la de **particulares o consumidores finales**, la determinación exacta del derecho a la deducción puede resultar problemática. Este sería el caso, entre otros, de personas físicas que actúan a la vez como empresarios o profesionales y como consumidores finales, de entes públicos que presentan esta misma dicotomía y, en general, de cualquiera que tenga esta condición dual. Para estos supuestos, la determinación del derecho a la deducción exige la concreción del grado de afectación a la actividad de los bienes y servicios adquiridos (ver preguntas nº 10275 s.).

B. Inicio y finalización de la actividad

10135

Pregunta
¿A partir de qué momento se adquiere el derecho a la deducción cuando se inicia una actividad empresarial o profesional?

Las actividades empresariales o profesionales han de considerarse iniciadas cuando comienza la **adquisición de bienes o servicios**, con la intención, confirmada por elementos objetivos, de destinarlos a la realización de dichas actividades (LIVA art.5.Dos). Desde este momento, quien haya realizado dichas adquisiciones se convierte en empresario o profesional y puede deducir las cuotas que haya soportado en dichas adquisiciones.

Esta regulación tiene su origen en la jurisprudencia comunitaria, en particular, en la sentencia TJUE 21-3-00, asuntos acumulados Gabalfrisa y otros C-110/98 a C-147/98, por la que se condenó el régimen existente hasta ese momento en España.

En la realización de estas deducciones, hay que tener en cuenta la existencia de ciertas **restricciones** (LIVA art.111) y la **regularización** de las cuotas soportadas antes del inicio de la actividad cuando se efectúan operaciones que limitan el derecho a la deducción (LIVA art.112 y 113, ver preguntas nº 11560 s.).

10140

Pregunta
¿Cómo se puede acreditar la intención con la que se adquieren los bienes y servicios?

Conforme al principio de libre prueba, con arreglo a cualquier medio admitido en derecho. No obstante, el RIVA enuncia diversos **elementos** que se pueden tener en cuenta, que son los siguientes (RIVA art.27):

a) La **naturaleza** de los bienes y servicios adquiridos o importados, que ha de estar en consonancia con la índole de la actividad que se tiene intención de desarrollar.

b) El **período** transcurrido entre la adquisición o importación de dichos bienes y servicios y la utilización efectiva de los mismos para la realización de las entregas de bienes o prestaciones de servicios que constituyan el objeto de la actividad empresarial o profesional.

c) El **cumplimiento de las obligaciones formales**, registrales y contables exigidas por la normativa reguladora del impuesto, por el Código de Comercio o por cualquier otra norma que resulte de aplicación a quienes tienen la condición de empresarios o profesionales. A este respecto, se señala que se tiene en cuenta en particular el cumplimiento de las siguientes obligaciones:

- la presentación de la **declaración** de carácter **censal** en la que debe comunicarse a la Administración el comienzo de actividades empresariales o profesionales por el hecho de efectuar las adquisiciones o importaciones respectivas;
- la **llevanza en debida forma** de las obligaciones contables exigidas en el IVA y en concreto, del Libro Registro de facturas recibidas y, en su caso, del Libro Registro de bienes de inversión.

d) Disponer de o haber solicitado las **autorizaciones, permisos o licencias** administrativas que sean necesarias para el desarrollo de la actividad que se tiene intención de realizar.
e) Haber presentado **declaraciones tributarias** correspondientes a tributos distintos del IVA y relativas a la referida actividad empresarial o profesional.
Se trata de una **relación abierta**, que no excluye la utilización de cualesquiera otros medios de prueba.

Pregunta 10142
En particular ¿cuando se presenta la declaración censal al inicio de la actividad, hay alguna obligación específica?

En la hipótesis de que el inicio de la realización de las entregas de bienes y prestaciones de servicios correspondientes a la actividad se vaya a producir de inmediato, no hay ninguna obligación distinta de la propia presentación de la declaración censal.
Por el contrario, si el comienzo de las citadas operaciones activas se va a demorar en el tiempo, en la presentación de la declaración censal inicial hay que indicarlo (RGGI art.9.3.d), presentando una **declaración censal de modificación** cuando efectivamente se inicien las entregas de bienes y prestaciones de servicios respectivas (RGGI art.10.2.c).

Pregunta 10145
¿Por referencia a qué momento ha de acreditarse la intención de destinar los bienes y servicios adquiridos a la actividad empresarial o profesional?

Por referencia al momento en que se efectuaron las **adquisiciones** respectivas, aunque la aportación de los elementos de prueba se realice con posterioridad, a requerimiento de la Administración Tributaria. Dicho con otras palabras, la intención de afectación ha de concurrir en el momento en que se adquieren los bienes y derechos que se van a utilizar en la actividad empresarial, no después. Esto ha de entenderse sin perjuicio de que la acreditación de dicha intención se produzca con posterioridad, cuando así lo exija la Administración.

Pregunta 10150
¿Se puede deducir el IVA soportado por bienes y servicios que se adquieren sin la intención de destinarlos al desarrollo de una actividad empresarial o profesional pero que reciben este destino con posterioridad?

No. La normativa del IVA excluye de modo expreso esta posibilidad, por lo que cuotas soportadas por bienes y servicios que se adquieren sin la intención de destinarlos al desarrollo de una actividad empresarial o profesional no son deducibles, con independencia de que posteriormente se utilicen para tal fin (LIVA art.93.Cuatro).
Esta restricción ha sido establecida igualmente por la **jurisprudencia comunitaria**, al señalar el TJUE que a la fecha de adquisición de bienes y derecho es cuando debe existir la intención de afectación que determina la posibilidad de deducir el IVA soportado (TJUE 11-7-91, asunto Lennartz C-97/90; 2-6-05, asunto Waterschap Zeeuws Vlaanderen C-378/02).

Ejemplo Un abogado que trabaja por cuenta ajena para una firma de abogados adquiere un vehículo por el que soporta 4.000 € de IVA. 2 años después abandona la firma de abogados y se establece por cuenta propia. 10152
Es evidente que cuando se adquirió el vehículo y se soportó el IVA no había intención de destinarlo al desarrollo de una actividad empresarial o profesional, ya que esta se inició bastante tiempo después. En consecuencia, el IVA soportado por su adquisición no es deducible, como dice la LIVA, en ninguna medida ni cuantía.

10155

Pregunta
¿Existe alguna particularidad cuando se inicia una actividad que constituye un sector diferenciado?

De entrada, las cuotas soportadas por bienes y servicios que se adquieren para su utilización en actividades constitutivas de sectores diferenciados de la actividad respecto de las que se venían desarrollando son deducibles en los mismos términos que las cuotas que se soportan por la adquisición de bienes y servicios que se van a utilizar por empresarios o profesionales que inician por completo sus actividades. La **intención de afectación y su acreditación** han de concurrir en los mismos términos que se han señalado con anterioridad.
Hay que tener en cuenta, sin embargo, que las citadas cuotas serán deducibles conforme a los parámetros y condiciones del derecho a la deducción del sector diferenciado de que se trate.

10157

Pregunta
¿Son deducibles las cuotas que se soportan después de finalizada la actividad empresarial o profesional?

En la hipótesis de que sean **cuotas soportadas por bienes y servicios relacionados con la actividad** o consecuencia necesaria de ella, estas cuotas serían deducibles en los mismos términos que las soportadas o satisfechas constante la misma, como así lo ha señalado el TJUE 3-3-05, asunto Fini H C-32/03, citada reiteradamente por la doctrina administrativa). Obviamente, los requisitos probatorios que hemos indicado anteriormente serían exigibles «mutatis mutandis».

C. Deducción en los regímenes especiales

10170

Pregunta
¿Cómo se ejerce el derecho a la deducción cuando se aplica alguno de los regímenes especiales del IVA?

De acuerdo con las características del régimen especial del que se trate (LIVA art.93.Tres). Así, los empresarios o profesionales que apliquen dichos regímenes especiales, aunque tengan derecho a deducir el IVA soportado como cualesquiera otros empresarios o profesionales, deben observar las **características específicas** de dichos regímenes en cuanto al derecho a la deducción (ver nº 15000 s.).

III. Operaciones que generan el derecho a la deducción

(LIVA art.94)

 10180

A. Consideraciones generales

10190

Pregunta
¿Qué efecto práctico tiene el hecho de que los bienes y servicios adquiridos se utilicen en operaciones generadoras o no del derecho a la deducción?

Cuando el empresario o profesional que adquiere bienes o servicios realiza únicamente **operaciones generadoras del derecho** a la deducción, el total del IVA soportado es deducible (supuesto que se cumplan el resto de los requisitos establecidos para ello, y que no concurra ninguna exclusión).
Por el contrario, cuando el empresario o profesional que adquiere bienes o servicios realiza **operaciones no generadoras del derecho** a la deducción, teóricamente el IVA soportado en dichos bienes y servicios no es deducible.
Lo anterior, por sí mismo, obligaría a realizar un seguimiento exhaustivo y específico de la utilización real de los bienes y servicios adquiridos, al objeto de determinar su **utilización efectiva** y, en función de esta, concretar la deducibilidad del IVA soportado. Sin embargo, no se hace así, ya que, con carácter general, el mecanismo a través del cual determinan su IVA deducible los empresarios o profesionales que realizan operaciones que no generan el derecho a la deducción es el de la **prorrata general** (ver pregunta nº 11200). En tal caso, lo que ocurre con las operaciones que no generan el derecho a la deducción es que se computan en el denominador de la prorrata, aplicándose el porcentaje resultante al conjunto del IVA soportado.
Lo anterior debe entenderse sin perjuicio de que cuando se aplica la **prorrata especial** sí que se realice un relativo seguimiento del uso de los bienes y servicios (ver pregunta nº 11380).
Adicionalmente, hay que considerar la posibilidad de que los bienes y servicios adquiridos:
a) Se **afecten parcialmente** a la actividad empresarial o profesional, en cuyo caso habrá que tener en cuenta las consecuencias de esta afectación parcial (ver preguntas nº 10275 s.).
b) Se utilicen en la realización de operaciones no sujetas por aplicación del supuesto específico previsto en la LIVA para las **Administraciones Públicas**, situación que se aborda de modo específico en la LIVA art.93.Cinco (ver pregunta nº 10420).

B. Operaciones internas

10205

Pregunta
¿Cuáles son las operaciones generadoras del derecho a la deducción?

Las operaciones generadoras del derecho a la deducción por antonomasia son las operaciones **sujetas y no exentas** de IVA. En relación con dichas operaciones, el mecanismo de funcionamiento del IVA opera perfectamente, ya que se repercute IVA en las entregas de bienes y prestaciones de servicios y, a la par, se puede deducir el IVA soportado por los bienes y servicios adquiridos. Interesa destacar que la LIVA no establece un vínculo temporal o relación directa entre el IVA repercutido y el derecho a la deducción, de forma tal que el IVA es deducible desde el momento en que se soporta, aunque la repercusión del IVA en las ventas se demore en el tiempo. Lo

anterior ha de entenderse en la hipótesis de que dicho IVA se haya soportado por bienes y servicios adquiridos con la intención de destinarlos a la realización de operaciones generadoras del derecho a la deducción.
Como ya se analizó, mediante repercusión del IVA en el precio y deducción del IVA soportado por la adquisición de bienes y derechos, es como se grava el valor añadido, lo que da lugar a que el régimen de deducciones que existe en la UE se califique como sistema de **deducción financiera**.

10210

Pregunta
¿Qué operaciones no generan el derecho a la deducción?

Las operaciones **exentas**. Interpretando la LIVA art.94.Uno.1º.a a contrario sensu, las operaciones a las que se aplican los supuestos de exención por operaciones internas son operaciones no generadoras del derecho a la deducción (LIVA art.20). Esta es la razón por la que a dichas exenciones se las suele calificar como **exenciones limitadas**, porque limitan el derecho a la deducción.
Es importante no confundir lo anterior con las exenciones aplicables a las operaciones relacionadas con el **comercio exterior**, contempladas en la LIVA art.21 s., que sí habilitan el derecho a la deducción (LIVA art.94.1º.c), razón por la cual se conocen habitualmente como exenciones plenas o supuestos de tipo cero.
Asimismo, hay que tener en cuenta la exención que se establece en la LIVA art.20 bis para las ventas de bienes interiores realizadas por no establecidos a **plataformas digitales** a las que se aplica la ficción de doble venta que dispone la LIVA art.8 bis, exención que habilita igualmente el derecho a la deducción por expresa dicción de la LIVA art.94.1º.c (ver pregunta nº 10244).

10215

Pregunta
¿Las operaciones no sujetas al IVA limitan el derecho a la deducción?

Depende de la razón de la no sujeción.
En primer lugar, están las operaciones no sujetas porque quien las realiza **no** actúa como **empresario o profesional**, sea porque no desarrolla ninguna actividad empresarial o profesional, sea porque actúa al margen de esta. En tal caso, las cuotas soportadas no son deducibles. Cuando hay bienes y servicios que se utilizan en la realización de estas operaciones sólo parcialmente, hay que determinar el **grado de afectación** para cuantificar la deducción del IVA soportado, que es igualmente parcial (ver pregunta nº 10275).
En segundo lugar, podemos hablar de las operaciones no sujetas por aplicación de alguno de los **supuestos de no sujeción** que establece la LIVA art.7 (ver preguntas nº 775 s.). Estos supuestos, a su vez, son de naturaleza dispar, por lo que hay que distinguir:
a) Por una parte, tendríamos las operaciones no sujetas **por razones técnicas** pero que se realizan por empresarios o profesionales en el desarrollo de su actividad, en las que el IVA soportado debería ser deducible. Tal es el caso de las transmisiones de unidades económicas autónomas (LIVA art.7.1º), o de entregas de muestras, objetos e impresos publicitarios (LIVA art.7.2º a 4º). El IVA soportado en relación con estas operaciones habría de ser, pues, ordinariamente deducible, con la única salvaguarda de que si las mismas se efectúan en el desarrollo de actividades exentas, el régimen aplicable sería el de la no deducción (por ejemplo, la venta no sujeta de una unidad económica autónoma por parte de una entidad aseguradora).
b) En los demás casos, la no sujeción que establece la LIVA art.7 obedece a la consideración de que quienes realizan las operaciones **carecen de la condición de empresario o profesional**, por lo que no deberían generar el derecho a la deducción (LIVA art.7.5º, 6º, 8º, 9º y 11º).
c) Es dudoso si se puede deducir el IVA soportado en relación con operaciones no sujetas por la prestación de **servicios a título gratuito** que sean obligatorias para el

sujeto pasivo en virtud de normas jurídicas o convenios colectivos (LIVA art.7.10º), pudiendo concluirse que sí cabe la deducción en estos casos.

d) Carece de sentido plantearse si se genera el derecho a la deducción en los supuestos de no sujeción que se establecen en los supuestos de **autoconsumos** en los que no hubo derecho a la deducción (LIVA art.7.7º), ya que la no deducción del IVA soportado es precisamente el argumento para la no sujeción, en las entregas de dinero a título de contraprestación (LIVA art.7.12º).

Finalmente, hay que hacer referencia a las operaciones no sujetas por aplicación de las **reglas de localización**. Para estas operaciones hay una regla específica, que se analiza en la pregunta nº 10245.

Pregunta 10220

¿Limita el derecho a la deducción la percepción de ingresos que no sean contraprestación de entregas de bienes o prestaciones de servicios?

En principio, no. La obtención de ingresos por conceptos distintos a la contraprestación de las operaciones sujetas al IVA, exentas o no, es **ajena** a la determinación del IVA deducible. Así, por ejemplo, el hecho de que un empresario o profesional reciba dividendos como consecuencia de su condición de accionista en otra entidad no implica que dicho empresario o profesional deba incluir esos dividendos en el denominador de su prorrata de deducción. Así lo ha establecido el TJUE 14-11-00, asunto Floridienne y Berginvest C-142/99. Lo mismo cabría decir de otros conceptos, como puede ser el cobro de indemnizaciones que no sean contraprestación de entregas de bienes o prestaciones de servicios.

No debe confundirse lo anterior con la posibilidad de que existan lo que se denominan «**sujetos pasivos mixtos**», esto es, empresarios o profesionales que a su condición de tales le añaden otra de consumidores finales, en desarrollo de la cual obtienen ingresos que no son contraprestación de operaciones sujetas al IVA.

Así, una entidad holding, que además de obtener ingresos en tanto que accionista de otras entidades recibe cantidades de estas que sean contraprestación de servicios sujetos al IVA, como podrían ser los servicios de apoyo a la gestión o similares, puede suscitar dudas en la determinación de su derecho a la deducción (TJUE 13-3-08, asunto Securenta Case C-437/06). Para estas entidades mixtas, lo que procede es señalar la **proporción** o porcentaje en el cual los bienes y servicios adquiridos se encuentran afectos a su actividad empresarial o profesional y, a continuación, admitir la deducción en la misma proporción o medida (ver pregunta nº 10275 en cuanto a la afectación).

Otro buen ejemplo de lo anterior es el régimen de deducción de las Administraciones Públicas cuando realizan entregas de bienes o prestaciones de servicios no sujetas, establecido en la LIVA art.93.Cinco (ver pregunta nº 10420).

C. Operaciones relacionadas con el comercio exterior de bienes y servicios

Pregunta 10235

¿Qué operaciones de comercio internacional de mercancías generan el derecho a la deducción?

Las operaciones de comercio exterior que generan el derecho a la deducción por antonomasia son las **exportaciones**. Estas operaciones, exentas conforme a la LIVA art.21 (ver preguntas nº 14135 s.) son tales que no se repercute IVA, no obstante lo cual, generan el derecho a la deducción. De este modo, se asegura que las mercancías salen de la Comunidad sin ninguna carga tributaria incluida, ni implícita ni explícita, garantizándose la **neutralidad** en los intercambios internacionales (recordemos que a la llegada al país de destino, estas mercancías serán normalmente sometidas a imposición a través del gravamen de las importaciones).

10240

Pregunta
¿Hay otras operaciones relacionadas con el comercio internacional de mercancías que generen el derecho a la deducción?

Sí. Las operaciones asimiladas a las exportaciones y las relativas a determinadas situaciones o regímenes especiales relacionados con el comercio exterior de mercancías, de manera más o menos directa, son operaciones que comparten el tratamiento que se ha señalado en la pregunta anterior para las exportaciones (LIVA art.22 a 24). Por tanto, se trata de operaciones **exentas** pero que generan el derecho a la deducción. No hace falta señalar que la razón de ser de este tratamiento es equivalente a la que se señaló en aquel caso, garantizar la perfección de los ajustes en frontera a la salida de las mercancías del territorio comunitario.
Igualmente, hay que citar las **prestaciones de servicios relacionados con las importaciones**, exentas, que generan igualmente el derecho a la deducción a pesar de tratarse de operaciones exentas (LIVA art.64). Estos servicios ya tributan en concepto de mayor base imponible de las importaciones (LIVA art.83), por lo que la exención es un mero ajuste técnico. Esto justifica la generación del derecho a la deducción, ya que, como se ha dicho, se trata de operaciones que están sujetas a imposición, sólo que esta se alcanza a través de la citada inclusión en la base imponible del tributo a las importaciones.
Adicionalmente, hay que citar las entregas de bienes que, sin ser exportaciones, se localizan fuera del TIVA. Estas operaciones, en las que no hay repercusión de IVA precisamente por su **localización fuera del TIVA**, generan el derecho a la deducción en los mismos términos que lo generarían si se entendieran realizadas dentro del citado territorio (ver pregunta nº 10245).
Asimismo, hay que tener en cuenta la exención que se establece en la LIVA art.20 bis para las ventas de bienes interiores realizadas por no establecidos a plataformas digitales a las que se aplica la ficción de doble venta que dispone la LIVA art.8 bis, exención que habilita igualmente el derecho a la deducción por expresa dicción de la LIVA art.94.1º.c (ver pregunta nº 10244).

10241 Ejemplo Un empresario establecido en el TIVA compra una partida de café en Colombia y a las dos semanas se la vende a un cliente establecido en Estados Unidos, donde se transporta la mercancía, que en ningún caso pasa por el TIVA.
De acuerdo con las reglas de localización vigentes, esta operación no se entiende realizada en el TIVA, por lo que no está sujeta al IVA. Se trata, no obstante, de una operación que, si se entendiera realizada en el citado territorio, generaría el derecho a la deducción. Por esta razón, hay que convenir, conforme a la LIVA art.94.Uno.2º, que esta operación genera el derecho a la deducción.

10242

Pregunta
¿Qué tratamiento corresponde, en cuanto al derecho a la deducción, para las entregas intracomunitarias y operaciones asimiladas?

El mismo que se ha señalado para las **exportaciones y operaciones asimiladas**, esto es, su consideración como operaciones generadoras del derecho a la deducción, aunque se trate de operaciones exentas. Es habitual, por esta razón, referirse a estas operaciones como operaciones con exención plena o con tipo cero.

10244

Pregunta
¿Existe algún tratamiento especial para las ventas hechas a través de plataformas por no establecidos en cuanto a su generación del derecho a la deducción?

Sí. Estas operaciones están exentas conforme a la LIVA art.20 bis (ver pregunta nº 5110). Esta exención comparte el mismo tratamiento que las demás relacionadas con el **comercio exterior**, ello a pesar de aplicarse a operaciones interiores, generando, por tanto, el derecho a la deducción.

Pregunta 10245
¿En qué términos generan el derecho a la deducción las operaciones internacionales relativas a servicios?

En condiciones equivalentes a las existentes para las operaciones relativas a mercancías. Ocurre que en relación con las prestaciones de servicios no existen figuras equivalentes a exportaciones e importaciones, antes bien, lo que hay son **reglas de localización o sobre lugar de realización** que conducen a someter a imposición las operaciones que deban considerarse realizadas en un determinado territorio, sea el TIVA, sea otro.
Para el caso de las prestaciones de servicios que, de acuerdo con estas reglas, deban considerarse realizadas **fuera del TIVA**, el tratamiento que hay que darles, en cuando a la generación del derecho a la deducción, es el mismo que se les daría si dichas operaciones se hubieran realizado dentro del TIVA (LIVA art.94.Uno.2º).

Ejemplo Un gabinete de economistas realiza un estudio de mercado para una empresa establecida en Alemania. Por este servicio se cobran 30.000 €. 10247
La operación que se ha descrito se localiza en Alemania, por lo que no está sujeta al IVA español (LIVA art.69.Uno.1º, a contrario sensu); no obstante, como se trata de una operación tal que si se realizase en el TIVA sería una operación sujeta y no exenta, que generaría el derecho a la deducción, la aplicación de la LIVA art.94.Uno conduce a concluir que se trata de una operación que genera el citado derecho a la deducción.

Pregunta 10250
¿Hay alguna especialidad en relación con las operaciones financieras y de seguros?

Sí. Cuando las operaciones financieras o de seguros se circunscriben a la **UE**, no hay ninguna especialidad respecto a lo que se ha señalado en la pregunta anterior. Sin embargo, cuando estas operaciones tienen una dimensión **extracomunitaria**, entonces generan el derecho a la deducción, aunque se trate de operaciones que si se localizasen dentro del TIVA no generarían este derecho, ya que serían operaciones sujetas pero exentas.
Así, se dispone que generan el derecho a la deducción las operaciones de **seguro, reaseguro**, capitalización y servicios relativos a las mismas, así como las bancarias o financieras, que estarían exentas si se hubiesen realizado en el TIVA conforme a la LIVA art.20.uno.16º y 18º en dos **supuestos** (LIVA art.94.Uno.3º):
a) Cuando el **destinatario** de tales prestaciones esté establecido fuera de la Comunidad.
b) Cuando las citadas operaciones estén **directamente relacionadas con exportaciones** y se efectúen a partir del momento en que los bienes se expidan con tal destino, cualquiera que sea el momento en que dichas operaciones se hayan concertado.
La misma norma señala que, a estos efectos, las personas o entidades que no tengan la condición de empresarios o profesionales se consideran **no establecidas** en la Comunidad cuando no esté situado en dicho territorio ningún lugar de residencia habitual o secundaria, ni el centro de sus intereses económicos, ni presten con habitualidad en el mencionado territorio servicios en régimen de dependencia derivados de relaciones laborales o administrativas.

IV. Afectación de los bienes y servicios

(LIVA art.95)

10265

A. Afectación a la actividad

10275

Pregunta
¿Está condicionada la deducibilidad del IVA soportado a que los bienes y servicios adquiridos se afecten a la actividad empresarial o profesional del adquirente?

Sí. Cuando los bienes y servicios adquiridos por un empresario o profesional no se afectan a su actividad empresarial o profesional, el IVA soportado no es deducible. Así se desprende de la LIVA art.95, que establece la afectación como **requisito** necesario para la deducción.

Esta **no afectación** se puede producir tanto en relación con quienes carecen de la condición de empresario o profesional, a los cuales les faltaría igualmente el requisito subjetivo para poder deducir el IVA soportado, como respecto a quienes son empresarios o profesionales, pero adquieren bienes y servicios que no afectan en ningún modo a su actividad empresarial.

10277 Ejemplo Un ingeniero que ejerce por cuenta propia adquiere un apartamento en la costa para pasar en él sus días de descanso. El precio que se paga por el apartamento es de 1.500.000 € más 150.000 € de IVA (se ha aplicado el 10% ya que se adquiere nuevo).
Los 150.000 € que se pagan en concepto de IVA por la adquisición del apartamento no son deducibles, aunque el ingeniero tenga la condición de sujeto pasivo de IVA, ya que se trata de un elemento patrimonial que no se afecta a la actividad empresarial o profesional.

10280

Pregunta
¿En qué consiste la afectación a la actividad?

No existe una definición de este concepto; no obstante, se pueden hacer varias aproximaciones al mismo. Así, se pueden considerar afectos a la actividad los bienes o servicios que se utilizan de **manera efectiva y directa** en ella desde el mismo momento de su adquisición. También se han de considerar afectos a la actividad empresarial bienes o derechos que a partir de su adquisición son objeto de **trabajos de adaptación o transformación** para su posterior incorporación efectiva a la misma. Finalmente, se deberían considerar igualmente afectos a la actividad los elementos que se adquieren con la **intención** de destinarlos a la actividad empresarial, aunque la citada incorporación efectiva se demore en el tiempo (TJUE 14-2-85, asunto Rompelman 268/83; 11-7-91, asunto Lennartz C-97/90).

Alternativamente, se podrían considerar también como afectos a la actividad los bienes y servicios cuyo coste forme parte del precio de los bienes y servicios que se comercializan en su desarrollo, incluyendo así tanto los costes directos como los indirectos o generales (TJUE 14-9-17, asunto Iberdrola Inmobiliaria Real Estate Investments C-132/16; 16-9-20, asunto Mitteldeutsche Hartstein-Industrie C-528/19).

Los que bajo ningún concepto se pueden considerar afectos a la actividad empresarial son los bienes y servicios cuyo **uso** es **exclusivamente privado**, como ocurre con el apartamento que se incluye en el ejemplo del nº 10277.

Pregunta 10285
¿Cómo se puede acreditar la afectación de los bienes y servicios a la actividad empresarial o profesional?

Por **cualquier medio** de prueba admitido en Derecho. Así lo impone el principio de libre prueba que establece la Ley de Enjuiciamiento Civil (L 1/2000 art.299) y, en última instancia, el principio de tutela judicial efectiva que establece la Constitución (Const art.24.1).
En el Derecho comunitario, este mismo principio se ha recogido en la sentencia TJUE 13-3-08, asunto Securenta C-437/06.

Pregunta 10290
Si la afectación de bienes y servicios a la actividad empresarial o profesional es parcial, ¿se puede efectuar igualmente una deducción parcial del IVA soportado?

Interpretando literalmente la LIVA, no, ya que en ella se establece que la deducción únicamente es factible para los bienes y servicios afectos directa y exclusivamente a la actividad empresarial o profesional.
Esta restricción es contraria al **Derecho comunitario**, que establece de manera indiscriminada el principio de deducción parcial cuando la afectación es igualmente parcial (Dir 2006/112/CE art.168 inciso inicial). Existe, por tanto, una contradicción entre el Derecho español y el comunitario que debería resolverse de la manera que resulte más favorable para el contribuyente.
Así lo ha hecho la DGT, que ha admitido la deducción parcial en supuestos de afectación parcial (DGT CV 18-12-07; CV 22-4-09).
En la misma línea se pronuncia la TEAC 19-7-23 , relativa a la deducción del IVA soportado por un sujeto pasivo del impuesto por los suministros, como el agua, la luz o el gas, relativos a un inmueble afecto parcialmente a su actividad económica, que admite de manera proporcional a su utilización a efectos de las actividades de la empresa, criterio que comparte la DGT en contestaciones DGT CV 25-9-23 ; CV 2-10-23.

B. Afectación parcial: bienes de inversión en general

Pregunta 10305
En relación con la afectación a la actividad, ¿hay alguna diferencia entre bienes de inversión y el resto de bienes y servicios?

De la interpretación literal de la LIVA se podría deducir que sí, ya que para los bienes de inversión se admite que la afectación parcial suponga igualmente una **deducción parcial**, lo que no se admite para el resto de bienes y servicios. Para estos últimos, lo que se exige para habilitar el derecho a la deducción es una afectación directa y exclusiva a la actividad empresarial o profesional (LIVA art.95.Uno).
Como se explica en la pregunta anterior, la **doctrina administrativa**, sin embargo, ha matizado lo anterior, estableciendo que la afectación parcial conduce a la deducción igualmente parcial para cualesquiera bienes y servicios. Así se desprende de la normativa comunitaria (Dir 2006/112/CE art.168 inciso inicial), a la que se ha dado preferencia sobre la LIVA en este punto.

Pregunta 10310
¿Qué es un bien de inversión?

Un bien de inversión a los efectos del IVA es un bien **corporal** que se utiliza como medio de producción en la actividad empresarial o profesional y que se ha adquirido con la intención de ser utilizado en esta durante más de un año, lo que se completa con un importe mínimo (3.000 euros) y varias excepciones (LIVA art.108, ver pregunta nº 11410).

10315

Pregunta
¿Cómo se puede concretar la afectación a la actividad empresarial en relación con un bien de inversión?

En los mismos términos que con el resto de bienes y servicios, esto es, por su uso en la actividad o la inclusión de su coste (en este caso, de forma indirecta) en el precio de los bienes y servicios comercializados.
Como ya se dijo en relación con la generalidad de los bienes o servicios, lo anterior podrá acreditarse por **cualquier medio** de prueba admitido en Derecho, como se deduce del principio de libre prueba que establece la Ley de Enjuiciamiento Civil (L 1/2000 art.299), reflejo del principio de tutela judicial efectiva que establece la Constitución (Const art.24.1).
En el **Derecho comunitario**, este mismo principio se ha recogido en la sentencia TJUE 13-3-08, asunto Securenta C-437/06.

10320

Pregunta
¿Hay alguna indicación en la LIVA de elementos que han de considerarse no afectos a la actividad empresarial?

Sí. De acuerdo con la LIVA, no se entienden afectos directa y exclusivamente a la actividad empresarial o profesional, entre otros (LIVA art.95.Dos):
a) Los bienes que se destinen habitualmente a dicha actividad y a otras de **naturaleza no empresarial** ni profesional por períodos de tiempo alternativos.
b) Los bienes o servicios que se utilicen **simultáneamente** para actividades empresariales o profesionales y para necesidades privadas.
c) Los bienes o derechos que **no** figuren en la **contabilidad** o registros oficiales de la actividad empresarial o profesional del sujeto pasivo.
d) Los bienes y derechos adquiridos por el sujeto pasivo que **no** se integren en su **patrimonio empresarial** o profesional.
e) Los bienes destinados a ser utilizados en la satisfacción de **necesidades personales** o particulares de los empresarios o profesionales, de sus familiares o del personal dependiente de los mismos, con excepción de los destinados al alojamiento gratuito en los locales o instalaciones de la empresa del personal encargado de la vigilancia y seguridad de los mismos, y a los servicios económicos y socio-culturales del personal al servicio de la actividad.
La importancia de este precepto es relativa, habida cuenta de la flexibilización que ha establecido la DGT respecto al requisito de la afectación exclusiva (ver pregunta nº 10275).

C. Caso particular: automóviles

10335

Pregunta
¿Existe alguna particularidad en relación con la deducción del IVA soportado por la adquisición o arrendamiento de automóviles?

Sí. En el caso de los automóviles, existe una **presunción de afectación** al 50% que enerva tanto la obligación de determinar el grado o porcentaje de uso empresarial de los mismos como la prueba de dicho grado o porcentaje (LIVA art.95.Tres.2ª).
Por tanto, los automóviles correspondientes a empresarios o profesionales que se consideren **bienes de inversión** se entienden afectos a la actividad empresarial o profesional al 50%, por lo que el IVA soportado en relación con automóviles es deducible al 50%.

Pregunta 10340
¿Cuáles son los automóviles a los que se aplica la presunción de afectación al 50%?

Los vehículos automóviles de turismo y sus remolques, ciclomotores y motocicletas (LIVA art.95.Tres.2ª). A estos efectos se consideran automóviles de **turismo, remolques, ciclomotores y motocicletas** los definidos como tales en la Ley sobre Tráfico, Circulación de Vehículos a Motor y Seguridad Vial (RDLeg 6/2015 Anexo I), así como los definidos como **vehículos mixtos** (RDLeg 6/2015 Anexo I) y, en todo caso, los denominados vehículos **todo terreno** o tipo «jeep». Huelga decir que esta referencia ha de entenderse realizada a la legislación vigente en cada momento en materia de circulación de vehículos.
Conviene recordar que esta presunción sólo se aplica a automóviles que tengan la consideración de bienes de inversión (ver pregunta nº 11410).

Pregunta 10345
¿Cuándo se puede considerar que un automóvil es un bien de inversión?

Cuando cumpla los requisitos que establece la LIVA art.108, es decir, cuando se trate de bienes adquiridos para ser utilizados como medios de explotación durante más de un año (ver pregunta nº 11410).
El requisito de que se trate de **bienes corporales**, que se establece de manera indiscriminada para la consideración de un bien como de inversión, en principio, no parece controvertido en relación con los automóviles. No obstante, hay un ámbito en el que puede ser relevante, que es el de los vehículos **arrendados**, a los que se hace referencia expresa cuando se establece la presunción de afectación al 50% (LIVA art.95.Tres.2ª). El requisito de que la presunción se aplique exclusivamente a vehículos que sean bienes de inversión y su extensión a automóviles arrendados puede considerarse contradictorio, salvo que entendamos que la extensión es aplicable a vehículos que se explotan en virtud de contratos de arrendamiento, con o sin opción de compra, cuya función en la empresa es análoga a la que cumpliría un vehículo adquirido en plena propiedad que, como tal, sí que hubiera de ser calificado como bien de inversión.
Finalmente, la restricción de que el **coste de los bienes** de inversión ha de ser en todo caso superior a 3.000 €, IVA no incluido, no debe ser especialmente relevante en este ámbito, habida cuenta del valor de los automóviles. En cualquier caso, un vehículo que se adquiriese por menos de este importe no se podría calificar como bien de inversión ni aprovecharse de la presunción que comentamos.

Pregunta 10350
¿Qué ocurre con los automóviles que no son bienes de inversión?

Que se les aplica el **régimen general** de deducciones (LIVA art.95.Uno). Esto implica, en una interpretación literal de la LIVA, que o se deduce el total del IVA soportado, si se entiende que están directa y exclusivamente afectos a la actividad empresarial o profesional, o no cabe deducción alguna cuando no existe dicha afectación exclusiva (en este sentido se pronuncia la DGT 24-4-01).
Alternativamente, si atendemos a las contestaciones más recientes de la DGT, en las que se ha admitido la afectación parcial para cualquier tipo de bien o derecho, por aplicación directa de la normativa comunitaria (Dir 2006/112/CE art.168), habría que admitir igualmente la **afectación parcial** de los automóviles. En este caso, los problemas vendrían dados tanto por la medida o cuantificación de la afectación empresarial como por su prueba. Hay que señalar que precisamente estos problemas eran los que se pretendía evitar con la presunción que establece la normativa (LIVA art.95.Tres.2ª).

10355

Pregunta
¿Es deducible el IVA soportado por un automóvil que se utiliza a partir de un contrato de leasing o renting?

Sí, en los mismos términos que el IVA soportado por un vehículo que se ha adquirido en plena propiedad. En consecuencia:

a) Si el vehículo en régimen de leasing o renting se va a usar como medio de explotación durante **más de un año**, opera la presunción de afectación al 50% (LIVA art.95.Tres.2ª).

b) Si, por el contrario, se trata de un vehículo que no cumple con la anterior caracterización, el régimen de deducción es el **general** aplicable a cualquier otro bien o servicio que se adquiere para su uso en la actividad empresarial, que hemos analizado en la pregunta anterior (nº 10350).

10360

Pregunta
¿Puede deducir un empresario o profesional las cuotas soportadas por sus empleados por la adquisición o arrendamiento de vehículos usados en la actividad empresarial?

No. Así lo ha señalado la DGT 28-1-02, con un criterio equivalente al señalado por el TJUE 8-11-01, asunto Comisión contra Países Bajos C-338/98; 10-3-05, asunto Comisión contra Reino Unido C-33/03.

10365

Pregunta
¿Existen automóviles afectos a la actividad empresarial al 100%?

Sí. La propia LIVA señala una serie de vehículos para los cuales la presunción de afectación se eleva al 100%. Son los siguientes (LIVA art.95.Tres.2º):

a) Los vehículos mixtos utilizados en el **transporte de mercancías**. Respecto a esta categoría, la doctrina administrativa señala que como tales hay que considerar los que se utilicen en el transporte de bienes objeto de comercio, no aquellos otros que se usan en el transporte de otro tipo de bienes, como puede ser el caso del vehículo que se destina al transporte de los repuestos y piezas de recambio que se usan en un taller (DGT 17-5-00).

b) Los utilizados en la prestación de servicios de **transporte de viajeros** mediante contraprestación.

c) Los utilizados en la prestación de servicios de **enseñanza de conductores** o pilotos mediante contraprestación.

d) Los utilizados por sus **fabricantes** en la realización de pruebas, ensayos, demostraciones o en la promoción de ventas.

e) Los utilizados en los **desplazamientos profesionales** de los representantes o agentes comerciales.

f) Los utilizados en servicios de **vigilancia**.

Es importante señalar que la existencia de esta relación no debe impedir que para otros vehículos no incluidos en ella se llegue a probar la **afectación** a la actividad empresarial **al 100%**. La diferencia se encuentra en que para estos vehículos la afectación en este porcentaje se presume por la propia LIVA.

10370

Pregunta
¿Qué porcentaje de deducción se puede aplicar al IVA soportado por gastos relacionados con el uso de automóviles?

El mismo que para los vehículos en sí mismos. Así, se establece que las mismas condiciones de deducción que se han analizado para los automóviles son aplicables a las cuotas soportadas por los siguientes conceptos (LIVA art.95.Cuatro):

a) Accesorios y **piezas de recambio** para los mencionados bienes.
b) Combustibles, **carburantes**, lubrificantes y productos energéticos necesarios para su funcionamiento.
c) Servicios de **aparcamiento** y utilización de vías de peaje.
d) Rehabilitación, **renovación** y reparación.

Pregunta 10375
¿Qué ocurre a la venta de un vehículo cuyo IVA se dedujo al 50%?

Cuando se transmite un automóvil cuyo IVA soportado se dedujo al 50% por aplicación de la presunción de afectación al 50% (LIVA art.95.Tres.2ª), la **sujeción** al IVA se limita a ese 50%. Así lo ha señalado la DGT CV 17-3-09; CV 16-2-16.
En consecuencia, del precio que se obtenga por la venta hay que calcular el 50%, que es el importe sobre el que se repercute el IVA.

Pregunta 10380
¿Es aplicable la presunción de afectación al 50% a los vehículos que son utilizados por los empresarios o profesionales para satisfacer **retribuciones en especie**?

No. Con carácter general, la utilización de vehículos en la satisfacción de retribuciones en especie a los empleados ha de considerarse como una operación realizada a **título oneroso**. En consecuencia, los empresarios o profesionales que efectúen dichas cesiones han de repercutir e ingresar el tributo en la parte proporcional correspondiente al uso privado de esos vehículos por parte de sus empleados.
Por su parte, el **IVA soportado** por la adquisición o arrendamiento del vehículo será plenamente deducible para el empresario o profesional que lo soportó, suponiendo que se cumplan los demás requisitos relativos al derecho a la deducción.
Según dispone el TEAC (TEAC 20-2-24), para calificar la cesión de vehículos a favor de sus empleados como una prestación de servicios a título oneroso han de aplicarse los criterios establecidos al efecto por el **TJUE**. Las operaciones sólo se considerarán onerosas si existe una relación directa entre la prestación del servicio y la contraprestación recibida. Una operación no puede considerarse como onerosa por el hecho de que, a los efectos del IRPF, sea una retribución en especie. Se reitera así el criterio de la TEAC 22-2-22 y 22-3-22.
Asimismo, y conforme a la TS 29-1-24, EDJ 504749, la cesión gratuita del uso de un vehículo afectado en un 50% a la actividad empresarial para el uso particular de un empleado es una operación no sujeta al IVA, aunque por tal bien se hubiere deducido en dicho porcentaje el IVA soportado por el renting del vehículo.

D. Cambios en el grado de afectación

Pregunta 10390
¿Qué ocurre cuando se modifica el grado de afectación a la actividad empresarial o profesional de los bienes y servicios?

Cuando se modifica el grado de afectación a la actividad empresarial o profesional de un **bien de inversión**, la deducción inicialmente practicada ha de regularizarse (LIVA art.95.Tres.3ª). Esta **regularización** debe realizarse conforme al procedimiento establecido cuando lo que ocurre es que cambian las prorratas de deducción (ver preguntas nº 11400 s.).
Esta regularización únicamente ha de practicarse si se trata de bienes de inversión, no para otros bienes o servicios.

En caso de que la deducción correspondiese a **automóviles** y se aplicase la presunción que se analiza en las preguntas nº 10335 s., la regularización se practicaría en los mismos términos, aunque partiendo del 50% que se dedujo inicialmente.

10392 Ejemplo Un arquitecto que trabaja por cuenta propia adquiere un inmueble en el que desarrolla su actividad y que ocupa igualmente como vivienda. La distribución inicial es de un 60% ocupado como vivienda y un 40% como estudio profesional. A los 2 años de la adquisición, este profesional traslada su vivienda a otro inmueble y ocupa con su actividad profesional el 100% del inmueble adquirido previamente. El precio pagado era de 500.000 € más 50.000 € de IVA (se pagó IVA al 10% ya que se trataba de un inmueble residencial).
La deducción inicial de los 50.000 € de IVA soportado debió ser del 40%, que era el porcentaje de uso empresarial. Por tanto, este profesional debió deducir 20.000 €.
Por analogía con lo dispuesto en la LIVA art.107 y 109, la regularización que procedería practicar cuando el uso empresarial del inmueble se eleva al 100% sería la siguiente:
Regularización: (20.000 – 50.000)/10 = – 3.000 €.
Esta misma regularización se iría practicando año a año hasta acabar los 9 siguientes al inicio de la utilización efectiva del inmueble.

E. Prueba de la afectación

10405 **Pregunta**
¿A quién incumbe la carga de la prueba de la afectación?

El **grado de utilización** en el desarrollo de la actividad empresarial o profesional deberá acreditarse por el sujeto pasivo por cualquier medio de prueba admitido en derecho (LIVA art.95.Tres.4ª). Parece, pues, que es al contribuyente a quien incumbe la prueba del grado de afectación, en términos idénticos a lo que dispone la LGT art.105.1. No obstante, hay que tener en cuenta dos **cuestiones**:
a) En primer lugar, el hecho de que cuando de **automóviles** se trata, la misma LIVA instituye una presunción de afectación al 50% con carácter general, por lo que la carga de la prueba que se ha señalado sólo tiene efecto cuando lo que pretenda el contribuyente sea la prueba de un grado de afectación superior. Por el contrario, es la Administración la que ha de probar un porcentaje inferior si es esta su pretensión.
b) En segundo lugar, el **principio de libre prueba**, que el mismo precepto ya apunta, al señalar que se puede utilizar cualquier medio de prueba admitido en derecho.
En este sentido, se señala que **no es medio de prueba suficiente** la declaración-liquidación presentada por el sujeto pasivo ni la contabilización o inclusión de los correspondientes bienes de inversión en los registros oficiales de la actividad empresarial o profesional (LIVA art.95.Tres.4ª).

10410 **Pregunta**
¿Qué elementos de prueba se pueden usar para acreditar la afectación a la actividad empresarial?

Como ya se ha dicho, la acreditación del grado de afectación se puede realizar a través de cualquier medio de prueba admitido en derecho. Así lo dispone la LIVA art.95.Tres.4ª y se deriva igualmente del principio de libre prueba que establece el Derecho común.
Esta **libertad de prueba** se puede predicar tanto de bienes y servicios con carácter general como de automóviles para los cuales se pretenda una deducción de más del 50% del IVA soportado.

Pregunta
¿La propiedad de dos automóviles es prueba suficiente de la afectación de alguno de ellos a la actividad empresarial o profesional al 100%? 10415

No. Como mucho, podría llegar a esgrimirse como **elemento de prueba indiciario**, pero nada más. De hecho, la DGT 28-9-99, ha denegado la posibilidad de que la mera propiedad de dos vehículos ya se considerase como indicativa de que uno de ellos estaba exclusivamente afecto a la actividad empresarial.

F. Un supuesto específico: las Administraciones Públicas

Pregunta
¿Cómo se deducen el IVA las Administraciones Públicas cuando realizan operaciones no sujetas al IVA? 10420

En **proporción** a las operaciones sujetas que realizan. Así se establece por la LIVA art.93.Cinco, que dispone que los sujetos pasivos que realicen conjuntamente operaciones sujetas y otras no sujetas conforme a la LIVA art.7.8º podrán deducir las cuotas soportadas por la adquisición de bienes y servicios destinados de forma simultánea a la realización de unas y otras en función de un **criterio razonable y homogéneo** de imputación de las cuotas correspondientes a los bienes y servicios utilizados para el desarrollo de las operaciones sujetas.
Este criterio deberá ser mantenido en el tiempo salvo que por causas razonables haya de procederse a su modificación.
A estos efectos, la misma LIVA aclara que podrá atenderse a la proporción que represente el importe total, IVA no incluido, de las operaciones sujetas al impuesto respecto del total de ingresos que obtenga el sujeto pasivo en cada año natural por el conjunto de su actividad.
El cálculo resultante de la aplicación de dicho criterio se podrá determinar provisionalmente atendiendo a los datos del año natural precedente, sin perjuicio de la regularización que proceda a final de cada año.
Adicionalmente, se dispone que:
a) No serán deducibles en proporción alguna las cuotas correspondientes a bienes o servicios destinados exclusivamente a la realización de las **operaciones no sujetas** conforme a la LIVA art.7.8º.
b) Esta deducción parcial no será de aplicación a las **subvenciones** que no se incluyen en la base imponible en las condiciones señaladas en la LIVA art.78.Dos.3.a, las cuales, por tanto, ni forman parte de la base imponible ni limitan el derecho a la deducción.

V. Exclusiones del derecho a la deducción

(LIVA art.96)

A. Consideraciones generales

10445 **Pregunta**

¿Qué justificación tiene la existencia de cuotas excluidas del derecho a la deducción?

Tal y como se deriva de su propia definición, el IVA es un impuesto que recae sobre el **consumo** (LIVA art.1). Normalmente, este gravamen se alcanza a través de la repercusión del tributo en las sucesivas fases de producción y distribución hasta que este acaba llegando al consumidor final.

La existencia de **actos de consumo final** es lo que pretende gravar la LIVA a través de la restricción o exclusión del derecho a la deducción del IVA soportado por la adquisición de ciertos bienes o servicios.

Es importante señalar que esta **restricción** en el derecho a la deducción se completa con la no sujeción del autoconsumo que se pudiera producir cuando los bienes se regalan o se destinan al uso privado, precisamente porque el IVA soportado no fue deducible (LIVA art.7.7º). De este modo, se acaba alcanzando el resultado que se pretende, que es el gravamen de los actos de consumo, aunque en este caso la consecución de este objetivo se realiza por la vía de la exclusión del derecho a la deducción.

La **ventaja principal** en esta construcción la obtiene la Administración, a la cual el control de estas operaciones le resulta mucho más sencillo si se opera por la vía de la restricción del derecho a la deducción que si se hace a través del gravamen del autoconsumo.

10447 Ejemplo Un empresario o profesional adquiere, con cargo a la cuenta de la empresa, una joya con la que va a obsequiar a su cónyuge. Por esta joya se pagan 3.000 € más 630 € de IVA (tipo aplicado el 21%). El IVA soportado por la adquisición de la joya no es deducible (LIVA art.96.Uno.1º), a cambio de lo cual el autoconsumo que se producirá cuando la joya se entregue al cónyuge no estará sujeto a imposición (LIVA art.7.7º).

El resultado es equivalente al que se obtendría si el IVA fuera deducible y posteriormente se hiciera tributar la operación en concepto de autoconsumo.

10450 **Pregunta**

¿Las exclusiones del derecho a la deducción de la LIVA son compatibles con el Derecho comunitario?

Es discutible. De entrada, si analizamos los artículos que regulan con carácter general el derecho a la deducción en la normativa comunitaria (Dir 2006/112/CE art.167 s.), habría que llegar a la conclusión de que las restricciones en el derecho a la deducción que establece nuestra normativa (LIVA art.96) son **incompatibles** con la Directiva. En este mismo sentido, se podría mencionar la sentencia del TJUE 27-4-99, asunto Kuwait Petroleum, C-48/97, en la cual, ante un esquema de fidelización de la clientela basado en la realización de regalos, se parte como prius del derecho a la deducción de las cuotas soportadas para, a continuación, señalar la sujeción de los citados regalos cuando estos se entregan a los clientes.

Alternativamente, se podría argüir que estas exclusiones se amparan en la **cláusula de stand still**, que permite a los Estados comunitarios mantener las restricciones existentes en su ordenamiento en materia de deducciones a la entrada en vigor de la

Sexta Directiva (1-1-1979) o a su incorporación a la Comunidad, ello mientras no se armonice el tratamiento de los gastos que no tengan carácter profesional (Dir 2006/112/CE art.176). La **jurisprudencia comunitaria** en relación con este precepto es relativamente laxa, por lo que, a condición de que el régimen de exclusiones existente a 1-1-1986 no se haya endurecido, esto es, que no se hayan incluido nuevas restricciones en el derecho a la deducción, se podría considerar que la LIVA art.96 encuentra amparo en la normativa comunitaria (Dir 2006/112/CE art.176).
Así lo ha entendido el TEAC 17-3-21 , con base en el auto TJUE 17-9-20, asunto Super Bock Bebida C-837/19, declarando que la exclusión del derecho a la deducción de las cuotas soportadas por bienes y servicios adquiridos para ser entregados en concepto de atenciones a clientes es procedente en este caso, considerándose compatible con la Dir 2006/112/CE.

Pregunta **10455**
¿Qué relación hay entre estas exclusiones del derecho a la deducción y el resto de los requisitos sobre deducciones?

Las cuotas excluidas del derecho a la deducción por aplicación de la LIVA art.96 no son objeto de **recuperación** de ningún otro modo. Por esta razón, cuando se señala el funcionamiento de la **prorrata general**, se dispone igualmente que las cuotas no deducibles ya sea por limitación o exclusión (LIVA art.95 y 96) están excluidas del montante total de IVA soportado sobre el que se ha de aplicar el porcentaje de deducción resultante de la prorrata general (LIVA art.104.Uno segundo párrafo). En términos idénticos se expresa la normativa en relación con la prorrata especial (LIVA art.106.Dos). Finalmente, se establece un régimen equivalente en relación con las cuotas soportadas por empresarios o profesionales no establecidos (LIVA art.119.Dos.4º y 119 bis).

Pregunta **10460**
¿Cuáles son los bienes y derechos excluidos del derecho a la deducción?

Los bienes y derechos excluidos del derecho a la deducción son los siguientes (LIVA art.96.Uno):
a) Las **joyas**, alhajas, piedras preciosas, perlas naturales o cultivadas, y objetos elaborados total o parcialmente con oro o platino. La misma norma dispone que, a los efectos del IVA, se consideran piedras preciosas el diamante, el rubí, el zafiro, la esmeralda, el aguamarina, el ópalo y la turquesa.
b) Los **alimentos**, las bebidas y el tabaco.
c) Los **espectáculos** y servicios de carácter recreativo.
d) Los bienes o servicios destinados a **atenciones a clientes**, asalariados o a terceras personas. La misma norma establece la **exclusión** de esta consideración a:
- las muestras gratuitas y los objetos publicitarios de escaso valor definidos en la LIVA art.7.2º y 4º;
- los bienes destinados exclusivamente a ser objeto de entrega o cesión de uso, directamente o mediante transformación, a título oneroso, que, en un momento posterior a su adquisición, se destinan a atenciones a clientes, asalariados o terceras personas.

e) Los servicios de **desplazamiento** o viajes, hostelería y restauración, salvo que el importe de los mismos tuviera la consideración de gasto fiscalmente deducible a efectos del IRPF o del IS.
Los conceptos que se enuncian en las tres primeras letras no plantean especiales dudas, sin perjuicio de lo que se expone en las preguntas nº 10530 a nº 10550. Se trata de bienes y servicios cuya delimitación es de carácter objetivo, por lo que su aplicación práctica no debería resultar especialmente problemática (ver ejemplo en el nº 10447).
Por el contrario, las exclusiones que se citan en las dos últimas letras suscitan algunas dudas en cuanto a su interpretación, por lo que se estudian por separado.

B. Regalos y atenciones a clientes, asalariados y terceras personas

(LIVA art.96.Uno.5º)

10475

Pregunta
¿Cuándo se considera que un bien o derecho constituye un regalo?

Un bien o derecho ha de considerarse como regalo o atención a clientes cuando se ofrece como tal, siendo calificado como **obsequio**, regalo, presente o similar, de forma que la ausencia de dicho regalo u obsequio no altera el precio de otras operaciones que se puedan estar realizando a título oneroso.
No deben confundirse los supuestos en que se realizan regalos a clientes con aquellos otros en los que lo que ocurre es que contra el pago de un **precio único** se entregan diversos productos. La diferencia entre uno y otro supuesto se podría encontrar en que cuando lo que se realiza es un regalo, el precio del producto que se adquiere a título oneroso no se ve afectado por el hecho de que el cliente rechace el regalo. Por el contrario, si en un esquema de comercialización se entregan varios bienes por un precio único, cabe suponer que el precio sería distinto si falta uno de los bienes entregados.
Lo anterior, lógicamente, sólo tiene sentido si el regalo o atención se vincula a alguna entrega u operación realizada a **título oneroso**.
Adicionalmente, hay que tener en cuenta la sentencia TJUE 5-10-23, asunto Deco Proteste – Editores C-505/22 , en la que el TJUE declaró que la concesión de un regalo de suscripción como contrapartida por la suscripción de un abono a publicaciones periódicas constituye una **prestación accesoria** a la prestación principal, consistente en el suministro de publicaciones periódicas, comprendida en el concepto de «entrega de bienes realizada a título oneroso», y que no debe considerarse una transmisión de bienes a título gratuito a los efectos del IVA.

10477 Ejemplos **1)** Una empresa que se dedica a la producción de magdalenas lanza una campaña promocional en desarrollo de la cual a los clientes que adquieran una docena de magdalenas se les obsequia con un recipiente de plástico con el que conservarlas. El recipiente se entrega gratuitamente a los clientes, por lo que si alguno de ellos no lo quiere, el precio de las magdalenas no se ve alterado.
Estos recipientes son un claro ejemplo de regalos a clientes. En consecuencia, el IVA soportado por la compra de los recipientes no es deducible.
2) La misma empresa del caso anterior lanza otra campaña para la promoción de sus productos consistente en la comercialización conjunta de magdalenas y pan de leche. El paquete con una docena de unidades de cada uno de estos productos se vende por un precio total de 3 euros, lo que supone un descuento del 25% respecto a lo que sería el precio de ambos productos por separado.
En este caso, no se puede considerar que haya un regalo, sino la determinación de unas condiciones de comercialización especiales. No cabe restringir el derecho a la deducción del IVA soportado por ninguno de estos productos.
3) A final de año, la misma empresa de los ejemplos anteriores envía una caja de vino al jefe de compras de uno de sus mejores clientes. El coste de la caja de vino es de 100 € más 21 € de IVA.
En este caso, estamos claramente ante un regalo, por lo que el IVA soportado por la compra de la caja de vino no es deducible.

10480

Pregunta
¿Tiene alguna incidencia que lo que se ofrece como regalo sean bienes de los que se comercializan habitualmente por la empresa?

Sí. Según doctrina de la DGT, cuando los bienes que se ofrecen como regalos son bienes de los que se comercializan habitualmente por la empresa que los realiza, no cabe hablar de regalos o atenciones, sino que se trata de la determinación de las

condiciones de comercialización por parte de la empresa, por lo que no cabe restringir el derecho a la deducción del IVA soportado (DGT 24-4-01).

Ejemplo En una campaña promocional, una empresa que se dedica a la fabricación de pienso para animales de compañía oferta un 10% más de producto sin incremento en el precio. El saco de 15 kg. pasa a tener un peso de 16,5 kg, pero se vende inicialmente por el mismo precio. 10482

No cabe apreciar en este caso la realización de ningún regalo, sino la determinación de unas especiales condiciones de comercialización. En consecuencia, el total del IVA soportado sería deducible, a la vez que la base imponible de la venta del pienso sería la contraprestación efectiva que se obtenga.

10485

Pregunta
¿A efectos de la exclusión del derecho a la deducción, hay alguna diferencia entre bienes y derechos?

Sí. Como ya se ha dicho, las restricciones en el derecho a la deducción que establece la LIVA art.96 tiene como objetivo el gravamen del consumo que, de no existir dichas restricciones, habría que realizar por la vía de la tributación de los autoconsumos que se producen cuando los bienes o servicios respectivos se destinan al consumo final.

Las condiciones de tributación de los **autoconsumos** de bienes y de servicios no son equivalentes, ya que, los autoconsumos de servicios sólo tributan cuando se realizan para servir a fines ajenos a los de la actividad empresarial o profesional (LIVA art.12.3º, ver pregunta nº 1420), condición o restricción que no existe para los autoconsumos de bienes (LIVA art.9).

A partir de esta diferencia, la **interpretación administrativa** ha señalado que en operaciones que deben calificarse como prestaciones de servicios y que se realizan de modo gratuito pero para servir a los fines propios de la actividad empresarial, el IVA soportado es deducible (DGT CV 22-10-07, entre otras).

10490

Pregunta
Cuando un bien o derecho cuyo IVA soportado no fue deducible se entrega en concepto de regalo, ¿se produce alguna consecuencia fiscal?

En lo que al IVA se refiere, no. Así se infiere de lo establecido por la LIVA art.7.7º, que dispone la no sujeción de los autoconsumos u operaciones que se realizan a título gratuito tales que el IVA soportado por la adquisición de los bienes que se entregan gratuitamente no fue deducible. De esta forma, se garantiza que no se produzcan situaciones de **doble imposición** que serían contrarias a los principios de funcionamiento del impuesto.

10495

Pregunta
¿Hay alguna particularidad si se trata de muestras comerciales, impresos u objetos publicitarios?

Sí. Los bienes que hayan de ser considerados como muestras comerciales, impresos u objetos publicitarios no deben ser incluidos en el ámbito de aplicación de la exclusión (LIVA art.96.Uno.5º). A partir de esta **no exclusión** del derecho a la deducción, cabe concluir que el IVA soportado en la adquisición de estos bienes es deducible.

La **delimitación** de lo que deban considerarse muestras comerciales, impresos u objetos publicitarios la realiza el precepto por referencia a la LIVA art.7.2º y 4º (ver preguntas nº 870 s. y nº 930 s.), por lo que habrá que estar a la doctrina existente en relación con estos preceptos.

Si consideramos que las entregas de estos bienes son **operaciones no sujetas**, se podría entender que la LIVA art.94.Uno.1º, interpretado a sensu contrario, excluye el derecho a la deducción, ya que como operaciones no sujetas no figuran en la relación de operaciones generadoras del derecho a la deducción. Esto, sin embargo, choca con la exclusión que hace la LIVA art.96.Uno.5º, que no tiene sentido si no es porque la «voluntas legislatoris» es la de que estas cuotas resulten deducibles. En consecuencia, hay que convenir que dichas cuotas se pueden deducir. Así lo ha establecido la DGT CV 17-11-86.

10500 **Pregunta**
¿Qué ocurre si un bien que se compró sin la intención de entregarlo en concepto de regalo o atención finalmente acaba siendo entregado de este modo?

En tal caso, el IVA soportado fue deducible, por lo que el regalo está sujeto a imposición en concepto de autoconsumo.
Es deducible el IVA soportado por los bienes destinados exclusivamente a ser objeto de entrega o cesión de uso, directamente o mediante transformación, a título oneroso, que, en un **momento posterior** a su adquisición, se destinen a atenciones a clientes, asalariados o terceras personas, ya que en estos casos no se aplica la exclusión en el derecho a la deducción (LIVA art.96.Uno.5º).
Al ser deducible el IVA soportado por la compra de estos bienes, a la **entrega gratuita** de los mismos no le es aplicable el supuesto de no sujeción de los autoconsumos (LIVA art.7.º), por lo que procede la tributación por este concepto.
El **efecto práctico** que se produce es, en principio, el mismo que mediante la restricción en el derecho a la deducción. Sin embargo, se simplifica notablemente la gestión empresarial, ya que bienes que no se han adquirido para ser entregados en concepto de atención a clientes, asalariados o terceras personas, ven consolidado su derecho a la deducción aunque se entreguen de este modo.

10502 Ejemplo Una empresa que se dedica a la fabricación de mobiliario clásico obsequia con una mesa de comedor a un político al que está muy agradecida. La mesa forma parte de una serie de mesas que incorpora maderas tropicales y talla artesana, por lo que tiene un valor en el mercado de 40.000 €. El resto de mesas de la serie, al igual que los demás muebles que fabrica la empresa, se comercializan en condiciones mercantiles convencionales.
Cuando esta empresa adquirió los distintos bienes y servicios utilizados en la fabricación de la mesa, no podía prever la realización del regalo. En consecuencia, el total del IVA soportado por ella fue deducible. La LIVA art.96.Uno.5º garantiza esta deducción e impide que se tenga que revisar a posteriori (piénsese lo difícil, por no decir imposible, que sería esta revisión).
Al haber sido deducible todo el IVA soportado, la realización del regalo es un autoconsumo sujeto al IVA (LIVA art.9.1º.b), por el cual la empresa debe ingresar la cuota tributaria correspondiente.

C. Gastos de hostelería y restauración

(LIVA art.96.Uno.6º)

10515 **Pregunta**
¿Hay alguna particularidad respecto a la exclusión del derecho a la deducción de los bienes y derechos que se entregan como atenciones cuando lo que se obsequian son servicios de hostelería o restauración?

Sí. Las cuotas correspondientes a servicios de desplazamiento o viajes, hostelería y restauración son deducibles cuando los mismos tengan la consideración de **gasto fiscalmente deducible** a efectos del IRPF o del IS. No son deducibles en caso contrario (LIVA art.96.Uno.6º).
En cuanto a la deducibilidad de estos gastos, en el **IS** se establece que no son gasto deducible los donativos y liberalidades (LIS art.15.e). No obstante, se señala que no tienen esta consideración los gastos por atenciones a clientes o proveedores ni los

que, con arreglo a los usos y costumbres, se efectúen con respecto al personal de la empresa ni los realizados para promocionar, directa o indirectamente, la venta de bienes y prestación de servicios ni los que se hallen relacionados con los ingresos (los gastos por atenciones a clientes o proveedores son deducibles con el límite del 1% del importe neto de la cifra de negocios del período impositivo).
En consecuencia, los gastos por servicios de desplazamiento o viajes, hostelería y restauración son, generalmente, deducibles, ya que lo habitual es que resulten de gastos que son asimismo deducibles en la imposición directa de quien los paga.
Es evidente que se produce una **disparidad** con el resto de las cuotas correspondientes a regalos y atenciones a clientes que trae causa en que el tratamiento establecido en la LIVA era coherente con el resto de su articulado cuando los referidos gastos no eran deducibles como tales en la imposición directa. Los cambios habidos en esta, unidos a la falta de actualización de la LIVA, son los que han dado lugar a esta falta de coherencia.
La DGT se ha pronunciado igualmente sobre esta cuestión. Con carácter general, se especifica que las cuotas soportadas por bienes o servicios adquiridos para ser entregados en concepto de atenciones a clientes no son deducibles; no obstante, las relativas a servicios de transporte, alojamiento y manutención podrán ser deducidas siempre que el importe de dichos servicios tenga la consideración de gasto fiscalmente deducible a efectos del IS (DGT 8-9-03; CV 2-8-10; CV 24-9-13; CV 11-3-14; CV 14-9-17).

D. Bienes y servicios no excluidos

(LIVA art.96.Dos)

Pregunta 10530
¿Las exclusiones del derecho a la deducción que establece la LIVA se aplican en todo caso?

No. Se establece la **no aplicación** de las exclusiones cuando se trata de bienes y servicios (LIVA art.96.Dos):
- que sean de exclusiva aplicación industrial, comercial, agraria, clínica o científica;
- que se trate de bienes o servicios que se van a entregar o ceder a título oneroso.

Pregunta 10535
¿Cuándo se puede considerar que un bien o derecho es de exclusiva aplicación industrial, comercial, agraria, clínica o científica a efectos del derecho a la deducción del IVA soportado?

La LIVA no ofrece una definición de los que cabe considerar como tales. No obstante, de la propia normativa se puede inferir que habrá que estar a las **características** de los bienes para determinar su aplicación previsible. Estas características habrían de atender tanto a las condiciones objetivas de cada uno de los bienes como a su cantidad o estado de presentación.

Ejemplos **1)** Un empresario dedicado a la agricultura adquiere 50 tm de fertilizante para una de sus explotaciones, pagando por ellas 15.000 €, más 1.500 € (tipo aplicado el 10%) de IVA. 10537
Es evidente que el uso de este producto es, desde un punto de vista objetivo, de carácter agrario, por lo que los 1.500 € de IVA soportados por dicho empresario son deducibles.
2) La misma empresa que había vendido el fertilizante al agricultor del ejemplo anterior entrega otros 1.000 kg a una empresa que comercializa productos de jardinería. Estos 1.000 kg se sirven en paquetes de 250 grs. para su posterior entrega en concepto de regalo o atención a los clientes de la empresa de jardinería. Por estos 1.000 kg de fertilizante se cobran 500 € más 105 € de IVA (en este caso, no cabe la aplicación del tipo reducido que establece la LIVA art.91.uno.1.3º, precisamente, por las condiciones de envasado en las que se entrega el producto).

El IVA soportado por la empresa de jardinería no es deducible, ya que el fertilizante adquirido se va a entregar en concepto de regalo o atención a clientes y no se puede considerar de exclusiva aplicación agraria, por lo que no cumple el requisito que establece la LIVA art.96.Dos.1º.

10540

Pregunta
¿Las restricciones del derecho a la deducción que establece la LIVA se aplican igualmente a bienes o derechos que se van a entregar a título oneroso por quien los adquirió?

No. Como ya antes se dijo, los bienes y derechos que se van a entregar a título oneroso están **excluidos** del ámbito de aplicación de la LIVA art.96.Uno, por lo que el IVA soportado por su adquisición es deducible.
Interesa destacar que, tanto en relación con los bienes como respecto a los servicios, se exige que los empresarios que han de realizar las entregas o prestaciones respectivas se dediquen a la realización de estas actividades **de manera habitual** (LIVA art.96.Dos. 2º y 3º, ver pregunta nº 10550).

10545

Pregunta
¿Cuándo se puede considerar que un bien o derecho se va a entregar a título oneroso a efectos del derecho a la deducción del IVA soportado?

En principio, las operaciones que se realizan a título oneroso son aquellas para las cuales se establece un precio o **contraprestación** específica, de forma tal que prestación y contraprestación se intercambian en el marco de una relación contractual o bilateral.
En la aplicación de este criterio en este contexto, hay que tener en cuenta que la misma norma admite que el bien adquirido sea **transformado** con carácter previo a su entrega, lo que da idea de una cierta laxitud en el criterio. No se trata tanto de que el bien que se adquiere se entregue tal cual a título oneroso, sino, más bien, de que dicho bien, aisladamente o de manera conjunta con otros, tal cual o transformado, sea objeto de ulteriores operaciones que se efectúen a título oneroso. En tal caso, el IVA soportado en su adquisición es deducible. Lo mismo hay que concluir en relación con las prestaciones de servicios.
Se trata, conviene no olvidarlo, de delimitar adecuadamente supuestos de exclusión de un derecho básico e inherente al funcionamiento del IVA, como es el derecho a la deducción.

10547 Ejemplos **1)** Un empresario titular de una joyería adquiere una partida de relojes de oro a razón de 4.200 €, más IVA, la unidad. Esta partida de relojes, que son 500, se ha adquirido para su comercialización.
El IVA soportado por la compra de estos relojes es deducible, ya que su destino es la comercialización a título oneroso.
2) Un empresario que regenta un restaurante adquiere habitualmente jamón para su uso en el restaurante. En el mes de junio del año N ha adquirido 5 jamones ibéricos y 20 serranos, por todos los cuales ha pagado un total de 5.000 €.
Aunque los jamones como tales no se van a vender en el restaurante, ya que se servirán en raciones o se utilizarán para la elaboración de los diferentes platos que se sirven en él, es evidente que no se van a entregar en concepto de atenciones a clientes. En consecuencia, el IVA soportado por su adquisición es deducible.

10550

Pregunta
¿Qué ocurre con los bienes y derechos que se adquieren para ser entregados a título oneroso por empresarios o profesionales que no se dedican habitualmente a la realización de dichas entregas?

En estos casos, hay que distinguir según se trate de atenciones o de los demás supuestos de exclusión:
a) Para los casos de **exclusión objetiva**, puede ser difícil escapar a la exclusión del derecho a la deducción, habida cuenta de la literalidad de la LIVA.
b) Respecto a los bienes que se van a entregar en concepto de **atenciones**, cabría la aplicación de la norma de exclusión que se contiene en la misma LIVA art.96.Uno.5º, conforme a la cual si la intención con la que se han adquirido dichos bienes es la de su entrega a título oneroso, entonces no cabe restringir el derecho a la deducción.

VI. Requisitos formales del derecho a la deducción

(LIVA art.97)

10565

10575

Pregunta
¿Qué justificación tiene la exigencia de requisitos formales en el derecho a la deducción?

La exigencia, para el ejercicio del derecho a la deducción, de que quien lo pretenda disponga de los documentos o justificantes formales correspondientes, las facturas en la mayor parte de los casos, se basa en que dichos documentos son los instrumentos con los que se realiza la **repercusión** del impuesto.
La repercusión del IVA se hace mediante factura (LIVA art.88.Dos, ver pregunta nº 7433). El **control** de las facturas expedidas por los empresarios o profesionales que entregan bienes o servicios es la garantía de que el IVA repercutido a clientes es ingresado a la Hacienda Pública. Esto justifica, de una parte, la obligación de que dichos documentos se numeren adecuadamente y, de otra, la necesidad de que los empresarios o profesionales que los emiten lleven un Libro Registro en el que se anotan adecuadamente estos documentos.
En lógica con lo anterior, al empresario o profesional que pretende la deducción del IVA soportado se le exige la **disposición del documento** a través del cual se le repercutió el IVA que pretende deducir. De esta forma, lo que se pretende es ofrecer a la Hacienda Pública la posibilidad de controlar que el IVA que se deduce por unos empresarios o profesionales es ingresado por quienes se lo han repercutido.

10580

Pregunta
¿El principio de libre prueba se aplica en el IVA?

Sí, en los mismos términos que en cualquier otro ámbito de nuestro derecho. Lo que ocurre es que una cosa es la **acreditación de la realidad** de las operaciones por las que se ha soportado el IVA, que se puede realizar a través de cualquier medio de prueba admitido en derecho, y otra la acreditación de la correcta repercusión del tributo que se pretende deducir. Como hemos señalado en la contestación a la pregunta anterior (nº 10575), la factura es el instrumento mediante el cual se repercute el IVA, lo cual justifica su exigencia cuando quien lo soportó pretende su deducción. Lo anterior es distinto de que, ante cualquier duda en cuanto a la existencia de una operación, por más que se disponga de una factura expedida con arreglo a derecho, se acuda a cualquier medio de prueba disponible.

A efectos prácticos, en la mayor parte de las ocasiones una y otra cuestión se confunden, de forma que la prueba de la realidad de una operación y la acreditación de la correcta repercusión del IVA se fusionan en un solo documento, que es la factura que se expide por la misma.

10585

Pregunta
¿La expedición de factura está contemplada por la normativa comunitaria?

Sí. La Dir 2006/112/CE art.217 s. se refiere a esta cuestión. Los artículos vigentes de la Directiva traen causa de la Dir 2010/45/UE, que entró en vigor el 1-1-2013, cuyas modificaciones dieron lugar en España a la aprobación del Reglamento de facturación aprobado por el RD 1619/2012.

Interesa destacar que estos artículos de la Directiva no regulan el **total de los aspectos** relativos a la facturación, limitándose a aspectos tales como las operaciones por las que ha de expedirse factura, su contenido o los aspectos electrónicos de la facturación. Otros elementos de este ámbito han de ser regulados por los Estados miembros, como ocurre con cualquier otro aspecto en el que la Directiva admite una mayor concreción por parte de los Estados comunitarios.

A. Documentos justificativos

(LIVA art.97.Uno)

10600

Pregunta
¿Cuáles son los documentos justificativos del derecho a la deducción?

Únicamente se consideran documentos justificativos del derecho a la deducción del IVA soportado los siguientes (LIVA art.97.Uno):

a) La **factura original** expedida por quien realice la entrega o preste el servicio o, en su nombre y por su cuenta, por su cliente o por un tercero, siempre que, para cualquiera de estos casos, se cumplan los requisitos que se establezcan reglamentariamente.

b) La factura original expedida por quien realice una entrega que dé lugar a una **AIB**, siempre que dicha adquisición esté debidamente consignada en la declaración-liquidación periódica, autoliquidación, que presente el empresario o profesional que pretende la deducción.

c) En el caso de las **importaciones**, el documento en el que conste la liquidación practicada por la Administración o, si se trata de operaciones asimiladas a las importaciones, la autoliquidación en la que se consigne el IVA devengado con ocasión de su realización.

d) La **factura original o el justificante contable** de la operación expedido por quien realice una entrega de bienes o una prestación de servicios al destinatario, sujeto pasivo del impuesto, en los supuestos a que se refiere la LIVA art.84.uno.2.º, 3.º y 4.º y 140 quinque, siempre que dicha entrega o prestación esté debidamente consignada en la declaración-liquidación, autoliquidación, que presente el empresario o profesional que pretende la deducción.

La misma norma señala que cuando quien realice la entrega de bienes o la prestación de servicios esté establecido en la Comunidad, dicha factura original deberá contener los requisitos recogidos en la Dir 2006/112/CE art.226.

e) El **recibo original** firmado por el titular de la explotación agrícola, forestal, ganadera o pesquera sujetos al régimen especial de agricultura, ganadería y pesca (LIVA art.134.Tres).

Pregunta 10605
¿Qué requisitos ha de cumplir una factura completa para justificar el derecho a la deducción?

Los establecidos por la normativa sustantiva, los cuales, para las facturas completas, son los siguientes (Rgto Fac art.6):
a) Número y, en su caso, serie. La **numeración** de las facturas dentro de cada serie es correlativa. Se pueden expedir facturas mediante **series separadas** cuando existan razones que lo justifiquen y, entre otros supuestos, cuando el obligado a su expedición cuente con varios establecimientos desde los que efectúe sus operaciones y cuando el obligado a su expedición realice operaciones de distinta naturaleza. No obstante, es obligatoria, en todo caso, la expedición en **series específicas** de las facturas siguientes:
- las expedidas por los destinatarios de las operaciones o por terceros, para cada uno de los cuales debe existir una serie distinta;
- las rectificativas;
- las que se expidan relativas a ejecuciones administrativas o judiciales de patrimonios empresariales (RIVA disp.adic.5ª);
- las que documentan entregas de bienes a las que se aplica la inversión del sujeto pasivo (LIVA art.84.uno.2º.g);
- las que se expidan por las operaciones intragrupo de entidades que apliquen el régimen especial del grupo de entidades (RIVA art.61 quinquies.2).

b) La **fecha** de expedición.
c) Nombre y apellidos, razón o **denominación social** completa, tanto del obligado a expedir factura como del destinatario de las operaciones.
d) **NIF** atribuido por la Administración española o, en su caso, por la de otro Estado miembro de la UE, con el que ha realizado la operación el obligado a expedir la factura. Asimismo, es obligatoria la consignación del NIF del **destinatario** en los siguientes casos:
- que se trate de una entrega intracomunitaria exenta (LIVA art.25);
- que se trate de una operación cuyo destinatario sea el sujeto pasivo del impuesto;
- que se trate de operaciones que se entiendan realizadas en el TIVA y el empresario o profesional obligado a la expedición de la factura haya de considerarse establecido en dicho territorio.

e) **Domicilio**, tanto del obligado a expedir factura como del destinatario de las operaciones. Cuando el obligado a expedir factura o el destinatario de las operaciones dispongan de varios lugares fijos de negocio, debe indicarse la ubicación de la sede de actividad o establecimiento al que se refieran aquellas en los casos en que dicha referencia sea relevante para la determinación del régimen de tributación correspondiente a las citadas operaciones. 10607
f) Descripción de las operaciones, consignándose todos los datos necesarios para la determinación de la base imponible del IVA y su importe, incluyendo el precio unitario sin IVA de dichas operaciones, así como cualquier descuento o rebaja que no esté incluido en dicho precio unitario.
g) Tipo impositivo o **tipos impositivos** aplicados a las operaciones.
h) **Cuota tributaria** que, en su caso, se repercuta, que debe consignarse por separado.
i) Fecha en que se hayan efectuado las operaciones que se documenten o en la que se ha recibido el pago anticipado, si se trata de una **fecha distinta a la de expedición** de la factura.
Esta relación lo es de los requisitos que ha de cumplir una factura para ser **válida** como documentos justificativo del derecho a la deducción, pero no impide que se puedan consignar otros datos de naturaleza diversa. Tal puede ser el caso, por ejemplo, de las condiciones de pago del precio de la operación.

10610

Pregunta
¿Un albarán de entrega es válido como justificante del derecho a la deducción?, ¿y una factura pro forma?, ¿y un justificante bancario?

En principio, es válido como factura **cualquier documento** que contenga la información que requiere la normativa sustantiva que regula las obligaciones de facturación (ver nº 17630). Así lo ha establecido la DGT 20-9-04; CV 23-2-05.
En consecuencia, cualquiera de los documentos que se ha mencionado puede surtir esta función, a condición de que incluya toda la información que se refiere en la pregunta nº 10605.

10615

Pregunta
¿Una escritura pública es justificante del derecho a la deducción?

En principio, no. Así lo ha señalado la doctrina administrativa (DGT CV 13-10-86 ; 16-4-98), por lo que debe disponerse de la correspondiente **factura** para documentar el derecho a la deducción, tanto si la operación se documentó en escritura pública como si no. En el mismo sentido se ha pronunciado el TEAC (TEAC 23-6-04 ; 28-5-08, entre otras).
Esta doctrina, sin embargo, cede ante el criterio del TS, que ha señalado la procedencia de admitir el derecho a la deducción cuando el documento del que se dispone al respecto es una escritura pública en la que constaban todos los datos de una factura, a excepción del número correlativo (TS 27-2-13, EDJ 25430; 10-10-13, EDJ 206309; 10-3-14, EDJ 31775).

10622

Pregunta
¿Son válidas las facturas simplificadas como documentos justificativos del derecho a la deducción?

Sí, siempre que cumplan los requisitos establecidos en el Rgto Fac art.7. Para ello, la **información** que ha de hacerse constar en ellas es la siguiente:
a) Número y, en su caso, **serie**. La numeración de las facturas simplificadas dentro de cada serie será correlativa.
Se podrán expedir facturas simplificadas mediante series separadas cuando existan razones que lo justifiquen y, entre otros, en los siguientes casos:
1º. Cuando el obligado a su expedición cuente con varios establecimientos desde los que efectúe sus operaciones.
2º. Cuando el obligado a su expedición realice operaciones de distinta naturaleza.
3º. Las expedidas por los destinatarios de las operaciones o por terceros (Rgto Fac art.5), para cada uno de los cuales deberá existir una serie distinta.
4º. Las rectificativas. Cuando el empresario o profesional expida facturas simplificadas y facturas completas para la documentación de las operaciones efectuadas en un mismo año natural, será obligatoria la expedición mediante series separadas de unas y otras.
b) La **fecha** de su expedición.
c) La **fecha** en que se hayan efectuado las operaciones que se documentan o en la que, en su caso, se haya recibido el pago anticipado, siempre que se trate de una fecha distinta a la de expedición de la factura.
d) NIF, así como el nombre y apellidos, razón o denominación social completa del obligado a su expedición.
e) La identificación del tipo de bienes entregados o de servicios prestados.
f) Tipo impositivo aplicado y, opcionalmente, también la expresión «IVA incluido». Asimismo, cuando una misma factura comprenda operaciones sujetas a diferentes tipos impositivos, deberá especificarse por separado, además, la parte de base imponible correspondiente a cada una de las operaciones.
g) Contraprestación total.

h) En caso de facturas **rectificativas**, la referencia expresa e inequívoca de la factura rectificada y de las especificaciones que se modifican.
i) La **información adicional** a la que se refiere el Rgto Fac art.6.1.j a p (ver pregunta nº 17630).
j) **NIF** atribuido por la Administración Tributaria española o, en su caso, por la de otro Estado miembro de la UE, así como el domicilio, del destinatario de las operaciones.
k) La **cuota** tributaria que, en su caso, se repercuta, que deberá consignarse por separado.
Los datos a los que se ha hecho referencia en las letras j) y k) únicamente han de consignarse en estas facturas en caso de que se pretenda su utilización como justificante del derecho a la deducción, no así en otros.
Interesa destacar que en caso de que en la factura simplificada no consten todos y cada uno de los datos que se han señalado, el IVA documentado en ella no será deducible. En particular, son relevantes los apuntados en las letras j) y k), que no son frecuentes en las facturas simplificadas que se emiten en España.

Pregunta 10624
¿Se pueden sustituir facturas simplificadas por completas cuando así lo solicita el cliente?

Sí. Son las conocidas como **facturas de canje**, emitidas normalmente cuando el cliente, empresario o profesional, lo solicita un tiempo después de realizada la operación porque desea deducir el impuesto y el documento que inicialmente se emitió no se lo permite.
Las **características** más importantes de estas facturas de canje son las siguientes:
- no son facturas rectificativas, por lo que no es necesario que se emitan como tales;
- tratándose de facturas ordinarias, se emiten en la serie normal de facturación, no siendo necesario que se incluyan en ninguna serie especial;
- no es preceptiva su emisión una vez ha prescrito el IVA que se documenta en ellas;
- al objeto de no duplicar las cuotas de IVA a declarar, la empresa que emita este tipo de documentos tendrá que adoptar las previdencias oportunas.

Pregunta 10625
¿Es necesario expedir autofactura por las AIB?

No. Desde el 1-1-2004 (entrada en vigor de la Dir 2001/115/CE) se suprimió la obligación de expedir autofactura que hasta esa fecha establecía la LIVA art.165.Uno y desarrollaba el entonces vigente Reglamento sobre facturación, aprobado por el RD 2402/1985.
Es importante señalar que en esta fecha se produjo la **armonización** del contenido de las facturas para toda la Comunidad, por lo que se propició que fuera este el modo de documentación de estas operaciones.

Pregunta 10630
¿Se puede expedir autofactura por la realización de AIB?

Sí. No hay ninguna restricción sobre este particular, por lo que se pueden expedir autofacturas por las AIB.
La **ventaja** de dicha expedición se puede encontrar en que en caso de que se proceda de este modo, si estos documentos se anotan en el Libro Registro de facturas expedidas, el importe total del IVA devengado se puede extraer directamente de este Libro Registro. De no hacerse así, el IVA correspondiente a estas operaciones se debe obtener del Libro Registro de facturas recibidas, ya que el justificante formal de la realización de las AIB es la factura expedida por el proveedor en el país de origen,

la cual, razonablemente, sólo se habrá anotado en el Libro Registro de facturas recibidas.
Es importante que la expedición de autofacturas no interfiera con la expedición y anotación del **resto de facturas**, cuya expedición y anotación sí que es obligatoria. Esto es así ya que las autofacturas no constituyen facturas de las reguladas en el Rgto Fac, por lo que, de confundirse con aquellas, podrían distorsionar su numeración correlativa y consiguiente control. Por tanto, en caso de que se decida la expedición de autofacturas, deben numerarse y registrarse por separado.
De igual modo, es importante tener en cuenta que la emisión de estas autofacturas es independiente de que la justificación de la deducción del IVA correspondiente a estas operaciones se subordine a la disposición de la factura de la EIB, que tendrá que emitir el vendedor de la mercancía cuya entrega da lugar a la AIB en destino (ver pregunta nº 10640).

10635

Pregunta
¿Existe algún supuesto en el que siga siendo necesario expedir autofactura?

Hay uno, que es residual. Se trata de los supuestos de **autoconsumo interno**, por los que hay que expedir una factura que, en tanto tiene por destinatario al mismo empresario o profesional que la expidió, se puede considerar como autofactura. Fuera de este contexto, no hay ningún otro en el que sea necesaria la expedición de autofacturas.
No debe confundirse lo anterior con la posibilidad que el destinatario de una operación sea quien proceda a la expedición de la factura que la documenta, ya que en tal caso la factura que se expide de este modo no es una autofactura (ver preguntas nº 17600 s.).

10640

Pregunta
¿Cuál es el documento que justifica el derecho a la deducción en las AIB?

El **documento expedido por el proveedor** que hizo la entrega en el Estado miembro de origen del transporte de la mercancía. Recordemos que en cualquier AIB hay una entrega en el país de origen que se sigue de un transporte que se produce entre distintos Estados comunitarios. Pues bien, el empresario o profesional que haya realizado la entrega en el país de origen, a la que se habrá aplicado la exención propia de las entregas intracomunitarias de bienes, debe haber expedido una factura para documentar su entrega (la obligación de expedir esta factura en todo caso está armonizada para toda la Comunidad, Dir 2006/112/CE art.220.3). Esta factura es la que opera como **justificante** del derecho a la deducción de las cuotas que corresponda ingresar en el Estado de destino, en el caso de España (LIVA art.97.Uno.2º).
Hay que señalar que, además de disponer de la factura que se ha señalado en el párrafo anterior, el sujeto pasivo que pretenda la deducción del IVA soportado por AIB, adicionalmente debe consignar su importe en las **autoliquidaciones** periódicas que presente por el impuesto. Esto, más que un requisito, es el vehículo a través del cual se hace efectivo el derecho a la deducción.
En cuanto a la anotación en los **Libros Registro**, considerando que se trata de facturas recibidas, estas facturas deben anotarse en el Libro Registro de facturas recibidas, cuya regulación establece que, además de los datos propios de la factura, en la anotación se debe añadir el IVA correspondiente. Este IVA, que es deducible en los mismos términos que cualquier otra cuota de IVA soportado, debe añadirse al IVA devengado, ya que se trata de operaciones por las cuales es el adquirente quien tiene igualmente la obligación de ingreso.

Pregunta
¿Es necesario expedir autofactura en los supuestos de inversión del sujeto pasivo? 10641

No. Desde el 1-1-2011 está **suprimida la obligación** de expedir autofactura que hasta esa fecha establecía la LIVA art.165.Uno y desarrollaba el entonces vigente Reglamento de facturación (aprobado por RD 1496/2003).
La documentación de estas operaciones dependerá de su naturaleza, según se trate de operaciones internas o de operaciones realizadas por no establecidos, debiendo contarse, en cualquier caso, con el documento emitido por el proveedor de los bienes o servicios adquiridos (ver pregunta nº 10643).

Pregunta
¿Se puede expedir autofactura por la realización de una operación a la que se aplique la inversión del sujeto pasivo? 10642

Sí. No hay ninguna restricción sobre este particular, por lo que se pueden expedir autofacturas por estas operaciones.
La **ventaja** de dicha expedición se puede encontrar en que en caso de que se proceda de este modo, si estos documentos se anotan en el Libro Registro de facturas expedidas, el importe total del IVA devengado se puede extraer directamente de este Libro Registro. De no hacerse así, el IVA correspondiente a estas operaciones se debe obtener del Libro Registro de facturas recibidas, ya que el justificante formal de la realización de estas operaciones es la factura o justificante contable expedido por el proveedor en el país de origen, la cual, razonablemente, sólo se habrá anotado en el Libro Registro de facturas recibidas.
Es importante que la expedición de autofacturas **no interfiera** con la expedición y anotación del resto de facturas, cuya expedición y anotación sí que es obligatoria. Esto es así ya que las autofacturas constituyen facturas de las reguladas en el Rgto Fac, por lo que, de confundirse con aquellas, podrían distorsionar su numeración correlativa y consiguiente control. Por tanto, en caso de que se decida la expedición de autofacturas por la realización de AIB, deben numerarse y registrarse por separado.

Pregunta
¿Cuál es el documento que justifica el derecho a la deducción en las operaciones a las que se aplica la inversión del sujeto pasivo? 10643

El documento expedido por el **proveedor** que hizo la entrega de bienes o prestación de servicios que ha dado lugar a la inversión del sujeto pasivo en España. De acuerdo con la LIVA art.97.Uno.4º, cuando quien realice la entrega de bienes o la prestación de servicios esté establecido en la Comunidad, esa factura original deberá contener los requisitos recogidos en la Dir 2006/112/CE art.226. En otro caso, la factura o justificante contable será válido aunque no contenga dicha información.
Hay que señalar que, además de disponer de la factura que se ha señalado, el sujeto pasivo que pretenda la deducción del IVA satisfecho de este modo, adicionalmente debe **consignar su importe** en las autoliquidaciones periódicas que presente por el impuesto. Esto, más que un requisito, es el vehículo a través del cual se hace efectivo el derecho a la deducción.
En cuanto a la **anotación en los Libros Registro**, considerando que se trata de facturas recibidas, estas facturas deben anotarse en el Libro Registro de facturas recibidas, cuya regulación establece que, además de los datos propios de la factura, en la anotación se debe añadir el IVA correspondiente. Este IVA, que es deducible en los mismos términos que cualquier otra cuota de IVA soportado, debe añadirse al IVA devengado, ya que se trata de operaciones por las cuales es el adquirente quien tiene igualmente la obligación de ingreso.

Por excepción a lo anterior, en las adjudicaciones judiciales o administrativas en las que el adjudicatario ejerza la opción que establece la LIVA disp.adic.6ª será el adjudicatario quien emita la factura en la que se documente la operación.

10645

Pregunta
¿Cuál es el documento que justifica el derecho a la deducción en las importaciones?

Hay que distinguir (LIVA art.97.Uno.3º):
a) En el caso de las **importaciones**, el documento en el que conste la liquidación practicada por la Administración Tributaria, documento en el que se incluye tanto el IVA como el arancel que proceda.
b) En el caso de las **operaciones asimiladas** a las importaciones, la autoliquidación en la que se consigne el impuesto devengado con ocasión de su realización.

10655

Pregunta
¿Cuál es el documento que justifica el derecho a la deducción de las compensaciones agrarias?

El **recibo** que ha de expedirse para documentar el cobro de dichas compensaciones (LIVA art.97.Uno.5º; RIVA art.49; Rgto Fac art.16.1, ver pregunta nº 17837).
Así, para ejercitar este derecho a la deducción, los empresarios o profesionales que las hayan satisfecho deben **estar en posesión** del citado recibo expedido por ellos mismos. Dicho documento constituye el justificante de las adquisiciones efectuadas a los efectos de la referida deducción (RIVA art.49.1).
Los referidos documentos únicamente sirven de **justificantes** del derecho a la deducción cuando se ajusten a lo dispuesto en la normativa sustantiva sobre facturación (Rgto Fac art.16) y se anoten en un libro registro especial que dichos adquirentes deben cumplimentar. A este libro registro le son aplicables, en cuanto resulten procedentes, los mismos requisitos que se establecen para el Libro Registro de facturas recibidas (RIVA art.49.2).
La **conservación** de los originales y las copias de los recibos debe realizarse durante el plazo de prescripción del impuesto (RIVA art.49.3).

10660

Pregunta
¿Qué datos ha de incluir el recibo justificativo del pago de las compensaciones agrarias?

Los establecidos en la normativa sustantiva, que son los siguientes (Rgto Fac art.16.1):
a) Serie y número. La **numeración** de los recibos dentro de cada serie es correlativa.
b) Nombre y apellidos, razón o **denominación social** completa, NIF y domicilio del obligado a su expedición y del titular de la explotación agrícola, ganadera, forestal o pesquera, con indicación de que está acogido al régimen especial de la agricultura, ganadería y pesca.
c) Descripción de los bienes entregados o de los servicios prestados, así como el lugar y fecha de realización material y efectiva de las operaciones.
d) Precio de los bienes o servicios, determinado con arreglo a lo dispuesto en la LIVA art.130.Cinco.
e) Porcentaje de compensación aplicado.
f) Importe de la compensación.
g) La **firma** del titular de la explotación agrícola, ganadera, forestal o pesquera.
La misma norma reglamentaria, que obliga a los adquirentes a expedir estos recibos, dispone que deben entregar una **copia** de este recibo al proveedor de los bienes o servicios, titular de la explotación agrícola, forestal, ganadera o pesquera.

Interesa destacar que las demás disposiciones del Rgto Fac relativas a las facturas son igualmente aplicables, en la medida en que resulte procedente, a los recibos del régimen de la agricultura.

B. Documentos incompletos. Rectificación

Pregunta 10675
¿Qué ocurre cuando una factura no cumple con los requisitos exigibles?

Que ha de rectificarse. Así se establece por el Rgto Fac, que dispone que debe expedirse una **factura rectificativa** en los casos en que la factura original no cumpla alguno de los requisitos que se establecen para las facturas en el propio Reglamento (Rgto Fac art.15.1, ver preguntas nº 17760 s.).

Pregunta 10680
¿En qué momento es deducible el IVA consignado en una factura que rectifica una factura que no cumplía los requisitos exigibles?

A partir del momento en que se reciba el documento rectificado. Así lo ha señalado el TJUE 29-4-04, asunto Terra, C-152/02, al disponer que el ejercicio del derecho a la deducción está **condicionado** a la disposición de un documento que cumpla los requisitos establecidos al efecto, por lo que es cuando se recibe dicha factura cuando se puede ejercer el citado derecho, no antes.

Ejemplo Un empresario contrata unas obras de reforma de su local de negocio por las 10682
que paga 100.000 € más IVA. Recibida la factura por las obras, que se desarrollan de enero a marzo del año N, se detecta que el NIF del destinatario está mal consignado, por lo que se solicita la remisión de una factura rectificativa, que se expide definitivamente en junio y llega a su destinatario el 20-6-N.
Aunque esta factura documente una operación del primer trimestre, la recepción del documento correcto se ha producido en junio. Por tanto, no puede consignarse como IVA soportado en el primer trimestre, sino que debe llevarse al segundo.

C. Consignación separada del IVA

(LIVA art.88.Dos y 97.Tres)

Pregunta 10695
¿Es obligatorio facturar el IVA por separado?

Sí. Así se dispone expresamente (LIVA art.88.Dos segundo párrafo; Rgto Fac art.6.1.h). En consonancia con lo anterior, se establece que en ningún caso se puede deducir el IVA que no se haya consignado separadamente en el documento que se haya expedido al efecto (LIVA art.97.Tres). En consecuencia, si se recibe una factura en la que se consigna la expresión «**IVA incluido**», sin proceder a su cuantificación, dicho IVA no es deducible.

Pregunta 10700
¿Qué ocurre si el IVA no se ha facturado por separado?

Como se ha señalado en la pregunta anterior, en estos casos el IVA satisfecho no es deducible.

D. Cuotas soportadas en común por varios sujetos pasivos

(LIVA art.97.Cuatro)

10715

Pregunta

¿Cómo se deduce el IVA que se ha soportado en común por varios sujetos pasivos?

En la **parte proporcional** correspondiente a cada uno de ellos, siempre que en el original y en cada uno de los ejemplares duplicados de la factura se consigne, en forma distinta y separada, la porción de base imponible y cuota repercutida a cada uno de los destinatarios (LIVA art.97.Cuatro).

Interesa destacar que este es uno de los supuestos en los que la normativa sustantiva obliga a expedir **facturas duplicadas**, tantas como sujetos pasivos destinatarios de la operación, consignando en todas ellas la parte de base imponible correspondiente (Rgto Fac art.14.2.a).

Alternativamente, también se puede emitir una factura a cada uno de los sujetos pasivos que soporta los gastos en común con la parte de gasto que le corresponda.

10717 Ejemplo Dos abogados comparten la oficina en la que desarrollan sus actividades. Estas se llevan a cabo por separado, ya que cada uno de estos profesionales tiene sus propios clientes, ingresos y gastos. Entre estos, se incluye el alquiler de la oficina, que importa 2.000 € mensuales más 420 € de IVA (tipo aplicado el 21%). Este gasto se asume a partes iguales.

En aplicación del Rgto Fac art.14.2, lo que procedería en este caso es expedir una factura por 2.000 € más 420 € de IVA y un duplicado con los mismos importes. En los dos documentos citados se consignaría la parte que corresponde a cada uno de los abogados que la paga, que deducirían el IVA correspondiente.

Alternativamente, se podrían expedir dos facturas, cada una de ellas por 1.000 € más 210 € de IVA, a nombre de cada uno de los abogados que ocupa la oficina.

10720

Pregunta

¿Cómo se distinguen las comunidades de bienes del caso del IVA soportado en común por varios sujetos pasivos?

En función de la **asunción del riesgo** empresarial. En caso de que el riesgo empresarial de una actividad se asuma de manera conjunta por varias personas o entidades, cabe señalar la existencia de una entidad que, como tal, tiene la condición de sujeto pasivo de IVA, no siendo aplicable el régimen de deducciones que se ha señalado en la pregunta anterior para las cuotas correspondientes a bienes y servicios adquiridos en común por varios sujetos pasivos (ver nº 10715).

Por el contrario, cuando lo que hay son varias personas o entidades que comparten gastos, pero mantienen **individualizados** los ingresos y riesgos de sus actividades, no se puede considerar que exista una entidad de las que se consideran sujetos pasivos de IVA por sí mismos, entrando en juego el sistema de deducciones proporcional a la parte del precio que pague cada uno de ellos (LIVA art.97.Cuatro).

10725

Pregunta

¿Cómo pueden deducir el IVA las comunidades de bienes y entidades similares?

Para contestar a esta pregunta hay que distinguir según se trate de entidades que son sujetos pasivos de IVA por sí mismas o no es así.

Las comunidades de bienes y entidades similares que, por desarrollar actividades empresariales o profesionales, son consideradas **sujetos pasivos** de IVA (LIVA art.84.Tres) deducen el IVA, en principio, en los mismos términos que cualquier otro empresario o profesional. El único problema para estas entidades es el hecho de que, en ocasiones, algunos de los bienes y servicios que se usan en la actividad han sido adquiridos y **facturados a sus miembros** o componentes, por lo que carecen de

una factura expedida a nombre de la entidad. En tales casos, lo adecuado es solicitar al proveedor la expedición de una factura rectificada, en la que se consigne a la comunidad de bienes o entidad similar como destinataria de la operación.
Las comunidades de bienes o entidades similares que no **son sujetos pasivos** de IVA carecen, en principio, de la posibilidad de deducir el IVA soportado. En este caso, los problemas o disfunciones se suscitan cuando estas entidades están constituidas total o parcialmente por **empresarios o profesionales** con derecho a la deducción y hay bienes y servicios adquiridos por la comunidad de bienes cuyo coste se les repercute. Para tales supuestos, la doctrina administrativa, amparándose en la jurisprudencia comunitaria (TJUE 21-4-05, asunto HE C-25/03), ha admitido que estos empresarios o profesionales deduzcan la parte proporcional de IVA que les corresponda, previa acreditación del citado porcentaje (DGT CV 19-10-05 ; CV 30-4-09, entre otras).
Interesa destacar que lo que ha descartado la DGT es que se acuda a un **esquema de refacturación** de IVA por parte de comunidades de propietarios que carecen de la condición de empresario o profesional.

Ejemplo Una comunidad de propietarios en régimen de propiedad horizontal ha realizado una reforma del portal por la que se han pagado 80.000 € más 8.000 € de IVA (LIVA art.91.Uno.2.10º, tipo aplicado el 10%). Uno de los comuneros es un ingeniero que tiene en uno de los pisos su estudio. El porcentaje de participación en los elementos comunes de este profesional es el 5%. **10727**
De los 8.000 € de IVA que ha soportado esta comunidad, el ingeniero puede deducir el 5%, 400 €, previa acreditación de la procedencia de este porcentaje.
Interesa apuntar que lo que ha descartado la DGT es que se acuda a un esquema de refacturación de IVA por parte de comunidades de propietarios que carecen de la condición de empresario o profesional. Por tanto, lo que no cabría en este caso es que la comunidad de propietarios le refacture a este profesional los 4.000 € más 400 € de IVA que le corresponden.

VII. Nacimiento del derecho a la deducción

(LIVA art.98)

10740

A. Consideraciones generales

(LIVA art.98)

10750

Pregunta
¿Cuándo nace el derecho a la deducción del IVA soportado?

Con carácter general, el derecho a la deducción nace cuando se devengan las cuotas que se pretende deducir.
Para la determinación del **devengo** de las cuotas deducibles, hay que estar a lo dispuesto en la LIVA art.75 a 77 (ver preguntas nº 6000 s.).

10755

Pregunta
¿Qué efecto práctico tiene la determinación del momento en que nace el derecho a la deducción?

El efecto práctico de la determinación del derecho a la deducción es **doble**:
a) Por una parte, porque el IVA soportado no es deducible antes de que se haya **devengado** con arreglo a derecho. Así se infiere de lo establecido por la LIVA, que

refiere a este momento el nacimiento del derecho (LIVA art.98.Uno) y dispone la no deducibilidad de las cuotas antes de que se hayan devengado (LIVA art.94.Tres).
b) En segundo lugar, determina la **caducidad** del derecho, ya que, por mandato de la LIVA art.100, el derecho que no se hubiera ejercitado en los plazos que establece la LIVA art.99, caduca (ver preguntas nº 10855 s.).

10760

Pregunta
¿La recepción de la factura expedida por el proveedor tiene algún efecto en la determinación del nacimiento del derecho a la deducción?

No. El efecto práctico que tiene la recepción de la factura es que en el **momento** en que se produzca dicha recepción hay que considerar soportadas las cuotas, por lo que el citado derecho a la deducción puede ejercitarse (LIVA art.99.Cuatro).
Hay que tener en cuenta que la **recepción** de la factura **antes del nacimiento del derecho** a la deducción, produce las siguientes circunstancias:
a) El IVA **todavía no es deducible** (LIVA art.94.Tres y 98.Uno).
b) Las **cuotas** incluidas en dicha factura se entienden soportadas en el momento en que se devenguen, no a la recepción de la factura (LIVA art.99.Cuatro segundo párrafo). En general, las cuotas de IVA se entienden soportadas cuando se reciben las facturas en las que se documentan; no obstante, cuando la recepción de dichos documentos se adelanta con respecto al devengo del tributo, la norma excepciona la regla general y establece la especialidad que se acaba de señalar, conforme a la cual el IVA se entiende soportado en el momento del devengo.
Un buen ejemplo de lo anterior sería la recepción de una factura a consecuencia de un pago anticipado. Mientras no se produzca el pago, no habrá devengo ni nacimiento del derecho a la deducción. Una vez se efectúe el pago, cabrá la deducción del impuesto, con independencia de que la factura se haya recibido con anterioridad.

10765

Pregunta
¿Hay alguna particularidad en importaciones y operaciones asimiladas respecto al nacimiento del derecho a la deducción?

No. Hay que señalar, no obstante, que **hasta el 1-1-2008**, se producía un decalaje en relación con estas operaciones, ya que la LIVA art.98.Dos, actualmente derogado por L 81/2007, disponía que el nacimiento del derecho a la deducción de las cuotas correspondientes a las mismas se producía en el momento de su pago. El citado **decalaje** venía dado por la necesidad de ingresar el tributo para, posteriormente, recuperarlo de la Hacienda Pública a través de su deducción. Ni siquiera en el caso de que las citadas hubieran sido garantizadas, era factible su deducción (DGT 23-6-95).
Este decalaje fue **eliminado** con efectos 1-1-2008. Por tanto, desde esta fecha son deducibles las cuotas correspondientes a las importaciones y operaciones asimiladas desde el momento en que se realicen las operaciones que definen los hechos imponibles respectivos.
Lo anterior es independiente de que se aplique el régimen ordinario de pago del IVA a la importación o el de **IVA diferido**, en el que el IVA debido a la AEAT con ocasión de la importación se hace efectivo en la misma autoliquidación en la que se procede a su deducción.

B. Obras de arte, antigüedades y objetos de colección

(LIVA art.98.Cuatro)

Pregunta 10780

¿Hay alguna particularidad en cuanto al nacimiento del derecho a la deducción del IVA soportado en la adquisición de obras de arte, antigüedades y objetos de colección?

Sí. El derecho a la deducción de las cuotas soportadas o satisfechas con ocasión de la **adquisición o importación** de las obras de arte, antigüedades y objetos de colección a que se refiere la LIVA art.135.Dos nace cuando se devengue el IVA correspondiente a las entregas de dichos bienes (LIVA art.98.Cuatro).

Las **entregas** a las que se refiere son las realizadas por los revendedores habituales de estos bienes que, en principio, deberían aplicar su régimen especial pero que, sin embargo, renuncian a él. La renuncia a este régimen especial supone, por una parte, la obligación de repercutir IVA sobre una base imponible que es la contraprestación obtenida en las respectivas entregas y, por otra, la posibilidad de deducir el IVA soportado. Para garantizar que este derecho a la deducción se ejerce adecuadamente y no se ve afectado por la caducidad, se establece este retraso en cuanto al derecho a la deducción (LIVA art.98.Cuatro).

Es importante señalar que el **nacimiento del derecho a la deducción** del IVA soportado por estos bienes cuando se adquieren por empresarios o profesionales que no son revendedores habituales de los mismos es inmediato. La demora que establece la LIVA art.98.Cuatro sólo es aplicable a revendedores habituales de obras de arte, antigüedades y objetos de colección.

Ejemplo Un galerista de arte compra un Galiardo valiosísimo que le entrega el mismo artista. Este le cobra 200.000 € por su obra, repercutiéndole un 21% de IVA por importe de 42.000 €. 10782

5 años más tarde este galerista vende la obra de arte a una importante multinacional, que quiere decorar con él la sala en la que se reúne su Consejo de Administración. El galerista vende la obra por 500.000 €, renunciando al régimen especial.

La renuncia al régimen especial implica la repercusión del IVA al tipo general, con una cuota de 105.000 € y habilita el derecho a la deducción de las cuotas que se soportaron cuando se compró el cuadro, de 42.000 €. Nótese que, de no ser por la especialidad que establece la LIVA art.98.Cuatro, cuando el galerista vende el cuadro y repercute IVA, el derecho a la deducción del IVA que soportó cuando adquirió la obra de arte ya habría caducado, por lo que no podría deducirlo. Hay que señalar que, con carácter general, en el régimen especial aplicable a estas operaciones, salvo renuncia, el IVA soportado no es deducible (LIVA art.139, ver pregunta nº 15290). Por esta razón, mientras no se produce la venta y no se determina si se renunciará al régimen especial, en cuyo caso el IVA soportado se hará deducible, se impide el derecho a la deducción, sin perjuicio de que este se haga efectivo si a la citada venta se ha renunciado al régimen especial.

C. Viajes

(LIVA art.98.Cinco)

Pregunta 10785

¿Hay alguna particularidad en cuanto al nacimiento del derecho a la deducción del IVA soportado en la adquisición de bienes o servicios destinados por agencias de viajes a la realización de viajes?

Sí. En paralelo a lo dispuesto en relación con el régimen de los bienes usados, la LIVA art.98.Cinco dispone que el derecho a la deducción de las cuotas soportadas o satisfechas con ocasión de la adquisición o importación de los bienes y servicios que, efectuadas para la realización del viaje, redunden directamente en beneficio del viajero y se destinen a la realización de una operación respecto de la que no resulte aplicable el **régimen especial** de las **agencias de viajes** por renuncia al mismo (LIVA

art.147, ver pregunta nº 15342), nacerá en el momento en el que se devengue el IVA correspondiente a dicha operación.
Como se decía, la lógica que subyace en este caso es la misma que en el anterior, evitando que la realización de un viaje en el que se renuncia al régimen especial y, por tanto, se puede deducir el IVA soportado normalmente, puede chocar con la **caducidad** del derecho a la deducción del IVA soportado en su momento por los bienes y servicios adquiridos para su realización. Con todo, la probabilidad de que esto ocurra en este caso es menor, ya que el tiempo que transcurre normalmente entre compras y ventas en este sector es menor que el de la compraventa de obras de arte o equivalentes.

VIII. Ejercicio del derecho a la deducción

(LIVA art.99)

10795

A. Consideraciones generales

(LIVA art.99)

10805

Pregunta
¿Cómo se ejerce el derecho a la deducción?

El régimen de deducciones de IVA existente en Europa y en España se denomina de **deducción financiera**, lo cual implica una cierta independencia entre las cuotas soportadas deducibles y las cuotas repercutidas por las ventas. Así, las cuotas soportadas son deducibles desde el momento en que se entiendan soportadas, sin necesidad de esperar a la realización de las entregas de bienes o prestaciones de servicios en las que se utilicen los bienes y servicios adquiridos. La relevancia de las **operaciones activas** o de ventas de bienes y servicios sólo se produce cuando dichas operaciones no generan el derecho a la deducción, pero no en otro caso. Por esta razón, en las autoliquidaciones de IVA que se presentan, modelo 303, se incluye el IVA devengado por las operaciones que dan lugar a dicho devengo y se deduce el total del IVA soportado durante el mes o trimestre, sin necesidad de esperar a que los bienes y servicios por los que se ha soportado el IVA se utilicen de manera efectiva en la actividad empresarial o profesional.
Lo anterior ha de entenderse sin perjuicio de la necesidad de que concurran los demás requisitos relativos al derecho a la deducción y sin perjuicio, igualmente, de la **demora** del ejercicio de este derecho si el sujeto pasivo lo considera oportuno.

10810

Pregunta
¿Qué diferencia hay entre el nacimiento del derecho a la deducción y su ejercicio?

El **nacimiento** del derecho a la deducción está vinculado al devengo del IVA soportado, lo cual, a su vez, se relaciona con la fecha en que se entienden realizadas las operaciones (en general, puesta a disposición de los bienes o prestación efectiva, salvo pago anticipado). Esta fecha determina el citado nacimiento del derecho a deducir el IVA soportado y el inicio del período de 4 años dentro del cual ha de ejercitarse este derecho, ya que, de no ser así, se produce su prescripción (LIVA art.100).
Por su parte, el **ejercicio** del derecho a la deducción se relaciona con la recepción del documento que opera como soporte de este derecho, que es la factura. Se trata de una cuestión distinta que se basa en la relevancia que tiene en este impuesto el cumplimiento de los requisitos formales, lo cual trae causa del instituto jurídico de

la repercusión y de que el IVA que cualquier empresario o profesional pretende deducir se supone que ha de determinar un ingreso de IVA en sede del empresario o profesional que le entregó los bienes o servicios por los que se ha producido la repercusión.

Pregunta 10815
¿Se puede deducir IVA aunque no haya IVA repercutido para un determinado mes o trimestre?

Sí. Como se ha señalado en la pregunta nº 10805, el régimen de deducciones de IVA existente en Europa es un régimen de deducción financiera, en el cual la deducción de cuotas soportadas no se retrasa hasta la **utilización efectiva** o real de los bienes o servicios en la realización de operaciones activas de entregas de bienes o prestaciones de servicios.
En apoyo de este argumento, para los casos de **interrupción de la actividad** durante uno o más años, se establece la aplicación de la prorrata global correspondiente a los 3 últimos años de desarrollo de la misma (LIVA art.105.Cinco).
Por tanto, se puede deducir el IVA soportado en un determinado mes o trimestre aunque en dicho período de tiempo no se haya devengado ninguna cuota por entregas de bienes o prestaciones de servicios.

Ejemplo Una empresa dedicada a la venta de turrón cierra sus instalaciones fabriles entre los meses de febrero y junio, meses en los que sólo se dedica a la compra de materia prima. 10817
Aunque en estos meses no haya IVA repercutido, el IVA soportado por las compras de materia prima es deducible.

B. Momento en que se entienden soportadas las cuotas

(LIVA art.99.Cuatro)

Pregunta 10830
¿Cuándo se entienden soportadas las cuotas repercutidas por otros empresarios o profesionales?

Las cuotas deducibles que corresponden a cuotas repercutidas por otros empresarios o profesionales han de entenderse soportadas en el momento en que el cliente o destinatario reciba la correspondiente **factura** (LIVA art.99.Cuatro).
Cuando este derecho se justifique a través de **otros documentos**, es a la recepción de los mismos cuando se debe considerar soportado el tributo. En la actualidad, así sería en los siguientes casos:
a) Cuotas satisfechas por **importaciones** u operaciones asimiladas, justificadas, en el caso de las importaciones, por el documento en el que conste la liquidación practicada por la Administración y, si se trata de operaciones asimiladas a las importaciones, la autoliquidación en la que se consigne el impuesto devengado con ocasión de su realización.
b) Compensaciones agrarias, justificadas en el correspondiente recibo, si bien en este caso hay que señalar que el recibo lo expide el adquirente, aunque necesita la firma del titular de la explotación para que este opere como justificante del derecho a la deducción.
c) En cuanto a las **AIB**, recordemos que es la factura expedida por la entrega exenta en el Estado comunitario de origen de las mercancías el documento que opera como justificante del derecho a la deducción.
d) Para las operaciones a las que se aplique la **inversión del sujeto pasivo**, será la factura o justificante contable expedido por el proveedor el documento que justifique el derecho a la deducción.

Para cualquiera de estos supuestos, si el **devengo** del IVA se produce en un **momento posterior** al de la recepción de la factura, dichas cuotas se entienden soportadas cuando se devenguen (LIVA art.99.Cuatro).
Finalmente, para las cuotas soportadas por las adquisiciones de **obras de arte**, antigüedades y objetos de colección, las cuotas deducibles se entienden soportadas en el momento en que nace el derecho a la deducción (ver pregunta nº 10780).

10832 Ejemplo Un empresario establecido en A Coruña adquiere unas mercancías a un proveedor de Valencia, que se las remite por carretera. La operación se concierta el 28-6-N, fecha en la que se recibe la factura, que se envía por correo electrónico. En el contrato se establece que la puesta a disposición del adquirente se llevará a cabo en destino. Las mercancías llegan a destino el 2-7-N.
El IVA correspondiente a esta operación ha de entenderse devengado en julio del año N, que es cuando se produce la puesta de las mercancías a disposición del adquirente. El hecho de que se haya recibido la factura antes de la llegada de las mercancías no permite anticipar la deducción del IVA soportado. Por tanto, este IVA se puede deducir, como pronto, en la autoliquidación del tercer trimestre o del séptimo mes, según sea el período de liquidación de la empresa, no antes.

10835 **Pregunta**
¿Cuándo se entienden soportadas las cuotas devengadas por la realización de AIB o por operaciones en las que se aplica la inversión del sujeto pasivo?

Para las **AIB**, recordemos que es la factura expedida por la entrega exenta en el Estado comunitario de origen de las mercancías el documento que opera como justificante del derecho a la deducción. Cuando se recibe esta factura es cuando se entiendan soportadas las cuotas correspondientes.
A la misma conclusión ha de llegarse respecto a las operaciones en las que se aplique la **inversión del sujeto pasivo**, en este caso respecto a la factura o justificante contable de la operación.

10840 **Pregunta**
¿A partir de qué momento se pueden deducir las cuotas correspondientes a importaciones u operaciones asimiladas a importaciones?

Estas cuotas se entienden soportadas en los mismos términos que el resto, esto es, cuando se reciba el **documento acreditativo** del derecho a la deducción.

C. Plazo para el ejercicio del derecho a la deducción

(LIVA art.99.Tres; L 55/1999 art.6.6º)

10855 **Pregunta**
¿Cuál es el plazo para el ejercicio del derecho a la deducción?

4 años. Este derecho puede ejercitarse en la autoliquidación relativa al **período de liquidación** en que su titular haya soportado las cuotas deducibles o en las de los sucesivos, siempre que no hubiera transcurrido el plazo de 4 años, contados a partir del nacimiento del mencionado derecho.
El citado nacimiento del derecho se produce cuando las cuotas respectivas se hayan devengado (LIVA art.98.Uno). Por su parte, el devengo ha de concretarse por referencia a las reglas que establece la LIVA art.75 s. (ver preguntas nº 6000 s.).

Pregunta
¿Desde qué momento se computa este plazo? 10860

Desde el momento en que se haya producido el **devengo** de la cuotas que se pretende deducir. Este devengo ha de determinarse conforme a las reglas que dispone la LIVA art.75 s. (ver preguntas nº 6000 s.).

Ejemplo Una empresa que se dedica a la fabricación de cerámica adquiere un horno para su cocción por 1.000.000 € más 210.000 € de IVA (tipo aplicado el 21%). El contrato de compraventa, llave en mano, se celebra el 10-4-N. En esta misma fecha se entrega el 25% del valor total del contrato, 250.000 €. Durante el mes que dura la instalación del horno, que se inicia el 1-6-N, se paga otro 50%, 500.000 €. A la finalización de la instalación, el 5-7-N, quedan por pagar 250.000 € que se aplazan a 24 meses. 10862
El pago a cuenta que se realiza a la firma del contrato es un pago anticipado que da lugar al devengo del IVA en la parte proporcional correspondiente. Lo mismo cabe decir para las cantidades que se entregan durante las obras de montaje e instalación. A la entrega del horno, ha de entenderse que se devenga lo que quede por devengarse, ya que el aplazamiento de pago no supone el aplazamiento del devengo. Las fechas que tendríamos como relevantes a estos efectos son:
a) Por el pago anticipado: 10-4-N, determinante del nacimiento del derecho a la deducción de 52.500 €.
b) Por los pagos durante la construcción: 6-N, determinantes del nacimiento del derecho a la deducción de 105.000 €.
c) A la entrega del horno, se devenga el impuesto restante, 52.500 €, cuyo derecho a la deducción nace el 5-7-N, antes de que se proceda a su pago al proveedor.

Pregunta
¿Cuándo acaba este plazo? 10865

A los 4 años de su nacimiento (LIVA art.99.Tres). Esta **fecha**, como cualquier otra que se defina en meses o en años, ha de computarse de fecha a fecha.
La **concreción de la última autoliquidación** en la que puede ejercitar este derecho es compleja. Así, a título de ejemplo, es evidente que para una cuota cuyo derecho a la deducción haya nacido el 15-6-N la caducidad de este derecho se produce a 15-6-(N+4). La pregunta es si cabe la deducción de dicha cuota en la siguiente autoliquidación que presente el empresario o profesional que pretende su deducción o no es así. Considerando que a la citada fecha, el 15-6-(N+4), este empresario o profesional todavía es titular del citado derecho y que la única forma que tiene de ejercitarlo es a través de la próxima autoliquidación que presente, se podría concluir que es en esta autoliquidación, mensual o trimestral, la última en la que se podrá consignar esta cuota.
Por otra parte, en los supuestos en que hay una **actuación inspectora**, surge la duda de si ha de admitirse la interrupción de este plazo, lo cual, habida cuenta de su calificación como plazo de caducidad, es dudoso. Esta duda ha sido resuelta por el TS 6-11-98, EDJ 30841, que ha señalado que efectivamente se produce dicha interrupción.

Pregunta
¿Qué ocurre si el derecho a la deducción no se ha ejercitado en plazo? 10870

El derecho a la deducción que no se haya ejercitado en plazo, 4 años, ha de considerarse **caducado**. Dicho con otras palabras, si el derecho a la deducción no se ha ejercitado dentro de los cuatro siguientes a las fecha de su nacimiento, se pierde (LIVA art.100).
Una duda que se plantea a partir de lo anterior es si la **pérdida del derecho** a la deducción hace que la cuota de IVA no deducida se pueda considerar como mayor gasto deducible a los efectos de la imposición directa, IRPF o IS, del empresario o

profesional que la soportó. Considerando que se trata de una cuota de IVA no deducible, se podría entender que sí. Sin embargo, si tenemos en cuenta que la no deducción se debe a la **inacción del empresario** o profesional titular del citado derecho, se podría concluir que no es así, ya que se trata de una cuota que fue deducible y devino no deducible por la referida inacción de su titular, inacción que difícilmente puede transformar esta cuota en gasto deducible como tal.

10875

Pregunta
¿Se puede deducir una cuota de IVA de forma retroactiva, esto es, volviendo sobre la autoliquidación de un periodo anterior para incluir en ella una cuota de IVA que, habiéndose podido deducir, no se dedujo?

La contestación tradicional a esta cuestión ha sido negativa, tanto por parte de la DGT como del TEAC. Esta negativa, sin embargo, debe revisarse a la luz del criterio establecido por el TS, que ha admitido expresamente esta posibilidad (TS 23-2-23, EDJ 520827; 23-2-23, EDJ 520879).
El TEAC ha adaptado su criterio al del TS, declarando que el ejercicio del derecho a la deducción de cuotas soportadas del IVA es un **derecho del contribuyente**, y no una opción tributaria de la LGT art.119.3, toda vez que no reúne los elementos fundamentales para delimitar las opciones tributarias, pues no se concede por la norma tributaria una alternativa de elección entre regímenes jurídicos diferentes y excluyentes (TEAC 24-10-23). En consecuencia, no se puede impedir su ejercicio, aunque sea de forma extemporánea, siempre que se haga dentro del plazo previsto en la LIVA art.99.3.

D. Plazo para la compensación

(LIVA art.99.Cinco; L 55/1999 art.6.6º)

10885

Pregunta
¿Qué ocurre cuando en un determinado período el IVA deducible supera al importe del IVA devengado?

Que se genera un **crédito** a favor del sujeto pasivo del cual este puede resarcirse de dos formas (LIVA art.99.Cinco):
- solicitando a la AEAT su devolución (ver nº 11750 s.);
- mediante su compensación con los saldos que resulten a ingresar en autoliquidaciones sucesivas.

10890

Pregunta
¿Cuál es el plazo para compensar los saldos a favor del sujeto pasivo?

4 años. Así se indica al establecer que cuando la cuantía de las deducciones procedentes supera el importe de las cuotas devengadas en el mismo período de liquidación, el **exceso** puede ser compensado en las autoliquidaciones posteriores, siempre que no hayan transcurrido 4 años contados a partir de la presentación de la autoliquidación en que se origine dicho exceso (LIVA art.99.Cinco).
Interesa destacar que en caso de que el empresario o profesional hubiera solicitado la **devolución** del saldo existente a su favor, no puede efectuar su compensación en autoliquidaciones posteriores, cualquiera que sea el período de tiempo transcurrido hasta que la citada devolución se haga efectiva.

Pregunta
¿Qué relación hay entre los plazos de deducción y compensación?, ¿se acumulan? 10895

Se trata de plazos **independientes**, por lo que, en cierto modo, **se acumulan**. Con ello se quiere decir que un aspecto es el plazo para deducir el IVA soportado, que son 4 años computados desde el devengo de las cuotas que se pretende deducir, y otra cosa es que, una vez determinado el saldo o resultado de una determinada autoliquidación, en caso de que esta resulte favorable al contribuyente, entonces se disponga de otros 4 años para su compensación.
Así lo ha establecido la DGT 28-1-02, entre otras.

Pregunta
¿Cuándo se inicia el plazo de compensación? 10900

Considerando que la compensación lo es del **resultado de una autoliquidación**, habría que convenir que es la fecha de presentación de esta la que determina la generación de este derecho. En caso de que dicha autoliquidación se haya **presentado antes del vencimiento** del plazo para ello, es dudoso que este plazo se pueda entender referido a la finalización de dicho plazo, ya que es la presentación de la citada autoliquidación la que determina la acreditación, ante la AEAT, del saldo que posteriormente se compensará.
La **interpretación literal** de la LIVA apoya la idea de que es la presentación de la autoliquidación en la que se acredita el saldo a favor del contribuyente, la fecha que ha de tomarse como relevante a estos efectos (LIVA art.99.Cinco).

Pregunta
¿Cuándo finaliza el plazo de compensación? 10905

A los 4 años de su inicio. La determinación de la **última autoliquidación** en la que se puede compensar un determinado saldo, en principio, se podría hacer por equivalencia, sin más que añadir 4 años a la autoliquidación de que se trate.
Un primer elemento dudoso que se podría plantear es lo que ocurriría en caso de que la autoliquidación en la que se generó el derecho a la compensación se hubiera **presentado antes de la finalización del plazo** de presentación y la autoliquidación en la que se pretende la compensación se presenta más cerca de la citada finalización. En tal caso, es cuestionable que proceda la compensación.
Otro elemento dudoso que se podría plantear es la situación de empresarios o profesionales que **cambian su período de liquidación** de IVA, sea porque pasan a ser gran empresa, o viceversa, o porque se acogen al sistema de devolución mensual. En este caso, parece que lo más adecuado es computar plazos de presentación, de forma que, a título de ejemplo, la compensación del primer trimestre del año N, que se ha de presentar, a más tardar, el 20-4-N, como mucho se podría realizar con el mes 3 del año N+4, que se ha de presentar 4 años más tarde.
Finalmente, se puede plantear la hipótesis de que una determinada autoliquidación se presente **fuera de plazo**, para el cual la interpretación literal de la LIVA conduciría a situar en la fecha de presentación, aunque sea extemporánea, el inicio del período de compensación. Se trata, no obstante, de una cuestión dudosa.

Ejemplo Un empresario o profesional presenta el primer trimestre del año N el día 12-4-N. Esta autoliquidación resulta a compensar en 5.000 €. 10907
Llegados al año N+4 esta cantidad continúa sin compensar, pero el 14-4-(N+4) la autoliquidación del primer trimestre del año N+4 está todavía pendiente de presentación.
En este caso, es dudoso que proceda la compensación, al menos si se hace una interpretación literal de la LIVA.

10910 **Pregunta**

¿Qué ocurre si no se ha compensado en plazo un saldo a favor del sujeto pasivo?

De una **interpretación literal** de la LIVA, se podría inferir que si el derecho a la compensación no se ejercita en plazo, este derecho caduca. En consecuencia, conviene observar la mayor diligencia posible para el ejercicio de este derecho, so pena de su pérdida (LIVA art.100).
A estos efectos, es fundamental la referencia a la **sentencia** TS 4-7-07, EDJ 213196, a partir de la cual se podía interpretar que una vez transcurrido el plazo para la compensación, se abre uno nuevo en el que se puede solicitar la devolución de los saldos a favor del sujeto pasivo.
A esta cuestión se refiere la TEAC 22-3-22, en la que se establece que, en caso de imposible compensación del saldo a favor del contribuyente y consiguiente caducidad de la compensación, nace un derecho autónomo a obtener la devolución con un nuevo plazo de 4 años de prescripción, que podrá ser ejercitado mediante una petición expresa del interesado, sin que la Administración tenga el deber de practicarla de oficio (TS 6-7-21, EDJ 634855, que reitera otras anteriores como la TS 20-9-13, EDJ 192515).
La LIVA no contempla ningún procedimiento propio para el ejercicio de ese derecho, por lo que habrá de aplicarse la LGT, debiéndose estar a lo dispuesto para las devoluciones derivadas de la normativa del tributo.

10915 **Pregunta**

¿En qué plazos se puede pedir la devolución del saldo a favor del sujeto pasivo?

En principio, siempre que se trate de saldos para los cuales cabe la compensación, esto es, dentro de los **4 años** siguientes a la presentación de la autoliquidación en la que se haya acreditado este derecho ante la Hacienda Pública. Así lo ha entendido la DGT 7-9-01.
Cuando la devolución se pide dentro de este plazo, la única cuestión que hay que tener presente es que, **solicitada** la devolución, no cabe la posterior compensación del saldo en cuestión, aunque llegada la fecha de presentación de la siguiente autoliquidación de IVA esta resulte a ingresar y la AEAT no haya procedido a la devolución del saldo que antes se había solicitado. Conviene recordar que el plazo del que dispone la AEAT para ordenar una devolución de IVA es de 6 meses.
A estos efectos, es fundamental la referencia a la TS 4-7-07, EDJ 213196, a partir de la cual se puede interpretar que una vez transcurrido el plazo para la compensación se abre uno nuevo en el que se puede solicitar la devolución de los saldos a favor del sujeto pasivo.
A esta cuestión se refiere la TEAC 22-3-22, en la que se establece que, en caso de imposible compensación del saldo a favor del contribuyente y consiguiente caducidad de la compensación, nace un derecho autónomo a obtener la devolución con un nuevo plazo de 4 años de prescripción, que podrá ser ejercitado mediante una petición expresa del interesado, sin que la Administración tenga el deber de practicarla de oficio (TS 6-7-21, EDJ 634855, que reitera otras anteriores como la TS 20-9-13, EDJ 192515).
La LIVA no contempla ningún procedimiento propio para el ejercicio de ese derecho, por lo que habrá de aplicarse la LGT, debiéndose estar a lo dispuesto para las devoluciones derivadas de la normativa del tributo.

10917 Ejemplo Un empresario o profesional presenta su autoliquidación por el cuarto trimestre del año N, que resulta a su favor en 10.000 € consecuencia de varias inversiones realizadas a finales de año. La previsión que tiene este empresario o profesional es que las siguientes autoliquidaciones de IVA que presente resulten a ingresar. Por esta razón, opta por dejar este saldo a compensar, sin pedir la devolución.
Llegados a abril del año N+1, la autoliquidación del primer trimestre resulta a ingresar en 8.000 €. Al no haber solicitado la devolución del saldo a su favor por el cuarto trimes-

tre del año N, este empresario puede compensar parte de los 10.000 € que dejó pendientes, sin efectuar ingreso alguno por el primer trimestre del año N+1.
En caso de que este empresario o profesional hubiera solicitado la devolución de los 10.000 € a su favor en enero del año N+1, y supuesto que en abril todavía no se hubiera devuelto este saldo, no cabría la compensación, por lo que se vería obligado a ingresar los 8.000 € que resultan del primer trimestre del año N+1, aunque tuviera una devolución pendiente de 10.000 €.

Pregunta 10920
Una vez se ha pedido la devolución de un saldo a favor del sujeto pasivo, ¿se puede compensar este importe?

No. Una vez **solicitada** una devolución, no cabe la posterior compensación del saldo cuya devolución se solicitó (LIVA art.99.Cinco segundo párrafo). Esto así incluso si a la fecha en que se ha de presentar la siguiente autoliquidación de IVA esta resulta a ingresar y la AEAT todavía no ha devuelto el importe solicitado (ver ejemplo nº 10917).

Pregunta 10925
¿Se puede cambiar la opción entre devolución y compensación?

Dentro de los **plazos de presentación** de autoliquidaciones, ha de entenderse que sí. De este modo, si dentro del plazo de presentación de autoliquidaciones se cambia la opción que se ejercitó, este cambio ha de aceptarse como ajustado a derecho. Por el contrario, si el cambio de opción se pretende realizar una vez finalizado el plazo para la presentación de autoliquidaciones, entonces dicho cambio ya no es factible. Así se deduce de lo establecido, con carácter general, en la LGT art.119.3.
En este mismo sentido se expresa el TEAC, que declara que la compensación y la solicitud de devolución son formas alternativas y excluyentes de recuperación del exceso de cuotas soportadas sobre las devengadas. Esta alternativa de elección constituye una opción, por lo que, una vez que el obligado tributario manifiesta su voluntad escogiendo una de las posibilidades que ofrece la norma, no es posible la modificación fuera del plazo reglamentario de declaración (TEAC 10-3-09; 14-3-13; 18-3-24).

IX. Caducidad del derecho a la deducción

(LIVA art.100)

Pregunta 10940
¿Qué consecuencias tiene la inacción de los derechos a la deducción o a la compensación?

La inacción o falta de ejercicio de los derechos a la deducción o a la compensación ha de determinar su **caducidad** (LIVA art.100). No obstante, hay que distinguir:
a) Para el **derecho a la deducción**, no parece que, en principio, haya que hacer mayores matices, por lo que si las cuotas soportadas o satisfechas no se deducen en plazo, habrá que entender este derecho caducado.
b) En cuanto al **derecho a la compensación**, la norma no distingue, por lo que parece que habría que llegar a la misma conclusión; no obstante, hay que tener en cuenta la jurisprudencia que se señala en la pregunta nº 10910.
A pesar de que la LIVA califica este plazo como de caducidad, señala que en los casos en que la procedencia del derecho a deducir o la cuantía de la deducción esté **pendiente de la resolución** de una controversia en vía administrativa o jurisdiccional, el derecho a la deducción caduca cuando hayan transcurrido 4 años desde la fecha en que la resolución o sentencia sean firmes.

Aunque la norma se refiere únicamente a supuestos de controversia, se ha hecho una **interpretación extensiva** de esta disposición, admitiendo la interrupción de estos plazos cuando se inicia un procedimiento de comprobación o investigación. Así se ha pronunciado tanto la DGT como la jurisprudencia (TS 6-11-98, EDJ 30841).

10942 Ejemplo Un empresario adquiere una maquinaria el 1-12-N. El 10-10-(N+4) a este empresario le notifican el inicio de un procedimiento de inspección que incluye el IVA del año N. El 15-6-(N+5) se cierra el procedimiento con unas actas que se firman en conformidad, a partir de las cuales cabe concluir que el IVA correspondiente a esta maquinaria era deducible. Este empresario no había deducido estas cantidades.
Habida cuenta de las fechas, estas cuotas son deducibles, ya que, aunque a la firma de las actas ya han transcurrido más de 4 años desde el nacimiento del derecho a la deducción, el inicio del procedimiento de inspección determina la interrupción del plazo para la deducción.

X. Otros requisitos para el derecho a la deducción

10955

A. Cuantía y devengo, cuotas improcedentemente soportadas

(LIVA art.94.Tres)

10965

Pregunta
¿Qué ocurre cuando se ha soportado más IVA del que legalmente le corresponde a una operación?

Que no es deducible. La LIVA establece que en ningún caso procede la deducción de las cuotas en **cuantía superior** a la que legalmente corresponde, por lo que en caso de que se hayan soportado cuotas de IVA en exceso, dicho exceso no es deducible (LIVA art.94.Tres). Esta repercusión de IVA en exceso se puede deber a una incorrecta determinación del tipo impositivo aplicable o a un error en la cuantificación de la base imponible.

10967 Ejemplo El titular de un restaurante adquiere una partida de jamón por 5.000 €. Su proveedor le repercute 1.050 € de IVA, ya que aplica el tipo impositivo general.
Este IVA no se ha cuantificado adecuadamente, ya que a las entregas de jamón se les aplica el tipo reducido del 10% (LIVA art.91.Dos.1.1º). En consecuencia, únicamente se pueden deducir hasta 500 €. El exceso se debe recuperar a través de la rectificación de la repercusión, que debe realizar el proveedor.

10970

Pregunta
¿Es deducible una cuota de IVA que no se debía haber repercutido en absoluto?

No. Del mismo modo que se ha señalado en la pregunta anterior, cuando el IVA que se ha soportado por una operación no es el que **legalmente** procedía respecto a la misma, dicho IVA no es deducible.

10972 Ejemplo Una empresa promotora adquiere unos terrenos que se acaban de recalificar y que se propone urbanizar para su posterior edificación. El transmitente de dichos terrenos es una persona física que no desarrolla ninguna otra actividad empresarial. En la operación se repercute IVA a indicación del adquirente, que de esta forma entiende que evita tener que pagar la modalidad de Transmisiones Patrimoniales Onerosas del ITP y AJD. Por estos terrenos se han pagado 2.000.000 €.

La cuota de IVA que se ha pagado por esta operación no se ha devengado con arreglo a derecho, ya que su transmitente no se puede considerar empresario o profesional (ver preguntas nº 370 s.). Por tanto, esa cuota no es deducible para la empresa adquirente. Adicionalmente, hay que señalar que la citada operación está sujeta a Transmisiones Patrimoniales Onerosas, ya que por el hecho de soportar IVA no deja de producirse el hecho imponible de aquel tributo.

Pregunta 10975
¿Qué puede hacer un empresario que ha soportado un IVA no deducible porque le han repercutido más IVA del que procedía?

Pedir la **devolución de ingresos indebidos**. Así se prevé al reconocerse a quienes hayan soportado la repercusión del IVA tanto el derecho a solicitar la devolución de ingresos indebidos como el derecho a obtener la devolución (RD 520/2005 art.14). Hay que tener en cuenta, los **requisitos** establecidos a estos efectos (RD 520/2005 art.14.2.c):
a) Que la **repercusión** se haya efectuado mediante factura.
b) Que las **cuotas indebidamente repercutidas** hayan sido ingresadas, matizando que se entiende que las cuotas se ingresaron cuando su importe se haya consignado en la autoliquidación correspondiente (la del proveedor), con independencia del resultado de esta. De este modo, aunque dicha autoliquidación resulte a compensar o devolver, no hay problemas en el procedimiento de devolución de ingresos indebidos.
Adicionalmente, la norma dispone que, en los casos de autoliquidaciones a ingresar sin ingreso efectivo del resultado de la autoliquidación, sólo procederá devolver la cuota indebidamente repercutida que exceda del resultado de la autoliquidación que esté pendiente de ingreso, el cual no resultará exigible a quien repercutió en el importe concurrente con la cuota indebidamente repercutida que no ha sido objeto de devolución.
c) Que estas cuotas no hayan sido ya **devueltas** por la Administración Tributaria a quien se repercutieron, a quien las repercutió o a un tercero.
d) Que el destinatario que haya soportado la repercusión **no** tuviese derecho a la **deducción completa** de las cuotas soportadas. En el caso de que el derecho a la deducción fuera parcial, la devolución se limitará al importe que no hubiese resultado deducible.
Si el último requisito que se ha enunciado no se cumple, lo que deberá hacer el destinatario que soportó el impuesto indebidamente es solicitar al empresario o profesional que se lo repercutió la rectificación de la repercusión y consiguiente devolución del impuesto (LIVA art.89.Cinco tercer párrafo.b).

Pregunta 10980
¿Es deducible el IVA que no se ha repercutido con arreglo a Derecho?

No. Si bien es cierto que la LIVA se refiere exclusivamente a la cuantificación del impuesto y al elemento temporal, la **relevancia** que se da en el tributo a la institución de la repercusión se podría interpretar como determinante de la imposibilidad de deducir el IVA que no se ha repercutido adecuadamente.

10982

Pregunta
¿Cuál ha de ser la actuación de la Administración en caso de que, en cualquier tipo de actuación, detecte unas cuotas de IVA que han sido incorrectamente repercutidas y, por tanto, soportadas?

En tal caso, debe la Administración aplicar el **principio de regularización íntegra**, lo que implica:
- regularizar la cuota del IVA indebidamente soportada, que no es deducible (ver pregunta nº 10980);
- comprobar la concurrencia de los requisitos para la devolución de ingresos indebidos (ver pregunta nº 10975) en el empresario o profesional que soportó y dedujo el impuesto para, en caso de que concurran, ordenar la correspondiente devolución.

10985

Pregunta
¿Se puede deducir el IVA antes de que se devengue?

No. No cabe la deducción del IVA **soportado antes** de que se produzca su devengo (LIVA art.94.Tres).
Hay que señalar que a esta misma conclusión se podría llegar a partir de la interpretación de la LIVA art.98.Uno, que sitúa el nacimiento del derecho a la deducción cuando se produce el devengo del IVA soportado. Difícilmente se puede ejercitar un derecho que todavía no ha nacido.

10990

Pregunta
¿Qué ocurre si se recibe la factura de una operación antes de que se devengue el IVA correspondiente?

Que el IVA no es deducible mientras no se devengue. Debe señalarse que, con **carácter general**, el IVA se entiende soportado cuando se recibe la factura en la que se documenta (LIVA art.99.Cuatro). No obstante, cuando dicha recepción de la factura se anticipa al devengo de la operación, se entiende soportado cuando se produzca dicho devengo (ver ejemplo en pregunta nº 10832).

B. Deducción en función del destino previsible

(LIVA art.99.Dos)

11005

Pregunta
¿Qué efecto tiene, en cuanto al derecho a la deducción, el destino previsible de un bien o derecho?

La **determinación del régimen** de deducciones aplicable. Así se establece al indicar que la deducción del IVA soportado ha de realizarse en función del destino que se tenga previsto para los bienes y servicios adquiridos (LIVA art.99.Dos).
Lo anterior ha de entenderse sin perjuicio de la **rectificación** de las deducciones practicadas cuando el destino definitivo de los bienes y servicios adquiridos no resulte ser el que se había previsto inicialmente.

11010

Pregunta
¿Qué ocurre cuando el destino efectivo de un bien o servicio es distinto del que se había previsto inicialmente?

Cuando el destino definitivo de un bien o servicio es distinto del que se había previsto en su adquisición, lo que procede es la **rectificación** de la deducción practicada, que debe ajustarse al citado destino definitivo (LIVA art.99.Dos).

No debe confundirse lo anterior con el caso de que un bien o servicio que ha recibido un determinado destino dentro de la actividad empresarial, posteriormente cambia de utilización. En caso de que se produzca este **cambio de uso**, y supuesto que el mismo tenga, o deba tener, algún tipo de efecto en deducciones, la figura a través de la cual se produce el ajuste es el autoconsumo, en su caso.

Ejemplos 1) Un asesor fiscal adquiere un piso de nueva construcción en el centro de la ciudad en la que desarrolla su actividad. Por este piso se pagan 400.000 € más 40.000 € de IVA. Considerando que la intención con la que se ha comprado el piso es la instalación en él de su actividad empresarial, este profesional deduce el IVA soportado. 11012

4 meses después de la entrega del piso, cambia de opinión y decide mudarse al piso junto con su familia. El piso nunca ha llegado a ser utilizado efectivamente en la actividad de este profesional.

Las cuotas soportadas cuando se adquirió el piso se pueden considerar deducidas adecuadamente, ya que la intención con la que compró fue la instalación en él de una actividad empresarial (evidentemente, esta intención debería acreditarse convenientemente). Sin embargo, el cambio de opinión respecto a su utilización definitiva determina la rectificación de la deducción practicada.

2) Otro asesor fiscal adquiere otro piso idéntico al anterior por 400.000 € más 40.000 € de IVA e instala en él su actividad profesional. 2 años después de la instalación, desplaza la actividad a otro inmueble y destina el anterior a vivienda privada.

En este caso no cabe hablar de un cambio en el destino previsible del piso, ya que este ha llegado a utilizarse efectivamente en la actividad empresarial o profesional de quien lo adquirió. Lo que procede en este supuesto es gravar el pase al consumo privado de este piso como autoconsumo de bienes, ello al amparo de la LIVA art.9.1º.a). Esta operación, exenta en tanto que segunda o ulterior entrega de edificaciones (LIVA art.20.Uno.22º) obliga a la regularización de las cuotas soportadas (LIVA art.110), regularización que en este caso alcanza al 80% del IVA soportado y deducido en su día (el cambio en las condiciones de uso se ha producido a los 2 años de inicio del uso profesional del inmueble).

Pregunta 11015

¿Qué ocurre si se destruye un bien que se ha adquirido para su uso en la actividad empresarial o profesional?

En caso de que la destrucción no sea imputable al contribuyente, dicha destrucción no tiene ningún efecto en la deducción del IVA soportado (LIVA art.99.Dos segundo párrafo y 107.Seis, este último en relación con los bienes de inversión).

C. Registro

(LIVA art.99.Tres)

Pregunta 11030

¿El derecho a la deducción está condicionado al adecuado registro de las facturas recibidas?

De manera directa, no se condiciona el derecho a la deducción a que las facturas en las que se documentan las cuotas respectivas se hayan anotado en el Libro Registro de facturas recibidas.

No obstante, se señala que cuando hubiese mediado **requerimiento** de la Administración o actuación inspectora, son deducibles, en las liquidaciones que procedan, las cuotas soportadas que estuviesen debidamente contabilizadas en los libros registros correspondientes, mientras que las cuotas no contabilizadas son deducibles en la autoliquidación del período correspondiente a su contabilización o en las de los siguientes. Indirectamente, se está condicionando el derecho a la deducción a la contabilización de las facturas respectivas (LIVA art.99.Tres cuarto párrafo).

Esta cuestión, sin embargo, se ha analizado por el **TEAC**, que hace una interpretación interesante de la LIVA art.99.Tres (TEAC 26-5-04):

a) Si se dispone de **factura**, esta no se ha anotado en el Libro Registro y, sin haber requerimiento administrativo, se procede a la **deducción**, la actuación es correcta, ya que la anotación no es requisito para la deducción. Por tanto, la anotación posterior al ejercicio de la deducción no es problema si no ha habido actuación administrativa.
b) Si se dispone de **factura**, no se ha producido la anotación en el Libro Registro, se ha practicado la deducción y hay **actuación administrativa**, la LIVA impide la deducción en la liquidación administrativa, sin perjuicio de que esta se lleve a cabo cuando se produzca la anotación, siempre que no haya caducado el derecho.
c) Si se dispone de **factura** pero **no se ha deducido** y hay actuación administrativa, hay que distinguir:
- las cuotas **no están registradas**. Son deducibles a partir del momento en que se registren, pero no se tienen en cuenta en las liquidaciones que se dicten;
- las cuotas **están registradas**. Son deducibles en las liquidaciones que se dicten o en las autoliquidaciones posteriores.

D. Conducta del proveedor

11045

> **Pregunta**
> ¿Tiene algún efecto en el derecho a la deducción el hecho de que el proveedor de un bien o servicio sea un defraudador fiscal?

En principio, no. No hay en la LIVA ningún elemento que permita llegar a la conclusión contraria y, además, el TJUE ha señalado de manera contundente el **carácter objetivo de las operaciones**, de forma tal que el hecho de que el proveedor de un bien o servicio sea un defraudador fiscal no incide en el derecho a la deducción de su cliente. En este sentido, el TJUE 12-1-06, asuntos acumulados Optigen C-354/03, C-355/03 y C-484/03, relativo a operaciones propias de esquemas de **fraude carrusel**, dispone que el operador que obra de buena fe y no sabe ni puede saber que se ha visto involucrado en uno de estos esquemas, no puede ver perjudicado su derecho a la deducción.
Únicamente deja de ser así cuando el cliente que pretende deducir el IVA es **cómplice** de un esquema de fraude fiscal, en cuyo caso no se puede beneficiar del derecho a la deducción, como también ha dispuesto el TJUE 6-7-06, asuntos acumulados Kittel C-439/04 y Recolta C-440/04.
Se trata, con todo, de una cuestión que ha dado lugar a una **copiosa jurisprudencia**, de la que cabe concluir que el IVA repercutido por operadores fraudulentos es deducible para sus destinatarios, salvo que se acredite, mediante elementos objetivos, que estos **sabían o podían saber**, de dicha conducta fraudulenta. Corresponde a las autoridades fiscales la acreditación de ese conocimiento.
Adicionalmente, es de ver que, a falta de operación, no hay derecho a la deducción, y ello al margen del conocimiento, o su ausencia, por parte del sujeto pasivo acerca de la conducta fraudulenta de terceros (TJUE 27-6-18, asuntos acumulados SGI y Valériane C-459/17 y C-460/17).
En España la condición de colaborador en la comisión de infracciones tributarias podría determinar la aplicación de la regla de **responsabilidad** que establece la LGT art.42.1.a.
Lo anterior ha de considerarse sin perjuicio de la aplicación de la **responsabilidad subsidiaria** que establece la LIVA art.87.Cinco (ver pregunta nº 7263).

11050

> **Pregunta**
> ¿Tiene algún efecto en el derecho a la deducción el hecho de que el proveedor de un bien o servicio no haya ingresado el IVA a la AEAT?

No. Así lo establece el TJUE 12-1-06, asuntos acumulados Optigen, C-354/03, C-355/03 y C-484/03 apartado 54, al indicar que la cuestión de si se ha **pagado** o no al Tesoro Público el IVA devengado por las operaciones de venta anteriores o posterio-

res de los bienes de que se trata no tiene relevancia por lo que se refiere al derecho del sujeto pasivo a deducir el IVA ingresado.
En el supuesto de que el proveedor de bienes o servicios no ingrese el IVA, es la AEAT la que haya de proceder contra él.
Lo anterior ha de entenderse sin perjuicio de las medidas de **responsabilidad** que establece la LGT art.42.1.a, para los supuestos de cooperación en la comisión de infracciones tributarias, y la propia LIVA art.87.Cinco (ver pregunta nº 7263).

SECCIÓN 2

Deducciones. Reglas especiales

(LIVA art.101 a 114)

I. Deducciones en sectores diferenciados de la actividad

(LIVA art.101)

Pregunta 11120
¿Qué razón fundamenta la técnica de los sectores diferenciados de la actividad?

La existencia de actividades que son tan **distintas** entre sí que justifican que la deducción del IVA soportado por los bienes y servicios utilizados en ellas se individualice.
Así, cuando un empresario o profesional realiza **una actividad** dentro de la cual se efectúan tanto operaciones generadoras del derecho a la deducción como otras que no lo generan, la regla de prorrata, general o especial, ha de ajustar la deducción de las cuotas soportadas por dicho empresario o profesional.
Cuando lo que ocurre es que un empresario o profesional desarrolla actividades que son sustancialmente distintas tanto en cuanto a su **naturaleza** como en cuanto a su régimen de deducciones, se justifica un mayor nivel de separación en la determinación del IVA deducible, lo cual conduce a la aplicación de la técnica de los sectores diferenciados. En última instancia, esta técnica viene a suponer un tratamiento relativamente equivalente al que se obtendría en caso de que las actividades que se han referido, sustancialmente distintas entre sí, se desarrollasen por entidades jurídicamente independientes. La única diferencia se encuentra en la existencia de inputs o gastos comunes al conjunto de las actividades, que se deducen a prorrata.

Ejemplo Un abogado que ejerce la abogacía por cuenta propia, además de su actividad como profesional, es propietario de varias viviendas que tiene arrendadas a particulares. 11122
El ejercicio de la abogacía por cuenta propia es una actividad profesional sujeta y no exenta que genera el derecho a la deducción.
Por su parte, el arrendamiento de edificaciones es otra actividad, en este caso, sujeta pero exenta. Esta actividad es sustancialmente distinta a la del ejercicio de la abogacía por su naturaleza y, de resultas de ello, por razón de los bienes y servicios que se utilizan en su desarrollo.
Las dos diferencias que se han señalado justifican que la deducción del IVA soportado en cierto modo se separe o individualice para cada una de estas actividades, de forma tal que el IVA correspondiente a los bienes y servicios adquiridos para ser utilizados en la

actividad de arrendamiento no se deduzca en ninguna medida ni cuantía, a la vez que se garantiza que la realización de estas actividades exentas no interfiere en el derecho a la deducción del IVA soportado por los bienes y servicios adquiridos para su utilización en la actividad de asistencia jurídica.

11125

Pregunta
¿Cómo se determina el IVA deducible cuando hay sectores diferenciados?

Por separado. En consecuencia, el IVA de los bienes y servicios que se utilizan en cada uno de los sectores diferenciados se deduce en función de las **características** de dicho sector diferenciado. Recordemos que la técnica de los sectores diferenciados se justifica por la existencia, para un único empresario o profesional, de actividades distintas en cuanto a su naturaleza y a su régimen de deducciones. Estas diferencias entre las actividades que desarrolla un empresario o profesional justifican que la deducción del IVA soportado se individualice de la forma que se acaba de señalar.
Hasta tal punto es así, que la **opción** por la regla de prorrata especial se puede realizar de manera individualizada o separada para cada uno de los sectores de la actividad, por lo que puede ocurrir que un empresario o profesional tenga dos sectores diferenciados de la actividad en uno de los cuales aplica la regla de prorrata general y en otro la especial.

11127 Ejemplo Una entidad aseguradora ha materializado la mayor parte de sus reservas técnicas en inversiones inmobiliarias. Los datos de que se dispone en relación con el año N son los siguientes:

Actividad	Ingresos por prestaciones de servicios	IVA soportado
1. Aseguradora		
Suscripción de seguros	50.000.000 €	1.000.000 €
2. Arrendamiento de inmuebles		
Locales y oficinas	15.000.000 €	500.000 €
Viviendas	5.000.000 €	

La actividad 1, aseguradora, es una actividad sujeta pero exenta. La actividad 2, arrendamiento de inmuebles, es distinta de la anterior por su naturaleza y por sus condiciones de deducción del IVA soportado, ya que, en su desarrollo, el 75% de las operaciones que se realizan genera el derecho a la deducción. Estas diferencias determinan la existencia de sectores diferenciados de la actividad, por lo que la deducción del IVA soportado ha de realizarse por separado dentro de cada uno de ellos.
Lo anterior implica:
a) Que el IVA soportado por bienes y servicios adquiridos para ser utilizados en la actividad aseguradora no es deducible (1.000.000 €).
b) Que los 500.000 € de IVA soportado por bienes y servicios que se utilizan en la actividad inmobiliaria son deducibles exclusivamente en función de los parámetros de deducción de dicha actividad, esto es, conforme a su prorrata de deducción. Esta prorrata es el 75%, por lo que el IVA deducible es el 75% de 500.000 €, esto es, 375.000 €.

11130

Pregunta
¿Cómo se deduce el IVA correspondiente a los bienes y servicios que se usan en común en varios sectores diferenciados?

En función de la **prorrata general** que resulte para el conjunto de los sectores diferenciados que correspondan. El cálculo de este porcentaje de deducción ha de realizarse conforme a las reglas de determinación de la prorrata general (LIVA art.104.Dos).

Puede ocurrir que dentro de la actividad haya **más de dos sectores diferenciados** de la actividad, ya que algunos de ellos lo son «ex legem» (por ejemplo, el de las operaciones de arrendamiento financiero). En tal caso, se plantea la duda de si la prorrata general de la actividad ha de tener en cuenta el total de las operaciones que realiza el empresario o profesional o únicamente las correspondientes a los sectores diferenciados cuyos inputs comunes han dado lugar al IVA soportado que se pretende deducir. Esta duda habría de resolverse teniendo en cuenta únicamente las operaciones de los sectores diferenciados afectados, no el total de ellas.

Ejemplos **1)** Siguiendo con el ejemplo del nº 11127, añadiremos IVA soportado por gastos generales, que asciende a 50.000 €. **11132**
Con los datos del ejemplo, la prorrata general de la entidad es la siguiente:
Prorrata general = 15.000.000 / (50.000.000 + 15.000.000 + 5.000.000) = 0,2143 ~ 22%.
En consecuencia, de los 50.000 € de IVA soportado por gastos generales, se pueden deducir 11.000 €.

2) Una entidad financiera presenta los siguientes datos en cuanto al desarrollo de su actividad: **11134**

Actividad	Ingresos por prestaciones de servicios
1. Financiera tradicional	
Operaciones no generadoras del derecho a la deducción	900.000.000
Operaciones generadoras del derecho a la deducción	100.000.000
2. Arrendamiento financiero (1)	25.000.000
3. Arrendamiento de inmuebles	
Locales y oficinas	15.000.000
Viviendas	5.000.000
(1) Supondremos que dentro de este sector diferenciado el total de las operaciones genera el derecho a la deducción.	

En el desarrollo de sus actividades por esta entidad hay 3 sectores diferenciados, que son los siguientes:
a) La financiera tradicional, con una prorrata de deducción del 10%.
b) La de arrendamiento financiero, con una prorrata del 100%.
c) La inmobiliaria, con una prorrata del 75%.
Supongamos que esta entidad dirige sus operaciones financieras, incluyendo el arrendamiento financiero, desde su sede corporativa, cuyos gastos anuales por IVA ascienden a 250.000 €. Supondremos igualmente que la actividad inmobiliaria se gestiona desde otro edificio.
Para la determinación de la prorrata conjunta que habría que aplicar a esta sede corporativa, únicamente tendríamos en cuenta los datos de las dos primeras actividades, por lo que el resultado que se obtendría es el siguiente:
Prorrata = (100.000.000 + 25.000.000) / (100.000.000 + 25.000.000 + 900.000.000) = 0,122 ~ 13%.
En consecuencia, el IVA deducible es el 13% de 250.000 €, esto es, 32.500 €.

11140

Pregunta
¿Cómo se determinan los bienes y servicios afectos a un sector diferenciado?

En función de su **utilización efectiva**. Se trata de una cuestión de hecho que puede acreditarse mediante cualquier medio de prueba admitido en derecho. Lo que se trata de demostrar es el uso real o efectivo de los bienes y servicios adquiridos, de manera tal que se pueda determinar el sector diferenciado de la actividad en el que se utilizan los citados bienes y servicios. En función de ello, se pueden calificar como bienes y servicios de uso en un sector concreto de actividad, en cuyo caso, el IVA correspondiente se deduce conforme a los parámetros de deducción de dicho sector diferenciado, o como inputs comunes, en cuyo supuesto la deducibilidad del IVA soportado se lleva a cabo en función de la prorrata conjunta de los sectores diferenciados respectivos (ver pregunta nº 11130).

11145

Pregunta
¿Qué requisitos han de cumplirse para que existan sectores diferenciados en la actividad?

Los requisitos que han de concurrir **acumulativamente** para que existan sectores diferenciados en la actividad empresarial son los siguientes (LIVA art.9.1º.c):
a) Que las **actividades económicas** realizadas sean distintas por tener asignadas grupos distintos en la Clasificación Nacional de Actividades Económicas (CNAE).
b) Que el **régimen de deducción** sea diferente, apreciándose esto último cuando la prorrata correspondiente a los sectores difiera en más de 50 puntos porcentuales.
Ha de tenerse en cuenta, además, que no son sectores diferenciados de la actividad las **actividades accesorias** de las principales cuando su volumen de operaciones no exceda el 15% de la principal y, además, contribuyan a su realización.
Para determinar si hay sectores diferenciados en el desarrollo de la actividad, han de seguirse los siguientes **pasos**:

11147 **a)** Deben determinarse las **actividades económicas distintas** existentes, considerando como tales las que tengan asignados grupos diferentes en la Clasificación Nacional de Actividades Económicas (RD 475/2007). Existen **grupos distintos** cuando estos difieran en las tres primeras cifras de los códigos asignados.
Analizando el **contenido** de cada actividad de acuerdo con sus operaciones y la forma en que estas se definen en la Clasificación Nacional de Actividades Económicas, y estimando que hay grupos distintos cuando los códigos correspondientes son distintos en sus 3 primeras cifras, se establece la tipología de las actividades económicas que hay que tener en cuenta.
b) A continuación, hay que determinar, de las actividades separadas en el paso anterior como distintas, aquellas que pueden ser accesorias de otras.
Una **actividad** se considera **accesoria** de otra cuando permite que la actividad principal se desarrolle en mejores condiciones, de forma que los destinatarios de las operaciones de esta última obtengan una mayor utilidad de las mismas, siempre que, además, contribuya a la realización de las operaciones de la actividad principal. Se exige asimismo que el **volumen de operaciones** no exceda del 15% del de la principal.
Este requisito no presenta especiales dudas en cuanto a su apreciación con carácter general, aunque sí puede plantear problemas en el **inicio de la actividad**, ya que el carácter accesorio o no de unas actividades respecto a otras debe establecerse en función de las previsiones de ingresos, corriéndose el riesgo de que la hipótesis establecida inicialmente resulte errónea, lo cual obligaría a multitud de correcciones en las deducciones efectuadas y, a continuación, en la valoración del total de magnitudes de la actividad.
Determinadas, conforme a los anteriores criterios, las actividades que puedan ser accesorias de otras, hay que considerar que aquellas en ningún caso pueden constituir un sector diferenciado de la actividad empresarial o profesional por expreso mandato legal.

11149 **c)** El siguiente paso es la **determinación del régimen de deducción** de cada una de las actividades, calculando este conforme a las reglas establecidas para el cálculo de la prorrata general (LIVA art.104). Pese a que al final del proceso de determinación de la existencia de sectores diferenciados de la actividad haya que proceder a una agrupación en los términos que después veremos, en esta fase de cálculo deben considerarse por separado las diferentes actividades económicas que se hayan considerado distintas en base a su clasificación en la Clasificación Nacional de Actividadesdes Económicas, calculando el porcentaje de deducción para cada una de ellas independientemente.

d) La siguiente fase consiste en determinar, de entre las actividades económicas diferentes que pueda haber, cuál es la **actividad principal**, lo cual se realiza en atención al volumen de operaciones del año inmediato anterior, según dispone la norma, sin adicionar el correspondiente a las actividades accesorias, al margen de que su tratamiento haya de ser conjunto.

Posteriormente, se procede a la **agrupación** de las actividades cuyos porcentajes de deducción no difieran en más de 50 puntos porcentuales, adjuntando asimismo las actividades accesorias. En esta fase, el **porcentaje de deducción** ha de calcularse por separado para cada actividad económica distinta, sin añadir los datos relativos a las actividades accesorias ni efectuar de nuevo los cálculos una vez determinados los datos relativos a cada actividad y encontrado actividades cuyos porcentajes de deducción no difieren en más de 50 puntos porcentuales.

e) Finalmente, estamos en condiciones de señalar los **sectores diferenciados** de la actividad, considerando que la actividad principal, junto con las actividades económicas distintas cuyos porcentajes de deducción no difieren del de la principal en más de 50 puntos y las actividades accesorias a cualquiera de las anteriores, han de constituir un único sector diferenciado. A su vez, las actividades distintas de la principal cuyos porcentajes de deducción difieran del de aquella en más de 50 puntos porcentuales, y cabe entender que las actividades accesorias a cualquiera de estas, constituyen el otro sector diferenciado.

Pregunta 11155
¿Cuándo se considera que existen actividades económicas distintas?

Cuando, por referencia a la Clasificación Nacional de Actividades Económicas, les corresponda un grupo distinto (tres dígitos).

Pregunta 11160
¿Hay sectores diferenciados por mandato legal?

Sí. Por esta razón, podemos distinguir **dos tipos** de sectores diferenciados en la actividad (LIVA art.9.1.c):

a) Los que resultan del **concepto general**, que son aquellos en los que la naturaleza de la actividad y el régimen de deducciones difiere en los términos que antes se han señalado (LIVA art.9.1.c.a', ver pregunta nº 11145 s.).

b) Los que se califican como sectores diferenciados **directamente por la propia LIVA**, dentro de los cuales se pueden distinguir, a su vez, tres categorías:

- las actividades acogidas a los **regímenes especiales** simplificado, de la agricultura, ganadería y pesca, de las operaciones con oro de inversión o del recargo de equivalencia;
- las operaciones de **arrendamiento financiero** a que se refiere su regulación sustantiva (L 10/2014 disp.adic.3ª);
- las operaciones de **cesión de créditos o préstamos**, con excepción de las realizadas en el marco de un contrato de factoring.

Las operaciones que se señalan en la letra b) constituyen sectores diferenciados de la actividad por expreso mandato legal, esto es, con independencia de los porcentajes de deducción que resulten para ellas.

Finalmente, hay que citar las operaciones propias del régimen especial de los **grupos de entidades** cuando se opta por su aplicación en su nivel avanzado (LIVA art.163 octies.Tres, ver pregunta nº 15547).

11165 **Pregunta**
¿Cómo se calcula la prorrata de deducción dentro de cada sector diferenciado?

Por referencia al **conjunto de las actividades** incluidas dentro de él.
Es importante tener en cuenta que los sectores diferenciados de **régimen general**, que son los que se obtienen de la aplicación de los criterios que se señalan en la pregunta nº 11145 s., resultan de agrupar, de una parte, la actividad principal y todas las que no difieran de ellas en más de 50 puntos porcentuales de prorrata y, por otra, el resto de las actividades. El cálculo de las prorratas de deducción de cada una de las actividades desarrolladas por un empresario o profesional ha de realizarse teniendo en cuenta únicamente las operaciones incluidas en ellas y las actividades accesorias que se puedan estar desarrollando.
Con estas prorratas de deducción estaremos en condiciones de concretar los sectores diferenciados existentes en la actividad, agrupando actividades del modo que antes se ha señalado. Sin embargo, una vez **señalados los sectores diferenciados** existentes, la prorrata de deducción dentro de cada uno de los sectores resultantes se obtiene de la agregación de los datos relativos al conjunto de las operaciones que se realizan dentro del sector.

11167 Ejemplo Un empresario o profesional realiza las siguientes actividades:

Actividad	Ingresos por operaciones
1. Ejercicio de la abogacía por cuenta propia	1.000.000
2. Arrendamiento de inmuebles	
Locales y oficinas	1.000.000
Viviendas	1.500.000
3. Agente bancario (mediación en operaciones financieras)	100.000
4. Traducción inglés-español-inglés	
Operaciones exentas	250.000
Operaciones no exentas	250.000

De los datos de las actividades que tiene este empresario o profesional, las actividades y prorratas de deducción que resultan son las siguientes:

Actividad	Prorrata
1. Abogacía	100%
2. Arrendamiento de inmuebles	40%
3. Mediación financiera	0%
4. Traducción	50%

La actividad principal es el ejercicio de la abogacía, para la que resulta una prorrata del 100%. La actividad de traducción, junto con la anterior, forma uno de los sectores diferenciados. El otro viene dado por las actividades de arrendamiento de inmuebles y mediación financiera. Las prorratas que resultan para ambos sectores son las siguientes:
Prorrata del sector 1 = (1.000.000 + 250.000) / (1.000.000 + 250.000 + 250.000) = 0,8333 ~ 84%
Prorrata del sector 2 = 1.000.000 / (1.000.000 + 1.500.000 + 100.000) = 0,3846 ~ 39%
Como se observa en el ejemplo, las prorratas que resultan para los dos sectores diferenciados de la actividad finalmente difieren en menos de 50 puntos porcentuales (84% frente al 39%). Se aprecia igualmente que la prorrata del sector 1 difiere en menos de 50 puntos de la prorrata de la actividad de arrendamiento de inmuebles. Sin embargo, la forma de agrupación que establece la LIVA es esta y no otra, por lo que es la actividad

principal la que opera como polo de atracción, conformando un sector diferenciado junto con el resto de actividades con las cuales haya 50 puntos o menos de diferencia en prorrata. Las demás integrarán el otro sector diferenciado. Todo ello ha de entenderse con independencia de que las prorratas de deducción, dentro de cada uno de los sectores resultantes, se calculen tomando el total de operaciones de las actividades integradas dentro de él.

Pregunta 11170
¿Tiene alguna incidencia en la existencia de sectores diferenciados de la actividad la aplicación de alguno de los regímenes especiales?

Sí. Son sectores diferenciados de la actividad en todo caso las actividades acogidas a los regímenes especiales simplificado, de la agricultura, ganadería y pesca, de las operaciones con oro de inversión o del recargo de equivalencia (LIVA art.9.1º.c.b'). Las cuotas correspondientes a los bienes y servicios utilizados dentro de dichos sectores se deducen conforme a los parámetros propios de los referidos regímenes especiales (LIVA art.101.Uno).
En cuanto a la **adquisiciones o importaciones** de bienes o servicios para su utilización en común en varios sectores diferenciados de actividad, para calcular la prorrata de los inputs comunes se considera que no originan el derecho a deducir las operaciones incluidas en el régimen especial de la agricultura, ganadería y pesca o en el régimen especial del recargo de equivalencia (LIVA art.101.Uno).
La misma norma señala, por **excepción**, que cuando no pueda aplicarse lo previsto en el mismo, y los bienes y servicios adquiridos se destinen a ser utilizados simultáneamente en actividades acogidas al régimen especial simplificado y en otras actividades sometidas al régimen especial de la agricultura, ganadería y pesca o del recargo de equivalencia, el referido porcentaje de deducción a efectos del régimen simplificado es del 50% si la afectación se produce respecto de actividades sometidas a dos de los citados regímenes especiales, o de un tercio en otro caso.
Por otra parte, hemos de tener en cuenta la especial conformación del sector diferenciado de los **grupos de entidades** que establece la LIVA cuando se aplica el nivel avanzado de este régimen especial (LIVA art.163 octies.Tres, ver pregunta nº 15547).

II. Aplicación de la regla de prorrata

(LIVA art.102 s.)

Pregunta 11200
¿Cuándo se aplica la regla de prorrata?

La regla de prorrata se aplica cuando un empresario o profesional, en el ejercicio de su actividad empresarial o profesional, efectúe **conjuntamente** entregas de bienes o prestaciones de servicios que **originen el derecho** a la deducción y otras operaciones de análoga naturaleza que **no generen el citado derecho** (LIVA art.102.Uno).
Conviene recordar que la determinación de las operaciones que generan el derecho a la deducción y las que no lo generan se realiza por la LIVA art.94 (ver preguntas nº 10180 s.). Así, este precepto conduce a la aplicación de la regla de prorrata cuando resulta que el empresario o profesional de que se trate realiza a la vez operaciones que generan el derecho a la deducción y otras que no lo generan.
Adicionalmente, hay que tener en cuenta que si un mismo empresario o profesional realiza actividades que son sustancialmente distintas y cuyos regímenes de deducción son igualmente dispares, lo normal es que dicho empresario o profesional tenga **sectores diferenciados** en el desarrollo de su actividad, de resultas de lo cual habrá que ajustar su régimen de deducciones adecuadamente.

11205

Pregunta
¿Cómo se determinan las operaciones que generan el derecho a la deducción y las que no?

Conforme a lo dispuesto en la LIVA art.94 (ver preguntas nº 10180 s.).

11210

Pregunta
¿Se puede aplicar la regla de prorrata para determinar el grado de afectación de los bienes y servicios a la actividad empresarial o profesional?

No, ya que la regla de prorrata se refiere a la **determinación**, dentro de la actividad empresarial o profesional, de la **proporción** en la que se encuentran las operaciones generadoras del derecho a la deducción respecto del total de las operaciones realizadas. En este sentido se ha pronunciado el TJUE, que ha descartado el cómputo en la prorrata de los dividendos obtenidos por la participación en el capital de otras entidades, al considerar, que no constituyendo contraprestación de prestaciones de servicios incluidas en el ámbito de aplicación del IVA, no procedía el citado cómputo (TJUE 14-11-00, asunto Floridienne y Berginvest C-142/99).
Hay que tener en cuenta, no obstante, el contenido del TJUE 13-3-08, asunto Securenta C-437/06, en la que se establece la posibilidad de utilizar cualquier **elemento objetivo** para cuantificar o determinar la afectación a la actividad empresarial o profesional de los elementos patrimoniales que se usan igualmente para otras actividades.

11215

Pregunta
¿Qué modalidades tiene la regla de prorrata?

Dos, la general y la especial. Como se desprende de su propio nombre y señala además la LIVA art.103.Uno segundo párrafo, la regla de prorrata **general** es la que se aplica normalmente. La prorrata **especial** sólo es aplicable cuando concurran los requisitos que establece la LIVA art.103.Dos (ver preguntas nº 11370 s.).

III. Prorrata general

(LIVA art.104)

11230

A. Cálculo de la prorrata general

(LIVA art.104)

11240

Pregunta
¿Cuál es el sentido de la prorrata general?

Como su propio nombre indica, la prorrata supone o implica un **porcentaje** que viene dado por la proporción en la que se encuentran las operaciones generadoras del derecho a la deducción con respecto al total de las operaciones.
La aplicación de la regla de prorrata supone la asunción de la hipótesis de que esta misma **proporción en las operaciones activas** es trasladable a las operaciones pasivas, de forma tal que los bienes y servicios adquiridos y destinados a la realización de operaciones generadoras del derecho a la deducción y de otras que no lo generan se encuentran en la misma proporción que estas. Esto es lo que justifica que, del total del IVA soportado por la adquisición de dichos bienes y servicios, únicamente sea deducible el IVA que corresponda a la precitada proporción.

Por la misma razón, para determinar el IVA deducible se toma el total del IVA soportado en el desarrollo de la actividad o del sector diferenciado de que se trate, sin hacer distinciones en función del destino efectivo o real de los bienes y servicios. Se supone que la aplicación del **porcentaje común o general** que se acaba de señalar ajusta adecuadamente la deducción del IVA soportado.

Ejemplo Una entidad se dedica al arrendamiento de viviendas y oficinas. Los datos de ingresos por las operaciones respectivas y del IVA soportado por los bienes y servicios adquiridos son los siguientes: 11242

Actividad	Ingresos	IVA soportado
Arrendamiento de viviendas	3.000.000 €	40.000 €
Arrendamiento de locales	2.000.000 €	30.000 €

La prorrata de deducción de esta entidad en función de sus ingresos da lugar a un porcentaje del 40% [2.000.000 /(2.000.000 + 3.000.000)]. Esto implica que de los 70.000 € de IVA soportado, son deducibles 28.000 €, que es el 40%.
Nótese que cuando se aplica la regla de prorrata general, se suma el total del IVA soportado y sobre ese total se aplica la prorrata de deducción resultante para el conjunto de la actividad o del sector diferenciado de que se trate.
Nótese, igualmente, que el resultado no es equivalente al que se obtendría en caso de que se determinase el IVA deducible en función del uso real de los bienes y servicios adquiridos, ya que, en tal caso, lo que procede es la deducción del 100% de los 30.000 € que se han soportado por bienes y servicios adquiridos para ser utilizados en el arrendamiento de locales y un 0% del IVA correspondiente a los bienes y servicios que se utilizan en el arrendamiento de viviendas.
Como decíamos, cuando se aplica la prorrata general no se distingue de este modo, ya que se supone que la proporción en la que se hallan las entregas de bienes y prestaciones que dan lugar a los ingresos con los que se calcula la prorrata coincide con la proporción en la que se encuentran las cuotas soportadas por los bienes y servicios adquiridos para su realización.
El seguimiento específico de la utilización real de cada bien o servicio es propio de la regla de prorrata especial.

Pregunta 11245

Siendo aplicable la regla de prorrata general, ¿se puede deducir el IVA correspondiente a un bien o servicio que se utiliza exclusivamente en operaciones que no generan el derecho a la deducción?

Sí, en los mismos términos que las cuotas soportadas por cualquier otro bien o servicio.
Como se ha expuesto en la pregunta anterior (nº 11240 s.), cuando se aplica la regla de prorrata general no se distinguen las cuotas soportadas de manera específica, sino que el **total del IVA soportado** se agrega en una sola magnitud a la que se aplica la prorrata de deducción que resulte para la actividad o sector diferenciado de que se trate. En consecuencia, no hay diferencia entre cuotas soportadas.
Por **analogía** con el anterior planteamiento, el IVA soportado por la adquisición de bienes o servicios que se utilizan en la realización de operaciones generadoras del derecho a la deducción es deducible en función de lo que determine la prorrata general que resulte aplicable, no cabiendo la deducción de su importe al completo.
Teóricamente, la parte del IVA deducible de las cuotas soportadas por bienes y servicios que se utilizan en **operaciones no generadoras del derecho** a la deducción ha de compensar la parte no deducible de las cuotas soportadas por bienes y servicios que se destinan a la realización de operaciones generadoras de este derecho.

11250

Pregunta
¿Cómo se calcula la prorrata general?

Mediante un **porcentaje** en cuyo cálculo hay que computar las siguientes magnitudes:
a) En el **numerador**, el importe total, determinado para cada año natural, de las entregas de bienes y prestaciones de servicios que generen el derecho a la deducción, realizadas por el empresario o profesional en el desarrollo de su actividad o, en su caso, en el sector diferenciado que corresponda.
b) En el **denominador**, el importe total, determinado para el mismo período de tiempo, del total de las entregas de bienes y prestaciones de servicios realizadas por el sujeto pasivo en el desarrollo de su actividad empresarial o profesional o, en su caso, en el sector diferenciado que corresponda, incluidas aquellas que no originen el derecho a deducir.
Huelga decir que el denominador resulta de sumar, al importe correspondiente al numerador, el importe de las operaciones no generadoras del derecho a la deducción.
La **determinación** de las operaciones que generan el derecho a la deducción y de las que no lo generan ha de realizarse conforme a la LIVA art.94 (ver preguntas nº 10180 s.).

11255

Pregunta
Para el cálculo de la prorrata, ¿hay que tener en cuenta todas las operaciones que dan lugar a IVA devengado?

No. Las únicas operaciones que se tienen en cuenta para el cálculo de la prorrata son **entregas de bienes y prestaciones de servicios**. En consecuencia, otras operaciones que puedan dar lugar igualmente a cuotas de IVA devengado pero que no tienen esta naturaleza, no se toman en consideración para el cálculo de la prorrata. Tal es el caso de las siguientes operaciones:
a) **AIB**, en las que el IVA lo ingresa el adquirente, pero que no se califican como entregas de bienes o prestaciones de servicios.
b) Adquisiciones de bienes y servicios en las que se aplique la **inversión del sujeto pasivo**, en las que es también el adquirente quien ha de ingresar el impuesto, pero que igualmente están excluidas de la condición de entrega de bienes o prestación de servicios, ya que se trata de adquisiciones, operaciones pasivas para sus destinatarios.
c) **Importaciones**, que dan lugar asimismo a un IVA a ingresar, aunque en este caso es la Aduana de importación la que lo exige a través de la correspondiente liquidación administrativa.

11260

Pregunta
¿Hay importes expresamente excluidos de la regla de prorrata?

Sí. Las siguientes operaciones (LIVA art.104.Tres):
a) Las operaciones realizadas desde **establecimientos permanentes** situados fuera del TIVA (antes del 1-1-2014 se exigía que los costes relativos a dichas operaciones no fueran soportados por establecimientos permanentes situados dentro del mencionado territorio, requisito que ya no existe).
Con esta norma lo que se establece es una estanqueidad entre establecimientos permanentes situados dentro y fuera del TIVA, de forma que las operaciones realizadas desde los establecimientos permanentes situados fuera del TIVA no se tienen cuenta.
b) Las propias **cuotas del IVA** que graven las operaciones, lo cual es lógico, ya que, de otro modo, se estaría distorsionando el cálculo a favor de las operaciones sujetas y no exentas.

c) El importe de las entregas o exportaciones de los **bienes de inversión** utilizados en la actividad empresarial o profesional. El ajuste de las deducciones correspondiente a dichos bienes se realiza a través de su regularización, que se analiza en las preguntas nº 11400 s.
d) El importe de las **operaciones inmobiliarias o financieras** que no constituyan actividad empresarial o profesional habitual del sujeto pasivo.
La propia LIVA señala que en todo caso se reputa actividad empresarial o profesional habitual del sujeto pasivo la de arrendamiento. Del mismo modo, se dispone que tienen la consideración de operaciones financieras a estos efectos las descritas en la LIVA art.20.uno.18º, incluidas las no exentas.
e) Las operaciones **no sujetas** conforme a la LIVA art.7 (ver preguntas nº 770 s.).
f) Los **autoconsumos internos** que se producen cuando, dentro de un sector diferenciado de la actividad, bienes del circulante pasan a ser inmovilizados como bienes de inversión (LIVA art.9.1º.d).

Ejemplo Una empresa con sede de actividad en Barcelona se dedica a la obra civil. Esta empresa decide constituir una sucursal en Bucarest, Rumanía, desde la que se hacen obras en Rumanía y Bulgaria. La sucursal rumana es independiente en cuanto a sus costes, limitándose la casa central a dotarla con un capital de funcionamiento. Las operaciones realizadas desde esta sucursal para el año N ascienden a 40.000.000 €. **11262**
Estas operaciones no se tienen en cuenta para el cálculo de la prorrata de la casa central en el TIVA, generándose, como se decía, una independencia entre casa central y sucursal, lo cual es lógico habida cuenta de la independencia que también hay en cuanto a sus estructuras de costes.

11265

Pregunta
¿Se incluyen en la prorrata los ingresos por conceptos que no son entregas de bienes o prestaciones de servicios sujetas al IVA?

No. La jurisprudencia del TJUE es contundente en este sentido (TJUE 14-11-00, asunto Floridienne y Berginvest C-142/99), por lo que, cuando se calcula la prorrata de deducción de un empresario o profesional para determinar, del IVA correspondiente a los bienes y servicios afectos a su actividad empresarial o profesional, el importe deducible, sólo procede tomar en consideración las contraprestaciones de las **operaciones sujetas** al IVA, generadoras o no del derecho a la deducción. No es ajustado a derecho añadir a las anteriores los importes correspondientes a otras circunstancias, como pudieran ser los dividendos percibidos por la participación en filiales que, siguiendo con la misma jurisprudencia del TJUE, no son contraprestación de operaciones sujetas al IVA.
No debe confundirse lo anterior con la posibilidad de utilizar las cifras relativas de ingresos cuando lo que se pretende es determinar el **grado de afectación** de bienes y servicios que se utilizan en la actividad empresarial o profesional sólo parcialmente. En este caso, el TJUE ha admitido la utilización de cualquier criterio objetivo que permita la citada determinación, con lo cual cabría, como posibilidad, utilizar las cifras relativas de ingresos correspondientes a los ámbitos situados dentro y fuera del ámbito de aplicación del impuesto.

11270

Pregunta
¿Qué criterios se utilizan para valorar las operaciones que han de computarse para el cálculo de la prorrata?

Los establecidos para la **determinación de la base imponible** (LIVA art.78 y 79, ver preguntas nº 6405 s.). Estos mismos criterios son aplicables para las operaciones no sujetas o exentas, operaciones para las cuales, en puridad, no hay base imponible, ya que no hay cuota que cuantificar, precisamente, por razón de la regla de no sujeción o de exención (LIVA art.104.Cuatro).
Adicionalmente se establecen dos **cautelas** importantes (LIVA art.104.Cuatro):

a) En aquellas operaciones en las que la **contraprestación es inferior a la base imponible**, debe computarse el importe de esta última en lugar de aquella.
b) Tratándose de **entregas intracomunitarias de bienes o de exportaciones** definitivas, si no hay contraprestación, se toma como importe de la operación el valor de mercado en el interior del TIVA de los productos entregados o exportados.

11275

Pregunta
¿Qué incidencia tienen las operaciones financieras en la prorrata general?

En principio, la misma que cualesquiera otras operaciones exentas; no obstante, hay que tener en cuenta dos **elementos** muy importantes:
a) Las operaciones financieras **no habituales** no se computan (LIVA art.104.Tres.4º). Con esta cautela, lo que se pretende es evitar que se vean obligados a aplicar la regla de prorrata empresarios o profesionales que obtienen ingresos por operaciones financieras pero de forma no habitual o residual con respecto a sus operaciones principales.
La **habitualidad** a que se refiere la norma ha sido interpretada por la DGT por referencia a la TJUE 11-7-96, asunto Régie Dauphinoise C-306/94, como aquella que implica una prolongación directa, necesaria y permanente de la actividad empresarial, siendo procedente, en tales casos, la inclusión de los importes respectivos.
b) En los casos en que las operaciones financieras han de incluirse, se contienen disposiciones que determinan cuáles son las **reglas de cómputo**, que son las siguientes (LIVA art.104.Dos.2º):
1. Cuando se trate de **cesión de divisas**, billetes de banco y monedas que sean medios legales de pago, exentas del impuesto, el importe que hay que computar en el denominador viene dado por la contraprestación de la reventa de dichos medios de pago, incrementado, en su caso, en el de las comisiones percibidas y minorado en el precio en el precio de adquisición de las mismas o, si este no pudiera determinarse, en el precio de otras divisas, billetes o monedas de la misma naturaleza adquiridas en igual fecha. Estas reglas de cómputo coinciden, en lo básico, con lo establecido por el TJUE 14-7-98, asunto First National Bank of Chicago C-172/96.
2. Cuando se trate de operaciones de **cesión de pagarés y valores** no integrados en la cartera de las entidades financieras, el importe que hay que computar en el denominador es la contraprestación de la reventa de dichos efectos incrementado, en su caso, en el de los intereses y comisiones exigibles y minorado en el precio de adquisición de los mismos.
3. Finalmente, para los **valores integrados en la cartera** de las entidades financieras, se computan en el denominador los intereses exigibles durante el período de tiempo que corresponda y, cuando se produzca la transmisión, las plusvalías obtenidas.
La regla que se señala en el número 1 no parece especialmente controvertida; sin embargo, las que se apuntan en los números 2 y 3 resultan bastante más dificultosas en su aplicación. En última instancia, de lo que se trata es de determinar el **precio** que se obtiene con las mismas, que en muchas ocasiones se genera por los márgenes de operaciones que directamente se han pactado para su liquidación por diferencias. No obstante, su aplicación a la enorme variedad de contratos que se realizan en el mercado financiero es de gran complejidad.

11277 Ejemplo Una empresa que se dedica a la comercialización de consumibles de informática gestiona su tesorería con gran prudencia, por lo que de los excedentes que tiene obtiene una rentabilidad de 20.000 € anuales. El total de ingresos de esta empresa asciende a 1.200.000 € anuales.
Los ingresos financieros de la empresa ascienden al 1,67% del total de sus ingresos, por lo que, de incluirse su importe en su prorrata, se llegaría a una deducción del 99% del IVA soportado, pero no del total.
Sin embargo, considerando que la obtención de ingresos financieros para esta empresa no se puede considerar como relevante o habitual, se debe concluir que no procede su

cómputo para el cálculo de su prorrata, por lo que, si no realiza otras operaciones que limiten su derecho a la deducción, podrá deducir el total del IVA soportado.

Pregunta
¿Cómo se imputan a la prorrata las operaciones localizadas fuera del TIVA? 11285

En función de que haya sucursales o establecimientos permanentes fuera del TIVA o no.
En caso de que **no** haya **establecimientos permanentes** fuera del TIVA, las operaciones que se entienden realizadas fuera del TIVA por reglas de localización han de recibir, en cuanto a deducciones, el mismo tratamiento que les correspondería si se hubieran efectuado dentro del citado TIVA (LIVA art.94.Uno.2º).
La única **excepción** a lo anterior se refiere a los servicios financieros y de seguro, que cuando se relacionan con exportaciones o tienen a destinatarios no comunitarios, generan el derecho a la deducción a pesar de tratarse de operaciones que, si se localizasen en el TIVA, no lo generarían en tanto que operaciones sujetas pero exentas (ver pregunta nº 10250).
Para el supuesto de que existan **establecimientos permanentes** fuera del TIVA, ver pregunta nº 11290.

Ejemplo Un abogado con despacho en Alicante presta servicios a un cliente empresario o profesional establecido en Italia. Estos servicios, relacionados con su actividad, tienen una contraprestación de 50.000 €. 11287
Por regla de localización, estos servicios se van a considerar prestados en destino, es decir, en Italia, por lo que no están sujetos al IVA español. No obstante, se trata de servicios que, si se considerasen prestados en el TIVA, estarían sujetos y no exentos, por lo que generarían el derecho a la deducción. En consecuencia, los citados servicios, no sujetos, generan el derecho a la deducción y se han de computar en el numerador y el denominador de la prorrata de este abogado.

Pregunta
¿Qué incidencia tiene en la prorrata la existencia de sucursales? 11290

La determinación de la **forma de cómputo** de las operaciones localizadas fuera del TIVA.
Cuando no hay establecimientos permanentes fuera del TIVA, las reglas para dicho cómputo son las que se han señalado en la pregunta anterior (nº 11285 s.).
Por el contrario, cuando existe un establecimiento permanente fuera del TIVA, hay que tener en cuenta que no se incluyen en los términos de la prorrata las operaciones realizadas desde establecimientos permanentes situados fuera del TIVA (LIVA art.104.Tres.1º).
A estos efectos, hemos de distinguir dos **situaciones**:
a) En la primera de ellas, hay operaciones que se realizan desde establecimientos permanentes situados fuera del TIVA para las cuales **no** hay **costes soportados** dentro del mismo. Estas operaciones no se computan en ninguna medida ni cuantía.
b) Alternativamente, podemos plantear el caso de las operaciones tales que una parte de sus **costes** se soportan **en el TIVA**. Para dichas operaciones, en las ejecuciones de obra y prestaciones de servicios realizadas fuera del TIVA, del total de la contraprestación sólo se computa la parte proporcional correspondiente a los costes soportados en el TIVA, aunque sin incluir los costes del personal dependiente (LIVA art.104.Cinco).

11295 **Pregunta**

¿Qué criterios se utilizan para determinar la imputación temporal de las operaciones a la prorrata?

Los de **devengo** incluidos en la LIVA art.75 (ver preguntas nº 6000 s.).
Asimismo se dispone que en las **exportaciones exentas** del IVA conforme a la LIVA art.21, así como en cualesquiera otras exportaciones definitivas de bienes, la imputación temporal se realiza cuando se admita por la Aduana de salida la correspondiente solicitud de salida (LIVA art.104.Seis). Esta regla es necesaria ya que estas operaciones no necesariamente parten de la existencia de una entrega de bienes, sino que pueden existir aunque no se haya transmitido el poder de disposición sobre los bienes que se remiten fuera de la Comunidad. Esta remisión de bienes corporales fuera del territorio comunitario genera el derecho a la deducción (LIVA art.94.Uno.1º.c, inciso final, y 94.Uno.2º), por lo que ha de establecerse la regla de imputación temporal, que es la que se acaba de señalar.

11300 **Pregunta**

¿Qué regla de redondeo se aplica cuando se calcula la prorrata general?

Por **exceso** (LIVA art.104.Dos último párrafo). En términos prácticos, esto implica que un pequeño exceso en la prorrata supone un punto porcentual más de deducción.

11302 Ejemplo Un hospital que presta fundamentalmente servicios exentos en virtud de la LIVA art.20.Uno.2º por un importe anual de 50.000.000 € realiza, adicionalmente, las siguientes operaciones:
a) Cobra 24.000 €, más IVA, anuales a la empresa que gestiona la cafetería por el alquiler del espacio que ocupa.
b) Cobra 20.000 € más IVA a otra empresa que es la que explota las televisiones que hay en las habitaciones.
c) Vende radiografías a una empresa de reciclaje. Esta empresa paga por las radiografías 40.000 €.
En el cálculo de la prorrata del hospital, el numerador suma 84.000 €, que es la suma de las anteriores cantidades. El denominador asciende a 50.084.000 €, por lo que el cociente tiene un resultado de 0,001678, lo cual, por la regla de redondeo que acabamos de señalar, se eleva hasta el 1%. Por tanto, el hospital puede deducir el 1% del total del IVA soportado.

11305 **Pregunta**

¿Tiene alguna incidencia en la prorrata la percepción de subvenciones?

No. La percepción de subvenciones **no vinculadas al precio** de las operaciones no limita el derecho a la deducción del IVA soportado.
Es importante tener en cuenta la posibilidad de que las subvenciones sean **base imponible** del IVA por la vía de su consideración como vinculadas al precio de las operaciones (LIVA art.78.Dos.3º, ver preguntas nº 6445 s.). De ser así, en caso de que las operaciones en cuestión fueran operaciones exentas, las referidas subvenciones formarían parte de la prorrata como mayor base imponible de las operaciones en relación con las cuales se concedieron.
De igual modo, hay que tener en cuenta la posibilidad de que una **actividad** muy fuertemente financiada mediante subvenciones deba considerarse no empresarial por razón de la realización, prácticamente en exclusiva, de operaciones no onerosas. En tal caso, el IVA soportado será principalmente no deducible.
Así se indica por la TEAC 18-3-24 (que reitera el criterio de la TEAC 20-10-21 ; 20-10-21), en la que se declara que los servicios públicos de radio y televisión financiados por subvenciones de la Administración Pública territorial de la que dependen, sin que los usuarios satisfagan cantidad alguna por tales servicios, no constituyen

prestaciones de servicios realizadas a título oneroso. En consecuencia, están fuera del ámbito de aplicación del IVA (TJUE 16-9-21, asunto Balgarska natsionalna televizia C-21/20).
Realizándose tanto operaciones sujetas a IVA (publicidad), como no sujetas, sólo puede deducir el IVA soportado por los bienes y servicios que se utilicen en operaciones sujetas, no así el correspondiente a los que se utilicen en las operaciones no sujetas. Para las adquisiciones que se destinen indistintamente para ambos tipos de actividades, deberá establecerse un criterio de reparto que refleje la parte de las adquisiciones imputables a cada uno de los tipos de actividad (en idéntico sentido, TS 12-2-24, EDJ 509065).

Pregunta 11310
¿El tipo impositivo aplicable a las operaciones tiene alguna incidencia en la prorrata?

No. La única circunstancia que incide en la determinación de la prorrata aplicable es el hecho de que las operaciones generen o no el **derecho a la deducción**, pero no el tipo impositivo aplicable. De hecho, la discusión acerca del tipo impositivo aplicable se produce únicamente cuanto las operaciones están sujetas a IVA y no exentas, en cuyo caso se trata de operaciones que generan el derecho a la deducción. Siendo así, no hay distinción entre ellas.

B. Procedimiento de aplicación de la prorrata general

(LIVA art.105)

Pregunta 11325
¿Cómo se determinan las deducciones a lo largo del año, antes de calcular su prorrata definitiva?

En función de la prorrata de deducción definitiva del **año anterior** (LIVA art.105.Uno). Por tanto, a lo largo del ejercicio se aplica como prorrata provisional la definitiva del año anterior, regularizándose al final del año las deducciones así practicadas.

Pregunta 11330
¿Las deducciones que se practican de manera provisional se regularizan a final de año?

Sí. Hay que tener en cuenta que las deducciones efectuadas a lo largo del año se han efectuado de manera provisional, conforme a la prorrata definitiva del año anterior, por lo que, en enero del año siguiente, cuando se dispone de la **información necesaria** para el cálculo de la prorrata definitiva del año, las deducciones, practicadas provisionalmente, se regularizan.
Es importante señalar que esta **regularización** se aplica al total del IVA soportado y no sólo a las cuotas correspondientes a bienes de inversión; por tanto, no debe confundirse con la regularización de las cuotas correspondientes a bienes de inversión (esta se analiza en las preguntas nº 11400 s.).

Ejemplo Una empresa de transportes tiene autobuses, con los que transporta pasajeros convencionales en líneas fijas y en servicios específicos, y ambulancias, en las que transporta heridos y enfermos. La prorrata de deducción de esta empresa para el año N es el 75%. 11332
A lo largo de los 11 primeros meses del año N+1, esta empresa ha soportado 2.000.000 € de IVA. En el último mes del año, el IVA soportado asciende a 210.000 €. Los datos de ingresos del año N+1 son los siguientes:
a) Por transporte de pasajeros en autobús: 40.000.000 €.
b) Por transporte de heridos o pasajeros en ambulancia: 10.000.000 €.

De los 2.000.000 € que esta empresa ha soportado por IVA a lo largo del año N+1, habrá deducido el 75%, que es la prorrata definitiva del año N. En consecuencia, habrá deducido 1.500.000 €. La prorrata que resulta para el año N+1 es el 80% [40.000.000 / (40.000.000 + 10.000.000) = 0,80, esto es, 80%]. Esto implica lo siguiente:
a) Del IVA correspondiente a diciembre, deduce el 80%, esto es, 168.000 €.
b) La regularización del IVA correspondiente al resto del año será la siguiente:
Regularización prorrata definitiva = 1.500.000 – 1.600.000 (80% × 2.000.000) = –100.000 €, de deducción complementaria.
Nótese que la regularización que se ha practicado se ha referido al total del IVA soportado, sin hacer distinciones entre bienes y servicios corrientes y cualesquiera otros bienes y servicios. Del mismo modo, hay que señalar que el importe obtenido no se ha dividido por ningún cociente, ya que no estamos regularizando bienes de inversión, sino pasando de prorrata provisional a definitiva.

11335 **Pregunta**
¿La regularización de las deducciones practicadas provisionalmente a lo largo del año depende de la diferencia entre prorrata provisional y prorrata definitiva?

No. A diferencia de lo que ocurre con la regularización de las cuotas soportadas por bienes de inversión, que está condicionada a que efectivamente existan más de **10 puntos porcentuales** de diferencia entre las prorratas aplicables, la regularización que contempla la LIVA art.105 no depende de la diferencia de prorratas aplicables (ver ejemplo nº 11332, en el que se ha efectuado esta regularización aunque la diferencia resultante entre prorratas era de 5 puntos porcentuales).

11340 **Pregunta**
¿La regularización de las deducciones practicadas provisionalmente a lo largo del año se aplica a todo el IVA soportado deducible?

Sí. La regularización que establece la LIVA art.105 se aplica al **total** del IVA soportado deducible. No hay que hacer distinción, a estos efectos, entre cuotas soportadas por la adquisición de bienes de inversión y cuotas soportadas por bienes y servicios corrientes.

11342 Ejemplo Un médico que ejerce por cuenta propia presta servicios médicos en general (exentos conforme a la LIVA art.20.Uno.3º) y realiza dictámenes periciales (no exentos según tienen señalado la doctrina y la jurisprudencia, ver pregunta nº 4380), ya que está especializado en medicina forense. La prorrata que resulta para este profesional en relación con el año N es el 15%.
A lo largo del año N+1, este profesional ha soportado 50.000 € de IVA, 42.000 € de los cuales corresponden a la compra de un piso al que tiene previsto trasladar su consulta.
La prorrata definitiva que le resulta a este profesional para el año N+1 asciende al 18%.
Del total del IVA soportado durante el año N, este profesional habrá deducido 7.500 €, que es el 15% de 50.000 €. La regularización de final de año es la siguiente:
Regularización prorrata definitiva = 7.500 – 9.000 (18% × 50.000) = –1.500 €.
Esta regularización se realiza en relación con el total del IVA soportado y no sólo con respecto a los 42.000 € de IVA soportado por la compra del piso.

11345 **Pregunta**
¿Se puede solicitar a la AEAT una prorrata provisional distinta de la que procede en función de la prorrata definitiva del año anterior?

Sí. Esta **solicitud** se puede formular (LIVA art.105.Dos; RIVA art.28.1.3º):
a) En **general**, durante el mes de enero del año en el que se desea que surta efectos.
b) En el caso en que se produzcan en el **año en curso** las circunstancias que determinan que el porcentaje fijado como definitivo en el año anterior no resulte adecuado como porcentaje provisional, hasta la finalización del mes siguiente a aquel en el curso del cual se produzcan dichas circunstancias.

El porcentaje provisional autorizado surte **efectos** respecto de las cuotas soportadas a partir de las siguientes fechas:
a) En el caso de autorización del porcentaje provisional de deducción **notificada por la AEAT** al sujeto pasivo dentro del plazo de un mes desde la fecha de la solicitud, la fecha que indique la Administración en la citada autorización.
b) En el caso de autorización del porcentaje provisional de deducción que deba entenderse concedida por haber transcurrido el referido plazo de un mes sin que se hubiese producido la notificación de la resolución de la Administración (**silencio administrativo**), el primer día del período de liquidación del impuesto siguiente a aquel en que se hubiese producido la finalización del citado plazo.

Ejemplo Un empresario dedicado a prestar servicios de transporte de pasajeros tiene autobuses y ambulancias. La prorrata definitiva de este empresario para el año N es el 60%. En marzo del año N+1 decide la venta de las ambulancias, por lo que previsiblemente el total de operaciones que realice en lo sucesivo serán operaciones generadoras del derecho a la deducción, de resultas de lo cual la prorrata de este empresario se elevará hasta el 100%. **11347**
En lugar de asumir como prorrata provisional durante todo el año N+1 la prorrata definitiva del año anterior, del 60%, este empresario podría acudir al procedimiento que se ha descrito y solicitar la aplicación de una prorrata provisional distinta al 60%. En este caso, la solicitud podría formularse hasta finales del mes de abril.

11350

Pregunta
¿Cómo se determina la prorrata provisional al inicio de la actividad?

En los términos establecidos por la LIVA art.111.Dos (LIVA art.105.Tres, ver pregunta nº 11640).

11355

Pregunta
¿Cómo se determina la prorrata cuando se interrumpe la actividad?

En función de los **datos globales** de los 3 últimos años en los que se hubieran realizado operaciones. Interesa destacar que, de acuerdo con la norma, este porcentaje no es provisional, sino definitivo (LIVA art.105.Cinco). Además de la literalidad de la LIVA, hay que tener en cuenta que este porcentaje necesariamente ha de ser definitivo, ya que se aplica a años en los cuales no se realizan operaciones, por lo que no cabe, respecto a estos, el cálculo de su prorrata de deducción.

IV. Prorrata especial

(LIVA art.103 y 106)

11370

Pregunta
¿En qué supuestos se aplica la regla de prorrata especial?

La regla de prorrata especial se aplica en dos **circunstancias** (LIVA art.103.Dos):
a). Cuando opte por ello el sujeto pasivo en tiempo y forma. La regulación de esta cuestión se lleva a cabo reglamentariamente, que señala que dicha **opción** puede ejercitarse en los siguientes plazos (RIVA art.28.1.1º):
- en **general**, en la última declaración-liquidación del impuesto correspondiente a cada año natural, procediéndose en tal caso a la regularización de las cuotas soportadas durante el mismo para su deducción conforme al procedimiento de prorrata especial;
- en los supuestos de **inicio de actividades** empresariales o profesionales, constituyan o no un sector diferenciado respecto de las que se venían desarrollando con anterioridad, hasta la finalización del plazo de presentación de la autoliquidación correspondiente al período en el que se produzca el comienzo en la realización habi-

tual de las entregas de bienes o prestaciones de servicios correspondientes a tales actividades.
La opción por la aplicación de la regla de prorrata especial surte **efectos** en tanto no sea revocada por el sujeto pasivo, aunque con una validez mínima de 3 años naturales, incluido el año natural a que se refiera la opción ejercitada. Dicha revocación puede efectuarse en la última autoliquidación del año natural, regularizándose las cuotas soportadas durante el año, en este caso, por su paso a la deducción conforme al procedimiento de prorrata general.
b) Cuando sea **obligatoria**. Así, se establece que la prorrata especial se aplica obligatoriamente cuando la cantidad total del IVA deducible por referencia a un año natural a consecuencia de la aplicación de la regla de prorrata general excede al que resultaría de la aplicación de la regla de prorrata especial en un 10% o más.

11371 Ejemplo Una sociedad se dedica al arrendamiento de inmuebles y presenta los siguientes datos:

Actividad		Importes
Arrendamiento de locales y oficinas	Ingresos	3.000.000 €
	IVA soportado	150.000 €
Arrendamiento de viviendas	Ingresos	2.000.000 €
	IVA soportado	200.000 €
Gastos generales	IVA soportado	10.000 €

Si se aplica la regla de prorrata general, el IVA deducible para esta sociedad es el siguiente:
Prorrata general = 3.000.000 / (3.000.000 + 2.000.000) = 0,60 = 60%
IVA soportado deducible = 0,60 × (150.000 + 200.000 + 10.000) = 216.000 €
Si se aplicara la regla de prorrata especial, el IVA deducible es el siguiente:
a) IVA soportado en la actividad de arrendamiento de locales y oficinas, completamente deducible: 150.000 €.
b) IVA soportado en la actividad de arrendamiento de viviendas, no deducible: 200.000 €.
c) IVA de gastos generales, deducible a prorrata, 0,60 × 10.000 = 6.000 €.
d) Total IVA deducible: 156.000 €.
El IVA deducible a prorrata general, 216.000 €, supera al que resulta de la aplicación de la prorrata especial en más de un 20% (216.000 ≥ 156.000 × 1,20 = 187.200). Por tanto, es obligatoria la aplicación de la regla de prorrata especial, con lo que el IVA deducible para este empresario o profesional asciende a 156.000 €.

11372

Pregunta
¿Cómo se opta por la aplicación de la prorrata especial?

Tanto la **opción** por la aplicación de la regla de prorrata especial como su **revocación** se realizan a través de la última declaración-liquidación del año natural, la correspondiente al último mes o trimestre del ejercicio (RIVA art.28.1.1º).

11373

Pregunta
¿A partir de qué momento es aplicable la regla de prorrata especial?

Depende de cuándo se haya optado por ella:
a) En caso de que se opte por ella en la **autoliquidación del mes de diciembre o del último trimestre**, la opción por la prorrata especial es aplicable al año en curso, esto es, al año para cuyo mes de diciembre o último trimestre se optó por ella, y para los sucesivos, mientras no se revoque.
b) Si se opta al **inicio de la actividad**, la prorrata especial es aplicable desde el citado inicio, abarcando al total de las cuotas soportadas en relación con ella.

Pregunta 11374
¿La regla de prorrata especial tiene una duración mínima?

Sí. De acuerdo con la regulación de la materia que hace el RIVA art.28.1.1º, la regla de prorrata especial tiene una **vigencia mínima** de 3 años. Una vez agotados estos 3 años, incluyendo aquel para el cual se ejercitó la opción por ella, cabe la revocación de la opción y la aplicación de la prorrata general. Esta revocación se realiza a través de la última autoliquidación de IVA del ejercicio.

Pregunta 11375
¿Puede ocurrir que la regla de prorrata especial resulte obligatoria?

Sí. Como se ha señalado en la pregunta anterior (nº 11370), si el importe total del IVA deducible que resulta de la aplicación de la regla de prorrata general excede al que se obtiene con la aplicación de la prorrata especial en más de un **10%**, la aplicación de esta última deviene en obligatoria (LIVA art.103.Dos.2º).

Pregunta 11380
¿En qué consiste la regla de prorrata especial?

En la **especificación** de la deducción del IVA soportado en función del uso o destino efectivo de los bienes y servicios adquiridos. A estos efectos se establecen las siguientes **reglas** (LIVA art.106.Uno):
a) Las cuotas soportadas por bienes y servicios utilizados exclusivamente en la realización de **operaciones generadoras** del derecho a la deducción son plenamente deducibles.
b) Las cuotas soportadas por bienes y servicios utilizados exclusivamente en **operaciones no generadoras** del derecho a la deducción no son deducibles en ninguna medida ni cuantía.
c) Las cuotas que corresponden a bienes y servicios que se usan en **ambas** operaciones son deducibles a prorrata, es decir, en el importe que resulte de la aplicación de la prorrata general.
Como se infiere de lo anterior, la llevanza a efecto de la regla de prorrata especial requiere un **seguimiento del uso efectivo** de los bienes y servicios adquiridos por el empresario o profesional.

Ejemplo Un experto en idiomas presta servicios de traducción literaria y de interpretación inglés-español-inglés. Los datos relativos a su actividad son los siguientes: 11382

Actividad		Importes
Traducción (exenta ex LIVA art.20.Uno.26)	Ingresos	150.000 €
	IVA soportado	1.500 €
Interpretación, sujeta y no exenta	Ingresos	20.000 €
	IVA soportado	2.000 €
Gastos generales	IVA soportado	1.500 €

Siendo de aplicación la regla de prorrata especial, el IVA deducible es el siguiente:
a) IVA soportado en la actividad de traducción, no deducible: 1.500 €.
b) IVA soportado en la actividad de interpretación, deducible: 2.000 €.
c) IVA de gastos generales, deducible a prorrata, 0,12 × 1.500 = 180 €.
d) Total IVA deducible: 2.180 €.
La prorrata general ha resultado del siguiente cálculo:
Prorrata general = 20.000 / (20.000 + 150.000) = 0,1176 ≈ 12%.

11385

Pregunta
Siendo aplicable la regla de prorrata especial, ¿qué ocurre con los bienes y servicios que no se pueden imputar a operaciones específicas?

Que se deducen en función de la prorrata general que aplique el empresario o profesional de que se trate. Así lo establece la LIVA art.106.Uno.3ª. A estas cuotas se les aplica el mismo procedimiento que a cualesquiera otras que se deduzcan a prorrata, es decir, se deducen provisionalmente conforme a la prorrata provisional del ejercicio precedente y se regularizan a final de año, una vez se conoce la prorrata definitiva correspondiente.

V. Regularización de bienes de inversión

(LIVA art.107 s.)

11400

A. Concepto de bien de inversión

(LIVA art.108)

11410

Pregunta
¿Qué es un bien de inversión a los efectos del IVA?

A los efectos del IVA, un bien de inversión es todo bien corporal que se adquiere para ser utilizado como medio de explotación durante más de un año (LIVA art.108). Los **requisitos**, por tanto, para que un bien sea considerado de inversión en el ámbito del IVA son los siguientes:

a) Ha de tratarse de un bien **corporal**, siendo irrelevante que se trate de un bien mueble, inmueble o semoviente, pero en todo caso corporal. Esto hace que los incorporales queden excluidos de esta consideración en todo caso.

b) Debe generar **ingresos** mediante su explotación, no mediante su transmisión a terceros.

c) La intención con la que se adquirió ha de ser su **utilización en la actividad** empresarial durante al menos durante un año. Se trata de los bienes que se usan en la actividad empresarial o profesional de modo permanente, esto es, que no forman parte de su circulante o existencias.

11415

Pregunta
¿Hay alguna exclusión o exclusiones de este concepto?

Sí. En ningún caso tienen la condición de bienes de inversión los siguientes (LIVA art.108.Dos):

a) Los **accesorios** y piezas de recambio adquiridos para la reparación de los bienes de inversión.

b) Las **ejecuciones de obra** efectuadas para la reparación de otros bienes de inversión (ver pregunta nº 11440).

c) Los **envases y embalajes**, aunque sean susceptibles de reutilización.

d) Las **ropas** utilizadas para el trabajo por el propio empresario o profesional o por su personal dependiente.

e) Cualquier otro bien que tenga un **valor** de adquisición inferior a 3.005,06 €, IVA no incluido.

Es conveniente recordar que la anterior relación de exclusiones se añade a la de los bienes que, por no cumplir los requisitos que se han señalado en la pregunta nº 11410, estén excluidos, per se, de la consideración como bienes de inversión.

Pregunta
¿Qué trascendencia tiene el hecho de que un bien se considere como de inversión? 11420

Las **consecuencias** que se derivan del hecho de que un bien se considere como de inversión a los efectos del IVA son diversas:

a) En primer lugar, y al menos en cuanto a la interpretación literal, para los bienes de inversión se admite la **deducción parcial** del IVA cuando la afectación a la actividad empresarial es igualmente parcial, no así para los bienes corrientes y servicios (LIVA art.95.Tres). Ocurre que la doctrina administrativa ha admitido igualmente esta afectación parcial para otros bienes y servicios, aplicando directamente la normativa comunitaria (Dir 2006/112/CE), por lo que, en términos prácticos, se puede considerar este requisito como menor (ver pregunta nº 10305).

b) Las entregas de bienes de inversión no se incluyen en los términos de la **prorrata** para no distorsionar el cálculo (LIVA art.104.Tres.3º). Por tanto, si se transmite uno de estos bienes, su importe no se computa ni en el numerador ni en el denominador de este porcentaje.

c) Las **cuotas soportadas** o satisfechas por bienes de inversión resultan deducibles en términos análogos a los de cualesquiera otras cuotas, pero son objeto de un seguimiento específico a través de la regularización que se regula en la LIVA art.107 s., por lo que, tanto si se trata de sujetos pasivos con limitaciones en su derecho a la deducción, como si los citados bienes se transmiten antes de transcurridos los períodos de regularización, hay que tener presentes los ajustes respectivos.

Pregunta
¿Un intangible que se usa de manera permanente en la empresa se puede considerar como bien de inversión? 11425

No. La dicción de la LIVA es clara. Únicamente tienen la condición de bienes de inversión los bienes **corporales**, en ningún caso los incorporales (LIVA art.108).

La **normativa comunitaria** permite a los Estados comunitarios considerar como bienes de inversión a las prestaciones de servicios que cumplan una función equivalente a la que desarrollan estos, pero España no ha hecho uso de esta posibilidad, que es una facultad para los Estados miembros (Dir 2006/112/CE art.190).

Pregunta
¿Los criterios contables tienen alguna incidencia en la calificación de un bien como de inversión? 11430

No. El concepto bien de inversión es un **concepto propio** del IVA que define su propia norma, por lo que no es posible acudir a otras, como pueden ser las contables, para su delimitación.

Pregunta
¿Hay algún importe mínimo por debajo del cual está excluida la consideración de un bien como de inversión? 11435

Sí. Los bienes cuyo valor de adquisición es inferior a 3.005,06 € están excluidos de la calificación como bienes de inversión (LIVA art.108.Dos.5º).

Con esta exclusión se evita, respecto a dichos bienes, de escaso valor, tener que hacer el seguimiento que implican las regularizaciones que se establecen en la LIVA art.107 s.

11440 **Pregunta**
¿Qué tratamiento tienen las obras de reparación, mantenimiento o mejora de bienes de inversión?

Están excluidas de la consideración como bienes de inversión las ejecuciones de obra realizadas para la **reparación** de otros bienes de inversión (LIVA art.108.Dos.2º). Lo que no contempla la norma es el tratamiento que procede dar a otras ejecuciones de obra relativas a bienes de inversión, a través de las cuales se puede estar ampliando su vida útil o su capacidad. Esta carencia ha sido completada por la DGT.
Así, señala que las previsiones que contiene la LIVA para los bienes de inversión han de ser también aplicables a las cuotas soportadas por la adquisición de bienes y servicios destinados a la **ampliación o mejora** de un determinado bien de inversión preexistente, a condición de que el valor de adquisición de tales bienes y/o servicios sea superior a 3.005,06 € (DGT 12-3-99; 3-4-01; CV 8-9-11; CV 3-7-14; CV 4-1-19).
Por el contrario, la DGT considera que este tratamiento no debe ser aplicable a las cuotas soportadas con ocasión de la adquisición de bienes y servicios destinados a la reparación o conservación de **bienes de inversión preexistentes**, de manera que los mismos vuelvan a ponerse en condiciones de funcionamiento o se mantengan en condiciones de funcionamiento con su normal capacidad productiva.
En particular, y por lo que se refiere a **edificaciones**, ha señalado que lo anterior es aplicable a las cuotas soportadas con ocasión de la adquisición de bienes y servicios destinados a la mejora de un determinado local explotado por él mismo en arrendamiento cuando concurran las siguientes circunstancias (DGT 12-3-99):
a) Que los referidos bienes se incorporen al local **de manera fija**, de suerte que no puedan separase de él sin quebranto ni deterioro, y que los citados servicios se refieran al local en tanto que edificación o a bienes incorporados al mismo de manera fija.
b) Que los citados bienes no sean **objetos de uso u ornamentación**, ni se trate de los demás inmuebles por destino a que se refiere el CC art.334.4 y 5, siempre que los citados servicios no se refieran a bienes de tal naturaleza.
c) Que los mencionados bienes y servicios se destinen a la realización de una **mejora** del local comercial, de manera que se produzca una alteración en el mismo que determine una mayor capacidad productiva y un alargamiento en su vida útil estimada.
d) Que el **importe** de la adquisición de los citados bienes y servicios destinados a la mejora de un determinado local comercial, individualmente considerado, sea de 3.005,06 €, o más.
En este supuesto, el período de regularización de las cuotas soportadas por la adquisición de los citados bienes y servicios es el de los 9 años siguientes a aquel en que soportaron dichas cuotas o al inicio de la utilización efectiva o entrada en funcionamiento de las mejoras.

B. Regularización de las cuotas soportadas

(LIVA art.107 s.)

11460 **Pregunta**
¿El IVA soportado por bienes de inversión es deducible como el resto de cuotas soportadas?

Sí. Supuesto que se cumplan los requisitos establecidos con carácter general para la deducibilidad, las **cuotas soportadas** o satisfechas por la adquisición de bienes de inversión son deducibles en los mismos términos que las cuotas soportadas por bienes corrientes o por servicios. La principal **diferencia** entre estos y aquellos se encuentra en la regularización de las cuotas soportadas por bienes de inversión, que no se aplica cuando se trata de cuotas correspondientes a bienes corrientes y servicios (otras diferencias entre los bienes de inversión y el resto se analizan en la pregunta nº 11420).

Pregunta 11465
¿Cuál es la razón que justifica la regularización de las cuotas soportadas por bienes de inversión?

El hecho de que la **incorporación de los costes** correspondientes a bienes de inversión se produce de forma paulatina, a lo largo del tiempo.
Recordemos que el sistema de deducción existente en el IVA europeo es el denominado de deducción financiera, en el cual se repercute el IVA sobre el precio de los bienes o servicios transmitidos o prestados a terceros a la vez que se habilita la deducción del IVA soportado por los bienes y servicios adquiridos de terceros.
Cuando la incorporación a costes del importe de los bienes y servicios adquiridos a terceros no se dilata en el tiempo, el sistema que se ha señalado cumple adecuadamente su función y se acaba gravando el valor añadido correctamente. Sin embargo, cuando la incorporación a costes se dilata en el tiempo, hay que hacer un **seguimiento** de las cuotas soportadas, ya que si a este efecto se le añade la realización de operaciones no generadoras del derecho a la deducción, puede ocurrir que los cálculos acaben distorsionados.

Ejemplo Un abogado que trabaja por cuenta propia realiza igualmente operaciones de mediación en seguros, por lo que aplica la regla de prorrata para determinar sus deducciones. A principios del año N este profesional adquiere un local en el que desarrolla su actividad, por el que paga 500.000 € más 105.000 € de IVA (tipo aplicado del 21%). De estos 105.000 €, este profesional deduce 52.500 €, ya que la prorrata en el año de la adquisición es el 50%. 11467
A principios del año siguiente, este abogado deja de realizar operaciones de mediación en la colocación de seguros y se centra en la prestación de servicios de asistencia jurídica. A consecuencia de lo anterior, su prorrata para dicho año y para los años sucesivos se eleva al 100%.
Es evidente que en caso de que no se realice algún tipo de ajuste, este abogado sufrirá un sobrecoste consecuencia de haber adquirido el inmueble en un año en el que era aplicable una limitación en el derecho a la deducción del 50% cuando la utilización exclusiva del mismo se produce, a lo largo de los años sucesivos, en operaciones generadoras del derecho a la deducción, como son los servicios de asesoramiento sujetos y no exentos que continúa prestando.

Pregunta 11470
¿Cuándo se aplica la regularización de las cuotas soportadas por bienes de inversión?

Cuando las **diferencias** entre las prorratas definitivas de deducción correspondientes a los años incluidos en el período de regularización y la correspondiente al año en el que se soportó el IVA correspondiente al bien de inversión sean estrictamente superiores a 10 puntos porcentuales. La regularización se practica, igualmente, aunque en cualquiera de los años que hay que tener en cuenta la prorrata resultante sea el 0 ó el 100%.
Es importante tener en cuenta que las prorratas a partir de las cuales se determina si procede realizar la regularización y, en su caso, el importe de la misma, son las **prorratas definitivas** correspondientes a los años de referencia. En consecuencia, los porcentajes provisionales que, a lo largo del año, se van aplicando, son irrelevantes a estos efectos.
Asimismo, es importante no confundir la regularización de las cuotas correspondientes a bienes de inversión con la que se aplica a final de año para pasar de prorrata provisional a prorrata definitiva (LIVA art.105, ver pregunta nº 11330). Las **diferencias** fundamentales se encuentran en su ámbito de aplicación:

a) En cuanto a las **cuotas soportadas**, la regularización en función de la prorrata definitiva se aplica al total del IVA soportado; la de bienes de inversión se limita a las cuotas soportadas o satisfechas por bienes de inversión.
b) En cuanto a la **diferencia de prorratas**, la regularización en función de la prorrata definitiva se practica con independencia de la diferencia existente entre prorrata provisional y definitiva, mientras que la prorrata de los bienes de inversión únicamente se efectúa cuando hay más de 10 puntos porcentuales de diferencia entre las prorratas aplicables.

11475

Pregunta
¿Cómo se calcula la regularización de las cuotas soportadas por bienes de inversión?

Hay que proceder del siguiente modo (LIVA art.109):
a) Se toma como **punto de partida** el IVA efectivamente deducido cuando se soportaron las cuotas correspondientes al bien cuya regularización se está determinando. Interesa destacar que este importe es el que resulte después de haber realizado la regularización que se establece para pasar de prorrata provisional a definitiva (LIVA art.105, ver pregunta nº 11330).
b) Del importe anterior se **resta** el importe que hubiera resultado deducible en caso de que las cuotas correspondientes se hubieran soportado en el año por referencia al cual se está efectuando la regularización.
c) El importe resultante se **divide** por 5, con carácter general, o por 10 si se trata de inmuebles.
En caso de que la cantidad que resulte tenga **signo positivo**, es un ingreso a favor de la Hacienda Pública. Por el contrario, si resulta tener **signo negativo**, es una deducción complementaria a favor del contribuyente.

11477 Ejemplo Un empresario o profesional que aplica la regla de prorrata adquiere en junio del año N un inmueble para desarrollar en él su actividad. Este inmueble se adquiere por 1.000.000 € más 210.000 € de IVA (tipo aplicado del 21%). Las prorratas de deducción de este empresario o profesional son las siguientes:

Año	Prorrata
N-1	45%
N	50%
N+1	75%
N+2	70%
N+3	60%
N+4	35%

Las deducciones y regularizaciones, que habría que efectuar, en su caso, son las siguientes:

Año	Regularización	Explicación
N	–10.500 €	Resultado de ajustar la deducción practicada en junio, de 94.500 € (el 45% de 210.000 €) a 105.000 €, que resultan de aplicar a 210.000 € la prorrata definitiva de este año (el 50%).
N+1	-5.250 €	[105.000 – (0,75 × 210.000)] / 10 = – 5.250 €, deducción complementaria.
N+2	-3.200 €	[105.000 – (0,70 × 210.000)] / 10 = – 4.200 €, deducción complementaria.
N+3	–	Este año no procede regularizar, ya que la diferencia respecto a la prorrata definitiva del año N no es estrictamente superior a 10 puntos porcentuales.
N+4	3.150 €	[105.000 – (0,35 × 210.000)] / 10 = 3.150 €, a ingresar.

Pregunta 11480
¿Cuándo se inicia el período de regularización?

En principio, la regularización abarca el año en el que se produce la adquisición de los bienes de inversión a los que se refiere y los 4 siguientes, con carácter **general**, o 9, si se trata de **inmuebles**. Por tanto, el período de regularización se inicia cuando se adquieren los bienes respectivos.
Sin embargo, en caso de que la **entrada en funcionamiento** o inicio de la utilización efectiva de los bienes respectivos se demore, es cuando se produce dicha entrada en funcionamiento o inicio de la utilización efectiva cuando se inicia el citado período (LIVA art.107.Uno segundo párrafo). Interesa señalar que, en todo caso, la regularización se refiere a las cuotas soportadas o satisfechas por la adquisición de los bienes, con independencia de cuándo se inicie el período de regularización.

Ejemplo Una entidad financiera adquiere un local en el que pretende instalar una oficina, pagando por él 2.000.000 € más 420.000 € de IVA (tipo aplicado del 21%). El local se adquiere en octubre del año N. Tras recibirlo, se inician las obras de acondicionamiento del mismo, que duran 4 meses. En marzo del año siguiente se inaugura la oficina. Las prorratas de esta entidad son las siguientes: 11482

Año	Prorrata
N	10%
N+1	15%
N+2	20%
N+3	22%
N+4	18%
N+5	16%
N+6	20%
N+7	21%
N+8	25%
N+9	26%
N+10	20%

En el momento de adquisición del local, la entidad habrá deducido el 10% del IVA soportado, que es la prorrata que resulta aplicable para este año N, esto es, 42.000 € (hacemos abstracción de la existencia de una prorrata provisional y su paso a definitiva, por lo que el dato que se ofrece es el de la deducción definitiva para el año N).
El inicio de la utilización efectiva del local en marzo del año N+1 hace que sea este año y los 9 siguientes los que han de tomarse como período de regularización, por lo que la misma llega hasta el año N+10. En el siguiente cuadro, se ofrecen los datos de las regularizaciones que habría que practicar durante este período. Nótese que estas se han calculado por referencia a la cuota soportada y deducida en el año N, aunque el inicio del período de regularización no se produzca en este año, sino en el año siguiente.

11484

Año	Regularización	Explicación
N+1	–	Este año no procede regularizar, ya que la diferencia respecto a la prorrata definitiva del año N no es estrictamente superior a 10 puntos porcentuales.
N+2	–	Este año no procede regularizar, ya que la diferencia respecto a la prorrata definitiva del año N no es estrictamente superior a 10 puntos porcentuales.
N+3	–5.040 €	[42.000 – (0,22 × 420.000)] / 10 = – 5.040 €, deducción complementaria.
N+4	–	Este año no procede regularizar, ya que la diferencia respecto a la prorrata definitiva del año N no es estrictamente superior a 10 puntos porcentuales.
N+5	–	Este año no procede regularizar, ya que la diferencia respecto a la prorrata definitiva del año N no es estrictamente superior a 10 puntos porcentuales.
N+6	–	Este año no procede regularizar, ya que la diferencia respecto a la prorrata definitiva del año N no es estrictamente superior a 10 puntos porcentuales.
N+7	–4.620 €	[42.000 – (0,21 × 420.000)] / 10 = – 4.620 €, deducción complementaria.
N+8	–6.300 €	[42.000 – (0,25 × 420.000)] / 10 = – 6.300 €, deducción complementaria.
N+9	–6.720 €	[42.000 – (0,26 × 420.000)] / 10 = – 6.720 €, deducción complementaria.
N+10	–	Este año no procede regularizar, ya que la diferencia respecto a la prorrata definitiva del año N no es estrictamente superior a 10 puntos porcentuales.

11490 **Pregunta**

¿Cuándo finaliza el período de regularización por bienes de inversión?

Una vez han transcurrido 4 ó 9 años desde el año en que se soportaron las cuotas o se produjo el inicio de la utilización efectiva o entrada en funcionamiento del bien respectivo.

11495 **Pregunta**

Una vez finalizado el período de regularización, ¿hay que hacer algún ajuste adicional como consecuencia de la modificación de la prorrata de deducción cuando se han adquirido bienes de inversión y están todavía en uso?

No. Cuando ha finalizado el período de regularización, aunque se produzcan **modificaciones sustanciales** en la prorrata de deducción, no hay que hacer ningún ajuste o regularización, sea a favor del contribuyente, sea en su contra. De alguna forma, se asume que la incorporación a costes del valor de los bienes de inversión se agota en los plazos que ella misma establece, 5 años con carácter general y 10 años para el caso de los inmuebles, por lo que, agotados estos plazos, no procede realizar ajustes adicionales.

Pregunta 11500

¿Qué ocurre cuando se soportan cuotas relativas a un bien de inversión después del inicio de su utilización efectiva?

Su **regularización** en dicho año por referencia a la fecha de su entrada en funcionamiento o inicio de su utilización efectiva (LIVA art.107.Cuatro).

Ejemplo Una empresa se dedica a la docencia y a la edición de libros. Esta empresa adquiere por 1.000.000 € más 210.000 € de IVA (tipo aplicado del 21%) un edificio en el que tiene previsto instalar su sede social y negocio. Este inmueble se adquiere en noviembre del año N y se comienza a utilizar de inmediato, ya que la mudanza a dicho edificio se produce en la segunda semana de este mes. La factura por la compra se recibe en febrero del año siguiente. Las prorratas de esta entidad son las que se señalan en el cuadro siguiente: 11502

Año	Prorrata
N-1	60%
N	60%
N+1	75%
N+2	70%
N+3	90%

El inicio del período de regularización se produce en el año N, que es cuando comienza la utilización efectiva de este inmueble. Ocurre, sin embargo, que las cuotas correspondientes a este bien se han soportado al año siguiente, lo cual da lugar a los siguientes efectos:

a) Esas cuotas se deducen al 75%, que es la prorrata de deducción que les resulta aplicable, lo que da un importe de 157.500 €.

b) Por referencia al año N, hay un exceso de deducción que procede regularizar. Esta regularización se realiza del siguiente modo:

Regularización = [157.500 – (0,60 × 210.000)] / 10 = 3.150 €, a ingresar.

Nótese que los datos que se han tomado para el cálculo de la regularización del año N son, de una parte, la deducción practicada en el año en el que se han soportado las cuotas, 157.500 € (el 75% de 210.000 €) y, de otra, la prorrata definitiva del primer año por referencia al cual se está realizando la regularización.

En el año N+2 no procedería practicar regularización ninguna, ya que la diferencia entre la prorrata de este año, el 70%, y la definitiva del año en el que se soportaron las cuotas, el 75%, no supera los 10 puntos porcentuales.

En el año N+3 la regularización se efectuaría en condiciones normales, lo que daría lugar al siguiente resultado:

Regularización = [157.500 – (0,90 × 210.000)] / 10 = – 3.150 €, deducción complementaria.

Pregunta 11510

¿Cuándo se hacen efectivos los ingresos o deducciones complementarias que resultan de las regularizaciones por bienes de inversión?

En la autoliquidación correspondiente al **último período** de liquidación del año.

Así se establece expresamente (LIVA art.107.Siete), pero resulta igualmente de la necesidad de que haya concluido el ejercicio para disponer de la **información necesaria** con la que calcular su prorrata definitiva y la regularización que proceda, en su caso.

Desde el punto de vista de los procedimientos de aplicación de los tributos y de revisión, lo anterior es de gran importancia, ya que será en enero del año siguiente a aquel que se está regularizando cuando se inicien los plazos de **prescripción** correspondientes.

11515 **Pregunta**
¿Qué ocurre si durante el período de regularización un bien de inversión se destruye o inutiliza?

En tal caso, y supuesto que la causa de la destrucción o inutilización no es imputable al empresario o profesional que lo estaba utilizando, no procede realizar ninguna otra regularización (LIVA art.107.Seis). Es importante tener en cuenta que esto es así tanto cuando las posibles regularizaciones fueran a favor del contribuyente como si hubieran resultado en su contra. La lógica de esta previsión se encuentra en el **cese en la incorporación a costes** del importe del bien de inversión destruido, por lo que tiene sentido que cesen igualmente las regularizaciones.

11520 **Pregunta**
¿Qué ocurre cuando se transmite un bien de inversión?

Para contestar a esta pregunta hay que distinguir según la transmisión se produzca una vez finalizado el **período de regularización** o no.
a) Cuando la transmisión del bien de inversión se lleva a cabo **después de finalizado** el período de regularización, no hay que hacer ningún tipo de ajuste o regularización (ver pregunta nº 11490). En principio, tampoco procede la inclusión del importe de la venta en los términos de la prorrata, ya que no deja de ser un bien de inversión, por lo que no es procedente la citada inclusión.
b) Cuando, por el contrario, la venta de un bien de inversión se produce **antes** de que acabe el período de regularización, hay que realizar un ajuste que supone realizar de una sola vez la regularización correspondiente al año en el que se produce la venta y los restantes hasta completar el referido período (LIVA art.110).
Para realizar esta regularización, hay que tener en cuenta las siguientes **reglas**:
1. Si la venta del bien de inversión está **exenta**, hay que suponer que en el año de la citada venta y en los que falten hasta completar el período de regularización la prorrata aplicable es cero. Esta regla no se aplica cuando la exención aplicable es una exención plena, es decir, es una exención generadora del derecho a la deducción.
2. Si la venta se realiza en virtud de una **operación sujeta y no exenta**, la hipótesis es que en el año de la venta y en los restantes la prorrata es del 100%. La deducción a que, en su caso, pueda haber derecho, está limitada por el importe de la cuota que corresponda repercutir en la venta.

11522 Ejemplos **1)** Un fabricante de material eléctrico compró en el año N un piso en el centro de su ciudad para instalar en él la sede social de su empresa. Este empresario atraviesa por ciertas dificultades, por lo que decide la venta de este inmueble y el traslado de la sede social a las afueras de la ciudad, que es donde están la fábrica y almacenes. El piso se compró en su día por 1.500.000 € más 150.000 €, que se dedujeron por completo. La venta se realiza en el año N+3 y queda exenta como segunda o ulterior entrega de edificaciones (LIVA art.20.Uno.22º).
El hecho de que la venta del inmueble se realice exenta de IVA obliga a la regularización de las cuotas soportadas por su adquisición. Es importante señalar que el hecho de que este empresario o profesional no aplique la regla de prorrata para la determinación de sus deducciones no es óbice para la regularización que analizamos, tal y como dispone expresamente la LIVA art.110.Dos.
La regularización en este caso es la siguiente:
Regularización = (150.000 – 0) × 7 / 10 = 105.000 €, de ingreso complementario.
2) El mismo caso del ejemplo anterior, pero ahora ocurre que el piso se vende con IVA, ya que se renuncia a la exención (LIVA art.20.Dos).
En este caso, el importe de la regularización es cero, al coincidir minuendo y sustraendo de la misma.

11524 **3)** Un médico adquiere en el año N un piso en el que instala su consulta. El piso se adquiere por 500.000 € más 50.000 € de IVA. Esta cuota de IVA no se deduce, ya que el total de los servicios que presta el médico están exentos de IVA (LIVA art.20.Uno.3º).

En el año N+5 este profesional vende el inmueble, renunciando a la exención. El importe de la venta es de 450.000 €.
La venta del inmueble sujeta y no exenta permite a este profesional recuperar una parte del IVA que soportó y que no pudo deducir. La regularización en este caso es la siguiente:
Regularización = (0 – 50.000) × 5 / 10 = – 25.000 €, de deducción complementaria.
Hay que tener en cuenta que esta deducción complementaria está limitada por el importe de la cuota repercutida a la venta del bien. En este caso, la cuota repercutida es de 45.000 €, por lo que no hay restricción respecto a la deducción adicional que se ha señalado anteriormente.

Pregunta 11530
¿Cuándo han de hacerse efectivos los ingresos o deducciones complementarias que resultan de la transmisión de un bien de inversión?

La norma no regula esta cuestión, por lo que caben dos posibles **interpretaciones**:
a) Por analogía a lo establecido para las regularizaciones de bienes de inversión, entender que corresponden al **último período** de liquidación del ejercicio, por lo que se harían efectivas en enero del año siguiente (LIVA art.107 y 109).
b) Considerando que son regularizaciones que no derivan de la modificación de la prorrata de deducción ni están subordinadas al cálculo de esta, como sí ocurre respecto a las regularizaciones de bienes de inversión, se podría considerar que se deben hacer efectivas en la autoliquidación correspondiente al período de liquidación en el que se haya producido la **transmisión** del bien de inversión que da lugar a su realización.

Pregunta 11535
¿La regularización por venta de bienes de inversión se aplica igualmente cuando estos se venden antes de que comience su utilización efectiva?

Sí. Así se establece expresamente (LIVA art.110.Tres). Este aserto permite afirmar que lo **relevante** para caracterizar un bien como inversión no es su utilización efectiva en la actividad empresarial durante más de un año, sino su adquisición con la intención de dicha utilización.

Pregunta 11540
¿La entrega de un bien de inversión en virtud de una operación no sujeta al IVA por tratarse de la transmisión de una unidad económica autónoma obliga a aplicar la regularización por entregas de bienes de inversión?

No. Así se establece expresamente (LIVA art.110.Cuatro).

VI. Deducciones previas al inicio de la actividad

(LIVA art.5 y 111)

Pregunta 11570
¿Son deducibles las cuotas soportadas antes del inicio de la actividad?

Sí, en los mismos términos que las cuotas que se soportan una vez se ha iniciado la actividad empresarial o profesional. De hecho, el inicio de la citada actividad se produce cuando comienza la **adquisición de bienes y servicios** con la intención, confirmada por elementos objetivos, de destinarlos al desarrollo de una actividad empre-

sarial o profesional (LIVA art.5.Dos tercer párrafo), por lo que terminología que se utiliza en la pregunta es, en cierto modo, errónea.
Esta **regulación** trae causa de la sentencia del TJUE 21-3-00, asuntos acumulados Gabalfrisa y otros C-110/98 a C-147/98, que condenó a la legislación española sobre este particular, que establecía ciertos requisitos (la presentación de una declaración censal) y el inicio de las operaciones activas en el plazo de un año, para poder deducir las cuotas soportadas con carácter previo al inicio de la realización de entregas de bienes o prestaciones de servicios sujetas a IVA. Esta modificación se realizó, en lo fundamental, dando nueva redacción a la LIVA art.5.Dos y situando el inicio de la actividad empresarial o profesional en el momento en que comienzan las adquisiciones de bienes y servicios que se destinan al desarrollo de la actividad.
Interesa destacar que lo relevante para poder deducir el IVA soportado por estas adquisiciones es que se hayan efectuado con la referida **intención** de su afectación a la actividad empresarial o profesional. No hace falta señalar que la acreditación práctica de esta circunstancia no es una tarea fácil.
Este mismo régimen es aplicable cuando se adquieren bienes y servicios para ser utilizados en actividades que constituyan un nuevo **sector diferenciado** de la actividad.

11575

Pregunta
¿Cómo se puede acreditar que la intención con la que se ha comprado un bien o servicio es destinarlo al desarrollo de una actividad empresarial o profesional?

Mediante **cualquier medio** de prueba admitido en derecho. Así lo establece el RIVA, que añade que, a tal fin, pueden tenerse en cuenta, entre otras, las siguientes circunstancias (RIVA art.27):
a) La **naturaleza** de los bienes y servicios adquiridos o importados, que ha de estar en consonancia con la índole de la actividad que se tiene intención de desarrollar.
b) El **período** transcurrido entre la adquisición o importación de dichos bienes y servicios y la utilización efectiva de los mismos para la realización de las entregas de bienes o prestaciones de servicios que constituyen el objeto de la actividad empresarial o profesional.
c) El cumplimiento de las **obligaciones formales**, registrales y contables exigidas por la normativa reguladora del impuesto, por el Código de Comercio o por cualquier otra norma que resulte de aplicación a quienes tienen la condición de empresarios o profesionales. A este respecto, la norma dispone que se tiene en cuenta, en particular, el cumplimiento de las siguientes obligaciones:
– la presentación de la **declaración de carácter censal**, modelo 036, en la que debe comunicarse a la AEAT el comienzo de actividades empresariales o profesionales por el hecho de efectuar la adquisición o importación de bienes o servicios con la intención de destinarlos a la realización de tales actividades;
– la **llevanza** en debida forma de las obligaciones contables exigidas en el RIVA art.62 s., y en concreto, del Libro Registro de facturas recibidas y, en su caso, del Libro Registro de bienes de inversión.
d) Disponer de o haber solicitado las **autorizaciones**, permisos o licencias administrativas que sean necesarias para el desarrollo de la actividad que se tiene intención de realizar.
e) Haber presentado **declaraciones tributarias** correspondientes a tributos distintos del IVA relativas a la referida actividad empresarial o profesional.
Conviene señalar que esta **intención de afectación** ha de concurrir en el momento de adquisición de los bienes o derechos de que se trate, aunque su aportación a la AEAT se produzca con posterioridad, cuando esta lo solicite.

Pregunta 11580
¿Hay algún requisito en cuanto al inicio de la actividad empresarial o profesional cuando se ha deducido IVA por los aprovisionamientos previos?

No, no hay en la actualidad ningún precepto que establezca plazo alguno a estos efectos (con **anterioridad al 1-1-2001**, la deducción de las cuotas correspondientes a los aprovisionamientos previos al inicio de las entregas de bienes y prestaciones de servicios estaba condicionada al inicio de la actividad en el plazo de un año a partir de la presentación de la declaración censal de alta o a la solicitud de una prórroga. El nuevo régimen establecido consecuencia de la TJUE 21-3-00, asuntos acumulados Gabalfrisa y otros C-110/98 a C-147/98 eliminó este sistema).
Cuestión distinta es que una **demora excesiva** en el inicio de la realización de las operaciones activas, las entregas de bienes o prestaciones de servicios propias de la actividad empresarial o profesional, se pueda considerar indicativa de que la intención real con la que se adquirieron no era la que se manifestó a la Administración Tributaria cuando se dedujo el IVA soportado por los mismos. Se trata, no obstante, de una cuestión relativa a la prueba de la intención con la que se realizaron las adquisiciones que ha de valorarse caso a caso.

Pregunta 11585
¿Cómo se determina la prorrata cuando se inicia la actividad empresarial o profesional?

Los empresarios o profesionales pueden presentar una **solicitud** en la que se propone el porcentaje provisional de deducción, aplicable en los supuestos de inicio de actividades empresariales o profesionales y en los de inicio de actividades que constituyan un sector diferenciado respecto de las que se venían desarrollando con anterioridad (RIVA art.28.1.4º). La AEAT dispone de un **mes** para contestar, transcurrido el cual la solicitud ha de entenderse concedida (RIVA art.28.2).
Este **porcentaje** es aplicable a las cuotas soportadas o satisfechas con anterioridad al momento en que comience la realización habitual de las entregas de bienes o prestaciones de servicios correspondientes a dichas actividades.
No es necesaria la **presentación** de la referida solicitud cuando las entregas de bienes o prestaciones de servicios que constituirán el objeto de las actividades que se inician y, en su caso, el de un sector diferenciado respecto a las actividades que se venían desarrollando con anterioridad, sean exclusivamente operaciones generadoras del derecho a la deducción. A tales efectos, no se tienen en cuenta las operaciones que no se computan para el cálculo de la prorrata (RIVA art.28.1.4º).
Esta solicitud debe formularse al tiempo de presentar la declaración censal por la que debe comunicarse a la AEAT el inicio de las actividades.

Pregunta 11590
¿Son deducibles las cuotas soportadas por terrenos que se adquieren antes del inicio de la realización de las operaciones activas de la actividad empresarial o profesional?

Sí, **actualmente** las cuotas soportadas por la adquisición de terrenos son deducibles en los mismos términos que cualesquiera otras soportadas en estas circunstancias, esto es, a condición de que dichos terrenos se hayan adquirido con la intención de destinarlos al desarrollo de la actividad empresarial o profesional.
Antes del 1-1-2001, la deducción de las cuotas soportadas por terrenos adquiridos con anterioridad al inicio de la realización de las operaciones activas se retrasaba hasta el citado inicio, disponiéndose, incluso, que a esta fecha era a la que había que referir el nacimiento del derecho a la deducción para que no se produjese su caducidad. La modificación operada por la L 14/2000 eliminó esta particularidad.

11595

Pregunta
¿Hay alguna restricción en cuanto a la deducción de las cuotas soportadas antes del inicio de la realización de operaciones activas cuando es aplicable alguno de los regímenes especiales del IVA?

Sí. Hay dos regímenes especiales que tienen **particularidades** en cuanto al derecho a la deducción y a los que hay que prestar atención cuando se soportan cuotas antes del inicio de la actividad:

a) El del **recargo de equivalencia**, que imposibilita la deducción del IVA soportado (LIVA art.154.Dos), y que impide la aplicación del régimen de deducciones previas. Así se establece al disponer que los empresarios o profesionales que hayan de aplicar este régimen especial no podrán efectuar las deducciones de las cuotas soportadas o satisfechas con anterioridad al inicio de la realización de entregas de bienes o prestaciones de servicios correspondientes a actividades empresariales o profesionales (LIVA art.111.Cuatro).

b) El de **agricultura, ganadería y pesca**, que igualmente restringe el derecho a la deducción del IVA soportado (LIVA art.130.Cinco). En este caso, los empresarios o profesionales que se acojan a la deducción de las cuotas soportadas antes del inicio de la realización de las operaciones activas no pueden aplicar el referido régimen especial hasta que finalice el tercer año de dicha realización de entregas de bienes y prestaciones de servicios (LIVA art.111.Cinco). La diferencia que se aprecia respecto al caso anterior se justifica por el hecho de que el régimen de la agricultura es renunciable, lo que no ocurre con el del recargo de equivalencia.

A. Procedimiento de deducción de las cuotas previas al inicio de la actividad

11610

Pregunta
¿En qué momento hay que presentar la declaración censal de alta, modelo 036, cuando se propone el inicio de una actividad empresarial o profesional?

Antes de que se produzca el citado inicio (RGGI art.9.4).
Interesa destacar que esta declaración censal ha de presentarse aunque el inicio de la **realización de las entregas de bienes y prestaciones de servicios** vaya a demorarse. De hecho, se señala que la citada declaración sirve para indicar si el referido inicio de la realización de las operaciones activas propias de la actividad va a demorarse en el tiempo (RGGI art.9.3.d).
Cuando se produzca este inicio, hay que presentar una declaración censal indicando esta circunstancia (RGGI art.10.2.c).

11615

Pregunta
¿Es necesario consignar en la declaración de alta censal, modelo 036, que el inicio efectivo de la actividad se va a demorar?

Sí. Así se establece expresamente (RGGI art.9.3.d) y se desprende del hecho de tener que comunicar a la AEAT el inicio de la realización de las entregas de bienes y prestaciones de servicios propios de la actividad mediante una **declaración censal de modificación** (RGGI art.10.2.c).
Aunque esta sea la normativa que regula esta cuestión, debe señalarse que, si la **demora** en el inicio de las operaciones activas no va a ser grande, probablemente es más operativo presentar la declaración censal sin hacer mayores indicaciones y comenzar la actividad empresarial con normalidad.
La **indicación** de los dos extremos que se han señalado puede ser útil cuando el retraso en el inicio de la realización de las operaciones activas va a ser considerable,

lo cual, previsiblemente, ha de conducir a la presentación de autoliquidaciones de IVA con solicitudes de devolución.

11620

Pregunta
¿Existe alguna particularidad u obligación censal específica cuando se inician operaciones que suponen la existencia de un sector diferenciado para un empresario o profesional que ya venía efectuando otras actividades?

En principio, no. Cualquier **modificación** en los datos censales de un empresario o profesional han de comunicarse a la AEAT, por lo que igualmente habría que comunicar el inicio de nuevas actividades constitutivas de un sector diferenciado de la actividad (RGGI art.10.2.b). Si así se ha hecho y las entregas de bienes o prestaciones de servicios propias del nuevo sector diferenciado se van a retrasar en cuanto a su inicio, cuando se produzca el citado inicio hay que comunicarlo a la AEAT (RGGI art.10.2.c).

B. Regularización de deducciones previas al inicio de la actividad

(LIVA art.112 y 113)

11635

Pregunta
Si se van a iniciar actividades a las que es aplicable la regla de prorrata, ¿cómo se deducen las cuotas soportadas antes del inicio de la actividad?

En función de una **prorrata provisional** que el propio empresario o profesional propone a la AEAT, ya que reglamentariamente se dispone la posibilidad de que los empresarios o profesionales presenten una solicitud por la que se proponga un porcentaje provisional de deducción (RIVA art.28.1.4º). Este porcentaje se aplica en los supuestos de inicio de actividades empresariales o profesionales y en los de inicio de actividades que constituyan un sector diferenciado respecto de las que se venían desarrollando con anterioridad. La AEAT dispone de un mes para contestar, transcurrido el cual la solicitud ha de entenderse concedida (RIVA art.28.2).
Este **porcentaje** es aplicable a las cuotas soportadas o satisfechas con anterioridad al momento en que comience la realización habitual de las entregas de bienes o prestaciones de servicios correspondientes a dichas actividades.
No es necesaria la **presentación** de la referida solicitud cuando las entregas de bienes o prestaciones de servicios que constituirán el objeto de las actividades que se inician y, en su caso, el de las que se venían desarrollando con anterioridad, sean exclusivamente operaciones generadoras del derecho a la deducción, aclarando que a tales efectos, no se tienen en cuenta las operaciones que no se computan para el cálculo de la prorrata (RIVA art.28.1.4º).

11640

Pregunta
¿Cómo se calcula la prorrata en los supuestos de inicio de la actividad?

En función de las **previsiones** del sujeto pasivo que se hayan tenido en cuenta en la solicitud presentada a la AEAT o, en caso de que esta la corrija (supuesto muy poco habitual) conforme a las previsiones que esta haya realizado. De cualquier manera, se trata de previsiones, ya que, no habiéndose realizado todavía entregas de bienes o prestaciones de servicios, no se dispone de datos con los que efectuar el referido cálculo. Lo anterior ha de entenderse sin perjuicio de la regularización que establece la LIVA art.112 y que se explica en las preguntas nº 11650 s.

11645 **Pregunta**
¿A qué cuotas se les aplica la prorrata del inicio de la actividad?

El porcentaje propuesto a la AEAT y aceptado por esta, o el que la propia AEAT haya señalado, es aplicable a las cuotas soportadas o satisfechas con **anterioridad** al momento en que comience la realización habitual de las entregas de bienes o prestaciones de servicios correspondientes a dichas actividades.

11650 **Pregunta**
¿Cómo y cuándo se regularizan las cuotas soportadas antes del inicio de la actividad?

En los términos que establece la LIVA art.112, muy similar a la que se regula en relación con la aplicación de la prorrata definitiva (LIVA art.105, ver pregunta nº 11330).
La **diferencia** estriba en el período de tiempo que toma como referencia, ya que para el caso de deducciones previas al inicio de la actividad se toma una referencia de 4 años. En caso de que las entregas de bienes y prestaciones de servicios se inicien **antes del 1 de julio**, es este el primer año que hay que computar a estos efectos. En otro caso, el primer año para este cómputo es el siguiente (LIVA art.111.Seis).
Esta diferencia se justifica porque al tratarse del inicio de la actividad, se podría dar el caso de que si sólo se atendiera al **primer año** de realización de operaciones, la prorrata que resultara no reflejase adecuadamente la realidad de las operaciones, generando deducciones improcedentes.
Así, se obliga a calcular una **prorrata conjunta** de los 4 primeros años de ejercicio de la actividad y cuantificar así la parte deducible de las cuotas soportadas o satisfechas con anterioridad al inicio de la realización de las entregas de bienes o prestaciones de servicios correspondientes a la actividad empresarial o profesional. Restando este importe de la suma total de las deducciones provisionales practicadas se determina la diferencia, positiva o negativa, que es la cuantía del ingreso o de la deducción complementaria a efectuar (LIVA art.112.Tres).
Interesa destacar que esta regularización se aplica tanto a las **cuotas** correspondientes a bienes de inversión como a cualesquiera otras que se hubieran soportado. Igualmente, hay que señalar que este ajuste se realiza **con independencia de la diferencia** que resulte entre el porcentaje de deducción que se hubiera aplicado y el que definitivamente resulte en función de esta prorrata conjunta para los 4 primeros años de la actividad.

11652 Ejemplo Una entidad de nueva constitución está adquiriendo bienes y servicios para una actividad empresarial que se propone desarrollar. Las primeras adquisiciones de bienes y servicios se realizan en febrero del año N, soportando IVA por importe de 100.000 €, que deduce completamente.
En octubre del año N comienza la realización de las entregas de bienes y prestaciones de servicios propias de la actividad, con los siguientes datos:

Año	Ingresos
N+1	Operaciones no exentas: 250.000 €
	Operaciones exentas: 75.000 €
N+2	Operaciones no exentas: 350.000 €
	Operaciones exentas: 200.000 €
N+3	Operaciones no exentas: 400.000 €
	Operaciones exentas: 250.000 €

Año	Ingresos
N+4	Operaciones no exentas: 600.000 €
	Operaciones exentas: 275.000 €
Total operaciones no exentas	1.600.000 €
Total operaciones exentas	800.000 €
TOTAL OPERACIONES	**2.400.000 €**

Los datos para el cálculo del porcentaje definitivo de prorrata de estos 4 años dan lugar al siguiente porcentaje:
Porcentaje de prorrata: 1.600.000/2.400.000 = 0,66 ~ 67%
Por tanto, de los 100.000 € soportados y deducidos antes del inicio de la realización de operaciones activas, el importe definitivamente deducible es el 67%, esto es 67.000 €, por lo que hay que practicar una regularización de 100.000 – 67.000 = 33.000 € a ingresar.

Pregunta 11655
¿Hay alguna especialidad cuando lo que se adquiere antes del inicio de la actividad son bienes de inversión?

Sí. Existe una **regularización adicional** cuando se trata de bienes de inversión. Así, se dispone que, una vez practicada la regularización de deducciones previas al inicio de actividad (ver pregunta nº 11650), las cuotas correspondientes a bienes de inversión deben ser objeto de la regularización durante los años del período de regularización que queden por transcurrir hasta completar los plazos previstos al efecto por la LIVA art.107 (ver preguntas nº 11480 s.).
A estos efectos, se parte de la prorrata que resulte del porcentaje de deducción definitivamente aplicable en virtud de la LIVA art.112.Uno.

Ejemplo Una sociedad se propone dedicarse al arrendamiento de inmuebles y adquiere 11657
en el año N unas oficinas que constituirán su sede social, pagando por ellas 400.000 €, más 84.000 € de IVA (tipo aplicado del 21%). La actividad de arrendamiento se inicia en septiembre.
Los datos relativos a las cifras de ingresos correspondientes al año N+1 y años sucesivos son los siguientes:

Año	Concepto	Importe
N+1	Viviendas	60.000 €
	Oficinas	40.000 €
N+2	Viviendas	80.000 €
	Oficinas	40.000 €
N+3	Viviendas	120.000 €
	Oficinas	60.000 €
N+4	Viviendas	140.000 €
	Oficinas	60.000 €
TOTAL	**VIVIENDAS**	**400.000 €**
	OFICINAS	**200.000 €**
	TOTAL	**600.000 €**

La prorrata conjunta de cuotas deducidas previas al inicio de la actividad es la siguiente:
Prorrata = (200.000/600.000) = 0,3333 ~ 34%.
De los 84.000 € soportados en la adquisición de las oficinas, son deducibles 28.560 €, esto es, el 34%.

Los datos relativos a N+5 dan lugar a unos ingresos por arrendamientos de viviendas y oficinas, respectivamente, de 170.000 € y 30.000 €, de donde se deduce un porcentaje de prorrata del 15%. Siendo la diferencia entre el porcentaje conjunto correspondiente a los 4 primeros años computables a estos efectos y el porcentaje correspondiente a N+5 superior a 10 puntos porcentuales, es preceptiva la regularización de estas cuotas, que se calcula como sigue:
Regularización de bienes de inversión adquiridos antes del inicio de la actividad = (28.560 – 0,15 × 84.000) / 10 = 1.596 €, a ingresar.

VII. Rectificación de deducciones

(LIVA art.114)

11680

Pregunta
¿Es obligatoria la rectificación de las deducciones que se han practicado erróneamente?

Depende del caso. Los empresarios o profesionales, siempre que no haya mediado un **requerimiento previo** por parte de la Administración Tributaria, pueden rectificar el importe de las deducciones practicadas, tanto en casos en los que el error se deba al cálculo incorrecto del importe de la deducción como cuando el error se deba a la determinación de las citadas cuotas soportadas, cuya deducción, consiguientemente, es asimismo errónea (LIVA art.114).
La misma norma dispone que esta rectificación es **obligatoria** cuando implique una minoración de las cuotas inicialmente deducidas, es decir, cuando el importe deducido supere al procedente.

11685

Pregunta
¿Hay alguna particularidad cuando la rectificación viene motivada por la recepción de una factura rectificativa?

Sí, ya que en este caso se establece el **procedimiento** que hay que seguir y se introducen algunas restricciones. A estos efectos, hay que distinguir (LIVA art.114.Dos):
a) Si la rectificación determina un **incremento** del importe de las cuotas inicialmente deducidas, esta puede efectuarse en la autoliquidación correspondiente al período impositivo en el que se reciba la factura rectificativa o en las siguientes, siempre que no hubiesen transcurrido 4 años desde el devengo de la operación o, en su caso, desde la fecha en que se produjeron las circunstancias que determinan la modificación de la base imponible de la operación.
Hay que matizar que, si la rectificación de las cuotas repercutidas por el proveedor y deducidas por su cliente no se debe a la **modificación de la base imponible** de la operación, no puede efectuarse la rectificación de la deducción de dichas cuotas una vez haya transcurrido un año desde la expedición del documento justificativo del derecho a la deducción por el que se rectifican las mismas.
b) Cuando la rectificación implique una **minoración** del importe de las cuotas inicialmente deducidas, el sujeto pasivo debe presentar una autoliquidación complementaria, a la que se aplican los recargos e intereses de demora que establece la LGT art.26 y 27.
En caso de modificación de la base imponible por declaración de **concurso**, la rectificación debe efectuarse en la autoliquidación correspondiente al periodo en que se ejerció el derecho a la deducción de las cuotas soportadas, sin que proceda la aplicación de recargos ni de intereses de demora.
Si la operación gravada queda sin efecto como consecuencia del ejercicio de una acción de reintegración concursal u otras de impugnación ejercitadas en el seno del concurso, si el comprador o adquirente inicial se encuentra también en situación de concurso, debe proceder a la rectificación de las cuotas inicialmente deducidas en la autoliquidación correspondiente al periodo en que se ejerció el derecho a la deduc-

ción de las cuotas soportadas, sin que proceda la aplicación de recargos ni de intereses de demora.
No obstante, la propia LIVA señala que cuando la rectificación tenga su origen en un **error fundado de derecho** o en las restantes causas de modificación de la base imponible, esta debe efectuarse en la autoliquidación correspondiente al período impositivo en el que el sujeto pasivo reciba el documento justificativo del derecho a la deducción en el que se rectifican las cuotas inicialmente soportadas.

Pregunta 11690
¿La interrupción de la prescripción en el empresario o profesional que hizo una entrega de bienes o prestación de servicios afecta al derecho a la rectificación del IVA soportado por su cliente?

Sí. A pesar de la aparente claridad del procedimiento, se ha considerado interrumpido el plazo establecido para rectificar la repercusión (LIVA art.89) cuando el contribuyente, al haberse practicado la liquidación sin la participación en ningún tipo de fraude, pretende la referida repercusión del tributo sobre su cliente (DGT 3-3-99 ; 6-11-03; CV 6-2-07; TEAC 13-9-06).

Pregunta 11695
¿Cómo se rectifican las deducciones cuando no se ha recibido una factura rectificativa?

Cuando la rectificación no está motivada por la rectificación del importe de las cuotas soportadas, la normativa se limita a establecer el **derecho u obligación**, según corresponda, de proceder a la misma, pero sin establecer ni requisitos ni procedimiento a seguir (LIVA art.114). Ante esta carencia de mención alguna al procedimiento, y a falta de regulación específica, debería ser suficiente la consignación del importe que proceda en cualquiera de las autoliquidaciones que ha de presentar por el empresario o profesional una vez se ha advertido el error.

Pregunta 11697
¿Qué incidencia tiene en la rectificación de deducciones el hecho de que se produzca una declaración de concurso?

Con carácter general, la declaración de concurso afecta al ejercicio del derecho a la deducción en los términos que se analizan en la pregunta nº 6747.
Interesa destacar que, conforme a la LIVA art.114.Dos.2º, en los supuestos de **modificación de la base imponible** por parte del acreedor por declaración de concurso e impago de su cliente, este deberá efectuar la rectificación en la declaración-liquidación correspondiente al periodo en que se ejerció el derecho a la deducción de las cuotas soportadas, sin que proceda la aplicación de recargos ni de intereses de demora.
La LIVA art.114.Dos contempla, adicionalmente, un supuesto específico, que es el de la **reintegración concursal** u otras circunstancias que puedan dar lugar a que las operaciones queden sin efecto. De ser este el caso, si el comprador o adquirente inicial se encuentra también en situación de concurso, deberá proceder a la rectificación de las cuotas inicialmente deducidas en la declaración-liquidación correspondiente al periodo en que se ejerció el derecho a la deducción de las cuotas soportadas, sin que proceda la aplicación de recargos ni de intereses de demora.
Es de suponer, a sensu contrario, que una operación que queda sin efecto en el seno de un proceso concursal habrá de dar lugar a la expedición de una factura rectificativa que, con carácter general (LIVA art.114.Dos), conducirá a la rectificación de la deducción por parte de su destinatario (ver pregunta nº 11685).

SECCIÓN 3

Devoluciones

(LIVA art.115 a 119)

11750

I. Procedimiento general

(LIVA art.115)

11770

Pregunta
¿Cuál es el procedimiento general de devolución de los excesos de IVA soportado?

El previsto en la LIVA art.115, conforme al cual los empresarios o profesionales pueden solicitar la devolución del **saldo a su favor** existente a 31 de diciembre de cada año.
Esta solicitud se realiza al presentar la autoliquidación correspondiente al último período de liquidación del ejercicio, que se presenta entre el 1 y el 30 de enero, inclusive, del año siguiente.

11775

Pregunta
¿Qué plazo tiene la Administración para ordenar la devolución?

6 meses. En caso de que a los 6 meses de **finalizado el plazo** de presentación de solicitudes de devolución, la Administración no haya ordenado su pago, la citada devolución deberá realizarse aplicando los intereses de demora que establece la LGT art.26.6.
Aunque la interpretación literal de la LIVA podría conducir a concluir que dentro del citado plazo de 6 meses la Administración Tributaria está obligada a ordenar el pago de la devolución solicitada, o uno inferior en caso de que haya practicado la liquidación administrativa correspondiente, a veces ocurre que transcurre el citado plazo sin que se haya dictado la orden de pago de devolución. Esto puede ocurrir habiéndose iniciado un procedimiento de investigación o comprobación tributaria o no. En cualquier caso, si la devolución se ordena **fuera de plazo**, esta debe realizarse abonando intereses de demora sobre el importe de la devolución que definitivamente se ordene.

11780

Pregunta
¿Qué ocurre si una solicitud de devolución se presenta fuera de plazo?

Que el plazo del que dispone la Administración para ordenar la devolución de la cantidad solicitada, o de la que proceda, se computa a partir del momento de **presentación** de la solicitud.
Así, el **cómputo** de los 6 meses de que se dispone para ordenar la devolución sin pago de intereses de demora se inicia en la fecha de presentación de las solicitudes extemporáneas, por lo que, se dispone, indirectamente, la procedencia de la tramitación como tales de dichas solicitudes.

Pregunta 11785
Una vez se ha presentado en plazo una autoliquidación para el último período de liquidación del año, ¿se puede cambiar, transformándola de solicitud de devolución a solicitud de compensación y viceversa?

Depende del momento en el que se pretenda sustanciar este cambio de opinión. En caso de que este se pretenda hacer efectivo **antes de que finalice el plazo de presentación** de autoliquidaciones, ha de admitirse la modificación.
Por el contrario, si el cambio de opinión se quiere llevar a efecto **una vez finalizado** el plazo de presentación de autoliquidaciones, el mismo se rechaza por la Administración Tributaria.

Pregunta 11790
¿A partir de qué momento está obligada la Administración a pagar intereses de demora?

Depende de cuándo se haya presentado la solicitud de devolución:
a) Si esta se ha presentado **en plazo**, esto es, hasta el 30 de enero, inclusive, el plazo se inicia en esta fecha. Esto significa, que si a 30 de julio no se ha ordenado el pago de la devolución, cuando esta se ordene, y por referencia al importe que definitivamente se devuelva, la devolución se debe realizar abonando intereses de demora.
b) Si la solicitud de devolución se presenta **fuera de plazo**, entonces el plazo de 6 meses se computa desde la fecha de presentación.

Pregunta 11795
¿Se puede compensar el IVA cuya devolución se solicitó pero que todavía no se ha devuelto?

No. La LIVA es contundente en este sentido (LIVA art.99.Cinco párrafo 2º). El contribuyente debe tomar la **decisión** de elegir entre solicitar la devolución de saldo a su favor a 31 de diciembre o dejar dicho saldo pendiente de compensación. No obstante, en caso de que opte por solicitar la devolución, no puede compensar el importe cuya devolución solicitó, aunque a la fecha de presentación de la siguiente autoliquidación del IVA esta resulte a ingresar y todavía no se haya obtenido el importe de la devolución que se solicitó.

Ejemplo Un fabricante de sillas de montar a caballo tiene un saldo de IVA a su favor de 200.000 € a 31-12-N. El 25-1-(N+1) este empresario o profesional presenta el correspondiente modelo 303 y solicita la devolución del importe respectivo. 11797
El 20-4-(N+1) este empresario ha de presentar la autoliquidación del primer trimestre de este año, que resulta a ingresar en un importe de 80.000 €. A esta fecha, la AEAT todavía no le ha devuelto la cantidad que solicitó en enero.
Este empresario ha de presentar su autoliquidación por el primer trimestre del año N+1 e ingresar el importe correspondiente o pedir un aplazamiento. El hecho de que este empresario haya solicitado la devolución de los 200.000 € en enero y en abril todavía no se le haya devuelto esta cantidad no le permite compensar esta cantidad.

Pregunta 11800
¿Se puede pedir la devolución de un IVA cuyo plazo de compensación ya ha caducado?

Depende de la situación. A estos efectos, es fundamental la referencia a la TS 4-7-07, EDJ 213196, a partir de la cual se podía interpretar que una vez transcurrido el plazo para la compensación, se abre uno nuevo en el que se puede solicitar la devolución de los saldos a favor del sujeto pasivo.

A esta cuestión se refiere la TEAC 22-3-22, en la que se establece que, en caso de imposible compensación del saldo a favor del contribuyente y consiguiente caducidad de la compensación, nace un derecho autónomo a obtener la devolución con un nuevo plazo de 4 años de prescripción, que podrá ser ejercitado mediante una petición expresa del interesado, sin que la Administración tenga el deber de practicarla de oficio (TS 6-7-21, EDJ 634855, que reitera otras anteriores como la TS 20-9-13, EDJ 192515).
La LIVA no contempla ningún procedimiento propio para el ejercicio de ese derecho, por lo habrá de aplicarse la LGT, debiéndose estar a lo dispuesto para las devoluciones derivadas de la normativa del tributo.

II. Devoluciones mensuales

(LIVA art.115 y 116; RIVA art.30)

11830

Pregunta
¿Qué normas regulan el régimen de devoluciones mensuales de IVA?

La LIVA art.115 y 116, desarrollados en este particular por el RIVA art.30.
La LIVA establece como **régimen general** el de solicitud del saldo pendiente a 31 de diciembre en la autoliquidación correspondiente al último período de liquidación del año (LIVA art.115), previendo la posibilidad de solicitar la devolución del saldo pendiente al final de cada período de liquidación en los términos que disponga la LIVA art.116. Este, por su parte, realiza una **deslegalización** de la materia casi total, ya que remite la cuestión a las condiciones, términos, requisitos y procedimiento que reglamentariamente se establezca, limitándose a señalar que para los sujetos pasivos que opten por esta posibilidad el período de liquidación es mensual en todo caso, con independencia de su volumen de operaciones.
Desde el punto de vista de su regulación legal, el sistema es de una gran sencillez, ya que existen **dos sistemas de devolución**; el anual, que es el que se configura como general, y el mensual, que se configura como especial, ya que requiere que se opte por él.

11835

Pregunta
¿Quién tiene acceso al régimen de devoluciones mensuales?

Cualquier sujeto pasivo que cumpla los requisitos que establece el RIVA art.30 (ver preguntas nº 11840 s.).

11840

Pregunta
¿Qué requisitos hay que cumplir para tener acceso al régimen de devoluciones mensuales?

Los requisitos que hay que cumplir para aplicar el régimen de devoluciones mensuales son los siguientes (RIVA art.30):
a) Estar **inscritos en un registro especial**, cuya gestión corresponde a la AEAT (con la excepción de lo dispuesto en las normas reguladoras de los regímenes de Concierto y Convenio con el País Vasco y Navarra).
b) Presentar las **autoliquidaciones** de IVA con **periodicidad mensual**, y ello tanto si su resultado es a devolver como si resultan a ingresar. Estas declaraciones se han de presentar por vía electrónica (RIVA art.30.10).
c) Suministrar los campos de registro de sus facturas emitidas y recibidas a través del **SII** (ver preguntas nº 18050 s.).

Pregunta 11845
¿Qué requisitos hay que cumplir para tener acceso al registro de devoluciones mensuales?

Los requisitos que hay que cumplir para tener acceso al registro de devoluciones mensuales son los siguientes (RIVA art.30.3):
a) Solicitar la inscripción mediante la **presentación** de un modelo 036, que ha de presentarse durante el mes de noviembre del año anterior a aquel en el que se pretende que surta efecto.
Se admite la «**inscripción sobrevenida**» en dos casos (RIVA art.30.4):
- sujetos pasivos que **no** han solicitado su inscripción **en el plazo** que antes se ha descrito. La generalidad con la que se expresa la norma no parece admitir excepción, lo cual hace que la inscripción en el mes de noviembre tenga una virtualidad relativa;
- empresarios o profesionales que todavía no han comenzado a realizar entregas de bienes o prestaciones de servicios pero han adquirido bienes y servicios con la intención de afectarlos al desarrollo de su actividad. En este caso, parece que lo que se pretende es facilitar el acceso al sistema de devolución rápida a empresarios o profesionales que todavía **no** tienen la **condición de sujetos pasivos** (no hay, en principio, obligación de ingreso si no se realizan operaciones activas, entregas de bienes o prestaciones de servicios) pero han realizado adquisiciones con la intención de afectarlas al desarrollo de la actividad.
Esta inscripción sobrevenida ha de realizarse dentro de los **plazos** establecidos por la norma para la presentación de las autoliquidaciones periódicas (ver pregunta nº 19230).
En caso de que la solicitud de inscripción no se efectúe dentro de los plazos señalados, se dispone el **archivo** de la misma, sin más trámite que su comunicación, que no notificación, al sujeto pasivo (RIVA art.30.4 último párrafo).

b) Estar al corriente de sus **obligaciones tributarias**, en los términos del Reglamen- 11847
to de aplicación de los tributos (RGGI art.74). Se trata de los requisitos que permiten obtener la certificación de estar al corriente de las obligaciones tributarias que se exige a los efectos de la responsabilidad de contratistas y subcontratistas que regula la LGT art.43.1.f).
c) No incurrir en ninguno de los supuestos de **baja cautelar** del registro de devolución mensual o de revocación del NIF previstos en el Reglamento de aplicación de los tributos (RGGI art.144.4 y 146.1.b, c y d). Tampoco en este caso nos vamos a extender en explicaciones, ya que los supuestos de baja cautelar que contemplan dichos preceptos en el registro de exportadores y en cuanto al NIF son los habituales que se siguen de la realización de actuaciones de comprobación tributaria en las que se detectan situaciones de incumplimiento.
d) No realizar actividades que tributen en el **régimen simplificado**, las cuales, por tanto, quedan excluidas de este sistema de devoluciones y se mantienen en el suyo propio.
Presentada la solicitud de inscripción en el registro, si pasan **3 meses** desde la misma y no se ha recibido una notificación expresa de la resolución del expediente, la norma establece un silencio administrativo negativo, ya que señala que se puede entender desestimada la solicitud (RIVA art.30.5). Evidentemente, contra este acto administrativo presunto, cabe interponer la oportuna reclamación económico-administrativa.
Del mismo modo, si operada la inscripción, la AEAT detecta el **incumplimiento** de cualquiera de los requisitos anteriores, procede a la exclusión del registro de devoluciones mensuales del operador de que se trate, el cual no puede tener acceso a dicho registro en los 3 años siguientes a la fecha de notificación de la exclusión del registro (RIVA art.30.6).

11850

Pregunta
¿A partir de qué momento es aplicable el régimen de devolución mensual?

Hay que distinguir (RIVA art.30.4):
a) En relación con los sujetos pasivos que soliciten la inscripción en **noviembre**, la misma surte efecto desde el 1 de enero del año siguiente.
b) Respecto al **resto** de contribuyentes, la inscripción se produce desde el día siguiente al de finalización del período de liquidación al que se refiera la autoliquidación en cuyo plazo de presentación se haya solicitado la inscripción en el registro.

11852 Ejemplos **1)** Un empresario o profesional solicita en noviembre del año N la inscripción en el registro de devoluciones mensuales a partir del 1-1-(N+1). En este caso la inscripción surte efecto a partir de la fecha citada, es decir, a partir del 1-1-(N+1).
2) El 15-4-N, un empresario o profesional que liquida el IVA trimestralmente solicita la inscripción en el registro de devoluciones mensuales. En este caso, la inscripción surte efecto a partir del 1 de abril, ya que, considerando que la solicitud se presentó dentro de los 20 primeros días del mes de abril (este es el plazo de presentación de la autoliquidación correspondiente al primer trimestre), es a partir del 1 de abril cuando el contribuyente pasa a estar incluido en el registro de devoluciones mensuales.
3) El 25 de mayo, un contribuyente que liquida el IVA mensualmente pretende su inscripción en el registro de devoluciones mensuales. Esta solicitud se ha presentado fuera de plazo, por lo que es previsible que la AEAT la desestime (RIVA art.30.5).

11855

Pregunta
Siendo aplicable el régimen de devoluciones mensuales, ¿se puede pedir la devolución de saldos previos al inicio de su vigencia?

Sí. Supuesto que se trata de compensaciones para las que no hayan transcurrido los **plazos** que establece la LIVA art.99 (ver pregunta nº 10855), las mismas deberían poder hacerse efectivas a través del sistema de devoluciones mensuales en los mismos términos que las cuotas cuyo derecho a la deducción nazca siendo aplicable el citado sistema de devolución.
Una situación similar se planteó cuando se introdujo el **régimen de grupos** en el IVA, respecto del cual surgió la duda de si se podían hacer efectivas, a través del sistema de gestión que establece dicho régimen especial, deducciones o compensaciones pendientes a la fecha de inicio de aplicación del mismo. La AEAT 7-9-08 admitió esta posibilidad.

11857 Ejemplo Un empresario o profesional solicita y obtiene la inscripción en el registro de devoluciones mensuales a partir del 1-1-N. A esta fecha, el contribuyente tiene deducciones pendientes del año (N-1) por importe de 400.000 € y el IVA del cuarto trimestre del año (N-2) pendiente de compensar por importe de 50.000 €.
Ambas cantidades se podrían incluir en la declaración de IVA del primer mes del año N, obteniéndose su devolución a través del sistema de devolución mensual.

11860

Pregunta
¿Hay algún período mínimo de estancia en el régimen especial de devoluciones mensuales?

Sí; no obstante, hay que distinguir (RIVA art.30.7):
a) Empresarios o profesionales que han solicitado su inscripción en el registro en el mes de **noviembre** de un año determinado. Estos contribuyentes han de permanecer en el sistema de devoluciones mensuales durante el año para el cual solicitaron la inscripción.
b) Empresarios o profesionales que solicitaron su inscripción durante los plazos de presentación de **autoliquidaciones periódicas**, en cuyo caso la inscripción tiene una vigencia mínima que se extiende a lo que reste de año y el inmediato siguiente.

Es importante recordar que la estancia en este régimen implica la presentación de autoliquidaciones del IVA con periodicidad mensual, tanto si estas resultan a ingresar como si el resultado es a devolver.

Ejemplos **1)** Un empresario o profesional solicita el 15-11-N su inscripción en el registro de devoluciones mensuales con efecto a partir del 1-1-(N+1). Este empresario o profesional está obligado a permanecer en dicho registro durante todo el año N+1, pudiendo renunciar al mismo con efecto 1-1-(N+2). 11862

2) Un empresario o profesional solicita el 18-4-N su inscripción en el registro de devoluciones mensuales con efecto a partir del 1-4-N. Este empresario o profesional está obligado a permanecer en dicho registro desde el 1 de abril hasta el 31 de diciembre del año N y durante todo el año N+1, pudiendo renunciar al mismo con efecto 1-1-(N+2).

11865

Pregunta
¿Cómo se presenta la baja en el sistema de devolución mensual?

Mediante la presentación de un **modelo censal** (modelo 036) en el mes de noviembre del año anterior a aquel en el que se pretende que surta efecto. No se puede solicitar la inscripción de nuevo en el mismo año para el que se pide la baja (RIVA art.30.8).
Hay que señalar que en el caso de realizar actividades a las que resulte de aplicación el **régimen simplificado**, la baja en el registro de devoluciones mensuales ha de presentarse en el plazo de presentación de la autoliquidación correspondiente al mes de inicio de las mismas, surtiendo efecto el día de inicio de dicho mes.

11870

Pregunta
¿Cómo se presentan las autoliquidaciones de IVA cuando se aplica el régimen de devoluciones mensuales?

Con periodicidad mensual y ello tanto si las mismas les resultan a devolver como si el resultado es a ingresar (LIVA art.116).
Estas autoliquidaciones han de presentarse por **vía electrónica** en todo caso.

11875

Pregunta
¿Es aplicable el régimen de devoluciones mensuales por los sujetos pasivos que apliquen el régimen especial de los grupos de entidades?

Sí. En este caso, hay varias **particularidades** que hay que tener en cuenta (RIVA art.30.3, 4 y 8):
a) Todas las entidades del grupo que apliquen el régimen especial han de acordar la solicitud en el registro de devoluciones mensuales y cumplir el resto de los requisitos existentes para los demás empresarios o profesionales. No cabe, por tanto, que dentro de un grupo de entidades que aplica el régimen especial de grupos haya unas que estén incluidas en el registro de devoluciones mensuales y otras que no. La norma no señala la formalidad que haya de adoptar el **acuerdo**, por lo que cabe suponer que es válida a estos efectos la decisión que adopte quien tenga capacidad suficiente para representar a la entidad.
Si los citados requisitos dejan de cumplirse por alguna de las entidades, la **exclusión** del sistema opera para el total de las entidades del grupo.
b) Las **solicitudes** de alta o baja en el registro han de presentarse por la entidad dominante, aunque por referencia al conjunto de las entidades del grupo. Esta entidad es con la que se entiende la AEAT en cuanto a cualquier comprobación relativa al alta, baja o «estancia» en el sistema de devolución mensual.
c) La **solicitud de alta** en el sistema especial ha de presentarse igualmente en el mes de noviembre o en los plazos de presentación de las autoliquidaciones correspondientes. Esta solicitud, por referencia al conjunto de entidades del grupo, se ha de presentar por la entidad dominante a la vez que presenta su propia solicitud de inscripción.

d) La **solicitud de baja** en el registro de devoluciones mensuales se ha de presentar, en su caso, por la entidad dominante en los mismos términos, condiciones y plazos que la renuncia al régimen especial, esto es, en el mes de diciembre anterior al inicio del año en que se pretende que surta efecto.
La **opción** por este régimen de devoluciones puede suponer para algunos contribuyentes una alternativa a la aplicación del régimen especial de los grupos de entidades.

11880

Pregunta
¿Hay algún régimen especial de devoluciones de las cuotas de IVA derivadas de la adquisición de los medios de transporte para transportistas en régimen simplificado?

Sí. Se habilita para que los transportistas en régimen simplificado, siempre que se encuentren al **corriente** del cumplimiento **de sus obligaciones fiscales** y no se hallen incursos en causas de las que determinen la baja cautelar del registro o la revocación del NIF (RGGI art.144.4 y 146.1.b, c y d), soliciten la devolución de las cuotas soportadas deducibles derivadas de la adquisición de su medio de transporte en los primeros 20 días del mes siguiente al de la compra (RIVA art.30 bis).
Esta posibilidad queda restringida exclusivamente para los medios de transporte de las **categorías** N2 y N3, y en el caso de los camiones ligeros, categoría N1, cuando al menos tengan 2,5 toneladas de masa máxima autorizada. El desarrollo, al que se remite el RIVA, se encuentra en la OM EHA/3786/2008, que aprobó un nuevo **modelo** 308, que además de ser utilizado por quienes ya lo venían empleando, se usa para solicitar estas devoluciones. Debe subrayarse que se les exige la presentación por vía telemática a través de Internet en todo caso.

III. Devoluciones a exportadores en régimen de viajeros

(LIVA art.117; RIVA art.9.1.2º)

11900

Pregunta
¿Cómo funciona el sistema de devoluciones a exportadores en régimen de viajeros?

El empresario que efectúa las entregas repercute el impuesto sobre su cliente, expidiendo dos facturas que entrega al mismo. Cuando el **viajero** va a abandonar el territorio de la Comunidad, presenta dichas facturas en la Aduana de salida, la cual, después de comprobar que no han transcurrido más de 3 meses desde su expedición, diligencia los dos ejemplares, de forma que permita al viajero devolver uno de dichos ejemplares al proveedor de las mercancías. En el plazo de los 15 días siguientes a la recepción de la factura, el proveedor devuelve al viajero el IVA mediante cheque o transferencia bancaria, tarjeta de crédito u otro medio que permita acreditar el reembolso, minorando dichas cuotas en sus autoliquidaciones sucesivas.
Además del anterior procedimiento, se prevé la posibilidad de la devolución a través de **entidades colaboradoras**, autorizadas al efecto. En este caso, los viajeros, una vez las facturas han sido diligenciadas por la Aduana de salida, las presentan en las oficinas de las citadas entidades, que son las que proceden a efectuar la devolución del importe correspondiente minorado en su comisión. Huelga decir que este procedimiento es mucho más operativo que el anterior, ya que evita al viajero tener que remitir la factura a su proveedor y esperar a la devolución (LIVA art.117.Tres).
Cuando el viajero tenga por **destino Canarias, Ceuta o Melilla**, el procedimiento de presentación de las mercancías en Aduana se sustituye por la presentación de las mercancías a la Administración autonómica correspondiente, que es la que diligen-

cia las facturas al objeto de que se efectúe la devolución. Una vez se haya producido dicho diligenciado, el procedimiento es idéntico al señalado con anterioridad.
Hay que añadir que se establece la aplicación de este régimen igualmente a los empresarios incluidos en el régimen especial del **recargo de equivalencia**, a pesar de que estos no tienen derecho a la deducción de las cuotas que soportan en las adquisiciones de los bienes con que comercian (LIVA art.117.Dos).
Recordemos que este régimen deriva de la exención que establece la LIVA art.21.2º para ciertas entregas a viajeros (ver pregunta nº 14170).

IV. Devoluciones a empresarios o profesionales no establecidos

(LIVA art.117 bis, 119 y 119 bis; RIVA art.30 ter, 31 y 31 bis)

Pregunta 11950
¿Existe algún sistema que permita deducir en unos países las cuotas de IVA soportadas en otros países de la Comunidad?

No. Existen diversos niveles de **cooperación** entre las Administraciones de los Estados comunitarios, pero ninguno que permita que las cuotas que se soportan en un Estado miembro se puedan deducir en otro.
Pese a lo anterior, la Dir 2008/9/CE permite a los empresarios o profesionales establecidos en un Estado miembro que hayan soportado IVA en otro solicitar la devolución de dichas cuotas a través del sitio web de su propia Administración Tributaria, la cual habrá de remitir la solicitud a la Administración del Estado en el que se hayan soportado dichas cuotas. Sin llegar a constituir un sistema de deducción transfonteriza, esta posibilidad supone un enorme avance respecto a la situación precedente, en la cual había que acudir directamente a la Administración del Estado que había de tramitar la devolución para solicitarla.

Pregunta 11955
¿Hay alguna posibilidad de deducir en España cuotas de IVA soportadas fuera de la Comunidad?

No. Considerando que la cooperación administrativa no ha llegado a tanto dentro de la UE, no es de extrañar que tampoco con los países no comunitarios haya un procedimiento de cooperación que habilite tal deducción.

Pregunta 11960
¿Son compensables de alguna manera entre sí las cuotas de IVA, Impuesto General Indirecto Canario e Impuesto sobre la Producción, los Servicios y la Importación en las Ciudades de Ceuta y Melilla?

No. Aunque se trata de cuotas correspondientes a **impuestos generales sobre ventas** que se exigen en España, las Administraciones Tributarias que los gestionan no tienen establecido ningún procedimiento de compensación que permita a los empresarios establecidos en los territorios respectivos la compensación de las cuotas que hayan soportado en otros.

Pregunta 11965
¿Cómo pueden recuperar los empresarios o profesionales establecidos en el TIVA las cuotas soportadas fuera de dicho territorio?

A través del procedimiento de devolución que haya establecido el Estado en el que se hayan soportado dichas cuotas. Siendo un **Estado comunitario**, el procedimiento ha

de adecuarse a la Dir 2008/9/CE. La LIVA art.117 bis y el RIVA art.30 ter contemplan esta cuestión.
Fuera de la UE no existe una norma que armonice los requisitos o procedimientos a partir de los cuales se puede obtener la devolución de las cuotas soportadas por empresarios o profesionales no establecidos, por lo que lo único que cabe es acudir a las normas nacionales de cada Estado.

11970

Pregunta
¿Cómo pueden recuperar las cuotas de IVA ingresadas en el TIVA los empresarios o profesionales no establecidos en él?

A través del procedimiento que regulan la LIVA art.119 y 119 bis y el RIVA art.31 y 31 bis. Estos preceptos transponen al ordenamiento interno la **normativa comunitaria** contenida en la Dir 86/560/CEE, relativa a la devolución de las cuotas soportadas por empresarios o profesionales no comunitarios, y la Dir 2008/9/CE, relativa a los comunitarios, que nuestra normativa ha regulado a través de la LIVA y el RIVA.

11975

Pregunta
¿Qué ocurre cuando no es aplicable el procedimiento regulado en la LIVA pero un empresario o profesional no establecido ha soportado o satisfecho cuotas de IVA en el TIVA?

Que dicho empresario o profesional debe acudir a los **procedimientos normales** de devolución (LIVA art.115 y 116), que se aplican, a estos efectos, supletoriamente.

11980

Pregunta
¿Es obligatoria la aplicación del procedimiento de devolución a no establecidos que regula la LIVA?

Sí. Cuando se cumplen los requisitos que establece la LIVA art.119 y 119 bis, el procedimiento que ha de seguirse para obtener la devolución de las cuotas soportadas es el que regulan estas normas y que desarrolla reglamentariamente el RIVA art.31 y 31 bis. Dicho con otras palabras, se trata de un procedimiento que **no** es **renunciable** para la aplicación, en su lugar, del procedimiento de devolución aplicable en el resto de los supuestos.

11985

Pregunta
¿Cuáles son los empresarios que han de aplicar el procedimiento de devolución a no establecidos?

Empresarios o profesionales que no estén establecidos en el TIVA. Es importante recordar que, conforme a la LIVA art.84.Dos, se consideran establecidos en dicho territorio los empresarios o profesionales que dispongan en el mismo de un establecimiento permanente, concepto que se regula en la LIVA art.69.Tres (ver preguntas nº 1985 s.).

11990

Pregunta
¿Existe algún supuesto en el que deban aplicar el procedimiento de devolución para empresarios o profesionales no establecidos los que dispongan de un establecimiento permanente en el TIVA?

Sí. Se asimilan a los empresarios no establecidos en el TIVA los empresarios o profesionales que dispongan de un **establecimiento permanente** en dicho territorio, siempre que no realicen desde dicho establecimiento permanente ni entregas de

bienes ni prestaciones de servicios durante el periodo a que se refiera la solicitud de devolución LIVA art.119.Uno párrafo 2º y 119 bis).
Este es el caso de oficinas de publicidad, centros de compras y, en general, establecimientos cuyas **actividades** son meramente **preparatorias**, de forma que la realización de las operaciones activas, esto es, entregas de bienes o prestaciones de servicios, no se hace desde los mismos. Sobre centros de compras se puede citar la DGT 27-2-02, relativa a la devolución del IVA soportado por la oficina de representación de una empresa alemana en España, cuya actividad se limitaba a establecer contactos comerciales entre los clientes españoles y dicha empresa (que era la que recibía directamente los pedidos de dichos clientes), para la cual la DGT estableció la aplicación de este procedimiento como el correspondiente para la obtención de sus devoluciones.
Hay que añadir que, en el **modelo de solicitud** de devolución (modelo 361), cuando exista un establecimiento permanente en el TIVA, el solicitante debe manifestar en su solicitud que no realiza entregas de bienes ni prestaciones de servicios desde dicho establecimiento permanente (RIVA art.31.1.6º).

11995

Pregunta
¿Hay algún requisito de reciprocidad para la devolución a empresarios o profesionales no establecidos?

En función del **lugar** en el que estén establecidos, hay que distinguir (LIVA art.119 y 119 bis):
a) Empresarios o profesionales establecidos en **Canarias, Ceuta o Melilla**, para los cuales, como no puede ser de otra forma, no hay requisito de reciprocidad.
b) Empresarios o profesionales establecidos en **otros Estados de la Comunidad** distintos a España, para los que es aplicable la norma comunitaria que obliga al conjunto de los Estados a la devolución y garantiza, de facto, la reciprocidad.
c) Empresarios o profesionales **no comunitarios**, para los que se exige dicha reciprocidad. Esta se declara por la DGT, que la ha analizado en relación con los siguientes Estados:
- **Estados Unidos**, denegándola (DGT 8-5-95);
- **Mónaco**, reconociéndola, con excepción de los gastos por servicios de hostelería, restaurantes, espectáculos, desplazamientos, recepciones y análogos (DGT 24-3-94);
- **Canadá**, denegándola, a excepción de los gastos relativos a servicios de reparación y alojamiento, así como el suministro de repuestos que se utilicen en el desarrollo de actividades empresariales (DGT 16-5-94);
- **Hungría**, reconociéndola (DGT 16-5-94). En este caso, hay que matizar que desde la incorporación de Hungría a la UE, ya no se exige el cumplimiento de este requisito;
- **Suiza**, reconociéndola (DGT 23-9-96);
- **Japón**, reconociéndola (DGT 10-9-96);
- **Noruega**, reconociéndola (DGT 6-10-03);
- **Israel**, reconociéndola (DGT 23-1-06; CV 5-10-06);
- **Reino Unido**, reconociéndola (DGT Resol 4-1-21).

12000

Pregunta
¿Cómo se acredita la condición de empresario o profesional en relación con el solicitante?

Para el caso de los **empresarios no comunitarios**, mediante una **certificación** expedida por las autoridades competentes del Estado de establecimiento del interesado, en la que se acredite que realiza en el mismo actividades empresariales o profesionales sujetas al IVA o a un tributo análogo durante el período en el que se hayan devengado las cuotas cuya devolución se solicita. Este certificado ha de mantenerse a disposición de la AEAT durante el plazo de prescripción, aunque no es necesario

adjuntarlo a la solicitud de devolución, basta con conservarlo a disposición de la AEAT, aportándolo únicamente a requerimiento de esta (RIVA art.31 bis.1.d.3º).
En el caso de los **empresarios comunitarios**, la Administración del Estado de establecimiento sólo ha de tramitar las solicitudes de aquellos que cumplan este requisito, por lo que carece de sentido que, como tal, se exija.

12005 **Pregunta**
¿Tienen alguna relevancia las operaciones realizadas por el empresario o profesional no establecido durante el período al que se refiere la solicitud?

Sí. En el período al que se refiere la solicitud, los interesados no deben haber realizado en el TIVA entregas de bienes o prestaciones de servicios distintas de las siguientes (LIVA art.119.Dos.2º y 119 bis):
a) Aquellas en las que el **sujeto pasivo** del impuesto es el destinatario conforme a la LIVA art.84.Uno. 2º, 3º y 4º.
b) Servicios de **transporte**, y accesorios a los mismos, exentos por estar directamente relacionados con las exportaciones (LIVA art.21), por estar relacionados con las operaciones relativas a las situaciones de depósito temporal o regímenes especiales (LIVA art.23 y 24), o por formar parte de la base imponible de las importaciones (LIVA art.64).
En todas estas operaciones el empresario o profesional que las realiza no tiene limitación en su **derecho a la deducción**; sin embargo, no debe repercutir el impuesto sobre los destinatarios de las mismas. Por esta razón, la norma asimila los empresarios o profesionales que no realizan operaciones en el TIVA y a los que sí que realizan operaciones en el mismo pero que no están obligados a su repercusión e ingreso.
Es importante añadir que se establece la obligación de añadir a la solicitud de devolución una **declaración** suscrita por el interesado o su representante en la que manifieste que no realiza en el TIVA entregas de bienes o prestaciones de servicios distintas de las indicadas en la LIVA art.119.Dos.2º (RIVA art.31.1.d.6º y 31.bis.1.d.1º).

12007 Ejemplos **1)** Un empresario italiano remite mercancías a los almacenes de una empresa española que se encuentran en Barcelona, desde donde se envían a clientes particulares residentes en el TIVA una vez se efectúan las ventas. La empresa que presta los servicios de logística cobra por ellos 100.000 € trimestrales más IVA.
Esta empresa italiana es sujeto pasivo del IVA correspondiente a las entregas interiores que realiza, ya que sus clientes son particulares y, en consecuencia, no cabe la aplicación del mecanismo de inversión del sujeto pasivo. Por tanto, las cuotas que la empresa soporte por los servicios de logística que recibe se pueden recuperar, pero no a través del procedimiento especial previsto para no establecidos, sino mediante la utilización del procedimiento normal de devolución (LIVA art.115 y 116).
Si la empresa italiana vendiera su mercancía a clientes empresarios o profesionales, serían estos los sujetos pasivos de las cuotas de IVA correspondientes por inversión del sujeto pasivo, por lo que la empresa italiana entraría dentro del ámbito de aplicación de la LIVA art.119.
2) Una empresa japonesa importa mercancías a través del puerto de Algeciras y las deposita en las instalaciones de otra empresa, que las custodia hasta que su propietaria encuentra clientes. Estos son empresarios o profesionales en todo caso, si bien se trata tanto de clientes establecidos en el TIVA como de clientes de otros Estados comunitarios.
Las operaciones de esta empresa implican que la misma realiza tanto operaciones interiores como entregas intracomunitarias de bienes. En consecuencia, queda excluida del procedimiento de devolución regulado en la LIVA art.119, ya que realiza operaciones distintas de las que señala la norma.

Pregunta 12010
¿Qué ocurre cuando un empresario o profesional no establecido es a la vez sujeto pasivo del impuesto y ha de proceder a su ingreso?

Que queda excluido del procedimiento de devolución para no establecidos. Así, se establece como **requisito adicional** para la devolución a empresarios o profesionales no establecidos que durante el período al que se refiera la solicitud, los empresarios o profesionales no hayan sido destinatarios de entregas de bienes ni de prestaciones de servicios respecto de las cuales tengan la condición de sujetos pasivos conforme a la LIVA art.84.Uno.2º y 4º (LIVA art.119.Dos.3º y 119 bis).
La **intención** de este precepto consiste en evitar la situación de empresarios o profesionales no establecidos que se veían obligados a efectuar el ingreso de la cuota tributaria por ser sujetos pasivos de ciertas operaciones para, acto seguido, solicitar su devolución al amparo del procedimiento regulado en este precepto (así lo había establecido la DGT 27-4-99, entre otras). Con esta causa de exclusión, los empresarios o profesionales no establecidos que sean destinatarios de las operaciones que se refieren en el mencionado precepto deben ejercitar su derecho a la deducción de acuerdo con el procedimiento general, lo cual en la mayor parte de los casos hará que estas operaciones no soporten un **coste financiero** añadido, ya que en la misma declaración se procede al ingreso y deducción de estas cantidades.

Pregunta 12015
¿Existe alguna obligación de nombramiento de representante por parte de los empresarios o profesionales no establecidos que apliquen el procedimiento de devolución regulado en la LIVA?

Sí, no obstante, hay que distinguir (LIVA art.119 y 119 bis):
a) Los empresarios o profesionales no establecidos en el TIVA pero establecidos en otros **Estados comunitarios** o en Canarias, Ceuta o Melilla no están obligados a dicho nombramiento.
b) El **resto** de los empresarios o profesionales sí que deben nombrar un representante residente en el TIVA a cuyo cargo está el cumplimiento de las obligaciones formales o de procedimiento correspondientes y que responde solidariamente con el interesado en los casos de devolución improcedente. La LIVA señala que la Hacienda Pública puede exigir a dicho representante caución suficiente a estos efectos.

Pregunta 12020
¿Cómo se determinan las cuotas susceptibles de devolución?

De acuerdo con lo establecido en la LIVA, cuya redacción supone la incorporación al ordenamiento español del contenido de la TJUE 13-7-00, asunto Sociedad Monte dei Paschi Di Siena C-136/99, que se puede extractar como sigue (LIVA art.119.Dos.5º y 119 bis):
a) Las cuotas no deducibles por limitación o restricción expresa (LIVA art.95 y 96) están igualmente excluidas del derecho a la deducción cuando se trate de empresarios o profesionales no establecidos (LIVA art.119.Dos.4º y 119 bis).
b) Cuando el empresario o profesional realiza a la vez operaciones que generan el derecho a la deducción y otras que no lo generan, se debe aplicar el mecanismo de la **prorrata**, al igual que hacen los empresarios que obtienen sus devoluciones a través del mecanismo habitual de devolución (LIVA art.119.Dos.5º y 119 bis).
c) La sentencia se refiere a «operaciones gravadas y operaciones exentas en el Estado miembro de establecimiento», lo cual, en una primera aproximación, podría interpretarse como indicativo de que han de analizarse las operaciones que, conforme a las **reglas de localización** del impuesto, deban entenderse efectuadas en el territorio del Estado en el que se encuentre establecido el solicitante para determinar, de dichas operaciones, las que se encuentran gravadas y las que están exentas,

calculando de esta forma el derecho a la deducción en función de ellas. Alternativamente, se puede considerar que la mención que se hace ha de entenderse efectuada al **análisis de las operaciones** que, respecto a las cuotas soportadas en el Estado en el que se encuentre establecido el empresario o profesional que solicita la devolución, son generadoras o no del derecho a la devolución de las mismas.

12022 **d)** En la **determinación del importe** susceptible de devolución deben analizarse las mismas operaciones que habrían de analizarse para determinar el importe de las cuotas susceptibles de devolución en el Estado de establecimiento pero a la luz del régimen de exenciones existente en el Estado de devolución (LIVA art.119.Dos.5º y 119 bis).

e) En función del anterior análisis, y aplicando las reglas de la **prorrata especial**, se determina el importe de las cuotas susceptibles de devolución:

- si los bienes y servicios adquiridos se utilizan exclusivamente en la realización de **operaciones generadoras** del derecho a la deducción, las cuotas soportadas en su adquisición o importación son deducibles;
- cuando dichos bienes o servicios se utilizan en la realización de **operaciones que no generan** este derecho las cuotas en cuestión no son deducibles;
- cuando estos bienes o servicios se destinan a la realización de **ambas operaciones**, es el porcentaje de prorrata general el que determina el alcance de la deducibilidad de dichas cuotas.

Una **interpretación alternativa** consiste en atender al lugar de localización de las operaciones para, en función del mismo, determinar, según estén exentas o no, el importe del derecho a la deducción. Esta interpretación, que es la que probablemente se deduce de la letra tanto de la LIVA como de la sentencia, no es congruente con lo dispuesto por la LIVA art.94.Uno.2º y el correlativo de la normativa comunitaria (Dir 2006/112/CE art.169.c).

12025 Ejemplo Una entidad financiera cuya sede de actividad se encuentra en Francia presta servicios de gestión asesorada de cartera de valores. Un ejecutivo de esta empresa se desplaza al TIVA, donde definitivamente se suscribe el oportuno contrato de gestión de cartera. Las cuotas de IVA soportadas durante la estancia de este ejecutivo en Madrid son 2.400 € de IVA.

Para determinar si estas cuotas son deducibles, hay que determinar cuál es el régimen de deducción correspondiente a estas cuotas en Francia. En caso de que dichas cuotas sean deducibles en Francia, y supuesto que igualmente sean deducibles en España, las mismas son susceptibles de devolución.

12030

Pregunta
¿Hay cuotas excluidas del procedimiento de devolución?

Sí, las cuotas cuya **no deducción** deriva de lo establecido por la LIVA art.95 y 96, como en cualesquiera otros procedimientos de devolución (LIVA art.119.Dos.4º y 119 bis)

Un elemento dudoso en este contexto es la **referencia cruzada** que la LIVA art.96.Uno.6º hace al carácter deducible de ciertos gastos en el ámbito de los impuestos directos, cuestión que se ha analizado por la DGT 5-12-03, que admite la posibilidad de obtener la devolución del IVA correspondiente a gastos de desplazamiento, viajes y restauración, al margen de que sean gastos deducibles o no en el IRNR.

12035

Pregunta
¿Se puede pedir la devolución de cuotas indebidamente soportadas?

No. Las únicas cuotas cuya devolución se puede solicitar es la de cuotas que sean deducibles, esto es, que se hayan repercutido conforme a Derecho. No siendo el caso, no cabe la deducción (ver pregunta nº 10970 s,) ni, por tanto, la devolución.

Lo procedente es que en los casos en que un empresario o profesional realiza una operación que ha de quedar exenta pero en la que se le repercute el impuesto, no se acuda al procedimiento de devolución establecido para empresarios o profesionales no establecidos, sino que se proceda mediante la **rectificación** de una repercusión que no debió realizarse (LIVA art.89.Cinco, ver preguntas nº 7450 s.).
Un supuesto relativamente similar ha sido analizado por el **TEAC**, que examina la posibilidad de obtener la devolución de unas cuotas soportadas por unos servicios consistentes en la producción de una película, y entiende que en la medida en que dichas cuotas no se habían devengado correctamente, ya que las reglas de localización del tributo debían haber conducido a su localización fuera del TIVA, no procede la devolución de dichas cuotas (TEAC 24-5-00).

Pregunta **12040**
¿Qué procedimiento hay que seguir para obtener la devolución de estas cuotas?

El establecido en RIVA art.31 y 31 bis redacc RD 1171/2023:
a) Empresarios o profesionales no establecidos en el TIVA pero sí en la Comunidad, Canarias, Ceuta o Melilla:
1. El interesado debe solicitar la devolución a través del modelo oficial previsto al efecto (modelo 360). Dicho modelo ha de acompañarse de una **declaración** suscrita por el interesado en la que manifieste que no realiza, en el TIVA, operaciones distintas de las indicadas en la LIVA art.119.Dos.2º (ver preguntas nº 12005 s.). Cuando se trate de un empresario o profesional titular de un establecimiento permanente situado en el TIVA, debe manifestarse en dicha declaración que el interesado no realiza entregas de bienes ni prestaciones de servicios desde dicho establecimiento permanente durante el periodo al que se refiere la solicitud. Los empresarios o profesionales no establecidos en el TIVA pero establecidos en la Comunidad, Canarias, Ceuta o Melilla que se acojan al régimen especial aplicable a las ventas a distancia y a los servicios prestados por vía electrónica no están obligados al cumplimiento de esta obligación.
2. Se prevé la posibilidad de exigir una **copia electrónica** de las facturas que documenten operaciones que tengan una base imponible superior a 1.000 euros en general o a 250 euros si se trata de combustible.
b) Empresarios o profesionales no establecidos en la Comunidad, ni en Canarias, Ceuta o Melilla:
1. El interesado debe solicitar la devolución a través del modelo oficial previsto al efecto (modelo 361). Dicho modelo ha de acompañarse de los siguientes **documentos**:
- **declaración** suscrita por el interesado o su representante en la que manifieste que no realiza, en el TIVA, operaciones distintas de las indicadas en la LIVA art.119.Dos.2º (ver preguntas nº 12005 s.).

Cuando se trate de un empresario o profesional titular de un establecimiento permanente situado en el TIVA, deberá manifestarse en dicha declaración que no se han realizado entregas de bienes ni prestaciones de servicios desde ese establecimiento permanente durante el periodo a que se refiera la solicitud. No obstante, los empresarios o profesionales no establecidos en la Comunidad que se acojan a los regímenes especiales aplicables a las ventas a distancia y a los servicios prestados por vía electrónica, no estarán obligados al cumplimiento de esta obligación;
- **compromiso** suscrito por el interesado o su representante de reembolsar a la Hacienda Pública el importe de las devoluciones que resulten improcedentes;
- **certificación** expedida por las autoridades competentes de su Estado de establecimiento en la que se acredite que realiza en él actividades empresariales o profesionales sujetas al IVA o a un tributo análogo durante el período en el que se hayan devengado las cuotas cuya devolución se solicita.

2. Con efectos **desde el 1-7-2024**, se prevé la posibilidad de exigir una **copia electrónica** de las facturas que documenten operaciones que tengan una base imponible

superior a 1.000 euros en general o a 250 euros si se trata de combustible. Para los empresarios no comunitarios, esta exigencia se ha incorporado.
3. Con efectos **desde el 1-7-2024**, cuando se trate de la **primera solicitud** que un **representante** presenta por cuenta de un determinado solicitante o cuando no esté vigente el poder que se hubiese aportado con anterioridad, la solicitud deberá ir acompañada del poder de representación, otorgado con carácter previo a la presentación de la solicitud de devolución.
4. Los **originales** de estos documentos han de mantenerse a disposición de la AEAT durante el plazo de prescripción del impuesto.

12042 **c) Disposiciones comunes:**
1. La AEAT es la **competente** para la tramitación y resolución de estas solicitudes de devolución.
2. La **solicitud de devolución** puede comprender las cuotas soportadas en un periodo no superior al año natural ni inferior a 3 meses. No obstante, puede comprender las cuotas soportadas en un periodo inferior a 3 meses cuando ese periodo constituya lo que resta del año natural.
3. El **plazo** para la presentación de la solicitud de devolución se inicia el día siguiente al final de cada trimestre natural o de cada año natural y concluye el 30 de septiembre siguiente al año natural en el que se hayan soportado las cuotas a que se refiera.
El hecho de que la norma se refiera al momento en el que se entiendan soportadas las cuotas y no al momento en el que las mismas se hayan devengado facilita, sin duda, el ejercicio de este derecho, cuyo plazo se empieza a contar cuando se reciben los documentos justificativos procedentes de los proveedores. Lo anterior es especialmente relevante en los casos en que la repercusión del tributo tenía su origen en la práctica de actuaciones de regularización tributaria efectuadas al proveedor, con rectificación de la repercusión por su parte transcurridos más de 6 meses desde el devengo de las operaciones.
4. Si la solicitud de devolución se refiere a un periodo de devolución inferior a un año natural, pero no inferior a 3 meses, el **importe** del impuesto incluido en la solicitud de devolución **no puede ser inferior a** 400 euros; 50 euros, si se refiere a un período de devolución de un año natural o a la parte restante de un año natural.
5. La **resolución de la solicitud** de devolución debe adoptarse y notificarse al solicitante durante los 4 meses siguientes a la fecha de su recepción por el órgano competente para su adopción.
No obstante, cuando sea necesaria la solicitud de **información adicional o ulterior**, la resolución debe adoptarse y notificarse al solicitante en el plazo de 2 meses desde la recepción de la información solicitada o desde el fin del transcurso de un mes desde que la misma se efectuó, si esa solicitud no se atiende por su destinatario. En estos casos, el procedimiento de devolución tiene una duración mínima de 6 meses contados desde la recepción de la solicitud por el órgano competente para resolverla.
En todo caso, si es necesaria la solicitud de información adicional o ulterior, el plazo máximo para resolver una solicitud de devolución es de 8 meses contados desde la fecha de la recepción de esta, entendiéndose desestimada si transcurridos los plazos no se ha recibido notificación expresa de su resolución.
Reconocida la devolución, debe procederse a su **abono** en los 10 días siguientes a la finalización de los plazos mencionados.
Transcurrido este plazo sin que se haya ordenado el pago de la devolución por causa imputable a la Administración Tributaria, se aplica a la cantidad pendiente de devolución el **interés de demora** a que se refiere la LGT art.26, desde el día siguiente al de la finalización de dicho plazo y hasta la fecha del ordenamiento de su pago, sin necesidad de que el interesado así lo reclame.

12055

Pregunta
¿El derecho a la devolución para empresarios o profesionales no establecidos está sujeto a plazo de caducidad?

Sí. Una vez transcurridos los **plazos para la presentación** de las solicitudes de devolución correspondientes, el derecho a la devolución caduca.
Teniendo en cuenta que la aplicación de este procedimiento se condiciona a que las operaciones que se realicen durante el mes o trimestre de que se trate sean las que se señalaron anteriormente, puede ocurrir que existan empresarios o profesionales «entrando y saliendo» de este procedimiento a consecuencia de la realización alternativa en unos y otros trimestres de operaciones de las reseñadas y de otras que impiden el recurso a este procedimiento. Considerando los **diferentes regímenes** existentes en cuando a la caducidad del derecho a la deducción de estas cuotas, parece que es especialmente importante en estos casos el ejercicio cuanto antes del derecho a la deducción.

V. Devolución por entregas ocasionales de medios de transporte nuevos

(LIVA art.93.Dos, 94.Dos y 98.Tres; RIVA art.32)

12100

Pregunta
¿Cómo funciona el sistema de devolución del IVA correspondiente a entregas intracomunitarias de medios de transporte nuevos?

La **solicitud** de devolución se efectúa en el modelo oficial (modelo 308) y debe presentarse ante la Delegación o AEAT correspondiente al domicilio fiscal del solicitante, adjuntando los siguientes documentos (RIVA art.32):
a) El **original de la factura** en la que conste la cuota cuya devolución se solicita, que debe contener los datos técnicos del medio de transporte en cuestión.
b) El original de la factura correspondiente a la **entrega a título ocasional**, expedida por el solicitante en la que consten, asimismo, los datos técnicos del medio de transporte objeto de la operación y los de identificación del destinatario de la entrega.
Recordemos que, quienes realicen con **carácter ocasional** las entregas de los medios de transporte nuevos a que se refiere la LIVA art.25.Uno y Dos, pueden deducir el IVA soportado en su adquisición (LIVA art.93.Dos). Como **límite máximo** para dicha deducción se establece la cuota del impuesto que procedería repercutir si la entrega no estuviese exenta (LIVA art.94.Dos).
Finalmente se dispone que el **nacimiento** del derecho a la deducción de estas cuotas se produce en el momento de efectuar la correspondiente entrega (LIVA art.98.Tres).

CAPÍTULO 11

Comercio intracomunitario

SECCIÓN 1

Régimen general del comercio intracomunitario

Pregunta 13005
¿Cuáles son las características fundamentales del régimen de tributación en el IVA de los intercambios intracomunitarios de mercancías?

El régimen vigente para la aplicación del IVA a los intercambios intracomunitarios de mercancías correspondiente a las compraventas de bienes que se transportan entre dos Estados comunitarios, hace que estas se dividan en **dos operaciones**:

a) En primer lugar, la **entrega**, que se suele calificar como EIB, que se declara exenta en el país de origen.

b) A continuación, la AIB, que se sujeta a IVA en el Estado de destino.

Con esta construcción, lo que se consigue es que las mercancías paguen IVA en el Estado comunitario en el que se consumen, de manera que ese IVA se recaude por el citado Estado y se respete el principio de tributación en destino.

Aunque con alguna excepción, este esquema sólo se aplica a las operaciones realizadas entre empresarios o profesionales, ya que está vinculado al cumplimiento de ciertos requisitos u obligaciones formales que son de más fácil cumplimiento para estos, además de que entre empresas es como se realizan la mayor parte de las operaciones internacionales.

En esta construcción es fundamental que el empresario que realiza la entrega exenta la declare a su Administración Tributaria a través de la declaración recapitulativa de operaciones intracomunitarias, la cual debe transmitir la información a la Administración Tributaria del Estado de destino, que puede comprobar si el adquirente ha declarado la AIB o no es así. Para este intercambio de información es fundamental que los intervinientes en las operaciones dispongan de un **número de identificación específico** que garantiza que la información circula adecuadamente. Es lo que se conoce habitualmente como NIF-IVA intracomunitario.

13007

Pregunta
¿Cuáles son las normas comunitarias que regulan la aplicación del IVA a los intercambios intracomunitarios de mercancías?

Hay tres tipos de normas comunitarias que se deben tener en cuenta a estos efectos:
a) Por una parte, la **Dir 2006/112/CE**, de refundición de la Sexta Directiva, que dedica un número considerable de sus artículos a esta cuestión. Esos artículos no están agrupados, sino que se distribuyen a lo largo de la Directiva en varios de sus capítulos y títulos, relativos al hecho imponible, la localización, la base imponible, etc.
Este régimen en su día se introdujo mediante la Dir 91/680/CEE, de modificación de la Sexta Directiva; sin embargo, la derogación de esta a la entrada en vigor de la Directiva de refundición ha supuesto una reordenación de los artículos que regulan esta cuestión, que hoy se distribuyen a lo largo de la citada Dir 2006/112/CE. Lo anterior ha de entenderse sin perjuicio de las modificaciones posteriores introducidas en la Directiva.
Lógicamente, estos preceptos se transponen a varios de los artículos de la LIVA.
b) En desarrollo de la anterior, hay que citar el Rgto UE/282/2011, de **Ejecución de la Directiva**, que dedica varios de sus artículos a las operaciones intracomunitarias y que también ha sido objeto de diversas modificaciones tras su aprobación inicial.
c) En tercer lugar, el Rgto UE/904/2010, por el que se regula la **cooperación administrativa** entre los Estados comunitarios. Este Reglamento establece las normas conforme a las cuales los Estados miembros intercambian la información relativa a las operaciones intracomunitarias y realizan otras actuaciones o actividades de cooperación.
Al igual que el anterior, y en tanto que Reglamento comunitario, esta norma es de aplicación directa, es decir, no necesita transposición.

13010

Pregunta
¿Por qué razón se instituyó el vigente régimen de tributación en el IVA de los intercambios intracomunitarios de mercancías?

Ante la necesidad de compaginar dos **circunstancias**, en principio, contrapuestas; de una parte, la implantación del mercado interior, con la consiguiente desaparición de los controles aduaneros en los intercambios entre Estados comunitarios, por otra, la voluntad de mantener el principio de tributación en destino en los intercambios intracomunitarios.
Hasta el 31-12-1992, las operaciones entre Estados comunitarios daban lugar a importaciones y exportaciones exactamente en los mismos términos que existen hoy día respecto a las operaciones con origen o destino fuera de la Comunidad, basadas, entre otros elementos, en la existencia de una Administración de aduanas que controlaba su adecuada aplicación. La desaparición de los **controles aduaneros** a partir del 1-1-1993 impedía el mantenimiento de este esquema de tributación.
El paso, sin embargo, a lo que sería lógico en un mercado interior, que sería la tributación de cada contribuyente a la Administración de su Estado de establecimiento o de origen de las mercancías, chocaba con el problema de la pérdida de ingresos fiscales que había de suponer para los Estados que, como España, eran adquirentes netos de bienes a otros Estados comunitarios, además de dar lugar a que consumos realizados en unas jurisdicciones fiscales incorporasen IVA ingresado en otras (el mercado interior en ningún caso ha supuesto que los presupuestos de ingresos y gastos fiscales dejen de ser nacionales, al margen de los presupuestos de las instituciones comunitarias, menores desde cualquier punto de vista).
Para compaginar el funcionamiento del mercado interior con la necesidad de que el IVA siguiera acreciendo las arcas de los Estados comunitarios, se instituyó el régimen vigente de tributación de los intercambios intracomunitarios.

Pregunta
¿El régimen vigente para la aplicación del IVA a los intercambios intracomunitarios de mercancías es transitorio? 13014

En principio, sí, tal y como establece la Dir 2006/112/CE art.402, que señala que el paso a un sistema de tributación en origen es el objetivo irrenunciable a estos efectos.
Hay que tener en cuenta, no obstante, que este cambio del régimen vigente a uno de tributación en origen requiere la **unanimidad** de los Estados comunitarios, por lo que, mientras existan Estados que teman que este cambio en las condiciones de tributación les pueda resultar perjudicial en términos recaudatorios, no va a ser posible el cambio.
En este sentido, debe señalarse que este régimen debía haber sido sustituido por uno de tributación en destino a 1-1-1997, ya que la previsión era de una duración de 4 años, de 1993 a 1996, ambos inclusive, previsión que, es evidente, no se ha cumplido.
Adicionalmente, es de ver que las **modificaciones** introducidas a este respecto **en fechas relativamente recientes** (ver pregunta nº 13027) conducen a pensar que el otrora conocido como régimen transitorio va a mantener su vigencia largo tiempo.

Pregunta
¿En qué consiste la tributación en origen? 13018

En la aplicación de las **reglas sobre lugar de realización del hecho imponible** que se contienen hoy día en la Dir 2006/112/CE art.32 y en la LIVA art.68.Dos.1º, para las entregas de bienes con expedición o transporte, conforme al cual esas operaciones se entienden realizadas en el Estado en cuyo territorio se inicie la citada expedición o transporte. Ese Estado sería el que ingresaría las cuotas correspondientes a esas operaciones.

Ejemplo Un empresario de Barcelona adquiere una partida de cerámica a un empresario italiano que tiene su fábrica a las afueras de Milán, desde donde le remite la mercancía. El principio de tributación en origen implicaría que esta operación se entendiera localizada en Italia y tributase allí. Este régimen de tributación supone un problema, en este caso, para la Hacienda Pública española, que deja de recaudar el IVA correspondiente a unas piezas de cerámica que cabe suponer que se van a consumir en España. 13020

Pregunta
¿Es previsible, a corto plazo, que se pase a un sistema de tributación en origen? 13025

No. De hecho, las propuestas que ha ido presentando la Comisión Europea en los últimos años se han dirigido a la **mejora del sistema IVA** vigente, antes que a la revisión y puesta en cuestión del régimen de los intercambios intracomunitarios.
Hay que recordar que cualquier modificación sustancial de la Dir 2006/112/CE requiere la unanimidad de los Estados comunitarios, por lo que, aunque uno solo de ellos se oponga porque entienda que el cambio le perjudica, la sustitución del sistema vigente por otro distinto es imposible.

Pregunta
¿Se ha producido en los últimos años alguna modificación en la aplicación del IVA a los intercambios intracomunitarios de mercancías? 13027

Sí, hay dos **modificaciones** del régimen aplicable a estas operaciones introducidas en fechas recientes, que son las siguientes:
a) En primer lugar, la modificación denominada como **«quick fixes»** o **«soluciones rápidas»**, de medidas de simplificación en el comercio intracomunitario, aprobadas

por la Dir (UE) 2018/1910, de modificación de la Dir 2006/112/CE, incoporadas a nuestra normativa interna a través del RDL 3/2010, junto con el Rgto (UE) 2018/1912, que añadió el Rgto 282/11/UE art.45 bis.
Con estas disposiciones se reforzó el régimen de exención de las EIB (ver pregunta nº 13212), se facilitó la acreditación del transporte en estas operaciones (ver pregunta nº 13214), se reguló la calificación de las operaciones cuando intervienen intermediarios o se realizan operaciones en cadena (ver pregunta nº 13230) y se introdujo un nuevo régimen para los denominados como depósitos de reserva (ver preguntas nº 13320 s.).
b) Igualmente, la Dir (UE) 2017/2455, por la que se modificó el régimen de las **ventas a distancia** (ver pregunta nº 13410) y el de **ventanilla única** (ver preguntas nº 14730 s.).

I. Compraventas intracomunitarias

13030

A. Adquisiciones intracomunitarias de bienes

13035

1. Concepto

(LIVA art.15)

13040

Pregunta
¿Cómo se define una AIB?

Como la obtención del **poder de disposición** sobre bienes muebles corporales expedidos o transportados al TIVA, con destino al adquirente, desde otro Estado miembro, por el transmitente, el propio adquirente o un tercero en nombre y por cuenta de cualquiera de los anteriores (LIVA art.15).
A partir de esta definición, podemos resaltar los **elementos** que necesariamente han de concurrir para que exista una AIB:
a) Ha de haber una **trasmisión** de mercancias, ya que debe producirse la obtención del poder de disposición sobre estas.
b) Esas mercancía han de ser **bienes corporales**, por lo que no cabe señalar la existencia de AIB en relación con intangibles.
c) Debe existir un **transporte** de las mercancías, de forma tal que, con independencia de cualquier otra consideración, si no hay transporte de las mercancías no puede haber AIB. En buena lógica, ha de tratarse de bienes muebles, ya que en otro caso no cabe su transporte.
d) La **llegada** de las mercancías **al TIVA** ha de producirse con destino a su adquirente (ver pregunta nº 13300).

Pregunta 13042
¿Están sujetas al IVA todas las AIB?

No. Del mismo modo que ocurre con otras operaciones tales como las entregas de bienes o prestaciones de servicios, un precepto de la LIVA define estos conceptos y hay otro que es el que señala las **condiciones de sujeción**.
El concepto AIB se define por la LIVA art.15, pero su sujeción se produce exclusivamente en los términos y condiciones que señala la LIVA art.13 (ver pregunta nº 13065).

Ejemplo Una persona física residente en Almería que no desarrolla ninguna actividad empresarial compra un par de esquíes a otro particular residente en París. La compraventa se cierra a través de Internet en 300 €. El vendedor remite los esquíes a Almería a través de una empresa de mensajería y a portes debidos. 13045
Tal y como se ha configurado esta operación, cumple los requisitos, antes señalados, para ser considerada como AIB. Ocurre que, en tanto que realizada entre particulares, no está sujeta a IVA, ya que no se cumplen las condiciones de sujeción que establece la LIVA art.13.

Pregunta 13047
¿En la definición de las AIB es relevante la nacionalidad o establecimiento de los intervinientes?

No. La forma en que se define este hecho imponible tanto por la LIVA como por la Dir 2006/112/CE prescinde de hacer referencia a elementos tales como la nacionalidad o establecimiento de los intervinientes (ver pregunta nº 13040). Cabe, por tanto, la existencia de una AIB procedente de un Estado comunitario aunque el transmitente no se encuentre establecido ni registrado ni sea nacional de ese Estado.

Ejemplo Un empresario portugués importa una partida de madera procedente de Canadá a través del puerto de Rotterdam. La mercancía se despacha a consumo y se almacena en las instalaciones de una compañía de servicios logísticos. 3 meses después de la importación, este empresario vende la madera a otro empresario que tiene sus instalaciones en Bilbao, donde se recibe 15 días después. 13050
La compraventa entre el empresario portugués y el español es una operación intracomunitaria, ya que se cumplen los requisitos que establece la LIVA art.15 para calificarla como tal, así como los señalados por la LIVA art.13 para determinar su sujeción. El hecho de que el vendedor sea portugués y no holandés y de que tampoco disponga de instalaciones en los Países Bajos que permitan considerarle establecido allí es irrelevante a estos efectos. Debe señalarse que la realización de la entrega intracomunitaria de bienes obliga a este empresario portugués a registrarse antes las autoridades fiscales holandesas, eso en caso de que no lo estuviera con carácter previo.

Pregunta 13052
¿Qué relevancia tiene el transporte en las AIB?

Es **condición necesaria**. En consecuencia, si con ocasión de la operación de que se trate no existe transporte de las mercancías, no puede haber ni adquisición ni EIB.
En las operaciones sencillas, la apreciación del cumplimiento de este requisito no suele resultar complicada, pero en operaciones complejas, en las que hay varias **transacciones en cadena**, lo anterior implica la determinación de la transacción a la que se ha de vincular el transporte, cuestión no siempre fácil (ver pregunta nº 13120).

13055 **Pregunta**
¿Puede haber AIB de servicios?

No. El hecho imponible AIB implica en todo caso que la operación se realiza respecto a bienes corporales, tal y como señala la LIVA art.15.
Las operaciones relativas a bienes incorporales son, a los efectos del IVA, prestaciones de servicios en todo caso. Respecto a ellas, la técnica que siguen la Dir 2006/112/CE, y la LIVA con ella, consiste en la determinación de **reglas de lugar de realización** que directamente proceden a la atribución de su «producto tributario» a las distintas **jurisdicciones fiscales**.

2. Sujeción

(LIVA art.13.1º)

13065 **Pregunta**
¿En qué condiciones están sujetas a tributación las AIB?

Las AIB de régimen general, esto es, las realizadas al margen de los regímenes especiales del comercio intracomunitario, están sujetas a condición de que se cumplan todos y cada uno de los siguientes **requisitos** (LIVA art.13.1º):
a) Que se realicen por **empresarios o profesionales** o por personas jurídicas que no actúen como tales. Las operaciones efectuadas por empresarios o profesionales no plantean mayor problema. En cuanto a las realizadas por entidades que no actúan como empresarios o profesionales, hay que remitirse al régimen especial que regula la LIVA art.14 (ver preguntas nº 13340 s.).
b) Que se efectúen a título **oneroso**. En consecuencia, no tributan por este concepto las operaciones que se realizan a título gratuito.
c) Que el **transmitente** en el Estado de origen sea igualmente empresario o profesional. Las AIB en las que el transmitente sea un particular no están sujetas.

3. No sujeción

(LIVA art.13.1º)

13075 **Pregunta**
¿Cuáles son los supuestos de no sujeción de las AIB?

Los que regula la misma LIVA art.13.1º, el cual, por razones técnicas, establece una serie de supuestos de no sujeción, que son los siguientes:
a) Las AIB cuya entrega se efectúe por un empresario o profesional que se beneficie del **régimen de franquicia** en el Estado de origen. Este régimen de franquicia, que no existe en nuestro país, supone la asimilación de ciertas pequeñas empresas con particulares, razón por la cual no se les aplica el régimen de tributación de los intercambios intracomunitarios.
b) Las AIB cuya entrega haya tributado con sujeción a las reglas establecidas para el régimen especial de **bienes usados**, objetos de arte, antigüedades y objetos de colección en el Estado de origen. Recordemos que en este régimen especial se tributa por el margen (ver pregunta nº 15273). Si aplicándose este régimen fuera el destinatario de la AIB quien hubiera de tributar, el vendedor habría de comunicarle el margen de la operación, lo cual carece de sentido.
c) Las AIB que se correspondan con las entregas de **bienes** que hayan de ser **objeto de instalación o montaje** comprendidas en la LIVA art.68.Dos.2º (ver pregunta nº 1900). Para estas operaciones, es la regla de localización la que asegura la tributación en destino, por lo que no se sujeta la AIB.

d) Las AIB a las que se aplique el **régimen especial de las ventas a distancia** (LIVA art.68.Tres.a) y Cinco; ver preguntas nº 13410 s.).
e) Las AIB cuya entrega en el Estado de origen haya estado exenta por considerarse **operación asimilada a la exportación**, en términos equivalentes a los de la LIVA art.22.Uno a Once (ver preguntas nº 14240 s.).
f) Las AIB que se correspondan con **entregas de gas** a través del sistema de distribución de gas natural o **de electricidad** o las entregas de **calor** o de **frío** a través de las redes de calefacción o de refrigeración que se entiendan realizadas en el TIVA de acuerdo con la LIVA art.68 Seis (ver pregunta nº 1925). Una vez más, es la regla de localización la que asegura la tributación en destino para estas operaciones.

Pregunta 13078
¿Qué otros elementos hay que tener en cuenta para la determinación de la sujeción al IVA de las AIB?

Hay que tener en cuenta tres **circunstancias** importantes:
a) En primer lugar, la propia **definición del hecho imponible**, de forma que faltando los requisitos que establece la LIVA art.15 para determinar la existencia de una AIB (ver pregunta nº 13040), no cabe la sujeción de esta.
b) En segundo lugar, los **requisitos de sujeción** que establece la LIVA art.13.1º, tales que, aunque se produzca una AIB, si no se cumplen esos requisitos (ver pregunta nº 13065), tampoco cabe la sujeción.
c) La **localización** de estas operaciones, que se contempla en la LIVA art.71 (ver pregunta nº 13085), que igualmente pueden conducir a que existan AIB que no se entiendan realizadas en el TIVA y que, por tanto, no estén sujetas a tributación en ese territorio.

4. Localización

(LIVA art.71)

Pregunta 13085
¿Cuándo se entiende que una AIB se ha realizado en el territorio de aplicación del impuesto?

Cuando el lugar de destino del transporte o expedición de las mercancías se encuentre en el TIVA. Así lo establece la LIVA art.71.Uno y es lógico si lo que se pretende es que los bienes incorporen la **carga tributaria** del Estado en el que se supone que se van a consumir, que cabe presumir que es el de llegada de su expedición o transporte.

Pregunta 13087
¿Cómo se puede demostrar cuál es el Estado de llegada de una expedición o transporte intracomunitario?

No existe un sistema de prueba tasada ni documento administrativo que permita la citada acreditación, ya que en los movimientos de mercancías entre Estados comunitarios no existen controles aduaneros ni de ningún otro tipo. Las **declaraciones** que se presentan en relación con estas operaciones son declaraciones meramente informativas, de las que Administración hace uso como considera oportuno, pero que no pueden considerarse acreditativas del Estado de destino de las mercancías.
Alternativamente, se puede acudir a los documentos privados de transporte, la factura expedida por el transportista, en caso de que sea un tercero, y a la carta de porte (CMR), que acompaña las mercancías. Esta documentación puede, debe, contener información acerca del lugar de destino del referido transporte; sin embargo, se trata de **documentos privados**, cuyo valor probatorio es distinto al de los documentos

públicos, especialmente en lo que se refiere a los procedimientos administrativos de control.
Lo anterior ha de entenderse sin perjuicio de que, si se dispone de los **documentos** que se indican en la pregunta nº 13214 y, por tanto, se puede presumir el transporte de los bienes, esta presunción, que admite contraprueba, también pueda operar en cuanto a la prueba de su destino.

13090 **Pregunta**
¿En la localización de las AIB tiene alguna relevancia el Estado que haya atribuido el NIF-IVA con el que se realiza la operación?

Cuando se aplica la regla de localización general, descrita en la pregunta nº 13085, y el NIF-IVA con el que se ha realizado la operación ha sido atribuido por la Administración Tributaria del Estado al que han llegado las mercancías, ese NIF-IVA no juega ningún papel en la localización de la operación.
Por el contrario, si el adquirente proporciona un NIF-IVA de un Estado comunitario distinto al de llegada de las mercancías, entra en juego una **regla antielusión**, contenida en la LIVA art.71.Dos, conforme a la cual las AIB tributan en el Estado que atribuyó ese NIF-IVA mientras no se demuestre que la citada AIB tributó realmente en el Estado comunitario al que llegaron los bienes.
Con esta regla especial lo que se pretende es **evitar** que haya desviaciones de tráfico hacia jurisdicciones en las que exista una tributación más favorable. Si se produjeran esas **desviaciones**, se estaría burlando el principio fundamental que rige en los intercambios intracomunitarios, que consiste en la tributación en el Estado de consumo de los bienes.
Es importante tener en cuenta que la regla que se contiene en la LIVA art.71.Dos no es alternativa respecto a la que se contiene en la LIVA art.71.Uno, sino acumulativa. Por consiguiente, la tributación de la operación en el Estado que haya proporcionado el NIF-IVA con el cual se realizó la operación no excluye la tributación en el Estado de llegada de las mercancías. No obstante, una vez acreditada la sujeción de la operación en el Estado de destino, hay que proceder a la **minoración de la base imponible** de la AIB a la que se aplicó esta regla (LIVA art.82.Dos).
Adicionalmente, hay que señalar que en el caso de que se aplique la regla contenida en la LIVA art.71.Dos, el IVA así liquidado no es deducible para el adquirente (TEAC 25-1-21, con base en la sentencia del TJUE 22-4-10, asuntos acumulados C-536/08 y C-539/08).

13093 Ejemplos **1)** Una empresa que desarrolla actividades en España y Dinamarca adquiere una partida de ordenadores a otra empresa italiana. El precio de la operación es de 300.000 €. Aunque los ordenadores son remitidos a Dinamarca, la empresa proporciona a su proveedor italiano el NIF-IVA español, del que esta empresa dispone, ya que se encuentra identificada a los efectos del IVA en España y Dinamarca.
En este caso entraría en juego la regla que se ha señalado, por lo que la AIB se entendería realizada en España, salvo que la empresa acredite que ha sido gravada en Dinamarca. Nótese que en este caso la tributación de la operación en España es, a priori, mucho más interesante para esta empresa que en Dinamarca, pues los tipos impositivos aplicables son, respectivamente, el 21 y el 25%. Hay que considerar, sin embargo, que esta cuota no es deducible, como se acaba de explicar.
2) En el supuesto que se ha planteado anteriormente, las autoridades fiscales danesas pueden igualmente exigir a esta empresa los 75.000 € (el 25% de 300.000 €) de IVA correspondientes a la AIB realizada en su territorio. Una vez se demostrase la tributación de los ordenadores en Dinamarca, habría que devolver el IVA ingresado en España.

Pregunta
En la localización de las AIB, ¿tienen alguna relevancia el establecimiento o nacionalidad del adquirente? 13095

No. Los únicos elementos que son importantes en la tributación de estas operaciones son el Estado de llegada de la expedición o transporte y el Estado que haya atribuido el NIF-IVA con el cual se ha realizado la operación. Cualesquiera otras circunstancias, tales como establecimiento o nacionalidad del adquirente, son **irrelevantes** a estos efectos.
En los supuestos más normales, ocurre que el Estado de llegada de las mercancías, la Administración Tributaria que atribuyó el NIF-IVA con el cual se realiza la operación y el establecimiento del adquirente, coinciden; no obstante, no tiene por qué ser así, razón por la cual es necesario matizar adecuadamente la regla de localización aplicable y el resultado al que conduce.

Pregunta
¿Está previsto que se produzca a corto plazo algún cambio en las reglas de localización de las AIB? 13097

No. Es importante tener en cuenta que estas operaciones no son calificadas como prestaciones de servicios, por lo que las **reglas de localización** aplicables no inciden en este aspecto. Lo anterior ha de entenderse sin perjuicio de que determinadas prestaciones de servicios relacionadas con el tráfico intracomunitario sí que se ven afectadas por estas reglas de localización. Tal es el caso de los transportes o de los trabajos realizados sobre bienes muebles corporales.
Las modificaciones introducidas en los últimos años en relación con los intercambios intracomunitarios de mercancías a las que se hace referencia en la pregunta nº 13027 no hacen más que reforzar la anterior conclusión.

5. Exenciones

(LIVA art.26)

Pregunta
¿Qué tipos de exenciones se aplican a las AIB? 13110

Para las AIB se establecen dos **tipos** de exenciones (LIVA art.26):
a) Las que se aplican por razones de **neutralidad** y que tienen como objetivo garantizar que las operaciones intracomunitarias reciben un trato equivalente al que corresponde a las operaciones interiores o a las de origen no comunitario, como las importaciones. Estas exenciones se recogen en la LIVA art.26.Uno y Dos.
b) Las que responden a medidas de **simplificación**, que pretenden que determinadas operaciones intracomunitarias no se enfrenten a ciertas disfunciones injustificadas desde el momento en que existen otros mecanismos que garantizan el respeto al principio de tributación en destino, pero de forma más sencilla. Se trata de la exención que se aplica a las operaciones triangulares y de la correspondiente a AIB realizadas por no establecidos que tendrían derecho a la devolución del IVA ingresado.

13112

Pregunta
¿Hay algún supuesto de exención que equipare las AIB con otras operaciones equivalentes, tales como entregas de bienes o importaciones?

Sí. La LIVA art.26.Uno y Dos establecen **medidas de neutralidad** en este sentido. Son las siguientes:

a) Respecto a las **operaciones interiores**, entregas de bienes, la LIVA art.26.Uno establece la exención de las AIB cuya entrega en el TIVA hubiera estado, en todo caso, no sujeta o exenta en virtud de lo dispuesto en la LIVA art.7, 20, 22, 23 y 24.

b) En cuanto a las **importaciones**, la LIVA art.26.Dos declara exenta cualquier AIB de contenido equivalente a las importaciones para las que se prevén exenciones en la LIVA art.27 a 67, ambos inclusive.

13115 Ejemplo Un dentista que desarrolla su actividad en Sevilla adquiere las prótesis que encarga para sus clientes a un taller ubicado en Lisboa.
Las operaciones realizadas por el taller de Lisboa, si fueran entregas de bienes interiores, no intracomunitarias, estarían exentas en virtud de la LIVA art.20.Uno.5º. Por esta razón, si lo que se producen son AIB, están exentas en idénticas condiciones, en este caso, conforme a la LIVA art.26.Uno.

13120

Pregunta
¿En qué términos están exentas las denominadas operaciones triangulares?

En los establecidos en la LIVA art.26.Tres, que delimita la exención en los términos siguientes:

a) La AIB ha de realizarse por un empresario o profesional que cumpla simultáneamente los siguientes **requisitos**:
- no debe estar establecido ni identificado a efectos del IVA en el TIVA;
- debe estar identificado a efectos del IVA en otro Estado comunitario.

b) La AIB debe efectuarse para la ejecución de una **entrega subsiguiente** de los bienes adquiridos a realizar en el interior del TIVA por el propio adquirente.

c) Los bienes adquiridos han de expedirse o transportarse directamente **a partir de un Estado distinto** de aquel en el que se encuentre identificado a efectos del IVA el adquirente.

d) Como **destinatario** de la segunda entrega de las mercancías debe haber:
- un empresario o profesional;
- una persona jurídica que no actúe como tal.

En cualquiera de los casos, han de estar excluidos de la no sujeción establecida en la LIVA art.14 y tener atribuido un NIF-IVA suministrado por la Administración española.

Dada esta configuración del destinatario de las operaciones, este ha de ser quien tenga la condición de **sujeto pasivo** del IVA correspondiente a esa entrega en todo caso:

1. Si como destinatario aparece un **empresario o profesional** con NIF-IVA español, esto es así por aplicación de lo dispuesto en la LIVA art.84.Uno.2º y del conocido mecanismo de inversión del sujeto pasivo, teniendo en cuenta que esa entrega se realiza por un empresario o profesional no establecido en el TIVA.

2. Lo mismo cabe decir si, como destinatario de esa operación aparece una persona jurídica que **no** actúa como **empresario o profesional**, pero que está identificada a los efectos del IVA y proporciona su NIF-IVA. En este caso, es la LIVA art.84.Uno.3º.a el que conduce a esta conclusión.

Para que la regla de exención resulte aplicable, es imprescindible que el **transporte de las mercancías** se vincule, en una operación compleja, con transacciones en cadena, a la primera de esas transacciones, de forma que cuando se realice la primera entrega en el Estado de origen el adquirente ya esté en condiciones de comunicarle a su proveedor que las mercancías se van a expedir fuera de ese Estado.

A estos efectos, es relevante la configuración de las **operaciones en cadena** que se contienen en la LIVA art.68.Dos.1º.B) (ver pregunta nº 13230).
Esta exención se acompaña de una simplificación de las obligaciones formales, ya que el empresario o profesional que la realiza ni está obligado a obtener un NIF-IVA en España ni a presentar la declaración recapitulativa de operaciones intracomunitarias (modelo 349). Es en su país de origen donde debe **declarar** esta operación, identificando al destinatario último de las mercancías (ver pregunta nº 19170).

Pregunta 13125
¿Hay alguna otra exención aplicable a las AIB para supuestos en los que el IVA que se habría de ingresar es susceptible de devolución a no establecidos?

Sí. De acuerdo con la LIVA art.26.Cuatro, están exentas las AIB respecto de las cuales se atribuya al adquirente, en virtud de lo dispuesto en la LIVA art.119, el derecho a la **devolución total** del IVA que por ellas se hubiese devengado.
Con esta norma de exención se pretende evitar el gravamen en operaciones en las que, tras ingresar el tributo correspondiente a la AIB, quien la realizase debería solicitar la devolución de ese importe a través del procedimiento previsto para empresarios o profesionales no establecidos en el TIVA.
Interesa destacar que esta regla de exención es redundante con la que establece la LIVA art.26.Tres, con la única diferencia de las obligaciones formales, que en el caso de las operaciones triangulares se simplifican, pero no así en el caso de las operaciones exentas conforme a la LIVA art.26.Cuatro (ver pregunta nº 13130).

Ejemplo Un empresario noruego se dedica a la comercialización de maquinaria industrial. Una empresa granadina adquiere una mercancía a este empresario. A su vez, el empresario noruego adquiere la mercancía a una empresa sueca, que es quien la fabrica. La maquinaria es transportada directamente desde la fábrica de Suecia hasta Granada, siendo este transporte parte de la operación de entrega entre el fabricante sueco y el empresario noruego. El precio de la maquinaria es de 500.000 €. El empresario noruego no hace otras operaciones en España. 13128
La operación que se ha descrito cumple los requisitos para dar lugar a la aplicación de la LIVA art.26.Cuatro, ya que:
a) Se produce una AIB que ha de entenderse realizada en el TIVA, ya que el lugar de llegada de las mercancías está en España (LIVA art.71.Uno).
b) Esta AIB la realiza el empresario noruego, ya que el trasporte está vinculado a la adquisición que este hace a su proveedor sueco. En el supuesto de que el empresario noruego ingresara las cuotas correspondientes a la AIB, tendría derecho a su devolución a través del procedimiento establecido en la LIVA art.119, ya que se cumplen todos los requisitos para su aplicación (está reconocida la reciprocidad de trato con Noruega por la DGT). En estas circunstancias, la AIB que realiza este empresario es una operación exenta.

Pregunta 13130
¿Qué diferencias hay entre la exención de las operaciones triangulares y la exención que se aplica a los supuestos en que el IVA correspondiente a una AIB es susceptible de devolución al no establecido que lo hubiera debido de ingresar?

Las diferencias entre los supuestos de exención que se contemplan, respectivamente, en la LIVA art.26.Tres y Cuatro, son dos:
a) La primera se refiere a los supuestos o **requisitos de aplicación**, que son más exigentes en la LIVA art.26.Tres que en la LIVA art.26.Cuatro. Se puede decir que hay operaciones que tienen cabida en el ámbito de aplicación de la LIVA art.26.Cuatro y no en la LIVA art.26.Tres.
b) En segundo lugar, hay que hacer referencia a los **requisitos formales**, que en la LIVA art.26.Tres se simplifican, pero no en la LIVA art.26.Cuatro. Por tanto, quien realice una AIB exenta en virtud de la LIVA art.26.Cuatro está obligado al cumplimiento del total de las obligaciones propias de las AIB, en particular, a la obtención

de un NIF-IVA intracomunitario y a la presentación de la declaración recapitulativa de operaciones intracomunitarias.

13133 Ejemplo En la operación que se ha descrito en el ejemplo del nº 13128, y aunque se trata de una operación exenta, el empresario noruego debe cumplir todas las obligaciones formales propias de la realización de una AIB en España.
En particular, ha de solicitar un NIF-IVA español y presentar declaración recapitulativa de operaciones intracomunitarias, modelo 349, incluyendo esa operación. Por el contrario, no está obligada a presentar declaración periódica (RIVA art.71.1).

6. Devengo

(LIVA art.76)

13145 **Pregunta**
¿Cuándo se produce el devengo en las AIB?

En las AIB, el impuesto se devenga en el momento en que se consideren efectuadas las **entregas de bienes similares**, de conformidad con lo dispuesto en la LIVA art.75. Son aplicables, por tanto, las previsiones o reglas existentes en relación con las operaciones interiores equivalentes, que son las entregas intracomunitarias de bienes (ver preguntas nº 6228 y nº 6230).

13147 **Pregunta**
¿Hay alguna especialidad en cuanto a los pagos anticipados que se hacen a cuenta de las AIB?

Sí. La regla especial de devengo por pagos anticipados que se contiene en la LIVA art.75.Dos en relación con las entregas de bienes o prestaciones de servicios (ver pregunta nº 6235) no es aplicable en las AIB, ello por expreso mandato de la LIVA art.76 segundo párrafo. En consecuencia, el único **criterio** para la determinación del devengo en estas operaciones es el señalado en la pregunta **anterior**.

7. Base imponible

(LIVA art.82)

13165 **Pregunta**
¿Cuál es la base imponible de las AIB?

La base imponible en las AIB se determina con los mismos criterios de las entregas de bienes y prestaciones, siendo aplicables todas las disposiciones contenidas en la LIVA art.78 a 81.
En el supuesto de que el adquirente obtenga la **devolución de los impuestos especiales** en el Estado miembro de partida de la expedición o del transporte de los bienes, se debe regularizar su situación tributaria.
En particular, en las adquisiciones a que se refiere la LIVA art.16.2º, la base imponible se determina de acuerdo con lo dispuesto en la LIVA art.79.Tres para los autoconsumos de bienes (ver pregunta nº 6563).

13167 Ejemplo Una empresa establecida en Málaga compra una partida de madera a un proveedor letón, que se la envía por barco desde Riga. El precio que se pacta para la operación es de 40.000 €, no obstante, llegada la mercancía a destino se observa que un 5% de ella es inservible, por lo que se pacta con el proveedor un descuento en la misma proporción. Finalmente, se acaba pagando por el suministro un total de 38.000 €, que es el que se consigna en factura.
La contraprestación inicialmente prevista para esta operación era 40.000 €. El **desperfecto** que se aprecia en destino hace que el precio se corrija. Esta minoración en precio, en caso de que se produjera en una operación interior, daría lugar a la correspondiente

minoración en la base imponible en virtud de la LIVA art.80.Dos. La referencia que hace la LIVA art.82 a las reglas de determinación de la base imponible de las operaciones interiores hace que la base imponible de esta AIB deba minorarse de manera equivalente, por lo que esta se fija definitivamente en 38.000 €.

8. Sujeto pasivo

(LIVA art.85)

Pregunta 13175
¿Quiénes son los sujetos pasivos en las AIB?

Quienes las realicen, según dispone expresamente la LIVA art.85. Con diferencias jurídicas y de orden formal, el mecanismo de liquidación que se aplica es equivalente al propio de las operaciones en que opera la **inversión del sujeto pasivo**, en las que es el adquirente quien liquida el tributo y lo declara a ingresar, sin perjuicio de que, en caso de que sea deducible, su deducción inmediata conduzca a que ese ingreso no se produzca.
Es importante señalar que la atribución de la condición de sujeto pasivo de las AIB al comprador es independiente de que el proveedor se encuentre establecido o no en el TIVA, ya que la forma en que se configura por la LIVA es incondicional.

B. Entregas intracomunitarias de bienes

1. Concepto

Pregunta 13195
¿Hay alguna definición legal del concepto «EIB»?

No. A diferencia de lo que ocurre con las AIB, no hay ningún artículo en la LIVA ni en la Dir 2006/112/CE que defina lo que debe entenderse por «EIB».
Del mismo modo que ocurre con las exportaciones, en el caso de las EIB lo que hay es una norma de **exención** que se contiene en la LIVA art.25 y que determina la exención de ciertas entregas de bienes en las que se cumplen ciertos requisitos (ver pregunta nº 13210).
Es de ver que la exención de las EIB genera el derecho a la deducción del IVA soportado, lo que hace que se la considere como **exención plena** o supuesto de **tipo cero**, diferente, por tanto, de las exenciones que se explican en el Capítulo 4 (ver nº 4000 s.), limitativas de la deducción del IVA soportado en los aprovisionamientos.

Pregunta 13198
¿Qué se entiende por EIB?

En términos coloquiales, ya que, como se ha dicho, no existe un concepto legal, las EIB son entregas de bienes que se remiten a empresarios o profesionales de otros Estados comunitarios.
Tal y como se señaló cuando se explicaron las características del régimen de tributación en el IVA de las operaciones intracomunitarias (ver pregunta nº 13005), en cualquiera de estas operaciones se distinguen **dos hechos imponibles**: la EIB, que se declara exenta en el Estado de origen, y la AIB, a través de cuyo gravamen en el Estado de destino se consigue la tributación efectiva en el Estado de consumo. Desde este punto de vista, se puede considerar que una EIB es una entrega de bienes

que se remiten a otro Estado comunitario en el que, por la llegada de estos, se produce una AIB.
Es fundamental señalar que la anterior es una aproximación coloquial, ya que no existe ningún precepto legal que defina lo que debe entenderse por EIB.

2. Exención

(LIVA art.25)

13210

Pregunta
¿En qué condiciones están exentas las EIB?

De acuerdo con la LIVA art.25.Uno, las EIB están exentas siempre y cuando se cumplan, simultáneamente, los siguientes **requisitos**:
a) Que se trate de **entregas de bienes** (LIVA art.8), expedidos o transportados, por el vendedor, por el adquirente o por un tercero en nombre y por cuenta de cualquiera de los anteriores, al territorio de otro Estado comunitario.
b) Que el **adquirente** sea un empresario o profesional o una persona jurídica que no actúe como tal, que disponga de un NIF-IVA asignado por un Estado miembro distinto a España, que haya comunicado ese NIF-IVA al vendedor.
c) Que el vendedor incluya las operaciones en la **declaración recapitulativa** de operaciones intracomunitarias prevista en la LIVA art.164.Uno.5º redacc L 11/2023 en las condiciones que se establezcan reglamentariamente (ver pregunta nº 19160 s.).
La exención de las EIB se condiciona, pues, al **transporte** de los bienes fuera del TIVA, a que el adquirente disponga de un NIF-IVA de otro Estado de la UE y, finalmente, a la consignación de las operaciones en la declaración recapitulativa de operaciones intracomunitarias.
Interesa destacar que estos son los requisitos aplicables desde el 1-3-2020, fecha de entrada en vigor del RDL 3/2020, por el que se traspuso (tardíamente) en España la Dir (UE) 2018/1910. Es conveniente, por tanto, no acudir, sin más, a doctrina y jurisprudencia previas que pudieran tener un contenido distinto.

13212

Pregunta
¿Cómo se puede acreditar el cumplimiento de las condiciones para la exención de las EIB?

Depende del requisito:
a) La **disposición de un NIF-IVA** por parte del destinatario de la operación se puede comprobar de dos maneras:
- solicitando la comprobación de su validez a la AEAT, ello en los términos que dispone el Reglamento de aplicación de los tributos (RGGI art.25.5);
- verificando esa validez a través de Internet, en la página web de la Comisión Europea.

No hace falta decir que el primero de los procedimientos señalados tiene la ventaja de la seguridad jurídica, aunque es menos operativo.
b) El requisito del **transporte de las mercancías**, en los términos que se exponen en la pregunta siguiente (nº 13214).
c) La adecuada consignación de las operaciones en la **declaración recapitulativa de operaciones intracomunitarias**, por referencia a la información contenida en esta última.

Pregunta
En particular, ¿cómo se puede probar el transporte de los bienes a otro Estado de la UE? 13214

Conforme a lo dispuesto en el RIVA art.13.2, que establece que la expedición o transporte de los bienes al Estado miembro de destino se debe justificar por cualquier medio de prueba admitido en derecho y, en particular, mediante los **elementos de prueba** establecidos en el Rgto 282/11/UE art.45 bis.

Este precepto establece que, a los efectos de su exención, se presume que los bienes han sido expedidos o transportados a partir de un Estado miembro a un destino situado fuera de su territorio, pero dentro de la Comunidad, en cualquiera de los **casos** siguientes:

a) Si los bienes son **transportados por el vendedor** o por un tercero que actúe en su nombre, ha de disponer de:

1. Al menos dos de los **elementos de prueba no contradictorios** de entre los siguientes:

- documentos relacionados con la expedición o el transporte de los bienes, tales como una carta o documento CMR firmados, un conocimiento de embarque;
- una factura de flete aéreo o una factura del transportista de los bienes.

2. Uno de los documentos de la relación anterior **junto con**:

- una póliza de seguros relativa a la expedición o al transporte de los bienes, o documentos bancarios que prueben el pago de la expedición o del transporte de los bienes;
- documentos oficiales expedidos por una autoridad pública, como un notario, que acrediten la llegada de los bienes al Estado miembro de destino;
- un recibo extendido por un depositario en el Estado miembro de destino que confirme el almacenamiento de los bienes en ese Estado miembro.

Para ser válidos, cualesquiera de estos documentos deben ser **emitidos por** dos partes distintas que sean independientes entre sí, del vendedor o del adquirente.

b) En otro caso, adicionalmente, el vendedor debe disponer de una **declaración escrita** del adquirente que certifique que los bienes han sido expedidos o transportados por él o por un tercero en su nombre, y en la que se mencione el Estado miembro de destino de las mercancías. Esa declaración escrita debe indicar:

- la fecha de emisión;
- el nombre y la dirección del adquirente;
- la cantidad y naturaleza de los bienes;
- la fecha y lugar de entrega de los bienes;
- el número de identificación de los medios de transporte (en caso de entrega de medios de transporte); y
- la identificación de la persona que acepte los bienes en nombre del adquirente.

El adquirente debe presentar al vendedor la declaración escrita, a más tardar, el día 10 del mes siguiente a la entrega.

Al respecto de esta presunción, hay tres **consideraciones adicionales** importantes:

1. Se contiene en un **Reglamento comunitario**, de efecto y aplicación directa en los Estados de la UE, sin que sea necesaria su transposición.

2. Se trata de una **presunción iuris tantum**, que admite contraprueba, como se establece expresamente en el Rgto 282/11/UE art.45 bis.2, donde se indica que las autoridades tributarias pueden refutarla. Esta contraprueba, sin embargo, compete a las autoridades fiscales.

3. Como el propio RIVA expresamente declara, todo lo anterior no impide el recurso a otros elementos probatorios, como impone el **principio de libre prueba**.

13215

Pregunta
¿Hay algún impedimento para la exención de las EIB por el hecho de que el transporte de las mercancías no sea inmediato?

No. Siempre que se tenga **certeza** de que las mercancías van a acabar siendo expedidas fuera del TIVA y que, por tanto, hay un transporte que está vinculado a esa entrega, ha de considerarse exenta. Así se ha pronunciado la DGT cuando ha analizado entregas de bienes para las cuales incluso llegaban a realizarse labores de manipulación previas a su expedición efectiva al territorio de otro Estado comunitario (criterio confirmado por el TJUE 26-7-17, asunto Toridas C-386/16).

13218

Pregunta
¿La exención de las EIB está vinculada al lugar en que se produzca la puesta a disposición de las mercancías?

No. Las condiciones que establece la LIVA art.25, al igual que las establecidas por la Dir 2006/112/CE art.138, del que es transposición, en modo alguno condicionan la exención de las EIB al lugar en que se produzca la puesta de los bienes a disposición del destinatario de la operación. En consecuencia, es aplicable la exención tanto en los supuestos en que la puesta a disposición se produce en las **instalaciones del transmitente**, como cuando esa puesta a disposición se lleva a cabo en **sede del adquirente** o en cualquier **punto intermedio** de la expedición o transporte.
De hecho, el TJUE 27-9-07, asunto Teleos C-409/04 se refiere a un supuesto de aplicación del INCOTERM «ex works», con puesta a disposición en las instalaciones del transmitente, y admite la aplicación de la exención.

13220

Pregunta
¿Qué responsabilidad cabe exigir al empresario o profesional que ha aplicado la exención de las EIB actuando de buena fe, pero ha sido engañado por su cliente?

Ninguna. Así lo ha señalado el TJUE 27-9-07, asunto Teleos C-409/04, sentencia recaída en un supuesto en que el operador de buena fe había entregado unos teléfonos a un operador que le había indicado que iba a sacar los citados teléfonos hacia otro Estado comunitario, resultando falsa esa circunstancia. El transmitente entregó los teléfonos sin repercutir el IVA, aplicando la exención de las EIB, tras lo cual vio cómo su Administración Tributaria le pretendía hacer responsable de una aplicación indebida de la exención, ya que las mercancías nunca habían salido del Estado de origen.
El TJUE dispuso que a este operador, que había actuado de buena fe y que había adoptado todas las medidas razonables para asegurarse de que la transacción que realizaba, no era constitutiva ni parte de un esquema de fraude, no se le podía hacer responsable de la indebida aplicación de la regla de exención.
Este criterio se ha reiterado en numerosas sentencias posteriores, en las que se ha declarado que únicamente puede imputarse responsabilidad al proveedor en caso de que las autoridades fiscales acrediten, con base en elementos objetivos, que el vendedor sabia o podía saber que, con su actuación, estaba colaborando, aunque fuera de manera directa, con **fraude fiscal**, aunque sea de terceros.

13223

Pregunta
¿La exención de las EIB está vinculada a la tributación efectiva de la AIB que se haya realizado en el Estado de destino?

No. La exención de la EIB no está vinculada a que la AIB que razonablemente ha de producirse en el Estado de destino de las mercancías tribute como tal. Los **requisitos** para la exención de las EIB son los que establece la LIVA art.25 y, entre ellos, no figura el que se haya tributado efectivamente por la AIB realizada en el Estado de destino de las mercancías.

Pregunta 13225
¿Qué ocurre cuando la exención de las EIB coincide con algún otro supuesto de exención?

Que prevalece la norma de **exención interior**. Así lo ha señalado el TJUE 7-12-06, asunto Eurodental C-240/05, en la que se justifica esta conclusión por el hecho de que la exención de las EIB es una exención que genera el derecho a la deducción del IVA soportado, lo que no ocurre con los supuestos de exención interior. Considerando igualmente que las AIB están exentas en igualdad de condiciones que las operaciones interiores (ver pregunta nº 13112), el TJUE concluye que ha de darse preferencia a la norma de exención interior sobre la propia de las EIB, ya que, de otro modo, sería más interesante adquirir prótesis dentales en otros Estados comunitarios, deduciéndose en origen el IVA soportado, pero sin tributar en el de destino.

Pregunta 13227
¿Existen excepciones a la exención de las EIB?

Sí. Las establece la misma LIVA art.25, que señala la **no exención** de las siguientes operaciones:
a) EIB efectuadas a personas que apliquen el **régimen especial de no sujeción** que se contempla en la LIVA art.14. Hay que señalar que estas personas no deberían disponer de un NIF-IVA en su Estado de establecimiento, por lo que debería dejar de cumplirse igualmente uno de los requisitos de exención generales para las EIB.
b) Entregas de bienes acogidas al **régimen especial de bienes usados, objetos de arte, antigüedades y objetos de colección** (LIVA art.135 a 139). Estas operaciones, en cuya facturación debe indicarse que se ha aplicado este régimen especial, tampoco dan lugar a la realización de AIB sujetas en el Estado de destino (ver pregunta nº 13075).

3. Operaciones en cadena

Pregunta 13230
¿Cómo se aplica el IVA a las operaciones intracomunitarias en cadena?

Cuando hablamos de operaciones intracomunitarias en cadena a nos referimos a estructuras de negocio en las que hay **dos o más compraventas y un único transporte**. En este tipo de operaciones, la duda que se plantea es a cuál de ellas hay que vincular el transporte, ya que esa operación es la que tiene la consideración de intracomunitaria, no así las demás.
A este respecto, es fundamental lo dispuesto por la LIVA art.68.Dos.1º.B), que señala que, tratándose de bienes objeto de entregas sucesivas, enviados o transportados con destino a otro Estado miembro directamente desde el primer proveedor al adquirente final de la cadena, la expedición o transporte se entiende vinculada únicamente a la entrega de bienes efectuada a favor del intermediario.
A título de ejemplo, en un esquema de negocio en el que hay dos entregas y un único transporte, lo anterior implica que el transporte se vincula a la primera de ellas, resultando la segunda una operación interna realizada en el Estado de destino de los bienes.
La misma LIVA matiza que la **expedición o el transporte** se debe entender **vinculada** únicamente a la entrega efectuada por el intermediario cuando hubiera comunicado a su proveedor un NIF-IVA suministrado por España.

A estos efectos, se aclara que por intermediario hay que tomar al empresario o profesional distinto del primer proveedor, que expida o transporte los bienes directamente o mediante un tercero en su nombre y por su cuenta.

13231 Ejemplo Una empresa española que fabrica medicamentos comercializa sus productos en la UE a través de la distribuidora del grupo, localizada en Países Bajos, y distribuidores locales, filiales igualmente del grupo. Las ventas se hacen bajo pedido de las filiales nacionales. El 20-2-N envía una partida de mercancía a Francia. A esta fecha la venta se factura a la filial holandesa, que es quien factura igualmente a la francesa.
La primera venta, que es la realizada entre la empresa española y la distribuidora holandesa, se debe considerar como intracomunitaria, calificándose como tal por la empresa productora, situada en el territorio IVA. La posterior venta sería una entrega interior localizada en Francia, lugar de llegada de los medicamentos, a la que, de ser la normativa francesa equivalente a la española, se aplicaría la inversión del sujeto pasivo. En toda esta construcción se supone que la filial holandesa no dispone de NIF-IVA español.

II. Operaciones asimiladas

13235

13237

Pregunta
¿Cuál es la razón de ser de las operaciones asimiladas?

Tal y como ya se señaló, la razón de ser del régimen de tributación vigente en el IVA para las operaciones intracomunitarias es que esa tributación se produzca, en la medida de lo posible, en los Estados de destino o de consumo de las mercancías (ver pregunta nº 13005).
La asimilación que se hace al régimen de las entregas y de las adquisiciones para las transferencias de mercancías que se hacen dentro de las propias empresas pretende servir al mismo principio de tributación en el Estado de destino o de consumo de las mercancías, en este caso por referencia a **trasiegos o envíos de bienes** que se producen sin que impliquen una compraventa o transmisión de los bienes afectados.
Para conseguir este objetivo, los preceptos que regulan este régimen, tanto en la LIVA como en la Directiva, asimilan la trasferencia o envío de las mercancías de un Estado con las operaciones en las que se ha producido la entrega de esos bienes, aplicando la exención de las EIB a la trasferencia de los bienes que se asimiló a entrega y sujetando a tributación su recepción en el Estado de destino en tanto que operación asimilada a una AIB. De este modo, mercancías que se mueven entre distintos Estados comunitarios, sin que ese movimiento sea consecuencia de una entrega de estas, se «nacionalizan» y siguen un régimen tributario equivalente al propio de los trasiegos de mercancías vinculados a su transmisión.

13240

Pregunta
¿La existencia de operaciones asimiladas está condicionada a la existencia de establecimientos permanentes en los Estados de origen o destino de las mercancías?

No. Tanto la asimilación que se hace para las transferencias en la LIVA art.9.3º como la que se efectúa para las AIB en la LIVA art.16.2º prescinden de cualquier referencia a la existencia de **establecimientos permanentes** en los Estados de origen o destino de las mercancías. Por tanto, es posible que se realicen estas operaciones aunque el empresario que las efectúe carezca de infraestructuras en los Estados afectados que se puedan considerar como establecimientos permanentes.

Ejemplo Un empresario cuya sede de actividad se encuentra en Zaragoza importa una partida de mercancía procedente de China a través del puerto de Marsella. Esta mercancía se despacha a consumo, es decir, se pagan por ella los derechos de importación y el IVA correspondiente. A continuación, la mercancía queda en los almacenes de una empresa francesa que presta servicios de almacenamiento en el puerto de Marsella. Un mes después de la importación, el empresario de Zaragoza decide trasferir la mercancía a Zaragoza, desde donde ha de procurar su comercialización. 13243
Este envío de la mercancía desde Marsella a Zaragoza es una transferencia de bienes que resulta sujeta pero exenta en Francia como transferencia de bienes y sujeta en España en tanto que operación asimilada a AIB. Esto es independiente de que, conforme a la configuración de las operaciones, haya que admitir que este empresario no dispone de un establecimiento en el Estado comunitario de origen, que en este caso es Francia.

A. Transferencias de bienes

1. Concepto y sujeción

(LIVA art.9.3º)

Pregunta 13260
¿Cómo se define una transferencia de bienes?

Se considera como tal la transferencia por un sujeto pasivo de un bien corporal de su empresa con destino a otro Estado miembro, para afectarlo a las necesidades de aquella en este último. La LIVA art.9.3º asimila estas operaciones con las entregas de bienes, razón por la cual en ocasiones a estas operaciones se las llama también **autoconsumos intracomunitarios de bienes**.
A partir de la definición que ofrece la norma, los **requisitos** que se pueden señalar para que se produzca este hecho imponible por asimilación son los siguientes:
a) Quien lo realice ha de ser un **sujeto pasivo** de IVA o empresario, lo cual deriva tanto del inciso inicial de la norma como de la referencia que se hace a la afectación de los bienes transferidos a las necesidades de la empresa en el Estado de destino.
b) Los **bienes** transferidos han de ser bienes **corporales**, del mismo modo que ocurre en relación con las operaciones intracomunitarias habituales o convencionales, en las que se produce una compraventa o transmisión del poder de disposición sobre esos bienes.
c) Los citados bienes han de formar parte del **patrimonio empresarial** tanto en el Estado de origen como en el de destino.
d) Esos bienes han de ser **transferidos**, esto es, transportados entre diferentes Estados comunitarios.

Pregunta 13263
¿En qué condiciones están sujetas al IVA las transferencias de bienes?

En los mismos términos que cualesquiera otras entregas de bienes, esto es, si se cumplen los **requisitos** que establece la LIVA art.4.Uno (ver pregunta nº 155). Algunos de ellos ya vienen impuestos por la propia definición de este concepto, que se «autolimita» a operaciones realizadas por sujetos pasivos de IVA con cargo a bienes integrados en su patrimonio empresarial o profesional tanto en el Estado de origen como en el de destino.
Un requisito que establece la LIVA art.4.Uno y que, por la propia configuración de las operaciones, no se puede dar en el caso de las transferencias de bienes, es el de la

onerosidad, ya que estas operaciones son internas dentro de la empresa, por lo que carece de sentido que se pueda hablar de onerosidad.
Por otra parte, hay que tener en cuenta las condiciones generales de localización de las operaciones, conforme a las cuales estas transferencias de bienes únicamente estarían sujetas a imposición en caso de que, conforme a esas reglas, se hubieran de entender realizadas en el TIVA. Considerando que se trata de operaciones en las que existe una expedición o transporte de las mercancías, esta sujeción por razón del territorio sólo ocurriría si el inicio de la citada expedición o transporte ocurre en el TIVA.

13265 **Pregunta**
¿La existencia de transferencias de bienes sujetas al IVA está condicionada a que existan establecimientos permanentes en los Estados de origen o de destino de las mercancías?

No. Tal y como se señala en la pregunta nº 13240, el **régimen de tributación** establecido para los movimientos de mercancías dentro de las empresas, pero entre diferentes Estados comunitarios no está condicionado a que se disponga de establecimientos permanentes en ninguno de esos Estados.

2. Supuestos de no sujeción

(LIVA art.9.3º)

13270 **Pregunta**
¿Existen supuestos de no sujeción específicos para las transferencias de bienes?

Sí. Son los que establece de este modo la LIVA art.9.3º, que señala los siguientes **casos**:
a) Entregas de bienes objeto de **instalación o montaje**, regulados en la LIVA art.68.Dos.2º (ver pregunta nº 1900). En la mayor parte de los casos, se puede considerar esta norma como aclaratoria, ya que, cuando los bienes se remiten al Estado de destino para la realización de una entrega con instalación o montaje, lo que hay es una transacción intracomunitaria típica, con un adquirente identificado. En este supuesto, lo que en su caso se podría discutir es si hay una EIB en origen seguida de una AIB sujeta en destino (ver pregunta nº 13075).
b) Bienes que circulan en el denominado régimen de **ventas a distancia**, regulado en la LIVA art.68.Tres y Cuatro (ver pregunta nº 13410).
Para las ventas que se realizan en el régimen de ventas a distancia se requiere que las mercancías se transporten al TIVA con ocasión de las respectivas transacciones. En tal caso, no hay transferencia de bienes por el envío de las mercancías, sino directamente una entrega a la que se aplica el citado régimen especial, el cual determina el Estado en el que han de considerarse realizadas las operaciones. Por el contrario, si lo que ocurre es que la mercancía, sin que se haya producido venta alguna, se remite de uno a otro Estado, entonces sí que se produce la transferencia de bienes cuando se remite, aunque la venta posterior no tribute conforme al régimen de ventas a distancia, sino como entrega de bienes sujeta al IVA en el Estado en el que se realice.
c) Transferencias de bienes cuya entrega se localiza conforme a la LIVA art.68.Dos.4º, es decir, las que se realizan a bordo de **transportes intracomunitarios** (ver pregunta nº 1915). En este caso, lo que se pretende es evitar la complejidad que supondría, para las empresas que prestan servicios de transporte entre diferentes Estados en los cuales se entregan bienes, tener que declarar una transferencia cada vez que uno de estos medios de transporte llega a destino y hay una parte de la mercancía que no se ha vendido.

d) Transferencias de bienes que van a ser objeto de **entregas** efectuadas por el empresario o profesional en el interior del Estado miembro de llegada en las condiciones previstas en la LIVA art.21 ó 25, esto es, exportaciones o EIB. La interpretación de este supuesto puede resultar un tanto problemática. **13272**

Una primera aproximación consistiría en negar el carácter de transferencia a operaciones en las que el empresario que remite mercancía a otro Estado va a realizar entregas posteriores de esa mercancía y esas entregas van a quedar exentas por aplicación de preceptos equivalentes a la LIVA art.21 y 25, sin vinculación alguna entre la expedición inicial de las mercancías y la posterior entrega exenta.

De ser esta la interpretación correcta, ocurriría que el tratamiento inicialmente dado a la operación, es decir, la sujeción y exención de la transferencia de bienes y la sujeción de la AIB en el Estado de destino, habrían de deshacerse, lo que carece de toda lógica.

Quizá se puede considerar que desde el momento de la expedición o transporte que se inician en el TIVA, se conoce que los bienes van a ser objeto de posteriores entregas exentas en virtud de artículos equivalentes a la LIVA art.21 ó 25, lo cual tampoco deja el precepto libre de **dudas de interpretación**. Estas dudas se deben a que si ya desde el principio de la expedición o transporte a otro Estado se conoce que las mercancías van a ser objeto de una posterior expedición fuera de la Comunidad o a un tercer Estado, cabe interpretar que el inicio de esa expedición con destino fuera de la Comunidad o a un tercer Estado se ha producido en el TIVA, y no en el segundo Estado, destino transitorio de las mercancías.

e) Transferencias de bienes que se destinen a la realización de una **ejecución de obra** para el sujeto pasivo, cuando los bienes sean utilizados por el empresario que la realice en el Estado de llegada de la expedición o transporte de los citados bienes, siempre que la obra fabricada o montada sea objeto de una entrega exenta con arreglo a los criterios contenidos en la LIVA art.21 y 25.

f) Transferencias de bienes que se destinen a la prestación de un servicio para el sujeto pasivo que tenga por objeto **informes periciales o trabajos** efectuados sobre esos bienes en el Estado de llegada de la expedición o del transporte de esos bienes, siempre que estos, después de los mencionados servicios, se reexpidan con destino al sujeto pasivo en el TIVA. Entre los citados trabajos se comprenden las reparaciones y las ejecuciones de obra que deban calificarse de prestaciones de servicios de acuerdo con la LIVA art.11. **13273**

Los supuestos e) y f) han de ser analizados conjuntamente, ya que en ellos se analiza el tratamiento correspondiente a los trabajos realizados sobre bienes muebles corporales.

La primera cuestión que ha de citarse se refiere a la configuración de las ejecuciones de obra mobiliarias como entregas de bienes o prestaciones de servicios. A diferencia de lo que ocurre con las ejecuciones de obra inmobiliarias, no hay en la LIVA precepto alguno que establezca criterios para determinar cuándo una **ejecución de obra mobiliaria** es entrega de bienes o prestación de servicios. Tampoco hay norma comunitaria sobre este particular. Ante esta falta de criterio, hay que determinar, para cada operación, si la parte más importante de lo que hace el empresario o profesional es entregar bienes o prestar servicios.

Ante la falta de un criterio preciso para determinar cuándo una ejecución de obra es entrega de bienes o prestación de servicios, se contempla en dos preceptos distintos la **inexistencia de transferencia de bienes** cuando hay mercancías circulando entre diferentes Estados comunitarios para ser objeto de esas operaciones. Así, tendremos lo siguiente:

1. Si la ejecución de obra tiene la condición de **entrega de bienes**, entonces es el supuesto d) el que asegura que no hay transferencia de bienes cuando se envían mercancías para su realización. Debe añadirse que, sin embargo, la expedición del resultado sí que ha de tener la consideración de operación sustantiva, exportación o EIB, exenta conforme a la LIVA art.21 ó 25 (o sus equivalentes en el Estado desde el que se expidan los bienes).

2. Si la ejecución de obra pasa a considerarse como **prestación de servicios**, entonces es el supuesto e) el que garantiza que no hay operación cuando se envían las mercancías necesarias para su elaboración.

13274 **g)** Transferencias de bienes destinados a su **utilización temporal** en el territorio del Estado de llegada de la expedición o del transporte de estos, en la realización de **prestaciones de servicios** efectuadas por el sujeto pasivo establecido en España. En este caso, la operación que se somete a gravamen es la prestación de servicios, cuya localización se debe efectuar conforme a la regla que resulte aplicable. El envío o expedición de las mercancías se considera, en este contexto, como accesorio o instrumental respecto a la operación principal, que es la prestación de servicios, que es la efectivamente gravada.
Los **requisitos** que han de cumplirse para la aplicación de esta excepción son los siguientes:
- la expedición de las mercancías ha de ser temporal, no definitiva;
- esas mercancías han de utilizarse en la prestación de servicios por empresarios o profesionales establecidos en el TIVA.

h) Transferencias de bienes destinados a su **utilización temporal** por un **período** que no exceda de 24 meses, en el territorio de otro Estado en el interior del cual la importación del mismo bien procedente de un país tercero para su utilización temporal se beneficiaría del régimen de importación temporal con exención total de los derechos de importación.
En este caso, lo relevante es que la mercancía remitida, en caso de que hubiese entrado en el Estado miembro de llegada procedente de fuera de la Comunidad, tuviera derecho a la exención total de derechos correspondiente al régimen de importación temporal.
i) Transferencias de bienes destinados a la realización de **entregas de gas** a través de una red de gas natural situada en el territorio de la Comunidad o de cualquier red conectada a esa red, las entregas de electricidad o las entregas de calor o de frío a través de las redes de calefacción o de refrigeración, que se considerarían efectuadas en otro Estado miembro de la Comunidad con arreglo a los criterios establecidos en la LIVA art.68.Seis (ver pregunta nº 1925).
Cualquiera de estas dejan de tener efecto desde el momento en que dejen de cumplirse cualesquiera de los requisitos que las condicionan.

3. Exención

(LIVA art.25.Tres)

13285

Pregunta
¿En qué condiciones están exentas las transferencias de bienes?

En las mismas que las operaciones que se realizan entre diferentes empresarios o profesionales, tal y como establece la LIVA art.25.Tres. En consecuencia, los **requisitos** que se tendrían que cumplir para que opere la exención son los siguientes:
a) Que se disponga de un **NIF-IVA** en el Estado de destino de las mercancías. Lógicamente, de lo que se trata es de que el empresario que va a mover mercancías entre diferentes Estados comunitarios se identifique en ellos de forma que pueda cumplir las obligaciones de información que corresponden a estas operaciones.
b) Que se produzca el **transporte** de los bienes entre diferentes Estados comunitarios. La cuestión de la prueba de ese transporte es la misma en estas operaciones que en cuanto a las operaciones entre diferentes empresarios o profesionales.
c) La adecuada consignación de las operaciones en la **declaración** recapitulativa de operaciones intracomuntarias.

Pregunta 13287
¿Qué otros elementos son relevantes en cuanto al régimen de tributación de las transferencias de bienes?

Los mismos que en cuanto a las EIB convencionales:
a) Quien ha de cumplir las **obligaciones formales** inherentes a estas es quien las realiza, esto es, el empresario o profesional que remite las mercancías desde el TIVA hacia otro Estado comunitario.
b) La **base imponible** se define en los mismos términos que en los autoconsumos de bienes, por referencia al coste de los bienes transferidos, sea histórico, si no ha habido depreciación o revalorización, sea de reposición, en otro caso (ver preguntas nº 6563 s.).

Pregunta 13290
¿Qué obligaciones formales hay en relación con las transferencias intracomunitarias de bienes?

Las obligaciones formales en relación con estas operaciones son las siguientes:
a) En primer lugar, obtener un **NIF-IVA intracomunitario**, es decir, incluirse en el Registro de Operadores Intracomunitarios (ROI) en los mismos términos que ocurre para las EIB convencionales.
b) En segundo lugar, consignar estas operaciones en la **declaración recapitulativa** de operaciones intracomunitarias (RIVA art.79.1.1º).
c) Finalmente, expedir **factura** por estas operaciones, en tanto que operaciones exentas conforme a la LIVA art.25, por lo que esa expedición es preceptiva en todo caso según el Rgto Fac art.2.2.b.

B. Operaciones asimiladas a AIB

Pregunta 13300
¿En qué consisten las AIB asimiladas?

En operaciones que, por mandato de la LIVA art.16, se asimilan a las AIB realizadas entre distintos empresarios o profesionales.
Así, se define como AIB asimilada la **afectación** a las actividades de un empresario o profesional desarrolladas en el TIVA, de un bien expedido o transportado por ese empresario, o por su cuenta, desde otro Estado miembro en el que el referido bien haya sido producido, extraído, transformado, adquirido o importado por ese empresario o profesional en el desarrollo de su actividad empresarial o profesional realizada en el territorio de este último Estado miembro (LIVA art.16.2º).
La AIB asimilada es el correlato lógico de las transferencias de bienes, de forma que con la sujeción de aquellas se completa la exención de estas, consiguiéndose de este modo la tributación en destino de las mercancías que, sin haber sido objeto de transmisión, se mueven entre diferentes Estados comunitarios.

Pregunta 13305
¿En qué condiciones están sujetas al IVA las AIB asimiladas?

En las mismas que las AIB convencionales, ya que lo que hace la LIVA art.16.2º es asimilar estas operaciones con las realizadas entre distintos empresarios o profesionales. Una vez operada la asimilación, las condiciones o **requisitos** de sujeción propios de las AIB se aplican a estas operaciones asimiladas en los mismos términos que a las AIB normales o convencionales.

13308

Pregunta
¿Hay excepciones a la sujeción de las AIB asimiladas?

Sí. La LIVA art.16.2º segundo párrafo establece los supuestos en que la transferencia en el Estado de origen no habría de producirse por **aplicación analógica** de los supuestos de no sujeción de las transferencias de bienes que se establecen en la LIVA art.9.3º. Entonces la AIB asimilada que, de otro modo, debiera tributar en el TIVA, no está sujeta a imposición.

13310 Ejemplo Una empresa que tiene su sede en Alemania arrienda unos equipos técnicos para su utilización en España durante 3 meses. Transcurrido este plazo, los equipos son devueltos a su propietario en Alemania.
Si esta operación se realizase por parte de un empresario español que alquilase los equipos para su utilización en otro Estado comunitario, la transferencia de los bienes al Estado en el que van a ser utilizados no determinaría la existencia de una transferencia de bienes. Por esta razón, la recepción de los equipos procedentes de Alemania no determina la existencia de una AIB asimilada.

C. Estructuras de depósitos en consigna

13320

Pregunta
¿Qué son los depósitos en consigna?

Se trata de operaciones en las que los proveedores de determinados inputs de la gran industria mantienen un stock o depósito de mercancía en las instalaciones de los clientes y a disposición de estos. Los bienes se transmiten cuando se necesitan por parte de los clientes, no antes, por eso se habla de depósitos en consigna.
A estas operaciones se refiere la LIVA art.9 bis.Uno, conforme al cual, y a los efectos del IVA, se entiende por **acuerdo** de ventas de bienes en consigna aquel en el que se cumplan los siguientes **requisitos**:
a) Que los bienes sean expedidos o transportados a otro Estado miembro, por el vendedor, o por un tercero en su nombre y por su cuenta, con el fin de que esos bienes sean adquiridos en un momento posterior a su llegada por otro empresario o profesional habilitado, de conformidad con un acuerdo previo entre ambas partes. Se trata de operaciones que se efectúan entre dos **Estados distintos**.
b) Que el vendedor que expida o transporte los bienes no tenga la **sede** de su actividad económica o un **establecimiento permanente** en el Estado miembro de llegada de la expedición o transporte de aquellos.
c) Que el empresario o profesional que va a adquirir los bienes esté identificado a efectos del IVA en el Estado miembro de llegada de la expedición o transporte, y ese **NIF-IVA**, así como su nombre y apellidos, razón o denominación social completa, sean conocidos por el vendedor en el momento del inicio de la expedición o transporte.
d) Que el vendedor haya incluido el envío de esos bienes tanto en el **Libro Registro** de determinadas operaciones intracomunitarias como en la **declaración recapitulativa de operaciones intracomunitarias**.

13325

Pregunta
¿Cómo se aplica el IVA en estas operaciones?

Lo que se **excepciona** en estos casos es la realización de transferencias de bienes. Así se establece en la LIVA art.9 bis.Dos, conforme al cual, si la transmisión de la propiedad de estos bienes se produce dentro de los 12 meses siguientes a la llegada de los bienes al Estado miembro de destino en el marco de un acuerdo de ventas de bienes en consigna, se puede producir, según corresponda:

- una EIB efectuada por el vendedor exenta como tal en el Estado de origen; y **13325** (sigue)
- una AIB por el empresario o profesional que los adquiere en el Estado de destino.

Con este dispositivo, lo que se evita es la realización de este hecho imponible especial, que se sustituye por el adecuado registro de los envíos respectivos en el Libro Registro de determinadas operaciones intracomunitarias (o SII para los contribuyentes que lo apliquen) y en la declaración recapitulativa de operaciones intracomunitarias. A la **fecha** en que se produzca la **transmisión** es cuando se entiende realizada la compraventa intracomunitaria, declarándose como tal, en las mismas condiciones y con los mismos requisitos que las operaciones en las que no existe este transporte previo de los bienes.

Los principales **efectos** que tiene este tratamiento «ad hoc» son los siguientes:

a) La **armonización** de la cuestión entre los diferentes Estados de la UE, ya que, con carácter previo, había diferencias en cuanto a la caracterización de las operaciones.

b) La **no exigencia**, al proveedor de los bienes, del cumplimiento de obligaciones formales específicas en el Estado de destino (obtención de NIF-IVA y consiguiente alta en el ROI para conseguir la exención de la transferencia desde el Estado de origen, así como, en su caso, inclusión de las AIB asimiladas en la declaración recapitulativa de operaciones intracomunitarias).

Por excepción a lo anterior, sí que se considera que existe una **transferencia de bienes** cuando, dentro del plazo de los 12 meses antes citado, se incumpla cualquiera de las condiciones establecidas en la LIVA art.9 bis.Uno, mencionadas en la pregunta anterior (nº 13320):

- cuando los bienes no hubieran sido adquiridos por el empresario o profesional al que estos iban destinados inicialmente;
- cuando los bienes fueran expedidos o transportados a un destino distinto del Estado miembro al que estaban inicialmente destinados según el acuerdo de ventas de bienes en consigna;
- en el supuesto de destrucción, pérdida o robo de los bienes.

El mismo precepto añade que también se pueden entender **cumplidos** los citados requisitos cuando dentro del referido plazo:

- los bienes sean adquiridos por un empresario o profesional que sustituya al inicialmente previsto;
- no se haya transmitido el poder de disposición de los bienes y estos sean devueltos al Estado miembro desde el que se expidieron o transportaron;
- estas dos circunstancias hayan sido incluidas por el vendedor en el Libro Registro de determinadas operaciones intracomunitarias.

Asimismo, se entiende que se ha producido una transferencia de bienes en el marco de un acuerdo de ventas de bienes en consigna, cumpliéndose las condiciones previstas inicialmente, al día siguiente de la **expiración del plazo de 12 meses** desde la llegada de los bienes al Estado miembro de destino sin que el destinatario haya adquirido el poder de disposición de los bienes.

SECCIÓN 2

Regímenes especiales del comercio intracomunitario

13330

13332 **Pregunta**
¿Cuáles son los regímenes especiales del comercio intracomunitario?

Los denominados como regímenes especiales del comercio intracomunitario son **tres**:
- el denominado de las personas de régimen especial (LIVA art.14);
- el de las ventas a distancia intracomunitarias de bienes (LIVA art.68.Tres a Seis);
- el de los medios de transporte nuevos (LIVA art.13.2º, 25.Dos, 93.Dos, 94.Dos, 98.Tres y 164.Uno.6º).

I. De determinadas personas

(LIVA art.14)

13340 **Pregunta**
¿Cuál es la razón de ser del régimen de no sujeción de las AIB que establece la LIVA para las personas de régimen especial?

Las **razones** que justifican la existencia de este régimen especial de no sujeción son fundamentalmente dos:
a) En primer lugar, las personas o entidades que se incluyen en este régimen se caracterizan por el hecho de que no pueden deducir las **cuotas** que soportan. Por esta razón, se permite a esas personas o entidades que elijan si desean que sus operaciones intracomunitarias tributen en origen o en destino. Recordemos que se trata de un régimen susceptible de renuncia.
b) Estas personas o entidades en ocasiones pueden llegar a realizar operaciones por un **volumen** considerable. Si es este el caso, entonces las normas en vigor obligan a la tributación de las operaciones en destino, evitando de esta manera que el derecho de opción al que hemos hecho referencia con anterioridad sea demasiado gravoso para su Estado de establecimiento.

13342 **Pregunta**
¿A quién se aplica este régimen de no sujeción de las AIB?

El régimen especial de no sujeción de las AIB que establece la LIVA art.14 se aplica a las siguientes personas:
a) Empresarios que tributan en el **REAGP**, caracterizado, entre otros extremos, por la imposibilidad de deducir el IVA soportado. La posibilidad de que las AIB no estén sujetas al IVA español está condicionada a que los bienes adquiridos se destinen al desarrollo de la actividad sometida al citado régimen especial. En caso de que se efectúen AIB destinadas a otras actividades empresariales, se pueden aplicar el régimen general de los intercambios intracomunitarios.

b) Empresarios o profesionales que realicen exclusivamente operaciones que no les generen el derecho a la deducción, esto es, empresarios o profesionales con **prorrata cero**.
En este caso se trata de empresarios o profesionales que realizan actividades a las que se aplica el régimen general del impuesto, pero que no les generan el derecho a la deducción. Es importante destacar que la exclusión del derecho a la deducción ha de ser total o completa, de forma que la realización de una parte de las operaciones que genere este derecho, aunque sea residual, impediría la aplicación de lo dispuesto por este precepto.
c) Personas jurídicas que no actúen como empresarios o profesionales. Las entidades comprendidas en esta última categoría son los entes públicos y otros entes tales como asociaciones, fundaciones, etc.

Ejemplos **1)** Un ingeniero que desarrolla su actividad en Madrid es propietario de una finca rústica. Con destino a la finca ha adquirido maquinaria a un proveedor alemán por un total de 3.500 €. Asimismo, está suscrito a dos revistas especializadas que recibe desde Italia y Francia, por las que paga 2.000 € anuales. **13347**
La primera de las adquisiciones realizadas es una operación típica de las que resultan no sujetas en destino, al realizarse para el desarrollo de una actividad acogida al REAGP. En consecuencia, este ingeniero debe pagar IVA alemán por esta maquinaria.
En cuanto a la recepción de las revistas, se trata de una AIB por la que el ingeniero cliente debe tributar en tanto que AIB.
Desde el punto de vista de las obligaciones formales, en la primera operación, el ingeniero no debe proporcionar su NIF-IVA intracomunitario ni consignar la operación en su declaración recapitulativa de operaciones intracomunitarias. Por el contrario, sí que debe cumplir estas obligaciones para la segunda operación, esto es, para las suscripciones a las revistas.
2) Un estomatólogo que desarrolla su actividad en Vigo encarga las prótesis dentales de sus clientes a un laboratorio de Oporto. Para el año N el total de prótesis que ha adquirido asciende a 7.800 €. Este profesional realiza exclusivamente operaciones exentas.
Las AIB que realiza este profesional son operaciones no sujetas, ya que se cumplen todos los requisitos de la LIVA art.14. En consecuencia, la sujeción de las operaciones se produce al IVA portugués (aunque normalmente se trate de operaciones exentas, al igual que ocurriría si se tratase de operaciones que se entendieran realizadas en el TIVA hacia un cliente de otro Estado miembro).
3) Una fundación que se dedica a la concesión de becas para estudiantes adquiere mobiliario para su sede fundacional, que se encuentra en Barcelona, a un proveedor italiano. El valor de la partida de muebles que adquiere es de 8.600 €. Ni en el año precedente ni en el año en curso ha efectuado más adquisiciones a proveedores de fuera de España.
Tampoco en este caso ha de tributarse por la AIB, ya que se trata de una operación no sujeta.

Pregunta **13350**
¿Cabe la renuncia para el régimen especial de determinadas personas?

Sí. Para cualquiera de los supuestos que hemos mencionado anteriormente, cabe la renuncia al régimen de no sujeción, lo que conduce a tributar las operaciones en el país de destino, en este caso, España; es decir, pasando de tributar la operación como una entrega de bienes interior a tributar como una EIB a la que se aplica la exención de la LIVA art.25 (Dir 2006/112/CE art.138) en origen y la sujeción de la LIVA art.13.1º para la AIB que se produce en destino.
Esta renuncia se sustancia a través de la **declaración censal**, solicitando, mediante su presentación, la inclusión en el ROI y la atribución de un NIF-IVA al empresario o entidad que pretende tributar por el total de sus AIB en destino (RGGI art.3.3 y 10.2.e).
A continuación, este empresario debe suministrar este NIF-IVA a sus proveedores al objeto de que estos consideren la operación como una EIB exenta y no repercutan, en su caso, el IVA del país de origen. Igualmente, se ha de proceder a la consignación de la operación en la **declaración recapitulativa** de operaciones intracomunitarias (modelo 349).

13354 Ejemplo Un agricultor de Lérida adquiere un determinado fertilizante por 4.500 € a un fabricante danés. Cuando se entera de que este pretende repercutirle un 25% de IVA se informa acerca de la manera que tiene para abaratar el producto, para lo cual le comunican que si se inscribe en el ROI puede conseguir que la operación tribute en España y, en consecuencia, aplicar a esta el 10% que establece para estos productos la LIVA art.91.Uno.1.3º. Presentado el modelo 036, comunica a su proveedor danés el NIF-IVA que le han atribuido.

Efectivamente, la forma en la que se ha realizado la operación hace que esta pase a configurarse como una EIB exenta en Dinamarca seguida de una AIB sujeta en el TIVA. El agricultor español ha de tributar por esta operación presentando el correspondiente modelo 309, aplicándole a esta el tipo reducido del 10%.

13357 **Pregunta**

¿Cuál es el contenido del régimen especial de no sujeción de las AIB que se establece en la LIVA para determinadas personas?

Como la propia pregunta indica, este régimen especial consiste en la no sujeción de las AIB realizadas por ciertos empresarios o profesionales o entidades jurídicas que no actúan como tales, aunque con ciertos **límites**.

No superándose estos límites, las operaciones que impliquen compraventas que den lugar a la llegada de bienes corporales al TIVA no van a tributar como AIB ni estar exentas en origen en tanto que EIB, consumándose su tributación en el citado Estado de origen.

En cuanto a esos límites, en primer lugar, hay que señalar que, conforme a la LIVA art.14.Dos, esta no sujeción sólo se aplica cuando el total de las AIB realizadas por la persona o entidad de que se trate no supere, ni en el año natural precedente ni en el año en curso, el umbral de 10.000 euros. Respecto a este **umbral** y la forma de **calcularlo**, hay que señalar lo siguiente:

a) Las AIB que se computan son el total de las realizadas por la persona o entidad de que se trate. En consecuencia, para cualquier persona o entidad cuyas AIB se consideren incluidas en este régimen especial, las **operaciones a computar** son:

- el total de las AIB realizadas por esta persona o entidad procedentes tanto del proveedor de que se trate como de cualquier otro proveedor;
- las AIB procedentes del país que estemos analizando y de cualquier otro Estado;
- las AIB que se realicen al margen de las actividades en las cuales no se puede deducir el IVA y que son las que, por su propia naturaleza, tienen cabida dentro de este régimen especial.

b) Es causa de exclusión del régimen especial haber superado el **umbral** de 10.000 euros en el año natural anterior a aquel en el que se realizan las operaciones.

c) Igualmente, si a lo largo del año se supera este umbral, la operación por la que se supere, así como el resto de operaciones que se realicen con posterioridad, quedan sujetas al **régimen general** de los intercambios intracomunitarios.

La misma norma señala que estos importes han de computarse IVA no incluido.

En el **cálculo** de este límite hay que tener en cuenta igualmente la existencia de una serie de operaciones que, por mandato expreso de la norma, no se computan. Estas son las siguientes:

- adquisiciones intracomunitarias de medios de transporte nuevos;
- adquisiciones intracomunitarias de bienes sujetos a impuestos especiales.

Para unos y otros lo que ocurre es que quedan directamente **excluidos** del régimen especial, por lo que se aplica el régimen general de los intercambios intracomunitarios, es decir, EIB exenta en origen y AIB sujeta en destino;

- operaciones que, por aplicación de las reglas del denominado régimen de ventas a distancia (ver pregunta nº 13410), hayan de considerarse efectuadas fuera del TIVA.

13360 Ejemplo Un ayuntamiento de la Comunidad Valenciana ha realizado durante el año N las siguientes operaciones:

a) Compra de material de oficina a un proveedor portugués por 2.400 €.

b) Compra de material para talleres a una empresa alemana por 3.000 €.

c) Compra de una partida de vino de Burdeos a un productor francés por 2.000 €.
d) Compra de un vehículo para servicios generales del ayuntamiento por 34.200 €. El vehículo se ha comprado en un concesionario belga.
Para calcular si este ayuntamiento ha superado el umbral de 10.000 € habría que computar exclusivamente las operaciones que se citan en las letras a y b, ya que las citadas en las letras c y d están expresamente excluidas por la LIVA art.14.Tres. En la medida en que la suma de las operaciones de las letras a y b asciende a 5.400 € y no se superan los 10.000 €, estas operaciones determinan la existencia de AIB no sujetas al IVA español, tributando en Portugal y Alemania, respectivamente. Por su parte, las adquisiciones del vehículo y de las cajas de vino determinan la existencia de AIB sujetas, ya que se trata de operaciones excluidas de la no sujeción de la LIVA art.14.

II. Medios de transporte nuevos

Pregunta 13380
¿Cuál es la razón de ser del régimen especial para los intercambios intracomunitarios de medios de transporte nuevos?

La **tributación en destino** de estos elementos en todo caso. El importe económico de estos bienes, en algunos casos muy elevado, unido a su elevada movilidad, justificó en su día la adopción de un régimen especial que pretende garantizar el cumplimiento del citado objetivo.
Las medidas en las que se concreta este régimen especial consisten, en lo fundamental, en atribuir la condición de empresario o profesional en todo caso a quien realiza la entrega de un medio de transporte nuevo con destino a otro Estado comunitario y en señalar la sujeción de la AIB en destino la realice quien la realice.
La primera cuestión se aborda en la LIVA art.5.Uno.e, que atribuye la condición de empresario o profesional a los efectos de este tributo a quienes realicen a título ocasional las entregas de medios de transporte nuevos exentas en virtud de lo dispuesto en la LIVA art.25.Uno y Dos. Esta atribución de la condición de empresario o profesional se limita a los efectos de las entregas de los referidos medios de transporte.
En cuanto a la referencia cruzada que se hace a la LIVA art.25.Uno y Dos, debe señalarse que en el citado LIVA art.25.Uno lo que se establece es la exención que se aplica con carácter general a las EIB. La LIVA art.25.Dos establece la exención de las entregas de medios de transporte nuevos, efectuadas en las condiciones indicadas en el apartado Uno, cuando los adquirentes en destino sean las personas comprendidas en el penúltimo párrafo del apartado precedente o cualquiera otra persona que no tenga la condición de empresario o profesional.
En segundo lugar, hay que citar la LIVA art.13.2º, conforme al cual, siempre y cuando se entiendan realizadas en el TIVA, están sujetas al tributo las AIB de medios de transporte nuevos efectuadas a **título oneroso** por las personas a las que sea de aplicación la no sujeción prevista en la LIVA art.14, así como las realizadas por cualquier otra persona que no tenga la condición de empresario o profesional, cualquiera que sea la condición del transmitente.

Pregunta 13383
¿Qué se considera como medio de transporte nuevo a estos efectos?

La aplicación del régimen especial que estudiamos se condiciona a que los bienes de que se trate sean medios de transporte nuevos, para lo cual, deben cumplirse dos **requisitos**: ha de tratarse de un medio de transporte y ha de estar nuevo.
Tienen la consideración de **medios de transporte**:
– los vehículos terrestres accionados a motor cuya cilindrada sea superior a 48 cm^3 o su potencia exceda de 7,2 Kw;

– las embarcaciones cuya eslora máxima sea superior a 7,5 metros. Quedan excluidas, por mandato expreso de la norma, aquellas a las que afecte la exención de la LIVA art.22.Uno (ver pregunta nº 14250);
– las aeronaves cuyo peso total al despegue exceda de 1.550 kilogramos. En este caso, la excepción se define por referencia a la LIVA art.22.Cuatro (ver pregunta nº 14285).
Los medios de transporte que se han descrito son considerados como **nuevos** en los siguientes supuestos:

Tipo de medio de transporte	Tiempo transcurrido desde la puesta en servicio	Utilización
Vehículos terrestres	6 meses	6.000 kilómetros recorridos
Embarcaciones	3 meses	100 horas de navegación
Aeronaves	3 meses	40 horas de vuelo

Respecto a estos requisitos, es importante tener en cuenta que los descritos en la segunda y tercera columna son requisitos no acumulativos, de forma que el cumplimiento de cualquiera de ellos determina que el medio de transporte en cuestión sea considerado como nuevo.
Para el caso de que los medios de transporte objeto de las operaciones tengan la condición de bienes usados, hay que tener en cuenta la interacción entre la aplicación del régimen especial de los bienes usados y el régimen previsto para las operaciones intracomunitarias. Este punto se analiza en la pregunta nº 15265.

13385 Ejemplos **1)** Una empresa con sede en Barcelona se dedica a la venta de **bicicletas** de montaña, contando con numerosos clientes en otros países de la UE.
Los bienes que vende esta empresa no tienen la condición de medios de transporte, ya que no tienen motor. En consecuencia, no resulta aplicable a las operaciones realizadas por esta empresa el régimen especial establecido para los medios de transporte nuevos.
2) Un concesionario de vehículos recibe un nuevo modelo que matricula y utiliza como **vehículo de demostración**. A los 4 meses de haberlo matriculado, y una vez que el vehículo ha recorrido 10.000 km., lo vende a un particular portugués, que paga por el mismo 24.000 €.
Aunque el vehículo vendido ha recorrido más de 6.000 km., en la medida en que únicamente ha estado 4 meses en servicio se trata de un medio de transporte nuevo. La tributación de esta operación se produce en Portugal (ver pregunta nº 13390).

13390

Pregunta
¿En qué consiste el régimen de tributación de los intercambios intracomunitarios de medios de transporte nuevos?

El régimen de tributación que se establece para las entregas de medios de transporte nuevos que se producen entre diferentes Estados comunitarios se caracteriza por la **sujeción** de las operaciones al IVA del Estado de destino, es decir, por su tributación en el Estado al que estos llegan. Este objetivo se consigue mediante diversos preceptos, además de la LIVA art.13.2º, evidentemente.
La LIVA art.5.Uno.e califica como **empresario o profesional** a quienes realicen a título ocasional las entregas de medios de transporte nuevos exentas, en tanto que EIB, conforme a la LIVA art.25, al que se refiere. De esta manera, se asegura el cumplimiento del requisito existente para la sujeción de toda AIB de que el transmitente es un empresario o profesional actuando como tal.
La LIVA art.25.Dos garantiza la **exención** de estas operaciones en todo caso, a condición de que se acredite el transporte a otro Estado, tanto para los supuestos en que el destinatario sea un empresario o profesional identificado a los efectos del IVA en otro Estado, como para el resto de los casos en que se produzca la sujeción en destino.

En cuanto a la sujeción de la AIB cuando es España el Estado de destino, esta se asegura por la LIVA art.13.2º. Téngase en cuenta que cuando la AIB se hace por un empresario o profesional o por una persona jurídica que no actúa como tal, entonces es la LIVA art.13.1º la que determina la sujeción al impuesto.
Igualmente, hay que tener en cuenta los preceptos reguladores del **derecho a la deducción**, varios de los cuales aseguran la neutralidad de esta operación. El primero de ellos es la LIVA art.93.Dos, que garantiza el cumplimiento del requisito subjetivo para el nacimiento y ejercicio del derecho a la deducción. La LIVA art.94.Dos limita este derecho, al disponer que no cabe la deducción de las cuotas soportadas en una cuantía superior a la cuota que correspondería a la operación en caso de que esta no estuviera exenta. La LIVA art.98.Tres regula el momento en el que ha de considerarse que ha nacido el derecho a la deducción de estas cuotas. De acuerdo con este precepto, hay que esperar hasta que, en su caso, se produzca la entrega con destino a otro Estado miembro.
En cuanto a las obligaciones formales, hay que tener en cuenta, en primer lugar, que las entregas ocasionales de medios de transporte están expresamente excluidas de la **declaración recapitulativa** de operaciones intracomunitarias (RIVA art.79.1.1º.a). En cuanto a las adquisiciones, el RIVA art.79.1.2º únicamente obliga a su consignación en cuanto se realicen por personas o entidades identificadas a efectos del mismo en el TIVA. Considerando que el RGGI art.25.3 excluye expresamente de la atribución de NIF a las personas cuyas AIB no están sujetas al IVA (las de la LIVA art.14, ver preguntas nº 13340 s.) y a quienes no actúen como empresarios o profesionales, cuando realicen AIB de medios de transporte nuevos, hay que concluir que quienes adquieran medios de transporte nuevos procedentes de otro Estado comunitario no están obligados a consignar la adquisición en declaración recapitulativa alguna de operaciones intracomunitarias.
Respecto a la expedición de **factura**, las entregas con destino a otro Estado, en tanto que EIB, han de documentarse en la oportuna factura, ya que el Rgto Fac art.2.2.b no contiene excepción alguna para estos casos. En esta factura, según dispone el Rgto Fac art.6.1.k, se debe hacer constar, además de los datos y requisitos generales, sus características, la fecha de su primera puesta en servicio y las distancias recorridas u horas de navegación o vuelo realizadas hasta su entrega. Recordemos que no es obligatorio expedir factura por las AIB y, evidentemente, tampoco existe esta obligación para las AIB ocasionales de medios de transporte nuevos.
Finalmente, hay que tener en cuenta la **medida antifraude** que establece la LIVA art.164.Uno.6º tercer párrafo redacc L 11/2023, conforme a la cual, en estas operaciones debe acreditarse el pago del impuesto para efectuar la matriculación definitiva del medio de transporte.

Ejemplo Un funcionario del Estado adquiere un vehículo a un particular francés que, como consecuencia de sus contactos con un concesionario de vehículos, puede adquirirlos en muy buenas condiciones de precio. La transacción se cierra en 24.000 €. A la fecha de recepción del vehículo, este tiene 1.000 km., aunque desde la primera matriculación en Francia han transcurrido 8 meses. **13397**
Aunque hayan pasado más de 6 meses desde la matriculación del vehículo en Francia, este tiene la condición de medio de transporte nuevo, ya que ha recorrido muy pocos kilómetros. En consecuencia, la recepción del vehículo es una AIB sujeta y no exenta. El particular adquirente debe pagar el tributo, presentando al efecto una declaración no periódica de las que se citan en el RIVA art.71.7 (modelo 309).

III. Ventas a distancia intracomunitarias de bienes

13410

Pregunta
¿Cuál es la razón de ser del régimen especial de las ventas a distancia intracomunitarias de bienes?

El régimen establecido para los intercambios intracomunitarios implica la sujeción de estos al IVA del Estado de destino de las mercancías cuando las operaciones se realizan entre empresarios o profesionales. Las operaciones que tienen a **particulares** como destinatarios quedan, en general, excluidas de este régimen de tributación tanto por las complicaciones formales que implican como por el hecho de que se supone que es entre empresas como se desarrolla la mayor parte de las transacciones entre diferentes países.
Ocurre, sin embargo, que en ocasiones hay flujos comerciales relativamente importantes que se sustancian directamente con particulares. Para estos casos, el denominado régimen de ventas a distancia establece reglas de tributación conforme a las cuales se respeta el principio de **tributación en el Estado de destino** de las mercancías, si bien a condición de que se cumplan ciertos requisitos que tienen como objetivo evitar complicaciones excesivas a las empresas.
La técnica legislativa que se utiliza en este caso consiste en la determinación del lugar o Estado en el que han de considerarse realizadas las operaciones y no el desdoblamiento que se aplica en las operaciones entre empresas. La razón de la utilización de esta técnica normativa es sencilla; se trata de no cargar a los particulares con obligaciones formales de difícil cumplimiento para estos.

13412

Pregunta
¿Ha habido alguna modificación en este régimen en los últimos años?

Sí. Con efectos **desde el 1-7-2021**, el régimen de las ventas a distancia intracomunitarias de bienes ha sufrido dos **modificaciones** muy importantes:
a) Se han **reducido** significativamente **los umbrales de tolerancia** aplicables a estos efectos, además de modificar su forma de aplicación.
Así, **hasta el 30-6-2021**, era cada país el que definía el umbral de ventas efectuadas desde otros Estados y que admitía con tributación en origen. En el caso de España, el umbral era de 35.000 euros.
Desde el 1-7-2021, hay un **único umbral**, aplicable en toda la UE, de 10.000 euros, de forma que, cualquier empresario o profesional que realice operaciones que, conforme a las reglas sobre lugar de realización aplicables (ver pregunta nº 13425) deban entenderse efectuadas fuera de su Estado de establecimiento, debe entender sus ventas a distancia intracomunitarias de bienes localizadas en el Estado de destino de los bienes.
Este umbral, además de inferior al anterior, se aplica al total de las ventas efectuadas en la UE pero fuera del Estado de establecimiento del vendedor.
b) El IVA correspondiente a estas operaciones puede declararse a través del **Régimen de la Unión de Ventanilla Única**, como se explica en las preguntas nº 14860 s.

13415

Pregunta
¿Cómo se definen las ventas a distancia intracomunitarias de bienes?

Conforme a lo dispuesto en la LIVA art.8.Tres.1º, del que se extraen los siguientes **requisitos**:
a) Los **adquirentes** han de ser:
1. Personas cuyas **adquisiciones intracomunitarias** de bienes **no** estén **sujetas** en virtud de lo dispuesto en la LIVA art.14 (ver pregunta nº 13310) o equivalente en el Estado miembro de llegada de la expedición o transporte.

2. Cualquier otra persona que **no** tenga la condición de **empresario o profesional** actuando como tal.

Interesa destacar que están fuera de esta definición las ventas ordinarias que se realizan entre empresarios o profesionales, las cuales, por tanto, deben acomodarse al tradicional régimen de exención de las EIB en el Estado de origen y sujeción de las AIB en el destino.

b) Debe producirse un **transporte** de los bienes entre dos Estados distintos de la UE con ocasión de la venta.

Este transporte tiene que estar relacionado con la entrega. En consecuencia, si los bienes entregados ya se encontrasen en el TIVA con carácter previo, no cabe la aplicación del régimen especial, sino entregas «interiores» sujetas ordinariamente al tributo.

c) Los bienes han de ser **expedidos o transportados por el vendedor, directa o indirectamente, o por su cuenta**, con destino al cliente.

El Rgto UE/282/2011 art.5 bis dispone que, a estos efectos, se considera que los bienes han sido expedidos o transportados por el proveedor o por su cuenta, también cuando el proveedor haya intervenido de manera indirecta en la expedición o transporte de los bienes, en particular cuando:

- el proveedor subcontrate la expedición o el transporte de los bienes a un tercero que los va a entregar físicamente al cliente;
- un tercero se encargue de la expedición o el transporte de los bienes, pero el proveedor asuma toda o parte de la responsabilidad por la entrega física de los bienes al cliente;
- el proveedor facture y cobre el precio del transporte al cliente y remita ulteriormente el importe a un tercero que se debe encargar de organizar la expedición o el transporte de los bienes;
- el proveedor contribuya por cualquier medio a los servicios de entrega de un tercero al cliente, ponga en contacto al cliente y a un tercero o facilite de cualquier otra forma a un tercero la información necesaria para la entrega de los bienes al consumidor.

El citado Rgto UE/282/2011 art.5 bis completa lo anterior especificando que no se considera que los bienes han sido expedidos o transportados por el proveedor o por su cuenta cuando el cliente transporte él mismo los bienes o cuando el cliente organice la entrega de los bienes con un tercero y el proveedor no intervenga de manera directa o indirecta para organizar o contribuir a organizar la expedición o el transporte de esos bienes.

d) Existen ciertas **exclusiones**:

- los medios de transporte nuevos, definidos en la LIVA art.13.2º (ver pregunta nº 13383);
- los bienes objeto de instalación o montaje a que se refiere la LIVA art.68.Dos.2º (ver pregunta nº 1900).

Adicionalmente, cuando se definen las **reglas de lugar de realización** aplicables a estas operaciones, se excluyen de ellas las entregas de bienes que hayan tributado conforme al régimen especial de bienes usados, objetos de arte, antigüedades y objetos de colección (ver preguntas nº 15240 s.) en el Estado de inicio del transporte. No se trata tanto de una exclusión del concepto de venta a distancia intracomunitaria de bienes, si bien la consecuencia práctica es la misma, por cuanto estas operaciones van a resultar sujetas a tributación en el país de origen cuando se aplica el citado régimen especial, se supere o no el umbral establecido al efecto.

Pregunta 13417

¿En qué consiste el régimen especial de las ventas a distancia?

Este régimen consiste en la tributación de las operaciones en origen siempre que no se supere el **umbral** de 10.000 euros para el conjunto de ventas al resto de los Estados de la UE (LIVA art.73). Una vez se supera ese umbral, las operaciones pasan a tributar en destino.

Es importante insistir en que este umbral se aplica de forma conjunta, por referencia al total de ventas al resto de Estados de la UE, de forma que, una vez se supera, es obligatoria la tributación de las operaciones en destino. Esta tributación puede realizarse a través del Régimen de la Unión de la Ventanilla Única (es lo más operativo y habitual, ver preguntas nº 14860 s.) o directamente ante las autoridades fiscales de cada uno de los respectivos Estados.

Este límite se aplica a las entregas realizadas durante el año natural precedente, de forma que si se supera este umbral, al año siguiente se pasa a tributar en destino, desde la primera operación. A la vez, la sujeción en destino se aplica a las entregas efectuadas durante el año en curso una vez superado el citado límite cuantitativo.

Por mandato expreso de la norma, hay que tener en cuenta que en la **aplicación de este límite** debe considerarse que el importe de la contraprestación de las entregas de los bienes no puede fraccionarse a estos efectos.

Este límite es renunciable, tal y como dispone expresamente la norma, que señala que también se consideran realizadas en el TIVA estas entregas, aunque no se hubiese superado el límite cuantitativo indicado, cuando los empresarios hubiesen optado por ese lugar de tributación en el Estado miembro de inicio de la expedición o transporte.

La opción por la tributación en destino se regula en el RIVA art.22, conforme al cual los sujetos pasivos que hubiesen optado por la tributación fuera del TIVA deben **justificar** ante la Administración Tributaria que las entregas realizadas han sido declaradas en otro Estado miembro, salvo que esas operaciones tributen por el régimen especial establecido en la LIVA art.163 unvicies a quaterdicies. Esa justificación puede efectuarse, en particular, mediante la presentación de los justificantes de declaración-liquidación o de ingreso del IVA devengado o adeudado en ese Estado miembro.

Por excepción, y esta es una **novedad** con respecto a la regulación anterior, se excluye de esta obligación a los sujetos pasivos que hayan declarado las operaciones a través del Régimen de la Unión de la Ventanilla Única (ver preguntas nº 14860 s.), lo que parece coherente, por cuanto en tal caso la AEAT ya dispone de la autoliquidación que acredita la tributación en destino de las operaciones.

La misma norma dispone que la opción debe ser reiterada por el sujeto pasivo una vez transcurridos 2 años naturales, quedando, en caso contrario, automáticamente revocada.

El RGGI art.9.3.h) e i) y 10.2.f) y g) regulan la inclusión en las **declaraciones censales** de alta o de modificación de datos censales de la información relativa a la opción por la sujeción de estas operaciones en el TIVA aunque no se haya superado el umbral de 10.000 euros.

13425

Pregunta
¿Qué ocurre cuando se realizan ventas a distancia que tienen origen en el TIVA y destino en otros Estados comunitarios?

Que se aplica una regla especial sobre **lugar de realización de las operaciones**, que se contiene en la LIVA art.68.Tres.a).

El criterio que se establece en ella es simple, ya que las citadas operaciones se entienden realizadas en el Estado de llegada de la expedición o transporte con destino al adquirente. Este criterio es coherente con la aplicación generalizada del principio de tributación en destino en los movimientos internacionales de bienes y servicios.

Obviamente, la regla sobre lugar de realización que se ha señalado es aplicable cuando se supera el umbral al que se ha hecho referencia en la pregunta anterior (nº 13417). De no ser así, las ventas se entienden realizadas en el Estado de origen, que en este caso sería España, y sujetas al IVA español.

Deben señalarse, a estos efectos, dos **cuestiones adicionales**, que son las siguientes:

a) **Otros criterios**, como pudieran ser el Estado de residencia o domicilio del cliente o el origen de los bienes, carecen por completo de relevancia a estos efectos.
b) Localizadas las operaciones en el Estado de destino de los bienes, va a ser la **normativa** de ese Estado la que determine sus condiciones de tributación, en particular, el tipo impositivo aplicable o si hubiera alguna exención que igualmente pudiera incidir en la transacción (lo que es mucho menos probable).

Ejemplo Una empresa con sede en Logroño vende productos alimenticios a través de Internet. En el primer trimestre del año N tiene el siguiente detalle en sus ventas y destinos: 13426
- Alemania: 90.000 €;
- Francia: 40.000 €;
- Italia: 30.000 €;
- Bélgica: 5.000 €;
- Grecia: 800 €.

Las ventas que se han descrito deben considerarse realizadas en cada uno de estos Estados, resultando a continuación aplicable su normativa de IVA y, en particular, sus tipos impositivos.
Nótese que la tributación en destino es aplicable al total de las operaciones descritas, ello con independencia de que los volúmenes de ventas en algunos de los países descritos sean relativamente reducidos.

Existen **excepciones** para la tributación en destino de las ventas a distancia intracomunitarias, que son las siguientes: 13430
a) Entregas de bienes en las que se aplique el **régimen especial de los bienes usados, obras de arte, antigüedades y objetos de colección** (LIVA art.68.Tres último párrafo).
Esta excepción es específica de la regla de localización que analizamos. La excepción en este caso es coherente, ya que se trata de un régimen en el que la base imponible es el margen comercial, lo que hace muy complicado la tributación en destino.
b) **Bienes sujetos a impuestos especiales** que se entreguen a las entidades incluidas en el régimen especial de la LIVA art.14 (ver pregunta nº 13310), conforme dispone la LIVA art.68.Cuatro.
El importe de estas operaciones no se computa a los efectos de determinar el límite previsto en la LIVA art.73 para señalar si son aplicables o no las reglas de tributación en destino de las ventas a distancia intracomunitarias (cabe entender que la norma se refiere a las operaciones que deban entenderse realizadas en otros Estados de la UE).
c) **Excepciones** por razón de la definición misma de las ventas a distancia intracomunitarias de bienes, como son las ventas que no cumplan los requisitos de la definición misma del concepto y sus excepciones específicas: ventas de medios de transporte nuevos y entregas de bienes con instalación o montaje.

SECCIÓN 3

Prestaciones de servicios vinculadas al comercio intracomunitario

13450

Pregunta
¿Existe alguna regla especial de localización para las prestaciones de servicios vinculadas al comercio intracomunitario de mercancías?

En lo que se refiere a las operaciones entre empresas, no. Desde la entrada en vigor de la Dir 2008/8/CE y de su transposición en España, a estas prestaciones de servicios, cuando se realizan entre empresarios o profesionales, se les aplica la **regla**

13450 (sigue) **general de localización**, que consiste en su gravamen en el Estado en el que se encuentre la sede de actividad o establecimiento permanente del destinatario.

La única excepción a lo anterior se encuentra en ciertos **servicios prestados a particulares**, que son los siguientes:

a) Los transportes intracomunitarios de bienes, que se consideran realizados en el TIVA cuando se inicien en este.

b) Servicios accesorios a transportes, que se localizan donde se efectúen materialmente.

c) Trabajos realizados sobre bienes muebles corporales, que se localizan donde se efectúen materialmente.

d) Servicios de mediación, que se localizan en el mismo Estado en el que se localice la operación, entrega de bienes o prestación de servicios, respecto a la cual se produzca la mediación.

Hay que tener en cuenta que, excepto la primera, las demás reglas que se han enunciado son aplicables tanto a operaciones en las que pueden estar involucrados dos Estados comunitarios, por lo que podrían calificarse de intracomunitarias, como a otras operaciones.

CAPÍTULO 12

Comercio exterior

13500

SECCIÓN 1

Importaciones

13510

I. Sujeción y concepto

(LIVA art.17 y 18)

Pregunta 13515
¿Cuál es la razón que justifica la sujeción al IVA de las importaciones?

Con la sujeción al IVA de las importaciones, lo que se pretende es colocar a las **mercancías no comunitarias** en las mismas condiciones de competencia que las de origen comunitario, que incorporan en precios el IVA correspondiente. De no establecerse esta sujeción, el incentivo que se generaría para la adquisición de mercancías fuera de la Comunidad sería enorme, ya que estas mercancías serían, previsiblemente, más baratas, al no incorporar la carga del impuesto.
Interesa señalar que la sujeción de las importaciones obedece igualmente a acuerdos internacionales en virtud de los cuales hay un principio de **tributación en destino** para el comercio internacional de mercancías. Estos acuerdos son los que dan lugar a la exención de las exportaciones y a la sujeción de las importaciones, garantizándose de este modo que cuando las mercancías se desplazan de unas jurisdicciones fiscales a otras, opera el citado principio de tributación en destino. Este principio se concreta en la exención de las exportaciones y la sujeción de las importaciones.
Es importante señalar igualmente que, a consecuencia de la implantación del mercado interior, no hay importaciones en las operaciones que se realizan entre diferentes **Estados comunitarios**, ya que el territorio de estos integra una unión aduanera sin fronteras interiores. En su lugar, los intercambios entre Estados comunitarios dan lugar a la aplicación de las reglas propias de los intercambios intracomunitarios, relativamente coincidentes en lo básico, pero con diferencias formales muy importantes (ver preguntas nº 13000 s.).

Pregunta 13517
¿En qué condiciones están sujetas las importaciones de bienes?

En las definidas en la LIVA art.17, conforme al cual están sujetas al impuesto las importaciones de bienes, cualquiera que sea el fin a que se destinen y la condición del importador.

El anterior artículo regula el hecho imponible **importaciones de bienes**, que constituye uno de los tres hechos imponibles que se contemplan en la LIVA art.1, a través de los cuales se pretende el gravamen del consumo.

Es fundamental tener en cuenta que, a diferencia de lo que ocurre con el resto de las operaciones sujetas, en el hecho imponible importación de bienes es **irrelevante** la condición de empresario o profesional del sujeto pasivo, el **importador** en este caso, ya que las importaciones están sujetas con independencia de que quien las realice sea empresario o profesional o consumidor final. La lógica de esta generalidad se encuentra en la voluntad de colocar las mercancías no comunitarias en las mismas condiciones de competencia que tienen las mercancías comunitarias, garantizado que todas ellas soportan una carga fiscal equivalente. En caso de que no se estableciese la sujeción al IVA de las importaciones realizadas por particulares, el incentivo que estos tendrían para adquirir bienes no comunitarios es evidente. Por esta razón, la tributación en este caso no se condiciona o limita en función del estatus del adquirente.

Igualmente, hay que apuntar la existencia de **exenciones** que hacen que esta amplitud en la sujeción al tributo se limite y muchos casos que, de otro modo, estarían sujetos a tributación, resulten finalmente libres de cargas fiscales por este concepto.

13520

Pregunta
¿Es posible hablar de importaciones de servicios?

No. La existencia de importaciones requiere, en todo caso, que estemos ante **bienes tangibles**. Por esta razón, es imposible tratar como importaciones operaciones que se refieran a intangibles o que, más en general, hayan de ser calificadas como prestaciones de servicios. Respecto a estas, la técnica legislativa que se sigue es la utilización de reglas de localización, reglas que, se supone, habrían de conducir a un resultado equivalente en cuanto a tributación en las jurisdicciones de consumo.

La razón que justifica esta **diferencia de trato** se encuentra en que la sujeción de las importaciones se basa en la existencia de una Aduana de control, que es la que verifica que los bienes que entran en el territorio comunitario cumplen sus obligaciones fiscales adecuadamente. Del mismo modo, las Aduanas controlan que las mercancías que se declaran exportadas, y que pretenden acogerse a la exención que se establece al efecto, abandonen efectivamente el territorio comunitario.

Este **control físico** sobre las mercancías no es trasladable al comercio internacional de servicios, razón por la cual los instrumentos que han de utilizarse para su gravamen son distintos.

13523

Pregunta
¿Cómo se define el hecho imponible importación?

En los términos que establece la LIVA art.18 Uno, conforme al cual tiene la consideración de importación de bienes:

a) La entrada en el interior del país de un bien que no cumpla las condiciones previstas en el Tratado constitutivo de la CEE art.9 y 10 o, si se trata de un bien comprendido en el ámbito de aplicación del Tratado constitutivo de la CECA, que no esté en libre práctica.

Esta definición es un tanto anacrónica. En la actualidad, este hecho imponible debería referirse a la **entrada de mercancías que no estén en libre práctica** a efectos de lo dispuesto en el Tratado CE art.24, tal y como establece la Dir 2006/112/CE art.30.

El referido Tratado CE art.24 es hoy el Tratado FUE art.29, que establece que se consideran en libre práctica en un Estado miembro los productos procedentes de terceros países respecto de los que se hayan cumplido, en ese Estado miembro, las formalidades de importación y percibido los derechos de aduana y cualesquiera otras exacciones de efecto equivalente exigibles, siempre que no se hubieren beneficiado de su devolución total o parcial.

b) La entrada en el interior del país de un bien procedente de un **territorio tercero**, distinto de los bienes a que se refiere el número anterior.
Recordemos que las **Islas Canarias, Ceuta y Melilla** no forman parte del TIVA, por lo que la introducción en el TIVA de bienes procedentes de las Islas Canarias, Ceuta o Melilla dará lugar al hecho imponible importación a efectos de IVA. Adicionalmente, hay que distinguir entre las mercancías procedentes de Ceuta y Melilla, que dan lugar al hecho imponible importación por aplicación de la LIVA art.18.Uno.1º, al proceder de territorios que no forman parte de la unión aduanera, y las mercancías procedentes de Canarias, que dan lugar al hecho imponible importación por aplicación de la LIVA art.18.Uno.2º, al ser mercancías con estatuto comunitario.
Además de los anteriores, darán lugar a la realización de importaciones los **bienes no originarios de la Comunidad**, tal y como esta se define en la LIVA art.3 (ver pregunta nº 95) y no despachados a libre práctica (ya que tal despacho los convierte en comunitarios).
Igualmente, es importante señalar que el hecho imponible importación se produce con la **entrada de los bienes en el TIVA**, aunque dicha entrada no vaya precedida de ninguna transmisión de los citados bienes. Así se desprende de la propia redacción del precepto y ha sido igualmente señalado en sentencia del TJUE 23-1-86, asunto Bergeres C-39/85.

Pregunta 13525
¿Existen excepciones al hecho imponible importación?

Sí. La LIVA art.18.Dos señala que a pesar de lo dispuesto en el apartado uno del mismo precepto, cuando un bien de los que se mencionan en él se coloque, desde su entrada en el TIVA, en las **situaciones** a que se refiere la LIVA art.23 o se vincule a los **regímenes** comprendidos en la LIVA art.24, con excepción del régimen de depósito distinto del aduanero, la importación de dicho bien se produce cuando cesen las situaciones o se ultimen los regímenes indicados en el TIVA.
Por expresa dicción de la norma, esta excepción solo es de aplicación cuando los bienes se coloquen en las citadas situaciones o se vinculen a los regímenes indicados con cumplimiento de la legislación que sea aplicable en cada caso. El incumplimiento de la legislación reguladora de dichas situaciones y regímenes determina el hecho imponible importación de bienes.
En estos casos, la importación, y por consiguiente el hecho imponible, no tiene lugar con la entrada de los bienes en el TIVA, sino que se va a producir cuando cesen las situaciones, o al ultimarse los referidos regímenes (ver pregunta nº 13640). Como excepción, la vinculación de un bien a un régimen de depósito distinto del aduanero genera el hecho imponible importación en el momento de la entrada en el TIVA, aunque exenta según lo dispuesto en la LIVA art.65 (ver pregunta nº 14030).
Por **excepción** a lo anterior, no constituye importación el cese de las situaciones a que se refiere la LIVA art.23 o la ultimación de los regímenes comprendidos en la LIVA art.24 cuando aquel determine una entrega de bienes a la que resulte aplicable las exenciones establecidas en la LIVA art.21, 22 o 25 (exportaciones, operaciones asimiladas a exportaciones y entregas intracomunitarias).
Tampoco constituye importación el cese de las situaciones o la ultimación de los regímenes mencionados en el párrafo anterior cuando aquel determine un fletamento o un arrendamiento de buques o aeronaves, o bien un arrendamiento de los objetos que se incorporen a dichos buques y aeronaves, a los que resulte aplicable las exenciones previstas en la LIVA art.22.Uno, Dos, Cuatro y Cinco.

Pregunta 13530
¿Existe algún tratamiento especial para las ventas a distancia de bienes importados?

Sí, tal y como se analiza en el capítulo 13. Comercio electrónico (ver preguntas nº 14640 s.).

II. Conceptos aduaneros: CAU

13535

13537

Pregunta
¿Qué relevancia tienen los conceptos aduaneros en la aplicación del IVA a las operaciones de comercio extracomunitario?

Diversa. En la contestación a esta pregunta hay que distinguir según se trate de operaciones de importación y exportación o de otras operaciones.
En cuanto a las operaciones de **importación y exportación**, la relevancia que tiene la legislación aduanera se concreta en la vinculación de los regímenes de sujeción o de exención, respectivamente, de las citadas operaciones a las disposiciones aduaneras que regulan la entrada –importación– o salida –exportación– de mercancías del territorio de la Comunidad. Esta vinculación afecta a elementos diversos, tales como los aspectos formales, que se analizarán en su momento.
En cuanto al **resto de operaciones**, la legislación aduanera contempla una serie de regímenes con el fin de facilitar la realización de los intercambios internacionales sin que las disposiciones que pretenden el gravamen en destino de los bienes den lugar a la existencia de obstáculos insalvables. La normativa de IVA sigue la filosofía de funcionamiento de estos regímenes y establece igualmente especialidades para las operaciones con ellos relacionadas, que se concretan en normas de exención que, sin limitar el derecho a la deducción del IVA soportado, eximen de tributación las referidas operaciones. Estas medidas especiales se asimilan, en la sistemática de la LIVA, a exportaciones, por lo que su análisis se refiere al de las exportaciones.
En la delimitación de estas medidas especiales es fundamental la adecuada definición de estos regímenes o situaciones especiales, lo cual se acomete en las preguntas siguientes.

A. Situaciones exentas

13550

Pregunta
¿En qué consisten y cuáles son las situaciones exentas?

Bajo esta denominación comprendemos además de los **depósitos temporales**, las entregas de bienes destinados a las **plataformas de perforación o de explotación**. Las mercancías procedentes de territorios o países terceros que, desde su entrada en el TIVA, se introducen en las citadas situaciones no producen el hecho imponible importación de bienes; la importación se produce cuando cesan estas situaciones para destinarse al consumo interior.

B. Regímenes suspensivos

13560

Pregunta
¿En qué consisten y cuáles son los regímenes suspensivos?

Los regímenes suspensivos son destinos que se pueden dar a una mercancía no comunitaria cuando entra en la Comunidad y que implican la **suspensión de los**

derechos arancelarios hasta que posteriormente se le dé otro destino aduanero. Se trata, por tanto, de destinos provisionales, aplicables mientras no se dé un destino definitivo de las mercancías.
El CAU art.210 enumera los siguientes regímenes suspensivos **aduaneros**:
- tránsito;
- depósito aduanero;
- importación temporal;
- perfeccionamiento activo.

Es importante distinguir los regímenes anteriores de los regímenes **fiscales** suspensivos, que son análogos a los aduaneros, con la misma denominación y efecto similar respecto de los gravámenes interiores (IVA, Impuestos Especiales), y que se distinguen de los anteriores en que a estos regímenes se vinculan las mercancías que no pueden hacerlo a los regímenes aduaneros por no estar gravadas con derechos de aduanas o estar gravadas a tipo cero. Estos regímenes fiscales suspensivos son:
- perfeccionamiento activo;
- importación temporal;
- depósito distinto del aduanero.

1. Tránsito

Pregunta 13570
¿En qué consiste el régimen de tránsito?

Este régimen se regula por el CAU art.226 y 227 e incluye dos categorías, tránsito externo e interno:
a) En el **tránsito externo** se establece que las mercancías no pertenecientes a la Unión pueden circular de un punto a otro dentro del territorio aduanero de la Unión sin estar sujetas a:
- derechos de importación;
- otros cargos previstos en otras disposiciones pertinentes vigentes, cargos que incluyen el IVA;
- medidas de política comercial, en la medida en que no prohíban la entrada o salida de mercancías del territorio aduanero de la Unión.

El referido movimiento se debe llevar a cabo de una de las siguientes **maneras**:
1. Al amparo del régimen de tránsito externo de la Unión.
2. De conformidad con el Convenio TIR, siempre que:
- haya comenzado o vaya a terminar fuera del territorio aduanero de la Unión;
- tenga lugar entre dos puntos del territorio aduanero de la Unión a través del territorio de un país o territorio situado fuera del territorio aduanero de la Unión.

3. De conformidad con el Convenio ATA/Convenio de Estambul, cuando se trate de circulación de tránsito.
4. Al amparo del Manifiesto Renano (Convenio revisado para la navegación del Rin art.9); al amparo del impreso 302 establecido en el marco del Convenio entre los Estados Parte del Tratado del Atlántico Norte relativo al Estatuto de sus Fuerzas, firmado en Londres el 19-6-1951.
5. Al amparo del sistema postal de conformidad con los actos de la Unión Postal Universal si las mercancías son transportadas por o para los titulares de derechos y obligaciones en virtud de esos actos.
b) El **tránsito interno** permite que mercancías de la Unión puedan moverse de un punto a otro dentro del territorio aduanero de la Unión y atravesar un país o territorio fuera del territorio aduanero sin cambio alguno en su estatuto aduanero.
El referido movimiento se debe llevar a cabo de una de las siguientes **maneras**:
1. Al amparo del régimen de tránsito interno de la Unión, siempre que esté prevista tal posibilidad en un acuerdo internacional.
2. De conformidad con el Convenio TIR.

3. De conformidad con el Convenio ATA/Convenio de Estambul, cuando se trate de circulación de tránsito.
4. Al amparo del Manifiesto Renano (artículo 9 del Convenio revisado relativo a la navegación por el Rin).
5. Al amparo del impreso 302 establecido en el marco del Convenio entre los Estados Partes del Tratado del Atlántico Norte relativo al Estatuto de sus Fuerzas, firmado en Londres el 19-6-1951.
6. Al amparo del sistema postal de conformidad con los actos de la Unión Postal Universal si las mercancías son transportadas por o para los titulares de derechos y obligaciones en virtud de esos actos.
En supuestos específicos, las mercancías de la Unión se deben incluir en el régimen de tránsito externo. Este es el caso, por ejemplo, de las mercancías procedentes de terceros territorios a efectos del IVA incluido, no obstante, en el territorio aduanero de la Unión, como es el caso de las Islas Canarias.

2. Régimen de depósito aduanero

13580 **Pregunta**
¿En qué consiste el régimen de depósito aduanero?

En el régimen de depósito aduanero, las mercancías no pertenecientes a la Unión pueden almacenarse en **locales** o en cualquier otro lugar autorizado para ese régimen por las autoridades aduaneras y bajo supervisión aduanera (CAU art.240.1).
Los depósitos aduaneros pueden estar disponibles para su uso por cualquier persona para el depósito aduanero (depósito aduanero público), o para el depósito de mercancías por parte del titular de una autorización de depósito aduanero (depósito aduanero privado).
No siendo su finalidad inicial, cuando exista una necesidad económica y no se perjudique la vigilancia aduanera, las autoridades aduaneras pueden autorizar la transformación de mercancías en régimen de perfeccionamiento activo o destino final en un depósito aduanero, con sujeción a las condiciones previstas por dichos procedimientos (CAU art.241).
Hay tres **categorías** principales de depósitos aduaneros:
- se utiliza el tipo público I cuando las responsabilidades recaen en el titular de la autorización y en el titular del procedimiento;
- se utiliza el tipo público II cuando las responsabilidades recaen en el titular del procedimiento;
- se reserva un depósito privado para el uso del comerciante autorizado que también es el depositario de las mercancías. No es necesario que el comerciante sea el propietario de las mercancías depositadas.

3. Perfeccionamiento activo

13590 **Pregunta**
¿En qué consiste el régimen de perfeccionamiento activo?

Se trata de un procedimiento regulado en el CAU art.256 y 257 y que permite que mercancías no pertenecientes a la Unión pueden utilizarse en el territorio aduanero de la Unión en una o más operaciones de transformación sin que esas mercancías estén sujetas a:
- derechos de importación;
- otros cargos previstos en otras disposiciones pertinentes vigentes;
- medidas de política comercial, en la medida en que no prohíban la entrada o salida de mercancías del territorio aduanero de la Unión.

El régimen de perfeccionamiento activo tiene como **finalidad** principal la realización de trabajos de reparación o destrucción de las mercancías en cuestión. Lo anterior no impide la realización de otras acciones, así, el régimen de perfeccionamiento activo puede ser utilizado en supuestos distintos a la reparación y destrucción únicamente cuando, sin perjuicio de la utilización de accesorios de producción, las mercancías incluidas en el régimen pueden identificarse en los productos transformados.

Las autoridades aduaneras deben determinar el **plazo** dentro del que se debe ultimar el régimen de perfeccionamiento activo, que se fija en meses y que no debe exceder de 6 meses. A petición del titular de la autorización, este plazo puede **prorrogarse**, incluso después de su expiración, siempre que el plazo total no exceda de 12 meses (CAU art.257).

Lo anterior debe aplicarse sin perjuicio del CAU art.223, que se refiere a las **mercancías equivalentes**, definidas como mercancías de la Unión depositadas, utilizadas o transformadas en lugar de las mercancías incluidas en un régimen especial. Cuando se trate de mercancías equivalentes, puede utilizarse el procedimiento cuando pueda comprobarse el cumplimiento de las condiciones establecidas respecto de las mercancías equivalentes.

El régimen de perfeccionamiento activo **también** puede ser utilizado para cualquier de los siguientes **bienes**:

- mercancías destinadas a ser objeto de operaciones para garantizar el cumplimiento de los requisitos técnicos para su despacho a libre práctica;
- las mercancías que deban someterse a las formas habituales de manipulación de conformidad con el CAU art.220.

4. Importación temporal

Pregunta 13610
¿En qué consiste el régimen de importación temporal?

Se trata de un procedimiento regulado en el CAU art.250, que permite que mercancías no pertenecientes a la Unión destinadas a la **reexportación** pueden estar sujetas a un uso específico en el territorio aduanero de la Unión, con exención total o parcial de los derechos de importación y sin estar sujetas a:

- otros cargos previstos en otras disposiciones vigentes;
- medidas de política comercial, en la medida en que no prohíban la entrada o salida de mercancías del territorio aduanero de la Unión.

El **procedimiento** de importación temporal solo puede utilizarse cuando:

- los bienes no están destinados a sufrir ningún cambio, excepto la depreciación normal debido al uso que se haga de ellos;
- es posible asegurar que los bienes incluidos en el procedimiento puedan ser identificados, excepto cuando, en vista de la naturaleza de los bienes o del uso previsto, la ausencia de medidas de identificación no pueda dar lugar a ningún abuso del procedimiento o, en el caso de mercancías equivalentes, cuando se pueda comprobar el cumplimiento de las condiciones establecidas respecto de las mercancías equivalentes;
- el titular del régimen está establecido fuera del territorio aduanero de la Unión, salvo disposición en contrario;
- se cumplen los requisitos para la franquicia arancelaria total o parcial establecidos en la legislación aduanera.

Las autoridades aduaneras deben determinar el **plazo** dentro del que las mercancías incluidas en el régimen de importación temporal deben ser reexportadas o incluidas en un régimen aduanero posterior. Ese período deber ser lo suficientemente largo para lograr el objetivo de uso autorizado. Salvo disposición en contrario, el plazo máximo durante el que las mercancías pueden permanecer en el régimen de importación temporal con la misma finalidad y bajo la responsabilidad del mismo

titular de la autorización es de 24 meses, incluso cuando el régimen se haya ultimado mediante la inclusión de las mercancías en otro régimen especial y posteriormente sometidas de nuevo al régimen de importación temporal.
Este régimen especial tiene dos **modalidades**, con franquicia total y franquicia parcial del impuesto de importación. En cuanto a la exención parcial, el importe del derecho de importación se debe fijar en el 3% del importe del derecho de importación que habría sido pagadero sobre las mercancías si hubieran sido despachadas a libre práctica en la fecha en que fueron incluidas en el régimen de importación temporal (CAU art.252.1). Ese importe es exigible por cada mes o fracción de mes durante el que las mercancías hayan estado incluidas en el régimen de importación temporal con exención parcial de derechos de importación.

5. Régimen fiscal de depósito distinto del aduanero

13620

Pregunta
¿En qué consiste el régimen fiscal de depósito distinto del aduanero?

Se trata de un régimen suspensivo regulado en la LIVA anexo aptdo.5º, que lo delimita de la siguiente manera:
a) En relación con los **bienes objeto de Impuestos Especiales**, el régimen de depósito distinto del aduanero es el régimen suspensivo aplicable en los supuestos de fabricación, transformación o tenencia de productos objeto de los Impuestos Especiales de fabricación en fábricas o depósitos fiscales, de circulación de los referidos productos entre dichos establecimientos y de importación de los mismos con destino a fábrica o depósito fiscal.
Por expreso mandato de la norma, a estos efectos, la electricidad no tiene la consideración de bien objeto de los Impuestos Especiales.
b) En relación con los **demás bienes**, el régimen de depósito distinto del aduanero es el régimen suspensivo aplicable a los bienes excluidos del régimen de depósito aduanero por razón de su origen o procedencia, con sujeción en lo demás a las mismas normas que regulan el mencionado régimen aduanero.
También se incluyen en este régimen los bienes que se negocian en **mercados oficiales de futuros y opciones** basados en activos no financieros, mientras los referidos bienes no se pongan a disposición del adquirente.
La misma LIVA señala que el régimen de depósito distinto del aduanero a que se refiere esta letra b) no se aplica a los bienes destinados a su entrega a personas que no actúen como empresarios o profesionales, con excepción de los destinados a ser introducidos en las tiendas libres de impuestos.
Este régimen somete su funcionamiento a las normas de los depósitos aduaneros.
El régimen de depósito distinto del aduanero se refiere a **mercancías comunitarias**, luego la vinculación de mercancías procedentes de territorios terceros requiere la liquidación de los derechos arancelarios y la suspensión de la liquidación de los impuestos interiores: IVA e IIEE (al vincularse a un régimen fiscal suspensivo).

III. Operaciones asimiladas a las importaciones

(LIVA art.19)

13630

Pregunta
¿En qué consisten las operaciones asimiladas a las importaciones?

Las operaciones asimiladas a las importaciones son hechos imponibles a través de los cuales se gravan determinadas situaciones en las que las condiciones de aplicación de determinadas exenciones relacionadas con el tráfico internacional de mercancías han dejado de cumplirse.

Este **incumplimiento** se puede producir en relación con mercancías claramente vinculadas a regímenes que a su vez están estrechamente relacionados con el comercio exterior, que son los que se regulan o citan en la LIVA art.23 y 24, o con otras operaciones para las que las condiciones de aplicación de determinados beneficios fiscales han dejado de cumplirse, como es el caso de las operaciones asimiladas a exportaciones (LIVA art.22), las cuales, en ocasiones, no tienen ninguna relación con el comercio internacional de mercancías.

Es importante señalar que este hecho imponible se puede producir aunque los bienes a los que se refiera no hayan salido en ningún momento del TIVA, aunque por la denominación que se le da se pudiera tener la impresión de que únicamente es factible cuando se trata de mercancías no comunitarias o que han abandonado la Comunidad. Como en cualquier otra modalidad del hecho imponible, el gravamen se produce cuando concurren los requisitos establecidos al efecto en su norma reguladora, con independencia de que la denominación que se ha dado a este mecanismo de ajuste en ocasiones pudiera inducir a error.

Pregunta 13635

¿Qué operaciones asimiladas a las importaciones se liquidan en relación con buques y aeronaves?

Las siguientes (LIVA art.19.1º, 2º y 3º):

a) El incumplimiento de los requisitos determinantes de la afectación a la **navegación marítima internacional** de los buques cuya entrega, AIB o importación se hubiesen beneficiado de la exención del impuesto.

b) La no afectación exclusiva al **salvamento**, a la **asistencia marítima** o a la **pesca costera** de los buques cuya entrega, AIB o importación se hubiesen beneficiado de la exención del impuesto.

c) El incumplimiento de los requisitos que determinan la dedicación esencial a la **navegación aérea internacional** de las compañías que realicen actividades comerciales, en relación con las aeronaves cuya entrega, AIB o importación se hubiesen beneficiado de la exención del impuesto.

Los supuestos que contempla la norma tienen como punto de partida la aplicación de la exención a las operaciones que, como exentas, se establecen en la LIVA art.22, 26 y 27, según se trate de operaciones interiores, AIB o importaciones en relación con determinados buques o aeronaves. En caso de que, posteriormente, **dejen de cumplirse** las condiciones de la exención, entonces el ajuste se realiza mediante la definición de este hecho imponible, la operación asimilada a la importación.

El **sujeto pasivo** del tributo es el propietario, arrendatario o fletador del buque o aeronave, según el tipo de operación cuyas condiciones de exención hayan dejado de cumplirse (LIVA art.86).

La **base imponible** de la operación es la que se establece como tal en la LIVA art.83.Dos.2º, que se analiza en la pregunta nº 14092.

Pregunta 13637

¿Qué operaciones asimiladas a las importaciones se liquidan en relación con las operaciones realizadas en el marco de las relaciones diplomáticas y consulares?

Las que determina la LIVA art.19.4º, que establece el gravamen para las adquisiciones realizadas en el TIVA, de los bienes cuya entrega, AIB o importación previas se hubiesen beneficiado de la exención del impuesto en virtud de lo dispuesto en la LIVA art.22.Ocho y Nueve, 26, 60 y 61.

No hay gravamen cuando el adquirente expida o transporte inmediata y definitivamente dichos bienes fuera del territorio de la Comunidad.

El **sujeto pasivo** del tributo será el adquirente, propietario o arrendatario de los bienes, según el tipo de operación cuyas condiciones de exención hayan dejado de cumplirse (LIVA art.86). Como **base imponible**, habrá que tomar el valor de los bienes en el momento en que dejen de cumplirse las condiciones de la exención.

13640

Pregunta

¿Qué operaciones asimiladas a las importaciones se liquidan en relación con el cese de las situaciones o la ultimación de los regímenes regulados en la LIVA art.23 y 24?

Se asimilan a la importación el cese de las situaciones a que se refiere la LIVA art.23 o la ultimación de los regímenes comprendidos en la LIVA art.24, de los bienes cuya entrega o AIB para ser colocados en las citadas situaciones o vinculados a dichos regímenes se hubiesen beneficiado de la exención en virtud de lo dispuesto en los mencionados artículos y en la LIVA art.26.Uno, o hubiesen sido objeto de entregas o prestaciones de servicios igualmente exentas por dichos artículos (LIVA art.19.5º).
Considerando lo anterior y lo dispuesto en la LIVA art.18.Dos, podríamos establecer el siguiente **esquema de tributación**:
- mercancía no comunitaria que se introduce en situaciones o regímenes previstos en la LIVA art.23 y 24: al cese de las situaciones o ultimación de los regímenes, la operación se liquida como importación;
- mercancía comunitaria que se introduce o afecta a dichas situaciones: la posterior salida se liquida como asimilada a la importación.

Adicionalmente, hay que tener en cuenta que en el **régimen de depósito distinto del aduanero**, el abandono o salida da lugar a las siguientes consecuencias:
- mercancías no sujetas a impuestos especiales, tributan en las mismas condiciones que las referidas en la letra a);
- mercancías sujetas a impuestos especiales, tributan en todo caso como operaciones asimiladas a las importaciones.

En cualquiera de los supuestos anteriores, si la mercancía se remite **fuera del TIVA**, bien como exportación, bien como EIB, entonces no se liquida ningún hecho imponible, ni como importación (que realmente no se produce) ni como operación asimilada a la importación (que en una interpretación literal de la norma sí se podría considerar que tiene lugar).

13642

Pregunta

¿Hay alguna excepción al procedimiento de liquidación señalado para el cese de las situaciones o la ultimación de los regímenes que se citan en la LIVA art.23 y 24 por razón de las mercancías de que se trate?

Por excepción a lo dispuesto en la pregunta anterior, **no** constituye **operación asimilada a las importaciones** el cese de las situaciones a que se refiere la LIVA art.23 ni la ultimación de los regímenes comprendidos en la LIVA art.24 de los siguientes **bienes**: estaño (Código NC 8001), cobre (Código NC 7402, 7403, 7405 y 7408), zinc (Código NC 7901), níquel (Código NC 7502), aluminio (Código NC 7601), plomo (Código NC 7801), indio (Código NC ex 811291 y ex 811299), plata (Código NC 7106) y platino, paladio y rodio (Códiqos NC 71101100, 71102100 y 71103100). En estos casos, cuando cesen las situaciones o se ultimen los regímenes mencionados, se produce la obligación de liquidar el impuesto correspondiente a las operaciones que se hayan beneficiado previamente de la exención por su colocación en las situaciones o vinculación a los regímenes indicados, de acuerdo con las siguientes **reglas** (LIVA anexo aptdo.6º):

a) Si los bienes han sido objeto de una o varias **entregas exentas previas**, el impuesto a ingresar es el que haya correspondido a la última entrega exenta efectuada.

b) Si los bienes han sido objeto de una **AIB exenta** por haberse colocado en las situaciones o vinculado a los regímenes indicados y no han sido objeto de una posterior entrega exenta, el impuesto a ingresar es el que haya correspondido a aquella operación de no haberse beneficiado de la exención.

c) Si los bienes han sido objeto de **operaciones exentas realizadas con posterioridad** a las indicadas en los apartados anteriores o no se han realizado estas últimas operaciones, el impuesto a ingresar es el que, en su caso, resulte de lo dispuesto en

dichos apartados, incrementado en el que haya correspondido a las citadas operaciones posteriores exentas.
d) Si los bienes han sido objeto de una **importación exenta** por haberse vinculado al **régimen de depósito distinto de los aduaneros** y han sido objeto de operaciones exentas realizadas con posterioridad a dicha importación, el impuesto a ingresar es el que haya correspondido a la citada importación de no haberse beneficiado de la exención, incrementado en el correspondiente a las citadas operaciones exentas.
La **persona obligada a la liquidación** e ingreso de las cuotas correspondientes al cese de las situaciones o la ultimación de los regímenes mencionados es el propietario de los bienes en ese momento, que tiene la condición de sujeto pasivo y debe declarar e ingresar el tributo. Dicho sujeto pasivo puede deducir estas cuotas de acuerdo con lo previsto en la ley para los supuestos de inversión del sujeto pasivo.
Los empresarios o profesionales no establecidos en el TIVA que resulten ser sujetos pasivos del mismo, de acuerdo con lo anteriormente expuesto, pueden deducir las cuotas liquidadas por esta causa en las mismas condiciones y forma que los establecidos en dicho territorio.
Los titulares de las situaciones o depósitos anteriormente referidos son **responsables solidarios** del pago de la deuda tributaria que corresponda, con independencia de que puedan actuar como representantes fiscales de los empresarios o profesionales no establecidos en el ámbito espacial del impuesto.

IV. Exenciones

Pregunta **13653**
¿Qué tipo de exenciones se aplican a las operaciones de importación?

Las exenciones aplicables a las importaciones responden a varios **objetivos**, que son, básicamente, los siguientes:
a) Dar un trato equivalente a importaciones y a operaciones interiores.
b) Armonizar, en la medida de lo posible, los ámbitos aduanero y fiscal en cuanto a supuestos de exención.
c) Reconocer los beneficios fiscales previstos en los convenios sobre relaciones diplomáticas y consulares y de organismos internacionales.
d) Evitar situaciones de doble imposición.

Pregunta **13655**
¿Existen requisitos comunes a los supuestos de exención en las importaciones?

Sí. En primer lugar, para cualquiera de los supuestos de exención, el importador debe aportar las **pruebas** suficientes para acreditar el cumplimiento de los requisitos establecidos en los artículos correspondientes (LIVA art.67). Este precepto es equivalente al que se contiene en la LGT art.105, conforme al cual en los procedimientos de aplicación de los tributos, quien haga valer su derecho debe probar los hechos constitutivos del mismo.

Por otra parte, varias de las exenciones que se exponen en las preguntas siguientes están condicionadas a la obtención de la correspondiente **autorización administrativa**. A tal efecto, las autorizaciones administrativas que condicionan las exenciones de las importaciones de bienes a que se refieren la LIVA art.40, 41, 42, 44, 45, 46, 49, 54 y 58 se han de solicitar a la Delegación o Administración de la AEAT en cuya circunscripción territorial esté situado el domicilio fiscal del importador y han de surtir efectos respecto de las importaciones cuyo devengo se produzca a partir de la fecha del correspondiente acuerdo o, en su caso, de la fecha que se indique en el mismo (RIVA art.17).
Esta autorización se entiende **revocada** en el momento en que se modifiquen las circunstancias que motivaron su concesión o cuando se produzca un cambio en la normativa que varíe las condiciones que motivaron su otorgamiento.
Las preguntas relativas a los diferentes supuestos de exención harán referencia a esta autorización.

A. Exenciones por razones de neutralidad

(LIVA art.27)

13660

Pregunta
¿Existe alguna norma de exención para las importaciones de bienes tales que su entrega efectuada en el TIVA estaría exenta como tal entrega?

No. En su lugar, la LIVA establece determinados supuestos de exención que, básicamente, se refieren a operaciones que, si fueran **entregas de bienes** estarían exentas como tales. En virtud de lo anterior, se declaran exentas las importaciones de las siguientes mercancías (LIVA art.27):
a) Sangre, plasma sanguíneo y demás fluidos, tejidos y otros elementos del cuerpo humano para fines médicos o de investigación o para su procesamiento por idénticos fines.
b) Buques y objetos para ser incorporados a ellos a que se refieren las exenciones establecidas en la LIVA art.22.Uno y Dos.
c) Aeronaves y objetos para ser incorporados a ellas a que se refieren las exenciones establecidas en la LIVA art.22.Cuatro y Cinco.
d) Productos de avituallamiento que, desde el momento en que se produzca la entrada en el TIVA hasta la llegada al puerto o puertos situados en dicho ámbito territorial y durante la permanencia en los mismos por el plazo necesario para el cumplimiento de sus fines, se hayan consumido o se encuentren a bordo de los **buques** a los que corresponden las exenciones de las entregas de avituallamientos establecidas en la LIVA art.22.Tres, con las limitaciones previstas en dicho precepto.
e) Productos de **avituallamiento** que, desde la entrada en el TIVA hasta la llegada al aeropuerto o aeropuertos situados en dicho ámbito territorial y durante la permanencia en los mismos por el plazo necesario para el cumplimiento de sus fines, se hayan consumido o se encuentren a bordo de las **aeronaves** a que afectan las exenciones correspondientes a las entregas de avituallamientos establecidas en la LIVA art.22.Seis y en las condiciones previstas en él.
f) Productos de **avituallamiento** que se importen por las **empresas titulares de la explotación** de los buques y aeronaves a que afectan las exenciones establecidas en la LIVA art.22.Tres y Seis, con las limitaciones establecidas en dichos preceptos y para ser destinados exclusivamente a los mencionados buques y aeronaves.
En relación con las exenciones relativas a **buques, aeronaves y objetos** relacionados con ellos hay que tener en cuenta las particularidades establecidas en el reglamento del impuesto, que son las siguientes (RIVA art.14.1):
1. Desde un punto de vista subjetivo, y respecto al requisito que se establece para el transmitente, en las operaciones exentas de la LIVA art.22, va a ser el **importador** el que debe presentar en la Aduana, junto a la documentación necesaria para el despa-

cho de los bienes, una declaración suscrita por él en la que se determine el destino de los bienes.
2. En relación con la importación de los productos de avituallamiento para buques y aeronaves, hay que precisar que las exenciones previstas hacen referencia a los productos de avituallamiento que se encuentren **a bordo o se consuman** en el TIVA, mientras que la exención descrita en el apartado f) tiene por objeto productos que se importan para **futuros trayectos** de los citados buques y aeronaves. En este último caso, y salvo que se introduzcan en situaciones exentas, deben ponerse a bordo de los buques y aeronaves en el **plazo** de los 3 meses siguientes a su importación, acreditándose en el correspondiente documento aduanero de embarque que conservará el importador.

g) Las divisas, **billetes de banco** y monedas que sean medios legales de pago, a excepción de las monedas y billetes de colección y de las piezas de oro, plata y platino. **13662**
h) Los **títulos-valores**.
i) El **oro** importado directamente por el Banco de España.
j) Los bienes destinados a las **plataformas** a que se refiere la LIVA art.23.Uno.2º, cuando se destinen a los mismos fines mencionados en dicho precepto. A estos efectos, el RIVA art.14.2 exige como especialidad al importador que presente, junto con la documentación aduanera de despacho, una declaración suscrita por él en la que se indique el destino de los bienes que determine la exención.
k) Los bienes cuya expedición o transporte tenga como punto de llegada un lugar situado en **otro Estado miembro**, siempre que la entrega ulterior de dichos bienes efectuada por el importador estuviese exenta en virtud de lo dispuesto en la LIVA art.25.
Este supuesto de exención se condiciona al cumplimiento de los siguientes **requisitos** (RIVA art.14.3):
1º Que el importador o, en su caso, un representante fiscal que actúe en nombre y por cuenta de aquel, haya comunicado a la aduana de importación un NIF-IVA atribuido por la Administración Tributaria española.
2º Que el importador o, en su caso, un representante fiscal que actúe en nombre y por cuenta de aquel, haya comunicado a la aduana de importación el NIF-IVA del destinatario de la entrega ulterior atribuido por otro Estado miembro.
3º Que el importador o un representante fiscal que actúe en nombre y por cuenta de aquel, sea la persona que figure como consignataria de las mercancías en los correspondientes documentos de transporte.
4º Que la expedición o transporte al Estado miembro de destino se efectúe inmediatamente después de la importación. La exigencia de **inmediatez** debe entenderse en el sentido de que la exención de la importación tiene como finalidad, única y exclusivamente, la realización de una EIB y, consiguientemente, una posterior AIB en el Estado miembro de destino. En este sentido, la DGT ha señalado que para preservar el carácter armonizado del impuesto y en paralelo a la doctrina de dicho centro directivo, que permite la exención de operaciones relativas a bienes que van a ser objeto de trabajos en el marco de operaciones de exportación o tráfico comunitario, debe concluirse que es factible un despacho de importación de mercancías exento aunque estas vayan a ser objeto de trabajos que modifiquen su presentación (DGT 18-2-04).
5º Que la entrega ulterior a la importación resulte exenta del impuesto en aplicación de lo previsto en la LIVA art.25.

B. Exenciones para la importación de bienes personales

(LIVA art.28 a 33 y 35)

13670

Pregunta
¿Qué tipos de exenciones existen para las importaciones de bienes personales?

Exclusivamente las contempladas en la LIVA art.28 a 33 y 35. Esto significa que las importaciones de bienes personales distintas a las anteriores están sujetas al régimen general aplicable a cualquier importación, es decir, son operaciones sujetas y no exentas.

Las exenciones aplicables a la importación de bienes personales son las siguientes:

a) Por traslado de residencia habitual (pregunta nº 13680).
b) Por residencia secundaria (pregunta nº 13690).
c) Por matrimonio (pregunta nº 13700).
d) Por herencia (pregunta nº 13710).
e) Por estudio (pregunta nº 13720).
f) Importaciones en régimen de viajeros (pregunta nº 13730).

13675

Pregunta
¿Qué bienes se pueden considerar como personales a los efectos de la exención en su importación?

Los destinados normalmente al **uso personal** del interesado o de las personas que convivan con él o para las necesidades de su hogar, siempre que, por su naturaleza y cantidad no pueda presumirse su afectación a una actividad empresarial o profesional (LIVA art.29).

Asimismo, y por mandato expreso de la norma, constituyen también bienes personales los **instrumentos portátiles** necesarios para el ejercicio de la profesión u oficio del importador.

1. Traslado de residencia habitual

(LIVA art.28)

13680

Pregunta
¿En qué términos están exentas las importaciones que se producen por traslado de residencia habitual?

La LIVA art.28 declara exentas las importaciones de bienes personales pertenecientes a personas físicas que trasladen su residencia habitual desde un territorio tercero al TIVA.

El mismo precepto establece que la exención queda condicionada a la concurrencia de los siguientes **requisitos**:

a) Los interesados deben haber tenido su **residencia habitual** fuera de la Comunidad al menos durante los 12 meses consecutivos anteriores al traslado. No se considera interrumpida dicha residencia habitual cuando tenga lugar una ausencia máxima de 45 días por motivo de vacaciones, turismo, negocios o enfermedad. Asimismo, la asistencia a una universidad o escuela en el TIVA para estudiar, no determina el traslado de la residencia habitual (RIVA art.15.1ª). (Esto último debe entenderse sin perjuicio de la aplicación de su exención específica, que se analiza en la pregunta nº 13720).

b) Los bienes importados deben destinarse en la nueva residencia a los **mismos usos** o finalidades que en la anterior.

c) Los bienes importados deben haber sido adquiridos o importados en las **condiciones normales de tributación** en el país de origen o procedencia y no haberse benefi-

ciado de ninguna exención o devolución de las cuotas devengadas con ocasión de su salida de dicho país.
Se considera cumplido este requisito cuando los bienes se hayan adquirido o importado al amparo de las exenciones establecidas en los **regímenes diplomático o consular** o en favor de los miembros de los organismos internacionales reconocidos y con sede en el Estado de origen, con los límites y condiciones fijados por los convenios internacionales por los que se crean dichos organismos o por los Acuerdos de sede.
d) Que los bienes objeto de importación hayan estado **en posesión del interesado** o, tratándose de bienes no consumibles, hayan sido utilizados por él en su antigua residencia durante un **período mínimo** de 6 meses antes de haber abandonado dicha residencia.
No obstante, cuando se trate de **vehículos** provistos de motor mecánico para circular por carretera, sus remolques, caravanas de camping, viviendas transportables, embarcaciones de recreo y aviones de turismo, que se hubiesen adquirido o importado al amparo de las exenciones establecidas en los regímenes diplomático o consular a que se refiere el apartado anterior, el período de utilización habrá de ser superior a 12 meses.
No se exige el cumplimiento de estos plazos en los casos excepcionales en que se admita por la legislación aduanera a efectos de los derechos de importación.

e) Que la **importación** de los bienes se realice en el **plazo** máximo de 12 meses a partir de la fecha del traslado de residencia al TIVA. **13685**
No obstante, los bienes personales pueden importarse **antes del traslado**, previo compromiso del interesado de establecer su nueva residencia antes de los 6 meses siguientes a la importación, pudiendo exigirse garantía en cumplimiento de dicho compromiso. En este caso, los plazos establecidos en el apartado anterior se han de calcular con referencia a la fecha de la importación.
f) Que los bienes importados con exención **no** sean **transmitidos, cedidos o arrendados** durante el plazo de 12 meses posteriores a la importación, salvo causa justificada. El incumplimiento de este requisito determina la exacción del impuesto referido a la fecha en que se produzca dicho incumplimiento.
Adicionalmente, la DGT ha admitido la exención de los **servicios de mudanza**, transporte, desembalaje y colocación de objetos personales, mobiliario y objetos de uso doméstico, cuya importación esté exenta del impuesto, al considerarse accesorios a la importación de dichos bienes (DGT 29-4-02).
Se **excluyen de la exención** los siguientes bienes:
- los productos alcohólicos comprendidos en los códigos NC 22.03 a 22.08 del Arancel aduanero;
- el tabaco en rama o manufacturado. No obstante, los bienes comprendidos en este apartado y en el anterior podrán ser importados con exención hasta el límite de las cantidades autorizadas con franquicia en el régimen de viajeros regulado en la LIVA art.35 (ver pregunta nº 13730);
- los medios de transporte de carácter industrial;
- los materiales de uso profesional distintos de instrumentos portátiles para el ejercicio de la profesión u oficio del importador;
- los vehículos de uso mixto utilizados para fines comerciales o profesionales.

2. Residencia secundaria

(LIVA art.30)

13690

Pregunta
¿En qué términos están exentas las importaciones que se producen por amueblamiento de vivienda secundaria?

Cuando se trate de importaciones de bienes personales efectuadas por particulares, con el fin de amueblar una vivienda secundaria del importador (LIVA art.30).

La exención está condicionada a la concurrencia de los siguientes **requisitos**:
a) Los establecidos en la LIVA art.28.Dos.2º, 3º, 4º y 6º (ver pregunta nº 13680), en cuanto sean aplicables.
b) Que el importador fuese propietario de la vivienda secundaria o, en su caso, arrendatario de la misma, por un plazo mínimo de 12 meses.
c) Que los bienes importados correspondan al mobiliario o ajuar normal de la vivienda secundaria.
Interesa destacar que los bienes a los que resulta de aplicación la exención, al estar destinados al amueblamiento, han de corresponder al **mobiliario o ajuar normal** de la vivienda secundaria.
La DGT 13-11-89 , ha señalado que, a estos efectos, los **vehículos automóviles** no están incluidos entre los bienes que pueden ser importados con exención al amparo de esta norma, a diferencia de lo que ocurre en los supuestos de traslado de residencia habitual.

3. Matrimonio

(LIVA art.31)

13700

Pregunta
¿En qué términos están exentas las importaciones que se producen por matrimonio?

Están exentas las importaciones de los bienes integrantes del **ajuar** y los objetos de **mobiliario**, incluso nuevos, pertenecientes a personas que, con ocasión de su matrimonio, trasladen su residencia habitual desde terceros países al TIVA (LIVA art.31.Uno).
La exención en importaciones de bienes personales por razón de matrimonio es un caso especial de exención por traslado de residencia habitual, en el que este traslado tiene lugar por un motivo específico, el matrimonio. Esto hace que se permita la importación de **bienes nuevos**, a diferencia de lo que ocurre en la exención prevista en la LIVA art.28 por importación de bienes personales por traslado de residencia habitual (ver pregunta nº 13680), pero que en todo caso han de ser bienes integrantes del ajuar y objetos de mobiliario. También se aplica a los regalos recibidos por razón de matrimonio, siempre que su valor unitario no sea superior a 200 euros.
Esta exención queda condicionada al cumplimiento de los siguientes **requisitos**:
a) Los establecidos en la LIVA art.28.Dos.1º, 3º y 6º en relación con el **traslado de residencia habitual** (ver pregunta nº 13680).
b) Que el interesado aporte la **prueba de su matrimonio** y, en su caso, de la iniciación de las gestiones oficiales para su celebración.
c) Que la **importación** se efectúe dentro del período comprendido entre los 2 meses anteriores y los 4 meses posteriores a la celebración del matrimonio.
La Administración puede exigir **garantía suficiente** en los supuestos en que la importación se efectúe antes de la fecha de celebración del matrimonio.
La exención se extiende a las importaciones de los **regalos** ofrecidos normalmente por razón de matrimonio, efectuados por personas que tengan su residencia habitual fuera de la Comunidad y recibidos por aquellas otras que han de contraer matrimonio, siempre que el valor unitario de los objetos ofrecidos como regalo no exceda de 200 euros (LIVA art.31.Tres).
Esta exención **no se aplica** a los siguientes bienes:
- **vehículos** con motor mecánico para circular por carretera, sus remolques, caravanas de camping, viviendas transportables, embarcaciones de recreo y aviones de turismo, sin perjuicio de lo dispuesto en la LIVA art.28 para el traslado de residencia habitual (ver pregunta nº 13680);
- los productos comprendidos en la LIVA art.28.Tres.1º y 2º (**alcohol y tabaco**), con las excepciones consignadas en dicho precepto (ver nº 13685).

Finalmente, hay que señalar que la falta de **justificación del matrimonio** en el plazo de 4 meses a partir de la fecha indicada para la celebración del mismo, determinará la exacción del IVA referida a la fecha en que tuvo lugar la importación.

4. Herencia

(LIVA art.32)

Pregunta
¿En qué términos están exentas las importaciones que se producen por herencias? 13710

Están exentas las importaciones de bienes personales adquiridos «mortis causa», cuando se efectúen por **personas físicas** que tengan su residencia habitual en el TIVA (LIVA art.32).

El RIVA art.15.4ª establece la obligación para el importador de acreditar su adquisición mediante la correspondiente **escritura pública**, otorgada ante notario, o por cualquier otro medio admitido en derecho.

Interesa destacar que la exención solo se aplica respecto de los bienes importados en el plazo de 2 años a partir del momento en que el interesado hubiese entrado en posesión de los bienes adquiridos, salvo causas excepcionales apreciadas por la Administración.

La exención se aplica igualmente a las importaciones de bienes personales adquiridos «mortis causa» por **entidades sin fines de lucro** establecidas en el TIVA.

Finalmente, hay que señalar que quedan **excluidos de la exención** los siguientes bienes:

- los productos alcohólicos comprendidos en los códigos NC 22.03 a 22.08 del Arancel aduanero;
- el tabaco en rama o manufacturado;
- los medios de transporte de carácter industrial;
- los materiales de uso profesional distintos de los instrumentos portátiles necesarios para el ejercicio de la profesión del difunto;
- las existencias de materias primas y de productos terminados o semiterminados;
- el ganado vivo y las existencias de productos agrícolas que excedan de las cantidades correspondientes a un aprovisionamiento familiar normal.

Esta exención, al igual que la prevista en la LIVA art.28, admite que se aplique a **medios de transporte**, sin que en este caso se exija un plazo temporal de posesión anterior a la importación.

5. Estudio

(LIVA art.33)

Pregunta
¿En qué términos están exentas las importaciones que se producen por estudio? 13720

Están exentas las importaciones del ajuar, material de estudio y otros bienes muebles usados que constituyan el equipamiento normal de una habitación de estudiante, pertenecientes a personas que vayan a **residir temporalmente** en el TIVA para realizar en él sus estudios y que se destinen a su uso personal mientras duren los mismos (LIVA art.33).

Para la aplicación de esta exención, la propia LIVA ofrece las siguientes **definiciones**:

a) Estudiante: toda persona regularmente inscrita en un centro de enseñanza establecido en el TIVA para seguir con plena dedicación los cursos que se impartan en dicho centro.

b) Ajuar: la ropa de uso personal o de casa, incluso en estado nuevo.

c) **Material de estudio**: los objetos e instrumentos empleados normalmente por los estudiantes para la realización de sus estudios.
La exención se concede solamente una vez por año escolar (LIVA art.33.Dos).
Hay que tener en cuenta lo dispuesto en el RIVA art.15.1ª párrafo 2º, que establece que la asistencia a una universidad o escuela en el TIVA para la realización de estudios, no determina el traslado de la residencia habitual, por lo que la única exención aplicable es la aquí comentada.

6. Viajeros

(LIVA art.35)

13730 **Pregunta**
¿En qué términos están exentas las importaciones que se realizan por viajeros?

Están exentas las importaciones de las mercancías que se incluyan en el **equipaje de los viajeros** que lleguen al TIVA procedente de fuera de la Comunidad, siempre que no tengan carácter comercial y a condición de que no superen ciertos umbrales. Estos umbrales se definen en función del valor de las mercancías o de otras características (LIVA art.35).
Los **umbrales** vigentes son:
a) Franquicia cuantitativa a la importación, en general, por valor de 300 euros. Si la llegada se produce por vía marítima o aérea, esta franquicia se eleva a 430 euros.
La franquicia para menores de 15 años es de 150 euros.
b) Labores de tabaco: 200 cigarrillos o, 100 puritos o, 50 cigarros puros o, 250 gramos.
c) Alcoholes y bebidas alcohólicas:
- si la graduación es superior a 22%: 1 litro en total; si la graduación fuera inferior: 2 litros;
- vinos: 4 litros en total;
- cerveza: 16 litros en total.

C. Pequeños envíos: comerciales y particulares

(LIVA art.36)

13740 **Pregunta**
¿En qué términos están exentas las importaciones de los pequeños envíos realizados por empresarios o profesionales?

Conforme a lo dispuesto por la LIVA art.66.4º, se establece la exención de las importaciones de bienes, cuando el IVA deba declararse en virtud del **régimen de importación de la ventanilla única** en el Estado miembro de llegada de la expedición o transporte del bien y se haya aportado a la Aduana el número de identificación individual asignado para la aplicación de dicho régimen especial.
En esta configuración, se admite la importación de los bienes exenta, en el entendido de que el IVA de la operación se liquidará en el Estado de destino de los bienes conforme al régimen de importación de la ventanilla única. Dicho con otras palabras, se acaba pagando IVA por la importación, pero de otro modo.
En consecuencia con lo anterior, se puede decir que no hay entradas de bienes de escaso valor en la UE que no soporten una carga tributaria equivalente a la de los productos europeos.

Pregunta
¿En qué términos están exentas las importaciones de los pequeños envíos realizados por particulares? 13745

Están exentas del IVA las importaciones de pequeños envíos, procedentes de países terceros, que **no constituyan una expedición comercial** y se remitan por un particular con destino a otro particular que se encuentre en el TIVA.
A estos efectos, se consideran pequeños envíos sin carácter comercial aquellos en los que concurran los siguientes **requisitos**:
a) Que se importen ocasionalmente.
b) Que comprendan exclusivamente bienes de uso personal del destinatario o de su familia y que, por su naturaleza o cantidad, no pueda presumirse su afectación a una actividad empresarial o profesional.
c) Que se envíen por el remitente a título gratuito.
d) Que el valor global de los bienes importados no exceda de 45 euros.
La exención **se aplica también** a los bienes que se relacionan y **hasta las cantidades** que igualmente se indican a continuación:
a) Labores del tabaco:
- cigarrillos: 50 unidades; o
- puritos (cigarros con un peso máximo de tres gramos unidad): 25 unidades; o
- cigarros puros: 10 unidades; o
- tabaco para fumar: 50 gramos.

b) Alcoholes y **bebidas alcohólicas**:
- bebidas destiladas y bebidas espirituosas de una graduación alcohólica superior a 22 por 100 vol.; alcohol etílico, no desnaturalizado, de 80 por 100 vol. o más: 1 botella estándar (hasta 1 litro); o
- bebidas destiladas y bebidas espirituosas, aperitivos a base de vino o de alcohol, tafia, sake o bebidas similares de una graduación alcohólica igual o inferior a 22 por 100 vol.; vinos espumosos y generosos: 1 botella estándar (hasta 1 litro); u
- otros vinos: 2 litros en total.

c) Perfumes: 50 gramos, y aguas de tocador: 1/4 de litro u 8 onzas.
d) Café: 500 gramos, o extractos y esencias de café: 200 gramos.
e) Té: 100 gramos, o extractos y esencias de té: 40 gramos.
Si los bienes anteriores **excedieran de las cantidades** señaladas, se excluirán en su totalidad del beneficio de la exención.

D. Exenciones para favorecer determinadas actividades empresariales

(LIVA art.37 a 39, 48 a 51 y 59)

Pregunta
¿Qué exenciones se aplican para favorecer las actividades empresariales? 13755

Las exenciones que se establecen con esta finalidad son las siguientes:
a) Por traslado de la sede de la actividad (pregunta nº 13765).
b) Para determinadas explotaciones agrícolas y ganaderas (pregunta nº 13775).
c) Importaciones de bienes con fines de promoción comercial (pregunta nº 13790).
d) Realización de exámenes de composición o calidad (pregunta nº 13800).
e) Importaciones de bienes destinados a organismos competentes en materia de protección de la propiedad intelectual o industrial (pregunta nº 13810).
f) Importaciones de documentos de carácter turístico (pregunta nº 13820).
g) Importación de productos pesqueros (pregunta nº 13830).

1. Traslados de sede

(LIVA art.37)

13765 **Pregunta**

¿En qué términos se aplica la exención de las importaciones por traslado de sede?

Están exentas las importaciones de los bienes de inversión (ver pregunta nº 11410) afectos a la actividad empresarial o profesional de una empresa de producción o de servicios, que cesa definitivamente en su actividad empresarial en un país tercero para desarrollar una similar en el TIVA (LIVA art.37).

La exención no alcanza a los bienes pertenecientes a empresas establecidas en un país tercero cuya transferencia al TIVA se produzca con ocasión de la **fusión** con una empresa establecida previamente en este territorio o de la absorción por una de estas empresas, sin que se inicie una actividad nueva.

Si la empresa que transfiere su actividad se dedicase en el lugar de procedencia al desarrollo de una **actividad ganadera**, la exención se aplica también al ganado vivo utilizado en dicha explotación.

Quedan **excluidos** de la presente exención los siguientes **bienes**:

- los medios de transporte que no tengan el carácter de instrumentos de producción o de servicios;
- las provisiones de toda clase destinadas al consumo humano o a la alimentación de los animales;
- los combustibles;
- las existencias de materias primas, productos terminados o semiterminados;
- el ganado que esté en posesión de los tratantes de ganado.

Esta exención está condicionada al cumplimiento de los siguientes **requisitos**:

a) Que los bienes importados hayan sido utilizados por la empresa durante un período mínimo de 12 meses antes del cese de la actividad en el lugar de procedencia.

b) Que se destinen a los mismos usos en el TIVA.

c) Que la importación de los bienes se efectúe dentro del plazo de 12 meses siguientes al cese de la actividad en el lugar de procedencia.

d) Que los bienes importados no se destinen al desarrollo de una actividad que consista fundamentalmente en la realización de operaciones exentas (LIVA art.20). Se considera que los bienes importados no se destinan fundamentalmente a la realización de operaciones exentas cuando la prorrata correspondiente a las actividades del importador sea igual o superior al 90% (RIVA art.16).

e) Que los bienes sean adecuados a la naturaleza e importancia de la empresa considerada.

f) Que la empresa que transfiera su actividad al TIVA presente declaración de alta como sujeto pasivo del IVA antes de realizar la importación de los bienes.

2. Explotaciones agrícolas y ganaderas

(LIVA art.38 y 39)

13775 **Pregunta**

¿Qué tipos de exenciones se aplican a las importaciones relativas a las explotaciones agrícolas o ganaderas?

Las que se refieren a las siguientes operaciones:

a) Importaciones de los **bienes obtenidos** en las explotaciones agrícolas o ganaderas situadas fuera del TIVA (LIVA art.38).

b) Importaciones de **semillas, abonos** y productos para el tratamiento del suelo y de los vegetales (LIVA art.39).

Estos dos supuestos de exención se analizan más detalladamente en las dos preguntas siguientes.

Pregunta 13778
¿En qué términos están exentas las importaciones de los bienes obtenidos en las explotaciones agrícolas o ganaderas situadas fuera del TIVA?

Están exentas las importaciones de **productos agrícolas, ganaderos, hortícolas o silvícolas** procedentes de tierras situadas en un **país tercero contiguo al TIVA**, obtenidos por productores cuya sede de explotación se encuentre en el mencionado territorio en la proximidad inmediata de aquel país (LIVA art.38).
La exención está condicionada al cumplimiento de los siguientes **requisitos**:
a) Los productos ganaderos deben proceder de animales criados, adquiridos o importados en las condiciones generales de tributación de la Comunidad.
b) Los caballos de raza pura no pueden tener más de 6 meses de edad y deben haber nacido en el país tercero de un animal fecundado en el TIVA y exportado temporalmente para parir.
c) Los bienes deben ser importados por el productor o por persona que actúe en nombre y por cuenta de él.

Pregunta 13780
¿En qué términos están exentas las importaciones de semillas, abonos y productos para el tratamiento del suelo y de los vegetales?

Se establece una exención **complementaria** a la anterior, aplicable a condición de reciprocidad, para las importaciones de semillas, abonos y productos para el tratamiento del suelo y de los vegetales, destinados a la explotación de tierras situadas en la proximidad inmediata de un país tercero y explotadas por productores agrícolas cuya sede de explotación se encuentre en dicho país tercero, en la proximidad inmediata del TIVA (LIVA art.39).
La exención está condicionada a los siguientes **requisitos**:
a) Que los mencionados productos se importen en cantidades no superiores a las necesarias para la explotación de las tierras a que se destinen.
b) Que la importación se efectúe por el productor o por persona que actúe en nombre y por cuenta de él.

3. Promoción comercial
(LIVA art.48)

Pregunta 13790
¿Cuáles son las importaciones exentas como operaciones de promoción comercial?

Se declaran exentas las importaciones de los siguientes bienes (LIVA art.48):
a) Las **muestras** de mercancías sin valor comercial estimable. Esta exención se aplica sin perjuicio de lo dispuesto en el apartado d).1 siguiente.
b) Los **impresos de carácter publicitario**, tales como catálogos, listas de precios, instrucciones de uso o folletos comerciales que se refieran a:
1. Mercancías destinadas a la venta o arrendamiento por empresarios o profesionales no establecidos en el territorio de la Comunidad.
2. Prestaciones de servicios en materia de transporte, de seguro comercial o de banca, ofrecidas por personas establecidas en un país tercero.
Esta exención está condicionada al cumplimiento de los siguientes **requisitos**:
- los impresos deben llevar de forma visible el nombre del empresario o profesional que produzca, venda o alquile las mercancías o que ofrezca las prestaciones de servicios a que se refieran;
- cada envío ha de comprender un solo ejemplar de cada documento o, si comprende varios ejemplares, el peso bruto total no puede exceder de un kilogramo;

– los impresos no deben ser objeto de envíos agrupados de un mismo remitente a un mismo destinatario.

c) Los **objetos de carácter publicitario** que, careciendo de valor comercial intrínseco, se remitan gratuitamente por los proveedores a sus clientes, siempre que no tengan otra finalidad económica distinta de la publicitaria.

13792 **d)** Los **bienes** que a continuación se relacionan, destinados a una **exposición** o manifestación similar:

1. Las pequeñas **muestras** representativas de mercancías. La exención queda condicionada a la concurrencia de los **requisitos** que a continuación se relacionan:

– que sean importadas gratuitamente como tales o que sean obtenidas en la manifestación a partir de las mercancías importadas a granel;

– que se distribuyan gratuitamente al público durante la manifestación o exposición para su utilización o consumo;

– que sean identificables como muestras de carácter publicitario de escaso valor unitario;

– que no sean susceptibles de ser comercializadas y se presenten, en su caso, en envases que contengan una cantidad de mercancías inferior a la más pequeña cantidad de la misma mercancía ofrecida efectivamente en el comercio;

– tratándose de muestras de los productos alimenticios y bebidas no acondicionados en la forma indicada en la letra anterior, que se consuman en el acto en la propia manifestación;

– que su valor global y cantidad estén en consonancia con la naturaleza de la exposición o manifestación, el número de visitantes y la importancia de la participación del expositor.

2. Los que hayan de utilizarse exclusivamente en la realización de **demostraciones** o para permitir el funcionamiento de máquinas o aparatos presentados en dichas exposiciones o manifestaciones. La exención está condicionada a que se cumplan los siguientes **requisitos**:

– que los bienes importados sean consumidos o destruidos en el curso de la manifestación o exposición;

– que su valor global y cantidad sea proporcionada a la naturaleza de la exposición o manifestación, al número de visitantes y la importancia de la participación del expositor.

3. Los **materiales de escaso valor**, tales como pinturas, barnices, papeles pintados o similares, utilizados para la construcción, instalación o decoración de los pabellones de los expositores y que se inutilicen al emplearlos en dichos fines.

4. Los **impresos**, **catálogos**, prospectos, listas de precios, carteles, calendarios, fotografías no enmarcadas o similares distribuidos gratuitamente con fines exclusivos de publicidad de los bienes objeto de la exposición o manifestación. La exención se condiciona a la concurrencia de los siguientes **requisitos**:

– que los bienes importados se destinen exclusivamente a ser distribuidos gratuitamente al público en el lugar de la exposición o manifestación;

– que, por su valor global y cantidad, sean proporcionados a la naturaleza de la manifestación, al número de sus visitantes y la importancia de la participación del expositor.

Las exenciones establecidas en este apartado d) **no se aplican** a las bebidas alcohólicas, al tabaco en rama o manufacturado, a los combustibles ni a los carburantes.

A estos efectos, se entienden por **exposiciones** o manifestaciones similares las exposiciones, ferias, salones o acontecimientos análogos del comercio, la industria, la agricultura o la artesanía, las organizadas principalmente con fines filantrópicos, científicos, técnicos, de artesanía, artísticos, educativos, culturales, deportivos o religiosos o para el mejor desarrollo de las actividades sindicales, turísticas o de las relaciones entre los pueblos. Este concepto también comprende las reuniones de representantes de organizaciones o grupos internacionales y las ceremonias de carácter oficial o conmemorativo. No tienen esta consideración las que se organicen con carácter privado en almacenes o locales comerciales utilizados para la venta de mercancías.

4. Examen de composición o calidad

(LIVA art.49)

Pregunta 13800

¿En qué términos están exentas las importaciones de bienes destinados a ser objeto de exámenes relativos a su composición o calidad?

Están exentas las importaciones de bienes destinados a ser objeto de exámenes, análisis o ensayos para determinar su composición, calidad u otras características técnicas con fines de **información o de investigaciones** de carácter industrial o comercial.

Se **excluyen de la exención** los bienes que se utilicen en exámenes, análisis o ensayos que en sí mismos constituyan operaciones de promoción comercial.

Hay que destacar que la exención solo alcanza a la cantidad de los mencionados bienes que sea estrictamente necesaria para la realización de los objetivos indicados y queda **condicionada** a que los mismos sean totalmente consumidos o destruidos en el curso de las operaciones de investigación.

No obstante, la exención se extiende igualmente a los **productos restantes** que pudieran resultar de dichas operaciones si, con autorización de la Administración, fuesen destruidos o convertidos en bienes sin valor comercial, abandonados en favor del Estado libres de gastos o reexportados a un país tercero. En defecto de la citada autorización, los mencionados productos quedan sujetos al pago del impuesto en el estado en que se encuentren, con referencia al momento en que se ultimen las operaciones de examen, análisis o ensayo.

A estos efectos, se entiende por productos restantes los que resulten de los exámenes, análisis o ensayos, o bien las mercancías importadas con dicha finalidad que no sean efectivamente utilizadas.

Respecto a la **autorización administrativa** para aplicar la exención, la DGT se ha pronunciado en el sentido de que tal autorización se precisa, exclusivamente, en el supuesto contemplado en la LIVA art.49.Dos párrafo segundo, es decir, en el caso de los productos restantes, mientras que para las cantidades necesarias para ser objeto de examen, análisis o ensayo, la exención se ha de aplicar directamente, previa comprobación de la concurrencia de los requisitos que delimitan la citada exención (DGT 11-4-00).

5. Protección de la propiedad industrial o intelectual

(LIVA art.50)

Pregunta 13810

¿En qué términos están exentas las importaciones relacionadas con el reconocimiento de los derechos de propiedad industrial o intelectual?

Están exentas las importaciones de **marcas, modelos o diseños**, así como de los expedientes relativos a la solicitud de derechos de propiedad intelectual o industrial destinados a los organismos competentes para tramitarlos.

6. Documentos turísticos

(LIVA art.51)

13820

Pregunta
¿En qué términos están exentas las importaciones de documentos turísticos?

Están exentas las importaciones de los siguientes documentos de carácter turístico:
a) Los destinados a ser distribuidos gratuitamente con fines de **propaganda sobre viajes** a lugares situados fuera de la Comunidad, principalmente para asistir a reuniones o manifestaciones que presenten carácter cultural, turístico, deportivo, religioso o profesional, siempre que no contengan más de un 25% de publicidad comercial privada y que sea evidente su finalidad de propaganda de carácter general.
b) Las **listas o anuarios de hoteles extranjeros**, así como las **guías de servicios de transporte**, explotados fuera de la Comunidad y que hayan sido publicados por organismos oficiales de turismo o bajo su patrocinio, siempre que se destinen a su distribución gratuita, y no contengan más de un 25% de publicidad comercial privada.
c) El **material técnico** enviado a los representantes acreditados o corresponsales designados por organismos oficiales nacionales de turismo, que no se destine a su distribución, como anuarios, listas de abonados de teléfono o de télex, lista de hoteles, catálogos de ferias, muestras de productos de artesanía sin valor comercial estimable, documentación sobre museos, universidades, estaciones termales u otras instituciones análogas.

7. Productos pesqueros

(LIVA art.59)

13830

Pregunta
¿En qué términos está exenta la importación de productos pesqueros?

Están exentas las importaciones, realizadas por las Aduanas marítimas, de productos de la pesca cuando se cumplan los siguientes **requisitos**:
a) Que se efectúen por los propios **armadores de los buques** pesqueros o en nombre y por cuenta de ellos y procedan directamente de sus capturas.
b) Que los **productos** se importen en el mismo estado en que se capturaron o se hubiesen sometido a operaciones destinadas exclusivamente a preservarlos para su comercialización, tales como limpieza, troceado, clasificación y embalaje, refrigeración, congelación o adición de sal.
c) Que dichos productos no hubiesen sido objeto de una entrega previa a la importación.
La DGT ha señalado la procedencia de esta exención en importaciones de productos de pesca, aunque hubiesen sido transbordadas a contenedores y la operación se hubiese realizado en las Islas Canarias o en otros territorios, cuando concurran los siguientes **requisitos** (DGT CV 23-12-86):
- que las importaciones se efectúen por las Aduanas marítimas;
- que se realicen directamente por los armadores de los buques pesqueros que hayan efectuado las capturas y procedan directamente de dichas capturas, aunque el transporte hasta la Aduana marítima se hubiese efectuado a bordo de un buque distinto de aquel que hubiese efectuado las capturas aludidas;
- que los productos importados no hayan sido objeto de operación alguna de transformación antes de su importación.

Por el contrario, **no están exentas** del impuesto:
- las importaciones de productos de pesca efectuadas por otras Aduanas distintas de las marítimas (DGT CV 23-12-86);

– las importaciones de productos de pesca efectuadas por personas distintas de los armadores de dichos buques que actúen como comisionistas de aquellos pero en nombre propio (DGT CV 2-9-86).

E. Exenciones de carácter cultural, educativo, científico o social

(LIVA art.40 a 46, 53, 54 y 58)

Pregunta 13840

¿Qué exenciones se aplican a las importaciones que se realizan en el marco de las actividades culturales, educativas, científicas y sociales?

Las que se establecen en la LIVA art.40 a 46, 53, 54 y 58, relativas a las siguientes operaciones:

a) Animales y sustancias biológicas y químicas destinados a la investigación (pregunta nº 13850).
b) Sustancias terapéuticas humanas y reactivos para la determinación de los grupos sanguíneos y de los tejidos humanos (pregunta nº 13860).
c) Sustancias de referencia para el control de calidad de los medicamentos (pregunta nº 13870).
d) Productos farmacéuticos para competiciones deportivas internacionales (pregunta nº 13880).
e) Bienes destinados a organismos caritativos o filantrópicos (pregunta nº 13890).
f) Bienes destinados a personas con discapacidad (pregunta nº 13900).
g) Bienes destinados a víctimas de catástrofes (pregunta nº 13910).
h) Material audiovisual producido por la Organización de las Naciones Unidas (pregunta nº 13920).
i) Objetos de colección o arte (pregunta nº 13930).
j) Objetos fúnebres (pregunta nº 13940).

1. Animales y sustancias biológicas y químicas destinadas a la investigación

(LIVA art.40)

Pregunta 13850

¿En qué términos están exentas las importaciones de animales y sustancias biológicas y químicas destinadas a la investigación?

Están exentas las importaciones, a título gratuito, de animales especialmente preparados para ser utilizados en laboratorios y de sustancias biológicas y químicas procedentes de países terceros, siempre que unos y otras se importen por establecimientos públicos, o servicios dependientes de ellos, que tengan por objeto esencial la **enseñanza** o **investigación científica**, o, previa autorización, por establecimientos privados dedicados también esencialmente a las mismas actividades.
Esta exención se concede con los mismos **límites y condiciones** fijados en la legislación aduanera.
La exención se delimita por referencia a los bienes importados y en atención a la condición del importador, aplicándose a la importación de animales de laboratorio y sustancias biológicas, pero siempre que el importador sea un establecimiento público que tenga como objeto esencial la enseñanza o investigación científica, o un establecimiento privado con el mismo objeto, si bien en este caso ha de estar **autorizado** en los términos dispuestos por el RIVA art.17 (ver pregunta nº 13655).

2. Sustancias terapéuticas humanas y reactivos para la determinación de los grupos sanguíneos y de los tejidos humanos

(LIVA art.41)

13860

Pregunta

¿En qué términos están exentas las importaciones de sustancias terapéuticas humanas y reactivos para la determinación de los grupos sanguíneos y de los tejidos humanos?

Sin perjuicio de lo dispuesto en la LIVA art.27.1º (ver pregunta nº 13660), están exentas las importaciones de sustancias terapéuticas de origen humano y de reactivos destinados a la determinación de los grupos sanguíneos y de los tejidos humanos.
La exención también alcanza a los **embalajes especiales** indispensables para el transporte de dichos productos, así como a los disolventes y accesorios necesarios para su conservación y utilización.
A estos efectos, la normativa del impuesto establece que se consideran:
a) Sustancias terapéuticas de origen humano: la sangre humana y sus derivados, tales como sangre humana total, plasma humano desecado, albúmina humana y soluciones estables de proteínas plasmáticas humanas, inmoglobulina y fibrinógeno humano.
b) Reactivos para la determinación de los grupos sanguíneos: todos los reactivos de origen humano, vegetal u otro, para la determinación de los grupos sanguíneos y la detección de incompatibilidades sanguíneas.
c) Reactivos para la determinación de los grupos de tejidos humanos: todos los reactivos de origen humano, animal, vegetal u otro, para la determinación de los grupos de los tejidos humanos.
La exención solo se aplica cuando se cumplan los siguientes **requisitos**:
- que los bienes importados se destinen a organismos o laboratorios autorizados por la Administración, para su utilización exclusiva en fines médicos o científicos con exclusión de toda operación comercial;
- que los bienes importados se presenten en recipientes provistos de una etiqueta especial de identificación;
- que la naturaleza y destino de los productos importados se acredite en el momento de la importación mediante un certificado expedido por organismo habilitado para ello en el país de origen.

Esta exención está condicionada a la **autorización administrativa** previa, en los términos del RIVA art.17 (ver pregunta nº 13655).

3. Sustancias de referencia para el control de calidad de los medicamentos

(LIVA art.42)

13870

Pregunta

¿En qué términos están exentas las importaciones de sustancias de referencia para el control de calidad de los medicamentos?

La LIVA art.42 que dispone la exención de las importaciones de muestras de sustancias referenciadas, autorizadas por la Organización Mundial de la Salud para el control de calidad de las materias utilizadas para la fabricación de medicamentos, cuando se importen por **entidades autorizadas** para recibir dichos envíos con exención. La **autorización** se regula por el RIVA art.17 (ver pregunta nº 13655).

4. Productos farmacéuticos para competiciones deportivas internacionales

(LIVA art.43)

Pregunta 13880

¿En qué términos están exentas las importaciones de productos farmacéuticos para competiciones deportivas internacionales?

Están exentas las importaciones de los productos farmacéuticos destinados al **uso de las personas o de los animales** que participen en competiciones deportivas internacionales, en cantidades apropiadas a sus necesidades durante el tiempo de su permanencia en el TIVA.

5. Bienes destinados a organismos caritativos o filantrópicos

(LIVA art.44)

Pregunta 13890

¿En qué condiciones están exentas las importaciones de bienes destinados a organismos caritativos o filantrópicos?

Están exentas las importaciones de los siguientes bienes, siempre que se realicen por entidades públicas o por organismos privados autorizados de carácter caritativo o filantrópico:

a) Los **bienes de primera necesidad**, adquiridos a título gratuito, para ser distribuidos gratuitamente a personas necesitadas. A estos efectos, se entiende por bienes de primera necesidad los que sean indispensables para la satisfacción de necesidades inmediatas de las personas, tales como alimentos, medicamentos y ropa de cama y de vestir.

b) Los bienes de cualquier clase, que no constituyan el objeto de una actividad comercial, remitidos a título gratuito por personas o entidades establecidas fuera de la Comunidad y destinados a las **colectas de fondos** organizadas en el curso de manifestaciones ocasionales de beneficencia en favor de personas necesitadas.

c) Los **materiales de equipamiento y de oficina**, que no constituyan el objeto de una actividad comercial, remitidos, a título gratuito, por personas o entidades establecidas fuera de la Comunidad para las necesidades del funcionamiento y de la realización de los objetivos caritativos y filantrópicos que persiguen dichos organismos.

La **autorización** se regula por el RIVA art.17 (ver pregunta nº 13655).

La exención no alcanza a los siguientes bienes:

- los productos alcohólicos comprendidos en los Códigos NC 22.03 a 22.08 del Arancel aduanero;
- el tabaco en rama o manufacturado;
- el café y el té;
- los vehículos de motor distintos de las ambulancias.

Los bienes importados con exención no pueden ser utilizados, prestados, arrendados o cedidos a título oneroso o gratuito para **fines distintos** de los previstos, sin que dichas operaciones se hayan comunicado previamente a la Administración. Si así fuera, así como cuando los organismos citados en esta pregunta dejasen de cumplir los requisitos que justificaron la aplicación de la exención, se exigirá el pago del impuesto con referencia a la fecha en que se produjeron dichas circunstancias.

No obstante, los mencionados bienes pueden ser **objeto de préstamo, arrendamiento o cesión**, sin pérdida de la exención, cuando dichas operaciones se realicen en favor de otros organismos que cumplan los requisitos anteriormente referidos para gozar de la exención.

6. Bienes destinados a personas con discapacidad

(LIVA art.45)

13900

Pregunta

¿En qué términos están exentas las importaciones de bienes destinados a personas con discapacidad?

Están exentas las importaciones de bienes especialmente concebidos para la **educación**, el **empleo** o la **promoción social** de las personas física o mentalmente discapacitadas, efectuadas por instituciones u organismos debidamente autorizados que tengan por actividad principal la educación o asistencia a estas personas, cuando se remitan gratuitamente y sin fines comerciales a las mencionadas instituciones u organismos.

La **autorización** se regula por el RIVA art.17 (ver pregunta nº 13655).

La exención se extiende a las importaciones de los **repuestos, elementos o accesorios** de los citados bienes y de las herramientas o instrumentos utilizados en su mantenimiento, control, calibrado o reparación, cuando se importen conjuntamente con los bienes o se identifique que corresponden a ellos.

Los bienes importados con exención pueden ser **prestados, alquilados o cedidos**, sin ánimo de lucro, por las entidades o establecimientos beneficiarios a las personas física o mentalmente discapacitadas, sin pérdida del beneficio de la exención.

No obstante, y sin perjuicio de lo anteriormente expuesto, a esta exención, y en relación con los fines descritos en él, le es de aplicación lo dispuesto en la LIVA art.44.Tres, esto es, la imposibilidad de prestar los bienes, que se señala en la pregunta nº 13890.

7. Bienes destinados a víctimas de catástrofes

(LIVA art.46)

13910

Pregunta

¿En qué términos están exentas las importaciones de bienes destinados a víctimas de catástrofes?

Están exentas las importaciones de bienes de cualquier clase, efectuadas por entidades públicas o por organismos privados autorizados, de carácter caritativo o filantrópico, siempre que se destinen a los siguientes **fines**:

a) La **distribución** gratuita a las víctimas de catástrofes que afecten al TIVA.

b) La **cesión de uso gratuita** a las víctimas de dichas catástrofes, manteniendo los mencionados organismos la propiedad de los bienes.

Igualmente están exentas las importaciones de bienes efectuadas por **unidades de socorro** para atender sus necesidades durante el tiempo de su intervención en auxilio de las citadas personas.

Se **excluyen** de la exención los materiales de cualquier clase destinados a la reconstrucción de las zonas siniestradas.

Esta exención está condicionada a la **previa autorización** de la Comisión Europea. No obstante, hasta que se conceda la mencionada autorización, puede realizarse la importación con suspensión provisional del pago del impuesto, si el importador presta **garantía** suficiente.

A esta exención, y en relación con los fines anteriormente descritos, le es de aplicación lo dispuesto en la LIVA art.44.Tres, esto es, la imposibilidad de prestar los bienes que se señala en la pregunta nº 13890.

8. Material audiovisual producido por la Organización de las Naciones Unidas

(LIVA art.53)

13920

Pregunta
¿En qué términos están exentas las importaciones de material audiovisual producido por la Organización de las Naciones Unidas?

Están exentas las importaciones de los materiales audiovisuales de **carácter educativo, científico o cultural**, producidos por la Organización de las Naciones Unidas o alguno de sus organismos especializados, que se relacionan a continuación:

Código NC	Designación de la mercancía
3704 00	- Placas, películas, papel, cartón y textiles, fotográficos, impresionados pero sin revelar:
ex 3704 00 10	- Placas y películas. - Películas cinematográficas, positivas, de carácter educativo, científico o cultural.
ex 3705	- Placas y películas, fotográficas, impresionadas y reveladas, excepto las cinematográficas: - de carácter educativo, científico o cultural.
3706	Películas cinematográficas, impresionadas y reveladas, con registro de sonido o sin él, o con registro de sonido solamente:
3706 10	- De anchura superior o igual a 35 mm: - Las demás:
ex 3706 10 99	- Las demás positivas: - Películas de actualidad (tengan o no sonido) que recojan sucesos que tengan carácter de actualidad en el momento de la importación e importadas para su reproducción en número de dos copias por tema como máximo. - Películas de archivo (que tengan o no sonido) destinadas a acompañar a películas de actualidad. - Películas recreativas especialmente adecuadas para los niños y los jóvenes. - Las demás de carácter educativo, científico o cultural.
3706 90	- Las demás: - Las demás: - Las demás positivas:
ex 3706 90 51 ex 3706 90 91 ex 3706 90 99	- Películas de actualidad (tengan o no sonido) que recojan sucesos que tengan carácter de actualidad en el momento de la importación e importadas para su reproducción en número de dos copias por tema como máximo. - Películas de archivo (que tengan o no sonido) destinadas a acompañar a películas de actualidad. - Películas recreativas especialmente adecuadas para los niños y los jóvenes. - Las demás de carácter educativo, científico o cultural.
4911	Los demás impresos, incluidas las estampas, grabados y fotografías: - Las demás:
4911 99	Las demás:
ex 4911 99 90	- Las demás: - Microtarjetas u otros soportes utilizados por los servicios de información y de documentación por ordenador, de carácter educativo, científico o cultural. - Murales destinados exclusivamente a la demostración y la enseñanza.
ex 8524	Discos, cintas y demás soportes para grabar sonido o para grabaciones análogas, grabados, incluso las matrices y moldes galvánicos para la fabricación de discos con exclusión de los productos del capítulo 37: - de carácter educativo, científico o cultural.

Código NC	Designación de la mercancía
ex 9023 00	Instrumentos, aparatos y modelos, proyectados para demostraciones (por ejemplo en la enseñanza o exposiciones), que no sean susceptibles de otros usos: - Modelos, maquetas y murales de carácter educativo, científico o cultural, destinados exclusivamente a la demostración y la enseñanza. - Maquetas o modelos visuales reducidos de conceptos abstractos tales como las estructuras moleculares o fórmulas matemáticas.
Varios	- Hologramas para proyección por láser. - Juegos multimedia. - Material de enseñanza programada, incluido material en forma de equipo, acompañado del material impreso correspondiente.

El precepto recoge de forma exhaustiva, con remisión a la clasificación arancelaria, los objetos a cuya importación se le va a aplicar la presente exención. Esta enumeración constituye una **lista cerrada**.

En todo caso, el material audiovisual objeto de importación debe haber sido producido por la Organización de la Naciones Unidas o algunos de sus organismos especializados y tener carácter educativo, científico o cultural.

9. Objetos de colección o arte

(LIVA art.54)

13930

Pregunta

¿En qué términos están exentas las importaciones de objetos de colección o arte?

Se declaran exentas las importaciones de los objetos de colección o de arte de carácter educativo, científico o cultural, no destinados a la venta e importados por **museos, galerías y otros establecimientos autorizados** para recibir esos objetos con exención (LIVA art.54).

La **autorización** se regula por el RIVA art.17 (ver pregunta nº 13655).

La exención está **condicionada** a que los objetos se importen a título gratuito o, si lo fueran a título oneroso, que sean entregados por una persona o entidad que no actúe como empresario o profesional.

10. Objetos fúnebres

(LIVA art.58)

13940

Pregunta

¿En qué condiciones están exentas las importaciones de objetos fúnebres?

Están exentas las importaciones de **ataúdes y urnas** que contengan cadáveres o restos de su incineración, así como las **flores, coronas y demás objetos de adorno** conducidos por personas residentes en un país tercero que asistan a funerales o las utilicen para decorar las tumbas situadas en el TIVA, siempre que se presenten en cantidades que no sean propias de una actividad de carácter comercial.

Están exentas igualmente las importaciones de bienes de cualquier naturaleza destinados a la **construcción, conservación o decoración de los cementerios**, sepulturas y monumentos conmemorativos de las víctimas de guerra de un país tercero, inhumadas en el TIVA, siempre que dichas importaciones se realicen por organizaciones debidamente autorizadas.

La **autorización** se regula por el RIVA art.17 (ver pregunta nº 13655).

F. Exenciones por relaciones internacionales

(LIVA art.47, 52 y 60 a 62)

Pregunta 13950

¿Qué exenciones se establecen para las importaciones realizadas en el marco de las relaciones internacionales?

Las exenciones que se establecen para las importaciones realizadas en el marco de las relaciones internacionales son las siguientes:

a) Obsequios personales en el marco de las relaciones internacionales (pregunta nº 13955).

b) Documentos diversos (pregunta nº 13960).

c) Régimen diplomático o consular y organismos internacionales (pregunta nº 13970).

d) OTAN y determinadas fuerzas armadas (pregunta nº 13980).

1. Obsequios personales en el marco de las relaciones internacionales

(LIVA art.47)

Pregunta 13955

¿En qué condiciones están exentas las importaciones de obsequios personales en el marco de las relaciones internacionales?

La LIVA art.47 establece la exención de las importaciones desprovistas de carácter comercial, de los siguientes bienes:

a) Las **condecoraciones** concedidas por las autoridades de un país tercero a personas que tengan su residencia habitual en el TIVA.

b) Las **copas, medallas** y objetos similares que tengan **carácter esencialmente simbólico** y sean concedidos en un país tercero a personas que tengan su residencia habitual en el TIVA, en homenaje a la actividad que dichas personas hayan desarrollado en las artes, las ciencias, los deportes o los servicios públicos, o en reconocimiento de sus méritos con ocasión de un acontecimiento concreto, siempre que se importen por los propios interesados.

c) Los bienes comprendidos en el apartado anterior que sean ofrecidos **gratuitamente** por autoridades o personas establecidas en un país tercero para ser entregados, por las mismas causas, en el interior del TIVA.

d). Las **recompensas, trofeos**, recuerdos de carácter simbólico y de escaso valor destinados a ser distribuidos gratuitamente a personas que tengan su residencia habitual fuera del TIVA con ocasión de congresos, reuniones de negocios o manifestaciones similares de carácter internacional que tengan lugar en el TIVA.

e) Los bienes que en concepto de **obsequio** y con carácter ocasional:

1. Se importen por personas que, teniendo su residencia habitual en el TIVA, hubiesen realizado una **visita oficial** a un país tercero y hubiesen recibido tales obsequios de las autoridades de ese país con ocasión de dicha visita.

2. Se importen por personas que efectúen una visita oficial al TIVA para entregarlos como regalo a las autoridades de este territorio con ocasión de dicha visita.

3. Se envíen, en concepto de regalo, a las autoridades, corporaciones públicas o agrupaciones que ejerzan actividades de interés público en el TIVA, por las autoridades, corporaciones o agrupaciones de igual naturaleza de un país tercero en prueba de amistad o buena voluntad.

En todos estos casos, quedan excluidos de la exención los **productos alcohólicos y el tabaco** en rama o manufacturado. Lo anterior se aplica sin perjuicio de las disposiciones relativas al régimen de viajeros (ver pregunta nº 13730).

f) Los bienes **donados a los Reyes de España**.

g) Los bienes que normalmente puedan considerarse como destinados a ser utilizados o consumidos durante su permanencia oficial en el TIVA por los **Jefes de los**

Estados extranjeros, por quienes los representen o por quienes tengan prerrogativas análogas, a condición de reciprocidad.

2. Documentos diversos

(LIVA art.52)

13960

Pregunta

¿Qué tipo de documentos se pueden importar con exención por parte de las Administraciones Públicas?

Los siguientes bienes:

a) Los documentos enviados gratuitamente a las **entidades públicas**.

b) Las **publicaciones de gobiernos** de terceros países y de organismos oficiales internacionales para su distribución gratuita.

c) Las **papeletas de voto** para las elecciones convocadas por organismos establecidos fuera del TIVA.

d) Los objetos destinados a servir de **prueba** o para fines similares ante los juzgados, tribunales u otras instancias oficiales del Reino de España.

e) Los **reconocimientos de firmas** y las circulares impresas relacionadas que se expidan en los intercambios usuales de información entre servicios públicos o establecimientos bancarios.

f) Los impresos de carácter oficial dirigidos al **Banco de España**.

g) Los informes, memorias de actividades, notas de información, prospectos, boletines de suscripción y otros documentos dirigidos a los tenedores o suscriptores de **títulos** emitidos por sociedades extranjeras.

h) Las fichas perforadas, registros sonoros, microfilmes y otros **soportes grabados** utilizados para la transmisión de información remitidos gratuitamente a sus destinatarios.

i) Los expedientes, archivos, formularios y demás documentos destinados a ser utilizados en **reuniones, conferencias o congresos internacionales**, así como las actas y resúmenes de dichas manifestaciones.

13963 **j)** Los **planos**, dibujos técnicos, copias, descripciones y otros documentos análogos importados para la obtención o ejecución de **pedidos** o para participar en un concurso organizado en el TIVA.

k) Los documentos destinados a ser utilizados en **exámenes** organizados en el TIVA por instituciones establecidas fuera de la Comunidad.

l) Los formularios destinados a ser utilizados como documentos oficiales en el **tráfico internacional de vehículos o mercancías**, en aplicación de los convenios internacionales.

m) Los formularios, etiquetas, títulos de transporte y documentos similares expedidos por **empresas de transporte u hoteleras** establecidas fuera de la Comunidad y dirigidas a las agencias de viaje establecidas en el TIVA.

n) Los formularios y títulos de transporte, conocimientos de embarque, cartas de porte y demás **documentos comerciales** o de oficina ya utilizados.

ñ) Los impresos oficiales de las autoridades nacionales o internacionales y los impresos ajustados a modelos internacionales dirigidos por **asociaciones** establecidas fuera de la Comunidad a las asociaciones correspondientes establecidas en el TIVA para su distribución.

o) Las **fotografías**, diapositivas y clichés para fotografías, incluso acompañados de leyendas, dirigidos a las **agencias de prensa** o a los editores de periódicos o revistas.

p) Las **publicaciones oficiales** que constituyan el medio de expresión de la autoridad pública del país de exportación, de organismos internacionales, de entidades públicas y organismos de derecho público, establecidos en el país de exportación, así como los impresos distribuidos por organizaciones políticas extranjeras reconocidas oficialmente como tales por España con motivo de elecciones, siempre que dichas publicaciones e impresos hayan estado gravados por el IVA o un tributo análogo en el país de exportación y no hayan sido objeto de desgravación a la exportación.

3. Régimen diplomático o consular y organismos internacionales

(LIVA art.60 y 61)

13970

Pregunta

¿Qué exenciones se establecen para las importaciones realizadas en régimen diplomático, consular o en relación con organismos internacionales?

Las importaciones de bienes en **régimen diplomático o consular** están exentas cuando gocen de exención de los derechos de importación.

Por su parte, están exentas del impuesto las importaciones de bienes efectuadas por **organismos internacionales** reconocidos por España y las realizadas por sus miembros con estatuto diplomático, con los límites y en las condiciones fijadas en los convenios internacionales por los que se crean tales organismos o en los acuerdos de sede de los mismos.

En particular, están exentas las importaciones de bienes realizadas por la **Comunidad Europea**, la Comunidad Europea de la Energía Atómica, el Banco Central Europeo o el Banco Europeo de Inversiones, o por los organismos creados por las Comunidades a los cuales se aplica el Protocolo sobre los privilegios y las inmunidades de las Comunidades Europeas (Tratado 8-4-65), dentro de los límites y conforme a las condiciones de dicho Protocolo y a los acuerdos para su aplicación o a los acuerdos de sede, siempre que dicha exención no provoque distorsiones en la competencia.

Asimismo, están exentas las importaciones de bienes realizadas por la **Comisión** o por un órgano u organismo establecidos con arreglo al Derecho de la Unión, cuando la Comisión o dicho órgano u organismo los importen en el ejercicio de las funciones que les confiere el Derecho de la Unión en respuesta a la **pandemia** de COVID-19, salvo en caso de que los bienes importados se utilicen, inmediatamente o en una fecha posterior, para entregas ulteriores a título oneroso por parte de la Comisión o de dicho órgano u organismo.

El ámbito objetivo de estas exenciones es el mismo que establece la LIVA art.22.Ocho y Nueve (ver pregunta nº 14320).

4. OTAN y determinadas fuerzas armadas

(LIVA art.62)

13980

Pregunta

¿Qué importaciones relativas a la OTAN y determinadas fuerzas armadas están exentas?

Están exentas las importaciones de bienes efectuadas por las fuerzas de los demás Estados partes del **Tratado del Atlántico Norte**, en los términos establecidos en el Convenio entre los Estados partes de dicho Tratado relativo al estatuto de sus fuerzas (LIVA art.62).

También están exentas las importaciones de bienes efectuadas por las fuerzas armadas de cualquier Estado miembro distinto de España, para uso de dichas fuerzas o del personal civil a su servicio, o para el abastecimiento de sus comedores o cantinas, siempre que dichas fuerzas estén afectadas a un esfuerzo de defensa realizado para llevar a cabo una actividad de la Unión en el ámbito de la **política común de seguridad y defensa**.

El ámbito objetivo de estas exenciones es el mismo que establece la LIVA art.22.Diez y Once (ver pregunta nº 14335).

G. Exenciones relativas al transporte

(LIVA art.55 a 57)

13985

Pregunta
¿Qué importaciones relativas al transporte están exentas?

Están exentas las importaciones de los siguientes bienes relacionados con el transporte:

a) Acondicionamiento de mercancías y animales (pregunta nº 13990).

b) Carburantes y lubricantes (pregunta nº 14000).

1. Acondicionamiento de mercancías y animales

(LIVA art.55 y 56)

13990

Pregunta
¿Qué exenciones se aplican a las importaciones relativas al acondicionamiento de mercancías y animales?

Están exentas las importaciones de materiales utilizados para el acondicionamiento o protección, incluso térmica, de **mercancías** durante su transporte, siempre que con respecto de dichos materiales se cumplan los siguientes **requisitos**:

a) Que no sean normalmente susceptibles de reutilización.

b) Que su contraprestación esté incluida en la base imponible del impuesto en la importación de las mercancías a que se refieran.

Por su parte, también están exentas las importaciones de los bienes destinados al acondicionamiento o a la alimentación en ruta de **animales** importados, siempre que los mencionados bienes se utilicen o distribuyan a los animales durante el transporte.

2. Carburantes y lubricantes

(LIVA art.57)

14000

Pregunta
¿En qué condiciones están exentas las importaciones de carburantes y lubricantes?

Están exentas las importaciones de carburantes y lubricantes contenidos en los **depósitos** de los vehículos automóviles industriales y de turismo y en los de los contenedores de uso especial que se introduzcan en el TIVA, con los siguientes **requisitos**:

a) El carburante contenido en los **depósitos normales** de los vehículos automóviles industriales y de los contenedores de usos especiales, solo puede importarse con exención hasta el límite de 200 litros. Para los demás vehículos, puede importarse con exención el carburante contenido en los depósitos normales, sin limitación alguna.

b) El carburante contenido en los **depósitos portátiles** de los vehículos de turismo solo puede importarse con exención hasta el límite de 10 litros.

c) Los lubricantes que se encuentren a bordo de los vehículos en las cantidades que correspondan a las necesidades normales de funcionamiento de dichos vehículos durante el trayecto en curso.

A estos efectos, se entiende por:

– **vehículo automóvil industrial**: todo vehículo a motor capaz de circular por carretera que, por sus características y equipamiento, resulte apto y esté destinado al transporte, con o sin remuneración, de personas, con capacidad superior a 9 perso-

nas incluido el conductor, o de mercancías, así como para otros usos industriales distintos del transporte;
– **vehículo automóvil de turismo**: todo vehículo a motor, apto para circular por carretera que no esté comprendido en el concepto de vehículo automóvil industrial;
– **contenedores de usos especiales**: todo contenedor equipado con dispositivos especialmente adaptados para los sistemas de refrigeración, oxigenación, aislamiento térmico u otros similares;
– **depósitos normales**: los depósitos, incluso los de gas, incorporados de una manera fija por el constructor en todos los vehículos de serie o en los contenedores de un mismo tipo y cuya disposición permita la utilización directa del carburante en la tracción del vehículo o, en su caso, el funcionamiento de los sistemas de refrigeración o de cualquier otro con que esté equipado el vehículo o los contenedores de usos especiales.
Los carburantes admitidos con exención no pueden ser empleados en **vehículos distintos** de aquellos en los que se hubiesen importado, ni extraídos de los mismos, ni almacenados, salvo los casos en que los mencionados vehículos fuesen objeto de una **reparación necesaria**, ni pueden ser objeto de una cesión onerosa o gratuita por parte del beneficiario de la exención. En otro caso, quedan sujetas al impuesto las cantidades que hubiesen recibido los destinos irregulares mencionados.
Interesa destacar que esta exención se aplica a aquellos carburantes importados en vehículos, nacionales o no, por residentes o no en el TIVA, siempre que respondan a unas condiciones normales de funcionamiento de los vehículos.

H. Exenciones técnicas

(LIVA art.63 a 66)

Pregunta 14005
¿En las importaciones, cuáles son las exenciones técnicas?

Las exenciones técnicas son las siguientes:
a) Reimportación de bienes (pregunta nº 14010).
b) Prestaciones de servicios relacionados con las importaciones (pregunta nº 14020).
c) Mercancías vinculadas al depósito distinto del aduanero (pregunta nº 14030).
d) Bienes objeto de instalación o montaje (pregunta nº 14040).
e) Importación temporal (pregunta nº 14050).
f) Importación de gas, electricidad, calor o frío (pregunta nº 14060).
g) Ventas a distancia de bienes importados (pregunta nº 14065).

1. Reimportación de bienes

(LIVA art.63)

Pregunta 14010
¿Qué tratamiento se da a las reimportaciones de bienes?

La exención. Así, están exentas las reimportaciones de bienes **en el mismo estado en que fueran exportados** previamente que se efectúan por quien los hubiese exportado y se beneficien, asimismo, de la exención de los derechos de importación.
El RIVA art.18 desarrolla la exención, condicionándola al cumplimiento de los siguientes **requisitos**:
a) Que la exportación no haya sido consecuencia de una entrega en el TIVA. Se entiende cumplido este requisito cuando los bienes, aun habiendo sido objeto de una entrega en el interior del país, vuelvan a él por alguna de las siguientes causas:
1. Haber sido **rechazados** por el destinatario, por ser defectuosos o no ajustarse a las condiciones del pedido.

2. Haber sido **recuperados** por el exportador, por falta de pago o incumplimiento de las condiciones del contrato por parte del destinatario o adquirente de los bienes.
b) Que los bienes se hayan exportado previamente con **carácter temporal** a países o territorios terceros.
c) Que los bienes no hayan sido objeto de una entrega **fuera de la Comunidad**.
d) Que la reimportación de los bienes se efectúe por la **misma persona** a quien la Administración autorizó la salida de los mismos.
e) Que los bienes se reimporten en el mismo estado en que salieron sin haber sufrido otro demérito que el producido por el uso autorizado por la Administración, incluido el supuesto de realización de trabajos lucrativos fuera del territorio de la Comunidad. Se entiende cumplido este requisito cuando los bienes exportados sean objeto de **trabajos o reparaciones** fuera de la Comunidad en los siguientes casos:
1. Cuando se realicen a título gratuito, en virtud de una obligación contractual o legal de garantía o como consecuencia de un vicio de fabricación.
2. Cuando se realicen en buques o aeronaves cuya entrega o importación estén exentas del impuesto de acuerdo con lo establecido en la LIVA art.22 y 27.
f) Que la reimportación se beneficie asimismo de exención de los derechos de importación o no esté sujeta a los mismos.
Se comprenden también entre las reimportaciones exentas, las que se refieren a los **despojos y restos de buques nacionales**, naufragados o destruidos por accidente fuera del TIVA, previa justificación documental del naufragio o accidente y de que los bienes pertenecían efectivamente a los buques siniestrados.
Es importante señalar que en caso de que no concurrran los requisitos necesarios para la exención, la cuota satisfecha por la reimportación de los bienes sujeta al tributo debe ser tratada a todos los efectos como cualquier otra cuota satisfecha a la importación, por lo que no sería correcto su tratamiento como menor impuesto repercutido. No obstante, son cuotas deducibles en los términos generales que regulan el derecho a la deducción (DGT 13-1-98).
Del mismo modo, hay que tener en cuenta la regla especial de base imponible aplicable a las reimportaciones no exentas (ver pregunta nº 14090).

2. Prestaciones de servicios relacionados con las importaciones

(LIVA art.64)

14020

Pregunta
¿En qué términos están exentas las prestaciones de servicios relacionados con las importaciones?

Conforme a la LIVA art.64, están exentas las prestaciones de servicios, distintas de las declaradas exentas en la LIVA art.20, cuya contraprestación esté **incluida en la base imponible** de las importaciones de bienes a que se refieran, de acuerdo con lo establecido en la LIVA art.83.
La exención se refiere a las prestaciones de servicios relacionados con las importaciones, a condición de que su **contraprestación** esté incluida en la base imponible a la importación (respecto a los gastos que deben incluirse en la misma, ver pregunta nº 14080). Además, es necesario que **se justifique documentalmente** su procedencia, de acuerdo con lo dispuesto en el RIVA art.19, que señala que la exención se ha de justificar con cualquier **medio de prueba** admitido en derecho. En particular, dicha justificación puede realizarse por medio de la aportación de una copia del ejemplar del DUA de importación con el código seguro de verificación y la documentación que justifique que el valor del servicio ha sido incluido en la base imponible declarada en aquel. Estos documentos deben ser remitidos, cuando proceda, al prestador del servicio, en el plazo de los 3 meses siguientes a la realización del mismo. En otro caso, el prestador del servicio debe liquidar y repercutir el impuesto que corresponda.

3. Mercancías vinculadas al depósito distinto del aduanero

(LIVA art.65)

Pregunta 14030

¿En qué términos están exentas las importaciones de bienes que se vinculan al régimen de depósito distinto del aduanero?

Están exentas las importaciones de bienes que se vinculen al citado régimen de depósito distinto del aduanero, mientras permanezcan en dicha situación, así como las prestaciones de servicios relacionadas directamente con las mencionadas importaciones.

Esta exención pretende configurar un régimen al que puedan vincularse las **mercancías comunitarias** para gozar de los beneficios inherentes a las mercancías terceras cuanto se vinculan al régimen de depósito aduanero, que implica la no sujeción o exención de operaciones relevantes a efectos de los impuestos al consumo.

El legislador permite que puedan importarse mercancías y, una vez que sean comunitarias al haber sido **despachadas a libre práctica**, vincularlas al régimen de depósito distinto del aduanero para que su importación esté exenta a los efectos del IVA.

De esta forma, se equiparan las ventajas fiscales entre mercancías comunitarias y las de terceros países.

No obstante lo dicho, hay que puntualizar que, al contrario de lo que ocurre con las mercancías importadas que, desde su entrada se colocan o vinculan a las situaciones exentas o regímenes aduaneros, en este caso sí tiene lugar el hecho imponible importación. La no liquidación del IVA obedece a la exención contemplada en la LIVA art.65.

Esta exención se desarrolla en el RIVA art.20, conforme al cual está condicionada al cumplimiento de los siguientes **requisitos**:

a) Que las importaciones se efectúen con cumplimiento de las legislaciones aduanera y fiscal que sean aplicables.

b) Que los bienes permanezcan vinculados al mencionado régimen en las condiciones previstas por la legislación fiscal.

c) Que los bienes vinculados a dicho régimen no sean consumidos ni utilizados en ellos.

4. Bienes objeto de instalación o montaje

(LIVA art.66.1º)

Pregunta 14040

¿Qué tratamiento corresponde a las importaciones de bienes que van a ser objeto de instalación o montaje para su puesta a disposición del adquirente?

Conforme a la LIVA art.66.1º, están exentas las importaciones de bienes cuya **entrega** se entienda realizada en el TIVA en virtud de lo establecido en la LIVA art.68.Dos.2º (ver pregunta nº 1900).

La exención se aplica a las importaciones de bienes, que al tener que ser instalados o montados en el TIVA antes de que se pongan a disposición del adquirente, se entiendan realizadas en dicho territorio. De no existir la exención, al estar la operación localizada en el TIVA, estarían sujetas al IVA tanto la entrega como la importación, produciéndose una doble imposición que está fuera de toda lógica. Esto es lo que se evita con la exención.

El RIVA art.21 desarrolla las exenciones en las importaciones de bienes para evitar la doble imposición contempladas en la LIVA art.66, señalando que su aplicación queda **condicionada** a que el importador acredite ante la Aduana la concurrencia de los requisitos legales establecidos por cualquier medio de prueba admitido en derecho y, en particular, mediante el contrato relativo a las operaciones contempladas en el referido precepto legal. La Aduana puede exigir garantía suficiente hasta que se acredite el pago del impuesto.

5. Importación temporal

(LIVA art.66.2º)

14050 **Pregunta**

¿Qué importaciones están exentas al tener por objeto bienes cuya cesión se localiza, como prestación de servicios, en el TIVA?

Las que establece la LIVA art.66.2º, que se refiere a las importaciones temporales de bienes **con exención parcial** de los derechos de importación, cuando fuesen cedidos por su propietario mediante operaciones sujetas y no exentas, en virtud de lo previsto en la LIVA art.69. Dos.j.

La exención se aplica a la entrada de un bien corporal procedente de terceros países en régimen de importación temporal con exención parcial para ser **cedido** por su propietario **en arrendamiento**, siempre que el bien en cuestión **no sea un elemento de transporte** o un contenedor.

En las operaciones de importación temporal con exención parcial, el hecho imponible importación se produce con la entrada de las mercancías, tributando por el impuesto.

Si no existiera la exención de la LIVA art.66.2º, la operación de entrada de un bien distinto de un medio de transporte para ser arrendado por una persona establecida en el TIVA daría lugar a una doble imposición, ya que tributaría como importación y, a la vez, como prestación de servicios.

A esta exención le es aplicable igualmente lo dispuesto en el RIVA art.21, según se señala en la pregunta nº 14040.

6. Importación de gas, electricidad, calor o frío

(LIVA art.66.3º)

14060 **Pregunta**

¿Qué tratamiento se da a las importaciones de gas, electricidad, calor o frío cuya entrega tributa como tal dentro de la Comunidad?

Están exentas las importaciones de gas a través de una **red** de gas natural situada en el territorio de la Comunidad o de cualquier red conectada a dicha red, las entregas de electricidad o las entregas de calor o de frío a través de las redes de calefacción o de refrigeración, con independencia del lugar en el que deban considerarse efectuadas la entregas de dichos bienes. Igualmente, la exención es aplicable a las importaciones de gas natural realizadas a través de **buques** que lo transporten para su introducción en una red de distribución del mismo o en una red previa de gaseoductos.

Las entregas de gas a través de una red de gas natural situada en el territorio de la Comunidad o de cualquier red conectada a dicha red, las entregas de electricidad o las entregas de calor o de frío a través de las redes de calefacción o de refrigeración se entienden localizadas en el TIVA en los términos de la LIVA art.68.Seis (ver pregunta nº 1925). De no existir la exención, estaría sujeta la entrega de bienes y la importación, dando lugar a una doble imposición que se evita con la norma de exención.

Esta exención **no está condicionada** al cumplimiento de los requisitos que establece el RIVA art.21, como sí lo están las otras exenciones técnicas.

7. Ventas a distancia de bienes importados
(LIVA art.66.4º)

Pregunta 14065
¿Qué tratamiento se da a las importaciones de bienes vendidos a través de plataformas o interfaces digitales?

Se encuentran exentas las importaciones de bienes cuando el IVA deba declararse a través del **régimen especial** aplicable a las ventas a distancia de bienes importados de países o territorios terceros, o la normativa equivalente aplicable en el Estado miembro de llegada de la expedición o transporte del bien, y se haya aportado a la Aduana el número de identificación individual asignado para la aplicación de dicho régimen especial, o la normativa aplicable en el Estado miembro de identificación, por el vendedor o por el intermediario que actúe por su cuenta, a más tardar en el momento de presentar la declaración aduanera de importación.

V. Devengo
(LIVA art.77)

Pregunta 14070
¿Cuándo se devenga el IVA de las importaciones?

El IVA de las importaciones se devenga cuando se produzca el devengo de los **derechos de importación**, de acuerdo con la legislación aduanera, lo cual, en situaciones normales tiene lugar cuando se solicita el despacho a libre práctica, es decir, cuando se admite la declaración de aduana. Lo anterior es independiente de que dichas importaciones estén o no sujetas a los mencionados derechos de importación.
Recordemos que cuando una mercancía importada se coloque en las **situaciones** a que se refiere la LIVA art.23 o se vincule a los **regímenes** comprendidos en la LIVA art.24, el hecho imponible importación se produce cuando cesen las situaciones o se ultimen los regímenes (ver pregunta nº 13525). Esta regla se **excepciona** para el caso de abandono del régimen de depósito distinto del aduanero, en el cual el devengo se produce en el momento en que tenga lugar el abandono de dicho régimen.
Recordemos que cuando bienes no comunitarios se importan y se vinculan a un régimen de depósito distinto del aduanero, el hecho imponible importación se produce y el devengo de la importación también. No obstante, el impuesto no se exige porque la LIVA art.65 establece una exención mientras los bienes permanezcan vinculados a dicho régimen. La importación ha tenido lugar pero la exigibilidad del impuesto se difiere a la ultimación de dicho régimen, momento en que la pérdida de eficacia de la exención determina que se exija el impuesto devengado a la entrada de las mercancías.
Respecto a **operaciones asimiladas a las importaciones**, el devengo se produce en el momento en que tengan lugar las circunstancias que se establecen en la LIVA art.19 y que ocasionan la realización de este hecho imponible.

VI. Base imponible

(LIVA art.83)

14080 **Pregunta**

Con carácter general, ¿cuál es la base imponible en las importaciones?

En las importaciones de bienes, la base imponible resulta de **adicionar al valor en aduana** los conceptos siguientes en cuanto no estén comprendidos en el mismo (LIVA art.83.Uno):

a) Los impuestos, derechos, exacciones y demás gravámenes que se devenguen fuera del TIVA, así como los que se devenguen con motivo de la importación, con excepción del IVA.

b) Los gastos accesorios, como las comisiones y los gastos de embalaje, transporte y seguro que se produzcan hasta el primer lugar de destino de los bienes en el interior de la Comunidad.

Se entiende por **primer lugar de destino** el que figure en la carta de porte o en cualquier otro documento que ampare la entrada de los bienes en el interior de la Comunidad. De no existir esta indicación, se considera que el primer lugar de destino es aquel en que se produzca la primera desagregación de los bienes en el interior de la Comunidad.

Con carácter general, para determinar la base imponible del IVA a la importación de una mercancía habremos de conocer en primer lugar su **valor en aduana**, concepto básico en la legislación aduanera que se determinará según las disposiciones del Código Aduanero Comunitario. El valor en aduana, así determinado, es el importe al que hay que adicionar los conceptos referidos en las letras a) y b) anteriores, siempre que no se encuentren ya incluidos en el mismo.

En relación con los **impuestos y gravámenes**, hay que sumar los se devenguen por la salida de los bienes de su territorio de origen, así como los que tengan lugar con ocasión de la importación. Respecto a estos últimos, los más frecuentes son los derechos aduaneros de importación, así como los Impuestos Especiales. El IVA no se incluye por expreso mandato de la ley.

Por lo que respecta a los **gastos accesorios** que hay que incluir, la normativa del impuesto contiene una **lista ilustrativa**, no exhaustiva, de forma que deben integrarse en la base imponible de las importaciones los gastos de transporte, seguro, comisiones, embalajes, tarifas portuarias o aeroportuarias, la descarga y otros análogos que se hayan originado, tanto fuera del TIVA como dentro de dicho ámbito, hasta el mencionado primer lugar de destino de los bienes importados.

14082 La DGT ha considerado que procede incluir en la base imponible los gastos accesorios que tengan lugar hasta el momento del despacho de importación cuando tengan lugar con ocasión del **transporte a un lugar comunitario distinto** del que se define como primer lugar de destino, determinado en el documento de transporte. Así por ejemplo, para el caso de una empresa española que introduce mercancías procedentes de China en condiciones CFR (puerto de destino convenido), siendo el puerto convenido el de Valencia, y que posteriormente remite las mercancías en tránsito hasta la aduana de Madrid donde se van a despachar a la importación, los gastos derivados del transporte desde Valencia a Madrid se incluirán en la base imponible a la importación (DGT 14-5-03).

En cuanto a los gastos correspondientes a los servicios prestados por los **representantes aduaneros**, la DGT tradicionalmente ha considerado que estos gastos eran posteriores al despacho de importación y, por tanto, no formaban parte de la base imponible. Actualmente, se considera que si es conocido el importe de los gastos a facturar por estos representantes aduaneros cuando se devenga la importación, entonces hay que incluirlos en la base imponible a la importación, sin que ello sea obstáculo a lo dispuesto en la LIVA art.64 que declara exentas del impuesto las prestaciones de servicios incluidas en la base imponible de las importaciones de bienes.

Otro elemento dudoso es el tratamiento de las **ventas en cadena**, para las cuales es fundamental distinguir si hay una comisión de compra o una adquisición y posterior reventa de las mercancías. Esta cuestión se ha tratado por la DGT que distingue, a estos efectos, dos **posibilidades** (DGT 8-6-05):

a) Que la sociedad intermediaria sea un **comisionista** que en ningún caso se convierta en propietario de la mercancía. En este caso, la intermediaria cobraría una comisión de compra, que habría que adicionar al valor en aduana conforme establece la LIVA art.83, siempre que no estuviera ya incluida en dicho valor.

b) Que la intermediaria se convierta en **propietaria** de los bienes importados, por lo que se podría deducir que el contrato presenta los rasgos propios de un contrato de compraventa y no de un contrato de comisión. En tal caso, la DGT ha partido de que, en las ventas sucesivas, el importador puede elegir cualquiera de los precios de cualquiera de ellas para servir de base del valor en aduana, siempre que el importador pueda probar que el precio base que toma corresponde a una venta con destino a la exportación al territorio aduanero de la Comunidad. Con esta premisa, la DGT ha admitido que se utilice para el despacho de importación de las mercancías la factura correspondiente a cualquiera de las compraventas efectuadas.

Pregunta 14085

¿Tienen incidencia en la base imponible de las importaciones las diferentes circunstancias que dan lugar a la modificación de la base imponible en las operaciones interiores según señala la LIVA art.80?

Sí. Las normas contenidas en la LIVA art.80 (ver preguntas nº 6660 a nº 6750) son también aplicables, cuando proceda, a la determinación de la base imponible de las importaciones (LIVA art.83.Tres).

Así, en relación con unos **descuentos y bonificaciones** otorgados con posterioridad a la importación, la DGT ha señalado que procede la reducción de la base imponible en virtud de lo dispuesto en la LIVA art.80.Uno, siempre que se cumplan el resto de los requisitos establecidos al efecto (DGT 21-12-00).

Pregunta 14087

¿Cómo se determina la base imponible de las importaciones cuando las operaciones se han cerrado en moneda distinta a la española?

Aplicando las disposiciones comunitarias en vigor para calcular el valor en aduana, según especifica la LIVA art.83.Cuatro.

El CAU art.53 establece que las autoridades competentes deben publicar y/o divulgar en Internet el **tipo de cambio** aplicable, si es necesaria la conversión de divisas por alguna de las razones siguientes:

- porque los elementos utilizados para determinar el valor en aduana de una mercancía están expresados en una moneda distinta de la del Estado miembro donde ese valor se determina;
- porque se requiere calcular el valor del euro en una moneda nacional para determinar la clasificación arancelaria de la mercancía y el importe de los derechos de importación o de exportación, incluidos los umbrales de valor en el arancel aduanero común.

Si la conversión de divisas es necesaria por motivos distintos, el valor del euro en monedas nacionales que debe aplicarse en el marco de la normativa aduanera debe fijarse, al menos, una vez al año.

Hay que señalar que tiene la consideración de **cambio oficial** de la moneda nacional frente a otras divisas el que publique para el euro el Banco Central Europeo, por sí o a través del Banco de España (L 46/1998 art.36). En consecuencia, los tipos de cambio serán los fijados por el Banco Central Europeo a estos efectos. El Banco de España realiza la publicación diaria, mediante resolución, de los cambios del euro respecto de una lista de monedas, que tienen la consideración de cambios oficiales de acuerdo con lo establecido en la normativa antes referida.

14090

Pregunta
¿Cuál es la base imponible en las reimportaciones?

Según señala la LIVA art.83.Dos.1ª, la base imponible de las reimportaciones de bienes exportados temporalmente fuera de la Comunidad para ser objeto de **trabajos de reparación**, transformación, adaptación o trabajos por encargo, es la contraprestación de los referidos trabajos determinada según las normas establecidas para las operaciones interiores (LIVA art.78 y 79, ver preguntas nº 6405 a nº 6650). Se prescinde, por tanto, del valor de la mercancía importada para cuantificar la base imponible de la operación en la contraprestación de los servicios que, prestados fuera de la Comunidad, constituyen el objeto de la transacción.
También se adicionan los conceptos a que se refiere la LIVA art.83.Uno.a) y b) (ver pregunta nº 14080) cuando no estén incluidos en la citada contraprestación.

14092

Pregunta
¿Cuál es la base imponible en los supuestos de incumplimiento de las condiciones de navegación marítima, aérea, salvamento, asistencia o pesca costera que determinan las exenciones que establece la LIVA art.22.Uno a Seis?

La base imponible de las importaciones asimiladas que se producen en estos casos, según dispone la LIVA art.19.1º, 2º y 3º, ha de incluir el importe de la contraprestación de todas las operaciones relativas a los correspondientes medios de transporte, efectuadas con anterioridad a estas importaciones, que se hubiesen beneficiado de la exención (LIVA art.83.Dos.2ª).
Recordemos que la LIVA art.22 establece la exención de determinadas operaciones relativas a buques y aeronaves, al configurarlas como operaciones asimiladas a las exportaciones.
El incumplimiento de los requisitos que determinaron la exención origina que se liquiden las operaciones como **asimiladas a la importación**, incluyendo en la base imponible la contraprestación de todas las operaciones que se beneficiaron de la exención.

14095

Pregunta
¿Cuál es la base imponible de las importaciones que se producen como consecuencia del abandono del régimen de depósito distinto del aduanero?

En estos casos, la base imponible de los bienes que abandonen el régimen de depósito distinto del aduanero cuando no determine el hecho imponible importación en virtud de lo dispuesto en la LIVA art.18.Tres, sino operación asimilada a una importación, es la siguiente (LIVA art.83.Dos.4ª):
a) Para los bienes procedentes de **otro Estado miembro** o de **terceros países**, la que resulte de aplicar, respectivamente, las normas de la LIVA art.82, relativo a las AIB (ver pregunta nº 13165) o de la LIVA art.83.Uno, regla general para las importaciones (ver pregunta nº 14080) o, en su caso, la que corresponda a la última entrega realizada en dicho depósito.
b) Para los bienes procedentes del **interior del país**, la que corresponda a la última entrega de dichos bienes exenta del impuesto.
c) Para los bienes resultantes de **procesos de incorporación o transformación** de los bienes comprendidos en las letras anteriores, la suma de las bases imponibles que resulten de aplicar las reglas contenidas en dichas letras.
d) En todos los casos, debe comprender el importe de las contraprestaciones correspondientes a los **servicios exentos** prestados después de la importación, AIB o, en su caso, última entrega de los bienes.
e) En todos los supuestos de **abandono del régimen** de depósito distinto del aduanero, se ha de integrar en la base imponible el impuesto especial exigible por el abandono de dicho régimen.

Pregunta 14097
¿Cuál es la base imponible en los supuestos de cese de las situaciones o ultimación de los regímenes suspensivos que se establecen en la LIVA art.23 y 24?

La base imponible de las demás operaciones a que se refiere la LIVA art.19.5º, por cese de las situaciones o ultimación de los regímenes a que se refieren la LIVA art.23 y 24, es la suma de las contraprestaciones de la última entrega o AIB y de los servicios prestados después de dicha entrega o adquisición, exentos todos ellos del impuesto, determinadas de conformidad con lo dispuesto en los artículos que determinan la base imponible de las operaciones interiores y de las AIB (LIVA art.83.Dos.5ª).
A estos efectos, hay que distinguir **dos supuestos** distintos:
a) Los bienes colocados en las situaciones exentas o vinculados a los regímenes suspensivos proceden de **terceros países**. En este caso, en el momento de su colocación o vinculación a dichas situaciones o regímenes no se produce el hecho imponible importación. El cese de tales situaciones o la ultimación de los regímenes produce una importación, cuya base imponible es el resultado de adicionar a la contraprestación correspondiente los servicios que hubieran quedado exentos (LIVA art.83.Dos.3ª):
- el valor resultante de la aplicación de la regla general (ver pregunta nº 14080); o
- la contraprestación de la última entrega realizada durante la vigencia de dichos regímenes aduaneros o fiscales, o durante la permanencia de los bienes en las referidas situaciones.

b) Los bienes colocados en las situaciones exentas o vinculados a los regímenes suspensivos son **comunitarios**. En estos casos es de aplicación plena la regla contenida en la LIVA art.83.Dos.5ª. La base imponible de la operación asimilada a la importación se determina sumando a la contraprestación de la última entrega o AIB exenta la contraprestación de los servicios exentos con posterioridad a la misma.

Pregunta 14100
¿Cuál es la base imponible de las importaciones de productos informáticos normalizados?

La base imponible es la correspondiente al soporte y a los programas o informaciones incorporados al mismo (LIVA art.83.Dos.6ª).
Cuando los productos informáticos normalizados (LIVA art.8.Dos.7º) han de ser considerados como entregas de bienes en su transmisión, si lo que se produce es su importación, la base imponible está integrada por el importe correspondiente al soporte y a las informaciones incorporadas al mismo, así como por los gastos de transporte, seguros y demás relativos a la operación hasta el primer lugar de destino de los bienes en el interior de la Comunidad.

VII. Sujeto pasivo y responsables

(LIVA art.86 y 87)

Pregunta 14110
¿Quiénes son sujetos pasivos en las importaciones?

Son sujetos pasivos en las importaciones quienes las realicen, sin que tenga relevancia el que actúen o no como empresarios o profesionales (LIVA art.86).
Se consideran **importadores**, siempre que se cumplan en cada caso los requisitos previstos en la legislación aduanera:

a) Los destinatarios de los bienes importados, sean adquirentes, cesionarios o propietarios de los mismos o bien consignatarios que actúen en nombre propio en la importación de dichos bienes.
b) Los viajeros, para los bienes que conduzcan al entrar en el TIVA. A estos efectos es indiferente la residencia del viajero.
c) Los propietarios de los bienes en los casos no contemplados en los números anteriores.
d) Los adquirentes o, en su caso, los propietarios, los arrendatarios o fletadores de los bienes a que se refiere la LIVA art.19 (regulador de las importaciones asimiladas, ver preguntas nº 13630 s.).
Por tanto, son sujetos pasivos los importadores de bienes que, en principio, son los destinatarios de los bienes importados. En este sentido la DGT ha señalado que, con independencia de los pactos que existan entre las partes, el sujeto pasivo del IVA es el importador de los bienes. Por tanto, este es el único que puede deducir las cuotas devengadas y satisfechas por la importación de dichos bienes (DGT 9-2-1995).
Existe un **supuesto especial** de importador que tiene lugar cuando el consignatario actúa en nombre propio en la importación de los bienes. En estos casos, aunque el consignatario no es el destinatario real de los bienes, al actuar en nombre propio en la operación, la LIVA le otorga el carácter de sujeto pasivo.
Respecto de los **consignatarios**, la DGT ha señalado que ha de considerarse que actúan en nombre propio si las mercancías vienen destinadas efectivamente a ellos y consignadas a su nombre, con toda la documentación necesaria para el despacho de las mismas expedida igualmente a su nombre. De esta forma, los citados consignatarios actúan como importadores, y son sujetos pasivos del impuesto, por lo que al realizar la posterior entrega de los bienes importados a favor del verdadero destinatario (adquirente o propietarios) de las mercancías, deben repercutir el impuesto (DGT 29-1-87).

14113

Pregunta
Además de los sujetos pasivos que determina la LIVA art.86, ¿quiénes son responsables del IVA en las importaciones?

En las importaciones de bienes, también son **responsables solidarios** del pago del impuesto (LIVA art.87.Dos, Tres y Cuatro):
a) Las asociaciones garantes en los casos determinados en los convenios internacionales.
b) La RENFE, cuando actúe en nombre de terceros en virtud de convenios internacionales.
c) Las personas o entidades que actúen en nombre propio y por cuenta de los importadores, esto es, en representación indirecta. Así, un representante aduanero, actuando en nombre propio y por cuenta del importador, es responsable solidario del pago del impuesto junto con el importador, cesando su responsabilidad cuando se pague la cuota devengada con motivo de la operación de importación, ya sea por el importador (sujeto pasivo del impuesto) ya sea por el representante aduanero o transitario (responsable solidario).
Asimismo, son **responsables subsidiarios** del pago del impuesto las personas o entidades que actúen en nombre y por cuenta del importador. Es lo que se conoce como representación directa, que da lugar a que la responsabilidad sea subsidiaria.
Estas responsabilidades no alcanzan a las deudas tributarias que se pongan de manifiesto como consecuencia de actuaciones practicadas fuera de los recintos aduaneros, por mandato expreso de la norma.
Interesa destacar que estos supuestos de responsabilidad han de entenderse sin perjuicio de las que resulten exigibles, con carácter general, en aplicación de la LGT.

Pregunta
¿Existe algún supuesto de responsabilidad específico relacionado con el régimen de depósito distinto del aduanero? 14115

Sí. Conforme señala la LIVA anexo aptdo.5º, los titulares de los depósitos distintos de los aduaneros son **responsables subsidiarios** del pago de la deuda tributaria que corresponda a la salida o abandono de los bienes de estos depósitos, independientemente de que puedan actuar como representantes fiscales de los empresarios o profesionales no establecidos en el ámbito espacial del impuesto.
No obstante, los titulares de depósitos fiscales de productos comprendidos en los ámbitos objetivos de los Impuestos sobre el Alcohol y Bebidas Derivadas y sobre Hidrocarburos son responsables subsidiarios del pago de la deuda tributaria correspondiente a las entregas de dichos productos efectuadas por los sujetos pasivos de las operaciones asimiladas a las importaciones de bienes devengadas con ocasión de la salida o el abandono de los bienes del régimen de depósito distinto del aduanero.
Dicha responsabilidad subsidiaria solo es exigible cuando el extractor, o la persona autorizada por el mismo, no esté incluido en el **Registro de extractores** (RGGI art.3.7) y su importe no puede exceder del de las cuotas devengadas por aplicación de la LIVA art.19.5º con ocasión de la salida o el abandono de los bienes del régimen de depósito distinto de los aduaneros.
A estos efectos, se consideran **extractores** las personas o entidades que sean los sujetos pasivos de las operaciones asimiladas a las importaciones de bienes, devengadas con ocasión de la salida o el abandono de los productos comprendidos en los ámbitos objetivos de los Impuestos sobre el Alcohol y Bebidas Derivadas y sobre Hidrocarburos del régimen de depósito distinto del aduanero, las que realicen el envío de los bienes en régimen suspensivo con destino a otro depósito fiscal, así como las autorizadas para realizar dichas operaciones.
Las personas o entidades extractoras deben hallarse inscritas en el Registro de extractores. Los titulares de los depósitos fiscales deben verificar que las personas o entidades que realizan las operaciones que determinan su inclusión están incluidas en el Registro de extractores de depósitos fiscales de productos comprendidos en los ámbitos objetivos de los Impuestos sobre el Alcohol y Bebidas Derivadas o sobre Hidrocarburos.

VIII. Procedimientos para la liquidación y pago del IVA a la importación

Pregunta
¿Cuáles son los procedimientos para la liquidación del IVA a la importación? 14120

Existen dos procedimientos, el tradicional de liquidación y pago de las cuotas así devengadas y el de **IVA diferido a la importación**. Este último permite que los sujetos pasivos efectúen importaciones sin hacer frente al pago del IVA a la importación conforme al procedimiento tradicional, procediendo a su ingreso junto el saldo de IVA resultante de la normal liquidación del impuesto. Las **características** del régimen citado son las siguientes (RIVA art.74.1):
a) Se aplica a empresarios o profesionales que actúen como tales y tengan **periodo de liquidación mensual**.
b) El **ingreso** del impuesto se hace junto con el saldo de IVA correspondiente a la liquidación del IVA del periodo en que reciba el documento en el que conste la liquidación del IVA a la importación.
c) El **período ejecutivo** de las cuotas del IVA a la importación en este régimen especial se inicia al día siguiente del vencimiento del plazo de ingreso de la correspon-

14120 (sigue) diente autoliquidación, respecto de las cuotas liquidadas y no incluidas en la misma por el sujeto pasivo. A tal efecto, se entiende que las cuotas consignadas en la autoliquidación corresponden a las cuotas liquidadas de acuerdo con la fecha de cada una de las liquidaciones, iniciándose por la fecha más antigua correspondiente al período (RIVA disp.final 8ª).

d) En el supuesto de sujetos pasivos que no tributen íntegramente en la **Administración del Estado**, la cuota liquidada por las Aduanas se ha de incluir en su totalidad en la autoliquidación presentada a la AEAT. Tratándose de sujetos pasivos que tributen exclusivamente ante una **Administración Tributaria Foral**, se ha de incluir en su totalidad en una autoliquidación que presenten ante la Administración del Estado en el modelo, lugar, forma y plazos que establezca el ministro de Hacienda.

e) La **opción** debe ejercerse mediante la presentación de una declaración censal (modelo 036) ante la AEAT durante el mes de noviembre anterior al inicio del año natural en el que deba surtir efecto, entendiéndose prorrogada para los años siguientes en tanto no se produzca la renuncia a la misma o la exclusión.

f) Esta opción se ha de referir **a todas las importaciones** realizadas por el sujeto pasivo.

g) La **renuncia** se ha de ejercer mediante comunicación al órgano competente de la AEAT, mediante presentación de la correspondiente declaración censal y se debe formular en el mes de noviembre anterior al inicio del año natural en el que deba surtir efecto. La renuncia tiene efectos para un periodo mínimo de 3 años.

h) Los sujetos pasivos que hayan ejercido la opción quedan excluidos de su aplicación cuando su periodo de liquidación deje de coincidir con el mes natural. La **exclusión** produce efectos desde la misma fecha en que se produzca el cese en la obligación de presentación de declaraciones-liquidaciones mensuales.

SECCIÓN 2

Exportaciones

14130

I. Concepto y exención

14135

Pregunta
¿Qué es una exportación?

A los efectos del IVA, como exportación puede considerarse la salida de los bienes del TIVA (recordemos que **Canarias, Ceuta y Melilla** no forman parte del TIVA, por lo que el envío de bienes a estos territorios constituye una exportación a efectos del IVA).
Es importante señalar que las exportaciones, como tales, no están sujetas al IVA, ya que lo que grava dicho tributo son entregas de bienes y prestaciones de servicios, AIB e importaciones de bienes. Lo que hace la LIVA es establecer la **exención** para las entregas de bienes que van a ser destinadas a la exportación en términos análogos a los que se establecen para las EIB, esto es, a condición de que se cumplan ciertos requisitos, pero sin definir esta figura.

14138

Pregunta
¿En qué términos están exentas las exportaciones?

En los dispuestos por la LIVA art.21.1º, 2º y 7º, que en todo caso **condicionan la exención** a que las mercancías a las que se apliquen abandonen el TIVA y la Comunidad.
Lo que hacen estos preceptos es declarar la exención de ciertas entregas de bienes en relación con las cuales se cumplen determinados requisitos, pero sin definir en ningún momento lo que hay que considerar como exportación. Por otra parte, es importante señalar que el régimen de exportación que se define en la **normativa aduanera** es el que permite que las mercancías comunitarias salgan del territorio comunitario, ello aunque dichas mercancías no se hayan transmitido a nadie, es decir, aunque sigan perteneciendo a su propietario original. De ser este el caso, aunque exista una exportación desde el punto de vista aduanero, no se puede considerar

que hay una entrega de bienes a efectos del IVA ni exención que resulte aplicable, al no haber hecho imponible que se pueda declarar exento.
La exención de las exportaciones se puede calificar como **plena**, ya que atribuyen el derecho a la deducción, tal y como establece la LIVA art.94 (ver pregunta nº 10235).
En el estudio de las condiciones en las que están exentas las exportaciones es habitual distinguir según se trate de exportaciones realizadas por el transmitente, por el adquirente o por quien ostente la condición de exportador, de conformidad con la normativa aduanera.

A. Exportaciones efectuadas por el transmitente

(LIVA art.21.1º)

14140 **Pregunta**
¿En qué términos están exentas las exportaciones que se realizan por el transmitente?

Están exentas las entregas de bienes expedidos o transportados fuera de la Comunidad por el transmitente o por un tercero que actúe en nombre y por cuenta de este (LIVA art.21.1º).
El precepto anterior dispone la exención de las denominadas **exportaciones directas**, calificadas así porque son efectuadas directamente por el transmitente de los bienes, que es quien se encarga de su transporte o expedición.
El RIVA art.9.1.1º desarrolla este supuesto de exención, estableciendo que la misma queda condicionada a la **salida efectiva** de los bienes del territorio de la Comunidad, entendiéndose producida la misma cuando así resulte de la legislación aduanera.
Para justificar la exención, el transmitente o quien ostente la condición de exportador debe conservar a disposición de la Administración, durante el plazo de prescripción, las copias de las facturas, los contratos o notas de pedidos, los documentos de transporte, los documentos acreditativos de la salida de los bienes y demás justificantes de la operación.
En estos casos, es el transmitente quien figura como exportador en la declaración de exportación, siendo él mismo quien figura como expedidor en los títulos de transporte correspondientes.
El **documento** que justifica la salida efectiva de los bienes de territorio comunitario es el que determine la legislación aduanera. La DGT admite como documento justificativo de la salida de los bienes del territorio peninsular español o Islas Baleares, además de la copia del documento aduanero correspondiente en la forma establecida reglamentariamente, los documentos de tránsito en sus diversas modalidades, el documento de carga (sobordo) con los respectivos conocimientos de embarque y cualquier otro documento que, intervenido por la Aduana, acredite la efectiva salida de los bienes (DGT CV 29-4-86).

14142 **Pregunta**
¿Cómo se aplica la exención de las exportaciones directas en los casos en que hay ventas sucesivas?

En estos casos, la DGT ha apreciado la aplicación de la exención en función de la **vinculación del transporte**. De este modo, cuando el transporte esté vinculado a la primera entrega de bienes, esta transmisión, realizada entre el proveedor inicial de los bienes y el primer adquirente, resulta exenta por aplicación de la LIVA art.21.1º (DGT 25-3-99; 4-12-02, entre otras). Es importante señalar que en tales casos es el citado proveedor inicial quien deba aparecer ante la Aduana como exportador en nombre propio de las mercancías.
La posterior entrega, realizada por el adquirente inicial a un tercero, no estaría ya sujeta al IVA, por entenderse realizada fuera del TIVA, en relación con bienes ya exportados.

La vinculación del transporte a la primera entrega de bienes puede probarse por **cualquier medio de prueba** admitido en derecho y, fundamentalmente, atendiendo a la documentación aduanera de la exportación, en la que debe constar como exportador de los bienes el primer vendedor que, además, debe haber efectuado el transporte por cuenta propia, o a través de un tercero en nombre y por cuenta de él, por exigirlo así expresamente la LIVA art.21.

Pregunta 14145
¿Está condicionada la aplicación de la exención de las exportaciones realizadas por el transmitente a que el mismo se haga cargo del total del transporte, o basta con que asuma el transporte hasta la aduana de salida, siendo el adquirente quien asume la parte internacional del transporte?

Se admite la exención aunque el transmitente se limite a asumir el transporte de los bienes hasta la aduana de salida, correspondiendo el resto del transporte al adquirente de los bienes.
En su doctrina, la DGT ha partido de que la exigencia de la titularidad del transporte por el transmitente obedece fundamentalmente a razones de **seguridad del impuesto**, dirigidas a garantizar que las mercancías salen efectivamente del territorio comunitario.
A partir de esta constatación, la DGT ha admitido la aplicación de la exención en casos en los que el transmitente vende unas mercancías para la exportación, figurando como exportador en el documento aduanero de exportación el transmitente inicial de las mercancías, el cual, a la vez, realiza su transporte hasta la aduana de exportación, y en el que los demás elementos que pudieran configurar esta operación denotan de manera inequívoca que la primera entrega se realiza para la exportación. La DGT señala que no es necesario que el transporte internacional de las mercancías se haga por el transmitente, o por su cuenta, pudiendo realizarlo el adquirente. Así se ha señalado incluso en supuestos en que el adquirente estaba establecido en el TIVA (DGT 12-1-05).

B. Exportaciones efectuadas por el adquirente

(LIVA art.21.2º)

1. Entregas en régimen comercial

Pregunta 14155
¿En qué términos están exentas las exportaciones que se realizan por el adquirente?

En los regulados por la LIVA art.21.2º, que contempla las denominadas **exportaciones indirectas**, calificadas así porque la expedición o transporte se efectúan por el adquirente no establecido. Este tipo de exportaciones incluye tanto las operaciones que se realizan en régimen comercial, como las correspondientes al régimen de viajeros (ver pregunta nº 14170) o a las tiendas libres de impuestos (ver pregunta nº 14180).
Los dos primeros párrafos de la LIVA art.21.2º regulan las exportaciones efectuadas por el adquirente que tienen como origen **entregas en régimen comercial**. Los bienes se ponen a disposición del adquirente en el interior del país, siendo por su cuenta y riesgo el transporte hasta su destino.
Hay que señalar que se **excluyen de la exención** los bienes destinados al equipamiento o avituallamiento de embarcaciones deportivas o de recreo, de aviones de turismo o de cualquier medio de transporte de uso privado.
El RIVA art.9.1.2º.A desarrolla esta exención, estableciendo que para su aplicación los bienes deben conducirse a la aduana en el **plazo** de un mes siguiente a su puesta

a disposición del adquirente. En la aduana se ha de presentar por el adquirente el correspondiente **documento aduanero de exportación**. En este documento se hará constar también el nombre del proveedor establecido en la Comunidad, a quien corresponde la condición de exportador, con su NIF y la referencia a la factura expedida por el mismo, debiendo el adquirente remitir a dicho proveedor una copia del documento diligenciada por la aduana de salida.
Los requisitos anteriores deben cumplirse, en su caso, por quien ostente la condición de exportador, de conformidad con lo dispuesto en la normativa aduanera, distinto del adquirente no establecido en el territorio de aplicación del impuesto.
Tratándose de un **adquirente no establecido en la Comunidad**, este no puede figurar como exportador, al impedirlo la normativa aduanera, por lo que en estos casos, es la parte contratante establecida en la Comunidad, que todo caso debe estar identificada en España, la que figure como exportador.
Esta parte debe conservar durante el plazo de prescripción del impuesto, los documentos acreditativos de la exportación, documentos en los que debe constar el nombre del proveedor comunitario, su NIF y la referencia de la factura de entrega.
En estas operaciones, es en todo caso el adquirente no establecido quien realiza el transporte, o un tercero actuando en nombre y por cuenta de este.

14158

Pregunta
¿Cómo se aplica la exención de las exportaciones indirectas en los casos en que hay ventas sucesivas?

En este tipo de operaciones, cuando tienen lugar ventas sucesivas, la teoría de las exportaciones en cadena es admitida por la doctrina administrativa en términos equivalentes a los de las exenciones de las exportaciones directas (ver pregunta nº 14142), resultando exenta aquella transmisión a la que se **vincule el transporte** de los bienes.
Así, cuando el transporte esté vinculado a la **primera entrega**, ha de aparecer en la documentación aduanera como exportador el adquirente no establecido en el TIVA, debiendo constar en la misma, el nombre de su proveedor español, el NIF de este último y la referencia a la factura expedida por el mismo proveedor.
Las **entregas posteriores** a la iniciación de los trámites de exportación estarían no sujetas, al referirse a bienes que han de considerarse ya exportados.
La vinculación del transporte a la primera entrega de bienes puede probarse por cualquier medio de prueba admitido en derecho y, fundamentalmente, mediante la documentación aduanera de la exportación, en la que debe constar como exportador de los bienes el vendedor o su cliente, quienes además deberán haber efectuado el transporte por cuenta propia, o a través de un tercero en nombre y por cuenta de cualquiera de ellos, por exigirlo así expresamente la LIVA art.21.

2. Entregas en régimen de viajeros

14170

Pregunta
¿En qué consisten las entregas que se califican como realizadas en régimen de viajeros?

Se trata de un supuesto de exención que constituye un caso específico de las exportaciones indirectas, contemplado en la LIVA art.21.2º.A. El **procedimiento de devolución** que instituye la normativa del impuesto viene desarrollado en el RIVA art.9.1.2º.B.
De acuerdo con esta normativa, la aplicación de la exención requiere que se cumplan los siguientes **requisitos**:
a) La exención solo se aplica respecto de las entregas de bienes documentadas en **factura** (con independencia de su importe).

b) La **residencia habitual** de los viajeros se ha de acreditar mediante el pasaporte, documento de identidad o cualquier otro medio de prueba admitido en derecho.
c) El vendedor debe expedir la correspondiente factura y el **documento electrónico de reembolso** disponible en la Sede electrónica de la AEAT, en los que se han de consignar los bienes adquiridos y, separadamente, el impuesto que corresponda. En el documento electrónico de reembolso debe consignarse la identidad, fecha de nacimiento y número de pasaporte o, en su caso, el número del documento de identidad del viajero.
d) Los bienes han de **salir del territorio de la Comunidad** en el plazo de los 3 meses siguientes a aquel en que se haya efectuado la entrega. A tal efecto, el viajero debe presentar los bienes en la aduana de exportación, que acredita la salida mediante el correspondiente visado en el documento electrónico de reembolso. Dicho visado se ha de realizar por medios electrónicos cuando la aduana de exportación se encuentre situada en el territorio de aplicación del impuesto.
e) El viajero debe remitir el documento electrónico de reembolso visado por la Aduana **al proveedor**, quien le ha de devolver la cuota repercutida en el plazo de los 15 días siguientes mediante cheque, transferencia bancaria, abono en tarjeta de crédito u otro medio que permita acreditar el reembolso.
El reembolso del impuesto puede efectuarse también a través de **entidades colaboradoras**, autorizadas por la AEAT, correspondiendo al ministro de Hacienda determinar las condiciones a las que se ajustará la operativa de dichas entidades y el importe de sus comisiones.
Los viajeros han de presentar los documentos electrónicos de reembolso visados por la Aduana a dichas entidades, que deben abonar el importe correspondiente, haciendo constar la conformidad del viajero.
Posteriormente las referidas entidades han de remitir los documentos electrónicos de reembolso en formato electrónico a los proveedores, quienes deben estar obligados a efectuar el correspondiente reembolso.
El proveedor o, en su caso, la entidad colaboradora, debe comprobar el visado del documento electrónico de reembolso en la Sede electrónica de la AEAT haciendo constar electrónicamente que el reembolso se ha hecho efectivo.

3. Entregas en tiendas libres de impuestos

Pregunta 14180
¿En qué condiciones están exentas las entregas que se realizan en tiendas libres de impuestos?

Están exentas las entregas de bienes efectuadas en las tiendas libres de impuestos que, bajo control aduanero, existan en los puertos y aeropuertos, cuando los adquirentes sean personas que salgan inmediatamente con destino a territorios terceros, así como las efectuadas a bordo de los buques o aeronaves que realicen navegaciones con destino a puertos o aeropuertos situados en territorios terceros (LIVA art.21.2º.B).
Respecto a este supuesto de exención, el RIVA art.9.1.2º.C) dispone que la exención de estas entregas se condiciona a la **inmediata salida** del viajero, acreditada con el billete del transporte.
Esta exención es un caso específico de las exportaciones indirectas en las que el adquirente de los bienes efectúa por su cuenta y riesgo el transporte de los mismos, si bien, a diferencia de las exenciones propias de las expediciones comerciales y de las entregas en régimen de viajeros, en este caso es **irrelevante** que el adquirente esté o no establecido en el TIVA, ya que lo importante es su salida inmediata hacia territorio tercero, salida que se acredita con el billete de transporte.
La exención se extiende a las entregas a bordo de buques y aeronaves con destino a territorios terceros. Recordemos que a efectos del IVA, **Canarias, Ceuta y Melilla** tienen la consideración de terceros países.

C. Trabajos sobre bienes que van a ser exportados

(LIVA art.21.3º)

14190

Pregunta
¿En qué términos están exentos los trabajos realizados sobre bienes que van a ser exportados?

En los previstos por la LIVA art.21.3º, desarrollado por el RIVA art.9.1.3º. Ambos preceptos configuran la exención de forma tal que están exentos los trabajos realizados sobre **bienes muebles** adquiridos o importados para ser objeto de dichos trabajos en el TIVA y, seguidamente, expedidos o transportados fuera de la Comunidad por quien ha efectuado los mencionados trabajos, por el destinatario de los mismos no establecido en el TIVA, por persona distinta de las anteriores que ostente la condición de exportador de conformidad con lo dispuesto en la normativa aduanera o, bien, por otra persona que actúe en nombre y por cuenta de cualquiera de los anteriores.
Los referidos trabajos pueden ser de **perfeccionamiento**, **transformación**, **mantenimiento o reparación** de los bienes, incluso mediante la incorporación a los mismos de otros bienes de cualquier origen y sin necesidad de que los bienes se vinculen a los regímenes aduaneros comprendidos en la LIVA art.24, sin perjuicio de la aplicación de la exención que contempla este precepto, si procede (ver preguntas nº 14400 s.). De hecho, el propio RIVA aclara que **la exención no comprende** los trabajos realizados sobre bienes que se encuentren al amparo de los regímenes aduaneros de importación temporal, con exención total o parcial de los derechos de importación, ni del régimen fiscal de importación temporal.
Esta exención está condicionada al cumplimiento de los siguientes **requisitos**:
a) Los establecidos para las exportaciones indirectas (ver pregunta nº 14155), cumplimentados por parte del destinatario de los trabajos no establecido en el TIVA o del prestador de los mismos, según proceda.
b) Los bienes deben ser adquiridos o importados por personas no establecidas en el TIVA o por quienes actúen en nombre y por cuenta de dichas personas, con objeto de incorporar a ellos determinados trabajos.
c) Los trabajos se han de prestar por cuenta de los adquirentes o importadores no establecidos en el TIVA.
d) Los trabajos deben efectuarse en el **plazo** de los 6 meses siguientes a la recepción de los bienes por el prestador de los mismos, quien debe remitir un acuse de recibo al adquirente de los bienes no establecido en el TIVA o, en su caso, al proveedor. Este plazo puede ser prorrogado a solicitud del interesado por el tiempo necesario para la realización de los trabajos. La solicitud se presenta en el Departamento de Aduanas e Impuestos Especiales de la AEAT, que la autorizará cuando se justifique por la naturaleza de los trabajos por realizar, entendiéndose concedida la prórroga cuando la Administración no conteste en el plazo de un mes siguiente a la presentación de la solicitud.
e) Una vez terminados los trabajos, los bienes deben ser **enviados** en el plazo del mes siguiente a la aduana para su exportación. La exportación debe efectuarse por el destinatario de los trabajos o por el prestador de los mismos, haciendo constar en el documento de exportación la identificación del proveedor establecido en la Comunidad y la referencia a la factura expedida por el mismo. También puede efectuarse por un tercero en nombre y por cuenta del prestador o del destinatario de los trabajos.
f) El destinatario no establecido o, en su caso, el prestador de los trabajos deben remitir al proveedor de los bienes una copia del documento de exportación diligenciada por la aduana de salida.
La exención **no se extiende** a los trabajos de reparación o mantenimiento de embarcaciones deportivas o de recreo, aviones de turismo o cualquier otro medio de transporte de uso privado introducido en régimen de tránsito o de importación temporal.

D. Entregas de bienes a organismos sin fin lucrativo

(LIVA art.21.4º)

Pregunta 14200
¿En qué términos están exentas las entregas de bienes efectuadas a organismos sin ánimo de lucro?

Están exentas las entregas de bienes a organismos reconocidos que los exporten fuera del territorio de la Comunidad en el marco de sus **actividades humanitarias, caritativas o educativas**, previo reconocimiento del derecho a la exención (LIVA art.21.4º).
Esta exención se desarrolla en el RIVA art.9.1.4º, que establece que a los efectos de la aplicación de la exención, corresponde al **Departamento de Gestión de la AEAT** el reconocimiento oficial de los organismos que ejerzan las actividades humanitarias, caritativas o educativas, a solicitud de los mismos y previo informe del Departamento Ministerial respectivo, en el que se acredite que dichos organismos actúan sin fin de lucro.
Adicionalmente, hay que tener en cuenta el cumplimiento de los requisitos establecidos para las exportaciones directas (ver pregunta nº 14140) y la necesidad de que la exportación se efectúe en el **plazo** de los 3 meses siguientes a la fecha de su adquisición, quedando obligado el organismo autorizado a remitir al proveedor copia del documento de salida en el plazo de los 15 días siguientes a la fecha de su realización.

E. Servicios relacionados con las exportaciones

(LIVA art.21.5º)

Pregunta 14210
¿Cuáles son los servicios relacionados con exportaciones que están exentos?

Están exentas las prestaciones de servicios, incluidas las de transporte y operaciones accesorias, distintas de las que gocen de exención conforme a la LIVA art.20, siempre que estén directamente relacionadas con exportaciones de bienes (LIVA art.21.5º).
El anterior precepto señala que se consideran directamente relacionados con las mencionadas exportaciones, los servicios respecto de los cuales concurran las siguientes **condiciones**:
a) Que se **presten** a quienes realicen dichas exportaciones, a los destinatarios de los bienes, a sus representantes aduaneros, o a los transitarios y consignatarios que actúen por cuenta de unos u otros.
b) Que se realicen **a partir del momento** en que los bienes se expidan directamente con destino a un punto situado fuera del territorio de la Comunidad o a un punto situado en zona portuaria, aeroportuaria o fronteriza para su inmediata expedición fuera de dicho territorio. Esta condición no se exige en relación con los servicios de arrendamiento de medios de transporte, embalaje y acondicionamiento de la carga, reconocimiento de las mercancías por cuenta de los adquirentes y otros análogos cuya realización previa sea imprescindible para llevar a cabo el envío.
El desarrollo reglamentario de esta exención se encuentra en el RIVA art.9.1.5º, que amplía su contenido, admitiendo su aplicación cuando los servicios se presten a **intermediarios o representantes aduaneros** que actúen por cuenta de unos u otros.
Respecto a esta ampliación reglamentaria, la DGT ha señalado que se justifica por la especial función que dichos profesionales desempeñan en las operaciones de importación y exportación, pudiendo apreciarse una relación directa entre los servicios que se prestan a los citados profesionales y las operaciones de comercio exterior. Esta circunstancia no se da en otros intermediarios, por lo que, teniendo igualmente en cuenta razones de gestión, la DGT no ha admitido la exención de los servi-

cios prestados a estos otros intermediarios, ya que sería imposible comprobar la relación directa entre los servicios de transporte y las exportaciones (DGT 25-1-99).

14213 En cuanto al **procedimiento**, la exención está condicionada al cumplimiento de los siguientes **requisitos**:
a) La salida de los bienes de la Comunidad deberá realizarse en el **plazo** de 3 meses siguientes a la fecha de la prestación del servicio.
b) Dicha salida se ha de justificar por cualquier medio de prueba admitido en derecho.
c) Los **documentos** que justifiquen la salida de los bienes deben ser remitidos, en su caso, al prestador del servicio dentro de los 3 meses siguientes a la fecha de salida de los bienes.
Entre los **servicios exentos** se incluyen los siguientes: transporte; carga, descarga y conservación; custodia, almacenaje y embalaje; alquiler de los medios de transporte, contenedores y materiales de protección de las mercancías y otros análogos.
En particular, por lo que se refiere a los **servicios de transporte**, la **DGT** ha señalado:
a) Están exentos cuando se presten al exportador o al adquirente de las mercancías no establecido en el TIVA, o a persona que actúe en nombre y por cuenta de ellos. El servicio se entiende prestado a dichas personas cuando se facture al exportador o adquirente.
b) Están exentos los transportes que se presten a los transitarios, consignatarios o representantes aduaneros, aunque actúen en nombre propio, siempre que dichas personas actúen por cuenta del exportador o del adquirente, en el sentido de que el transporte se refiera a mercancías que efectivamente se exporten y que dichos exportador o adquirente encarguen a aquellas personas que contraten el referido transporte de las mercancías, sea en nombre propio (con facturación a tales personas), sea en nombre ajeno (con facturación al exportador o adquirente extranjero).
Finalmente, el RIVA **excluye de la exención** los servicios generales o no identificables con una determinada exportación, al añadir como requisito que se presten con ocasión de la exportación. En este sentido, la DGT ha señalado que no están exentos los estudios de mercado y demás servicios no vinculados a una operación concreta de exportación (DGT 29-9-97).

F. Operaciones de mediación

(LIVA art.21.6º)

14225 **Pregunta**
¿En qué términos están exentos los servicios de mediación relativos a exportaciones y demás operaciones exentas conforme a la LIVA art.21?

Conforme a la LIVA art.21.6º, están exentas las prestaciones de servicios realizadas por **intermediarios** que actúen en nombre y por cuenta de terceros cuando intervengan en las operaciones exentas descritas en la LIVA art.21.
La exención, por tanto, se aplica a los servicios de **mediación en nombre y por cuenta ajena** que estuviesen sujetos al impuesto por localizarse en su territorio de aplicación y se refieran a operaciones que a su vez estén exentas por aplicación de lo previsto en los restantes números de la LIVA art.21 (ver preguntas nº 14140 s.).

G. Exportaciones realizadas por exportadores

(LIVA art.21.7º)

Pregunta 14230
¿Se puede aplicar la exención a otras entregas de bienes para la exportación distintas a las previstas en la LIVA art.21.1º y 2º?

Sí. Conforme a lo previsto en la LIVA art.21.7º, están exentas las entregas de bienes expedidos o transportados fuera de la Comunidad por quien ostente la condición de **exportador de conformidad con la normativa aduanera**, distinto del transmitente o el adquirente no establecido en el territorio de aplicación del impuesto, o por un tercero que actúe en nombre y por cuenta del mismo.

II. Operaciones asimiladas a las exportaciones

(LIVA art.22)

Pregunta 14240
¿En qué consisten las operaciones asimiladas a las exportaciones?

Son operaciones a las que se da un **tratamiento equivalente** al propio de las exportaciones como consecuencia de su relación más o menos directa con el comercio o con las relaciones internacionales.
En ocasiones, esta relación es bastante directa, como ocurre con la exención aplicable a los buques afectos a la navegación marítima internacional; sin embargo, en otros casos la relación es más mediata o indirecta, como sería el caso de las operaciones realizadas en el marco de las relaciones diplomáticas y consulares, llegando incluso a desaparecer, como ocurriría con las entregas de oro al Banco de España.

Pregunta 14242
¿Qué tratamiento tienen las operaciones asimiladas a las exportaciones?

Las operaciones asimiladas a las exportaciones tienen el mismo tratamiento que estas últimas, por lo que están exentas y generan, igualmente, el derecho a la deducción. Así se dispone en la LIVA art.22, en su inciso inicial, que establece la exención, y en la LIVA art.94, que las incluye entre las operaciones que generan el derecho a la deducción. Se trata de un supuesto más de **exención plena**.

A. Operaciones relativas a buques

(LIVA art.22.Uno, Dos, Tres y Siete)

Pregunta 14250
¿Cuáles son los buques respecto a los que se establecen supuestos de exención en la LIVA art.22.Uno?

En primer lugar, hay que señalar que las embarcaciones en cuestión han de ser embarcaciones **calificadas como buques** a los efectos del IVA. En este sentido la LIVA anexo aptdo.1º califica de buques los comprendidos en las partidas 89.01; 89.02; 89.03; 89.04 y 89.06.10 del Arancel aduanero.
Con todo, la exención no se aplica en relación con todos los buques, sino solo a los siguientes:
a) Los que sean aptos para navegar por alta mar y que se afecten a la **navegación marítima internacional** en los términos definidos por la LIVA, en el ejercicio de actividades comerciales de transporte remunerado de mercancías o pasajeros, incluidos los circuitos turísticos, o de actividades industriales o de pesca.

El requisito de la afectación del buque a las **actividades** que determina la LIVA, y no a otras distintas, es el elemento que caracteriza y justifica estas exenciones.
b) Los que estén afectos exclusivamente al **salvamento**, **asistencia marítima** o a la **pesca costera**. La LIVA exige una afectación exclusiva a las actividades citadas, de ahí que la doctrina administrativa determine que la declaración de que un buque se destina solo parcialmente al salvamento o asistencia marítima no es suficiente para la aplicación de la presente exención, por lo que no cabe reconocer la misma respecto de buques que se utilizan solo parcialmente en la realización de las referidas actividades.
c) Buques de guerra. Siguiendo la doctrina administrativa, esta exención se aplica exclusivamente a los navíos de guerra (incluidos como tales en la partida 89.06.00.10 del Arancel), excluyéndose las relativas a aquellos buques que cumplen otros servicios oficiales (de aduana o policía), aunque reúnan ciertas características propias de los anteriores, ya que se incluirán en otras partidas arancelarias distintas, y que no estén calificados por tanto como navíos de guerra.
La exención **no se aplica** en ningún caso a los buques destinados a actividades deportivas, de recreo o, en general, de uso privado, por mandato expreso de la norma.

14253 **Pregunta**
¿Cuándo se puede considerar que un buque está afecto a la navegación marítima internacional?

En primer lugar, es necesario definir lo que se debe considerar como navegación marítima internacional, que es la que se realiza a través de las aguas marítimas en los siguientes **supuestos** (LIVA art.22.Uno.Primero):
a) La que se inicia en un puerto situado en el TIVA y termina o hace escala en otro puerto situado fuera de dicho ámbito espacial.
b) La que se inicia en un puerto situado fuera del TIVA y termina o hace escala en otro puerto situado dentro o fuera de dicho ámbito espacial.
c) La que se inicia y finaliza en cualquier puerto, sin realizar escalas, cuando la permanencia en aguas situadas fuera del mar territorial del ámbito espacial de aplicación del impuesto excede de 48 horas. Lo dispuesto en este apartado no se aplica a los buques que realicen actividades comerciales de transporte remunerado de personas o mercancías.
En este concepto de navegación marítima internacional no se comprenden las **escalas técnicas** realizadas para repostar, reparar o servicios análogos.

14255 Cabe considerar que un buque está **afecto** a la navegación marítima internacional, cuando sus **recorridos** en singladuras de dicha navegación representen más del 50% del total recorrido efectuado durante los **períodos de tiempo** que se indican a continuación (LIVA art.22.Uno.Segundo):
a) El año natural anterior a la fecha en que se efectúen las correspondientes operaciones de reparación o mantenimiento, salvo lo dispuesto en la letra siguiente.
b) En los supuestos de entrega, construcción, transformación, AIB, importación, fletamento total o arrendamiento del buque o en los de desafectación de los fines que determinan la exención, el año natural en que se efectúen dichas operaciones, a menos que tuviesen lugar después del primer semestre de dicho año, en cuyo caso el período a considerar comprenderá ese año natural y el siguiente. Este criterio se aplica también en relación con las operaciones mencionadas en la letra anterior cuando se realicen después de las citadas en la presente letra.
A efectos de lo dispuesto en este apartado, se considera que la **construcción** de un buque ha finalizado en el momento de su matriculación definitiva en el Registro marítimo correspondiente.
Si, transcurridos los períodos a que se refiere este apartado, el buque no cumple los requisitos que determinan la afectación a la navegación marítima internacional, se

ha de regularizar su situación tributaria en relación con las operaciones de este apartado, de acuerdo con lo dispuesto en la LIVA art.19.1º (ver pregunta nº 13635).

Pregunta 14257
¿Existe algún requisito subjetivo para la aplicación de las exenciones relativas a buques?

Las operaciones deben tener como adquirente de los buques o destinatario de los servicios a la **propia compañía** que realiza las actividades antes descritas (de transporte, salvamento, asistencia o pesca costera) o, en su caso, la entidad pública competente en materia de defensa.
En caso de las operaciones relativas a los **objetos** que se incorporan o se encuentran en los buques (LIVA art.22.Dos), la exención se extiende a los propietarios de los buques, sin que el destinatario tenga que ser, como en el resto de supuestos, la compañía que realiza la explotación.
Por otra parte, el RIVA art.10.1.1º establece los siguientes **requisitos** para el transmitente o prestador de los servicios exentos:
a) Conservar, durante el plazo de prescripción, el duplicado de las facturas, los contratos de fletamento o arrendamiento, en su caso, y una copia autorizada de la inscripción del buque (o aeronave) en el Registro de Matrícula que habilite a estos medios de transporte para su utilización en los fines a los que se refiere la LIVA art.22.Uno y Cuatro (los fines previstos para la exención).
b) Exigir a los destinatarios una declaración suscrita por ellos del destino de los bienes a los fines que justifican la exención.

Pregunta 14260
¿Cuáles son las operaciones relativas a buques que están exentas?

Están exentas la entrega, construcción, transformación, reparación, mantenimiento, fletamento total o parcial, y arrendamiento de los buques.
A estos efectos, el RIVA art.10 desarrolla los conceptos de construcción y transformación, así como los **requisitos** exigidos con carácter general para la aplicación de la exención. Así, resulta lo siguiente:
a) El transmitente de los medios de transporte, el proveedor de los bienes o quienes presten los servicios a que se refiere la LIVA art.22.Uno a Siete, deben tener en su poder, durante el plazo de prescripción, el **duplicado de la factura** correspondiente y, en su caso, los contratos de fletamento o de arrendamiento y una copia autorizada de la inscripción del buque o de la aeronave en el Registro de Matrícula que les habilite para su utilización en los fines a que se refiere la LIVA art.22.Uno y Cuatro.
Asimismo, las personas indicadas en el párrafo anterior deben **exigir a los adquirentes** de los bienes o destinatarios de los servicios una declaración suscrita por ellos, en la que hagan constar la afectación o el destino de los bienes que justifique la aplicación de la exención.
Cuando se trate de la construcción del buque o de la aeronave, la **copia autorizada de su matriculación** debe ser entregada por el adquirente al transmitente en el plazo de un mes a partir de la fecha de su inscripción en el Registro a que se refiere el presente número.
b) La **construcción** de un buque o de una aeronave se entiende realizada en el momento de su matriculación en el Registro indicado en el apartado anterior.
c) Se entiende que un buque o una aeronave han sido objeto de **transformación** cuando la contraprestación de los trabajos efectuados en ellos exceda del 50% de su valor en el momento de su entrada en el astillero o taller con dicha finalidad.
Este valor se determina de acuerdo con las normas contenidas en la legislación aduanera para configurar el valor en aduana de las mercancías importadas.
La construcción de un buque (o de una aeronave) se entiende **finalizada** en el momento de su matriculación en el Registro de Matricula habilitado a estos fines.
Por su parte, la transformación de un buque o una aeronave se entiende que ha teni-

do lugar cuando la contraprestación de los trabajos efectuados exceda del 50% de su valor en el momento de su entrada en el taller.
Las exenciones de la LIVA art.22 se refieren a operaciones relativas a buques de **construcción terminada y afectación definida**. La adquisición de bienes y servicios utilizados en la construcción o transformación de los buques no está amparada en la normativa vigente por ningún beneficio fiscal (DGT 14-12-93).

14263

Pregunta
¿En qué condiciones están exentas las entregas de objetos incorporados a los buques que se citan en la LIVA art.22.Uno?

Están exentas las entregas, arrendamientos, reparaciones y mantenimiento de los objetos, incluidos los equipos de pesca, que se incorporen o se encuentren a bordo de los buques a que afectan las exenciones establecidas en la LIVA art.22.Uno, siempre que se realicen durante los períodos en que dichos beneficios fiscales resulten de aplicación. La exención queda condicionada a la concurrencia de los siguientes **requisitos** (LIVA art.22.Dos):
a) Que el **destinatario** directo de dichas operaciones sea el titular de la explotación del buque o, en su caso, su propietario. Nótese la diferencia con el resto de exenciones relativas a buques, en las que el destinatario debe ser necesariamente el titular de la explotación, mientras que aquí también se admite como destinatario al propietario.
b) Que los **objetos** mencionados se utilicen o, en su caso, se destinen a ser utilizados exclusivamente en la explotación de dichos buques.
c) Que las **operaciones** a que afecten las exenciones se efectúen después de la matriculación definitiva de los mencionados buques en el Registro marítimo correspondiente.
El RIVA art.10.1.5º desarrolla la exención en relación con los objetos incorporados a **buques**, estableciendo que la incorporación de objetos a los buques debe efectuarse en el **plazo** de los 3 meses siguientes a su adquisición y se ha de acreditar por **el proveedor**, mediante el correspondiente documento aduanero de embarque, cuya copia debe remitirle en su caso el titular de la explotación de los medios de transporte en el plazo de los 15 días siguientes a su incorporación.
La incorporación de objetos a las **aeronaves** debe efectuarse en el plazo de un año siguiente a la adquisición de dichos objetos y se ha de ajustar al cumplimiento de los demás requisitos establecidos en el párrafo anterior.
Los plazos indicados en los párrafos anteriores pueden **prorrogarse**, a solicitud del interesado, por razones de fuerza mayor o caso fortuito o por exigencias inherentes al proceso técnico de elaboración o transformación de los objetos.

14265 Del mismo modo, se establece la inclusión en la exención de todos los bienes, elementos o partes de los mismos, incluso los que formen parte indisoluble de ellos o se inmovilicen en ellos, que se **utilicen normalmente** o **sean necesarios** para su explotación. En particular, tienen esta consideración los siguientes: los aparejos e instrumentos de a bordo, los que constituyan su utillaje, los destinados a su amueblamiento o decoración y los instrumentos, equipos, materiales y redes empleados en la pesca, tales como los cebos, anzuelos, sedales, cajas para embalaje del pescado y análogos. En todo caso, estos objetos deben quedar efectivamente incorporados o situados a bordo de los buques o aeronaves y formar parte del inventario de sus pertenencias.
El RIVA obliga a que los objetos cuya incorporación a los buques y aeronaves se hubiese beneficiado de la exención del impuesto, permanezcan **a bordo** de los mismos, salvo que se trasladen a otros que también se destinen a los fines que justifican la exención de la incorporación de dichos objetos.
Asimismo, la exención solo se aplica a los objetos que se incorporen a los buques y aeronaves después de su matriculación en el Registro que corresponda.

El **documento aduanero de embarque** que acredita la incorporación de los objetos a los buques es, tal como resulta de lo dispuesto por la Circular 969/1987 de la Dirección General de Aduanas e Impuestos Especiales, la declaración de exportación. La copia de este documento aduanero debe ser remitida por el titular de los medios de transporte al consultante en el plazo de 15 días desde la incorporación de los objetos a los buques.
Aunque existen procedimientos alternativos a la justificación del embarque de los objetos incorporados que regula el RIVA, estos se refieren a embarques en buques pesqueros derivados de la lejanía de los servicios de aduanas a los lugares de embarque. No obstante, estos procedimientos alternativos siempre van a concluir en la formalización del documento aduanero de exportación, justificativo de la realización de la operación exenta como asimilada a la exportación.

Pregunta 14267
¿En qué condiciones están exentas las entregas de bienes para el avituallamiento de los buques a los que se refiere la LIVA art.22.Uno?

En primer lugar, hay que delimitar lo que cabe considerar como **avituallamiento**. Este concepto se define en la LIVA anexo aptdo.3º, que califica como productos de avituallamiento las provisiones de a bordo, los combustibles, carburantes, lubricantes y demás aceites de uso técnico y los productos accesorios de a bordo. La misma norma señala que se entiende por:
a) **Provisiones de a bordo**: los productos destinados exclusivamente al consumo de la tripulación y de los pasajeros.
b) **Combustibles**, carburantes, lubricantes y demás **aceites de uso técnico**: los productos destinados a la alimentación de los órganos de propulsión o al funcionamiento de las demás máquinas y aparatos de a bordo.
c) **Productos accesorios** de a bordo: los de consumo para uso doméstico, los destinados a la alimentación de los animales transportados y los consumibles utilizados para la conservación, tratamiento y preparación a bordo de las mercancías transportadas.
La LIVA art.22.Tres establece la exención de las entregas de productos para el avituallamiento para los buques que se indican a continuación, cuando se adquieran por los **titulares de la explotación** de dichos buques:
a) Los buques a que se refieren las exenciones de la LIVA art.22.Uno.1º y 2º, siempre que se realicen durante los períodos en que dichos beneficios fiscales resulten de aplicación. No obstante, cuando se trate de buques afectos a la **pesca costera**, la exención no se extiende a las entregas de provisiones de a bordo. No obstante, se ha admitido la exención de las entregas de hielo puestas a bordo de los buques de pesca costera (DGT CV 10-10-86) y las cajas de cartón ondulado para el acondicionamiento del pescado congelado, capturado y preparado en alta mar (DGT CV 7-4-86).
b) Los buques de guerra que realicen navegación marítima internacional conforme a la LIVA art.22.Uno.

El RIVA art.10.1.6º desarrolla esta exención, estableciendo que la puesta de los productos de avituallamiento a bordo de los buques se ha de acreditar por el proveedor mediante el correspondiente **documento aduanero de embarque**, cuya copia debe remitir, en su caso, el titular de la explotación de los referidos medios de transporte al proveedor de dichos productos, en el plazo del mes siguiente a su entrega. 14270
El mismo RIVA admite la posibilidad de que el ministro de Hacienda establezca procedimientos simplificados para acreditar el embarque de los productos de avituallamiento.
La DGT ha considerado que es **titular de la explotación** el empresario que realice la ordenación por cuenta propia de los distintos factores de producción, entre ellos el buque y los servicios prestados por terceros, con la finalidad de intervenir en la producción o distribución de bienes o servicios. Dicho titular es designado frecuentemente por la doctrina mercantilista española como «armador o naviero» y su carac-

terística esencial es la de ser la persona que en nombre propio organiza la actividad comercial o empresarial del buque. No reúne dichas características la empresa contratista que se ocupa de la **gerencia del buque** asumiendo entre otras obligaciones la de su avituallamiento. Por tanto, no es aplicable la exención a las entregas de productos de avituallamiento cuando su destinatario sea una empresa que gestiona un buque explotado por un tercero (DGT 4-5-95).
La puesta a bordo de los productos se ha de acreditar mediante el **documento de embarque**. No obstante, la DGT CV 11-11-86 ha señalado que en los puertos donde no exista servicio de aduanas, los embarques de productos de avituallamiento se han de diligenciar por la **Guardia Civil** del puesto por donde se practique el mismo y, en todo caso, con el recibí a bordo del patrón o representante del armador, señalando la fecha y hora del embarque. La firma del patrón o representante ha de ser perfectamente legible o, en otro caso, debe indicarse el nombre completo del firmante y su calidad. Mensualmente se han de incluir las distintas facturas por el suministrador en una declaración de exportación, que se debe presentar en la aduana principal correspondiente, a la que se ha de unir un ejemplar de las mismas.

14273 **Pregunta**
¿En qué términos están exentas las prestaciones de servicios relativas a buques afectos a la navegación internacional?

Están exentas las prestaciones de servicios realizadas a los buques que se citan en la LIVA art.22.Uno distintas a las analizadas en las preguntas anteriores, con el objeto de atender sus necesidades directas o sus necesidades de carga (LIVA art.22.Siete).
Estos servicios deben tener por **destinatarios** a los titulares de la explotación de dichos buques. Adicionalmente, y por excepción a lo anterior, están exentos los servicios de carga, estiba, descarga, desestiba y transbordo, prestados por profesionales estibadores, en nombre propio, a favor de empresas estibadoras y utilizados por estas en los servicios prestados, a su vez, a los titulares de la explotación de dichos buques.
Por su parte, el RIVA art.10.2 señala que se entienden comprendidos entre los servicios realizados para atender las **necesidades directas** de los buques los siguientes:
a) En relación con los **buques**: los servicios de practicaje, remolque y amarre; utilización de las instalaciones portuarias; operaciones de conservación de buques y del material de a bordo, tales como desinfección, desinsectación, desratización y limpieza de las bodegas; servicios de guarda y de prevención de incendios; visitas de seguridad y peritajes técnicos; asistencia y salvamento del buque y operaciones efectuadas en el ejercicio de su profesión por los corredores e intérpretes marítimos, consignatarios y agentes marítimos.
b) En relación con el **cargamento** de los buques: las operaciones de carga y descarga del buque; alquiler de contenedores y de material de protección de las mercancías; custodia de las mercancías, estacionamiento y tracción de los vagones de mercancías sobre las vías del muelle; embarque y desembarque de los pasajeros y sus equipajes; alquileres de materiales, maquinaria y equipos utilizados para el embarque y desembarque de pasajeros y sus equipajes y reconocimientos veterinarios, fitosanitarios y del Servicio Oficial de Inspección, Vigilancia y Regulación de las Exportaciones.

14275 El RIVA señala una lista de servicios que no ha de considerarse como exhaustiva, sino meramente ilustrativa. A estos efectos, y en relación con los **servicios portuarios**, la DGT CV 17-7-86 señaló la exención de los servicios portuarios que a continuación se relacionan, si se prestan a buques afectos esencialmente a la navegación marítima internacional o los destinados exclusivamente al salvamento, a la asistencia marítima o a la pesca costera o, en su caso, relativos al cargamento de los referidos buques:

a) Servicios de entrada y estancia de los buques en los puertos, y en particular los de utilización de las instalaciones de señales marítimas y balizamiento, canales de acceso, esclusas y puentes móviles, obras de abrigo y zonas de fondeo.
b) Utilización de las instalaciones de atraque en los puertos (utilización de las obras de atraque y los elementos fijos de atraque y defensa).
c) Prestación de servicios relativos al embarque y desembarque de mercancías y pasajeros (incluidos los de utilización de las aguas del puerto, dársenas, accesos terrestres, vías de circulación, zonas de manipulación y servicios generales de policía).
d) Utilización por los buques pesqueros en actividad, y los productos de la pesca marítima fresca de las aguas del puerto, instalaciones de balizamiento, muelles, dársenas, zonas de manipulación y servicios generales de policía.
e) Utilización de las grúas de pórtico convencionales no especializadas.
f) Servicios directos prestados al buque o a su cargamento.
Sin perjuicio de que las tasas que se cobran en la actualidad por estos servicios conserven la denominación que señala la anterior DGT o no, los términos en los que se interpreta la exención son trasladables al presente.
La misma DGT dispuso que la exención no alcanza a los servicios mencionados cuando se presten a buques de guerra o a embarcaciones deportivas o de recreo.
Del mismo modo, dispuso que la afectación o destino del buque que justifica la aplicación de la exención debe acreditarse por el armador o, en su caso, por el consignatario del buque en nombre de aquel por los medios de prueba establecidos en el RIVA o, en su defecto, mediante declaración dirigida a los organismos gestores de los puertos, sin perjuicio de la responsabilidad que proceda con arreglo a derecho en caso de disfrute indebido de beneficios fiscales (LIVA art.87.Uno, ver pregunta nº 7250).

B. Operaciones relativas a aeronaves

(LIVA art.22.Cuatro a Siete)

14285

Pregunta
¿Cuáles son las aeronaves a las que se puede aplicar la exención?

La aplicación de la exención requiere, en primer lugar, que la operación de que se trate tenga por objeto una aeronave calificada como tal a efectos del impuesto. La LIVA anexo aptdo.2º califica de **aeronaves** los aerodinos que funcionen con ayuda de una máquina propulsora comprendidos en la partida 88.02 del Arancel aduanero.
Las aeronaves a las que cabe aplicar la exención son las siguientes:
a) Las utilizadas exclusivamente por compañías afectas a la **navegación aérea internacional**, en el ejercicio de actividades comerciales de transporte remunerado de mercancías o pasajeros.
Sobre esta cuestión, el RIVA art.10.1.7º establece que se entiende cumplido el requisito de que las aeronaves se utilizan exclusivamente en actividades comerciales de transporte remunerado de mercancías o pasajeros aunque se ceda su uso a terceros en arrendamiento o subarrendamiento por períodos de tiempo que, conjuntamente, no excedan de 30 días por año natural.
Es importante señalar la existencia de dos **diferencias respecto a los buques**:
1. La forma de determinar la afectación a la navegación internacional, ya que en los supuestos de navegación aérea, la LIVA tiene en cuenta las actividades totales de la compañía durante un periodo y no de cada aeronave en particular, como sucede en la navegación marítima, en la que se considera de forma aislada cada uno de los buques. En ese sentido, el TJUE 16-9-04, asunto C-382/02, al prever la exención de las aeronaves que efectúan vuelos interiores pero que son utilizadas por compañías de navegación aérea dedicadas esencialmente al tráfico internacional remunerado.
2. No se contempla la exención de las aeronaves utilizadas por compañías dedicadas a la navegación aérea internacional en la realización de actividades industriales.

b) Aquellas utilizadas por **entidades públicas** en el cumplimiento de sus **funciones públicas**.

14287

Pregunta
¿Qué requisitos subjetivos han de concurrir para la aplicación de la exención?

Las operaciones deben tener como adquirente de las aeronaves o destinatario de los servicios a la **propia compañía** que realiza las actividades antes descritas y las utiliza en el desarrollo de las mismas o, en su caso, la propia entidad pública que las utilice en el ejercicio de sus funciones públicas.
Destacar que, a diferencia de lo que ocurría con los buques, en caso de las operaciones relativas a aeronaves, **la exención no se extiende** en ningún caso a los propietarios, sino que el destinatario tiene que ser el titular de la explotación de la aeronave.
Por otra parte, el RIVA art.10.1.1º establece conjuntamente para aeronaves y buques, los requisitos para el transmitente o prestador de los servicios exentos (ver pregunta nº 14257).

14300

Pregunta
¿Cuándo se puede considerar que una compañía se dedica esencialmente a la navegación aérea internacional?

En primer lugar, hay que delimitar lo que se debe considerar como navegación aérea internacional, que es la que se realiza en los siguientes **supuestos** (LIVA art.22.Cuatro.Primero):
a) La que se inicia en un aeropuerto situado en el TIVA y termina o hace escala en otro aeropuerto situado fuera de dicho ámbito espacial.
b) La que se inicia en un aeropuerto situado fuera del TIVA y termina o hace escala en otro aeropuerto situado dentro o fuera de dicho ámbito espacial. A estos efectos, no se comprenden las escalas técnicas realizadas para repostar, reparar o servicios análogos.
Una compañía está dedicada esencialmente a la navegación aérea internacional cuando corresponda a dicha navegación más del 50% de la **distancia total recorrida** en los vuelos efectuados por todas las aeronaves utilizadas por dicha compañía durante los **períodos de tiempo** que se indican a continuación (LIVA art.22.Cuatro.Segundo):
a) El año natural anterior a la realización de las operaciones de reparación o mantenimiento, salvo lo dispuesto en la letra siguiente.
b) En los supuestos de entrega, construcción, transformación, AIB, importación, fletamento total o arrendamiento de las aeronaves, el año natural en que se efectúen dichas operaciones, a menos que tuviesen lugar después del primer semestre de dicho año, en cuyo caso el período a considerar comprenderá ese año natural y el siguiente. Este criterio se aplica también en relación con las operaciones mencionadas en la letra anterior cuando se realicen después de las citadas en el presente apartado.
Si al transcurrir los períodos a que se refiere esta letra b) la compañía no cumpliese los requisitos que determinan su dedicación a la navegación aérea internacional, se ha de regularizar su situación tributaria en relación con las operaciones de este apartado de acuerdo con lo dispuesto en la LIVA art.19.3 (ver pregunta nº 13635).

14302

Pregunta
¿Cuáles son las operaciones relativas a aeronaves que están exentas?

Están exentas las entregas, transformaciones, reparaciones, mantenimiento, fletamento total y arrendamiento de las aeronaves.

A estos efectos, el RIVA art.10 desarrolla, conjuntamente para buques y aeronaves, los conceptos de construcción y transformación, así como los requisitos exigidos con carácter general para la aplicación de la exención (ver pregunta nº 14260).

Pregunta 14305
¿En qué términos están exentas las entregas de objetos incorporados a aeronaves?

En los establecidos en la LIVA art.22.Cinco, que regula una exención muy similar a la existente para los buques (ver pregunta nº 14263), sin más distinción que la expuesta en la pregunta nº 14287 respecto al adquirente.
En consecuencia, están exentas las entregas, arrendamientos, reparaciones y mantenimiento de los objetos que se incorporen o se encuentren a bordo de las aeronaves a que se refiere la LIVA art.22.Cuatro, siempre que se cumplan los siguientes **requisitos**:
a) Que el destinatario de dichas operaciones sea el titular de la explotación de la aeronave a que se refieran.
b) Que los objetos mencionados se utilicen o, en su caso, se destinen a ser utilizados en la explotación de dichas aeronaves y a bordo de las mismas.
c) Que las operaciones a que se refieren las exenciones se realicen después de la matriculación de las mencionadas aeronaves en el Registro de matrícula que se determine reglamentariamente.
El desarrollo reglamentario contenido en el RIVA art.10.1.5º es asimismo equivalente al propio de los buques, con la salvedad de que el plazo de incorporación de los objetos se amplía a un año, en lugar de los 3 meses previstos para los buques.

Pregunta 14307
¿En qué condiciones está exento el avituallamiento de aeronaves?

En términos muy similares a los existentes respecto al avituallamiento de embarcaciones, si bien es importante señalar que en este caso no existen las mismas restricciones que se aplican a ciertos buques (ver pregunta nº 14267). La exención se aplica cuando los bienes de que se trate sean adquiridos por las compañías o entidades públicas titulares de la explotación de dichas aeronaves (LIVA art.22.Seis).
A título ilustrativo, se puede señalar que los servicios de **restauración y catering**, destinados exclusivamente al consumo de la tripulación y pasajeros, realizados para compañías aéreas de navegación internacional, están exentos cuando cumplan las condiciones y requisitos establecidos reglamentariamente y ello con independencia del domicilio fiscal de la compañía y del trayecto que una aeronave concreta pueda realizar. Lo determinante para la aplicación de la exención es la consideración de la compañía como de navegación aérea internacional, en los términos de la LIVA art.22.Cuatro (DGT 7-3-03). Igualmente, la doctrina administrativa ha admitido como entregas de productos dirigidos al avituallamiento las entregas de **periódicos** para la utilización en vuelos de compañías aéreas a las que les sea aplicable la exención (DGT 9-7-98).

Pregunta 14310
¿Qué prestaciones de servicios relativas a aeronaves están exentas?

Están exentas las prestaciones de servicios realizadas para atender las necesidades directas de las aeronaves que se señalan en la LIVA art.22.Cuatro o su carga (LIVA art.22.Siete).
Estos servicios deben tener por **destinatarios** a las compañías o entidades públicas que utilizan dichas aeronaves.
El RIVA art.10.2 desarrolla la exención, considerando incluidos dentro de la exención servicios como los siguientes:

a) En relación con las **aeronaves**: los relativos al aterrizaje y despegue; utilización de los servicios de alumbrado; estacionamiento, amarre y abrigo de las aeronaves; utilización de las instalaciones dispuestas para recibir pasajeros o mercancías; utilización de las instalaciones destinadas al avituallamiento de las aeronaves; limpieza, conservación y reparación de las aeronaves y de los materiales y equipos de a bordo; vigilancia y prevención para evitar incendios; visitas de seguridad y peritajes técnicos; salvamento de aeronaves y operaciones realizadas en el ejercicio de su profesión por los consignatarios y agentes de las aeronaves.
b) En relación con el **cargamento** de las aeronaves: las operaciones de embarque y desembarque de pasajeros y sus equipajes; carga y descarga de las aeronaves; asistencia a los pasajeros; registro de pasajeros y equipajes; envío y recepción de señales de tráfico; traslado y tránsito de la correspondencia; alquiler de materiales y equipos necesarios para el tráfico aéreo y utilizados en los recintos de los aeropuertos; alquiler de contenedores y de materiales de protección de las mercancías; custodia de mercancías y reconocimientos veterinarios, fitosanitarios y del Servicio Oficial de Inspección, Vigilancia y Regulación de las Exportaciones.
Esta enumeración de servicios no es exhaustiva. Así la DGT ha admitido la **exención** de los servicios siguientes (DGT CV 30-6-05):
- la cesión de tripulaciones entre compañías aéreas;
- la preparación de planes de vuelo y otros servicios técnicos de pilotaje relacionados directamente con el vuelo.

Por el contrario, **no** se han considerado **exentas** operaciones como las siguientes (DGT 12-6-01):
- selección y contratación de tripulaciones;
- servicios de atención a los pasajeros;
- negociación de las condiciones y gestión de la contratación del mantenimiento y avituallamiento de las aeronaves;
- negociación de las condiciones de contratación del alquiler de las aeronaves.

C. Régimen diplomático, consular y de organismos internacionales

(LIVA art.22.Ocho y Nueve)

14320

Pregunta
¿En qué condiciones están exentas las operaciones realizadas en el marco de las relaciones diplomáticas, consulares y de organismos internacionales?

Estas operaciones están exentas bajo las condiciones previstas en la LIVA art.22.Ocho y Nueve. La LIVA art.22.Ocho establece la exención de las entregas de bienes y prestaciones de servicios realizadas en el marco de las **relaciones diplomáticas y consulares**, en los casos y con los requisitos que se determinen reglamentariamente. Por su parte, la LIVA art.22.Nueve dispone la exención de las entregas de bienes y prestaciones de servicios destinadas a los **organismos internacionales reconocidos por España** o al personal de dichos organismos con estatuto diplomático, dentro de los límites y en las condiciones fijadas en los convenios internacionales que sean aplicables en cada caso.
En particular y en relación con los organismos internacionales reconocidos por España, se incluyen en este grupo de exenciones las entregas de bienes y las prestaciones de servicios destinadas a la **Comunidad Europea**, la Comunidad Europea de la Energía Atómica, al Banco Central Europeo o al Banco Europeo de Inversiones, o a los organismos creados por las Comunidades a los que se aplica el Protocolo del 8-4-1965 sobre privilegios e inmunidades de las Comunidades Europeas, dentro de los límites de dicho Protocolo y los acuerdos de sede, siempre que no se produzcan distorsiones de competencia.
Asimismo, esta exención se extiende a las entregas de bienes y las prestaciones de servicios destinadas a la **Comisión** o a un órgano u organismo establecidos con arre-

glo al Derecho de la Unión, cuando la Comisión o dicho órgano u organismo adquieran dichos bienes o servicios en el ejercicio de las tareas que les confiere el Derecho de la Unión en respuesta a la **pandemia** de COVID-19, excepto en caso de que los bienes y servicios adquiridos se utilicen, inmediatamente o en una fecha posterior, para entregas ulteriores a título oneroso por parte de la Comisión o de dicho órgano u organismo

El RD 3485/2000 sobre franquicias y exenciones en régimen diplomático, consular y de organismos internacionales, desarrolla estas exenciones. Este RD se completa con la OM 24-5-2001 . Hay que tener en cuenta igualmente la OM EHA/1729/2009, que aprueba el modelo de certificado de exención aplicable a estos efectos y el sobre de envío de autoliquidaciones para los casos en que la exención no es directa.

Conforme al referido RD, están **exentas**, siempre que se cumplan los requisitos y el procedimiento reglamentariamente establecido, las siguientes operaciones:

a) Las importaciones y entregas de bienes necesarias para **uso oficial** de:

- las misiones diplomáticas acreditadas y residentes en España;
- las oficinas consulares de carrera;
- los organismos internacionales con sede u oficina en España y reconocidos por nuestro país (con los límites y condiciones fijadas en los convenios internacionales por los que se creen o en sus Acuerdos de sede).

b) Las importaciones y entregas de bienes, en las cantidades que se fijen por el ministro de Hacienda como necesarias para el **uso y consumo personal** (incluidos los efectos destinados a su instalación), de:

- los agentes diplomáticos y los funcionarios consulares de carrera y los miembros de su familia que formen parte de su casa;
- los miembros con estatuto diplomático y miembros de su familia, de los organismos internacionales antes citados.

c) Las **entregas y los arrendamientos de edificios** o parte de los mismos y de los **terrenos** anejos, adquiridos o arrendados por Estados extranjeros para ser utilizados como sede de sus representaciones diplomáticas u oficinas consulares o como residencia del jefe de la misión diplomática o jefe de la oficina consular cuando, en este último caso, se trate de funcionarios consulares de carrera.

La exención se extiende a las **ejecuciones de obra**, con o sin aportación de materiales, directamente formalizadas entre el correspondiente Estado extranjero y el contratista, que tengan por objeto la construcción, reforma, ampliación o rehabilitación de los edificios a que se refiere el párrafo anterior, así como a los trabajos de reparación o conservación de los mismos edificios cuando su importe, referido a cada operación aislada, exceda de 750 euros.

d) Las entregas de **material de oficina** para uso oficial cuando el importe total documentado en cada factura exceda de 300 euros. **14322**

e) Los suministros de **agua, gas, electricidad y combustibles**, así como así como las prestaciones de servicios de telecomunicaciones, radiotelegrafía, de vigilancia y seguridad, efectuadas para los locales de las representaciones diplomáticas u oficinas consulares, así como de la residencia del jefe de la misión diplomática o del jefe de una oficina consular, cuando, en este último caso, se trate de un funcionario consular de carrera.

f) Las importaciones de **mobiliario y efectos** destinados al uso particular del personal administrativo y técnico de las misiones diplomáticas y de los organismos internacionales con sede en España y de los empleados consulares de carrera, así como de los miembros de su familia. No se aplica a adquisiciones, solo a importaciones que en todo caso se han de realizar en el año siguiente a la toma de posesión.

g) Entregas de bienes y prestaciones de servicios localizados en el TIVA que tengan como destinatarios las personas o entidades mencionadas anteriormente, pero acreditadas o con sede **en otro Estado miembro** y justifiquen la concesión por las autoridades competentes del Estado de destino, del derecho a adquirir los mencionados bienes o servicios con exención.

h) Las **AIB** cuya importación o entrega en el terreno de aplicación del impuesto hubiera estado exenta según lo dispuesto anteriormente.

i) Las siguientes prestaciones de servicios efectuadas para uso oficial de las representaciones diplomáticas u oficinas consulares:
- la prestación de servicios de **consultoría**;
- los servicios de traducción, corrección o composición de textos y los prestados por intérpretes;
- los servicios de limpieza.

Existen **dos procedimientos** aplicables en función de la exención: exenciones directas, previo reconocimiento, o mediante reembolso. En caso de importaciones y de las exenciones relativas a inmuebles, la exención se aplicará directamente por la Aduana o el sujeto pasivo, según corresponda, previo reconocimiento por la AEAT. En el resto de exenciones, el procedimiento aplicable es mediante el reembolso de la cuota soportada por repercusión, previa solicitud, en los términos previstos reglamentariamente.

D. OTAN y otras fuerzas armadas

(LIVA art.22.Diez y Once)

14335

Pregunta
¿En qué términos se contemplan las exenciones en el marco de la OTAN y otras fuerzas armadas?

La LIVA art.22.Diez y Once establece el régimen de exenciones aplicables a la OTAN y otras fuerzas armadas en el ámbito de defensa en el marco de la Unión.

Así, la LIVA art.22.Diez dispone la exención de las entregas de bienes y prestaciones de servicios **efectuadas para**:
- las fuerzas de los demás Estados partes del Tratado del Atlántico Norte, en los términos establecidos en el Convenio entre los Estados partes de dicho Tratado relativo al estatuto de sus fuerzas;
- las fuerzas armadas de cualquier Estado miembro distinto de España, para uso de dichas fuerzas o del personal civil a su servicio, o para el abastecimiento de sus comedores o cantinas, siempre que dichas fuerzas estén afectadas a un esfuerzo de defensa realizado para llevar a cabo una actividad de la Unión en el ámbito de la política común de seguridad y defensa.

Por su parte, la LIVA art.22.Once establece la exención de las entregas de bienes y las prestaciones de servicios **efectuadas con destino a otro Estado miembro y para**:
- las fuerzas de cualquier Estado parte del Tratado del Atlántico Norte, distinto del propio Estado miembro de destino, en los términos establecidos en el Convenio entre los Estados partes de dicho Tratado relativo al estatuto de sus fuerzas;
- las fuerzas armadas de cualquier Estado miembro distinto del propio Estado miembro de destino, para uso de dichas fuerzas o del personal civil a su servicio, o para el abastecimiento de sus comedores o cantinas, siempre que dichas fuerzas estén afectadas a un esfuerzo de defensa realizado para llevar a cabo una actividad de la Unión en el ámbito de la política común de seguridad y defensa.

El RD 160/2008 desarrolla las exenciones fiscales relativas a la OTAN y el procedimiento para su aplicación mientras que el RD 443/2023 desarrolla las exenciones fiscales relativas a las fuerzas armadas de los Estados miembros de la UE afectadas a un esfuerzo de defensa en el ámbito de la política común de seguridad y defensa y el procedimiento para su aplicación.

14336 El RD 160/2008 desarrolla en la actualidad este régimen de beneficios fiscales aplicable a la **OTAN**, disponiendo lo siguiente:

a) Están **exentas** del pago de **derechos e impuestos a la importación** las importaciones de (RD 160/2008 art.2):
- **carburantes, aceites y lubricantes** destinados exclusivamente a ser utilizados por los vehículos, aeronaves y navíos oficiales de un cuartel general o de una fuerza de los Estados Partes del Tratado del Atlántico Norte distintos de España o de las fuerzas armadas españolas cuando actúen en nombre y por cuenta de las mismas;

- bienes efectuadas por la **OTAN** para su uso oficial o por los **cuarteles generales** para su uso oficial en el ejercicio de las funciones autorizadas por el Acuerdo Complementario;
- bienes efectuadas por las **fuerzas armadas españolas** cuando actúen en nombre y por cuenta de la OTAN para los fines autorizados en el Acuerdo Complementario;
- bienes efectuadas por un **contratista** que ejecute un contrato para un cuartel general en el ejercicio de las funciones autorizadas en el Acuerdo Complementario, siempre que el contratista los adquiera en nombre del cuartel general aliado;
- bienes que tengan como finalidad el suministro de los **comedores**, clubes, asociaciones, restaurantes, bares, cantinas, tiendas y economatos de los cuarteles generales;
- **vehículos a motor y motocicletas** que se efectúen por los miembros de la fuerza y sus personas dependientes, siempre que se trate de sus vehículos particulares;
- **caravanas, remolques y embarcaciones de recreo** con su equipo necesario, que se efectúen por los miembros de la fuerza por el tiempo que duren sus servicios.

b) Están **exentas en el IVA** (RD 160/2008 art.4): **14337**
1. Las **entregas y AIB, así como las prestaciones de servicios**, destinadas a:
- la OTAN y exclusivamente para su uso oficial cuya base imponible, a efectos del IVA, sea igual o superior a 300 euros;
- un cuartel general aliado y que se efectúen para fines oficiales en el ejercicio de las funciones autorizadas en el Acuerdo Complementario;
- las fuerzas armadas españolas cuando actúen en nombre y por cuenta de la OTAN para los fines autorizados en el Acuerdo Complementario;
- los carburantes, aceites y lubricantes que se destinen a ser utilizados exclusivamente por vehículos, aeronaves y navíos afectos al uso oficial de un cuartel general o de una fuerza de los Estados Partes del Tratado del Atlántico Norte distintos de España o de las fuerzas armadas españolas cuando actúen en nombre y por cuenta de las mismas;
- un contratista que ejecute un contrato para un cuartel general en el ejercicio de las funciones autorizadas en el Acuerdo Complementario, siempre que el contratista los adquiera en nombre del cuartel general;
- el suministro de los comedores, clubes, asociaciones, restaurantes, bares, cantinas, tiendas y economatos de los cuarteles generales.

2. Las **entregas de bienes y prestaciones de servicios** realizadas por:
- los comedores, clubes, asociaciones, restaurantes, bares, cantinas, tiendas y economatos de los cuarteles generales, a favor de los miembros de la fuerza, del elemento civil o de personas dependientes;
- los comedores, clubes y asociaciones, cantinas, bares y restaurantes, a favor del personal militar y civil español y los huéspedes oficiales del cuartel general, exclusivamente para ser consumidos en estos locales.

3. Las entregas de **vehículos a motor y motocicletas** que tengan por destinatario los miembros de la fuerza y sus personas dependientes, siempre que se trate de su vehículo particular.
4. Las entregas de **caravanas/remolques y embarcaciones de recreo** con su equipo necesario que tengan por destinatario a los miembros de la fuerza por el tiempo que duren su servicios.
Todas estas entregas de bienes y prestaciones de servicios exentas generan para el sujeto pasivo que las realiza el derecho a la deducción a los efectos de la LIVA art.94.

c) Finalmente, se dispone la **exención en el IVA y en toda clase de derechos a la importación** las **operaciones** siguientes (RD 160/2008 art.6): **14338**
- las prestaciones de servicios y entregas de bienes accesorias de los mismos efectuadas por los **servicios públicos postales** a favor de los miembros de la fuerza y sus personas dependientes;
- la importación, entrega o AIB de **alcohol, tabaco y carburantes** por los miembros y las personas dependientes en las cantidades razonables convenidas en el Canje de Cartas;

– la importación, entrega o AIB de **mobiliario y electrodomésticos** por los miembros y las personas dependientes, siempre que el precio unitario exceda de un valor acordado entre SHAPE y el Ministerio de Defensa en el Canje de Cartas.
La norma se completa con disposiciones relativas a los procedimientos de aplicación y a las consecuencias de la transmisión de los bienes adquiridos con exención.

E. Entregas de oro al Banco de España

(LIVA art.22.Doce)

14345

Pregunta
¿En qué términos están exentas las entregas de oro al Banco de España?

En los establecidos por la LIVA art.22.Doce, que dispone la exención de las citadas entregas de oro al Banco de España.
Esta exención prevalece en caso de **concurrencia** con otras como son las exenciones financieras (LIVA art.20.Uno.18º) o las relativas al oro de inversión (LIVA art.140 s.).
La preferencia de esta exención es importante, ya que se trata de una **exención plena**, que permite la deducción de las cuotas soportadas por quienes realicen las operaciones exentas, a diferencia de las que se han citado en el párrafo anterior.

F. Transporte de viajeros y sus equipajes

(LIVA art.22.Trece y Catorce)

14355

Pregunta
¿En qué condiciones están exentos los transportes de pasajeros?

Están exentos los transportes de viajeros y sus equipajes por **vía marítima o aérea** procedentes de o con destino a un puerto o aeropuerto situado fuera del TIVA. Además, quedan incluidos los transportes por vía aérea amparados por un único título de transporte que incluye **conexión aérea**.
De lo expuesto se deduce que si el transporte discurre entre dos puntos del TIVA, está sujeto y no exento, mientras que si transcurre entre un lugar situado en el interior del ámbito espacial del mismo y otro lugar situado fuera de dicho ámbito, cabe la exención.
Este beneficio fiscal se aplica exclusivamente cuando el transporte se realiza por vía marítima o aérea, tributando si se realiza por tierra o vía fluvial.
Igualmente, la exención es de aplicación por la **parte del trayecto** que transcurra dentro del TIVA, ya que por la parte de recorrido efectuada fuera de dicho territorio, el transporte está no sujeto (LIVA art.70.Uno.2º).
El desarrollo reglamentario se contiene en el RIVA art.10.3, que establece que la exención se extiende a los transportes de ida y vuelta con escala en los territorios situados fuera del TIVA.
Por el contrario, no admite la exención de los transportes de aquellos viajeros y sus equipajes que habiendo iniciado el viaje en territorio peninsular o Islas Baleares, terminen en estos mismos territorios, aunque el buque o el avión continúen sus recorridos con destino a puertos o aeropuertos situados fuera de dichos territorios. Tal sería el caso de un vuelo Madrid-Bucarest con escala en Barcelona. El trayecto Madrid– Barcelona está sujeto y no exento para los viajeros que se bajen del avión en Barcelona.

14357

Pregunta
¿Existe alguna norma específica de exención para los transportes a Azores y Madeira?

Sí. Están exentas las prestaciones de transporte intracomunitario de bienes, definido en la LIVA art.72.Dos, con destino a las Islas Azores o Madeira o procedentes de dichas islas (LIVA art.22.Catorce).
Esta norma establece un supuesto de exención para un servicio de **transporte intracomunitario de bienes**, exención que permite la deducción del impuesto al sujeto pasivo como todas las operaciones asimiladas a las exportaciones.

G. Intermediación en operaciones asimiladas a las exportaciones

(LIVA art.22.Quince)

14370

Pregunta
¿Existe alguna norma de exención para los servicios de mediación relativos a operaciones asimiladas a las exportaciones?

Sí. Se trata del supuesto de exención que se contempla en la LIVA art.22.Quince, conforme al cual están exentas las prestaciones de servicios realizadas por intermediarios que actúen **en nombre y por cuenta de terceros** cuando intervengan en las operaciones que estén exentas en virtud de lo dispuesto en la citada LIVA art.22.
Están exentos los **servicios de mediación** en nombre y por cuenta ajena relativos a operaciones incluidas en la LIVA art.22. Tal sería el caso de la peritación técnica a los buques afectos a la navegación internacional, mientras que están sujetos y no exentos todos los servicios de intermediación en operaciones no incluidas en la LIVA art.22, como es el caso de la prestación de servicios de asesoramiento o administración de buques mediante contraprestación (DGT 20-9-04).

III. Exenciones relativas a las situaciones exentas y regímenes suspensivos

A. Situaciones exentas

(LIVA art.23)

14380

Pregunta
¿Qué tipo de exenciones se aplica a las operaciones relativas a situaciones exentas?

Son **exenciones plenas**, reguladas en la LIVA art.23 y que se justifican por la especial configuración de estas situaciones, las cuales, aunque incluidas en el TIVA, de alguna forma se asimilan a territorios terceros en cuanto al régimen de tributación que se da a las operaciones que se realizan dentro de las mismas.
Es importante tener en cuenta que si dejan de cumplirse los requisitos a partir de los cuales se han aplicado los distintos supuestos de exención, debe regularizarse el impuesto dejado de ingresar.

14382

Pregunta
¿Existe algún supuesto de exención relativo a las situaciones de depósito temporal?

Sí, de acuerdo con la LIVA art.23.Uno.1º, están exentas las entregas de bienes que se encuentren en situación de depósito temporal, así como las prestaciones de servicios relacionadas directamente con las entregas de bienes anteriores y las realizadas mientras los bienes se mantengan en dicha situación. Según dispone el RIVA art.11.2, los sujetos pasivos solo pueden aplicar esta exención si el adquirente de los bienes o destinatario de los servicios les entrega una **declaración suscrita** en la que manifieste la situación de los bienes que justifique la exención. A estos efectos, el adquirente o destinatario pueden utilizar el formulario disponible a tal efecto en la sede electrónica de la AEAT.

La situación de depósito temporal, así como la colocación de los bienes en situación de depósito temporal, se han de ajustar a la definición, normas y requisitos establecidos por la legislación aduanera (LIVA art.23.Dos).

Estas exenciones están **condicionadas**, en todo caso, a que los bienes a que se refieren no sean utilizados ni destinados a su consumo final en las situaciones indicadas (LIVA art.23.Tres).

Las prestaciones de servicios exentas no comprenden las que gocen de exención por la LIVA art.20, 21 y 22 (LIVA art.23.Cuatro).

14385

Pregunta
¿Existe algún supuesto de exención relativo a plataformas de perforación?

Sí. Están exentas las entregas de bienes que sean conducidos al mar territorial para incorporarlos a plataformas de perforación o de explotación para su construcción, reparación, mantenimiento, transformación o equipamiento o para unir dichas plataformas al continente (LIVA art.23.Uno.2º).

La aplicación de la exención está **condicionada** al cumplimiento de determinados requisitos formales, en concreto, la empresa constructora de la plataforma debe suscribir y entregar una declaración en la que conste la recepción de los bienes y ponga de manifiesto el destino o situación de los mismos que justifica la exención (RIVA art.11.2).

Debe advertirse que el requisito de que la plataforma se encuentre en el mar territorial únicamente delimita el ámbito de esta exención frente a las relativas a la exportación de bienes, que serían aplicables en el caso de que la plataforma se hallara fuera de las aguas territoriales.

La exención se extiende igualmente a las entregas de bienes destinados al **avituallamiento** de las plataformas citadas.

Están igualmente exentas las **prestaciones de servicios** relacionadas directamente con estas entregas de bienes, así como con las importaciones de bienes destinados a ser introducidos en las plataformas (LIVA art.23.Uno.3º).

Adicionalmente, hay que señalar que están exentas las entregas de los bienes que se encuentren en la situación indicada anteriormente, así como las prestaciones de servicios realizadas mientras los bienes se mantengan en dicha situación (LIVA art.23.Uno.4º).

Estas exenciones están **condicionadas**, en todo caso, a que los bienes a que se refieren no sean utilizados ni destinados a su consumo final en las situaciones indicadas (LIVA art.23.Tres).

Las prestaciones de servicios exentas no comprenden las que gocen de exención por la LIVA art.20, 21 y 22 (LIVA art.23.Cuatro).

B. Regímenes suspensivos

(LIVA art.24)

Pregunta 14400

¿Qué tipo de exenciones se establecen en la LIVA art.24?

La LIVA art.24 establece diversas exenciones relativas a **operaciones relacionadas con los regímenes suspensivos** expuestos en las preguntas nº 13570 a nº 13620. De esta forma, van a estar exentas las entregas de bienes y prestaciones de servicios realizadas en el TIVA que se analizan a continuación, siempre que los bienes en cuestión permanezcan vinculados a los regímenes indicados. En caso de **desvinculación** dan lugar a una operación de importación o asimilada a la importación, tal y como se expone en la pregunta nº 13640.

Estos regímenes son los definidos en la **legislación aduanera** y su vinculación y permanencia en ellos se han de ajustar a las normas y requisitos establecidos en dicha legislación. No obstante, hay que tener en cuenta las siguientes **particularidades** (LIVA art.24.Dos):

a) El **régimen fiscal de perfeccionamiento activo** se autorizará respecto de los bienes que quedan excluidos del régimen aduanero de la misma denominación, con sujeción, en lo demás, a las mismas normas que regulan el mencionado régimen aduanero.

b) El **régimen fiscal de importación temporal** se autorizará respecto de los bienes procedentes de territorios excluidos del ámbito de aplicación del IVA pero no del de la unión aduanera, como es el caso de las Islas Canarias, cuya importación temporal se beneficie de exención total de derechos de importación o se beneficiaría de dicha exención si los bienes procediesen de terceros países.

A los efectos de la LIVA, el régimen de depósito distinto del aduanero es el definido en la LIVA anexo aptdo.5º.

Estas exenciones se aplicarán mientras los bienes a que se refieren permanezcan vinculados a los regímenes indicados (LIVA art.24.Tres).

Las exenciones relativas a los regímenes aduaneros y fiscales están **condicionadas**, en todo caso, a que los bienes a que se refieren no sean utilizados ni destinados a su consumo final durante la vigencia de los mismos, sin perjuicio de los bienes incorporados a los procesos de transformación que se realicen al amparo de los regímenes aduanero y fiscal de perfeccionamiento activo (LIVA art.24.Cuatro).

Las prestaciones de servicios exentas conforme a la LIVA art.24 no comprenden las que gocen de exención en virtud de la LIVA art.20 (LIVA art.24.Cinco).

Estas exenciones, salvo las relativas al régimen de depósito distinto del aduanero, 14403
están condicionadas al cumplimiento de los siguientes **requisitos** (RIVA art.12.1):

a) Que las mencionadas operaciones se refieran a los bienes que se destinen a ser utilizados en los procesos efectuados al amparo de los indicados regímenes aduaneros o fiscales o que se mantengan en dichos regímenes, de acuerdo con lo dispuesto en las legislaciones aduaneras o fiscales que específicamente sean aplicables en cada caso.

b) Que el adquirente de los bienes o destinatario de los servicios entregue al transmitente o prestador de los servicios una **declaración** suscrita por él en la que manifieste la situación de los bienes que justifique la exención. A estos efectos, el adquirente o destinatario pueden utilizar el formulario disponible a tal efecto en la sede electrónica de la AEAT.

Por su parte, las exenciones de las entregas de bienes y prestaciones de servicios relacionadas con el **régimen de depósito distinto del aduanero** quedan condicionadas a que dichas operaciones se refieran a los bienes que se destinen a ser colocados o que se encuentren al amparo del citado régimen, de acuerdo con lo dispuesto en la LIVA art.24.Dos, el cual remite al anexo.

14405

Pregunta
¿Qué operaciones relacionadas con el régimen de perfeccionamiento activo, tanto aduanero como fiscal, están exentas?

Las operaciones relacionadas con el régimen de perfeccionamiento activo, aduanero o fiscal, que están exentas son las siguientes:
a) Las entregas de bienes destinados a ser utilizados en los procesos efectuados al amparo de los regímenes aduanero y fiscal de perfeccionamiento activo, así como de los que estén vinculados a dichos regímenes, con excepción de la modalidad de exportación anticipada del perfeccionamiento activo.
b) Las prestaciones de servicios relacionados con dichas entregas.
c) Las prestaciones de servicios relacionadas con las importaciones de bienes que se vinculen a los regímenes aduanero y fiscal de perfeccionamiento activo.
d) Las prestaciones de servicios relacionadas con los bienes vinculados al régimen aduanero y fiscal de perfeccionamiento activo.
Por su parte, las importaciones de bienes que se vinculan al régimen de perfeccionamiento activo no se liquidarán como tales, conforme a la LIVA art.18.Dos (ver pregunta nº 13525), liquidándose el tributo en concepto de importación o de operación asimilada a la importación en los términos que se exponen en la pregunta nº 13640.

14407

Pregunta
¿Qué operaciones relacionadas con el régimen de zona franca están exentas?

Las operaciones relacionadas con el régimen de zona franca que están exentas son las siguientes:
a) Las entregas de bienes destinados a ser vinculados al régimen de zona franca y los que estén vinculados a dicho régimen.
b) Las prestaciones de servicios relacionados con dichas entregas.
c) Las prestaciones de servicios relacionadas con las importaciones de bienes que se vinculen al régimen de zona franca.
d) Las prestaciones de servicios relacionadas con los bienes vinculados al régimen de zona franca.
Por su parte, las importaciones de bienes que se vinculan al régimen de zona franca no se liquidarán como tales, conforme a la LIVA art.18.Dos (ver pregunta nº 13525), liquidándose el tributo en concepto de importación o de operación asimilada a la importación en los términos que se exponen en la pregunta nº 13640.

14410

Pregunta
¿Qué operaciones relacionadas con el régimen de importación temporal están exentas?

Las operaciones relacionadas con el régimen de importación temporal que están exentas son las siguientes:
a) Las entregas de bienes vinculados al régimen de importación temporal con exención total de derechos de importación.
b) Las entregas de bienes procedentes de territorios terceros que se encuentren al amparo del régimen fiscal de importación temporal.
c) Las prestaciones de servicios relacionados con dichas entregas.
d) Las prestaciones de servicios relacionadas con las importaciones de bienes procedentes de territorios terceros, que se coloquen al amparo del régimen fiscal de importación temporal.
e) Las prestaciones de servicios relacionadas con las importaciones de bienes que se vinculen al régimen de importación temporal con exención total.
f) Las prestaciones de servicios relacionadas con los bienes procedentes de territorios terceros, que se coloquen al amparo del régimen fiscal de importación temporal.

Por su parte, las importaciones de bienes que se vinculan al régimen de importación temporal no se liquidarán como tales, conforme a la LIVA art.18.Dos (ver pregunta nº 13525), liquidándose el tributo en concepto de importación o de operación asimilada a la importación en los términos que se exponen en la pregunta nº 13640.

Pregunta 14412
¿Qué operaciones relacionadas con el régimen de tránsito comunitario están exentas?

Respecto al régimen de tránsito comunitario, las operaciones que están exentas son las siguientes:
a) Las entregas de bienes vinculados al régimen de tránsito externo.
b) Las entregas de bienes procedentes de territorios terceros, que se encuentren al amparo del régimen de tránsito interno.
c) Las prestaciones de servicios relacionados con dichas entregas.
d) Las prestaciones de servicios relacionadas con las importaciones de bienes que se vinculen al régimen de tránsito externo.
e) Las prestaciones de servicios relacionadas con las importaciones de bienes procedentes de territorios terceros, que se coloquen al amparo del régimen de tránsito interno.
f) Las prestaciones de servicios relacionadas con los bienes vinculados a los regímenes de tránsito externo e interno.
Por su parte, las importaciones de bienes que se vinculan al régimen de tránsito comunitario no se liquidarán como tales, conforme a la LIVA art.18.Dos (ver pregunta nº 13525), liquidándose el tributo en concepto de importación o de operación asimilada a la importación en los términos que se exponen en la pregunta nº 13640.

Pregunta 14415
¿Qué operaciones relacionadas con el régimen de depósito aduanero están exentas?

Las operaciones relacionadas con el régimen de depósito aduanero que están exentas son las siguientes:
a) Las entregas de bienes destinados a ser vinculados al régimen de depósito aduanero y los que estén vinculados a dicho régimen.
b) Las prestaciones de servicios relacionados con dichas entregas.
c) Las prestaciones de servicios relacionadas con las importaciones de bienes que se vinculen al régimen de depósito aduanero.
d) Las prestaciones de servicios relacionadas con los bienes vinculados al régimen de depósito aduanero.
Por su parte, las importaciones de bienes que se vinculan al régimen de depósito aduanero no se liquidarán como tales, conforme a la LIVA art.18.Dos (ver pregunta nº 13525), liquidándose el tributo en concepto de importación o de operación asimilada a la importación en los términos que se exponen en la pregunta nº 13640.

Pregunta 14417
¿Qué operaciones relacionadas con el régimen de depósito distinto del aduanero están exentas?

Las operaciones relacionadas con el régimen de depósito distinto del aduanero que están exentas son las siguientes:
a) Las entregas de bienes destinados a ser vinculados a un régimen de depósito distinto del aduanero y de los que estén vinculados a dicho régimen.
b) Las prestaciones de servicios relacionados con dichas entregas.
c) Las prestaciones de servicios relacionadas con las importaciones de bienes que se vinculen a un régimen de depósito distinto del aduanero exentas.

d) Las prestaciones de servicios relacionadas con los bienes vinculados al régimen de depósito distinto del aduanero.

Es importante recordar que están exentas, conforme a lo establecido en la LIVA art.65, las importaciones de bienes que se vinculen al régimen de depósito distinto del aduanero y las prestaciones de servicios relacionados directamente con las mismas.

En relación con la aplicación de la exención a las prestaciones de servicios relacionados directamente con bienes en régimen de depósito distinto del aduanero, la DGT ha señalado que cabe considerar, como relacionados directamente con los bienes que se encuentran en régimen de depósito distinto del aduanero, los servicios de **carga y descarga de buques y camiones** de los productos que se destinen o se encuentren en dicho régimen (DGT 26-2-02).

Por el contrario, no se han considerado directamente relacionadas con los bienes en régimen de depósito distinto del aduanero, y por tanto **no están exentas**, las prestaciones de servicios siguientes:

- la cumplimentación de la documentación reglamentaria necesaria para la recepción de la mercancía y para su reexpedición;
- el mantenimiento y gestión del control físico y contable de stocks previsto en la normativa de IIEE;
- el control, inspección visual y pequeño mantenimiento de las instalaciones de almacenamiento y movimiento de las mercancías.

14420 La delimitación de lo que cabe considerar como régimen de depósito distinto del aduanero se realiza por la LIVA anexo aptdo.5º, que establece que como tal se ha de tomar:

a) En relación con los **bienes objeto de Impuestos Especiales**, el régimen de depósito distinto del aduanero es el régimen suspensivo aplicable en los supuestos de fabricación, transformación o tenencia de productos objeto de los Impuestos Especiales de fabricación en fábricas o depósitos fiscales, de circulación de los referidos productos entre dichos establecimientos y de importación de los mismos con destino a fábrica o depósito fiscal.

A los efectos del párrafo anterior, la electricidad no tiene la consideración de bien objeto de los Impuestos Especiales.

b) En relación con los **demás bienes**, el régimen de depósito distinto del aduanero es el régimen suspensivo aplicable a los bienes excluidos del régimen de depósito aduanero por razón de su origen o procedencia, con sujeción en lo demás, a las mismas normas que regulan el mencionado régimen aduanero.

También se incluyen en este régimen los bienes que se negocien en mercados oficiales de **futuros y opciones** basados en activos no financieros, mientras los referidos bienes no se pongan a disposición del adquirente.

El régimen de depósito distinto del aduanero a que se refiere este apartado no es aplicable a los bienes destinados a su entrega a personas que no actúen como empresarios o profesionales, con excepción de los destinados a ser introducidos en las tiendas libres de impuestos.

CAPÍTULO 13

Comercio electrónico

SECCIÓN 1

Consideraciones generales

Pregunta 14505
¿Existe un régimen especial para las operaciones de comercio electrónico?

Como tal, no. Los regímenes especiales existentes en la LIVA son los regulados en su Título IX, analizados en el capítulo 14 de este manual, entre los que no se comprende ningún régimen especial para las operaciones de comercio electrónico.
Lo que sí existe es una serie de **definiciones y reglas especiales** sobre lugar de realización de las operaciones que vienen a configurar lo que se podría considerar como un régimen especial para estas operaciones, régimen especial que, sin embargo, no se caracteriza como tal.
Adicionalmente, hay que mencionar el **régimen de ventanilla única**, en sus diferentes modalidades, por medio del cual se ingresa el IVA correspondiente a una parte de estas operaciones (ver preguntas nº 14725 s.). Este es un régimen, que pretende única y exclusivamente facilitar el cumplimiento de las obligaciones derivadas de la realización de ciertas operaciones, las cuales, sin embargo, definen sus características en otros ámbitos de la LIVA.

Pregunta 14510
¿Existe alguna definición de lo que se ha de considerar como comercio electrónico a los efectos del IVA?

No. Lo que hace la LIVA es definir determinadas **operaciones**, que se realizan por medios electrónicos, aunque no siempre.
Así, los **servicios prestados por vía electrónica** sí que requieren una prestación específica para ser caracterizados como tales; sin embargo, las ventas a distancia intracomunitarias de bienes o las ventas a distancia de bienes importados se pueden contratar a través de internet, que es lo más habitual, pero no siempre. Las definiciones respectivas no incorporan referencia alguna a la forma de contratación y menos aún a la forma de suministro efectivo, ya que se trata de entregas de bienes físicos, que se efectúan off-line.
Por último, las ficciones existentes para las operaciones que se realizan a través de **plataformas** afectan al carácter de la mediación, pero no a la naturaleza misma de los suministros.

14515

Pregunta
¿Cuál es la razón de ser de la tributación vigente en el IVA de las operaciones de comercio electrónico?

La **tributación** de las operaciones **en destino** de la mayoría de las operaciones que se realizan a distancia (la única excepción es la relativa a empresarios o profesionales establecidos en un único Estado cuyo volumen de operaciones fuera del mismo no supere los 10.000 euros, ver pregunta nº 14545).
Este principio de tributación en destino se compagina con un **régimen de ventanilla única** que pretende facilitar el cumplimiento de sus obligaciones tributarias a los empresarios o profesionales que realizan estas operaciones y que, en otro caso, deberían cumplir obligaciones tributarias ante las autoridades fiscales de Estados distintos al de establecimiento.

14520

Pregunta
¿Cuáles son las operaciones que vamos a considerar, en este contexto, como de comercio electrónico?

Vamos a considerar **tres categorías** de transacciones:
- los servicios prestados por vía electrónica (ver preguntas nº 14535 s.);
- las ventas a distancia intracomunitarias de bienes (ver preguntas nº 14580 s.);
- las ventas a distancia de bienes importados (ver preguntas nº 14640 s.).

Adicionalmente, tendremos en cuenta la influencia que puede tener la realización de operaciones a través de plataformas o interfaces digitales (ver preguntas nº 14660 s.).

14525

Pregunta
¿La tributación vigente de las operaciones de comercio electrónico ha sido siempre así?

No. El régimen vigente para la tributación de estas operaciones ha sufrido diversas **modificaciones**, motivadas fundamentalmente por el avance de la tecnología y la aproximación progresiva de la tributación de las operaciones al Estado de destino.
La última de estas modificaciones fue la redefinición de la tributación de las ventas a distancia intracomunitarias, la equiparación a estas de las ventas a distancia de bienes importados y la ampliación del régimen de ventanilla única ya existente para la inclusión de todas estas operaciones en él a través de sus distintas modalidades.

SECCIÓN 2

Servicios prestados por vía electrónica

14535

Pregunta
¿Qué se puede considerar como servicio prestado por vía electrónica?

Los así **definidos por** la LIVA art.70.Uno.4º y demás normativa de aplicación (ver pregunta nº 2252).

Pregunta 14540
¿Dónde deben considerarse realizados los servicios prestados por vía electrónica a consumidores finales?

En el **Estado donde se encuentre el** domicilio o residencia del cliente (ver pregunta nº 2255).
Interesa destacar que, además de lo dispuesto al respecto por la LIVA, el Rgto UE/282/2011 art.24 bis s. contiene una serie de disposiciones que son relevantes para la aplicación efectiva de la regla de localización que acabamos de señalar.

Pregunta 14545
¿Existe algún umbral mínimo para la aplicación de la regla anterior?

Sí. La regla que se explica en la pregunta anterior **no se aplica a** empresarios o profesionales establecidos únicamente en el TIVA cuyos servicios prestados por vía electrónica (se incluyen también las ventas a distancia intracomunitarias de bienes, los servicios de telecomunicaciones y de radiodifusión) a otros Estados de la UE no superen, en el año natural anterior o en el año en curso, el umbral de 10.000 euros.
Hay que destacar que este umbral incluye el total de los servicios prestados a clientes consumidores finales de otros Estados, computados conjuntamente, con independencia del volumen de operaciones que se alcance individualmente en cada uno de estos Estados.

Pregunta 14550
¿Dónde deben considerarse realizados los servicios prestados por vía electrónica a otros empresarios o profesionales?

Donde se encuentren establecidos los destinatarios, conforme resulta de la **regla general** sobre lugar de realización aplicable a la generalidad de los servicios prestados entre empresarios o profesionales.

Pregunta 14555
¿Se aplican los mismos criterios a los servicios de telecomunicaciones y de radiodifusión?

Sí (ver pregunta nº 2255).

Pregunta 14560
¿Cabe la posibilidad de que existan servicios prestados por vía electrónica que estén exentos?

Depende de su naturaleza.
Las **exenciones** que podrían ser más fácilmente **aplicables** a los servicios prestados por vía electrónica son las relativas a servicios culturales (LIVA art.20.Uno.14º), enseñanza (LIVA art.20.Uno.9º y 10º) y juego (LIVA art.20.Uno.19º). Tampoco se puede descartar que se presten por esta vía servicios financieros (LIVA art.20.Uno.18º) u operaciones de seguro (LIVA art.20.Uno.16º).
Parece bastante más difícil que efectivamente se presten **servicios de asistencia sanitaria** a través de Internet, al menos de los que cabe considerar exentos conforme a la LIVA art.20.Uno.3º, ya que dichos servicios requieren un contacto estrecho entre el profesional sanitario y su paciente, que no es plenamente descartable que se produzca a distancia, pero que no será lo habitual. De hecho, las páginas web «sanitarias» suelen ser páginas en las que se ofrece información sanitaria de carácter general, tanto para profesionales como para particulares, pero que no admiten su calificación como servicio sanitario exento.

La DGT ha apreciado la incompatibilidad entre la prestación de los servicios por vía electrónica y la exención, de manera reiterada, en relación con los **servicios de enseñanza** (DGT CV 27-8-18; CV 23-10-19, entre otras).

14565

Pregunta
¿Cuáles son los regímenes de ventanilla única que se pueden utilizar para el pago del IVA correspondiente a estas operaciones?

Depende de los **lugares de establecimiento** de **proveedor y cliente**:
a) Los **proveedores** establecidos en el **TIVA** con clientes en el TIVA liquidarán el IVA por el procedimiento ordinario, incluyendo sus operaciones en el modelo 303, al margen, por tanto, de la ventanilla única.
b) Los proveedores establecidos en la **UE** que presten servicios por vía electrónica a clientes residentes en otros Estados de la UE podrán acogerse al régimen de la Unión de la ventanilla única (ver preguntas nº14860 s.).
c) Los proveedores **no comunitarios** podrán utilizar el régimen exterior de la Unión de la ventanilla única (ver preguntas nº 14800 s.).
Por último, habría que añadir que los suministros a otros empresarios o profesionales están fuera del régimen de ventanilla única, aplicándose, en su caso, la inversión del sujeto pasivo.

SECCIÓN 3

Ventas a distancia intracomunitarias de bienes

14580

Pregunta
¿Cómo se definen las ventas a distancia intracomunitarias de bienes?

Conforme a lo dispuesto en la LIVA art.8.Tres.1º (ver pregunta nº 13415).

14585

Pregunta
¿Cuáles son los principales cambios introducidos en 2021 con respecto a la tributación anterior de las ventas a distancia intracomunitarias de bienes?

Las dos modificaciones más importantes aplicables **desde el 1-7-2021** con respecto al régimen anterior de las ventas a distancia intracomunitarias **son las siguientes**:
a) La reducción de los **umbrales** que permitían tributar en el país de origen, de 10.000 euros en la actualidad, y que ahora se computan por referencia al conjunto de ventas realizadas fuera del Estado de establecimiento del proveedor, mientras que anteriormente eran país de destino por país de destino.
b) La inclusión de estas operaciones en el **régimen de ventanilla única**.

14590

Pregunta
¿Qué ocurre cuando se aplica el régimen de las ventas a distancia intracomunitarias de bienes a una operación en la que el cliente es empresario o profesional?, ¿se puede deducir el IVA que le cobran?

El régimen de tributación de las ventas a distancia **únicamente es aplicable si** el cliente es un consumidor final o entidad incluida en el ámbito de aplicación de la LIVA art.14 (ver pregunta nº 13410).
Si, por error, se aplica este régimen especial en una venta realizada a otro empresario o profesional (así ocurrirá en caso de que este no suministre el NIF-IVA que está obligado a proporcionar a su proveedor si la operación se efectúa entre empresarios o profesionales), el IVA así repercutido es un IVA indebidamente soportado, por lo

que no cabe su **deducción**, como así establece la LIVA art.94.Tres y ha declarado reiteradamente la jurisprudencia.

14595

Pregunta
¿Qué ocurre cuando un minorista en recargo de equivalencia realiza ventas a particulares de otros Estados de la UE por las que debe tributar en los Estados de destino?

Que no puede recuperar el IVA ni el recargo de equivalencia que soportó en la compra. Efectivamente, no está prevista la **devolución del recargo** de equivalencia pagado por minoristas, a pesar de que sus ventas tributen en los Estados de destino cuando así proceda.
Adicionalmente, si se pagan cantidades por **servicios de mediación o publicidad en la venta** de productos a través de plataformas (DGT CV 19-4-22), se deberá presentar una autoliquidación no periódica (modelo 309), para efectuar el ingreso del IVA por inversión del sujeto pasivo, IVA que no será deducible.

14600

Pregunta
¿Dónde se entienden realizadas las ventas a distancia intracomunitarias de bienes?

En los Estados de destino de los bienes (ver pregunta nº 13425).

Ejemplo Una empresa de Burgos vende productos alimenticios a través de Internet. En el primer trimestre del año N tiene el siguiente detalle en sus ventas y destinos: 14605
- Francia: 45.000 €;
- Alemania: 80.000 €;
- Italia: 25.000 €;
- Países Bajos: 25.000 €.

Las ventas que se han descrito deberán considerarse realizadas en cada uno de estos Estados, resultando a continuación aplicable su normativa de IVA y, en particular, sus tipos impositivos.
Los importes correspondientes podrán ingresarse a la AEAT a través del modelo 369, supuesto que la empresa opte por la aplicación del régimen de la Unión de la ventanilla única (ver preguntas nº14860 s.).

14610

Pregunta
¿Existe alguna especialidad para las pequeñas empresas?

La tributación en el Estado de destino de las ventas a distancia intracomunitarias se aplica únicamente a los operadores que alcancen un **cierto volumen** de operaciones en el resto de los Estados de la UE. Por el contrario, los empresarios o profesionales que tengan un volumen de operaciones reducido no estarán obligados a aplicarlo.
Esta **tributación en el Estado de origen** de los bienes **se aplica cuando**:
a) Se trate de **empresarios o profesionales establecidos en** un único Estado de la UE.
b) El operador en cuestión no haya optado por la **tributación en destino** (por medio de la ventanilla única). La **opción** deberá ser reiterada por el sujeto pasivo una vez transcurridos 2 años naturales, quedando, en caso contrario, automáticamente revocada.
c) El **volumen de ventas a distancia** intracomunitarias de bienes, sumado al de los servicios prestados por vía electrónica, telecomunicaciones y radiodifusión que, en aplicación, por analogía, de los criterios sobre lugar de realización se contienen en la LIVA art.68.Tres.a y 70.Uno.4º, debería entenderse realizado en el resto de los Estados de la UE, no debe superar el umbral de 10.000 euros. Se trata de un umbral conjunto, que se aplica al total de ventas realizadas con destino al resto de los Estados de la UE.

El **umbral** se computa anualmente, de forma que:
- si en el año anterior no se ha superado el importe de 10.000 euros, se tributa en origen, siendo obligatoria la tributación en destino únicamente a partir del momento en que se supere el citado importe de los 10.000 euros;
- una vez se supera este umbral, en el año siguiente se tributa en el Estado de destino desde la primera venta;
- en años sucesivos seguirá siendo así, salvo que las ventas en otros Estados de la UE se redujeran a un importe inferior a 10.000 euros, en cuyo caso al año siguiente se volvería a tributar en el Estado de origen de los bienes y se continuaría así mientras no se vuelva a exceder el umbral.

14615

Pregunta
Una vez determinado el Estado en el que deberán tributar las ventas a distancia intracomunitarias de bienes, ¿cuáles son los tipos impositivos o exenciones aplicables?

Obviamente, los tipos impositivos aplicables (general y reducido o reducidos) serán los del Estado de destino.
De igual modo, habría que valorar la posibilidad de que pueda haber algún supuesto de exención aplicable. Esta opción, no descartable, es, sin embargo, mucho menos común que la anterior.

14620

Pregunta
¿Qué ocurre si los bienes que se venden a otros Estados de la UE ya se habían transportado fuera del TIVA con carácter previo?

El transporte de bienes entre diferentes Estados de la UE con carácter previo a la transmisión dará lugar a la correspondiente **transferencia de bienes** (ver preguntas nº 13260 s.), como se deduce de la LIVA y ha indicado igualmente la doctrina administrativa.
La **posterior venta** deberá considerarse realizada desde ellos, pudiendo ser tanto interior como intracomunitaria, en este último caso, si los bienes se envían a otro Estado comunitario. Podría incluso ocurrir que los bienes acaben siendo exportados si se remiten fuera de la UE.

14625 Ejemplo Una empresa de Barcelona vende ropa a través de su web a particulares. La empresa abre una tienda en París, de forma que las ventas con destino a Francia pasan a atenderse con el stock que la empresa tiene en la tienda.
La mercancía enviada a Francia en el mes de marzo del año N asciende a 200.000 €. Durante este mismo mes de junio, las ventas a particulares franceses ascienden a 80.000 €.
El envío de los bienes realizado a la tienda francesa supondrá la realización de transferencias intracomunitarias, por las cuales la empresa deberá haberse dado de alta en el equivalente al registro de operaciones intracomunitarios en Francia y obtener un NIF-IVA francés, incluir las operaciones en la declaración recapitulativa de operaciones intracomunitarias como transferencias, imputándolas a su NIF-IVA francés, y emitir factura con cargo al mismo NIF-IVA francés para documentar las operaciones exentas.
Las posteriores ventas realizadas a clientes franceses serán en todo caso operaciones interiores, tanto la efectuadas presencialmente en tienda como las realizadas a través de internet. Estas últimas no podrán considerarse como ventas a distancia intracomunitarias, ya que los bienes entregados son bienes que ya se encuentran en Francia cuando se realiza la transacción.

SECCIÓN 4

Ventas a distancia de bienes importados

Pregunta 14640
¿Cómo se definen las ventas a distancia de bienes importados?

Conforme a lo dispuesto en la LIVA art.8.Tres.2º (ver pregunta nº 708).

Pregunta 14645
¿Dónde se entienden realizadas las ventas a distancia de bienes importados?

En los Estados de destino de los bienes (ver pregunta nº 1922).

Pregunta 14650
Una vez determinado el Estado en el que deberán tributar las ventas a distancia de bienes importados, ¿cuáles son los tipos impositivos o exenciones aplicables?

Obviamente, los tipos impositivos aplicables (general y reducido o reducidos) serán los del Estado de destino.
De igual modo, habría que valorar la posibilidad de que pueda haber algún supuesto de exención aplicable. Esta opción, no descartable, es, sin embargo, mucho menos común que la anterior.

SECCIÓN 5

Plataformas

Pregunta 14660
¿Qué ocurre cuando las operaciones de comercio electrónico se hacen a través de plataformas digitales?

Depende del **tipo de operaciones** de que se trate (ver preguntas siguientes).

Pregunta 14665
¿Qué ocurre cuando las ventas a distancia intracomunitarias de bienes se realizan a través de plataformas?

La normativa reguladora de las ventas a distancia intracomunitarias no contiene ninguna disposición que se refiera a la intervención de plataformas digitales. En consecuencia, la determinación de si dicha intervención se produce en nombre propio o en nombre ajeno se tendrá que realizar conforme a los criterios generales aplicables a cualquier comisionista, con base en los contratos otorgados entre las partes.
Por tanto, si la **mediación** se produce **en nombre propio**, habrá que considerar, conforme a lo dispuesto en la LIVA art.8.Dos.6º (ver pregunta nº 685), que el comisionista compra y vende los bienes en cuestión. A cada una de las dos ventas realizadas habrá que aplicarle las reglas que correspondan en cuanto a lugar de realización y exenciones aplicables (exportaciones y entregas intracomunitarias).
Si la actuación de la plataforma debiera considerarse como de mediación **en nombre ajeno**, sería el propietario original de los bienes el que realizaría su entrega, limitándose la actuación de la plataforma a mediar en nombre ajeno, lo que constituye una prestación de servicios que habrá de tributar como tal.

Interesa destacar que el hecho de que la plataforma reciba la total contraprestación del cliente final y únicamente transfiera al vendedor el importe neto, una vez restado su margen o comisión, no determina necesariamente que la plataforma actúe en nombre propio.

14670 Ejemplos 1) Un fabricante de corbatas establecido en el TIVA decide comercializarlas a través de una plataforma digital. En el contrato se establece la venta directa por parte de la empresa a la plataforma, constando igualmente que las corbatas se ponen a disposición de la plataforma en la sede de la empresa, donde habrá un determinado stock siempre disponible para las entregas a clientes, siendo la plataforma la que se encarga de su envío a los clientes. En julio del año N, las ventas realizadas a la plataforma ascienden a 60.000 €. Se conoce igualmente que la plataforma distribuye las lámparas por toda la UE.

Con los datos disponibles, debe entenderse que la empresa vende directamente las corbatas a la plataforma. Esta venta dará lugar a operaciones ordinariamente sujetas y no exentas, por las que la empresa habrá de repercutir IVA a la plataforma, en este caso, 12.600 €, que es el 21% de 60.000 €.

Las posteriores ventas serán operaciones de la plataforma, por lo que le corresponderá a ella el cumplimiento de las obligaciones tributarias correspondientes.

14675 2) Un productor de jamones decide vender a través de una plataforma. Por contrato, son de cuenta y riesgo del vendedor las operaciones, limitándose la plataforma a publicitar los productos, recibir el precio de los clientes y remitir al vendedor el neto, restada la comisión (el 10% de las ventas).

Para el mes de septiembre del año N se dispone de los siguientes datos de ventas a través de la plataforma (importes brutos):

- ventas en el TIVA: 60.000 €;
- ventas a Francia: 40.000 €;
- ventas a Alemania: 80.000 €;
- ventas a Bélgica: 15.000 €;
- ventas a Países Bajos: 25.000 €;
- ventas a Reino Unido: 50.000 €.

Del total de ventas, la plataforma resta su comisión más el IVA correspondiente, ya que la plataforma dispone de una sucursal en el TIVA desde la que gestiona la relación con clientes.

Las ventas que se han descrito son ventas directamente realizadas por el productor de aceite, lo que implicará lo siguiente:

- en las ventas internas tendrá que aplicar el IVA español al 10%;
- en las ventas a otros Estados de la UE tendrá que aplicar el IVA de cada uno de los países de destino (Francia, Alemania, Bélgica y Países Bajos), pudiendo ingresarse el IVA correspondiente a través del régimen de la Unión de la ventanilla única;
- las ventas a Reino Unido serán exportaciones exentas.

14680

Pregunta
¿Qué ocurre cuando se prestan servicios a través de plataformas?

Con carácter general, son trasladables las mismas consideraciones que se han hecho en la pregunta anterior, por lo que:

a) La determinación de si la plataforma interviene en nombre propio o ajeno deberá realizarse conforme al **contrato** correspondiente.

b) En caso de que medie **en nombre propio**, se entenderá, a los efectos del IVA, que la plataforma recibe y presta el servicio correspondiente, como así establece la LIVA art.11.Dos.15º (ver pregunta nº 750).

c) Si la plataforma media **en nombre ajeno**, será la empresa que vende sus servicios a través de ella la que los preste directamente, recibiendo, por su parte, un servicio de mediación prestado por la plataforma.

Excepcionalmente, para los **servicios prestados por vía electrónica** (ver definición en pregunta nº 2252), el Rgto UE/282/2011 art.9 bis dispone una **presunción** de mediación en nombre propio:

a) Únicamente es **aplicable a** los servicios prestados por vía electrónica.

b) **Se incluyen** en ella tanto las plataformas digitales como las redes de telecomunicaciones.
c) Se admite la **enervación de la presunción** cuando el prestador sea reconocido expresamente como tal por el sujeto pasivo mediador y así quede reflejado en los acuerdos contractuales entre las partes. A tal efecto, la factura emitida por cada sujeto pasivo que participe en la prestación deberá indicar con precisión cuáles son tales servicios y el prestador de estos servicios. Por su parte, el recibo o la factura que se haya emitido o facilitado al cliente deberá indicar con precisión los servicios prestados por vía electrónica y el prestador de estos servicios.
A estos efectos, un sujeto pasivo que, respecto a la prestación de servicios efectuada por vía electrónica, autorice el cargo al cliente o la prestación de los servicios, o fije los términos y las condiciones generales de la prestación, no podrá indicar expresamente a otra persona como prestadora de dichos servicios.
La norma incluye **dos elementos adicionales**, que son los siguientes:
a) La misma **presunción se aplicará** cuando los **servicios telefónicos** prestados a través de Internet, incluido el protocolo de transmisión de la voz por Internet (VoIP), se presten a través de una red de telecomunicaciones, una interfaz o un portal como un mercado de aplicaciones y en las mismas condiciones que se han explicado.
b) Esta presunción **no se aplicará** a los sujetos pasivos que se encarguen solamente del procesamiento de los pagos relativos a servicios prestados por vía electrónica o a servicios telefónicos prestados a través de Internet, incluido el protocolo de transmisión de la voz por Internet (VoIP), y que no participen en la prestación de esos servicios telefónicos o prestados por vía electrónica.
A esta presunción se refiere la sentencia TJUE 28-2-23, asunto Fenix International C-695/20, en la que se concluyó que no se había puesto de manifiesto la existencia de ningún elemento que pudiera afectar a su **validez**.

Ejemplos **1)** Un productor de software de Madrid diseña una aplicación que vende a través de una plataforma cuya sede se encuentra en Países Bajos. Durante el mes de febrero del año N, las ventas ascienden a 90.000 €. La plataforma comercializa las aplicaciones por todo el mundo, tanto dentro de la UE como fuera de ella. **14685**
La venta de las aplicaciones a través de la plataforma deberá considerarse como una mediación en nombre propio, ya que concurren los requisitos establecidos en el Rgto UE/282/2011 y no consta que se hayan enervado.
Esto significa que las ventas por parte del productor de software deberán considerarse realizadas directamente a la plataforma y, por tanto, localizadas en Países Bajos, que es donde se encuentra establecida la plataforma.
Del IVA correspondiente será sujeto pasivo la plataforma, al aplicarse en este caso la inversión del sujeto pasivo.
Las posteriores ventas las realizará la plataforma en nombre propio, incumbiéndole a ella el cumplimiento de las obligaciones tributarias que correspondan.

2) Un promotor de conciertos establecido en Valencia vende una parte de sus entradas a través de una plataforma d. Respecto a los tres conciertos que ha celebrado en enero del año N se dispone de la siguiente información en relación con las entradas vendidas a través de la plataforma: **14690**
a) Los conciertos se han celebrado en Sevilla, Lisboa y Milán, con ingresos por venta de entradas de, respectivamente, 50.000 €, 60.000 € y 90.000 €.
b) La retribución correspondiente a la plataforma por sus servicios asciende a 24.000 €, conociéndose que la plataforma tiene su sede de actividad en Madrid.
c) En las entradas consta el nombre de la empresa promotora del concierto como responsable de este.
La tributación de las operaciones descritas sería la siguiente:
a) Los servicios de acceso a los eventos organizados por la empresa deberán considerarse realizados donde se efectúen materialmente los conciertos, conforme resulta de la LIVA art.70.Uno.7º y equivalentes en Portugal e Italia (ver pregunta nº 2215).
b) El IVA correspondiente a estas operaciones se podrá ingresar a través del régimen de la Unión de la ventanilla única (ver preguntas nº 14860 s.).
c) La responsable del ingreso y repercusión del IVA correspondiente a los conciertos será la empresa organizadora, ya que, conforme a la información disponible, cabe entender que la plataforma se limita a mediar en nombre ajeno en la organización.

d) En la hipótesis de que la empresa soportara IVA en los Estados en los que organiza los conciertos, debería pedir su devolución en dichos Estados a través del régimen previsto para los empresarios o profesionales no establecidos (ver pregunta nº 11965).
e) Los 24.000 € que recibe la plataforma por la venta de las entradas son la contraprestación de un servicio de mediación sujeto ordinariamente al impuesto (prestador y prestatario empresarios o profesionales establecidos en el TIVA), por el que la plataforma deberá repercutir al promotor de conciertos 5.040 € de IVA (el 21% de 24.000 €).

14695

Pregunta
¿Qué ocurre cuando se realizan ventas a distancia de bienes importados a través de plataformas?

Para estas operaciones, la LIVA art.8 bis establece una **presunción de mediación en nombre propio**:
a) Se trata de una presunción **iuris et de iure**, que no admite contraprueba o enervación. Cumplidos los requisitos que analizamos, se entenderá que la plataforma o interfaz digital compra y vende, respectivamente, los bienes en cuestión.
b) La ficción es **aplicable a empresarios que**, utilizando una interfaz digital como un mercado en línea, una plataforma, un portal u otros medios similares, faciliten la realización de estas operaciones.
c) Esta cuestión se desarrolla por el Rgto UE/282/2011 art.5 ter, que establece que se entenderá por **facilitar** la utilización de una interfaz electrónica a fin de que un cliente y un proveedor que ponga bienes a la venta a través de la interfaz electrónica puedan entablar un contacto que dé lugar a una entrega de bienes a través de esa interfaz electrónica.
d) La misma norma dispone que se considerará que el **sujeto pasivo no facilita la entrega** de bienes **si** se cumplen todas las condiciones siguientes:
- cuando el sujeto pasivo no establezca, de manera directa o indirecta, los términos y condiciones en que se efectúa la entrega de bienes;
- cuando el sujeto pasivo no intervenga, de manera directa o indirecta, en la autorización del cobro al cliente de los pagos efectuados;
- cuando el sujeto pasivo no intervenga, de manera directa o indirecta, en el pedido o la entrega de bienes.

Asimismo, **se excepciona la presunción** de mediación en nombre propio cuando los sujetos pasivos solo se encarguen:
- del tratamiento de los pagos en relación con la entrega de bienes;
- del listado o la publicidad de bienes;
- de la reorientación o la transferencia de clientes a otras interfaces electrónicas en las que los bienes se ofrezcan a la venta, sin ninguna otra intervención en la entrega.

Interesa insistir en el carácter de **ficción** que tiene la norma, que resta sustantividad a cualquier tipo de análisis jurídico que se pueda hacer sobre el carácter de la mediación por parte de la plataforma. En la medida en que facilite la realización de las operaciones, se considerará, a los efectos del IVA, que es la plataforma la que compra los bienes al vendedor original y los entrega a su cliente.

14700

Pregunta
¿Cuáles son las entregas de bienes a las que resulta aplicable la presunción de mediación en nombre propio por parte de las plataformas digitales?

Conforme a la LIVA art.8 bis, las operaciones incluidas en esta ficción son las siguientes:
a) Las **ventas a distancia de bienes importados** de países o territorios terceros (ver definición en pregunta nº 708) en envíos cuyo valor intrínseco no exceda de 150 euros. A estos efectos, la determinación del valor intrínseco de los bienes se efectuará en los términos previstos en la legislación aduanera.

b) Las **entregas de bienes** efectuadas **en el interior de la Comunidad** por parte de un empresario o profesional no establecido en ella a quienes no sean empresarios o profesionales actuando como tales.

14705

> **Pregunta**
> ¿Existe alguna cuestión adicional relacionada con la presunción de actuación en nombre propio existente para las entregas de bienes realizadas a través de plataformas?

Sí. Adicionalmente, se dispone que la **expedición o** el **transporte** de los bienes se encuentra vinculado a la entrega realizada por la plataforma o interfaz digital.
Con esta previsión, lo que se hace es cubrir la posibilidad de que los bienes, después de importados o una vez producidos aquí, se remitan a un Estado distinto, en cuyo caso, la venta a distancia intracomunitaria se entendería realizada en el Estado de destino, conforme resulta de la LIVA art.68.Tres (ver pregunta nº 13425).
Como en las ventas a distancia de bienes importados que se realizan al margen de la intervención de plataformas, es crucial, en el esquema general de tributación de estas operaciones, la toma en consideración de **dos cuestiones adicionales**, que son las siguientes:
- las exenciones establecidas, respectivamente, para las importaciones (LIVA art.66.4º, ver pregunta nº 14065) y para las ventas interiores (LIVA art.20 bis, ver pregunta nº 5110), aplicables a los hechos imponibles previos a la venta que se imputa a la plataforma;
- la aplicación de las reglas sobre el lugar de realización correspondientes (ver pregunta nº 1922).

14710

> **Pregunta**
> ¿Qué ocurre cuando las mercancías importadas tienen un valor intrínseco que supera los 150 euros?

En tal caso, no es aplicable la ficción de la doble venta que establece la LIVA art.8 bis ni el régimen especial de importación de la ventanilla única, por lo que, sea el vendedor, sea la plataforma (para el caso de que, conforme al contrato otorgado entre el vendedor y ella se pueda apreciar que existe una doble venta), tendría que ingresar el IVA conforme al régimen general del impuesto.
Es importante en este punto señalar la **diferencia** entre el **concepto** «venta a distancia de bienes importados», que no está condicionado a un valor máximo de los bienes importados, y la **ficción** existente para la intervención de las plataformas o la aplicación del régimen de importación en la ventanilla única, que en ambos casos se subordina a que el valor intrínseco de los bienes importados no supere el umbral de los 150 euros.
Puede haber, por tanto, **ventas a distancia** de bienes importados **que superen el** citado **umbral**, las cuales:
- mantendrán su condición de ventas a distancia de bienes importados;
- pero quedarán fuera tanto de la ficción que se contiene en la LIVA art.8 bis como del régimen especial de importación de la ventanilla única, debiendo ingresarse el IVA correspondiente a través del régimen general y no siendo aplicable la exención de las importaciones.

14715

> **Pregunta**
> ¿Tienen las plataformas digitales alguna otra obligación relacionada con el IVA?

Sí. Con vigencia desde el 1-1-2024, la LIVA art.166 bis redacc L 11/2023 establece **dos nuevas obligaciones formales específicas** para las plataformas o interfaces digitales, configuradas como sigue:

14715
(sigue)

Obligación de registro para las **plataformas que median en nombre ajeno**	
a)	Los **obligados** son los empresarios o profesionales que, actuando como tales, y utilizando una interfaz digital como un mercado en línea, una plataforma, un portal u otros medios similares, faciliten la entrega de bienes o la prestación de servicios a personas que no sean empresarios o profesionales, actuando como tales, y no tengan la condición de sujeto pasivo respecto de dichas entregas de bienes o prestaciones de servicios. Se trata, por tanto, de plataformas que cumplen un doble requisito: - facilitan o permiten la realización de operaciones que tienen como **destinatarios** a **consumidores finales**; - **no** son los **sujetos pasivos** de dichas operaciones, esto es, son entregas de bienes o prestaciones de servicios para las que median en nombre ajeno.
b)	La obligación es llevar un **registro** de dichas **operaciones**.
c)	El **contenido** del registro es el establecido en el Rgto UE/282/2011 art.54 quater.2 (reiterado por el RIVA art.62 bis): **1.** Nombre, dirección postal y electrónica o sitio web del proveedor cuyas entregas o prestaciones se faciliten a través de la utilización de la interfaz electrónica y, si están disponibles: - NIF-IVA o número nacional de identificación fiscal del proveedor; - número de la cuenta bancaria o número de la cuenta virtual del proveedor. **2.** Descripción de los bienes, su valor, lugar de llegada de la expedición o transporte, junto con el momento de la entrega y, si se encuentran disponibles, número de pedido o número único de transacción. **3.** Descripción de los servicios, su valor, información para determinar el lugar y momento de la entrega o prestación y, si se encuentran disponibles, número de pedido o número único de transacción.
d)	El registro deberá estar **a disposición de los Estados miembros** interesados por vía electrónica, previa solicitud.
e)	El registro **se mantendrá por un período de** 10 años a partir del final del año en que se haya realizado la operación.

Obligaciones registrales de las plataformas que medien en nombre propio en **ventas a distancia de bienes importados** (LIVA art.8 bis) y en **servicios prestados por vía electrónica** (Rgto UE/282/2011 art.9 bis)	
Tienen la obligación de llevar los siguientes registros:	
a)	Los establecidos en el Rgto UE/282/2011 art.63 quater cuando dicho empresario o profesional se encuentre acogido a los regímenes especiales de **ventanilla única**
b)	Los establecidos en la LIVA art.164.Uno.4º (**libros registro de IVA** exigidos con carácter general a los empresarios o profesionales) cuando no se encuentre acogido a los regímenes especiales de ventanilla única.

SECCIÓN 6

Regímenes especiales de ventanilla única

 14725

I. Consideraciones generales

Pregunta 14730
¿Cuál es la razón que justifica la existencia de los regímenes especiales de ventanilla única?

Lo que se pretende con estos regímenes es compaginar la **tributación en destino** de las operaciones que se incluyen en ellos, en las que los destinatarios son consumidores finales, con la facilitación del cumplimiento de sus obligaciones fiscales a los empresarios o profesionales que las efectúan.

Pregunta 14735
¿Existe un único régimen de ventanilla única?

No, realmente son **varios**, tal y como se expone en la pregunta siguiente.

Pregunta 14740
¿Cuáles son los regímenes especiales de ventanilla única?

Con esta denominación se incluyen varios regímenes especiales, como se expone en la siguiente **tabla**:

REGÍMENES DE VENTANILLA ÚNICA EN EL IVA		
Modalidad	**Ámbito de aplicación**	**Regulación**
Régimen exterior de la Unión	**Operaciones**: servicios prestados a consumidores finales. **Operadores**: no establecidos en la UE.	LIVA art.163 octiesdecies a vicies
Régimen de la Unión	**Operaciones**: **a)** Servicios localizados en Estados distintos al del prestador. **b)** Ventas a distancia intracomunitarias. **c)** Ventas interiores y a distancia intracomunitarias realizadas por no establecidos que operen a través de plataformas **Operadores**: **a)** Para las prestaciones de servicios, empresarios o profesionales establecidos en la Comunidad. **b)** Para el resto de operaciones, establecidos y no establecidos.	LIVA art.163 unvicies a quatervicies
Régimen de importación	**Operaciones**: ventas a distancia de bienes importados con un valor no superior a 150 euros. **Operadores**: establecidos en la Comunidad, Islas Canarias, Ceuta y Melilla, y no establecidos representados por intermediarios establecidos.	LIVA art.163 quinvicies a octovicies
Elementos comunes		- LIVA art.163 septiesdecies - RIVA art.61 duodecies a sexiesdecies

14745

Pregunta

¿Cuál es la relación entre los diferentes hechos imponibles que se pueden producir en la economía digital y los regímenes de ventanilla única?

Se trata de una cuestión compleja, ya que no existe una relación biunívoca entre los distintos hechos imponibles que se señalan en este capítulo y los regímenes especiales que estamos analizando. En la siguiente tabla se expone la correlación entre ambos elementos:

Correspondencia entre las operaciones de comercio electrónico y los regímenes de ventanilla única	
A. Servicios prestados por vía electrónica, telecomunicaciones y radiodifusión	
A.1. Operadores establecidos en la UE	Régimen de la Unión (respecto a los localizados fuera de sus Estados de establecimiento)
A.2. Operadores no establecidos en la UE	Régimen exterior de la Unión para las prestaciones de servicios
Adicionalmente: en el caso de prestación a través de plataformas, se presume mediación en nombre propio (Rgto UE/282/2011 art.9 bis) y se aplican las anteriores consideraciones a la plataforma	
B. Otras prestaciones de servicios	
B.1. Operadores establecidos en la UE	Régimen de la Unión (respecto a los localizados fuera de sus Estados de establecimiento)
B.2. Operadores no establecidos en la UE	Régimen exterior de la Unión para las prestaciones de servicios
C. Ventas a distancia intracomunitarias de bienes	
C.1. Operadores establecidos en la UE	Régimen de la Unión
C.2. Operadores no establecidos en la UE	Régimen de la Unión
Adicionalmente, en el caso de ventas a distancia intracomunitarias realizadas por no establecidos a través de plataformas, se aplica la ficción de doble venta de la LIVA art.8.bis.b, siendo la plataforma la obligada al ingreso del impuesto.	
D. Ventas a distancia de bienes importados de valor intrínseco inferior a 150 euros	
D.1. Operadores establecidos en la UE	Régimen de importación
D.2. Operadores no establecidos que cuenten con un intermediario establecido en la UE	Régimen de importación
Adicionalmente, en el caso de ventas a distancia de bienes importados realizadas por no establecidos a través de plataformas, se aplica la ficción de doble venta de la LIVA art.8.bis.b (ver pregunta nº 711), siendo la plataforma la obligada al ingreso del impuesto.	
E. Ventas a distancia de bienes importados de valor intrínseco no inferior a 150 euros	
No hay régimen de ventanilla única aplicable	
F. Ventas interiores de bienes	
F.1. Régimen general	No hay régimen de ventanilla única aplicable
F.2. Realizadas por no establecidos a través de plataformas (en este caso, se aplica la ficción de doble venta de la LIVA art.8.bis.b, siendo la plataforma la obligada al ingreso del impuesto)	Régimen de la Unión

Pregunta
¿Existen elementos comunes regulados en la LIVA para los regímenes especiales de ventanilla única? 14750

Sí, son los siguientes (LIVA art.163 septiesdecies):
a) Declaraciones-liquidaciones periódicas de los regímenes especiales: las declaraciones-liquidaciones (o autoliquidaciones) en las que consta la información necesaria para determinar la cuantía del IVA correspondiente en cada Estado miembro de consumo.
b) Estado miembro de consumo: el definido como tal para cada uno de los regímenes especiales.
c) Estado miembro de identificación: el definido como tal para cada uno de los regímenes especiales.

Pregunta
¿Existen causas de exclusión para estos regímenes especiales? 14755

Sí, son las siguientes (LIVA art.163 septiesdecies.Dos):
a) La presentación de la **declaración de cese de las operaciones** comprendidas en los regímenes especiales.
b) La existencia de hechos que permitan presumir que las **operaciones** del empresario o profesional incluidas en los regímenes especiales han **concluido**.
c) El **incumplimiento de los requisitos** necesarios para acogerse a los regímenes especiales.
d) El **incumplimiento reiterado** de las obligaciones impuestas por la normativa de los regímenes especiales.
e) Para los empresarios o profesionales acogidos al régimen de importación que operen a través de un **intermediario**, que el citado intermediario notifique a la Administración Tributaria que ha dejado de representarlos.
La decisión de exclusión será competencia exclusiva del Estado miembro de identificación.

Pregunta
¿Está prevista la exclusión de intermediarios en el régimen de importación? 14760

Sí. Las **causas** de exclusión de los intermediarios en el régimen de importación son las siguientes (LIVA art.163 septiesdecies.Tres):
- la falta de actuación durante 2 trimestres naturales como intermediario por cuenta de un empresario o profesional acogido al citado régimen especial;
- el incumplimiento de los requisitos necesarios para actuar como intermediario;
- el incumplimiento reiterado de las obligaciones impuestas por la normativa del citado régimen especial.

Pregunta
En términos generales, ¿se puede causar baja de forma voluntaria en los regímenes especiales de ventanilla única? 14765

Sí, está previsto que en cualquier momento el empresario o profesional, o el intermediario, pueda darse de baja voluntaria de estos regímenes especiales o deje actuar como tal (LIVA art.163 septiesdecies.Cuatro).

14770

Pregunta
¿Cómo se opta por los regímenes especiales de ventanilla única?

Mediante la presentación, en el Estado miembro de identificación, de la correspondiente **declaración de inicio**. Para ello, hay que distinguir en función del régimen especial de que se trate (RIVA art.61 terdecies.1):

a) Para el **régimen exterior de la Unión y** el régimen **de la Unión**:
- la opción tiene efectos a partir del primer día del trimestre natural siguiente a la presentación de la indicada declaración;
- no obstante, cuando un empresario o profesional inicie las operaciones con carácter previo a la fecha anterior, el régimen especial surtirá efecto a partir de la fecha de la primera entrega o prestación de servicios, siempre y cuando se presente la declaración de inicio a más tardar el décimo día del mes siguiente a la fecha de inicio de las mismas.

b) Para el **régimen de importación**, la opción tiene efectos desde el día en que se haya asignado al empresario o profesional, o al intermediario que actúe por su cuenta, el número individual de identificación a efectos del IVA.

14775

Pregunta
¿Cómo se renuncia a los regímenes especiales de ventanilla única?

Mediante la presentación, en el Estado miembro de identificación, de la correspondiente **declaración de cese**. De nuevo, hay que distinguir (RIVA art.61 terdecies.2):

a) En el **régimen exterior de la Unión y** régimen **de la Unión**, la presentación debe realizarse al menos 15 días antes de finalizar el trimestre natural anterior a aquel en que vaya a dejar de utilizarse el régimen especial, con efectos a partir del primer día del trimestre natural siguiente.

b) En el **régimen de importación**, la renuncia debe presentarse al menos 15 días antes del mes anterior a aquel en que vaya a dejar de utilizarse el régimen, y surtirá efecto a partir del primer día del mes siguiente a la presentación. El empresario o profesional dejará de estar autorizado a utilizar este régimen para las entregas de bienes que realice a partir de esa fecha.

En caso de que sea el intermediario en el régimen de importación quien renuncie, si el Estado de identificación es España y pone fin a su actividad por cuenta de empresarios o profesionales acogidos al régimen de importación, deberá informar a la AEAT al menos 15 días antes de finalizar el mes natural anterior a aquel en el que se pretenda dejar de actuar como intermediario.

14780

Pregunta
¿Qué consecuencias tienen los traslados de sede de actividad o establecimiento a los efectos de la aplicación de los regímenes de ventanilla única?

Los empresarios o profesionales o intermediarios establecidos en la Comunidad que trasladen la sede de su actividad de un Estado miembro a otro o dejen de estar establecidos en el Estado miembro de identificación, pero continúen establecidos en la Comunidad y cumplan las condiciones para poder seguir acogidos a los regímenes de la Unión o de importación (RIVA art.61 terdecies.3):

a) Podrán presentar la **declaración de cese** en el Estado de identificación en el que dejen de estar establecidos y presentar una nueva declaración de inicio en un nuevo Estado en la fecha en que se produzca el cambio.

b) Cuando el empresario o profesional que utilice el régimen de la Unión para la entrega de bienes deje de estar establecido en la Comunidad indicará como **nuevo Estado de identificación** un Estado miembro desde el que expida o transporte los bienes.

c) El cambio de Estado de identificación surtirá efecto desde la fecha en que se produzca, siempre que el **empresario o profesional o intermediario** presenten la declaración correspondiente a cada uno de los Estados de identificación afectados en la que informe del cambio de Estado de identificación a más tardar el décimo día del mes siguiente a aquel en que se haya producido el cambio de sede o de establecimiento permanente o, a partir de la fecha en que dicho empresario o profesional deje de expedir o transportar bienes desde ese Estado miembro.

d) En todos estos casos, y siempre que el cambio de Estado de identificación se produzca después del primer día del periodo de liquidación, el empresario o profesional o intermediario deberá presentar la **autoliquidación** del correspondiente al trimestre o mes natural en que se produce el cambio en los dos Estados de identificación, atendiendo a las operaciones efectuadas durante los periodos en que cada uno de los Estados haya sido el Estado de identificación.

Pregunta 14785

¿Cuáles son las consecuencias de la exclusión de los regímenes especiales y a quién corresponde su decisión?

La exclusión se adoptará exclusivamente por el **Estado miembro de identificación**, cuya decisión deberá comunicarse al empresario o profesional por vía electrónica (RIVA art.61 quaterdecies.1 y 2).

Los efectos de la exclusión se producirán a partir de las siguientes **fechas**:

- a partir del primer día del trimestre natural siguiente a la fecha de su comunicación, en el caso del régimen exterior de la Unión y del régimen de la Unión;
- a partir del primer día del mes siguiente a la fecha de su comunicación, en el caso del régimen de importación, salvo que la exclusión derive del incumplimiento reiterado de sus normas, en que surtirá efectos a partir del día siguiente a la fecha de la comunicación.

Si la exclusión se produce por el **cambio de sede** de actividad económica, establecimiento permanente o lugar de inicio de la expedición o transporte de los bienes, surtirá efecto a partir de la fecha de dicho cambio, siempre y cuando se presente la declaración de modificación a cada uno de los dos Estados miembros de identificación afectados, en la que se informe del cambio de Estado de identificación a más tardar el décimo día del mes siguiente a aquel en que se haya producido el cambio.

Para el caso de los **intermediarios en el régimen de importación**, la exclusión se adoptará exclusivamente por el Estado miembro de identificación, cuya decisión deberá comunicarse por vía electrónica y surtirá efecto a partir del primer día del mes siguiente a la fecha de la indicada comunicación. Adicionalmente:

a) Si la exclusión se produce por el **cambio de sede** de actividad económica o establecimiento permanente, surtirá efecto a partir de la fecha de dicho cambio, siempre y cuando el intermediario presente la declaración de modificación a cada uno de los dos Estados miembros de identificación afectados, en la que informe del cambio de Estado de identificación, a más tardar el décimo día del mes siguiente a aquel en que se haya producido el cambio de sede o de establecimiento permanente.

b) Si la exclusión deriva del **incumplimiento** reiterado **de las normas del** citado **régimen**, surtirá efectos a partir del día siguiente a la fecha de la indicada comunicación.

En todo caso, el intermediario deberá presentar la declaración-liquidación del último mes natural en el régimen correspondiente a cada empresario o profesional por cuya cuenta actúa.

Esta exclusión se extiende a los empresarios o profesionales por cuya cuenta actuaba el intermediario (la exclusión de dichos empresarios o profesionales por ese motivo será comunicada a cada uno de ellos y surtirá efectos a partir del primer día del mes siguiente a la fecha de la comunicación, cualquiera que haya sido la causa de exclusión del intermediario).

14790

Pregunta
¿Cuáles son las causas de exclusión con carácter general?

Las causas de exclusión de los empresarios o profesionales en cualquiera de los regímenes especiales de ventanilla única son las siguientes (RIVA art.61 quaterdecies.3):

a) La presentación por el empresario o profesional de la **declaración de cese** por haber dejado de realizar las operaciones comprendidas en cualquiera de los regímenes especiales (se deberá presentar dicha declaración al Estado miembro de identificación a más tardar el décimo día del mes siguiente a que se produzca dicha situación).

b) La existencia de **hechos que permitan presumir que** el empresario o profesional ha dejado de desarrollar sus actividades en cualquiera de los regímenes especiales. Se considerará que se ha producido lo anterior cuando el empresario o profesional no realice en ningún Estado miembro de consumo ninguna de las operaciones a que se refieren los regímenes especiales durante un período de 2 años.

c) El **incumplimiento de los requisitos** necesarios para acogerse a estos regímenes especiales.

d) El incumplimiento reiterado **de las obligaciones** impuestas por la normativa de los regímenes especiales, el cual concurrirá, entre otros, cuando:

- se hayan enviado al empresario o profesional comunicaciones o recordatorios de la obligación de presentar una declaración durante los 3 periodos de declaración anteriores y no se haya presentado la correspondiente declaración del IVA en el plazo de 10 días a computar desde el envío de cada recordatorio o comunicación;
- se hayan enviado al empresario o profesional comunicaciones o recordatorios de la obligación de efectuar un pago durante los 3 periodos de declaración anteriores y no se haya abonado la suma íntegra en el plazo de 10 días a computar desde el envío de cada recordatorio o comunicación, a menos que el importe pendiente correspondiente a cada declaración sea inferior a 100 euros;
- el empresario o profesional haya incumplido su obligación de poner a disposición del Estado miembro de identificación o del Estado miembro de consumo sus registros por vía electrónica en el plazo de un mes desde el correspondiente recordatorio o comunicación remitido por el Estado miembro de identificación;
- el empresario o profesional acogido al régimen de importación utilice de forma reiterada el régimen especial para la importación de bienes con valor intrínseco superior a 150 euros o sujetos a Impuestos Especiales.

e) Para el empresario o profesional acogido al **régimen de importación**, que opere a través de un **intermediario**, que dicho intermediario notifique a la Administración Tributaria que ha dejado de representarle; a tal efecto el intermediario deberá notificar este extremo al Estado miembro de identificación a más tardar el décimo día del mes siguiente a que se produzca dicha situación.

Cuando la exclusión traiga causa en los supuestos a que se refiere la letra d) anterior, surtirá efectos para un período mínimo de 2 años contados a partir de la fecha de efecto de la exclusión y respecto de los tres regímenes especiales.

Obviamente, los empresarios o profesionales que hayan sido excluidos del régimen exterior de la Unión o del régimen de la Unión deberán satisfacer directamente ante los Estados de consumo todas las obligaciones que les incumban en relación con el IVA por las entregas de bienes o las prestaciones de servicios que se generen después de la fecha en que se haya hecho efectiva la exclusión.

14795

Pregunta
¿Cuáles son las causas de exclusión para los intermediarios?

Las causas de exclusión de intermediarios en el régimen de importación son las siguientes (RIVA art.61 quaterdecies.4):

a) La **falta de actuación** durante 2 trimestres naturales como intermediario.

b) El **incumplimiento de los requisitos** necesarios para actuar como intermediario.
c) El incumplimiento reiterado **de las obligaciones** impuestas por la normativa del citado régimen especial (en este caso, el intermediario no podrá actuar como tal durante los 2 años siguientes al mes durante el cual haya sido excluido del régimen especial), el cual concurrirá, entre otros, cuando:
– se hayan enviado al intermediario comunicaciones o recordatorios de la obligación de presentar una declaración durante los 3 periodos de declaración anteriores y no se haya presentado la correspondiente declaración del IVA en el plazo de 10 días a computar desde el envío de cada recordatorio o comunicación;
– se hayan enviado al intermediario comunicaciones o recordatorios de la obligación de efectuar un pago durante los 3 periodos de declaración anteriores y no se haya abonado la suma íntegra en el plazo de 10 días a computar desde el envío de cada recordatorio o comunicación, a menos que el importe pendiente correspondiente a cada declaración sea inferior a 100 euros;
– el intermediario haya incumplido su obligación de poner a disposición del Estado miembro de identificación o del Estado miembro de consumo sus registros por vía electrónica en el plazo de un mes desde el correspondiente recordatorio o comunicación remitido por el Estado miembro de identificación;
– el intermediario incurra en las circunstancias establecidas en el RGGI art.144.4.c.

II. Régimen exterior de la Unión para las prestaciones de servicios

14800

Pregunta
¿Cuáles son las operaciones incluidas en el régimen exterior de la Unión para las prestaciones de servicios?

Las operaciones a las que se aplica este régimen especial son las **prestaciones de servicios** que tengan por destinatarios a **consumidores finales comunitarios**, esto es, a personas que no tengan la condición de empresario o profesional actuando como tales y que estén establecidas en la Comunidad o que tengan en ella su domicilio o residencia habitual (LIVA art.163 octiesdecies.Uno).
Hay, por tanto, dos requisitos para que el régimen sea aplicable:
a) Debe tratarse de **prestaciones de servicios**, por lo que no cabe su aplicación a entregas de bienes, ventas a distancia o importaciones. Si se opta por él, se aplicará a todas las prestaciones de servicios que, de acuerdo con lo dispuesto en la LIVA o sus equivalentes en las legislaciones de otros Estados miembros, deban entenderse efectuadas en la Comunidad.
b) Los destinatarios de las operaciones han de ser **particulares**, esto es, personas que no tengan la condición de empresario o profesional o que, aunque la tengan, no actúen como tales en relación con las operaciones de que se trate.

Ejemplo Una empresa coreana comercializa **cursos** de coreano por internet. Los cursos funcionan de forma automatizada, de forma que el alumno que los contrate accede a una plataforma en la que hay material diverso con el que puede seguir su aprendizaje. Durante el año N, el volumen de operaciones de la empresa en la UE asciende a 4.000.000 €, importe que procede en un 40% de particulares y en el 60% de empresas que se identifican como tales cuando contratan el curso con la empresa. 14805
Las operaciones descritas deben calificarse como servicios prestados por vía electrónica (ver preguntas nº 2252 s.), que habrán de considerarse efectuadas en los Estados de residencia de los clientes.
Para los servicios prestados a **consumidores finales**, concurren los requisitos para la aplicación del régimen exterior de la Unión, por lo que la empresa que comercializa los cursos podrá acogerse al mismo.

Respecto a los servicios prestados a **otros empresarios o profesionales**, serán estos los obligados al ingreso del tributo por la vía de la inversión del sujeto pasivo, sin que el régimen especial pueda ser de aplicación.

14810

Pregunta
¿Cuáles son los sujetos pasivos que pueden aplicar el régimen exterior de la Unión para las prestaciones de servicios?

Podrán aplicar este régimen especial los **empresarios o profesionales no establecidos en la Comunidad**, que presten los servicios descritos en la pregunta anterior (LIVA art.163 octiesdecies.Uno).
No es impedimento para la aplicación del régimen especial el hecho de estar **identificado** o disponer de un NIF-IVA en la Comunidad.

14815

Pregunta
¿Existen conceptos relevantes para la aplicación de este régimen especial?

Sí, son los siguientes (LIVA art.163 octiesdecies.Dos):
a) Empresario o profesional no establecido en la Comunidad: todo empresario o profesional que tenga la sede de su actividad económica fuera de la Comunidad y no posea un establecimiento permanente en el territorio de la Comunidad.
b) Estado miembro de identificación: el Estado miembro por el que haya optado el empresario o profesional no establecido en la Comunidad para declarar el inicio de su actividad como tal empresario o profesional en el territorio de la Comunidad.
c) Estado miembro de consumo: el Estado miembro en el que se considere efectuada la prestación de los servicios conforme a lo dispuesto en la LIVA o sus equivalentes en las legislaciones de los demás Estados miembros.

14820

Pregunta
¿Cuáles son las obligaciones de los empresarios o profesionales acogidos al régimen exterior de la Unión para las prestaciones de servicios cuando eligen España como Estado miembro de identificación?

En caso de que España sea el Estado miembro de identificación elegido por el empresario o profesional no establecido en la Comunidad, las obligaciones que tendrá **son las siguientes** (LIVA art.163 noniesdecies.Uno):
- disponer de un número de identificación individual;
- declarar la fecha de inicio, modificación o cese de las operaciones comprendidas en el régimen especial;
- presentar por vía electrónica una autoliquidación periódica;
- ingresar el IVA correspondiente a cada autoliquidación;
- mantener un registro de las operaciones incluidas en el régimen especial;
- expedir y entregar factura ajustada a lo que se determine reglamentariamente.

Estas obligaciones se detallan en las preguntas siguientes.

14825

Pregunta
¿En qué consiste la obligación de disponer de un número de identificación individual para los empresarios o profesionales acogidos al régimen exterior de la Unión para las prestaciones de servicios?

En que estos empresarios o profesionales están obligados a disponer de un número de identificación individual (LIVA art.163 noniesdecies.Uno.a):
A estos efectos, la Administración Tributaria **identificará** al empresario o profesional no establecido en la Comunidad mediante un número individual, y le **notificará** por vía electrónica el número de identificación que le haya asignado.

Pregunta 14830
¿Qué obligaciones de carácter censal tienen los empresarios o profesionales acogidos al régimen exterior de la Unión para las prestaciones de servicios?

Están obligados a declarar la **fecha de inicio, modificación o cese** de las operaciones comprendidas en el régimen especial. Dicha declaración se presentará por vía electrónica (LIVA art.163 noniesdecies.Uno.b).

Los **datos necesarios** al declarar el inicio de sus actividades gravadas son los siguientes:
- nombre;
- direcciones postales y de correo electrónico;
- direcciones electrónicas de los sitios de Internet a través de los que opere en su caso;
- número mediante el que esté identificado ante la Administración fiscal del territorio tercero en el que tenga su sede de actividad;
- declaración en la que manifieste que no ha situado la sede de su actividad económica en la Comunidad y que no posee en él un establecimiento permanente;
- toda posible modificación de la citada información.

Para los empresarios o profesionales establecidos en **Canarias, Ceuta o Melilla**, la información a facilitar al declarar el inicio de sus actividades gravadas incluirá nombre, direcciones postales y de correo electrónico y las direcciones electrónicas de los sitios de Internet a través de los que opere, y NIF asignado por la AEAT.

Pregunta 14835
¿Qué obligaciones de liquidación e ingreso tienen los empresarios o profesionales acogidos al régimen exterior de la Unión para las prestaciones de servicios?

Estos empresarios o profesionales están obligados a presentar por vía electrónica una **autoliquidación periódica** con las siguientes características (LIVA art.163 noniesdecies.Uno.c):

a) Se presenta por cada **trimestre** natural.

b) Hay que presentarla, aunque no se hayan prestado servicios (**autoliquidación sin actividad**).

c) **Se debe presentar durante** el mes siguiente al trimestre al que se refiera.

d) Debe incluir el **número de identificación individual** notificado por la AEAT.

e) **Por cada Estado miembro de consumo**, se incluirá:
- el valor total, IVA no incluido, de los servicios prestados durante el período;
- la cantidad global del IVA correspondiente a cada Estado miembro, desglosado por tipos impositivos;
- el importe total, que deberá ser ingresado en España.

f) Si la contraprestación se fija en **moneda distinta del euro**, se convertirá a euros aplicando el tipo de cambio del último día del período de liquidación, siguiendo los tipos de cambio publicados por el Banco Central Europeo para ese día o, si no hubiera publicación correspondiente a ese día, del día siguiente.

g) Cualquier **modificación posterior de las cifras** contenidas en las autoliquidaciones presentadas deberá efectuarse en el plazo máximo de 3 años a partir de la fecha en que debía presentarse la autoliquidación inicial, a través de una autoliquidación periódica posterior.

En buena lógica, estos empresarios o profesionales están igualmente obligados a **ingresar el IVA** correspondiente a cada autoliquidación, haciendo referencia a la que corresponde. El importe se ingresará en euros en la cuenta bancaria designada por la AEAT dentro del plazo de presentación de la declaración (LIVA art.163 noniesdecies.Uno.d).

14840

Pregunta
¿Qué obligaciones de registro tienen los empresarios o profesionales acogidos al régimen exterior de la Unión para las prestaciones de servicios?

Están obligados a mantener un registro de las operaciones incluidas en este régimen especial. Este registro deberá llevarse con la precisión suficiente para que la Administración Tributaria del Estado miembro de consumo pueda comprobar si las autoliquidaciones presentadas (ver pregunta anterior) son correctas (LIVA art.163 noniesdecies.Uno.e).

El **detalle de la información** que deberá contener dicho registro es el siguiente (RIVA art.61 sexiesdecies.1):

- Estado de consumo en el que hayan realizado las operaciones;
- tipo de prestación de servicios realizada o descripción y cantidad de los bienes entregados;
- fecha de realización de la operación;
- base imponible con indicación de la moneda utilizada;
- cualquier aumento o reducción posterior de la base imponible;
- tipo impositivo aplicado;
- IVA adeudado (indicando la moneda utilizada);
- fecha e importe de los pagos recibidos;
- cualquier anticipo recibido antes de la realización de la operación;
- información contenida en la factura, en caso de que se haya emitido;
- información utilizada para determinar el lugar de establecimiento del cliente, o su domicilio o residencia habitual, tratándose de prestaciones de servicios, y, en el caso de bienes, información utilizada para determinar el lugar donde comienza y termina la expedición o el transporte de los mismos;
- cualquier prueba de posibles devoluciones de bienes, incluida la base imponible y tipo aplicado.

Este registro estará **a disposición** tanto del Estado miembro de identificación como del de consumo en los términos previstos en el Rgto UE/904/2010 art.47 decies y se deberá conservar este registro durante un período de 10 años desde el final del año en que se hubiera realizado la operación.

14845

Pregunta
¿Qué obligaciones en materia de facturación tienen los empresarios o profesionales acogidos al régimen exterior de la Unión para las prestaciones de servicios?

Conforme a la LIVA, estos empresarios o profesionales están obligados a expedir y entregar **factura** ajustada a lo que se determine reglamentariamente (LIVA art.163 noniesdecies.Uno.f).

Este desarrollo reglamentario se contiene en el Rgto Fac art.2.3, conforme al cual la obligación de expedir factura se ajustará a las normas establecidas en dicho Reglamento para las operaciones a las que resulten aplicables los regímenes especiales de ventanilla única cuando sea **España** el **Estado miembro de identificación**.

Cuando deba expedirse factura conforme al Rgto Fac, serán aplicables todos los requisitos y consideraciones establecidos en el mismo, incluyendo, en particular, las relativas al contenido de las facturas, así como la posibilidad de emitir facturas simplificadas.

Pregunta
¿Cómo se ejerce el derecho a la deducción de las cuotas soportadas por los empresarios o profesionales acogidos al régimen exterior de la Unión para las prestaciones de servicios? 14850

Los empresarios o profesionales que se acojan a este régimen especial **no podrán deducir** en sus autoliquidaciones las cuotas soportadas por las compras de bienes o servicios que se destinen a la prestación de los servicios a los que se refiere este régimen (LIVA art.163 vicies). Se trata, pues, de un régimen previsto exclusivamente para el ingreso de las cuotas devengadas por las operaciones incluidas en su ámbito de aplicación.

En su lugar, tendrán derecho a la **devolución** conforme al procedimiento previsto para **no establecidos** en la normativa del Estado miembro de consumo conforme a la LIVA art.119 bis o equivalentes del resto de Estados de la UE (ver pregunta nº 11950 s.).

Los empresarios o profesionales establecidos en **Canarias, Ceuta y Melilla** solicitarán la devolución de las cuotas soportadas, con excepción de las correspondientes al TIVA, a través del procedimiento previsto en la LIVA art.117 bis.

Cuando sea **España** el Estado miembro de consumo, y sin perjuicio de lo dispuesto en la LIVA art.119.Dos.2º, los empresarios o profesionales que se acojan al régimen especial tendrán derecho a la devolución de las cuotas soportadas en el TIVA cuando los bienes y servicios adquiridos se destinen a la prestación de los servicios a los que se refiere este régimen especial. El procedimiento para el ejercicio de este derecho será el previsto en la LIVA art.119 bis (ver pregunta nº 11950 s.).

A estos efectos no se exigirá que esté reconocida la existencia de **reciprocidad** de trato a favor de los empresarios o profesionales establecidos en el TIVA. Tampoco será obligatorio nombrar **representante**.

Los empresarios o profesionales que se acojan a este régimen especial y realicen en el TIVA **otras operaciones** que determinen la obligación de registrarse y presentar autoliquidaciones en dicho territorio deberán deducir las cuotas soportadas a través de las citadas autoliquidaciones.

III. Régimen de la Unión

Pregunta
¿Cuáles son las operaciones incluidas en el régimen de la Unión? 14860

Las **operaciones** a las que se aplica este régimen especial son las siguientes (LIVA art.163 unvicies.Uno):

a) Prestaciones de servicios:

–realizadas en un Estado en el que el empresario o profesional no se encuentre establecido;

–que tengan como destinatarios a consumidores finales, esto es, a quienes no actúen como empresarios o profesionales en relación con ellas.

b) Ventas a distancia intracomunitarias de bienes (ver preguntas nº 13415 s.).

c) Entregas de bienes realizadas a través de **plataformas** por **empresarios o profesionales no establecidos** en la **Comunidad** (LIVA art.8 bis.b, ver pregunta nº 711).

Se trata, por tanto, de un régimen amplio, que incluye operaciones que tienen la característica común de que se entienden efectuadas en Estados en los que el proveedor no se encuentra establecido y, teniendo como destinatarios a particulares, no cabe la aplicación de la inversión del sujeto pasivo.

Una vez se opta por el mismo, el régimen especial se aplicará a **todas** las prestaciones de servicios que deban entenderse efectuadas en un Estado miembro distinto al de establecimiento del empresario o profesional acogido al régimen especial, así

como a todas las entregas de bienes a las que resulte de aplicación el régimen especial efectuadas por los empresarios o profesionales que se acojan al mismo. Al igual que en el resto de los regímenes de ventanilla única, se impide que este se aplique únicamente a una parte de las operaciones, debiendo, por el contrario, incluirse en el mismo el total de las que cumplan los requisitos antes definidos.
Por último, interesa destacar que este régimen especial no resultará aplicable a las prestaciones de servicios realizadas en el TIVA por **empresarios o profesionales establecidos** en él, que habrán de liquidarse a través del régimen general (LIVA art.163 quatervicies).

14865

Pregunta
¿Cuáles son los sujetos pasivos que pueden aplicar el régimen de la Unión?

En la determinación de los sujetos pasivos que se pueden acoger al régimen especial, hay que distinguir en función de la **clase de operaciones** de que se trate (LIVA art.163 unvicies).

Sujetos pasivos que se pueden acoger al régimen de la Unión	
Prestaciones de servicios	Empresarios o profesionales **establecidos en la Comunidad**, pero **no** en el **Estado miembro de consumo**. Nótese que, si no estuvieran establecidos en la Comunidad, el régimen al que deberían acogerse es el exterior de la Unión
Ventas a distancia intracomunitarias de bienes (no incluidas en el punto siguiente)	Empresarios o profesionales **establecidos** en la Comunidad y **no establecidos**
Ventas realizadas por no establecidos a través de **plataformas** (LIVA art.8 bis.b)	Empresarios o profesionales **establecidos** en la Comunidad y **no establecidos**

A estos efectos, se disponen las siguientes **definiciones** (LIVA art.163 unvicies.Dos):
a) Empresario o profesional no establecido en el Estado miembro de consumo: todo empresario o profesional que tenga establecida la sede de su actividad económica en el territorio de la Comunidad o que posea en ella un establecimiento permanente, pero que no tenga establecida dicha sede en el territorio del Estado miembro de consumo ni posea en él un establecimiento permanente.
b) Estado miembro de identificación:
1. Empresarios o profesionales con la **sede** de su actividad **en la Comunidad**: el Estado miembro en el que se encuentre dicha sede;
2. Empresarios o profesionales **sin sede** en la Comunidad, **pero con establecimientos en ella**:
- si tiene establecimiento permanente en un único Estado miembro, dicho Estado;
- si tiene establecimientos permanentes en varios Estados miembros, el Estado por el que opte de entre aquellos en los que disponga de un establecimiento permanente.

3. Empresarios o profesionales **no establecidos**: el Estado de inicio de la expedición o transporte de los bienes. Si hubiera más de un Estado miembro en el que se iniciase la expedición o el transporte de los bienes, el empresario o profesional deberá optar por uno de ellos.
La opción por un Estado miembro vinculará al empresario o profesional en tanto no sea revocada por el mismo.
La opción por su aplicación tendrá una validez mínima de 3 años naturales, incluido el año natural a que se refiere la opción ejercitada.
c) Estado miembro de consumo:
1. En el caso de las **prestaciones de servicios**, el Estado en el que se considera que tiene lugar la prestación de servicios, de conformidad con lo dispuesto en la LIVA o sus equivalentes en las legislaciones de otros Estados miembros.

2. En el caso de **ventas a distancia intracomunitarias** de bienes, el Estado miembro de llegada de la expedición o el transporte de los bienes con destino al cliente.
3. En el caso de **entregas de bienes por** parte de **no establecidos** a través de plataformas, cuando la expedición o el transporte de los bienes entregados comience y acabe en el mismo Estado miembro, dicho Estado (si el Estado de destino es otro, nos encontraremos en el caso anterior, de ventas a distancia intracomunitarias de bienes).
Adicionalmente, se considerará a **España** como **Estado miembro de identificación** en los siguientes supuestos (LIVA art.163 unvicies.Tres):
- en todo caso, para los empresarios o profesionales que tengan la sede de su actividad económica en el TIVA, y aquellos que no tengan establecida la sede de su actividad económica en el territorio de la Comunidad, pero tengan exclusivamente en el TIVA uno o varios establecimientos permanentes;
- cuando se trate de empresarios o profesionales que no tengan la sede de su actividad económica en el territorio de la Comunidad, y que teniendo más de un establecimiento permanente en el TIVA y en algún otro Estado miembro, hayan elegido a España como Estado miembro en el que se acogen para la aplicación del régimen especial;
- cuando se trate de empresarios o profesionales que no tengan su sede de actividad ni un establecimiento permanente en la Comunidad, y el inicio de la expedición o transporte de los bienes se produzca exclusivamente en el TIVA o, habiéndose iniciado dicha expedición o transporte en varios Estados miembros, hayan elegido a España como Estado miembro en el que se acogen para la aplicación del régimen especial.

Pregunta 14870
¿Cuáles son las obligaciones de los empresarios o profesionales acogidos al régimen de la Unión cuando es España el Estado miembro de identificación?

En caso de que España sea el Estado miembro de identificación, las obligaciones que tendrá el empresario o profesional **son las siguientes** (LIVA art.163 duovicies):
- disponer de un número de identificación fiscal;
- declarar la fecha de inicio, modificación o cese de las operaciones comprendidas en el régimen especial;
- presentar por vía electrónica una autoliquidación periódica;
- ingresar el IVA correspondiente a cada autoliquidación;
- mantener un registro de las operaciones incluidas en el régimen especial;
- expedir y entregar factura ajustada a lo que se determine reglamentariamente.

Estas obligaciones se detallan en las preguntas siguientes.

Pregunta 14875
¿En qué consiste la obligación de disponer de un número de identificación individual para los empresarios o profesionales acogidos al régimen de la Unión?

En que estos empresarios o profesionales están obligados a disponer de un número de identificación fiscal (LIVA art.163 duovicies.Uno.a).

Pregunta 14880
¿Qué obligaciones de carácter censal tienen los empresarios o profesionales acogidos al régimen de la Unión?

Deberán declarar la **fecha de inicio, modificación o cese** de las operaciones comprendidas en el régimen especial (LIVA art.163 duovicies.Uno.b).
Dicha declaración se presentará por vía electrónica.

14885

Pregunta
¿Qué obligaciones de liquidación e ingreso tienen los empresarios o profesionales acogidos al régimen de la Unión?

Deberán presentar por vía electrónica una **autoliquidación periódica** con el siguiente contenido –**desglosado por Estado de consumo**– (LIVA art.163 duovicies.Uno.c):

a) Se presenta por cada **trimestre** natural.

b) Hay que presentarla, aunque no se hayan realizado operaciones (**autoliquidación sin actividad**).

c) Se debe presentar durante el mes siguiente al trimestre al que corresponda.

d) Debe incluir el **número de identificación fiscal** asignado por la AEAT a efectos del régimen especial

e) Por cada Estado miembro de consumo, se incluirá:

- el valor total, IVA no incluido, de las operaciones gravadas durante el período;
- la cantidad global del IVA correspondiente a cada Estado miembro, desglosado por tipos impositivos;
- el importe total, que deberá ser ingresado en España.

f) Si la contraprestación se fija en **moneda distinta del euro**, se convertirá a euros aplicando el tipo de cambio del último día del período de liquidación, siguiendo los tipos de cambio publicados por el Banco Central Europeo para ese día o, si no hubiera publicación correspondiente a ese día, del día siguiente.

g) Cualquier **modificación posterior de las cifras** contenidas en las autoliquidaciones presentadas deberá efectuarse en el plazo máximo de 3 años a partir de la fecha en que debía presentarse la autoliquidación inicial, a través de una autoliquidación periódica posterior.

Para los **bienes expedidos desde Estados distintos a España**, la autoliquidación deberá incluir adicionalmente:

Ventas a distancia intracomunitarias no incluidas en el supuesto siguiente	- valor total, IVA excluido, correspondiente al trimestre; - cantidad global del IVA correspondiente, desglosado por tipos impositivos; - importe total resultante, desglosado por cada Estado miembro desde el que se hayan expedido o transportado tales bienes; - NIF-IVA o número de identificación fiscal asignado por cada Estado miembro desde el que se hayan expedido o transportado los bienes.
Entregas de bienes realizadas a través de plataformas por no establecidos (domésticas e intracomunitarias, LIVA art.8 bis.b o equivalentes en la legislación de otros Estados)	- valor total, IVA excluido, correspondiente al trimestre; - cantidad global del IVA correspondiente, desglosado por tipos impositivos; - importe total resultante, desglosado por cada Estado miembro desde el que se hayan expedido o transportado tales bienes; - NIF-IVA o número de identificación fiscal asignado por cada Estado miembro desde el que se hayan expedido o transportado los bienes, cuando se disponga del mismo.

Cuando el empresario o profesional tenga **uno o más establecimientos permanentes en Estados miembros distintos de España**, desde los que preste los servicios a que se refiere este régimen especial, deberá incluir en sus autoliquidaciones el importe total de dichas prestaciones de servicios por cada Estado miembro en que tenga un establecimiento permanente, junto con el NIF-IVA o el número de identificación fiscal de dicho establecimiento permanente, y desglosado por Estado miembro de consumo.

Adicionalmente, los empresarios o profesionales acogidos a este régimen especial deberán **ingresar el IVA** correspondiente a cada autoliquidación, haciendo referencia a la declaración específica a la que corresponde. El importe se ingresará en euros en la cuenta bancaria designada por la AEAT dentro del plazo de presentación de la declaración (LIVA art.163 duovicies.Uno.d).

14890 Ejemplos 1) Una empresa con sede en Madrid vende, a través de su página web, ropa que envía a clientes en el TIVA y a otros Estados de la UE.

Durante el primer trimestre del año N, las cifras de ventas son las siguientes:

a) España (TIVA): 600.000 €.
b) Alemania: 60.000 €.
c) Francia: 80.000 €.
d) Italia: 50.000 €.
La empresa ha optado en tiempo y forma por el régimen de la Unión de la ventanilla única. En su modelo 369, lo que tendrá que declarar la empresa es lo siguiente:
a) Ventas con destino a Alemania: 60.000 €, IVA devengado: 11.400 € (19%).
b) Ventas con destino a Francia: 80.000 €, IVA devengado: 16.000 € (20%).
c) Ventas con destino a Italia: 50.000 €, IVA devengado: 11.000 € (22%).
Las ventas internas, localizadas en el TIVA, se incluirán en el modelo 303, sin que se vean afectadas en absoluto por las ventas a distancia intracomunitarias que se acaba de describir.
Estas últimas, las declaradas a través del modelo 369, deberán consignarse igualmente en el modelo 303, usando al efecto la casilla 123 (Operaciones no sujetas por reglas de localización acogidas a los regímenes especiales de ventanilla única).

2) Una empresa con sede en Barcelona comercializa **cursos de idiomas** a través de internet, cursos que funcionan de forma automatizada, por lo que se consideran como servicios prestados por vía electrónica (ver pregunta nº 2252). **14895**
Para el primer trimestre del año N, se dispone de la siguiente información sobre sus ventas:
a) España (TIVA): 200.000 €.
b) Alemania: 90.000 €.
c) Francia: 80.000 €.
d) Italia: 120.000 €.
e) Reino Unido: 140.000 €.
La empresa ha optado en tiempo y forma por el régimen de la Unión de la ventanilla única. En su modelo 369, lo que tendrá que declarar la empresa es lo siguiente:
a) Ventas con destino a Alemania: 90.000 €, IVA devengado: 17.100 € (19%).
b) Ventas con destino a Francia: 80.000 €, IVA devengado: 16.000 € (20%).
c) Ventas con destino a Italia: 120.000 €, IVA devengado: 26.400 € (22%).
Como en el caso anterior, las ventas internas, localizadas en el TIVA, se incluirán en el modelo 303, sin que se vean afectadas en absoluto por las ventas a distancia intracomunitarias que se acaba de describir.
Estas últimas, las declaradas a través del modelo 369, deberán consignarse igualmente en el modelo 303, usando al efecto la casilla 123 (Operaciones no sujetas por reglas de localización acogidas a los regímenes especiales de ventanilla única).
Los servicios prestados a particulares residentes en Reino Unido deberán declararse en este país conforme a su normativa específica, sin que se puedan incluir en la ventanilla única.

Pregunta **14900**
¿Qué obligaciones de registro tienen los empresarios o profesionales acogidos al régimen de la Unión?

Están obligados a mantener un registro de las operaciones incluidas en este régimen especial. Este registro deberá llevarse con la **precisión suficiente** para que la Administración Tributaria del Estado miembro de consumo pueda comprobar si las autoliquidaciones presentadas (ver pregunta nº 14840) son correctas (LIVA art.163 duovicies.Uno.e).
El **detalle de la información** que debe contener este registro es el mismo que el previsto para el régimen exterior de la Unión (ver pregunta nº 14840).
Este registro estará **a disposición** tanto del Estado miembro de identificación como del de consumo en los términos previstos en el Rgto UE/904/2010 art.47 decies, y se deberá conservar durante un período de 10 años desde el final del año en que se hubiera realizado la operación.

14905

Pregunta
¿Qué obligaciones en materia de facturación tienen los empresarios o profesionales acogidos al régimen de la Unión?

Deberán expedir y entregar **factura** ajustada a lo que se determine reglamentariamente (LIVA art.163 duovicies.Uno.f).
Este desarrollo reglamentario se contiene en el Rgto Fac art.2.3, conforme al cual la obligación de expedir factura se ajustará a las normas establecidas en dicho Reglamento para las operaciones a las que resulten aplicables los regímenes especiales de ventanilla única cuando sea **España** el **Estado miembro de identificación**.
Cuando deba expedirse factura conforme al Rgto Fac, serán aplicables todos los requisitos y consideraciones establecidos en el mismo, incluyendo, en particular, las relativas al contenido de las facturas.

14910

Pregunta
¿Cómo se ejerce el derecho a la deducción de las cuotas soportadas por los empresarios o profesionales acogidos al régimen de la Unión?

Los empresarios o profesionales que se acojan a este régimen especial **no podrán deducir** en sus autoliquidaciones las cuotas soportadas por las compras de bienes o servicios que se destinen a la realización de las operaciones a las que se refiere este régimen (LIVA art.163 tervicies). Se trata, por tanto, de un régimen previsto para el ingreso de las cuotas devengadas por la realización de las operaciones incluidas dentro del mismo.
En su lugar, tendrán derecho a la **devolución** conforme al **procedimiento para no establecidos** en la normativa del Estado de consumo conforme a la LIVA art.119 y 119 bis o equivalentes del resto de Estados de la UE (ver pregunta nº 11950 s.), en ambos casos en los términos que prevé la Dir 2006/112/CE art.369 undecies.
En particular, los **empresarios o profesionales establecidos en el TIVA** solicitarán la devolución de las cuotas soportadas, con excepción de las correspondientes al TIVA, a través del procedimiento previsto en la LIVA art.117 bis.
Cuando sea **España** el **Estado miembro de consumo**, y sin perjuicio de lo dispuesto en la LIVA art.119.Dos.2º, los empresarios o profesionales que se acojan al régimen especial tendrán derecho a la devolución de las cuotas soportadas en el TIVA cuando los bienes y servicios adquiridos se destinen a la realización de las operaciones a las que se refiere este régimen especial.
El procedimiento para el ejercicio de este derecho será el previsto en la LIVA art.119 ó 119 bis (ver pregunta nº 11950 s.), según se trate, respectivamente, de empresarios o profesionales establecidos en otro Estado miembro o no.
A estos efectos no se exigirá que esté reconocida la existencia de reciprocidad de trato a favor de los empresarios o profesionales establecidos en el TIVA. Tampoco será obligatorio nombrar representante.
Los empresarios o profesionales establecidos en **Canarias, Ceuta o Melilla** seguirán el procedimiento previsto en la LIVA art.119.
En caso de que **España** sea el **Estado miembro de identificación**, los empresarios o profesionales que estén establecidos en el TIVA podrán deducir las cuotas soportadas en la adquisición o importación de bienes y servicios utilizados en la realización de las operaciones acogidas al régimen conforme al régimen general.
Asimismo, los empresarios o profesionales que se acojan a este régimen especial y realicen en el TIVA **otras operaciones** que determinen la obligación de registrarse y presentar autoliquidaciones en dicho territorio deberán deducir las cuotas soportadas a través de las citadas autoliquidaciones.

IV. Régimen de importación

Pregunta 14920
¿Cuáles son las operaciones incluidas en el régimen de importación?

Este régimen especial es aplicable a (LIVA art.163 quinvicies):
a) Las **ventas a distancia de bienes importados** (ver preguntas nº 708 s.).
b) Cuyo **valor intrínseco** no exceda de **150 euros** (conforme a la LIVA art.8 bis, esta cantidad se determinará conforme a la legislación aduanera).
Están expresamente excluidos del régimen especial los bienes sujetos a **Impuestos Especiales**.
El régimen especial se aplica a cualquier operación que cumpla los requisitos que se han indicado, tanto si se realiza por una **plataforma o interfaz digital** como si se efectúa de otro modo. Es importante, por tanto, no vincular el régimen especial con la actuación de plataforma, ya que es aplicable por ellas y también por cualquier otro empresario o profesional que realice las operaciones que acabamos de describir.
Interesa destacar, adicionalmente, que el régimen especial se aplica a **todas las ventas a distancia de bienes importados** efectuadas por el empresario o profesional. No cabe, por tanto, su aplicación a una parte de las operaciones, supuesto, como es lógico, que se trate de operaciones que cumplan los requisitos para su aplicación.

Pregunta 14925
¿Cuáles son los sujetos pasivos que pueden aplicar el régimen de importación?

Pueden aplicar este régimen especial los empresarios o profesionales que realicen las operaciones antes descritas y que sean (LIVA art.163 quinvicies):
a) **Establecidos en la Comunidad**, Islas Canarias, Ceuta o Melilla.
b) Establecidos o no en la Comunidad que estén **representados por un intermediario establecido en la Comunidad**. A estos efectos no será posible designar más de un intermediario a la vez.
c) Establecidos en un **país tercero** con el que la UE haya celebrado un **acuerdo de asistencia mutua** con un ámbito de aplicación similar al de la Dir 2010/24/UE y al del Rgto (UE) 904/2010, que realicen ventas a distancia de bienes procedentes de ese país tercero.
La misma LIVA art.163 quinvicies.Dos contiene las siguientes **definiciones** relevantes:
a) **Empresario o profesional no establecido en la Comunidad**: todo empresario o profesional que tenga la sede de su actividad económica fuera de la Comunidad y no tenga en ella un establecimiento permanente.
b) **Intermediario**: persona establecida en la Comunidad a quien el empresario o profesional que realiza las operaciones incluidas en el régimen especial designa, y que, en nombre y por cuenta de éste, queda obligado al cumplimiento de las obligaciones derivadas del régimen especial y es titular de las relaciones jurídicas-tributarias derivadas del mismo (ver pregunta nº 14930 en cuanto a las condiciones y requisitos para actuar como intermediario de este régimen especial).
c) **Estado miembro de identificación**:
1. Empresario o profesional que realiza las operaciones:
– si no está establecido en la Comunidad, será el Estado miembro por el que opte. Tratándose de empresarios o profesionales que tengan la sede de su actividad económica en Canarias, Ceuta o Melilla y que no hayan designado a un intermediario establecido en la Comunidad, el Estado miembro de identificación será España;
– si no tiene la sede de su actividad en la Comunidad, pero sí varios establecimientos permanentes, será el Estado en el que, teniendo un establecimiento permanente, indique que se acoge al régimen especial. La opción por un Estado miembro vinculará al empresario o profesional en tanto no sea revocada por el mismo y tendrá

una validez mínima del año natural a que se refiere la opción ejercitada y de los 2 siguientes;
- si tiene la sede de su actividad en un Estado miembro o exclusivamente uno o varios establecimientos permanentes en el mismo, será dicho Estado.

2. Intermediario:
- si ha establecido su sede de actividad en un Estado miembro, será dicho Estado;
- si no tiene la sede de su actividad en la Comunidad, pero tiene en ella varios establecimientos permanentes, será el Estado miembro en el que, teniendo un establecimiento permanente, indique que se acoge al régimen especial. Esta opción vinculará al empresario o profesional en tanto no sea revocada por el mismo y tendrá una validez mínima del año natural a que se refiere la opción ejercitada y de los 2 siguientes.

d) Estado miembro de consumo: el Estado de llegada de la expedición o transporte de los bienes con destino al cliente.

Adicionalmente, se dispone que se considerará a **España** como **Estado miembro de identificación** en los siguientes supuestos:
- en todo caso, para los empresarios o profesionales o intermediarios que tengan la sede de su actividad económica en el TIVA, así como aquellos que no tengan establecida la sede de su actividad económica en el territorio de la Comunidad, pero tengan exclusivamente en el TIVA uno o varios establecimientos permanentes;
- cuando se trate de empresarios o profesionales o intermediarios que no tengan la sede de su actividad económica en el territorio de la Comunidad y que teniendo más de un establecimiento permanente en el TIVA y en algún otro Estado miembro hayan elegido a España como Estado miembro en el que se acogen para la aplicación del régimen especial;
- cuando el empresario o profesional no tenga su sede de actividad ni establecimiento permanente alguno en el territorio de la Comunidad, cuando haya elegido a España como Estado miembro en el que se acoge para la aplicación del régimen especial y, en todo caso, los empresarios o profesionales que tengan la sede de su actividad económica en las Islas Canarias, Ceuta o Melilla cuando no hayan designado a un intermediario establecido en la Comunidad.

14930

Pregunta
¿Cuáles son las condiciones para actuar como intermediario en el régimen de importación?

Son las siguientes (RIVA art.61 septiesdecies):

a) Disponer del número de un **NIF-IVA** en España.

b) Estar **establecido** en el TIVA.

c) No haber sido **condenado o sancionado**, dentro los 4 años anteriores a la presentación de la solicitud para actuar como intermediario, por la comisión de un **delito contra la Hacienda Pública** o de una **infracción tributaria grave**, en relación con su actividad económica, en virtud de sentencia o resolución administrativa firme.

Este requisito se considerará cumplido si ninguna de las personas siguientes se encuentra en la situación descrita en relación con su actividad económica, incluida la del solicitante, en su caso:
- el operador:
- el empleado o los empleados encargados de los asuntos aduaneros y/o tributarios;
- la persona o las personas encargadas del operador o que controlen su dirección.

Podrá entenderse cumplido este requisito cuando la Administración Tributaria considere que una infracción no es relevante, en relación con el número o la magnitud de las operaciones conexas, y no tenga duda alguna en cuanto a la buena fe del solicitante.

Cuando la persona encargada del operador o que controle su dirección esté establecida o tenga su residencia en un tercer país, la Administración Tributaria deberá

evaluar el cumplimiento del criterio basándose en los registros y la información de que disponga.
Cuando el operador lleve establecido menos de 4 años, la Administración Tributaria deberá evaluar el cumplimiento del criterio basándose en los registros y la información de que disponga.
d) Tener la adecuada **solvencia financiera**, la cual se considerará acreditada cuando el operador tenga un nivel financiero que le permita cumplir sus compromisos, teniendo debidamente en cuenta las características del tipo de actividad de que se trate.
Este requisito se considerará acreditado cuando el solicitante cumpla las **condiciones** siguientes:
- **no** está incurso en un **procedimiento concursal**;
- durante los últimos 4 años anteriores a la presentación de la solicitud para actuar como intermediario, ha cumplido con sus **obligaciones financieras** en relación con el pago de sus deudas aduaneras y tributarias;
- demuestra, sobre la base de los registros y de la información disponibles para los 4 últimos años anteriores a la presentación de la solicitud, que dispone de **capacidad financiera suficiente** para cumplir sus obligaciones y hacer frente a sus compromisos relativos a la naturaleza y el volumen de las actividades comerciales; en particular no disponer de activos netos negativos, excepto en caso de que puedan cubrirse.

Si el operador lleva establecido menos de 4 años, la solvencia financiera se evaluará basándose en los registros y la información disponible.
Se presumirá el cumplimiento de estos requisitos cuando el operador tenga la condición de **operador económico autorizado** de conformidad con el Código Aduanero de la Unión y sus disposiciones de aplicación.
La Administración Tributaria podrá **denegar** la **condición de intermediario** a efectos del régimen de importación cuando el operador no cumpla todas las condiciones anteriormente establecidas.

Pregunta 14935
¿Cuáles son las obligaciones de los empresarios o profesionales acogidos al régimen de importación cuando es España el Estado de identificación?

En caso de que España sea el Estado miembro de identificación, las obligaciones que tendrá el empresario o profesional **son las siguientes** (LIVA art.163 septvicies):
- disponer de un número de identificación individual;
- declarar la fecha de inicio, modificación o cese de las operaciones comprendidas en el régimen especial;
- presentar por vía electrónica una autoliquidación periódica;
- ingresar el IVA correspondiente a cada autoliquidación;
- mantener un registro de las operaciones incluidas en el régimen especial;
- expedir y entregar factura ajustada a lo que se determine reglamentariamente.

Estas obligaciones se detallan en las preguntas siguientes.

Pregunta 14940
¿En qué consiste la obligación de disponer de un número de identificación individual para los empresarios o profesionales acogidos al régimen de importación?

En que estos empresarios o profesionales están obligados a disponer de un número de identificación individual (LIVA art.163 septvicies.Uno.a).
La Administración Tributaria **identificará** al empresario o profesional que se acoja al régimen especial mediante un número de identificación a efectos del régimen. En caso de actuar mediante **intermediario**, se le asignará a este, además, un número de identificación a efectos del régimen en relación con cada empresario o profesional que lo haya designado como tal.

Estos números de identificación serán de **uso exclusivo** a efectos de este régimen especial y deberán aportarse para la aplicación de la exención prevista en la LIVA art.66.4º (ver pregunta nº 14065).
La Administración Tributaria **notificará** por vía electrónica al empresario o profesional acogido al régimen especial o, en su caso, al intermediario, los números de identificación que se le hayan asignado.

14945

Pregunta
¿Qué obligaciones de carácter censal tienen los empresarios o profesionales acogidos al régimen de importación?

Deberán declarar la **fecha de inicio, modificación o cese** de las operaciones comprendidas en el régimen especial. Dicha declaración se presentará por vía electrónica (LIVA art.163 septvicies.Uno.b).
La información que debe facilitar el empresario o profesional que **no actúe por medio de intermediario** incluirá los siguientes **datos de identificación**:
- nombre;
- direcciones postales y de correo electrónico;
- direcciones electrónicas de los sitios de Internet a través de los que opere;
- número de identificación a efectos del IVA o número de identificación fiscal;
- toda posible modificación de la citada información.

Adicionalmente, y para el caso de que se actúe por medio de un **intermediario**, la información que este deberá proporcionar es la siguiente:
- nombre;
- direcciones postales y de correo electrónico;
- direcciones electrónicas de los sitios de Internet a través de los que opere en su caso;
- NIF-IVA;
- se comunicará toda posible modificación de la citada información.

Asimismo, el intermediario deberá facilitar, en relación con cada empresario o profesional por cuyo nombre y cuenta actúa, antes del inicio de las actividades gravadas, los siguientes datos:
- nombre;
- direcciones postales y de correo electrónico;
- direcciones electrónicas de los sitios de Internet a través de los que opere;
- NIF-IVA o el número de identificación fiscal;
- número de identificación fiscal asignado por el Estado miembro de identificación a efectos del régimen especial.

14950

Pregunta
¿Qué obligaciones de liquidación e ingreso tienen los empresarios o profesionales acogidos al régimen de importación?

Deberán presentar por vía electrónica una **autoliquidación periódica** con el siguiente contenido (LIVA art.163 septvicies.Uno.c):
a) Se presenta por cada **mes** natural.
b) Hay que presentarla, aunque no se hayan realizado operaciones (**autoliquidación sin actividad**).
c) La autoliquidación **se debe presentar durante** el mes siguiente al mes al que se refiera.
d) Debe incluir el **número de identificación fiscal** asignado por la AEAT a efectos del régimen especial
e) Por cada Estado miembro de consumo, se incluirá:
- el valor total, IVA no incluido, de las operaciones gravadas durante el período;
- la cantidad global del IVA correspondiente a cada Estado miembro, desglosado por tipos impositivos;
- el importe total, que deberá ser ingresado en España.

f) Si la contraprestación se fija en **moneda distinta del euro**, se convertirá a euros aplicando el tipo de cambio del último día del período de liquidación, siguiendo los tipos de cambio publicados por el Banco Central Europeo para ese día o, si no hubiera publicación correspondiente a ese día, del día siguiente.
g) Cualquier **modificación posterior de las cifras** contenidas en las autoliquidaciones presentadas deberá efectuarse, en el plazo máximo de 3 años a partir de la fecha en que debía presentarse la autoliquidación inicial, a través de una autoliquidación periódica posterior.
Adicionalmente, deberán **ingresar el IVA** correspondiente a cada autoliquidación, haciendo referencia a la que corresponde. El importe se ingresará en euros en la cuenta bancaria designada por la AEAT dentro del plazo de presentación de la declaración (LIVA art.163 septvicies.Uno.d).
Interesa destacar que en las entregas de bienes acogidas a este régimen especial, el **devengo** se producirá en el momento de la entrega, que se entenderá producida con la aceptación del pago del cliente (LIVA art.163 sexvicies).

Ejemplos **1)** Una plataforma digital con sede en Madrid vende, a través de su página web, ropa que envía a clientes en el TIVA y a otros Estados de la UE. La ropa es producida en varios países de **Latinoamérica**, desde donde se remite a los clientes. **14955**
La plataforma está dada de alta en el régimen de importación de la ventanilla única y presenta su NIF-IVA cuando realiza las importaciones.
Para el mes de abril del año N, la plataforma ha importado mercancía por un total de 800.000 €. El total de la mercancía ha llegado a través del puerto de Valencia y en ningún caso tiene un valor superior a 150 €.
La mitad de la ropa importada se queda en el TIVA. El resto es remitido a otros Estados de la UE.
La operativa que se ha descrito encaja en la ficción de doble venta que se describe en la LIVA art.8 bis.a, por lo que, con independencia de las estipulaciones contractuales con los proveedores, será la empresa titular de la plataforma la que se entienda que compra y vende las prendas comercializadas por ella.
El régimen de tributación de las operaciones será el siguiente:
a) Las ventas hechas por los proveedores latinoamericanos de la plataforma serán operaciones no sujetas, ya que se realizan fuera de la Comunidad.
b) Las importaciones que se realizan cuando los bienes llegan a Valencia son operaciones exentas conforme a la LIVA art.66.4º (ver pregunta nº 14065), considerando que la empresa está dada de alta en el régimen de importación y supuesto que se use en la importación en número de identificación que tiene a estos efectos.
c) Las posteriores ventas, que se atribuyen a la plataforma, serán operaciones internas o intracomunitarias, según los bienes se queden en el TIVA o se remitan a otros Estados, de los que será sujeto pasivo la plataforma, todas las cuales se podrán declarar a través del régimen de importación de la ventanilla única.

2) Una empresa británica vende calzado para caballero a través de su página web. El precio de los pares de zapatos oscila entre los 400 € y los 700 €. El calzado es transportado a España en avión, llegando a través del puerto de Barcelona. **14960**
Para el mes de julio del año N, las importaciones con destino a particulares han ascendido a 2.300.000 €, de las cuales 400.000 € se quedan en el TIVA y el resto se envía al resto de los Estados de la UE.
En este caso, no cabe la aplicación del régimen de importación, ya que los bienes importados superan ampliamente el umbral máximo que establece la LIVA art.163 quinvicies, de 150 €. De resultas de lo anterior:
a) Las importaciones estarán sujetas y no exentas, ya que no hay supuesto de exención aplicable en este caso.
b) Las ventas posteriores serán ventas internas o ventas a distancia intracomunitarias, todas las cuales se podrán declarar a través del régimen de importación de la ventanilla única.

14965

Pregunta
¿Qué obligaciones de registro tienen los empresarios o profesionales acogidos al régimen de importación?

Deberán mantener un registro de las operaciones incluidas en este régimen especial. Este registro deberá llevarse con la **precisión suficiente** para que la Administración Tributaria del Estado miembro de consumo pueda comprobar si la declaración mencionada en la pregunta nº 14950 anterior es correcta (LIVA art.163 septvicies.Uno.e):.
El **detalle de la información** que debe constar en dicho registro es el siguiente (RIVA art.61 sexiesdecies.2):
- Estado miembro de consumo en el que se entreguen los bienes;
- descripción y cantidad de los bienes entregados;
- fecha de entrega de los bienes;
- base imponible con indicación de la moneda utilizada;
- cualquier aumento o reducción posterior de la base imponible;
- tipo impositivo aplicado;
- importe adeudado del IVA con indicación de la moneda utilizada;
- fecha e importe de los pagos recibidos;
- información contenida en la factura, en caso de que se haya emitido;
- información utilizada para determinar el lugar donde comienza y termina la expedición o el transporte de los bienes con destino al cliente;
- cualquier prueba de posibles devoluciones de bienes, incluida la base imponible y tipo aplicado;
- número de pedido o número único de transacción;
- número único de expedición cuando el empresario o profesional intervenga directamente en la entrega.

Este registro estará **a disposición** tanto del Estado miembro de identificación como del de consumo en los términos previstos en el Rgto UE/904/2010 art.47 decies, y se deberá conservar durante **un período de** 10 años desde el final del año en que se hubiera realizado la operación.

14970

Pregunta
¿Qué obligaciones en materia de facturación tienen los empresarios o profesionales acogidos al régimen de importación?

Deben expedir y entregar **factura** ajustada a lo que se determine reglamentariamente (LIVA art.163 septvicies.Uno.f).
Este desarrollo reglamentario se contiene en el Rgto Fac art.2.3, conforme al cual la obligación de expedir factura se ajustará a las normas establecidas en dicho Reglamento para las operaciones a las que resulten aplicables los regímenes especiales de ventanilla única cuando sea **España** el **Estado miembro de identificación**.
Cuando sea España el Estado de identificación, se deberán presentar, exclusivamente en España, las autoliquidaciones correspondientes e ingresar, en su caso, el importe del IVA correspondiente a todas las operaciones a que se refiere este régimen especial realizadas en todos los Estados miembros de consumo (LIVA art.163 septvicies.Dos).
Cuando deba expedirse factura conforme al Rgto Fac, serán aplicables todos los requisitos y consideraciones establecidos en el mismo, incluyendo, en particular, las relativas al contenido de las facturas.

14975

Pregunta
¿Cómo se ejerce el derecho a la deducción de las cuotas soportadas por los empresarios o profesionales acogidos al régimen de importación?

Los empresarios o profesionales que se acojan a este régimen especial **no podrán deducir** en sus autoliquidaciones las cuotas soportadas por las compras de bienes o servicios que se destinen a la realización de las operaciones a que se refiere este régimen (LIVA art.163 octovicies). Como los demás regímenes de ventanilla única, el de importación está previsto únicamente para el ingreso del IVA devengado por las operaciones, no para la deducción del IVA soportado.

En su lugar, tendrán derecho a la **devolución** conforme al **procedimiento previsto para no establecidos** en la normativa del Estado miembro de consumo conforme a la LIVA art.119 y 119 bis o equivalentes del resto de Estados de la UE (ver pregunta nº 11950 s.), en ambos casos en los términos que prevé la Dir 2006/112/CE art.369 quatervicies.

Los empresarios o profesionales establecidos en **Canarias, Ceuta y Melilla** solicitarán la devolución de las cuotas soportadas, con excepción de las correspondientes al TIVA, a través del procedimiento previsto en la LIVA art.117 bis.

Cuando sea **España** el Estado miembro de consumo, y sin perjuicio de lo dispuesto en la LIVA art.119.Dos.2º, los empresarios o profesionales que se acojan al régimen especial tendrán derecho a la devolución de las cuotas soportadas en el TIVA cuando los bienes y servicios adquiridos se destinen a la realización de las operaciones a que se refiere este régimen especial.

El procedimiento para el ejercicio de este derecho será el previsto en la LIVA art.119 ó 119 bis (ver pregunta nº 11950), según se trate, respectivamente, de empresarios o profesionales establecidos en otro Estado miembro o no.

A estos efectos no se exigirá que esté reconocida la existencia de **reciprocidad** de trato a favor de los empresarios o profesionales establecidos en el TIVA. Tampoco será obligatorio nombrar **representante**.

Los empresarios o profesionales establecidos en **Canarias, Ceuta o Melilla** seguirán el procedimiento previsto en la LIVA art.119 (ver pregunta nº 11950).

En caso de que **España** sea el **Estado miembro de identificación**, los empresarios o profesionales que estén establecidos en el TIVA podrán deducir las cuotas soportadas en la adquisición o importación de bienes y servicios utilizados en la realización de las operaciones acogidas al régimen conforme al régimen general.

Asimismo, los empresarios o profesionales que se acojan a este régimen especial, y realicen en el TIVA **otras operaciones** que determinen la obligación de registrarse y presentar autoliquidaciones en dicho territorio, deberán deducir las cuotas soportadas a través de las citadas autoliquidaciones.

V. Régimen de liquidación mensual del IVA a la importación

14990

Pregunta
¿En qué consiste el régimen de liquidación mensual del IVA a la importación?

Se trata de un régimen especial regulado en la LIVA art.167 bis, aplicable a los empresarios o profesionales que realicen las operaciones a las que sea aplicable el régimen de importación (ver pregunta nº 14920 s.) cuando no opten por la aplicación del mismo, en el cual, quien presente los bienes en la Aduana por cuenta del importador en el TIVA podrá optar por una modalidad especial para la declaración y el pago del IVA a la importación de los bienes en que concurran los siguientes **requisitos**:

- que el valor intrínseco del envío no supere los 150 euros;

14990 (sigue) – que se trate de bienes que no sean objeto de Impuestos Especiales;
– que el destino final de la expedición o transporte de los bienes sea el propio TIVA.

En este caso, se aplicarán las siguientes **disposiciones**:
– el destinatario de los bienes importados estará obligado al pago del IVA;
– quien presente los bienes para su despacho ante la Aduana recaudará el IVA correspondiente al destinatario de los bienes y efectuará su pago.

A estos efectos, **no** será **necesaria autorización expresa** del destinatario de los bienes importados para la utilización de la citada modalidad especial de declaración y pago.

A estos bienes se les aplicará en todo caso el **tipo** impositivo general del 21%.

Quien presente los bienes para su despacho ante la Aduana deberá tomar las **medidas** necesarias para garantizar que el destinatario de los bienes importados pague el IVA correspondiente a la importación. A estos efectos, se presumirá que el IVA correspondiente a los bienes importados ha sido recaudado, salvo en los supuestos de reexpedición, destrucción o abandono de los bienes.

Los empresarios o profesionales que utilicen la modalidad especial de declaración y pago deberán presentar por vía electrónica una **declaración mensual** con el importe total del IVA correspondiente a las importaciones realizadas durante dicho mes natural al amparo de las mismas. El importe correspondiente a cada declaración mensual se podrá pagar hasta el día 16 del segundo mes siguiente al mes de importación.

Los empresarios o profesionales deberán llevar un **registro** de las operaciones incluidas en la declaración presentada con arreglo a la modalidad especial de declaración y pago durante el plazo de 4 años.

CAPÍTULO 14

Regímenes especiales

Además, se regulan los regímenes especiales de **ventanilla única**, desarrollados en el capítulo de comercio electrónico (ver preguntas nº 14725 s.).

Pregunta 15010
¿Cuál es la razón de ser de los regímenes especiales en el IVA?

No existe una única razón de ser para los regímenes especiales en el IVA.
En ocasiones, se trata de regímenes especiales cuya pretensión es facilitar el cumplimiento de las **obligaciones tributarias** a las pequeñas empresas, cuya infraestructura administrativa no soportaría con facilidad las obligaciones que impone el régimen general del IVA. Tal es la pretensión de los regímenes especiales simplificado, de la agricultura, ganadería y pesca (en adelante REAGP) y del recargo de equivalencia.
En otros casos, lo que se persigue con los regímenes especiales es la adecuación del IVA a las **características propias** de determinadas **operaciones o sectores de actividad**. Esta sería la razón que justifica la existencia de los regímenes especiales de los bienes usados, agencias de viajes, oro de inversión y ventanilla única.
Existe un régimen especial que pretende asimilar a los **grupos de empresas** a sujetos pasivos únicos, dándoles un tratamiento equivalente a los efectos del IVA. Esta es la pretensión del régimen especial de los grupos de entidades.
Finalmente, hay un régimen especial que pretende aliviar las tensiones de tesorería que sufren los sujetos pasivos cuando se ven obligados a ingresar el IVA repercutido, siendo que sus clientes todavía no les han pagado. Se trata del régimen especial del **criterio de caja**. Entre otros, este régimen especial presenta el serio problema de que sólo es aplicable a ciertos contribuyentes.

Pregunta 15015
¿Cómo se calcula el volumen de operaciones a los efectos del IVA?

A efectos del IVA, se entiende por volumen de operaciones el importe total, excluido el propio IVA y, en su caso, el recargo de equivalencia y la compensación a tanto alzado del régimen de la agricultura, de las entregas de bienes y prestaciones de servicios efectuadas por el sujeto pasivo durante el año natural anterior, incluidas las exentas (LIVA art.121.Uno). En los supuestos de transmisión de la totalidad o parte de un patrimonio empresarial o profesional, el volumen de operaciones a computar por el sujeto pasivo adquirente será el resultado de añadir al realizado, en su caso, por este último durante el año natural anterior, el volumen de operaciones realizadas durante el mismo período por el transmitente en relación a la parte de su patrimonio transmitida.
Las operaciones se entenderán realizadas cuando se produzca o, en su caso, se hubiera producido el devengo del IVA (LIVA art.121.Dos) (ver nº 6000 s.).

Finalmente, hay que tener en cuenta que para la determinación del volumen de operaciones no se tomarán en consideración las siguientes (LIVA art.121.Tres):
a) Las entregas ocasionales de bienes inmuebles.
b) Las entregas de bienes calificados como de inversión respecto del transmitente, de acuerdo con lo dispuesto en la LIVA art.108 (ver pregunta nº 11410).
c) Las operaciones financieras mencionadas en la LIVA art.20.Uno.18, incluidas las no exentas (ver pregunta nº 4575 s.), así como las operaciones exentas relativas al oro de inversión comprendidas en la LIVA art.140 bis (ver pregunta nº 15461), cuando unas y otras no sean habituales de la actividad empresarial o profesional del sujeto pasivo.

SECCIÓN 1

Régimen especial simplificado

(LIVA art.122 y 123)

15020

Pregunta
¿Cuáles son las características fundamentales del régimen simplificado?

Las características principales del régimen simplificado son las siguientes:
a) Se trata de un **régimen voluntario**, ya que cabe la renuncia. Los empresarios que desarrollen las actividades incluidas en su ámbito objetivo de aplicación, si cumplen los requisitos de carácter subjetivo establecidos al efecto, deberán aplicar este régimen especial; no obstante, si renuncian al mismo, aplicarán el régimen general del IVA. A la par, la renuncia es revocable, de forma que, dentro de los límites establecidos por la normativa aplicable, la entrada y salida del régimen especial son voluntarias.
b) El régimen simplificado está coordinado con el **régimen de estimación objetiva del IRPF**, de manera que las actividades a las que sea de aplicación el régimen simplificado en el IVA darán lugar a rendimientos cuya tributación en el IRPF se realizará a través del régimen de estimación objetiva. No cabe establecer esta misma relación en sentido contrario, ya que hay actividades que tributan en régimen de estimación objetiva en el IRPF y, sin embargo, no están incluidas en el régimen simplificado, sino que tributan por el REAGP o por el régimen especial del recargo de equivalencia.
c) Normalmente, el régimen simplificado es **incompatible** con el régimen general del IVA. No obstante, hay determinados supuestos en que se pueden simultanear ambos regímenes, que son los siguientes:
- casos en que el mismo contribuyente realice operaciones exentas conforme a la LIVA art.20;
- actividades de arrendamiento que no determinen la obtención de rendimientos de las actividades económicas a los efectos del IRPF.
d) La delimitación de su **ámbito de aplicación** se realiza anualmente a través de la correspondiente Orden Ministerial. En esta Orden se señalan las actividades que se pueden acoger al régimen especial y se establecen las normas para la liquidación del tributo por parte de los contribuyentes que tributan por el mismo.

15021 **e)** Su mecánica de **liquidación** se puede esquematizar como sigue:
1. A través de los índices o módulos que resulten para cada actividad, se determina la **cuota devengada por operaciones corrientes** correspondientes, que es el equivalente al IVA devengado por las entregas de bienes y prestaciones de servicios habituales realizadas en el desarrollo de la citada actividad.
2. De la cantidad anterior se pueden deducir las **cuotas efectivamente soportadas** por la adquisición de bienes o servicios corrientes que se destinan al desarrollo de la actividad. La deducción de estas cuotas está sujeta, no obstante, a ciertas restricciones, así como a la existencia de una cuota mínima para la mayor parte de las activi-

dades, tal que la diferencia entre cuota devengada y cuotas deducibles no puede ser inferior a dicha cuota mínima.
3. Hay ciertas cuotas que han de **liquidarse por separado** de las anteriores. Son las siguientes:
- las cuotas correspondientes a las adquisiciones intracomunitarias de bienes;
- las correspondientes a los supuestos en que se aplique la inversión del sujeto pasivo;
- las cuotas por entregas de activos fijos, materiales o intangibles.

4. Del resultado del total de las magnitudes anteriores se pueden deducir, sin restricción alguna, las cuotas soportadas por la adquisición de **activos fijos**, tanto materiales como intangibles.
5. La liquidación de las cuotas correspondientes a las **importaciones** efectuadas por los contribuyentes acogidos al régimen especial simplificado se efectúa por parte de los servicios aduaneros, con independencia de las magnitudes anteriores.
f) Las cantidades anteriores se determinan por referencia al año, de acuerdo con los datos disponibles al 31 de diciembre del año anterior; no obstante, a lo largo del año han de realizarse **pagos fraccionados** a cuenta de la cantidad que resultará a final de año. Dichos pagos fraccionados se realizan tomando como base los datos del año anterior. Al final del ejercicio las cantidades ingresadas a cuenta se regularizan en función de los datos que realmente resulten para el mismo.
g) Este régimen constituye un **sector diferenciado** de la actividad, por lo que las deducciones correspondientes a este sector de la actividad se determinan por separado, considerándose, si existen inputs comunes, como un sector generador del derecho a la deducción.
h) Finalmente, el régimen se completa con una cierta simplificación de las **obligaciones formales** (ver preguntas nº 15112 s.).

Pregunta 15023
¿Está reservado el régimen simplificado a las personas físicas?

En cierto modo, sí. Conforme a la LIVA art.122.Uno, únicamente se aplica el régimen simplificado a las personas físicas y a las entidades en régimen de atribución de rentas en el IRPF (comunidades de bienes, herencias yacentes y demás entidades sin personalidad jurídica) que desarrollen las actividades y reúnan los requisitos previstos en las normas que lo regulen, salvo renuncia.
El RIVA art.34.1 exige, cuando las actividades se realicen a través de alguna de estas entidades, que el total de sus socios, herederos, comuneros o partícipes sean **personas físicas**, matizando igualmente que la aplicación del régimen especial simplificado en estos casos se realizará con independencia de las circunstancias que concurran en cada una de las personas que integren las referidas entidades.
Hay que tener en cuenta, no obstante, la regla de acumulación que se contiene en el RIRPF art.32.1.a, conforme a la cual se computa el total de operaciones realizadas por el contribuyente, sus cónyuges, descendientes y ascendientes, así como por las entidades en régimen de atribución de rentas en IRPF en las que participe cualquiera de los anteriores si las actividades desarrolladas son idénticas o similares (conforme a su clasificación CNAE) y existe una dirección común de las mismas, compartiendo medios materiales y personales. Esta acumulación puede determinar la exclusión del régimen simplificado si se exceden los límites establecidos al efecto.
Recordemos que las entidades a las que se refiere la LGT art.35.4 son sujetos pasivos por sí mismos en el IVA cuando desarrollan actividades empresariales o profesionales, a diferencia de lo que ocurre en el IRPF, donde el régimen de atribución de rentas hace que dichas entidades imputen a sus miembros o partícipes los rendimientos de las actividades que obtengan (ver preguntas nº 7110 s.).

15025

Pregunta
¿Existe un límite de ventas para los empresarios que aplican el régimen simplificado?

Sí. La LIVA art.122.Dos establece varios supuestos de exclusión del régimen simplificado, algunos de los cuales se refieren a las magnitudes económicas de los empresarios que, de otro modo, deberían aplicarlo. Los **supuestos de exclusión** del régimen simplificado por esta razón son los siguientes:

a) Respecto del **año natural inmediato anterior**, y respecto al **conjunto de las operaciones** que se indican a continuación, 250.000 € de ingresos anuales (el límite que establece la LIVA es de 150.000 €, pero existen otras normas que lo vienen elevando en los últimos años a 250.000 € -LIVA disp.trans.13ª-).

A estos efectos se computa la totalidad de las operaciones, con independencia de que exista o no obligación de expedir factura de acuerdo con el Rgto Fac.

b) Para el conjunto de sus **actividades agrícolas, forestales y ganaderas**: 250.000 € anuales.

A estos efectos, solo se computarán las operaciones que deban anotarse en los libros registro previstos en el RIVA art.40.1 tercer párrafo (ver pregunta nº 15112) y RIVA art.47.1 (ver pregunta nº 15210).

En relación con el límite 1 y 3, respecto del volumen de ingresos, no se incluyen las subvenciones corrientes, las de capital, las indemnizaciones, el IVA, ni, en su caso, el recargo de equivalencia.

En relación con los tres límites, cuando en el año inmediato anterior se hubiese iniciado una actividad, dichos importes se elevan al año.

Los efectos de esta causa de exclusión tendrán lugar en el año inmediato posterior a aquel en que se produzca. Los sujetos pasivos previamente excluidos por esta causa que no superen los citados límites en ejercicios sucesivos quedarán sometidos al régimen especial simplificado, salvo que renuncien a él.

c) Haber superado en un año natural el importe de 250.000 euros anuales (el límite que establece la LIVA es de 150.000 €, pero existen otras normas que lo vienen elevando en los últimos años a 250.000 € -LIVA disp.trans.13ª-), IVA excluido, por las **adquisiciones o importaciones de bienes y servicios** para el conjunto de las actividades empresariales o profesionales del sujeto pasivo, excluidas las relativas a elementos del inmovilizado.

Cuando el año inmediato anterior se hubiese iniciado una actividad el importe de las citadas adquisiciones e importaciones se elevará al año.

Los efectos de esta causa de exclusión tendrán lugar en el año inmediato posterior a aquel en que se produzca.

Los sujetos pasivos previamente excluidos por esta causa que no superen los citados límites en ejercicios sucesivos quedarán sometidos al régimen simplificado, salvo que renuncien a él.

15026 Adicionalmente, hay que tener en cuenta los límites de exclusión que se establecen en la LIRPF art.31.1.3ª, para el **régimen de estimación objetiva** en el IRPF y, con ello, para el régimen simplificado del IVA.

15028

Pregunta
¿Existe un límite de compras para los empresarios que aplican el régimen simplificado?

Sí. Están excluidos del régimen simplificado los empresarios o profesionales que hayan superado, en un año natural, en volumen de compras en bienes y servicios, 250.000 euros anuales (el límite que establece la LIVA es de 150.000 €, pero existen otras normas que lo vienen elevando en los últimos años a 250.000 € -LIVA disp.trans.13ª-, IVA excluido, para el conjunto de **todas las actividades económicas** desarrolladas por ellos. Dentro de este límite se tienen en cuenta las obras y servicios subcontratados, pero se excluyen las adquisiciones de inmovilizado.

Pregunta 15030
¿Existen otras variables específicas cuya superación excluya de la aplicación del régimen simplificado?

Sí. Están excluidos del régimen simplificado los empresarios que superen los **límites** que, para cada año y actividad, se determina por Orden del Ministro de Hacienda (para el 2024, OM HFP/1359/2023), con efectos en el año inmediato posterior a aquel en que se produzca esta circunstancia, salvo en el supuesto de **inicio de la actividad**, en que la exclusión surte efectos a partir del momento de comienzo de la misma. Los sujetos pasivos previamente excluidos por esta causa que no superen los citados límites en ejercicios sucesivos quedarán sometidos al régimen simplificado, salvo que renuncien al mismo.
Las Órdenes Ministeriales que concretan año a año el contenido y ámbito de aplicación del régimen especial, establecen igualmente las **magnitudes específicas** cuya superación determina la exclusión tanto del régimen de estimación objetiva del IRPF como del régimen especial simplificado del IVA. Dichas magnitudes específicas son el número de bateas (para la actividad de producción de mejillón en batea), el personal empleado y el número de vehículos utilizados en la actividad (estos últimos para las actividades de transporte).
Cuando en un año natural se superen las magnitudes indicadas, el sujeto pasivo quedará excluido, a partir del año inmediato siguiente, del régimen de estimación objetiva en el IRPF y del régimen simplificado o del REAGP en el IVA.

Pregunta 15035
¿Qué régimen de compatibilidad hay entre el régimen simplificado y el del recargo de equivalencia?

Entre estos dos regímenes especiales existe compatibilidad; sin embargo, no siempre es fácil apreciar la aplicación de uno u otro. Se puede considerar que el régimen simplificado se aplica a las actividades en las que no resulte de aplicación otro régimen especial (RIVA art.37); no obstante, hay **casos dudosos** en que se incluyen actividades de venta al por menor entre las actividades a las que se aplica el régimen simplificado. Ello se produce, normalmente, por alguna de las siguientes **causas**:
a) Porque los bienes comercializados están excluidos expresamente del recargo de equivalencia, como ocurre con el comercio al por menor de materiales de construcción.
b) Porque la inclusión en el régimen simplificado se realiza sólo respecto de ciertas prestaciones de servicios que los correspondientes epígrafes del IAE permiten realizar a los comerciantes minoristas. Así sucede, por ejemplo, en los epígrafes del IAE 642.1, 2 y 3 (elaboración de charcutería por minoristas de carne), entre otros. En estos supuestos, la venta al por menor tributa en el régimen especial del recargo de equivalencia, salvo la de los productos transformados por el sujeto pasivo, que se excluye expresamente de aquel régimen y tributan conforme al régimen simplificado.
c) Porque el alta en el IAE autoriza la venta de los productos fabricados. Así sucede, por ejemplo, con los epígrafes del IAE 644.1, 2 y 3 (comercio al por menor de pan, bollería, pastelería, confitería, etc.). En estos casos, si el minorista fabrica y vende los productos objeto de su actividad, le será aplicable el régimen simplificado, por lo que en dicho régimen tributará la actividad de fabricación. Si, además, vende otros bienes no fabricados por él, tributará, en cuanto a éstos, por el régimen del recargo de equivalencia.

15038 **Pregunta**

¿Qué régimen de compatibilidad existe entre el régimen simplificado y el REAGP?

Al igual que en el caso anterior, se instituye un régimen de compatibilidad, aunque de delimitación más sencilla, pues las actividades agrícolas o ganaderas susceptibles de acogerse al régimen simplificado se caracterizan, en todo caso, por no reunir los requisitos para estar en el REAGP. Así ocurre en los siguientes casos:

a) La **ganadería independiente**, es decir, aquella cuya alimentación no procede de la propia explotación en proporción superior al 50%, excluida de la aplicación del REAGP.

b) Los **servicios de cría, guarda y engorde de ganado**, que no constituyen una actividad ganadera a efectos del REAGP.

c) Los servicios, trabajos y **actividades accesorias** realizados por agricultores y ganaderos excluidos o no incluidos en el REAGP, que requieren para tributar en el régimen simplificado que se trate de servicios distintos de los previstos en la legislación como incluidos en el REAGP.

d) Los **aprovechamientos** que correspondan al **cedente** en las actividades agrícolas desarrolladas en régimen de aparcería. Distinto es el caso del arrendamiento rústico, al que no le resultan aplicables ni el REAGP, ni el régimen simplificado, quedando sujeto al régimen general.

e) Los procesos de **transformación, elaboración o manufactura** de productos naturales, vegetales o animales, que requieran el alta en un epígrafe de actividades industriales en las tarifas del IAE y se realicen por los titulares de las explotaciones de las cuales se obtengan directamente dichos productos naturales. Estas actividades quedan excluidas del REAGP expresamente, pero pueden acogerse al régimen simplificado.

15040 **Pregunta**

¿Qué régimen de compatibilidad existe entre el régimen simplificado y el régimen general del IVA?

En cuanto al régimen general, la realización de actividades distintas de las incluidas expresamente en el régimen simplificado o de las que pueden acogerse a los regímenes especiales de la agricultura, ganadería y pesca o del recargo de equivalencia, supone la exclusión del régimen simplificado. En otros términos, los regímenes simplificado y general son **incompatibles**.

No obstante, la LIVA art.122.Dos.1 y el RIVA art.36.1.e) admiten que los sujetos pasivos acogidos al régimen simplificado puedan realizar algunas actividades a las que sería de aplicación el régimen general, sin que tal circunstancia suponga a la exclusión del régimen. Tales actividades son las siguientes:

a) Arrendamientos de bienes inmuebles cuya realización no suponga el desarrollo de una actividad económica de acuerdo con lo dispuesto en la normativa reguladora del IRPF.

b) Actividades en cuyo desarrollo se efectúen exclusivamente **operaciones exentas** según la LIVA art.20, aunque es de señalar que, en la medida en que dichas actividades den lugar a rendimientos de actividades económicas en el IRPF, se producirá la exclusión del régimen simplificado.

15043 **Pregunta**

¿Se puede renunciar al régimen simplificado?

Sí. Así se dispone en la LIVA art.120.Cuatro, que establece la posibilidad de renunciar a este régimen especial. La LIVA art.122.Tres completa la anterior disposición, señalando que dicha renuncia tendrá efecto para un **período mínimo de 3 años** y se efectuará en las condiciones que reglamentariamente se establezcan (ver pregunta siguiente).

15045

Pregunta
¿Cómo se efectúa la renuncia al régimen simplificado?

La renuncia al régimen simplificado se puede realizar de **dos maneras**, que son las siguientes (RIVA art.33):

a) A través de la **declaración censal**. La renuncia al régimen simplificado se puede realizar al tiempo de presentar la declaración de comienzo de la actividad o, en su caso, durante el mes de diciembre anterior al inicio del año natural en que deba surtir efecto. Estas declaraciones censales son las que se regulan en el RGGI art.9 y 10 –redacc RD 117/2024–, modelo 036.

Hay que tener en cuenta, no obstante, que en los últimos años se han aprobado diversos Reales Decretos-Leyes en los que se habilitaban plazos excepcionales para la renuncia, normalmente, desde la fecha de su entrada en vigor hasta el 31 de enero del año siguiente (se han venido aprobando a finales de año).

b) Mediante las **autoliquidaciones periódicas**, entendiéndose realizada la renuncia cuando se presente en plazo la autoliquidación correspondiente al primer trimestre del año natural en que deba surtir efecto, siempre que dicha autoliquidación se presente aplicando el régimen general. Igualmente, para el caso de inicio de la actividad, se entiende efectuada la renuncia cuando la primera autoliquidación que haya de presentar el sujeto pasivo después del comienzo de la actividad se presente en plazo aplicando el régimen general del impuesto.

Cuando el sujeto pasivo viniera realizando una actividad acogida al **régimen simplificado** o al **REAGP** e inicie durante el año otra actividad susceptible de acogerse a uno de dichos regímenes, la renuncia al régimen especial que corresponda a la nueva actividad no tendrá efecto para ese año respecto de la actividad que se venía realizando con anterioridad. Esta posibilidad de simultanear el régimen general del impuesto con los dos regímenes especiales a que se ha hecho referencia únicamente es factible para este caso (excepción hecha de las operaciones exentas o de arrendamiento). En consecuencia, si se diera el caso planteado, al año siguiente el conjunto de la actividad desarrollada por el empresario o profesional tributaría en el régimen general del impuesto.

La **renuncia al régimen de estimación objetiva** del IRPF supondrá la renuncia al régimen simplificado del IVA por el conjunto de las actividades desarrolladas por el sujeto pasivo, pasando, en consecuencia, a tributar por el régimen general de este tributo y por el régimen de estimación directa, normal o simplificada, en el IRPF.

La normativa relativa a la renuncia se completa con lo dispuesto en el RIVA art.35 segundo párrafo, según el cual la renuncia al régimen especial simplificado, para el caso de las **entidades en régimen de atribución de rentas** en el IRPF, habrá de formularse por todos y cada uno de los socios, herederos, comuneros o partícipes que las conformen.

15047

Pregunta
¿Qué vigencia temporal tiene la renuncia al régimen simplificado?

La renuncia tendrá efecto para un **periodo mínimo de 3 años**, entendiéndose prorrogada para cada uno de los años en que pudiera ser aplicable el régimen especial, salvo que se produzca la revocación (RIVA art.33.2; ver pregunta nº 15050).

Si en el año anterior a aquel en que la renuncia debiera surtir efecto se superara el límite que determina el ámbito de aplicación del régimen especial simplificado, la renuncia se tendrá por no efectuada. Esta referencia ha de entenderse efectuada a los límites monetarios o por variables específicas anteriormente expuestos (ver pregunta nº 15025 s.).

15050

Pregunta
¿Cabe la revocación de la renuncia al régimen simplificado?

Sí. Tal y como se señala en la pregunta anterior, una vez se ha renunciado al régimen simplificado, la renuncia mantiene sus efectos indefinidamente, salvo que se produzca la revocación a la misma.

La revocación a la renuncia se regula en el RIVA art.33, que establece un único régimen para la misma, que es el de la **revocación expresa**, que ha de realizarse en el mes de diciembre anterior al inicio del año en que deba surtir efecto. En consecuencia, no cabe la revocación de la renuncia por la vía de la presentación de una autoliquidación periódica con aplicación del régimen simplificado.

La revocación, por tanto, ha de realizarse mediante una declaración censal, modelo 036 (RGGI art.9 y 10 –redacc RD 117/2024–).

15052

Pregunta
¿Qué actividades están incluidas en el régimen simplificado?

Las que se incluyen en la Orden Ministerial que se aprueba anualmente para completar su regulación. De forma muy resumida, las actividades que se suelen incluir en este régimen especial son las siguientes:

a) **Servicios** relacionados con la agricultura o la ganadería **excluidos del REAGP**, tales como la ganadería independiente, la cría, guarda o engorde de ganado, los servicios accesorios excluidos del REAGP, los aprovechamientos correspondientes a los cedentes en contratos de aparcería o ciertos procesos de transformación.

b) Determinadas **actividades fabriles**.

c) Ciertas **actividades comerciales**. En relación con estas actividades hay que tener en cuenta que las actividades comerciales tributan generalmente mediante el régimen especial del recargo de equivalencia (ver pregunta nº 15035). La tributación por el régimen simplificado se refiere a otras operaciones cuya realización facultan las tarifas del IAE a los titulares de dichas actividades, como puede ser el caso de la instalación o reparación de los artículos vendidos o la recogida de carretes fotográficos. Asimismo, esta previsión es de utilidad para los supuestos en que el régimen especial del recargo de equivalencia no es aplicable, como ocurre en los supuestos de fabricación y venta o de comercialización de artículos objetivamente excluidos de dicho régimen especial (ver pregunta nº 15035).

d) Servicios de **restaurantes y cafeterías**, así como de alojamiento de baja categoría.

e) **Reparaciones**.

f) Actividades de **transporte**.

g) Ciertas actividades de **enseñanza o deportivas**.

h) Actividades de **tintorería** y de **fotocopia**.

i) **Peluquerías** y salones de belleza.

Lo habitual es que la determinación de las operaciones económicas incluidas en cada actividad se efectúe de acuerdo con las normas del IAE.

Es importante destacar que cada una de las actividades que se señalan por la Orden Ministerial ha de ser considerada como una **actividad independiente**. La trascendencia de lo que se acaba de señalar radica en la imputación de las unidades de módulo a las distintas actividades desarrolladas por el sujeto pasivo para el caso de que un mismo empresario desarrolle varias actividades que hayan de recibir esta consideración.

Pregunta
¿Existen operaciones que se liquidan por separado cuando se aplica el régimen simplificado? 15055

Sí. Las operaciones cuya liquidación se realiza de este modo son las siguientes (LIVA art.123.Uno.B):

a) Las adquisiciones intracomunitarias de bienes.

b) Las operaciones a que se refiere la LIVA art.84.Uno.2º, que son operaciones en las que se aplica el mecanismo de inversión del sujeto pasivo.

c) Las entregas o transmisiones de activos fijos materiales e intangibles.

Las cantidades que resulten de estas operaciones han de ingresarse con independencia de las que resulten de los índices o módulos de la actividad y de la deducción de las cuotas corrientes soportadas o satisfechas por los sujetos pasivos acogidos al régimen simplificado.

Adicionalmente, hay que tener en cuenta que la liquidación del IVA correspondiente a las **importaciones** de bienes destinados a ser utilizados en actividades por las que el empresario o profesional esté acogido al régimen simplificado se efectuará con arreglo a las normas generales establecidas para la liquidación de las importaciones de bienes.

Pregunta
¿Cómo se liquida el IVA cuando se aplica el régimen simplificado? 15058

En la liquidación del IVA por parte de los empresarios que aplican el régimen simplificado, estos determinarán, para **cada actividad**, el importe de las **cuotas devengadas** en concepto de IVA y del recargo de equivalencia, conforme a los índices, módulos y demás parámetros, correspondientes a la actividad.

De dicho importe podrá deducirse el importe de las **cuotas soportadas** o satisfechas por operaciones corrientes relativas a bienes o servicios afectos a la actividad. Dicha deducción se ajusta a las siguientes **especialidades** (LIVA art.123.Uno.A):

a) No son deducibles las cuotas soportadas por los servicios de **desplazamiento o viajes, hostelería y restauración** en el supuesto de empresarios o profesionales que desarrollen su actividad en local determinado. A estos efectos, se considera local determinado cualquier edificación, excluyendo los almacenes, aparcamientos o depósitos cerrados al público.

b) Las cuotas soportadas o satisfechas sólo son deducibles en la autoliquidación correspondiente al **último período impositivo** del año en el que deban entenderse soportadas o satisfechas, por lo que, con independencia del régimen de tributación aplicable en años sucesivos, no procede su deducción en un período impositivo posterior.

c) Cuando se realicen adquisiciones o importaciones de bienes y servicios para su **utilización en común** en varias actividades por las que el empresario o profesional esté acogido al régimen simplificado, la cuota a deducir en cada una de ellas será la que resulte del prorrateo en función de su utilización efectiva. Si no fuese posible aplicar dicho procedimiento, se imputarán por partes iguales a cada una de las actividades.

d) Pueden deducirse las **compensaciones agrícolas**, satisfechas por los empresarios o profesionales por la adquisición de bienes o servicios a empresarios acogidos al REAGP.

e) Los empresarios o profesionales tienen derecho, en relación con las actividades por las que estén acogidos al régimen especial simplificado, a deducir el 1% del importe de la cuota devengada en concepto de **cuotas soportadas de difícil justificación**.

Mediante Orden del Ministerio de Hacienda se podrá establecer un **importe mínimo de las cuotas a ingresar** para cada actividad, a excepción de las actividades agríco-

las, ganaderas y forestales (RIVA art.38). Así se viene haciendo en las Órdenes Ministeriales que sucesivamente completan la regulación del régimen especial.
Al importe resultante se le añaden las **cuotas devengadas** por las siguientes operaciones (LIVA art.123.Uno.B):
a) Adquisiciones intracomunitarias de bienes.
b) Las operaciones a que se refiere la LIVA art.84.Uno.2 (inversión del sujeto pasivo).
c) Las entregas y transmisiones de activos fijos materiales e intangibles.

15059 En cuanto a la deducción de las cuotas soportadas o satisfechas por la adquisición de **activos fijos**, considerándose como tales los elementos del inmovilizado, esta se practica conforme a las reglas generales de deducción. No obstante, cuando el sujeto pasivo liquide en la autoliquidación del último periodo del ejercicio las cuotas correspondientes a **adquisiciones intracomunitarias** de activos fijos, o a adquisiciones de tales activos con **inversión del sujeto pasivo**, la deducción de dichas cuotas no podrá efectuarse en una autoliquidación anterior a aquella en que se liquiden tales cuotas (RIVA art.38.2).
A estos efectos, se consideran activos fijos los elementos del inmovilizado y, en particular, aquellos de los que se disponga en virtud de contratos de arrendamiento financiero con opción de compra, tanto si dicha opción es vinculante, como si no lo es (LIVA art.123.Uno.C).
La liquidación del impuesto correspondiente a las **importaciones** de bienes destinados a ser utilizados en actividades por las que el empresario o profesional esté acogido al régimen especial simplificado, se efectúa con arreglo a las normas generales establecidas para la liquidación de las importaciones de bienes.
Finalmente, hay que tener en cuenta que la compatibilidad de este régimen especial con otros regímenes especiales (el REAGP o el recargo de equivalencia) o con el régimen general, supone que el régimen simplificado siempre constituye un **sector diferenciado** del resto de las actividades, lo que implica que a cada una de ellas se aplicará el régimen de deducciones que le corresponda (LIVA art.101; ver pregunta nº 11170).

15060

Pregunta
¿Existe la posibilidad de reducir los índices o módulos aplicables a las actividades?

Sí, siempre que se produzcan circunstancias excepcionales. Estas **circunstancias** son las siguientes (RIVA art.38.3 y 4):
a) Que el desarrollo de actividades se viese afectado por **incendios, inundaciones** u otras circunstancias excepcionales que afectasen a un sector o zona determinada. En tal caso, mediante Orden del Ministerio de Hacienda se podrá autorizar la citada reducción de los índices o módulos.
b) Que el desarrollo de actividades se vea afectado por incendios, inundaciones, hundimientos o grandes averías en el **equipo industrial** que supongan alteraciones graves en el desarrollo de la actividad. En tal caso, los interesados pueden solicitar la reducción de los índices o módulos en la Administración o Delegación de la AEAT correspondiente a su domicilio fiscal en el plazo de 30 días a contar desde la fecha en que se produzcan dichas circunstancias, aportando las pruebas que consideren oportunas. Acreditada la efectividad de dichas alteraciones ante la Administración Tributaria, se acordará la reducción de los índices o módulos que proceda.
c) Que el titular de la actividad se encuentre en situación de **incapacidad temporal** y no tenga otro personal empleado, siguiendo en este caso el mismo procedimiento que se ha señalado en el supuesto anterior.

15063

Pregunta
¿Cómo se determina la cuota devengada en relación con las actividades agrarias acogidas al régimen simplificado?

En el supuesto de actividades en las que se realice la **entrega de los productos naturales** o los trabajos, servicios y actividades accesorios, la cuota devengada se obtendrá multiplicando el volumen total de ingresos –excluidas las subvenciones corrientes o de capital, las indemnizaciones, el IVA y, en su caso, el recargo de equivalencia que grave la operación– de cada uno de los cultivos o explotaciones por el índice de cuota devengada por operaciones corrientes que corresponda según la actividad de que se trate (OM HFP/1359/2023).
Respecto a las actividades en las que se sometan los productos naturales a **transformación**, elaboración o manufactura, la cuota devengada se obtendrá multiplicando el valor de los productos naturales utilizados en el proceso, a precio de mercado, por el índice de cuota devengada por operaciones corrientes correspondiente. La imputación de la cuota devengada por operaciones corrientes en estas actividades se produce en el momento en que los productos naturales sean incorporados a los citados procesos de transformación, elaboración o manufactura.

15065

Pregunta
¿Cómo se determinan las cuotas deducibles en relación con las actividades agrarias acogidas al régimen simplificado?

De la cuota devengada por operaciones corrientes, calculada conforme a lo expuesto en la pregunta anterior, pueden deducirse las cuotas soportadas o satisfechas por la **adquisición o importación de bienes y servicios**, distintos de los activos fijos, destinados al desarrollo de la actividad, en los términos generales relativos al derecho a la deducción (RIVA art.38.1). También pueden deducirse las **compensaciones agrícolas** (LIVA art.130) satisfechas por los sujetos pasivos por la adquisición de bienes o servicios a empresarios acogidos al REAGP, así como el **1%** del importe de la cuota devengada por operaciones corrientes en concepto de cuotas soportadas, por este mismo tipo de operaciones, de difícil justificación (LIVA art.123.Uno.A).
En el ejercicio de las deducciones a que se refiere el párrafo anterior se aplican las restricciones que establece la LIVA art.123.Uno.A, expuestas en la pregunta nº 15058.
La cuota derivada del régimen simplificado es el resultado de deducir de la cuota devengada por operaciones corrientes, las cuotas soportadas o satisfechas por operaciones corrientes.

15067

Pregunta
¿Cómo se determinan los ingresos que hay que realizar a lo largo del ejercicio por parte de los titulares de las actividades agrarias acogidas al régimen simplificado?

La determinación de las cuotas devengadas y de las soportadas deducibles debe realizarse por el sujeto pasivo al término del ejercicio; no obstante, en las autoliquidaciones correspondientes a los **tres primeros trimestres** de cada año natural, el sujeto pasivo realizará, durante los 20 primeros días naturales de los meses de abril, julio y octubre, el **ingreso a cuenta** de una parte de la cuota derivada del régimen simplificado (RIVA art.41.2).
Para cuantificar el importe a ingresar en tales autoliquidaciones, se estima la cuota devengada por operaciones corrientes del trimestre, aplicando el índice de cuota devengada por operaciones corrientes correspondiente sobre el volumen total de ingresos del trimestre, excluidas subvenciones corrientes o de capital, las indemnizaciones, el IVA y, en su caso, el recargo de equivalencia que grave la operación.

Sobre tal cuota devengada por operaciones corrientes se aplicarán los porcentajes que correspondan.
En el supuesto de actividades en las que se sometan los productos naturales a **transformación**, elaboración o manufactura, el citado porcentaje se aplica sobre el resultado de multiplicar el índice de cuota devengada por operaciones corrientes correspondiente sobre el valor de los productos naturales utilizados en el trimestre, a precio de mercado.
Al finalizar el año o al producirse el cese de la actividad, el sujeto pasivo debe calcular la cuota anual derivada del régimen simplificado, teniendo en cuenta el **volumen total de ingresos**, con las mismas exclusiones relativas a subvenciones corrientes o de capital, las indemnizaciones, así como el IVA y, en su caso, el recargo de equivalencia que grave la operación, correspondientes al año natural.
En la **última autoliquidación** del ejercicio se hará constar la cuota anual derivada del régimen simplificado, restando de la misma las cantidades liquidadas en las autoliquidaciones de los tres primeros trimestres del ejercicio.
En caso de que el resultado de la última autoliquidación del ejercicio fuera **negativo**, el sujeto pasivo puede solicitar la devolución en la forma prevista en la LIVA art.115.Uno (ver pregunta nº 11770), u optar por la compensación del saldo a su favor en las siguientes autoliquidaciones periódicas. Esta autoliquidación correspondiente al último trimestre del año natural deberá presentarse durante los 30 primeros días naturales del mes de enero (RIVA art.41.2).
En todo caso, la cuota derivada del régimen simplificado debe incrementarse en el importe de las cuotas devengadas por las operaciones a que se refiere la LIVA art.123.Uno.B (ver pregunta nº 15055), y podrá reducirse en el importe de las cuotas soportadas o satisfechas por la adquisición o importación de los activos fijos destinados al desarrollo de la actividad.

15070

Pregunta
¿Cómo se determina la cuota devengada en relación con las actividades no agrarias acogidas al régimen simplificado?

Para las actividades no agrarias acogidas al régimen simplificado, la regulación se realiza en la Orden Ministerial por la que se detalla la aplicación del régimen especial, que utiliza distintos **índices o módulos** para la determinación de la cuota devengada.
En la cuantificación del número de unidades de dichos índices o módulos, las instrucciones para la liquidación del IVA se remiten de forma expresa a las señaladas en relación con el IRPF.
El **promedio** de los signos, índices o módulos se determina:
- cuando se trate de personal asalariado y no asalariado: en función de las horas;
- para el consumo de energía eléctrica: se deben tener en cuenta los kilovatios/hora consumidos;
- para la distancia recorrida: se deben tener en cuenta los kilómetros recorridos;
- en los restantes casos: en función de los días de efectivo empleo, utilización o instalación.

Asimismo, las Órdenes Ministeriales que regulan el régimen especial de año en año (para el 2024, OM HFP/1359/2023) establecen igualmente los criterios de cómputo de los módulos.
Es fundamental señalar que cuando un mismo módulo es utilizado en **distintas actividades,** ha de prorratearse el mismo en función de su uso efectivo en cada una de las actividades. En caso de que dicho prorrateo no sea posible, la imputación se realizará por mitades.

15100

Pregunta
¿Cómo se determinan las cuotas deducibles en relación con las actividades no agrarias acogidas al régimen simplificado?

De la cuota devengada por operaciones corrientes pueden deducirse las cuotas soportadas o satisfechas por la **adquisición o importación de bienes y servicios**, distintos de los activos fijos, destinados al desarrollo de la actividad, considerándose a estos efectos activos fijos los elementos del inmovilizado. También pueden deducirse las **compensaciones agrícolas** (LIVA art.130), satisfechas por los sujetos pasivos por la adquisición de bienes o servicios a empresarios acogidos al REAGP (OM HFP/1359/2023).
Son aplicables también en este caso las reglas especiales previstas en la LIVA art.123.Uno.A (ver pregunta nº 15058).
Es importante señalar que para estas actividades la cuota derivada del régimen simplificado será **la mayor** de las dos cantidades siguientes:
– la resultante de los cálculos que se acaban de exponer. En las **actividades de temporada** dicha cantidad se multiplica por el índice corrector que se explica en la pregunta nº 15103;
– la **cuota mínima**, incrementada en el importe de las cuotas del IVA o tributo similar soportadas fuera del TIVA, que hayan sido devueltas al sujeto pasivo en el ejercicio, y que correspondan a bienes o servicios adquiridos para ser utilizados en el desarrollo de la actividad acogida al régimen especial simplificado. Esta cuota mínima resulta de aplicar el porcentaje, establecido para cada actividad, que figura en la citada Orden Ministerial, sobre la cuota devengada por operaciones corrientes. En las actividades de temporada dicha cuota mínima se multiplica por el índice corrector que se analiza en la pregunta nº 15103.

15103

Pregunta
¿Cómo se periodifican los ingresos en las actividades no agrarias acogidas al régimen simplificado?

El resultado de aplicar lo expuesto en la pregunta anterior se calcula por el sujeto pasivo al término de cada ejercicio. No obstante, en las **autoliquidaciones** correspondientes a los **tres primeros trimestres** de cada año natural, el sujeto pasivo realizará, durante los 20 primeros días naturales de los meses de abril, julio y octubre, el ingreso a cuenta de una parte de la cuota derivada del régimen simplificado, que resultará de aplicar el **porcentaje** que señala la respectiva Orden Ministerial a la cuota devengada por operaciones corrientes (OM HFP/1359/2023).
Para el cálculo del ingreso correspondiente a cada uno de los tres primeros trimestres, los **módulos e índices correctores** aplicables inicialmente en cada período anual son los correspondientes a los datos-base del sector de actividad referidos al día 1 de enero de cada año. Si algún dato-base no pudiera determinarse el primer día del año, se toma el que hubiese correspondido en el año anterior. Esta misma regla se aplica en el supuesto de actividades de temporada.
Cuando en el año anterior no se hubiese ejercido la actividad, los módulos e índices correctores aplicables inicialmente son los correspondientes a los datos-base referidos al día en que se inicie.
Si los datos-base de cada módulo no fuesen un número entero, se expresarán con dos cifras decimales.

En caso de **inicio de la actividad** con posterioridad a 1 de enero, o de **cese** antes de 31 de diciembre, o cuando concurran ambas circunstancias, las cantidades a ingresar se calculan de la siguiente forma (OM HFP/1359/2023): 15104
a) La cuota devengada por operaciones corrientes se determina aplicando los módulos del sector de actividad que correspondan.

b) Por cada trimestre natural completo de actividad se ingresa el porcentaje correspondiente a la actividad.
c) La cantidad a ingresar en el trimestre natural incompleto se obtiene multiplicando la cuota correspondiente a un trimestre natural completo por el cociente resultante de dividir el número de días naturales comprendidos en el período de ejercicio de la actividad en dicho trimestre natural por el número total de días naturales del mismo.
En las **actividades de temporada** se calcula la cuota devengada por operaciones corrientes conforme se ha señalado. La cuota devengada diaria por operaciones corrientes resulta de dividir la cuota devengada anual por el número de días de ejercicio de la actividad en el año anterior. Para estas actividades, el ingreso a realizar por cada trimestre natural será el resultado de aplicar el porcentaje correspondiente a cada actividad al producto de multiplicar el número de días naturales en que se desarrolla la actividad durante dicho trimestre por la cuota devengada diaria por operaciones corrientes.
La cuota calculada según lo dispuesto en este número se incrementa por aplicación de los siguientes **índices correctores**:
- hasta 60 días de temporada; 1,50;
- de 61 a 120 días de temporada; 1,35;
- de 121 a 180 días de temporada; 1,25.

Este índice se aplica en función de la duración de la temporada.
Se consideran actividades de temporada las que habitualmente sólo se desarrollan durante ciertos días del año, continuos o alternos, siempre que el total no exceda de 180 días por año.
Es importante matizar que el concepto de actividad de temporada no ha de conducir a considerar como tal a cualquier actividad que se inicia a lo largo del ejercicio, sino únicamente a aquéllas que por sí mismas únicamente se ejercen durante una parte del año.

15105 En el supuesto de **actividades accesorias de carácter empresarial o profesional**, se cuantifica el importe del ingreso trimestral aplicando la cantidad asignada para el módulo «importe de las comisiones o contraprestaciones» sobre el total de los ingresos del trimestre procedentes de esa actividad accesoria.
Al finalizar el año o al producirse el cese de la actividad, o la terminación de la temporada, para el cálculo de la **cuota anual devengada** y su reflejo en la última autoliquidación del ejercicio, el sujeto pasivo debe calcular el promedio de los signos, índices o módulos relativos a todo el período en que haya ejercido la actividad durante dicho año natural.
El promedio de los signos, índices o módulos se determinará en función de las horas, cuando se trate de personal asalariado y no asalariado, o días, en los restantes casos, de efectivo empleo, utilización o instalación, salvo para el consumo de energía eléctrica o distancia recorrida, en que se tendrán en cuenta, respectivamente, los kilovatios/hora consumidos o kilómetros recorridos. Si no fuese un número entero se expresará con dos cifras decimales.
Cuando exista una **utilización parcial** del módulo en la actividad o sector de actividad, el valor a computar es el que resulte de su prorrateo en función de su utilización efectiva. Si no fuese posible determinar esta, se imputa por partes iguales a cada una de las utilizaciones del módulo.
En la **última autoliquidación** del ejercicio se calcula la cuota derivada del régimen simplificado, detrayendo las cantidades liquidadas en las autoliquidaciones de los tres primeros trimestres del ejercicio.
Si el resultado fuera negativo, el sujeto pasivo puede solicitar la devolución en la forma prevista en la LIVA art.115.Uno (ver pregunta nº 11770), u optar por la compensación del saldo a su favor en las siguientes autoliquidaciones periódicas.
La autoliquidación correspondiente al último trimestre del año natural debe presentarse durante los treinta primeros días naturales del mes de enero.

15110

Pregunta
¿Qué ocurre cuando se aplica el método de estimación indirecta a contribuyentes que debían haber aplicado el régimen simplificado?

En la estimación indirecta del IVA se tendrán en cuenta, preferentemente, los índices, módulos y demás parámetros establecidos para el régimen simplificado, cuando se trate de sujetos pasivos que hayan renunciado a este último régimen (LIVA art.123.Dos).

15112

Pregunta
¿Existen obligaciones registrales específicas para los contribuyentes acogidos al régimen simplificado?

Sí. Las obligaciones registrales que han de cumplir los sujetos pasivos acogidos a este régimen especial son las siguientes (RIVA art.40.1):
a) Llevar un **Libro Registro de facturas recibidas,** en el que anotarán las facturas y documentos relativos a las adquisiciones e importaciones de bienes y servicios por los que se haya soportado o satisfecho el impuesto y destinados a su utilización en las actividades por las que resulte aplicable el régimen simplificado. En este Libro Registro deben anotarse con la debida separación las importaciones y adquisiciones de los activos fijos (LIVA art.123.Uno.B y C) haciendo constar, en relación con estos últimos, todos los datos necesarios para efectuar las regularizaciones que, en su caso, hayan de realizarse.
b) Cuando realicen **otras actividades** a las que no sea aplicable el régimen simplificado, deben anotar con la debida separación las facturas relativas a las adquisiciones correspondientes a cada sector diferenciado de actividad.
c) En los casos en que las actividades tributen conforme a índices o módulos que operen sobre el **volumen de ingresos** realizado, deben llevar asimismo un Libro Registro en el que anotarán las operaciones efectuadas en el desarrollo de las referidas actividades.
Asimismo, los sujetos pasivos acogidos a este régimen deben **conservar los justificantes** de los índices o módulos aplicados de conformidad con lo que, en su caso, prevea la Orden Ministerial que los apruebe (RIVA art.40.2).

15115

Pregunta
¿Qué obligaciones de facturación tienen los sujetos pasivos acogidos al régimen simplificado?

De acuerdo con el Rgto Fac art.3.1.c), no existe obligación de expedir factura por las operaciones realizadas por empresarios o profesionales en el desarrollo de actividades por las que se encuentren acogidos al régimen simplificado, salvo que la determinación de las cuotas devengadas se efectúe en atención al volumen de ingresos. No obstante, estos empresarios han de expedir factura en todo caso por las operaciones que se citan en el Rgto Fac art.2.2 (ver pregunta nº 17528 s.).
Las operaciones que se citan en el Rgto Fac art.2.2 son las operaciones por las que, en particular, existe **obligación de expedir factura**.
Como excepción, el mismo Rgto Fac art.3.1.c establece la obligación de expedir factura en relación con las operaciones que se realicen en el desarrollo de actividades por las que se encuentren acogidos al régimen simplificado, para las cuales la determinación de las cuotas devengadas se efectúe en atención al **volumen de ingresos**.

Finalmente, hay que tener en cuenta que en todo caso debe expedirse factura por las **transmisiones de activos fijos** a que se refiere la LIVA art.123.Uno.B.3. 15117
Los documentos que se expidan por estos empresarios o profesionales serán facturas idénticas a las expedidas por operaciones realizadas en el desarrollo de actividades

des que tributen en el régimen general del IVA. Los requisitos o datos incluidos en dichos documentos son igualmente idénticos a los incluidos en facturas expedidas por empresarios o profesionales que determinen la tributación de sus operaciones a través del régimen general del impuesto.
Estas facturas pueden ser facturas completas o simplificadas, al igual que para cualquier otro empresario o profesional.
Es conveniente recordar que incluso en los supuestos en que la cuota devengada se calcula mediante la aplicación de un porcentaje sobre el importe de los ingresos obtenidos por las operaciones, una cosa es la forma en que se determine la cuota devengada y otra muy distinta el derecho y obligación que tienen los empresarios o profesionales que desarrollan actividades acogidas a este régimen especial de **repercutir el tributo**, exactamente en los mismos términos en que lo haría un empresario o profesional que determine su tributación en el régimen general.

15119 Ejemplos 1) Una persona física realiza pequeños trabajos de albañilería por cuenta propia. Está acogido al régimen simplificado del IVA. Recibe un aviso de un cliente particular al que se le ha averiado un grifo en su vivienda.
De acuerdo con el Rgto Fac, este profesional no está obligado a expedir factura por esta prestación de servicios. Lo anterior ha de entenderse sin perjuicio del derecho del cliente de exigir una factura en la que se deje constancia de los servicios prestados a efectos, por ejemplo, de la oportuna reclamación para el caso de que exista alguna anomalía o reclamación respecto a la operación. Así se establece en el Rgto Fac disp.adic.1ª.
Si el cliente de este empresario fuera, a su vez, otro empresario, por ejemplo, el titular de un pequeño negocio que precisa igualmente de una reparación, la operación debería documentarse en factura necesariamente.

15123 2) Una persona física dedicada al transporte de mercancías por carretera va a cambiar de vehículo y vende el que había estado utilizando hasta ese momento. El adquirente es otra persona física que ejercerá la misma actividad.
El bien que se está transmitiendo por este empresario o profesional tiene la condición de activo fijo material. En consecuencia, está obligado al ingreso del tributo correspondiente a la operación, con separación de la cantidad que resulte de la aplicación de los índices o módulos correspondientes a la actividad (LIVA art.123.Uno.B.3). Asimismo, debe expedir factura para la documentación de esta operación, factura que obrará como justificante del derecho a la deducción de las cuotas soportadas que tiene el destinatario de la operación, aunque se encuentre igualmente acogido al régimen simplificado (Rgto Fac art.3.1.c segundo párrafo).

SECCIÓN 2

Régimen Especial de la Agricultura, Ganadería y Pesca (REAGP)

(LIVA art.124 a 134.bis)

15140 **Pregunta**
¿Cuál es la razón de ser y objetivos del REAGP?

La pretensión del REAGP es la **simplificación** en el cumplimiento de las obligaciones tributarias por parte de los empresarios o profesionales del sector agrario o, al menos, para los que no cuentan con la infraestructura administrativa suficiente como para la gestión del régimen general del IVA. Para estos empresarios, la aplicación del régimen general del IVA resultaría excesivamente compleja, por lo que se ha considerado conveniente la adopción de medidas de simplificación. A la vez, el principio de neutralidad tributaria exige que, a salvo de los contados casos en que se establecen supuestos de exención, el IVA no se configure como un coste más en la actividad empresarial. A la conciliación de ambos principios responde el REAGP.

Este régimen se caracteriza por la **imposibilidad de deducir el IVA** que soportan los citados empresarios, de lo cual se les resarce a través de una **compensación** que se supone que se calcula para que se respete el consabido principio de neutralidad tributaria, esencial en el IVA. La compensación la pagan los empresarios o profesionales que adquieren sus productos a los empresarios agrarios, siendo dichos empresarios o profesionales, los adquirentes de los productos, los que expiden los documentos en los que se plasman las compensaciones, que son deducibles para ellos. La simplificación se completa con la **no presentación de autoliquidaciones** por parte de los empresarios agrarios.

Pregunta 15142
¿Quiénes pueden aplicar el REAGP?

Pueden aplicar el REAGP los titulares de explotaciones agrícolas, forestales, ganaderas o pesqueras en quienes concurran los demás requisitos señalados en la propia Ley del impuesto (LIVA art.124.Uno).
El concepto de **titularidad de la explotación** hay que entenderlo desde el punto de vista de la ordenación de los medios y la asunción del riesgo de la actividad, en congruencia con lo previsto en la LIVA art.4 y 5, con independencia de quién sea el titular jurídico de los referidos factores de producción. Lo importante es que la ordenación de tales factores, propios o ajenos, esto es, la adopción de decisiones respecto de ellos, se haga por cuenta propia, asumiendo el riesgo y ventura de la actividad y obteniendo, en consecuencia, la titularidad de los bienes o servicios obtenidos en el desarrollo de la misma.
No pueden aplicar el REAGP (LIVA art.124.Dos):
a) Las sociedades mercantiles.
b) Las sociedades cooperativas y las sociedades agrarias de transformación.
c) Los empresarios o profesionales cuyo volumen de operaciones durante el año inmediatamente anterior hubiese excedido del importe que se determine reglamentariamente (ver pregunta nº 15145).
d) Los empresarios o profesionales que renuncien a la aplicación del régimen de estimación objetiva del IRPF por cualquiera de sus actividades económicas.
e) Los empresarios o profesionales que renuncien a la aplicación del régimen simplificado.
f) Aquellos empresarios o profesionales cuyas adquisiciones e importaciones de bienes y servicios para el conjunto de sus actividades empresariales o profesionales, excluidas las relativas a elementos del inmovilizado, hayan superado en el año inmediato anterior el importe de 250.000 € anuales (el límite que establece la LIVA es de 150.000 €, pero existen otras normas que lo vienen elevando en los últimos años a 250.000 € –LIVA disp.trans.13ª–), excluido el IVA. Cuando en el año inmediato anterior se hubiese iniciado una actividad, el importe de las citadas adquisiciones e importaciones se elevará al año.

Pregunta 15145
¿Existen límites cuantitativos que excluyan de la aplicación del REAGP?

Sí. El RIVA art.43.1, desarrollando lo dispuesto al efecto por la LIVA art.124.Uno, establece los siguientes importes de **volumen de operaciones** cuya superación de cualquiera de ellos por el sujeto pasivo, determina la exclusión de este último del régimen especial:
a) 250.000 € en operaciones efectuadas en el desarrollo de actividades a las que les hubiese sido aplicable el REAGP. No obstante, se prevé la variación automática de dicha cifra en el supuesto de que la normativa reguladora del IRPF establezca otra distinta a efectos de la aplicación del régimen de estimación objetiva para la determinación del rendimiento de las actividades a las que en el IVA resulta aplicable el régimen de la agricultura.

b) 250.000 € en operaciones efectuadas en el desarrollo de actividades empresariales o profesionales del sujeto pasivo distintas de las anteriores.
c) 150.000 € anuales, excluido el propio IVA, por las adquisiciones o importaciones de bienes y servicios para el conjunto de las actividades empresariales o profesionales del sujeto pasivo, excluidas las relativas a elementos del inmovilizado.
Cuando el año inmediato anterior se hubiese iniciado una actividad, los importes citados en los párrafos anteriores se elevarán al año.
A efectos de determinar si se han superado o no los límites señalados en las letras A) o B), no han de **computarse** todas las operaciones efectuadas por el sujeto pasivo en el desarrollo de sus actividades empresariales o profesionales, sino únicamente las siguientes (RIVA art.43.3):
a) En el caso de operaciones realizadas en el desarrollo de actividades a las que hubiese sido aplicable el **REAGP**, se computan únicamente las operaciones comprendidas en dicho régimen especial que hubiese debido anotarse en el Libro Registro a que se refiere el RIVA art.47.1 (ver pregunta nº 15210), que son aquellas por las que se tiene derecho a percibir la compensación a tanto alzado propia del REAGP.
b) En el caso de operaciones realizadas en el desarrollo de actividades a las que hubiese sido aplicable el **régimen simplificado** del IVA, se computan las operaciones que deban anotarse en el Libro Registro a que se refiere el RIVA art.40.1 tercer párrafo (operaciones realizadas en el desarrollo de actividades cuyos índices o módulos del régimen simplificado operan sobre la magnitud volumen de operaciones) y el RIVA art.47.1 (operaciones comprendidas en el REAGP).
c) En el caso de operaciones efectuadas en el desarrollo de actividades a las que se hubiese aplicado el **régimen general** del IVA o un **régimen especial distinto** del simplificado o del REAGP, se computan todas las operaciones efectuadas en el desarrollo de tales actividades, según lo dispuesto con carácter general en la LIVA art.121 (ver pregunta nº 15015). No obstante, no se computan las operaciones de arrendamiento de inmuebles cuando, pese a constituir actividad empresarial a efectos del IVA, su realización no suponga sin embargo el desarrollo de una actividad económica de acuerdo con lo dispuesto en la normativa reguladora del IRPF.
La causa de exclusión que estamos tratando surtirá **efectos**, lógicamente, a partir del día 1 de enero del año siguiente a aquél en que el sujeto pasivo superó los importes de operaciones a que se ha hecho referencia. Los efectos de la exclusión se extenderán únicamente al referido año. Para determinar si la causa de exclusión resulta aplicable en años posteriores, habrá de comprobarse si en el año inmediato anterior a cada uno de ellos se superaron o no los límites de volumen de operaciones establecidos.
Por el contrario, **no constituye causa de exclusión** del régimen especial de la agricultura, el hecho de incurrir en alguna causa de exclusión de la aplicación del régimen de estimación objetiva de rendimientos de actividades económicas en el IRPF.

15148

Pregunta
¿Pueden aplicar el REAGP los titulares de explotaciones agrarias en régimen de aparcería?

Depende de las características de la explotación.
La DGT CV 16-12-86 ha analizado esta cuestión, estableciendo criterios reiterados con posterioridad y que se pueden sintetizar como sigue:
a) Se entenderá **cedida la titularidad** total o parcial de una explotación agraria si el titular cediese temporalmente a un tercero el uso o disfrute de una finca rústica o de alguno de sus aprovechamientos, otorgando al cesionario el derecho a hacer suya la propiedad de la totalidad o de una parte de los productos obtenidos, directamente o previa adjudicación.
b) No debe entenderse cedida la titularidad de una **explotación agropecuaria** en aquellos supuestos en que el titular de la misma concierte con terceros la realización por estos últimos de prestaciones de diversa naturaleza que contribuyan a los fines específicos de la referida explotación, siempre que los referidos titulares

hagan suyos los productos de esta última, y con independencia de la circunstancia de que la contraprestación pactada se fije en una determinada proporción de los frutos o productos obtenidos o del precio de venta a terceros de dichos frutos o productos.

c) Finalmente, en los casos en que, en virtud de los pactos suscritos, ambas partes contratantes (propietario de la explotación y aparcero) adquiriesen la **propiedad en común** de los productos obtenidos en la explotación para proceder a su transmisión a terceros, se considerará existente a efectos del IVA una entidad independiente del propietario y del aparcero, sin personalidad jurídica, que tendrá la condición de sujeto pasivo en dicho impuesto y que será quien podrá acogerse al régimen especial de la agricultura, ganadería y pesca en tanto que titular de la explotación, en el supuesto de que reúna los demás requisitos exigidos para ello por la normativa vigente.

Los rendimientos obtenidos por el **cedente**, para el caso de que no se le considere titular de una explotación agraria, tributan conforme al régimen simplificado (ver pregunta nº 15038).

Pregunta 15152
¿Cuáles son las operaciones a las que se puede aplicar el REAGP?

El REAGP es aplicable a las actividades propias de las explotaciones agrícolas, forestales, ganaderas o pesqueras en las que se obtengan directamente productos naturales, vegetales o animales de sus cultivos, explotaciones o capturas para su transmisión a terceros (LIVA art.125). No resulta, por tanto, aplicable a las explotaciones que tengan por objeto la obtención de productos distintos de los naturales de origen animal o vegetal. Así lo ha señalado la DGT, al indicar que no resulta aplicable el régimen especial de la agricultura respecto de la actividad de extracción y venta de zahorras o arenas (DGT 13-10-99).

En esta delimitación objetiva, hay que hacer referencia al RIVA art.44, que contiene una enumeración, de carácter abierto, en la que se recogen los **supuestos más habituales** de explotaciones agrícolas, forestales, ganaderas o pesqueras a las que resulta aplicable el régimen especial, que son las siguientes:

a) Las que realicen actividades agrícolas en general, incluyendo el cultivo de plantas ornamentales, aromáticas o medicinales, flores, champiñones, especias, simientes o plantones, cualquiera que sea el lugar de obtención de los productos, aunque se trate de invernaderos o viveros.

b) Las dedicadas a la silvicultura.

c) La ganadería, incluida la avicultura, apicultura, cunicultura, sericicultura y la cría de especies cinegéticas, siempre que esté vinculada a la explotación del suelo.

d) Las explotaciones pesqueras en agua dulce.

e) Los criaderos de moluscos, crustáceos y las piscifactorías.

Pregunta 15156
¿Es factible la aplicación del REAGP a las prestaciones de servicios?

Sí, también es aplicable el REAGP a los servicios de carácter accesorio a las explotaciones, siempre que se cumplan los siguientes **requisitos** (LIVA art.125 y 127.Uno):

a) Que sean **prestados por el titular** de una explotación agrícola, forestal, ganadera o pesquera a la cual resulta aplicable el régimen especial.

b) Que tengan un **carácter accesorio** respecto de la actividad principal en que consiste la explotación, motivo por el cual se exige que tales servicios sean prestados con los medios ordinariamente utilizados en dichas explotaciones. Así, la DGT ha señalado que prestaciones de servicios consistentes en la transmisión de la cuota de producción lechera o del derecho de replantación de viñedos, no pueden considerarse servicios efectuados con los medios ordinariamente utilizados en la explotación ganadera o agrícola, respectivamente, del transmitente, y no les resulta por tanto aplicable a dichas prestaciones de servicios el REAGP (DGT 16-11-98; 27-9-00, respectivamente). El TJUE 15-7-04, asunto C-321/02 Harbs, se ha pronunciado en el mismo sentido.

c) Que el **destinatario** de los servicios sea un empresario agrario y que tales servicios contribuyan a la realización de las producciones agrícolas, forestales, ganaderas o pesqueras que desarrolle, con independencia del hecho de que el destinatario tribute en relación con tales actividades por el régimen general o por el REAGP.

En particular, la DGT ha señalado que **no resulta aplicable el REAGP** a prestaciones como las siguientes:

- servicios de agroturismo (DGT 23-12-94);
- servicios de recogida de desperdicios prestados a una empresa que manufactura hortalizas (DGT 17-3-00).

15158 Los anteriores requisitos se completan por el RIVA art.46, que contiene una **relación, no exhaustiva**, de los servicios que con mayor frecuencia se prestan en la práctica por los titulares de explotaciones agrarias con los medios ordinariamente utilizados en las mismas. Estos servicios son los siguientes:

a) Las labores de plantación, siembra, cultivo, recolección y transporte.

b) El embalaje y acondicionamiento de los productos, incluido su secado, limpieza, descascarado, troceado, ensilado, almacenamiento y desinfección.

c) La cría, guarda y engorde de animales.

d) La asistencia técnica. Esto no se extenderá a la prestación de servicios profesionales efectuada por ingenieros o técnicos agrícolas.

e) El arrendamiento de los útiles, maquinaria e instalaciones normalmente utilizados para la realización de sus actividades agrícolas, forestales, ganaderas o pesqueras.

f) La eliminación de plantas y animales dañinos y la fumigación de plantaciones y terrenos.

g) La explotación de instalaciones de riego o drenaje.

h) La tala, entresaca, astillado y descortezado de árboles, la limpieza de los bosques y demás servicios complementarios de la silvicultura de carácter análogo.

No se aplica el REAGP a los mencionados servicios accesorios si, durante el año inmediato anterior, el importe de las contraprestaciones correspondientes al conjunto de tales servicios hubiese excedido del 20% del volumen total de operaciones de las explotaciones a las que resulte aplicable el régimen especial (LIVA art.127.Dos). Dado que ni la Ley del impuesto ni su Reglamento establecen normas específicas para determinar el citado volumen total de las operaciones, dicho importe habrá de calcularse aplicando los criterios contenidos en la LIVA art.121.

En caso de que se supere este límite, los servicios prestados por el empresario o profesional quedarían excluidos del REAGP en su totalidad, pero no el resto de las operaciones que realizase, por lo que dicho empresario o profesional pasaría a tener **dos sectores diferenciados** en su actividad, el simplificado, aplicable a sus prestaciones de servicios (ver pregunta nº 15038), y el REAGP, correspondiente a los productos obtenidos en su explotación.

15160

Pregunta

¿Existe alguna otra exclusión objetiva del REAGP por razón de las condiciones de transformación de los bienes?

Sí. El REAGP no es aplicable a las explotaciones en las que los productos naturales se utilicen por el titular de la explotación en la transformación, elaboración o manufactura, de los productos naturales obtenidos en la explotación, directamente o por medio de terceros, para su transmisión posterior (LIVA art.126.Uno.1º).

Ni la Ley ni el Reglamento contienen una definición de los términos **elaboración o manufactura** a estos efectos, por lo que, en aplicación de lo previsto en la LGT art.12.2, dichos términos deben entenderse conforme a su sentido jurídico, técnico o usual, según proceda, si bien hay que recordar que por **transformación** habrá que

entender lo previsto en la LIVA art.10: «cualquier alteración de los bienes que determine la modificación de los fines específicos para los cuales eran utilizables».
No obstante, se presumirá en todo caso de transformación toda actividad para cuyo ejercicio sea preceptiva el alta en un epígrafe correspondiente a actividades industriales de las Tarifas del IAE (LIVA art.126.Uno.1º).
Por otra parte, el RIVA art.45 contribuye a precisar el alcance de la LIVA art.126.Uno.1º: de una parte, señalando que para la determinación de la naturaleza de las actividades de transformación, no se tomará en consideración el número de productores o el carácter artesanal o tradicional de la mecánica operativa de la actividad; de otra, enumerando específicamente, y con carácter no limitativo, una serie de actuaciones que a estos efectos **no** se consideran **procesos de transformación**.
Estas actuaciones son las siguientes:
- los actos de mera conservación de los bienes, tales como la pasteurización, refrigeración, congelación, secado, clasificación, limpieza, embalaje o acondicionamiento, descascarado, descortezado, astillado, troceado, desinfección o desinsectación;
- la simple obtención de materias primas agropecuarias que no requieran el sacrificio del ganado.

La DGT ha considerado que constituyen actividades de transformación, elaboración o manufactura a estos efectos: **15161**
- la obtención de vino a partir de uva procedente de la propia explotación (DGT 21-11-86);
- la obtención de piensos compuestos a partir de los productos naturales procedentes de las explotaciones (DGT 16-12-86);
- la obtención de aceite a partir de las aceitunas procedentes de la propia explotación (DGT 4-5-89);
- la obtención de carbón vegetal a partir de la madera obtenida en la explotación (DGT 19-11-99);

Finalmente, para que se produzca la exclusión del REAGP, la transformación, elaboración o manufactura de los productos naturales debe ir seguida de la **transmisión a terceros** de los productos resultantes por el titular de la explotación, de manera que la exclusión del régimen no se producirá en los casos en los que los productos resultantes estén destinados a ser utilizados en la propia explotación, sin transmitirlos a terceros.

15162

Pregunta
¿Existe alguna otra exclusión objetiva del REAGP por razón de las condiciones de comercialización de los bienes?

Sí. Están excluidas de la aplicación del REAGP las actividades siguientes (LIVA art.166.Uno.2º a 4º):
a) La comercialización de los productos naturales obtenidos en la explotación mezclados con **otros productos** adquiridos a terceros, aunque sean de naturaleza idéntica o similar, salvo que éstos tengan por objeto la mera conservación de aquéllos.
b) La comercialización de los productos naturales obtenidos en la explotación, efectuada de manera continuada en **establecimientos fijos** situados fuera del lugar donde radique la explotación agrícola, forestal, ganadera o pesquera.
En relación con los supuestos en los que los titulares de las explotaciones venden los productos naturales obtenidos en las mismas en **ferias y mercados** que se celebran periódicamente, la DGT ha señalado que la comercialización en mercadillos municipales que se celebran en lugar y día señalado, con periodicidad semanal o más dilatada en el tiempo, no implica la disposición de un establecimiento fijo, ya que la venta ambulante excluiría la existencia de un establecimiento fijo y, además, el carácter periódico discontinuo de este tipo de mercadillos determina también la imposibilidad de la realización de una actividad continuada de comercialización en los mismos (DGT 30-9-93).

c) La comercialización de los productos naturales obtenidos en la explotación, efectuada en establecimientos en los que el sujeto pasivo realiza además **otras actividades** empresariales o profesionales distintas de la propia explotación agrícola, forestal, ganadera o pesquera. Este supuesto sirve de cierre a las situaciones que hemos visto con anterioridad, afectando a circunstancias semejantes a las previstas en ellos pero no incluidas expresamente en los mismos. Así, por ejemplo, comprendería los casos de comercialización de productos naturales obtenidos en la propia explotación efectuada en un establecimiento en donde se realicen además:

– actividades de fabricación, incluso en los casos en que la actividad de fabricación no afecte a los referidos productos naturales;

– actividades de comercialización de otros productos adquiridos a terceros, aunque tales productos no se entreguen mezclados con los productos naturales obtenidos en la propia explotación, e incluso aunque el establecimiento esté situado dentro de la explotación;

– en general, cualquier otra actividad económica, por ejemplo de prestación de servicios, a la que no sea aplicable el REAGP.

En el caso de que los productos obtenidos en las explotaciones se comercialicen en las condiciones descritas, no será aplicable el REAGP.

15165

Pregunta

¿Hay actividades que, como tales, estén excluidas de la aplicación del REAGP?

Sí. Son las siguientes (LIVA art.126.Dos):

a) Las **explotaciones cinegéticas** de carácter recreativo o deportivo, exclusión que se justifica por la propia naturaleza de las mismas, más próxima a la de una actividad de prestación de servicios de carácter lúdico que a la de una actividad ganadera en sentido estricto.

b) La **pesca marítima**, cuya exclusión se debe al tratamiento que dicha actividad tiene en otros aspectos del impuesto, especialmente en lo que se refiere a las exenciones que afectan a las adquisiciones de bienes y servicios que efectúan los empresarios que realizan esta actividad con destino al desarrollo de la misma, que adquieren con exención la mayor parte de los bienes y servicios que utilizan en su realización: el buque, los equipos de pesca y demás objetos incorporados al buque, las reparaciones y el mantenimiento del buque y los referidos objetos, los productos de avituallamiento del buque o de su cargamento (LIVA art.22.Uno.2º, dos, tres y siete, ver preguntas nº 14250 s.). No sería coherente que percibiesen cantidades en compensación de cuotas del impuesto que realmente no han soportado.

c) La **ganadería independiente**, considerando que tiene dicha condición la definida como tal por el IAE. La Instrucción de las Tarifas del IAE (RDLeg 1259/1991), en su regla 3ª, correspondiente a la actividad ganadera independiente, dispone que tienen la consideración de actividades de ganadería independiente aquéllas cuyo objeto sea la explotación de un conjunto de cabezas de ganado que se encuentre comprendido en alguno de los casos siguientes:

1. Que paste o se alimente fundamentalmente en tierras que no sean explotadas agrícola o forestalmente por el dueño del ganado. A estos efectos se entenderá en todo caso, que las tierras están explotadas por el dueño del ganado cuando concurran alguna de las circunstancias siguientes:

– que este sea el titular catastral o propietario de la tierra;

– cuando realice por su cuenta a cualquier título, actividades tales como abonado de pastos, siega, henificación, ensilaje, empacado, barbecho, recolección, podas, ramoneo, aprovechamiento a diente, etc., necesarias para la obtención de los henos, pajas, silos o piensos con que se alimenta fundamentalmente el ganado.

2. El estabulado fuera de las fincas rústicas, no considerándose como tal el ganado que sea alimentado fundamentalmente con productos obtenidos en explotaciones agrícolas o forestales de su dueño, aun cuando las instalaciones pecuarias se encuentren situadas fuera de las tierras.

3. El trashumante o trasterminante, no considerándose como tal el ganado que se alimente fundamentalmente con pastos, silos, henos o piensos obtenidos en tierras explotadas por el dueño del ganado.
4. Aquel que se alimente fundamentalmente con piensos no producidos en la finca en que se críe.
El número 2 de la citada regla 3ª establece que se entenderá que el ganado se alimenta fundamentalmente con piensos no producidos en la finca en que se críe, cuando la proporción de éstos sea superior al 50% del consumo total de henos, silos o piensos, expresados en kilogramos.

En el IAE, el carácter de actividad ganadera independiente se determina por separado en relación con cada uno de los conjuntos de cabezas de ganado que de manera independiente explota un mismo empresario agrario, de forma que, en aplicación de los criterios anteriormente señalados, dicho empresario puede ser titular simultáneamente de actividades de ganadería independiente y de actividades de ganadería dependiente. **15167**
Sin embargo, a efectos del IVA debe utilizarse un criterio diferente. Conforme a la LIVA art.126.Dos.3º, es el **conjunto de la actividad ganadera** desarrollada por un mismo empresario el que debe ser calificado globalmente como actividad ganadera independiente. Por consiguiente, a efectos de la posible aplicación o no del REAGP, será el conjunto de la actividad ganadera realizada por el empresario agrario el que quede excluido del REAGP si tiene la consideración de ganadería independiente. Por tanto, no puede darse el caso de que un mismo empresario sea titular de explotaciones ganaderas dependientes, por las que aplique el régimen especial, y de otras explotaciones calificadas como de ganadería independiente, por las que esté excluido del régimen especial. En este sentido se ha pronunciado la DGT 25-10-95.
d) Los **servicios accesorios** no incluidos en el régimen especial, bien porque el importe de los mismos excedió en el año anterior del 20% del volumen total de la explotación (LIVA art.127.Dos), bien porque tales servicios no reúnen los requisitos establecidos en la LIVA art.127.Uno para que les sea aplicable dicho régimen especial (servicios de carácter accesorio que presten los titulares de las explotaciones a terceros con los medios ordinariamente utilizados en dichas explotaciones, siempre que tales servicios contribuyan a la realización de las producciones agrícolas, forestales, ganaderas o pesqueras de los destinatarios).

15170

Pregunta
¿Se puede renunciar al REAGP?

Sí. Hay que destacar que la aplicación del REAGP no requiere una opción expresa, ya que este régimen se aplica automáticamente a todos aquellos empresarios que reúnan los requisitos exigidos para ello en la propia Ley, salvo en el caso en que expresamente hubiesen renunciado al mismo (LIVA art.120.Cuatro y 124.Uno).
La renuncia especial debe efectuarse (RIVA art.33.2):
a) En los supuestos de **inicio** de la actividad agraria:
- al presentar la declaración de comienzo de ejercicio de la actividad. El RIVA art.33.3 se remite en esta cuestión a lo que disponga el RGGI art.9;
- durante el plazo de presentación de la autoliquidación correspondiente al primer período del año natural en que la renuncia deba surtir efectos. La presentación de la renuncia en este plazo debe hacerse necesariamente mediante la presentación de la autoliquidación correspondiente a dicho período aplicando el régimen general del impuesto.
b) En los **demás casos**:
- durante el mes de diciembre del año anterior a aquél en que la renuncia deba surtir efectos, ello mediante la correspondiente declaración censal de modificación (RGGI art.10 redacc RD 117/2024);
- durante el plazo de presentación de la autoliquidación correspondiente al primer trimestre del año natural en que la renuncia debe surtir efectos, mediante la pre-

sentación de la autoliquidación correspondiente a dicho período aplicando el régimen general.

15171 Una vez efectuada la renuncia, el empresario que la realice no podrá aplicar el REAGP por ninguna de las actividades agrarias de las que sea titular. Por tanto, no es posible renunciar al régimen únicamente en relación con unas actividades y aplicarlo a otras. En este sentido, hay dos **excepciones**:

a) Cuando un sujeto pasivo viniera realizando una o varias actividades acogidas al REAGP e iniciara durante el año otra susceptible de acogerse a dicho régimen; si efectuase la renuncia al régimen especial para esta última nueva actividad, tal renuncia no tendrá efectos para ese año respecto de la actividad o actividades en régimen especial que venía realizando con anterioridad (RIVA art.33.2). Por tanto, hasta la finalización del referido año el citado sujeto pasivo deberá seguir aplicando el régimen especial de la agricultura respecto de las actividades en que ya venía haciéndolo desde el comienzo del año, y aplicará el régimen general respecto de la nueva actividad que comienza a desarrollar en el transcurso del año y respecto de la cual ha renunciado al régimen especial.

b) Los supuestos de «renuncia tácita» al régimen especial con efectos limitados, que trataremos después.

15173 La renuncia **surte efectos**:

a) En los supuestos en que la renuncia se presente con ocasión del inicio de la actividad a la que resultaría aplicable el régimen especial, desde el inicio de la misma.

b) En los restantes supuestos de renuncia, desde el día uno de enero siguiente al mes de diciembre en el que fue presentada la renuncia.

Por lo que se refiere a la **duración de los efectos** de la renuncia, el RIVA art.33.2 establece:

- el carácter indefinido de la misma, ya que surtirá efectos en tanto no sea expresamente revocada por el interesado;
- un período mínimo de duración de 3 años.

El período mínimo de duración de la renuncia debe entenderse referido a **años naturales**, por lo que en los casos en que la renuncia haya comenzado a surtir efectos en una fecha posterior a día 1 de enero de un determinado año, dicho año computa como el primero de los 3 años del referido período.

La **revocación de la renuncia** puede realizarse durante el mes de diciembre del año anterior a aquél en que vaya a surtir efectos (RIVA art.33.2). El RIVA art.33.3 se remite a lo dispuesto en el RGGI (RGGI art.9) en lo que se refiere a la forma de realizar la revocación, de manera que habrá de instrumentarse a través de la oportuna declaración censal (modelo 036). Los efectos sustantivos que origina la revocación son que al empresario que la realiza vuelva a serle aplicable el REAGP, siempre que, evidentemente, reúna los requisitos exigidos para ello. La revocación comienza a surtir efectos desde el día 1 de enero siguiente al mes de diciembre en que fue presentada.

15175

Pregunta
¿En qué consiste el REAGP?

El contenido del régimen especial de la agricultura consiste básicamente en lo siguiente:

a) Los empresarios que lo apliquen quedan liberados con carácter general tanto de las **obligaciones sustantivas** de repercusión, liquidación e ingreso del IVA, como de las obligaciones **formales** relativas a tales operaciones.

b) Las **cuotas soportadas** en la adquisición de los bienes y servicios destinados a ser utilizados en las actividades a las que resulte aplicable el régimen especial no son deducibles para los empresarios acogidos al mismo.

c) Dichos empresarios podrán recuperar las cuotas del IVA que hayan soportado al adquirir bienes o servicios utilizados en el desarrollo de las actividades, mediante la percepción de una **compensación**, resultante de aplicar un porcentaje al precio de venta de los productos naturales que entregan o servicios que prestan.

15178

Pregunta
¿Quiénes tienen derecho al cobro de la compensación agraria?

Únicamente los empresarios acogidos al REAGP tienen derecho a percibir la compensación a tanto alzado propia del REAGP (LIVA art.130.Dos). La condición de empresario con derecho a percepción de la compensación a tanto alzado se puede **acreditar** por cualquier medio de prueba fehaciente, entre los que se pueden citar, a modo enunciativo:
- modelo de declaración censal;
- certificado de la AEAT;
- comunicación fehaciente del número de identificación fiscal correspondiente al ejercicio de sus actividades económicas (DGT 21-11-86).

15180

Pregunta
¿Cuáles son las operaciones por las que se tiene derecho al cobro de la compensación del REAGP?

La LIVA art.130.Tres enuncia de manera exhaustiva las operaciones por las que se podrá percibir la compensación a tanto alzado. Son las siguientes:
a) Las **entregas de los productos naturales** obtenidos en sus explotaciones efectuadas a otros empresarios o profesionales, cualquiera que sea el territorio en que estén establecidos. Se incluyen tanto las que podemos denominar entregas interiores, efectuadas a empresarios establecidos en el TIVA, como las entregas con destino a otro Estado miembro o con destino a la exportación, siempre que, en todos los casos, el adquiriente sea un **empresario o profesional** actuando en su condición de tal. En el caso de entregas interiores, originan el derecho a la compensación incluso las efectuadas a empresarios acogidos al régimen simplificado o al régimen especial del recargo de equivalencia.
Se señalan específicamente dos supuestos de entregas de productos naturales efectuadas a otros empresarios que **no** dan **derecho a percibir la compensación**, que son los siguientes (LIVA art.130.Tres.1º):
- las entregas efectuadas a otros empresarios acogidos también al REAGP en el TIVA, cuando utilicen los productos naturales obtenidos en el desarrollo de las actividades por las que apliquen dicho régimen especial. Esta exclusión tiene su razón de ser en el hecho de que, al no ser deducible en este caso para el empresario adquirente la compensación, el importe de la misma se transformaría en un coste de origen fiscal para el adquirente que no podría recuperar, alterándose el esquema de funcionamiento del régimen especial, ya que las compensaciones que él podrá a su vez percibir son teóricamente las equivalentes a las cuotas del IVA que él ha soportado directa y expresamente en sus adquisiciones de bienes y servicios;
- las entregas a empresarios o profesionales que exclusivamente realicen en el TIVA operaciones exentas que no les originen el derecho a deducir, por idénticas razones.

b) Las entregas con destino a otros Estados comunitarios exentas en tanto que **entregas intracomunitarias** de bienes, cuando el **adquirente** sea una persona jurídica que no actúe como empresario o profesional y la AIB que efectúa éste sujeta a gravamen en el Estado de destino, esto es, no le afecte el equivalente a la LIVA art.14 (ver pregunta nº 13340 s.). 15182
c) Las **prestaciones de servicios accesorios** incluidos en el régimen especial, cuando sean realizadas a favor de otros empresarios o profesionales, cualquiera que sea el territorio en que estén establecidos estos últimos. No se tendrá derecho a percibir la compensación cuando el destinatario del servicio sea otro empresario acogido al REAGP en el TIVA que – aunque no lo indique expresamente la LIVA art.130.Tres.3º–

utilice dicho servicio en la realización de actividades a las que sea aplicable dicho régimen especial.

Los empresarios acogidos al régimen especial no tienen derecho a percibir la compensación por la entrega de productos naturales cuando dichas entregas se efectúen en el desarrollo de actividades a las que no fuese aplicable el REAGP (LIVA art.130.Cuatro).

Finalmente, hay que señalar que bajo ningún concepto podrá obtenerse la compensación por las entregas de los productos naturales obtenidos en la explotación agraria que sean efectuadas a quienes no actúen en condición de empresarios o profesionales, es decir, a consumidores finales.

15185 **Pregunta**

¿Quiénes están obligados al pago de las compensaciones en el REAGP?

El reintegro o pago de las compensaciones debe efectuarse por (LIVA art.131):

a) La **Hacienda Pública**, en los casos de entregas de bienes que sean objeto de exportaciones o de expedición o transporte con destino a otro Estado miembro y por los servicios accesorios prestados a empresarios establecidos fuera del TIVA.

El procedimiento para obtener el reintegro de las compensaciones que debe satisfacer la Hacienda Pública se regula en el RIVA art.48.1, conforme al cual el reintegro de las compensaciones debe solicitarse por el interesado, y se referirá a las operaciones realizadas durante cada trimestre natural. La solicitud, ajustada al **modelo 341**, se presentará en la Administración o Delegación de la AEAT en cuya circunscripción territorial esté situado el domicilio fiscal del empresario acogido al régimen especial, durante los veinte primeros días posteriores a cada trimestre natural. Por excepción, la solicitud correspondiente a las operaciones del último trimestre natural del año podrá presentarse durante los treinta primeros días naturales del mes de enero del año siguiente.

b) El **adquirente** en el resto de los supuestos en que procede su pago. En estos casos, se establecen los siguientes **requisitos** (RIVA art.48.2):

- la compensación debe ser satisfecha en el momento en que tenga lugar la entrega de los productos naturales o se presten los servicios accesorios, con independencia de cuál sea el día fijado para el pago de la contraprestación de dichas operaciones. No obstante, puede demorarse el pago efectivo de las compensaciones, por acuerdo entre los interesados, y referirlo al momento del cobro total o parcial del precio correspondiente a los bienes o servicios de que se trate y en proporción a ellos;
- el reintegro se efectuará mediante un recibo que deberá expedir por duplicado el empresario adquirente de los bienes o servicios y que deberá ser firmado por el transmitente, a quien se entregará la copia del mismo.

15187 Por lo que se refiere a la **firma del recibo** por el transmitente, la DGT ha señalado lo siguiente:

a) La firma del sujeto pasivo acogido al REAGP en el recibo mediante el cual se le efectúa la compensación a tanto alzado, puede ser sustituida por la de la persona designada por dicho sujeto pasivo como su representante a tal fin, debiéndose en tal caso hacer referencia expresa a dicha circunstancia en el recibo (DGT 24-10-94, DGT 10-5-99 y DGT 23-11-00). Se puede designar como **representante** para los fines indicados:

- al presidente, gerente o responsable administrativo de la cooperativa que debe expedir el recibo en su condición de adquirente de los bienes o destinatario de los servicios (DGT 20-10-94 y DGT 14-12-98);
- al apoderado de la entidad financiera a través de la cual se produce el pago de la compensación, pudiendo a su vez ser sustituida la firma autógrafa o manual del referido apoderado por cualquier otro sistema de estampación de dicha firma, siempre que el mismo garantice fehacientemente el pago de la compensación (DGT 23-11-00).

b) En dicho recibo necesariamente deben constar los siguientes **datos** (Rgto Fac art.16.1):
- serie y número. La numeración de los recibos dentro de cada serie será correlativa;
- nombre y apellidos, razón o denominación social completa, Número de Identificación Fiscal y domicilio del obligado a su expedición y del titular de la explotación agrícola, ganadera, forestal o pesquera;
- descripción de los bienes entregados o de los servicios prestados, así como el lugar y fecha de realización material y efectiva de las operaciones;
- precio de los bienes o servicios, determinado con arreglo a lo dispuesto en la LIVA art.130.Cinco;
- porcentaje de compensación aplicado;
- importe de la compensación;
- firma del titular de la explotación agrícola, ganadera, forestal o pesquera.

Este recibo debe emitirse por los empresarios o profesionales destinatarios de las operaciones por las que se puede cobrar la compensación, estableciéndose igualmente que deberán entregar una copia al proveedor de los bienes o servicios, titular de la explotación agrícola, forestal, ganadera o pesquera.
A los mencionados recibos se les aplica, con carácter supletorio, las normas previstas para las facturas en el Reglamento por el que se regulan las obligaciones de facturación (RD 1619/2012).

Pregunta 15190
¿Cuál es el importe de la compensación del REAGP?

El importe de la compensación es la cantidad resultante de aplicar al precio de venta de los productos naturales entregados o de los servicios prestados el **porcentaje** que proceda de los que se indican a continuación (LIVA art.130.Cinco):
a) El 12%, en las entregas de productos naturales obtenidos en explotaciones agrícolas o forestales y en los servicios de carácter accesorio de dichas explotaciones.
b) El 10,5%, en las entregas de productos naturales obtenidos en explotaciones ganaderas o pesqueras y en los servicios accesorios de dichas explotaciones.
El porcentaje aplicable a cada operación será el vigente en el momento en que nazca el derecho a percibir la compensación, momento que se produce cuando se realice la operación, es decir, cuando se efectúe la entrega de los productos naturales o se preste el servicio en cuestión (LIVA art.130.Dos).
Para la determinación del referido **precio de venta** no se computan los tributos indirectos que graven las operaciones, ni los gastos accesorios o complementarios, tales como comisiones, embalajes, portes, transportes, seguros o financieros que se carguen separadamente al adquirente. Así pues, la base para el cálculo del importe de la compensación debe ser el precio neto del producto natural o del servicio, sin incluir ningún gasto accesorio relacionado con la operación que se cargue separadamente al adquirente.
Es habitual en el sector agrario la percepción de **subvenciones**. Según la jurisprudencia comunitaria, dichas subvenciones no han de ser consideradas como subvenciones directamente vinculadas al precio de las operaciones y, por consiguiente, mayor base imponible de las mismas cuando se aplica el régimen general del IVA; no obstante, la DGT ha señalado que sí deben computarse como mayor precio para determinar el importe de la compensación del régimen especial.
En las operaciones realizadas **sin contraprestación dineraria**, la compensación se determina aplicando el porcentaje de compensación al valor de mercado de los productos entregados.

15200 **Pregunta**
¿Cómo se resuelven las controversias relativas a las compensaciones del REAGP?

Las controversias que puedan producirse en relación con las compensaciones, tanto respecto a la procedencia como a la cuantía de las mismas, se consideran de **naturaleza tributaria** a efectos de las pertinentes reclamaciones económico-administrativas (LIVA art.132).
Aunque ni la Ley ni el Reglamento lo señalan expresamente, hay que entender que la naturaleza tributaria de las compensaciones a efectos de la presentación de las pertinentes reclamaciones económico-administrativas se extiende también a las controversias que puedan producirse sobre otros aspectos del procedimiento previsto en dichas normas para el pago de las compensaciones, tales como el momento o la forma en que dicho pago debe efectuarse.

15203 **Pregunta**
¿Son deducibles las compensaciones agrarias para los empresarios o profesionales que las paguen?

Sí. La LIVA art.134 reconoce a los empresarios que hayan satisfecho compensaciones a agricultores acogidos al REAGP el derecho a deducir el importe de las compensaciones satisfechas como si se tratase de cuotas del IVA soportadas. Esta deducibilidad se condiciona al cumplimiento de los requisitos que resulten procedentes de entre los previstos en la LIVA Título VIII, que regula con carácter general el derecho a deducir, y al de los requisitos que específicamente se establecen en la propia Ley y en su Reglamento (LIVA art.134).
En particular, para ejercitar el derecho a la deducción, el empresario que las haya satisfecho estará obligado a estar en posesión del **original del recibo** expedido por él mismo mediante el cual haya efectuado su reintegro al empresario agrario. Además, el mencionado recibo únicamente justifica el derecho a la deducción si reúne todos los requisitos que establece el Rgto Fac art.16 (ver pregunta nº 15187) y hubiese sido registrado en un **Libro Registro especial** que deberá llevarse a estos efectos. La DGT ha señalado que la falta de la firma del vendedor o, en su caso, de la persona autorizada por el mismo a tal fin, determina que el recibo carezca de validez como documento justificativo del derecho a la deducción de la compensación satisfecha (DGT 15-5-99).

15205 **Pregunta**
¿Qué ocurre con las compensaciones agrarias percibidas indebidamente?

Las compensaciones indebidamente percibidas deben reintegrarse a la Hacienda Pública por quien las hubiese percibido, sin perjuicio de las demás obligaciones y responsabilidades que le sean exigibles (LIVA art.133).
Un supuesto de aplicación de lo previsto en el mencionado artículo es el caso de empresarios agrarios que, pese a quedar excluidos de la aplicación del régimen especial, lo aplican indebidamente. A estos efectos, la DGT ha establecido que existe la obligación de reintegrar a la Hacienda Pública las compensaciones indebidamente percibidas (DGT 14-12-93).
Adicionalmente, la DGT ha señalado que se deberá aplicar a las operaciones realizadas las normas correspondientes al régimen general del IVA. En particular, está obligada a efectuar la repercusión, declaración, liquidación y pago del impuesto devengado por las operaciones que realice.

Pregunta 15207
¿Qué obligaciones de presentación de autoliquidaciones tienen los empresarios que apliquen el REAGP?

Los empresarios agrarios acogidos al REAGP no están obligados a liquidar ni a ingresar el IVA por las entregas de **bienes de inversión** utilizados exclusivamente en las referidas actividades, y tampoco pueden ni deben repercutir el IVA por dichas operaciones al destinatario de las mismas. Por tanto, no están obligados a presentar autoliquidaciones por el IVA por la realización de tales actividades (LIVA art.129).
Lo anterior también será de aplicación respecto de las entregas de bienes de inversión distintos de los bienes inmuebles, utilizados exclusivamente en las referidas actividades.
Por excepción a lo anterior, los empresarios que apliquen el REAGP sí estarán obligados a liquidar e ingresar en la Hacienda Pública el IVA, repercutiéndolo igualmente, en las siguientes operaciones:
a) Entregas de **bienes inmuebles** utilizados en la actividad agraria, incluso en los que dichos bienes se hayan utilizado exclusivamente en la realización de la referida actividad. En la mayor parte de los casos se tratará de entregas que estarán exentas en aplicación de lo dispuesto en la LIVA art.20.Uno.20º y 22º (entregas de terrenos rústicos y construcciones en ellos enclavadas y segundas y ulteriores entregas de edificaciones), por lo que no darán lugar a una repercusión del impuesto sobre el destinatario ni, por tanto, a ingreso alguno.
Otro tanto ocurre en caso de renuncia a la exención, ya que, en tal caso, se aplicaría la inversión del sujeto pasivo (ver pregunta nº 7050).
Excepcionalmente, y para el caso de que se entregase algún inmueble afecto a la actividad en una operación sujeta y no exenta como tal, sin que ello sea consecuencia de una renuncia a la exención, el empresario acogido al REAGP estaría obligado a repercutir el impuesto al adquirente de los bienes inmuebles y a liquidarlo e ingresarlo en la Hacienda Pública.
b) Las **importaciones de bienes**. En tal caso, la liquidación y el pago del impuesto debe efectuarse en la forma prevista por la legislación aduanera para los derechos arancelarios, tal y como se establece en la LIVA art.167.Dos y en el RIVA art.73 y 74.
c) Las **adquisiciones intracomunitarias** de bienes.
d) Las entregas de bienes y prestaciones de servicios de las que sean sujetos pasivos por **inversión del sujeto pasivo** (LIVA art.84.Uno.2º).
Cuando realicen entregas de bienes inmuebles o adquisiciones intracomunitarias de bienes, sujetas y no exentas, y en aquellos supuestos en los que sean sujetos pasivos en su condición de destinatarios de entregas de bienes o prestaciones de servicios, los sujetos pasivos que realicen exclusivamente actividades a las que sea aplicable el REAGP deben liquidar el IVA mediante la presentación de autoliquidaciones no periódicas (**modelo 309**), de acuerdo con lo dispuesto en el RIVA art.71.8.

Pregunta 15210
¿Cuáles son las obligaciones formales o de presentación de declaraciones en el REAGP?

La LIVA art.129 releva a los empresarios o profesionales acogidos al REAGP de la mayor parte de las obligaciones formales que incumben al resto de empresarios o profesionales. En particular, **no están obligados** a:
- expedir y entregar facturas por sus operaciones;
- llevar la contabilidad y los libros de registros a que se refiere el RIVA art.62 s., aunque sí están obligados a llevar un Libro Registro en el que deberán anotar las operaciones comprendidas en el régimen especial (RIVA art.47);
- presentar autoliquidaciones por el IVA e ingresar el importe resultante.

No obstante, la LIVA art.129.Dos establece que sí están obligados al cumplimiento de las mencionadas obligaciones en relación con las operaciones a que se ha hecho referencia en las letras b) a d) de la pregunta anterior.
Por excepción, los empresarios que realicen tales actividades sí están obligados en relación con las mismas al cumplimiento de las **siguientes obligaciones** previstas en la LIVA art.164.Uno.1º, 2º y 5º y en el RIVA art.47 y 49:
a) Presentar declaraciones relativas al **comienzo, modificación y cese** de sus actividades empresariales (modelo 036).
b) Solicitar de la Administración el **número de identificación fiscal** y acreditarlo en los supuestos que se establezcan.
c) Presentar periódicamente o a requerimiento de la Administración información relativa a sus operaciones económicas con terceras personas y, en particular, una declaración recapitulativa de operaciones intracomunitarias.
d) Llevar un **Libro Registro** en el que deben anotarse las operaciones comprendidas en el régimen especial, cabe entender que relativo a las entregas de bienes y prestaciones de servicios por las que el sujeto pasivo en régimen especial tiene derecho a percibir la compensación a tanto alzado propia de dicho régimen, a las que nos referimos después.
e) Conservar las copias de los **recibos** que le han de entregar sus clientes empresarios adquirentes de los productos naturales o destinatarios de los servicios accesorios, durante un período de 4 años contado a partir de la fecha en que se realice la entrega o se preste el servicio.

15212 Para los casos en que el empresario agrario realice además **otras actividades** a las que no sea aplicable el REAGP, el RIVA art.47 establece lo siguiente:
a) Si a las otras actividades les es aplicable el régimen simplificado o el régimen especial del recargo de equivalencia, el empresario debe llevar el Libro Registro de facturas recibidas, en el que debe anotar separadamente las que correspondan a adquisiciones de bienes o servicios destinados a cada sector de actividad, incluidas las referidas a la actividad acogida al REAGP.
b) Si a las otras actividades les fuese aplicable el régimen general del impuesto o cualquier otro de los regímenes especiales del mismo, distintos de los mencionados en el apartado anterior, el empresario agrícola debe cumplir respecto de tales actividades las obligaciones formales establecidas con carácter general o específico en el propio RIVA, y además estará obligado en todo caso a anotar separadamente las correspondientes a bienes o servicios destinados a la actividad acogida al REAGP.

15215

Pregunta
¿Constituyen un sector diferenciado las actividades acogidas al REAGP?

Sí, tal y como establece la LIVA art.9.1.c.b') y 128. La consideración del conjunto de las actividades acogidas al REAGP como un sector diferenciado de actividad respecto del resto de las actividades tiene **trascendencia** fundamentalmente en los dos siguientes aspectos del impuesto:
a) La aplicación del **régimen de deducciones** en sectores diferenciados de la actividad empresarial (ver pregunta nº 11170).
b) El supuesto de **autoconsumo por cambio de afectación** de bienes corporales de un sector a otro diferenciado de la actividad empresarial.
Un supuesto frecuente de empresarios que deben aplicar el régimen de deducciones en sectores diferenciados de actividad es aquél en el que el titular de una determinada explotación agraria, de la totalidad de los productos naturales obtenidos en la misma, destina una parte de los a alguno de los fines mencionados en la LIVA art.126.Uno (ver preguntas nº 15160 y nº 15162), y la otra parte los transmiten a terceros sin incurrir en ninguno de los supuestos a que se refiere dicho precepto. En este supuesto la explotación agraria estaría excluida del REAGP sólo en parte, en la medida en que los productos naturales obtenidos en la misma se destinen a alguno de los fines mencionados en la LIVA art.126.Uno. A la misma explotación agraria le

sería aplicable en parte el REAGP, en la medida en que los productos naturales obtenidos en la misma se destinen a su transmisión a terceros sin incurrir en ninguno de los supuestos a que se refiere el mencionado artículo.

Pregunta 15218

¿Qué ocurre cuando deja de aplicarse el REAGP y pasa a aplicarse el régimen general o viceversa?

Conforme a lo dispuesto en la LIVA art.4 y 9.1.c, están sujetas las operaciones que consistan en el **cambio de afectación** de bienes corporales de una actividad acogida al REAGP a actividades desarrolladas por el mismo empresario a las que no sea aplicable dicho régimen especial, o viceversa.
Las situaciones en las que se pueden encontrar los bienes y servicios adquiridos por el empresario o profesional que se ve afectado por un cambio de régimen de tributación de los que se refieren en este precepto, y las regularizaciones o ajustes correspondientes son las siguientes:

Cambio de REAGP al régimen general
a) Bienes de inversión: El ajuste se obtiene mediante la regularización por bienes de inversión, considerando igual a cero el porcentaje correspondiente al régimen especial. b) Productos naturales ya obtenidos a la fecha del cambio del régimen de tributación, pero no entregados a dicha fecha: Se permite la deducción de la compensación que se hubiera tenido derecho a cobrar si la venta se hubiese realizado en REAGP. c) Bienes y servicios de circulante (fertilizantes, semillas, etc.). Hay que distinguir: – no utilizados a la fecha del cambio del régimen de tributación: Se puede deducir el importe resultante de aplicar el tipo vigente a la fecha del cambio de régimen de tributación al importe por el que se adquirieron; – otros bienes y servicios: No se practica deducción alguna.
Cambio de régimen general al REAGP
a) Bienes de inversión: El ajuste se obtiene mediante la regularización por bienes de inversión, considerando igual a cero el porcentaje correspondiente al régimen especial. b) Productos naturales ya obtenidos a la fecha del cambio del régimen de tributación pero no entregados a dicha fecha: Se efectúa el ingreso de la compensación que se supone que se obtendrá cuando se comercialicen los productos, fijando provisionalmente los precios, sin perjuicio de su rectificación posterior. c) Bienes y servicios de circulante (fertilizantes, semillas, etc...). Hay que distinguir: – no utilizados a la fecha del cambio del régimen de tributación: Hay que regularizar la deducción de las cuotas deducidas; – otros bienes y servicios: No se practica ajuste alguno.

La LIVA art.134 bis regula los **ajustes** que hay que realizar en los supuestos de inicio en la aplicación del régimen especial, disponiendo lo siguiente: 15220
a) Cuando el régimen de tributación **cambie del régimen general al especial**, el empresario o profesional titular de la actividad quedará obligado a:
1. Ingresar el importe de la compensación correspondiente a la futura entrega de los productos naturales que ya se hubieren obtenido en la actividad a la fecha del cambio del régimen de tributación y que no se hubieran entregado a dicha fecha. El cálculo de esta compensación se efectuará con arreglo a lo dispuesto en la LIVA art.130 (ver pregunta nº 15190), fijando provisionalmente la base de su cálculo mediante la aplicación de criterios fundados, sin perjuicio de su rectificación cuando dicho importe resulte conocido.
2. Rectificar las deducciones correspondientes a los bienes, salvo los de inversión, y los servicios que no hayan sido consumidos o utilizados efectivamente de forma total o parcial en la actividad o explotación.
A efectos del cumplimiento de las obligaciones anteriormente referidas, el empresario o profesional queda obligado a confeccionar y presentar un **inventario** a la fecha en que deje de aplicar el régimen general.

b) Cuando el régimen de tributación aplicable a una determinada actividad **cambie del régimen especial al general** del impuesto, el empresario o profesional titular de la actividad tendrá derecho a:
1. Efectuar la deducción de la cuota resultante de aplicar al valor de los bienes afectos a la actividad, IVA excluido, en la fecha en que deje de aplicarse el régimen especial, los tipos de dicho impuesto que estuviesen vigentes en la citada fecha. A estos efectos, no se tienen en cuenta:
- los bienes de inversión, definidos conforme a lo dispuesto en la LIVA art.108;
- los bienes y servicios que hayan sido utilizados o consumidos total o parcialmente en la actividad.

2. Deducir la compensación a tanto alzado que prevé la LIVA art.130 por los productos naturales obtenidos en las explotaciones que no se hayan entregado a la fecha del cambio del régimen de tributación.
A efectos del ejercicio de los anteriores derechos, el empresario o profesional debe confeccionar y presentar un inventario a la fecha en que deje de aplicarse el régimen especial.

15224 Para la regularización de deducciones de las cuotas soportadas o satisfechas por la adquisición o importación de **bienes de inversión**, será cero la prorrata de deducción aplicable durante el período o períodos en que la actividad esté acogida a este régimen especial.
Para ello, el empresario o profesional está obligado a confeccionar un inventario por referencia a la fecha en la que se produzca el cambio de régimen de tributación. El RIVA art.49 bis establece que:
a) En los supuestos de **actividades ya en curso**, respecto de las cuales se produzca la iniciación o cese en la aplicación de este régimen especial, el titular de las respectivas explotaciones agrícolas, ganaderas, forestales o pesqueras deberá confeccionar un **inventario** de sus existencias de bienes destinados a ser utilizados en sus actividades y respecto de los cuales resulte aplicable el régimen especial, con referencia al día inmediatamente anterior al de iniciación o cese en la aplicación de aquél.
Asimismo, en dicho inventario deberán constar los productos naturales obtenidos en las respectivas explotaciones que no se hubiesen entregado a la fecha del cambio de régimen de tributación.
El referido inventario, firmado por dicho titular, deberá ser presentado en la Administración o Delegación de la AEAT correspondiente a su domicilio fiscal en el plazo de quince días a partir del día de comienzo o cese en la aplicación del régimen especial.
b) La **deducción** derivada de la regularización de las situaciones a que se refiere el mencionado inventario deberá efectuarse en la autoliquidación correspondiente al período de liquidación en que se haya producido el cese en la aplicación del régimen especial.
El **ingreso** derivado de la citada regularización que deba realizarse en caso de inicio en la aplicación del régimen especial, debe efectuarse mediante la presentación de una declaración-liquidación especial de carácter no periódico, en el lugar, forma, plazos e impresos que se establezca mediante Orden del Ministerio de Hacienda (modelo 309; ver pregunta nº 19350).

SECCIÓN 3

Régimen especial de los bienes usados, objetos de arte, antigüedades y objetos de colección

Pregunta 15240
¿Cuáles son las razones que justifican la existencia del régimen especial de los bienes usados, objetos de arte, antigüedades y objetos de colección?

Cuando se aplica el régimen general del IVA, los mecanismos de la repercusión y del derecho a la deducción hacen que el impuesto funcione neutralmente, evitándose efectos de acumulación, propios de otros impuestos indirectos. Cuando el total de las operaciones que se efectúan en la cadena de producción o distribución de bienes o servicios se realizan por empresarios o profesionales y están sujetas y no exentas, o generan de otro modo el derecho a la deducción, este es el resultado que se obtiene. De este modo, el impuesto llega al consumidor final, que es quien ha de soportarlo por los actos de consumo que efectúa.
Si los bienes adquiridos por consumidores finales son efectivamente utilizados por estos, sin reincorporación al circuito empresarial, el tributo funciona correctamente, sin que se produzca ninguna disfunción.
Sin embargo, en ocasiones ocurre que bienes que han sido adquiridos por consumidores finales se transmiten a empresarios o profesionales, reintroduciéndose en la citada cadena de producción o distribución empresarial de bienes o servicios. De no establecerse alguna especialidad, en estas circunstancias se producirían **efectos de acumulación** contrarios al principio de neutralidad tributaria. Esta es una de las razones que justifican la existencia de este régimen especial (ver ejemplo a continuación).
Este mismo efecto se puede dar en operaciones realizadas por empresarios o profesionales cuando no se produce la repercusión del tributo, como es el caso de las transmisiones a las que se aplica el régimen especial de los bienes usados o de operaciones exentas conforme a los supuestos de exención técnica (ver preguntas nº 5090 s.).
Estas circunstancias son las que justifican la existencia de este régimen especial, que tiene como **característica fundamental** el que la liquidación del tributo no se hace sobre la base del precio obtenido en las operaciones, sino sobre el margen comercial obtenido en las mismas.

Ejemplo Un particular adquiere un vehículo por 40.000 €, soportando 8.400 € de IVA, por lo que el precio final satisfecho por el vehículo es de 48.400 €. Dos años después de su adquisición, se procede a la transmisión del vehículo, cobrando por él un 50% de su coste inicial, esto es, 24.200 €. Aunque no se produzca repercusión expresa alguna del IVA, cabe entender que en los 24.200 € que se cobran por el vehículo hay 4.200 € de IVA, que corresponde al 50% de las cuotas soportadas en su adquisición y que no se dedujeron. 15243
El adquirente del vehículo es un empresario o profesional dedicado a la compraventa de vehículos que procede a su transmisión por 30.000 €.
De no existir el régimen especial, este revendedor de coches habría de repercutir el 21% sobre una base imponible de 30.000 €, lo que daría lugar a un precio final de 36.300 €, produciéndose el efecto de acumulación por los 4.200 € que este empresario ha soportado como IVA implícito, que nunca podrá deducir, ya que no se trata de cuotas expresamente soportadas ni se cuenta con el justificante formal oportuno. Así, en relación con el uso de un mismo vehículo, el total de IVA percibido por la Hacienda Pública ascendería a 8.400 (por la compra inicial)+ 6.300 (por la segunda entrega) = 14.700 €, con un claro efecto de sobreimposición.
La aplicación del régimen especial, con la aplicación del IVA exclusivamente sobre el margen de beneficio obtenido por el revendedor, evita este efecto. La liquidación del impuesto aplicando el régimen especial daría lugar al siguiente resultado:
Precio de venta al público en la reventa del coche: 30.000 €
Precio percibido por el particular: 24.200 €

Margen comercial: 30.000 – 24.200 = 5.800 €
Base imponible de la operación: 5.800 / 1,21 = 4.793,39 €
Cuota de IVA:1.006,61 €
Con esta tributación sobre el margen, es obvio que se elimina el efecto de sobreimposición al que se hacía referencia anteriormente.

15245 **Pregunta**
¿Cuáles son los bienes a los que se puede aplicar el régimen especial de los bienes usados, objetos de arte, antigüedades y objetos de colección?

Los calificados como tales por la LIVA art.136.Uno. Es importante señalar que estas definiciones han de interpretarse de **forma estricta**, por lo que únicamente los bienes que se adapten a las mismas podrán quedar sujetos al citado régimen especial.
Los bienes a cuya entrega les podrá ser aplicable el referido régimen son los siguientes:
- bienes usados;
- obras de arte;
- objetos de colección;
- antigüedades.

Conforme a la LIVA art.136.Dos, en ningún caso se aplicará este régimen especial al oro de inversión definido en la LIVA art.140.

15247 **Pregunta**
¿Qué bienes tienen la condición de bienes usados a los efectos de este régimen especial?

Se consideran bienes usados los bienes muebles corporales susceptibles de uso duradero que, habiendo sido utilizados con anterioridad por un tercero, sean susceptibles de nueva utilización para sus fines específicos (LIVA art.136.Uno). Se **excluyen** de esta consideración los siguientes bienes:
- los materiales de recuperación, los envases, los embalajes, el oro, el platino y las piedras preciosas;
- los bienes que hayan sido utilizados, renovados o transformados por el propio sujeto pasivo transmitente o por su cuenta. A estos efectos, se considerarán de renovación las operaciones que tengan por finalidad el mantenimiento de las características originales de los bienes, cuando su coste exceda del precio de adquisición de los mismos.

En cuanto a los **materiales de recuperación**, la DGT ha entendido que no es aplicable el régimen especial a las entregas de lana o de papel usados (DGT 23-1-86) o a los metales viejos (DGT 8-10-86).
En relación con la exclusión relativa al **oro**, el **platino** y las **piedras preciosas**, esta exclusión se refiere a la compraventa de dichos metales, pero no a los bienes que estén elaborados con ellos, por lo que en la actualidad el régimen especial es aplicable por los empresarios o profesionales dedicados a la compraventa de joyas de segunda mano (no siempre fue así).

15248 Otro ámbito de controversia es el de la venta de piezas obtenidas a partir del **desguace o desmontaje de otros bienes**, respecto a las cuales la DGT ha señalado que las piezas procedentes del desguace de los vehículos automóviles no tienen la condición de bienes usados a los efectos del IVA y, por tanto, las entregas de dichas piezas no pueden acogerse al régimen especial de los bienes usados, objetos de arte, antigüedades y objetos de colección (DGT 21-10-98). El desmontaje, que normalmente se une a la clasificación de los bienes resultantes, impide la aplicación del régimen especial a su entrega.
Sin embargo, cuando el sujeto pasivo ha adquirido una pieza usada y la revende en el mismo estado en que la adquirió, sí que podrá aplicarse el referido régimen especial

a la reventa, siempre que se cumplan las condiciones restantes exigidas al efecto por la normativa reguladora del impuesto.
Es importante insistir en la imposibilidad de aplicar el régimen especial a las entregas de bienes que han sido utilizados por parte del **empresario o profesional** transmitente. Esta exclusión impide la aplicación del régimen a las operaciones que se realizan por empresarios o profesionales que no se dedican a la compraventa de bienes usados, sino que se limitan a la entrega de bienes que forman parte de su patrimonio empresarial o profesional y que han utilizado en el desarrollo de su actividad. En estos términos, incluso los bienes utilizados por el empresario revendedor quedarían excluidos de esta consideración.
Asimismo, hay que insistir en la circunstancia de que la **renovación** de los bienes adquiridos por los empresarios dedicados a la compraventa impide la aplicación del régimen especial a su posterior entrega. A tal efecto, es de ver que en caso de que el coste de las operaciones de reparación que se puedan realizar supere el valor del margen comercial que se obtiene en la operación, la citada entrega quedará excluida del régimen especial, ya que en tal caso se considerará que se ha procedido a la renovación del bien.

Pregunta **15250**
¿Qué bienes tienen la condición de obras de arte a los efectos de este régimen especial?

Los establecidos en la LIVA art.136.Uno.2º. Interesa destacar que este precepto lo que establece es una relación cerrada. Así lo ha entendido la DGT, que ha interpretado de forma estricta esta definición, señalando que únicamente a los bienes que se han citado cabe aplicarles el tipo reducido, y –cabe entender– también el régimen especial que estamos analizando (por ejemplo, DGT 12-11-02, relativa a la entrega de un manto bordado a mano).
En particular, tienen esta condición los siguientes bienes:
a) Cuadros, «collages» y cuadros de pequeño tamaño similares, pinturas y dibujos, realizados totalmente a mano por el artista, con excepción de los planos de arquitectura e ingeniería y demás dibujos industriales, comerciales, topográficos o similares, de los artículos manufacturados decorados a mano, de los lienzos pintados para decorados de teatro, fondos de estudio o usos análogos (código NC 9701).
b) Grabados, estampas y litografías originales de tiradas limitadas a 200 ejemplares, en blanco y negro o en color, que procedan directamente de una o varias planchas totalmente ejecutadas a mano por el artista, cualquiera que sea la técnica o la materia empleada, a excepción de los medios mecánicos o fotomecánicos (Código NC 9702 00 00).
c) Esculturas originales y estatuas de cualquier materia, siempre que hayan sido realizadas totalmente por el artista; vaciados de esculturas, de tirada limitada a ocho ejemplares y controlada por el artista o sus derechohabientes (código NC 9703 00 00).
d) Tapicerías (código NC 5805 00 00) y textiles murales (código NC 6304 00 00) tejidos a mano sobre la base de cartones originales realizados por artistas, a condición de que no haya más de ocho ejemplares de cada uno de ellos.
e) Ejemplares únicos de **cerámica**, realizados totalmente por el artista y firmados por él.
f) Esmaltes sobre cobre realizados totalmente a mano, con un límite de ocho ejemplares numerados y en los que aparezca la firma del artista o del taller, a excepción de los artículos de bisutería, orfebrería y joyería.
g) Fotografías tomadas por el artista y reveladas e impresas por el autor o bajo su control, firmadas y numeradas con un límite de treinta ejemplares en total, sean cuales fueren los formatos y soportes.
Hay que tener en cuenta adicionalmente el tipo reducido aplicable a estos bienes (LIVA art.91.Uno.4) (ver pregunta nº 9660).

15253 **Pregunta**

¿Qué bienes tienen la condición de objetos de colección a los efectos de este régimen especial?

Los siguientes (LIVA art.136.Uno.3):
a) Sellos de correos, timbres fiscales, marcas postales, sobres primer día, artículos franqueados y análogos, obliterados, o bien sin obliterar que no tengan ni hayan de tener curso legal (código NC 9704 00 00).
b) Colecciones y especímenes para colecciones de zoología, botánica, mineralogía o anatomía, o que tengan interés histórico, arqueológico, paleontológico, etnográfico o numismático (código NC 9705 00 00).
Respecto a los **sellos de correos**, la DGT ha entendido que habrá que considerarlos como objetos de colección cuando los mismos no tengan ni hayan de tener curso legal en el país de destino (DGT 27-10-95). Con esta interpretación, un sello de curso legal en Portugal puede ser considerado como objeto de colección a los efectos de aplicarle el régimen especial si su entrega ha de entenderse realizada en el TIVA.

15255 **Pregunta**

¿Qué bienes tienen la condición de antigüedades a los efectos de este régimen especial?

Los objetos que tengan más de cien años de antigüedad y no sean objetos de arte o de colección (código NC 9706 00 00) (LIVA art.136.Uno.4).
En relación con este concepto, el TJUE ha exigido, para el caso de **vehículos**, que los mismos tengan un cierto interés por referencia a la evolución tecnológica (TJUE 3-12-98, asunto C-259/97).

15258 **Pregunta**

¿Qué sujetos pasivos de IVA aplican el régimen especial de los bienes usados, objetos de arte, antigüedades y objetos de colección?

Exclusivamente aquellos que tengan la condición de **revendedores**. A tal efecto, se considera como tal al empresario que realice con carácter habitual entregas de los bienes a los que se aplica el régimen especial, siempre que los mismos hubiesen sido adquiridos o importados para su posterior reventa. También tiene la condición de revendedor el organizador de ventas en subasta pública de dichos bienes, cuando actúe en nombre propio en virtud de un contrato de comisión de venta (LIVA art.136.Uno.5).
Para tener la condición de vendedor a estos efectos es necesario que se cumplan dos **requisitos**, que son los siguientes:
a) El empresario revendedor ha de dedicarse con **habitualidad** a la realización de este tipo de operaciones, entendiendo como tal la realización ordinaria y frecuente de operaciones.
b) Los bienes han de haber sido adquiridos con la **intención** de proceder a su **reventa**. No es aplicable el régimen especial a bienes que se adquirieron con la intención de utilizarlos en el desarrollo de las actividades empresariales o profesionales propias.
Así, la DGT ha excluido de la aplicación del régimen especial el caso de una persona que adquirió un vehículo usado, procediendo posteriormente a su transmisión, aunque sin ejercer de forma habitual la actividad de compraventa de vehículos ni haber adquirido dicho vehículo para su reventa posterior (DGT 2-8-01).
Sobre esta cuestión, el TJUE ha señalado que se puede considerar sujeto pasivo revendedor a una empresa que, en el ejercicio normal de su actividad, revende vehículos que había adquirido de ocasión a fin de afectarlos a su actividad de leasing y para la cual, en el momento de la operación de adquisición del bien de ocasión, la

reventa no constituye el objetivo principal, sino solo su objetivo secundario, accesorio al del alquiler (TJUE 8-12-05, asunto C-280/04).
Finalmente, añadiremos que únicamente cabe la aplicación del régimen especial cuando se intermedia **en nombre propio**. Este es uno de los aspectos más problemáticos en la aplicación del régimen especial. Se trata de una cuestión de hecho que habrá que acreditar con los elementos de prueba de que se disponga en cada momento, no siendo posible establecer un criterio general que sea aplicable al total de los casos que se pueden presentar. Cuando el revendedor lo que hace es mediar en nombre ajeno, entonces lo que percibirá por su actuación será una comisión que tendrá la condición de prestación de servicios y que será ajena por completo a este régimen especial.

Pregunta 15260
¿Existe algún requisito en cuanto al origen de los bienes para la aplicación del régimen especial de bienes usados, objetos de arte, antigüedades y objetos de colección?

Tratándose de los bienes señalados en las preguntas nº 15245 s., el régimen especial sólo opera cuando dichos bienes se hayan adquirido en determinadas circunstancias. La aplicación del régimen especial únicamente será procedente en los casos que se contemplan en la LIVA art.135.Uno, que se resumen en el siguiente esquema:
a) **Bienes usados**, cuando se adquieran a:
- un consumidor final;
- un empresario o profesional que se beneficie del régimen de franquicia en el Estado miembro de inicio de la expedición o transporte del bien, siempre que dicho bien tuviera para el referido empresario o profesional la consideración de bien de inversión;
- un empresario o profesional en una entrega exenta, por aplicación de lo dispuesto en la LIVA art.20.Uno.24 o 25 (ver preguntas nº 5090 s.);
- otro sujeto pasivo revendedor que aplique a su entrega el régimen especial.

b) **Antigüedades y objetos de colección** adquiridos a:
- un consumidor final;
- un empresario o profesional que se beneficie del régimen de franquicia en el Estado miembro de inicio de la expedición o transporte del bien, siempre que dicho bien tuviera para el referido empresario o profesional la consideración de bien de inversión;
- un empresario o profesional en una entrega exenta, por aplicación de lo dispuesto en la LIVA art.20.Uno.24 o 25 (ver preguntas nº 5090 s.);
- otro sujeto pasivo revendedor que aplique a su entrega el régimen especial.

También se aplica el régimen especial si las antigüedades u objetos de colección han sido importados por el sujeto pasivo revendedor.
c) **Objetos de arte** adquiridos a:
- un consumidor final;
- un empresario o profesional que se beneficie del régimen de franquicia en el Estado miembro de inicio de la expedición o transporte del bien, siempre que dicho bien tuviera para el referido empresario o profesional la consideración de bien de inversión;
- un empresario o profesional en una entrega exenta, por aplicación de lo dispuesto en la LIVA art.20.Uno.24 o 25 (ver pregunta nº 5090);
- otro sujeto pasivo revendedor que aplique a su entrega el régimen especial.

También se aplica el régimen especial a las obras de arte importadas por el revendedor o adquiridas a empresarios o profesionales en virtud de las operaciones a las que haya sido de aplicación el tipo impositivo reducido de la LIVA art.91.Uno.4 y 5.

Es importante matizar, conforme a la LIVA art.135.Tres, que no se aplica el régimen especial a las entregas de los **medios de transporte nuevos** (LIVA art.13.2) cuando 15262

dichas entregas se realicen en las condiciones previstas en la LIVA art.25, es decir, cuando se trate de entregas intracomunitarias de bienes exentas (ver pregunta nº 13390).
Otro aspecto problemático es el de la aplicación del régimen especial a los bienes adquiridos a empresarios o profesionales que tributan en **regímenes especiales**. A estos efectos, hay que citar la Resol 24-7-86 (BOE 20-8-86) que señaló que las entregas de bienes anteriormente utilizados por sujetos pasivos acogidos al régimen simplificado o del recargo de equivalencia están sujetas al impuesto (salvo en los casos de no sujeción o de exención previstos de forma específica), por lo que no cabe la aplicación del régimen especial a su posterior entrega.
Respecto a los bienes adquiridos a empresarios incluidos en el **REAGP**, la DGT Resol 29-3-95, señaló que la normativa vigente hasta el día 31-12-1994 se había interpretado en el sentido de que dichas entregas podían acogerse al régimen especial cuando los sujetos pasivos que las efectuaban cumplían los requisitos establecidos por la Ley y tenían por objeto los bienes a los que se extendía el régimen especial. Sin embargo – continúa la Resolución–, la LIVA art.135 no permite aplicar el régimen especial a las entregas de los bienes usados adquiridos a empresarios acogidos al REAGP. Consecuentemente, la reventa de los bienes usados adquiridos a agricultores en REAGP deberá tributar necesariamente por el régimen general del impuesto.

15265

Pregunta
¿Cómo se aplica el régimen especial de los bienes usados, objetos de arte, antigüedades y objetos de colección en operaciones entre diferentes Estados comunitarios?

En este ámbito, hay que tener en cuenta tanto los preceptos reguladores del régimen especial como la LIVA art.13.1, en el que se establecen los supuestos de sujeción de las adquisiciones intracomunitarias de bienes. Esta cuestión se analizó en la DGT Resol 29-3-95, cuyos criterios son los siguientes:
a) Entrega realizada en el Estado de origen por quien **no** tiene la condición de **empresario o profesional**:
- la entrega efectuada por el transmitente no estará sujeta al impuesto, ni tampoco estará sujeta al impuesto la AIB que realice el revendedor;
- en la reventa del bien, el sujeto pasivo podrá aplicar el régimen especial.
b) El transmitente es un **empresario o profesional no revendedor**, acogido al **régimen de franquicia** del impuesto en el Estado miembro de origen o que transmita los bienes con exención al amparo de los criterios contenidos en la LIVA art.20.Uno.24 y 25:
- el adquirente de los bienes (el revendedor) no soportará el impuesto en el Estado miembro de origen y la AIB que efectúe en el TIVA estará no sujeta o exenta (LIVA art.13.1 y 26.Uno);
- en la reventa del bien, el sujeto pasivo podrá aplicar el régimen especial.
c) El transmitente en el Estado de origen es un **empresario o profesional no revendedor** que transmite el bien en el ejercicio de su actividad en supuestos diferentes de los mencionados en la letra anterior:
- se aplicará el régimen general del comercio intracomunitario: exención de la EIB realizada en el Estado de origen y sujeción de la correspondiente AIB realizada por el revendedor en el TIVA;
- en la posterior reventa de los bienes, el revendedor podrá acogerse al régimen especial cuando la AIB de obras de arte haya tributado al tipo reducido previsto en la LIVA art.91.Uno.5. Las reventas de otros bienes deberán tributar por el régimen general.
d) El transmitente en el Estado de origen es un **revendedor** que aplica el régimen especial:
- opción 1. El revendedor aplica el régimen general a la entrega, en cuyo caso no repercutirá el impuesto, por tratarse de una EIB, indicándolo así en factura. El

revendedor realizará en España una AIB sujeta y no exenta. En la reventa de dicho bien no podrá aplicarse el régimen especial;
– opción 2. El revendedor aplica el régimen especial, en cuyo caso no aplicará exención alguna, pero ingresará el impuesto del Estado donde se haya realizado la entrega únicamente por su margen de beneficio y así lo indicará en factura. En tal supuesto, no está sujeta al impuesto la AIB que realiza el revendedor. En la reventa podrá aplicarse el régimen especial.

Pregunta 15268

¿Existe la posibilidad de renunciar al régimen especial de los bienes usados, objetos de arte, antigüedades y objetos de colección?

Sí, tal y como establece la LIVA art.135.Dos, en consonancia con lo igualmente dispuesto por la LIVA art.120.Dos. Igualmente, hay que citar el RIVA art.33.2, en el cual se añade que la renuncia no está sujeta a obligación alguna de comunicación a la AEAT ni al cumplimiento de ningún otro requisito más allá de su consignación en factura, como se verá a continuación.

La renuncia al régimen especial se puede realizar **operación por operación**, distinguiéndose, por tanto, de los esquemas de renuncia existentes en otros regímenes especiales del impuesto, como ocurre con el régimen simplificado y con el REAGP. Asimismo, hay que insistir en que la renuncia no está sujeta a ninguna comunicación o solicitud previa a la AEAT, sino que basta con la **indicación** correspondiente **en factura**, que se concretará igualmente en la repercusión del impuesto. De otra parte, hay que tener en cuenta que si se aplica el régimen especial, en la factura que se expida para la documentación de la operación hay que indicar que se está aplicando el citado régimen, incluyendo un inciso del tenor «régimen especial de los bienes usados» o equivalente, en función del tipo de bienes que se estén entregando (Rgto Fac art.6.1.o).

La norma no condiciona la renuncia al régimen especial a que el destinatario de la operación sea a su vez empresario o profesional; no obstante, hay que notar que únicamente si este es el caso la renuncia puede tener sentido, ya que es en este supuesto cuando el destinatario podrá deducir la cuota repercutida, siendo la operación más conveniente a sus intereses.

Las **consecuencias** que se derivan de la renuncia son las siguientes:

a) En la operación de venta debe repercutirse e ingresar el tributo sobre una base imponible determinada conforme a la LIVA art.78 y 79, esto es, sobre el total del precio o contraprestación de la operación.

b) El destinatario de la operación podrá deducir dichas cuotas soportadas en aplicación del régimen general del IVA.

c) Las cuotas del impuesto soportadas, en su caso, por el revendedor en la adquisición o importación de los bienes objeto de reventa serán deducibles con arreglo a las normas generales sobre deducciones. Interesa destacar que el derecho a la deducción de estas cuotas nace en el momento de la reventa (LIVA art.98.Cuatro; ver pregunta nº 10780).

Pregunta 15270

¿Cuál es el contenido del régimen especial de los bienes usados, objetos de arte, antigüedades y objetos de colección?

La característica esencial del régimen especial de los bienes usados consiste en la determinación de la **base imponible** de las operaciones incluidas en su ámbito de aplicación, que, en lugar de venir dada por el precio de venta o contraprestación obtenida por las mismas, está dada por el margen de beneficio que se consigue por el empresario o profesional revendedor que realiza las operaciones.

Esta especialidad en el cálculo de la base imponible se complementa con la imposibilidad de deducir el IVA soportado en la adquisición de los bienes a cuya posterior entrega se aplica el régimen especial, aunque en la mayor parte de las ocasiones no se soporta IVA en dichas adquisiciones. Adicionalmente, ha de recordarse la posibilidad de renuncia al mismo.

15273 **Pregunta**
¿Cómo se determina la base imponible cuando se aplica el régimen especial de los bienes usados, objetos de arte, antigüedades y objetos de colección?

Con carácter general, cuando se aplica el régimen especial, la base imponible está constituida por el margen de beneficio de cada operación aplicado por el sujeto pasivo revendedor, minorado en la cuota del IVA correspondiente a dicho margen (LIVA art.137).
A estos efectos, se considera **margen de beneficio** la diferencia entre el precio de venta y el precio de compra del bien:
- el precio de venta está constituido por el importe total de la contraprestación de la transmisión, determinada de conformidad con lo establecido en la LIVA art.78 y 79, más la cuota del IVA que grave la operación;
- el precio de compra está constituido por el importe total de la contraprestación correspondiente a la adquisición del bien transmitido, determinada igualmente de acuerdo con lo dispuesto por la LIVA art.78, 79 y 82, más el importe del IVA que, en su caso, haya gravado la operación.

En relación con el **precio de compra**, la DGT ha entendido que no tienen cabida magnitudes distintas de la cantidad efectivamente satisfecha por el bien de que se trate. Así, en relación con el coste de **reparaciones y repuestos**, se ha dispuesto que debe considerarse como precio de compra de dichos vehículos el importe total de la contraprestación satisfecha por el consultante al transmitente del automóvil, sin que deba incrementarse dicho precio de compra en el importe de las reparaciones materiales o repuestos que incorpore ulteriormente el revendedor (DGT 25-3-97). En el mismo sentido se puede citar la DGT 28-1-97, en la que además se matiza que pueden ser objeto de deducción por el transmitente de los vehículos usados las cuotas del IVA que haya soportado al adquirir los materiales o repuestos, cuyo coste no haya sido tenido en cuenta para el cálculo del margen de beneficio.

15275 Por el contrario, sí se ha considerado incluir como mayor precio de compra el **ITP y AJD** pagado por la adquisición de vehículos a particulares, ya que sí supone una mayor cantidad satisfecha a la compra del bien de que se trate (DGT 26-7-95). En este punto, conviene recordar la exención existente en el ITP y AJD, que se aplica a las adquisiciones efectuadas por empresarios dedicados habitualmente a la reventa de vehículos usados con motor mecánico, a condición de que la venta del vehículo se realice dentro del año siguiente a la fecha de su adquisición (LITP art.45.I.B.17).
En relación con la transmisión de objetos de arte, antigüedades u objetos de colección **importados** por el sujeto pasivo revendedor, para el cálculo del margen de beneficio se considera como precio de compra la base imponible de la importación del bien, determinada con arreglo a la LIVA art.83, más la cuota del IVA que grave la importación (LIVA art.137 Uno).
La determinación de la **cuota tributaria** se puede realizar a través de la fórmula siguiente:
C = Margen de beneficio (IVA incluido) × tipo impositivo en tantos por uno/1 + tipo impositivo en tantos por uno (supuesto que se aplica el tipo general a la operación).
Recordemos que el margen de beneficio es la diferencia entre el precio de venta y el de compra.

15277 Ejemplo Un empresario dedicado a la compraventa de joyas ha adquirido un broche a un particular por 3.000 €. Seis meses más tarde, el broche se vende en 4.500 €. El cálculo de la cuota tributaria correspondiente a esta operación sería el siguiente:
Margen de beneficio: 4.500 – 3.000 = 1.500 €
Base imponible: 1.500 / 1,21 = 1.239,67 €
Cuota = 260,33 €

Pregunta
¿Existe algún supuesto en el que el régimen de los bienes usados, objetos de arte, antigüedades y objetos de colección tenga una base imponible mínima? 15280

No. En tiempos, existía dicho mínimo en relación con las ventas de automóviles, pero se eliminó de nuestro ordenamiento. La base imponible no tiene mínimo, pudiendo llegar a ser cero o incluso negativa.

Esta última posibilidad ha sido analizada por la DGT, que señala que cuando en la aplicación del régimen especial mediante la determinación de la base imponible calculada en función del margen de beneficio de cada operación, se dé la circunstancia de que el precio de venta del bien es inferior a su precio de compra, produciéndose así un **margen de beneficio negativo**, la base imponible de la operación sometida a dicho régimen especial será igual a cero, por lo que la cuota del mismo correspondiente a dicha operación será también igual a cero. No obstante la operación no estará sujeta al ITP y AJD en su modalidad de transmisiones patrimoniales onerosas, por tratarse de una operación sujeta al IVA, careciendo de relevancia a tales efectos que la base imponible correspondiente a dicha operación en este último impuesto sea igual a cero (DGT 19-9-97).

Pregunta
¿Es posible la determinación global de la base imponible en el régimen especial de los bienes usados, objetos de arte, antigüedades y objetos de colección? 15282

Sí. Cuando los bienes que se comercializan son susceptibles de identificación, la aplicación del régimen especial no plantea mayores problemas. Pero ocurre que no siempre los bienes que se comercializan por los revendedores son susceptibles de individualización en estos términos. Para hacer posible la aplicación del régimen especial en estos casos, se establece la posibilidad de aplicar una modalidad de determinación global de la base imponible en este régimen (LIVA art.137.Dos).

Así, los sujetos pasivos revendedores podrán optar por determinar la base imponible mediante el **margen de beneficio global** para cada período de liquidación obtenido por los mismos, minorado en el IVA correspondiente a dicho margen. Este margen de beneficio global será la diferencia entre el precio de venta y el precio de compra de todas las entregas de bienes efectuadas en cada período de liquidación. Estos precios se determinan de la misma forma que cuando la base imponible se calcula individualmente.

Esta modalidad de determinación de la base imponible no es aplicable a cualesquiera bienes, sino sólo a los siguientes:

- sellos, efectos timbrados, billetes y monedas, de interés filatélico o numismático;
- discos, cintas magnéticas y otros soportes sonoros o de imagen;
- libros, revistas y otras publicaciones.

La misma LIVA señala que la AEAT, previa solicitud del interesado, podrá autorizar su aplicación para bienes distintos de los indicados, fijando las condiciones de la autorización y pudiendo revocarla cuando no se den las circunstancias que la motivaron.

Pregunta
¿Cómo se aplica el método de determinación global de la base imponible? 15285

El ejercicio de la opción por esta modalidad de determinación de la base imponible se remite a su desarrollo reglamentario (RIVA art.50). El sujeto pasivo revendedor que hubiera ejercitado la opción deberá determinar con arreglo a dicha modalidad la base imponible correspondiente a **todas las entregas** que de los referidos bienes realice durante el período de aplicación de la misma, sin que quepa aplicar a las citadas entregas el régimen general.

La **opción** deberá ejercitarse al tiempo de presentar la declaración de comienzo de la actividad, o bien durante el mes de diciembre anterior al inicio del año natural en que deba surtir efecto, entendiéndose prorrogada, salvo renuncia expresa en el mismo plazo anteriormente señalado, para los años siguientes y, como mínimo, hasta la finalización del año natural siguiente a aquél en que comenzó a aplicarse. Lo anterior se entiende sin perjuicio de la facultad de la Administración Tributaria de revocar la autorización concedida, según dispone la LIVA art.137.Dos.1.
En la actualidad, la opción se ejercita a través de las declaraciones censales que se contemplan en el RGGI art.9 y 10 –redacc RD 117/2024–.
El Departamento de Gestión Tributaria de la AEAT podrá autorizar, previa solicitud del interesado, la aplicación de esta modalidad respecto de **bienes distintos** de los antes citados cuando, por el elevado número de operaciones y el reducido precio de los bienes, existan especiales dificultades para aplicar la modalidad de determinación individual de la base imponible. El citado Departamento debe pronunciarse sobre la procedencia de la solicitud en el plazo de tres meses siguientes a su presentación. El silencio administrativo es negativo.
Los sujetos pasivos revendedores que hayan optado por esta modalidad deben practicar la **regularización anual** (LIVA art.137.Dos.4), a 31 de diciembre de cada año, mientras se mantengan en el citado régimen, incorporando su resultado a la autoliquidación correspondiente al último período del mismo año. En los casos de cese en la aplicación de esta modalidad, la regularización se practicará en la autoliquidación del período en que se haya producido el cese.
Si el margen de beneficio global correspondiente a un período de liquidación fuese negativo, la base imponible de dicho período será cero y el referido margen se añadirá al importe de las compras del período siguiente.
Los sujetos pasivos revendedores que hayan optado por esta modalidad deben practicar una regularización anual de sus **existencias**, para lo cual debe calcularse la diferencia entre el saldo final e inicial de las existencias de cada año y añadir esa diferencia, si fuese positiva, al importe de las ventas del último período y si fuese negativa añadirla al importe de las compras del mismo período (LIVA art.137.Dos.4).
Cuando los bienes fuesen objeto de **entregas exentas** (LIVA art.21, 22, 23 ó 24), el sujeto pasivo debe disminuir del importe total de las compras del período, el precio de compra de los citados bienes. Cuando no fuese conocido el citado precio de compra, podrá utilizarse el valor de mercado de los bienes en el momento de su adquisición por el revendedor. Asimismo, se establece que el sujeto pasivo no computará el importe de las referidas entregas exentas entre las ventas del período (LIVA art.137.Dos.5).
A efectos de la regularización, en los casos de **inicio o de cese** en la aplicación de esta modalidad de determinación de la base imponible, el sujeto pasivo debe hacer un inventario de las existencias a la fecha de inicio o del cese, consignando el precio de compra de los bienes o, en su defecto, el valor del bien en la fecha de su adquisición (LIVA art.137.Dos.6).

15287 Ejemplo Un empresario dedicado a la compraventa de sellos tiene unas existencias a 1-1-N que se valoran en 60.000 €. Los datos relativos al primer trimestre del año N son los siguientes:
- Compras: 15.000 €.
- Ventas: 25.000 €.

La liquidación a presentar por este trimestre será la siguiente:
- Margen bruto obtenido: 25.000 – 15.000 = 10.000 €.
- Base imponible: 10.000 /1,21 = 8.264,46 €.
- Cuota tributaria: 1.735,54 €.

En el segundo trimestre se obtienen los siguientes datos:
- Compras: 45.000 €.
- Ventas: 30.000 €.

En este caso el margen que se ha obtenido es negativo, por lo que la cuota a ingresar es cero. En consecuencia, la diferencia, 15.000 €, se añade a la cifra de compras del periodo siguiente.

Los datos del tercer trimestre son los siguientes:
- Compras: 12.000 €.
- Ventas: 25.000 €.

La liquidación del IVA para este periodo impositivo daría lugar a un margen bruto de 25.000 – (12.000 + 13.000) = 0 €, por lo que no habría cuota tributaria que ingresar. Nótese que de las pérdidas de 15.000 € del segundo trimestre sólo se han absorbido 13.000 €, por lo que quedan otros 2.000 € que se deberán sumar a la cifra de compras del siguiente trimestre.

Los datos del último trimestre son:
- Compras: 20.000 €.
- Ventas: 35.000 €.

Para practicar la liquidación del último trimestre hay que tener en cuenta la diferencia de valoración entre las existencias a principios de año y las existencias a final de año. Nada dice la LIVA en cuanto a las reglas de valoración de existencias que se pueden utilizar; sin embargo, el RIVA art.51, al regular el Libro Registro que de forma específica han de llevar los revendedores que apliquen la modalidad de determinación global de la base imponible, hace referencia a las reglas de valoración de existencias del Plan General de Contabilidad, que, por tanto, serán las que habrá que utilizar.

Supondremos que la valoración final de existencias es de 80.000 €, con un incremento respecto a su valoración a principios de año de 20.000 €.

La liquidación en este caso sería la siguiente:
- Margen bruto obtenido: (35.000 + 20.000) – (20.000 + 2.000) = 33.000 €.
- Base imponible: 33.000 /1,21 = 27.272,73 €.
- Cuota tributaria: 5.727,27 €.

Pregunta 15290

¿Cómo funciona el derecho a la deducción cuando se aplica el régimen especial de los bienes usados, objetos de arte, antigüedades y objetos de colección?

Los sujetos pasivos revendedores no pueden deducir las cuotas soportadas o satisfechas por la adquisición o importación de bienes que sean transmitidos en operaciones sometidas a este régimen especial (LIVA art.139). Esta restricción es la consecuencia del sistema de determinación de la base imponible, constituida por el margen de las operaciones.

Por otra parte, hay que señalar que estas operaciones, aunque con una modalidad específica de determinación de la base imponible, son operaciones sujetas y no exentas, por lo que, conforme a la LIVA art.94, son operaciones generadoras del derecho a la deducción. En consecuencia, el **resto de cuotas soportadas** por los citados sujetos pasivos son deducibles sin restricción alguna que se derive de la realización de operaciones a las que sea aplicable el régimen especial. Entre estas cuotas deducibles se pueden incluir tanto las correspondientes a los gastos relacionados con los bienes transmitidos, pero que no admiten su consideración como mayor valor de adquisición de los mismos, como cualesquiera otras cuotas soportadas o satisfechas por los empresarios o profesionales que apliquen el régimen especial.

Es importante destacar asimismo que este régimen especial, a diferencia de lo que ocurre con otros, no constituye un sector diferenciado de la actividad, por lo que tampoco desde este punto de vista se produce incidencia alguna en el derecho a la deducción por la realización de operaciones incluidas en el mismo.

Sí que nace el derecho a la deducción cuando el empresario revendedor **renuncia al** 15291 **régimen especial** y aplica el general del impuesto. A estos efectos, ha de citarse la DGT Resol 29-3-95 apdo 3º, conforme al cual, en los supuestos de renuncia al régimen especial, las cuotas deducibles son:

a) Las cuotas satisfechas que consten en el documento acreditativo del pago del impuesto a la importación (cabe suponer que en la actualidad habría que aceptar el documento en el que se liquida el IVA a la importación), respecto de los objetos de arte, antigüedades y objetos de colección que hayan sido importados por el revendedor (LIVA art.135.Uno.2).

b) Las cuotas soportadas por la adquisición de objetos de arte a empresarios o profesionales que sean autores o derechohabientes de los mismos, que figuren separadamente en factura (LIVA art.135.Uno.3).
En los demás supuestos enumerados en la LIVA art.135.Uno.1, no podrá deducirse cuota alguna, ya que no se ha soportado la repercusión o bien la cuota soportada no puede ser deducida al no figurar consignada separadamente en factura.
Una particularidad relativa al derecho a la deducción de las cuotas soportadas en la adquisición de los bienes por los revendedores es la que se establece en la LIVA art.98.Cuatro, conforme al cual el derecho a la deducción de las cuotas correspondientes a la adquisición o importación de los objetos de arte, antigüedades y objetos de colección (LIVA art.135.Dos) nace cuando se devengue el IVA correspondiente a las entregas de dichos bienes.
Recordemos que este régimen especial admite renuncia, siendo deducibles en tal caso las cuotas soportadas en la adquisición de los bienes. Si no se estableciese alguna medida específica, partiendo de la base de que el régimen normalmente aplicable a las operaciones a realizar por los empresarios revendedores de este tipo de bienes es el de los bienes usados, en el cual el IVA no es deducible, estos se podrían encontrar con situaciones en las que la deducción de un IVA posible como consecuencia de una renuncia al régimen especial no se puede ejercitar por haber transcurrido el plazo de 4 años establecido con carácter general. Para solucionar este problema, la LIVA art.98.Cuatro fija en estos casos el **nacimiento del derecho a la deducción** en el momento en que se proceda a la transmisión de los bienes, que es cuando definitivamente se conoce si la operación se realiza aplicando el régimen especial o el general del impuesto y, de resultas de ello, si el IVA que se soportó es deducible o no.

15292

Pregunta
¿Cómo opera la repercusión cuando se aplica el régimen especial de los bienes usados, objetos de arte, antigüedades y objetos de colección?

En las facturas que documenten las operaciones a que resulte aplicable este régimen especial, los sujetos pasivos no pueden consignar separadamente la cuota repercutida, debiendo entender que la misma está comprendida en el precio total de la operación (LIVA art.138).
No son deducibles las cuotas soportadas por los adquirentes de bienes usados, objetos de arte, antigüedades u objetos de colección que les hayan sido entregados por sujetos pasivos revendedores con aplicación del régimen especial (LIVA art.138).
Es importante recordar la posibilidad de aplicar a las operaciones el régimen general si se renuncia al régimen especial y que dicha renuncia no está sujeta a más requisitos que los propios de la expedición de una factura correspondiente a una operación realizada con aplicación de las normas generales sobre base imponible y repercusión.
Así, para cualquier operación a la que sea aplicable el régimen especial, caben las siguientes **opciones**:
a) Renunciar a la aplicación del régimen especial y aplicar el **régimen general**. En tal caso, la factura a expedir por la operación será una factura ordinaria en la que se procederá a la repercusión del tributo como en cualquier otra operación realizada en el régimen general del IVA.
b) Aplicar el **régimen especial**, en cuyo caso habrá que indicarlo en la factura a expedir, sin que sea posible proceder a la repercusión de cantidad alguna en dicha factura.
Hay que insistir en que ni siquiera se deja la opción a los empresarios o profesionales revendedores de indicar su margen y el IVA correspondiente al mismo, como sí ocurre en el régimen especial de las agencias de viajes. Esta diferencia viene justificada por la opción de renuncia que hay en el régimen de los bienes usados, que no existe en el régimen de las agencias de viajes.

15295

Pregunta
¿Cuáles son las obligaciones específicas del régimen especial de los bienes usados, objetos de arte, antigüedades y objetos de colección en materia de facturación?

A este respecto, hay que citar, en primer lugar, el Rgto Fac art.16.2, conforme al cual, y sin perjuicio del cumplimiento del resto de obligaciones establecidas en materia de facturación, los sujetos pasivos que apliquen este régimen especial deben cumplir, respecto de las operaciones afectadas por el referido régimen especial, las siguientes **obligaciones específicas**:
a) Expedir un documento que justifique cada una de las adquisiciones efectuadas a quienes no tengan la condición de empresarios o profesionales actuando como tales. Dicho documento de compra debe ser firmado por el transmitente y contendrá los datos y requisitos generales que se exigen a cualquier factura. La confección material o expedición de este documento se encomienda al revendedor que adquiere los bienes, aunque ha de ser firmado por el transmitente de los mismos.
b) En las facturas que expidan los sujetos pasivos revendedores por las entregas sometidas al régimen especial, debe hacerse constar esta circunstancia, tanto si se trata de facturas completas (Rgto Fac art.6.1.o), como si se trata de facturas simplificadas (Rgto Fac art.7.1.i).
c) En las facturas que expidan los sujetos pasivos revendedores por las entregas sometidas al régimen especial, no podrán consignar separadamente la cuota del IVA repercutida, debiendo entenderse esta comprendida en el precio total de la operación.

15297

Pregunta
¿Cuáles son las obligaciones registrales específicas del régimen especial de los bienes usados, objetos de arte, antigüedades y objetos de colección?

Además de las establecidas con carácter general, los sujetos pasivos que apliquen el régimen especial deben cumplir, respecto de las operaciones afectadas por el referido régimen especial, otras **obligaciones específicas** (RIVA art.51):
a) Llevar un Libro Registro específico en el que se anotarán, de manera individualizada y con la debida separación, cada una de las adquisiciones, importaciones y entregas, realizadas por el sujeto pasivo, a las que resulte aplicable la determinación de la base imponible mediante el margen de beneficio de cada operación.
Dicho libro debe reflejar los datos que se señalan en la siguiente tabla:

Datos Libro Registro para las operaciones con determinación individual de la base imponible	
1º	Descripción del bien adquirido o importado.
2º	Número de factura o documento de compra o documento de importación de dicho bien.
3º	Precio de compra.
4º	Número de la factura expedida por el sujeto pasivo con ocasión de la transmisión de dicho bien.
5º	Precio de venta.
6º	IVA correspondiente a la venta o, en su caso, indicación de la exención aplicada.
7º	Indicación, en su caso, de la aplicación del régimen general en la entrega de los bienes.

b) Llevar un Libro Registro específico, distinto del indicado en apartado anterior, en el que se anotarán las adquisiciones, importaciones y entregas, realizadas por el sujeto pasivo durante cada período de liquidación, a las que resulte aplicable la determinación de la base imponible mediante el margen de beneficio global.
Dicho libro debe reflejar los datos que se indican en la siguiente tabla:

	Datos Libro Registro para las operaciones con determinación global de la base imponible
1º	Descripción de los bienes adquiridos, importados o entregados en cada operación.
2º	Número de factura o documento de compra o documento de importación de los bienes.
3º	Precio de compra.
4º	Número de factura emitida por el sujeto pasivo con ocasión de la transmisión de los bienes.
5º	Precio de venta.
6º	Indicación, en su caso, de la exención aplicada.
7º	Valor de las existencias iniciales y finales correspondientes a cada año natural, a los efectos de practicar la regularización prevista en la LIVA art.137.dos. Para el cálculo de estos valores se aplicarán las normas de valoración establecidas en el PGC.

c) En los supuestos de iniciación o cese y a los efectos de la regularización prevista en la LIVA art.137.dos.6ª, los sujetos pasivos deben confeccionar inventarios de sus existencias, respecto de las cuales resulte aplicable la modalidad del margen de beneficio global para determinar la base imponible, con referencia al día inmediatamente anterior al de iniciación o cese en la aplicación de aquélla.
Los mencionados inventarios, firmados por el sujeto pasivo, deben presentarse en la Delegación o Administración de la AEAT correspondiente a su domicilio fiscal en el plazo de quince días a partir del día de comienzo o cese en la aplicación de la mencionada modalidad de determinación de la base imponible.

SECCIÓN 4

Régimen especial de las agencias de viajes

15310

Pregunta
¿Cuáles son las razones que justifican la existencia del régimen especial de las agencias de viajes?

La existencia de un régimen especial para las agencias de viajes se justifica por las siguientes razones:
a) En primer término, por el hecho de que la aplicación de las **reglas generales de localización** de las prestaciones de servicios a las operaciones realizadas por las agencias de viajes daría lugar a que, cuando estas organizan viajes que transcurren por distintos Estados comunitarios, tendría que considerarse que están realizando operaciones sujetas al IVA en cada uno de ellos. Esta circunstancia complicaría enormemente la gestión del impuesto para estas empresas.
b) La **recuperación del IVA** soportado en Estados en los que la **agencia no esté establecida** sería muy dificultosa, tratándose de cantidades que pueden ser relevantes.
Estas razones, que se han apuntado igualmente por el TJUE 12-11-92, asunto C-163/91, justifican la aplicación en el sector de un régimen especial.
Este régimen especial va a permitir, como veremos, la liquidación del IVA sobre una base dada por el **margen o beneficio** que obtienen en sus operaciones, a la vez que se establece una **regla especial sobre el lugar de realización** de las operaciones y un **supuesto específico de exención**. Todo lo anterior se completa con la posibilidad de **renuncia al régimen especial**, que pretende reinstaurar la neutralidad del impuesto en los viajes de empresa.

Pregunta 15312
¿A qué sujetos pasivos se les aplica el régimen especial de las agencias de viajes?

De una primera lectura de la LIVA art.141 se podría desprender que los sujetos pasivos a los que va a resultar de aplicación el régimen, en su caso, van a ser agencias de viajes y los organizadores de circuitos turísticos.
En este punto, hay que hacer referencia a la jurisprudencia del TJUE relativa a los operadores a cuyas operaciones puede aplicarse este régimen. Así, el TJUE 22-10-98, asuntos C-308/96 y C-94/97, establece, apelando al principio de neutralidad, la aplicabilidad de este régimen a una sociedad que efectúa la organización de viajes para empresas o grupos, así como reservas de hoteles, banquetes o ceremonias, aunque no tenga el estatus de agencia de viajes. Este razonamiento, reiterado en sentencia TJUE 13-10-05, asunto C-200/04, ha sido recogido por la DGT en diversas de sus contestaciones (DGT 26-4-02), entre otras.
Resulta, pues, que no hay requisito subjetivo alguno en cuanto a la caracterización del régimen especial de agencias de viajes, en contra de lo que cabría deducir de su denominación, por lo que el mismo resulta **aplicable** tanto a las agencias que desarrollen las actividades que les son propias como a cualesquiera otras empresas que actúen en condiciones equivalentes.

El segundo requisito que ha de concurrir para que resulte aplicable el régimen especial es que se actúe **en nombre propio** respecto al viajero. La DGT se ha pronunciado sobre el tema señalando lo siguiente (DGT Resol 12-5-86, BOE 21-5-86; DGT Resol 8-7-86, BOE 31-7-86; DGT Resol 23-12-86, BOE 14-1-87): 15315
a) La determinación de si una agencia de viajes actúa frente al viajero en nombre propio o en nombre y por cuenta de un tercero resultará de los pactos existentes entre la agencia y este último.
b) Dicha circunstancia es una cuestión de hecho que debe probarse en cada caso por los medios admitidos en derecho.
c) Se considera, salvo prueba en contrario, que las agencias de viajes actúan frente al viajero en nombre y por cuenta de un tercero cuando:
- con autorización de este último, la agencia haga constar dicha circunstancia en los documentos que expida para formalizar los contratos celebrados con el viajero;
- el viajero pague directamente al tercero la contraprestación del servicio que recibe;
- en los bonos emitidos y entregados al viajero se haga constar expresamente que la agencia actúa solamente como agente de un tercero.

d) La circunstancia de que el mediador efectúe el cobro de la contraprestación de la operación a la que la mediación se refiere, no es indicativa a efectos de determinar si dicho mediador actúa en nombre propio, habida cuenta de que la mediación puede extenderse a la gestión de cobro de créditos de titularidad ajena.
Finalmente, la aplicación del régimen especial requiere que los **medios utilizados** para la prestación del servicio sean ajenos. El viaje ha de constituir una prestación de servicios que se preste con los bienes o servicios adquiridos a otros empresarios o profesionales. Cuando en la prestación del servicio se utilicen también medios propios, entonces no cabe la aplicación del régimen especial en la parte correspondiente a los servicios prestados con medios propios.
Es importante señalar el **carácter obligatorio** de este régimen especial (LIVA art.120), por lo que cuando el sujeto pasivo cumpla los requisitos subjetivos y objetivos para su aplicación, deberá tributar por el régimen especial de forma obligatoria, salvo que se renuncie al mismo (ver pregunta nº 15342)

15317

Pregunta
Centrados en el sector de las agencias de viajes, ¿a cuáles de ellas se puede aplicar el régimen especial?

En el supuesto que se cumplan los requisitos señalados en la pregunta anterior, y por lo que respecta a las agencias de viajes, conviene tener en cuenta que, de acuerdo con la normativa vigente en nuestro país, existen **dos clases** de agencias de viaje:
a) Mayoristas, que organizan paquetes turísticos y los suministran a agencias minoristas, ya que las agencias mayoristas no pueden comercializar sus productos directamente al viajero.
b) Minoristas, que comercializan viajes interviniendo en nombre propio o en nombre ajeno, ofertando los viajes organizados por ellas mismas o los organizados por las agencias mayoristas.
Las agencias de viajes mayoristas pueden tener asimismo la condición de agencias minoristas si cumplen los trámites oportunos, en cuya hipótesis podrán comercializar sus productos directamente al público.
Lo determinante, en cualquier caso, es la intervención de la agencia en nombre propio, tanto si es mayorista como si actúa como minorista. El régimen especial no es aplicable a comisionistas que actúen en nombre ajeno.

15320

Pregunta
¿Qué se ha de considerar como viaje a efectos del régimen especial de las agencias de viajes?

Se consideran viajes los **servicios de hospedaje o transporte** prestados conjuntamente o por separado, así como con otros de carácter accesorio o complementario de los anteriores (LIVA art.141.Uno.1).
La delimitación del ámbito objetivo de aplicación del régimen especial es de gran importancia, ya que es aplicable a cualquier operador que cumpla los requisitos que se señalan en la pregunta nº 15312, aunque no tenga la condición de agencia de viajes.
No solamente se incluyen en el concepto los servicios de viaje y hospedaje si se prestan **de forma conjunta**, lo cual responde al concepto habitual y más tradicional de viaje organizado, sino también si se prestan **por separado**.
En todo caso, para que se cumpla el requisito objetivo del régimen especial, se exige que la operación de que se trate incluya alojamiento o transporte, con independencia de que incluya otras prestaciones o no sea así. Cabe suponer que estos servicios, que son los nucleares en cuanto a la aplicación del régimen especial, deben ser los que se presten con medios ajenos y respecto de los que se intermedie en nombre propio. En este sentido, en relación con la organización de **cursos de idiomas en el extranjero**, la DGT ha establecido la aplicación del régimen especial cuando los mismos comprenden servicios de transporte, alojamiento, manutención, enseñanza, etc... considerando que no es aplicable el régimen especial sino el general cuando se trata exclusivamente de servicios de enseñanza, que no incluyen ni alojamiento ni transporte (DGT 23-11-00).

15323

Pregunta
¿Dónde se entienden realizadas las operaciones cuando se aplica el régimen especial de las agencias de viajes?

Siendo aplicable el régimen especial, las operaciones efectuadas respecto de cada viajero constituirán una prestación única, que se entenderá realizada en el lugar donde la agencia tenga establecida la sede de su actividad económica o posea un establecimiento permanente desde donde efectúe la operación (LIVA art.144).
Lo primero que hace la normativa del impuesto es disponer que el conjunto de entregas de bienes y prestaciones de servicios realizados por la agencia respecto de

cada viajero constituye una **prestación de servicios única**, siendo a dicha prestación a la que resulta aplicable la regla de localización contenida en el artículo anteriormente referenciado.
A continuación, se establece que la prestación de servicios única ha de considerarse realizada en el lugar en el que la agencia de viajes tenga establecida la **sede de su actividad** o un **establecimiento permanente** desde el que se efectúe la operación. No hay en la norma previsiones específicas en cuanto a los conceptos de sede de actividad o de establecimiento permanente a estos efectos, por lo que serán de aplicación los conceptos que se definen en la LIVA art.69 (ver preguntas nº 1981 y nº 1985).
No hace falta insistir en la importante simplificación que supone esta calificación, que evita tener en cuenta las diversas reglas que resultarían aplicables a los diferentes servicios prestados por las agencias de viajes.

Pregunta 15325
¿Existe alguna exención para las operaciones incluidas en el régimen especial de las agencias de viajes?

Sí. Los servicios incluidos en el ámbito de aplicación del régimen especial están exentos cuando los bienes y servicios adquiridos en beneficio del viajero le hayan sido proporcionados al empresario fuera de la Comunidad (LIVA art.143). De alguna forma, esta exención es un paralelismo a las que se contienen en la LIVA art.21.6 y 22.Quince, en relación con los servicios de intermediación relacionados con exportaciones u operaciones asimiladas, en el entendido de que aunque la intervención de la agencia de viajes se produzca en nombre propio, no deja de estar intermediando en operaciones que no se efectúan en la Comunidad.
En caso de que la adquisición de bienes y servicios en beneficio del cliente se produzca **fuera de la Comunidad** sólo **parcialmente**, la exención únicamente se aplicará respecto a la parte de la prestación de servicios que se efectúa por parte de la agencia en la proporción en que la misma corresponda a los bienes y servicios adquiridos fuera de la Comunidad.
La LIVA no señala una regla con la que determinar el lugar en el que han de considerarse entregados los bienes o prestados los servicios que la agencia de viajes adquiere para prestarlos al viajero; carencia que ha de suplirse aplicando las mismas reglas que contiene la LIVA art.68 s. para la localización de las entregas de bienes o prestaciones de servicios.
Hay que señalar que se trata de una **exención plena**, esto es, no limita el derecho a la deducción (LIVA art.94.Uno.1.d). No debe extenderse este precepto a los bienes y servicios que se van a utilizar en la realización del viaje, ya que dichas cuotas no son deducibles en ninguna medida ni cuantía (ver pregunta nº 15340). Lo que establece el referido artículo es que la agencia de viajes, como consecuencia de la realización de operaciones exentas al amparo de este precepto, no verá limitado el derecho a la deducción del resto de cuotas que soporte, esto es, que no deberá aplicar la regla de prorrata.

Pregunta 15327
¿Cómo se determina la base imponible de las operaciones sujetas y no exentas cuando se aplica el régimen especial de las agencias de viajes?

La base imponible de las operaciones a las que resulta de aplicación este régimen especial está formada por el **margen bruto** obtenido en cada una de ellas, considerando como tal la diferencia entre la cantidad total cargada al cliente, con exclusión del IVA que recaiga sobre la operación, y el importe efectivo, impuestos incluidos, que la agencia haya satisfecho por los bienes y servicios adquiridos para la prestación del servicio y que redunden directamente en beneficio del viajero (LIVA art.145).
La determinación de la base imponible correspondiente a una operación se realizará partiendo del importe total cargado al viajero, en el que, por tanto, estará incluida la

cuota del IVA que grava la propia operación en régimen especial. A partir del citado importe se restará el importe total, impuestos incluidos, en su caso, facturado por otros empresarios o profesionales a la agencia por la adquisición de servicios integrantes del viaje en régimen especial. La diferencia así obtenida se dividirá por cien más el tipo impositivo general del impuesto; el cociente resultante se multiplica por cien, siendo el resultado de esta última operación la base imponible del IVA correspondiente a la prestación de servicios única en régimen especial (viaje) realizada por la agencia, que en ningún caso podrá ser negativa.
La fórmula a partir de la cual podríamos determinar la **cuota tributaria** correspondiente a cada operación es la siguiente:
C = Margen de beneficio (IVA incluido) × tipo impositivo en tantos por uno/1 + tipo impositivo en tantos por uno.
La metodología de cálculo de la base imponible es equivalente a la existente en el régimen especial de los bienes usados, por lo que puede ser válido el ejemplo que se contiene en el nº 15277.

15330 En la determinación de la base imponible hay que tener en cuenta los siguientes aspectos:
a) La parte correspondiente a **prestaciones exentas** no se va a computar, como consecuencia de dicha exención. Lo mismo cabe decir de la parte proporcional correspondiente a los servicios prestados con **medios propios**, ya que el régimen especial sólo se aplica cuando se adquieren bienes y servicios a otros empresarios o profesionales.
b) Tampoco se computan los gastos correspondientes a servicios de telefonía, télex, correspondencia y otros análogos que se soporten, esto es, los gastos por servicios de **telecomunicaciones**, debiendo considerarse igualmente excluidos otros de naturaleza análoga, tales como los servicios de correo electrónico, sustitutivos de los anteriores. Están igualmente excluidos los gastos correspondientes a operaciones de compra-venta o cambio de **moneda extranjera**. En general, los gastos que han de considerarse para la determinación de la base imponible son los relativos a los bienes o servicios que se adquieren y que se van a proporcionar al viajero, quedando excluidos aquellos otros que no son objeto de suministro al viajero, aún cuando sean gastos de la agencia.
c) Igualmente están excluidos los costes relativos a los **servicios de mediación** prestados por agencias minoristas cuando intermedian en nombre y por cuenta ajena en la comercialización de los viajes organizados por las empresas mayoristas. Esto es, las comisiones que reciben las agencias minoristas cuando venden, habitualmente por catálogo, los viajes organizados por empresas mayoristas.
En relación con estos servicios, así como con los que se han señalado en la letra anterior, hay que señalar que el hecho de que no se computen para la determinación del margen bruto de la agencia no implica que no deban considerarse como otros servicios que recibe la agencia para el desarrollo de su actividad y cuyas cuotas son igual que cualesquiera otras provenientes de otros bienes o servicios adquiridos para ser empleados en el desarrollo de la actividad, pero que no pueden considerarse adquiridas en beneficio directo del viajero, sino que únicamente contribuyen de forma indirecta a la prestación de dichos servicios.
Alternativamente, la DGT ha admitido la **cuantificación provisional** de la base imponible del IVA aplicando el porcentaje de margen bruto global del año anterior al precio de venta de los viajes que se comercialicen durante el año en curso, ajustando este dato al margen real a final de año, una vez se conocen las cifras exactas de costes habidos durante el año (como en otros, es habitual en este sector la revisión de precios por parte de los proveedores, lo que, aplicando la anterior metodología, podía conducir a rectificaciones constantes, algo que parecía poco operativo y que ha justificado esta aproximación alternativa).

15334

Pregunta
¿Existe la posibilidad de calcular la base imponible del impuesto globalmente?

Hasta el 31-12-2014 se preveía esta posibilidad, que fue considerada contraria al Derecho comunitario (TJUE 26-9-12, asunto C-189/11), por lo que se procedió a su derogación.
Hay que tener en cuenta, no obstante, la metodología de cálculo provisional y alternativa que se ha explicado en el último párrafo de la pregunta anterior.

15336

Pregunta
Determinada la base imponible, ¿cuál es el tipo impositivo que se aplica a la misma?

El tipo impositivo aplicable al margen que obtiene la agencia de viajes es el general del impuesto, ya que estos servicios (los de viaje) no se encuentran incluidos entre los acreedores a la aplicación de tipos impositivos reducidos.

15338

Pregunta
¿Pueden los sujetos pasivos que apliquen el régimen especial de las agencias de viajes repercutir el IVA a sus clientes?

No, conforme dispone la LIVA art.142, que establece que en las operaciones a las que resulte aplicable este régimen especial los sujetos pasivos no estarán obligados a consignar en factura separadamente la cuota repercutida, debiendo entenderse, en su caso, comprendida en el precio de la operación.
Lo anterior, sin embargo, no es impedimento para:
- que si el sujeto pasivo lo considera oportuno, proceda a la repercusión del IVA por separado, con el inconveniente de que, si así procede, le estará manifestando su margen comercial al cliente;
- la renuncia al régimen especial, como se explica en la pregunta nº 15342.

15340

Pregunta
¿Cómo funciona el derecho a la deducción de los sujetos pasivos que apliquen el régimen especial de las agencias de viajes?

En primer lugar, los sujetos pasivos que apliquen este régimen especial determinarán sus deducciones en los términos generales que establece la normativa del impuesto (LIVA art.146).
No obstante, el anterior precepto dispone que las cuotas que soporten los empresarios o profesionales que apliquen dicho régimen por los **bienes y servicios adquiridos en beneficio del viajero** no serán deducibles, consecuencia lógica de la forma de cálculo de la base imponible existente para estas prestaciones.
De este modo, el IVA soportado en las anteriores operaciones no será deducible, por la propia dinámica de determinación de la base, mientras que el IVA soportado por las restantes adquisiciones de bienes y servicios que no redunden directamente en beneficio del viajero se deducirán en su totalidad.
Hay que recordar que la realización de las operaciones exentas a que se refiere la LIVA art.143 (ver pregunta nº 15325) no determina la aplicación de la prorrata al ser exenciones plenas, es decir, con derecho a deducción (LIVA art.94.1.d).
En buena lógica, lo anterior ha de entenderse sin perjuicio de que, en caso de renuncia al régimen especial, en aplicación del régimen general del impuesto se abra la puerta a la deducción del IVA soportado.

15342

Pregunta
¿Cómo funciona la renuncia al régimen especial de las agencias de viajes?

Conforme a lo dispuesto por la LIVA art.147, que admite que los sujetos pasivos opten por la no aplicación del régimen especial y apliquen el régimen general a los servicios que realicen y de los que sean **destinatarios otros empresarios o profesionales** que tengan derecho a la deducción o a la devolución.
Como señala la propia LIVA, esta renuncia se efectúa **operación por operación**. Es factible, por tanto, que una misma agencia de viajes realice operaciones en régimen especial y otras en régimen general, según se opte o no por la renuncia en ellas.
Obviamente, con esta posibilidad lo que se pretende es hacer operativa la normal aplicación del tributo, generando un IVA deducible, cuando los destinatarios son otros empresarios o profesionales.
El RIVA art.52 completa lo anterior, disponiendo que la opción por la renuncia deberá comunicarse por escrito al destinatario de la operación, con carácter previo o simultáneo a la prestación de los servicios que correspondan.
La misma norma dispone que se presumirá realizada la comunicación cuando la factura que se expida no contenga la mención al régimen especial a que obliga el Rgto Fac art.6.1.n) y 7.1.i).

15343

Pregunta
¿Existe alguna obligación formal específica para los sujetos pasivos que apliquen el régimen especial de las agencias de viajes?

Sí. Los sujetos pasivos que apliquen este régimen especial están obligados a anotar en el Libro Registro de facturas recibidas las correspondientes a los bienes y servicios adquiridos directamente en interés del viajero, con la debida separación (RIVA art.53).
Por otra parte, el Rgto Fac art.16.3 establece que en las operaciones a las que resulte aplicable este régimen especial, los sujetos pasivos no estarán obligados a consignar por separado en la **factura** que expidan la cuota repercutida, y el Impuesto deberá entenderse, en su caso, incluido en el precio de la operación.
Asimismo, se dispone que, en todo caso, en las facturas en las que se documenten operaciones a las que sea de aplicación este régimen especial deberá hacerse constar la mención al mismo, como establecen el mismo Rgto Fac art.6.1.n) o 7.1.i).
Recordemos que, conforme se explica en el último de la pregunta anterior, a falta de la anterior mención, se presumirá la renuncia al régimen especial y, por tanto, la aplicación del régimen general del impuesto.

SECCIÓN 5

Régimen especial del recargo de equivalencia

15360

Pregunta
¿Cuáles son la razón de ser y el objetivo del régimen especial del recargo de equivalencia?

Este régimen, junto con el simplificado y el de agricultura, ganadería y pesca, son los que se aplican a los pequeños empresarios o profesionales, para los cuales la aplicación del régimen general sería demasiado gravosa, especialmente por los requisitos formales a que su cumplimiento obliga. Para su tributación, se diseñan regímenes especiales que los descargan de la mayor parte de las obligaciones inherentes al régimen general del tributo.

La lógica del funcionamiento de este régimen especial es sencilla: la LIVA presume un margen bruto, que se obtiene por los comerciantes minoristas, tras lo cual se dispone que la liquidación e ingreso del tributo correspondiente a este margen comercial no se realizará por parte de dichos minoristas, sino por sus **proveedores** de mercancías.

Ejemplo Supongamos un determinado producto que se adquiere por parte de un comerciante minorista por 100 € y se comercializa con un margen bruto del 25%, esto es, por 125 €. 15365

La cuota de tributo que resultaría de aplicar el tipo general del 21% al precio que se obtiene en la comercialización en fase minorista del producto es de 26,25 € (el 21% de 125 €). Esta es la cantidad que habría de repercutir e ingresar en el Tesoro si se aplicase el régimen general del IVA.

La simplificación del régimen especial consiste en hacer que esa cantidad de 26,25 € sea ingresada por el proveedor del comerciante minorista, de forma que dicho proveedor, cuando le venda este producto, no sólo le cobre los 21 € de IVA correspondientes a la base imponible de 100 € (que es el precio por el cual el producto se vende en fase mayorista), sino también los 5,25 € que faltan hasta completar la cantidad de 26,25 €. Esta cantidad es repercutida por el mayorista e ingresada en el Tesoro, que de esta manera recibe el tributo, facilitando tanto su recaudación como su aplicación por parte de los pequeños empresarios.

El régimen se cuadra con la no deducibilidad de esta cantidad para el minorista que la paga.

Pregunta 15368

¿Quiénes aplican el régimen especial del recargo de equivalencia?

El régimen especial del recargo de equivalencia se aplica a los comerciantes minoristas que sean personas físicas o entidades en régimen de atribución de rentas en el IRPF que desarrollen su actividad en los sectores económicos y cumplan los requisitos que se determinen reglamentariamente (LIVA art.148.Uno).

Por tanto, los **requisitos** que han de concurrir para que sea procedente la aplicación del régimen especial son los siguientes:

- ha de tratarse de comerciantes minoristas;
- que sean personas físicas o entidades en atribución de rentas en el IRPF;
- que realicen las operaciones que se determinen reglamentariamente (ver preguntas nº 15370 y nº 15382).

Pregunta 15370

¿Quiénes tienen la condición de comerciante minorista a los efectos del régimen especial del recargo de equivalencia?

Se consideran comerciantes minoristas los sujetos pasivos en quienes concurran los siguientes **requisitos** (LIVA art.149.Uno):

a) Que realicen con habitualidad entregas de bienes muebles o semovientes **sin haberlos sometido a proceso alguno de fabricación**, elaboración o manufactura, por sí mismos o por medio de terceros. No se considerarán comerciantes minoristas, en relación con los productos por ellos transformados, quienes hubiesen sometido los productos objeto de su actividad, por sí mismos o por medio de terceros, a algunos de los procesos indicados, sin perjuicio de su consideración como tales respecto de otros productos de análoga o distinta naturaleza que comercialicen en el mismo estado en que los adquirieron.

La LIVA art.149.Dos habilita para que reglamentariamente se determinen las operaciones o procesos que no tienen la consideración de transformación a estos efectos. El RIVA art.54 enuncia las que no son operaciones de transformación y, consecuentemente, no determinan la pérdida de la condición de comerciante minorista. Reciben este tratamiento las siguientes operaciones:

- la clasificación y envasado de productos que no impliquen su transformación;

- la colocación de marcas o etiquetas, así como las de preparación y corte, previas a la entrega de los bienes;
- el lavado, desinfectado, molido, troceado, descascarado y limpieza de productos alimenticios y, en general, las manipulaciones descritas en el RIVA art.45.a. Este último precepto cita las operaciones de mera conservación de los bienes, tales como la pasteurización, refrigeración, congelación, secado, clasificación, limpieza, embalaje o acondicionamiento, descascarado, descortezado, astillado, troceado, desinfección o desinsectación;
- los procesos de refrigeración, congelación, troceamiento o desviscerado para las carnes y pescados frescos;
- la confección y colocación de cortinas y visillos;
- la simple adaptación de las prendas de vestir confeccionadas por terceros.

15373 La relación que se ha señalado es una **relación abierta**. Así lo ha entendido la DGT, que ha considerado que no son operaciones de transformación actividades como la elaboración de medicamentos mediante **fórmulas magistrales** por parte de farmacias (DGT 30-1-86), o la elaboración de salchichas, morcillas, chorizos y otros productos similares para su venta en fresco sin someterlos a procesos de curado u otros análogos que determinen su transformación (DGT 20-3-02). Por el contrario, la misma DGT ha tratado como transformación otras operaciones, tales como el asado de pollos (DGT 12-3-86) o la elaboración de helados a partir de sus materias primas (DGT 10-1-03).

Adicionalmente, la actividad de que se trate ha de ser una actividad de **comercio al por menor**. Por no tratarse de actividades comerciales, la DGT ha considerado que no era aplicable el régimen especial a actividades tales como la colocación de papeles pintados en edificaciones (DGT 30-6-86) o el duplicado de llaves (DGT 28-4-87).

b) Que la **suma de las contraprestaciones** correspondientes a las entregas de dichos bienes a la Seguridad Social, a sus entidades gestoras o colaboradoras o a quienes no tengan la condición de empresarios o profesionales, efectuadas durante el año precedente, hubiese excedido del 80% del total de las entregas realizadas de los citados bienes. Este régimen especial tiene sentido cuando la mayor parte de los clientes del comerciante minorista son particulares, que no pueden deducir el tributo. Cuando, por el contrario, la clientela del minorista está formada mayoritariamente por empresarios o profesionales, que, en principio, pueden deducir las cuotas que soportan, la introducción de una interrupción en la cadena de deducciones hace que quiebre la neutralidad del tributo.

Este requisito no se aplica en relación con los sujetos pasivos que tengan la condición de comerciantes minoristas según las normas reguladoras del IAE y en los que concurra alguna de las siguientes **circunstancias**:
- que no puedan calcular este porcentaje por no haber realizado durante el año precedente actividades comerciales;
- que les sea de aplicación y no hayan renunciado a la modalidad de signos, índices y módulos del método de estimación objetiva del IRPF.

15375

Pregunta
¿Se puede aplicar el régimen del recargo de equivalencia a personas jurídicas?

No. Tratándose de comerciantes minoristas, el régimen especial sólo se aplica a quienes sean personas físicas o entidades en régimen de atribución de rentas en el IRPF. En cuanto a estas últimas, dichas entidades únicamente quedan sometidas a este régimen cuando todos sus socios, herederos, comuneros o partícipes sean personas físicas (RIVA art.59).

15378

Pregunta
¿Se puede renunciar al régimen del recargo de equivalencia?

El régimen del recargo de equivalencia es de aplicación obligatoria (LIVA art.120). Por tanto, si se cumplen los requisitos analizados y el comerciante minorista no comercializa productos excluidos de su aplicación, la tributación de las operaciones que realice dicho comerciante minorista ha de determinarse conforme a este régimen especial. No cabe, por tanto, renuncia al mismo (sin perjuicio de que, en caso de que la actividad pase a desarrollarse a través de una entidad mercantil, el régimen devenga en inaplicable).

15380

Pregunta
¿Existe algún régimen de incompatibilidad entre el régimen del recargo de equivalencia y los regímenes de determinación del rendimiento en el IRPF?

No. Así, puede ocurrir, y de hecho ocurre con frecuencia, que empresarios o profesionales que tributan a través del recargo de equivalencia en el IVA, están acogidos al régimen de estimación directa, simplificada u ordinaria, en el IRPF.

15382

Pregunta
¿Se puede aplicar el régimen especial del recargo de equivalencia a cualquier tipo de bien?

No. La LIVA art.148.Tres habilita para que reglamentariamente se determinen los artículos o productos cuya comercialización queda excluida de este régimen especial. Se **excluye de la aplicación** del régimen de recargo de equivalencia ciertos bienes, que son los siguientes (RIVA art.59.2):
- vehículos accionados a motor para circular por carretera y sus remolques;
- embarcaciones y buques;
- aviones, avionetas, veleros y demás aeronaves;
- accesorios y piezas de recambio de los medios de transporte comprendidos en los números anteriores;
- joyas, alhajas, piedras preciosas, perlas naturales o cultivadas, objetos elaborados total o parcialmente con oro o platino, así como la bisutería fina que contenga piedras preciosas, perlas naturales o los referidos metales, aunque sea en forma de bañado o chapado. A estos efectos, se consideran piedras preciosas, exclusivamente, el diamante, el rubí, el zafiro, la esmeralda, el aguamarina, el ópalo y la turquesa. La misma norma excluye los objetos que contengan oro o platino en forma de bañado o chapado con un espesor inferior a 35 micras y los damasquinados;
- prendas de vestir o de adorno personal confeccionadas con pieles de carácter suntuario. A estos efectos, se consideran de carácter suntuario las pieles sin depilar de armiño, astrakanes, breistchwaz, burunduky, castor, cibelina, cibelina china, cibeta, chinchillas, chinchillonas, garduñas, gato lince, ginetas, glotón, guepardo, jaguar, león, leopardo nevado, lince, lobo, martas, martas Canadá, martas Japón, muflón, nutria de mar, nutria kanchaska, ocelote, osos, panda, pantera, pekan, pisshiki, platipus, tigre, turones, vicuña, visones, zorro azul, zorro blanco, zorro cruzado, zorro plateado y zorro shadow. Se exceptúan de lo dispuesto en este número los bolsos, carteras y objetos similares así como las prendas confeccionadas exclusivamente con retales o desperdicios, cabezas, patas, colas, recortes, etc., o con pieles corrientes o de imitación;
- los objetos de arte originales, antigüedades y objetos de colección definidos en la LIVA art.136;
- bienes que hayan sido utilizados por el sujeto pasivo transmitente o por terceros con anterioridad a su transmisión;
- aparatos para la avicultura y apicultura, así como sus accesorios;

- productos petrolíferos cuya fabricación, importación o venta esté sujeta a los Impuestos Especiales;
- maquinaria de uso industrial;
- materiales y artículos para la construcción de edificaciones o urbanizaciones;
- minerales, excepto el carbón;
- hierros, aceros y demás metales y sus aleaciones, no manufacturados;
- el oro de inversión definido en la LIVA art.140.

El comercio de cualquiera de estos bienes debe realizarse aplicando el régimen general del IVA.

15385 **Pregunta**

¿Cómo se aplica el régimen especial del recargo de equivalencia en la adquisición de bienes y servicios por los comerciantes minoristas?

La exacción del IVA exigible a los comerciantes minoristas a quienes resulte aplicable este régimen especial se efectúa mediante la repercusión del recargo de equivalencia efectuada por sus proveedores (LIVA art.154.Uno).

Este recargo, como el propio IVA, no es deducible para los comerciantes minoristas, los cuales, en cuanto a la aplicación del régimen especial, ni siquiera tienen que presentar autoliquidaciones (ver pregunta siguiente).

La DGT ha considerado que el **recargo** no sólo ha de exigirse con ocasión de la adquisición de los bienes que se van a comercializar, sino también cuando se adquieren **bolsas y papel para envolver** o bandejas de cartón por parte de comerciantes minoristas que después los van a entregar de forma conjunta con los bienes que comercializan (entre otras, DGT 21-11-01).

Lo anterior se entiende sin perjuicio de la obligación de autoliquidación y pago del impuesto correspondiente a las adquisiciones intracomunitarias de bienes y a las operaciones a las que se aplica la inversión del sujeto pasivo, en las cuales es el adquirente el que liquida tanto el IVA como el recargo de equivalencia.

En la determinación más precisa de las operaciones a las que ha de aplicarse el recargo de equivalencia, hay que tener en cuenta lo establecido en la LIVA art.156 y 157. Así, el recargo de equivalencia se exigirá en las **siguientes operaciones** que estén sujetas y no exentas del impuesto (LIVA art.156):

a) Entregas de bienes muebles o semovientes que los empresarios efectúen a comerciantes minoristas que no sean sociedades mercantiles.

b) Adquisiciones intracomunitarias de bienes o importaciones de bienes realizadas por los comerciantes a que se refiere la letra anterior.

c) Adquisiciones de bienes en las que se aplique la inversión del sujeto pasivo conforme a la LIVA art.84.Uno.2.

La LIVA art.157 establece las operaciones en las que **no** procede la aplicación del **recargo de equivalencia**, que son las siguientes:

a) Entregas efectuadas a comerciantes que acrediten, en la forma que reglamentariamente se determine, no estar sometidos al régimen especial del recargo de equivalencia. Los sujetos pasivos están obligados a acreditar ante sus proveedores o, en su caso, ante la Aduana, el hecho de estar sometidos o no al régimen especial del recargo de equivalencia en relación con las adquisiciones o importaciones que realicen (RIVA art.61.1).

b) Las entregas efectuadas por los sujetos pasivos acogidos al REAGP con sujeción a las normas que regulan dicho régimen especial.

c) Las entregas, adquisiciones intracomunitarias de bienes e importaciones de bienes de cualquier naturaleza que no sean objeto de comercio por el adquirente.

d) Las operaciones de la letra anterior relativas a artículos excluidos de la aplicación del régimen especial del recargo de equivalencia.

Los sujetos pasivos del recargo de equivalencia, esto es, los **obligados a su pago**, son (LIVA art.158): 15387

a) Los sujetos pasivos que efectúen las entregas sometidas al mismo. La LIVA art.159 dispone que dichos sujetos pasivos están obligados a efectuar la repercusión del recargo de equivalencia sobre los respectivos adquirentes en la forma establecida en la LIVA art.88.

b) Los propios comerciantes sometidos a este régimen especial en las adquisiciones intracomunitarias de bienes e importaciones que efectúen, así como en los supuestos de inversión del sujeto pasivo.

La base de liquidación y repercusión del recargo de equivalencia, esto es, su **base imponible**, se regula por la LIVA art.160, que señala que dicha base será la misma que resulte para el IVA.

Los **tipos impositivos** del recargo de equivalencia son los siguientes (LIVA art.161):

Tipos del recargo de equivalencia	
Operaciones al 21%	5,2%
Operaciones al 10%	1,4%
Operaciones al 4%	0,50%
Tabaco	1,75%

Adicionalmente, y con vigencia para 2023 y 2024, hay que tener en cuenta los tipos especiales de IVA dispuesto y los recargos de equivalencia igualmente establecidos al efecto (ver pregunta nº 9801 s.).

La **liquidación** e ingreso se efectuarán conjuntamente con el IVA, ajustándose a las mismas normas establecidas para la exacción de dicho impuesto (LIVA art.162). Por tanto, es conforme a las normas contenidas en el RIVA art.71 s. como se efectúa el ingreso de forma conjunta del IVA y del recargo de equivalencia correspondiente a las operaciones (ver nº 19000 s.).

En lo que a la liquidación del tributo se refiere, las personas o entidades que no sean sociedades mercantiles y realicen habitualmente operaciones de ventas al por menor estarán obligadas a acreditar ante sus proveedores o, en su caso, ante la Aduana, el hecho de estar sometidos o no al régimen especial en relación con las adquisiciones o importaciones de bienes que realicen (LIVA art.163).

15390

Pregunta

¿Cómo funciona el régimen especial del recargo de equivalencia cuando los comerciantes minoristas venden sus productos?

Los sujetos pasivos sometidos a este régimen especial no están obligados a efectuar la liquidación ni el ingreso del IVA por las operaciones comerciales que realicen y a las que resulte aplicable este régimen especial, ni por las transmisiones de los bienes o derechos utilizados exclusivamente en dichas actividades (LIVA art.154.Dos).

Por tanto, y con la excepción que se apuntará a continuación, no hay obligación alguna de liquidación e ingreso del tributo que se derive de la realización de entregas de bienes o prestaciones de servicios que tengan su origen en el activo empresarial utilizado por el comerciante minorista de forma exclusiva en operaciones sujetas a este régimen especial. La razón de ser de esta exclusión y de su amplitud se encuentra en que se supone que el **margen de comercialización** del que se parte para el cómputo del recargo de equivalencia es un margen que ha de absorber el total de los costes del comerciante minorista, al menos si se considera la actividad con un horizonte temporal suficientemente amplio.

Esto es aplicable a cualquier operación, tanto a la venta de los bienes propios de la actividad comercial como al resto de bienes o derechos afectos a la actividad que se puedan estar transmitiendo.

Es importante no confundir lo anteriormente señalado con la **repercusión del tributo**, ya que la citada repercusión es obligatoria, si bien hay que tener en cuenta que el importe de la misma no puede incrementarse en el importe del propio recargo de equivalencia (LIVA art.154.Tres).
De lo anterior se **excluyen** las entregas de bienes inmuebles por las que el sujeto pasivo haya renunciado a la exención del impuesto en los términos previstos por la LIVA art.20.Dos, por las que el transmitente habrá de repercutir, liquidar e ingresar a la Hacienda Pública las cuotas devengadas. Esta dicción de la LIVA es a todas luces anacrónica, por cuanto en las entregas de inmuebles en las que se renuncia a la exención se aplica la inversión del sujeto pasivo (ver pregunta nº 5025 s.).

15393 Ejemplo Un farmacéutico vende la licencia de farmacia con la que había venido comercializando medicamentos. El precio de la operación es de 500.000 €.
Este minorista está obligado a repercutir el tributo al destinatario de la operación por un total de 105.000 €, pero no debe ingresar dicha cantidad en el Tesoro.

15395

Pregunta
¿Cómo funciona el derecho a la deducción cuando se aplica el régimen especial del recargo de equivalencia?

Los comerciantes minoristas no pueden deducir las cuotas soportadas por los bienes de cualquier naturaleza o por los servicios que les hayan sido prestados, en la medida en que dichos bienes o servicios se utilicen en la realización de las actividades a las que les afecte este régimen especial.
A efectos de la **regularización de deducciones por bienes de inversión**, la prorrata de deducción aplicable en este sector diferenciado de actividad económica durante el período en que el sujeto pasivo esté sometido a este régimen especial es cero. No procede efectuar la regularización a que se refiere la LIVA art.110 en los supuestos de transmisión de bienes de inversión utilizados exclusivamente para la realización de actividades sometidas a este régimen especial.
En el supuesto de que el sujeto pasivo a quien sea de aplicación este régimen especial realice **otras actividades empresariales o profesionales** sujetas al IVA, la de comercio minorista sometida a dicho régimen especial tendrá, en todo caso, la consideración de sector diferenciado de la actividad económica (LIVA art.148.Dos; ver pregunta nº 11170).
Es igualmente relevante recordar que los empresarios que deban quedar sometidos al régimen especial del recargo de equivalencia **desde el inicio** de su actividad comercial no podrán efectuar la deducción de las cuotas que soporten con anterioridad al inicio de la realización de las entregas de bienes y prestaciones de servicios propios de la actividad en relación con las actividades incluidas en dicho régimen (LIVA art.111.Cuatro). De esta manera, no cabe la deducción de las en su día denominadas cuotas soportadas antes del inicio de la actividad, cuando se trata de cuotas soportadas por la adquisición de bienes y servicios que se van a utilizar en actividades sometidas a este régimen especial. Esta previsión es plenamente coherente con el hecho de que este régimen se caracteriza, entre otras cosas, por el hecho de que en él las cuotas soportadas o satisfechas, así como el propio recargo de equivalencia, no son deducibles.
Finalmente, hay que mencionar la LIVA art.117.Dos, conforme al cual la devolución de las cuotas que regula este artículo, que es la **devolución a viajeros**, también procederá respecto de las ventas efectuadas por los sujetos pasivos a quienes sea aplicable el régimen especial del recargo de equivalencia. Se trata del único supuesto en el que cabe esta devolución. Así lo ha señalado la DGT, que ha entendido que incluso en el supuesto de envíos de mercancía a otros países de la UE o a terceros países, la devolución de las cuotas de IVA y del recargo de equivalencia, no era procedente (DGT 16-4-98).

Interesa destacar que no hay previsión equivalente en el caso de las **ventas a distancia intracomunitarias de bienes** (ver pregunta nº 14595), lo que puede generar una doble imposición evidente.

15397

Pregunta
¿Existe alguna disposición especial para los supuestos de inicio o cese de la actividad cuando se aplica el régimen especial del recargo de equivalencia?

Sí. En los supuestos de iniciación o cese en el régimen especial del recargo de equivalencia se aplican las siguientes reglas (LIVA art.155):
a) Si se produce el **inicio**, los sujetos pasivos deben efectuar la liquidación e ingreso de la cantidad resultante de aplicar al valor de adquisición de las existencias inventariadas, IVA excluido, los tipos de IVA y del recargo de equivalencia vigentes en la fecha de iniciación.
Lo anterior no se aplica cuando las existencias hayan sido adquiridas a un comerciante sometido igualmente a dicho régimen especial en virtud de la transmisión de la totalidad o parte de un patrimonio empresarial no sujeta al IVA.
b) En los casos de **cese** debido a la falta de concurrencia de los requisitos previstos en la LIVA art.149, los sujetos pasivos podrán efectuar la deducción de la cuota resultante de aplicar al valor de adquisición de sus existencias inventariadas en la fecha del cese, IVA y recargo de equivalencia excluidos, los tipos de dicho impuesto y recargo que estuviesen vigentes en la misma fecha.
Si el cese se produjese como consecuencia de la transmisión, total o parcial del patrimonio empresarial no sujeta al impuesto, a comerciantes no sometidos al régimen especial, los adquirentes podrán deducir la cuota resultante de aplicar los tipos del impuesto que estuviesen vigentes el día de la transmisión al valor del mercado de las existencias en dicha fecha.
c) A los efectos de lo dispuesto en las dos reglas anteriores, los sujetos pasivos deben confeccionar **inventarios** de sus existencias con referencia a los días de iniciación y cese en la aplicación de este régimen.
En los supuestos de iniciación o cese en este régimen especial, los sujetos pasivos deben confeccionar inventarios de sus existencias de bienes destinados a ser comercializados y respecto de los cuales resulte aplicable el régimen especial, con referencia al día inmediatamente anterior al de iniciación o cese en la aplicación del mismo. Estos inventarios, firmados por el sujeto pasivo, deben ser presentados en la AEAT correspondiente a su domicilio fiscal en el plazo de **15 días** a partir del día de comienzo o cese en la aplicación del régimen especial (RIVA art.60).
La misma norma dispone que los ingresos o deducciones, derivados de la regularización de las situaciones a que se refieren los mencionados inventarios, deben efectuarse en las autoliquidaciones correspondientes al período de liquidación en que se haya producido el inicio o cese en la aplicación del régimen especial.

15400

Pregunta
¿Cuáles son las obligaciones relativas a libros registro de los comerciantes minoristas que apliquen el régimen especial del recargo de equivalencia?

Los sujetos pasivos a los que sea aplicable este régimen especial no están obligados a llevar registro en relación con el IVA. Se excluye los siguientes supuestos (RIVA art.61.2):
a) Los empresarios que realicen otras actividades a las que sean aplicables el REAGP o el régimen simplificado, que deben llevar el Libro Registro de facturas recibidas, anotando por separado las facturas que correspondan a adquisiciones correspondientes a cada sector diferenciado de actividad, incluso las referentes al régimen especial del recargo de equivalencia.
b) Los empresarios que realicen operaciones u otras actividades a las que sean aplicables el régimen general del IVA o cualquier otro de los regímenes especiales del mismo, distinto de los mencionados en la letra anterior, quienes deben cumplir res-

pecto de ellas las obligaciones formales establecidas con carácter general o específico en el RIVA. En todo caso, en el Libro Registro de facturas recibidas deben anotarse con la debida separación las facturas relativas a adquisiciones correspondientes a actividades a las que sea aplicable el régimen del recargo de equivalencia.

15404

Pregunta
¿Cuándo están obligados a presentar autoliquidaciones los empresarios que apliquen el régimen especial del recargo de equivalencia?

Los sujetos pasivos a los que sea de aplicación este régimen especial únicamente deben presentar autoliquidaciones por IVA en los siguientes supuestos (RIVA art.61.3):
a) Cuando realicen **adquisiciones intracomunitarias** de bienes o sean los destinatarios de las operaciones a que se refiere la LIVA art.84.Uno.2º. En estos casos, ingresarán mediante las referidas declaraciones el impuesto y el recargo que corresponda a los bienes o servicios a que se refieran las mencionadas operaciones.
b) Cuando realicen **entregas de bienes a viajeros** con derecho a la devolución del impuesto. Mediante dichas declaraciones solicitarán la devolución de las cantidades que hubiesen reembolsado a los viajeros, acreditados con las correspondientes transferencias a los interesados o a las entidades colaboradoras que actúen en este procedimiento de devolución del impuesto.
c) Cuando realicen **entregas de inmuebles** sujetas y no exentas, salvo que se trate de operaciones a que se refiere la LIVA art.84.Uno.2º.e) tercer guión. En estos casos, ingresarán mediante las correspondientes declaraciones el IVA devengado por las operaciones realizadas.

15406

Pregunta
¿Cuáles son las obligaciones en cuanto a facturación relacionadas con comerciantes minoristas que apliquen el régimen especial del recargo de equivalencia?

Los empresarios o profesionales que efectúen entregas de bienes en las que deba repercutirse el recargo de equivalencia deben en todo caso expedir facturas separadas para documentar dichas entregas, consignando en ellas el **tipo del recargo** que se haya aplicado y su importe.
La misma norma establece que los comerciantes minoristas acogidos al régimen especial del recargo de equivalencia que realicen simultáneamente actividades empresariales o profesionales en **otros sectores** de la actividad empresarial o profesional deben tener documentadas en facturas diferentes las adquisiciones de mercaderías destinadas respectivamente a las actividades incluidas en dicho régimen y al resto de actividades.
Otra cuestión relativa a las obligaciones formales es la de los supuestos en que los empresarios que realicen estas operaciones han de expedir factura o no. A este respecto hay que tener en cuenta lo dispuesto por el Rgto Fac art.2 y 3, conforme al cual podemos afirmar que por las operaciones a las que se aplique este régimen especial no hay obligación de expedir factura. Las únicas **excepciones** a lo que se acaba de señalar son las siguientes:
a) Supuestos especiales de facturación regulados en el Rgto Fac art.2.2, entre los cuales quizá el más habitual es el referido a los destinatarios de las operaciones empresarios o profesionales.
b) Entregas de inmuebles en las que el sujeto pasivo haya renunciado a la exención.
c) Aquellas por las cuales la modalidad de determinación del rendimiento en el IRPF sea la directa, simplificada u ordinaria.
Es importante tener en cuenta que, aunque la obligación de expedición de autofactura por los supuestos de inversión del sujeto pasivo haya desaparecido, no ha cesado la obligación de ingresar el tributo en los casos en que se efectúan adquisiciones de bienes o servicios a otros empresarios o profesionales no establecidos y, por tanto,

es aplicable el citado mecanismo de autoliquidación. En tal caso, los adquirentes en recargo de equivalencia habrán de presentar autoliquidaciones no periódicas para la liquidación e ingreso del tributo.

SECCIÓN 6

Régimen especial del oro de inversión

Pregunta 15460
¿Qué razón de ser tiene el régimen especial del oro de inversión?

Para comprender la razón de ser de este régimen especial, es conveniente hacer referencia al tercer considerando de la Dir 98/80/CE, que fue la que lo introdujo en el Derecho comunitario. Dicho considerando señala que: «las entregas de oro con fines de inversión son de un carácter similar a otras inversiones financieras a menudo exentas de impuestos (se entiende que IVA) con arreglo a las normas actuales de la Sexta Directiva, y que, por lo tanto, la exención de impuestos parece ser el tratamiento impositivo más adecuado para las entregas de oro de inversión».
Con estas premisas, se regula un supuesto de **exención**, relativo a ciertas operaciones con oro de inversión, completándose con otras disposiciones relativas a la posibilidad de renuncia a la exención, régimen de deducciones y sujeto pasivo.

Pregunta 15461
A los efectos de este régimen especial, ¿qué se entiende por oro de inversión?

Se entiende como tal los siguientes bienes (LIVA art.140):
a) Los **lingotes o láminas de oro de ley** igual o superior a 995 milésimas y cuyo peso se ajuste a lo dispuesto en la LIVA Anexo aptdo.9º.
Hay que señalar que la relación de pesos que se incluye en el Anexo tiene **naturaleza exhaustiva**, de forma que los lingotes y láminas cuyo peso no se ajuste a los de la relación no tendrán la naturaleza de oro de inversión, (así como aquellos otros de una ley inferior a 995 milésimas de oro). Esta afirmación, sin embargo, ha de matizarse con la referencia que se contiene en el citado apartado del Anexo, el cual apunta a los pesos a los que habrán de ajustarse lingotes y láminas «en la forma aceptada por los mercados de lingotes». Con esta referencia, cualquier lingote o lámina que no se adapte de forma exacta por sí de forma aproximada a los pesos del Anexo deberá aceptarse como oro de inversión, siempre que la oscilación se pueda considerar como válida por los mercados.
Se considerará que se ajustan en la forma aceptada por los mercados de lingotes los siguientes pesos (RIVA art.51 bis):
1. Tratándose de lingotes de 12,5 kilogramos, todos aquellos lingotes cuyo peso en oro puro se encuentre entre 350 y 430 onzas. Estas son las tolerancias establecidas para su admisión a cotización para los lingotes que se negocian en el mercado del oro de Londres. Es importante matizar que el peso al que se refiere este intervalo no es el peso del lingote propiamente dicho, sino que la referencia reglamentaria se efectúa en términos de oro puro, de forma que el peso efectivo o real del lingote vendrá dado por la relación entre su peso en oro puro y la pureza o ley del lingote.
2. Para el resto de lingotes y láminas, las tolerancias que se establecen son las señaladas por la LIVA en el Anexo más menos un 2%, entendiendo que estas son asimismo, las que se admiten usualmente por los mercados.

b) Las **monedas de oro** que reúnan los siguientes requisitos: 15462
- que sean de ley igual o superior a 900 milésimas de oro;
- que hayan sido acuñadas con posterioridad al año 1800;
- que sean o hayan sido monedas de curso legal en su país de origen;

– que se comercialicen habitualmente por un precio no superior al 180% de valor de mercado del oro contenido en ellas.

Las monedas que cumplan todos y cada uno de estos requisitos serán consideradas como oro de inversión, siendo evidente a partir de su lectura que el legislador está pensando en las monedas con un valor numismático inferior, es decir, aquéllas que se comercializan fundamentalmente en atención a la cantidad de oro contenido en ellas, y no por otros valores, como es el numismático.

La misma LIVA establece que en todo caso se entenderá que estos requisitos se cumplen en relación con las monedas de oro incluidas en la relación a publicar en el Diario Oficial de las Comunidades Europeas con anterioridad al 1 de diciembre de cada año. La validez de dicha relación se extenderá durante el año natural siguiente a aquél en que se publique la relación y años sucesivos, mientras no se modifique la relación de monedas publicada anteriormente.

La relación de monedas publicada en el DOUE es una relación de **carácter enunciativo**, a diferencia de lo que ocurría con la relación de pesos para los lingotes y láminas que se incluye en el Anexo de la LIVA, de forma que las monedas incluidas en la misma tendrán en todo caso la condición de oro de inversión a efectos del IVA, pero ello no impide que otras monedas puedan tener esta misma consideración, siempre que cumplan todos y cada uno de los requisitos expuestos.

15464

Pregunta
¿Qué operaciones realizadas con oro de inversión están exentas?

Están exentas las entregas, adquisiciones intracomunitarias e importaciones de oro de inversión, comprendiéndose asimismo dentro de la exención, en concepto de entregas, los préstamos y las operaciones de permuta financiera, así como las operaciones derivadas de contratos de futuro o a plazo, siempre que las citadas operaciones impliquen la transmisión del poder de disposición sobre dicho oro o, dicho en otros términos, siempre que se trate de entregas de bienes, no así cuando se trate de prestaciones de servicios (LIVA art.140 bis.Uno.1).

Este supuesto de exención no resulta aplicable en ningún caso a operaciones que tengan la naturaleza de prestaciones de servicios (al margen de los servicios de intermediación, como después se verá). Por tanto, **no están exentas** las opciones sobre oro de inversión ni las operaciones de préstamo sobre oro de inversión que no impliquen la transmisión del poder de disposición sobre dicho oro.

La exención se completa con la relativa a los servicios de intermediación en nombre y por cuenta ajena que se produzcan en las operaciones exentas anteriormente referenciadas (LIVA art.140 bis.Uno.2).

En ningún caso se aplicará la exención que establece la LIVA art.20.Uno.18 a operaciones realizadas sobre bienes que tengan la consideración de oro de inversión (LIVA art.20.Uno.18.j). A la vez, el oro de inversión se excluye del régimen especial de los bienes usados, objetos de arte, antigüedades y objetos de colección (LIVA art.136.Dos). De todo ello se deduce que hay una voluntad decidida del legislador de evitar toda interferencia de otras medidas o regímenes con las operaciones a las que se ha de aplicar el régimen especial de las operaciones con oro de inversión.

15466 Puede ocurrir que la exención que se comenta coincida con la que establece la LIVA art.21 para las **exportaciones**. En tal caso, teniendo en cuenta que la exención regulada en la LIVA art.140 bis únicamente generará el derecho a la deducción de ciertas cuotas, se podría defender que ha de prevalecer el supuesto de exención propio de las exportaciones en caso de que el oro de inversión se destine a la exportación.

Por lo que respecta a la posibilidad de que el oro de inversión se destine a la realización de operaciones a las que resulta aplicable la exención de la LIVA art.25 en tanto que entregas intracomunitarias de bienes, en tal caso se considerará aplicable la exención prevista en la LIVA art.140 bis.Dos, salvo que se efectúe la renuncia a la misma, hipótesis en la cual se aplicará la exención prevista por la LIVA art.25 para las entregas intracomunitarias de bienes (ver pregunta nº 13198).

Conviene señalar que las operaciones exentas en virtud de la LIVA art.140 bis únicamente generan el derecho a la deducción de ciertas cuotas. Por tanto, el hecho de que, en concurrencia de exenciones, prime para las entregas intracomunitarias la prevista en la LIVA art.140 bis conduce a que el oro de inversión que es objeto de dichas entregas incorpore en el precio las cuotas cuyo derecho a la deducción no ha generado. Precisamente este es el efecto que se persigue por la norma, ya que en estas circunstancias no se producirán distorsiones de la competencia, de manera que a los empresarios o profesionales de cualquier país les resultará indiferente adquirir oro a empresarios nacionales o a otros operadores comunitarios (recuérdese que las adquisiciones intracomunitarias de oro de inversión están exentas). Nótese que en tal caso el único aspecto en el que se concretaría la renuncia sería la consignación de la operación en la declaración recapitulativa de operaciones intracomunitarias, ya que, en tanto que operación exenta, no habría cuota de IVA que repercutir.

Pregunta 15468

¿Se puede renunciar a la exención de las operaciones con oro de inversión? ¿En qué términos?

La LIVA art.140 ter y el RIVA art.51 ter regulan la renuncia a la exención relativa a las entregas de oro de inversión, que puede efectuarse **operación por operación**. Esta renuncia se condiciona a su comunicación por escrito al adquirente de forma previa o simultánea a la realización de la operación. Hay que señalar que para esta operación el sujeto pasivo será el adquirente (LIVA art.140 quinque), circunstancia que obliga al transmitente a comunicar al adquirente del oro de inversión.

Para que se pueda realizar válidamente la renuncia se requiere, además, que concurran las dos **circunstancias** siguientes:

a) Que el **transmitente** se dedique habitualmente a la producción de oro de inversión o a la transformación de oro que no sea de inversión en oro de inversión, en la medida en que la entrega tenga por objeto el oro de inversión resultante de las actividades citadas.

b) Que el **adquirente** sea empresario o profesional y actúe en el ejercicio de sus actividades empresariales o profesionales. Es importante destacar que, a diferencia de lo que ocurre con la renuncia a las exenciones inmobiliarias (LIVA art.20.Dos) la LIVA art.140 ter.Uno no condiciona la posibilidad de instar la renuncia a la exención al porcentaje de prorrata de deducción del adquirente, sino que únicamente exige que se trate de un empresario o profesional.

Evidentemente, esta renuncia a la exención va a resultar interesante para los empresarios o profesionales que adquieran oro de inversión para destinarlo a usos industriales.

Se contempla la posibilidad de renuncia a la exención aplicable a los **servicios de intermediación**, siempre que se haya producido la renuncia a la exención en la operación respecto a la cual se produce la intermediación (LIVA art.140 ter.Dos). Esta renuncia está asimismo condicionada a que el destinatario del servicio de mediación sea un empresario o profesional en el desarrollo de su actividad, aunque sin distinguir o discriminar en función de que se preste dicho servicio al comprador o al vendedor. El RIVA art.51 ter.2 regula los requisitos relativos a esta renuncia, señalando que el prestador del servicio de intermediación habrá de estar en posesión de un documento suscrito por el destinatario del servicio en el que éste haga constar que en la entrega de oro a que el servicio de mediación se refiere se ha producido la referida renuncia a la exención.

15470

Pregunta
¿Qué régimen de deducciones tienen las operaciones con oro de inversión exentas?

Las entregas exentas en las cuales no se produzca la renuncia no generan, por principio, el derecho a la deducción de las cuotas soportadas o satisfechas por la adquisición o importación de los bienes y servicios destinados a su realización (LIVA art.140 cuarter.Uno), como ocurre con las demás exenciones en operaciones interiores.

Por excepción, la realización de las entregas de oro de inversión que resulten exentas en virtud de la LIVA art.140 bis generará el derecho a la deducción de una serie de cuotas. Este derecho a la deducción va a depender de la circunstancia de si quien realiza la entrega es productor o transformador habitual de oro o no lo es (LIVA art.40 cuarter.Tres):

Si quien realiza la entrega exenta se dedica habitualmente a **producir oro de inversión** o a **transformar oro** que no es de inversión en oro de inversión, se admite la deducibilidad de las cuotas correspondientes a los bienes y servicios vinculados con los citados procesos de producción o transformación.

En el supuesto de que quien realiza las entregas de oro **no sea productor o transformador** habitual de oro de inversión, entonces las cuotas deducibles están tasadas y son las que señala expresamente la LIVA art.140 cuarter.Dos:

a) Las cuotas soportadas en la adquisición de ese oro. Tratándose de oro que era oro de inversión cuando se adquirió, en la adquisición únicamente se habrá soportado IVA si se ha producido la renuncia a la exención en la misma, tanto si se trató de una operación interior como si fue una AIB. En el caso de que el oro adquirido no fuese oro de inversión, entonces su adquisición debió estar sujeta a IVA y no exenta (salvo que la entrega la realizase un particular), al igual que si la adquisición se hubiese realizado con anterioridad al 1-1-2000. Tanto unas como otras cuotas son deducibles cuando el oro en cuestión da lugar a la realización de operaciones exentas en virtud de la LIVA art.140 bis.

b) Las cuotas soportadas por servicios que consisten en el cambio de forma, peso o pureza de ese oro. Se trataría de servicios que se presten tanto sobre oro que en su adquisición no era de inversión como sobre oro que ya tenía esta naturaleza cuando se adquirió.

Adicionalmente, es preciso matizar dos cuestiones:

a) Las operaciones interiores en las cuales se produzca la **renuncia a la exención** generan el derecho a la deducción en los mismos términos que el resto de operaciones sujetas y no exentas (LIVA art.94.Uno.1.a).

b) Las entregas destinadas a la **exportación**, así como aquellas otras que den lugar a la realización de adquisiciones intracomunitarias en otros Estados comunitarios que resulten sujetas y no exentas por haberse producido la renuncia a la exención de la LIVA art.140 bis, pero queden exentas en virtud de la LIVA art.25, también generarán el derecho total a la deducción de las cuotas soportadas o satisfechas.

15473

Pregunta
¿Quién es el sujeto pasivo de las operaciones con oro de inversión en las que se renuncia a la exención?

En toda adquisición de oro de inversión que resulte sujeta y no exenta, será sujeto pasivo el adquirente, tanto si se trata de una operación interior (LIVA art.140 quinque) como si es una AIB; en este segundo caso por aplicación de las reglas generales de liquidación del impuesto.

Este mecanismo de inversión no se aplica a los servicios de intermediación exentos (LIVA art.140 bis.Uno.2), aunque se haya producido la renuncia a la citada exención, sino únicamente a las entregas de oro de inversión.

15475

Pregunta
¿Existe alguna particularidad en cuanto a las obligaciones formales relacionada con el régimen especial de las operaciones con oro de inversión?

Sí. En primer lugar, los empresarios y profesionales que realicen operaciones que tengan por objeto oro de inversión, debe conservar las copias de las facturas correspondientes a dichas operaciones, así como los registros de las mismas, durante un período de 5 años (LIVA art.140 sexies). Esta particularidad en el plazo de prescripción es extraordinariamente llamativa, si embargo, responde a la transposición de la Dir 2006/112/CE art.356.1, que así lo establece expresamente.
Por su parte, para los empresarios o profesionales que realicen operaciones que tengan por objeto oro de inversión y **otras actividades** a las que no se aplique el régimen especial, se establece la obligación de hacer constar en el Libro Registro de facturas recibidas, con la debida separación, las adquisiciones o importaciones que correspondan a cada sector diferenciado de actividad (RIVA art.51 quater).
Esta separación tiene su razón de ser en el especial régimen de deducciones que tienen las operaciones con oro de inversión. Tanto el adecuado ejercicio del derecho a la deducción de las cuotas correspondientes a cada uno de los sectores diferenciados, como el cálculo de las deducciones que procedan para los bienes y servicios utilizados en común en dichos sectores, obliga a disponer separadamente de las cuotas soportadas o satisfechas para cada uno de ellos, necesidad a la que responde esta regulación reglamentaria.

SECCIÓN 7

Régimen especial de los grupos de entidades

15490

Pregunta
¿Cuál es la razón de ser del régimen de grupos en IVA?

La razón de ser del régimen especial de grupos en IVA es la mejora en la aplicación neutral del impuesto a las entidades que integren un grupo de empresas. Esta neutralidad se puede analizar tanto desde un punto de vista financiero como organizativo.
Las principales **ventajas** que se obtienen de la antedicha consideración son las siguientes:
a) Desde el punto de vista estrictamente financiero, en caso de que haya entidades que formen parte de un mismo grupo de empresas, que a la vez estén obteniendo saldos en sus liquidaciones a ingresar y a compensar o devolver, la posibilidad de compensar entre sí estos saldos ha de reportar una ventaja considerable.
b) Respecto a la organización del grupo, si se deja libre de tributación el valor añadido interno del grupo, de manera que sólo cuando el grupo se relacione con terceros es cuando se procederá a dicho gravamen, se evitan acumulaciones de cuotas que, habiendo sujetos pasivos que no tienen pleno derecho a la deducción, puede suponer ventajas igualmente significativas.
Vista la cuestión desde otra perspectiva, las diversas estructuras organizativas a las que puedan acudir las empresas resultan irrelevantes desde el punto de vista del IVA.

Ejemplo Un grupo financiero decide centralizar en una empresa del grupo el total de los servicios informáticos. Para ello, transfiere a dicha sociedad el total de empleados dedicados a esta labor. El coste anual del personal transferido es de 3.000.000 €. 15493
Por esta partida de coste las empresas del grupo no están soportando IVA, ya que se trata de operaciones no sujetas al impuesto (LIVA art.7.5).
La nueva estructura de organización a la que se acude implicaría la necesidad de incluir esta partida de coste en la valoración de las operaciones realizadas entre la entidad

prestadora de estos servicios y sus destinatarias (LIVA art.79.Cinco), con el consiguiente encarecimiento de los servicios (recordemos que se trata de entidades con limitaciones en su derecho a la deducción, ya que realizan operaciones financieras).
La consideración del total de empresas del grupo como un único sujeto pasivo elimina esta circunstancia no querida, ya que no hay gravamen en estas operaciones.

15495 **Pregunta**
El régimen especial de los grupos de entidades ¿es voluntario u obligatorio?

El régimen especial de los grupos de entidades se configura como un **régimen voluntario**, y no sólo porque se trata de un régimen aplicable únicamente a opción de los contribuyentes, sino también porque, decidida su aplicación, hay varias opciones en la definición de su alcance, tanto en cuanto a su delimitación subjetiva como en cuanto al alcance que se le quiera dar.
a) Desde el punto de vista del perímetro subjetivo, porque se admite que cada grupo decida las **empresas que desea incluir** en el régimen especial y las que no.
b) En cuanto a su alcance, porque el régimen tiene **dos niveles** entre los cuales pueden optar libremente los contribuyentes:
1. En el primero de ellos, se admite la **compensación de los saldos** correspondientes a las liquidaciones de las empresas que formen parte del grupo de empresas, dando cumplimiento con ello al primero de los fines que antes se señalaron.
2. El segundo nivel supone un **tratamiento especial** de las operaciones intragrupo que, «a grosso modo», deja sin gravamen el valor añadido dentro del grupo, haciendo que las estructuras organizativas que se adopten por los grupos de empresas resulten, al menos en líneas generales, inocuas desde el punto de vista del tributo.
Interesa destacar que en otros Estados comunitarios este régimen se configura no sólo como medida favorecedora de la neutralidad, sino también como elemento de lucha contra determinadas modalidades de fraude, tendente a evitar esquemas de defraudación basados en la existencia de cuotas tributarias repercutidas, deducidas y no ingresadas cuando las entidades que participan en estos esquemas están estrechamente vinculadas. No es esta la aproximación que se ha tomado en el diseño del régimen especial, lo cual no deja de llamar la atención cuando la implantación del régimen especial se realizó a través de una Ley de prevención del fraude fiscal (L 36/2006).

15497 **Pregunta**
¿Cómo se define el concepto de grupo de entidades en este régimen especial?

Este concepto se define como el conjunto de entidades formado por la entidad dominante y todas las entidades que tengan la condición de entidades dependientes de ella (LIVA art.163 quinquies).
La propia norma establece que se considerará como grupo de entidades el formado por una entidad dominante y sus entidades dependientes, que se hallen firmemente vinculadas entre sí en los órdenes financiero, económico y de organización, siempre que las sedes de actividad económica o establecimientos permanentes de todas y cada una de ellas radiquen en el TIVA.
El RIVA art.61 bis.7 desarrolla lo anterior disponiendo lo siguiente:
a) Se considerará que existe **vinculación financiera** cuando la entidad dominante, a través de una participación de más del 50% en el capital o en los derechos de voto de las entidades del grupo, tenga el control efectivo sobre las mismas.
b) Se considerará que existe vinculación **económica** cuando las entidades del grupo realicen una misma actividad económica o cuando, realizando actividades distintas, resulten complementarias o contribuyan a la realización de las mismas.
c) Se considerará que existe vinculación **organizativa** cuando exista una dirección común en las entidades del grupo.

Se presumirá, salvo prueba en contrario, que una entidad dominante que cumple el requisito de vinculación financiera también satisface los requisitos de vinculación económica y organizativa
La vinculación entre empresas es un concepto indisponible, por lo que no se puede decidir las empresas que forman un grupo y las que no. Lo que sí cabe es decidir la aplicación del régimen especial, en los términos que se analizan en la pregunta nº 15515, pero no la inclusión o no en el grupo.

Pregunta 15500
¿Cómo se delimita, en términos territoriales, el grupo de entidades?

Teniendo en cuenta, en primer lugar, que tanto para la entidad dominante como para las entidades dependientes, la **sede de actividad o establecimientos permanentes** han de estar ubicados en el TIVA. El régimen que configura la Directiva, y con ella la LIVA, es un régimen de ámbito nacional, por lo que no cabe su expansión extramuros del ámbito geográfico de aplicación del impuesto.
Situados dentro de España, habría que empezar por matizar que **Canarias, Ceuta y Melilla** están excluidas del TIVA, existiendo tributos equivalentes al IVA en dichos territorios, pero distintos (el Impuesto General Indirecto Canario en Canarias y el Impuesto sobre los Productos, los Servicios y la Importación en Ceuta y Melilla), que son recaudados por las Administraciones respectivas. En buena lógica, el régimen especial se limita al IVA, sin admitir su aplicación a otras figuras tributarias, como las que se han citado.

Pregunta 15504
¿Qué incidencia tiene, en el régimen de grupos, el hecho de que algunas de las entidades de un grupo estén ubicadas en el País Vasco o Navarra?

Como es sabido, las autoridades fiscales de estas Comunidades Autónomas recaudan su propio IVA, así como otros tributos, transfiriendo al Estado los recursos correspondientes para la financiación de los servicios públicos que no les están transferidos.

Los principios o **reglas de exclusión** existentes en relación con el régimen de grupos son los siguientes (L 12/2002 art.29.Siete y L 28/1990 art.34.8): 15506
a) Quedan excluidas del grupo de entidades aquellas entidades dependientes para las cuales la **competencia inspectora** corresponda a una Administración Tributaria, foral o común, distinta a la que tiene la competencia inspectora de la entidad dominante. La competencia inspectora se regula por L 12/2002 art.29.Seis y L 28/1990 art.34.7.
b) En función de las reglas para la determinación de la competencia inspectora, las **entidades dependientes** para las cuales la citada competencia corresponda a una Administración Tributaria que sea distinta de la que tiene la competencia inspectora sobre la entidad dominante, están excluidas del grupo de entidades. Esta exclusión plantea dos cuestiones relevantes:
1. En primer lugar, se plantea la cuestión de si las entidades excluidas del grupo por aplicación de los criterios anteriores pueden formar grupo por sí mismas. Esta cuestión puede admitir una contestación positiva, admitiendo la existencia de **subgrupos**.
2. Asumido que pueda haber subgrupos, y respecto al País vasco, se suscita la cuestión de si hay que admitir la existencia de tantos subgrupos como Diputaciones Forales o de si cabría la existencia de un **«subgrupo vasco»**. Literalmente, las normas reguladoras del Concierto parecen conducir a contestar negativamente esta cuestión, ya que, como se ha dicho, la competencia inspectora, que es el criterio que opera como variable de exclusión, corresponde a las Diputaciones Forales. Quizá en la voluntad de buscar una interpretación más flexible, se podría señalar que la L

12/2002 art.29.Siete, en su especialidad primera hace referencia a Administración foral o común, por lo que parece estar barajando la existencia de esta posibilidad.

15510 **Pregunta**

¿Quién tiene la condición de entidad dominante a los efectos del régimen de grupos de entidades en el IVA?

Con carácter previo, es importante destacar la importancia que tiene la adecuada delimitación de la entidad que tiene la condición de entidad dominante en un grupo de entidades. Esta importancia se concreta en los siguientes aspectos:

a) Únicamente si la entidad dominante aplica el **régimen especial** lo pueden aplicar el resto de las entidades del grupo. En caso de que la entidad dominante no aplique el régimen especial, tampoco lo podrán aplicar el resto de las entidades.

b) La entidad dominante tiene un papel relevante en la **gestión** del régimen especial por las siguientes razones:

- la entidad dominante asume, por expreso mandato legal, la representación legal del grupo (LIVA art.163 nonies.Dos);
- la entidad dominante es la que presenta la autoliquidación agregada en la que se subsumen las autoliquidaciones individuales del total de entidades del grupo. Esta misma entidad es la que está obligada a la llevanza del sistema de información en que se sustenta el tratamiento especial de las operaciones intragrupo (LIVA art.163 nonies.Cuatro.2);
- la comprobación de la correcta tributación de las entidades del grupo se realiza cerca de la dominante, que es a quien se extienden las actas y liquidaciones que procedan en caso de que se desarrollen actuaciones de comprobación relativas a las entidades del grupo (LIVA art.163 nonies.Ocho).

15511 Entidad dominante es la que cumple los siguientes **requisitos** (LIVA art.163 quinquies.Dos):

a) Debe tener **personalidad jurídica propia**. Interesa destacar que el régimen no excluye per se a ninguna categoría específica de empresario o profesional; no obstante, se introduce una importante restricción en este ámbito, la entidad dominante ha de tener personalidad propia, lo que descartaría de la consideración como entidad dominante a ciertas categorías de empresarios o profesionales como comunidades de bienes o entidades de naturaleza similar.

Se introduce una excepción a este principio general, ya que los **establecimientos permanentes** ubicados en el TIVA podrán tener la condición de entidad dominante respecto de las entidades cuyas participaciones estén afectas a dichos establecimientos.

b) Ha de tener una **participación**, directa o indirecta, de más del 50% en el capital o en los derechos de voto de las entidades dependientes. Los criterios para el cómputo de este porcentaje son los habituales en estos casos.

c) La antedicha participación ha de mantenerse durante **todo el año natural**.

d) La entidad dominante **no** puede ser a su vez **dependiente** de ninguna otra entidad establecida en el TIVA que reúna los requisitos para ser considerada como dominante.

Una cuestión que resultó controvertida a estos efectos es si una entidad holding, que no desarrolle actividad empresarial por sí misma, puede ser dominante de un grupo. Esta cuestión ha sido resuelta por el TJUE, que ha admitido esta posibilidad (también ha admitido que pueda ser entidad dependiente) (TJUE 9-4-13, asunto C-85/11).

El último inciso de la LIVA art.163 quinquies.Dos ha admitido igualmente esta posibilidad.

15513

Pregunta
A efectos del régimen especial de los grupos de entidades, ¿qué requisitos han de cumplir las entidades dependientes para tener la condición de tales?

Las entidades dependientes son aquellas en que concurren las siguientes **condiciones** (LIVA art.163 quinquies.Tres):
a) Han de constituir un **empresario o profesional** distinto de la entidad dominante. Resulta ciertamente llamativo que la configuración del requisito no pase por el hecho de que la entidad dominante no tenga personalidad jurídica distinta de la entidad dominante; sin embargo, si tenemos en cuenta que el régimen admite su aplicación en entidades sin personalidad jurídica y que únicamente exige este atributo en sede de la dominante, puede tener sentido la forma en la que el legislador configura el requisito.
En cualquier caso, lo que sí queda claro, por expresa dicción de la norma, es que en ningún caso un establecimiento permanente ubicado en el TIVA podrá constituir por sí mismo una entidad dependiente.
b) La entidad dominante debe poseer una **participación** en el capital o en los derechos de voto en la dependiente superior al 50% y mantenida durante todo el año natural.
c) La entidad dependiente ha de estar **establecida** en el TIVA, ya que el régimen especial tiene un ámbito geográfico limitado a dicho territorio.

15515

Pregunta
¿Cómo se opta por la aplicación del régimen especial del grupo de entidades?

El régimen especial del grupo de entidades se aplicará cuando así lo acuerden individualmente las entidades que cumplan los requisitos establecidos al efecto y opten por su aplicación (LIVA art.163 sexies).
Los citados acuerdos deben adoptarse por los Consejos de administración u órganos que ejerzan una función equivalente, de las entidades respectivas, antes del inicio del año natural en que vaya a resultar de aplicación el régimen especial.
La opción tiene una **validez mínima** de 3 años, siempre que se cumplan los requisitos exigibles para la aplicación del régimen especial, y se entenderá prorrogada salvo renuncia, que se efectúa conforme a lo dispuesto en la LIVA art.163 nonies.Cuatro.1. Esta **renuncia** tiene una validez mínima de 3 años y se efectúa del mismo modo. En todo caso, la aplicación del régimen especial queda condicionada a su aplicación por parte de la entidad dominante.

15517

Pregunta
¿Cómo se opta por la aplicación del nivel avanzado del régimen especial de los grupos de entidades?

En los términos que establece la LIVA art.163 sexies.Cinco, conforme al cual el grupo de entidades puede optar por la aplicación del tratamiento especial de las operaciones intragrupo, regla especial de determinación de la base imponible y consideración de estas operaciones como un sector diferenciado de la actividad, en cuyo caso debe cumplirse la obligación que establece la LIVA art.163 nonies.Cuatro.3 (ver pregunta nº 15560).
Esta opción ha de acordarse igualmente por el Consejo de Administración u órgano de función equivalente.
Esta opción se referirá al **conjunto de entidades** que apliquen el régimen especial y formen parte del mismo grupo de entidades.
El ejercicio de esta opción se realiza igualmente mediante acuerdo del Consejo de Administración.

Interesa destacar que en este caso se admite una **duración mínima** de un año, a diferencia de lo que ocurre con el nivel básico, en el cual la estancia mínima es de 3 años.

15520

Pregunta
¿Cuándo se empieza a aplicar el régimen especial de los grupos de entidades en los supuestos de adquisiciones de entidades o en las entidades de nueva constitución?

A estos efectos, es importante distinguir entre entidades previamente existentes sobre las que se adquiere una participación que reúna los requisitos que se analizaron, y entidades de nueva creación en las que desde el principio ya se cumplen los mismos.

Para las primeras, su **integración en el grupo** se produce a partir del año natural siguiente al de la adquisición de la participación. Es conveniente recordar la diferencia entre entidades que forman parte del grupo y entidades que aplican el régimen especial. Lo que dispone la norma es el momento de inclusión en el grupo de entidades, abriéndose la posibilidad de aplicar el régimen especial. Quizá convenga matizar que si se desea la aplicación del régimen especial desde el mismo momento de su integración en el grupo, el acuerdo por parte del Consejo de Administración habría de adoptarse antes del inicio del año natural en cuestión, antes incluso de la incorporación de la entidad al grupo de entidades.

En el caso de **entidades de nueva creación**, la integración se produce, en su caso, desde el momento de su constitución, siempre que se cumplan los restantes requisitos necesarios para formar parte del grupo.

Hay que tener en cuenta que, para estos casos, si se trata de entidades de nueva creación que se incorporen a un grupo que ya viniera aplicando el régimen especial, será válida la adopción del acuerdo antes de la finalización del periodo de presentación de la primera autoliquidación individual que corresponda en aplicación del régimen especial, aplicándose en tal caso el régimen especial desde el primer día del periodo de liquidación al que se refiera esa autoliquidación (RIVA art.61 bis.4).

15525

Pregunta
¿Qué ocurre cuando una entidad deja el grupo de entidades?

Las entidades dependientes que pierdan tal condición quedarán excluidas del grupo de entidades con efectos desde el período de liquidación en que se produzca tal circunstancia (LIVA art.163 quinquies.Cinco).

Las entidades que queden excluidas del régimen especial pasan a aplicar, en su caso, el **régimen general** del impuesto desde el periodo de liquidación en que se produzca esta circunstancia, presentando sus autoliquidaciones individuales, mensual o trimestralmente, en función de su volumen de operaciones. En particular, cuando la exclusión del régimen especial se produzca con efectos para una fecha distinta de la correspondiente al inicio de un trimestre natural y la entidad excluida deba presentar sus autoliquidaciones trimestralmente, dicha entidad presentará una autoliquidación trimestral por el período de tiempo restante hasta completar dicho trimestre (RIVA art.61 ter).

15528

Pregunta
¿En qué consiste el nivel básico del régimen especial de los grupos de entidades?

El nivel básico del régimen especial consiste en la inclusión de los saldos de las autoliquidaciones individuales en una **autoliquidación agregada**, siendo a través de la presentación de esta última como se sustancia, para el total del grupo, la corriente financiera a que da lugar el total de las liquidaciones de las entidades que optan por la aplicación del régimen especial.

Para que este sistema sea operativo, todas las entidades que apliquen el régimen especial van a liquidar el IVA con **periodicidad mensual**, y ello con independencia de su volumen de operaciones.
Una vez presentada la autoliquidación individual por parte de cada una de las entidades que apliquen el régimen especial, el saldo de la misma se integra en la autoliquidación agregada que presentará la entidad dominante, de forma que es esta la que recibe el importe de los saldos respectivos de las entidades que aplican el régimen especial.
Interesa destacar que lo que se integra en la autoliquidación agregada son los **saldos** de las liquidaciones individuales, no los importes de las cuotas devengadas o deducibles para las citadas entidades. Así se establece en la normativa del impuesto, que señala que las autoliquidaciones agregadas integrarán los resultados de las autoliquidaciones individuales de las entidades que apliquen el régimen especial del grupo de entidades, y no otras magnitudes (LIVA art.163 nonies.Cuatro).
El modelo de autoliquidación individual que hay que presentar cuando se aplica el régimen especial es el **modelo 322**.
Por su parte, la declaración-liquidación agregada será una mera suma de saldos positivos y negativos, caracterizada, por tanto, por su sencillez. El modelo de autoliquidación agregada es el **modelo 353**.

Ejemplo Sean, para el mes de abril del año N, los siguientes datos relativos a un grupo de entidades: **15530**

Entidad dominante	
IVA devengado	5.000
IVA soportado deducible	(3.000)
Saldo	**2.000**
Entidad dependiente A	
IVA devengado	65.000
IVA soportado deducible	(30.000)
Saldo	**35.000**
Entidad dependiente B	
IVA devengado	25.000
IVA soportado deducible	(40.000)
Saldo	**(15.000)**
Entidad dependiente C	
IVA devengado en operaciones interiores	40.000
IVA devengado por AIB	10.000
IVA soportado deducible en operaciones interiores	(20.000)
IVA deducible por AIB	(10.000)
Saldo	**20.000**

Cada una de estas entidades presentará sus autoliquidaciones individuales exactamente en los mismos términos que si no fuera aplicable el régimen especial, con la única particularidad de que todas ellas se presentarán con una base de liquidación mensual, aunque sin ingresar cantidad alguna ni solicitar ninguna compensación.

Los saldos respectivos se incluirán en una autoliquidación agregada cuyo formato es el siguiente:

AUTOLIQUIDACIÓN AGREGADA DEL GRUPO X	
Entidad	**Saldo**
Dominante	+2.000 €
Dependiente A	+35.000 €
Dependiente B	–15.000 €
Dependiente C	+20.000 €
Saldo total	+42.000 €

15535 **Pregunta**

¿Es compatible el nivel básico del régimen especial de los grupos de entidades con el sistema de cuenta corriente tributaria?

No. Los empresarios o profesionales que apliquen el régimen especial no pueden acogerse al sistema de cuenta corriente en materia tributaria regulado en el RGGI art.138 a 143 (RIVA art.61 ter.4).

15537 **Pregunta**

¿En qué consiste el nivel avanzado del régimen especial de los grupos de entidades y cómo se opta por su aplicación?

Este nivel avanzado pretende que no se someta a tributación el valor añadido que se genera dentro de los grupos de entidades. Para alcanzar dicho objetivo, lo que hace el régimen especial es establecer una **regla de base imponible** que la asimila al coste de los bienes y servicios por los que se haya soportado IVA y que se utilicen en la realización de las operaciones intragrupo, consiguiendo de este modo que no se grave ni el valor añadido ni el coste de los bienes y servicios utilizados en la realización de estas operaciones por los que no se haya soportado la repercusión del impuesto. Adicionalmente, se establece la posibilidad de **renuncia a la exención** aplicable a estas operaciones y su configuración como un **sector diferenciado** de la actividad, de forma que se aísle la deducción de las cuotas correspondientes a estas operaciones del resto de las cuotas soportadas en el desarrollo de la actividad.

15540 **Pregunta**

¿Cómo se determina la base imponible de las operaciones intragrupo cuando se aplica el régimen especial de las operaciones intragrupo?

La base imponible de las entregas de bienes y prestaciones de servicios realizadas en el TIVA entre entidades de un mismo grupo que apliquen el régimen especial, está constituida por el **coste de los bienes y servicios** utilizados directa o indirectamente, total o parcialmente, en su realización y por los cuales se haya soportado o satisfecho efectivamente el impuesto (LIVA art.163 octies.Uno).

Cuando los bienes utilizados tengan la condición de **bienes de inversión**, la imputación de su coste se debe efectuar por completo dentro del período de regularización de cuotas correspondientes a dichos bienes, lo cual induce una imputación lineal del citado coste a lo largo del periodo referido.

A los efectos de lo dispuesto en la LIVA art.101 a 119 y 121, la valoración de estas operaciones se hará conforme a la LIVA art.78 y 79.

15542

Ejemplo Un centro de computación presta servicios a la entidad matriz que lo constituyó al efecto. El detalle de costes de esta entidad para el mes de abril del año N es el siguiente:
- Personal: 120.000 €.
- Amortización de ordenadores: 10.000 € (se aplica un porcentaje de amortización del 20%).
- Arrendamientos de inmuebles: 5.000 €.

Con estos datos, la base imponible de las operaciones de proceso de datos ascendería a 15.000 €.
No se computan los costes de personal, ya que por ellos no se soporta IVA, y sí se computan las otras dos partidas; en el caso de los arrendamientos, porque se trata de una partida de costes por la que se soporta efectivamente el tributo y en cuanto a los ordenadores por idéntica razón. En este caso, se observa que el ritmo al que se amortizan los ordenadores es equivalente al que corresponde a la aplicación del periodo de regularización para bienes muebles, por lo que no procede realizar ningún ajuste. En otro caso, habría que acomodar la imputación al resultado de imputar el coste linealmente a los 5 años que establece la LIVA art.107 (10 años si se trata de inmuebles).

15545

Pregunta
¿Cómo se practica la renuncia a la exención cuando se aplica el régimen especial de los grupos de entidades?

En los términos establecidos en la LIVA art.163 sexies.Cinco tercer párrafo, que señala que la opción por este tratamiento supondrá la facultad de renunciar a las exenciones reguladas en la LIVA art.20.Uno, sin perjuicio de que resulten exentas, en su caso, las demás operaciones que realicen las entidades que apliquen el régimen especial del grupo de entidades.
Esta facultad se efectuará operación por operación y no depende de la condición de empresario o profesional con derecho a la deducción de las cuotas soportadas del destinatario de las operaciones a las que se refiera la renuncia.
Esta renuncia se realiza mediante la expedición de una **factura** en la que conste la repercusión del impuesto, en su caso, y una referencia a la LIVA art.163 sexies.Cinco. La citada factura debe ser en todo caso una factura completa (RIVA art.61 quater).
En caso de que a las operaciones a las que se refiera esta renuncia les sea igualmente aplicable la **renuncia a las exenciones inmobiliarias**, prevalece la propia del régimen especial de los grupos de entidades. En tal caso, la renuncia a la exención debe comunicarse fehacientemente al adquirente con carácter previo o simultáneo a la entrega de los correspondientes bienes, entendiéndose comunicada de forma fehaciente si en la factura que se expida con ocasión de la realización de las operaciones se efectúa la repercusión expresa del IVA.

15547

Pregunta
¿Cómo se determinan las deducciones cuando se aplica el nivel avanzado del régimen especial de los grupos de entidades?

En cuanto a deducciones, las operaciones intragrupo constituyen un **sector diferenciado** de la actividad, al que se entienden afectos los bienes y servicios utilizados directa o indirectamente, total o parcialmente, en la realización de las citadas operaciones y por los cuales se haya soportado o satisfecho efectivamente el impuesto (LIVA art.163 octies.Tres).
La propia dinámica de funcionamiento de este régimen especial, como también la dicción de la LIVA art.101.Uno quinto párrafo, conducen a la exclusión de la existencia de inputs comunes a este sector diferenciado de las operaciones intragrupo y al resto de la actividad empresarial o profesional.
Este sector diferenciado vendrá dado por los bienes y servicios que se utilicen total o parcialmente, directa o indirectamente, en la realización de las operaciones intragrupo.

Estas deducciones se practican de forma **individual** por parte de cada uno de los empresarios o profesionales que apliquen el régimen especial del grupo de entidades. No obstante, cuando un empresario o profesional incluya el saldo a compensar que resulte de una de sus autoliquidaciones individuales en una autoliquidación agregada del grupo de entidades, no se podrá efectuar la compensación de ese importe en ninguna declaración-liquidación individual correspondiente a un período ulterior, con independencia de que resulte aplicable o no con posterioridad el régimen especial del grupo de entidades (LIVA art.163 octies.Cuatro).

15550 **Pregunta**
¿Qué información debe presentarse a la AEAT cuando se pretende iniciar la aplicación del régimen especial de los grupos de entidades?

El RIVA art.61 bis.1 determina la información que se ha de presentar al inicio de la aplicación del régimen especial de los grupos de entidades. Así, se establece que los empresarios o profesionales que formen parte de un grupo de entidades y que vayan a aplicar el régimen especial deben comunicar esta circunstancia al órgano competente de la AEAT.
La misma norma señala que esta **comunicación** se efectuará por la entidad dominante en el mes de diciembre anterior al inicio del año natural en que deba surtir efecto, y contendrá los siguientes **datos**:
a) Identificación de los empresarios o profesionales que integran el grupo y que van a aplicar el régimen especial.
b) En el caso de establecimientos permanentes de entidades no residentes en el TIVA que tengan la condición de entidad dominante, se exige la identificación de la entidad no residente a la que pertenecen.
c) Copia de los acuerdos por los que las entidades han optado por el régimen especial.
d) Relación del porcentaje de participación directa o indirecta mantenida por la entidad dominante respecto de todas y cada una de las entidades que van a aplicar el régimen especial y la fecha de adquisición de las respectivas participaciones.
e) La manifestación de que se cumplen todos los requisitos establecidos en la LIVA art.163 quinquies, tanto para la entidad dominante como para todas y cada una de las dependientes (el precepto citado es el que define los conceptos de entidad dominante y entidad dependiente).
f) En su caso, el ejercicio de la opción establecida en la LIVA art.163 sexies.Cinco (aplicación del nivel avanzado del régimen especial), así como la renuncia a la misma.
Los órganos administrativos competentes para la recepción de esta información comunicarán a la entidad dominante el número del grupo de entidades otorgado.
Asimismo, la entidad dominante debe presentar una comunicación en caso de que se produzca cualquier **modificación** que afecte a las entidades del grupo que aplican el régimen especial. Esta comunicación debe presentarse dentro del período de autoliquidación correspondiente al período de liquidación en que se produzca.

15554 **Pregunta**
¿Existe algún requisito adicional de información que se deba presentar a la AEAT cuando se aplica este régimen especial?

Sí. En el mes de diciembre de cada año natural, la entidad dominante debe comunicar al órgano competente de la AEAT la **relación de entidades** que, dentro de su grupo, apliquen el régimen especial, identificando las que motiven cualquier alteración respecto a las del año anterior. No obstante, en el caso de que se hayan **incorporado entidades** al grupo en el citado mes de diciembre, la información relativa a dichas entidades se podrá presentar hasta el 20 de enero siguiente (RIVA art.61 bis.4).
En el caso de entidades que se incorporen al grupo, junto con esta comunicación se debe aportar copia de los acuerdos por los que esas entidades han optado por el

régimen especial. Estos **acuerdos** se deben haber adoptado antes del inicio del año natural en el que se pretenda la aplicación del régimen especial. No obstante, para las **entidades de nueva creación** que se incorporen a un grupo que ya viniera aplicando el régimen especial, será válida la adopción del acuerdo antes de la finalización del período de presentación de la primera autoliquidación individual que corresponda en aplicación del régimen especial, aplicándose en tal caso el régimen especial desde el primer día del periodo de liquidación al que se refiera esa autoliquidación.

Pregunta 15556

¿Cómo se sustancia la presentación de autoliquidaciones periódicas cuando se aplica el régimen especial de los grupos de entidades?

La entidad dominante debe presentar las **autoliquidaciones agregadas** una vez presentadas las autoliquidaciones individuales de las entidades que apliquen el régimen especial, incluida la de la entidad dominante (RIVA art.61 ter).

No obstante, en caso de que alguna de dichas autoliquidaciones individuales no se haya presentado en el plazo establecido al efecto, se podrá presentar la autoliquidación agregada del grupo, sin perjuicio de las actuaciones que procedan, en su caso, por la falta de presentación de dicha autoliquidación individual.

Estas autoliquidaciones deberán presentarse durante los primeros 30 días naturales del mes siguiente al correspondiente periodo de liquidación mensual, o hasta el último día del mes de febrero en el caso de la correspondiente al mes de enero.

Pregunta 15558

¿Cómo han de expedirse las facturas que documenten las operaciones intragrupo cuando se aplica el régimen especial de los grupos de entidades?

Estas operaciones deberán documentarse en **factura completa**, esto es, la que cumpla todos los requisitos del Rgto Fac art.6. No obstante, como base imponible de las citadas operaciones se debe hacer constar tanto la que resulte de la aplicación de lo dispuesto en la LIVA art.163 octies.Uno, propia del régimen especial (ver pregunta nº 15540), como la que resultaría de la aplicación de lo dispuesto en la LIVA art.78 y 79, correspondientes al régimen general del impuesto, identificando la que corresponda a cada caso (RIVA art.61 quinquies.2).

Estas facturas deben expedirse en una serie especial y consignarse por separado, en su caso, en el Libro Registro de facturas expedidas, expresión anacrónica, ya que los sujetos pasivos que apliquen el régimen especial de grupos están sometidos igualmente al SII, por lo que realmente lo que ocurre es que identifican sus facturas por operaciones en nivel avanzado con una clave de régimen especial (06) y es la AEAT la que las registra por separado.

Hay que recordar que en caso de que se trate de operaciones exentas en las que se haya **renunciado a la exención**, esta se debe hacer constar en factura, repercutiendo el IVA que proceda y haciendo referencia a la LIVA art.163 sexies.Cinco, que es el precepto legal que habilita la citada renuncia.

Pregunta 15559

¿La opción por el régimen especial de los grupos de entidades tiene alguna otra consecuencia de naturaleza formal?

Sí. La opción por el REGE determina obligatoriamente la aplicación del **SII**, como se deduce de la obligación de presentar autoliquidaciones mensuales, establecida por el RIVA art.71.3.4º, conforme determina, en lo que se refiere a la aplicación del SII, el RIVA art.62.6.

15560

Pregunta
¿Cuál es la información que debe constar en el sistema de información analítica que ha de llevarse cuando se aplica el régimen especial de los grupos de entidades?

El contenido del referido sistema es el siguiente (RIVA art.61 quinquies.1):
a) La descripción de los **bienes y servicios** utilizados total o parcialmente, directa o indirectamente, en la realización de operaciones intragrupo y por los cuales se haya soportado o satisfecho el impuesto. En esta relación se incluirán tanto los bienes y servicios adquiridos a terceros como aquellos otros que, sin haber sido adquiridos a terceros, hayan dado lugar a cuotas soportadas o satisfechas por cualquiera de las operaciones sujetas al impuesto.
b) El importe de la **base imponible** y de las **cuotas soportadas** o satisfechas por dichos bienes o servicios, conservando los justificantes documentales correspondientes.
c) El importe de las **cuotas deducidas** de las soportadas o satisfechas por dichos bienes y servicios, indicando la regla de prorrata, general o especial, aplicada por todas y cada una de las entidades que estén aplicando el régimen especial.
Para el caso de los **bienes de inversión**, se debe consignar igualmente el importe de las regularizaciones practicadas, en su caso, en relación con los mismos, así como el inicio de su utilización efectiva.
d) Los criterios utilizados para la **imputación del coste** de dichos bienes y servicios a la base imponible de las operaciones intragrupo y al sector diferenciado constituido por dichas operaciones. Estos criterios deben especificarse en una memoria, que formará parte del sistema de información, y deberán cuantificarse, siendo obligatoria la conservación de los justificantes formales de las magnitudes utilizadas, en su caso, durante todo el plazo durante el cual deba conservarse el sistema de información.
Los citados criterios atenderán, siempre que sea posible, a la utilización real de los bienes y servicios en las operaciones intragrupo, sin perjuicio de la utilización de cualesquiera otros, como la imputación proporcional al valor normal de mercado de dichas operaciones en condiciones de libre competencia, cuando se trate de bienes y servicios cuya utilización real resulte imposible de concretar. Estos criterios pueden someterse a la valoración previa de la Administración Tributaria.

15565

Pregunta
¿Cómo se realiza la comprobación del régimen especial de los grupos de entidades?

Las actuaciones dirigidas a comprobar el adecuado cumplimiento de las obligaciones de las entidades que apliquen el régimen especial del grupo de entidades se entenderán con la entidad dominante, como representante del mismo. Igualmente, las actuaciones pueden entenderse con las entidades dependientes, que deberán atender a la Administración Tributaria (LIVA art.163 nonies.Ocho).
Las actuaciones de comprobación o investigación realizadas a cualquier entidad del grupo de entidades interrumpen el **plazo de prescripción** del impuesto referente al total de entidades del grupo desde el momento en que la entidad dominante tenga conocimiento formal de las mismas.
Las actas y liquidaciones que deriven de la comprobación de este régimen especial se extienden a la entidad dominante.
Se entiende que concurre la circunstancia de especial complejidad prevista en la LGT art.150.1 cuando se aplique este régimen especial.
Interesa destacar que la entidad dominante será **sujeto infractor** por los incumplimientos de las obligaciones específicas del régimen especial del grupo de entidades, incluidas las obligaciones derivadas del ingreso de la deuda tributaria, de la solicitud de compensación o de la devolución resultante de la autoliquidación agregada

correspondiente al grupo de entidades, siendo responsable de la veracidad y exactitud de los importes y calificaciones consignadas por las entidades dependientes que se integran en la autoliquidación agregada. Las demás entidades que apliquen el régimen especial del grupo de entidades responderán solidariamente del pago de estas sanciones (LIVA art.163 nonies.Siete).

Las entidades que apliquen el régimen especial del grupo de entidades responderán de las infracciones derivadas de los incumplimientos de sus propias obligaciones tributarias.

SECCIÓN 8

Régimen especial del criterio de caja

(LIVA art.163 decies a 163 sexiesdecies)

Pregunta 15590

¿Cuáles son las características generales del régimen especial del criterio de caja?

El régimen especial del criterio de caja es un régimen especial que consiste en que para los empresarios cuyo **volumen de ventas** no supere un determinado umbral –2.000.000 euros– el IVA no se devengará, como ocurre en aplicación del régimen general, cuando se realicen las entregas de bienes o prestaciones de servicios sujetas al impuesto, sino cuando **cobren el precio** correspondiente a las mismas. Con ello se evita el coste financiero que se produce cuando los clientes no pagan las cantidades debidas por los bienes y servicios adquiridos y sus proveedores se ven obligados a adelantar el IVA correspondiente a las mismas, IVA que únicamente pueden recuperar a través de los procedimientos previstos en la LIVA art.80 para los supuestos de impago.

El régimen especial tiene dos trabas importantes, que son las siguientes:

a) La demora en la obligación de ingreso del tributo repercutido a clientes se acompaña de una demora correlativa en el derecho a la deducción por parte de estos. Así, quienes adquieran bienes o servicios a empresarios o profesionales que apliquen el régimen especial del criterio de caja únicamente podrán deducir el IVA a medida que paguen el precio de las operaciones. Esta **demora en la deducción**, que es perjudicial por sí misma, acrecienta el efecto disuasorio del régimen especial si se tiene en cuenta que los citados clientes deberán reflejar en sus libros el hecho de haber adquirido bienes y servicios a empresarios o profesionales que aplican el régimen especial del criterio de caja, así como las fechas de pago correspondientes, lo cual, especialmente en grandes empresas, con un número importante de compras de bienes y servicios, puede suponer un importante coste de gestión.

b) Los empresarios o profesionales que apliquen este régimen especial sólo podrán deducir las cuotas que soporten a medida que **paguen el precio** correspondiente a las operaciones. En los casos en que sus proveedores sean empresarios o profesionales que apliquen el régimen general del impuesto, la Administración Tributaria recupera por esta vía una parte importante del incentivo concedido, ya que los proveedores estarán ingresando el tributo según se vayan realizando las operaciones, atendiendo a las reglas generales sobre devengo, a la vez que sus clientes en régimen especial verán demorada la deducción hasta la fecha efectiva de pago.

El régimen especial es aplicable únicamente a empresarios o profesionales cuyo **volumen de operaciones** no supere el umbral que establece la norma, 2.000.000 euros, por lo que no cabe para otros empresarios o profesionales. También hay que insistir en que están **excluidos** del régimen especial los empresarios o profesionales acogidos a la mayor parte del resto de los regímenes especiales (principalmente, simplificado, de la agricultura, del recargo de equivalencia) por lo que el efecto de incentivo a pequeños empresarios o profesionales se ve muy diluido.

15595

Pregunta
¿Cuál es la referencia comunitaria del régimen especial del criterio de caja implantado en España?

La referencia comunitaria del régimen especial del criterio de caja que se ha implantado en España se encuentra en la Dir 2006/112/CE art.167 bis, conforme al cual los Estados comunitarios podrán establecer un régimen optativo en virtud del cual el derecho a deducción de los sujetos pasivos cuyo IVA únicamente resulte exigible con arreglo a lo dispuesto en la Dir 2006/112/CE art.66.b) se difiera hasta que se abone a su proveedor el IVA correspondiente a los bienes o servicios adquiridos. El régimen especial será aplicable, en principio, únicamente a sujetos pasivos cuyo **volumen de operaciones** no exceda de 2.000.000 de euros.
La Dir 2006/112/CE art.66 permite que los Estados comunitarios dispongan que el impuesto sea exigible, por lo que se refiere a ciertas operaciones o a ciertas categorías de sujetos pasivos, como plazo máximo, en el momento del **cobro del precio**.
En consecuencia, el marco que establece la Dir 2006/112/CE es el siguiente:
a) Se permite a los Estados aplazar la exigibilidad del tributo hasta el momento del cobro del precio. Este aplazamiento no puede ser indiscriminado, ya que debe limitarse a ciertas operaciones o categorías de sujetos pasivos. En cualquier caso, se trata de una norma muy flexible, que admite una aplicación bastante amplia (Dir 2006/112/CE art.66.b).
b) En relación con los sujetos pasivos que únicamente realizan operaciones en las cuales la exigibilidad del tributo se ha aplazado, se permite a los Estados comunitarios establecer un régimen especial en virtud del cual el derecho a la deducción se demora igualmente hasta el pago (Dir 2006/112/CE art.167 bis).
Se trata de dos instrumentos normativos distintos, respecto a los cuales cabe señalar lo siguiente:
a) La opción que prevé la Dir 2006/112/CE art.66.b) es independiente de la forma en la que deduzcan el IVA soportados los sujetos pasivos, por lo que bien se podría haber optado por la misma para aplazar el **devengo del impuesto** hasta el cobro en relación con operaciones o categorías de sujetos específicos. El caso de las operaciones realizadas con Administraciones Públicas es probablemente el mejor ejemplo.
b) La limitación o aplazamiento en el **derecho a la deducción** se configura por la Dir 2006/112/CE de un modo un tanto peculiar, ya que, al menos en una interpretación literal parece que parte de una premisa, el hecho de que el total de operaciones que realiza el sujeto pasivo son operaciones para las cuales la exigibilidad del impuesto se aplaza hasta el cobro, hipótesis en la cual el Estado de que se trate puede establecer un régimen optativo que implica un aplazamiento correlativo del derecho a la deducción hasta el pago, lo cual no parece que tenga mucho sentido, ya que lo que se ofrecería a los sujetos pasivos sería la posibilidad de demorar su derecho a la deducción. Más bien, cabe entender que lo que les es dado a los Estados comunitarios es el establecimiento de regímenes especiales que supongan la vinculación de exigibilidad y derecho a la deducción al cobro y pago de las cantidades respectivas, como así se ha hecho en nuestro país.

15600

Pregunta
¿Existen otras posibles configuraciones de un régimen especial del criterio de caja?

Sí, la norma comunitaria permite la vinculación del IVA a los flujos de caja en dos niveles distintos, que son, por una parte, la posibilidad de aplazar la exigibilidad del impuesto hasta el cobro del precio para determinadas operaciones o sujetos pasivos y, por otra, la facultad de establecer regímenes especiales para pequeños empresarios o profesionales en los que tanto el ingreso del IVA repercutido como la deducción del soportado se vinculan al cobro o pago respectivo del precio de las operaciones (ver pregunta nº 15595). En España se ha optado por la segunda vía, pero se podía haber ido por la primera, aplazando la obligación de ingreso del impuesto hasta el cobro del precio en relación con operaciones concretas o para determinados sujetos pasivos. El caso de las operaciones realizadas con **Administraciones Públicas**, para las cuales el IVA soportado es mayoritariamente no deducible, por lo que el efecto en el derecho a la deducción es inexistente, a la vez que acumulan retrasos en los pagos a proveedores en ocasiones muy considerables, es probablemente el mejor ejemplo de lo que hubiera sido una vía alternativa mucho más eficaz en la ayuda a las empresas con dificultades financieras y libre de cortapisas.

Pregunta **15605**
¿Quiénes pueden aplicar el régimen especial del criterio de caja?

El régimen especial del criterio de caja es aplicable a los sujetos pasivos cuyo **volumen de operaciones** durante el año natural anterior no haya superado el umbral de 2.000.000 de euros (LIVA art.163 decies.Uno). En consecuencia, cualquier sujeto pasivo que supere este importe máximo resulta excluido del régimen especial (ver pregunta nº 15615). No superándose este **umbral máximo**, cualquier sujeto pasivo del IVA puede aplicar el régimen especial del criterio de caja. Adicionalmente, quedan **excluidos** de la aplicación del régimen los sujetos pasivos cuyos cobros en efectivo procedentes de un único destinatario durante el año natural exceda de 100.000 euros (RIVA art.61 nonies tercer párrafo). Es importante señalar que la norma incluye a cualesquiera **sujetos pasivos**, por lo que el régimen especial es aplicable a personas físicas, entidades mercantiles o entidades de la LGT art.35.4 (comunidades de bienes, herencias yacentes y demás entidades que, carentes de personalidad jurídica, constituyan una unidad económica o un patrimonio separado susceptibles de imposición) que tengan la condición de sujetos pasivos del IVA, siempre que no superen el límite máximo de operaciones de 2.000.000 de euros.

Pregunta **15610**
¿Cómo se computa el volumen de operaciones para determinar si se excede o no el límite máximo de 2.000.000 de euros?

En los términos que establece la LIVA art.121 (ver pregunta nº 19025).

Pregunta **15615**
¿Qué ocurre cuando se excede el límite máximo de operaciones de 2.000.000 de euros?

Que al año siguiente el sujeto pasivo que haya excedido el volumen de operaciones de 2.000.000 euros queda **excluido** del régimen especial del criterio de caja y ha de aplicar el régimen general del impuesto.
En cuanto las consecuencias del paso del régimen especial al general del impuesto, ver pregunta nº 15675.

Pregunta **15620**
¿Cómo se computa el límite máximo de cobros en efectivo de 100.000 euros que impide la aplicación del régimen especial del criterio de caja?

Considerando cualesquiera operaciones que den lugar a la obtención de cobros procedentes de un único sujeto. Es importante señalar que la norma se configura en términos de gran amplitud, por lo que, en principio, cualquier **cobro en efectivo** procedente de un **único sujeto** inhabilitaría la aplicación del régimen especial.

15622

Pregunta
¿Qué se ha de entender por cobro en efectivo a estos efectos?

La norma no ofrece una definición; no obstante, acudiendo por analogía al criterio establecido en relación con la prohibición de pagos en efectivo por importe superior a 1.000 euros que establece la L 7/2012, habría que considerar como tales las que se realizan mediante la **entrega de dinero**, sin incluir aquellas en las que el pago se realiza a través de la intervención de entidades financieras, como podría ser el caso del pago que se hace mediante ingreso en la cuenta bancaria designada al efecto por el vendedor.

15623

Pregunta
¿Cómo se relaciona el límite máximo de 100.000 euros que establece la norma para los cobros en efectivo procedentes de un mismo destinatario con la prohibición de realización de pagos en efectivo por importe superior a 1.000 euros de la L 7/2012?

La prohibición que establece la L 7/2012 art.7 impide el **pago en efectivo** del precio de las operaciones, en las que alguna de las partes intervinientes actúe en calidad de empresario o profesional y tengan un importe igual o superior a 1.000 euros o su contravalor en moneda extranjera, límite que se eleva a 10.000 euros o su contravalor en moneda extranjera cuando el pagador sea una persona física que justifique que no tiene su domicilio fiscal en España y no actúe en calidad de empresario o profesional. Estos **límites** se aplican operación a operación, disponiendo la misma norma que, a estos efectos, se sumarán los importes de todas las operaciones o pagos en que se haya podido fraccionar una entrega de bienes o la prestación de servicios. Por el contrario, lo que impide la aplicación del régimen especial del criterio de caja es la realización de **operaciones** cuyo pago se obtenga en efectivo y que procedan de un mismo **destinatario** por importe superior a 100.000 euros.

15624

Pregunta
¿Cuál es el efecto temporal de la exclusión del régimen especial del criterio de caja?

Un año. Así se infiere de lo establecido por el RIVA, art.61 nonies cuarto párrafo.
En consecuencia, un sujeto pasivo que resulte excluido del régimen especial por haber superado cualquiera de los límites que se exponen en las preguntas anteriores, si en el transcurso del año siguiente no los vuelve a superar, podrá optar de nuevo por la aplicación del mismo. Nótese la diferencia que existe respecto a la renuncia al régimen especial, que surte efecto por un mínimo de 3 años (ver pregunta nº 15655).

15625

Pregunta
¿El régimen especial del criterio de caja está reservado a personas físicas?

No. Tal y como se infiere del inciso inicial de la LIVA art.163 decies.Uno, el régimen especial es aplicable a cualesquiera **sujetos pasivos**, con independencia de que se trate de personas físicas, jurídicas o entidades sin personalidad jurídica que, no obstante, tengan la condición de sujetos pasivos del impuesto. Por tanto, no hay en este régimen especial ninguna exclusión por razón de la condición del sujeto pasivo que pretenda su aplicación.

Pregunta
¿Pueden aplicar el régimen especial del criterio de caja los establecimientos permanentes ubicados en el TIVA? 15630

Sí, exactamente en las mismas condiciones que cualesquiera otros sujetos pasivos del impuesto. Para que un **establecimiento permanente** ubicado en el TIVA dé lugar a la repercusión del tributo, esto es, inhabilite la aplicación de la inversión del sujeto pasivo, es necesario que intervenga en la realización de las operaciones, requiriéndose que la citada intervención sea sustantiva. Cumplido este requisito, un establecimiento permanente ubicado en el TIVA que, por razón de su intervención en la realización de las entregas de bienes o prestaciones de servicios que realiza, está obligado a la repercusión e ingreso del tributo, puede optar a la aplicación del régimen especial en los mismos términos que cualquier otro sujeto pasivo del impuesto.

Pregunta
¿Pueden aplicar el régimen especial del criterio de caja empresarios o profesionales que no sean sujetos pasivos del impuesto? 15635

Esta situación, la de **empresarios o profesionales que no son sujetos pasivos** del tributo, esto es, obligados al ingreso de la deuda tributaria derivada de su liquidación, puede deberse a varias situaciones, como son las siguientes:
a) Inicio de la actividad por la compra de bienes y servicios destinados a su utilización en ella cuando todavía no se han iniciado las entregas de bienes o prestaciones de servicios propios de la misma.
b) Aplicación de ciertos regímenes especiales en los que no hay obligación de ingreso de deuda tributaria, aunque con excepciones.
c) Empresarios o profesionales que únicamente realizan operaciones no sujetas como consecuencia de las reglas de localización.
La aplicación del régimen especial del criterio de caja a estas situaciones se sustanciaría como sigue:
a) En el caso de **inicio de las actividades**, el régimen especial es aplicable en todo caso, tal y como se explica en la pregunta nº 15665, al margen de que al año siguiente al inicio de las entregas de bienes o prestaciones de servicios su volumen, elevado al año, pueda determinar la exclusión del régimen especial si se ha excedido el umbral de 2.000.000 de euros.
b) Los regímenes especiales que relevan de la realización de ingresos por IVA a la Administración Tributaria (**agricultura y recargo de equivalencia**) están excluidos de la aplicación del régimen especial.
c) Las **operaciones no localizadas** en el TIVA están asimismo excluidas del régimen especial del criterio de caja, por lo que un empresario que realice exclusivamente este tipo de operaciones queda excluido de la aplicación del mismo por razón de la naturaleza de las operaciones que realiza.

Pregunta
¿Hay alguna regla de acumulación del volumen de operaciones para determinar los empresarios o profesionales que pueden aplicar el régimen especial del criterio de caja? 15640

No en la normativa reguladora del impuesto. En consecuencia, aunque varias **entidades** que se puedan considerar **vinculadas** realicen operaciones que, computadas de manera acumulada, superen el umbral de 2.000.000 de euros, cabe, en principio, la aplicación del régimen especial del criterio de caja.
La única cautela que habría que tener en cuenta a estos efectos es la aplicación de las **normas antiabuso** que se contienen en la LGT art.15 y 16, simulación y conflicto en la aplicación de la norma tributaria, las cuales, ante situaciones en las que claramente se hubiera fraccionado una actividad para su desarrollo a través de varias

entidades cada una de las cuales, consideradas aisladamente, no supera el límite máximo de los 2.000.000 de euros, aunque computadas de manera conjunta sí que exceden este límite, bien podrían conducir a la Administración Tributaria a la denegación de la aplicación del régimen especial. Esta denegación, no obstante, estaría supeditada a la observancia de los requisitos procedimentales y de fondo a los que se condiciona la aplicación de las referidas figuras antiabuso.

15645 **Pregunta**
¿Cómo se opta por la aplicación del régimen especial del criterio de caja?

Mediante la **declaración censal**, modelo 036. Así se establece en el RIVA art.61 septies, de manera expresa en relación con los supuestos de inicio de la actividad y cabe entender que también para los supuestos en que la opción por el régimen especial se realiza con posterioridad.
Esta declaración censal ha de presentarse, según corresponda, en los siguientes **plazos**:
a) En los supuestos de **inicio de la actividad**, a la presentación de la declaración censal correspondiente. En caso de que exista una diferencia sustantiva entre el inicio de la compra de bienes y servicios con la intención de utilizarlos en la actividad empresarial o profesional y el inicio de la realización de las entregas de bienes y prestaciones de servicios propias de la misma, circunstancia que ha de comunicarse convenientemente a la AEAT (RGGI art.10.2.c), se suscita la duda de si la opción por la aplicación del régimen especial ha de realizarse desde el principio o se puede posponer hasta el comienzo de la realización de operaciones activas. Nada dice la norma, por lo que surge la duda de si la opción por el régimen especial se puede demorar hasta el inicio de la realización de las entregas de bienes y prestaciones de servicios correspondientes a la actividad. En tal caso, la declaración censal en la que se optaría por la aplicación del régimen especial sería la de modificación por la que comunica el inicio de la realización de dichas operaciones, después de haber deducido las cuotas soportadas con anterioridad a dicho inicio según se fueron soportando.
b) En **otro caso**, en el mes de diciembre anterior al inicio del año natural en el que se pretende que surta efecto.

15650 **Pregunta**
¿Cómo se renuncia a la aplicación del régimen especial del criterio de caja?

Mediante la **declaración censal**, modelo 036. Así lo establece de manera expresa el RIVA art.61 octies. Esta renuncia ha de formularse durante el mes de diciembre anterior al inicio del año respecto al cual se pretende que surta efecto.

15655 **Pregunta**
¿La renuncia al régimen especial del criterio de caja tiene una duración mínima?

Sí. El último inciso del RIVA art.61 octies dispone que la **renuncia** al régimen especial del criterio de caja tiene una **duración mínima** de 3 años. En consecuencia, el empresario o profesional que, habiendo aplicado el citado régimen especial, renuncie al mismo, deberá continuar aplicando el régimen general del impuesto durante 3 años antes de volver a optar por el régimen especial del criterio de caja. Esta duración mínima de la renuncia no se hace extensiva a la aplicación del régimen especial, que se puede limitar a un año (ver pregunta nº 15660).

15660

Pregunta
¿La aplicación del régimen especial del criterio de caja tiene una duración mínima?

La norma no establece nada al respecto, por lo que, en principio, no parece que haya un **plazo mínimo de aplicación** del régimen especial. Hay que tener en cuenta, no obstante, la regulación de la opción por el régimen especial (RIVA art.61 septies.1) y la correspondiente a la renuncia (RIVA art.61 octies) conforme a las cuales tanto la opción por el régimen especial como la renuncia al mismo se formulan en diciembre y para el año siguiente. De ambos preceptos cabe deducir que la aplicación del régimen especial tiene una duración mínima de un año.

A este respecto, hay varios matices que son relevantes:

a) Transcurrido este año de estancia mínima en el régimen especial, cabe la renuncia al mismo y la vuelta a la aplicación del régimen general.

b) Para la renuncia sí que se prevé por la norma (RIVA art.61 octies) una duración mínima de 3 años, mínimo que no se establece para la aplicación del régimen especial.

c) No ocurre lo mismo en los supuestos de exclusión del régimen especial por superación de los límites relativos a volumen de operaciones que lo caracterizan. De ser este el caso, la exclusión tiene una duración mínima de un año, transcurrido el cual se puede volver a optar por su aplicación (ver pregunta nº 15624).

Como relativa excepción a lo anterior, hay que indicar que en los supuestos de inicio de la actividad, en los que la opción por el régimen especial del criterio de caja se ejercita con la declaración censal de comienzo de la misma, circunstancia que puede no coincidir con el mes de enero, se podría dar el caso de que el inicio de la aplicación del régimen especial se produzca a lo largo del año y a finales del mismo, con efecto en enero del año siguiente, se renuncie a su aplicación. De ser este el caso, y no parece que la norma se oponga a ello, la aplicación efectiva del régimen especial tendría una duración inferior al año natural.

15665

Pregunta
¿Cómo se aplica el régimen especial del criterio de caja al inicio de la actividad?

A opción del sujeto pasivo, que puede optar por ello mediante la presentación de la correspondiente declaración censal, modelo 036.

A estos efectos, sin embargo, hay que tener en cuenta tres circunstancias adicionales, que son las siguientes:

a) La **actividad** empresarial o profesional ha de considerarse **iniciada** desde el comienzo de la adquisición de bienes o servicios con la intención, confirmada por elementos objetivos, de destinarlos a la misma. Es factible que el inicio de la realización de las operaciones activas, entregas de bienes o prestaciones de servicios, se demore en el tiempo. Este posible desfase temporal entre el inicio de las compras y de las ventas tiene consecuencias censales, ya que el RGGI art.9.3.d) prevé que en la declaración censal de alta se informe, entre otros extremos, de que el inicio de la realización habitual de las entregas de bienes o prestaciones de servicios que constituyen el objeto de la actividad será posterior al comienzo de la adquisición o importación de bienes o servicios destinados al desarrollo de la actividad empresarial o profesional. Cuando se produzca el citado **inicio de la realización de operaciones activas**, hay que presentar una declaración censal de modificación (RGGI art.10.2.c), comunicando a la AEAT esta circunstancia. En estos términos, se suscita la duda de si la opción por la aplicación del régimen especial ha de realizarse desde el principio, esto es, desde el comienzo de la adquisición de bienes o servicios destinados al desarrollo de la actividad, o si se puede posponer hasta el comienzo de la realización de operaciones activas. Nada dice la norma, por lo que surge la duda de si la opción por el régimen especial se puede demorar hasta el inicio de la realización de las entregas de bienes y prestaciones de servicios correspondientes a la actividad. En tal caso, la declaración censal en la que se optaría por la aplicación del régimen especial sería la de modificación por la que comunica el inicio de la realización de dichas operaciones, después de haber deducido las cuotas soportadas con anterioridad a dicho inicio según se fueron soportando.

b) Se suscita igualmente cómo ha de computarse el **volumen de operaciones** para determinar si se supera o no el umbral máximo de 2.000.000 de euros que se establece para la aplicación del régimen especial. Esta duda la resuelve la LIVA art.163 decies.Dos, que señala que cuando se inicie la actividad, el volumen de operaciones deberá elevarse al año, determinándose de este modo si se alcanza o no el umbral de 2.000.000 de euros. En caso de que aplicando la regla de tres correspondiente se exceda el límite máximo de 2.000.000 de euros, al año siguiente ya no será aplicable el régimen especial del criterio de caja, aunque sí lo haya sido en el año de inicio de la actividad.

c) Finalmente, se plantea la duda de la posible aplicación del régimen especial en el **primer año de desarrollo de la actividad.** Esta duda se resuelve igualmente por la norma de manera expresa, al señalar la LIVA art.163 decies.Tres que en el primer año de realización de las actividades el régimen especial será aplicable en todo caso, previa opción por él, en buena lógica.

15670

Pregunta
¿Qué ocurre cuando se pasa de aplicar el régimen general del IVA a aplicar el régimen especial del criterio de caja?

Nada dice la norma, que se limita a contemplar la situación contraria, esto, la de los sujetos pasivos que pasan de aplicar el régimen especial del criterio de caja a aplicar el régimen general del impuesto. En este caso, que se analiza en la pregunta nº 15675, la LIVA art.163 quaterdecies dispone que las normas propias del régimen especial mantendrán su vigencia respecto de las operaciones realizadas durante su aplicación. Nada se dice para el supuesto contrario.

En principio, parece que lo lógico sería que respecto a las operaciones efectuadas antes del inicio de la aplicación del régimen especial del criterio de caja, a las que debería aplicarse el régimen general del impuesto, se mantengan las reglas propias del régimen general del tributo. Especificando este mantenimiento de la aplicación del **régimen general**, tendríamos:

a) En cuanto a **entregas de bienes y prestaciones de servicios**, las reglas de devengo aplicables serían las establecidas en la LIVA art.75.Uno. En consecuencia, es la realización de las correspondientes entregas de bienes y prestaciones de servicios, en los términos temporales que señala el precepto que se ha citado, la que debería determinar el nacimiento de las obligaciones de repercusión e ingreso del impuesto. En este sentido, hay que tener en cuenta el inciso inicial de la LIVA art.163 terdecies.Uno, que se refiere a operaciones a las que sea de aplicación este régimen especial, expresión que debería entenderse referida a operaciones realizadas constante la aplicación del régimen especial, como parece indicar el inciso final del primer párrafo de esta misma norma. Tiene sentido que en la ubicación temporal de las operaciones se acuda a la norma de referencia, que es la LIVA art.75.Uno.

Ejemplo Una empresa que liquida el IVA mensualmente y se dedica a la venta de material de oficina ha efectuado una entrega de material, documentada mediante el correspondiente albarán, en noviembre del año N. Esta empresa cobra sus facturas a 180 días. En diciembre del mismo año, la empresa opta por el régimen especial del criterio de caja, que empieza a aplicar a partir del 1-1-(N+1). La operación que se ha descrito da lugar a un IVA que debe considerarse devengado en noviembre del año N, por lo que su ingreso debería haberse realizado con la presentación de la autoliquidación de IVA correspondiente a noviembre del año N, hasta el 20-12-N, como muy tarde. El hecho de que esta empresa comience a aplicar el régimen especial del criterio de caja a partir del 1-1-(N+1) no debería dar lugar a que la empresa considere esta operación como realizada constante la aplicación del régimen especial y pretenda su ingreso en la autoliquidación correspondiente al mes de mayo, que es cuando se prevé que cobrará el precio de la misma.

b) Respecto a las **adquisiciones de bienes o servicios**, hay que tener en cuenta lo dispuesto por la LIVA art.163 terdecies.Tres.a) conforme al cual el derecho a la deducción de las cuotas soportadas por los sujetos pasivos acogidos a este régimen especial nacerá en el momento del pago total o parcial del precio y por los importes efectivamente satisfechos, ello con independencia del momento en el que se haya realizado el hecho imponible. La interpretación literal de esta norma conduce a que cuotas correspondientes a operaciones realizadas antes del inicio de la aplicación del régimen especial vean demorada su deducibilidad hasta el pago, total o parcial, del precio correspondiente a las mismas. **15672**

Ejemplo La misma empresa del ejemplo anterior (pregunta nº 15670) había comprado una partida de material en septiembre del año N. El pago del precio correspondiente a esta operación se realiza en enero del año N+1, ya que estos eran los términos de pago previstos con el proveedor. La interpretación literal de la LIVA art.163 terdecies.Tres.a) podría conducir a la conclusión de que estas cuotas se entienden soportadas cuando se pague el precio correspondiente a las operaciones, no antes. En consecuencia, el IVA no sería deducible a la fecha en que se soportaron las cuotas, sino a la fecha de pago.
Una interpretación alternativa sería la de limitar esta conclusión para su aplicación a cuotas correspondientes a operaciones efectuadas una vez se haya comenzado a aplicar el régimen especial. Esta interpretación, que sería coherente con la que se ha ofrecido anteriormente respecto a las cuotas devengadas por entregas de bienes y prestaciones de servicios, choca con la dicción literal de la norma, que es taxativa en este sentido y que incluso utiliza una expresión diferente según se trate de cuotas a ingresar –aquí se refiere a operaciones a las que sea aplicable el régimen especial, LIVA art.163 terdecies.Uno– o de cuotas soportadas –que remite a los sujetos pasivos acogidos al régimen especial, LIVA art.163 terdecies.Tres.a)–, por lo que únicamente se podría defender en caso de que se acuda a una interpretación teleológica de la LIVA.

15675

Pregunta
¿Qué ocurre cuando se pasa de aplicar el régimen especial del criterio de caja a aplicar el régimen general del IVA?

Que las normas de **devengo y deducción** en función de los cobros y pagos mantienen su vigencia. Así se establece por la LIVA art.163 quaterdecies. Esto significa lo siguiente:
a) En cuanto a las **entregas de bienes y prestaciones de servicios** efectuadas durante la aplicación del régimen especial, que la obligación de ingreso de las cuotas correspondientes se producirá a medida que se vayan obteniendo los cobros respectivos, totales o parciales, aunque dichos cobros se perciban con posterioridad al cese en la aplicación del régimen especial.
b) En lo que se refiere a **bienes y servicios adquiridos**, que el derecho a la deducción del IVA soportado nacerá en el momento del pago, total o parcial, de las contraprestaciones respectivas, aunque el mismo sea posterior al cese en la aplicación del régimen especial. A este respecto hay que tener en cuenta que transcurridos cuatro años desde el nacimiento del derecho a la deducción, que se produce con ocasión del pago del precio, el citado derecho se deberá considerar caducado (LIVA art.163 terdecies.Tres.c).

Ejemplo Un empresario que aplica el régimen especial del criterio de caja en el año realiza a finales de año las dos operaciones siguientes:
a) Vende una partida de mercancía por 50.000 euros. La puesta a disposición del adquirente se efectúa el 22-12-N. El cobro del precio se prevé para el 22-4-(N+1), recibiéndose en plazo.
b) Adquiere bienes por valor de 20.000 euros. Los bienes llegan a sus instalaciones el 28-12-N, acompañados por la correspondiente factura. El precio de la operación se hace efectivo a finales de junio, ya que con ese proveedor rige una cláusula de pago a 180 días.

A finales de diciembre del año N, este empresario renuncia a la aplicación del régimen especial, habida cuenta de las reticencias que le manifiestan la mayor parte de sus clientes.
Respecto a las dos operaciones que se han descrito, resultaría lo siguiente:
a) En cuanto a la venta que se describe en la letra a). este empresario no tendría obligación de ingresar el impuesto mientras no cobre el precio. Supuesto que el cobro se produzca en abril del año N+1, la operación debería considerarse efectuada, a estos efectos, en abril del año N+1, por lo que, aunque en este año se haya empezado a aplicar de nuevo el régimen general del impuesto, el IVA de esta operación seguiría el criterio de devengo del régimen especial del criterio de caja y debería considerarse correspondiente al segundo trimestre del año, ingresándose a la Administración Tributaria en la autoliquidación de dicho trimestre, que ha de presentarse en julio del año N+1.
b) Respecto a la compra descrita en la letra b), habría que aplicar el mismo criterio. En consecuencia, el derecho a la deducción de las cuotas correspondientes debería considerarse nacido a finales de junio, una vez se pague el precio correspondiente, no pudiendo ejercerse mientras no se produzca dicho pago.

15680

Pregunta
¿Es compatible el régimen especial del criterio de caja con el resto de los regímenes especiales?

Depende del régimen especial. Así, la LIVA art.163 duodecies.Dos.a) señala que están **excluidas** de este régimen especial las **operaciones** acogidas a los siguientes **regímenes especiales**:
- simplificado;
- de la agricultura, ganadería y pesca;
- del recargo de equivalencia;
- del oro de inversión;
- de los servicios prestados por vía electrónica;
- del grupo de entidades.

En consecuencia, las operaciones efectuadas por sujetos pasivos que estén aplicando cualquiera de los anteriores regímenes especial quedan fuera de la aplicación del régimen especial del criterio de caja.
Esta exclusión suscita la duda de si un sujeto pasivo que esté aplicando cualquiera de estos regímenes especiales y, a la vez, el régimen general del impuesto, supuesto que los correspondientes regímenes de **compatibilidad** lo permitan, puede optar por la aplicación del régimen especial del criterio de caja para estas últimas, las sujetas al régimen general, y mantener la aplicación de cualquiera de los regímenes especiales que se han señalado para el resto. De la dicción del último inciso de la LIVA art.163 duodecies.Uno segundo párrafo parece deducirse que así es, cuando se indica que el régimen especial del criterio de caja se referirá a todas las operaciones realizadas por el sujeto pasivo, sin perjuicio de lo establecido en el apartado siguiente del mismo artículo, que es precisamente el que regula las operaciones excluidas de la aplicación del régimen especial del criterio de caja. Cabe, por tanto, la realización de operaciones a las que sea aplicable el régimen especial del criterio de caja de manera simultánea a la realización de otras operaciones a las que sea aplicable cualquiera de los regímenes especiales que se han referido.

Ejemplos **1)** Un abogado que trabaja por cuenta propia es titular igualmente de una finca en la que se dedica al cultivo del espárrago. Este empresario y profesional aplica el régimen general del impuesto al ejercicio de la abogacía y el especial de la agricultura, ganadería y pesca a la actividad agraria que desarrolla. Advertido de las bondades del régimen especial del criterio de caja, opta por su aplicación para la abogacía, pero no para la explotación de la finca, respecto a la que sigue aplicando el régimen especial de la agricultura.
La conducta de este empresario o profesional ha de considerarse ajustada a derecho, ya que está aplicando el régimen especial del criterio de caja a todas las operaciones no excluidas del régimen especial.
2) Un taxista que trabaja por cuenta propia realiza igualmente traducciones jurídicas al ruso y al alemán, ya que es conocedor de ambas lenguas. Este empresario o profesional

aplica el régimen general del impuesto, ya que las condiciones de compatibilidad que establece el RIVA art.36.1.e) le impiden aplicar el régimen simplificado por la actividad de taxi, al desarrollar otras actividades, las de traducción, que tributan en régimen general.
Habida cuenta de los retrasos en los pagos por parte de sus clientes de la actividad de traducción, este profesional se plantea aplicar el régimen especial del criterio de caja exclusivamente a su actividad como traductor, aplicando el régimen simplificado a la actividad de taxi.
Lo que pretende este empresario o profesional no es factible, ya que el régimen especial simplificado sólo es compatible con otras actividades acogidas al mismo régimen simplificado, de la agricultura, del recargo de equivalencia o exentas que no constituyan una actividad económica a los efectos del IRPF (las traducciones jurídicas no están exentas del impuesto). En consecuencia, este empresario o profesional tendría que optar por seguir liquidando el impuesto como venía haciendo, en régimen general, o aplicar el régimen especial del criterio de caja al total de su actividad.

Hay dos regímenes especiales a cuyas operaciones sí que les resulta aplicable el régimen especial del criterio de caja, que son los de los bienes usados, objetos de arte, antigüedades y objetos de colección y el de las agencias de viajes. En consecuencia, los empresarios o profesionales que apliquen estos regímenes especiales pueden aplicar las reglas especiales que se contienen en la LIVA art.163 terdecies, que constituyen el contenido del régimen especial del criterio de caja (ver pregunta nº 15750 s.). **15682**

15685

Pregunta
¿Se puede renunciar a los regímenes especiales que admiten renuncia para optar por la aplicación del régimen especial del criterio de caja?

Nada se opone a ello, por lo que habría que concluir que sí. Nótese que, de otro modo, se conduciría a los empresarios o profesionales que renuncien a dichos regímenes especiales a una situación de agravio comparativo, al obligarles a aplicar el régimen general del impuesto sin darles acceso al régimen especial del criterio de caja, acceso que sí se ofrece al resto de empresarios o profesionales que aplican el régimen general. Obviamente, esta conclusión únicamente sería predicable de los regímenes especiales que admiten **renuncia**, que, como tales, son el simplificado y el de agricultura, ganadería y pesca. Lo que no cabe, por expresa dicción de la norma, es la aplicación del régimen especial del criterio de caja a operaciones que se encuentren acogidas a dichos regímenes especiales, así como al resto de regímenes especiales que se refieren en la LIVA art.163 duodecies.Dos.a) (ver pregunta nº 15680).

Ejemplo Un profesional del transporte que trabaja por cuenta propia aplica el régimen especial simplificado. Dicho profesional se plantea la posibilidad de aplicar el régimen especial del criterio de caja, ya que muchos de sus clientes demoran el pago de sus facturas. ¿Es factible?
Aplicar simultáneamente los regímenes especiales simplificado y del criterio de caja no es factible, ya que lo impide la LIVA art.163 duodecies.Dos.a). Lo que sí cabe entender que podría hacer este profesional es renunciar a la aplicación del régimen especial simplificado y optar por la aplicación del régimen especial del criterio de caja, supuesto, claro está, que se cumplan los demás requisitos necesarios para ello.

15690

Pregunta
¿Hay alguna exclusión del régimen especial del criterio de caja por razón del sector de actividad en el que se opere?

No. El régimen especial del criterio de caja es aplicable a cualquier tipo de **actividad empresarial o profesional**, sin discriminación por razón de su naturaleza o características, más allá de las exclusiones que establece la norma en atención a su tratamiento a los efectos del IVA.

15695

Pregunta
¿Hay alguna exclusión del régimen especial del criterio de caja en función de la condición del cliente?

No. En consecuencia, desde el punto de vista de la condición del **cliente**, el régimen especial del criterio de caja es aplicable:
a) A operaciones realizadas con consumidores finales o con otros empresarios o profesionales.
b) A operaciones efectuadas con personas físicas, entidades mercantiles y cualesquiera otras entidades (Administraciones Públicas, asociaciones, fundaciones, etc.).
c) A operaciones efectuadas con personas o entidades establecidas en el TIVA y a las efectuadas con no establecidos (ver pregunta nº 15820).
Las únicas exclusiones que se establecen para la aplicación del régimen especial son las que se disponen por la LIVA art.163 duodecies, que atienden al tratamiento en el IVA de ciertas operaciones.

15700

Pregunta
¿En qué medida se ve afectada la aplicación del régimen especial del criterio de caja por el hecho de que el cliente se encuentre acogido, a su vez, a alguno de los regímenes especiales del IVA?

En ninguna. En consecuencia, el régimen especial del criterio de caja es aplicable a operaciones efectuadas para **clientes** que, a su vez, sean otros empresarios o profesionales que apliquen el mismo u otros regímenes especiales del impuesto.

15705

Pregunta
¿El régimen especial del criterio de caja es aplicable a todas las operaciones que desarrolle el sujeto pasivo?

De entrada, sí. No caben más excepciones que las establecidas por la propia norma. En consecuencia, el régimen especial del criterio de caja se aplica a todas las operaciones efectuadas por el sujeto pasivo, con **exclusión**, única y exclusivamente, de las siguientes:
a) Las operaciones que no se entiendan realizadas en el TIVA (ver pregunta nº 15730).
b) Las operaciones a las que resulten aplicables ciertos regímenes especiales (ver preguntas nº 15680).
c) Las operaciones exentas por encontrarse relacionadas con el comercio exterior (ver pregunta nº 15720).
d) Las operaciones a las que se aplique el procedimiento de autoliquidación (ver pregunta nº 15735).
e) Importaciones y operaciones asimiladas (ver pregunta nº 15740).
f) Autoconsumos de bienes y servicios (ver pregunta nº 15742).

15710

Pregunta
¿Hay operaciones excluidas del régimen especial del criterio de caja?

Sí, las que se señalan en la pregunta nº 15705.

15715

Pregunta
¿Cabe la aplicación del régimen especial del criterio de caja únicamente a una parte de las operaciones que realice un sujeto pasivo?

No. Una vez se decide la aplicación del régimen especial del criterio de caja, esta abarca al **total de las operaciones** realizadas por el sujeto pasivo (LIVA art.163 duodecies.Uno segundo párrafo). No cabe, pues, la opción por la aplicación del régimen especial únicamente a una parte de las operaciones realizadas por el sujeto pasivo. Lo anterior ha de entenderse sin perjuicio de la exclusión del régimen especial de una serie de operaciones, que son las que se relacionan en la pregunta nº 15705.

Pregunta 15720
¿Cómo se aplica el régimen especial del criterio de caja a las operaciones exentas?

En función del tipo de **exención** que resulte aplicable. De este modo, tenemos:
a) Respecto a las operaciones exentas por su relación con el **comercio exterior** (exportaciones, operaciones asimiladas a exportaciones, operaciones relativas a áreas y regímenes suspensivos y entregas intracomunitarias –LIVA art.21 a 25–), se establece la exclusión del régimen especial (LIVA art.163 duodecies.Dos.b). Por tanto, estas operaciones están excluidas de su aplicación.
En tanto que operaciones exentas, no hay cuotas devengadas respecto a las mismas, por lo que el aplazamiento en el ingreso que supone la aplicación del régimen especial decae en sus efectos. Más dudoso es el efecto que esta exclusión puede tener en cuanto al derecho a la deducción, respecto al cual la exclusión bien podría entenderse que pretende excepcionar la correlativa demora que también supone la aplicación de este régimen especial. Esta conclusión, sin embargo, no se compadece fácilmente con la dicción de la LIVA art.163 terdecies.Tres.a), que de manera indiscriminada establece este aplazamiento en el derecho a la deducción para los sujetos pasivos que opten por la aplicación de este régimen especial.

Ejemplo Un fabricante de muebles tiene un 25% de sus operaciones relacionadas con el comercio exterior (exportaciones y entregas a otros Estados de la Comunidad). Dicho fabricante opta por el régimen especial del criterio de caja, aunque lo aplica únicamente a las operaciones interiores sujetas y no exentas, ya que el resto se encuentra excluido del régimen especial. A lo largo del segundo trimestre del año N, este fabricante soporta 14.500 euros de IVA.
En una interpretación literal de la norma, el total del IVA soportado por este empresario o profesional debería deducirse a medida que se pague el precio de las operaciones, lo que dejaría sin efecto la exclusión que se hace para operaciones exentas por su relación con el comercio exterior. Por este motivo, es razonable que se haga una interpretación más teleológica de la norma que dé sentido a la referida exclusión.

Únicamente en caso de que nos encontráramos ante sujetos pasivos que realizan en exclusiva estas operaciones, las excluidas de la aplicación del régimen especial por su exención conforme a los preceptos que se han señalado, tendría sentido la exclusión, quedando los mismos al margen de un régimen que les resultaría claramente perjudicial, al no incidir en un IVA devengado que no existe, a la vez que se aplaza el derecho a la deducción y devolución del IVA soportado en sus compras. Un ámbito en el que la exclusión sí que podría tener sentido operación a operación es el de las obligaciones formales y de consignación de las operaciones en las declaraciones correspondientes, informativas y de liquidación. En este caso, la exclusión del régimen especial salvaguarda la documentación de las operaciones en factura conforme a las reglas propias del régimen general del impuesto y su consignación en las declaraciones que presenten los sujetos pasivos, tanto las informativas como las periódicas y resúmenes anuales. 15721
b) En cuanto a las operaciones exentas conforme a lo dispuesto por la LIVA art.20 –exenciones en **operaciones interiores**–, nada dice la norma, por lo que son operaciones a las que, en principio, podría resultarles de aplicación el régimen especial. Esta aplicación, sin embargo, carece de sentido, ya que por mor de la exención estas operaciones no dan lugar al devengo del tributo, a la vez que la naturaleza de la misma impide la deducción del IVA soportado. Cuestión distinta sería la aplicación del régimen especial por sujetos pasivos en prorrata, aspecto que se analiza en la pregunta nº 15789.

15725

Pregunta
¿Cómo se aplica el régimen especial del criterio de caja a las operaciones no sujetas?

Depende de la razón que conduzca a la no sujeción. A estos efectos, habría que distinguir:

a) Respecto a las **operaciones no sujetas por aplicación de alguno de los supuestos de no sujeción** de la LIVA art.7, nada dice la norma; no obstante, en la medida en que no hay cuota devengada, a este respecto poco hay que discutir. En cuanto al derecho a la deducción, hay que tener en cuenta que el IVA soportado por bienes y servicios relacionados con estas operaciones es deducible o no en función de la naturaleza del supuesto de no sujeción (ver pregunta nº 10215), aunque cuando lo es, se llega a esta conclusión por la consideración de los bienes y servicios adquiridos como gastos generales de la actividad. En consecuencia, el alcance y ejercicio del derecho a la deducción debe reconducirse al tratamiento general de esta cuestión cuando se aplica el régimen especial del criterio de caja (ver pregunta nº 15785).

b) En cuanto a las **operaciones no sujetas por aplicación de las reglas de localización** del impuesto, la LIVA art.163 duodecies.Uno primer párrafo inciso final las excluye de la aplicación del régimen especial, por lo que se sitúan al margen del mismo (ver pregunta nº 15730).

Finalmente, cabe la no sujeción porque las transacciones se estén realizando **al margen de la actividad** empresarial o profesional. De ser este el caso, las mismas se sitúan fuera del ámbito de aplicación del impuesto, por lo que decae cualquier discusión en cuanto a la posible incidencia del mismo, tanto en lo que se refiere al IVA devengado como en cuanto a la deducción del IVA soportado en relación con ellas.

15730

Pregunta
¿Cómo se aplica el régimen especial del criterio de caja a las operaciones que deban considerarse localizadas fuera del TIVA?

Estas operaciones están excluidas de la aplicación del régimen especial del criterio de caja, tal y como indica la LIVA art.163 duodecies.Uno primer párrafo inciso final. En consecuencia, las mismas quedan por completo al margen de sus especiales características. No obstante, hay que distinguir los diferentes ámbitos en los que podría incidir el mismo:

a) En tanto que operaciones no sujetas, no hay **cuotas devengadas** respecto a las mismas, por lo que el aplazamiento en el ingreso que supone la aplicación del régimen especial decae en sus efectos.

b) Más dudoso es el efecto que esta exclusión puede tener en cuanto al **derecho a la deducción**, respecto al cual la exclusión bien podría entenderse que pretende excepcionar la correlativa demora que también supone la aplicación de este régimen especial. Esta conclusión, sin embargo, no se compadece fácilmente con la dicción de la LIVA art.163 terdecies.Tres.a), que de manera indiscriminada establece este aplazamiento en el derecho a la deducción para los sujetos pasivos que opten por la aplicación de este régimen especial.

Ejemplo Una empresa de prestación de servicios realiza un 40% de sus operaciones localizadas fuera del TIVA. Dicha empresa opta por el régimen especial del criterio de caja, aunque lo aplica únicamente a las operaciones interiores, ya que el resto se encuentra excluido del régimen especial. A lo largo del segundo trimestre del año N, este fabricante soporta 8.500 euros de IVA.

En una interpretación literal de la norma, el total del IVA soportado por este empresario o profesional debería deducirse a medida que se pague el precio de las operaciones, lo que dejaría sin efecto la exclusión que se hace para operaciones no localizadas en el TIVA. Por este motivo, es razonable que se haga una interpretación más teleológica de la norma que dé sentido a la referida exclusión.

Únicamente en caso de que nos encontráramos ante sujetos pasivos que realizan en exclusiva estas operaciones, las excluidas de la aplicación del régimen especial por su localización fuera del TIVA, tendría sentido la exclusión, quedando los mismos al margen de un régimen que les resultaría claramente perjudicial, al no incidir en un IVA devengado que no existe, a la vez que se aplaza el derecho a la deducción y devolución del IVA soportado en sus compras.

c) Un ámbito en el que la exclusión sí que podría tener sentido operación a operación es el de las **obligaciones formales** y de consignación de las operaciones en las **declaraciones** correspondientes, informativas y de liquidación. En este caso, la exclusión del régimen especial salvaguarda la documentación de las operaciones en factura conforme a las reglas propias del régimen general del impuesto y su consignación en las declaraciones que presenten los sujetos pasivos, tanto las informativas como las periódicas y resúmenes anuales.

Pregunta 15735

¿Cómo se aplica el régimen especial del criterio de caja en las operaciones en las que opera la autoliquidación del impuesto (adquisiciones intracomunitarias de bienes y operaciones en las que se aplique la inversión del sujeto pasivo)?

Estas **operaciones** se encuentran **excluidas** del régimen especial del criterio de caja, tal y como establece la LIVA art.163 duodecies.Dos.c y d). La exclusión ha de analizarse por separado en relación con las cuotas devengadas y respecto al derecho a su deducción:

a) En cuanto al **devengo** de las cuotas correspondientes a estas operaciones, la exclusión implica la aplicación de las reglas generales del impuesto, por lo que las cuotas correspondientes se devengarán conforme a lo dispuesto por la LIVA art.75 y 76, que por lo general atienden a la realización de las operaciones (ver pregunta nº 6040 s.).

b) La determinación de cuándo se podrá ejercitar el **derecho a la deducción** de las cuotas satisfechas por estas operaciones es dudosa. Por una parte, la generalidad del inciso inicial de la LIVA art.163 terdecies.Tres.a) induce a la conclusión de que el total de cuotas soportadas por los sujetos pasivos que apliquen este régimen especial se deducirán a partir del momento en que se paguen las contraprestaciones respectivas, tanto si se trata de cuotas satisfechas a otros empresarios o profesionales como si se trata de cuotas satisfechas en relación con las operaciones a las que se refiere esta pregunta. Esta conclusión es, a todas luces, desorbitada, por lo que bien se podría llegar a la conclusión de que la exclusión del régimen especial que expresamente establece la norma tiene como pretensión la aplicación a estas operaciones del régimen general del impuesto, y ello tanto en lo que se refiere al devengo e ingreso de las cuotas correspondientes como en cuanto a su deducción. Probablemente, la tacha en la norma se encuentra en la poco afortunada expresión del referido inciso inicial de la LIVA art.163 terdecies.Tres.a). En cualquier caso, habrá que estar a la doctrina administrativa sobre el particular.

Pregunta 15740

¿Es aplicable el régimen especial del criterio de caja a importaciones y operaciones asimiladas?

No. Así lo establece expresamente la norma, LIVA art.163 duodecies.Dos.e). Esta exclusión tiene todo el sentido:

a) En lo que se refiere a **importaciones**, porque es la propia Administración Tributaria quien procede a la exacción del impuesto, el cual dispone igualmente de una regla especial en lo que se refiere al derecho a la deducción.

b) En cuanto a las **operaciones asimiladas a las importaciones,** porque las mismas disponen igualmente de un canal especial para la liquidación del IVA satisfecho y su deducción, que es el modelo 380, diseñado al efecto.

15742

Pregunta
¿Es aplicable el régimen especial del criterio de caja a las operaciones sin contraprestación (autoconsumos)?

No. Así lo establece la norma, LIVA art.163 duodecies.Dos.f), sin distinción.

15745

Pregunta
¿Cómo se simultanea la aplicación del régimen especial del criterio de caja a unas operaciones y del régimen general al resto cuando un mismo empresario o profesional desarrolla operaciones incluidas y excluidas de dicho régimen especial?

En función de que estemos analizando la obligación de ingreso o el nacimiento y ejercicio del derecho a la deducción. De este modo, tenemos:
a) En cuanto a la **repercusión e ingreso** del IVA correspondiente a entregas de bienes y prestaciones de servicios, en las operaciones a las que resulte aplicable el régimen especial ambas circunstancias se pospondrán hasta el cobro, total o parcial, del precio de las operaciones, a la vez que para las operaciones incluidas en el ámbito de aplicación del régimen general, las reglas para devengo y repercusión serán las generales, comprendidas, respectivamente, en la LIVA art.75, 76, 88 y 89. Considerando que cada una de estas cuotas se calcula y liquida de manera individual, no parece que deba haber mayores problemas para simultanear régimen general y especial. Lo anterior ha de entenderse sin perjuicio de las exclusiones que se establecen por la norma para ciertas operaciones que no dan lugar al devengo de cuota alguna, como son las operaciones localizadas fuera del TIVA o ciertas operaciones exentas.
b) Respecto al **derecho a la deducción**, la LIVA art.163 terdecies.Tres.a) parece referir el nacimiento del total de las cuotas soportadas por los empresarios o profesionales que apliquen este régimen especial al momento del pago, total o parcial, de las contraprestaciones respectivas, prescindiendo del hecho de que hay ciertas operaciones que la misma norma excluye del régimen especial.
Esta relativa imprecisión puede conducir a conclusiones sin sentido, como se expone en la pregunta nº 15735, por lo que bien podría concluirse, en una interpretación teleológica de la norma, que las operaciones excluidas del régimen especial siguen en su liquidación las normas propias del régimen general, tanto en lo que se refiere al devengo, si lo hay, como en cuanto al derecho a la deducción del IVA soportado o satisfecho. En cualquier caso, habrá que estar a la doctrina administrativa sobre el particular.

15750

Pregunta
¿En qué consiste el régimen especial del criterio de caja?

En la adecuación del devengo e ingreso del IVA repercutido al cobro del precio de las operaciones, a la vez que la deducción del IVA soportado se demora hasta el pago a proveedores. De este modo, el régimen especial se configura como un régimen especial en el **devengo y deducción** se ajustan a los cobros y pagos que se efectúan en el desarrollo de la actividad. Para más detalle, ver las preguntas nº 15755 s.

15755

Pregunta
¿Cómo se concreta la aplicación del régimen especial del criterio de caja en lo que se refiere al IVA repercutido a clientes?

En los términos que establece la LIVA art.163 terdecies.Uno y Dos:
a) Con carácter general, el **devengo** del impuesto correspondiente a las entregas de bienes y prestaciones de servicios se produce en el momento del cobro, total o par-

cial, del precio de las operaciones. Esta es la pretensión fundamental del régimen especial, acomodar el devengo del impuesto al cobro, por parte de los sujetos pasivos que lo apliquen, del precio correspondiente a las operaciones. A medida que se vaya produciendo dicho cobro, los sujetos pasivos que hayan optado en tiempo y forma por la aplicación del régimen especial ingresarán el IVA correspondiente a la Administración Tributaria.
La norma concreta este aplazamiento en el ingreso del tributo mediante la demora en la producción de su devengo, aunque en puridad lo que debería haber hecho es establecer el aplazamiento en su exigibilidad. Esta confusión, sin embargo, es extensible a otros preceptos de la LIVA, que confunden devengo, en tanto que realización del hecho imponible, con exigibilidad del impuesto, obligación de ingreso a la Hacienda Pública.

Ejemplo Un fabricante de bienes de equipo contrata con un cliente la venta de una determinada maquinaria. El cliente con sus propios medios es quien se ocupa de su instalación. El precio de la operación es de 120.000 euros, IVA no incluido, cuyo pago se establece conforme al siguiente calendario:
a) A la firma del contrato, 20.000 euros a cuenta.
b) A la entrega, 40.000 euros más.
c) Dos plazos adicionales, de 30.000 euros cada uno, a los 180 y 365 días, respectivamente, de la entrega.
El contrato se firma el 14-2-N y la maquinaria se entrega el 20-5-N. El devengo del impuesto se producirá a medida que se hagan efectivas las cantidades correspondientes, esto es, en las siguientes fechas:
a) Por el pago a cuenta, el 14-2-N, 4.200 euros (el 21% de 20.000 euros).
b) Por el pago a la entrega, el 20-5-N, 8.400 euros (el 21% de 40.000 euros).
c) Por los dos plazos adicionales, 6.300 euros cada uno (el 21% de 30.000 euros), que se devengarán, respectivamente, el 20-11-N y el 20-5-(N+1).
Tal y como se observa, el devengo del IVA se va produciendo a medida que se producen los pagos por parte del cliente. Nótese que, de ser aplicable el régimen general del impuesto, los dos primeros devengos no hubieran sufrido alteración, pero sí los correspondientes a los días 20-11-N y 20-5-(N+1), que se habrían producido a la entrega de la maquinaria, esto es, el 20-5-N. El empresario que hace la entrega habría tenido que financiar los 12.600 euros de IVA que su cliente tarda, respectivamente, 6 meses y un año en pagarle.

b) Si **no se produce el cobro**, el devengo se produce a 31 de diciembre del año natural siguiente al de realización de las operaciones. Esta cautela se configura claramente como una cláusula de cierre, dirigida a evitar que en caso de impago se produzca igualmente la falta de ingreso del IVA correspondiente a la Administración Tributaria (ver pregunta nº 15815 en cuanto a la coordinación de esta regla con la recuperación del IVA en los impagados). **15758**
c) El sujeto pasivo que esté aplicando el régimen especial deberá acreditar el **momento de cobro** del precio de la operación. Surge la duda de si en caso de que falte esta acreditación, el IVA seguirá, en su devengo, las reglas generales de devengo o de si procederá la aplicación de la regla especial que se señala en el número anterior, esto es, la del devengo a 31 de diciembre, que parece que sería lo procedente por especialidad jurídica.
d) En lo que se refiere a la **repercusión** del impuesto, la LIVA art.163 terdecies.Dos establece que la misma deberá realizarse al tiempo de expedir y entregar factura por la operación, pero se entenderá producida en el momento del cobro del precio correspondiente a la misma. En el entendido de que la repercusión del IVA es su exigencia y cobro del cliente, podría considerarse correcta la dicción de la norma; sin embargo, si se considera la repercusión del IVA como la mera acción de su exigencia al cliente (a ello apunta la LIVA art.80.Tres y Cuatro, cuando contemplan la posibilidad de que existan cuotas repercutidas y no cobradas, así como la dicción de la LIVA art.88), bien podría haberse optado por la omisión de este extremo, limitándose a disponer el aplazamiento de la exigibilidad del tributo al cobro, total o parcial, de la contraprestación.

15760

Pregunta
¿Hay alguna regla especial en relación con los cobros parciales cuando se aplica el régimen especial del criterio de caja?

Como tal, no. Lo único que hace la norma es señalar que el devengo del impuesto se producirá a la fecha del cobro de la contraprestación tanto si dicho cobro es total como si es parcial. Esta falta de precisión suscita la duda de si ante la percepción de un **cobro parcial** a cuenta del precio de una operación realizada por un empresario o profesional que aplica el régimen especial del criterio de caja ha de entenderse que dicho cobro parcial incluye el IVA correspondiente. A diferencia de que lo que ocurre en otros supuestos (vide LIVA art.80.Cinco.4ª) nada dice la norma, que se limita a establecer que el cobro parcial dará lugar al devengo por el importe efectivamente percibido. Más allá de lo conveniente que pudiera haber resultado una norma clarificadora, parece lo propio entender que en los cobros que se reciban a cuenta del precio de las operaciones se incluya el IVA en la parte proporcional correspondiente.

Ejemplo Un empresario que ha realizado una operación a la que resulta aplicable el régimen especial del criterio de caja ha aplazado el cobro del total del precio correspondiente a la misma. El precio total, IVA incluido, asciende a 24.200 euros. Dos meses después de efectuada la operación, este empresario recibe una transferencia de su cliente por importe de 5.000 euros. En la transferencia únicamente se indica «pago a cuenta operación XXX».
Aunque respecto a la cantidad cobrada no se haga indicación alguna, lo más adecuado es considerar que en los 5.000 euros que se han cobrado está incluido el IVA correspondiente. Supuesto que a la operación en cuestión le resultaba aplicable el tipo general del impuesto, para el cálculo del IVA incluido en ella habría que proceder del siguiente modo:
1º. Base imponible: 5.000/1,21 = 4.132,23 euros.
2º. Cuota de IVA: 867,77 euros.
Esta es la cantidad que habría que considerar devengada como consecuencia de la percepción de los 5.000 euros. El devengo habría que entenderlo referido a la fecha del cobro, por lo que su ingreso a la Administración Tributaria debería realizarse en la siguiente autoliquidación del impuesto.

15765

Pregunta
¿Hay alguna regla especial para las operaciones con contraprestación no dineraria cuando se aplica el régimen especial del criterio de caja?

No. En consecuencia, si el **cobro** se produce **en especie**, el régimen especial del criterio de caja será de aplicación en los mismos términos que si el cobro es dinerario.

15770

Pregunta
¿Qué ocurre cuando se aplica el régimen especial del criterio de caja y no se obtiene el cobro por parte del cliente?

Cuando se aplica el régimen especial del criterio de caja y el cliente no hace efectiva su deuda, el devengo del impuesto se produce a 31 de diciembre del año natural siguiente al de realización de las operaciones, tal y como establece la LIVA art.163 terdecies.Uno primer párrafo inciso final. Es importante insistir en que la fecha en la que se produce el devengo no es el 31 de diciembre del año en el curso del cual se produce la operación, sino el 31 de diciembre del año siguiente. Esta cautela se configura claramente como una cláusula de cierre, dirigida a evitar que en caso de **impago** se produzca igualmente la falta de ingreso del IVA correspondiente a la Administración Tributaria.

Ejemplo Un empresario que aplica el régimen especial del criterio de caja realiza una prestación de servicios en febrero del año N. A 31 de diciembre de este año, el cliente no

ha hecho efectivo el precio de la operación. Un año después, la situación no se ha modificado.
La regla especial que establece la LIVA art.163 terdecies.Uno primer párrafo inciso final, conduce a la situación del devengo en el 31-12-(N+1). En esta fecha, y no antes, es cuando debería considerarse devengado el impuesto. Este empresario debería ingresar el tributo con la presentación de la autoliquidación correspondiente al último trimestre del año N+1, en el mes de enero del año N+2.

Pregunta 15772
¿Qué ocurre si en relación con una operación realizada por un sujeto pasivo que aplica el régimen especial del criterio de caja no se acredita la fecha de cobro de la contraprestación?

Que el devengo del impuesto, y con él la obligación de ingreso del tributo, se producen a 31 de diciembre del año siguiente.
A estos efectos, hay que tener en cuenta que la LIVA art.163 terdecies.Uno obliga a **acreditar el cobro** total o parcial de la operación. Para el caso de que este no se produzca, entra en juego la norma de cierre que establece la misma norma, conforme a la cual el devengo del IVA se produce a 31 de diciembre del año siguiente a aquél en el curso del cual se realizó la operación. A la misma conclusión cabría llegar en caso de que no se produzca la citada acreditación.

Ejemplo Un empresario que aplica el régimen especial del criterio de caja vende unas mercancías en marzo del año N, poniéndose a disposición del adquirente el día 20 de este mes.
a) A 31 de diciembre del año N dicho cliente no ha hecho efectiva su deuda. Aunque se produzca esta circunstancia, todavía no se puede entender producido el devengo del impuesto.
b) A 31 de diciembre del año N+1 este cliente sigue sin pagar el precio de la operación. En este caso es cuando entra en juego la regla de cierre y se produce el devengo del impuesto. En consecuencia, en la autoliquidación de IVA correspondiente al 4T del año N+1, que se deberá presentar no más tarde del 31-1-N+2, el empresario o profesional que realizó la entrega deberá declarar la operación y proceder al ingreso del tributo.

Pregunta 15774
¿Qué ocurre si, después del 31 de diciembre del año siguiente al de realización de una operación, se obtiene el cobro de su precio?

Nada. Considerando que el IVA correspondiente a la operación ya se devengó y se procedió a su ingreso, el **posterior cobro del precio** carecerá de efectos.

Ejemplo Por referencia al ejemplo propuesto en la pregunta nº 15772, si el cliente acaba pagando su deuda en abril del año N+2, el empresario que reciba el precio no deberá realizar ninguna declaración, ni revisar las presentadas, ya que el ingreso del tributo que ahora recibe ya lo hizo efectivo a la presentación de la autoliquidación correspondiente al último trimestre del año N+1.

Pregunta 15775
¿Cómo se compatibiliza el régimen especial del criterio de caja con la recuperación del IVA de morosos?

Teniendo en cuenta que el transcurso del plazo que abre la puerta a la recuperación de estas cuotas tributarias se computa desde su devengo. Considerando igualmente que, siendo de aplicación el régimen especial del criterio de caja, en las operaciones para las que no se obtenga el cobro del precio, el **devengo del impuesto** se produce, por mandato de la norma, a 31 de diciembre del año siguiente a aquel en el curso del cual se realizó la operación, será a partir de esta fecha cuando se computen los seis meses que hay que esperar para la **recuperación del IVA** así ingresado.

De no aplicarse el régimen especial del criterio de caja, el ingreso del impuesto debería realizarse con ocasión de la realización de la operación, que sería, con carácter general, cuando cabría considerar devengado el impuesto, computándose a partir de esta fecha el plazo de 6 meses o de 1 año necesario para proceder a su recuperación conforme a la LIVA art.80.Cuatro. El desfase entre ingreso del tributo y su recuperación es el mismo, 6 meses o de 1 año, pero cuando se aplica el régimen especial del criterio de caja su inicio se pospone hasta el 31 de diciembre del año siguiente.

Ejemplo Si seguimos con el ejemplo que se ha expuesto en la pregunta nº 15772, en caso de que el cliente no haga efectiva su deuda el empresario o profesional que realizó la operación podría proceder a su recuperación, vía modificación de la base imponible, a partir del 30-6-(N+2).

15780

Pregunta

¿En qué términos pueden proceder a la rectificación de la repercusión los sujetos pasivos que apliquen el régimen especial del criterio de caja?

En los mismos que cualesquiera otros sujetos pasivos. Hay que tener en cuenta, no obstante, que se puede dar el caso de que se produzca la **rectificación de la repercusión** antes de que la misma haya de darse por producida, al menos en los términos en los que se expresa la LIVA art.163 terdecies.Dos, que la pospone hasta el momento del cobro. En caso de que la rectificación tenga lugar antes de que se efectúe el pago por parte del cliente, se produciría la relativa paradoja de que se rectifica una repercusión todavía no efectuada. Más allá de esta precisión, constante la aplicación del régimen especial del criterio de caja cabe la rectificación de lo repercutido en los mismos términos que cuando se aplica el régimen general del impuesto, tanto si el pago del precio se ha producido ya como si no es el caso.

15785

Pregunta

¿Cómo se concreta la aplicación del régimen especial del criterio de caja en lo que se refiere a la deducción del IVA soportado por los sujetos pasivos que se acojan al mismo?

En los términos que establece la LIVA art.163 terdecies.Tres, que dispone lo siguiente:

a) El derecho a la **deducción de las cuotas soportadas** nace en el momento del pago total o parcial del precio por los importes efectivamente satisfechos. De este modo, para los sujetos pasivos acogidos a este régimen especial se establece, en lo que se refiere al derecho a la deducción, una regulación equivalente a la existente para el devengo de las cuotas correspondientes a las entregas de bienes y prestaciones de servicios.

b) En caso de que **no se produzca el pago**, así como, cabe entender, si el mismo se produce despues del 31 de diciembre del año siguiente al de realización de la operación, el derecho a la deducción se entiende nacido a dicha fecha, esto es, el 31 de diciembre del año siguiente a aquel en que se haya realizado la operación.

c) Por mandato expreso de la norma, lo anterior será de aplicación con independencia del momento en que se entienda realizado el **hecho imponible**.

d) A estos efectos, deberá acreditarse el momento del pago, total o parcial, del precio de la operación. Surge la duda de la consecuencia que haya de darse a la falta de **acreditación del pago**, que cabe entender que sería la remisión del nacimiento del derecho a la deducción a 31 de diciembre del año siguiente al de realización de la operación.

e) El derecho a la deducción solo podrá ejercitarse en la **autoliquidación** relativa al periodo de liquidación en que haya nacido el derecho a la deducción de las cuotas soportadas o en las de los sucesivos, siempre que no hubiera transcurrido el plazo de 4 años, contados a partir del nacimiento del mencionado derecho. En caso de que en este plazo no se hubiera ejercitado este derecho en el plazo establecido, el mismo se deberá considerar caducado.

Pregunta 15787
¿Cómo se ejercita el derecho a la deducción de las cuotas soportadas por sujetos pasivos acogidos al régimen especial del criterio de caja por bienes y servicios utilizados en la realización de operaciones excluidas del mismo?

En principio, la norma no distingue, ya que la LIVA art.163 terdecies.Tres se refiere de manera indiscriminada a sujetos pasivos que apliquen el régimen especial, para los que indica que el **derecho a la deducción** se practicará en los términos que se exponen en la pregunta nº 15785. Esta conclusión, sin embargo, puede conducir a conclusiones no del todo coherentes, tal y como se expone en las preguntas nº 15720 y nº 15735.

Pregunta 15789
¿Cómo se calcula la prorrata, en su caso, de los sujetos pasivos que apliquen el régimen especial del criterio de caja?

En principio, aplicando las reglas generales del impuesto en cuanto a devengo, ya que no existe excepción para lo previsto en la LIVA art.104.Seis (ver pregunta nº 11295). Este criterio, sin embargo, puede resultar chocante cuando el derecho a la deducción nace, constante la aplicación de este régimen especial, cuando se proceda al pago de su contraprestación.

Pregunta 15790
¿Cuándo se pueden entender cobrados o pagados los importes correspondientes a las operaciones realizadas por sujetos pasivos acogidos al régimen especial del criterio de caja?

Por analogía con lo dispuesto en relación con la percepción de cobros anticipados, cabe entender que la circunstancia que da lugar a que efectivamente se entienda producido el cobro por parte del sujeto pasivo acogido al régimen especial es la **percepción**, por parte del mismo, del **precio** correspondiente a la operación o de parte del mismo. A estos efectos, hay que tener en cuenta los dos matices siguientes:

a) Puede ocurrir que entre el pago por parte del cliente y el cobro por parte de su proveedor se produzca algún **desfase**, aunque sea pequeño. La fecha que habría que tomar como relevante para determinar el cobro sería la fecha en la que efectivamente reciba el efectivo correspondiente a la operación (o parte del mismo).

b) El hecho de que el sujeto pasivo que aplica el régimen especial acuda a cualquier vía para hacer efectivas las facturas u otros documentos en los que se reflejen las obligaciones de pago (**letras de cambio o similares**) no implica que se haya realizado el cobro del precio correspondiente a la operación. Este únicamente puede entenderse producido cuando, habiéndose producido el pago por parte del cliente, su acreedor recibe la contraprestación correspondiente.

En relación con el pago por parte de los clientes, habría que considerar que es la **salida de fondos** a que da lugar el mismo lo que debe determinar, en su caso, el nacimiento del derecho a la deducción del IVA soportado, en su caso.

Surge la duda, a estos efectos, de si se pueden producir diferencias entre uno y otro, esto es, de si cabe entender pagada una cantidad en una determinada fecha, en lo que se refiere a la determinación del nacimiento del derecho a la deducción para un cliente, aunque el cobro desde el punto de vista del proveedor se deba considerar producido unos días después.

15792

Pregunta

¿Qué ocurre en caso de que el precio de una operación se haga efectivo mediante el uso de efectos u otros documentos cuyo importe se haga efectivo antes de que el cliente proceda a su pago?

Que no se puede considerar pagado o cobrado, según corresponda, el importe en cuestión. Así se ha señalado por la DGT de manera reiterada en relación con el devengo correspondiente a la obtención de **cobros anticipados**.

15795

Pregunta

¿Qué ocurre si un sujeto pasivo que aplica el régimen especial del criterio de caja es declarado en situación de concurso?

Tal y como indica la LIVA art.163 sexiesdecies, la **declaración de concurso** de un sujeto pasivo acogido al régimen especial de criterio de caja o del sujeto pasivo destinatario de sus operaciones determinará, en la fecha del auto de declaración de concurso:

a) El devengo de las cuotas repercutidas por el sujeto pasivo acogido al régimen especial del criterio de caja que estuvieran aún pendientes de devengo en dicha fecha.

b) El nacimiento del derecho a la deducción de las cuotas soportadas por el sujeto pasivo concursado acogido al régimen especial del criterio de caja, respecto de las operaciones que hubiera sido destinatario no acogidas a dicho régimen especial que estuvieran aún pendientes de pago y para las que no se hubiera llegado al 31 de diciembre del año siguiente a su realización.

c) El nacimiento del derecho a la deducción de las cuotas soportadas por los destinatarios a las que hubiera sido de aplicación el régimen especial del criterio de caja, que estuvieran pendientes de pago y para las que no se hubiera llegado al 31 de diciembre del año siguiente a su realización.

El sujeto pasivo en concurso deberá declarar las cuotas devengadas y ejercitar la deducción de las cuotas soportadas en la autoliquidación correspondiente a los hechos imponibles anteriores a la declaración de concurso (ver pregunta nº 6747). Asimismo, el sujeto pasivo deberá declarar en dicha autoliquidación, las demás cuotas soportadas que estuvieran pendientes de deducción a dicha fecha.

15797

Pregunta

¿Puede un sujeto pasivo declarado en situación de concurso seguir aplicando el régimen especial del criterio de caja?

Sí, ya que no existe ningún impedimento para ello. Por lo que, después de producidas las consecuencias que se han puesto de manifiesto en la pregunta nº 15795, el sujeto pasivo declarado en situación de **concurso** puede seguir aplicando el régimen de caja a las operaciones que realice en el desarrollo de su actividad.

15799

Pregunta

¿Qué ocurre si un sujeto pasivo que no aplica el régimen especial del criterio de caja modifica la base imponible de sus operaciones por impago?

Tal y como establece la LIVA art.163 quinquiesdecies.Dos, la **modificación de la base imponible** que regula la LIVA art.80.Cuatro (ver preguntas nº 6750 s.) efectuada por sujetos pasivos que no se encuentren acogidos al régimen especial del criterio de caja determinará el nacimiento del derecho a la deducción de las cuotas soportadas por el sujeto pasivo deudor acogido a dicho régimen especial correspondientes a las operaciones modificadas y que estuvieran aún pendientes de deducción en la fecha en que se realice la referida modificación de la base imponible.

Ejemplo Un empresario que aplica el régimen especial del criterio de caja realiza una entrega de bienes el 10-4-N. Su cliente no le paga el precio de la operación, que asciende a 40.000 euros más 8.400 euros de IVA. A 31-12-N+1 este empresario considera devengado el impuesto y procede a su ingreso.
Si a 30-6-N+1 este cliente sigue sin hacer efectiva su deuda, el empresario que realizó la operación podrá proceder a la modificación de la base imponible por impago, en los términos que establece la LIVA art.80.Cuatro, y recuperar la cuota de IVA ingresada unos meses atrás.

Pregunta 15800
¿Cómo se documentan las operaciones efectuadas por sujetos pasivos acogidos al régimen especial del criterio de caja?

Mediante la expedición de **facturas**, completas o simplificadas, en las que se haga constar esta circunstancia (ver pregunta nº 15835).

Pregunta 15802
¿Cabe la expedición de facturas simplificadas para la documentación de operaciones realizadas por empresarios o profesionales acogidos al régimen especial del criterio de caja?

Sí, ya que nada se opone a ello. Hasta tal punto es así que el Reglamento de Facturación prevé la adición del inciso «régimen especial del criterio de caja» en caso de que se expida una **factura simplificada** para la documentación de una de estas operaciones (Rgto Fac art.6.1.p y 7.1.i).

Pregunta 15804
¿Se puede autorizar a un cliente o a terceros la expedición de facturas que documenten operaciones efectuadas por empresarios o profesionales acogidos al régimen especial del criterio de caja?

Sí, ya que nada se opone a ello. Únicamente hay que tener en cuenta que en cualquiera de estos supuestos, el empresario o profesional que realizó la operación sigue siendo responsable de la **expedición de factura** para la documentación de las operaciones, por lo que tendrá que ocuparse de que quienes procedan a la expedición incluyan en ellas toda la información relevante, incluyendo la información relativa a la aplicación del régimen especial.

Pregunta 15805
¿Cómo se registran en libros las facturas correspondientes a las operaciones efectuadas por sujetos pasivos acogidos al régimen especial del criterio de caja?

Hay que distinguir según se trate de facturas recibidas y expedidas.
En lo que se refiere al **Libro Registro de facturas expedidas**, los sujetos pasivos acogidos al régimen especial deberán hacer constar en dicho libro la siguiente información (RIVA art.61 decies.1 y 63.3 y 4):
a) Que a la operación se le aplica el régimen especial del criterio de caja.
b) Las fechas de cobro, total o parcial de la operación, con indicación por separado del importe correspondiente, en su caso, referencia esta última que ha de entender correspondiente a cobros parciales.
c) La indicación de la cuenta bancaria o del medio de cobro utilizado, de forma que se pueda acreditar el cobro total o parcial de la operación.
En cuanto al **Libro Registro de facturas recibidas**, la siguiente información (RIVA art.61 decies.2):
a) Que a la operación le es de aplicación el régimen especial del criterio de caja.

b) Las fechas de pago, parcial o total, de la operación, con indicación por separado del importe correspondiente, en su caso.
c) El medio de pago utilizado.
Es importante destacar que, a diferencia de lo que se establece para el Libro Registro de facturas expedidas, no es necesario reflejar en el libro de facturas recibidas la cuenta bancaria en la que se reciban los cobros respectivos.

15810 **Pregunta**
¿Cómo afecta a sus clientes la aplicación, por parte de un sujeto pasivo, del régimen especial del criterio de caja?

A dos efectos, que son, respectivamente, el nacimiento y ejercicio del derecho a la deducción, de una parte, y la consignación de las facturas recibidas en su Libro Registro.
En lo que se refiere al **derecho a la deducción**, la LIVA art.163 quinquiesdecies.Uno dispone que los sujetos pasivos no acogidos al régimen especial que adquieran bienes o servicios a empresarios o profesionales que lo apliquen no podrán deducir el IVA correspondiente a dichas operaciones mientras no hagan efectivo el precio de las operaciones. Así lo indica al señalar que el nacimiento del derecho a la deducción de dichas cuotas se producirá en el momento del pago, total o parcial, del precio de las operaciones. Con esta regulación, la opción por el régimen especial por parte de unos sujetos pasivos incide en el resto, que ven cómo el derecho a la deducción de las cuotas soportadas por estas operaciones no puede ejercitarse mientras no se pague el precio de las mismas. Por si cupiera alguna duda, la misma norma indica que la anterior conclusión será independiente del momento en que se entiendan realizadas las operaciones.
Para tener conciencia de esta circunstancia, los sujetos pasivos que apliquen este régimen especial deberán indicarlo así en factura (ver pregunta nº 15835).
En cuanto a la incidencia que puede tener la realización de pagos parciales, ver pregunta nº 15760.

Ejemplo Una importante multinacional cuya sede se encuentra en Barcelona adquiere material de oficina a un pequeño proveedor local, que opta por el régimen especial del criterio de caja y comienza a expedir facturas por sus suministros indicando su aplicación. Por los suministros del mes de marzo del año N, que tienen un valor de 20.000 euros, se expide la correspondiente factura, que se recibe por el cliente a principios de abril, procediéndose a su pago en octubre.
Aunque la empresa cliente haya recibido la factura por este suministro en abril, no podrá proceder a la deducción del IVA documentado en ella mientras no proceda a su pago, esto es, en octubre. Ello implica el seguimiento de la factura para la demora en la deducción del IVA documentado en ella hasta la fecha de pago.

15812 La aplicación del régimen especial por parte de los sujetos pasivos también incide en los clientes en cuanto a las **obligaciones formales**, ya que estos, en su **Libro Registro de facturas recibidas**, además de la información que ha de hacerse constar con carácter general, deberán reflejar los siguientes datos (RIVA art.61 decies.2):
a) Que a las operaciones documentadas en dichas facturas les es de aplicación el régimen especial del criterio de caja.
b) Las fechas de pago, parcial o total, de la operación, con indicación por separado del importe correspondiente, en su caso.
c) El medio de pago utilizado.
Es importante destacar que, a diferencia de lo que se establece para el Libro Registro de facturas expedidas por los sujetos pasivos que apliquen el régimen especial, no es necesario reflejar en el Libro Registro de facturas recibidas por sus clientes la cuenta bancaria en la que se reciban los cobros respectivos.
El reflejo de dicha información supone, en primer lugar, una adición de datos a los libros registro, lo cual por sí mismo ya es grave, y que los mismos no se podrán considerar «completados» mientras no se produzca el pago total de las contraprestaciones respectivas, ya que a medida que se vayan efectuado los correspondientes

pagos, así se tendrá que hacer constar en libros. Nótese que el registro de las facturas recibidas en el Libro Registro de facturas recibidas no se puede demorar hasta el pago, ya que el RIVA art.69.5 obliga al reflejo de las facturas recibidas en el libro como si a las operaciones que se documentan en ellas no les hubiera sido aplicable el régimen especial (ver pregunta nº 15830).

Pregunta 15815
¿Qué ocurre si el cliente de un sujeto pasivo que aplica el régimen especial del criterio de caja no paga el precio de las operaciones?

Que el derecho a la deducción nace el 31 de diciembre del año siguiente al año en el curso del cual se realizó la operación, tal y como señala la LIVA art.163 quinquiesdecies.Uno primer párrafo.
Esta regulación es paralela a la que se establece para regular el nacimiento del derecho a la deducción para los sujetos pasivos que aplican el régimen especial del criterio de caja.

Pregunta 15817
¿Qué ocurre si después de declarada la operación e ingresado el tributo a 31 de diciembre del año siguiente a su realización el cliente procede al pago de su precio?

Nada, ya que el tributo fue objeto de declaración e ingreso en tiempo y forma.

Pregunta 15820
¿Qué ocurre cuando un sujeto pasivo que aplica el régimen especial del criterio de caja entrega bienes o servicios a un empresario o profesional no establecido en el TIVA?

Que el derecho a la deducción del IVA soportado por el **empresario o profesional no establecido** nace cuando se haga efectivo el precio, en la parte proporcional correspondiente. En consecuencia, será en ese momento cuando nazca el derecho a la deducción, pudiendo solicitarse la devolución a partir del mismo.

Pregunta 15825
¿Puede rechazar un cliente la aplicación del régimen especial del criterio de caja por parte de uno de sus proveedores?

No. Siempre que se cumplan los requisitos establecidos por la norma, cualquier sujeto pasivo del IVA está legitimado para la aplicación del régimen especial del criterio de caja, sin que le sea dado a sus clientes el **rechazo a su aplicación**. Cuestión distinta sería que estos se muestren reticentes a la adquisición de bienes y servicios a empresarios o profesionales que apliquen el régimen especial, habida cuenta de la demora en el ejercicio del derecho a la deducción y de las complicaciones formales que implican, al incidir en la información que debe hacerse constar en el Libro Registro de facturas recibidas (ver pregunta nº 15830).

Pregunta 15830
¿Cómo debe registrar en libros un sujeto pasivo que no aplique el régimen especial del criterio de caja las facturas que reciba de proveedores que sí estén aplicando el citado régimen especial?

Consignando la siguiente información (RIVA art.61 decies.2 y 64.4 y 5):
a) Que a las operaciones documentadas en dichas facturas les es de aplicación el régimen especial del criterio de caja.

b) Haciendo constar las fechas de pago, parcial o total, de la operación, con indicación por separado del importe correspondiente, en su caso. Asimismo, hay que reflejar

c) El medio de pago utilizado.

Es importante destacar que, a diferencia de lo que se establece para el Libro Registro de facturas expedidas por los sujetos pasivos que apliquen el régimen especial, no es necesario reflejar en el Libro Registro de facturas recibidas por sus clientes la cuenta bancaria en la que se reciban los cobros respectivos.

Adicionalmente, hay que tener en cuenta que según el RIVA art.69.5, las anotaciones en los libros registro deberán realizarse en los plazos establecidos para la aplicación del régimen especial, es decir, como si el régimen especial del criterio de caja no se hubiera aplicado, sin perjuicio de que las anotaciones correspondientes se vayan aplicando a medida que se vayan efectuando los cobros y pagos respectivos.

Con esta dicción, la norma pretende evitar que la demora en el devengo del impuesto se vea acompañada por una demora en la consignación de las facturas en los libros registro de facturas expedidas y recibidas, y ello tanto en lo que concierne a sujetos pasivos que apliquen el régimen especial como en cuanto a sus clientes.

15835

Pregunta

¿Cómo ha de consignarse en factura el hecho de que un sujeto pasivo aplica el régimen especial del criterio de caja?

En los supuestos en los que se expida una **factura completa**, haciendo constar la expresión «régimen especial del criterio de caja» (Rgto Fac art.6.1.p).

En caso de que, por el contrario, lo que se expida sea una factura **simplificada**, la referencia cruzada que hay en el Rgto Fac art.7.1.i) conduce a la misma conclusión, por lo que el citado inciso, en el que se señala la aplicación del régimen especial, ha de hacerse constar en factura sea cual sea la modalidad de factura que se expida. A este respecto, la mención que se hace en el RIVA art.61 undecies.1 debe considerarse incompleta, ya que únicamente se refiere a los requisitos de las facturas completas.

15840

Pregunta

¿Cómo se consignan las operaciones efectuadas por empresarios o profesionales que aplican el régimen especial del criterio de caja en el modelo 340?

Con una clave especial de operación. Adicionalmente, si la operación concurre con alguna otra circunstancia a la que se le había asignado una clave especifica, identificándolas de modo específico.

Adicionalmente, en el momento de efectuarse los cobros/pagos correspondientes, se deberán consignar los siguientes campos:

a) En el Libro Registro de **facturas emitidas** (RIVA art.61 decies.1): fecha de cobro, importes cobrados, cuenta bancaria o medio de cobro utilizado.

b) En el Libro Registro de facturas **recibidas** (RIVA art.61 decies.2): fecha de pago, importes pagados, medio de pago utilizado.

Las operaciones se anotarán como si a las mismas no les hubiera sido de aplicación el régimen especial, sin perjuicio de completar los datos referentes a los cobros o pagos totales o parciales en el libro correspondiente al momento en que se efectúen los mismos.

CAPÍTULO 15

Obligaciones formales

SECCIÓN 1

Facturación

Pregunta 17505

¿Qué normas regulan la expedición de facturas?

En lo que a la LIVA se refiere, la norma principal en cuanto a la obligación de facturación es la LIVA art.164.Uno.3º, que es la que impone esta obligación a los **sujetos pasivos de IVA**. La LIVA art.164.Tres extiende esta obligación a quienes sean **empresarios o profesionales** sin tener la condición de sujetos pasivos de IVA.

Asimismo, hay que tener en cuenta la LGT, que establece igualmente la obligación de expedir factura para los empresarios o profesionales y, la obligación por parte de los productores, comercializadores y usuarios, de que los sistemas y programas informáticos o electrónicos que soporten los procesos contables, de facturación o de gestión de quienes desarrollen actividades económicas, garanticen la integridad, conservación, accesibilidad, legibilidad, trazabilidad e inalterabilidad de los registros, sin interpolaciones, omisiones o alteraciones de las que no quede la debida anotación en los sistemas mismos (LGT art.29.2.e y j).

La LGT habilita en general el desarrollo reglamentario de las obligaciones tributarias formales y, en particular, la llevanza de los libros registro por medios telemáticos (ver pregunta nº 18050 en relación con el SII) (LGT art.29.Tres).

El desarrollo reglamentario de estos preceptos se contiene, inicialmente, en el Reglamento por el que se regulan las obligaciones de facturación (aprobado por el RD 1619/2012, en adelante **Rgto Fac**), que detalla los diferentes aspectos relativos a la **expedición de factura** por parte de los empresarios o profesionales.

Adicionalmente, hay que tener en cuenta el RD 1007/2023, aplicable desde el 1-7-2025, que desarrolla la LGT art.29.2.j en relación con la facturación electrónica (ver preguntas nº 17940 s.).

17507

Pregunta
¿Qué papel juega la factura en la mecánica de funcionamiento del IVA?

En el funcionamiento del IVA la factura juega un papel fundamental, ya que es el **soporte** en el que se basan dos institutos básicos en su funcionamiento:
a) En primer lugar, la **repercusión**, que se ha de realizar mediante la expedición de facturas. La repercusión del IVA en las operaciones sujetas al IVA es muy relevante, ya que a través de ella es como el impuesto va atravesando las diferentes fases de la cadena de producción y distribución hasta llegar al consumidor final, que es quien realmente ha de soportarlo.
b) Como corolario de lo anterior, el derecho a la **deducción**, que no se puede ejercitar mientras no se disponga de una factura expedida con arreglo a derecho (TJUE 29-4-04, asunto Terra C-152/02).
Se trata de elementos conexos, ya que la exigencia de una factura expedida conforme a derecho que establece la LIVA art.97 encuentra su justificación en el hecho de que la factura es el documento mediante el cual se repercute el IVA.

17509

Pregunta
¿La obligación de facturación está armonizada en la UE?

Sí. La Dir 2001/115/CE procedió a esta armonización, modificando para ello la Sexta Directiva del IVA. La Dir 2010/45/UE ha avanzado en esta armonización. En la actualidad, estas disposiciones se contienen en la Dir 2006/112/CE art.217 a 240.
Es importante destacar que se trata de normas de armonización no exhaustivas, por lo que hay aspectos relativos a la facturación que tienen una regulación bastante detallada que es común para todos los Estados comunitarios, como ocurre con el **contenido de las facturas**, y otros que no están regulados de este modo, como puede ser el de la facturación en el ámbito de los **regímenes especiales** del IVA.

I. Operaciones por las que hay que expedir factura

17515

Pregunta
¿Por qué operaciones hay que expedir factura?

Los empresarios o profesionales están obligados a expedir factura y copia por las entregas de bienes y prestaciones de servicios que realicen en el desarrollo de su **actividad**, incluidas las no sujetas y las sujetas, pero exentas del impuesto, ello en los términos establecidos en el Rgto Fac y sin más excepciones que las previstas en él (Rgto Fac art.2.1; LIVA art.164.Uno.3º).
Esta obligación, que se establece inicialmente con una gran amplitud, se matiza o limita posteriormente por el Rgto Fac art.3, relativo a **operaciones exentas** (ver pregunta nº 17523) y a los empresarios o profesionales acogidos a los **regímenes especiales** del IVA (ver preguntas nº 17825 a nº 17860). Para estos últimos, la norma toma como punto de partida la obligación de expedición de factura.

Pregunta
¿Hay que expedir factura por los cobros anticipados? 17518

Sí, siempre que se trate de cobros anticipados por entregas de bienes y prestaciones de servicios por las cuales haya que expedir factura conforme a la obligación establecida con carácter general.
Recordemos que los cobros anticipados dan lugar al devengo del IVA en proporción a su importe. Esto justifica la expedición de factura **cuando se realizan**.
Por **excepción** a lo anterior, la norma establece que no hay que expedir factura por los cobros anticipados que se obtengan a cuenta de entregas intracomunitarias exentas conforme a la LIVA art.25. Esta excepción se explica por el hecho de que en las AIB no hay devengo por pago anticipado (ver pregunta nº 6245), lo que justifica que no haya que expedir factura por los cobros anticipados que realice el proveedor que, desde el TIVA, realiza una entrega que ha de dar lugar a una AIB en el Estado de destino.

Pregunta
¿Hay que expedir factura por las operaciones no sujetas? 17520

En principio, en una interpretación literal del Rgto Fac, hay que considerar que sí. No obstante, las operaciones pueden resultar no sujetas al IVA por diversas razones, por lo que conviene precisar.
En cuanto a las operaciones no sujetas por aplicación de las **reglas de localización**, ha de señalarse el efecto que dichas operaciones tienen en el derecho a la deducción (ver pregunta nº 10245). Teniendo en cuenta este efecto, hay que concluir que por estas operaciones debe expedirse factura, aunque no se repercuta IVA, precisamente, por aplicación de la regla de no sujeción. En relación con la obligación de expedición de factura en operaciones internacionales, ver pregunta nº 17521.
Únicamente en caso de que se tratara de operaciones no sujetas a IVA realizadas desde **establecimientos permanentes** situados fuera del TIVA, se podría admitir que dichas operaciones no fueran documentadas en factura. Este argumento se podría defender en el hecho de que se trataría de operaciones irrelevantes en cuanto al derecho a la deducción (LIVA art.104.Tres.1º).
En cuanto a las operaciones no sujetas conforme a las **reglas de no sujeción** que se establecen en la LIVA art.7, es discutible si dichas operaciones constituyen realmente entregas de bienes o prestaciones de servicios no sujetas desde el punto de vista de la repercusión del IVA o si más habrían de considerarse como operaciones completamente irrelevantes a los efectos de este tributo, en cuyo caso no sería preceptiva su facturación.
Se trata de **supuestos muy diversos**, por lo que lo más razonable sería estar a la naturaleza de cada uno de ellos para determinar si procede o no la emisión de factura.
Así, en relación con las transmisiones de unidades económicas autónomas, la DGT ha indicado la procedencia de emitir factura por ellas (DGT CV 23-1-09 ; CV 26-12-12), acudiendo a la interpretación literal de la norma y señalado la obligación de documentar estas operaciones mediante la expedición de factura completa.
Por el contrario, si nos encontramos ante servicios prestados en régimen de dependencia laboral, igualmente no sujetos al impuesto, la solución habría de ser la contraria.

17521

Pregunta
¿Cómo se delimita la obligación de expedición de factura en operaciones entre dos Estados distintos?

Hay que expedir factura conforme a la **normativa española** en los siguientes supuestos (Rgto Fac art.2.3):

a) Cuando la **entrega de bienes o la prestación de servicios** a que se refiera se entienda **realizada en el TIVA**. Este es el supuesto más habitual de expedición de factura conforme a la normativa española, en el que la localización de las operaciones en el TIVA conduce igualmente a que la norma sobre facturación aplicable sea la española.

Como **excepción** a lo anterior, en las operaciones localizadas en el TIVA en las que se aplica la inversión del sujeto pasivo porque quien las efectuó no se encuentra establecido en dicho territorio están relevadas de esta obligación, por lo que cabe entender que habrán de documentarse conforme a la normativa del Estado en el que se encuentre establecido el empresario o profesional que las efectuó. Esta factura, la expedida por el empresario o profesional que realizó la operación conforme a su propia normativa, es la que opera como justificante del derecho a la deducción para el sujeto pasivo por inversión que está obligado al ingreso del tributo en el TIVA.

La excepción a la excepción se encuentra en la posibilidad de que las partes suscriban un acuerdo de autofacturación, en cuyo caso la norma aplicable es, de nuevo, la española (se sobreentiende que quien expedirá las facturas en este caso es el destinatario de las operaciones).

b) Cuando el **proveedor o prestador** esté **establecido en el TIVA** o tenga en el mismo un **establecimiento permanente** o, en su defecto, el lugar de su **domicilio o residencia habitual,** a partir del cual se efectúa la entrega de bienes o prestación de servicios y dicha entrega o prestación, conforme a las reglas de localización aplicables a las mismas, no se entienda realizada en el TIVA, en los siguientes supuestos:

1. Cuando la operación esté sujeta en otro Estado miembro, el sujeto pasivo del impuesto sea el destinatario para quien se realice la operación y la factura no sea materialmente expedida por este último en nombre y por cuenta del proveedor del bien o prestador del servicio.

2. Cuando la operación se entienda realizada fuera de la Comunidad.

En este segundo supuesto se contempla la situación inversa, esto es, la de operaciones localizadas fuera del TIVA realizadas por operadores establecidos en el mismo. En tal caso, la norma sobre facturación aplicable es la española, con la única excepción de que, si se suscribe un acuerdo sobre autofacturación con un operador radicado en otro Estado comunitario para que sea él quien expida la factura, será la normativa del Estado de dicho operador la que resulte aplicable. Esta excepción no opera en caso de que el acuerdo de autofacturación se suscriba con un operador no comunitario.

c) Para las operaciones a las que resulten aplicables los regímenes especiales de **ventanilla única** (ver preguntas nº 14725 s.), cuando España sea el Estado miembro de identificación.

17523

Pregunta
¿Hay que expedir factura por las operaciones exentas?

Depende del **tipo de exención** que resulte aplicable. En este sentido, tendríamos lo siguiente:

a) En general, por estas operaciones no hay que expedir factura (Rgto Fac art.3.1.a).

b) Por excepción, sí que hay que expedir factura cuando se trate de operaciones exentas en virtud de la LIVA art.20.Uno.2º, 3º, 4º, 5º, 15º, 20º, 22º, 24º 25º y 28º.

Es importante tener en cuenta que, aunque se trate de operaciones exentas para las cuales, en principio, no sería obligatoria la expedición de factura, si el **destinatario** de la operación es **empresario o profesional** o necesita la factura para el ejercicio de cualquier derecho de naturaleza tributaria, entonces es preceptiva la citada expedición. Asimismo, hay que tener en cuenta la especialidad existente para las **operaciones financieras** y de seguros (ver pregunta nº 17526).

Ejemplo Un médico recibe de la entidad de seguros sanitarios para la que trabaja como autónomo la cantidad de 1.800 € por las consultas que ha realizado durante el mes de junio del año N. 17525
El servicio descrito está exento conforme a lo dispuesto por la LIVA art.20.Uno.3º en tanto que servicio sanitario; no obstante lo cual se tiene que emitir factura, ya que se trata de una de las excepciones que establece la norma.
Se llegaría a la misma conclusión por el hecho de que el cliente, que es la entidad de seguros sanitario que paga la factura, la va a necesitar para la justificación del correspondiente gasto en el IS.

Pregunta 17526
¿En qué términos hay que expedir factura por las operaciones financieras y de seguros?

Conforme a la normativa de facturación (Rgto Fac art.3.2):
a) Para **operaciones exentas** conforme a la LIVA 20.Uno.16º y 18º a) a n) localizadas en el TIVA o en el resto de la UE, no hay que expedir factura cuando estas operaciones sean realizadas por entidades aseguradoras, sociedades gestoras de instituciones de inversión colectiva, entidades gestoras de fondos de pensiones, fondos de titulización y sus sociedades gestoras o entidades de crédito, a través de la sede de su actividad económica o establecimiento permanente situado en el TIVA.
Es importante señalar que esta excepción únicamente es aplicable a las categorías de empresarios o profesionales que se acaban de mencionar, no a otras.
A título de ejemplo, un préstamo intragrupo en un grupo no financiero, que es una operación financiera realizada por una entidad no financiera, debe documentarse en factura, ello sin perjuicio de que mantenga su exención.
b) Las **operaciones no exentas** han de documentarse en factura, salvo que se localicen fuera de la Comunidad, en cuyo caso no es necesario la expedición de factura.

Pregunta 17527
¿Tienen que expedir factura los empresarios o profesionales acogidos a los regímenes especiales del IVA?

Depende del tipo de régimen especial de que se trate y de la operación que realice. Esta cuestión se analiza en la pregunta nº 17825 s.

Pregunta 17528
¿Se puede no expedir factura cuando el destinatario de una operación es empresario o profesional?

No. Al estar estas operaciones incluidas en el Rgto Fac art.2.2.a, estas operaciones han de documentarse en factura **en todo caso, sin excepción**. Esto es así incluso si se trata de operaciones realizadas por empresarios o profesionales acogidos a alguno de los regímenes especiales del IVA.
No hace falta señalar que la lógica de esta obligación se encuentra en la utilización de esta factura para la **deducción del IVA soportado**, en su caso, y para la **justificación del gasto** correspondiente a los efectos de la imposición directa, IRPF o IS, del destinatario de la operación.

Ejemplo Un arquitecto que trabaja por cuenta propia contrata un fontanero para que arregle un pequeño desperfecto en una instalación de su estudio. Dicho profesional cobra 200 € más 42 € por sus servicios. El fontanero dice aplicar el régimen de módulos. 17530

Con independencia del régimen de tributación que este profesional aplique en IVA o en IRPF, al ser su cliente, el arquitecto que le contrató, un empresario o profesional actuando como tal, deberá expedir factura para la documentación de su operación.

17533

Pregunta
¿El destinatario de una operación puede exigir la expedición de factura por la misma en cualquier caso?

En aplicación del Rgto Fac, no. Únicamente se habilita a la reclamación de factura al destinatario que la necesite para el ejercicio de derechos de naturaleza tributaria (Rgto Fac art.2.2.a). Obviamente, un supuesto especial de este género más general es el de los empresarios o profesionales que adquieren bienes y servicios actuando como tales.
Lo anterior ha de entenderse sin perjuicio de que, conforme a la normativa relativa a la protección de los derechos de los consumidores y usuarios, se pueda recabar la expedición de factura en otros supuestos (Rgto Fac disp.adic.1ª).

17535 Ejemplos 1) El propietario, consumidor final, de un vehículo lo lleva al taller para arreglar ciertos desperfectos en el mismo. Cuando retira el coche pide al propietario del taller la expedición de una factura que cumpla los requisitos que establece el Reglamento sobre facturación.
Esta pretensión no es del todo ajustada a derecho, ya que este particular no es titular de ningún derecho de naturaleza tributaria para cuyo ejercicio sea necesaria la factura que pudiera expedir el taller. Las normas en virtud de las cuales podrá solicitar la expedición de una factura por los servicios del taller serán las normas generales sobre protección de los derechos de los consumidores y usuarios.

17537

Ejemplos 2) Una familia con siete hijos pretende aplicar una deducción para gastos de guardería que ha establecido en el IRPF su comunidad autónoma. Los gastos anuales por este concepto que soporta esta familia ascienden a 6.500 €.
Aunque se trate de servicios prestados a particulares, por esta operación será preceptiva la expedición de factura, ya que con ella se pretende el ejercicio de un derecho de naturaleza tributaria, como es la deducción en el IRPF antes señalada.

17540

Pregunta
¿Hay alguna excepción a la expedición de factura en la EIB?

No. En consecuencia, toda entrega intracomunitaria exenta por aplicación de la LIVA art.25 (ver pregunta nº 13195) ha de documentarse en la correspondiente factura (Rgto Fac art.2.2.b).
Recordemos que para las AIB el justificante formal que se utiliza para el derecho a la deducción es la factura expedida por el empresario o profesional que realiza la entrega en el Estado de origen que da lugar a la AIB que se localiza en el TIVA. Por esta razón, es obligatorio en todo caso expedir factura por las EIB, factura que será el documento que utilizará el destinatario de las mercancías en el Estado de destino para la deducción del IVA correspondiente a la AIB que declare en dicho Estado.
No cabe la expedición de **factura simplificada** por estas operaciones (Rgto Fac art.4.4.a).

17542

Pregunta
¿Hay que expedir factura en las ventas a distancia localizadas en el TIVA?

Depende de las circunstancias:
a) Con carácter general, las ventas a distancia que se entiendan l**ocalizadas en el TIVA** se tienen que documentar en factura.
b) No obstante, si el empresario o profesional que las efectúa se ha acogido al régimen de **ventanilla única** y se ha identificado en otro Estado de la UE (ver pregunta nº

14725 s.), será la normativa de dicho Estado la que determine si debe emitir factura por estas operaciones o no (Rgto Fac art.2.2.c).
c) Para el caso de que sea **España** el **Estado de identificación**, el Rgto Fac art.2.3.a) obliga a emitir factura en todo caso por estas operaciones. Esto significa que las ventas a distancia intracomunitarias de bienes realizadas desde el TIVA deben documentarse en todo caso en factura.
Respecto a la posibilidad de emitir factura simplificada por estas operaciones, ver pregunta nº 17578.

Pregunta **17544**
¿Hay que expedir factura por las exportaciones exentas o por las entregas en las tiendas libres de impuestos?

Sí. El Rgto Fac art.2.2.d) así lo establece, con la excepción de las ventas realizadas en las tiendas libres de impuestos.

Pregunta **17546**
¿Hay que expedir factura por las entregas de bienes que son objeto de trabajos de instalación o montaje y que, como tales, se localizan en el TIVA?

Sí. El Rgto Fac art.2.2.e) así lo establece.

Pregunta **17548**
¿Se puede no expedir factura en las operaciones realizadas para entidades públicas?

No. De acuerdo con el Rgto Fac art.2.2.f) hay que expedir factura en todo caso por las entregas de bienes y prestaciones de servicios de las que sean destinatarias personas jurídicas que no actúen como empresarios o profesionales, con independencia de que se encuentren establecidas en el TIVA o no, o las Administraciones Públicas a que se refiere la LPAC art.2.

Pregunta **17550**
¿Hay que expedir factura en los supuestos de autorrepercusión?

No. El documento que se utiliza para la justificación del **derecho a la deducción** en supuestos de inversión del sujeto pasivo es la factura o justificante contable expedido por el empresario o profesional que realizó la operación (LIVA art.97.Uno.4º).Si esta factura o justificante contable es expedida por un empresario o profesional establecido en cualquier Estado comunitario, debe contener la información o datos que se contienen en la Dir 2006/112/CE art.226, que son básicamente coincidentes con los previstos en el Rgto Fac art.6.
De este modo, en la actualidad el régimen de documentación establecido para estas operaciones es el mismo que se dispone para las EIB y AIB respectivas (ver pregunta nº 17552).

Pregunta **17552**
¿Hay que expedir autofactura en las AIB?

No. Recordemos que para las AIB el **justificante formal** que se utiliza para la justificación del derecho a la deducción es la factura expedida por el empresario o profesional que realiza la entrega en el Estado de origen que da lugar a la AIB que se localiza en el TIVA. No es preceptivo, a estos efectos, disponer de ningún otro documento.

Por esta razón, aunque a la inversa, es obligatorio en todo caso expedir factura por las **EIB** (Rgto Fac art.2.2.b) (ver pregunta nº 17540). Esta factura será el documento que utilizará el destinatario de las mercancías en el Estado de destino para la deducción del IVA correspondiente a la AIB que declare en dicho Estado.

17554 **Pregunta**
¿En qué términos se puede obtener una autorización de la AEAT para no expedir factura?

Cabe la concesión de dicha autorización por el Departamento de Gestión Tributaria de la AEAT en relación con sectores empresariales o profesionales o empresas determinadas, con el fin de evitar perturbaciones en el desarrollo de las actividades empresariales o profesionales (Rgto Fac art.3.1.d).
Interesa destacar que esta autorización en ningún caso puede tener por objeto **operaciones** para las cuales la obligación de facturación venga dada por el Rgto Fac art.2.2, que son las que se analizan en las preguntas nº 17528 a nº 17548. En consecuencia, aunque un empresario o profesional haya obtenido autorización de la AEAT para no expedir factura, si realiza una de las citadas operaciones, no podrá esgrimir dicha autorización, por lo que deberá expedir factura en todo caso y sin excepción.

II. Cumplimiento de la obligación de facturación

17570 **Pregunta**
¿Cómo se puede cumplir la obligación de expedición de factura?

Una vez se ha constatado, en relación con una determinada operación, que hay que expedir factura por la misma, esta obligación se puede cumplir a través de los siguientes **procedimientos**:
a) Mediante una factura completa expedida por el empresario o profesional que está obligado a ello.
b) A través de la expedición de la factura por un tercero o por el destinatario de la operación.
c) Mediante la expedición de una factura simplificada (nº 17575 s.).
Cada una de estas modalidades es regulada de manera específica por el Rgto Fac.
Interesa destacar que la aplicación de cualquiera de estos procedimientos sólo es procedente cuando se trate de operaciones en las cuales exista obligación de expedición de factura. Por el contrario, en contextos o situaciones en las cuales no es preceptiva la citada expedición, carece de sentido la discusión acerca del procedimiento a través del cual se puede cumplir esta obligación.

A. Expedición de facturas simplificadas

17575 **Pregunta**
¿En qué términos se pueden expedir facturas simplificadas por las operaciones?

Se puede cumplir la obligación de expedición de factura mediante la expedición de facturas simplificadas en cualquiera de los siguientes supuestos (Rgto Fac art.4.1 y 2):
a) Operaciones cuyo **importe no exceda de 400 euros**, IVA incluido. Nótese que, en relación con este límite, a diferencia de lo que ocurre con el que se expone en la letra c), no se delimitan las operaciones por las que se puede expedir factura simplificada. En consecuencia, cualquier entrega de bienes o prestación de servicios cuyo importe, IVA incluido, sea inferior a 400 euros, se puede documentar mediante una factura

simplificada. Únicamente hay que tener en cuenta, a estos efectos, los supuestos de exclusión que se señalan en el Rgto Fac art.4.4 (ver pregunta nº 17578).
b) Facturas rectificativas (ver preguntas nº 17760 s.).
c) Operaciones cuyo **importe no exceda de 3.000 euros**, IVA incluido, y que se encuentren recogidas en el Rgto Fac art.4.2 (ver pregunta nº 17584).

Pregunta 17578
¿Hay operaciones por las que no sea posible expedir factura simplificada?

Sí. Son las siguientes (Rgto Fac art.4.4):
a) EIB exentas conforme a la LIVA art.25 (ver pregunta nº 13210).
b) Ventas a distancia localizadas en el TIVA según la LIVA art.68.Tres.a), salvo que el empresario o profesional que las realiza se acoja al régimen de la Unión de la ventanilla única, en cuyo caso sí que es posible (ver preguntas nº 13410 s.).
c) Las entregas de bienes o las prestaciones de servicios que se entiendan realizadas en el TIVA cuando el **proveedor del bien o prestador del servicio no** se encuentre **establecido** en el citado territorio, el sujeto pasivo del impuesto sea el destinatario para quien se realice la operación sujeta al mismo y la factura sea expedida por este último en virtud de un acuerdo de autofacturación.
d) Las entregas de bienes o prestaciones de servicios **localizadas fuera del TIVA** realizadas por empresarios o profesionales establecidos en el mismo.

Pregunta 17580
¿Qué documentos tienen la consideración de facturas simplificadas?

El vigente Rgto Fac no contiene una definición de lo que ha de considerarse como factura simplificada. No obstante, cabría considerar como tal a todo documento que contenga la **información** o datos que se establecen en el Rgto Fac art.7 (ver pregunta nº 17596) y se expida en los **supuestos** a los que se refiere el Rgto Fac art.4 (ver pregunta nº 17575).

Pregunta 17582
¿Existe algún límite cuantitativo para la expedición de facturas simplificadas?

Sí. La expedición de facturas simplificadas se condiciona a que las operaciones que se pretende documentar de este modo no tengan un **importe** superior a 3.000 €, IVA incluido, cuando se trata de las operaciones a las que se refiere el Rgto Fac art.4.2 (ver pregunta nº 17584). En otro caso, el límite aplicable es de 400 €, IVA incluido (Rgto Fac art.4.1).

Pregunta 17584
¿Se puede expedir factura simplificada por cualquier operación cuyo importe sea inferior a 3.000 euros, IVA incluido?

No. Las operaciones por las que se puede expedir factura simplificada por debajo de ese umbral son las siguientes (Rgto Fac art.4.2):
a) Ventas **al por menor**, incluso las realizadas por fabricantes o elaboradores de los productos entregados.
A estos efectos, señala la norma, tienen la consideración de ventas al por menor las entregas de bienes muebles corporales o semovientes en las que el destinatario de la operación no actúe como empresario o profesional, sino como consumidor final de aquellos. No se reputan ventas al por menor las que tienen por objeto bienes que por sus características objetivas, envasado, presentación o estado de conservación sean principalmente de utilización empresarial o profesional.
b) Ventas o servicios **en ambulancia**.
c) Ventas o servicios **a domicilio** del consumidor.

d) **Transportes de personas** y sus equipajes.
e) Servicios de **hostelería y restauración** prestados por restaurantes, bares, cafeterías, horchaterías, chocolaterías y establecimientos similares, así como el suministro de bebidas o comidas para consumir en el acto.
f) Servicios prestados por salas de **baile y discotecas**.
g) Servicios telefónicos prestados mediante la utilización de **cabinas telefónicas** de uso público, así como mediante tarjetas que no permitan la identificación del portador.
h) Servicios de **peluquería** y los prestados por institutos de **belleza**.
i) Utilización de **instalaciones deportivas**.
j) Revelado de **fotografías** y servicios prestados por estudios fotográficos.
k) Aparcamiento y **estacionamiento de vehículos**.
l) Alquiler de **películas**.
m) Servicios de **tintorería y lavandería**.
n) Utilización de **autopistas de peaje**.
Fuera de estos supuestos, únicamente cabe la expedición de facturas simplificadas en operaciones cuyo importe sea inferior a 400 €, IVA incluido.
En caso de que se pretenda cumplir la obligación de facturación mediante factura simplificada para **otras operaciones**, hay que solicitar autorización a la AEAT (ver pregunta nº 17588).

17588

Pregunta
¿Se puede pedir autorización a la AEAT para expedir factura simplificada en operaciones distintas a las que contempla expresamente el Reglamento de facturación?

Sí. Esta posibilidad se contempla en el Rgto Fac art.4.3, que prevé que el Departamento de Gestión Tributaria de la AEAT autorice la expedición de facturas simplificadas, en supuestos distintos de los referidos anteriormente, cuando las **prácticas comerciales o administrativas** del sector de actividad de que se trate, o bien las **condiciones técnicas de expedición** de las facturas, dificulten particularmente la inclusión en las mismas de la totalidad de los datos o requisitos previstos para las facturas completas (ver preguntas nº 17630 s.).

17590

Pregunta
¿Son válidas las facturas simplificadas como justificantes del derecho a la deducción?

Sí. No obstante, para que así sea, la **información** que ha de constar en ellas es superior a la que se incluye en las facturas simplificadas que no se pretenden usar como justificantes de dicho derecho (ver pregunta nº 17596).

17592

Pregunta
Una vez se ha expedido una factura simplificada ¿cabe su sustitución por una factura completa?

Sí. El único límite existente a estos efectos es el de la **prescripción**, transcurrido el cual decae la obligación de expedición de factura.
Hay que señalar que la factura así expedida no tiene la condición de rectificativa, por lo que no se enfrenta a los requisitos y restricciones de este tipo de facturas (Rgto Fac art.15.6).
Asimismo, el empresario o profesional que emita este tipo de documentos debe disponer las medidas necesarias para que no se duplique su IVA declarado, teniendo en cuenta que, en ocasiones, la factura completa que sustituye a la factura simplificada se emite años después de emitida la primera.

Ejemplo Un empresario que regenta un restaurante registra las facturas simplificadas recibidas por los suministros de productos lácteos que le realiza una empresa cercana. Dichas facturas no contienen la información adicional que exige el Rgto Fac para servir como justificante del derecho a la deducción. La Inspección de los tributos, que le está comprobando el IVA, le indica que dichos documentos no son válidos como justificantes del derecho a la deducción. Este empresario se dirige a su proveedor para solicitarle que le expida factura completa por las operaciones. 17594

El proveedor de productos lácteos debería acceder a la petición de su cliente; no obstante, debería hacerlo de modo que se garantice que no está duplicando operaciones, ya que estas ya fueron declaradas y el IVA correspondiente a las mismas ingresado.

Pregunta 17596

¿Cuál es el contenido obligatorio de las facturas simplificadas?

De acuerdo con el Rgto Fac art.7.1, y sin perjuicio de los datos o requisitos que puedan resultar obligatorios a otros efectos y de la posibilidad de incluir cualesquiera otras menciones, todas las facturas simplificadas y sus copias contendrán los siguientes **datos** o requisitos:

a) Número y, en su caso, serie. La numeración de las facturas simplificadas dentro de cada serie ha de ser correlativa.

Se pueden expedir facturas simplificadas mediante series separadas cuando existan razones que lo justifiquen y, entre otros, en los siguientes casos:

1. Cuando el obligado a su expedición cuente con varios establecimientos desde los que efectúe sus operaciones.

2. Cuando el obligado a su expedición realice operaciones de distinta naturaleza.

3. Las expedidas por los destinatarios de las operaciones o por terceros, para cada uno de los cuales debe existir una serie distinta.

4. Las rectificativas.

Cuando el empresario o profesional expida facturas simplificadas y facturas completas, es obligatoria la expedición mediante series separadas de unas y otras.

b) La fecha de su expedición.

c) La fecha en que se hayan efectuado las operaciones que se documentan o en la que, en su caso, se haya recibido el pago anticipado, siempre que se trate de una fecha distinta a la de expedición de la factura.

d) El NIF, así como el nombre y apellidos, razón o denominación social completa del obligado a su expedición.

e) La identificación del tipo de bienes entregados o de servicios prestados.

f) Tipo impositivo aplicado y, opcionalmente, también la expresión «IVA incluido». Asimismo, cuando una misma factura comprenda operaciones sujetas a diferentes tipos impositivos, debe especificarse por separado, además, la parte de base imponible correspondiente a cada una de las operaciones.

g) Contraprestación total.

h) En caso de facturas rectificativas, la referencia expresa e inequívoca de la factura rectificada y de las especificaciones que se modifican.

i) En los supuestos en los que las facturas completas requieren de información adicional (operaciones exentas, entregas intracomunitarias de medios de transporte nuevos, facturación por el destinatario, inversión del sujeto pasivo o aplicación de los regímenes especiales de agencias de viajes, de bienes usados o del criterio de caja) deberán hacerse constar las menciones referidas en las mismas.

Interesa destacar que entre los datos que hemos apuntado no se incluyen los correspondientes al cliente o destinatario de las operaciones. Precisamente por esta razón es por lo que, con carácter general, las facturas simplificadas no justifican el derecho a la deducción del IVA soportado para el cliente, ya que, con ellas, no puede acreditarse que el IVA se haya soportado por repercusión directa.

Adicionalmente, en caso de que se pretenda usar la factura simplificada como **justificante del derecho a la deducción,** se deben hacer constar, además, los siguientes datos (Rgto Fac art.7.2):

a) NIF atribuido por la Administración Tributaria española o, en su caso, por la de otro Estado miembro de la UE, así como el domicilio del destinatario de las operaciones.
b) La **cuota tributaria** que, en su caso, se repercuta, que deberá consignarse por separado.
También deberán hacerse constar estos datos, cuando el destinatario de la operación **no** sea un **empresario o profesional** y así lo exija para el ejercicio de cualquier derecho de naturaleza tributaria (Rgto Fac art.7.3).
Asimismo, cuando el Departamento de Gestión Tributaria de la AEAT aprecie que las prácticas comerciales o administrativas del sector de actividad de que se trate, o bien las condiciones técnicas de expedición de las facturas simplificadas, recomienden la consignación de **mayores o menores menciones** de las señaladas en los apartados anteriores, podrá (Rgto Fac art.7.4):
– exigir la inclusión de menciones adicionales a las señaladas, sin que, en ningún caso, pueda exigirse más información que la correspondiente a las facturas completas (ver pregunta nº 17630);
– autorizar la expedición de facturas simplificadas que no incluyan todas las menciones señaladas, siempre que se haga constar la cuota tributaria o los datos que permitan calcularla.
Los acuerdos así adoptados deberán ser objeto de la debida publicidad por parte de la AEAT.

B. Facturación por terceros o por los destinatarios de las operaciones

17600

Pregunta
¿En qué términos se puede contratar con terceros la expedición de facturas?

Sin especiales restricciones. La obligación de expedir factura puede ser cumplida por los empresarios o profesionales o sujetos pasivos del IVA mediante la contratación de terceros a los que encomienden la expedición de las facturas (Rgto Fac art.5.3).
Es importante señalar que el empresario o profesional o sujeto pasivo obligado a la expedición de la factura es el **responsable** del cumplimiento de todas las obligaciones que le incumben como tal (Rgto Fac art.5.1). Lo que se confía al tercero es, pues, el **cumplimiento material** de la obligación, pero no otra cosa.
Si el citado tercero no se encuentra establecido en la UE, salvo que se encuentre establecido en Canarias, Ceuta o Melilla o en un país con el cual exista un instrumento jurídico relativo a la asistencia mutua con un ámbito de aplicación similar al previsto por la Dir 2010/24/UE y el Rgto UE/904/2010 la atribución de la expedición de facturas sólo puede realizarse previa **comunicación a la AEAT**.
Adicionalmente, hay que tener en cuenta que los contribuyentes acogidos al **SII** (ver preguntas nº 18050 s.) que hayan optado por el cumplimiento de la obligación de expedir factura por los destinatarios de las operaciones o por terceros, deberán presentar una **declaración censal** comunicando dicha opción, la fecha a partir de la cual la ejercen y, en su caso, la renuncia a la misma y la fecha de efecto.
En tal caso, el plazo para el suministro de la información, que generalmente es de 4 días (ver pregunta nº 18070) se eleva a 8 (RIVA art.69 bis.1.a).

Pregunta
¿En qué términos se puede confiar a los destinatarios de las entregas de bienes o prestaciones de servicios la expedición de las facturas? 17605

Siempre que se cumplan los siguientes requisitos (Rgto Fac art.5.2):
a) Deberá existir un **acuerdo** entre el empresario o profesional que realice las operaciones y el destinatario de estas por el que el primero autorice al segundo la expedición de las facturas correspondientes a dichas operaciones.
Este acuerdo debe suscribirse con carácter previo a la realización de las operaciones, y en él deben especificarse aquellas a las que se refiera.
Este requisito se establece igualmente por la LIVA art.164.Dos.
No es necesario que se trate de un acuerdo «ad hoc», siendo frecuente que el citado acuerdo forme parte del contrato que da lugar a las entregas de bienes o prestaciones de servicios que se documentan de esta forma.
b) Cada factura así expedida debe ser objeto de **aceptación** por parte del empresario o profesional que haya realizado la operación. El procedimiento de aceptación se remite a lo que libremente acuerden las partes.
c) El destinatario de las operaciones que proceda a la expedición de las facturas correspondientes a aquéllas debe remitir una **copia** al empresario o profesional que las realizó.
El esquema lógico en este supuesto se invierte, ya que quien expide la factura original se queda con ella y el documento que se envía es su copia, copia que se remite al empresario o profesional que realizó la operación y que en ningún caso ha perdido la condición de responsable de la expedición de la factura y obligado al ingreso del tributo correspondiente.
d) Estas facturas son expedidas **en nombre y por cuenta** del empresario o profesional que haya realizado las operaciones que en ellas se documentan.
Asimismo, se señala que si el destinatario de las operaciones no se encuentra establecido en la Comunidad ni en otros países con los que existan instrumentos de cooperación administrativa equivalentes a los vigentes en materia tributaria en la Comunidad, la atribución de la expedición de facturas sólo puede realizarse previa comunicación a la AEAT.
e) Conforme se explica en la pregunta anterior, interesa recordar que el empresario o profesional que autorice a su cliente o clientes a emitir las facturas por las operaciones y se encuentre acogido al **SII**, lo debe comunicar a la AEAT por medio de la **declaración censal**.

C. Expedición de factura completa

Pregunta
¿Existe un modelo de factura? 17615

No. Por tanto, cabe expedir factura en **cualquier tipo de documento**, a condición de que la información que se hace constar en él sea la que señala el Rgto Fac art.6.

Pregunta
¿Qué se considera como una factura completa? 17618

De acuerdo con el Rgto Fac art.6.4, a efectos de lo dispuesto en la LIVA art.97.Uno, únicamente tiene la consideración de factura aquella que contenga todos los **datos** y reúna los **requisitos** a que se refiere el Rgto Fac art.6.
En consecuencia, cualquier documento en el que conste esta información debe considerarse como factura completa a estos efectos.

17620 **Pregunta**

¿Se puede hacer constar en una factura información adicional a la que señala el Reglamento de facturación?

Sí, tal y como establece el inciso inicial del Rgto Fac art.6.1. En consecuencia, se puede hacer constar en factura cualquier dato distinto a los que resultan de **consignación obligatoria**. De hecho, es habitual que se incluyan en factura **datos adicionales** como, por ejemplo, los relativos a las condiciones de pago de las operaciones.

17623 **Pregunta**

¿Existen otras normas que señalen datos de consignación obligatoria en factura?

Sí, aunque se trata de normas no fiscales. Tal es el caso, por ejemplo, de las normas relativas al ejercicio de ciertas **profesiones de colegiación** obligatoria conforme a las cuales en las facturas expedidas por los mismos ha de constar el número de colegiado.

Sin perjuicio de las consecuencias que el incumplimiento de dichas obligaciones pueda implicar, en la medida en que no se trata de datos de consignación obligatoria conforme al Reglamento de facturación, su ausencia no puede determinar la denegación del derecho a la deducción del IVA consignado en los documentos de que se trate.

17630 **Pregunta**

¿Cuáles son los datos que han de constar obligatoriamente en toda factura completa?

Los establecidos por el Rgto Fac art.6, que son los siguientes:

a) Número y, en su caso, **serie**. La numeración de las facturas dentro de cada serie ha de ser correlativa. Se pueden expedir facturas mediante series separadas cuando existan razones que lo justifiquen y, entre otros supuestos, cuando el obligado a su expedición cuente con varios establecimientos desde los que efectúe sus operaciones o cuando el obligado a su expedición realice operaciones de distinta naturaleza. No obstante, es obligatoria, en todo caso, la expedición en series específicas de las facturas siguientes:

1. Las expedidas por los destinatarios de las operaciones o por terceros, para cada uno de los cuales debe existir una serie distinta.

2. Las rectificativas.

3. Las que se expidan conforme al RIVA disp.adic.5ª, relativa a ejecuciones administrativas o judiciales de patrimonios empresariales.

4. Las que se expidan conforme a lo previsto en la LIVA art.84.Uno.2º.g (entregas de metales y de equipos electrónicos a las que se aplique la inversión del sujeto pasivo).

5. De igual modo, cualesquiera otras entregas de bienes a las que se aplique la inversión del sujeto pasivo (LIVA art.84.Uno.2º).

6. Las que se expidan conforme a lo previsto en el RIVA art.61 quinquies.2 (operaciones intragrupo cuando se haya optado por el nivel avanzado del REGE).

7. Las simplificadas.

b) La **fecha de expedición** de la factura.

c) Nombre y apellidos, razón o denominación social completa, tanto del obligado a expedir factura como del destinatario de las operaciones.

d) NIF atribuido por la Administración española o, en su caso, por la de otro Estado miembro de la UE, con el que ha realizado la operación el obligado a expedir la factura. Asimismo, es obligatoria la consignación del NIF del destinatario en los siguientes casos:

- que se trate de una entrega intracomunitaria, exenta conforme a la LIVA art.25;
- que se trate de una operación cuyo destinatario sea el sujeto pasivo del impuesto;

– que se trate de operaciones que se entiendan realizadas en el TIVA y el empresario o profesional obligado a la expedición de la factura haya de considerarse establecido en dicho territorio. **17630** (sigue)

e) **Domicilio**, tanto del obligado a expedir factura como del destinatario de las operaciones. Cuando el obligado a expedir factura o el destinatario de las operaciones dispongan de varios lugares fijos de negocio, debe indicarse la ubicación de la sede de actividad o establecimiento al que se refieran aquéllas en los casos en que dicha referencia sea relevante para la determinación del régimen de tributación correspondiente a las citadas operaciones.

f) **Descripción** de las operaciones, consignándose todos los datos necesarios para la determinación de la base imponible del IVA y su importe, incluyendo el precio unitario sin IVA de dichas operaciones, así como cualquier descuento o rebaja que no esté incluido en dicho precio unitario.

g) **Tipo impositivo** o tipos impositivos aplicados a las operaciones.

h) **Cuota tributaria** que, en su caso, se repercuta, que debe consignarse por separado.

i) **Fecha** en que se hayan efectuado las **operaciones** o en la que se ha recibido el pago anticipado, si se trata de una fecha distinta a la de expedición de la factura.

Esta relación lo es de los requisitos que ha de cumplir una factura para ser válida como documento justificativo del derecho a la deducción, pero no impide que se puedan consignar otros datos de naturaleza diversa. Tal puede ser el caso, por ejemplo, de las condiciones de pago del precio de la operación.

El mismo Rgto Fac art.6 hace referencia a **datos adicionales** que han de constar en factura, aunque se trata de datos que se deben incluir sólo en caso de que las operaciones correspondientes sean las que se relacionan en cada caso. La información referida es la siguiente:

a) En el supuesto de que la operación que se documenta esté **exenta**, una referencia a las disposiciones correspondientes de la Dir 2006/112/CE, o a los preceptos correspondientes de la LIVA o indicación de que la operación está exenta. Esta previsión se aplica asimismo cuando se documenten varias operaciones en una única factura y las circunstancias que se han señalado se refieran únicamente a parte de ellas.

Interesa destacar que, a diferencia de lo que acabamos de señalar para las exentas, esta mención no es obligatoria para el caso de las operaciones no sujetas, a pesar de lo cual es recomendable.

b) En las **entregas intracomunitarias** de medios de transporte nuevos exentas, sus características, la fecha de su primera puesta en servicio y las distancias recorridas u horas de navegación o vuelo realizadas hasta su entrega.

c) En los supuestos en que sea el adquirente o destinatario de la entrega o prestación quien expida la factura en lugar del proveedor o prestador, la mención «**facturación por el destinatario**».

d) En el caso de que el sujeto pasivo del impuesto sea el adquirente o el destinatario de la operación, la mención «**inversión del sujeto pasivo**».

e) En caso de aplicación del **régimen especial de las agencias de viajes,** la mención «régimen especial de las agencias de viajes».

f) En caso de aplicación del **régimen especial de los bienes usados**, objetos de arte, antigüedades y objetos de colección, la mención «régimen especial de los bienes usados», «régimen especial de los objetos de arte» o «régimen especial de las antigüedades y objetos de colección».

g) En caso de que documentan operaciones realizadas por sujetos pasivos acogidos al **régimen especial del criterio de caja**, la mención «régimen especial del criterio de caja».

17635 **Pregunta**
¿Cómo se numeran las facturas?

De acuerdo con el Rgto Fac art.6.1.a, toda factura ha de constar de un **número** y, en su caso, **serie.** La misma norma señala que la numeración de las facturas dentro de cada serie será correlativa. La razón de ser de este requisito es evidente, ya que con él lo que se pretende es facilitar el control, por parte de la Administración Tributaria, de que el total de IVA repercutido en las facturas expedidas por un empresario o profesional coincide con el IVA que se ha ingresado a la Hacienda Pública, ello a través del Libro Registro de facturas expedidas, como es lógico.
En caso de que no se expidan facturas en series separadas, la numeración correlativa de las mismas garantiza el cumplimiento de lo anterior. En otro caso, esta **numeración correlativa** se hará dentro de cada una de las series que se considere oportuno llevar.
En cuanto a la utilización de **series separadas** de facturación, el Rgto Fac es flexible, ya que lo admite cuando existan razones que lo justifiquen. Entre otros supuestos, así se establece cuando el obligado a su expedición cuente con varios establecimientos desde los que efectúe sus operaciones o cuando el obligado a su expedición realice operaciones de distinta naturaleza. Evidentemente, puede haber otras circunstancias que justifiquen la facturación de este modo, como puede ser los circuitos de comercialización, las condiciones de pago, etc.
La expedición en **series específicas** es obligatoria para las facturas siguientes:
a) Las expedidas por los destinatarios de las operaciones o por terceros, para cada uno de los cuales debe existir una serie distinta (ver preguntas nº 17600 y nº 17605).
b) Las rectificativas (ver preguntas nº 17760 s.).
c) Las que se expidan conforme al RIVA disp.adic.5ª, relativa a ejecuciones administrativas o judiciales de patrimonios empresariales (ver pregunta nº 640).
d) Las que se expidan conforme a lo previsto en la LIVA art.84.Uno.2º.g (entregas de metales y de equipos electrónicos a las que se aplique la inversión del sujeto pasivo) (ver preguntas nº 7084.1 s.).
e) De igual modo, cualesquiera otras entregas de bienes a las que se aplique la inversión del sujeto pasivo (LIVA art.84.Uno.2º) (ver preguntas nº 6950 s.).
f) Las que se expidan conforme a lo previsto en el RIVA art.61 quinquies.2 (operaciones intragrupo cuando se haya optado por el nivel avanzado del REGE) (ver preguntas nº 15537 s.).
g) Las simplificadas (ver preguntas nº 17575 s.).
Todas estas facturas presentan particularidades que justifican que el Rgto Fac obligue a su expedición en series separadas.

17640 **Pregunta**
¿Qué fechas o fecha hay que consignar en las facturas?

Depende de la diferencia temporal que haya entre la fecha en que se **expide la factura** y la fecha de **devengo del IVA** correspondiente a las operaciones que se documentan en ella.
En caso de que ambas fechas coincidan, no hay otra fecha que consignar en factura que la fecha en la que se ha expedido la factura, que coincide con la fecha de devengo de las referidas operaciones.
Por el contrario, en el supuesto de que haya **diferencia** entre una y otra fecha, se obliga a la consignación en factura de las dos fechas, esto es, de la fecha en que se devengó el IVA y la fecha en que se expidió la factura.

17642 Ejemplos **1)** Un empresario que fabrica jamones entrega a uno de sus clientes una partida de producto por valor de 4.000 €. La entrega se formaliza el 15-10-N. Este mismo día se expide la factura en la que se documenta la operación y la repercusión del IVA, por importe de 400 € (10% conforme a la LIVA art.91.Uno.1º).

Lógicamente, en este caso no hay más fecha que consignar en factura que la de devengo de la operación y expedición de la factura, que es el 15-10-N.

2) Un empresario que comercializa maquinaria agrícola vende un tractor a otro empresario por valor de 40.000 €. La operación se realiza el 15-11-N. El empresario vendedor, que es amigo del comprador, cobra al contado los 48.400 € de la operación, le firma a su amigo un recibí y se olvida de expedir la factura. Dos meses después, el 15-1-(N+1), se da cuenta de su error y procede a la expedición de la factura, que envía al adquirente del tractor. 17644
En este caso, la factura debe incluir dos fechas; la de realización de la operación, el 15-11-N, y la de expedición de la factura, el 15-1-(N+1). Evidentemente, la lógica de esta medida se encuentra en evitar que de este modo la cuota de IVA correspondiente a esta operación, que es del mes de noviembre del año N, se traslade a enero del año siguiente y se ingrese, como pronto, en febrero de este año.

17650

Pregunta
¿Qué fecha hay que consignar en las facturas que se expiden para documentar cobros anticipados?

En los cobros anticipados lo que determina el devengo del IVA es la percepción de los mismos, no la expedición de la factura. Por otra parte, la propia **percepción del cobro** obliga a la expedición de la factura, la cual, a su vez, opera como documento a través del cual se pide al cliente o destinatario de la operación el pago de la cantidad correspondiente. Esto genera una especie de círculo vicioso en ocasiones, ya que el empresario que solicita un **pago anticipado** ha de expedir una factura para su documentación en un momento en el que todavía no está en condiciones de conocer con certeza cuándo se producirá el cobro. En esta tesitura, lo más prudente parece expedir la factura consignando en ella la fecha prevista de cobro y, en caso de que no se acierte con esta, proceder a su **rectificación**.

Ejemplos 1) Un abogado se compromete a llevar un tema litigioso para un cliente por el que ha concertado cobrar un total de 50.000 € y pide una provisión de fondos de 10.000 €, expidiendo al efecto la correspondiente factura. Esta expedición se realiza el 12-3-M y se espera que el cobro se produzca antes de final de mes, por lo que consigna como fecha de cobro y devengo el 31-3-N. Efectivamente, el día 24-3-M se recibe la transferencia con los 12.100 €. 17652
Aunque en puridad la fecha consignada en factura no coincide con la del cobro anticipado, la diferencia es irrelevante desde cualquier punto de vista. En consecuencia, se podría considerar que esta factura está bien expedida y no es necesaria su rectificación.

2) Una empresa que se dedica a la construcción de obra pública está realizando un contrato por el cual se van expidiendo certificaciones de obra que documentan el estado de avance de las obras. Estas certificaciones de obra, que no implican devengo de IVA (ver pregunta nº 6105) se acompañan de las correspondientes facturas en las que, como fecha prevista de cobro anticipado, se consigna la de expedición más 30 días. 17655
La factura que se expide por 100.000 €, más 21.000 € de IVA, el 5-5-N, se cobra definitivamente el 20-10-N.
En este caso, el retraso en el que se ha incurrido hace que la fecha de devengo prevista se haya excedido considerablemente. En estas circunstancias, lo prudente fue expedir esta factura con fecha de devengo prevista 5-6-N, pero habría que rectificarla para hacer constar que el cobro real, y con él el devengo del IVA, se han producido en octubre. Todo lo anterior se señala en el entendido de que todavía no ha habido recepción de la obra.

17658

Pregunta
¿Cómo se identifican en factura las partes intervinientes en un contrato?

Mediante la consignación de tres **datos**, que son los siguientes:
a) Nombre y apellidos, razón o denominación social completa, tanto del obligado a expedir factura como del destinatario de las operaciones.

Interesa destacar que no basta, a estos efectos, con la consignación de abreviaturas o anagramas, ya que lo que ha de hacerse constar en factura es, como señala la norma, el nombre y apellidos, razón o denominación social completa.
b) NIF atribuido por la Administración española o, en su caso, por la de otro Estado miembro de la UE, con el que ha realizado la operación el obligado a expedir la factura. Asimismo, será obligatoria la consignación del NIF del destinatario en los siguientes casos:
- que se trate de una entrega intracomunitaria, exenta conforme a la LIVA art.25;
- que se trate de una operación cuyo destinatario sea el sujeto pasivo del impuesto;
- que se trate de operaciones que se entiendan realizadas en el TIVA y el empresario o profesional obligado a la expedición de la factura haya de considerarse establecido en dicho territorio.

c) Domicilio, tanto del obligado a expedir factura como del destinatario de las operaciones. Cuando el obligado a expedir factura o el destinatario de las operaciones dispongan de varios lugares fijos de negocio, debe indicarse la ubicación de la sede de actividad o establecimiento al que se refieran aquéllas en los casos en que dicha referencia sea relevante para la determinación del régimen de tributación correspondiente a las citadas operaciones.

17662

Pregunta
¿Cómo se describen las operaciones que se documentan en una factura?

La descripción de las operaciones en factura ha de realizarse siguiendo las siguientes **pautas**:
a) En primer lugar, ha de ofrecerse la información necesaria para determinar el **tratamiento tributario** de estas operaciones a los efectos del IVA (y a cualesquiera otros efectos tributarios, cabe suponer). El citado tratamiento ha de abarcar cualquier elemento relevante, como puede ser sujeción, exenciones aplicables, tipo impositivo, base imponible, etc.
b) Esta **descripción de las operaciones** puede realizarse directamente en factura o bien mediante documentos que se acompañen a esta, como pueden ser contratos o albaranes de entrega, documentos todos ellos que habrían de considerarse integrantes, a estos efectos, de la propia factura. Lo que ya no sería válido es la indicación en factura de que la descripción de las operaciones se recoge en otros documentos sin que estos se anexen a la factura.
c) En tercer lugar, hay que incluir los datos necesarios para la determinación de la base imponible del IVA y su importe, incluyendo el **precio** unitario sin IVA de dichas operaciones, así como cualquier **descuento o rebaja** que no esté incluido en dicho precio unitario.
Respecto a este requisito, la indicación del precio unitario ha de realizarse, razonablemente, en atención a las unidades comercializadas. Así, en caso de que se venda una partida de 50 toneladas de arroz, la unidad que habría que tomar como referencia es, en buena lógica, la tonelada de arroz.

17668

Pregunta
¿Hay algún dato adicional que se deba incluir en las copias de las facturas?

Sí. El Rgto Fac art.6 hace referencia a datos adicionales que han de constar en factura, aunque se trata de datos que se deben incluir sólo en caso de que las operaciones correspondientes sean las que se relacionan en cada caso. La información referida es la siguiente:
a) En el supuesto de que la operación que se documenta esté **exenta**, una referencia a las disposiciones correspondientes de la Dir 2006/112/CE, o a los preceptos correspondientes de la LIVA o indicación de que la operación está exenta. Esta previsión se aplica asimismo cuando se documenten varias operaciones en una única factura y las circunstancias que se han señalado se refieran únicamente a parte de ellas.

Interesa destacar que, a diferencia de lo que acabamos de señalar para las exentas, esta mención no es obligatoria para el caso de las operaciones no sujetas, a pesar de lo cual es recomendable.
b) En las **entregas intracomunitarias** de medios de transporte nuevos exentas, sus características, la fecha de su primera puesta en servicio y las distancias recorridas u horas de navegación o vuelo realizadas hasta su entrega.
c) En los supuestos en que sea el adquirente o destinatario de la entrega o prestación quien expida la factura en lugar del proveedor o prestador, la mención «**facturación por el destinatario**».
d) En el caso de que el sujeto pasivo del impuesto sea el adquirente o el destinatario de la operación, la mención «**inversión del sujeto pasivo**».
e) En caso de aplicación del **régimen especial de las agencias de viajes,** la mención «régimen especial de las agencias de viajes».
f) En caso de aplicación del **régimen especial de los bienes usados**, objetos de arte, antigüedades y objetos de colección, la mención «régimen especial de los bienes usados», «régimen especial de los objetos de arte» o «régimen especial de las antigüedades y objetos de colección».
g) En caso de que documenten operaciones realizadas por sujetos pasivos acogidos al **régimen especial del criterio de caja**, la mención «régimen especial del criterio de caja».
Adicionalmente, hay que tener en cuenta que en las **copias** de las facturas ya no es necesaria la consignación de su condición de tales.

Pregunta 17670
Cuando en una factura se documenta una operación exenta, ¿hay que incluir alguna información adicional en dicha factura?

De acuerdo con el Rgto Fac art.6.1.j, en el supuesto de que la operación que se documenta en una factura esté exenta, se debe incluir en ella una referencia a las disposiciones correspondientes de la Dir 2006/112/CE, o a los preceptos correspondientes de la LIVA o indicación de que la operación está exenta.
Es importante señalar que la norma únicamente obliga a indicar en factura que la **operación** que se documenta está exenta. No es necesario, por tanto, señalar la **norma** que ampara o regula este tratamiento de la operación.
Lo anterior se aplica asimismo cuando se documenten varias operaciones en una única factura y la circunstancia que se han señalado se refieran únicamente a parte de ellas.

Pregunta 17672
Cuando en una factura se documenta una operación no sujeta, ¿hay que incluir alguna información adicional en dicha factura?

No es **obligatoria** dicha consignación, sin perjuicio de que, por razones de prudencia, y al objeto de justificar la no repercusión del impuesto, se haga constar en factura que la operación que se está documentando es una operación no sujeta.

Pregunta 17674
Cuando en una factura se documenta una operación en la que se aplica la inversión del sujeto pasivo, ¿hay que incluir alguna información adicional en dicha factura?

Sí. En las operaciones a las que sea aplicable la inversión del sujeto pasivo, las facturas que las documenten han de incluir la mención «inversión del sujeto pasivo» (Rgto Fac art.6.1.m).

17675

Pregunta
¿Qué nivel de desagregación de la base imponible es necesario consignar en factura?

A partir de lo dispuesto por el Rgto Fac art.6.2, se puede considerar que, en general, la base imponible se puede calcular como una magnitud global, esto es, como un **importe total** del que, aplicado el tipo impositivo, resulta la cuota tributaria correspondiente.

El **desglose** de la base imponible, de acuerdo con este precepto, sólo es obligatorio en los siguientes casos:

a) Cuando se documenten operaciones que estén exentas del IVA y otras en las que no se den dichas circunstancias.

b) Cuando se incluyan operaciones en las que el sujeto pasivo del impuesto correspondiente a aquéllas sea su destinatario y otras en las que no se dé esta circunstancia.

c) Cuando se comprendan operaciones sujetas a diferentes tipos impositivos.

17678 Ejemplo En un pedido que se realiza a un supermercado, un restaurante recibe los siguientes bienes:

a) Vino por importe de 8.000 €.
b) Frutas y verduras frescas por importe de 2.000 €.
c) Carnes y pescados por importe de 6.000 €.
d) Pan por importe de 500 €.
e) Conservas por importe de 1.500 €.

La agregación que se podrá hacer en factura lo será por tipo impositivo, de lo que resultará lo siguiente:

a) Operaciones a tipo general: la venta del vino por 8.000 €.
b) Operaciones al 10%: carnes, pescados y conservas por un total de 7.500 €.
c) Operaciones al 4%: frutas, verduras y pan, por un total de 2.500 € (sin perjuicio de los tipos especiales aplicables durante 2023 y 2024).

17680

Pregunta
¿Existe alguna particularidad en cuanto a la facturación de las operaciones localizadas fuera del TIVA, pero documentadas en facturas expedidas conforme a la normativa española?

Sí. En operaciones localizadas en el territorio de otros Estados comunitarios que se documenten conforme a la normativa española, por ser aplicable la **inversión del sujeto pasivo** y no haberse adoptado ningún acuerdo de autofacturación (ver pregunta nº 17521), se puede omitir la información sobre descripción de las operaciones y base imponible, tipo impositivo y cuota tributaria e indicar en su lugar, mediante referencia a la cantidad o al alcance de los bienes o servicios suministrados y su naturaleza, el importe sujeto al impuesto de tales bienes o servicios (Rgto Fac art.6.3).

17685

Pregunta
¿Existe alguna medida adicional de simplificación en relación con la expedición de facturas además de la posible expedición de facturas simplificadas?

No. Con la entrada en vigor del Rgto Fac, las posibilidades de obtener **acuerdos de simplificación** de la expedición de factura o de **no identificación de los destinatarios** de las operaciones cuando estos eran particulares han desaparecido, por lo que, para cualquier operación que haya de documentarse en factura, las únicas opciones que hay son la expedición de una factura completa o la expedición de una factura simplificada.

III. Otros aspectos relativos a la expedición de facturas

A. Plazos de expedición

17700

Pregunta
¿En qué momento han de expedirse las facturas?

De acuerdo con el Rgto Fac art.11.1 en el momento de realizarse la **operación**. No obstante, cuando el destinatario de la operación sea un **empresario o profesional** que actúe como tal, las facturas deben ser expedidas antes del día 16 del mes siguiente a aquél en que se haya producido el devengo del impuesto correspondiente a la citada operación.
Debe tenerse en cuenta que el plazo para el envío de la factura al cliente es coincidente, conforme dispone el Rgto Fac art.18, al establecer que la **obligación de remisión** de las facturas deberá cumplirse en el mismo momento de su expedición o bien, cuando el destinatario sea un empresario o profesional que actúe como tal, antes del día 16 del mes siguiente a aquél en que se haya producido el devengo del impuesto correspondiente a la citada operación (para las operaciones acogidas al régimen especial del criterio de caja o las de facturas rectificativas antes del día 16 del mes siguiente a aquel en que se hubiera realizado la operación o se hubiera expedido la factura respectivamente).
La lógica de la limitación que establece el Rgto Fac art.11, se encuentra en el RIVA art.69.1, conforme al cual en el momento de presentación de las autoliquidaciones de IVA las facturas correspondientes a las operaciones por las que se haya devengado IVA ya deben estar consignadas en los Libros Registro, obligación que difícilmente podría cumplirse si a esta fecha todavía hubiera operaciones cuyas facturas están pendientes de expedir.
Adicionalmente, hay que tener en cuenta que en las facturas que documenten **EIB** que no hayan de considerarse operaciones de tracto sucesivo, la factura debe expedirse antes del 16 del mes siguiente al del inicio de la expedición o transporte de los bienes (Rgto Fac art.11.2). Considerando que para dichas operaciones el devengo se produce el día 15 del mes siguiente al citado inicio de la expedición o transporte, salvo que se emita la factura con anterioridad, cabe concluir que devengo y expedición de factura coinciden en el mismo día.
En las operaciones acogidas al **régimen especial del criterio de caja**, la expedición de la factura debe realizarse en el momento de la realización de tales operaciones, salvo cuando el destinatario de la operación sea un empresario o profesional que actúe como tal, en cuyo caso deben expedirse antes del día 16 del mes siguiente a aquel en que se haya realizado la operación (Rgto Fac art.11.3).

Ejemplo Una empresa dedicada a la promoción inmobiliaria que declara el IVA mensualmente ha realizado las entregas de un local comercial el 25-4-N. 17703
El adquirente del local comercial es un empresario que va a instalar en él su actividad.
La operación debe facturarse, a más tardar, el 15-5-N.

B. Moneda de las facturas

17705

Pregunta
¿En qué moneda han de expedirse las facturas?

De acuerdo con el Rgto Fac art.12.1, en cualquier moneda, a condición de que el importe del IVA que, en su caso, se repercuta se exprese en **euros**, utilizando a tal efecto el **tipo de cambio** a que se refiere la LIVA art.79.Once.

El citado precepto legal sigue haciendo referencia a los tipos de cambio que publica el Banco de España, publicación que la DGT ha interpretado como referente a los tipos de cambio oficiales que señala para el euro el Banco Central Europeo.
Hay que tener en cuenta que desde el 1-1-1999 (L 46/1998 art.36) tiene la consideración de **cambio oficial** de la moneda nacional frente a otras divisas el que publique para el euro el Banco Central Europeo, por sí o a través del Banco de España. La L 46/1998 supuso la modificación tácita de la LIVA art.79.Once y, por tanto, los tipos de cambio serán los fijados por el Banco Central Europeo a estos efectos. El Banco de España realiza la publicación diaria, mediante resolución, de los cambios del euro respeto de una lista de monedas, que tendrán la consideración de cambios oficiales de acuerdo con lo establecido en el L 46/1998 art.36.
Es importante señalar que en muchas de las operaciones en que puede haber razones que justifiquen la facturación en monedas distintas al euro, lo que igualmente ocurre es que no se repercute IVA, bien porque se trata de operaciones no sujetas a IVA (por aplicación de las reglas de localización), bien porque se trata de operaciones exentas (al tratarse de exportaciones o EIB). De ser así, no hay cuota que se deba consignar en euros al expedir la factura.

C. Idioma de las facturas

17710 **Pregunta**
¿En qué idioma han de expedirse las facturas?

Según el Rgto Fac art.12.2, en cualquier lengua.
No obstante, la AEAT, cuando lo considere necesario a los efectos de cualquier actuación dirigida a la comprobación de la situación tributaria del empresario o profesional o sujeto pasivo, podrá exigir una **traducción** al castellano, o a otra lengua oficial en España, de las facturas expedidas en una lengua no oficial que correspondan a operaciones efectuadas en el TIVA, así como de las recibidas por los empresarios o profesionales o sujetos pasivos establecidos en dicho territorio.
Este precepto tiene su soporte legal en la LIVA art.164.Cuatro, cuyo contenido es muy similar.

D. Facturas recapitulativas

17715 **Pregunta**
¿Se pueden incluir varias operaciones en una única factura?

Sí. De hecho, los requisitos que establece el Rgto Fac art.6 en ocasiones ya tienen en cuenta esta posibilidad.

17718 **Pregunta**
¿Se pueden incluir operaciones realizadas en distintas fechas en una misma factura?

Sí, aunque en este caso, a diferencia de lo que ocurre con el anterior, nos encontramos con lo que se denomina como **factura recapitulativa** (Rgto Fac art.13), la cual se diferencia de las facturas ordinarias en las que se documentan varias operaciones, en el hecho de que las facturas recapitulativas documentan operaciones realizadas en distintas fechas.

> **Pregunta**
> ¿Qué requisitos ha de cumplir una factura recapitulativa? 17720

La factura recapitulativa es la que documenta operaciones realizadas en **distintas fechas** siempre que:
a) Se trate de operaciones realizadas para un **mismo destinatario**. En consecuencia, no cabe la consignación en una única factura de operaciones realizadas para varios destinatarios.
b) Dichas operaciones se hayan efectuado dentro de un mismo **mes natural**. No es factible, por tanto, la acumulación de operaciones por referencia a un lapso temporal distinto.

Ejemplo Una papelería suministra material de oficina a un despacho de abogados que tiene sus instalaciones cerca de la misma. Cada una de las entregas de material se acompaña de su correspondiente albarán de entrega. Al final de cada mes, esta papelería expide una factura en la que se recogen todas las operaciones realizadas en el mes. 17722
Este es un supuesto típico de expedición de factura recapitulativa, en la que se consignan operaciones realizadas durante el mes natural de que se trate.
En ocasiones, estas facturas omiten la descripción de las operaciones, haciendo referencia a los albaranes que las documentaron. Esta práctica es válida, a condición de que se acompañe una copia de dichos albaranes a la factura recapitulativa.

> **Pregunta**
> ¿En qué plazo han de expedirse las facturas recapitulativas? 17725

Como máximo, el último día del mes natural en el que se hayan efectuado las operaciones que se documenten en ellas. No obstante, cuando el destinatario de estas sea un **empresario o profesional** que actúe como tal, estas facturas deben ser expedidas antes del día 16 del mes siguiente a aquél en el curso del cual se hayan realizado las operaciones.
Estos plazos son coincidentes con los establecidos con carácter general en el Rgto Fac art.11 para la expedición de facturas no recapitulativas (ver pregunta nº 17700).
Adicionalmente, hay que tener en cuenta que en las facturas que documenten **EIB** que no hayan de considerarse operaciones de tracto sucesivo, la factura debe expedirse antes del 16 del mes siguiente al del inicio de la expedición o transporte de los bienes. Considerando que para dichas operaciones el devengo se produce el día 15 del mes siguiente al citado inicio de la expedición o transporte, salvo que se facture con anterioridad, cabe concluir que devengo y expedición de factura coinciden en el mismo día. Por expresa dicción de la norma, esta posibilidad es también aplicable a la expedición de facturas recapitulativas.

E. Duplicados de facturas

> **Pregunta**
> ¿Cuántos originales ha de expedir un empresario o profesional de cada factura en la que documente sus operaciones? 17735

Los empresarios y profesionales o sujetos pasivos sólo pueden expedir un original de cada factura (Rgto Fac art.14.1).
Es importante no confundir lo anterior con dos circunstancias relevantes:
a) Toda factura ha de acompañarse de una **copia**, que debe conservar el empresario o profesional que realizó la operación, entregando el **original** al destinatario de la misma. No ha de confundirse la expedición de copia de los documentos citados con el hecho de que como documento original sólo proceda la expedición de un único documento.

b) La posibilidad de expedir **duplicados** de los citados documentos originales, que se contempla y regula por el Rgto Fac art.14.

17738 **Pregunta**

¿Cuándo procede expedir duplicado por una factura?

Únicamente en los siguientes casos (Rgto Fac art.14.2):

a) Cuando en una misma entrega de bienes o prestación de servicios concurriesen **varios destinatarios**. En este caso, debe consignarse en el original y en cada uno de los duplicados la porción de base imponible y de cuota repercutida a cada uno de ellos. Interesa destacar que esta cuota será la que, de acuerdo con la LIVA art.97.Cuatro, podrán deducir dichos destinatarios.

b) En los supuestos de **pérdida del original** por cualquier causa. No hace falta insistir en la relevancia que tiene la factura como justificante del derecho a la deducción. Esta relevancia es la que justifica que, en caso de pérdida del original de una factura, se deba expedir un duplicado por parte del empresario o profesional que realizó la operación.

17740 **Pregunta**

¿En las facturas hechas a comunidades de bienes o entidades similares hay que expedir tantos duplicados como comuneros o componentes tengan las mismas?

No. Las comunidades de bienes, herencias yacentes y demás entidades de naturaleza similar constituyen **sujetos pasivos** de IVA por sí mismas, siempre que desarrollen actividades empresariales (LIVA art.84.Tres, ver preguntas nº 7110 s.).

En consecuencia, la facturación de los bienes y servicios que se entregan o prestan a dichas entidades ha de realizarse en condiciones idénticas a la facturación de los bienes y servicios entregados o prestados a otras entidades, con independencia de que carezcan de personalidad jurídica y de que contractualmente sean sus miembros o componentes las contrapartes en los contratos respectivos.

La existencia de varios destinatarios en una operación que da lugar a la expedición de duplicados a nombre de estos es la que se produce cuando dichos destinatarios no desarrollan de forma conjunta una actividad empresarial o profesional, sino que, compartiendo determinados gastos, realizan sus actividades empresariales o profesionales por separado.

17742 Ejemplos **1)** Dos arquitectos que actúan de manera independiente comparten el local comercial en el que desarrollan su actividad, pagando la renta por mitades, a razón de 5.000 € cada uno de ellos. Estos profesionales tienen cada uno de ellos sus propios clientes y sus propias cuentas de ingresos y gastos, al margen de que el gasto de arrendamiento sea compartido.

En este caso cabe la expedición de facturas duplicadas, de forma que cada uno de estos profesionales pueda deducir los 1.050 € de IVA que corresponden al 50% de renta que pagan por el local.

17745 **2)** Los mismos arquitectos del ejemplo anterior deciden unir fuerzas y pasan a actuar en régimen de comunidad de bienes, compartiendo ingresos y gastos.

La facturación del arrendamiento del local deberá hacerse a partir de este momento a la comunidad de bienes, que se habrá tenido que dar de alta en el censo de empresarios o profesionales y dispondrá de su NIF. Dicha comunidad, en tanto que sujeto pasivo de IVA, será la que podrá deducir el IVA que soporte por el arrendamiento, no ya sus componentes, que han perdido la condición de empresarios o profesionales a los efectos del IVA en favor de la comunidad.

Pregunta
¿Qué contenido tienen los duplicados de las facturas? 17750

El mismo que el **documento original**. No en vano, se trata de documentos duplicados, por lo que, como se desprende de este calificativo, su contenido ha de ser equivalente al de los documentos originales.
Hay que señalar, no obstante, que el Rgto Fac art.14.4 obliga a que en dichos documentos se haga contar la expresión «duplicado». Es la única particularidad de estos documentos.

Pregunta
¿Qué eficacia tienen los duplicados de las facturas? 17752

La misma que los **documentos originales**, tal y como indica expresamente el Rgto Fac art.14.3. Por consiguiente, estos documentos son válidos como justificantes del derecho a la deducción en los mismos términos que los documentos originales.

F. Facturas rectificativas

Pregunta
¿Cuándo hay que expedir una factura rectificativa? 17760

La expedición de facturas rectificativas es **preceptiva** en dos supuestos distintos (Rgto Fac art.15):
a) Cuando la factura originalmente expedida no cumple los requisitos o exigencias que establece el Rgto Fac, es decir, cuando dicha factura tiene algún error.
b) Cuando se haya repercutido el IVA erróneamente o se modifique la base imponible (ver preguntas nº 6660 s.), en cuyo caso habrá que rectificar igualmente la repercusión, ello a través de la correspondiente factura rectificativa.

Ejemplos **1)** Un empresario dedicado a la venta de material de oficina remite una factura a uno de sus clientes. Recibida esta, el cliente le indica que ha consignado erróneamente su NIF, por lo que le pide que le remita una factura corregida. 17762
Este es uno de los supuestos en que ha de expedirse una factura rectificativa, a partir de la cual el destinatario de la operación podrá deducir el IVA sin mayor problema.

2) Una empresa que vende compuestos químicos remite una partida de mercancía a uno de sus clientes por valor de 200.000 €. La mercancía se acompaña de la correspondiente factura, en la que se repercuten los 42.000 € de IVA correspondientes a la operación. La empresa adquirente del producto detecta algunas anomalías en una parte del mismo, ante la cual la empresa proveedora le concede un descuento del 10% del importe del pedido. 17764
La concesión de este descuento debe documentarse en una factura rectificativa, a partir de la cual la base imponible de la operación quede reducida a 180.000 € y el IVA a 37.800 €.

Pregunta
¿Es posible expedir facturas simplificadas rectificativas? 17766

Sí, en los mismos términos que facturas completas rectificativas. Hay que tener en cuenta, sin embargo, que las **exigencias documentales** que se establecen para unas y otras, respectivamente, en el Rgto Fac art.7 (ver pregunta nº 17596) y en el Rgto Fac art.6 (ver preguntas nº 17630 s.) son distintas.

17768

Pregunta
¿Hay que expedir necesariamente factura rectificativa en los supuestos de devolución de mercancía, envases o embalajes?

No. Por excepción a la obligación establecida con carácter general para cualquier supuesto de modificación de la base imponible – la devolución de mercancías, envases y embalajes da lugar a la citada modificación–, se permite que en estos supuestos no se expida factura rectificativa, siempre que se cumplan ciertos **requisitos**, que son los siguientes (Rgto Fac art.15.2):
a) Que la devolución se realice con ocasión de un posterior suministro que tenga el mismo destinatario.
b) Que por la operación en la que se entregaron se hubiese expedido factura.
c) Que el tipo impositivo aplicable a todas las operaciones sea el mismo, con independencia de que su resultado sea positivo o negativo.
Cumplidas estas condiciones, la rectificación del IVA se puede realizar en la factura que se expida por el citado suministro, restando el importe de las mercancías o de los envases y embalajes devueltos del importe de dicha operación posterior. La misma norma especifica que este modo de rectificación se puede aplicar con independencia de que su resultado sea positivo o negativo.
Es importante añadir que las facturas así emitidas, con independencia de su signo, no son facturas rectificativas sino facturas ordinarias a las que se añade esta información adicional.

17770 Ejemplo Un productor de quesos suministra producto a un restaurante con periodicidad mensual. Cada vez que el repartidor visita el restaurante, atiende el pedido que este le realiza y retira el producto que está cercano a su caducidad para su reciclado.
El 15-3-N el repartidor visita el restaurante, entrega producto por importe de 1.200 € y retira otro por valor de 150 €.
La forma de rectificación que establece el Rgto Fac art.15.2 párrafo 2º lo que permite es que en la factura que documenta la entrega de producto por 1.200 € se resten los 150 € que corresponden a la devolución de producto. Con esta resta, lo que ocurriría es que se facturaría la diferencia, esto es, 1.200 – 150 = 1.050 €, con su IVA correspondiente. Nótese que, tratándose del mismo producto, el tipo impositivo aplicable es el mismo. Igualmente, hay que señalar que este modo de rectificación sería válido incluso en el supuesto de que el valor de la mercancía devuelta fuera superior al de la mercancía que se entrega en el posterior suministro, lo que resultaría en una factura de importes negativos.

17772

Pregunta
¿Cuál es el plazo para la expedición de facturas rectificativas?

Las facturas rectificativas han de expedirse tan pronto **se tenga constancia** de que concurren las circunstancias que, conforme al Rgto Fac art.15.1 y 15.2, obligan a su expedición (ver pregunta nº 17760). Desde este punto de vista, no existe, como tal, un plazo dentro del cual haya de procederse a la citada expedición.
El Rgto Fac art.15.3, en consonancia con la LIVA art.89.Uno párrafo 2º, señala que la citada rectificación ya no será procedente cuando hayan transcurrido **4 años** desde el momento en que se devengó el impuesto o, en su caso, se produjeron las circunstancias a que se refiere la LIVA art.80 en cuanto a la modificación de la base imponible del IVA.
Es importante señalar que este plazo no indica el período de tiempo dentro del cual el empresario o profesional decide si expide o no la factura rectificativa, ya que la citada expedición es **obligatoria** desde el mismo momento en que se tenga constancia de que concurren las circunstancias que obligan a su expedición. Lo que indica este plazo es el período transcurrido el cual ya no es preceptiva la citada rectificación. Esto ha de ponerse en relación con las posibilidades de actuación administrativa para la regularización de la situación tributaria del sujeto pasivo, que se limitan,

de manera aproximada, a este plazo. Una vez han pasado los 4 años que se vienen señalando, cabe entender que ha **prescrito el derecho** de la Administración para regularizar la situación del sujeto pasivo y, en consecuencia, ha cesado en sus efectos la obligación de expedición de factura rectificativa que establece el Rgto Fac art.15.

Ejemplo Una empresa que se dedica a la venta de material de bellas artes a profesionales ha venido aplicando el tipo reducido a las ventas realizadas a uno de sus clientes, que es un prestigioso artista. Así lo ha hecho durante los últimos 10 años. A finales del año N la empresa se da cuenta de su error, por lo que se propone la rectificación de las cuotas repercutidas al artista, el cual inicialmente se resiste, pero transige cuando cae en la cuenta de que puede recuperar este IVA con las facturas rectificativas que recibirá. 17775
La rectificación que se propone la empresa es ajustada a derecho; no obstante, hay que tener en cuenta que la misma tendrá como límite los 4 años hacia atrás que establece la LIVA art.89.Uno y el Rgto Fac art.15.3. Huelga decir que en caso de que esta empresa pretendiera el ingreso de cuotas tributarias de más de 4 años de antigüedad, la AEAT debería rechazarlo, ya que se trataría de cuotas prescritas (LGT art.69.2).

Pregunta 17780
¿Cuáles son los datos que han de constar ordinariamente en una factura rectificativa?

De acuerdo con el Rgto Fac art.15.5, la factura rectificativa deberá cumplir los requisitos que se establecen en el Rgto Fac art.6 (ver preguntas nº 17630 s.) o Rgto Fac art.7 (ver pregunta nº 17596), según proceda.
Por excepción a lo anterior:
a) Si lo que se expide es una **factura completa** rectificativa, los datos a los que se refiere el Rgto Fac art.6.1.f), g) y h) expresarán la rectificación efectuada. En particular, los datos que se regulan en los párrafos f) y h) se podrán consignar, bien indicando directamente el importe de la rectificación, con independencia de su signo, bien tal y como queden tras la rectificación efectuada, señalando igualmente en este caso el importe de dicha rectificación. Con este inciso, se permite que las facturas rectificativas que documentan correcciones en la base imponible de las operaciones realicen dicha documentación consignando únicamente los datos de la rectificación o indicando adicionalmente el importe final de los datos tras la rectificación.
b) Si lo que se expide es una **factura simplificada** rectificativa, la referencia la hace la norma a los datos que se señalan en el Rgto Fac art.7.1.f) y g) y 2.b, que se podrán expresar indicando directamente el importe de la rectificación o bien tal y como quedan después de la rectificación, indicando asimismo el importe de esta.
Adicionalmente, la factura rectificativa ha de identificar los **documentos** a los que se refiere la rectificación (ver pregunta nº 17784). Hay que tener en cuenta que con la entrada en vigor del nuevo Rgto Fac ha desaparecido la obligación de especificar, en las facturas rectificativas, su condición de tales así como la causa de la rectificación.
Adicionalmente, hay que tener en cuenta que si la factura rectificativa se pretende hacer valer para la **modificación de la base imponible**, en la misma se ha de hacer constar la fecha o fechas de las facturas rectificadas (RIVA art.24.2.a.2º.a').

Ejemplo Una empresa que suministra material de oficina remite una partida de papel a un cliente por importe de 5.000 €. Una parte del papel llega a las instalaciones del cliente en condiciones defectuosas, por lo que acuerda la concesión de un descuento por el 5% del importe de la operación, esto es, por 250 €. 17782
La documentación del descuento se puede realizar a través de un documento en el que se consignan directamente los datos de la rectificación:
- menor base imponible: – 250 €;
- tipo impositivo: 21%;
- menor cuota tributaria: – 52,50 €.

Alternativamente, se puede indicar el importe de la operación tras la rectificación:
- base imponible: 4.750 €, rectificación – 250 €;
- tipo impositivo: 21%;
- cuota tributaria: 997,50 €, rectificación – 52,50 €.

Por último, y probablemente esta es la práctica más habitual, la empresa podría:
- emitir una nota de abono por –5.000 € de base imponible y –1.050 € de IVA;
- a continuación, emitir una nueva factura por +4.750 € de base imponible y +997,50 € de IVA.

17784

Pregunta
¿Cuál es la información adicional que ha de constar en una factura rectificativa respecto a una factura ordinaria?

La única información adicional que ha de constar en las facturas rectificativas es la identificación de los **documentos a los que se refiere la rectificación**. Esta identificación, razonablemente, ha de efectuarse a través de la indicación del número y serie del documento o documentos a los que se refiera la rectificación.
Aunque no hay ninguna referencia sobre el particular en la norma, es de suponer que en la descripción de las operaciones se haga alguna referencia a las circunstancias o **causas** de la rectificación. No obstante, se trata de una información no obligatoria.
Interesa destacar que, en particular, no es obligatorio que las facturas rectificativas se denominen como tales, esto es, rectificativas.

17788

Pregunta
¿Se puede proceder a la rectificación de facturas mediante la expedición de facturas simplificadas rectificativas?

Sí. De hecho, este es uno de los supuestos en los que procede la expedición de facturas simplificadas (Rgto Fac art.4.1). En su caso, la información que hay que hacer constar en la factura simplificada rectificativa es la que dispone el Rgto Fac art.7 (ver pregunta nº 17596), añadiendo la identificación de las facturas a las que se refiere la identificación.
Hay que tener en cuenta que para estas facturas simplificadas no hay ningún **límite cuantitativo**, por lo que cabe su expedición en cualquier supuesto, aunque dentro de los parámetros que establece el Rgto Fac para la expedición de facturas rectificativas.

17790

Pregunta
¿Las facturas rectificativas han de expedirse en serie separada?

Sí. Así lo establece expresamente el Rgto Fac art.6.1.a. Este aislamiento en la expedición de facturas se justifica por la **particularidad** de estos documentos, cuyo contenido es distinto al del resto de facturas expedidas por la empresa.

17792

Pregunta
¿Cómo se registran las facturas rectificativas?

Por **separado** respecto al resto de facturas expedidas. Así lo establece el RIVA art.63.6, que se refiere de modo expreso a los documentos que regula el Rgto Fac art.15. Del mismo modo que ocurre con las series de facturación, la particularidad de estos documentos justifica que se separen o aíslen del resto, de forma que su toma en consideración desde el punto de vista de su efecto en las autoliquidaciones de IVA se realice adecuadamente.
En cuanto a la **forma** en la que se ha de llevar a cabo la anotación registral, hay que tener en cuenta la forma en la que se haya expedido la factura y, en particular, el modo en el que se haya consignado la base imponible de las operaciones documentadas. En buena lógica, no se debe documentar de la misma manera una factura rectificativa en la cual una corrección en la base imponible se consigna directamen-

te que una en la cual lo que se consigna es el importe de la base imponible tal y como queda después de la rectificación.
Lo anterior ha de entenderse sin perjuicio de las peculiaridades correspondientes al registro de facturas rectificativas cuando se aplica el **SII** (ver pregunta nº 18095).

Ejemplo Retomemos el ejemplo de la pregunta nº 17782. La primera opción para la documentación del descuento era a través de un documento en el que se consignaban directamente los datos de la rectificación: 17794
- menor base imponible: – 250 €;
- tipo impositivo: 21%;
- menor cuota tributaria: – 52,50 €.

Si se optara por esta posibilidad, el registro directo de estas magnitudes parece lo correcto, ya que se trataría de cantidades que operarían contra las magnitudes positivas del periodo de liquidación de que se trate, por lo que el resultado de la liquidación por IVA sería el correcto.
En caso de que se optase por la segunda alternativa que se señaló, las cifras que resultarían serían las siguientes:
- base imponible: 4.750 €, rectificación – 250 €;
- tipo impositivo: 21%;
- cuota tributaria: 997,50 €, rectificación – 52,50 €.

En este caso, el registro de la rectificación debería tener en cuenta que la nueva base, tipo y cuota complementan los que ya se declararon, por lo que las magnitudes que hay que tomar en consideración desde el punto de vista liquidatorio son las correspondientes a la rectificación.
Por último, si se emitiera la nota de abono a la que nos referimos como tercera opción, tendríamos una anotación en negativo de –5.000 € de base imponible y –1.050 € de IVA y una anotación en positivo de 4.750 € de base imponible y 997,50 de IVA.

Pregunta 17796
¿Cuáles son los datos que han de constar en una factura simplificada rectificativa?

De acuerdo con el Rgto Fac art.15.5, cuando lo que se expida sea una factura simplificada rectificativa, esta deberá cumplir los requisitos que establece el Rgto Fac art.7 (ver pregunta nº 17596).
En este caso, los datos a los que se refiere el Rgto Fac art.7.1.f y g y 2.b han de expresar la rectificación efectuada, bien indicando directamente el importe de la rectificación, bien tal y como quedan tras la rectificación efectuada, señalando igualmente en este caso el importe de dicha rectificación.
Se trata de un **contenido** equivalente al que se ha señalado anteriormente para las facturas rectificativas, aunque referido al contenido de las facturas simplificadas.

Pregunta 17798
¿Se pueden rectificar varias facturas en una única factura rectificativa?

Sí. El Rgto Fac art.15.4 prevé de forma expresa esta posibilidad, siempre y cuando en el documento de rectificación se identifiquen todos y cada uno de los documentos a los que se refiere la rectificación.

Pregunta 17800
¿Hay alguna excepción a la obligación de identificación de los documentos que se rectifican en una factura rectificativa?

Sí. El Rgto Fac art.15.4 señala, en principio, la obligación de identificar todos y cada uno de los documentos a los que se refiera una factura rectificativa. No obstante, este mismo precepto establece que cuando la modificación de la base imponible tenga su origen en la concesión de **descuentos o bonificaciones por volumen de operaciones**, así como en los demás casos en que así se autorice por el Departa-

mento de Gestión Tributaria de la AEAT, no será necesaria la identificación de las facturas rectificadas, bastando la determinación del periodo a que se refieran.
El Departamento de Gestión Tributaria de la AEAT podrá autorizar otros procedimientos de rectificación de facturas, previa solicitud de los interesados, cuando quede justificado por las prácticas comerciales o administrativas del sector de actividad de que se trate.

17804

Pregunta
¿Son facturas rectificativas las que se expiden para sustituir facturas simplificadas expedidas con anterioridad?

No. Así lo señala el Rgto Fac art.15.6, conforme al cual únicamente tendrán la consideración de facturas rectificativas las que se expidan por alguna de las causas previstas en el citado precepto, según el cual, en particular, las facturas que se expidan en sustitución de facturas simplificadas expedidas con anterioridad no tendrán la condición de rectificativas, siempre que los documentos expedidos en su día cumpliesen los **requisitos** establecidos en el Rgto Fac art.7.

17806

Pregunta
¿Cómo se expiden las facturas rectificativas por descuentos?

En los términos establecidos por el Rgto Fac, teniendo en cuenta que este es uno de los supuestos más habituales de expedición de facturas rectificativas.
En la siguiente factura rectificativa se documenta un descuento de 1.000 euros.

FACTURA número	00002-R
SERIE	Rectificativas
FECHA EXPEDICIÓN	30-04-N
FECHA OPERACIÓN	30-04-N
EXPEDIDOR	DESTINATARIO
ZZ, SL A282222333 Calle Sánchez, 7 28001 (Madrid)	YY A28234567 Calle Martínez, 85 28002 (Madrid)
DESCRIPCIÓN OPERACIONES	IMPORTES (€)
Descuento respecto de la factura 0000987-N	
BASE IMPONIBLE	-1.000 €
TIPO IMPOSITIVO	21%
CUOTA IVA	-210 €
IMPORTE TOTAL	-1.210 €
OBSERVACIONES	
Modificación de la base imponible del IVA conforme a la LIVA art.80.Uno.2º	

Adicionalmente, hay que tener en cuenta que las magnitudes relativas a base imponible, tipo y cuota se pueden consignar bien por diferencia a los importes de la rectificación, bien por referencia a cómo quedan tras la misma (ver pregunta nº 17780).
En el ejemplo, por razones de simplificación, se ha optado por la primera alternativa.
De igual modo, se puede emitir una nota de abono por el importe inicial completo de la factura a la que se refiere el descuento y después emitir la factura con el descuento ya aplicado.

Pregunta 17808
¿Cómo se expiden las facturas rectificativas correspondientes a rappels o descuentos por compras?

En términos análogos a las facturas por descuentos, aunque con la diferencia de que en este caso la identificación de las facturas a las que se refiera la rectificación se puede realizar mencionando el periodo de referencia. El siguiente, en el que se documenta un rappel por compras de un valor de 5.000 euros, puede ser un ejemplo:

FACTURA número	00004-R
SERIE	Rectificativas
FECHA EXPEDICIÓN	30-04-N
FECHA OPERACIÓN	30-04-N
EXPEDIDOR	DESTINATARIO
ZZ, SL A282222333 Calle Sánchez, 7 28028 (Madrid)	YY A28234567 Calle Martínez, 85 28047 (Madrid)
DESCRIPCIÓN OPERACIONES	IMPORTES (€)
Rappel por compras correspondiente al año N	
BASE IMPONIBLE	-5.000 €
TIPO IMPOSITIVO	21%
CUOTA IVA	-1.050
IMPORTE TOTAL	-6.050 €
OBSERVACIONES	
Modificación de la base imponible del IVA conforme a la LIVA art.80.Uno.2º	

Adicionalmente, hay que tener en cuenta que las magnitudes relativas a base imponible, tipo y cuota se pueden consignar bien por diferencia a los importes de la rectificación, bien por referencia a cómo quedan tras la misma (ver pregunta nº 17780). En el ejemplo, por razones de simplificación, se ha optado por la primera alternativa. Habida cuenta del número de facturas que puede dar lugar a un rappel por volumen de operaciones, en estos casos es menos habitual el abono de las facturas iniciales y emisión de nuevas facturas con el rappel ya aplicado.

Pregunta 17810
¿Cómo se expiden las facturas rectificativas por devolución de envases, embalajes o mercancías?

Hay dos posibilidades:

a) La primera, ya explicada en la pregunta nº 17768, consiste en la no expedición de la factura rectificativa y la rectificación en una factura por un suministro posterior.

b) La segunda es la rectificación de la factura que se expidió por el suministro inicialmente realizado. Un ejemplo de esta segunda modalidad sería el siguiente (devolución de envases por importe de 200 euros):

FACTURA número	00006-R
SERIE	Rectificativas
FECHA EXPEDICIÓN	30-04-N
FECHA OPERACIÓN	30-04-N
EXPEDIDOR	DESTINATARIO
ZZ, SL A282222333 Calle Sánchez, 7 28028 (Madrid)	YY A28234567 Calle Martínez, 85 28047 (Madrid)
DESCRIPCIÓN OPERACIONES	IMPORTES (€)
Rectificación por devolución de envases por importe de 200 €. Rectificación de la factura 000153-(N-1)	
BASE IMPONIBLE	-200 €
TIPO IMPOSITIVO	21%
CUOTA IVA	-42 €
IMPORTE TOTAL	-242 €
OBSERVACIONES	
Modificación de la base imponible del IVA conforme a la LIVA art.80.Uno.1º	

17818

Pregunta
¿Cómo se expiden las facturas rectificativas por impagados?

La particularidad de estas facturas consiste en que en ellas la cuota de IVA se elimina de la factura, pero no el importe del crédito principal, al cual cabe suponer que el empresario o profesional que ha realizado la operación no está dispuesto a renunciar.
Un ejemplo de factura que se podría expedir en estas circunstancias es el siguiente:

FACTURA número	00008-R
SERIE	Rectificativas
FECHA EXPEDICIÓN	30-04-N
FECHA OPERACIÓN	30-04-N
EXPEDIDOR	DESTINATARIO
ZZ, SL A282222333 Calle Sánchez, 7 28028 (Madrid)	YY A28234567 Calle Martínez, 85 28047 (Madrid)
DESCRIPCIÓN OPERACIONES	IMPORTES (€)
Rectificación por declaración de concurso mediante auto de 15-3-N del Juzgado de primera instancia e instrucción nº w de Madrid. Rectificación de la factura 000153-(N-1), expedida el 14-3-(N-1)	
BASE IMPONIBLE	5.000 €
TIPO IMPOSITIVO	21%
CUOTA IVA	-
IMPORTE TOTAL	5.000 €
OBSERVACIONES	
Modificación de la base imponible del IVA conforme a la LIVA art.80.Tres	

IV. Facturación y regímenes especiales de IVA

Pregunta 17825
¿Cuándo tiene que expedir factura por sus operaciones un empresario o profesional acogido al régimen simplificado del IVA?

De acuerdo con el Rgto Fac art.3.1.c, no existe obligación de expedir factura para documentar las operaciones realizadas por empresarios o profesionales en el desarrollo de actividades por las que se encuentren acogidos al régimen simplificado del IVA. No obstante, estos empresarios o profesionales deben de expedir factura en todo caso por las operaciones que se citan en el Rgto Fac art.2.2, que son las que se analizan en las preguntas nº 17528 a nº 17548.
Igualmente, estos empresarios han de expedir factura en relación con las operaciones que se realicen en el desarrollo de actividades para las cuales la determinación de las cuotas devengadas se efectúe en atención al **volumen de ingresos**. Del mismo modo, deben expedir factura por las **transmisiones de activos fijos** a que se refiere la LIVA art.123.Uno.B.3º.
Las facturas que expidan estos empresarios o profesionales serán facturas ordinarias, esto es, facturas sin diferencias respecto a las expedidas por otros empresarios o profesionales.

Ejemplo Un ingeniero que trabaja por cuenta propia contrata a un pequeño contratista para que le realice una reforma del estudio en el que trabaja. El presupuesto de obra asciende a 15.000 €. 17828
Considerando que el cliente, el ingeniero, es un empresario o profesional actuando como tal, el contratista está obligado a la expedición de una factura que cumpla el total de los requisitos establecidos al efecto (Rgto Fac art.2.2.a). En esta factura se tendrá que repercutir el IVA al tipo que corresponda, con independencia de que la cantidad que efectivamente ingrese el contratista sea la que resulte de la aplicación de los índices o módulos a su actividad.

Pregunta 17830
¿Cuándo tiene que expedir factura un empresario o profesional que aplica el régimen especial del recargo de equivalencia?

No hay obligación de expedir factura por las operaciones realizadas por empresarios o profesionales en el desarrollo de actividades a las que sea de aplicación el régimen especial del recargo de equivalencia (Rgto Fac art.3.1.b). Esta medida de simplificación tiene a su vez **excepciones**, que son las siguientes:

a) Operaciones citadas en el Rgto Fac art.2.2, que son las que se analizan en las preguntas nº 17528 a nº 17548.

b) Las entregas de inmuebles sujetas y no exentas al impuesto.

c) Los supuestos en que el régimen de determinación de los rendimientos de las actividades respectivas en el IRPF sea el régimen de estimación directa en cualquiera de sus modalidades, normal o simplificada. Así se deduce de lo dispuesto por el Rgto Fac art.26.

Considerando que las operaciones realizadas para otros empresarios o profesionales han de ser facturadas en todo caso, la única diferencia a la que se llega en función del régimen de determinación de rendimientos en el IRPF es que si este es el de estimación objetiva, entonces no es obligatorio expedir documento alguno por las operaciones que se realicen con particulares, mientras que si el régimen de determinación del rendimiento en IRPF es el de estimación directa, entonces las operaciones han de documentarse, normalmente mediante la expedición de facturas simplificadas.
Hay que añadir que los empresarios o profesionales que efectúen entregas de bienes en las que deba repercutirse el recargo de equivalencia, a los minoristas en este régimen especial, deben en todo caso expedir facturas separadas para documentar

dichas entregas, consignando en las mismas el **tipo del recargo** que se haya aplicado y su importe.
Los comerciantes minoristas acogidos al régimen especial del recargo de equivalencia que realicen simultáneamente actividades empresariales o profesionales en otros sectores de la actividad empresarial o profesional deben tener documentadas en facturas diferentes las adquisiciones de mercaderías destinadas respectivamente a las actividades incluidas en dicho régimen y al resto de actividades (Rgto Fac art.16.4).

17833 Ejemplo El titular de un quiosco de prensa, que tributa en IRPF en régimen de estimación objetiva, vende un periódico a un particular. Tratándose de una operación realizada por un empresario o profesional en el desarrollo de una actividad a la que resulta de aplicación el régimen especial del recargo de equivalencia, este empresario o profesional no tendrá obligación de expedir factura para su documentación.
El mismo empresario o profesional vende diariamente la prensa a un vecino que es titular de un bar y que utiliza los periódicos en el desarrollo de su actividad. En este caso, aunque quien realiza la operación está acogido al recargo de equivalencia, al ser su cliente un empresario o profesional que actúa como tal, está obligado a expedir factura (Rgto Fac art.2.2.a), aunque podrá cumplir esta obligación mediante la expedición de una factura simplificada.

17835

Pregunta
¿Cuándo están obligados a documentar sus operaciones los empresarios que aplican el REAGP?

Conforme al Rgto Fac art.3.3, no están obligados a expedir factura los empresarios o profesionales por las operaciones realizadas en el desarrollo de las actividades por las que se encuentren acogidos al REAGP.
Esta extraordinaria simplificación ha de entenderse también sin perjuicio de lo dispuesto en el Rgto Fac art.16.1, relativo a los recibos en que se documentan las compensaciones del REAGP.
En todo caso **debe expedirse** factura:
a) Por las entregas de inmuebles a que se refiere la LIVA art.129.Uno, párrafo 2º (ver pregunta nº 15207).
b) Cuando el régimen de estimación de rendimientos en IRPF sea el de estimación directa. Con la actual redacción de la LIVA art.124, cabe la posibilidad de que existan contribuyentes en REAGP en IVA y en régimen de estimación directa en IRPF cuando dichos contribuyentes hayan quedado excluidos del citado régimen de estimación en IRPF, ya que para este caso la coordinación entre el REAGP y el de estimación objetiva en IRPF no se produce. Esta exclusión se refiere a las actividades pesqueras, dentro de las que el sector más importante es el de las piscifactorías, incluidas en el REAGP (con excepción de la pesca marítima) pero no en el régimen de estimación objetiva del IRPF. Las operaciones realizadas en el desarrollo de dichas actividades han de ser facturadas en todo caso. Hay que tener en cuenta que en la inmensa mayoría de las ocasiones estas operaciones van a ser realizadas para otros empresarios o profesionales, adquirentes del pescado, por lo que la obligación de facturación viene impuesta por la obligación de expedir factura siempre que el cliente es empresario o profesional actuando como tal.
Al margen de los supuestos en que se expide el recibo de la compensación agraria, las facturas que expiden estos empresarios o profesionales son facturas ordinarias, equivalentes a las expedidas por cualesquiera otros empresarios o profesionales.

17837

Pregunta
¿Qué contenido tiene el recibo de la compensación agraria?

Desde el punto de vista formal, el elemento fundamental en el pago de la compensación es el recibo en el que se documenta la misma. Son los empresarios o profesionales que, de acuerdo con lo dispuesto en la LIVA art.131.2º, deban efectuar el reintegro de las compensaciones al adquirir los bienes o servicios a personas acogidas al REAGP, los que deben expedir el recibo correspondiente a dichas operaciones.

Los recibos deben contener los **datos** o requisitos siguientes (Rgto Fac art.16.1):

a) **Serie y número**. La numeración de los recibos dentro de cada serie es correlativa. Considerando que son los empresarios o profesionales adquirentes de los bienes o servicios quienes proceden a la expedición de los recibos, la numeración correlativa ha de referirse a dichos empresarios o profesionales y no a los titulares de las explotaciones agrarias que reciben las compensaciones; no obstante, nada impide que se expidan las facturas en series separadas, incluso estableciendo una distinta por cada proveedor.

b) **Precio de los bienes o servicios**. Este precio de venta es la base de cálculo del importe de la compensación.

c) **Porcentaje de compensación aplicado**. El importe de la compensación es la cantidad resultante de aplicar al precio de venta de los productos naturales entregados o de los servicios prestados el porcentaje que proceda (LIVA art.130.Cinco):

- el 12%, en las entregas de productos naturales obtenidos en explotaciones agrícolas o forestales y en los servicios de carácter accesorio de dichas explotaciones;
- el 10,5%, en las entregas de productos naturales obtenidos en explotaciones ganaderas o pesqueras y en los servicios accesorios de dichas explotaciones.

d) **Firma del titular de la explotación**. La DGT ha señalado que esta firma puede ser sustituida por la de la persona designada por dicho sujeto pasivo como su representante a tal fin, debiéndose en tal caso hacer referencia expresa a dicha circunstancia (DGT 13-5-03, entre otras).

e) **Nombre y apellidos, razón o denominación social** completa, NIF y domicilio, tanto del obligado a su expedición como del titular de la explotación agrícola, ganadera, forestal o pesquera.

f) **Descripción de los bienes entregados o de los servicios prestados**, así como el lugar y fecha de realización material y efectiva de las operaciones.

g) **Importe de la compensación**. Este importe se obtiene de la multiplicación del porcentaje de compensación que resulte aplicable por el precio de venta de los productos naturales o los servicios correspondientes.

Considerando que el RIVA art.48.2 flexibiliza por completo el pago de la compensación, que se puede pagar de forma fraccionada, ha de entenderse que esta flexibilización alcanza a la expedición del recibo en el que se justifica el mismo. No obstante, es importante que en todo caso dicho recibo se expida en el momento del cobro de la compensación, sea total o parcial. Interesa destacar que el reintegro de las compensaciones puede efectuarse, mediando acuerdo entre los interesados, en el momento del cobro total o parcial del precio correspondiente a los bienes o servicios de que se trate y en proporción a ellos.

Ejemplo Don José Sánchez Pérez es titular de una explotación en la que se cultivan ciruelas. El 15-6-N realiza una entrega de mercancía a una empresa conservera que le adquiere una parte muy significativa de su producción. El precio pactado para la operación es de 70 céntimos/kg., comprometiéndose Don José a la recolección de la fruta por sus propios medios. La empresa procede al pago del precio y de la compensación correspondiente el 25-7-N. El recibo que habrá que expedir para la documentación de la operación será el siguiente. 17840

Recibo Nº 1050/N
Adquirente: Empresa A, Carretera C-960, Km. 25, 71050, Valencia, NIF A-7534545
Agricultor: D. José Sánchez Pérez, C/Pérez 88, 28.001 Madrid, NIF 12.345.678
Firma:
Producto: 50.000 kgs. de ciruelas
Lugar de entrega: La misma explotación.
Fecha: 25-7-N
Precio: 70 céntimos/kg.
Total a pagar: 70 c/kg. × 50.000 kgs. = 35.000 €.
Compensación REAGP; 0,12 × 35.000 € = 4.200 €.
Total a pagar = 39.200 €.

17842

Pregunta

¿Cómo se documentan las adquisiciones que realizan los empresarios o profesionales que aplican el régimen especial de los bienes usados, objetos de arte, antigüedades y objetos de colección?

Para las adquisiciones realizadas por los empresarios o profesionales que apliquen este régimen especial, se establece la obligación de expedir un documento que justifique cada una de las adquisiciones efectuadas a quienes no tengan la condición de empresarios o profesionales actuando como tales (Rgto Fac art.16.2). De no ser por esta previsión, los referidos empresarios o profesionales se verían ante la imposibilidad de justificar el valor de compra de los bienes respectivos, por lo que no podrían calcular su margen comercial.
Este **documento de compra**, que no tiene la condición de factura a estos efectos, ya que ni se expide por una operación realizada por un empresario o profesional ni justifica la repercusión de cuota alguna de IVA, debe ser firmado por el transmitente y contiene los datos y requisitos a que se refiere el Rgto Fac art.6.1.
Hay que tener en cuenta que cuando los bienes concernidos han sido adquiridos a otros empresarios o profesionales, la factura expedida por estos la que opera como justificante formal del importe de la adquisición.

17844 Ejemplo Un empresario dedicado a la compraventa de automóviles adquiere un vehículo a un particular. El precio pactado para la operación es de 8.000 €. Con posterioridad, este revendedor procede a la venta del vehículo por 12.400 €. No se ha incurrido en gasto alguno para la reparación del vehículo, ya que se encontraba en perfectas condiciones.
El documento que habrá de expedir el revendedor en nombre del particular que procede a la venta del vehículo es el siguiente:

FACTURA número	001
FECHA EXPEDICIÓN	31-01-N
FECHA OPERACIÓN	31-01-N
EXPEDIDOR	DESTINATARIO
XX 78222555 Calle Sánchez, 25 28001 (Madrid)	ZZ, SL B28333111 Calle Pérez, 7 28002 (Madrid)
DESCRIPCIÓN OPERACIONES	IMPORTE (€)
Entrega vehículo NNNN, Matrícula xxx	8.000 €
BASE IMPONIBLE	-
TIPO IMPOSITIVO	-
CUOTA DE IVA	-
IMPORTE TOTAL	8.000 €

La factura que habría de expedir el revendedor, supuesto que aplique el régimen especial a la operación, sería del siguiente tenor:

FACTURA número	0085-N
SERIE	Principal
FECHA EXPEDICIÓN	31-03-N
FECHA OPERACIÓN	31-03-N
EXPEDIDOR	DESTINATARIO
ZZ, SL B28333111 Calle Pérez, 7 28028 (Madrid)	YY Calle Rodríguez, 25 28047 (Madrid)
DESCRIPCIÓN OPERACIONES	IMPORTE (€)
Entrega vehículo MMMM, Matrícula xxx	
BASE IMPONIBLE	-
TIPO IMPOSITIVO	-
CUOTA IVA	-
IMPORTE TOTAL (IVA incluido)	12.400 €
OBSERVACIONES	
Operación realizada con aplicación del régimen especial de bienes usados, LIVA art.135 s.	

En esta factura no consta firma alguna, ya que se trata de una factura ordinaria. Asimismo, hay que destacar que no consta en esta factura de forma expresa el IVA repercutido, ya que lo impide la LIVA art.138.
Podemos plantearnos el caso de que para esta operación se renunciase al régimen especial. En tal caso, la factura que habría de expedirse podría ser la siguiente:

BASE IMPONIBLE	12.400 €
TIPO IMPOSITIVO	21%
CUOTA IVA	2.604 €
IMPORTE TOTAL	15.004 €
OBSERVACIONES	

Pregunta 17846
¿Cómo se expiden las facturas que documentan las operaciones a las que se aplica el régimen especial de los bienes usados, objetos de arte, antigüedades y objetos de colección?

En las facturas que expidan los **sujetos pasivos revendedores** por las entregas sometidas al régimen especial debe hacerse constar esta circunstancia (Rgto Fac art.16.2.b). La norma no distingue, por lo que también en las facturas que documenten entregas de bienes con destino a otros Estados comunitarios a las que se aplique el régimen especial ha de hacerse constar esta circunstancia.
Este requisito se justifica por el hecho de que para estas operaciones no se aplica el conocido esquema de EIB exenta en origen y AIB sujeta en destino aunque se realicen entre empresarios o profesionales. Así lo dispone la LIVA art.13.1º.b), que señala que **no** hay AIB **sujeta** cuando la entrega en origen tributó conforme a este régimen especial, por lo que el adquirente necesita saber que la entrega ha tributado en origen conforme al citado régimen especial.

En las facturas que expidan los sujetos pasivos revendedores por las entregas sometidas al régimen especial no pueden consignar separadamente la cuota del IVA repercutida, debiendo entenderse esta comprendida en el precio total de la operación (LIVA art.138).
Interesa destacar que este régimen especial es susceptible de renuncia operación a operación (LIVA art.120.Cuatro párrafo 2º). De ser este el caso, en la factura que se expida deberá repercutirse el IVA por separado respecto al precio, ya que en esta hipótesis lo que ocurre es que se está aplicando el régimen general del IVA (ello sin perjuicio de que, si se trata de una EIB, la operación esté exenta). Obviamente, en tal caso no debería hacerse referencia en factura al régimen especial.

17850

Pregunta
¿Existe alguna especialidad relativa a la facturación cuando se aplica el régimen especial de las agencias de viajes?

En las operaciones a las que resulte aplicable el régimen especial de las agencias de viajes, los sujetos pasivos no están obligados a consignar por separado en la factura que expidan la cuota repercutida, debiendo entenderse el IVA, en su caso, incluido en el **precio de la operación**.
En todo caso, en las facturas en las que se documenten operaciones a las que sea de aplicación este régimen especial deberá hacerse constar la mención al mismo (Rgto Fac art.6.1.n) para facturas completas y para facturas simplificadas (Rgto Fac art.7.1.i).
Cabe la **renuncia** al régimen especial cuando los destinatarios de las operaciones sean otros empresarios o profesionales con derecho a la deducción o devolución del impuesto. De ser este el caso, debería aplicarse el IVA con normalidad, al tipo impositivo que corresponda, y abstenerse de cualquier mención al régimen especial.
Esta opción por el régimen especial debe **comunicarse** por escrito al destinatario de la operación, con carácter previo o simultáneo a la prestación de los servicios de hospedaje, transporte u otros accesorios o complementarios a los mismos (RIVA art.52). Se presumirá realizada la comunicación cuando la factura que se expida no contenga la mención al régimen especial antes referida.

17855

Pregunta
¿Hay alguna especialidad en cuanto a facturación cuando se aplica el régimen especial de las operaciones con oro de inversión?

El Rgto Fac no hace referencia alguna sobre el particular; no obstante, considerando que únicamente se excepciona la obligación de expedir factura en supuestos tasados, entre los que no se incluyen las entregas de oro de inversión, exentas o no, se puede concluir que se trata de operaciones por las que la expedición de factura es obligatoria.
Conviene recordar que las copias de las facturas correspondientes a operaciones con oro de inversión han de **conservarse** durante un plazo específico previsto por la LIVA art.140 sexies, que es de 5 años.

17858

Pregunta
¿Hay alguna especialidad en cuanto a facturación cuando se aplica el régimen especial de ventanilla única?

Los empresarios o profesionales que apliquen este régimen especial están obligados a expedir y entregar factura conforme a lo que se determine reglamentariamente (LIVA art.163 duovicies.Uno.f).
En relación con las **ventas a distancia intracomunitarias de bienes**, para el caso de que sea España el Estado de identificación, el Rgto Fac art.2.3.a) obliga a emitir factura en todo caso por estas operaciones. Esto significa que las ventas a distancia

intracomunitarias de bienes realizadas desde el TIVA deben documentarse en todo caso en factura.
Por su parte, el Rgto Fac dispone la **imposibilidad de emitir factura simplificada** para las ventas a distancia intracomunitarias de bienes localizadas en el TIVA según la LIVA art.68.Tres.a) (ver preguntas nº 13410 s.), salvo que el empresario o profesional que las realiza se acoja al régimen de la Unión de la ventanilla única, en cuyo caso sí que es posible.
Respecto a las **prestaciones de servicios** que se pueden declarar a través del régimen de ventanilla única no hay especialidad alguna, por lo que debe emitirse factura completa por ellas.

Pregunta 17860
¿Hay alguna especialidad en cuanto a facturación cuando se aplica el régimen especial de los grupos de IVA?

La facturación de las operaciones realizadas por empresarios o profesionales que aplican el régimen especial de grupos en su nivel básico no presenta ninguna particularidad.
Cuando se aplica el **nivel avanzado** del régimen especial sí que hay dos peculiaridades que se deben tener en cuenta.
a) En primer lugar, hay que señalar que, conforme al RIVA art.61 quinquies.Dos, las operaciones intragrupo que se realicen entre entidades que apliquen el citado nivel avanzado deberán documentarse en **factura completa**, esto es, mediante la expedición de una factura que contenga toda la información que se establece en el Rgto Fac art.6. No cabe, por tanto, la documentación en factura simplificada de estas operaciones.
Esta misma norma dispone que como base imponible de las citadas operaciones se deberá hacer constar tanto la que resulte de la aplicación de lo dispuesto en la LIVA art.163 octies.Uno, propia del régimen especial, como la que resultaría de la aplicación de lo dispuesto en la LIVA art.78 y 79, la correspondiente al régimen general del IVA, identificando la que corresponda a cada caso.
b) Estas facturas deberán expedirse en una serie especial y consignarse por separado, en su caso, en el Libro Registro de facturas expedidas.
c) El Respecto a la **renuncia a la exención** para las operaciones en las que se esté aplicando el nivel avanzado del régimen especial, esta se realizará mediante la expedición de una factura en la que conste la repercusión del impuesto, en su caso, y una referencia a la LIVA art.163 sexies.Cinco (RIVA art.61 quáter.2).

Pregunta 17865
¿Hay alguna especialidad para las facturas que expidan los sujetos pasivos acogidos al régimen especial del criterio de caja?

Si. En dichas facturas debe hacerse constar la mención «régimen especial del criterio de caja», y ello tanto si se trata de **facturas completas** como si estamos ante **facturas simplificadas** (Rgto Fac art.6.1.p y 7.1.i).

V. Remisión de la factura

A. Remisión ordinaria de facturas

17870

Pregunta
¿Es obligatorio remitir las facturas a los destinatarios de las operaciones?

Sí. Los originales de las facturas expedidas deben ser remitidos por los obligados a su expedición o en su nombre a los destinatarios de las operaciones que en ellos se documentan (Rgto Fac art.17).

Recordemos que lo que establece el Rgto Fac es la obligación de expedir original y copia. El **original** es el documento que se remite al destinatario de las operaciones y la **copia** es el documento que conserva el empresario o profesional que realizó la operación. Por esta razón, cuando la factura la expide el destinatario de la operación, en los términos que establece el Rgto Fac art.5, este conserva el original y remite la copia al empresario o profesional que realizó la operación.

17873

Pregunta
¿Cuál es el plazo para remitir las facturas a los destinatarios de las operaciones?

La obligación de remisión de las facturas debe cumplirse en el mismo momento de su expedición o bien, cuando el destinatario sea un empresario o profesional que actúe como tal, antes del día 16 del mes siguiente a aquél en que se haya producido el devengo del impuesto correspondiente a la citada operación (Rgto Fac art.18).

Se trata del mismo plazo que se tiene para la emisión de factura, por lo que, resumiendo, se puede afirmar que una vez producido el devengo de una operación, la factura correspondiente se tiene que emitir y remitir al destinatario antes del 16 del mes siguiente al del devengo.

Adicionalmente, se especifica que en el caso de las operaciones acogidas al **régimen especial del criterio de caja o** de **facturas rectificativas**, la remisión al destinatario debe realizarse antes del día 16 del mes siguiente a aquel en que se hubiera realizado la operación o se hubiera expedido la factura respectivamente.

17880

Pregunta
¿Cómo se puede cumplir la obligación de remisión de las facturas a los destinatarios de las operaciones?

La obligación de remisión de las facturas puede ser cumplida por **cualquier medio** y, en particular, por medios electrónicos (Rgto Fac art.8). Para este segundo supuesto, no obstante, se exige que el destinatario de la operación haya dado su **consentimiento**. Hay que tener en cuenta que la normativa sobre facturación vincula el consentimiento no ya a la remisión de las facturas por medios electrónicos sino a su expedición por dichos medios, si bien la misma norma define como **factura electrónica** la que haya sido expedida y recibida en formato electrónico (Rgto Fac art.9).

B. Remisión electrónica de facturas

17890

Pregunta
¿Qué se puede considerar como factura electrónica?

Es la factura que se ajusta a lo dispuesto por el Rgto Fac y que ha sido expedida y recibida en formato electrónico (Rgto Fac art.9).

Todas las referencias efectuadas en el Rgto Fac al concepto de factura deben entenderse realizadas al **documento original** en el soporte físico o electrónico creado por

el expedidor obligado a su realización y remitido o puesto a disposición del destinatario, con independencia de quien sea el expedidor material y siempre que cuente con los contenidos exigibles para dichos documentos (OM EHA/962/2007 art.1).
Téngase en cuenta que para facilitar las comprobaciones administrativas de los documentos que se regulan en la citada OM, se han de **conservar,** durante los plazos que resulten de la normativa tributaria, los datos en soporte informático legibles y tratables por otros sistemas informáticos distintos a aquellos que se utilizaron en su generación (OM EHA/962/2007 disp.adic.1ª).

17892

Pregunta
¿En qué consiste la remisión electrónica de facturas?

De entrada, hay que señalar que los originales de las facturas deben remitirse a los destinatarios de las operaciones, en los plazos establecidos al efecto (ver pregunta nº 17873), utilizando cualquier medio y, en particular, medios electrónicos.
En relación a la remisión por medios electrónicos, su utilización está condicionada al cumplimiento de los siguientes **requisitos**:
a) Debe existir el **consentimiento** del destinatario (Rgto Fac art.9). Si el destinatario comunica al proveedor su deseo de recibirlos en papel, este debe respetar el derecho de su cliente y proceder en el sentido solicitado a partir de la recepción de dicho comunicado.
b) Los medios electrónicos utilizados en la transmisión han de **garantizar** la autenticidad del origen, la integridad de su contenido y la legibilidad de las facturas así remitidas desde su fecha de expedición y durante todo el periodo de conservación (Rgto Fac art.8 y 10), requisitos que son comunes al total de las facturas expedidas, tanto en papel como por medios electrónicos.
En los **lotes** que incluyen varias facturas remitidas simultáneamente por medios electrónicos al mismo destinatario, los detalles comunes a las distintas facturas pueden mencionarse una sola vez, siempre que se tenga acceso para cada factura a la totalidad de la información (Rgto Fac art.10).

17895

Pregunta
¿Cuáles son los medios electrónicos admitidos para la remisión de facturas?

Cualesquiera admitidos en Derecho (Rgto Fac art.8.3). En particular, los siguientes (Rgto Fac art.10.1):
a) La **firma electrónica avanzada**.
b) El **intercambio electrónico de datos** (EDI).
c) Otros medios comunicados por los interesados a la AEAT con carácter previo a su utilización y validados por la misma.
Interesa destacar que la expedición de documentos en un soporte dado, en papel o electrónico, no condicionará el medio por el que deban remitirse en un momento ulterior al destinatario, o el medio por el que se deban remitir las facturas rectificativas relacionadas con aquellos, o los duplicados de facturas remitidas con anterioridad.

17898

Pregunta
¿Existe alguna particularidad en cuanto a las facturas recibidas por medios electrónicos de terceros países?

De entrada, en estos supuestos los requisitos son los mismos que se establecen para las facturas que se reciben desde España, dirigidos a garantizar la **autenticidad de origen y la integridad del contenido**. No obstante, debe tenerse en cuenta que si el sistema utilizado es la firma electrónica, esta deberá ser una **firma electrónica reconocida**.

Por tanto, el destinatario del documento deberá asegurarse, antes de aceptar la recepción, de que la firma electrónica utilizada es una firma electrónica reconocida. Asimismo, el destinatario deberá disponer del software de verificación de firma y del procedimiento que le permita comprobar la validez de los certificados extranjeros.
Lo anterior ha de entenderse, a partir de la dicción del Rgto Fac art.8.3, sin perjuicio de que los requisitos exigibles a cualquier factura en cuanto a autenticidad del origen e integridad del contenido se puedan validar por cualquier otro medio de prueba admitido en Derecho.

VI. Conservación de facturas y demás justificantes documentales

17910

Pregunta
¿Cuáles son los documentos que están obligados a conservar los empresarios o profesionales?

Los empresarios o profesionales, o los terceros que actúen en nombre y por cuenta de cualquiera de ellos, están obligados a conservar, durante el plazo de prescripción previsto en la LGT, los siguientes **documentos** (Rgto Fac art.19):
a) Las facturas recibidas.
b) Las copias o matrices de las facturas expedidas.
c) Los justificantes contables en los casos de inversión del sujeto pasivo en los que no se dispone de factura recibida.
d) Respecto al REAGP, los recibos a que se refiere el Rgto Fac art.16, el original por el expedidor y la copia por el titular de la explotación.
e) Los documentos en los que consta la liquidación del impuesto correspondiente a la realización de las importaciones, que son los que operan como justificantes del derecho a la deducción en este caso conforme a la redacción vigente de la LIVA art.97.Uno.
Hay que señalar que, aunque **un tercero** cumpla materialmente la obligación de conservar la documentación, el empresario o profesional o sujeto pasivo continúa siendo el **responsable del cumplimiento** de todas las obligaciones. Si el tercero no está establecido en la Comunidad, salvo que lo esté en Canarias, Ceuta o Melilla o en un país con el cual exista un instrumento jurídico de asistencia mutua equivalentes a los existentes dentro de la UE, la conservación por un tercero sólo es admisible si se ha comunicado previamente a la AEAT.
Interesa destacar que también están obligados a conservar esta documentación los empresarios o profesionales acogidos a los regímenes especiales del IVA.

17915

Pregunta
¿De qué forma han de conservarse los documentos a que se hace referencia en la pregunta anterior?

La conservación de los documentos, en papel o formato electrónico, enunciados debe hacerse de forma que permita **garantizar** al obligado a su conservación la autenticidad de su origen, la integridad de su contenido y su legibilidad, así como el **acceso** a ellos por parte de la Administración Tributaria sin demora, salvo causa debidamente justificada (Rgto Fac art.20 y 21).
Puesto que las facturas pueden expedirse por cualquier medio, en **papel o soporte electrónico**, los documentos expedidos podrán conservarse en cualquiera de dichos soportes. Lo relevante es la conservación del **contenido original** de las facturas, lo cual no implica necesariamente que deban conservarse en su soporte original (DGT CV 11-10-07; CV 30-10-08).
En particular, la conservación por medios electrónicos se deberá efectuar de manera que se asegure su legibilidad en el formato original en el que se hayan recibido o

remitido, así como, en su caso, la de los datos asociados y mecanismos de verificación de firma u otros elementos autorizados que garanticen la autenticidad de su origen y la integridad de su contenido. La Administración Tributaria podrá exigir en cualquier momento al remisor o receptor de los documentos su transformación en lenguaje legible (Rgto Fac art.21).
Los documentos conservados por medios electrónicos deberán ser gestionados y conservados por medios que garanticen un **acceso en línea** a los datos, así como su carga remota y utilización por parte de la Administración Tributaria ante cualquier solicitud de esta y sin demora injustificada. Se entenderá por acceso completo aquel que permita su visualización, búsqueda selectiva, copia o descarga en línea e impresión.
A tal efecto, la OM EHA/962/2007 art.6.2 admite como documentos originales los obtenidos mediante su conversión, por un proceso de **digitalización** certificada o mediante impresión en los términos de la propia OM.

Pregunta 17918
¿En qué lugar están obligados los empresarios o profesionales a conservar los documentos a los que se refiere el Rgto Fac art.19?

El lugar de conservación de la información relevante a los efectos del IVA puede ser determinado por el empresario o profesional o el sujeto pasivo obligado a dicha conservación, siempre que ponga toda la documentación o información así conservada a disposición del órgano de la Administración Tributaria que realice una actuación dirigida a la comprobación de su situación tributaria, ante cualquier solicitud de dicho órgano y sin demora injustificada (Rgto Fac art.22.1).
Es importante tener en cuenta que si la conservación se efectúa **fuera de España**, es necesario que se haga uso de medios electrónicos, ello en los términos que desarrolla la OM EHA/962/2007.

Pregunta 17920
¿Cuál es el plazo durante el cual se deben conservar los documentos a los que se hace referencia en el Rgto Fac art.19?

El de prescripción establecido en la LGT, que es, en principio, de 4 años (LGT art.66).
Hay que matizar que el **plazo de prescripción** de las obligaciones formales se extiende hasta el plazo de prescripción mercantil cuando lo que se trata es de verificar el cumplimiento de las obligaciones tributarias de terceros, tal y como dispone la LGT art.70. Esta previsión es especialmente relevante en el IVA, ya que puede ocurrir que la verificación del adecuado cumplimiento de las obligaciones tributarias de un empresario o profesional requiera de la comprobación de los documentos formales en posesión de alguno de sus clientes o proveedores. En relación con ellos, el plazo de prescripción es mercantil, de forma que, aunque no se haya interrumpido la prescripción tributaria frente a ellos, se les puede requerir la aportación de dichos documentos, siempre que no se haya agotado el plazo de prescripción mercantil.
Adicionalmente, hay que tener en cuenta que cuando las facturas recibidas o expedidas se refieran a adquisiciones por las cuales se hayan soportado o satisfecho cuotas del IVA cuya deducción esté sometida a un período de regularización, deben conservarse durante su correspondiente período de regularización y los 4 años siguientes (LIVA art.165.Uno).

VII. Supuestos especiales de facturación

17925

Pregunta
¿Qué supuestos u operaciones tienen reglas especiales en materia de facturación?

El Rgto Fac establece procedimientos específicos para ciertas clases de operaciones especiales, que son las siguientes:

a) Ciertas entregas de electricidad (ver pregunta nº 17928).

b) Ciertos supuestos retribuidos mediante tasas (ver pregunta nº 17932).

c) Determinados servicios comercializados por agencias de viajes actuando como comisionistas (ver pregunta nº 17935).

d) Facturación por la Comisión Nacional de Energía en nombre y por cuenta de los distribuidores y de los productores de energía eléctrica en régimen especial o de sus representantes (ver pregunta nº 17938).

17928

Pregunta
¿En qué consiste la especialidad de la facturación de ciertas entregas de electricidad?

Los intercambios de energía eléctrica asociados al mercado de producción de energía eléctrica referidos en L 24/2013 art.28 y 30 han de ser documentados según las **reglas** que se exponen a continuación:

a) Las entregas de energía eléctrica se deben documentar mediante facturas expedidas por el **operador de sistema** en nombre y por cuenta de las entidades suministradoras de la energía, con los requisitos y datos del Rgto Fac art.6.1, excepto la identificación del destinatario, que debe sustituirse por la identificación del operador del sistema. Este debe conservar el original de la factura expedida, que tiene la consideración de factura a todos los efectos legales y, remitir la copia al suministrador.

b) El operador del sistema debe expedir factura por las entregas efectuadas a cada **adquirente**, con todos los requisitos del Rgto Fac art.6.1, sustituyendo la identificación del expedidor por la del operador del sistema quien debe conservar copia de la factura, que tiene la consideración de factura a todos los efectos legales y, remitir el original a su destinatario.

El operador del sistema puede **habilitar a un tercero** para que se interponga como contraparte central entre las entidades suministradoras y las adquirentes de energía eléctrica. En tal caso, se sustituyen los datos relativos a la identificación del destinatario de la operación y del expedidor por los de dicho tercero habilitado como contraparte central, asumiendo este las obligaciones de facturación anteriores, asignadas al operador del sistema, que le haya habilitado para actuar como contraparte central.

17932

Pregunta
¿Qué particularidades existen en materia de facturación de servicios retribuidos mediante tasas, pero sujetos a IVA?

Se trata de la previsión que establece el RIVA disp.adic.6ª que no sólo afecta al régimen de facturación de las operaciones, sino que también incide en otros aspectos de las mismas.

De acuerdo con la citada disposición, los contribuyentes y los sustitutos del contribuyente, así como quienes vengan obligados legalmente en su plazo voluntario a recaudar, por cuenta del titular o del concesionario de un servicio o actividad pública, las tasas o precios que constituyan las contraprestaciones de las mismas estarán sometidos, cuando la operación esté sujeta al IVA, a las siguientes **obligaciones**:

a) Exigir el **importe del IVA** que grave la citada operación al contribuyente de la tasa o al usuario o destinatario del servicio o actividad de que se trate.

No se señala cuáles son las **operaciones** por las que los Entes públicos van a establecer tasas pero que, no obstante, están sujetas al tributo. Como es sabido, no están sujetas al IVA las operaciones realizadas por los Entes públicos sin contraprestación o con contraprestación de naturaleza tributaria, como son las tasas. Hay, sin embargo, ciertas excepciones o supuestos de sujeción.

b) Expedir la **factura** relativa a dicha operación, en nombre y por cuenta del sujeto pasivo del IVA. Esta obligación se cumplirá de acuerdo con lo establecido en el Rgto Fac. No obstante, el Departamento de Gestión Tributaria de la AEAT podrá autorizar fórmulas simplificadas para el cumplimiento de esta obligación.

c) Abonar al sujeto pasivo del IVA el importe que haya percibido por aplicación de lo previsto en la obligación a) anterior en la misma forma y plazos que los establecidos para el **ingreso** de la tasa o precio correspondiente.

En estos supuestos los usuarios o destinatarios del servicio o actividad están obligados a soportar la **traslación del IVA**.

Pregunta 17935

¿En qué condiciones pueden expedir factura las agencias de viajes cuando comercializan determinados servicios actuando como comisionistas en nombre ajeno?

Se expedirán de acuerdo a lo establecido en el Rgto Fac disp.adic.4ª las facturas que documenten las prestaciones de servicios en las que concurran los **requisitos** siguientes:

a) Que consistan en **prestaciones de servicios** en cuya contratación intervengan como mediadores en nombre y por cuenta ajena empresarios o profesionales que tengan la condición de agencias de viajes.

b) Que cualquiera que sea la **condición del destinatario**, solicite a la agencia de viajes la expedición de la factura correspondiente a tales servicios.

c) Que se trate de cualquiera de los siguientes **servicios**:

- transporte de viajeros y sus equipajes;
- hostelería, acampamento y balneario;
- restauración y catering;
- arrendamiento de medios de transporte a corto plazo;
- visitas a museos, galerías de arte, pinacotecas, monumentos, lugares históricos, jardines botánicos, parques zoológicos y parques naturales y otros espacios naturales protegidos de características similares;
- acceso a manifestaciones culturales, artísticas, deportivas, científicas, educativas, recreativas, ferias y exposiciones;
- seguros de viajes;
- servicios de viajes a los que sea de aplicación el régimen especial de las agencias de viajes.

Es fundamental no confundir este **régimen especial de facturación** con la facturación de las operaciones en las cuales es de aplicación el régimen especial de las agencias de viajes, que tiene como requisito la actuación de estas en nombre propio, situación por completo distinta, en la que la agencia de viajes actúa como comisionista en nombre ajeno.

Asimismo, hay que destacar que únicamente las operaciones que se acaban de señalar son tales que la **factura expedida por la agencia de viajes** se puede considerar como válidamente expedida y, en consecuencia, justificante válido del derecho a la deducción. En otro caso, salvo que se cumplan los requisitos establecidos en el Rgto Fac art.5, las facturas expedidas por dichas agencias por otros servicios no se podrán considerar como expedidas con arreglo a derecho y, en consecuencia, no serán justificantes válidos del derecho a la deducción.

Las facturas que se expidan conforme al Rgto Fac disp.adic.4ª, deberán contener los siguientes **datos** (sin perjuicio de la posibilidad de incluir cualesquiera otras menciones):

a) La indicación expresa de que se trata de una factura expedida conforme a lo previsto en dicha disposición.
b) Los datos y requisitos a que se refiere el Rgto Fac art.6 y 7. No obstante, como datos relativos al obligado a expedir la factura a que se refiere el Rgto Fac art.6.1.c, d y e y 7.1.d, se harán constar los relativos a la agencia de viajes, y no los correspondientes al empresario o profesional que presta el servicio a que se refiere la mediación.
c) Una referencia inequívoca que identifique todos y cada uno de los servicios documentados en ellas, así como las menciones a que se refiere el Rgto Fac art.6.1.c, d y e del destinatario de las operaciones. Asimismo, estas facturas deberán expedirse en serie separada del resto.
d) Estas facturas deberán expedirse en serie separada del resto.
La agencia de viajes puede documentar en una misma factura expedida por ella servicios prestados por distintos empresarios o profesionales a un mismo destinatario en el plazo máximo de un mes.
Es importante destacar que no se permite que la agencia de viajes proceda a la expedición del billete correspondiente al servicio de transporte ferroviario. En caso de que la empresa destinataria de estos servicios desee disponer de la factura correspondiente para la deducción de este gasto, habrá de dirigirse a la empresa que le haya prestado dicho servicio.
Sin perjuicio de lo establecido en los apartados anteriores, resultan aplicables a las facturas expedidas por las agencias de viajes las previsiones contenidas en el Rgto Fac.
Estas facturas deben anotarse en el **Libro Registro de facturas expedidas** de manera que los importes correspondientes a los transportes aéreos de pasajeros y de sus equipajes puedan ser diferenciados de los importes correspondientes a las comisiones por intermediación y de los importes correspondientes a operaciones recogidas en otros documentos o facturas distintas. Téngase en cuenta que se trata de facturas en las que se documentan operaciones cuyo IVA no ha de ser ingresado por la agencia de viajes; en particular, el impuesto correspondiente a los servicios de transporte aéreo, que son prestados por las compañías aéreas, habrá de ser ingresado por estas. Es lógico, pues, que estas facturas no estén anotadas de forma conjunta con las correspondientes al resto de operaciones realizadas por la agencia de viajes.

17938

Pregunta
¿En qué consiste la especialidad de la facturación por la Comisión Nacional de Energía en nombre y por cuenta de los distribuidores y de los productores de energía eléctrica en régimen especial o de sus representantes?

Un sistema equivalente al expuesto en la pregunta nº 17928 para ciertas entregas de electricidad, se ha establecido en relación con la función de liquidación y pago que el RD 661/2007 art.30 atribuye a la Comisión Nacional de Energía respecto de las primas equivalentes, las primas, los incentivos y los complementos que correspondan a los productores de electricidad en régimen especial (Rgto Fac disp.adic.6ª).

VIII. Facturación electrónica

17940

Pregunta
¿Existen otras disposiciones reguladoras de la facturación electrónica?

Sí. El Real Decreto por el que se aprueba el Reglamento que establece los requisitos que deben adoptar los sistemas y programas informáticos o electrónicos que soporten los procesos de facturación de empresarios y profesionales, y la estandarización de formatos de los registros de facturación (RD 1007/2023).

Es el más habitualmente conocido como **Reglamento Verifactu**.
Es importante no confundir lo anterior con la facturación electrónica obligatoria en las operaciones realizadas entre empresarios o profesionales, todavía no regulada a la fecha de cierre de esta edición.

17941

Pregunta
¿En qué consiste en Reglamento Verifactu?

Los sistemas informáticos de facturación a partir de la fecha de su aplicación (1-7-2025) deberán **garantizar** su integridad, conservación, accesibilidad, legibilidad, trazabilidad e inalterabilidad. Una vez generados y registrados, no podrán ser alterados sin que el sistema informático lo detecte y avise.
Asimismo, los registros deberán estar encadenados de manera que pueda verificarse su rastro siguiendo su secuencia de creación. Deberán contar con un registro de eventos que recoja las interacciones con el sistema, guardando los datos, que deberán poder ser consultados desde el propio sistema informático.
Para cumplir estas obligaciones, los sistemas informáticos de facturación deberán cumplir los siguientes **requisitos**:
a) Generar automáticamente un registro de facturación de alta, simultánea o inmediatamente anterior a la expedición de la factura.
b) Los registros de alta deberán incluir cierta información (básicamente el contenido del SII más algunos campos específicos). Los registros de anulación deberán incluir también algunos de los datos de los registros de alta, de modo que se asegure la trazabilidad de la cancelación en el sistema.
c) Todos los registros deberán incluir una huella o «hash» y ser firmados electrónicamente.

17942

Pregunta
¿Qué personas o entidades están obligadas por el Reglamento Verifactu?

Están **obligados** al Reglamento Verifactu los siguientes contribuyentes:
- los sujetos pasivos del IS, salvo las entidades totalmente exentas;
- los sujetos pasivos del IRPF que desarrollen actividades económicas;
- los sujetos pasivos del IRNR que obtengan rentas mediante establecimiento permanente;
- las entidades en régimen de atribución de rentas que desarrollen actividades económicas;
- los productores y comercializadores de los sistemas informáticos, que deberán incorporar en dichos sistemas una declaración responsable del cumplimiento de los requisitos.

El mismo Reglamento Verifactu establece que resultan **excluidos** del mismo:
- los empresarios o profesionales obligados al SII;
- las operaciones realizadas a través de establecimientos permanentes que se encuentren en el extranjero;
- las operaciones en los regímenes especiales del recargo de equivalencia y simplificado del IVA.

Adicionalmente, se puede solicitar su no aplicación a la Administración.

17943

Pregunta
¿Cómo funcionará la emisión de facturas una vez se aplique efectivamente el Reglamento Verifactu?

El **registro de facturación de alta** deberá tener un contenido específico, incluyendo el número y, en su caso, la serie, y la fecha de expedición de la factura que consta en el registro de facturación, de alta o de anulación, inmediatamente anterior, junto con parte de la huella o «hash» de dicho registro anterior.

Asimismo, deberá incluir el código de identificación del sistema utilizado, así como otros datos referentes a dicho sistema que genera el registro de facturación de alta que, además de servir para identificar al mencionado sistema informático, permitan conocer las características del mismo y de su instalación, junto con los datos identificativos del productor del sistema informático, y también la fecha, hora, minuto y segundo en que se genere el registro de facturación de alta.
Por último, deberá habilitarse la posibilidad de que los destinatarios, puedan remitir el contenido de la factura a la AEAT.

17944

Pregunta
¿Qué otras consecuencias tiene el Reglamento Verifactu?

La entrada en vigor del Reglamento Verifactu ha supuesto también la modificación del Rgto Fac. De este modo, a partir de la fecha de su aplicación, las **facturas expedidas** utilizando los nuevos sistemas informáticos deberán incluir:
a) La representación gráfica del contenido parcial de la factura mediante un código «QR». En el caso de que la factura sea electrónica, la representación gráfica podrá ser sustituida por el contenido que representa el código «QR».
b) Estas facturas, sean electrónicas o no, incorporarán además la frase «Factura verificable en la sede electrónica de la AEAT» o «VERI*FACTU» únicamente en aquellos casos en los que el sistema informático realice la remisión de todos los registros de facturación a la AEAT.

17945

Pregunta
¿Cuándo entra en vigor el Reglamento Verifactu?

El Reglamento Verifactu entró en vigor el 7-12-2023. No obstante, los contribuyentes deberán tener **operativos los sistemas informáticos** adaptados antes del 1-7-2025.
Por su parte, los productores y comercializadores de los sistemas informáticos deberán ofrecer sus productos adaptados en el plazo máximo de 9 meses desde la entrada en vigor de la orden ministerial de desarrollo (también la AEAT).

SECCIÓN 2

Libros Registro

17950

Pregunta
¿Cuál es la regulación de las obligaciones registrales correspondientes al IVA?

De entrada, hay que tener en cuenta que los sujetos pasivos están obligados a llevar la **contabilidad** y los **registros** que se establezcan en la forma definida reglamentariamente, sin perjuicio de lo dispuesto en el Código de Comercio y demás disposiciones contables y, en su caso, de lo establecido para los regímenes especiales del impuesto (LIVA art.164.Uno.4º).
Este mandato se complementa con la exigencia de que todas las operaciones realizadas por los sujetos pasivos en el ejercicio de sus actividades empresariales o profesionales deben contabilizarse o registrarse dentro de los plazos establecidos para la liquidación y pago del impuesto (LIVA art.166.Dos).
El desarrollo reglamentario de las obligaciones generales de registro en el IVA se contiene en el RIVA art.62 a 70.
La razón de ser de esta obligación es la de poder calcular, al final de cada período de liquidación, el importe de las cuotas de IVA devengado y soportado que determinan el importe a consignar en la autoliquidación que se presente. También debe permitir a la Administración Tributaria la comprobación de las operaciones realizadas por dichos empresarios o profesionales (RIVA art.67).

17952

Pregunta
Además de las obligaciones contables establecidas con carácter general, ¿están los empresarios o profesionales obligados al cumplimiento de obligaciones registrales específicas en el IVA?

La LIVA parece distinguir entre las obligaciones registrales propias del IVA y las obligaciones contables, al establecer la **doble obligación** de llevar la contabilidad y los registros correspondientes.
No obstante, hay que señalar que la misma LIVA no siempre se distingue entre unas y otras obligaciones, lo cual se explica por la distinta naturaleza de los sujetos pasivos del IVA, obligados o no a llevar contabilidad conforme al Código de Comercio según sus características específicas. Esto explica que en ocasiones se utilice una terminología una tanto imprecisa al regular estas cuestiones.
Por otra parte, y al objeto de simplificar, en la medida de lo posible, la presión fiscal indirecta de los empresarios o profesionales, se establece el principio general de que los libros o registros, incluidos los de carácter informático que, en cumplimiento de sus obligaciones fiscales o contables deban llevar los empresarios y profesionales y otros sujetos pasivos del IVA, pueden utilizarse a efectos de este impuesto, siempre que se ajusten a los requisitos establecidos al efecto (RIVA art.62.3).
Así, la DGT ha señalado que un obligado a llevar un libro de compras y gastos a efectos del IVA podrá utilizar dicho libro en sustitución del Libro Registro de facturas recibidas (DGT CV 23-2-05).

17954

Pregunta
¿Existe alguna indicación general en cuanto a la forma en la que se han de llevar los Libros Registro?

Sí. Han de tenerse en cuenta las siguientes reglas (RIVA art.68):
- los Libros Registro deben ser llevados, cualquiera que sea el procedimiento utilizado, con **claridad y exactitud**, por **orden** de fechas, sin espacios en blanco y sin interpolaciones, raspaduras ni tachaduras, debiendo salvarse a continuación, inmediatamente que se adviertan, los errores u omisiones padecidas en las anotaciones registrales;
- estos requisitos han de entenderse sin perjuicio de los posibles **espacios en blanco** en el Libro Registro de bienes de inversión, en previsión de la realización de los sucesivos cálculos y ajustes de la prorrata definitiva de cada año;
- en todo caso, las páginas de los libros han de estar **numeradas** correlativamente;
- las anotaciones registrales deberán hacerse expresando los valores en **euros**. Cuando la factura se hubiese expedido en una unidad de cuenta o divisa distinta del euro, tendrá que efectuarse la correspondiente conversión para su reflejo en los libros registro.

Las anteriores consideraciones no serán aplicables a las personas o entidades acogidas al **SII**, salvo la obligación de expresar los valores en euros.

17956

Pregunta
¿En qué moneda deben realizarse las anotaciones registrales?

Las anotaciones registrales deben hacerse expresando los valores en **euros**. Cuando la factura se hubiese expedido en una unidad de cuenta o divisa distinta del euro, tendrá que efectuarse la correspondiente **conversión** para su reflejo en los Libros Registro. Esto es así puesto que las autoliquidaciones de IVA se formulan en euros (RIVA art.68.1).
Debe recordarse que la cuota del IVA consignada en las facturas debe expresarse en euros con independencia de que el resto de magnitudes o importes se expresen en cualquier otra moneda, debiéndose, además, consignar la cuota que corresponda, en su caso, por cada tipo impositivo aplicado.

17958

Pregunta
¿Cuál es el plazo para la realización de las anotaciones registrales?

El RIVA art.69 trata esta cuestión.
En cuanto a las **facturas expedidas**, estas deben anotarse en el libro de facturas expedidas antes de la finalización del plazo para presentar las autoliquidaciones del IVA y efectuar el pago del tributo en período voluntario.
No obstante, las operaciones efectuadas por el sujeto pasivo respecto de las cuales no se expidan facturas o se expidiesen facturas simplificadas deberán anotarse en el plazo de 7 días a partir del momento de la realización de las operaciones o de la expedición de los documentos, siempre que este plazo sea menor que el señalado en el apartado anterior.
Para facturas y otros documentos recibidos, cabe considerar que deben anotarse en el Libro Registro de **facturas recibidas** dentro del período de liquidación en que proceda efectuar su deducción. La DGT ha señalado que la fecha para efectuar la anotación de las facturas recibidas será la correspondiente al día en que se reciban, con independencia de la fecha de expedición que figure consignada en ellas (DGT 5-2-04).
Finalmente, las **operaciones intracomunitarias** que han de anotarse en el libro de otras operaciones intracomunitarias (ver pregunta nº 18003) tiene un plazo específico de 7 días a partir del momento de inicio de la expedición o transporte de los bienes a que se refieran.
En cuanto a las particularidades en relación al régimen especial del **criterio de caja**, ver pregunta nº 17976.

17960

Pregunta
¿Cómo se rectifican las anotaciones registrales?

Cuando los empresarios o profesionales hubieran incurrido en algún **error material** al efectuar las anotaciones registrales deberán rectificarlas tan pronto tengan constancia de que se han producido. Esta rectificación debe efectuarse mediante una anotación o grupo de anotaciones que permita determinar, para cada período de liquidación, el correspondiente impuesto devengado y soportado, una vez practicada esta rectificación.
El RIVA art.70 se ocupa de regular la rectificación de las anotaciones registrales. A partir de este precepto, hay que distinguir entre el registro de las facturas rectificativas y la rectificación de una anotación registral que, en su momento, se efectuó de forma incorrecta, siendo este tipo de anotaciones a las que se refiere el citado precepto.
La misma norma dispone que en caso de tratarse de **bienes de inversión**, las rectificaciones, en lo que afecten a la regularización de las deducciones por adquisición de aquellos, se anotarán en el Libro Registro de bienes de inversión junto a la anotación del bien al que se refieran, debiendo identificarse como una rectificación.
La **forma** en la que se efectúen las anotaciones de rectificación depende en gran parte de los programas informáticos que utilicen los sujetos pasivos pero, en cualquier caso, han de respetar los aspectos básicos de las anotaciones registrales rectificativas, es decir, su anotación separada al final del período que corresponda, así como que las anotaciones registrales rectificativas efectuadas permitan determinar, para cada período de liquidación, el correspondiente impuesto devengado y soportado.
Adicionalmente, para las personas o entidades acogidas al **SII** se dispone que el suministro de los registros de facturación que recojan tales rectificaciones deberá realizarse antes del día 16 del mes siguiente al final del periodo en que el obligado tributario tenga constancia del error en que haya incurrido.

Pregunta 17965
¿Existe alguna posibilidad de obtener la concesión de medidas de simplificación, por parte de la Administración Tributaria, en relación con los Libros Registro de IVA?

Sí. El Departamento de Gestión Tributaria de la AEAT puede autorizar la sustitución de los Libros Registros, que con carácter general han de llevar los sujetos pasivos del IVA, por sistemas de registro diferentes, así como la modificación de los requisitos exigidos para las anotaciones registrales, siempre que respondan a la **organización administrativa y contable** de los empresarios o profesionales o sujetos pasivos y, al mismo tiempo, quede garantizada plenamente la **comprobación de sus obligaciones tributarias** por el IVA (RIVA art.62.5).

Pregunta 17968
¿Cuáles son los Libros Registro que hay que llevar a los efectos del IVA?

Con carácter general, los **Libros Registro** que han de llevar los empresarios o profesionales del IVA son los siguientes (RIVA art.62):
a) Libro Registro de facturas expedidas.
b) Libro Registro de facturas recibidas.
c) Libro Registro de bienes de inversión.
d) Libro Registro de determinadas operaciones intracomunitarias.
Los libros registro del IVA pueden llevarse de **forma informática**. Aunque existen **modelos** impresos de todos los libros registro del IVA, normalmente, los programas de contabilidad permiten generar, a partir de los asientos contables de las cuentas de IVA, el contenido de los libros registro de dicho impuesto, al menos de los libros registro de facturas expedidas y recibidas, que son los que soportan el mayor número de registros. Por esta razón es también importante tener en cuenta esta cuestión para evitar obligaciones formales innecesarias.
Hay que destacar que **no están obligados** a llevar todos los libros registro del IVA, establecidos con carácter general:
- los sujetos pasivos acogidos al régimen especial simplificado;
- los sujetos pasivos acogidos al REAGP;
- los sujetos pasivos que tributen por el régimen especial del recargo de equivalencia;
- las personas que realicen entregas intracomunitarias ocasionales de medios de transporte nuevos.

Pregunta 17970
¿Qué obligaciones registrales tienen los empresarios que aplican el régimen simplificado?

Los sujetos pasivos acogidos al régimen simplificado sólo tienen que cumplimentar las siguientes obligaciones registrales (RIVA art.40):
a) Llevar un **libro de facturas recibidas**. En dicho libro se anotan las facturas y documentos relativos a las adquisiciones e importaciones de bienes y servicios por los que se haya soportado o satisfecho el IVA y destinados a su utilización en las actividades por las que resulte aplicable el régimen especial.
También se anotan, con la debida separación, las importaciones y adquisiciones de activos fijos (LIVA art.123.Uno.B y C), haciéndose constar todos los datos necesarios para efectuar las regularizaciones que, en su caso, procedan.
En el caso de que los sujetos pasivos acogidos al régimen especial simplificado realicen otras actividades a las que no sea aplicable dicho régimen especial deben anotar con la debida separación las facturas correspondientes a cada actividad.

b) Llevar un **Libro Registro de operaciones** en el caso de ejercer una actividad cuyos índices o módulos se establezcan en función del volumen de operaciones realizadas deben llevar un Libro Registro de dichas operaciones.

17973

Pregunta
¿Qué obligaciones registrales tienen los empresarios que aplican el REAGP?

Los sujetos pasivos acogidos al REAGP sólo tienen que cumplimentar las siguientes obligaciones registrales (RIVA art.47):
a) Llevar un **Libro Registro de operaciones**. En dicho libro se anotan las operaciones comprendidas en el régimen especial. Debe tenerse en cuenta que los sujetos pasivos acogidos a dicho régimen especial no están obligados a expedir facturas por las operaciones acogidas al mismo. Por ello, lo que se anota en él son las operaciones.
b) Llevar un **Libro Registro de facturas recibidas**. Si realizan otras actividades a las que sea aplicable el régimen simplificado o del recargo de equivalencia, además de las que tributen por el REAGP, en el Libro Registro de facturas recibidas anotarán con la debida separación las facturas relativas a las actividades a las que sea aplicable el régimen especial.

17975

Pregunta
¿Qué obligaciones registrales tienen los empresarios que aplican el régimen del recargo de equivalencia?

Los sujetos pasivos que tributen por el régimen del recargo de equivalencia, si realizan otras actividades, a las que sean aplicables el REAGP o el régimen simplificado, además de las que tributen por el régimen especial del recargo de equivalencia, en el **Libro Registro de facturas recibidas** anotarán con la debida separación las facturas relativas a las actividades a las que sea aplicable el régimen especial (RIVA art.61.2.1º).

17976

Pregunta
¿Qué obligaciones registrales específicas tienen los empresarios o profesionales que apliquen el régimen especial del criterio de caja?

Los sujetos pasivos acogidos a este régimen especial tienen dos tipos de obligaciones registrales específicas, que son las siguientes (RIVA art.61.decies):
a) En el **Libro Registro de facturas expedidas**, deben incluir la siguiente información:
- las fechas de cobro, total o parcial, del precio de la operación, con indicación por separado del importe correspondiente, en su caso;
- la indicación de la cuenta bancaria o del medio de cobro utilizado que pueda acreditar el cobro total o parcial de la operación.

b) En el **Libro Registro de facturas recibidas,** deben hacer constar lo siguiente:
- las fechas de pago, total o parcial, del precio de la operación, con indicación por separado del importe correspondiente, en su caso;
- indicación del medio de pago por el que se satisface el importe parcial o total de la operación.

Adicionalmente, hay que tener en cuenta que los sujetos pasivos acogidos a este régimen especial deben realizar sus **anotaciones registrales** en los mismos **plazos** que resultarían aplicables en caso de que a las referidas operaciones no les hubiera sido aplicable el régimen especial (ver pregunta nº 17958), sin perjuicio de que las anotaciones hayan de completarse según se vayan realizado los cobros o pagos, totales o parciales, respectivos (RIVA art.69.5).

Pregunta
¿Qué ocurre cuando un empresario o profesional aplica o está acogido a varios de los regímenes especiales del IVA? 17978

Cuando un sujeto pasivo tribute simultáneamente por más de uno de los REAGP, o del recargo de equivalencia, en el libro de facturas recibidas se anotarán, separadamente, las operaciones relativas a cada **sector diferenciado**.
Si un sujeto pasivo tributa por uno cualquiera de dichos regímenes especiales y simultáneamente por cualquier otro régimen especial del IVA o en régimen general, deberá llevar todos los Libros Registros y anotar en el de facturas recibidas, de forma diferenciada, las correspondientes a dichos regímenes especiales.

Pregunta
¿Cuáles son los datos que han de constar en el Libro Registro de facturas expedidas? 17980

En el Libro Registro de facturas expedidas se anotan, **individualizadamente**, todas las facturas expedidas conforme a lo establecido en el Rgto Fac, consignando, para cada uno de dichos documentos, los siguientes **datos** (RIVA art.63):
- número y, en su caso, serie;
- fecha de expedición;
- fecha de realización de las operaciones, en el supuesto de que sea distinta de la anterior;
- nombre y apellidos, razón social o denominación completa y NIF del destinatario;
- base imponible de las operaciones, determinada conforme a la LIVA art.78 y 79;
- tipo impositivo y, opcionalmente también la expresión IVA incluido y, cuota tributaria, en su caso.

Cuando la operación se ha realizado conforme al régimen especial del criterio de caja, debe añadirse la siguiente información:
- las fechas de cobro, total o parcial, del precio de la operación, con indicación por separado del importe, en su caso;
- la cuenta bancaria o el medio de cobro utilizado, que pueda acreditar el cobro total o parcial del precio de la operación.

Es importante señalar que para las personas o entidades acogidas al **SII**, se exigen datos adicionales (ver pregunta nº 18075).

Pregunta
¿Se puede sustituir la anotación individualizada de las facturas por anotaciones conjuntas? 17982

Aunque el procedimiento general es que las facturas han de anotarse una por una, es decir, de forma individualizada, también está prevista su sustitución por la realización de **asientos resúmenes** (RIVA art.63.4).
La anotación individualizada de las facturas se podrá sustituir por la de asientos resúmenes, siempre que se cumplan simultáneamente los siguientes **requisitos**:
- que en las facturas expedidas no sea preceptiva la identificación del destinatario, conforme a lo dispuesto por el Rgto Fac;
- que el devengo de las operaciones documentadas se haya producido dentro del mismo mes natural.

Igualmente es válida la anotación de una misma factura en varios asientos correlativos cuando incluya operaciones que tributen a distintos tipos impositivos.
Interesa destacar que para dichos asientos resúmenes no hay **límite cuantitativo**.
En los citados asientos resúmenes han de constar de la siguiente **información**:
- la fecha en que se hayan expedido (anteriormente, se hacía referencia a la fecha o periodo de emisión, lo que abría la puerta a la inclusión de documentos emitidos en diferentes fechas, posibilidad que en la actualidad ya no existe);

- la base imponible global correspondiente a cada tipo impositivo;
- los tipos impositivos;
- la cuota global de facturas, numeradas correlativamente;
- los números inicial y final de los documentos anotados.

17985 **Pregunta**
¿Puede ocurrir que una factura ocupe varias anotaciones registrales en el Libro Registro de facturas expedidas?

Sí. Se permite el registro mediante varias anotaciones correlativas de una misma factura cuando esta incluya operaciones que tributen a **distintos tipos** impositivos (RIVA art.63.4).
Lo mismo cabría señalar, por analogía, cuando en una misma operación se documenten operaciones **sujetas y no exentas** y otras **sujetas pero exentas**, o operaciones **sujetas y no sujetas**.

17988 **Pregunta**
¿Hay facturas que se deban anotar por separado en el Libro Registro de facturas expedidas?

Sí. Hay que anotar por separado las **facturas rectificativas**, para lo que deben anotarse los mismos datos que los de las facturas rectificadas, si bien referidos a los que correspondan a las facturas rectificativas.

17990 **Pregunta**
¿Cuáles son los datos que han de constar en el Libro Registro de facturas recibidas?

Según el RIVA art.64, en el Libro Registro de facturas recibidas han de anotarse, **individualizadamente**, todas las facturas y documentos de aduanas correspondientes a los bienes adquiridos o importados y a los servicios recibidos en el desarrollo de la actividad empresarial o profesional. Dichos documentos deberán numerarse correlativamente según se reciban, pudiéndose realizar dicha **numeración** mediante series separadas, siempre que existan razones que lo justifiquen.
Para estos documentos, los **datos** que han de consignarse son los siguientes:
a) Su número de recepción.
b) La fecha de expedición, así como la fecha de realización de las operaciones, en caso de que sea distinta de la anterior y así conste en el citado documento.
c) El nombre y apellidos, razón social o denominación completa y número de identificación fiscal del obligado a su expedición.
d) La base imponible, determinada conforme a la LIVA art.78 y 79.
e) Tipo impositivo y cuota tributaria, en su caso.
f) Cuando la operación se ha realizado conforme al régimen especial del criterio de caja, debe añadirse la siguiente información:
- las fechas de pago, total o parcial, del precio de la operación, con indicación por separado del importe correspondiente, en su caso;
- indicación del medio de pago por el que se satisface el importe parcial o total de la operación.

En el caso de las facturas por EIB realizadas en otro Estado comunitario que den lugar a AIB localizadas en el TIVA, a los datos anteriores habrá que añadirles las cuotas tributarias correspondientes a las AIB a que den lugar las entregas en ellas documentadas, que habrán de calcularse al efecto. Otro tanto se establece para las facturas o justificantes contables que documentan operaciones a las que resulta aplicable la inversión del sujeto pasivo.

Pregunta 17992
¿Cómo se registran las facturas correspondientes a las EIB y a los supuestos en los que se aplique la inversión del sujeto pasivo?

En el **libro de facturas recibidas**, en el que se anotará la factura expedida por el empresario de otro Estado miembro que realiza una entrega exenta en dicho Estado, que da lugar a la AIB sujeta al IVA en el TIVA. Lo mismo se establece para las facturas o justificantes contables que sirven como justificante del derecho a la deducción en los supuestos de inversión del sujeto pasivo.
Hay que señalar que en la factura expedida por el empresario de otro Estado miembro no se habrá repercutido el IVA por tratarse de una entrega exenta en dicho Estado. Por ello, las cuotas tributarias correspondientes a las AIB sujetas al IVA español habrán de calcularse y consignarse en la anotación relativa a dichas facturas.
Recordemos que en la actualidad no existe obligación de expedir factura por las AIB.

Pregunta 17994
¿Cabe la realización de asientos resumen en el Libro Registro de facturas recibidas?

Sí. Puede hacerse un asiento resumen global de las facturas recibidas en una misma fecha, en el que han de constar (RIVA art.64.5):
a) Los números inicial y final de las facturas recibidas asignados por el destinatario, siempre que procedan de un único proveedor.
b) La suma global de la base imponible correspondiente a cada tipo impositivo y la cuota impositiva global.
Si las operaciones se encuentran afectadas por el **régimen especial del criterio de caja**, las siguientes menciones:
- las fechas de pago, total o parcial, del precio de la operación, con indicación por separado del importe correspondiente, en su caso;
- indicación del medio de pago por el que se satisface el importe parcial o total de la operación.

Para poder realizar estos asientos, se exige que el **importe total** conjunto de las operaciones, IVA no incluido, no exceda de 6.000 €, y que el importe de las operaciones documentadas en cada una de ellas no supere 500 €, IVA no incluido.

Pregunta 17996
¿Puede ocurrir que una factura ocupe varias anotaciones registrales en el Libro Registro de facturas recibidas?

Sí. Es válida la anotación de una misma factura en varios asientos correlativos cuando incluya operaciones que tributen a distintos tipos impositivos (RIVA art.64.5).

Pregunta 17998
¿Qué información ha de constar en el Libro Registro de bienes de inversión?

En este libro (RIVA art.65) los sujetos pasivos anotarán, debidamente individualizados, los **bienes** adquiridos por el empresario o profesional y que sean calificados como **de inversión** según la LIVA art.108.
Es importante señalar que únicamente tendrán que llevar este libro aquellos sujetos pasivos que tengan que practicar la **regularización de las deducciones** por bienes de inversión.
Puede ocurrir que las causas que motivan la práctica de la regularización de las cuotas soportadas por la adquisición de bienes de inversión no sean previsibles en el momento de su adquisición (cambios en la prorrata, enajenación de los bienes antes de que finalice el período de regularización, etc.). Por tanto, aunque en el momento

de su adquisición no exista la obligación de llevanza de dicho libro, sí es aconsejable tener previsto que dicha circunstancia sobrevenga en el futuro. Por ello es aconsejable disponer de la información necesaria para cumplimentar dicho libro.

Conviene recordar que, de acuerdo con la LIVA art.165.Uno, las facturas recibidas que se refieran a bienes de inversión por los cuales se hubieran soportado o satisfecho cuotas de IVA sometidas a un período de regularización deben conservarse durante el período de regularización correspondiente a dichas cuotas y los 4 años siguientes.

Para cada uno de los bienes anotados, se consignarán la fecha del comienzo de su utilización, la prorrata anual definitiva de cada año y la regularización anual, si procede, de las deducciones correspondientes a dicho bien.

En los casos de entregas de bienes de inversión durante el **período de regularización**, se darán de baja los bienes de inversión correspondientes, anotando la referencia a la consignación en el Libro Registro de facturas expedidas de la factura por dicha entrega, así como la regularización practicada conforme a la LIVA art.110.

18000 **Pregunta**

¿Los bienes de inversión han de anotarse también en el Libro Registro de facturas recibidas?

Sí, y ello por dos razones:

a) En primer lugar, porque la regulación del Libro Registro de facturas recibidas no contiene ninguna exclusión en relación con dichos bienes, por lo que, habida cuenta de su **generalidad**, parece clara la voluntad de la norma de obligar a la citada consignación.

b) Seguidamente, porque los **datos** que se contienen en los Libros Registro de facturas recibidas y de bienes de inversión son distintos y, por tanto, **complementarios**. En el Libro Registro de facturas recibidas lo que se anotan son los datos de la factura correspondiente a la adquisición del bien, mientras que en el Libro Registro de bienes de inversión lo que se anota son los datos relativos a las regularizaciones practicadas en relación con cada bien. Se trata de datos distintos y, como se ha dicho, complementarios.

18003 **Pregunta**

¿Qué información hay que anotar en el Libro Registro de determinadas operaciones intracomunitarias?

En este Libro Registro se han de anotar las siguientes operaciones (RIVA art.66):

a) El envío o recepción de bienes para la realización de los **informes periciales** o trabajos mencionados en la LIVA art.70.Uno.7º.b.

b) Las transferencias de bienes y las **AIB** comprendidas en la LIVA art.9.3º y 16.2º, así como las comprendidas en la LIVA art.9.3º.e), f) y g), que no tienen la consideración de transferencias de bienes (ver preguntas nº 13260 s.).

c) El envío o recepción de los bienes comprendidos en un acuerdo de **ventas de bienes en consigna** (ver pregunta nº 13320).

18005 **Pregunta**

¿Existen otras obligaciones registrales?

Sí. La tributación en alguno de los regímenes especiales del impuesto motiva, en el sujeto pasivo o en quien contrata con él, la obligación de llevar un registro especial de las facturas. Así, están obligados a llevar **Libros Registros especiales**:

a) Los adquirentes de bienes a sujetos pasivos acogidos al REAGP (ver pregunta nº 18008).

b) Los sujetos pasivos que tributen por el régimen especial de los bienes usados, objetos de arte, antigüedades y objetos de colección (ver pregunta nº 18010).

c) Los empresarios incluidos en el régimen especial de ventanilla única (ver pregunta nº 18014).

Los sujetos pasivos que tributen en los regímenes especiales de las agencias de viaje y del oro de inversión, aun cuando no están obligados a llevar ningún otro libro específico, sí deben realizar ciertas anotaciones adicionales en el Libro Registro de facturas recibidas.

Adicionalmente, hay que citar el sistema de información analítica que se establece para la gestión del régimen especial de los grupos de entidades cuando se aplica este régimen especial (ver pregunta nº 18016).

Pregunta 18008

¿Qué información ha de constar en el Libro Registro que han de llevar quienes adquieren sus productos a los empresarios que aplican el régimen especial de la agricultura?

Las **compensaciones consignadas** en los recibos, que deben expedir los empresarios que adquieren bienes a los sujetos pasivos acogidos a dicho régimen especial, sólo son deducibles cuando se ajusten a los requisitos establecidos para dichos documentos y se anotan en un libro especial que deben llevar dichos adquirentes, al cual le son aplicables los requisitos establecidos al efecto para el libro de facturas recibidas (RIVA art.49.2).

Pregunta 18010

¿Qué información ha de constar en el Libro Registro específico que están obligados a llevar los empresarios que apliquen el régimen especial de los bienes usados, objetos de arte, antigüedades y objetos de colección?

Los sujetos pasivos que apliquen este régimen especial están obligados a la llevanza de **dos libros registro específicos**, ello en función del régimen de determinación de la base imponible de las operaciones, individual o global (ver preguntas nº 15273 y nº 15282) (RIVA art.51).

a) Libro Registro para la determinación de la base imponible mediante el **margen de beneficio de cada operación**.

En este libro los sujetos pasivos deben anotar las adquisiciones, importaciones y entregas efectuadas a las que resulte aplicable la determinación de la base imponible mediante el margen de beneficio de cada operación. Este libro contendrá los siguientes **datos y requisitos**:

- descripción del bien adquirido o importado;
- número de factura o documento de compra o documento de importación de dicho bien;
- precio de compra;
- número de la factura expedida por el sujeto pasivo con ocasión de la transmisión de dicho bien;
- precio de venta;
- IVA correspondiente a la venta o, en su caso, indicación de la exención aplicada;
- indicación, en su caso, de la aplicación del régimen general en la entrega de los bienes.

b) Libro Registro para la determinación de la base imponible mediante el **margen de beneficio global.**

En este libro los sujetos pasivos deben anotar las adquisiciones, importaciones y entregas efectuadas a las que resulte aplicable la determinación de la base imponible mediante el margen de beneficio global. Este libro contendrá los siguientes **datos y requisitos**:

- descripción de los bienes adquiridos, importados o entregados en cada operación;
- número de factura o documento de compra o documento de importación de los bienes;
- precio de compra;

- número de factura emitida por el sujeto pasivo con ocasión de la transmisión de los bienes;
- precio de venta;
- indicación, en su caso, de la exención aplicada;
- valor de las existencias iniciales y finales correspondientes a cada año natural, a los efectos de practicar la regularización prevista en la LIVA art.137.Dos (ver pregunta nº 15282). Para el cálculo de estos valores se han de aplicar las normas de valoración establecidas en el PGC.

18014

Pregunta
¿Qué información ha de constar en el Libro Registro específico que están obligados a llevar los sujetos pasivos acogidos a la ventanilla única?

La prevista en el RIVA art.61 sexiesdecies, que obliga a distinguir:
a) Los empresarios y profesionales acogidos al **régimen exterior de la Unión y al régimen de la Unión** han de llevar un registro de las operaciones incluidas en estos regímenes especiales, con el detalle suficiente para que la Administración Tributaria del Estado miembro de consumo pueda comprobar los datos declarados. A tal efecto, dicho registro deberá contener la siguiente **información**:
- el Estado miembro de consumo en el que hayan realizado las operaciones;
- el tipo de prestación de servicios realizada o la descripción y la cantidad de los bienes entregados;
- la fecha de realización de la operación;
- la base imponible con indicación de la moneda utilizada;
- cualquier aumento o reducción posterior de la base imponible;
- el tipo del impuesto aplicado;
- el importe adeudado del impuesto con indicación de la moneda utilizada;
- la fecha y el importe de los pagos recibidos;
- cualquier anticipo recibido antes de la realización de la operación;
- la información contenida en la factura, en caso de que se haya emitido;
- la información utilizada para determinar el lugar de establecimiento del cliente, o su domicilio o residencia habitual, tratándose de prestaciones de servicios, y, en el caso de bienes, la información utilizada para determinar el lugar donde comienza y termina la expedición o el transporte de los mismos;
- cualquier prueba de posibles devoluciones de bienes, incluida la base imponible y el tipo del impuesto aplicado.

b) Los empresarios o profesionales, o los intermediarios que actúen por su cuenta, acogidos al **régimen de importación** deberán llevar un registro de las operaciones incluidas en este régimen especial con el detalle suficiente para que la Administración Tributaria del Estado miembro de consumo pueda comprobar los datos declardos. A tal efecto, dicho registro deberá contener la siguiente **información**:
- el Estado miembro de consumo en el que se entreguen los bienes;
- la descripción y la cantidad de los bienes entregados;
- la fecha de entrega de los bienes;
- la base imponible con indicación de la moneda utilizada;
- cualquier aumento o reducción posterior de la base imponible;
- el tipo del impuesto aplicado;
- el importe adeudado del impuesto con indicación de la moneda utilizada;
- la fecha y el importe de los pagos recibidos;
- la información contenida en la factura, en caso de que se haya emitido;
- la información utilizada para determinar el lugar donde comienza y termina la expedición o el transporte de los bienes con destino al cliente;
- cualquier prueba de posibles devoluciones de bienes, incluida la base imponible y el tipo del impuesto aplicado;
- el número de pedido o el número único de transacción;
- el número único de expedición cuando el empresario o profesional intervenga directamente en la entrega.

La misma norma dispone que toda esta información deberá conservarse de tal manera que permita su disposición por vía electrónica, de forma inmediata y por cada una de las operaciones realizadas y estará disponible tanto para el Estado miembro de consumo como para el Estado miembro de identificación.

Pregunta 18016
¿Qué información ha de hacerse constar en el sistema de información analítica del régimen especial de los grupos de entidades?

Cuando el grupo de entidades opte por la aplicación de lo dispuesto en la LIVA art.163 sexies.Cinco, la **entidad dominante** debe disponer de un sistema de información analítica cuyo contenido será el siguiente (RIVA art.61 quinquies.Uno):
a) La descripción de los **bienes y servicios** utilizados total o parcialmente, directa o indirectamente, en la realización de operaciones intragrupo y por los cuales se haya soportado o satisfecho el impuesto.
En esta relación se incluirán tanto los bienes y servicios adquiridos a terceros como aquellos otros que, sin haber sido adquiridos a terceros, hayan dado lugar a cuotas soportadas o satisfechas por cualquiera de las operaciones sujetas al impuesto.
b) El importe de la **base imponible** y de las cuotas soportadas o satisfechas por dichos bienes o servicios, conservando los justificantes documentales correspondientes.
c) El importe de las **cuotas deducidas** de las soportadas o satisfechas por dichos bienes y servicios, indicando la regla de prorrata, general o especial, aplicada por todas y cada una de las entidades que estén aplicando el régimen especial.
Para el caso de los bienes de inversión, se deberá consignar igualmente el importe de las regularizaciones practicadas, en su caso, en relación con los mismos, así como el inicio de su utilización efectiva.
d) Los criterios utilizados para la **imputación del coste** de dichos bienes y servicios a la base imponible de las operaciones intragrupo y al sector diferenciado constituido por dichas operaciones. Estos criterios deberán especificarse en una memoria, que formará parte del sistema de información, y deberán cuantificarse, siendo obligatoria la conservación de los justificantes formales de las magnitudes utilizadas, en su caso, durante todo el plazo durante el cual deba conservarse el sistema de información. Los citados criterios atenderán, siempre que sea posible, a la utilización real de los citados bienes y servicios en las operaciones intragrupo, sin perjuicio de la utilización de cualesquiera otros, como la imputación proporcional al valor normal de mercado de dichas operaciones en condiciones de libre competencia, cuando se trate de bienes y servicios cuya utilización real resulte imposible de concretar. Estos criterios podrán ser sometidos a la valoración previa de la Administración Tributaria. La misma norma prevé que el Ministro de Hacienda dicte las disposiciones necesarias para el desarrollo y aplicación de esta valoración previa, aunque se trata de una previsión que no se ha llevado a efecto.

SECCIÓN 3

Suministro Inmediato de Información

Pregunta 18050
¿En qué consiste el Suministro Inmediato de Información (SII)?

En la llevanza de los libros registro de IVA a través de la Sede electrónica de la AEAT mediante el **suministro electrónico de los registros de facturación** (RIVA art.62.6).
Los **libros** registro que se deben llevar de este modo son los siguientes:
a) Libro Registro de facturas expedidas.
b) Libro Registro de facturas recibidas.

c) Libro Registro de bienes de inversión.
d) Libro Registro de determinadas operaciones intracomunitarias.
El suministro electrónico de los registros de facturación se realizará a través de la Sede Electrónica de la AEAT mediante un servicio web o, en su caso, a través de un formulario electrónico, todo ello conforme con los campos de registro aprobados al respecto (OM HFP/417/2017).
Alternativamente, se puede definir el SII como la obligación de suministrar los registros de las facturas emitidas y recibidas conforme a los parámetros y procedimiento establecidos en la normativa que lo regula (RIVA y OM HFP/417/2017, principalmente).
Este mismo sistema se usa también en relación con los libros de bienes de inversión y de determinadas operaciones intracomunitarias.
El amparo legal de todas estas disposiciones se encuentra en la LGT art.29.3 párrafo 2º, que habilita la determinación de los casos en los que la aportación o llevanza de los libros registro se deba efectuar de forma periódica y por medios telemáticos.

18055

Pregunta
¿Quiénes están obligados a aplicar el SII?

Los empresarios o profesionales y otros sujetos pasivos que tengan un **periodo de liquidación mensual** (RIVA art.62.6) (ver pregunta nº 19205). Recordemos que se trata de grandes empresas, sujetos pasivos acogidos al régimen de devolución mensual o al régimen especial de grupos de entidades.
Adicionalmente, se admite que los demás empresarios o profesionales y demás sujetos pasivos opten por llevar a través del SII los libros registro citados en la pregunta anterior, así como los previstos en el RIVA art.40.1, relativo al régimen simplificado (ver pregunta nº 15112), RIVA art.47.2, relativo al REAGP (ver pregunta nº 15210), y RIVA art.61.2, relativo al régimen especial del recargo de equivalencia (ver pregunta nº 15400).
Esta opción se ejercita conforme a lo dispuesto por el RIVA art.68 bis.

18060

Pregunta
¿Qué consecuencias tiene, en relación con el resto de las declaraciones informativas, la aplicación del SII?

Los empresarios o profesionales que apliquen el SII **quedan relevados de** la presentación de:
a) La declaración-resumen anual, **modelo 390**. En su lugar, deberán completar los datos que se refieren en la parte final del modelo 303, a cumplimentar por los sujetos pasivos exonerados de la obligación de presentar el modelo 390.
b) La declaración anual de operaciones con terceras personas, **modelo 347**, ya que la información recogida en esta ya se contiene en los datos que se suministran a la Administración a través del SII.
Por el contrario, subiste la **obligación de** presentar la declaración recapitulativa de operaciones intracomunitarias, **modelo 349**, ello a pesar de que la información pueda resultar redundante con la que se suministra a través del SII.

18065

Pregunta
¿Cómo se suministra la información cuando se aplica el SII?

Cuando se aplica el SII la información se puede suministrar de dos **formas**, que son las siguientes:
a) A través de **mensajes XML** estructurados conforme a la OM HFP/417/2017 que transforman la información contenida en las facturas emitidas y recibidas y la remiten a la sede electrónica de la AEAT.

Estos mensajes tienen en formato y contenido que se regula en la citada orden y permiten la conexión entre los sistemas informáticos de los obligados tributarios que aplican el SII y la sede electrónica de la AEAT. Los programas informáticos disponibles para la gestión de la emisión y recepción de facturas, así como su contabilización, ya suelen incorporar los módulos necesarios para la producción masiva de los mensajes XML que acabamos de mencionar.

b) Alternativamente, mediante el **formulario web** disponible en la sede electrónica de la AEAT, en el cual los obligados tributarios pueden ir introduciendo los datos requeridos de forma manual. Este sistema es compatible con el anterior, de forma que cualquier obligado tributario puede utilizar los dos de forma simultánea.

Pregunta 18070

¿Cuál es el plazo del que se dispone para el suministro de la información?

El establecido en el RIVA art.69 bis, que distingue las siguientes situaciones:

a) Facturas expedidas: 4 días naturales desde la expedición de la factura, salvo que se trate de facturas expedidas por el destinatario o por un tercero, en cuyo caso dicho plazo será de 8 días naturales.

En ambos supuestos el suministro deberá realizarse antes del día 16 del mes siguiente al del devengo de la operación o la fecha en que se hubiera realizado para las no sujetas por las que se hubiera debido expedir factura. Recordemos que el plazo para la emisión de factura acaba el día 15 del mes siguiente al del devengo de la operación (ver pregunta nº 17700).

Cuando no proceda la emisión de factura rectificativa y deba anotarse en el Libro Registro de facturas expedidas las regularizaciones o ajustes de la base imponible y cuota calculadas inicialmente en operaciones acogidas al régimen especial de las agencias de viajes o al régimen especial de los bienes usados, objetos de arte, antigüedades y objetos de colección, consecuencia de descuentos u otras circunstancias posteriores al devengo, el registro de las anotaciones deberá realizarse antes del día 16 del mes siguiente a aquél en que se hayan advertido estas regularizaciones o ajustes.

b) Facturas recibidas: 4 días naturales desde la fecha en que se produzca su registro contable y, en todo caso, antes del día 16 del mes siguiente al periodo de liquidación en que se hayan incluido las operaciones correspondientes. En el caso operaciones de importación, los 4 días naturales se deberán computar desde que se produzca el registro contable del documento en el que conste la cuota liquidada por las aduanas y en todo caso antes del día 16 del mes siguiente al final del periodo al que se refiera la declaración en la que se hayan incluido.

Es importante, en relación con estas facturas, no confundir la fecha de registro contable, que es la fecha en la que se procede a la anotación de la factura en el sistema contable, con la fecha contable, que es la fecha en la que surte efecto el gasto correspondiente. La fecha relevante a este respecto es la fecha de registro contable, con independencia de la fecha a la que se impute el gasto así contabilizado.

c) Libro Registro de determinadas operaciones intracomunitarias: con carácter general, 4 días naturales desde el inicio de la expedición o transporte, o, en su caso, desde el momento de la recepción de los bienes a que se refieren. Para el caso de los depósitos en consigna, antes del día 16 del mes siguiente a la fecha de llegada de los bienes al almacén, de la puesta a disposición del adquirente o de la operación que deba registrarse.

d) Facturas rectificativas, expedidas y recibidas: 4 días naturales desde la fecha en que se produzca la expedición o el registro contable de la factura, respectivamente. No obstante, si la rectificación determine un incremento del importe de las cuotas inicialmente deducidas, el plazo será el previsto para las facturas recibidas.

e) Documento electrónico de reembolso (devoluciones a viajeros, ver pregunta nº 14170): antes del día 16 del mes siguiente al período de liquidación en que se incluya la rectificación correspondiente a la devolución.

A efectos del cómputo del plazo de 4 u 8 días naturales, se excluirán los sábados, los domingos y los declarados festivos nacionales.

El suministro de la información correspondiente a las operaciones a las que sea de aplicación el régimen especial del criterio de caja deberá realizarse en los anteriores plazos como si no les hubiera sido de aplicación dicho régimen especial, sin perjuicio de los datos que deban suministrarse en el momento en que se efectúen los cobros o pagos totales o parciales de las operaciones. La información correspondiente a los cobros y pagos se realizará en el plazo de 4 días naturales desde el cobro o pago correspondiente.

18075

Pregunta

¿Cuál es la información que se debe proporcionar en relación con las facturas emitidas?

De entrada, la información que hay que suministrar en relación con estas facturas es la prevista con carácter general para el Libro Registro de facturas emitidas (ver pregunta nº 17980).

Adicionalmente, se exige la siguiente **información complementaria** (RIVA art.63):

a) Tipo de factura expedida, indicando si se trata de una factura completa o simplificada. Adicionalmente, se prevé que la OM de desarrollo exija que se incluyan otras especificaciones que sirvan para identificar determinadas facturas, como las expedidas por terceros, así como la identificación de aquellos documentos electrónicos de reembolso, recibos y otros documentos (devoluciones a viajeros, recibos agrarios y justificantes de operaciones financieras y de seguros).

b) Identificación, en su caso, de si se trata de una rectificación registral (ver pregunta nº 17960).

c) Descripción de las operaciones.

d) En el caso de facturas rectificativas, su identificación como tales y la referencia a la factura rectificada o, en su caso, las especificaciones que se modifican.

e) En el caso de facturas que se expidan en sustitución o canje de facturas simplificadas, la referencia de la factura que se sustituye o de la que se canjea o, en su caso, las especificaciones que se sustituyen o canjean.

f) Las menciones al régimen especial del oro de inversión, al nivel avanzado del régimen de grupos, a la exención de las operaciones, a la emisión de factura por el cliente, la inversión del sujeto pasivo, la aplicación del régimen especial de las agencias de viajes, del régimen especial de los bienes usados, objetos de arte, antigüedades y objetos de colección o del régimen especial del criterio de caja.

g) Periodo de liquidación de las operaciones que se registran a que se refieren las facturas expedidas.

h) Indicación de que la operación no se encuentra, en su caso, sujeta al IVA.

i) En el caso de que la factura haya sido expedida en virtud de una autorización en materia de facturación, la referencia a la autorización concedida.

j) En el caso de las operaciones a las que sea de aplicación el régimen especial de las agencias de viajes o el régimen especial de los bienes usados, objetos de arte, antigüedades y objetos de colección, se deberá consignar el importe total de la operación.

Por último, se habilita para que, mediante OM, se pueda obligar al suministro de la información complementaria correspondiente a la declaración anual de operaciones con terceras personas (ver preguntas nº 19130 s.).

18080

Pregunta

¿Cuál es la información que se debe proporcionar en relación con las facturas recibidas?

De entrada, la información que hay que suministrar en relación con estas facturas es la prevista con carácter general para el Libro Registro de facturas recibidas (ver pregunta nº 17990).

Adicionalmente, se exige la siguiente **información complementaria** (RIVA art.64):
a) Número y, en su caso, serie que figure en la factura, que sustituirá al número de recepción utilizado por el resto de los contribuyentes.
b) Identificación, en su caso, de si se trata de una rectificación registral (ver pregunta nº 17960).
c) Descripción de las operaciones.
d) Las menciones al nivel avanzado del régimen de grupos, a la emisión de factura por el cliente, la inversión del sujeto pasivo, la aplicación del régimen especial de las agencias de viajes, del régimen especial de los bienes usados, objetos de arte, antigüedades y objetos de colección o del régimen especial del criterio de caja.
e) La cuota tributaria deducible en periodo de liquidación en que se realiza la anotación. Adicionalmente, se aclara que la se realizará de acuerdo con la LIVA art.105.Cuatro, 109, 110, 111 y 112, según corresponda, sin que ello implique la modificación de la cuota deducible registrada.
f) Periodo de liquidación en el que se registran las operaciones a que se refieren las facturas recibidas.
g) En el caso de las operaciones a las que sea de aplicación el régimen especial de las agencias de viajes o al régimen especial de los bienes usados, objetos de arte, antigüedades y objetos de colección, se deberá consignar el importe total de la operación.
En el supuesto de operaciones de importación, se consignará la fecha de contabilización de la operación y el número del correspondiente documento aduanero.
También en este caso se habilita para que, mediante OM, se pueda obligar al suministro de la información complementaria correspondiente a la declaración anual de operaciones con terceras personas (ver preguntas nº 19130 s.).

Pregunta 18085
¿Cómo se informa de las facturas completas?

Mediante **asientos ordinarios**, codificados como tales (tipo A0F1), en los que se proporciona la información exigible, según se trate de facturas emitidas o recibidas, conforme se explica en las preguntas nº 18075 y nº 18080.

Pregunta 18090
¿Cómo se informa de las facturas simplificadas?

Considerando que en estas facturas no se dispone de la información del destinatario (ver pregunta nº 17596), existe un tipo de **asiento** especial, A0F2, que permite suministrar la información sin adicionar datos del cliente.
Adicionalmente, se permite también la realización de **asientos resúmenes** (A0F4), en los que se pueden incluir todas las facturas simplificadas emitidas en un mismo día, limitándose la información al número y serie de la primera y la última de ellas.
Por último, existe también la clave F3, con la que se informan las facturas de canje, que son las facturas completas que se emiten en sustitución de facturas simplificadas emitidas con anterioridad (ver pregunta nº 17592).

Pregunta 18095
¿Cómo se informa de las facturas rectificativas?

Depende de la forma en la que se haga la rectificación:
a) En caso de que se emita una nota de abono, esta debe informarse con el signo de su emisión, en negativo, por referencia a la base y cuota que se rectifican, en su caso.
A continuación, la factura que se emita con los datos definitivos de la operación se informará como rectificativa, con una codificación especial que comienza por R (R1 con carácter general, R2 en caso de impago y concurso del destinatario, R3 para el

resto de los impagos, R4 cuando la rectificación ha de dar lugar a una autoliquidación rectificativa –ver pregunta nº 7505– y R5 para la emisión de facturas simplificadas rectificativas).
Esta es la que se conoce como **rectificación por sustitución**, lo que también debe indicarse.
b) Si la rectificación se hace directamente mediante la emisión del documento en el que se recoge la rectificación, este el único documento cuyos datos hay que proporcionar, con la misma clave que en el caso anterior (R1 a R5).
Esta es la que se conoce como **rectificación por diferencias**.

18100 **Pregunta**
¿Cómo se informa de las operaciones a las que se aplica la inversión del sujeto pasivo?

Depende del tipo de operación de que se trate.
Con **carácter general**, el destinatario que aplica la inversión del sujeto pasivo registrará los datos de la factura recibida consignando «Inversión Sujeto Pasivo», calculando y consignando el IVA correspondiente a dicha factura y el importe deducible.
Cuando se trate de AIB y adquisiciones intracomunitarias de servicios, el destinatario deberá anotar la factura recibida identificando al proveedor y especificando el tipo de operación de que se trata (existe una clave específica para ello). También en este caso se deberá calcular y consignar el IVA correspondiente a la factura, así como el IVA deducible, y cumplimentar el campo «Cuota Deducible».
En estos casos no se debe informar con el campo «inversión sujeto pasivo», que únicamente se utiliza en las operaciones distintas a las AIB y servicios.
En ninguno de estos supuestos se registrará dato alguno en el Libro Registro de Facturas Expedidas.

18105 **Pregunta**
¿Cómo se informa de las importaciones?

Con una clave específica, que es la de tipo de factura «F5». Deberán consignarse, como número de factura y fecha de expedición, el número de referencia que figura en el propio DUA o en el documento H7 –procedimiento simplificado– y la fecha de su admisión por la Administración Aduanera respectivamente.

18110 **Pregunta**
¿Qué otros libros, además de los de facturas expedidas y recibidas, hay que llevar a través del SII?

Los siguientes libros:
- el Libro Registro de bienes de inversión (ver pregunta nº 17998);
- el Libro Registro de determinadas operaciones intracomunitarias (ver pregunta nº 18003).

CAPÍTULO 16

La gestión del impuesto

19000

SECCIÓN 1

Introducción

19010

Pregunta
¿Qué relevancia tiene la gestión tributaria en el ámbito del IVA?

Es relevante, como se deriva del **especial mecanismo de funcionamiento** del tributo, en el que hay tres sujetos involucrados: la Administración Tributaria como sujeto activo, el empresario o profesional que entrega bienes o presta servicios y su cliente. Este especial modo de funcionamiento da lugar a que la gestión de este tributo se separe en ocasiones de las normas generales de la gestión tributaria, aplicables en otros ámbitos.
La regulación de esta cuestión se realiza en la LIVA art.164 a 168, desarrollados por el RIVA art.62 a 81. Adicionalmente, hay que citar otros desarrollos reglamentarios, como el que se realiza por el Rgto Fac, aprobado por el RD 1619/2012, o por el Reglamento General de Gestión e Inspección, aprobado por el RD 1065/2007, en adelante **RGGI**.
Adicionalmente, hay que tener en cuenta que existen otras obligaciones formales específicas desarrolladas a lo largo de la LIVA, privativas de los diferentes **regímenes especiales**, que se desarrollan en los epígrafes correspondientes a los mismos.

19015

Pregunta
¿Cuáles son las obligaciones que tienen los sujetos pasivos del IVA en relación con dicho tributo?

Las que establece la LIVA art.164.Uno, conforme al cual, en los términos y requisitos establecidos reglamentariamente, los sujetos pasivos del tributo han de cumplir las siguientes obligaciones:
a) Presentar declaraciones relativas al **comienzo, modificación y cese de las actividades** que determinen su sujeción al impuesto.
b) Solicitar de la Administración el **número de identificación fiscal** y comunicarlo y acreditarlo en los supuestos que se establezcan.
c) Expedir y entregar **factura** de todas sus operaciones, ajustada a lo que se determine reglamentariamente. Esta obligación se analiza detalladamente en el capítulo 15.
d) Llevar la **contabilidad** y los registros que se establezcan, sin perjuicio de lo dispuesto en el Código de Comercio y demás normas contables. Esta obligación se analiza detalladamente en el capítulo 15.

e) Presentar periódicamente o a requerimiento de la Administración, **información** relativa a sus **operaciones económicas** con terceras personas y, en particular, una declaración recapitulativa de operaciones intracomunitarias.
f) Presentar las **autoliquidaciones** correspondientes e ingresar el importe del impuesto resultante.
Adicionalmente, determinados sujetos pasivos deberán presentar una declaración-resumen anual.
g) Nombrar un **representante** a efectos del cumplimiento de las obligaciones impuestas en la LIVA y cuando se trate de sujetos pasivos no establecidos en la Comunidad, salvo que se encuentren establecidos en Canarias, Ceuta o Melilla, o en un Estado con el que existan instrumentos de asistencia mutua análogos a los instituidos en la Comunidad.
Este mismo precepto dispone respecto a las adquisiciones intracomunitarias de medios de transporte que se regulan en la LIVA art.13.2º (ver pregunta nº 13380), que deberá acreditarse el pago del impuesto para efectuar la matriculación definitiva del medio de transporte.

19020

Pregunta
¿Son extensibles estas obligaciones a quienes sean empresarios o profesionales sin tener la condición de sujetos pasivos de IVA?

Sí. Tal y como establece la LIVA art.164.Tres, las obligaciones que se relacionan en la pregunta anterior serán igualmente aplicables a quienes, sin ser sujetos pasivos del IVA, tengan sin embargo la **condición de empresarios o profesionales** a los efectos del mismo, con los requisitos, límites y condiciones que se determinen reglamentariamente. Estos requisitos, límites y condiciones son coincidentes con los establecidos para los sujetos pasivos.

19025

Pregunta
¿Cómo se determina el volumen de operaciones de los empresarios o profesionales?

A efectos del IVA, la LIVA art.121 establece que se entenderá por volumen de operaciones el importe total, excluido el propio IVA y, en su caso, el recargo de equivalencia y la compensación a tanto alzado, de las entregas de bienes y prestaciones de servicios efectuadas por el sujeto pasivo durante el año natural anterior, incluidas las exentas del impuesto.
En los supuestos de transmisión de la totalidad o parte de un patrimonio empresarial o profesional, el volumen de operaciones a computar por el sujeto pasivo adquirente será el resultado de añadir al realizado, en su caso, por este último durante el año natural anterior, el volumen de operaciones realizadas durante el mismo período por el transmitente en relación con la parte de su patrimonio transmitida.
El mismo precepto señala que las operaciones se entenderán realizadas cuando se produzca, o en su caso, se hubiera producido el devengo del IVA (ver capítulo 5).
Finalmente, hay que tener en cuenta que, conforme a la LIVA art.121.Tres, para la determinación del **volumen de operaciones no se tomarán en consideración** las siguientes:
a) Las entregas ocasionales de bienes inmuebles.
b) Las entregas de bienes calificados como de inversión respecto del transmitente, de acuerdo con lo dispuesto en la LIVA art.108 (ver pregunta nº 11410).
c) Las operaciones financieras mencionadas en la LIVA art.20.Uno.18º, incluidas las no exentas (ver pregunta nº 4575 s.), así como las operaciones exentas relativas al oro de inversión comprendidas en la LIVA art.140 bis (ver pregunta nº 15461), cuando unas y otras no sean habituales de la actividad empresarial o profesional del sujeto pasivo.

19027

Pregunta
¿Qué trascendencia tiene el volumen de operaciones en el IVA?

Afecta a la posible consideración del sujeto pasivo como **gran empresa** a los efectos del IVA lo que se produce cuando el volumen de operaciones hubiese excedido durante el año natural inmediato anterior de 6.010.121,04 €.
Esta consideración es importante, ya que el periodo de liquidación pasa a ser mensual y, adicionalmente, la empresa está obligada al suministro de la información de sus facturas a través del **SII** (ver pregunta nº 18050 s.).

SECCIÓN 2

Obligaciones censales

(LIVA art.164.Uno.1º)

19030

Pregunta
¿Cuáles son los censos o registros existentes a efectos tributarios?

De acuerdo con el RD 1065/2007 art.3, los censos existentes a efectos tributarios en el ámbito de la Administración del Estado son los siguientes:
a) El Censo de **Obligados Tributarios**, que estará formado por la totalidad de las personas o entidades que deban tener un número de identificación fiscal para sus relaciones de naturaleza o con trascendencia tributaria.
b) El Censo de **Empresarios, Profesionales y Retenedores**, que estará formado por las personas o entidades que desarrollen o vayan a desarrollar en territorio español alguna de las actividades u operaciones que se mencionan a continuación:
1. Actividades empresariales o profesionales, entendiéndose como tales aquellas cuya realización confiera la condición de empresario o profesional, incluidas las agrícolas, forestales, ganaderas o pesqueras. No obstante, la misma norma dispone que no se incluirán en este Censo quienes efectúen exclusivamente arrendamientos de inmuebles exentos conforme a la LIVA art.20.Uno.23º (ver pregunta nº 4950), siempre que su realización no constituya el desarrollo de una actividad empresarial a efectos del IRPF. Tampoco se incluirán en este Censo quienes efectúen entregas a título ocasional de medios de transporte nuevos exentas en virtud de lo dispuesto en la LIVA art.25.Uno y Dos (ver pregunta nº 13380), así como AIB exentas en virtud de lo dispuesto en la LIVA art.26.Tres (ver pregunta nº 13120).
2. Abono de rentas sujetas a retención o ingreso a cuenta.
3. AIB sujetas efectuadas por quienes no actúen como empresarios o profesionales.
También se integrarán en este Censo determinadas personas o entidades no residentes en España que operen en territorio español mediante establecimiento permanente o satisfagan en dicho territorio rentas sujetas a retención o ingreso a cuenta, así como las entidades a las que se refiere la LIRNR art.5.c.
De igual forma, quedarán integradas en este censo las personas o entidades no establecidas en territorio español cuando sean contribuyentes del Impuesto sobre Determinados Servicios Digitales, así como las personas o entidades no establecidas en el TIVA cuando sean sujetos pasivos de IVA.
Asimismo, formarán parte de este Censo las personas o entidades que no cumplan ninguno de los anteriores requisitos, pero sean socios, herederos, comuneros o partícipes de entidades en régimen de atribución de rentas que desarrollen actividades empresariales o profesionales y tengan obligaciones tributarias derivadas de su condición de miembros de tales entidades.
El Censo de Empresarios, Profesionales y Retenedores formará parte del Censo de Obligados Tributarios.

19033 c) El Registro de **operadores intracomunitarios**, ROI, que estará formado por las personas o entidades que tengan atribuido el NIF-IVA que regula el RGGI art.25, y se encuentren en las siguientes situaciones:

1. Que vayan a efectuar entregas o adquisiciones intracomunitarias de bienes sujetas al IVA.

2. Las personas o entidades a las que se refiere la LIVA art.14, cuando vayan a realizar AIB sujetas a dicho impuesto. En tal caso, la inclusión en este registro determinará la asignación a la persona o entidad solicitante del NIF-IVA.

La circunstancia de que las personas o entidades a que se refiere la LIVA art.14 (ver pregunta nº 13340 s.) dejen de estar incluidas en el Registro de operadores intracomunitarios, por producirse el supuesto de que las AIB que realicen resulten no sujetas al impuesto en atención a lo establecido en dicho precepto, determinará la revocación automática del NIF-IVA.

3. Los empresarios o profesionales que sean destinatarios de servicios prestados por empresarios o profesionales no establecidos en el TIVA respecto de los cuales sean sujetos pasivos.

4. Los empresarios o profesionales que presten servicios que, conforme a las reglas de localización, se entiendan realizados en el territorio de otro Estado miembro cuando el sujeto pasivo sea el destinatario de los mismos.

Este registro formará parte del Censo de Empresarios, Profesionales y Retenedores.

d) Registro de devolución mensual, integrado por los empresarios o profesionales acogidos a este sistema.

Este registro formará parte del Censo de Empresarios, Profesionales y Retenedores.

e) El Registro de **grandes empresas**, formado por aquellos obligados tributarios cuyo volumen de operaciones supere la cifra de 6.010.121,04 € durante el año natural inmediato anterior, calculado conforme a lo dispuesto en la LIVA art.121, incluso cuando desarrollen su actividad fuera del TIVA.

Este registro formará parte del Censo de Empresarios, Profesionales y Retenedores.

f) El **Registro territorial de los impuestos especiales**, integrado por las personas y establecimientos a que se refiere el RD 1165/1995 art.138 y 146.

g) El **Registro de extractores de depósitos fiscales** de productos incluidos en los ámbitos objetivos de los Impuestos sobre el Alcohol y Bebidas Derivadas o sobre Hidrocarburos, integrado por las personas o entidades que extraigan de los depósitos fiscales los productos incluidos en los ámbitos objetivos respectivos de los Impuestos sobre el Alcohol y Bebidas Derivadas o sobre Hidrocarburos.

La extracción, de acuerdo con la LIVA anexo aptdo.quinto, se producirá siempre que se produzca el abandono del régimen de depósito distinto del aduanero y, consiguientemente, se determine para el extractor el devengo de una operación asimilada a la importación (ver pregunta nº 13630). Igualmente, se entenderá a estos efectos como extracción, y se exigirá la inscripción en este registro, de la persona o entidad que lo realice, cuando se produzca una salida en régimen suspensivo con destino a otro depósito fiscal. No se exigirá el registro cuando la entrega efectuada por el extractor tras la extracción que ultime el régimen de depósito distinto del aduanero esté exenta del IVA.

Lo anterior será independiente de la persona o entidad a cuyo favor preste servicios el depósito fiscal. En aquellos casos en los que dicha persona o entidad autorice a otra a la retirada de productos, el autorizado también deberá inscribirse en el Registro a que se refiere el citado párrafo anterior.

La inclusión en dicho Registro, que formará parte del Censo de Empresarios, Profesionales y Retenedores, se realizará previa solicitud del interesado, especificando el tipo de producto al que se refiera, en la forma prevista para la declaración de alta o de modificación de datos censales.

h) El **Registro territorial del Impuesto sobre Gases Fluorados de Efecto Invernadero**, integrado por las personas y entidades a que se refiere el Reglamento del Impuesto sobre los Gases Fluorados de Efecto Invernadero (RD 712/2022 art.4).

i) El **Registro territorial del Impuesto especial sobre los envases de plástico no reutilizables**, integrado por las personas o entidades a las que se refiere la Ley de residuos y suelos contaminados (L 7/2022 art.82.3 y 7).

j) El **Registro territorial del Impuesto sobre el depósito de residuos en vertederos, la incineración y la coincineración de residuos**, integrado por las personas o entidades a las que se refiere la Ley de residuos y suelos contaminados (L 7/2022 art.95.4).

k) El **Registro de operadores de plataforma extranjeros no cualificados**, integrado por los «operadores de plataforma obligados a comunicar información» a que se refiere el RGGI art.54 ter.3.b párrafo 1º.

l) El **Registro de otros operadores de plataforma obligados a comunicar información**, integrado por los «operadores de plataforma obligados a comunicar información» a que se refiere el RGGI art.54 ter.3.a.

Pregunta 19035

¿Cuál es la información de la que constan los registros citados en la pregunta anterior?

Depende del **tipo de registro**. El de obligados tributarios consta fundamentalmente de información identificativa de los contribuyentes, obligados tributarios, incluidos en él. El censo de empresarios o profesionales incluye información relativa a las múltiples opciones existentes a los efectos del IVA y de otros tributos. Los demás censos o registros citados constituyen relaciones de contribuyentes que los conforman en atención a la propia naturaleza de dichos censos o registros.

Pregunta 19037

¿Qué obligaciones tienen los sujetos pasivos de IVA en relación con la llevanza de los censos y registros que se regulan en el Reglamento de aplicación de los tributos?

Las que se contemplan en el RGGI art.9 a 11 esto es, las declaraciones de **alta, modificación y baja** censal, que se analizan en las preguntas siguientes.

Pregunta 19040

¿Cuándo y con qué información ha de presentarse la declaración censal de alta?

Tal y como señala el RGGI art.9, quienes hayan de formar parte del Censo de Empresarios, Profesionales y Retenedores deberán presentar una declaración de alta en dicho censo. Esta declaración habrá de incluir toda la **información identificativa de los contribuyentes** que se señala en el RGGI art.4 a 8, ambos inclusive.

Asimismo, esta declaración servirá para solicitar la **asignación del NIF provisional o definitivo**, con independencia de que la persona jurídica o entidad solicitante no esté obligada a la presentación de la declaración censal de alta en el Censo de Empresarios, Profesionales y Retenedores. La asignación del NIF, a solicitud del interesado o de oficio, determinará la inclusión automática en el Censo de Obligados Tributarios de la persona o entidad de que se trate.

Asimismo, y en lo que se refiere al IVA, esta declaración se utiliza a los siguientes **efectos**:

a) Comunicar el régimen general o especial aplicable en el IVA.

b) Renunciar al método de estimación objetiva y a la modalidad simplificada del método de estimación directa en el IRPF o a los regímenes especiales simplificado y de la agricultura, ganadería y pesca del IVA, o criterio de caja.

c) Indicar, a efectos del IVA, si el inicio de la realización habitual de las entregas de bienes o prestaciones de servicios que constituyen el objeto de la actividad será pos-

terior al comienzo de la adquisición o importación de bienes o servicios destinados al desarrollo de la actividad empresarial o profesional.
d) Proponer a la AEAT el porcentaje provisional de deducción a que se refiere la LIVA art.111.Dos (ver pregunta nº 11585 s.).
e) Optar por la determinación de la base imponible mediante el margen de beneficio global en el régimen especial de los bienes usados, objetos de arte, antigüedades y objetos de colección a que se refiere la LIVA art.137.Dos (ver pregunta nº 15282).
f) Solicitar la inclusión en el ROI.
g) Optar por la no sujeción al IVA de las entregas de bienes a que se refiere la LIVA art.68.Cuatro en relación con lo previsto en la LIVA art.73 (régimen de ventas a distancia, ver preguntas nº 13410 s.).
h) Comunicar la sujeción al IVA de las entregas de bienes a que se refiere la LIVA art.68.Tres y Cinco, siempre que el declarante no se encuentre ya registrado en el censo.
i) Optar por la aplicación de la regla de prorrata especial (ver pregunta nº 11370).
j) Comunicar aquellos otros hechos y circunstancias de carácter censal previstos en la normativa tributaria o que determine la persona titular del Ministerio de Hacienda.
k) Comunicar la condición de empresario o profesional revendedor de los bienes a que se refiere la LIVA art.84.Uno.2º.g (ver pregunta nº 7084.3).
l) Optar por la aplicación del régimen de IVA diferido a la importación a que se refiere la LIVA art.167.Dos (ver pregunta nº 19437).
m) Optar por la llevanza de los Libros Registro del IVA a través de la Sede electrónica de la AEAT (SII) de acuerdo con lo previsto en el RIVA art.62.6 (ver pregunta nº 18055).
n) Comunicar la opción por el cumplimiento de la obligación de expedir factura por los destinatarios de las operaciones o por terceros, en los términos del Rgto Fac. art.5.1, en el caso de las personas y entidades que apliquen el SII (ver pregunta nº 17600).
o) Optar por la no sujeción al IVA de las prestaciones de servicios a que se refiere la LIVA art.70.Uno.8º en relación con la LIVA art.73 (ver pregunta nº 2255).
p) Comunicar la sujeción al IVA de las prestaciones de servicios a que se refiere la LIVA art.70.Uno.4.ºa, siempre que el declarante no se encuentre ya registrado en el censo.
q) Solicitar la inclusión en el Registro de extractores de depósitos fiscales de productos incluidos en los ámbitos objetivos de los Impuestos sobre el Alcohol y Bebidas Derivadas o sobre Hidrocarburos (ver pregunta nº 19030).
La declaración censal se utiliza igualmente para el ejercicio de ciertas opciones relativas a otros tributos, como el IS, el IRNR o el ISD.
La citada declaración censal deberá presentarse, según los casos, con anterioridad al inicio de las correspondientes actividades, a la realización de las operaciones, al nacimiento de la obligación de retener o ingresar a cuenta sobre las rentas que se satisfagan, abonen o adeuden o a la concurrencia de las circunstancias señaladas.
A estos efectos, se entenderá producido el **comienzo de una actividad** empresarial o profesional desde el momento que se realicen cualesquiera entregas, prestaciones o adquisiciones de bienes o servicios, se efectúen cobros o pagos o se contrate personal laboral, con la finalidad de intervenir en la producción o distribución de bienes o servicios.

19045

Pregunta
¿Con qué contenido han de presentar declaraciones censales de modificación los sujetos pasivos de IVA?

Tal y como dispone el RGGI art.10, cuando se modifique cualquiera de los datos recogidos en la declaración de alta o en cualquier otra declaración de modificación posterior, el obligado tributario deberá comunicar a la Administración Tributaria, mediante la correspondiente declaración, dicha modificación. Del mismo modo, deberá comunicarse cualquier modificación en la información que ha de integrar los censos y registros tributarios.

En particular, y por lo que se refiere al IVA, esta declaración servirá para:

a) Comunicar el **inicio de la realización habitual** de las entregas de bienes o prestaciones de servicios correspondientes a actividades empresariales o profesionales, cuando la declaración de alta se hubiese formulado indicando que el inicio de su realización se produciría con posterioridad al comienzo de la adquisición o importación de bienes o servicios destinados a la actividad. Asimismo, la declaración servirá para comunicar el comienzo de la realización habitual de las entregas de bienes o prestaciones de servicios correspondientes a una nueva actividad constitutiva de un sector diferenciado a efectos del IVA, cuando se haya presentado previamente una declaración censal mediante la que se comunique que dicho inicio en desarrollo de dicha nueva actividad se produciría con posterioridad al comienzo de la adquisición o importación de bienes o servicios destinados a aquella.

b) Optar por el método de determinación de la base imponible mediante el margen de beneficio global en el **régimen especial de los bienes usados, objetos de arte, antigüedades y objetos de colección** a que se refiere la LIVA art.137.Dos.

c) Solicitar la **inclusión en el ROI** cuando se vayan a producir, una vez presentada la declaración censal de alta, las circunstancias que habilitan el acceso al citado Registro. Los sujetos pasivos del IVA que cesen en el desarrollo de las actividades sujetas a dicho impuesto, sin que ello determine su baja en el Censo de Empresarios, Profesionales y Retenedores, y los sujetos pasivos que durante los 12 meses anteriores no hayan realizado entregas o adquisiciones intracomunitarias de bienes sujetas al IVA, o no hayan sido destinatarios de prestaciones de servicios cuyo lugar de realización a efectos de aquel se hubiera determinado efectivamente en función del NIF con el que se haya realizado la operación, deberán presentar asimismo una declaración censal de modificación solicitando la **baja en el ROI**.

d) Optar por la **no sujeción** al IVA de las entregas de bienes a que se refiere la LIVA art.68.Cuatro en relación con lo previsto en la LIVA art.73 (entregas a distancia intracomunitarias de bienes),

e) Comunicar la **sujeción** al IVA de las entregas a que se refieren la LIVA art.68.Tres y Cinco.

f) Revocar las opciones o modificar las solicitudes antes citadas a los efectos del IVA. **19047**

g) En el caso de aquellos que, teniendo ya la condición de empresarios o profesionales por venir realizando actividades de tal naturaleza, inicien una nueva actividad empresarial o profesional constituya o no, un **sector diferenciado** respecto de las actividades que venían desarrollando con anterioridad, y se encuentren en cualesquiera de las circunstancias que se indican a continuación, para comunicar a la Administración su concurrencia:

- que el comienzo de la realización habitual de las entregas de bienes o prestaciones de servicios correspondientes a la nueva actividad se producirá con posterioridad al comienzo de la adquisición o importación de bienes o servicios destinados a su desarrollo. En este caso, la declaración contendrá también la propuesta del porcentaje provisional de deducción a que se refiere la LIVA art.111.Dos (ver pregunta nº 11585);
- que ejercen la opción por la regla de prorrata especial (ver pregunta nº 11370).

h) Solicitar la inclusión en el Registro de **devoluciones mensuales**, así como la baja en dicho registro, de acuerdo con el RIVA art.30.

i) Comunicar a la Administración Tributaria el **cambio del período de liquidación** en el IVA y a efectos de las autoliquidaciones de retenciones e ingresos a cuenta del IRPF, IRNR y del IS por estar incluidos en el Registro de grandes empresas, o en atención a la cuantía de su último presupuesto aprobado cuando se trate de retenedores u obligados a ingresar a cuenta que tengan la consideración de Administraciones Públicas, incluida la Seguridad Social.

Esta declaración no será necesaria cuando la modificación de uno de los datos que figuren en el censo se haya producido por iniciativa de un órgano de la AEAT.

j) Optar por la llevanza de los **Libros Registro** del IVA a través de la Sede electrónica de la AEAT de acuerdo con lo previsto en el RIVA art.62.6.
k) Comunicar la opción del cumplimiento de la obligación de expedir **factura** por los destinatarios de las operaciones o por terceros, en los términos del Rgto. Fac. en el caso de las personas y entidades a las que se aplique el SII.
l) Optar por la **no sujeción al IVA** de las **prestaciones de servicios** a que se refiere la LIVA art.70.Uno.8 en relación con lo previsto en la LIVA art.73.
m) Comunicar la **sujeción al IVA** de las **prestaciones de servicios** a que se refiere la LIVA art.70.Uno.4.º.a, siempre que el declarante no se encuentre ya registrado en el censo.
n) Solicitar la inclusión en el **Registro de extractores de depósitos fiscales** de productos incluidos en los ámbitos objetivos de los Impuestos sobre el Alcohol y Bebidas Derivadas o sobre Hidrocarburos cuando se vayan a producir, una vez presentada la declaración censal de alta, las circunstancias que lo requieran, así como la baja en dicho registro.
o) Comunicar otros **hechos y circunstancias de carácter censal** previstos en las normas tributarias o que determine la persona titular del Ministerio de Hacienda.

19050

Pregunta
¿En qué momento han de presentarse las declaraciones censales de modificación?

La declaración deberá presentarse en el **plazo** de un mes desde que se hayan producido los hechos que determinan su presentación, salvo en los casos que se indican a continuación:
a) En los supuestos en que la normativa propia de cada tributo o la del **régimen fiscal aplicable** establezca plazos específicos, la declaración se presentará de conformidad con estos.
b) Las declaraciones relativas al inicio de actividades constitutivas de **sectores diferenciados** a los efectos del IVA deberán presentarse con anterioridad al momento en que se inicie la nueva actividad empresarial.
c) La comunicación del **cambio de los períodos de liquidación** a efectos tributarios por constituir gran empresa se formulará en el plazo general y, en cualquier caso, antes del vencimiento del plazo para la presentación de la primera declaración periódica afectada por la variación puesta en conocimiento de la Administración Tributaria o que hubiese debido presentarse de no haberse producido dicha variación.
d) La solicitud de **inclusión en el ROI** deberá presentarse con anterioridad al momento en el que se produzcan las circunstancias que motivan dicha inclusión.
e) Cuando la persona titular del Ministerio de Hacienda establezca un **plazo especial**.
f) La solicitud de inclusión en el **Registro de extractores de depósitos fiscales** de productos incluidos en los ámbitos objetivos de los Impuestos sobre el Alcohol y Bebidas Derivadas o sobre Hidrocarburos deberá presentarse con anterioridad al momento en el que se realicen las operaciones que determinan la obligación de inscripción.

19053

Pregunta
¿Cuándo y en qué términos ha de presentarse la declaración censal de baja?

Tal y como dispone el RGGI art.11, quienes **cesen en el desarrollo de todo tipo de actividades empresariales o profesionales** o, no teniendo la condición de empresarios o profesionales, dejen de satisfacer rendimientos sujetos a retención o ingreso a cuenta, deberán presentar la correspondiente declaración mediante la que comuniquen a la Administración Tributaria tal circunstancia a efectos de su baja en el Censo de Empresarios, Profesionales y Retenedores.

Asimismo, las personas jurídicas que no desarrollen actividades empresariales o profesionales deberán presentar esta declaración a efectos de su baja en el ROI cuando sus AIB deban resultar no sujetas de acuerdo con la LIVA.

La declaración de baja deberá presentarse en el **plazo** de un mes desde que se cumplan las condiciones citadas, sin perjuicio de que la persona o entidad afectada deba presentar las declaraciones y cumplir las obligaciones tributarias que le incumban y sin que a estos efectos deba darse de alta en el censo.

Por otra parte, cuando una **sociedad o entidad se disuelva**, la declaración de baja deberá ser presentada en el plazo de un mes desde que se haya realizado, en su caso, la cancelación efectiva de los correspondientes asientos en el Registro Mercantil. Si no constaran dichos asientos, la Administración Tributaria pondrá en conocimiento del Registro Mercantil la solicitud de baja para que este extienda una nota marginal en la hoja registral de la entidad. En lo sucesivo, el Registro comunicará a la Administración Tributaria cualquier acto relativo a dicha entidad que se presente a inscripción. Igualmente, cuando le constaran a la Administración Tributaria datos suficientes sobre el cese de la actividad de una entidad, lo pondrá en conocimiento del Registro Mercantil, para que este, de oficio, proceda a extender una nota marginal con los mismos efectos que los señalados anteriormente.

En el caso de **fallecimiento** del obligado tributario, los herederos deberán presentar la declaración de baja correspondiente en el plazo de 6 meses desde el fallecimiento. Igualmente quedarán obligados a comunicar en el mismo plazo la modificación de la titularidad de cuantos derechos y obligaciones con trascendencia tributaria permanecieran vigentes con terceros y a presentar, en su caso, la declaración o declaraciones de alta que sean procedentes.

Pregunta **19055**

¿Existe alguna particularidad, en relación con la gestión censal, para las entidades a las que se asigne un NIF provisional?

Sí, las establecidas en el RGGI art.12, conforme al cual la asignación a una entidad de un NIF provisional determinará su **alta** en el Censo de Obligados Tributarios y en el de Empresarios, Profesionales y Retenedores.

La misma norma establece que las **variaciones posteriores** al alta censal, incluidas las relativas al inicio de la actividad, domicilio, nombre y apellidos o razón social o denominación completa y NIF de los socios o personas o entidades que la integren, se comunicarán mediante la declaración censal de modificación; si bien no será necesario comunicar las variaciones relativas a los socios, miembros o partícipes de las entidades una vez que se inscriban en el registro correspondiente y obtengan el NIF definitivo.

No obstante, las **entidades sin personalidad jurídica** deberán comunicar las variaciones relativas a sus socios, comuneros o partícipes, aunque hayan obtenido un NIF definitivo, salvo que tengan la condición de comunidades de propietarios constituidas en régimen de propiedad horizontal y estén incluidas en el Censo de Empresarios, Profesionales y Retenedores.

Finalmente, se establece que las personas jurídicas y demás entidades deberán presentar copia de las escrituras o **documentos** que modifiquen los anteriormente vigentes, en el plazo de un mes desde la inscripción en el registro correspondiente o desde su otorgamiento si dicha inscripción no fuera necesaria, cuando las variaciones introducidas impliquen la presentación de una declaración censal de modificación.

Pregunta **19060**

¿Cuál es el modelo de declaración censal?

El RGGI, habilita a la persona titular del Ministerio de Hacienda para aprobar las declaraciones censales de alta, modificación y baja, así como para determinar el

lugar, forma y plazos de presentación, salvo en lo que se refiere a los plazos establecidos en dicho Reglamento.
En uso de dicha habilitación, la OM EHA/1274/2007, aprueba el **modelo 036** de declaración censal de alta, modificación y baja en el Censo de empresarios, profesionales y retenedores y el **modelo 037** de declaración censal simplificada de alta, modificación y baja en el Censo de empresarios, profesionales y retenedores.

SECCIÓN 3

Obligaciones de identificación

(LIVA art.164.Uno.2º)

19080 **Pregunta**
¿Cuáles son las obligaciones de identificación de los sujetos pasivos del IVA?

De entrada, la LIVA art.164.Uno.2º establece para los sujetos pasivos la obligación de solicitar de la Administración el **número de identificación fiscal** (NIF) y comunicarlo y acreditarlo en los supuestos que se establezcan.
De modo más general, la LGT disp.adic.6ª establece los principios esenciales relativos al NIF, disponiendo la obligación general que incumbe a toda persona física o jurídica, así como a las entidades sin personalidad a que se refiere la LGT art.35.4, de tener un NIF para sus relaciones de naturaleza o con trascendencia tributaria.
El RGGI art.18 a 28 se ocupan de esta cuestión, regulando obligaciones de identificación de carácter general y otras que son específicas del IVA.
Más concretamente, el RGGI art.18 señala la obligación de tener un NIF, en términos equivalentes a los de la LGT, así como la acreditación del mismo mediante la **exhibición** del documento expedido para su constancia por la Administración Tributaria, del documento nacional de identidad o del documento oficial en que se asigne el número personal de identificación de extranjero. El RGGI art.19 a 24 se ocupan de cuestiones diversas en cuanto al NIF de personas físicas, jurídicas y entidades sin personalidad jurídica.

19085 **Pregunta**
¿Qué particularidades hay respecto al NIF en el ámbito del IVA?

Las que se contemplan en el RGGI art.25, conforme al cual, a efectos del IVA, para las personas o entidades que realicen las **operaciones intracomunitarias** que se citan a continuación, el NIF será el definido de acuerdo con lo establecido en dicho Reglamento, al que se antepondrá el prefijo ES, conforme al estándar internacional código ISO-3166 alfa 2.
Es importante señalar que para la obtención de un NIF-IVA no basta con la adición del prefijo ES, ya que la concesión del citado NIF-IVA implica la inclusión del contribuyente en un censo de operadores europeos al que tienen acceso las Administraciones de los demás Estados comunitarios y sus operadores, los cuales, de este modo, se pueden asegurar del cumplimiento de los requisitos establecidos para la aplicación del régimen de tributación de los intercambios intracomunitarios de bienes y servicios. Por esta razón, la solicitud de un NIF-IVA ha de realizarse mediante la presentación de una declaración censal, determinante de la concesión del mismo y de la inclusión del operador en el Registro de operadores intracomunitarios, ROI (ver preguntas nº 19040 y nº 19045).
El citado número se asignará cuando se solicite por el interesado la **inclusión** en el Registro de operadores intracomunitarios, en la forma prevista para la declaración de alta o modificación de datos censales. La AEAT podrá denegar la asignación de este número en determinados supuestos, habida cuenta del perfil de riesgo del soli-

citante. Si la AEAT no hubiera resuelto en un plazo de 3 meses, podrá considerarse denegada la asignación del número solicitado.

Este NIF-IVA se asignará a las siguientes **personas o entidades**:

a) Los empresarios o profesionales que realicen entregas de bienes, o AIB sujetas al citado impuesto, incluso si los bienes objeto de dichas adquisiciones intracomunitarias se utilizan en la realización de actividades empresariales o profesionales en el extranjero.

b) Las personas jurídicas que no actúen como empresarios o profesionales, cuando las AIB que efectúen estén sujetas al IVA, de acuerdo con lo dispuesto en la LIVA art.13.1º y 14 (ver pregunta nº 13340).

c) Los empresarios o profesionales que sean destinatarios de servicios prestados por empresarios o profesionales no establecidos en el TIVA respecto de los cuales sean sujetos pasivos.

d) Los empresarios o profesionales que presten servicios que, conforme a las reglas de localización, se entiendan realizados en el territorio de otro Estado miembro cuando el sujeto pasivo sea el destinatario de los mismos.

La misma norma dispone que **no se asignará NIF-IVA** a las siguientes personas o **19087**
entidades:

a) Los sujetos pasivos que realicen exclusivamente operaciones que no atribuyan el derecho a la deducción total o parcial del impuesto o que realicen exclusivamente actividades a las que sea aplicable el régimen especial de la agricultura, ganadería y pesca (REAGP) o las personas jurídicas que no actúen como empresarios o profesionales, cuando las AIB efectuadas por dichas personas no estén sujetas al IVA en virtud de lo dispuesto en la LIVA art.14 (ver pregunta nº 13340).

b) Las indicadas en la letra anterior y las que no actúen como empresarios o profesionales, cuando realicen adquisiciones intracomunitarias de medios de transporte nuevos.

c) Las que realicen entregas ocasionales de medios de transporte nuevos a que se refiere la LIVA art.5.Uno.e (ver pregunta nº 13380).

d) Los empresarios o profesionales no establecidos en el TIVA, que realicen en dicho territorio exclusivamente operaciones por las cuales no sean sujetos pasivos, por aplicarse la regla de inversión del sujeto pasivo.

e) Los empresarios o profesionales no establecidos en el TIVA que realicen en el mismo exclusivamente las AIB y entregas subsiguientes a las que se refiere la LIVA art.26.Tres (las conocidas como operaciones triangulares, ver pregunta nº 13120).

El mismo RGGI art.25 establece que las personas o entidades que entreguen bienes o efectúen prestaciones de servicios que se localicen en otros Estados miembros podrán solicitar a la Administración Tributaria la **confirmación del número de identificación fiscal** atribuido por cualquier Estado miembro de la Comunidad Europea a los destinatarios de dichas operaciones.

Los empresarios o profesionales que realicen entregas de bienes con destino a otros Estados miembros o que efectúen prestaciones de servicios que se localicen en otros Estados miembros, podrán solicitar a la AEAT la confirmación del número de identificación fiscal atribuido por cualquiera de dichos Estados a los destinatarios de las citadas operaciones.

19090

Pregunta
¿Cuáles son las condiciones o supuestos de utilización del NIF?

Las que determina, con carácter general, el RGGI art.27, que desarrolla la LGT disp.adic.6ª, conforme a la cual los obligados tributarios deberán incluir su NIF en todos los **documentos de naturaleza o con trascendencia tributaria** que expidan como consecuencia del desarrollo de su actividad, y deberán comunicarlo a otros obligados de acuerdo con lo previsto en dicho Reglamento y en cualesquiera otras disposiciones.

Asimismo, los obligados tributarios deberán incluir en dichos documentos el NIF de las personas o entidades con las que realicen operaciones de naturaleza o con trascendencia tributaria, de acuerdo con lo dispuesto en dicho Reglamento o en otras disposiciones. En caso de no disponer de dicho número deberán solicitar su asignación de acuerdo con lo dispuesto en el propio RGGI.
También dispone que, a estos efectos, los obligados tributarios podrán exigir de las personas o entidades con las que realicen operaciones de naturaleza o con trascendencia tributaria que les comuniquen su NIF. Dichas personas o entidades deberán facilitarlo y, en su caso, acreditarlo, en los términos que señala el mismo Reglamento (RGGI art.18).

SECCIÓN 4

Declaraciones informativas

(LIVA art.164.Uno.5º)

19100

19105

Pregunta
¿Cuáles son las declaraciones informativas que han de presentarse en relación con el IVA?

Las declaraciones informativas que han de presentarse a los efectos del IVA son las siguientes:
a) La declaración anual de operaciones con terceras personas, **modelo 347**. Hay que señalar que esta declaración informativa no se regula específicamente a los efectos del IVA, no obstante, suele vincularse a este impuesto. En todo caso, la información que la AEAT obtiene de ella se puede utilizar para el control de dicho tributo y también para cualesquiera otras finalidades.
b) La declaración recapitulativa de operaciones intracomunitarias, **modelo 349**.
c) Los mismos Libros Registro de IVA, **modelo 340**.

1. Declaración anual de operaciones con terceras personas (modelo 347)

19120

Pregunta
¿Quién tiene obligación de suministrar información sobre sus operaciones con terceras personas?

Según el RGGI art.31, que desarrolla la LGT art.93, las personas físicas o jurídicas, públicas o privadas, así como las entidades a que se refiere la LGT art.35.4, que desarrollen actividades empresariales o profesionales, son las que deberán presentar una declaración anual relativa a sus operaciones con terceras personas.
La misma norma aclara que, a estos efectos, se considerarán **actividades empresariales o profesionales** todas las definidas como tales en la LIVA art.5.Dos. Asimismo, tendrán esta consideración las actividades realizadas por quienes sean calificados de empresarios o profesionales en la LIVA art.5.Uno, con excepción de quienes realicen entregas ocasionales de medios de transporte nuevos (LIVA art.5.Uno.e).
Esta obligación abarca igualmente a las entidades a las que sea de aplicación la L 49/1960 (Ley Propiedad Horizontal), así como a las entidades privadas de carácter social a las que se refiere la LIVA art.20.Tres, que tendrán que declarar las adquisiciones de bienes o servicios que realicen al margen de sus actividades empresaria-

les o profesionales, incluso en la hipótesis de que no desarrollen actividades de esta naturaleza.
Asimismo, los **entes públicos y asimilados**, a que se refiere la LGT art.94.1 y 2, incluirán también en la declaración anual de operaciones con terceras personas las adquisiciones de bienes o servicios que efectúen al margen de las actividades empresariales o profesionales, incluso aunque no realicen actividades de esta naturaleza.
Las entidades integradas en las distintas Administraciones Públicas deberán incluir, además, en la declaración anual de operaciones con terceras personas, las subvenciones, auxilios o ayudas que concedan con cargo a sus presupuestos generales o que gestionen por cuenta de entidades u organismos no integrados en dichas Administraciones Públicas.
Hay que añadir que la Administración del Estado y sus organismos autónomos, las comunidades y ciudades autónomas y los organismos que dependen de estas y las entidades integradas en las demás Administraciones Públicas territoriales, presentarán una declaración anual de operaciones con terceras personas respecto de cada uno de los sectores de su actividad con carácter empresarial o profesional que tenga asignado un NIF diferente o respecto de la totalidad de ellos. En tal caso, incorporarán los datos exigidos a una cualquiera de aquellas declaraciones.
Asimismo, las entidades referidas distintas de la Administración del Estado y sus organismos autónomos, aun cuando no realicen actividades empresariales o profesionales, podrán presentar separadamente una declaración anual de operaciones con terceras personas por cada uno de sus departamentos, consejerías, dependencias u órganos especiales que tengan asignado un número de identificación fiscal diferente.
Adicionalmente, las **sociedades, asociaciones, colegios profesionales u otras entidades** que, entre sus funciones, realicen la de cobro, por cuenta de sus socios, asociados o colegiados, de honorarios profesionales o de derechos derivados de la propiedad intelectual, de autor u otros, estarán obligadas a incluir estos rendimientos en la declaración anual de operaciones con terceras personas.

Pregunta 19125
¿Existen supuestos de exclusión de la obligación de informar acerca de las operaciones con terceras personas?

Sí. De acuerdo con el RGGI art.32, no están obligados a presentar la declaración anual las **siguientes personas o entidades**:
a) Quienes realicen en España actividades empresariales o profesionales sin tener en territorio español la sede de su actividad económica, un establecimiento permanente o su domicilio fiscal o, en el caso de entidades en régimen de atribución de rentas constituidas en el extranjero, sin tener presencia en territorio español.
b) Las personas físicas y entidades en atribución de rentas en el IRPF, por las actividades que tributen en dicho impuesto por el método de estimación objetiva y, simultáneamente, en el IVA por los regímenes especiales simplificado o de la agricultura, ganadería y pesca o del recargo de equivalencia, salvo por aquellas por las que emitan factura. Hay que tener en cuenta que los sujetos pasivos acogidos al régimen simplificado deberán incluir en la declaración de operaciones con terceras personas las adquisiciones de bienes y servicios cuyas facturas hayan de ser consignadas en el Libro Registro de facturas recibidas (ver pregunta nº 15112).
c) Los obligados tributarios que no hayan realizado operaciones que, en su conjunto, respecto de otra persona o entidad, hayan superado la cifra de 3.005,06 € durante el año natural correspondiente o de 300,51 € durante el mismo período, cuando, en este último supuesto, realicen la función de cobro por cuenta de terceros de honorarios profesionales o de derechos derivados de la propiedad intelectual, industrial o de autor u otros por cuenta de sus socios, asociados o colegiados.
d) Los obligados tributarios que hayan realizado exclusivamente operaciones no sometidas al deber de declaración (ver pregunta nº 19135).

e) Los obligados tributarios a que se refiere el RIVA art.62.6, así como los obligados tributarios a que se refiere el Reglamento del IGIC (D 268/2011 art.49.5). En ambos casos, se trata de los obligados tributarios a los que se aplica el SII (ver pregunta nº 18050 s.).

19130

Pregunta
¿Cuáles son las operaciones que han de incluirse en la declaración de operaciones con terceras personas?

Todas aquellas realizadas con aquellas personas o entidades, cualquiera que sea su naturaleza o carácter, con quienes se hayan efectuado operaciones que, en su conjunto para cada una de dichas personas o entidades, hayan superado la **cifra** de 3.005,06 € durante el año natural correspondiente, si bien computando de forma separada las entregas y las adquisiciones de bienes y servicios. La información sobre dichas operaciones se suministrará **desglosada trimestralmente**.
A estos efectos, tendrán la consideración de operaciones tanto las entregas de bienes y prestaciones de servicios como las adquisiciones de los mismos. En ambos casos, se incluirán tanto las operaciones típicas y habituales como las ocasionales, así como las operaciones inmobiliarias y las subvenciones, auxilios o ayudas no reintegrables que puedan otorgar o recibir.
En la declaración anual se incluirán las entregas, prestaciones o adquisiciones de bienes y servicios sujetas y no exentas en el IVA, así como las no sujetas o exentas de dicho impuesto.
Para los sujetos pasivos que apliquen el **régimen especial del criterio de caja**, así como para los destinatarios de sus operaciones, se dispone la obligación de consignar las operaciones siguiendo la regla de devengo establecida con carácter general en la LIVA art.75 así como la especial establecida para este régimen especial (LIVA art.163 terdecies, ver nº 15755). Se establece, para estas operaciones, la obligación de consignarlas en esta declaración dos veces, cuando se realizan y cuando se cobra su precio. Para todos estos sujetos, así como para las entidades a las que sea de aplicación la L 49/1960 (comunidades de propietarios en régimen de propiedad horizontal), la base de cómputo de las operaciones será anual.
Por su parte, las **entidades aseguradoras** incluirán en su declaración anual las operaciones de seguro. A estos efectos, se atenderá al importe de las primas o contraprestaciones percibidas y a las indemnizaciones o prestaciones satisfechas, con independencia de que se expida factura o no por ellas.
Los **entes públicos y asimilados** deberán incluir, además, en la declaración anual de operaciones, a todas aquellas personas o entidades, cualquiera que sea su naturaleza o carácter, a quienes hayan efectuado adquisiciones de bienes o servicios al margen de cualquier actividad empresarial o profesional, que en su conjunto, para cada una de aquellas, hayan superado la cifra de 3.005,06 € durante el año natural correspondiente, con las siguientes **excepciones**:
a) Las importaciones de mercancías.
b) Las adquisiciones de bienes que supongan envíos entre el territorio peninsular español o las islas Baleares y las islas Canarias, Ceuta y Melilla.
c) Las adquisiciones de efectos timbrados o estancados y signos de franqueo postal, excepto los que tengan la consideración de objetos de colección, según la definición que se contiene en la LIVA art.136.Uno.3º.a) y las operaciones incluidas en declaraciones informativas específicas.
Asimismo, las entidades integradas en las distintas Administraciones Públicas deberán relacionar en dicha declaración a todas aquellas personas o entidades a quienes hayan satisfecho subvenciones, auxilios o ayudas cualquiera que sea su importe, salvo que se consignen en otras declaraciones informativas específicas.
Por su parte, las entidades que gestionen el **cobro de derechos de la propiedad intelectual** deberán incluir estos rendimientos en la declaración anual de operaciones con terceras personas, siempre y cuando el total de la cantidad satisfecha a cada persona imputada haya superado la cifra de 300,51 €.

Pregunta 19135
¿Existen operaciones que están excluidas de la declaración anual de operaciones con terceras personas?

Sí. Son las siguientes:
a) Aquellas que hayan supuesto entregas de bienes o prestaciones de servicios por las que los obligados tributarios **no** debieron expedir y entregar **factura** consignando los datos de identificación del destinatario o no debieron firmar el recibo emitido por el adquirente en el régimen especial de la agricultura, ganadería y pesca del IVA.
b) Aquellas **operaciones realizadas al margen de la actividad empresarial o profesional** del obligado tributario.
c) Las entregas, prestaciones o adquisiciones de bienes o servicios efectuadas a **título gratuito** no sujetas o exentas del IVA.
d) Los **arrendamientos de bienes exentos** del IVA realizados por personas físicas o entidades sin personalidad jurídica al margen de cualquier otra actividad empresarial o profesional.
e) Las adquisiciones de **efectos timbrados** o estancados y signos de franqueo postal, excepto los que tengan la consideración de objetos de colección, según la definición que se contiene en la LIVA art.136.Uno.3º.a (ver pregunta nº 15253).
f) Las operaciones realizadas por las entidades o **establecimientos de carácter social** a que se refiere la LIVA art.20.Tres que correspondan al sector de su actividad, cuyas entregas de bienes y prestaciones de servicios estén exentos de dicho impuesto.
g) Las **importaciones y exportaciones de mercancías**, así como las operaciones realizadas directamente desde o para un establecimiento permanente del obligado tributario situado fuera del territorio español, salvo que aquel tenga su sede en España y la persona o entidad con quien se realice la operación actúe desde un establecimiento situado en territorio español.
h) Las entregas y adquisiciones de bienes que supongan **envíos** entre el territorio peninsular español o las islas Baleares y las islas Canarias, Ceuta y Melilla.
i) En general, todas aquellas operaciones respecto de las que exista una obligación periódica de suministro de **información** a la Administración Tributaria estatal mediante declaraciones específicas diferentes cuyo contenido sea coincidente.
En el caso de las entidades a las que es de aplicación la L 49/1960 (**comunidades de propietarios en régimen de propiedad horizontal**), se excluyen de la declaración informativa las siguientes operaciones:
- los suministros de energía eléctrica y de combustibles de cualquier tipo con destino al uso y consumo comunitario;
- los suministros de agua con destino al uso y consumo comunitario;
- los seguros que tengan como cometido el aseguramiento de los bienes y derechos relacionados con las zonas y elementos comunes.

En el caso de las **entidades privadas de carácter social**, la exclusión se extiende a:
- suministros de agua, energía eléctrica y combustibles;
- las derivadas de seguros.

Pregunta 19138
¿Cuáles son los datos que se consignan en la declaración anual de operaciones con terceras personas?

En la declaración anual de operaciones con terceras personas se consignarán los siguientes datos:
a) Nombre y apellidos o razón social o denominación completa, así como el NIF y el domicilio fiscal del **declarante**.
b) Nombre y apellidos o razón social o denominación completa, así como el NIF de cada una de las **personas o entidades incluidas** en la declaración.

19138 (sigue) **c)** El **importe** total, expresado en euros, de las operaciones realizadas con cada persona o entidad durante el año natural al que la declaración se refiera.

d) En particular, se harán constar separadamente de otras operaciones que, en su caso, se realicen entre las mismas partes, los **arrendamientos de locales de negocios**, sin perjuicio de su consideración unitaria para determinar si se supera o no el umbral de declaración de 3.005,06 €. En estos casos, el arrendador consignará el nombre y apellidos o razón social o denominación completa y el NIF de los arrendatarios, así como las referencias catastrales y los datos necesarios para la localización de los inmuebles arrendados.

e) Las entidades **aseguradoras** deberán consignar, separadamente de otras operaciones, las de seguros. A estos efectos, consignarán el importe de las primas o contraprestaciones percibidas y las indemnizaciones o prestaciones satisfechas en el ejercicio de su actividad aseguradora. Dicha identificación separada se entiende sin perjuicio de su inclusión en el importe total de las operaciones realizadas con cada persona o entidad, para determinar si se supera o no el umbral de declaración de 3.005,06 €.

f) Las **agencias de viajes** consignarán separadamente aquellas prestaciones de servicios en cuya contratación intervengan como mediadoras en nombre y por cuenta ajena, que cumplan con los requisitos a que se refiere el Rgto Fac disp.adic.4ª (ver pregunta nº 17935). Asimismo, harán constar separadamente los servicios de mediación en nombre y por cuenta ajena relativos a los servicios de transporte de viajeros y de sus equipajes que la agencia de viajes preste al destinatario de dichos servicios de transporte.

g) Deberán declararse separadamente los **cobros por cuenta de terceros de honorarios profesionales o de derechos** derivados de la propiedad intelectual, industrial, de autor u otros por cuenta de sus socios, asociados o colegiados efectuados por sociedades, asociaciones, colegios profesionales u otras entidades que, entre sus funciones, realicen las de cobro de dichos derechos.

h) Se harán constar los **importes** superiores a 6.000 € que se hubieran percibido en metálico de cada una de las personas o entidades relacionadas en la declaración.

i) Se harán constar separadamente de otras operaciones que, en su caso, se realicen entre las mismas partes, las cantidades que se perciban en contraprestación por **transmisiones de inmuebles**, efectuadas o que se deban efectuar, que constituyan entregas sujetas en el IVA.

j) Para el caso de las operaciones a las que sea aplicable el **régimen especial del criterio de caja**, se harán constar:

– en el momento en el que se hubieran realizado como si a las mismas no les hubiera sido aplicable el régimen especial, es decir, conforme a las reglas de devengo que establece la LIVA art.75 (ver nº 6000);

– cuando se produzca el devengo de las cuotas correspondientes a las mismas, por el cobro del precio, conforme a lo dispuesto en la LIVA art.163 terdecies (ver pregunta nº 15755).

k) Se harán constar separadamente de otras operaciones que, en su caso, se realicen entre las mismas partes, las operaciones en las que el **sujeto pasivo sea el destinatario** de acuerdo con lo establecido en la LIVA art.84.Uno.2º.

l) Se harán constar separadamente de otras operaciones que, en su caso, se realicen entre las mismas partes, las operaciones que hayan resultado exentas por referirse a bienes vinculados o destinados a vincularse al régimen de **depósito distinto de los aduaneros** definido en la LIVA anexo aptdo.5º.

Pregunta 19140
¿Cómo se determina el importe de las operaciones para su inclusión en la declaración anual de operaciones con terceras personas?

Según el RGGI art.34.2, en la determinación del importe total de las operaciones realizadas con cada persona o entidad, se observarán los siguientes criterios:
a) Tratándose de operaciones sujetas y no exentas en el IVA, se declarará el importe total de las contraprestaciones, incluidas las cuotas y recargos repercutidos o soportados por dicho impuesto.
b) Tratándose de operaciones que hayan generado el derecho para el transmitente del bien o prestador del servicio a percibir la compensación del régimen especial de la agricultura, ganadería y pesca, se declarará el importe de las contraprestaciones totales y se añadirán las compensaciones percibidas o satisfechas.
c) En el caso de operaciones en las que se aplique la inversión del sujeto pasivo, se declarará el importe total de las contraprestaciones.
A estos efectos, se entenderá por **importe total de la contraprestación** el que resulte de aplicar las normas de determinación de la base imponible del IVA contenidas en la LIVA art.78, 79 y 80 (ver capítulo 6), incluso respecto de aquellas operaciones no sujetas o exentas del mismo que deban incluirse en la declaración anual de operaciones con terceras personas.
En particular, y por expreso mandato de la norma, las operaciones de **mediación** y en las de **agencia o comisión** en las que el agente o comisionista actúe en nombre ajeno, deberá declararse el importe total individualizado de las contraprestaciones correspondientes a estas prestaciones de servicios, incluidas las cuotas repercutidas o soportadas en concepto del IVA.
A su vez, si el agente o comisionista actuase en nombre propio, se entenderá que ha recibido y entregado o prestado por sí mismo los correspondientes bienes o servicios y deberá declarar el importe total de las correspondientes contraprestaciones, cuotas y recargos.
El importe total de las operaciones se declarará neto de las **devoluciones, descuentos y bonificaciones** concedidos y de las operaciones que queden sin efecto en el mismo año natural. Asimismo, se tendrán en cuenta las alteraciones del precio que se hayan producido en el mismo período.
En el supuesto de **insolvencias** que, según lo dispuesto en la LIVA art.80.Tres, hayan dado lugar a modificaciones en la base imponible de dicho impuesto en el año natural al que se refiera la declaración, el importe total de las operaciones tendrá en cuenta dichas modificaciones.

Pregunta 19145
¿Qué criterio de imputación temporal ha de seguirse a estos efectos?

De acuerdo con el RGGI art.35, las operaciones que deben incluirse en la declaración anual son las realizadas por el obligado tributario en el **año natural al que se refiere la declaración**. A estos efectos, las operaciones se entenderán producidas en el período en el que, de acuerdo con lo previsto en el RIVA art.69, se debe realizar la anotación registral de la factura o documento contable que sirva de justificante de las mismas (ver pregunta nº 17958). No obstante, para las operaciones a las que sea aplicable el régimen especial del criterio de caja, el criterio temporal de imputación será el de devengo establecido en la LIVA art.163 terdecies (ver pregunta nº 15755).
En los supuestos de **modificación de la base imponible de IVA** que tengan lugar en un año natural diferente a aquel al que corresponda la declaración anual de operaciones con terceras personas en la que debió incluirse la operación, deberán ser consignados en la declaración del año natural en que se hayan producido dichas circunstancias modificativas. A estos efectos, el importe total de las operaciones realizadas con la misma persona o entidad se declarará teniendo en cuenta dichas modificaciones.

Los **anticipos** de clientes y a proveedores y otros acreedores también han de incluirse en la declaración anual. Cuando posteriormente se efectúe la operación, se declarará el importe total de la misma, minorado en el importe del anticipo anteriormente declarado, siempre que el resultado de esta minoración supere, junto con el resto de las operaciones realizadas con la misma persona o entidad, el límite cuantitativo de 3.005,06 €.

Finalmente, las **subvenciones, auxilios o ayudas** se entenderán satisfechos el día en que se expida la correspondiente orden de pago. De no existir orden de pago se entenderán satisfechas cuando se efectúe el pago.

2. Declaración recapitulativa de operaciones intracomunitarias (modelo 349)

19160

Pregunta
¿Quiénes están obligados a presentar la declaración recapitulativa de operaciones intracomunitarias?

Según el RIVA art.79, estarán obligados a presentar la declaración recapitulativa los empresarios y profesionales, incluso cuando tengan esta condición con arreglo a lo dispuesto en la LIVA art.5.Cuatro (ver pregunta nº 505) que realicen cualquiera de las siguientes **operaciones**:

a) Las **entregas intracomunitarias de bienes exentas** en virtud de lo dispuesto en la LIVA art.25 (ver pregunta nº 13190 s.).

Se incluirán entre estas operaciones las transferencias de bienes de la LIVA art.9.3º (ver pregunta nº 13260) y, en particular, las entregas ulteriores de bienes cuya importación hubiera estado exenta de acuerdo con lo dispuesto en la LIVA art.27.12º (ver pregunta nº 13660).

Por expreso mandato de la norma, quedarán excluidas de las entregas de bienes referidas las siguientes:

1. Las entregas ocasionales que tengan por objeto medios de transporte nuevos en los términos de la LIVA art.5.Uno.e) (ver pregunta nº 13380).

2. Las realizadas para destinatarios que no tengan atribuido un NIF-IVA en cualquier otro Estado comunitario.

b) Las **adquisiciones intracomunitarias de bienes sujetas** realizadas por personas o entidades con NIF-IVA español (ver pregunta nº 13040).

Se incluirán entre estas operaciones las transferencias de bienes desde otro Estado miembro de la LIVA art.16.2º (ver pregunta nº 13300) y, en particular, las AIB que hayan sido previamente importados en otro Estado miembro donde dicha importación haya estado exenta en condiciones análogas a las establecidas por la LIVA art.27.12º (ver pregunta nº 13660).

19163 **c)** Las **prestaciones intracomunitarias de servicios**. A estos efectos, se considerarán prestaciones intracomunitarias de servicios las prestaciones de servicios en las que concurran los siguientes requisitos:

1. Que, conforme a las reglas de localización aplicables a las mismas, no se entiendan prestadas en el TIVA.

2. Que estén sujetas y no exentas en otro Estado miembro.

3. Que su destinatario sea un empresario o profesional actuando como tal y radique en dicho Estado miembro la sede de su actividad económica, o tenga en el mismo un establecimiento permanente o, en su defecto, el lugar de su domicilio o residencia habitual, o que dicho destinatario sea una persona jurídica que no actúe como empresario o profesional, pero tenga asignado un número de identificación a efectos del impuesto suministrado por ese Estado miembro.

4. Que el sujeto pasivo sea dicho destinatario.

d) Las **adquisiciones intracomunitarias de servicios**. A estos efectos, se considerarán adquisiciones intracomunitarias de servicios las prestaciones sujetas y no exentas localizadas en el TIVA que sean efectuadas por un empresario o profesional cuya sede de actividad económica o establecimiento permanente desde el que las preste o, en su defecto, el lugar de su domicilio o residencia habitual, se encuentre en la Comunidad pero fuera del citado territorio de aplicación y el sujeto pasivo sea el destinatario.

e) Las entregas subsiguientes a las AIB exentas por corresponder a **operaciones triangulares** (LIVA art.26.Tres), realizadas en otro Estado miembro utilizando un NIF-IVA asignado por la Administración Tributaria española.

Adicionalmente, también estará obligado a presentar la declaración recapitulativa el vendedor que expida o transporte bienes a otro Estado miembro en el marco de un **acuerdo de ventas de bienes en consigna** a que se refiere la LIVA art.9 bis (ver pregunta nº 13320).

Pregunta 19165

¿Cuáles son las operaciones que hay que incluir en la declaración recapitulativa de operaciones intracomunitarias?

Las propias del **tráfico intracomunitario**, tanto de bienes como de servicios, que determinan la obligación de su presentación (ver pregunta nº 19160).

Pregunta 19168

¿Hay que incluir prestaciones de servicios en la declaración recapitulativa de operaciones intracomunitarias?

Sí, tanto cuando se trate de servicios prestados como cuando se trate de servicios recibidos. No obstante, hay que tener en cuenta que no todas las prestaciones de servicios han de incluirse en esta declaración, sino sólo los que se relacionan en el RIVA art.79 (ver pregunta nº 19160).

Pregunta 19170

¿Cuál es el contenido de la declaración recapitulativa de operaciones intracomunitarias?

De acuerdo con el RIVA art.80, la declaración recapitulativa deberá contener la siguiente **información**:

a) Los datos de identificación de los proveedores y adquirentes de los bienes y los prestadores y destinatarios de los servicios, así como la base imponible total relativa a las operaciones efectuadas con cada uno de ellos. Interesa destacar que el dato que se consigna en el modelo 349 es el **agregado** total de operaciones realizadas con cada proveedor o adquirente de bienes o servicios.

Si la contraprestación de las operaciones se hubiese establecido en una unidad de cuenta distinta del euro, la base imponible de las referidas operaciones deberá reflejarse en euros con referencia a la fecha del devengo.

b) En los casos de **transferencias de bienes** comprendidos en la LIVA art.9.3º y 16.2º, deberá consignarse el NIF-IVA asignado al sujeto pasivo en el otro Estado miembro.

c) En las **operaciones triangulares**, se deberán consignar separadamente las entregas subsiguientes, haciendo constar, en relación con ellas, los siguientes datos:

1. El NIF-IVA que utilice el empresario o profesional para la realización de las citadas operaciones.

2. El NIF-IVA asignado por el Estado miembro de llegada de la expedición o transporte, suministrado por el adquirente de dicha entrega subsiguiente.

3. El importe total de las entregas efectuadas por el sujeto pasivo en el Estado miembro de llegada de la expedición o transporte de bienes correspondiente a cada destinatario de las mismas.

d) En el caso de envíos de bienes en el marco de un **acuerdo de ventas de bienes en consigna** a que se refiere la LIVA art.9 bis, el vendedor deberá consignar:

1. El NIF-IVA del empresario o profesional al que van destinados los bienes asignado por el Estado miembro al que se expiden o transportan los bienes.
2. El NIF-IVA del empresario o profesional que sustituye al empresario o profesional al que inicialmente fueron destinados los bienes en el marco de un acuerdo de ventas de bienes en consigna, en su caso.
3. El importe inicial estimado del valor de los bienes expedidos o transportados a otro Estado miembro en el marco de un acuerdo de ventas de bienes en consigna.
Los datos contenidos en la declaración recapitulativa deberán rectificarse cuando se haya incurrido en **errores** o se hayan producido **modificaciones** en la base imponible conforme a lo dispuesto en la LIVA art.80 (ver preguntas nº 6660 s.). En estos casos, la rectificación se anotará en la declaración recapitulativa del período de declaración en el que haya sido notificada al destinatario de los bienes o servicios.
En el caso previsto en la letra d), el vendedor deberá comunicar cualquier modificación de la información presentada.
Las operaciones deberán consignarse en la declaración recapitulativa correspondiente al **período de declaración** en el que se hayan devengado.
En el supuesto del apartado d) anterior la información mencionada se consignará en la declaración recapitulativa correspondiente:
- al periodo de declaración relativo a la fecha de la expedición o transporte de los bienes, en el supuesto previsto en el número 1;
- al período de declaración en el que se hayan anotado en el Libro Registro de determinadas operaciones intracomunitarias los datos del empresario o profesional que sustituye al empresario o profesional al que inicialmente fueron destinados los bienes, en su caso.

19175

Pregunta
¿Cuáles son el período de declaración y los plazos de presentación de la declaración recapitulativa?

La presentación de la declaración recapitulativa se realizará en el **lugar, forma** y a través del **modelo** aprobados por la persona titular del Ministerio de Hacienda.
Según establece el RIVA art.81, el período de declaración y los plazos para la presentación de la declaración recapitulativa serán los siguientes:
a) Con carácter general, la declaración recapitulativa deberá presentarse **por cada mes natural** durante los 20 primeros días naturales del mes inmediato siguiente, salvo la correspondiente al mes de julio, que podrá presentarse durante el mes de agosto y los 20 primeros días naturales del mes de septiembre.
b) Cuando ni en el trimestre de referencia, ni en ninguno de los cuatro trimestres naturales anteriores, el importe total de las entregas de bienes y prestaciones de servicios que deban consignarse en la declaración recapitulativa sea superior a 50.000 €, IVA excluido, la declaración recapitulativa deberá presentarse durante los 20 primeros días naturales del mes inmediato siguiente al correspondiente **período trimestral**.
Si al final de cualquiera de los meses que componen cada trimestre natural se superara el importe señalado anteriormente, deberá presentarse una declaración recapitulativa para el mes o los meses transcurridos desde el comienzo de dicho trimestre natural durante los 20 primeros días naturales inmediatos siguientes.
En todo caso, la declaración recapitulativa correspondiente al último período del año deberá presentarse durante los 30 primeros días naturales del mes de enero.

3. Obligación de presentación de los Libros Registro de IVA (modelo 340)

Pregunta 19190
¿Es obligatorio presentar los Libros Registro de IVA a la Administración Tributaria?

No, ello como consecuencia de la introducción del **SII**, ya que con él los Libros Registro de IVA ya se llevan directamente en la sede electrónica de la Administración Tributaria.

SECCIÓN 5

Presentación de autoliquidaciones

(LIVA art.164.Uno.6º)

19200

1. Períodos de liquidación del IVA

Pregunta 19205
¿Cuáles son los períodos de liquidación en el IVA?

Con carácter general, el período de liquidación coincidirá con el **trimestre natural**. No obstante, dicho período de liquidación coincidirá con el **mes natural** cuando se trate de los sujetos pasivos siguientes:

a) Grandes empresas, que son aquellas cuyo volumen de operaciones hubiese excedido durante el año natural inmediato anterior de 6.010.121,04 € (ver pregunta nº 19025).

El mismo RIVA establece que quienes hubiesen efectuado la adquisición de la totalidad o parte de un patrimonio empresarial o profesional a que se refiere la LIVA art.121.Uno párrafo 2º, cuando la suma de su volumen de operaciones del año natural inmediato anterior y la del volumen de operaciones que hubiese efectuado en el mismo período el transmitente de dicho patrimonio mediante la utilización del patrimonio transmitido hubiese excedido de 6.010.121,04 €. Esta previsión resultará aplicable a partir del momento en que tenga lugar la referida transmisión, con efectos a partir del día siguiente al de finalización del período de liquidación en el curso del cual haya tenido lugar. A estos efectos, se considerará transmisión de la totalidad o parte de un patrimonio empresarial o profesional aquella que comprenda los elementos patrimoniales que constituyan una o varias ramas de actividad del transmitente, en los términos previstos en la regulación del IS, con independencia de que sea aplicable o no a dicha transmisión alguno de los supuestos de no sujeción de la LIVA art.7.

b) Los empresarios o profesionales acogidos al régimen de **devolución mensual**.

Interesa destacar que la obligación de presentar autoliquidación mensual para estos sujetos pasivos existirá, incluso, en el caso de que no resulten cuotas a devolver a su favor.

c) Las entidades que apliquen el **régimen especial de los grupos de entidades** (ver preguntas nº 15490 s.).

19210

Pregunta
¿Cuál es el régimen de presentación de autoliquidaciones en el IVA?

El establecido en el RIVA art.71, que regula la liquidación del IVA con carácter general, sin perjuicio de lo dispuesto por la LIVA art.167.Dos a los efectos de la liquidación del IVA en las importaciones.
El procedimiento de liquidación en el IVA se sustancia mediante el **sistema de autoliquidación**, predominante en nuestro sistema tributario, consistente en que el sujeto pasivo no sólo está obligado a presentar la oportuna declaración, sino también a determinar la deuda tributaria y a ingresar el importe de la misma.
Hay que señalar, no obstante, que de esta obligación quedan liberados los sujetos pasivos que realicen exclusivamente operaciones interiores exentas del impuesto y AIB igualmente exentas (LIVA art.20 y 26, respectivamente).
También se ha de hacer referencia a la inexistencia de obligación de presentación de autoliquidaciones, ni al pago del impuesto por las personas acogidas a los **regímenes especiales** de la agricultura, ganadería y pesca (ver pregunta nº 15207) y del recargo de equivalencia (ver pregunta nº 15404).
La autoliquidación será única para cada empresario o profesional, aunque se desarrollen varias actividades, sin perjuicio de lo que se prevea por la persona titular del Ministerio de Hacienda en atención a las características de los regímenes especiales.
El RIVA art.71.6 prevé que el órgano competente de la Administración Tributaria podrá autorizar la **presentación conjunta**, en un solo documento, de las autoliquidaciones correspondientes a diversos sujetos pasivos, en los supuestos y con los requisitos que en cada autorización se establezcan.
En cualquier caso, ha de subrayarse que las autoliquidaciones que han de presentar los sujetos pasivos deben comprender la totalidad de las operaciones sujetas al impuesto, incluso las exportaciones y entregas intracomunitarias exentas.

19212

Pregunta
¿Existe alguna especialidad para los sujetos pasivos declarados en concurso de acreedores?

Sí. Conforme a lo establecido en el RIVA art.71.5, el sujeto pasivo declarado en concurso deberá presentar, en los plazos señalados con carácter general, dos autoliquidaciones por el período de liquidación en el que se haya declarado el concurso, una referida a los hechos imponibles anteriores a dicha declaración –**autoliquidación truncada**– y otra referida a los posteriores.
En este caso, cuando la autoliquidación relativa a los hechos imponibles anteriores a la declaración del concurso arroje un saldo a favor del sujeto pasivo, dicho saldo podrá compensarse en la autoliquidación relativa a los hechos imponibles posteriores a dicha declaración.
En caso de que el sujeto pasivo no opte por la compensación prevista en el párrafo anterior, el saldo a su favor que arroje la autoliquidación relativa a los hechos imponibles anteriores a la declaración del concurso estará sujeto a las normas generales sobre compensación y derecho a solicitar la devolución. En caso de que el sujeto pasivo opte por la indicada compensación, el saldo a su favor que arroje la autoliquidación relativa a los hechos imponibles posteriores a la declaración del concurso, una vez practicada la compensación mencionada, estará sujeto a las normas generales sobre compensación y devolución.

Pregunta 19215
¿Es aplicable la colaboración social en relación con la presentación de autoliquidaciones en el IVA?

Sí, tal y como establece el RIVA art.71.9 se prevé que la Administración Tributaria podrá hacer efectiva la colaboración social en la presentación de las autoliquidaciones por este impuesto a través de **acuerdos** con las CCAA y otras Administraciones Públicas, con entidades, instituciones y organismos representativos de sectores o intereses sociales, laborales, empresariales o profesionales. Igualmente se prevé que por Orden de la persona titular del Ministerio de Hacienda se establezcan los supuestos y condiciones en que las entidades que hayan suscrito los respectivos acuerdos podrán presentar por medios telemáticos autoliquidaciones y declaraciones-resumen anual, en representación de terceras personas.

2. Autoliquidaciones periódicas

Pregunta 19230
¿Cuáles son los plazos de presentación de las autoliquidaciones periódicas de IVA?

Depende del tipo de contribuyente del que se trate. A estos efectos, hay que distinguir los siguientes supuestos:
a) Con carácter **general**, las autoliquidaciones deberán presentarse durante los 20 primeros días naturales del mes siguiente al correspondiente período de liquidación, mensual o trimestral, según proceda. Los vencimientos de plazo que coincidan con un sábado o día inhábil se entenderán trasladados al primer día hábil siguiente.
b) La autoliquidación correspondiente al **último período, mensual o trimestral**, del año, durante los 30 primeros días naturales del mes de enero.
A la presentación de declaraciones por vía telemática le resultan de aplicación los mismos plazos que se han señalado.

Pregunta 19235
¿Qué tipos de declaraciones periódicas hay en el IVA?

En el IVA hay **dos tipos** de declaraciones periódicas, que son las mensuales o trimestrales, que suponen una autoliquidación tributaria, y la declaración resumen anual.

Pregunta 19245
¿Quiénes están obligados a presentar la autoliquidación periódica, modelo 303?

Este modelo será presentado por los siguientes **sujetos pasivos** del IVA:
a) Aquellos cuyo período de liquidación coincida con el trimestre natural, salvo las personas o entidades que apliquen el régimen simplificado o quienes tengan la obligación de presentar autoliquidaciones de carácter no periódico, según lo previsto en el RIVA art.71.8 (ver preguntas nº 19350 s.).
b) Aquellos cuyo período de liquidación coincida con el mes natural, de acuerdo con lo establecido en el RIVA art.71.3.1º, 2º y 3º (ver pregunta nº 19205).

19250

Pregunta
¿Cuáles son las formas y procedimiento para la presentación de la autoliquidación periódica, modelo 303?

Las previstas en la OM EHA/3786/2008 por la que se aprueba el modelo 303 y se establecen las formas, procedimiento y condiciones generales de presentación del modelo, Orden que ha sido objeto de sucesivas modificaciones desde su aprobación.

19255

Pregunta
¿Cuál es el régimen de las autoliquidaciones rectificativas en el IVA?

El previsto en el RIVA art.74 bis, conforme al cual, con carácter general, en el IVA, como en cualquier otro tributo, los sujetos pasivos deben rectificar, completar o modificar las autoliquidaciones presentadas mediante la presentación de una autoliquidación rectificativa, utilizando el modelo de declaración aprobado mediante orden ministerial.

El mismo precepto dispone que, por excepción a lo anterior, cuando el motivo de la rectificación sea exclusivamente la **alegación razonada** de una posible vulneración por la norma aplicada en la autoliquidación previa de los preceptos de otra norma de rango superior legal, constitucional, de Derecho de la UE o de un Tratado o Convenio internacional se podrá instar la rectificación a través del procedimiento previsto en la LGT art.120.3 y desarrollado en el RGGI art.126 a 128. Si este motivo concurriese con otros de distinta naturaleza, por estos últimos el obligado tributario deberá presentar una autoliquidación rectificativa.

Constituyen **excepciones** a lo anterior los siguientes casos:

a) Las rectificaciones de cuotas indebidamente repercutidas a otros obligados tributarios a las que se refiere el RGGI art.129 (supuestos de **impugnación de la repercusión** en los que es el repercutido quien insta el inicio del procedimiento).

b) Las modificaciones de cuotas correspondientes a operaciones acogidas a los regímenes especiales de ventanilla única.

La autoliquidación rectificativa se podrá presentar antes de que haya prescrito el derecho de la Administración para determinar la deuda tributaria mediante liquidación o el derecho a solicitar la devolución que, en su caso, proceda. Cuando se presente fuera del plazo de declaración tendrá el carácter de extemporánea.

En la autoliquidación rectificativa constará expresamente esta circunstancia y la obligación tributaria y período a que se refiere, así como la totalidad de los datos que deban ser declarados y otros que se establezcan en la Orden Ministerial correspondiente (OM HAC/819/2024), como los motivos de la rectificación. A estos efectos, se incorporarán los datos incluidos en la autoliquidación presentada con anterioridad que no sean objeto de modificación, los que sean objeto de modificación y los de nueva inclusión.

La **autoliquidación rectificativa podrá** rectificar, completar o modificar la autoliquidación presentada con anterioridad. En particular:

a) Cuando de la rectificación efectuada resulte un **importe a ingresar superior** al de la autoliquidación anterior o una cantidad a devolver o a compensar inferior a la anteriormente autoliquidada, se aplicará el régimen previsto para las autoliquidaciones complementarias en la LGT art.122.2.

b) En los casos no contemplados en la letra anterior, cuando del cálculo efectuado en la autoliquidación rectificativa resulte una cantidad a devolver, con la presentación de la autoliquidación rectificativa se entenderá **solicitada la devolución**, que se tramitará conforme al régimen del procedimiento previsto en la LGT art.124 a 127 y su normativa de desarrollo, sin perjuicio de la obligación de abono de intereses de demora (LGT art.120.Tres).

El plazo para efectuar la devolución será de 6 meses contados desde la finalización del plazo reglamentario para la presentación de la autoliquidación o, si éste hubiese concluido, desde la presentación de la autoliquidación rectificativa.

Si con la presentación de la autoliquidación previa se hubiera solicitado una devolución y esta no se hubiera efectuado al tiempo de presentar la autoliquidación rectificativa, con la presentación de esta última se considerará finalizado el procedimiento iniciado mediante la presentación de la autoliquidación previa.
c) Cuando de la rectificación efectuada resulte una **minoración del importe a ingresar** de la autoliquidación previa y no proceda una cantidad a devolver, se mantendrá la obligación de pago hasta el límite del importe a ingresar resultante de la autoliquidación rectificativa.
Si la deuda resultante de la autoliquidación previa estuviera aplazada o fraccionada, con la presentación de la autoliquidación rectificativa se entenderá solicitada la modificación en las condiciones del aplazamiento o fraccionamiento conforme a lo previsto en el RGR art.52.3 párrafo 2º.
La autoliquidación rectificativa no producirá efectos respecto a aquellos elementos que hayan sido regularizados mediante liquidación definitiva o provisional en los términos a que se refiere el RGGI art.126.2 y 3.

Pregunta **19280**
¿Cuál es la declaración resumen anual de IVA?

La que contempla el RIVA art.71.6, conforme al cual, además de las autoliquidaciones periódicas, los sujetos pasivos deberán formular una declaración resumen anual, según modelo aprobado la persona titular del Ministerio de Hacienda. Se trata del **modelo 390**, aprobado por la OM EHA/3111/2009.
Los sujetos pasivos incluidos en declaraciones liquidaciones conjuntas, deberán efectuar igualmente la presentación de la declaración-resumen anual en el lugar, forma, plazos e impresos exigidos.
Los sujetos pasivos que realicen exclusivamente las operaciones exentas comprendidas en la LIVA art.20 y 26 no estarán obligados a presentar esta declaración-resumen anual. Tampoco lo están los sujetos pasivos incluidos en el SII (ver pregunta nº 18050 s.).
El resumen anual deberá presentarse conjuntamente con la autoliquidación correspondiente al último período de liquidación de cada año.

Pregunta **19315**
¿Cuál es el plazo de presentación de la declaración resumen anual, modelo 390?

Los **30 primeros días naturales del mes de enero** siguiente al año al que se refiere la declaración, sin perjuicio, de que por razones técnicas no sea posible dicha presentación, en cuyo caso esta se podrá realizar en los días siguientes.

Pregunta **19320**
¿Con carácter general, cuál es el contenido de las autoliquidaciones periódicas?

Además de la identificación del sujeto pasivo, las declaraciones se estructuran en varios bloques:
a) IVA devengado, en el que se especifican las bases imponibles y los tipos aplicados, calculando las cuotas devengadas a los distintos tipos de gravamen y distinguiendo las operaciones interiores en régimen general, las del recargo de equivalencia y las AIB.
b) IVA deducible, en el que se consigna el importe de las cuotas soportadas en las operaciones interiores; el de las cuotas pagadas en las importaciones; el IVA deducible en operaciones intracomunitarias; las compensaciones satisfechas a sujetos acogidos al REAGP; el resultado de la regularización de las deducciones por bienes de inversión y, en su caso, de la regularización de deducciones anteriores al inicio de la actividad.

La diferencia resultante entre el IVA devengado y el deducible dará lugar, si es positiva, a una cuota a ingresar, y si es negativa, podrá el sujeto pasivo solicitar la compensación en autoliquidaciones posteriores.
Cuando se trate de la última liquidación del año, se podrá solicitar la devolución del saldo existente a su favor salvo en el caso de que se tenga derecho a la devolución mensual en los términos del RIVA art.30 (régimen de devolución mensual).
c) Por último, se ha de hacer constar el **valor total** de las exportaciones, el de las AIB y el de las demás operaciones exentas, así como el porcentaje de operaciones en territorio común (para el caso de que los sujetos pasivos tengan que tributar conjuntamente a la Administración del Estado y a las Haciendas Forales).
d) Adicionalmente, los sujetos pasivos acogidos al **régimen de IVA diferido a la importación** (ver pregunta nº 19437) deberán incluir en sus autoliquidaciones periódicas las cantidades correspondientes a las importaciones efectuadas durante el periodo de liquidación de que se trate y proceder a su ingreso.

3. Autoliquidaciones no periódicas

(RIVA art.71.7)

19350

Pregunta
¿Cuáles son las autoliquidaciones no periódicas que han de presentarse en relación con el IVA?

Deben presentar este tipo de declaraciones los sujetos pasivos que realizan exclusivamente **operaciones ocasionales o de escasa trascendencia** tributaria. Las citadas autoliquidaciones no periódicas se realizan en los siguientes modelos:
a) Modelo 308, aprobado por OM EHA/3786/2008, que ha de presentarse por:
1. Los sujetos pasivos en **régimen especial de recargo de equivalencia** que hayan efectuado devoluciones a exportadores en régimen de viajeros y soliciten el reintegro del importe de las cuotas devueltas, correspondientes a entregas de bienes exentas del impuesto.
2. Los sujetos pasivos ocasionales que realicen entregas intracomunitarias de **medios de transporte nuevos** y que soliciten la devolución de las cuotas soportadas o satisfechas en la adquisición del vehículo que ahora transmiten.
3. Aquellos que ejerzan la actividad de **transporte de viajeros o de mercancías por carretera**, tributen por el régimen simplificado y, cumpliendo los requisitos establecidos en el RIVA art.30.3.b y c, hayan soportado IVA como consecuencia de la adquisición de medios de transporte afectos a dicha actividad, y en el supuesto de que los citados medios de transporte hayan sido adquiridos por sujetos pasivos que ejerzan la actividad de transporte de mercancías por carretera estén comprendidos en la categoría N1, que tengan al menos 2.500 kilos de masa máxima autorizada, o comprendidos en las categorías N2 y N3 del anexo II de la Dir 70/156/UE, y que soliciten la devolución de dichas cuotas, siempre que no hayan consignado, o en su caso, no vayan a consignar, las referidas cuotas deducibles en las autoliquidaciones trimestrales correspondientes al régimen simplificado de acuerdo con lo dispuesto en el RIVA art.38.2.
4. Entes públicos o entidades privadas de carácter social para la **devolución de las cuotas** soportadas por bienes adquiridos que se exportan fuera del territorio de la Comunidad, previo reconocimiento de la exención, en los términos previstos por el segundo párrafo de la LIVA art.21.4º.

19352 **b) Modelo 309**, aprobado por OM HAC/3625/2003, que ha de presentarse por:
1. Las personas y entidades que se indican a continuación en la medida en que realicen AIB y estén identificadas a efectos del IVA por haber alcanzado su **volumen de adquisiciones intracomunitarias** el límite establecido en la LIVA art.14 (ver pregunta nº 13310) o por haber ejercitado la opción contemplada en el mismo artículo:
- sujetos pasivos acogidos al REAGP cuando se trate de AIB destinados al desarrollo de la actividad sometida a dicho régimen;

– sujetos pasivos que realicen exclusivamente operaciones que no originan el derecho a la deducción total o parcial del Impuesto.
2. Los sujetos pasivos que realicen exclusivamente actividades a las que sea aplicable el **REAGP** cuando realicen en el ejercicio de su actividad entregas de bienes inmuebles sujetas y no exentas, así como cuando resulten ser sujetos pasivos por inversión del sujeto pasivo (LIVA art.84.Uno.2º, ver pregunta nº 15207).
3. Los sujetos pasivos que realicen exclusivamente actividades a las que sea aplicable el régimen especial del **recargo de equivalencia** y que estén obligados al pago de dicho impuesto y del citado recargo por las AIB o las operaciones con inversión del sujeto pasivo que efectúen (ver pregunta nº 15404).
4. Las personas o entidades que no tengan la condición de empresarios o profesionales y realicen adquisiciones intracomunitarias de medios de transporte nuevos a título oneroso.
5. Las personas jurídicas que no actúen como empresarios o profesionales, cuando efectúen AIB distintos de los **medios de transporte nuevos** que estén sujetas, así como cuando se reputen empresarios o profesionales de acuerdo con lo dispuesto por la LIVA art.5.Cuatro (ver pregunta nº 1963).
6. Los adjudicatarios, en los procedimientos administrativos o judiciales de **ejecución forzosa**, que tengan la condición de empresarios o profesionales, estén facultados para presentar en nombre y por cuenta del sujeto pasivo de dicho tributo la autoliquidación correspondiente y para ingresar el IVA resultante de la adjudicación (RIVA disp.adic.quinta, ver pregunta nº 640).
7. Los sujetos pasivos acogidos al REAGP cuando deban efectuar el reintegro de las **compensaciones** indebidamente percibidas (LIVA art.133, ver pregunta nº 15205).
8. Los sujetos pasivos acogidos al REAGP cuando realicen el ingreso de las **regularizaciones** practicadas como consecuencia del inicio en la aplicación del régimen especial (RIVA art.49 bis, ver pregunta nº 15218).
9. Las personas y entidades que no actúan como empresarios o profesionales, así como por aquellos sujetos pasivos que realizan exclusivamente las **operaciones exentas** comprendidas en la LIVA art.20 y 26, que resulten deudores de la Hacienda Pública, como consecuencia de la modificación de la base imponible de operaciones total o parcialmente impagadas (LIVA art.80.Cinco.5º, ver pregunta nº 13310).
10. Los beneficiarios de la aplicación del **tipo reducido** establecido en la LIVA art.91.Dos.1.4º en las operaciones de entregas o adquisiciones intracomunitarias de vehículos, que no siendo sujetos pasivos, incumplan el requisito establecido en el RIVA art.26 bis.Dos.1.2.º.
Igualmente, deberá presentar el modelo 309 cualquier otra persona o entidad que no sea sujeto pasivo del Impuesto que deba regularizar su situación tributaria como consecuencia del incumplimiento de los requisitos exigidos para la aplicación de beneficios fiscales en el IVA, excluidos los aplicables al hecho imponible importación.
11. Los sujetos pasivos acogidos a los **regímenes especiales de la agricultura, ganadería y pesca y del recargo de equivalencia** que resulten deudores de la Hacienda Pública como consecuencia de la modificación de la base imponible por impago (LIVA art.80.Cinco.5).
El procedimiento para la presentación de los dos modelos citados, 308 y 309, se regula en las respectivas órdenes ministeriales que se han citado.

19355

Pregunta
¿Cuáles son los plazos para la presentación de las autoliquidaciones no periódicas?

Con carácter general, el plazo establecido es el del vencimiento de las declaraciones trimestrales periódicas que correspondan a la fecha en que se hayan realizado las operaciones a incluir en los modelos anteriores, con las siguientes especificaciones:
a) En el **modelo 309**, si se trata de autoliquidaciones que correspondan a adquisiciones intracomunitarias de medios de transporte nuevos, el plazo de declaración e

ingreso será de 30 días siguientes, desde la fecha de adquisición del medio de transporte.
b) En el **modelo 308**, sólo se computarán en cada autoliquidación correspondiente a cada trimestre, las devoluciones efectivamente practicadas durante el mismo por el sujeto pasivo, señalando que en el caso de presentación por los sujetos pasivos ocasionales que realicen entregas exentas de medios de transporte nuevos, se efectuará en el plazo de 30 días naturales a contar desde aquel en que tenga lugar dicha entrega.
La presentación de las autoliquidaciones no periódicas deberá hacerse en la Delegación o Administración de la AEAT correspondiente al domicilio fiscal del sujeto pasivo.

19360

Pregunta
¿Qué otras declaraciones liquidaciones no periódicas han de presentarse en relación con la gestión del IVA?

Además de los modelos citados en las preguntas precedentes, los demás modelos relevantes en cuanto al IVA existentes en la actualidad son los siguientes:
a) Modelo 341: solicitud de reintegro de compensación en el régimen especial de la agricultura, ganadería y pesca, aprobado por OM 15-12-2000. Este modelo será presentado por los sujetos pasivos que, estando acogidos a dicho régimen, hayan realizado entregas de bienes que sean objeto de exportación o de expedición o transporte a otro Estado comunitario y por los servicios comprendidos en el régimen especial prestados a destinatarios establecidos fuera del TIVA. A través de este modelo es como se solicita la compensación agraria que, para estos casos, se paga directamente por el Estado.
b) Modelo 952: comunicación de la modificación de la base imponible en supuestos de concurso y por crédito incobrable.
c) Modelo 361 de solicitud de devolución por un empresario o profesional no establecido en el TIVA en los términos de la LIVA art.119 (OM EHA/789/2010). Por su parte, el modelo 360 es el que se utiliza por los empresarios o profesionales establecidos en el TIVA para solicitar la devolución de las cuotas soportadas en los demás Estados de la UE.
d) Modelo para pedir la exención o la deducción del IVA soportado en el marco de las **relaciones diplomáticas, comerciales y de los Organismos Internacionales** reconocidos por España (OM 24-5-2001).
Adicionalmente, hay que tener en cuenta otras vicisitudes, que son las siguientes:
- los modelos de alta censal (039) y de autoliquidación periódica (322) que se utilizan cuando se aplica el régimen especial de grupo de entidades;
- los modelos de alta censal (035) y de autoliquidación periódica (369) que se utilizan en los regímenes de ventanilla única.

SECCIÓN 6

Nombramiento de representante

(LIVA art.164.Uno.7º)

19400

Pregunta
¿En qué términos es preceptivo el nombramiento de representante a los efectos del IVA?

En los términos previstos por la LIVA art.164.Uno.7º, conforme al cual los sujetos pasivos han de nombrar un representante a efectos del cumplimiento de las obligaciones impuestas en la LIVA cuando se trate de **sujetos pasivos no establecidos** en la Comunidad.

En desarrollo de esta disposición, el RIVA art.82 establece que el nombramiento habrá de ser puesto en **conocimiento** de la Administración Tributaria con anterioridad a la realización de las operaciones sujetas y habrá de recaer en una persona física o jurídica con domicilio en el TIVA para que les represente en relación con el cumplimiento de las obligaciones establecidas.
Es importante matizar que los sujetos pasivos no establecidos que realicen exclusivamente las operaciones exentas contempladas en la LIVA art.23 y 24 (exenciones relativas a las zonas exentas, depósitos francos y otros depósitos y a regímenes aduaneros y fiscales) no tendrán que cumplir las obligaciones formales de la LIVA art.164.
Esta **obligación no existirá** en relación con los sujetos pasivos que se encuentren establecidos en Canarias, Ceuta o Melilla, en otro Estado miembro de la Comunidad o en un Estado con el que existan instrumentos de asistencia mutua análogos a los instituidos en la Comunidad o que se acojan a los regímenes especiales de ventanilla única.
También se debe aclarar que esta obligación de nombramiento de representante es distinta de la prevista en la LIVA art.119.Uno.1º, según el cual las personas no establecidas en la Comunidad que pretendan hacer uso del derecho a la **devolución del impuesto** soportado por ellos en el TIVA deberán nombrar un representante residente en dicho territorio que responderá solidariamente en caso de devoluciones improcedentes. La Hacienda Pública podrá exigir a este representante caución suficiente a estos efectos.

SECCIÓN 7

La liquidación del IVA

(LIVA art.167)

Pregunta 19430
¿Cómo se efectúa la liquidación del IVA?

En términos generales, son los **sujetos pasivos** quienes deberán determinar e ingresar la deuda tributaria en el lugar, forma, plazos y modelos que establezca la persona titular del Ministerio de Hacienda.
Cuando no se hace así, es la Administración Tributaria la que ha de liquidar el tributo, cuestión que se analiza en las preguntas nº 19470 s.

Pregunta 19435
¿Cómo se liquida el IVA en las importaciones?

Tal y como dispone la LIVA art.167.Dos, conforme al cual en las importaciones de bienes el impuesto se liquidará en la forma prevista por la **legislación aduanera** para los derechos arancelarios.
La liquidación del IVA en las importaciones y en las operaciones asimiladas se lleva a cabo de modo muy diferente al propio de los demás supuestos de liquidación, en los que el elemento esencial es la obligación de los sujetos pasivos de autoliquidar dicho tributo.
En las importaciones en sentido estricto, el IVA se liquidará simultáneamente con los **derechos arancelarios** o cuando hubieran debido liquidarse estos de no mediar exención o no sujeción relativa a estos derechos, ello con independencia de la liquidación que pudiese resultar procedente por cualesquiera otros gravámenes.
A estos efectos, los sujetos pasivos deberán presentar en la Aduana la correspondiente declaración tributaria, en modelo aprobado por la persona titular del Ministerio de Hacienda, en los plazos y forma establecidos por la reglamentación aduanera.
El modelo de declaración será el **Documento Único Administrativo** (DUA), que habrá

de presentarse durante los 20 días siguientes a la introducción de la mercancía en el territorio aduanero (o 45 días si dicha introducción tuvo lugar por vía marítima), tras lo cual la aduana emitirá la correspondiente carta de pago.
No obstante, cuando la declaración aduanera se presente en otro Estado miembro conforme a lo previsto en el CAU (Rgto UE/952/2013), la Administración liquidará el impuesto con base en la información recibida de la aduana del Estado miembro donde se haya presentado la declaración.
Adicionalmente, hay que tener en cuenta el régimen de IVA diferido a la importación, que se explica en la pregunta siguiente.

19437

Pregunta
¿En qué consiste el régimen de IVA diferido a la importación?

Se trata de un régimen especial para el **pago del IVA correspondiente a las importaciones**, en el cual los empresarios o profesionales cuyo periodo de liquidación que coincida con el mes natural (ver pregunta nº 19205) podrá incluir la cuota liquidada por las aduanas en la autoliquidación correspondiente al periodo en que reciba el documento en el que conste dicha liquidación, en cuyo caso el plazo de ingreso de las cuotas liquidadas en las importaciones será el ordinario para el ingreso periódico del IVA.
Interesa destacar que el ingreso de estas cantidades fuera de plazo da lugar al inicio del periodo ejecutivo a a la liquidación del correspondiente recargo (RIVA disp.adic.8ª).
Para el caso de sujetos pasivos que hayan de tributar a las **Diputaciones forales**, se dispone lo siguiente:
- si tributan parcialmente a la Administración del Estado, la cuota liquidada por las aduanas se incluirá en su totalidad en la autoliquidación presentada a la AEAT;
- si tributan exclusivamente ante una Administración Tributaria Foral, se incluirá en su totalidad en una autoliquidación específica que habrán de presentar a la AEAT.

La **opción** por este régimen deberá ejercerse mediante la presentación de una declaración censal ante la AEAT durante el mes de noviembre anterior al inicio del año natural en el que deba surtir efecto, entendiéndose prorrogada para los años siguientes en tanto no se produzca la renuncia a la misma o la exclusión.
La opción se referirá a todas las importaciones realizadas por el sujeto pasivo que deban ser incluidas en las autoliquidaciones periódicas.
La **renuncia** se ejercerá mediante comunicación al órgano competente de la AEAT, mediante presentación de la correspondiente declaración censal y se deberá formular en el mes de noviembre anterior al inicio del año natural en el que deba surtir efecto. La renuncia tendrá efectos para un periodo mínimo de 3 años.
Los sujetos pasivos que hayan ejercido esta opción quedarán excluidos de su aplicación cuando su periodo de liquidación deje de coincidir con el mes natural. La exclusión producirá efectos desde la misma fecha en que se produzca el cese en la obligación de presentación de autoliquidaciones mensuales.

19439

Pregunta
¿En qué consiste el régimen de liquidación mensual del IVA a la importación?

Se trata de una opción complementaria que se ofrece a los sujetos pasivos que realicen importaciones de pequeño valor y que no se acojan al régimen de importación de la ventanilla única (ver pregunta nº 14920).

19440

Pregunta
¿Cómo se liquida el IVA en las operaciones asimiladas a las importaciones?

En los términos que establece el RIVA art.73.3, conforme al cual el sistema de liquidación vigente para estas operaciones supone la inclusión en el mismo modelo tanto de las cuotas devengadas como de la deducción de las mismas. Con este sistema de liquidación lo que se garantiza es la perfecta neutralidad del tributo, evitando costes financieros que se pudieran generar a las empresas en caso de que las cuotas correspondientes a las operaciones distintas de las asimiladas a las importaciones no fueran suficientes para absorber estas últimas.

Al efecto, la OM EHA/1308/2005, aprueba el **modelo 380**, de autoliquidación del IVA en operaciones asimiladas a las importaciones, y se determinan el lugar, forma y plazo de presentación, así como las condiciones generales y el procedimiento para su presentación por medios telemáticos.

En el supuesto, que será el más habitual, de que las empresas que realicen estas operaciones no tengan restricciones en el derecho a la deducción, el modelo 380 será un modelo en el que no habrá ingreso del tributo, ya que los importes correspondientes a cuotas devengadas y cuotas soportadas deducibles serán coincidentes.

Los **plazos y períodos** para la presentación y liquidación de las operaciones asimiladas a las importaciones son los siguientes:

a) Las operaciones definidas en la LIVA art.19.1º, 2º y 3º realizadas durante el año natural, se incluirán en una autoliquidación que se presentará en los 30 primeros días naturales del mes de enero del año siguiente.

b) Las operaciones definidas en la LIVA art.19.4º producidas en cada trimestre natural, se incluirán en una autoliquidación que se presentará durante los 20 primeros días naturales del mes siguiente, excepto la correspondiente al cuarto trimestre, que se presentará durante los 30 primeros días naturales del mes de enero del año siguiente.

c) Las operaciones definidas en la LIVA art.19.5º realizadas en los períodos de liquidación mensual o trimestral según se presente declaración periódica mensual o trimestral de acuerdo con el RIVA art.71.3, se incluirán en una autoliquidación que se presentará durante los 20 primeros días naturales del mes siguiente, con las siguientes excepciones:

– la correspondiente al período de liquidación del mes de julio, que se presentará durante el mes de agosto y los 20 primeros días naturales del mes de septiembre inmediatamente posteriores;

– la correspondiente al último período del año, que se presentará durante los 30 primeros días naturales del mes de enero del año siguiente.

Con carácter general, cuando se hayan realizado **operaciones en varios puntos** del **19443**
TIVA, se presentará una autoliquidación ante cada Dependencia de Aduanas.

No obstante, en el supuesto de realización de operaciones a que se refiere la LIVA art.19.5º, el RIVA art.73.3.c) permite su consignación centralizada en una sola autoliquidación que se presentará ante el órgano competente de la Administración Tributaria correspondiente al domicilio fiscal del sujeto pasivo, directamente o a través de las entidades colaboradoras, en los casos que se indican a continuación:

a) Cuando la suma de las bases imponibles de las operaciones asimiladas a las importaciones realizadas durante el año natural precedente hubiera excedido de 1.500.000 €.

b) Cuando lo autorice el Departamento de Aduanas e Impuestos Especiales de la AEAT, a solicitud del interesado.

Dicha declaración englobará el total de operaciones para un mismo período, con independencia del lugar de su realización, siempre que este se encuentre en el TIVA.

19445

Pregunta
¿Existe la posibilidad de exigir garantías por las cuotas de IVA correspondientes a las importaciones?

Sí, tal y como prevé la LIVA art.167.Tres, que remite al desarrollo reglamentario la **determinación de las garantías** que resulten procedentes para asegurar el cumplimiento de las correspondientes obligaciones tributarias.

A estos efectos, el RIVA art.74.3 establece que la aduana podrá exigir que se constituya garantía suficiente en las siguientes **operaciones de tráfico exterior**:
a) Aquellas en que la aplicación de exenciones o bonificaciones dependa del cumplimiento por el contribuyente de determinados requisitos.
b) Cuando concurran circunstancias que así lo aconsejen.
La garantía tendrá por objeto asegurar el pago de la deuda en caso de incumplimiento de las condiciones o requisitos del beneficio fiscal aplicado, o de las especiales circunstancias que puedan darse en la operación.

SECCIÓN 8

La comprobación del IVA

(LIVA art.167 bis y 168)

19470

Pregunta
¿Existe algún procedimiento especial de comprobación específico del IVA?

No. Hay que tener en cuenta, no obstante, la existencia de dos preceptos en la LIVA que parecen contemplar competencias o procedimientos específicos y que son la LIVA art.167 ter y 168.Uno.
Los órganos de gestión tributaria pueden practicar la liquidación provisional que proceda en todo caso, incluso en los supuestos de la LIVA art.168, relativo a no declarantes (LIVA art.167 bis).

19475

Pregunta
¿Cómo se sustancian los procedimientos de comprobación en relación con el IVA?

En este ámbito, hay que tener en cuenta lo dispuesto al efecto por la LIVA art.168.Dos, Tres y Cuatro.
Estos preceptos parecen regular de manera específica el quehacer administrativo en lo que se refiere a la comprobación e investigación de la correcta exacción del IVA; no obstante, la práctica de las actuaciones administrativas se rige por lo dispuesto en la LGT, que establece los siguientes procedimientos de comprobación:
a) Procedimiento de devolución iniciado mediante autoliquidación, regulado en la LGT art.124 a 127 y que supone la obligación de la Administración Tributaria de proceder a efectuar la devolución solicitada durante los 6 meses siguientes a la finalización del plazo previsto para la presentación de la correspondiente autoliquidación con solicitud de devolución o, en los supuestos de presentación fuera de plazo, desde la presentación de la autoliquidación extemporánea. El procedimiento de devolución terminará por el acuerdo en el que se reconozca la devolución solicitada, por caducidad, o por el inicio de un procedimiento de verificación de datos, de comprobación limitada o de inspección.
b) Procedimiento de verificación de datos. Se regula en la LGT art.131 a 133. Es un procedimiento exclusivo de los órganos de gestión, cuya iniciación se llevará a cabo, exclusivamente, cuando concurra alguno de los supuestos regulados por la LGT art.131:
– cuando la autoliquidación del obligado tributario adolezca de defectos formales o incurra en errores aritméticos;
– cuando los datos declarados no coincidan con los contenidos en otras declaraciones presentadas por el mismo obligado o con los que obren en poder de la Administración Tributaria;
– cuando se aprecie una aplicación indebida de la normativa que resulte patente de la propia declaración o autoliquidación presentada o de los justificantes aportados con la misma;

– cuando se requiera la aclaración o justificación de algún dato relativo a la declaración o autoliquidación presentada, siempre que no se refiera al desarrollo de actividades económicas, razón por la cual este procedimiento no esté especialmente indicado para la comprobación del IVA.
La finalización de este procedimiento cuando se hayan constatado discrepancias será la práctica de una liquidación provisional que no impedirá una nueva comprobación ulterior.
c) **Procedimiento de comprobación limitada**, regulado en la LGT art.136 a 139, relativa a aspectos parciales del tributo. Las actuaciones que pueden llevarse a cabo en el procedimiento de comprobación limitada se refieren fundamentalmente al examen de los registros y demás documentos exigidos por la normativa tributaria y de cualquier otro libro, registro o documento de carácter oficial, así como el examen de las facturas o documentos que sirvan de justificante de las operaciones incluidas en dichos libros, registros o documentos. Se trata de un procedimiento de habitual aplicación en el IVA.
d) **Procedimiento inspector**, regulado en la LGT art.141 a 159, y en desarrollo del cual se puede investigar y comprobar cualquier cuestión relativa a la correcta aplicación del IVA.

SECCIÓN 9

La suspensión del ingreso

(LIVA art.169)

Pregunta 19500
¿Existe alguna posibilidad de suspender el ingreso del IVA?

Sí. A ello se refiere la LIVA art.169, que dispone que el Gobierno, a propuesta de la persona titular del Ministerio de Hacienda, podrá autorizar la suspensión de la exacción del impuesto en los supuestos de adquisición de bienes o servicios relacionados directamente con las entregas de bienes, destinados a otro Estado miembro o a la exportación, en los **sectores o actividades** y con los requisitos que se establezcan reglamentariamente.
Este mismo precepto establece que los adquirentes de bienes o servicios acogidos al régimen de suspensión del ingreso estarán obligados a efectuar el pago de las cuotas no ingresadas por sus proveedores cuando no acreditasen, en la forma y plazos que se determinen reglamentariamente, la realización de las operaciones que justifiquen dicha suspensión. En ningún caso estas cuotas ingresadas serán deducibles.
La norma legal se completa previendo que el Gobierno podrá establecer **límites cuantitativos** a estos efectos.
Este sistema de suspensión del ingreso supone la no repercusión del impuesto por quienes entreguen los bienes o presten los servicios ni su ingreso a la Hacienda Pública. Por su parte, los adquirentes de los bienes (exportadores) no estarían obligados a soportar cuota alguna. En cualquier caso, los bienes y servicios adquiridos han de estar relacionados directamente con entregas de bienes destinadas a salir del TIVA, sea a terceros países, sea a otros Estados de la Comunidad, operaciones que gozan de exención plena que atribuye derecho a deducir.
Los adquirentes de bienes o servicios acogidos al régimen de suspensión del ingreso estarán obligados a efectuar el pago de las cuotas no ingresadas por sus proveedores cuando no acreditasen en la forma y plazos que se determinen reglamentariamente la realización de las operaciones que justifiquen dicha suspensión. En ningún caso, estas cuotas ingresadas serán deducibles. Es decir, la suspensión tiene carácter finalista, al exigir que los bienes y servicios adquiridos y cuya exacción ha quedado suspendida han de destinarse a la realización de operaciones de exportación y, en

caso de incumplimiento de dicha finalidad, se impone al adquirente (no al proveedor) el pago de las cuotas no ingresadas y se le niega el derecho a deducir tales cuotas. Es muy importante señalar que el desarrollo reglamentario de esta disposición todavía no se ha producido, quizás por las importantes **dificultades administrativas de control** que este sistema de suspensión del ingreso generaría.

SECCIÓN 10

Infracciones y sanciones

(LIVA art.170 y 171)

19520

Pregunta
¿Existen infracciones aplicables exclusivamente al IVA?

Sí. Se trata de las que se tipifican en la LIVA art.170, para las cuales las sanciones previstas se regulan en la LIVA art.171.

19525

Pregunta
¿Hay algún supuesto de infracción relativo al régimen especial del recargo de equivalencia?

Sí. Se trata del supuesto que se contempla en la LIVA art.170.Dos.1º, conforme al cual constituye infracción tributaria la adquisición de bienes por parte de sujetos pasivos acogidos al régimen especial del recargo de equivalencia sin que en las correspondientes **facturas** figure expresamente consignado el recargo de equivalencia, salvo los casos en que el adquirente hubiera dado cuenta de ello a la Administración en la forma que se determine reglamentariamente.
En este sentido, el RIVA art.83 establece que los sujetos pasivos acogidos al régimen especial del recargo de equivalencia no incurrirán en esta infracción cuando efectúen esta comunicación mediante escrito presentado en la Delegación o Administración de la AEAT correspondiente a su domicilio fiscal.
Ha de recordarse que la exacción del IVA en este régimen especial se lleva a cabo a través de la repercusión al **minorista** del recargo de equivalencia, por lo que, si ello no tiene lugar, el perjuicio económico que se produce equivale al IVA correspondiente a esa fase del proceso productivo. Esta infracción pretende garantizar el cumplimiento de la obligación del minorista de comunicar a sus proveedores su sujeción al régimen especial recogida por la LIVA art.163.

19530

Pregunta
¿Hay algún supuesto de infracción tributaria si los destinatarios de las operaciones se benefician de una incorrecta repercusión del impuesto?

Sí, el previsto en la LIVA art.170.Dos.2º, conforme al cual es infracción tributaria la obtención, mediante acción u omisión culposa o dolosa, de una incorrecta repercusión del IVA, siempre y cuando el destinatario de la misma no tenga derecho a la deducción total de las cuotas soportadas. La misma norma dispone que serán **sujetos infractores** las personas o entidades destinatarias de las referidas operaciones que sean responsables de la acción u omisión citadas.
En la aplicación de esta disposición, sin duda, la mayor dificultad radica en la **prueba** del dolo o culpa del destinatario que se ha beneficiado de la incorrecta repercusión del IVA.
Esta situación puede dar lugar de modo adicional a la comisión de una infracción por parte del sujeto pasivo, de acuerdo con lo dispuesto por la LGT art.191, en la medida en que se haya dejado de ingresar el IVA no repercutido.

Pregunta 19535

¿Existe alguna infracción específica en relación con la expedición de facturas por quienes no sean sujetos pasivos de IVA?

Sí, ello en los términos previstos por la LIVA art.170.Dos.3º, conforme al cual constituye infracción tributaria la repercusión improcedente en factura, por personas que no sean sujetos pasivos de IVA, de cuotas impositivas sin que se haya procedido al ingreso de las mismas.

Lo que subyace en esta infracción tributaria es la **expedición de facturas falsas** en las que el IVA repercutido no se ingresa, generándose en la fase siguiente un IVA soportado que podría deducirse de modo improcedente.

En este caso, se suscita la duda de la compatibilidad de esta infracción con la atribución de responsabilidades al expedidor de estas facturas por su colaboración en la comisión de infracciones tributarias, al haber habilitado al destinatario de las mismas para realizar unas deducciones a las que no tenía derecho (LGT art.42.1.a).

Pregunta 19540

¿Existe alguna infracción tributaria aplicable específicamente a los supuestos de autorrepercusión?

Sí, el establecido en la LIVA art.170.Dos.4º, conforme al cual es infracción tributaria la no consignación en la autoliquidación a presentar por el período correspondiente de las cantidades de las que sea sujeto pasivo el **destinatario de las operaciones** conforme a la LIVA art.84.Uno.2º, 3º y 4, 85 y 140 quinque.

Los supuestos a que se refiere este precepto son los que dan lugar a la **inversión del sujeto pasivo** (LIVA art.84) las **adquisiciones intracomunitarias de bienes**, en las que el sujeto pasivo es quien las realiza (LIVA art.85) y las entregas de oro de inversión en las que se renuncie a la exención (LIVA art.140 quinque). En ambos casos, son los sujetos pasivos los que han de consignar en la declaración correspondiente el IVA devengado por la operación de la que son sujetos pasivos, sin perjuicio de su ulterior deducción, ello conforme a los requisitos y limitaciones establecidos al efecto.

Con esta infracción, queda precisada la separación del IVA devengado, que ha de consignarse en todo caso, de la deducción de su importe que se realizará en la misma declaración o en cualquiera posterior siempre que no hayan transcurrido cuatro años desde el nacimiento del derecho (LIVA art.99.Tres) y se cumplan el resto de requisitos y limitaciones impuestas por la normativa del IVA.

En la aplicación de esta infracción es muy importante tener en cuenta que el RD 2063/2004 disp.adic.3ª establece su **incompatibilidad** con las infracciones previstas en la LGT art.191, 193, 194 y 195, que se hubiesen originado por la no consignación de cantidades en la autoliquidación, y deberán imponerse las sanciones correspondientes a las infracciones previstas en dichas normas.

A través de esta disposición se pretende dejar claro que los hechos que den lugar a la infracción tipificada por la LIVA art.170.Dos.4º habrán de ser sancionados con arreglo a lo dispuesto por dicho precepto, en ningún caso, por las sanciones asociadas a las infracciones tipificadas en la LGT art.191, 193, 194 y 195. En ausencia de dicha disposición y sin perjuicio de la aplicación del principio general non bis in idem, podría plantearse la prelación entre todas ellas, ya que la no consignación del IVA devengado en una adquisición intracomunitaria o en un supuesto de inversión del sujeto pasivo encaja objetivamente en todas las referidas infracciones, tanto de la LGT como de la LIVA.

19542 **Pregunta**
¿Existe alguna infracción tributaria aplicable específicamente a la realización de operaciones asimiladas a la importación?

Sí, el previsto en la LIVA art.170.Dos.5º, conforme al cual constituye una infracción tributaria la falta de presentación o la presentación incorrecta o incompleta de las declaraciones-liquidaciones relativas a las operaciones reguladas en la LIVA art.19.5º (ver pregunta nº 13640).

19543 **Pregunta**
¿Existe alguna infracción tributaria aplicable específicamente a las transmisiones de inmuebles en las que se aplica la inversión del sujeto pasivo?

Sí, el previsto en la LIVA art.170.Dos.6º, conforme al cual constituye infracción tributaria la **falta de comunicación en plazo o la comunicación incorrecta**, por parte de los destinatarios de las operaciones a que se refiere la LIVA art.84.Uno.2º.e, a los empresarios o profesionales que realicen las correspondientes operaciones, de la circunstancia de estar actuando, con respecto a dichas operaciones, en su condición de empresarios o profesionales (ver pregunta nº 7045).

19544 **Pregunta**
¿Existe alguna infracción tributaria aplicable específicamente a las ejecuciones de obra a las que se aplica la inversión del sujeto pasivo?

Sí, el previsto en la LIVA art.170.Dos.7º, conforme al cual constituye infracción tributaria la **falta de comunicación en plazo o la comunicación incorrecta**, por parte de los destinatarios de las operaciones a que se refiere la LIVA art.84.Uno.2º.f a los empresarios o profesionales que realicen las correspondientes operaciones, de las siguientes circunstancias (ver pregunta nº 7055):
- que están actuando, con respecto a dichas operaciones, en su condición de empresarios o profesionales;
- que tales operaciones se realizan en el marco de un proceso de urbanización de terrenos o de construcción o rehabilitación de edificaciones.

19545 **Pregunta**
¿Existe alguna infracción tributaria aplicable específicamente al régimen de IVA diferido a la importación?

Sí, el previsto en la LIVA art.170.Dos.8º, conforme al cual es infracción tributaria la no consignación o la consignación incorrecta o incompleta en la autoliquidación, de las cuotas tributarias correspondientes a operaciones de importación liquidadas por la Administración por los sujetos pasivos a que se refiere la LIVA art.167.Dos párrafo 2º (**régimen de IVA diferido a la importación**, ver pregunta nº 19437).

19546 **Pregunta**
¿Cuáles son las sanciones específicas del IVA?

Las previstas en la LIVA art.171.Uno, que prevé las siguientes sanciones para estas infracciones tributarias, calificadas en todo caso como **graves**:
a) Las establecidas en la LIVA art.170.Dos.1º, con multa pecuniaria proporcional del 50% del importe del recargo de equivalencia que hubiera debido repercutirse, con un importe mínimo de 30 € por cada una de las adquisiciones efectuadas sin la correspondiente repercusión del recargo de equivalencia.
b) Las establecidas en la LIVA art.170.Dos.2º, con multa pecuniaria proporcional del 50% del beneficio indebidamente obtenido.

c) Las establecidas en la LIVA art.170.Dos.3º, con multa pecuniaria proporcional del 100% de las cuotas indebidamente repercutidas, con un mínimo de 300 € por cada factura o documento sustitutivo en que se produzca la infracción. **19546** (sigue)

d) Las establecidas en la LIVA art.170.Dos.4º, con multa pecuniaria proporcional del 10% de la cuota correspondiente a las operaciones no consignadas en la autoliquidación.

e) Las establecidas en la LIVA art.170.Dos.5º, con multa pecuniaria proporcional del 10% de las cuotas devengadas correspondientes a las operaciones no consignadas o consignadas incorrectamente o de forma incompleta en las autoliquidaciones-liquidaciones. No obstante, matiza la norma, cuando se trate de declaraciones-liquidaciones relativas al abandono del régimen de depósito distinto del aduanero, se sancionará con multa pecuniaria proporcional del 10% de las cuotas devengadas correspondientes a las operaciones no consignadas o consignadas incorrectamente o de forma incompleta, siempre que la suma total de cuotas declaradas en la autoliquidación sea inferior al de las efectivamente devengadas en el periodo.

f) Las establecidas en la LIVA art.170.Dos.6.º y 7.º, con multa pecuniaria proporcional del 1% de las cuotas devengadas correspondientes a las entregas y operaciones respecto de las que se ha incumplido la obligación de comunicación, con un mínimo de 300 euros y un máximo de 10.000 euros.

g) Las establecidas en la LIVA art.170.Dos.8.º, con multa pecuniaria proporcional del 10% de las cuotas devengadas correspondientes a las liquidaciones efectuadas por las aduanas correspondientes a las operaciones no consignadas en la autoliquidación.

La sanción impuesta de acuerdo con lo previsto en las letras d, e y f anteriores **se reducirá** conforme a lo dispuesto en la LGT art.188.1:

- un 65% en los supuestos de actas con acuerdo previstos en la LGT art.155;
- un 30% en los supuestos de conformidad.

En este segundo caso, adicionalmente, el total de las sanciones anteriores se reducirán conforme a lo dispuesto en la LGT art.188.3 (40%), cuando:

- se realice el ingreso total del importe restante de dicha sanción en plazo;
- no se interponga recurso o reclamación contra la liquidación o sanción.

La sanción de pérdida del derecho a obtener beneficios fiscales no será de aplicación en relación con las exenciones establecidas en esta ley y demás normas reguladoras del IVA (LIVA art.171.Cuatro).

Índice de preguntas

Nº	Pregunta
350	¿Son empresarios o profesionales en todo caso quienes obtienen ingresos continuados en el tiempo?
355	La continuidad que puede atribuir la condición de empresario o profesional, ¿se refiere a los ingresos o a las prestaciones?
370	¿Con qué requisitos se atribuye la condición de empresario o profesional a los urbanizadores de terrenos?
375	¿Qué consecuencias tiene el hecho de que se considere empresario o profesional a los efectos del IVA a un urbanizador ocasional?
380	¿Las condiciones en las que se atribuye el estatuto de empresario o profesional en el IVA a un urbanizador ocasional son trasladables a otros tributos?
385	¿Cómo se puede acreditar que la intención con la que se urbaniza un terreno es proceder a su venta, cesión o adjudicación por cualquier título?
390	¿Qué se puede considerar como urbanización de terrenos?
395	¿Cómo tributa la urbanización de terrenos que se paga en especie?
400	¿Cómo se aplica el IVA en la urbanización de terrenos a través del sistema de expropiación?
405	¿Cómo se aplica el IVA en la urbanización de terrenos a través del sistema de cooperación?
410	¿Cómo se aplica el IVA en la urbanización de terrenos a través del sistema de compensación cuando se actúa a través de juntas de compensación fiduciarias?
415	¿Cómo se aplica el IVA en la urbanización de terrenos a través del sistema de compensación cuando se actúa a través de juntas de compensación no fiduciarias?
420	¿Están sujetas a IVA las indemnizaciones que se pagan en el desarrollo de los procesos de transformación urbanística?
425	¿Son sujetos pasivos de IVA los proindivisos de resultado que se generan en los procesos urbanísticos?
430	¿Qué tributación tienen en el IVA las cesiones obligatorias de terrenos a los ayuntamientos?
450	¿Con qué requisitos se atribuye la condición de empresario o profesional a los promotores de la construcción o rehabilitación de edificaciones?
455	¿Qué consecuencias tiene el hecho de que se considere empresario o profesional a los efectos del IVA a un constructor o rehabilitador ocasional?
460	¿Quién se puede considerar como promotor a los efectos del IVA?
465	¿Qué cabe considerar como construcción de edificaciones a los efectos del IVA?
470	¿Qué cabe considerar como rehabilitación de edificaciones a los efectos del IVA?
475	¿Qué cabe considerar como edificaciones a los efectos del IVA?
480	¿Cómo se puede acreditar la intención con la que se está promoviendo la construcción o rehabilitación de una edificación?
500	¿Cuándo y en qué términos tienen la condición de empresarios o profesionales quienes realizan entregas ocasiones de medios de transporte?
505	¿Existe algún supuesto en que se atribuya la condición de empresario o profesional exclusivamente para la localización de las prestaciones de servicios?
515	¿Cuándo adquieren la condición de empresarios o profesionales los que lo son conforme a los conceptos especiales que se contemplan en la LIVA art.5.Uno.b), c) y d)?
	ENTREGAS DE BIENES
535	¿Qué es una entrega de bienes a los efectos del IVA?
540	La existencia de entregas de bienes, ¿está limitada a los supuestos en que hay transmisión de la propiedad desde el punto de vista del Derecho civil?
545	¿Existe alguna asimilación o consideración especial para las entregas de gas, calor, frío, energía eléctrica y demás modalidades de energía?
565	¿Hay supuestos especiales de entregas de bienes a los efectos del IVA?
570	¿Qué relación hay entre los supuestos especiales de entregas de bienes a los efectos del IVA y el concepto general?
575	¿Hay otras entregas de bienes distintas a las que se contemplan en la LIVA art.8, concepto general y supuestos especiales?
585	¿En qué condiciones son entregas de bienes las ejecuciones de obra inmobiliarias?
590	¿Qué tratamiento tienen las ejecuciones de obra mobiliarias?
610	¿En qué condiciones son entregas de bienes las aportaciones a comunidades de bienes y entidades similares?
615	¿Las aportaciones de bienes a comunidades de bienes y entidades similares están sujetas al IVA en todo caso?
620	¿Por qué razón se consideran como entregas de bienes estas operaciones?
625	¿Qué tratamiento tienen, en particular, las comunidades de propietarios para la promoción de viviendas?
640	¿Qué régimen de tributación en el IVA tienen las adjudicaciones de bienes en virtud de resoluciones jurisdiccionales o administrativas?
650	¿Qué régimen de tributación en IVA tienen las expropiaciones?

Nº	Pregunta
1966	¿Cómo se localizan los servicios prestados a consumidores finales?
1967	¿Existe algún límite a la anterior regla sobre el lugar de realización?
1968	¿Existe alguna relación de preferencia entre la regla general y las reglas especiales para la realización de las prestaciones de servicios?
1969	¿Se aplican supletoriamente la reglas generales de las prestaciones de servicios?
1981	¿Qué se considera como sede de actividad de un empresario o profesional?
1985	¿Qué se puede considerar como establecimiento permanente a los efectos del IVA?
1990	¿Son coincidentes los conceptos de establecimiento permanente en el IVA y en la imposición directa?
1995	¿Existe alguna relación de preferencia entre la sede de la actividad y los establecimientos permanentes para la localización de las prestaciones de servicios?
2000	¿Qué relevancia tiene el que se considere que un empresario o profesional tiene un establecimiento permanente en el TIVA?
2020	¿Cuándo se puede considerar que un servicio se ha prestado desde una determinada sede de actividad o establecimiento permanente?
2022	¿Cuándo se puede considerar que la sede de actividad o un establecimiento permanente son destinatarios de una prestación?
	REGLAS ESPECIALES DEL LUGAR DE REALIZACIÓN DE LAS PRESTACIONES DE SERVICIOS
2100	¿Qué relación existe entre las reglas especiales del lugar de realización de las prestaciones de servicios y la regla o reglas generales?
2205	¿Dónde se localizan los servicios relacionados con inmuebles?
2210	¿Dónde se localizan los servicios de transporte de pasajeros?
2215	¿Dónde se localizan los servicios de acceso a manifestaciones culturales, artísticas, deportivas, científicas, educativas, recreativas o similares?
2220	¿Dónde se localizan los servicios de restauración y catering prestados a bordo de buques, aviones o trenes que realicen transportes intracomunitarios?
2225	¿Dónde se localizan los servicios de restaurantes y catering no incluidos en la pregunta anterior?
2230	¿Dónde se localizan los servicios de arrendamiento a corto plazo de medios de transporte?
2250	¿Dónde se localizan los servicios de transporte de bienes prestados a particulares?
2252	¿Cuáles son los servicios que se han de considerar prestados por vía electrónica?
2254	¿Qué se ha de considerar como servicio de telecomunicaciones?
2255	¿Dónde se localizan los servicios prestados por vía electrónica, de telecomunicaciones o radiodifusión a consumidores finales?
2260	¿Dónde se localizan los servicios de mediación prestados a consumidores finales?
2265	¿Dónde se localizan los servicios accesorios a transportes prestados a consumidores finales?
2270	¿Dónde se localizan los servicios relativos a bienes muebles corporales prestados a consumidores finales?
2280	¿Qué ocurre cuando la regla de localización aplicable a una prestación de servicios conduce a su no sujeción, pero el servicio se utiliza o explota efectivamente en el TIVA?
	CAPÍTULO 4.- EXENCIONES INTERIORES
4005	¿Qué tipos de exenciones hay en el IVA?
4010	¿Se puede deducir el IVA soportado por los bienes y servicios que se utilizan en la realización de operaciones exentas?
4015	¿Cómo se cuantifica el efecto en deducciones que tiene la realización de operaciones con exención limitada?
4020	¿Las exenciones aplicables en el IVA constituyen siempre un beneficio fiscal?
4025	¿Se puede renunciar a las exenciones que establece la LIVA art 20?
4030	¿Qué pauta de interpretación ha de seguirse al analizar los supuestos de exención en el IVA?
4035	¿Las exenciones en IVA se justifican siempre por la existencia de razones de interés general?
	EXENCIONES PARA ACTIVIDADES DE INTERÉS GENERAL
4055	¿Cuáles son los servicios postales exentos?
4060	¿Cuáles son los servicios que constituyen el servicio postal universal?
4065	¿Se puede extender la exención a los servicios prestados por otras empresas?
4070	¿Existe algún supuesto de exención para la venta de sellos?
4080	¿Hay algún supuesto de exención para los servicios de asistencia social?
4085	¿Qué tipo de requisitos han de concurrir para la aplicación de la exención de los servicios de asistencia social?
4090	¿Cuáles son los servicios a los que se puede aplicar la exención de los servicios de asistencia social?
4095	¿Quién puede prestar los servicios de asistencia social exentos de IVA?
4100	¿Qué ocurre cuando los servicios de asistencia social no son prestados por Entes públicos o por establecimientos privados de carácter social?

Nº	Pregunta
4105	¿Qué régimen de tributación tienen las residencias de la tercera edad?
4115	¿En qué términos están exentos los servicios de cesión de personal?
4125	¿Existe algún supuesto de exención aplicable a los servicios prestados por los colegios profesionales y demás entidades de naturaleza similar?
4130	¿La exención de los servicios prestados por los colegios profesionales y entidades similares, está condicionada a su reconocimiento previo?
4135	¿Se puede dejar de aplicar la exención no solicitando su reconocimiento o, una vez obtenido, renunciando al mismo?
4140	De los servicios prestados por los colegios profesionales y entidades similares, ¿cuáles están exentos?
4145	¿Todos los servicios prestados por entidades similares a colegios profesionales están sujetos a IVA?
4160	¿Existe alguna exención aplicable a los servicios deportivos?
4165	¿Qué operaciones tienen cabida dentro de la exención de los servicios deportivos?
4170	¿Qué ocurre cuando el precio de los servicios deportivos se paga por personas o entidades distintas a las personas físicas que practican el deporte?
4175	¿Cuáles son las entidades que pueden prestar servicios deportivos exentos?
4180	¿Qué régimen de tributación tienen los espectáculos deportivos?
4185	¿Existe alguna exención aplicable a los servicios culturales?
4190	¿Qué operaciones tienen cabida dentro de la exención de los servicios culturales?
4195	¿Cuáles son las entidades que pueden prestar servicios culturales exentos?
4205	¿Existe algún supuesto de exención para los servicios prestados por artistas?
4210	¿En qué términos están exentas las operaciones realizadas por los artistas plásticos?
4215	¿En qué términos están exentas las operaciones realizadas por escritores?
4220	¿En qué términos están exentas las operaciones realizadas por colaboradores literarios, gráficos o fotográficos de periódicos y revistas?
4225	¿En qué términos están exentas las operaciones realizadas por compositores musicales o autores de obras teatrales o de otras obras audiovisuales?
4230	¿En qué términos están exentas las operaciones realizadas por traductores?
4235	¿Están exentas las prestaciones de servicios que se retribuyen mediante derechos de autor cuando quienes los cobran son entidades mercantiles o los herederos de los anteriores?
4240	¿Existe algún supuesto de exención específica para los partidos políticos?
4250	¿Qué cabe entender como entidad privada de carácter social?
4255	¿Cuáles son las exenciones que se aplican a los servicios prestados por entidades privadas de carácter social?
4260	¿Cuándo cabe considerar que una entidad carece de ánimo de lucro?
4265	¿La condición de entidad o establecimiento privado de carácter social está sujeta a reconocimiento previo?
4270	¿Se puede renunciar a la condición de entidad o establecimiento privado de carácter social?
4275	¿Se puede considerar a una persona física como entidad o establecimiento privado de carácter social?
	EXENCIONES EN OPERACIONES MÉDICAS Y SANITARIAS
4305	¿Qué operaciones relacionadas con el ámbito de la sanidad están exentas?
4310	¿En qué condiciones están exentos los servicios de hospitalización o asistencia sanitaria?
4315	¿Están exentos los servicios de hospitalización y asistencia sanitaria prestados por entidades que actúen con ánimo de lucro?
4320	Admitida la exención, ¿cuáles son las operaciones a las que se puede extender este beneficio fiscal?
4325	¿Hay prestaciones expresamente excluidas de la exención?
4330	¿Existen otras operaciones sujetas y no exentas realizadas por los centros hospitalarios?
4335	¿Todo servicio de hospitalización está exento, con independencia de la razón por la que se produzca la hospitalización?
4340	¿Qué tratamiento tienen las operaciones sujetas y no exentas que se realizan por los establecimientos hospitalarios?
4345	¿Existe algún beneficio fiscal para los bienes y servicios adquiridos por los centros hospitalarios?
4350	¿En qué términos se pueden considerar las residencias geriátricas como centros hospitalarios?
4365	¿En qué términos están exentos los servicios prestados por los profesionales sanitarios?
4370	¿Qué requisitos han de cumplirse para la aplicación de la exención de los servicios prestados por profesionales sanitarios?
4375	¿Cuáles son los servicios que, objetivamente considerados, están exentos como servicios sanitarios?
4380	¿Qué servicios se han de considerar, como tales, excluidos de la exención de los servicios sanitarios?
4385	¿Cuáles son los profesionales sanitarios cuyos servicios pueden estar exentos?

Nº	Pregunta
4745	¿Qué tratamiento tendrían las entregas de suelo que, sin tener la condición de solar, sea tal que en él se ha autorizado la edificación?
4750	¿Están exentas las entregas de suelo urbano?
4755	¿Están exentas las entregas de suelo urbanizable?
4760	¿Están exentas las entregas de suelo no urbanizable?
4765	¿Qué tratamiento corresponde a las entregas de terrenos en curso de urbanización?
4770	¿En qué términos están exentas las entregas conjuntas de suelo con edificaciones?
4790	¿Cómo se regulan y qué función tiene los sistemas de ejecución del planeamiento?
4795	¿Cómo funciona el sistema de expropiación?
4800	¿Cómo se aplica el IVA a la urbanización de terrenos cuando esta se realiza a través del sistema de expropiación?
4805	¿Cómo funciona el sistema de cooperación?
4810	¿Cómo se aplica el IVA a la urbanización de terrenos cuando esta se realiza a través del sistema de cooperación?
4815	¿Cómo funciona el sistema de compensación?
4820	¿Cómo se puede caracterizar la urbanización de terrenos a través de Juntas de compensación fiduciarias?
4825	¿Qué circunstancias relevantes se producen, a los efectos del IVA, a la delimitación de la unidad o polígono de actuación cuando existe una Junta de compensación fiduciaria?
4830	¿Qué ocurre con los propietarios que, antes de que se inicie el proceso de urbanización cuando existe una Junta de compensación fiduciaria, quedan excluidos del mismo?
4835	¿Qué tratamiento tienen las indemnizaciones a los titulares de bienes o derechos incompatibles con el proceso urbanístico?
4840	¿Puede ocurrir que una Junta de compensación fiduciaria cobre suplidos que, como tales, no hayan de incluirse en la base imponible de sus servicios?
4845	¿Qué tratamiento tiene la urbanización de terrenos por parte de Juntas de compensación fiduciarias en lo que se refiere a la aplicación del IVA a las Juntas?
4850	¿Qué tratamiento tiene el pago en especie de los servicios de urbanización?
4855	¿Qué consecuencias tributarias tienen las cesiones obligatorias a los Ayuntamientos que se realizan en los procesos urbanísticos?
4860	¿Qué ocurre a la finalización de la urbanización de los terrenos?
4865	¿Qué incidencia tiene el hecho de que se produzcan adjudicaciones en situaciones de indivisión a la finalización de los procesos urbanísticos?
4870	¿Cuál es el planteamiento general, a los efectos del IVA, para las Juntas de compensación no fiduciarias?
4875	¿Cuál es el tratamiento, a los efectos del IVA, de las Juntas de compensación no fiduciarias?
4880	¿Cuál es el tratamiento, a los efectos del IVA, de los propietarios integrados en Juntas de compensación no fiduciarias?
4885	¿Cómo se aplica el IVA a la urbanización de terrenos a través de agentes urbanizadores?
4900	¿Cuáles son las entregas de edificaciones que están sujetas al IVA?
4905	¿La exención de las segundas o ulteriores entregas de edificaciones está limitada a las transmisiones de viviendas?
4910	¿Cuál es la primera entrega de edificaciones que resulta sujeta y no exenta de IVA?
4915	¿Tiene algún efecto en la exención el hecho de que la edificación se haya utilizado antes de su transmisión?
4920	¿Qué se ha de considerar como construcción o rehabilitación de edificaciones?
4925	¿Qué se ha de considerar como rehabilitación de edificaciones a los efectos del IVA?
4930	¿En qué términos se puede considerar que una obra compleja es una obra de rehabilitación?
4935	¿Qué efecto o consecuencias se derivan del hecho de que una obra se califique como de rehabilitación a los efectos del IVA?
4940	¿Hay supuestos específicos excluidos de la exención de las segundas o ulteriores entregas de edificaciones?
4950	¿En qué condiciones están exentos los arrendamientos y derechos reales sobre inmuebles?
4955	¿En qué términos están exentos los arrendamientos de viviendas?
4960	¿Qué tratamiento tienen los arrendamientos de viviendas que son objeto de posteriores cesiones de uso por parte de sus arrendatarios iniciales?
4965	¿Cabe la posibilidad de que estén exentos arrendamientos de inmuebles de uso no residencial?
4970	¿Está exento el arrendamiento de viviendas que son objeto de uso mixto, residencial y no residencial?
4975	¿Existen supuestos específicamente excluidos de la exención de los arrendamientos y constitución de derechos reales de uso y disfrute de inmuebles?
4980	¿En qué condiciones están sujetos y no exentos los arrendamientos de apartamentos en los que el arrendador se compromete a prestar servicios análogos a los de la industria hotelera?

Nº	Pregunta
4985	¿En qué condiciones se excluyen de la exención los arrendamientos de viviendas para ser subarrendadas?
4990	¿Qué tratamiento corresponde a los arrendamientos con opción de compra?
4995	¿Qué ocurre cuando las viviendas que se explotan en virtud de contratos de arrendamiento con opción de compra se han adquirido a terceros, esto es, no se han promovido por quien las está arrendando?
5000	¿Qué ocurre cuando las viviendas que se destinan al arrendamiento con opción de compra no se habían promovido con la intención de explotarlas de este modo?
5005	¿Qué régimen de tributación le corresponde a la constitución de derechos de superficie?
5025	¿Se puede renunciar a las exenciones de las operaciones inmobiliarias?
5030	¿Para qué operaciones cabe la renuncia?
5035	¿Quién es el que renuncia a la exención?
5040	¿Existe algún requisito en cuanto al destinatario de la operación para que se pueda realizar la renuncia a la exención?
5045	¿Qué ocurre si la renuncia a la exención de las operaciones inmobiliarias se ha realizado incorrectamente?
5060	¿Cuáles son los requisitos formales de la renuncia a la exención?
	EXENCIONES TÉCNICAS
5085	¿Cuál es la razón que justifica la existencia de las denominadas exenciones técnicas?
5090	¿En qué condiciones están exentas las entregas de bienes usados en la realización de operaciones no generadoras del derecho a la deducción?
5100	¿En qué términos están exentas las entregas de bienes para los que el IVA soportado en su adquisición hubiera estado excluido de la deducción?
5110	¿En qué términos están exentas las entregas que se efectúan por empresarios o profesionales no establecidos en plataformas o interfaces digitales?
	OTRAS EXENCIONES INTERIORES
5115	¿Qué servicios prestados por agrupaciones de sujetos pasivos están exentos de IVA?
5120	¿En qué condiciones están exentas las loterías y juegos de azar?
5125	¿En qué condiciones están exentos los servicios prestados a través de máquinas recreativas?
5130	¿Cómo se aplica la exención de las actividades de juego al bingo?
	CAPÍTULO 5.- EL DEVENGO
6005	¿Cómo se define el devengo en el IVA?
6010	¿Qué trascendencia tiene el devengo en el IVA?
6015	¿La expedición de la factura tiene alguna incidencia en el devengo del IVA?
6025	¿El hecho de que se aplace el pago del precio de una operación incide en el devengo del IVA?
	REGLAS GENERALES
6040	¿Cuándo se devenga el IVA con carácter general en las entregas de bienes?
6045	¿Cuándo se devenga el IVA en las transmisiones de inmuebles que se documentan en escritura pública?
6055	¿Cómo se concreta el devengo del IVA en las transmisiones de inmuebles que se formalizan en documentos privados?
6060	¿Cuándo se devenga el IVA en las expropiaciones?
6065	¿Cuándo se devenga el IVA en los contratos de venta con pacto de reserva de dominio, con condición suspensiva o de arrendamiento financiero con opción de compra vinculante?
6070	¿Existe alguna regla especial de devengo para las ventas realizadas a través de plataformas en las que la LIVA presume una doble venta y atribuye a la entrega la plataforma?
6080	¿Cuándo se devenga el IVA en las prestaciones de servicios?
6100	¿Cuándo se devenga el IVA de las ejecuciones de obra?
6105	¿Cuándo se devenga el IVA en los contratos de obra pública?
6110	¿Cuándo se devenga el IVA en los contratos de obra a los que no es aplicable la L 9/2017, de Contratos del Sector Público?
6125	¿Cuándo se devenga el IVA en los contratos de comisión?
6130	¿Cuándo se devenga el IVA en los contratos de comisión en nombre propio relativos a compraventa de bienes?
6140	¿Cuándo se devenga el IVA en los contratos estimatorios?
6150	¿Cuándo se devenga el IVA en los contratos de comisión en nombre propio relativos a prestaciones de servicios?
6165	¿Cuándo se devenga el IVA de los autoconsumos?
6175	¿En particular, para los autoconsumos retroactivos, cuándo se devenga el IVA?
6205	¿Cuándo se devenga el IVA en operaciones de tracto sucesivo?
6210	¿Qué es una operación de tracto sucesivo?

Nº	Pregunta
7130	¿Cuáles son las entidades a las que se refiere la LGT art.35.4?
7135	En relación con estas entidades, ¿cuándo cabe considerar que existe una actividad empresarial a efectos del IVA?
7138	¿Qué consecuencias tiene para sus miembros o partícipes la consideración de una de estas entidades como sujetos pasivos?
7140	¿Existe alguna operación sujeta al IVA con ocasión de la constitución de una de estas entidades?
7142	¿Qué tratamiento tiene, a los efectos del IVA, la transmisión de participaciones en las entidades de la LGT art.35.4?
7145	¿Qué ocurre cuando la transmisión de la participación en una de estas entidades da lugar a que desaparezca la situación de copropiedad?
7147	¿Qué tratamiento tiene, a los efectos del IVA, la admisión de nuevos miembros o partícipes en estas entidades?
7150	¿Qué tratamiento tienen, a efectos del IVA, las operaciones realizadas por estas entidades con terceros?
7155	¿Se pueden considerar los bienes adquiridos por comunidades de bienes y entidades similares como bienes adquiridos en común por varios sujetos pasivos?
7157	¿Qué tratamiento tienen las aportaciones de bienes realizadas por sus miembros o componentes a estas entidades?
7160	¿Qué tratamiento tienen las prestaciones de servicios entre las entidades de la LGT art.35.4 y sus miembros o componentes?
7165	¿Qué incidencia tiene, a los efectos del IVA, la disolución de una de estas entidades?
7175	¿Qué tratamiento tiene, a los efectos del IVA, la promoción de viviendas en régimen de copropiedad?
7190	¿Qué tratamiento tienen las actividades empresariales o profesionales cuando se desarrollan por personas físicas casadas en régimen de gananciales?
7197	¿Qué tratamiento tienen las actividades empresariales o profesionales cuando se desarrollan por personas físicas casadas en régimen de separación de bienes?
7200	¿Qué tratamiento tienen las actividades empresariales o profesionales cuando se desarrollan por personas físicas casadas en régimen de participación?
7210	¿Son sujetos pasivos del IVA los indivisos de resultado que en ocasiones se producen en los procesos urbanísticos?
7225	¿Son sujetos pasivos del IVA las comunidades de propietarios en régimen de propiedad horizontal?
7240	¿Son sujetos pasivos del IVA las comunidades de propietarios correspondientes a locales comerciales y similares?
	RESPONSABLES
7250	¿Incurre en algún tipo de responsabilidad quien se beneficia de una incorrecta repercusión del IVA?
7260	¿Hay supuestos especiales de responsabilidad en las importaciones?
7263	¿Existe algún supuesto en que el destinatario de una operación se pueda ver obligado a ingresar el IVA que no ingresó el sujeto pasivo de esta?
	CAPÍTULO 8.– LA REPERCUSIÓN
	CUESTIONES GENERALES
7410	¿Qué función desempeña la repercusión del IVA en el funcionamiento del impuesto?
7415	¿Es obligatorio repercutir IVA en las entregas de bienes y prestaciones de servicios sujetas y no exentas?
7418	Previo acuerdo entre las partes, ¿se puede pactar para una entrega de bienes o prestación de servicios la no repercusión del IVA?
7425	¿Están obligados a soportar la repercusión del IVA los destinatarios de las entregas de bienes y prestaciones de servicios?
7427	En sus ofertas de precios ¿los sujetos pasivos han de incluir el IVA que, en su caso, procede repercutir por los bienes y servicios a los que se refieren las mismas?
7430	¿Existe alguna particularidad en la repercusión del IVA a los entes públicos?
7433	¿Cómo se documenta la repercusión?
7435	¿Cuándo ha de efectuarse la repercusión?
7437	¿Existe la posibilidad de que, por transcurso del tiempo, se pierda el derecho a la repercusión?
7440	¿Cómo se sustancian las controversias relativas a la repercusión?
	LA RECTIFICACIÓN DE LA REPERCUSIÓN
7450	¿En qué circunstancias hay que modificar la repercusión del IVA?
7455	La rectificación de la repercusión ¿es un derecho o una obligación?
7460	¿Cuál es el plazo para la rectificación de la repercusión?
7470	¿Es posible la interrupción del plazo para la rectificación de la repercusión cuando se inicia un procedimiento administrativo de comprobación o investigación tributaria?
7480	¿Qué ocurre cuando por una operación se ha expedido factura, no se ha repercutido IVA y se constata que la no repercusión es un error?
7486	¿Cómo se rectifican los supuestos de autorrepercusión errónea?

Nº	Pregunta
7490	¿Existen supuestos en que no es posible la rectificación, aun habiendo constatado que el IVA repercutido es erróneo?
7495	¿Qué ocurre cuando se entregan bienes o servicios a particulares y, después de realizada la operación, se constata la existencia de un error en la repercusión del IVA?
7500	¿Qué ocurre cuando es la Administración Tributaria la que constata la existencia de un error en la repercusión del IVA?
7503	¿Cómo se documenta la rectificación de las cuotas impositivas repercutidas?
7505	¿Cómo se sustancia la rectificación de la repercusión ante la Administración Tributaria cuando se ha repercutido menos IVA del procedente?
7520	¿Cómo se sustancia la rectificación de la repercusión ante la Administración Tributaria cuando se ha repercutido más IVA del procedente?
	CAPÍTULO 9.- EL TIPO IMPOSITIVO
9002	¿Qué clase de tipos impositivos se aplican en el IVA?
9005	¿Los tipos reducidos se aplican igualmente a operaciones interiores, a importaciones y a AIB?
9008	¿Los tipos reducidos se determinan en función de las características del producto o atienden a otras consideraciones, tales como la condición del adquirente?
9010	¿Qué estructura de tipos impositivos se aplica en España?
9013	¿Se puede hacer una extensión analógica de los supuestos de tributación reducida?
9023	¿Los tipos impositivos en el IVA están armonizados en la Comunidad?
9025	¿Se puede decir que el IVA es un impuesto regresivo?
	EL TIPO GENERAL
9045	¿Cuál es el tipo general de IVA aplicable en España?
9055	¿Qué tipo de gravamen se aplica cuando hay modificaciones legales que afectan al tipo impositivo?
9060	¿Qué tipo impositivo se aplica en los supuestos de reimportación de mercancías que se han enviado fuera de la Comunidad para la realización de trabajos sobre ellas?
9065	¿Existe alguna disposición equivalente para las importaciones asimiladas?
	OPERACIONES AL TIPO REDUCIDO
9085	¿Cuál es el tipo reducido del IVA en España?
9095	¿Qué tipo impositivo se aplica a los productos alimenticios?
9100	¿Qué se entiende por producto alimenticio?
9102	¿La aplicación del tipo reducido a los productos alimenticios depende de que efectivamente se destinen a un uso alimenticio?
9104	¿Qué tipo impositivo se aplica a los productos destinados a la alimentación animal?
9106	¿Qué tipo impositivo grava las bebidas refrescantes, zumos y gaseosas con azúcares o edulcorantes añadidos?
9108	¿Qué tipo impositivo grava las bebidas alcohólicas?
9110	¿Qué se entiende por bebida alcohólica?
9112	¿Qué tipo impositivo se aplica al tabaco?
9114	¿Hay algún supuesto de tributación reducida para los suministros a la industria alimenticia?
9116	¿Hay alguna distinción, en cuanto al tipo impositivo, en función de que los ingredientes o suministros de los productos alimenticios sean de origen natural o artificial?
9118	¿Qué gravamen se aplica a las entregas de animales destinados a la alimentación humana o animal?
9120	¿Se aplica el 10% a las entregas de ganado destinado a la producción lechera?
9130	¿Hay algún supuesto de tributación reducida para los suministros al sector agrario?
9132	¿Se aplica el tipo reducido a todos los bienes que se usan en actividades agrarias?
9135	¿Cuáles son los productos principales para los que se ha admitido la aplicación del tipo reducido en tanto que suministros agrarios?
9138	¿La aplicación del tipo reducido a los suministros del sector agrario depende de que el adquirente sea titular de una explotación agraria?
9145	¿Qué tipo impositivo se aplica a los suministros de agua?
9148	¿Se aplica el tipo reducido al total de la contraprestación que se pague por el agua, con independencia de cómo se cuantifique?
9150	¿Está incluido dentro del tipo reducido el alquiler de contadores?
9152	¿Se incluyen en el tipo reducido otras operaciones, tales como mantenimiento de redes de suministro?
9155	¿Hay algún requisito adicional para la aplicación del tipo reducido a las entregas de agua?
9158	En la determinación del tipo impositivo aplicable a las entregas de agua, ¿tiene alguna relevancia la condición del adquirente o del transmitente?
9170	¿Qué tipo impositivo se aplica a las entregas de medicamentos para uso animal?
9172	¿Se aplica el tipo reducido a las entregas de medicamentos de uso humano cuando son utilizados por animales?

Nº	Pregunta
9430	¿Hay algún supuesto de tributación reducida para los servicios relativos a recipientes normalizados utilizados en la recogida de residuos?
9432	¿Todos los servicios relativos a la gestión de residuos tributan al tipo reducido?
9440	¿Qué tratamiento corresponde a los espectáculos y demás manifestaciones culturales?
9447	¿Se aplica el tipo reducido a los servicios de organización de congresos y exposiciones de carácter comercial?
9480	¿Qué tratamiento tienen los servicios de asistencia social?
9482	¿Cuándo se aplica el tipo reducido a los servicios relacionados con la asistencia social?
9484	¿Cuáles son los colectivos a los que se prestan los servicios gravados al tipo reducido?
9488	¿Qué tipo impositivo se aplica a los servicios de asistencia a la tercera edad?
9490	¿Qué servicios se pueden considerar como de protección de la infancia y la juventud?
9530	¿Qué espectáculos deportivos tributan al tipo reducido?
9540	¿En qué condiciones tributan al tipo reducido las exposiciones y ferias comerciales?
9560	¿Qué tipo impositivo se aplica a las obras de reparación y renovación de viviendas particulares?
9561	¿Desde cuándo es aplicable este supuesto de tributación reducida?
9562	¿Cuáles son los requisitos que han de cumplirse para la aplicación del tipo reducido a las obras de reparación o renovación de viviendas particulares?
9568	¿Qué ocurre cuando las obras se pagan por entidades aseguradoras?
9570	¿Se aplica el tipo reducido a las obras que se realizan para comunidades de propietarios?
9572	¿La aplicación del tipo reducido a las obras de renovación y reparación de viviendas particulares está condicionada a que las obras se califiquen como rehabilitación de edificaciones?
9575	¿Qué ocurre cuando las obras se realizan sobre viviendas arrendadas?
9580	¿Es aplicable el tipo reducido a los contratos de mantenimiento de edificaciones o de partes de las mismas?
9585	¿Existe algún supuesto de tributación reducida para los arrendamientos con opción de compra?
9590	¿Existe algún supuesto de tributación reducida para los aprovechamientos de inmuebles por turno?
9605	¿Existe algún supuesto de tributación reducida para la construcción o rehabilitación de edificaciones de uso residencial?
9607	¿Qué requisitos han de cumplirse para la aplicación del tipo reducido a la construcción o rehabilitación de edificaciones?
9610	¿En qué consiste una ejecución de obra a estos efectos?
9612	¿Qué edificios son los que tributan al tipo reducido en su construcción o rehabilitación?
9614	¿Es relevante para la aplicación del tipo reducido la forma en la que se han contratado las obras?
9618	¿En qué han de consistir las obras para que tributen al tipo reducido?
9625	¿En qué consiste la construcción o rehabilitación de edificaciones que tributa al tipo reducido?
9630	¿Es aplicable el tipo reducido a ejecuciones de obra en las que opere la inversión del sujeto pasivo que establece la LIVA art.84.Uno.2º.f)?
9635	¿La aplicación del tipo reducido en obras de construcción o rehabilitación de edificaciones está condicionada a que el promotor que las contrate sea empresario o profesional?
9640	¿Hay algún supuesto de tributación reducida para las operaciones de venta con instalación de muebles de cocina, baño y armarios empotrados?
9650	¿Existe algún supuesto de tributación reducida para la construcción de garajes comunitarios?
9660	¿Existe algún tipo reducido relativo a las obras de arte, antigüedades y objetos de colección?
	OPERACIONES AL TIPO SUPERREDUCIDO
9695	¿Qué alimentos tributan al tipo superreducido?
9705	¿Existe algún supuesto de tributación reducida aplicable a libros, periódicos y revistas?
9708	¿Qué se puede entender por libro a estos efectos?
9710	¿Cuándo se entiende que un libro, periódico o revista contiene única o fundamentalmente publicidad?
9712	¿Se aplica el tipo superreducido a los «libros electrónicos»?
9715	¿Qué tipo se aplica a las ejecuciones de obra y trabajos de artes gráficas previos a la edición de libros, periódicos y revistas?
9718	¿En qué términos tributan al tipo superreducido las entregas de elementos complementarios a libros, periódicos y revistas?
9720	¿Qué tipo impositivo se aplica a las entregas de material escolar?
9730	¿Qué tipo impositivo se aplica a los medicamentos de uso humano?
9733	¿Qué hay que entender por medicamento de uso humano?
9740	¿En qué términos tributan al tipo superreducido las entregas de vehículos para personas con discapacidad?
9743	¿Hay algún trámite administrativo al que esté condicionada la aplicación de este tipo reducido?
9745	¿Cuáles son las personas con discapacidad que habilitan la adquisición de vehículos con aplicación del tipo superreducido?

Nº	Pregunta
11170	¿Tiene alguna incidencia en la existencia de sectores diferenciados de la actividad la aplicación de alguno de los regímenes especiales?
11200	¿Cuándo se aplica la regla de prorrata?
11205	¿Cómo se determinan las operaciones que generan el derecho a la deducción y las que no?
11210	¿Se puede aplicar la regla de prorrata para determinar el grado de afectación de los bienes y servicios a la actividad empresarial o profesional?
11215	¿Qué modalidades tiene la regla de prorrata?
11240	¿Cuál es el sentido de la prorrata general?
11245	Siendo aplicable la regla de prorrata general, ¿se puede deducir el IVA correspondiente a un bien o servicio que se utiliza exclusivamente en operaciones que no generan el derecho a la deducción?
11250	¿Cómo se calcula la prorrata general?
11255	Para el cálculo de la prorrata, ¿hay que tener en cuenta todas las operaciones que dan lugar a IVA devengado?
11260	¿Hay importes expresamente excluidos de la regla de prorrata?
11265	¿Se incluyen en la prorrata los ingresos por conceptos que no son entregas de bienes o prestaciones de servicios sujetas al IVA?
11270	¿Qué criterios se utilizan para valorar las operaciones que han de computarse para el cálculo de la prorrata?
11275	¿Qué incidencia tienen las operaciones financieras en la prorrata general?
11285	¿Cómo se imputan a la prorrata las operaciones localizadas fuera del TIVA?
11290	¿Qué incidencia tiene en la prorrata la existencia de sucursales?
11295	¿Qué criterios se utilizan para determinar la imputación temporal de las operaciones a la prorrata?
11300	¿Qué regla de redondeo se aplica cuando se calcula la prorrata general?
11305	¿Tiene alguna incidencia en la prorrata la percepción de subvenciones?
11310	¿El tipo impositivo aplicable a las operaciones tiene alguna incidencia en la prorrata?
11325	¿Cómo se determinan las deducciones a lo largo del año, antes de calcular su prorrata definitiva?
11330	¿Las deducciones que se practican de manera provisional se regularizan a final de año?
11335	¿La regularización de las deducciones practicadas provisionalmente a lo largo del año depende de la diferencia entre prorrata provisional y prorrata definitiva?
11340	¿La regularización de las deducciones practicadas provisionalmente a lo largo del año se aplica a todo el IVA soportado deducible?
11345	¿Se puede solicitar a la AEAT una prorrata provisional distinta de la que procede en función de la prorrata definitiva del año anterior?
11350	¿Cómo se determina la prorrata provisional al inicio de la actividad?
11355	¿Cómo se determina la prorrata cuando se interrumpe la actividad?
11370	¿En qué supuestos se aplica la regla de prorrata especial?
11372	¿Cómo se opta por la aplicación de la prorrata especial?
11373	¿A partir de qué momento es aplicable la regla de prorrata especial?
11374	¿La regla de prorrata especial tiene una duración mínima?
11375	¿Puede ocurrir que la regla de prorrata especial resulte obligatoria?
11380	¿En qué consiste la regla de prorrata especial?
11385	Siendo aplicable la regla de prorrata especial, ¿qué ocurre con los bienes y servicios que no se pueden imputar a operaciones específicas?
11410	¿Qué es un bien de inversión a los efectos del IVA?
11415	¿Hay alguna exclusión o exclusiones de este concepto?
11420	¿Qué trascendencia tiene el hecho de que un bien se considere como de inversión?
11425	¿Un intangible que se usa de manera permanente en la empresa se puede considerar como bien de inversión?
11430	¿Los criterios contables tienen alguna incidencia en la calificación de un bien como de inversión?
11435	¿Hay algún importe mínimo por debajo del cual está excluida la consideración de un bien como de inversión?
11440	¿Qué tratamiento tienen las obras de reparación, mantenimiento o mejora de bienes de inversión?
11460	¿El IVA soportado por bienes de inversión es deducible como el resto de cuotas soportadas?
11465	¿Cuál es la razón que justifica la regularización de las cuotas soportadas por bienes de inversión?
11470	¿Cuándo se aplica la regularización de las cuotas soportadas por bienes de inversión?
11475	¿Cómo se calcula la regularización de las cuotas soportadas por bienes de inversión?
11480	¿Cuándo se inicia el período de regularización?
11490	¿Cuándo finaliza el período de regularización por bienes de inversión?
11495	Una vez finalizado el período de regularización, ¿hay que hacer algún ajuste adicional como consecuencia de la modificación de la prorrata de deducción cuando se han adquirido bienes de inversión y están todavía en uso?

Nº	Pregunta
11870	¿Cómo se presentan las autoliquidaciones de IVA cuando se aplica el régimen de devoluciones mensuales?
11875	¿Es aplicable el régimen de devoluciones mensuales por los sujetos pasivos que apliquen el régimen especial de los grupos de entidades?
11880	¿Hay algún régimen especial de devoluciones de las cuotas de IVA derivadas de la adquisición de los medios de transporte para transportistas en régimen simplificado?
11900	¿Cómo funciona el sistema de devoluciones a exportadores en régimen de viajeros?
11950	¿Existe algún sistema que permita deducir en unos países las cuotas de IVA soportadas en otros países de la Comunidad?
11955	¿Hay alguna posibilidad de deducir en España cuotas de IVA soportadas fuera de la Comunidad?
11960	¿Son compensables de alguna manera entre sí las cuotas de IVA, Impuesto General Indirecto Canario e Impuesto sobre la Producción, los Servicios y la Importación en las Ciudades de Ceuta y Melilla?
11965	¿Cómo pueden recuperar los empresarios o profesionales establecidos en el TIVA las cuotas soportadas fuera de dicho territorio?
11970	¿Cómo pueden recuperar las cuotas de IVA ingresadas en el TIVA los empresarios o profesionales no establecidos en él?
11975	¿Qué ocurre cuando no es aplicable el procedimiento regulado en la LIVA pero un empresario o profesional no establecido ha soportado o satisfecho cuotas de IVA en el TIVA?
11980	¿Es obligatoria la aplicación del procedimiento de devolución a no establecidos que regula la LIVA?
11985	¿Cuáles son los empresarios que han de aplicar el procedimiento de devolución a no establecidos?
11990	¿Existe algún supuesto en el que deban aplicar el procedimiento de devolución para empresarios o profesionales no establecidos los que dispongan de un establecimiento permanente en el TIVA?
11995	¿Hay algún requisito de reciprocidad para la devolución a empresarios o profesionales no establecidos?
12000	¿Cómo se acredita la condición de empresario o profesional en relación con el solicitante?
12005	¿Tienen alguna relevancia las operaciones realizadas por el empresario o profesional no establecido durante el período al que se refiere la solicitud?
12010	¿Qué ocurre cuando un empresario o profesional no establecido es a la vez sujeto pasivo del impuesto y ha de proceder a su ingreso?
12015	¿Existe alguna obligación de nombramiento de representante por parte de los empresarios o profesionales no establecidos que apliquen el procedimiento de devolución regulado en la LIVA?
12020	¿Cómo se determinan las cuotas susceptibles de devolución?
12030	¿Hay cuotas excluidas del procedimiento de devolución?
12035	¿Se puede pedir la devolución de cuotas indebidamente soportadas?
12040	¿Qué procedimiento hay que seguir para obtener la devolución de estas cuotas?
12055	¿El derecho a la devolución para empresarios o profesionales no establecidos está sujeto a plazo de caducidad?
12100	¿Cómo funciona el sistema de devolución del IVA correspondiente a entregas intracomunitarias de medios de transporte nuevos?
	CAPÍTULO 11.- COMERCIO INTRACOMUNITARIO
	RÉGIMEN GENERAL DEL COMERCIO INTRACOMUNITARIO
13005	¿Cuáles son las características fundamentales del régimen de tributación en el IVA de los intercambios intracomunitarios de mercancías?
13007	¿Cuáles son las normas comunitarias que regulan la aplicación del IVA a los intercambios intracomunitarios de mercancías?
13010	¿Por qué razón se instituyó el vigente régimen de tributación en el IVA de los intercambios intracomunitarios de mercancías?
13014	¿El régimen vigente para la aplicación del IVA a los intercambios intracomunitarios de mercancías es transitorio?
13018	¿En qué consiste la tributación en origen?
13025	¿Es previsible, a corto plazo, que se pase a un sistema de tributación en origen?
13027	¿Se ha producido en los últimos años alguna modificación en la aplicación del IVA a los intercambios intracomunitarios de mercancías?
13040	¿Cómo se define una AIB?
13042	¿Están sujetas al IVA todas las AIB?
13047	¿En la definición de las AIB es relevante la nacionalidad o establecimiento de los intervinientes?
13052	¿Qué relevancia tiene el transporte en las AIB?
13055	¿Puede haber AIB de servicios?
13065	¿En qué condiciones están sujetas a tributación las AIB?
13075	¿Cuáles son los supuestos de no sujeción de las AIB?
13078	¿Qué otros elementos hay que tener en cuenta para la determinación de la sujeción al IVA de las AIB?

Nº	Pregunta
13775	¿Qué tipos de exenciones se aplican a las importaciones relativas a las explotaciones agrícolas o ganaderas?
13778	¿En qué términos están exentas las importaciones de los bienes obtenidos en las explotaciones agrícolas o ganaderas situadas fuera del TIVA?
13780	¿En qué términos están exentas las importaciones de semillas, abonos y productos para el tratamiento del suelo y de los vegetales?
13790	¿Cuáles son las importaciones exentas como operaciones de promoción comercial?
13800	¿En qué términos están exentas las importaciones de bienes destinados a ser objeto de exámenes relativos a su composición o calidad?
13810	¿En qué términos están exentas las importaciones relacionadas con el reconocimiento de los derechos de propiedad industrial o intelectual?
13820	¿En qué términos están exentas las importaciones de documentos turísticos?
13830	¿En qué términos está exenta la importación de productos pesqueros?
13840	¿Qué exenciones se aplican a las importaciones que se realizan en el marco de las actividades culturales, educativas, científicas y sociales?
13850	¿En qué términos están exentas las importaciones de animales y sustancias biológicas y químicas destinadas a la investigación?
13860	¿En qué términos están exentas las importaciones de sustancias terapéuticas humanas y reactivos para la determinación de los grupos sanguíneos y de los tejidos humanos?
13870	¿En qué términos están exentas las importaciones de sustancias de referencia para el control de calidad de los medicamentos?
13880	¿En qué términos están exentas las importaciones de productos farmacéuticos para competiciones deportivas internacionales?
13890	¿En qué condiciones están exentas las importaciones de bienes destinados a organismos caritativos o filantrópicos?
13900	¿En qué términos están exentas las importaciones de bienes destinados a personas con discapacidad?
13910	¿En qué términos están exentas las importaciones de bienes destinados a víctimas de catástrofes?
13920	¿En qué términos están exentas las importaciones de material audiovisual producido por la Organización de las Naciones Unidas?
13930	¿En qué términos están exentas las importaciones de objetos de colección o arte?
13940	¿En qué condiciones están exentas las importaciones de objetos fúnebres?
13950	¿Qué exenciones se establecen para las importaciones realizadas en el marco de las relaciones internacionales?
13955	¿En qué condiciones están exentas las importaciones de obsequios personales en el marco de las relaciones internacionales?
13960	¿Qué tipo de documentos se pueden importar con exención por parte de las Administraciones Públicas?
13970	¿Qué exenciones se establecen para las importaciones realizadas en régimen diplomático, consular o en relación con organismos internacionales?
13980	¿Qué importaciones relativas a la OTAN y determinadas fuerzas armadas están exentas?
13985	¿Qué importaciones relativas al transporte están exentas?
13990	¿Qué exenciones se aplican a las importaciones relativas al acondicionamiento de mercancías y animales?
14000	¿En qué condiciones están exentas las importaciones de carburantes y lubricantes?
14005	En las importaciones ¿cuáles son las exenciones técnicas?
14010	¿Qué tratamiento se da a las reimportaciones de bienes?
14020	¿En qué términos están exentas las prestaciones de servicios relacionados con las importaciones?
14030	¿En qué términos están exentas las importaciones de bienes que se vinculan al régimen de depósito distinto del aduanero?
14040	¿Qué tratamiento corresponde a las importaciones de bienes que van a ser objeto de instalación o montaje para su puesta a disposición del adquirente?
14050	¿Qué importaciones están exentas al tener por objeto bienes cuya cesión se localiza, como prestación de servicios, en el TIVA?
14060	¿Qué tratamiento se da a las importaciones de gas, electricidad, calor o frío cuya entrega tributa como tal dentro de la Comunidad?
14065	¿Qué tratamiento se da a las importaciones de bienes vendidos a través de plataformas o interfaces digitales?
14070	¿Cuándo se devenga el IVA de las importaciones?
14080	Con carácter general, ¿cuál es la base imponible en las importaciones?
14085	¿Tienen incidencia en la base imponible de las importaciones las diferentes circunstancias que dan lugar a la modificación de la base imponible en las operaciones interiores según señala la LIVA art.80?
14087	¿Cómo se determina la base imponible de las importaciones cuando las operaciones se han cerrado en moneda distinta a la española?

Nº	Pregunta
14090	¿Cuál es la base imponible en las reimportaciones?
14092	¿Cuál es la base imponible en los supuestos de incumplimiento de las condiciones de navegación marítima, aérea, salvamento, asistencia o pesca costera que determinan las exenciones que establece la LIVA art.22.Uno a Seis?
14095	¿Cuál es la base imponible de las importaciones que se producen como consecuencia del abandono del régimen de depósito distinto del aduanero?
14097	¿Cuál es la base imponible en los supuestos de cese de las situaciones o ultimación de los regímenes suspensivos que se establecen en la LIVA art.23 y 24?
14100	¿Cuál es la base imponible de las importaciones de productos informáticos normalizados?
14110	¿Quiénes son sujetos pasivos en las importaciones?
14113	Además de los sujetos pasivos que determina la LIVA art.86, ¿quiénes son responsables del IVA en las importaciones?
14115	¿Existe algún supuesto de responsabilidad específico relacionado con el régimen de depósito distinto del aduanero?
14120	¿Cuáles son los procedimientos para la liquidación del IVA a la importación?
	EXPORTACIONES
14135	¿Qué es una exportación?
14138	¿En qué términos están exentas las exportaciones?
14140	¿En qué términos están exentas las exportaciones que se realizan por el transmitente?
14142	¿Cómo se aplica la exención de las exportaciones directas en los casos en que hay ventas sucesivas?
14145	¿Está condicionada la aplicación de la exención de las exportaciones realizadas por el transmitente a que el mismo se haga cargo del total del transporte, o basta con que asuma el transporte hasta la aduana de salida, siendo el adquirente quien asume la parte internacional del transporte?
14155	¿En qué términos están exentas las exportaciones que se realizan por el adquirente?
14158	¿Cómo se aplica la exención de las exportaciones indirectas en los casos en que hay ventas sucesivas?
14170	¿En qué consisten las entregas que se califican como realizadas en régimen de viajeros?
14180	¿En qué condiciones están exentas las entregas que se realizan en tiendas libres de impuestos?
14190	¿En qué términos están exentos los trabajos realizados sobre bienes que van a ser exportados?
14200	¿En qué términos están exentas las entregas de bienes efectuadas a organismos sin ánimo de lucro?
14210	¿Cuáles son los servicios relacionados con exportaciones que están exentos?
14225	¿En qué términos están exentos los servicios de mediación relativos a exportaciones y demás operaciones exentas conforme a la LIVA art.21?
14230	¿Se puede aplicar la exención a otras entregas de bienes para la exportación distintas a las previstas en la LIVA art.21.1º y 2º?
14240	¿En qué consisten las operaciones asimiladas a las exportaciones?
14242	¿Qué tratamiento tienen las operaciones asimiladas a las exportaciones?
14250	¿Cuáles son los buques respecto a los que se establecen supuestos de exención en la LIVA art.22.Uno?
14253	¿Cuándo se puede considerar que un buque está afecto a la navegación marítima internacional?
14257	¿Existe algún requisito subjetivo para la aplicación de las exenciones relativas a buques?
14260	¿Cuáles son las operaciones relativas a buques que están exentas?
14263	¿En qué condiciones están exentas las entregas de objetos incorporados a los buques que se citan en la LIVA art.22.Uno?
14267	¿En qué condiciones están exentas las entregas de bienes para el avituallamiento de los buques a los que se refiere la LIVA art.22.Uno?
14273	¿En qué términos están exentas las prestaciones de servicios relativas a buques afectos a la navegación internacional?
14285	¿Cuáles son las aeronaves a las que se puede aplicar la exención?
14287	¿Qué requisitos subjetivos han de concurrir para la aplicación de la exención?
14300	¿Cuándo se puede considerar que una compañía se dedica esencialmente a la navegación aérea internacional?
14302	¿Cuáles son las operaciones relativas a aeronaves que están exentas?
14305	¿En qué términos están exentas las entregas de objetos incorporados a aeronaves?
14307	¿En qué condiciones está exento el avituallamiento de aeronaves?
14310	¿Qué prestaciones de servicios relativas a aeronaves están exentas?
14320	¿En qué condiciones están exentas las operaciones realizadas en el marco de las relaciones diplomáticas, consulares y de organismos internacionales?
14335	¿En qué términos se contemplan las exenciones en el marco de la OTAN y otras fuerzas armadas?
14345	¿En qué términos están exentas las entregas de oro al Banco de España?
14355	¿En qué condiciones están exentos los transportes de pasajeros?

Nº	Pregunta
14357	¿Existe alguna norma específica de exención para los transportes a Azores y Madeira?
14370	¿Existe alguna norma de exención para los servicios de mediación relativos a operaciones asimiladas a las exportaciones?
14380	¿Qué tipo de exenciones se aplica a las operaciones relativas a situaciones exentas?
14382	¿Existe algún supuesto de exención relativo a las situaciones de depósito temporal?
14385	¿Existe algún supuesto de exención relativo a plataformas de perforación?
14400	¿Qué tipo de exenciones se establecen en la LIVA art.24?
14405	¿Qué operaciones relacionadas con el régimen de perfeccionamiento activo, tanto aduanero como fiscal, están exentas?
14407	¿Qué operaciones relacionadas con el régimen de zona franca están exentas?
14410	¿Qué operaciones relacionadas con el régimen de importación temporal están exentas?
14412	¿Qué operaciones relacionadas con el régimen de tránsito comunitario están exentas?
14415	¿Qué operaciones relacionadas con el régimen de depósito aduanero están exentas?
14417	¿Qué operaciones relacionadas con el régimen de depósito distinto del aduanero están exentas?
	CAPÍTULO 13.- COMERCIO ELECTRÓNICO
	CONSIDERACIONES GENERALES
14505	¿Existe un régimen especial para las operaciones de comercio electrónico?
14510	¿Existe alguna definición de lo que se ha de considerar como comercio electrónico a los efectos del IVA?
14515	¿Cuál es la razón de ser de la tributación vigente en el IVA de las operaciones de comercio electrónico?
14520	¿Cuáles son las operaciones que vamos a considerar, en este contexto, como de comercio electrónico?
14525	¿La tributación vigente de las operaciones de comercio electrónico ha sido siempre así?
	SERVICIOS PRESTADOS POR VÍA ELECTRÓNICA
14535	¿Qué se puede considerar como servicio prestado por vía electrónica?
14540	¿Dónde deben considerarse realizados los servicios prestados por vía electrónica a consumidores finales?
14545	¿Existe algún umbral mínimo para la aplicación de la regla anterior?
14550	¿Dónde deben considerarse realizados los servicios prestados por vía electrónica a otros empresarios o profesionales?
14555	¿Se aplican los mismos criterios a los servicios de telecomunicaciones y de radiodifusión?
14560	¿Cabe la posibilidad de que existan servicios prestados por vía electrónica que estén exentos?
14565	¿Cuáles son los regímenes de ventanilla única que se pueden utilizar para el pago del IVA correspondiente a estas operaciones?
	VENTAS A DISTANCIA INTRACOMUNITARIAS DE BIENES
14580	¿Cómo se definen las ventas a distancia intracomunitarias de bienes?
14585	¿Cuáles son los principales cambios introducidos en 2021 con respecto a la tributación anterior de las ventas a distancia intracomunitarias de bienes?
14590	¿Qué ocurre cuando se aplica el régimen de las ventas a distancia intracomunitarias de bienes a una operación en la que el cliente es empresario o profesional?, ¿se puede deducir el IVA que le cobran?
14595	¿Qué ocurre cuando un minorista en recargo de equivalencia realiza ventas a particulares de otros Estados de la UE por las que debe tributar en los Estados de destino?
14600	¿Dónde se entienden realizadas las ventas a distancia intracomunitarias de bienes?
14610	¿Existe alguna especialidad para las pequeñas empresas?
14615	Una vez determinado el Estado en el que deberán tributar las ventas a distancia intracomunitarias de bienes, ¿cuáles son los tipos impositivos o exenciones aplicables?
14620	¿Qué ocurre si los bienes que se venden a otros Estados de la UE ya se habían transportado fuera del TIVA con carácter previo?
	VENTAS A DISTANCIA DE BIENES IMPORTADOS
14640	¿Cómo se definen las ventas a distancia de bienes importados?
14645	¿Dónde se entienden realizadas las ventas a distancia de bienes importados?
14650	Una vez determinado el Estado en el que deberán tributar las ventas a distancia de bienes importados, ¿cuáles son los tipos impositivos o exenciones aplicables?
	PLATAFORMAS
14660	¿Qué ocurre cuando las operaciones de comercio electrónico se hacen a través de plataformas digitales?
14665	¿Qué ocurre cuando las ventas a distancia intracomunitarias de bienes se realizan a través de plataformas?
14680	¿Qué ocurre cuando se prestan servicios a través de plataformas?
14695	¿Qué ocurre cuando se realizan ventas a distancia de bienes importados a través de plataformas?

Nº	Pregunta
14700	¿Cuáles son las entregas de bienes a las que resulta aplicable la presunción de mediación en nombre propio por parte de las plataformas digitales?
14705	¿Existe alguna cuestión adicional relacionada con la presunción de actuación en nombre propio existente para las entregas de bienes realizadas a través de plataformas?
14710	¿Qué ocurre cuando las mercancías importadas tienen un valor intrínseco que supera los 150 euros?
14715	¿Tienen las plataformas digitales alguna otra obligación relacionada con el IVA?
	REGÍMENES ESPECIALES DE VENTANILLA ÚNICA
14730	¿Cuál es la razón que justifica la existencia de los regímenes especiales de ventanilla única?
14735	¿Existe un único régimen de ventanilla única?
14740	¿Cuáles son los regímenes especiales de ventanilla única?
14745	¿Cuál es la relación entre los diferentes hechos imponibles que se pueden producir en la economía digital y los regímenes de ventanilla única?
14750	¿Existen elementos comunes regulados en la LIVA para los regímenes especiales de ventanilla única?
14755	¿Existen causas de exclusión para estos regímenes especiales?
14760	¿Está prevista la exclusión de intermediarios en el régimen de importación?
14765	En términos generales, ¿se puede causar baja de forma voluntaria en los regímenes especiales de ventanilla única?
14770	¿Cómo se opta por los regímenes especiales de ventanilla única?
14775	¿Cómo se renuncia a los regímenes especiales de ventanilla única?
14780	¿Qué consecuencias tienen los traslados de sede de actividad o establecimiento a los efectos de la aplicación de los regímenes de ventanilla única?
14785	¿Cuáles son las consecuencias de la exclusión de los regímenes especiales y a quién corresponde su decisión?
14790	¿Cuáles son las causas de exclusión con carácter general?
14795	¿Cuáles son las causas de exclusión para los intermediarios?
14800	¿Cuáles son las operaciones incluidas en el régimen exterior de la Unión para las prestaciones de servicios?
14810	¿Cuáles son los sujetos pasivos que pueden aplicar el régimen exterior de la Unión para las prestaciones de servicios?
14815	¿Existen conceptos relevantes para la aplicación de este régimen especial?
14820	¿Cuáles son las obligaciones de los empresarios o profesionales acogidos al régimen exterior de la Unión para las prestaciones de servicios cuando eligen España como Estado miembro de identificación?
14825	¿En qué consiste la obligación de disponer de un número de identificación individual para los empresarios o profesionales acogidos al régimen exterior de la Unión para las prestaciones de servicios?
14830	¿Qué obligaciones de carácter censal tienen los empresarios o profesionales acogidos al régimen exterior de la Unión para las prestaciones de servicios?
14835	¿Qué obligaciones de liquidación e ingreso tienen los empresarios o profesionales acogidos al régimen exterior de la Unión para las prestaciones de servicios?
14840	¿Qué obligaciones de registro tienen los empresarios o profesionales acogidos al régimen exterior de la Unión para las prestaciones de servicios?
14845	¿Qué obligaciones en materia de facturación tienen los empresarios o profesionales acogidos al régimen exterior de la Unión para las prestaciones de servicios?
14850	¿Cómo se ejerce el derecho a la deducción de las cuotas soportadas por los empresarios o profesionales acogidos al régimen exterior de la Unión para las prestaciones de servicios?
14860	¿Cuáles son las operaciones incluidas en el régimen de la Unión?
14865	¿Cuáles son los sujetos pasivos que pueden aplicar el régimen de la Unión?
14870	¿Cuáles son las obligaciones de los empresarios o profesionales acogidos al régimen de la Unión cuando es España el Estado miembro de identificación?
14875	¿En qué consiste la obligación de disponer de un número de identificación individual para los empresarios o profesionales acogidos al régimen de la Unión?
14880	¿Qué obligaciones de carácter censal tienen los empresarios o profesionales acogidos al régimen de la Unión?
14885	¿Qué obligaciones de liquidación e ingreso tienen los empresarios o profesionales acogidos al régimen de la Unión?
14900	¿Qué obligaciones de registro tienen los empresarios o profesionales acogidos al régimen de la Unión?
14905	¿Qué obligaciones en materia de facturación tienen los empresarios o profesionales acogidos al régimen de la Unión?
14910	¿Cómo se ejerce el derecho a la deducción de las cuotas soportadas por los empresarios o profesionales acogidos al régimen de la Unión?
14920	¿Cuáles son las operaciones incluidas en el régimen de importación?

Nº	Pregunta
15820	¿Qué ocurre cuando un sujeto pasivo que aplica el régimen especial del criterio de caja entrega bienes o servicios a un empresario o profesional no establecido en el TIVA?
15825	¿Puede rechazar un cliente la aplicación del régimen especial del criterio de caja por parte de uno de sus proveedores?
15830	¿Cómo debe registrar en libros un sujeto pasivo que no aplique el régimen especial del criterio de caja las facturas que reciba de proveedores que sí estén aplicando el citado régimen especial?
15835	¿Cómo ha de consignarse en factura el hecho de que un sujeto pasivo aplica el régimen especial del criterio de caja?
15840	¿Cómo se consignan las operaciones efectuadas por empresarios o profesionales que aplican el régimen especial del criterio de caja en el modelo 340?
	CAPÍTULO 15.- OBLIGACIONES FORMALES
	FACTURACIÓN
17505	¿Qué normas regulan la expedición de facturas?
17507	¿Qué papel juega la factura en la mecánica de funcionamiento del IVA?
17509	¿La obligación de facturación está armonizada en la UE?
17515	¿Por qué operaciones hay que expedir factura?
17518	¿Hay que expedir factura por los cobros anticipados?
17520	¿Hay que expedir factura por las operaciones no sujetas?
17521	¿Cómo se delimita la obligación de expedición de factura en operaciones entre dos Estados distintos?
17523	¿Hay que expedir factura por las operaciones exentas?
17526	¿En qué términos hay que expedir factura por las operaciones financieras y de seguros?
17527	¿Tienen que expedir factura los empresarios o profesionales acogidos a los regímenes especiales del IVA?
17528	¿Se puede no expedir factura cuando el destinatario de una operación es empresario o profesional?
17533	¿El destinatario de una operación puede exigir la expedición de factura por la misma en cualquier caso?
17540	¿Hay alguna excepción a la expedición de factura en la EIB?
17542	¿Hay que expedir factura en las ventas a distancia localizadas en el TIVA?
17544	¿Hay que expedir factura por las exportaciones exentas o por las entregas en las tiendas libres de impuestos?
17546	¿Hay que expedir factura por las entregas de bienes que son objeto de trabajos de instalación o montaje y que, como tales, se localizan en el TIVA?
17548	¿Se puede no expedir factura en las operaciones realizadas para entidades públicas?
17550	¿Hay que expedir factura en los supuestos de autorrepercusión?
17552	¿Hay que expedir autofactura en las AIB?
17554	¿En qué términos se puede obtener una autorización de la AEAT para no expedir factura?
17570	¿Cómo se puede cumplir la obligación de expedición de factura?
17575	¿En qué términos se pueden expedir facturas simplificadas por las operaciones?
17578	¿Hay operaciones por las que no sea posible expedir factura simplificada?
17580	¿Qué documentos tienen la consideración de facturas simplificadas?
17582	¿Existe algún límite cuantitativo para la expedición de facturas simplificadas?
17584	¿Se puede expedir factura simplificada por cualquier operación cuyo importe sea inferior a 3.000 euros, IVA incluido?
17588	¿Se puede pedir autorización a la AEAT para expedir factura simplificada en operaciones distintas a las que contempla expresamente el Reglamento de facturación?
17590	¿Son válidas las facturas simplificadas como justificantes del derecho a la deducción?
17592	Una vez se ha expedido una factura simplificada ¿cabe su sustitución por una factura completa?
17596	¿Cuál es el contenido obligatorio de las facturas simplificadas?
17600	¿En qué términos se puede contratar con terceros la expedición de facturas?
17605	¿En qué términos se puede confiar a los destinatarios de las entregas de bienes o prestaciones de servicios la expedición de las facturas?
17615	¿Existe un modelo de factura?
17618	¿Qué se considera como una factura completa?
17620	¿Se puede hacer constar en una factura información adicional a la que señala el Reglamento de facturación?
17623	¿Existen otras normas que señalen datos de consignación obligatoria en factura?
17630	¿Cuáles son los datos que han de constar obligatoriamente en toda factura completa?
17635	¿Cómo se numeran las facturas?
17640	¿Qué fechas o fecha hay que consignar en las facturas?
17650	¿Qué fecha hay que consignar en las facturas que se expiden para documentar cobros anticipados?

Nº	Pregunta
19535	¿Existe alguna infracción específica en relación con la expedición de facturas por quienes no sean sujetos pasivos de IVA?
19540	¿Existe alguna infracción tributaria aplicable específicamente a los supuestos de autorrepercusión?
19542	¿Existe alguna infracción tributaria aplicable específicamente a la realización de operaciones asimiladas a la importación?
19543	¿Existe alguna infracción tributaria aplicable específicamente a las transmisiones de inmuebles en las que se aplica la inversión del sujeto pasivo?
19544	¿Existe alguna infracción tributaria aplicable específicamente a las ejecuciones de obra a las que se aplica la inversión del sujeto pasivo?
19545	¿Existe alguna infracción tributaria aplicable específicamente al régimen de IVA diferido a la importación?
19546	¿Cuáles son las sanciones específicas del IVA?

Tabla Alfabética

Abreviaturas

AIB: Adquisición intracomunitaria de bienes
EIB: Entrega intracomunitaria de bienes
esp.: Especial
IIC: Institución de Inversión Colectiva
ITP y AJD: Impuesto sobre Transmisiones Patrimoniales y Actos Jurídicos Documentados
REAGP: Régimen Especial de Agricultura, Ganadería y Pesca
rég.: Régimen
SII: Suministro Inmediato de Información
TIVA: Territorio de aplicación del IVA
TPO: Transmisiones Patrimoniales Onerosas

A

B

C

D

E

F

G

H

I

J

L

M

N

O

P

Q

R

S

T

U

V

W

Z

Este libro se acabó de imprimir
en Octubre de 2024
por Printing'94, S. L.
Paseo de la Castellana, 93, 2º – 28046 Madrid